Seiller · Rüstungsintegration

# Entstehung und Probleme des Atlantischen Bündnisses

Begründet vom
Militärgeschichtlichen Forschungsamt

Herausgegeben vom
Zentrum für Militärgeschichte und
Sozialwissenschaften der Bundeswehr

Band 9

# Rüstungsintegration

Frankreich, die Bundesrepublik Deutschland und
die Europäische Verteidigungsgemeinschaft
1950 bis 1954

Von
Florian Seiller

**DE GRUYTER
OLDENBOURG**

– Für meine Eltern –

Die vorliegende Arbeit wurde vom Fachbereich Geschichts- und Kulturwissenschaften der Johannes Gutenberg-Universität Mainz im Wintersemester 2010/2011 zur Erlangung des akademischen Grades eines Doktors der Philosophie (Dr. phil.) angenommen.

**Bibliografische Information der Deutschen Nationalbibliothek**
Die Deutsche Nationalbibliothek verzeichnet diese Publikation in der Deutschen Nationalbibliografie; detaillierte bibliografische Daten sind im Internet über http://dnb.dnb.de abrufbar.

**Library of Congress Cataloging-in-Publication Data**
A CIP catalog record for this book has been applied for at the Library of Congress.

© 2015 Walter de Gruyter GmbH, Berlin/München/Boston
www.degruyter.com

Redaktion: ZMSBw, Potsdam
    Projektkoordination: Wilfried Rädisch, Michael Thomae
    Lektorat: Cordula Hubert (Olching/Oberbayern)
    Texterfassung, Satz: Carola Klinke, Christine Mauersberger
    Grafiken: Daniela Heinicke, Yvonn Mechtel, Bernd Nogli

Printed in Germany
♾ Gedruckt auf säurefreiem Papier
Druck und Bindung: Hubert & Co. GmbH & Co. KG, Göttingen

ISBN 978-3-486-76430-7
e-ISBN (PDF) 978-3-11-037744-6
e-ISBN (EPUB) 978-3-11-039874-8

# Inhalt

| | |
|---|---|
| Vorwort | IX |
| Danksagung | XIII |

| | | |
|---|---|---|
| I. | Einleitung | 1 |
| | 1. Fragestellung | 3 |
| | 2. Begriffsbestimmungen | 8 |
| | 3. Forschungsstand | 16 |
| | 4. Quellenlage | 24 |
| | 5. Aufbau der Untersuchung | 28 |
| II. | Das Projekt einer Europäischen Verteidigungsgemeinschaft, 1950–1954 | 31 |
| | 1. Vom Pleven-Plan zur EVG, 1950–1952 | 31 |
| | 2. Das Ringen um die EVG, 1952–1954 | 48 |
| | 3. Die Vorbehalte der Militärs gegen die Europaarmee | 62 |
| III. | Militärische und rüstungswirtschaftliche Rahmenbedingungen | 77 |
| | 1. Probleme der westeuropäischen Aufrüstung Anfang der 1950er Jahre | 77 |
| | a) Die Rolle der USA | 79 |
| | b) Die Entwicklung bis 1950 | 84 |
| | c) Die Reaktionen auf den Korea-Krieg | 92 |
| | 2. Die Herausforderung einer europäischen Rüstungs- und Beschaffungsorganisation | 108 |
| | 3. Die Rolle der Bundesrepublik in den französischen Verteidigungsplanungen | 116 |
| IV. | Die Verhandlungen über die Rüstungsklauseln des EVG-Vertrags, 1950–1952 | 123 |
| | 1. Frankreich und das Problem des westdeutschen Rüstungspotenzials | 123 |
| | 2. Die Anfänge des EVG-Rüstungsausschusses | 143 |
| | 3. Die Positionierung der Bundesrepublik | 156 |
| | 4. Die schwierigen Verhandlungen im EVG-Rüstungsausschuss | 164 |

5. Das Verhältnis zwischen den EVG-Delegationen Frankreichs
   und der Bundesrepublik ................................................................. 177
6. Die wirtschaftlichen Bestimmungen des EVG-Vertragswerks
   vom 27. Mai 1952 ......................................................................... 187

V. Rüstungskooperation in Westeuropa, 1949–1954 ................................ 195
1. Die Anfänge der bilateralen Rüstungskooperation ........................... 195
2. Eine Geschichte des Scheiterns? Die Rüstungszusammenarbeit
   innerhalb der NATO, 1949–1954 ................................................... 201
   a) Die Behandlung rüstungswirtschaftlicher Fragen im Brüsseler Pakt
      und im Nordatlantischen Bündnis, 1949–1951 ......................... 201
   b) Das Military Production and Supply Board, 1949/50 ............... 210
   c) Das Defence Production Board, 1951/52 .................................. 220
   d) Die Production and Logistics Division des Internationalen
      Stabs, 1952–1954 ........................................................................ 228
   e) Die Standardisierungsbemühungen der NATO, 1949–1954 ...... 237
   f) Französische Belebungsversuche, 1953 ..................................... 244
   g) Die Reorganisation des NATO-Rüstungsapparats:
      Das Defence Production Committee, 1954 ............................... 249
3. Französische Initiativen zur kontinentaleuropäischen
   Rüstungskooperation, 1952–1954/55 ............................................ 255
   a) Der Léchères-Plan, 1952/53 ...................................................... 255
   b) Ein zweiter Anlauf: Die Gründung der FINBAIR-Organisation,
      1954/55 ..................................................................................... 264
   c) Die Gründung der FINBEL-Gruppe, 1953 ............................... 268
4. Deutsch-französische Sondierungsgespräche, 1952–1954 ............... 275

VI. Zwischen Integrationszwang und nationalen Interessen: Die Haltung
der französischen Streitkräfte zur EVG-Rüstungsintegration .................. 305
1. Die Gespräche zwischen Frankreichs Militärführung und
   EVG-Delegation, 1952 .................................................................... 305
2. Das Ende der französischen Luftfahrtindustrie? Die Luftwaffe und
   die Furcht vor einer »Communauté Européenne Totale« .............. 313
3. Von »nombreuses réserves« zur »déclaration de guerre«:
   Der Abwehrkampf der Marineführung .......................................... 323
4. Die EVG als »communauté de marchands« und »véritable suicide«:
   Die Ablehnung der EVG-Rüstungsorganisation durch das Heer und
   das Verteidigungsministerium ....................................................... 334
5. Die französische Generalität und das Problem der supranationalen
   Rüstungsintegration – eine Bilanz ................................................. 342
6. Die EVG und das französische Atomwaffenprogramm ................... 347
7. Europäischer Rüstungsmarkt und Wettbewerb: Untergang
   der französischen Industrie? .......................................................... 360
8. Einer gegen den Rest: General de Larminat und die Europaarmee ........... 383

| VII. | Die Positionen der Wirtschaftsverbände | 389 |
|---|---|---|
| | 1. Die ambivalente Haltung des Bundesverbandes der Deutschen Industrie | 389 |
| | 2. Die Kampagne der französischen Industrieverbände | 396 |
| | 3. Die Union des Industries des Six Pays de la Communauté Européenne | 417 |
| VIII. | Die Rüstungsplanungen im EVG-Interimsausschuss, 1952–1954: Ein Überblick | 423 |
| | 1. Die Arbeiten im Rüstungsausschuss | 423 |
| | 2. Bilanz der EVG-Rüstungsplanungen | 437 |
| IX. | Rüstungsintegrationspläne in der Endphase und nach dem Scheitern der EVG | 445 |
| | 1. Rüstungsgemeinschaft anstelle integrierter europäischer Streitkräfte? Die Suche nach Ersatzlösungen | 445 |
| | 2. Frankreichs Plan einer westeuropäischen Rüstungsagentur, 1954/55 | 459 |
| X. | Ausblick: Die Europäische Union auf den Spuren der EVG? | 473 |
| | 1. Grundprobleme der aktuellen europäischen Rüstungszusammenarbeit | 473 |
| | 2. Eine europäische Rüstungsstruktur: EVG-Rüstungskommissariat, OCCAR und EDA | 481 |
| | 3. Vergabeverfahren für Rüstungsgüter und innergemeinschaftlicher Transfer von Rüstungsgütern bei der EVG und der EU | 488 |
| | 4. Ausbildung und Training von wehrtechnischem Personal in der EVG und in der EU | 490 |
| XI. | Schlussbetrachtung | 493 |

| | |
|---|---|
| Bildteil | 505 |
| Karten, Tabellen, Organigramme | 509 |
| Abkürzungen | 525 |
| Quellen und Literatur | 531 |
| Personenregister | 581 |
| Zum Autor | 585 |

## Verzeichnis der Karten, Tabellen, Organigramme

| | |
|---|---|
| Geltungsbereich des EVG-Vertrages und des Nordatlantikpaktes | 509 |
| Europäisches Kommissariat, Entwurf frz. EVG-Delegation | 510 |
| Bedarf einzelner NATO-Mitgliedstaaten an Jeeps und LKW | 511 |
| Militärische Agentur für Standardisierung (MAS) der NATO | 511 |
| EVG-Interimsausschuss, Übersicht 1952 | 512 |
| EVG-Interimsausschuss, Lenkungsausschuss und Unterausschüsse (Integriert und dt. Besetzung), November/Dezember 1953 | 513 |
| EVG-Lenkungsausschuss | 514 |
| EVG-Militärausschuss | 515/516 |
| EVG-Statutausschuss | 517 |
| EVG-Rüstungsausschuss | 518 |
| EVG-Finanzausschuss | 519 |
| Rüstungskommissariat und nachgeordnete Dienststellen, Entwurf frz. EVG-Rüstungsdelegation | 520 |
| Generalabteilung für Technische Forschung | 521 |
| Zentralabteilung für Programme | 521 |
| Zentralabteilung für Produktionsaufträge | 522 |
| EVG-Rüstungskommissariat: Zentrale, regionale und lokale Organisation, Entwurf, Stand: 10.6.1954 | 523 |
| European Defence Agency (EDA) | 524 |

# Vorwort

Bei seiner Tagung im Dezember 2013 hat sich der Europäische Rat erstmals seit Inkrafttreten des Vertrages von Lissabon (2009) des Themas Verteidigung angenommen und dabei seine Entschlossenheit bekräftigt, die sicherheitspolitische Handlungsfähigkeit der EU weiter auszubauen. Im Mittelpunkt der Tagung standen neben der Erhöhung der Effektivität der Gemeinsamen Sicherheits- und Verteidigungspolitik (GSVP) auch der Ausbau der militärischen Fähigkeiten und die Stärkung von Europas wehrtechnischer Industrie. Die vielfältigen sicherheitspolitischen Herausforderungen haben bei den mittlerweile 28 EU-Mitgliedstaaten die Einsicht reifen lassen, dass es einer energischeren Bündelung ihrer finanziellen, militärischen und wehrtechnischen Ressourcen bedarf. Zweifellos hat die GSVP, die sich seit Anfang der 1990er Jahre allmählich herausgebildet hat, in den letzten Jahren beachtliche Fortschritte gemacht. Mit dem Vertrag von Lissabon kam es zu zahlreichen institutionellen und organisatorischen Neuerungen. EU-geführte zivil-militärische Missionen zur Krisenbewältigung sind längst Realität. Daneben arbeiten die Europäer in den Bereichen Ausbildung, Training, Rüstung und Logistik immer intensiver zusammen. Die Richtlinien im Bereich der GSVP werden allerdings nach wie vor vom Europäischen Rat vorgegeben.

Der EU mit ihren knapp 500 Millionen Einwohnern ist es noch nicht gelungen, sicherheits- und verteidigungspolitisch ein ähnlich gewichtiger Akteur auf der internationalen Bühne zu werden wie ökonomisch. Ob der Kontinent seine Sicherheit aus alleiniger Kraft, ohne die NATO-Führungsmacht USA, gewährleisten könnte, erscheint vielen Beobachtern fraglich. Zwar stellen die EU-Mitgliedstaaten, von denen fast jeder eine eigene Armee unterhält, insgesamt ca. 1,6 Millionen Soldaten auf die Beine und wenden hierfür jährlich fast 193 Milliarden Euro auf. Dennoch erreichen sie nur einen Bruchteil der militärischen Einsatzfähigkeit und Schlagkraft der USA. Noch immer tun sich europäische Nationalstaaten schwer, in den Bereichen Sicherheit und Verteidigung Souveränität an eine überstaatliche Einheit abzutreten. Mancherorts gibt es gar Zeichen einer Renationalisierung.

Gleichwohl wächst der Handlungsdruck zur effizienteren militärischen Zusammenarbeit: Die Auswirkungen der Finanz-, Wirtschafts- und Schuldenkrise, die strategische Neuausrichtung der USA in Richtung Asien und Pazifik, die zunehmende technologische Komplexität bei Rüstungsvorhaben und damit verbundene Kostensteigerungen haben der Diskussion um weitere Integrationsschritte neuen Schwung verliehen. Als vielversprechendes Modell gilt die Zusammenlegung und Teilung militärischer Fähigkeiten (Pooling and Sharing), etwa nach dem Vorbild des Europäischen Lufttransportkommandos – ein Ansatz, der bei der NATO unter dem Namen »Smart Defence« verfolgt wird.

Die Debatte um die Zukunft der militärischen Integration Europas ist keineswegs neu. Schon zu Beginn der 1950er Jahre, nur kurze Zeit nach den Schrecken des Zweiten Weltkrieges, unternahmen die Mitgliedstaaten der Montanunion, unterstützt von den USA und dem Vereinigten Königreich, einen vielversprechenden Anlauf, um einer möglichen sowjetischen Bedrohung zu begegnen: mit den Plänen einer Europäischen Verteidigungsgemeinschaft (EVG) unter westdeutscher Beteiligung. Ziel war die Schaffung integrierter europäischer Streitkräfte mit einheitlicher Organisationsstruktur, Logistik, Rüstung und Ausbildung, die eng an die NATO gekoppelt sein und zugleich ein Maximum an Sicherheit vor Deutschland gewährleisten sollte. Dieses von Frankreich auf die Tagesordnung gesetzte supranationale Modell hätte das Integrationsniveau der NATO bei Weitem übertroffen.

Mit Band 9 führt das Zentrum für Militärgeschichte und Sozialwissenschaften der Bundeswehr die vom Militärgeschichtlichen Forschungsamt begründete Reihe »Entstehung und Probleme des Atlantischen Bündnisses« fort. Unter Heranziehung einer beeindruckenden Auswahl an Akten aus deutschen und französischen Archiven vermittelt der Autor, Florian Seiller, erstmals und insbesondere aus deutscher und französischer Perspektive einen umfangreichen Überblick über die Planungen einer institutionalisierten westeuropäischen Rüstungszusammenarbeit in der ersten Hälfte der 1950er Jahre. Dabei beleuchtet er nicht nur die zahlreichen Schwierigkeiten und Widerstände, mit denen sowohl die EVG- als auch die NATO-Planer konfrontiert waren, sondern auch die beachtlichen positiven Kooperationsergebnisse. Dass die Bundesrepublik und ihre westeuropäischen Partner nicht einmal ein halbes Jahrzehnt nach dem Ende des Zweiten Weltkrieges sich auf ein derart sensibles Terrain wagten, war alles andere als selbstverständlich. Das Scheitern des EVG-Vertrags am 30. August 1954 in der französischen Nationalversammlung wurde von vielen Zeitgenossen als herber Rückschlag gewertet. Nie war man einer europäischen Armee näher als während der EVG-Phase.

Vor dem Hintergrund der laufenden Debatte über eine Vertiefung der militärischen und rüstungswirtschaftlichen Integration Europas und der zunehmend lauter werdenden Rufe nach der Schaffung europäischer Streitkräfte ist das Thema des Buches von hoher aktueller Relevanz, stellen sich doch heute trotz verändertem strategischem Umfeld im Kern durchaus ähnliche Fragen wie zu Beginn des europäischen Integrationsprozesses: Wie ist es möglich, die nationalen finanziellen, technologischen und rüstungswirtschaftlichen Ressourcen so zu integrieren, dass Europa über die erforderlichen militärischen Fähigkeiten verfügt, um seine Sicherheit zu garantieren? Über welche Strukturen und Kompetenzen würde ein supranationaler Verteidigungsapparat verfügen? Wären die EU-Mitgliedstaaten tatsächlich zu einer Vergemeinschaftung der bislang überwiegend intergouvernemental geprägten Sicherheits- und Verteidigungspolitik bereit? Wären sie bereit, auf militärische Fähigkeiten und Rüstungskapazitäten zu verzichten und diese europäisch zu bündeln und zu teilen? Schließlich: Gibt es eine europäische Verteidigungsidentität? Dem Autor dieser Studie ist es gelungen, die von der Historiografie noch weitgehend unerforschten, während der EVG-Phase entwickelten Überlegungen bezüglich einer rüstungswirtschaftlichen Integration Westeuropas wieder in Erinnerung zu rufen und ihre verblüffende Aktualität darzulegen. Ein Blick in die Geschichte könnte möglicherweise dazu beitragen, das Bewusstsein für die Thematik zu schärfen und Lehren für die Zukunft zu ziehen.

Der Band wurde von Cordula Hubert (Olching/Oberbayern) lektoriert. Die Koordination in der Schriftleitung des ZMSBw übernahmen Wilfried Rädisch und Michael Thomae. Ihnen und allen Mitarbeitern der Schriftleitung, die an der Realisierung des vorliegenden Buches mitgewirkt haben, spreche ich meinen Dank aus. Ein besonderes Dankeschön gilt Florian Seiller für seine wegweisende und hoffentlich auch die aktuelle Debatte bereichernde Untersuchung.


Dr. Hans-Hubertus Mack
Oberst und Kommandeur des Zentrums für
Militärgeschichte und Sozialwissenschaften der Bundeswehr

# Danksagung

Bei dem vorliegenden Buch handelt es sich um die Druckfassung meiner von der Johannes Gutenberg-Universität Mainz angenommenen Dissertation. Für die Drucklegung wurde sie geringfügig überarbeitet. Im Jahre 2012 wurde sie mit dem 3. Preis des Werner-Hahlweg-Preises für Militärgeschichte und Militärtechnikgeschichte des Bundesamtes für Wehrtechnik und Beschaffung (BWB)[1] ausgezeichnet.

Zur Entstehung und zum erfolgreichen Abschluss dieser Arbeit haben eine Reihe von Personen und Institutionen auf vielfältige Weise beigetragen. Herzlich danken möchte ich meinem Doktorvater Prof. Dr. Sönke Neitzel (London School of Economics) für seine kontinuierliche Unterstützung und Förderung, seine zahlreichen Anregungen und die stets sehr angenehme Betreuungsatmosphäre. Prof. Dr. Michael Kißener (Johannes Gutenberg-Universität Mainz), ein ausgewiesener Kenner der deutsch-französischen Beziehungen, danke ich für seine wertvollen Ratschläge und die Übernahme des Korreferats. Ein herzliches Dankeschön geht ferner an Privatdozent Dr. Dieter Krüger vom Zentrum für Militärgeschichte und Sozialwissenschaften der Bundeswehr (ZMSBw), der meinen Blick auf die Erforschung der Rüstungskooperation in der Frühphase des Europäischen Integrationsprozesses lenkte. Er begleitete das Projekt stets mit großer Aufmerksamkeit und bereicherte es mit zahlreichen hilfreichen Tipps.

Die Forschungsaufenthalte in den deutschen und französischen Archiven und Wissenschaftseinrichtungen wurden maßgeblich ermöglicht durch ein Promotionsstipendium der Hanns-Seidel-Stiftung (HSS). Für die finanzielle und ideelle Förderung, die ich während dieses Zeitraums erfahren durfte, bin ich ihr sehr dankbar. Bedanken möchte ich mich außerdem bei den zahlreichen Mitarbeiterinnen und Mitarbeitern der von mir besuchten Archive und Bibliotheken für ihre Hilfsbereitschaft bei der Bereitstellung der umfangreichen Quellen und Literatur.

Zu einem grand merci verpflichtet bin ich darüber hinaus dem Secrétariat Générale de la Défense Nationale[2], dem Ministère de la Défense und dem Service Historique de la Défense für die Genehmigung zur Einsichtnahme in das zum damaligen Zeitpunkt größtenteils noch eingestufte französische Militärschriftgut. Ohne ihr freundliches Entgegenkommen hätte die Studie in der vorliegenden Form nicht angefertigt werden können.

---

[1] Seit 1.10.2012 Bundesamt für Ausrüstung, Informationstechnik und Nutzung der Bundeswehr (BAAINBw).
[2] Seit 13.1.2010 Secrétariat Générale de la Défense et de la Sécurité Nationale (SGDSN).

Dem ZMSBw, namentlich dem Kommandeur Oberst Dr. Hans-Hubertus Mack und dem Leitenden Wissenschaftler Prof. Dr. Michael Epkenhans, danke ich herzlich für die Aufnahme meiner Dissertation in die Reihe »Anfänge und Probleme des Atlantischen Bündnisses«, dem Team der Schriftleitung um Wilfried Rädisch und den Lektoren Cordula Hubert und Oberst a.D. Dr. Roland G. Foerster (†) für die vorzügliche Realisierung des vorliegenden Bandes.

Ein großes Dankeschön möchte ich auch all denjenigen sagen, die durch Anregungen, Hinweise, Kritik oder Korrekturlesen wesentlich zum Gelingen der Arbeit beigetragen und die stets an mich geglaubt haben. Besonders erwähnen möchte ich Dr. Franziska Brüning, Dr. Karen Ittenbach, Oberstleutnant a.D. Michael Poppe, Dr. Eva Rödel, Mag. Dr. Wolfgang Sagmeister, Dipl. Ing. Ulrich Seiller, Mélanie Spiegel, Dr. Philippe Vial und Helmut Wingerter. Nicht vergessen möchte ich an dieser Stelle auch die beiden Generale a.D. Pierre-Marie Gallois (†) und Ulrich de Maizière (†), die ich während meiner Recherchen besuchen und zur Phase der Europäischen Verteidigungsgemeinschaft interviewen durfte. Als gewinnbringend bei der Beschäftigung mit der Geschichte der europäischen Rüstungskooperation erwiesen sich zudem die zahlreichen Gespräche mit Angehörigen von Streitkräften, Verteidigungsministerien und der wehrtechnischen Industrie, aber auch der Austausch mit der nach wie vor überschaubaren Schar von Historikerkollegen, die sich mit den von der Geschichtswissenschaft lange Zeit eher vernachlässigten Themen Rüstung und Rüstungskooperation beschäftigen.

Nicht zuletzt möchte ich meiner Familie danken, die mich über all die Jahre stets unterstützt und motiviert hat, besonders meinen Eltern Rita und Peter Seiller, die viel auf sich genommen haben, um mir und meinem Bruder eine gute Ausbildung zu ermöglichen. Ihnen möchte ich die vorliegende Arbeit in tiefer Dankbarkeit widmen.

Florian Seiller

# I. Einleitung

Die Verwirklichung einer gemeinsamen europäischen Rüstungspolitik gehört zu einer der größten Herausforderungen der Gemeinsamen Sicherheits- und Verteidigungspolitik (GSVP) der Europäischen Union (EU). In kaum einem anderen Bereich erweist sich die Integration als derart schwierig wie bei der Entwicklung, Produktion und Beschaffung von Rüstungsgütern. Aufgrund divergierender außen- und sicherheits-, verteidigungs-, wirtschafts- und industriepolitischer Interessen der einzelnen Mitgliedstaaten waren Rüstungsfragen lange Zeit vom Integrationsprozess ausgenommen. Gemäß Artikel 296 der EU-Verträge von Amsterdam (1997) und Nizza (2000) war es jedem Mitgliedstaat möglich, Maßnahmen zu ergreifen, »die seines Erachtens für die Wahrung seiner wesentlichen Sicherheitsinteressen erforderlich sind, soweit sie die Erzeugung von Waffen, Munition und Kriegsmaterial oder den Handel damit betreffen«[1]. In der Praxis zeigte sich, dass die Mitgliedstaaten diese Klausel extensiv auslegten und nationale militärische Beschaffungsverfahren prinzipiell den Regeln des Gemeinsamen Marktes entzogen. Der Artikel wurde von den Staaten somit zur Bevorzugung ihrer eigenen Industrie »missbraucht«[2]. Faktisch besaß der Artikel »die Wirkung eines nationalen Souveränitätsvorbehalts für Verteidigungsgüter«[3]. Die Folge einer solchen Politik war eine Zersplitterung der europäischen Rüstungswirtschaft in eine Vielzahl nationaler, voneinander streng abgeschotteter Märkte, mit wenig wettbewerbsorientierten und -fähigen Strukturen. Darüber hinaus gestaltete sich die Rüstungszusammenarbeit zumeist wenig effizient[4]. Oft zitiertes Paradebeispiel ist der stark fragmentierte Sektor der gepanzerten Kampf- und Transportfahrzeuge. Derzeit werden in diesem Bereich von den EU-Mitgliedstaaten über 20 voneinander unabhängige Projekte vorangetrieben – aus Sicht vieler Fachleute reine Ressourcenverschwendung[5].

---

[1] Vertrag von Amsterdam, S. 173; Vertrag von Nizza, S. 165 f. Im Vertrag über die Europäische Wirtschaftsgemeinschaft (1957) und im Vertrag von Maastricht (1992) war der betreffende Art. als Art. 223 enthalten. Vgl. Vertrag von Maastricht, S. 263. Im Vertrag von Lissabon (2007) lebte Art. 296 als Art. 346 fort. Vgl. Eisenhut, Europäische Rüstungskooperation, S. 127.
[2] Vgl. Algieri/Bauer, Die Festschreibung mitgliedstaatlicher Macht, S. 146 f.; Eisenhut, Europäische Rüstungskooperation, S. 87; Küllmer, Die Umgestaltung der europäischen Streitkräfte, S. 112 f.
[3] So bereits in Bezug auf Art. 223 EWG-Vertrag: Eisenhut, Europäische Rüstungskooperation, S. 129.
[4] Vgl. Enders/Rohde, Europäischer Rüstungsmarkt, S. 282–284; Grams, Transatlantische Rüstungskooperation, S. 64–68.
[5] Siehe Bauer, Armoured Fighting Vehicles; Bertges, Der fragmentierte europäische Verteidigungsmarkt, S. 167–195; Masson/Paulin, Perspectives d'évolution de l'industrie, S. 104–108, 124–126; Paulin, L'industrie européenne des véhicules blindés; Paulin, L'industrie terrestre européenne.

Zwar existierten in den vergangenen Jahrzehnten zahlreiche bi- und multilaterale Gremien, die sich der Förderung der zwischenstaatlichen bzw. europäischen Rüstungszusammenarbeit widmeten[6], doch zu einer systematischen und effektiven Koordinierung der Rüstungs- und Rüstungsexportpolitik, geschweige denn zu einer Öffnung der nationalen Rüstungsmärkte oder gar zur Errichtung einer supranationalen europäischen Rüstungsbehörde, ist es aufgrund zahlreicher Vorbehalte der einzelnen Länder nicht gekommen. Unterschiedliche außen- und sicherheitspolitische Interessenlagen, militärische Konzepte, Beschaffungszeitpläne und -verfahren, Sparzwänge, Industriestrukturen und Exportinteressen, nationale Egoismen und Prestigedenken sowie mangelnde Bereitschaft zum Technologietransfer hemmten die Kooperation maßgeblich[7]. Besonders die großen Akteure wie Frankreich und Großbritannien, aber auch die Bundesrepublik, zeigten sich bestrebt, autonome Entwicklungs- und Produktionskapazitäten zu unterhalten und bei Beschaffungsvorhaben, vor allem bei Großprojekten, die heimische Industrie zu bevorzugen.

Erst nach dem Ende des Kalten Krieges und den damit einhergehenden Veränderungen der militärischen, politischen, wirtschaftlichen und finanziellen Rahmenbedingungen sowie mit dem Auftauchen neuer sicherheitspolitischer Herausforderungen setzte bei den Europäern allmählich ein Umdenken ein[8]. Angesichts schrumpfender Verteidigungsetats, der drastischen Verkleinerung der Streitkräfte, der Notwendigkeit einer Umstrukturierung der wehrtechnischen Industrien und der Kostensteigerung für moderne Waffensysteme wurde eine Intensivierung und effektivere Ausgestaltung der europäischen Rüstungszusammenarbeit unausweichlich. Hinzu kamen die Herausbildung globaler Märkte und die starke Konkurrenz aus Übersee, insbesondere von den Vereinigten Staaten von Amerika. Auch hatte sich seit Anfang der 1990er Jahre das operationelle Aufgabenspektrum der europäischen Armeen erweitert. So stand nicht mehr die klassische Landesverteidigung, die Verteidigung gegen einen Großangriff schwer gepanzerter und mit Nuklearwaffen ausgestatteter Verbände aus dem Osten, im Vordergrund, sondern der Aufbau hochmobiler, schlagkräftiger, durchhaltefähiger, technologisch hochgerüsteter und weltweit einsetzbarer Verbände. Doch hier verfügen die EU-Mitgliedstaaten noch über beträchtliche Defizite, wie insbesondere ein Vergleich mit den militärischen Fähigkeiten der USA zeigt. Die Bürgerkriege im ehemaligen Jugoslawien sowie die weltweiten Einsätze zur Krisenprävention und -bewältigung haben immer wieder deutlich vor Augen geführt, dass die militärischen Fähigkeiten der Europäer unzureichend und diese nicht oder zumindest nur begrenzt zu autonomem

---

[6] Siehe Masson, Le cadre institutionnelle; Burigana/Deloge, Standardisation et production coordonnée, S. 338–341; DeVore, Organizing International Armaments Cooperation.
[7] Einen guten Einblick in die vielschichtigen Probleme bieten der Sammelband Histoire de la coopération européenne, und Grams, Transatlantische Rüstungskooperation.
[8] Aus der mittlerweile kaum noch überschaubaren Fülle an Literatur zur Entwicklung der ESVP/GSVP seien an dieser Stelle genannt: Algieri, Die Außen-, Sicherheits- und Verteidigungspolitik der EU; Argenson, The Future of European Defence Policy; Chancen und Grenzen; Diedrichs, Die gemeinsame Sicherheits- und Verteidigungspolitik der EU; Die europäische Sicherheits- und Verteidigungspolitik; Die Sicherheits- und Verteidigungspolitik der EU; Heisbourg, European Defence; Europäische Sicherheits- und Verteidigungspolitik; Howorth, European Integration and Defence; Kielmansegg, Die Verteidigungspolitik; Koutrakos, The EU Common Security; Salmon/Shepherd, Toward a European Army.

militärischem Handeln in großem Stil in der Lage sind. Mit der auf deutsch-französische Initiative hin errichteten Gemeinsamen Organisation für Rüstungszusammenarbeit (Organisation Conjointe de Coopération en matière d'Armement, OCCAR) zum effizienteren Management von Gemeinschaftsprogrammen[9], der Gründung der Europäischen Verteidigungsagentur (European Defence Agency, EDA) der EU zur Harmonisierung der Rüstungsgüterbeschaffung und Schließung der militärischen Fähigkeitslücken[10], sowie den Bemühungen der EU-Kommission und des Europäischen Parlaments zur Schaffung eines europäischen Rüstungsmarktes konnten wichtige Fortschritte erzielt werden[11]. Doch bleibt in diesem von den Nationalstaaten bislang immer noch streng gehüteten Kompetenzbereich noch vieles zu tun. Von einem echten gemeinsamen Rüstungsmarkt, geschweige denn von einem integrierten Rüstungs- und Beschaffungswesen, wie es einigen Vordenkern vorschwebt, ist die EU noch ein gutes Stück entfernt.

## 1. Fragestellung

Dass die Gründerstaaten der Europäischen Union bereits Anfang der 1950er Jahre den Versuch unternahmen, ein weitgehend integriertes europäisches Rüstungs- und Beschaffungswesen zu konzipieren, ist heute immer noch weitgehend unbekannt oder schlichtweg in Vergessenheit geraten. Erst in jüngster Zeit fand die im Rahmen der EVG-Planungen angedachte Rüstungsintegration wieder Erwähnung[12]. Der am 27. Mai 1952 von den Regierungen Frankreichs, der Bundesrepublik Deutschland, Italiens, der Niederlande, Belgiens und Luxemburgs unterzeichnete Vertrag über die Europäische Verteidigungsgemeinschaft (EVG) sah neben der Schaffung einer supranationalen Verteidigungsorganisation mit integrierten europäischen Streitkräften, militärischer Beistandspflicht, gemeinsamer Verwaltung, Versorgung und Ausbildung sowie gemeinsamen taktischen Einsatzgrundsätzen auch die Schaffung eines mit umfassenden Kompetenzen ausgestatteten Rüstungs- und Beschaffungswesens vor. An seiner Spitze war ein Kommissariat vorgesehen, dem die Vorbereitung und Ausführung gemeinsamer Programme für Bewaffnung, Ausrüstung, Versorgung und Infrastruktur sowie für wissenschaftliche und technische Forschung obliegen sollten. Zu seinen Aufgabenbereichen gehörte ferner die Genehmigung für die Errichtung von Produktions- und Forschungsanlagen, für die Herstellung militärischer Güter sowie für deren Ein- und Ausfuhr. Darüber hi-

---

[9] Zu Aufgaben und Arbeitsweise von OCCAR siehe Küllmer, Die Umgestaltung der europäischen Streitkräfte, S. 102–109; Neve/Mathieu, Les Armées d'Europe, S. 158–163; Eisenhut, Europäische Rüstungskooperation, S. 68–76; Sauvaget, L'OCCAR a dix ans.

[10] Zur EDA vgl. Bátora, European Defence Agency; Chang, European Defence Agency; Eisenhut, Europäische Rüstungskooperation, S. 108–111, 245–257; Küllmer, Die Umgestaltung der europäischen Streitkräfte, S. 124–138; Masson/Paulin, Perspectives d'évolution de l'industrie, S. 177–182.

[11] Siehe dazu Eisenhut, Europäische Rüstungskooperation, S. 111–120; Mölling/Brune, The Impact of the Financial Crisis, S. 29 f.; Koutrakos, The EU Common Security, S. 264–276; Lambsdorff, EU Rüstungsbeschaffung, S. 232–235.

[12] Vgl. DeVore, Organizing International Armaments Cooperation, S. 442; Eisenhut, Europäische Rüstungskooperation, S. 60–63.

naus sollte das Kommissariat über umfangreiche Rüstungskontrollbefugnisse verfügen. Die Durchführung der Programme sollte aus dem EVG-Gemeinschaftsbudget finanziert, die Auftragsvergabe nach einem Ausschreibungsverfahren auf der Grundlage eines möglichst umfassenden Wettbewerbs erfolgen. Die Arbeit war in enger Zusammenarbeit mit den für Rüstungsangelegenheiten zuständigen Dienststellen der Nordatlantischen Allianz (North Atlantic Treaty Organization, NATO) durchzuführen, um eine weitgehende Vereinheitlichung (Standardisierung) des Materials sicherzustellen[13]. Eine supranationale Integration im Verteidigungssektor stellte damals ein völliges Novum dar, denn alles Militärische galt bislang als ureigene Domäne des souveränen Nationalstaates, als Ausdruck seiner Unabhängigkeit und Zeichen seiner Macht. Viele Zeitgenossen betrachteten die nationale Armee als Werkzeug, Garant und Symbol der nationalen Unabhängigkeit[14]. Dies galt auch für die Rüstung, das Kriegspotenzial eines Staates. Sie war nicht nur von fundamentaler Bedeutung für die Schlagkraft der eigenen Streitkräfte, sondern galt auch als Symbol militärischer Macht, als Schrittmacher modernster Technologien, und entwickelte sich zu einem wichtigen Wirtschaftsfaktor.

Zur Verwirklichung der EVG kam es allerdings nicht. Mit dem Scheitern des EVG-Vertrags in der französischen Nationalversammlung am 30. August 1954 wurden sämtliche bisherigen Planungen bezüglich einer europäischen Militärintegration hinfällig. Frankreich sah sich in seinem eigenen sicherheits- und verteidigungspolitischen Spielraum zu stark eingeschränkt und empfand eine derart weitreichende Integration als Preis für die Verhinderung einer deutschen Nationalarmee als zu hoch.

Die vorliegende Arbeit untersucht die von der zeithistorischen Forschung bisher weitgehend unberücksichtigten Planungen einer integrierten westeuropäischen Rüstungs- und Beschaffungsorganisation, mit denen sich die Vertreter der Bundesrepublik, Frankreichs, Italiens und der Benelux-Staaten im Rahmen ihrer Verhandlungen über die EVG befassten. Auf breiter Quellenbasis soll analysiert werden, welche Ziele und Interessen die beteiligten Akteure verfolgten, welche Ideen und Konzepte sie erarbeiteten und auf welche Schwierigkeiten und Widerstände sie hierbei stießen. Im Mittelpunkt der Studie stehen neben der Haltung der Regierungen, Militärs und Rüstungsfachleute die Positionen der nationalen EVG-Delegationen und der Wirtschaftsverbände sowie die Arbeiten des EVG-Rüstungsausschusses. Um die Rüstungsplanungen einordnen und bewerten zu können, ist es unerlässlich, einen fundierten Blick auf die damals existierenden Kooperationsplattformen zu werfen: die NATO sowie die auf französische Initiative hin ins Leben gerufenen kontinentaleuropäischen Organisationen für den Heeres- und Luftwaffenbereich, FINBEL und FINBAIR. Auch dies stellt in weiten Teilen wissenschaftliches Neuland dar. Am Beispiel der verschiedenen Kooperationsforen wird deutlich, wie schwierig sich die multinationale Rüstungszusammenarbeit zur damaligen Zeit gestaltete und wie problembeladen die Einführung supranationaler Elemente

---

[13] Vgl. Art. 101–111 EVG-Vertrag. Der EVG-Vertrag ist abgedruckt in: Bundesgesetzblatt (BGBl.) 1954, II, S. 345–410; Die Vertragswerke von Bonn und Paris vom Mai 1952, S. 181–342. Zur Vereinfachung der Zitierweise werden in der vorliegenden Arbeit lediglich die betreffenden Vertragsartikel angegeben.

[14] Vgl. EA 1953, S. 935–937, hier S. 937: Europarede Schuman an der Johannes Gutenberg–Universität Mainz, Teil 2, 21.5.1953.

war. Darüber hinaus zeigt sich, welch hohen Stellenwert die Thematik für Frankreichs Regierung und Militär besaß.

Die EVG-Rüstungsplanungen sollen insbesondere aus deutscher und französischer Perspektive betrachtet werden. Zum einen würde eine umfassende Analyse der Politik aller sechs EVG-Mitgliedstaaten den überschaubaren Rahmen bei Weitem sprengen. Zum anderen empfiehlt sich ein besonderer Blick auf die Bundesrepublik und Frankreich deshalb, weil diese beiden Länder bei den Verhandlungen über die Verteidigungsgemeinschaft die Schlüsselakteure waren und sich die ständigen Reibungspunkte zwischen Bonn und Paris erheblich auf den Verlauf der EVG-Verhandlungen und das bilaterale Verhältnis auswirkten. Die Frage einer De- bzw. Remilitarisierung Westdeutschlands gehörte, wie der Historiker Ulrich Lappenküper hervorhebt, zu den »dornigsten Problemen der deutsch-französischen Beziehungen in der Nachkriegszeit«[15]. Während die Bundesrepublik eine gleichberechtigte Rolle in der EVG beanspruchte und jegliche diskriminierende Bestimmung vermeiden wollte, war Frankreich aufgrund seines ausgeprägten Sicherheitsdenkens darauf bedacht, eine westdeutsche Wiederbewaffnung – wenn sie sich schon aufgrund des immer stärker werdenden Drängens der USA infolge des Ausbruchs des Korea-Kriegs nicht vermeiden ließ – nur in streng kontrollierten Bahnen zuzulassen. Die Aufstellung einer westdeutschen Nationalarmee mit Großverbänden und eigenem Generalstab, die Einrichtung eines Verteidigungsministeriums und die Aufnahme der Bundesrepublik in die NATO – einem Bündnis souveräner Staaten – galt es unter allen Umständen zu verhindern. Der ehemalige Gegner sollte aus französischer Sicht über kein autonomes militärisches Instrument verfügen und niemals wieder eine sicherheitspolitische Bedrohung darstellen. Folglich durften die Deutschen auch keine eigene Rüstungsindustrie und -organisation besitzen. An der Seine sah man sich im Spätsommer 1950 gezwungen, eine Organisationsform zu finden, die es erlaubte, das deutsche Potenzial für die westliche Verteidigung nutzbar machen, gleichzeitig aber streng kontrollieren zu können. Aus Sicht der Gruppe um den Vater des Schuman-Plans, Jean Monnet, ließ sich beides am besten im Rahmen einer supranationalen Verteidigungsgemeinschaft verwirklichen. Dabei war das Bonner Rüstungspotenzial vollständig zu europäisieren.

In den meisten Darstellungen standen, wie in Kapitel I.3. gezeigt wird, im Rüstungsbereich überwiegend die mit dem EVG-Vertrag verbundenen Beschränkungs- und Kontrollklauseln im Vordergrund. Zwar hat die Forschung in den letzten Jahren verschiedentlich auf konstruktive Ansätze einer deutsch-französischen Rüstungszusammenarbeit während der EVG-Phase hingewiesen, namentlich auf die von französischen Wirtschaftskreisen initiierten und von der Regierung tolerierten Sondierungsgespräche über eine deutsch-französische Zusammenarbeit im Luftfahrtbereich[16]. Darüber, dass Militärs, Diplomaten, Rüstungs-, Finanz- und Rechtsexperten aus sechs westeuropäischen Staaten nur wenige Jahre nach dem Ende des Zweiten Weltkrieges im Rahmen der EVG-Vorbereitungen Seite an Seite den Aufbau einer gemeinsamen Verteidigungsorganisation mit eigenem Rüstungs- und Beschaffungsapparat planten, ist hingegen vergleichsweise wenig bekannt. Dabei kam einem integrierten, aus einem gemeinsamen Haushalt zu

---

[15] Lappenküper, Die deutsch-französischen Beziehungen, Bd 1, S. 498.
[16] Siehe ebd., S. 1141–1144; Lefèvre, Les relations économiques franco-allemandes, S. 376–386.

finanzierenden gemeinschaftlichen Rüstungsprogramm eine herausragende Bedeutung für die EVG zu. Schließlich war die Rüstung ein für die Fähigkeit zur Kriegführung zentraler, ja mit entscheidender Faktor. Eine Untersuchung der EVG-Rüstungsplanungen lohnt sich auch deshalb, weil die Anfänge der europäischen Rüstungszusammenarbeit ohnehin zu einem großen Teil noch nicht quellengestützt aufgearbeitet sind. Die Zusammenarbeit auf rüstungstechnischem Gebiet entwickelte sich im Laufe der 1950er Jahre zu einem elementaren Bestandteil der zwischenstaatlichen Verteidigungs-, aber auch der Wirtschafts- und Industriekooperation, und wurde zu einem der Indikatoren für den Stand der bilateralen Beziehungen[17].

Aufgrund des enormen Umfangs der von der EVG-Konferenz (1951/52) und den zahlreichen Gremien des EVG-Interimsausschusses (1952–1954) durchgeführten Arbeiten wird es kaum möglich sein, im Rahmen der vorliegenden Studie sämtliche Facetten der Rüstungsplanungen zu untersuchen. Stattdessen empfiehlt es sich, diejenigen Aspekte herauszugreifen, die für die Rüstungsplanungen von besonderer Relevanz waren und anhand derer die Motivlagen und Interessengegensätze der Deutschen und Franzosen besonders deutlich zum Vorschein traten. Dazu gehörten die Erarbeitung der Wirtschaftsklauseln des EVG-Vertrags, die den Rahmen für die künftige wehrwirtschaftliche Organisation vorgaben, und die eng damit verbundenen Verhandlungen über westdeutsche Rüstungsbeschränkungen, deutsch-französische Sondierungsgespräche im Rüstungsbereich, die Diskussionen um die Organisationsstruktur und Kompetenzen des zukünftigen Kommissariats und seiner für Rüstungsangelegenheiten zuständigen Dienststellen sowie militärtechnische Fragen, wie etwa die Vereinheitlichung von Waffen und Gerät. Eine zentrale Bedeutung kommt daneben Frankreichs Streitkräfteführung, Wirtschaftsfachleuten und Nuklearplanern zu, welche die EVG-Pläne ablehnten und diese zu torpedieren versuchten. Darüber hinaus analysiert die Studie die Einstellungen der deutschen und französischen Wirtschaftsverbände und deren gemeinsames Vorgehen, mit dem sie die Arbeiten des EVG-Interimsausschusses beeinflussen wollten. Die Untersuchung behandelt somit die großen Linien der im Zusammenhang mit der EVG in Angriff genommenen Planungen auf dem Gebiet der Rüstung und deren Begleitumstände, und dies vornehmlich aus deutscher und französischer Sicht.

In Bezug auf die deutsch-französische Komponente lassen sich folgende Fragestellungen formulieren: Welche Vorstellungen besaßen Deutsche und Franzosen vom zukünftigen EVG-Rüstungsapparat bzw. einer europäischen Rüstungszusammenarbeit? Wie sollte ihrer Auffassung nach das EVG-Rüstungswesen strukturiert sein und funktionieren? Über welche Befugnisse sollte die EVG auf diesem Gebiet verfügen? Wie gestaltete sich das Verhältnis zwischen den deutschen und französischen Vertretern bei den Verhandlungen über Rüstungsfragen? Wo traten Interessengegensätze oder Konflikte auf? Gab es Ressentiments? Wurden die Planungsarbeiten auf französischer Seite von einem ausgeprägten Sicherheitsdenken dominiert oder war bereits ein echter Gemeinschaftsgeist

---

[17] Zur Bedeutung der Rüstungszusammenarbeit in den deutsch-französischen Beziehungen in den 1950/60er Jahren siehe Bossuat, Armements et relations franco-allemandes; Lappenküper, Die deutsch-französischen Beziehungen, Bd 1, S. 1139–1199; Seiller, »Zusammenarbeit kann man das nicht nennen!«? – Eine Betrachtung der deutsch-französischen Rüstungskooperation in ökonomischem und strategischem Kontext: Kollmer, German-French Armaments Cooperation; Kollmer, Zwischen Zahlungsbilanzüberschuss und Skalenerträgen.

spürbar? Gab es auf beiden Seiten vielleicht sogar Kräfte, die ein deutsch-französisches Sonderverhältnis anstrebten? Und welche Widerstände formierten sich innerhalb der nationalen Administrationen gegen eine integrierte Rüstung? Abschließend wird zu klären sein, welche Bedeutung die Rüstung zur damaligen Zeit in den deutsch-französischen Beziehungen hatte und welche Rolle ihr aus Sicht der beiden Länder in der Anfangsphase der Europäischen Integration zukommen sollte.

Der Untersuchungszeitraum der Arbeit erstreckt sich vom Beginn der EVG-Projekts im Jahre 1950 bis zu dessen endgültigem Scheitern im August 1954, streift aber darüber hinaus noch die Pläne einer mit umfassenden Kompetenzen ausgestatteten westeuropäischen Rüstungsbehörde (»Rüstungspool«), die der französische Ministerpräsident Pierre Mendès France anlässlich der Verhandlungen über einen bundesdeutschen NATO-Beitritt auf der Londoner Neunmächtekonferenz im Herbst 1954 präsentierte[18]. Ein Blick über das Ende des EVG-Projekts hinaus erscheint sinnvoll, da die französische Regierung trotz vieler Vorbehalte und Bedenken bezüglich der Aufstellung bewaffneter deutscher Kräfte rasch ein reges Interesse an einer engen und weitreichenden Rüstungszusammenarbeit mit Deutschland entwickelte. In der EVG-Phase und während der Verhandlungen über den Rüstungspool entstanden zahlreiche Kontakte, womit gewissermaßen der Grundstein für die ab 1955 einsetzende, offizielle bilaterale Kooperation gelegt wurde. Hieran zeigt sich auch der beachtliche Wandel der französischen Sicherheitspolitik gegenüber dem ehemaligen Kriegsgegner.

Angesichts der aktuellen Debatte über die Fortentwicklung der GSVP[19] empfiehlt sich ein Sprung in die Gegenwart, und zwar in Form eines kurzen Blicks auf die Aktivitäten der EU – vor allem auf die Verteidigungsagentur und die Maßnahmen der EU-Kommission und des Europäischen Parlaments, um die hohe Relevanz und Aktualität des Themas Rüstungsintegration zu verdeutlichen. Die Bemühungen auf der EU-Ebene, die Rüstung in den Europäischen Integrationsprozess einzubeziehen, erinnern durchaus an den ehrgeizigen Versuch einer Rüstungsintegration Anfang der 1950er Jahre. Daran lässt sich zugleich veranschaulichen, wie weitreichend die EVG-Planungen – nicht nur für die damalige Zeit – waren. Wie Dieter Krüger und Sandra Eisenecker zu Recht hervorheben, hat es bis zum heutigen Tag »kein vergleichbar weitgehendes Vorhaben« gegeben, »nationale Streitkräfte zu integrieren«[20]. In dieselbe Richtung geht Dominik Eisenhut, der in seiner rechtswissenschaftlichen Dissertation anmerkt, dass das im EVG-Vertrag vorgesehene Integrationsniveau im Rüstungsbereich bis heute unerreicht sei[21]. Das veränderte sicherheitspolitische Bedrohungsspektrum, die Reform der Streitkräfte

---

[18] Die komplizierten und langwierigen Verhandlungen über den Rüstungspool und den Ständigen Rüstungsausschuss der WEU (September 1954 bis Mai 1955) können im Rahmen dieser Arbeit nicht in allen Facetten behandelt werden. Einen guten Überblick bieten Lappenküper, Die deutsch-französischen Beziehungen, Bd 1, S. 1145–1151, und Calandri, The Western European Armaments Pool. Äußerst umfangreiche Aktenbestände finden sich in: Bundesarchiv-Militärarchiv (BArch), BW 9/165, 166, 652, 987, 989, 2665-1, 2665-2, 2665-3, 2666-1, 2666-2, 2667-1, 2667-2, 2668-1, 2668-2, 2668-3, 2668-4, 2668-5, 2669; Politisches Archiv des Auswärtigen Amtes (PA-AA), B 14-211/41, 58, 80–97.
[19] Mit dem Inkrafttreten des EU-Vertrags von Lissabon am 1.1.2010 wurde die ESVP in Gemeinsame Sicherheits- und Verteidigungspolitik (GSVP) umbenannt.
[20] Krüger/Eisenecker, Auf dem Weg zu einer europäischen Armee?, S. 201.
[21] Vgl. Eisenhut, Europäische Rüstungskooperation, S. 63.

in Europa sowie die Auswirkungen der Wirtschafts- und Finanzkrise auf die nationalen Verteidigungshaushalte haben die Debatte um eine weitere Vertiefung der Europäischen Integration im Bereich der Sicherheits- und Verteidigungspolitik beschleunigt. Seit einigen Jahren mehren sich die Stimmen derjenigen, die mittel- bis langfristig die Schaffung einer Europäischen Armee und eine europäische Rüstungspolitik fordern[22].

## 2. Begriffsbestimmungen

Eine wissenschaftlich befriedigende und exakte Definition des Begriffs »Europäische Integration« existiert nicht – nicht einmal über die Definition von »Europa« besteht Einigkeit[23], wie sich etwa am Beispiel der seit Jahren schwelenden Debatte um einen EU-Beitritt der Türkei zeigt[24]. Allgemein bezeichnet der Begriff »Integration« einen Prozess, bei dem »bislang getrennte politische, ökonomische und/oder gesellschaftliche Einheiten enger zusammengeführt werden und ein größeres Ganzes bilden«[25]. Demgemäß ist es möglich, dass Staaten, Volkswirtschaften oder Gesellschaften sich über bestehende Grenzen hinweg einander annähern oder zusammenwachsen. Dies kann von der schrittweisen grenzüberschreitenden Koordination oder Kooperation bis zur Entstehung einer übergeordneten Handlungsebene oder -einheit mit eigenen Befugnissen reichen. Daneben beschreibt der Begriff einen Zustand, der aus dem Prozess des Zusammenwachsens resultiert[26]. Krüger versteht unter »Integration« die dauerhafte Abtretung exekutiver und legislativer Funktionen an supranationale Institutionen. »Integration« bedeutet für ihn die Schaffung eines europäischen (Teil-)Souveräns[27]. Robert Schuman, mehrfacher französischer Minister in den 1940er/50er Jahren und einer der Architekten der Montanunion, formulierte im Zuge der Debatte um die Schaffung einer EPG, die die EGKS und EVG politisch überwölben sollte, folgende Integrationskriterien: Verzicht auf das Einstimmigkeitsprinzip bei der Beschlussfassung und Verbindlichkeit von Mehrheitsentscheidungen, Unkündbarkeit des Gründungsvertrages für einen bestimmten Zeitraum (Änderungen sollten nur einstimmig beschlossen werden können), Gleichberechtigung aller Gemeinschaftsmitglieder, Beschränkung der Integration auf bestimmte Bereiche (keine Aufgabe der nationalstaatlichen Identität)[28].

---

[22] Siehe dazu die zahlreichen Beiträge von Politikern, (Ex-)Militärs, Wissenschaftlern und Industrievertretern im Sammelband Eine einsatzfähige Armee für Europa.
[23] Vgl. Clemens/Reinfeldt/Wille, Geschichte der europäischen Integration, S. 15–22; Jütten, Europäische Integration, S. 17–23; Thiemeyer, Europäische Integration, S. 9. Zur Begriffsgeschichte in der Frühphase des Integrationsprozesses (1947–1950): Herbst, Die zeitgenössische Integrationstheorie.
[24] Siehe Hughes, Turkey's Accession; Öner, Turkey and the EU; Paasche, Europa und die Türkei.
[25] Bieling/Lerch, Theorien der europäischen Integration, S. 13.
[26] Vgl. Giering/Metz, Integrationstheorien, S. 285. Dies ähnelt der Definition des Friedens- und Konfliktforschers Johan Galtung, der unter »Integration« einen Prozess versteht, bei dem zwei oder mehrere Akteure zu einem neuen Akteur verschmelzen. Nach vollzogenem Prozess gelten die Akteure als integriert. Vgl. Galtung, A Structural Theory of Integration, S. 377.
[27] Vgl. Krüger, Sicherheit durch Integration?, S. 11.
[28] Vgl. EA 1953, S. 929 f., hier S. 930: Europarede Schuman an der Johannes Gutenberg-Universität Mainz, Teil 1, 21.05.1953. Schuman hielt die Rede nach seinem Rücktritt als Außenminister – er

Zur Erklärung der europäischen Integrationsziele und -prozesse haben Politikwissenschaftler ein Bündel von Theorien und Erklärungsmodellen entwickelt, die von Vertretern anderer Disziplinen, wie Rechtswissenschaftlern, Ökonomen, Historikern und Kulturwissenschaftlern ergänzt bzw. erweitert werden. In den Anfangsjahren waren besonders die Ansätze Föderalismus, Funktionalismus und Neo-Funktionalismus dominierend. Während der maßgeblich von der Europabewegung getragene und stark normativ angelegte Föderalismus einen demokratisch legitimierten europäischen Bundesstaat mit eigener Verfassung anstrebte, mit dem die klassischen nationalstaatlichen Gegensätze überwunden werden sollten, und maßgeblich vom Friedens- und Versöhnungsgedanken inspiriert war, geht der Funktionalismus davon aus, dass die nationalen Eliten in Bereichen, in denen sie eine Zusammenarbeit für vorteilhaft oder notwendig erachteten, speziell auf diese Bedürfnisse zugeschnittene Einrichtungen ins Leben riefen. Das neofunktionalistische Konzept geht noch einen Schritt weiter: Aufgrund der zunehmenden Verflechtungen der Staaten sehen sich die Eliten veranlasst, staatliche Kompetenzen an eine (funktional notwendige) überstaatliche Einrichtung transferieren. Deren Aufgabe ist die Schaffung einheitlicher Regeln und die Verwaltung der vergemeinschafteten Sparte. Infolge der Vergemeinschaftung und fortschreitender Interdependenzen kommt es zu einem »spill-over«, einem Überschwappen des Integrationsprozesses auf weitere Bereiche, d.h. zu einer immer größeren Kompetenzverlagerung hin zu den Gemeinschaftsorganen: Der Prozess beginnt zumeist in einem technischen Bereich und erfasst dann zunehmend den (übergeordneten) politischen[29].

Für den britischen Historiker Alan S. Milward war der Europäische Integrationsprozess die Reaktion der Nationalstaaten auf ihre damaligen Funktionsdefizite. Er argumentiert, die Nationalstaaten hätten nur deshalb wesentliche Kompetenzen an eine supranationale Organisation delegiert, um den drohenden Verlust ihrer Handlungsfähigkeit zu verhindern und den Nationalstaat zu retten. Wirtschaftlicher Wohlstand und Ausbau des Sozialstaates ließen sich nach den schweren Erschütterungen durch die Weltwirtschaftskrise und die verheerenden Weltkriege aus Sicht der politischen Eliten nicht mehr aus eigener Kraft, sondern nur durch Integration erreichen[30]. Den euro-

---

hatte zu diesem Zeitpunkt keine ministerielle Verantwortung mehr.

[29] Siehe Clemens/Reinfeldt/Wille, Geschichte der europäischen Integration, S. 307–309; Große Hüttmann/Fischen, Föderalismus; Rosamond, Theories of European Integration, S. 20–73; Schmidt/Schünemann, Europäische Union, S. 380–392; Thiemeyer, Europäische Integration, S. 16–18; Wolf, Neo-Funktionalismus. Aufgrund der im Zusammenhang mit den Diskussionen und Verhandlungen über die EGKS, EVG und EPG neu auftauchenden, nicht eindeutig definierten Begriffe »Föderalismus« und »Funktionalismus« kam es unter den Zeitgenossen häufig zu begrifflichen Verwirrungen und Unschärfen, siehe Kim, Der Fehlschlag des ersten Versuchs, S. 16–18. Zu den bereits während des Zweiten Weltkrieges entwickelten Plänen europäischer Föderalisten siehe Clemens/Reinfeldt/Wille, Geschichte der europäischen Integration, S. 64–70. Für einen tiefergehenden Blick auf die weiter ausdifferenzierten und mittlerweile zahlreichen Integrationstheorien: European Integration Theory; Giering/Metz, Integrationstheorien; Politische Theorien der Europäischen Integration; Theorien der Europäischen Integration; Theorien europäischer Integration.

[30] Vgl. Kim, Der Fehlschlag des ersten Versuchs, S. 13 f.; Loth, Beiträge der Geschichtswissenschaft, S. 91–96; Thiemeyer, Europäische Integration, S. 19 f. Milwards Erklärungsansatz wird häufig dem Walter Lipgens' gegenübergestellt, der als Anhänger der föderalistischen Theorie der Europäischen Integration gilt, sich jedoch zur damaligen Zeit nur auf eine dünne Quellenlage stützen

päischen Integrationsprozess interpretiert Milward somit als Produkt des »nationalen Egoismus der europäischen Regierungen«[31].

Eine andere Herangehensweise wählt der Historiker Guido Thiemeyer. Aufbauend auf dem Modell der »vier Antriebskräfte« Wilfried Loths, eines der Wegbereiter der historischen Integrationsforschung, unternimmt Thiemeyer eine Einteilung in 1) politische, 2) wirtschaftliche und gesellschaftliche sowie 3) kulturelle Motive und Antriebskräfte der Europäischen Integration. Die drei sind miteinander aufs engste verknüpft und bedingen sich mitunter sogar gegenseitig[32]. Legt man der vorliegenden Arbeit, die sich mit der europäischen Integration im militärischen Bereich beschäftigt, Thiemeyers Ansatz zugrunde, so berührt sie die Bereiche politische und wirtschaftliche Motive und Antriebskräfte. Es wäre jedoch denkbar, das Militärische als eigenständigen Faktor zu betrachten, kam ihm doch seit Ende der 1940er Jahre, im Zuge des sich herausbildenden Ost-West-Konflikts und erster konkreter Formen der institutionalisierten Militärkooperation, eine besondere Bedeutung zu.

Allgemein lassen sich drei Dimensionen von Integration unterscheiden: Bei der sektoralen Integration (1) werden bestimmte Politikbereiche oder Sektoren (zumindest teilweise) reguliert. Im Falle der Montanunion waren dies Kohle und Stahl, also die Schwerindustrie; die EVG hätte nach ihrer Verwirklichung die Gebiete Äußeres, Verteidigung und teilweise die Wirtschaft umfasst. Die Europäische Politische Gemeinschaft (EPG) hätte die beiden genannten Gemeinschaften gewissermaßen überwölbt. Die vertikale Integration (2) betrifft die Kompetenzverteilung unter den übergeordneten Organen in integrierten Politikfeldern. Unterschiedliche Formen sind dabei möglich: Von der intergouvernementalen (zwischenstaatlichen) Koordination und Kooperation bis hin zur Ausdehnung auf überstaatliche Organisationen. Letzteres beinhaltet die Abgabe nationalstaatlicher Kompetenzen, auch Vergemeinschaftung oder Vertiefung der Integration genannt. Die horizontale Integration (3) betrifft die Vergrößerung des territorialen Geltungsbereichs der Regeln und Kompetenzbereiche der neuen Organisation: die Erweiterung um neue Mitgliedstaaten, etwa durch spezielle Assoziierungsabkommen oder Vollmitgliedschaft[33]. Der Begriff »Europäische Integration« hat sich zur Umschreibung des Prozesses der europäischen Einigung für die Zeit ab 1950 eingebürgert. Er umfasst »die über europäische Staatengrenzen hinweg sich vollziehenden oder gedachten Prozesse der Vergemeinschaftung, Kooperation und Verflechtung«[34].

Eng verknüpft mit dem wirtschaftlichen und politischen Zusammenwachsen Westeuropas zu Beginn der 1950er Jahre ist der Begriff »Supranationalismus«. Er bezeichnet die Übertragung von Befugnissen in bestimmten Politikfeldern oder Sektoren, die

---

konnte. Milward hat seine Thesen ausführlich in seinem Buch »The European Rescue of the Nation State« niedergelegt.

[31] Thiemeyer, Europäische Integration, S. 20.
[32] Vgl. ebd., S. 9, 13–15. Loth betrachtet den europäischen Integrationsprozess als eine Reaktion auf Funktionsdefizite der Nationalstaaten bzw. des nationalstaatlichen Ordnungssystems. Die vier von ihm identifizierten Antriebskräften sind: das Problem der Friedenssicherung, die Deutsche Frage, die Unzulänglichkeiten nationaler Wirtschaftsmärkte und das Streben der Westeuropäer nach Selbstbehauptung gegenüber den Weltmächten USA und Sowjetunion. Vgl. Loth, Beiträge der Geschichtswissenschaft, S. 96–99; Loth, Warum Europa?, S. 24–26.
[33] Siehe Rittberger/Schimmelpfennig, Integrationstheorien, S. 20–22.
[34] Siehe Clemens/Reinfeldt/Wille, Geschichte der europäischen Integration, S. 22–24 (Zitat S. 24).

bislang in den Händen von Nationalstaaten lagen, auf eine überstaatliche Organisation. Mit anderen Worten: Staaten treten Souveränitätsrechte an eine neu geschaffene Instanz ab, die befugt ist, auf dem entsprechenden Gebiet für ihre Mitglieder verbindliche Regelungen zu treffen und sie auch durchzusetzen. Die supranationale Organisation wird damit zu einem eigenständigen Akteur[35]. Diese Form der Zusammenarbeit unterscheidet sich fundamental von der bis dato vorherrschenden intergouvernementalen Zusammenarbeit (Intergouvernementalismus), bei der Staaten unter Beibehaltung ihrer nationalen Hoheitsrechte und Befugnisse kooperieren. Die erste (zumindest halbwegs) supranationale Organisation war, im Gegensatz etwa zur Organization for European Economic Cooperation (OEEC), Europäischen Zahlungsunion (EZU), NATO oder Westeuropäischen Union (WEU), die 1952 ins Leben gerufene EGKS (Montanunion) mit ihren weitreichenden Kompetenzen im Kohle- und Stahlsektor. Sie ging auf den sogenannten Schuman-Plan von 1950 zurück und gilt als Keimzelle der Europäischen Wirtschaftsgemeinschaft (EWG) und somit als Vorläuferin der Europäischen Gemeinschaft (EG) sowie der späteren Europäischen Union (EU)[36].

Die EVG war, so wurde es im Vertragstext vom 27. Mai 1952 ausdrücklich niedergelegt, als »überstaatliche« und »supranationale« Organisation mit gemeinsamen Organen und Streitkräften und einem gemeinsamen Haushalt konzipiert. Sie erhielt den Status einer eigenen Rechtspersönlichkeit – nicht nur in den sechs Mitgliedstaaten, sondern auch auf der internationalen Bühne[37]. Mit den vorgesehenen Organen, dem Ministerrat als »föderatives Organ«, dem Kommissariat als »oberstes Exekutivorgan«, der Gemeinsamen Versammlung als »parlamentarisches Organ« und dem Gerichtshof als »Organ der richterlichen Gewalt« schienen »Strukturelemente einer bundesstaatlichen Organisation mit einem gewaltenteiligen Aufbau« vorgegeben. Die Bundesregierung bezeichnete das EVG-Gebilde im dazugehörigen Gesetzentwurf bereits als entscheidendes Element einer politischen Föderation Europas[38]. Ein näherer Blick auf die Struktur der Verteidigungsgemeinschaft gibt Aufschluss über deren tatsächlichen supranationalen Gehalt[39]: Zentrales Entscheidungszentrum der EVG sollte der (Minister-)Rat sein, der aus Repräsentanten der Mitgliedstaaten – dies wären wohl die Verteidigungsminister gewesen – bestanden und Richtlinien für das Kommissariat erlassen hätte. Für die Richtlinien galt das Einstimmigkeitsprinzip. Der Rat hätte außerdem die Aufsicht über

---

[35] Vgl. Thiemeyer, Supranationalität als Novum in der Geschichte, S. 5 f.; Rittberger/Schimmelpfennig, Integrationstheorien, S. 20; AWS, Bd 4 (Beitrag Schwengler), S. 415. Zur politikwissenschaftlichen Begriffserklärung, den unterschiedlichen Varianten und Erklärungsansätzen siehe Nölke, Supranationalismus; Rittberger/Schimmelpfennig, Integrationstheorien, S. 31–40. In der neueren politikwissenschaftlichen Literatur finden die Definitionen fast ausschließlich auf die EG/EU – also auf den fortgeschrittenen Integrationsprozess – Anwendung, kaum jedoch auf die Anfangsphase der Europäischen Integration.
[36] Vgl. Thiemeyer, Europäische Integration, S. 50, 96; Thiemeyer, Supranationalität als Novum in der Geschichte, S. 6. Zu den strukturellen Defiziten der Hohen Behörde der EGKS, die gesetzgebendes Beschlussorgan und Exekutivorgan war, siehe Krüger, Sicherheit durch Integration?, S. 230–232.
[37] Vgl. Art. 1, Art. 20 § 2 EVG Vertrag; AWS, Bd 4 (Beitrag Schwengler), S. 414. Dort mit weiteren Verweisen zu rechtswissenschaftlicher Literatur. Der Begriff »überstaatlich« war bereits im EGKS-Vertrag niedergelegt (Art. 9) und somit zum ersten Mal in einem völkerrechtlichen Dokument enthalten.
[38] AWS, Bd 4 (Beitrag Schwengler), S. 417.
[39] Zum Folgenden ebd., S. 418–426.

das Kommissariat ausgeübt. Zwar waren auch Ratsbeschlüsse mit einfacher oder qualifizierter Mehrheit vorgesehen, doch galt ein sehr komplexer Abstimmungsmechanismus, bei dem die Stimmen eines Mitgliedstaates gemäß der Höhe seines finanziellen Beitrags und seines Anteils an Effektivstärken für die Streitkräfte gewichtet wurden. Damit wollten die Beteiligten dem politischen, finanziellen und militärischen Gewicht der einzelnen Mitgliedstaaten Rechnung tragen. Für die Übergangsperiode sollten Frankreich, die Bundesrepublik und Italien über je drei Stimmen, die Niederlande und Belgien über je zwei Stimmen und Luxemburg über eine Stimme verfügen. Dem finanzschwachen Italien war es hier gelungen, die Gleichstellung mit den beiden »Großen« durchzusetzen.

Das Kommissariat war als neunköpfiges Kollegium mit einem Präsident an der Spitze vorgesehen und sollte die Rolle des Regierungs- und Verwaltungsorgans der Gemeinschaft übernehmen. Ihm oblagen die Umsetzung der Richtlinien des (Minister-)Rates, die Organisation, Aufstellung und Ausbildung der Streitkräfte, die Aufstellung und Durchführung der Budgetpläne und der Rüstungsprogramme sowie die Ausarbeitung von Mobilmachungsplänen. Zur Umsetzung der ihm übertragenen Aufgaben konnte es Entscheidungen erlassen, Empfehlungen aussprechen und Stellungnahmen abgeben. Gegenüber dem Rat bestand eine Berichtspflicht. Die Kommissare wurden von den Regierungen gemeinsam benannt, sodass auch hier de facto das Einstimmigkeitsprinzip bestand. Ein Mitgliedstaat durfte nicht mehr als zwei Personen stellen, was darauf hinausgelaufen wäre, dass den drei großen Mitgliedstaaten je zwei, den Benelux-Staaten je ein Kommissar zugestanden hätte.

Die Versammlung der EVG sollte identisch mit der Versammlung der Montanunion sein, aber durch je drei Delegierte der drei großen Staaten ergänzt werden. Ihre Befugnisse beschränkten sich auf das Diskussionsrecht des jährlich vom Kommissar vorzulegenden Rechenschaftsberichts und die Stellungnahme sowie das Einbringen von Änderungsvorschlägen zu dem vom Kommissariat aufgestellten und vom Rat einstimmig verabschiedeten Haushaltsplan. Als ihre wohl stärkste Waffe galt die Möglichkeit eines Misstrauensvotums gegen das Kommissariat. Zu dessen Sturz bedurfte es allerdings der Zweidrittelmehrheit der abgegebenen Stimmen und der Mehrheit der Stimmen aller Delegierten. Darüber hinaus fiel der Versammlung die Aufgabe zu, die Frage eines zukünftigen föderalen oder konföderalen Gemeinwesens zu prüfen.

Als höchste Gerichtsinstanz der EVG war der Gerichtshof vorgesehen, der mit dem der EGKS identisch sein sollte. Er hätte die Rolle des »Verfassungsgerichts« übernommen. Darüber hinaus wäre der Gerichtshof gegenüber dem EVG-Personal als oberster Verwaltungsgerichtshof und oberster Strafgerichtshof tätig geworden.

In der vorliegenden Arbeit über die Planungen der rüstungswirtschaftlichen Zusammenarbeit im Rahmen der EVG wird ein weit gefasster Integrationsbegriff verwendet. »Integration« bezeichnet den Versuch einer dauerhaften Übertragung von Kompetenzen der sechs Unterzeichnerstaaten des EVG-Vertrages an eine neu zu schaffende Organisation in den Bereichen Außen- und Verteidigungspolitik, Streitkräfte und Rüstungswirtschaft. Grundsätzlich lassen sich nach Auffassung des Verfassers zwei Grundtypen supranationaler Integration unterscheiden: der (Ideal-)Typus der Vollintegration und die Teilintegration. Eine Vollintegration läge im Falle der EVG im Wesentlichen vor, wenn der (Minister-)Rat für alle Mitgliedstaaten verbindliche Mehrheitsentscheidungen fassen könnte, soweit sie das Aufgabenspektrum der EVG beträfen. Für die Versammlung wären umfangreiche legislative Kompetenzen notwendig, insbesondere das Budgetrecht, also die Befugnis, den Haushalt der supranationalen Gemeinschaft aufzustellen und zu kontrollieren, ebenso wie eine wirkungsvolle Kontrolle der Exekutive.

Betrachtet man nun die EVG, so fällt sie unter die Rubrik supranationale Teilintegration, denn ihr supranationaler Gehalt war de facto begrenzt. Der Kompetenzkatalog des Kommissariats war etwa aufgrund der Richtlinienkompetenz des (Minister-)Rates eingeschränkt. Bei der Bestimmung der Richtlinien und der Entscheidung über den Umfang des EVG-Budgets galt das Einstimmigkeitsprinzip. Damit verblieben dem Kommissariat weniger Kompetenzen als der Hohen Behörde der Montanunion, die politikgestaltend handeln konnte. Allerdings war das Kommissariatskollegium tatsächlich als supranationales Organ konzipiert. Die Kommissare genossen bei der Ausübung ihrer jeweiligen Amtspflichten weitgehende Unabhängigkeit und waren von den Regierungen weisungsunabhängig[40]. Das Aufgabenspektrum der EVG-Versammlung – im Gegensatz zu den nationalen Parlamenten – umfasste in erster Linie Beratungs- und Kontrollfunktionen. Ihr Einfluss auf die Ausgestaltung des Haushaltsplanes war nur marginal[41]. Nichtsdestoweniger war die EVG für die damalige Zeit revolutionär, traten die Mitgliedstaaten auf dem sensiblen Gebiet der Verteidigung doch weitreichende Kompetenzen an eine überstaatliche Organisation ab.

Nicht nur das supranationale Integrationskonzept war Anfang der 1950er Jahre ein neues Phänomen, sondern auch die sich schrittweise entwickelnde systematische Zusammenarbeit von Staaten auf dem Gebiet der Rüstung. Unter Rüstungszusammenarbeit versteht man die gemeinsame Betätigung von Staaten bei der technischen und wissenschaftlichen Forschung, der Konzeption, Entwicklung, (Lizenz-)Produktion, Beschaffung[42] und/oder Nutzung von Kriegsgerät[43]. Rüstungsvorhaben stellen Politik, Streitkräfte, Industrie sowie Wissenschaft und Forschung vor große Herausforderungen, da hierfür beträchtliche finanzielle, industrielle und technologische sowie logistische Ressourcen bereitgestellt werden müssen[44]. Bereits wenige Jahre nach Ende des Zweiten Weltkriegs war bei westlichen Militärs, Wirtschaftsplanern und Politikern diesseits wie jenseits des Atlantiks die Erkenntnis gewachsen, dass der Aufbau eines effektiven Verteidigungspotenzials vor dem Hintergrund der schwierigen wirtschaftlichen und finanziellen Situation der Nationalstaaten am besten durch die Koordinierung und Harmonisierung der Rüstungsproduktion bzw. durch die Bündelung der vorhandenen Ressourcen möglich sein würde. Die Kooperation zwischen den verschiedenen Armeen im Falle eines Krieges mit der Sowjetunion konnte nur dann reibungslos funktionieren, wenn sie ihre strategischen, operativen und taktischen Konzeptionen wie auch ihre mate-

---

[40] Vgl. Krüger, Sicherheit durch Integration?, S. 247; Krüger, Die EVG, S. 50 f.; AWS, Bd 4 (Beitrag Schwengler), S. 421 f.
[41] Vgl. AWS, Bd 2 (Beitrag Köllner/Volkmann), S. 836; AWS, Bd 4 (Beitrag Schwengler), S. 423.
[42] Unter Beschaffung versteht man den Prozess von der Bedarfsformulierung durch die Militärs über die Typenauswahl, die Festlegung des Bedarfsprogramms und den Kaufvorgang bis hin zur technischen Abnahme, Güteprüfung und Einführung des Militärgeräts in die jeweiligen Truppenteile. Der Beschaffungsvorgang, wie er in der Frühphase der Bundeswehr üblich war, wird ausführlich beschrieben bei Kollmer, Rüstungsgüterbeschaffung, S. 58–63; siehe darüber hinaus Wirtgen, Aspekte aus der Geschichte des Rüstungsbereichs, S. 29–32.
[43] Vgl. Grams, Transatlantische Rüstungskooperation, S. 60 f.
[44] Vgl. Seiller, »Zusammenarbeit kann man das nicht nennen!«?, S. 56 f.

rielle Ausstattung und Logistik aufeinander abstimmten. Dies erforderte eine möglichst weitgehende Normung und Standardisierung: die Vereinheitlichung von Waffen, Gerät, Ausrüstung, Munition und Ersatzteilen sowie der dazugehörigen Verfahrensregeln und Vorschriften. Durch die Standardisierung sollte es möglich werden, das kampfmäßige Zusammenwirken von Truppenverbänden unterschiedlicher Nationalität[45] und deren wechselseitige Versorgung sicherzustellen. Ferner wurde dadurch eine gemeinsame Ausbildung ermöglicht[46]. Auch in ökonomischer Hinsicht erhoffte man sich gewichtige Vorteile: Angesichts stetig steigender Entwicklungs- und Produktionskosten für moderne Rüstungsgüter eröffneten Kooperationen, so die Überlegungen, die Chance, Einsparungen zu erzielen. Es ließen sich, wie man hoffte, Entwicklungskosten teilen, Parallelentwicklungen vermeiden, größere Produktionsserien zu niedrigeren Stückpreisen herstellen. Letzteres konnte auch dazu beitragen, industrielle Kapazitäten besser auszulasten. Neben der effektiveren Nutzung knapper Ressourcen erblickte man in Kooperationen zudem die Möglichkeit des Technologie- und Erfahrungsaustausches. In den Reihen mancher kontinentaleuropäischer Industrieller und Militärs begriff man die Rüstungskooperation ferner zunehmend als Chance, der mächtigen amerikanischen und britischen Rüstungsindustrie Paroli bieten zu können[47]. Überdies war für einige Regierungen Rüstungskooperation in Form von Auslandsbeschaffungen (Importen) ein Mittel zum Ausgleich von Zahlungsbilanzen. Es spielten somit auch außenhandelspolitische Gesichtspunkte eine wichtige Rolle[48].

Rüstungszusammenarbeit kann unterschiedliche Formen annehmen: Die einfachsten Formen sind Import und Export, wobei die Regierungen der beteiligten Staaten hierfür entsprechende Genehmigungen erteilen müssen. Beim Import kauft ein Staat ein in der Regel fertiges Produkt. Es ist einerseits rasch verfügbar, teure Investitionen in Eigenentwicklungen können eingespart werden. Andererseits begibt sich der Käufer aufgrund des Versorgungs- und Wartungsbedarfs in die Abhängigkeit vom Exporteur. Beim Export will ein Verkäufer Gewinne erzielen und ist gegenüber dem Empfängerstaat in der Regel in einer starken Position, da dieser von ihm abhängig ist. Etwas weiterreichender ist die Koproduktion, die Beteiligung an der Herstellung bestimmter Komponenten, sei es für den eigenen Bedarf, sei es für andere Partner. Der Weg des Lizenzbaus von kom-

---

[45] Im modernen militärischen Sprachgebrauch spricht man von Interoperabilität. Als Voraussetzung für Interoperabilität gelten ferner die Vereinheitlichung von Einsatz-, Ausbildungs- und Führungsgrundsätzen sowie dazugehöriger Verfahrensregeln, darüber hinaus die Kompatibilität von Führungs-, Aufklärungs- und Kommunikationssystemen.

[46] Der hier zugrunde liegende Standardisierungsbegriff lehnt sich an die Standardisierungsdefinition der NATO aus den 1950er Jahren an, die von der WEU übernommen wurde. Demnach versteht man unter dem Begriff »the adoption by all, or a group of NATO countries of like or similar military equipment, such as end-items, components, ammunition, supplies and stores«. Bundesarchiv (BArch), B 102/435441: Bericht WEU-Interimsausschuss/Arbeitsgruppe für Rüstungsproduktion und Standardisierung (17.1.–5.5.1955), o.D., S. 13.

[47] Siehe Grams, Transatlantische Rüstungskooperation, S. 61–64; Kolodziej, Making and Marketing Arms, S. 148–151; Wulf, Westeuropäische Rüstungskooperation, S. 142–148; Renaud, Coopération interalliée; Seiller, »Zusammenarbeit kann man das nicht nennen!«?, S. 56 f.

[48] Vgl. PA-AA, B 14-301/128: Vermerk AA über Handelspolitik und Rüstungswirtschaft, o.D.; Kollmer, »Klotzen, nicht kleckern!«, S. 591–598, 606 f., 610; Kollmer, Rüstungsgüterbeschaffung, S. 87–89. Die Bundesregierung nutzte beispielsweise Rüstungskäufe im Ausland, um ihre Außenhandelsüberschüsse im Raum der Europäischen Zahlungsunion (EZU) abzubauen.

pletten Waffensystemen oder Teilen davon wird in der Regel von Staaten gewählt, die modernes Know-how erwerben und eigene Fertigungskapazitäten aufbauen möchten. Auch lässt sich damit ein gewisser Standardisierungsgrad erreichen. Am anspruchsvollsten gestaltet sich eine Zusammenarbeit, die den gesamten Rüstungsprozess einschließt – von der Forschung und Entwicklung bis zur Beschaffung und Instandhaltung. Staaten finden sich zusammen, um komplette Waffensysteme gemeinsam zu entwickeln, herzustellen und zu beschaffen[49]. Eine noch größere Dimension erhält diese Kooperationsart durch die Gründung gemeinsamer Unternehmen. Zu den herausragenden Beispielen gehören Airbus, Eurocopter und die European Aeronautic, Defence and Space Company (EADS), die Anfang 2014 in Airbus Group umbenannt wurde[50]. Ein einzigartiges Beispiel stellt das von der Bundesrepublik und Frankreich betriebene Rüstungsforschungsinstitut Institut Saint-Louis (ISL) dar[51].

Anfang der 1950er Jahre, im Untersuchungszeitraum dieser Studie, vollzog sich die Rüstungskooperation in der Praxis fast ausschließlich in Form von Rüstungskäufen, Koproduktionen und Lizenzbau. Erst ab der Mitte des Jahrzehnts gingen Staaten zu komplexeren Formen der Zusammenarbeit über. Diese dehnte sich auf die Bereiche Forschung und Entwicklung aus, erste gemeinsame Projekte wurden initiiert: Das Spektrum reichte von kleineren Vorhaben wie Lenkflugkörpern bis hin zu Aufklärungs- und Transportflugzeugen. Neben den bestehenden Kooperationsforen der NATO, der WEU, FINABEL und FINABAIR entstand in der zweiten Hälfte der 1950er Jahre ein großes Netz an bi- und trilateralen Militärgremien. Der Nachbau von US-Hochtechnologieprodukten mit dem Ziel des Know-how-Gewinns nahm allerdings noch immer eine prominente Stellung ein[52].

Der Erfolg von Kooperationen im Rüstungsbereich hängt in der Regel von einer Reihe von Faktoren ab: der Qualität der zwischenstaatlichen Beziehungen und dem politischen Willen der beteiligten Regierungen, ähnlichen sicherheitspolitischen Interessen, identischen oder zumindest ähnlichen militärischen Bedarfsforderungen (militärisch-taktische Forderungen und Beschaffungszeitpläne) und Konzepten, einer leistungsfähigen wissenschaftlichen und industriellen Infrastruktur wie auch ausreichender und gesicherter Finanzmittel[53]. Überdies bedarf es effizienter Leitungs- und Organisationsstrukturen, sei es auf intergouvernementaler oder auf internationaler, auf militärischer oder auf industrieller Ebene.

---

[49] Vgl. Grams, Transatlantische Rüstungskooperation, S. 68–71; Burigana/Deloge, Standardisation et production coordonnée, S. 338 f.

[50] Zur Geschichte der EADS und ihrer Vorläufer: Airbus, un succès industriel européen; Bigay, Eurocopter; Bockstette, Konzerninteressen; Krieger, Airbus; Schmitt, From Cooperation to Integration, S. 29–49.

[51] Siehe Baumann, Die Gründung des »Institut Saint-Louis«; Caspary, 10 Jahre deutsch-französisches Forschungsinstitut; Seiller, Vom Lizenzbau, S. 86–91; Vermorel, L'Institut franco-allemand; Wagner, 50 Jahre ISL.

[52] Vgl. Burigana/Deloge, Standardisation et production coordonnée, S. 339 f.; Seiller, »Zusammenarbeit kann man das nicht nennen!«?, S. 74–77; Seydel/Kanno, Die Rüstung, S. 162–164.

[53] Vgl. Meunier, Les missiles tactiques, S. 28 f.; siehe daneben Grams, Transatlantische Rüstungskooperation, S. 64–68.

## 3. Forschungsstand

Zum Aufstieg und Fall des EVG-Projekts liegt mittlerweile eine kaum noch zu überschauende Fülle an Literatur vor. Als Standardwerk galt bis in die neunziger Jahre hinein die ausschließlich auf veröffentlichtem Material basierende Gesamtdarstellung des britischen Generals Edward Fursdon[54]. Daneben war nach wie vor der nur zwei Jahre nach dem Ende der Europaarmee veröffentlichte Sammelband der französischen Sozialwissenschaftler Raymond Aaron und Daniel Lerner maßgebend, der in Frankreich geradezu Kultstatus erreichte[55]. Einen wichtigen Forschungsbeitrag leistete die politikwissenschaftlich orientierte Studie Paul Noacks, die sich auf den Zeitraum vom Scheitern der Pläne einer Europaarmee im Sommer 1954 bis zum NATO-Beitritt der Bundesrepublik im Frühjahr 1955 sowie auf die deutsch-französischen Interessengegensätze konzentriert[56]. Eine erste geschichtswissenschaftliche Bilanz des EVG-Projekts wurde mit dem von Volkmann und Schwengler herausgegebenen Tagungsband vorgelegt, dessen Beiträge auf der Grundlage neu zugänglich gewordener Aktenbestände die EVG-Politik ausgewählter Staaten und anderer Akteure beleuchten[57]. Die wenige Jahre später erschienene Arbeit von Armand Clesse, die das Scheitern der Europaarmee unter anderem auf die wechselseitigen Fehlwahrnehmungen der Interessenlagen der Akteure zurückführt, verlieh der Forschung nur wenige neue Impulse, da sie zwischenzeitlich erschienene Quelleneditionen, Sekundärliteratur sowie zugänglich gewordene Archivdokumente unberücksichtigt lässt[58]. Als bedeutendstes Standardwerk zur EVG gilt der zweite Band der vom Militärgeschichtlichen Forschungsamt (MGFA) herausgegebenen Reihe »Anfänge westdeutscher Sicherheitspolitik 1945-1956«. Die darin enthaltenen Beiträge untersuchen auf der Grundlage mitunter damals noch unzugänglicher Quellen und aus vornehmlich deutscher Perspektive den Verlauf der EVG-Verhandlungen, die innenpolitische Debatte über die westdeutsche Wiederbewaffnung, die militärischen Planungen eines westdeutschen Verteidigungsbeitrages sowie damit zusammenhängende finanzpo-

---

[54] Fursdon, The European Defence Community. Allgemein zur Aufrüstung der Bundesrepublik und ihrer Eingliederung ins westliche Bündnissystem: Borgert/Stürm/Wiggershaus, Dienstgruppen; Brill, Bogislaw von Bonin; Die doppelte Eindämmung; Gersdorff, Adenauers Außenpolitik; Greiner, Die militärische Integration; Greiner, Die militärstrategische Lage; Guillen, Frankreich und die NATO-Integration; Höfner, Die Aufrüstung Westdeutschlands; Adenauer und die Wiederbewaffnung; Küsters, Souveränität und ABC-Waffen-Verzicht; Large, Germans to the Front; Mai, Westliche Sicherheitspolitik; McGeehan, The German Rearmament Question; Montecue, The Forge of West German Rearmament; Anfänge westdeutscher Sicherheitspolitik (AWS), 4 Bde; Aspekte der deutschen Wiederbewaffnung; Verteidigung im Bündnis; Rautenberg/Wiggershaus, Die »Himmeroder Denkschrift«; Rupieper, Die NATO und die Bundesrepublik Deutschland; Schubert, Wiederbewaffnung; Steininger, Wiederbewaffnung; Tönnies, Der Weg zu den Waffen; Wettig, Entmilitarisierung und Wiederbewaffnung; Wiggershaus, Aspekte; Wiggershaus, Bedrohungsvorstellungen Bundeskanzler Adenauers; Wiggershaus, Effizienz und Kontrolle; Wiggershaus, Zum Problem einer militärischen Integration; Zwischen Kaltem Krieg und Entspannung.
[55] La querelle de la CED. Ähnliches gilt für Didier, La genèse de l'affaire de la CED.
[56] Noack, Das Scheitern.
[57] Die Europäische Verteidigungsgemeinschaft.
[58] Clesse, Le projet de CED.

litische Aspekte⁵⁹. Daneben ist Walter Schwenglers Beitrag im vierten Band der Reihe zu nennen, in dem ausführlich auf die rechtlichen Aspekte des EVG-Vertragswerkes und seine Bedeutung für den völkerrechtlichen Status der Bundesrepublik eingegangen wird⁶⁰. Den derzeit aktuellsten Gesamtüberblick bietet der Sammelband Michel Dumoulins, in dem die Rolle politischer, militärischer und wirtschaftlicher Eliten bei den Verhandlungen, die Politik einzelner Staaten sowie die Folgen des Scheiterns des Projekts behandelt werden⁶¹.

Die Auseinandersetzung über eine westdeutsche Aufrüstung und die EVG gilt neben der Saarfrage, der Ruhrfrage und der »deutschen Frage« als eines der Schlüsselprobleme im deutsch-französischen Verhältnis der Nachkriegsära. Für die Geschichtswissenschaft war der Annäherungsprozess beider Länder nach 1945 ein überaus beliebtes Forschungsfeld. So droht der Historiker mittlerweile geradezu in einer Flut von Publikationen zu ertrinken⁶². Den wichtigsten Beitrag zur strittigen Frage einer westdeutschen Wiederbewaffnung und zur Rolle der EVG im diplomatischen Verhältnis beider Länder stellt die Habilitationsschrift Ulrich Lappenkupers über die deutsch-französischen Beziehungen in der Ära Adenauer dar, die auf einer sehr imposanten Quellen- und Literaturbasis beruht⁶³. Nur wenig später erschien die Dissertation Carsten Christensens, deren Untersuchungsgegenstand die Entwicklung der deutsch-französischen Beziehungen auf politischem und militärischem Gebiet »im Hinblick auf ihre Voraussetzungen und ihre Abhängigkeit von der Politik der Mitglieder der westlichen Allianz« im »Remilitarisierungsprozess« war. Der Begriff »Remilitarisierung« bleibt jedoch unscharf, und eine Reihe zentraler Arbeiten zur Thematik, beispielsweise die Beiträge Pierre Guillens, Georges-Henri Soutous und Philippe Vials sowie der Sammelband Dumoulins, blieben unberücksichtigt⁶⁴. Zur Haltung der französischen Regierung und Öffentlichkeit in der Frage einer westdeutschen Bewaffnung und der Pläne einer Europaarmee erweisen sich darüber hinaus die Beiträge Jacques Bariétys, Renata Dwans, Guillens, Annie Lacroix-Riz', Rogelia Pastor-Castros, Raymond

---

59   AWS, Bd 2. Vial sprach voller Bewunderung vom bislang systematischsten Untersuchungsansatz zur EVG. In Frankreich gibt es bis heute kein vergleichbares Werk. Vgl. Vial, Redécouvrir la CED, S. 16.
60   AWS, Bd 4 (Beitrag Schwengler).
61   La Communauté Européenne.
62   Siehe hierzu die umfassende Bibliografie in Die Bundesrepublik Deutschland und Frankreich. Dokumente 1949–1963 (BDFD), Bd 4, S. 364–666, sowie die Forschungsberichte bei Lappenküper, Die deutsch-französischen Beziehungen, Bd 1, S. 22–31; Hüser, Frankreich und Deutschland; Kißener, Die deutsch-französische Freundschaft. Für die Vielzahl an Veröffentlichungen zu den politischen, wirtschaftlichen und kulturellen Beziehungen beider Länder seien an dieser Stelle genannt: Wandel und Integration; Konrad Adenauer und Frankreich; Friend, The Linchpin; Gillingham, Coal, Steel, and the Rebirth of Europe; Gordon, Die deutsch-französische Partnerschaft; Hüser, Frankreichs »doppelte Deutschlandpolitik«; Kocs, Autonomy or Power?; Koop, Besetzt; Lappenküper, Die deutsch-französischen Beziehungen, 2 Bde; Poidevin/Bariéty, Frankreich und Deutschland; Die Deutschlandpolitik Frankreichs; Schwarz, Erbfreundschaft; Soutou, L'alliance incertaine; Ziebura, Die deutsch-französischen Beziehungen; Aspekte der deutsch-französischen Wirtschaftsbeziehungen; Die deutsch-französischen Wirtschaftsbeziehungen; Lefèvre, Les relations économiques franco-allemandes; Frankreichs Kulturpolitik in Deutschland; Deutsch-französische Kultur- und Wissenschaftsbeziehungen.
63   Lappenküper, Die deutsch-französischen Beziehungen, Bd 1, S. 535–757.
64   Christensen, Zur Wiederaufrüstung, S. 12.

Poidevins, Jean-Pierre Rioux' und Soutous als aufschlussreich[65]. Auch zur EVG-Politik der USA[66], Großbritanniens[67], Italiens[68] und der Benelux-Staaten[69] liegen mittlerweile zahlreiche Untersuchungen vor. Kaum Beachtung hat in der Forschung hingegen die Haltung Luxemburgs gefunden.

Die EVG wurde außerdem in den Biografien wichtiger Persönlichkeiten, die während ihrer Amtszeit mit ihr befasst waren, behandelt. Aus der Fülle von Arbeiten seien an dieser Stelle vor allem die Biografien über Bundeskanzler Konrad Adenauer, den französischen Außenminister Robert Schuman, den ersten Präsidenten der Montanunion Jean Monnet, die französischen Ministerpräsidenten bzw. Minister George Bidault, Pierre Mendès France und René Pleven sowie den französischen Botschafter in London René Massigli genannt[70]. Neuerdings deutet sich ein Trend hin zu mentalitätsgeschichtlichen Aspekten rund um die Europaarmee und die Einstellung bestimmter Interessengruppen an. Hervorzuheben ist Linda Rissos komparative Studie zur Haltung französischer und italienischer Parteien zur Europaarmee sowie Enrico Böhms Aufsatz zur föderalistischen Bewegung, in dem deren antikommunistische Einstellung als identitätsstiftendes Element herausgearbeitet wird[71].

Große Aufmerksamkeit widmete die Forschung der Haltung der französischen Militärs zur militärischen Integration Europas[72]. Den Anfang machte Guillen in den 1980er Jahren mit seiner quellengesättigten Pionierstudie, die noch heute zu den unent-

---

[65] Bariéty, La décision de réarmer l'Allemagne; Bariéty, Frankreich und das Scheitern der EVG; Dwan, An Uncommon Community; Guillen, The role of the Soviet Union; Poidevin, Frankreich und das Problem der EVG; Lacroix-Riz, La France face; Pastor-Castro, The Quai d'Orsay; Soutou, France and the German Rearmament Problem.
[66] Duchin, The »Agonizing Reappraisal«; Hershberg, »Explosion in the offing«; Large, Grand Illusions; Ruane, The Rise and Fall; Schöttli, USA und EVG; Schwabe, Die Vereinigten Staaten und die Europäische Integration; Schwartz, Die USA und das Scheitern der EVG.
[67] Dockrill, The Evolution of Britain's Policy; Dockrill, Großbritannien und die Wiederbewaffnung; Dockrill, Britain and the Settlement; Jansen, Großbritannien, das Scheitern der EVG und der NATO-Beitritt der Bundesrepublik; Mager, Die Stationierung der britischen Rheinarmee; Mawby, From Distrust to Despair; Ruane, The Rise and Fall; Young, German Rearmament; Watt, Die Konservative Regierung und die EVG.
[68] Breccia, Italien und die EVG; Magagnoli, Italien und die Europäische Verteidigungsgemeinschaft; Varsori, Italiens Außen- und Bündnispolitik; Varsori, Italian Diplomacy; Varsori, Italy and EDC; Varsori, Italy between Atlantic Alliance and EDC.
[69] Deloge, L'armée belge et la CED, S. 161–168; Deloge, Les militaires belges et l'Europe; Vos/Sterkendries, Außenpolitik und atlantische Politik Belgiens; Harryvan/Harst, From Antagonist to Adherent; Harryvan [u.a.], Dutch Attitudes; Harst, The Atlantic Priority; Kersten, Die Außen- und Bündnispolitik der Niederlande; Kersten, Niederländische Regierung.
[70] Köhler, Adenauer; Schwarz, Adenauer, Bd 1; Volkmann, Adenauer, Frankreich und die Europäische Verteidigungsgemeinschaft; Poidevin, Robert Schuman; Poidevin, René Mayer; Jean Monnet, l'Europe et les chemins de la paix; Dwan, Jean Monnet and the European Defence Community; Duchêne, Jean Monnet; Roussel, Jean Monnet; Schröder, Jean Monnet; Vial, Jean Monnet, un père pour la CED?; Vial, De la surenchère atlantiste à l'option européenne; Demory, Georges Bidault; Soutou, Georges Bidault; Bougeard, René Pleven; Ulrich-Pier, René Massigli, 2 Bde; Pierre Mendès France et le mendésisme.
[71] Risso, Divided we Stand; Böhm, Integration durch Antikommunismus.
[72] Siehe hierzu auch den Forschungsbericht Vials, in dem dieser das bis in die 1990er Jahre auffallende Desinteresse der französischen Historiografie an innovativen Untersuchungen zur EVG beklagt: Redécouvrir la CED.

behrlichen Standardarbeiten zum Thema zählt[73]. Daran anknüpfend befasste sich Vial intensiv mit der Einstellung der französischen Armeeführung zum EVG-Projekt sowie allgemein mit dem Verhältnis zwischen Staat und Militär in der Vierten Republik[74]. In diese Reihe fügt sich Davids Aufsatz ein, der die Haltung der französischen Generale zur Integration deutscher Soldaten in die Europaarmee behandelt[75]. Während zur »EVG-Politik« der Marine, wie im Folgenden noch dargelegt wird, zwei systematische Untersuchungen vorliegen[76], fehlen solche über das Heer und die Luftwaffe. François Baudets Beitrag streift die EVG-Konzeptionen der Luftwaffe nur sehr oberflächlich[77]. Zu Marschall Alphonse Juin, einem der größten EVG-Kritiker aus dem Kreise der Generalität, liegt die Biografie aus der Feder seines ehemaligen Adjutanten und Generalstabsoffiziers Bernard Pujo vor. Pujo konnte aus Akten des Militärarchivs und aus Privatnachlässen schöpfen und zweifellos eine detailreiche Studie vorlegen. Eine gewisse Sympathie für seinen einstigen Vorgesetzten ist bei ihm aber kaum zu übersehen. Der Auseinandersetzung um die Europaarmee, die sich in nicht unerheblichem Maße auf die militärische Karriere Juins auswirkte, werden nur wenige Seiten gewidmet[78]. Als außerordentlich nützlich erweist sich Mattéa-Paola Battaglias Magisterarbeit über das Europadenken des Vorsitzenden des EVG-Militärausschusses, General Edgard de Larminat, die dessen engagiertes Eintreten für die EVG belegt[79].

Während zum Verlauf der EVG-Verhandlungen und deren Scheitern sowie zu den Positionen der beteiligten Staaten bereits zahlreiche Studien vorliegen, sind einige Aspekte der im Pariser Interimsausschuss erarbeiteten Pläne zur europäischen Militärintegration noch unzureichend aufgearbeitet. Gerade hier zeigten sich jedoch die zahlreichen praktischen Probleme, mit denen die Verhandlungspartner beim Versuch der Schaffung integrierter Streitkräfte konfrontiert waren. Einen Überblick über die Arbeiten des Interimsausschusses, der deutschen Delegation und der Dienststelle Blank vermitteln Florence Gauzy, Dieter Krüger und Wilhelm Meier-Dörnberg. Arbeiten aus französischer Perspektive liegen bislang noch nicht vor[80]. Der Beitrag Lutz Köllners und Hans-Erich Volkmanns skizziert kurz die Grundzüge des geplanten EVG-Finanzsystems.

---

[73] Guillen, Die französische Generalität; Guillen, Les chefs militaires français. Bei seinen Forschungen genoss Guillen schon früh privilegierten Zugang zu umfangreichen Beständen des französischen Militärarchivs. Man beachte ebenfalls Guillens Studien zur Rolle Frankreichs bei der Entstehung des Brüsseler Paktes: Frankreich; Guillen, La France et la question de la défense.

[74] Abzac-Epezy/Vial, In Search of a European Consciousness; Abzac-Epezy/Vial, Quelle Europe; Vial, Le militaire et la politique; Vial, La Quatrième et son maréchal; Vial, Un ministre paradoxale, le général Kœnig.

[75] David, Lâcher la proie pour l'ombre?

[76] Caserta, La Marine nationale; Caserta/Vial, La Marine nationale; Strub, La Marine nationale et la Communauté Européenne.

[77] Baudet, La CED et l'armée de l'Air.

[78] Pujo, Juin maréchal de France, hier besonders S. 301–306. Bernard Pujo war zwischen 1953 und 1955 Juins Adjutant.

[79] Battaglia, Le général Larminat. Der Verfasser dankt dem Chef de la Division Études historiques des Département Marine (SHD), Philippe Vial, für den Hinweis auf Battaglias Studie.

[80] Gauzy, La préparation du réarmement de la République Fédérale; Gauzy, Le réarmement de la République fédérale d'Allemagne; Krüger, Das Amt Blank, S. 115–130; Krüger, Dienststellen, Teil 1, S. XXI–XXIX; AWS, Bd 2 (Beitrag Meier-Dörnberg), S. 715–753. Allgemein zum Interimsausschuss siehe auch den Beitrag des deutschen Diplomaten Hans Joachim Heiser: Heiser, Die Interimsarbeit.

Hartmut Schustereit beschäftigt sich eingehend mit der Konzeption einer EVG-Verwaltungsorganisation[81]. Erwähnenswert sind ebenfalls die von der Forschung weitgehend unberücksichtigt gebliebenen Publikationen des ehemaligen belgischen Offiziers J. Guerisse zum Militärausschuss[82]. Daneben verschaffen die jüngst vom MGFA herausgegebenen Bände zur Geschichte der Bundeswehr einen Überblick über die EVG-Heeres-, Luftwaffen- und Marineplanungen[83].

Die EVG-Rüstungsplanungen und die damit verbundene Perspektive einer westeuropäischen Integration im Rüstungssektor wurden trotz ihrer enormen Bedeutung für die Europaarmee in der Literatur nur knapp behandelt[84]. Dabei galt der Aspekt der Rüstung, wie Meier-Dörnberg es zutreffend formuliert hat, als »besonders heikles und kompliziertes Sonderproblem« und neben dem Gemeinschaftsbudget als eine »der besonders festen Klammern der EVG«[85]. Eine integrierte europäische Rüstungsorganisation wäre mit einem beträchtlichen Souveränitätsverzicht der Mitgliedstaaten verbunden gewesen und hätte weitreichende Auswirkungen auf die Bereiche Industrie, Wirtschaft und Finanzen gehabt. Ferner hätte sich eine gemeinsame Rüstungsorganisation für die Funktionsfähigkeit und Einsatzbereitschaft integrierter Streitkräfte als unabdingbar erwiesen. Sofern rüstungswirtschaftliche Aspekte in die Literatur Eingang fanden, handelte es sich zumeist um die im EVG-Vertrag festgelegten, umfangreichen Kompetenzen des zukünftigen Kommissariats und die Rüstungsverbote und -beschränkungen, denen die Bundesrepublik auf Betreiben seiner westlichen Partner unterliegen sollte. Im Mittelpunkt stand hierbei der heftig umstrittene Artikel 107 EVG-Vertrag, der dem Kommissariat umfangreiche Vollmachten zuwies, sowie die beiden dazugehörigen Anlagen[86]. Ansatzweise erforscht wurden die Positionen französischer Industrieverbände zur EVG[87]. Als ausgesprochener Glücksfall gilt die unveröffentlichte Examensarbeit Ludovic Casertas, die auf der Grundlage umfangreichen Schriftgutes die massive Kritik der französischen Marineführung an der vorgesehenen europäischen Rüstungsorganisation beleuchtet, durch überlanges Zitieren aus den Dokumenten jedoch bisweilen etwas langatmig wirkt und den Charakter einer Nacherzählung erhält. Prägnanter erscheint dage-

---

[81] AWS, Bd 2 (Beitrag Köllner/Volkmann); Schustereit, Deutsche Militärverwaltung im Umbruch, S. 67–224.
[82] Guerisse, À propos de l'armée; Guerisse, Les travaux du Comité Intérimaire Militaire.
[83] Rink, Organisation, S. 387–398; Lemke, Luftwaffe, S. 113–149; Sander-Nagashima, Bundesmarine, S. 41–47. Zu den EVG-Marineplanungen siehe ferner Krüger, Anfänge der Bundesmarine, 2 Teile, hier Teil 1.
[84] Siehe AWS, Bd 4 (Beitrag Abelshauser), S. 26 f., 73–75; Dietl, Die Westeuropäische Union, S. 93; Fursdon, The European Defence Community, S. 113 f., 135; Heiser, Die Interimsarbeit, S. 5762; Krüger, Das Amt Blank, S. 117 f.; AWS, Bd 2 (Beitrag Meier-Dörnberg), S. 711–714, 721, 734–738; Verteidigung im Bündnis (MGFA), S. 66.
[85] AWS, Bd 2 (Beitrag Meier-Dörnberg), S. 711.
[86] Hierbei handelte es sich um Art. 107 des EVG-Vertrages mit seinen beiden Anlagen sowie um die sog. »Pulverlinie« entlang des Rheins. Vgl. AWS, Bd 4 (Beitrag Schwengler), S. 433–441; AWS, Bd 4 (Beitrag Abelshauser), S. 26 f.; Fischer, Atomenergie, S. 42–51; Fursdon, The European Defence Community, S. 164–166; Glaser, Das Militärische Sicherheitsamt, S. 228–232; AWS, Bd 2 (Beitrag Meier-Dörnberg), S. 711–714.
[87] Gersdorff, Adenauers Außenpolitik, S. 233 f.; Elgey, Histoire de la IV République, t. 2, S. 359 f., t. 3, S. 177; Pitman, Interested Circles. Siehe auch den älteren Beitrag: Vernant, L'économie française devant la C.E.D.

gen die ebenfalls unveröffentlichte Abschlussarbeit Philippe de Strubs, in der die Position der Marine auf knappem Raum skizziert wird[88].

Am ausführlichsten setzt sich die Monografie Jan van der Harsts mit dem Thema auseinander, der die EVG-Rüstungsplanungen aus niederländischer Perspektive darstellt. Van der Harst konzentriert sich schwerpunktmäßig auf die Verhandlungen bis zur Unterzeichnung des EVG-Vertragswerks und die Haltung der niederländischen Regierung und Industrie, lässt aber entscheidende Fragen, etwa die Organisationsstruktur der geplanten EVG-Rüstungsorganisation, offen[89]. Lappenküper und Sylvie Lefèvre kommt das Verdienst zu, erstmals die während der EVG-Phase von französischen Luftfahrtindustriellen lancierten Initiativen für eine rüstungsindustrielle Verflechtung zwischen Frankreich und der Bundesrepublik aufgezeigt zu haben[90]. Die Forschung hat zudem mehrfach auf die Bedeutung der französischen Nuklearambitionen für das Scheitern der Europaarmee hingewiesen, wenngleich sie mit Ausnahme Dominique Mongins, Jean-Damien Pôs und Soutous nur sehr eingeschränkt auf Archivquellen zu atomaren Fragen zurückgreifen konnte[91]. Als bedeutsam erweist sich für die vorliegende Arbeit die grundlegende Monografie Krügers, die wie diese Studie in der vom MGFA herausgegebenen, multiperspektivisch angelegten Reihe »Entstehung und Probleme des Atlantischen Bündnisses bis 1956« veröffentlicht wurde. Krüger beschäftigt sich darin eingehend mit dem Zusammenhang von wirtschaftlicher, politischer und militärischer Sicherheit in der ersten europäischen Integrationsdekade und legt dar, wie die staatlichen Akteure zur Befriedigung ihrer vielfältigen Sicherheitsinteressen ein Maximum an nationalstaatlicher Handlungsfreiheit anstrebten und die Integration auf ein Minimum beschränken wollten[92]. In diesem Zusammenhang geht Krüger auf die makroökonomischen Rahmenbedingungen der westlichen Aufrüstung und die Rolle der zahlreichen involvierten internationalen Organisationen, Institutionen und Projekte ein. Das Problem, mit dem sich die Europäer in der ersten Hälfte der 1950er Jahre konfrontiert sahen, bestand nämlich darin, einen Weg zu finden, wie die Lösung der Wirtschafts- und Währungsprobleme Europas mit der Erfordernis der Aufrüstung in Einklang gebracht werden konnten. Dieses Spannungsfeld findet nähere Betrachtung in Helmut

---

[88] Caserta, La Marine nationale; Strub, La Marine nationale et la Communauté Européenne. Der Verfasser dankt Philippe Vial für den Hinweis auf diese wichtigen Arbeiten.
[89] Vgl. Harst, The Atlantic Priority.
[90] Lappenküper, Die deutsch-französischen Beziehungen, Bd 1, S. 1141–1144; Lefèvre, Les relations économiques franco-allemandes, S. 376–386.
[91] Bariéty, La décision de réarmer l'Allemagne; Bariéty, Frankreich und das Scheitern der EVG, S. 119 f.; Delmas, Naissance et développement, S. 266–268; Lappenküper, Die deutsch-französischen Beziehungen, Bd 1, S. 734 f.; Mongin, La bombe atomique française, S. 295–299; AWS, Bd 4 (Beitrag Schwengler), S. 464; Soutou, Die Nuklearpolitik der Vierten Republik, S. 606 f. Allgemein zum militärischen Atomprogramm Frankreichs: Barbier, The French Decision; Bonnet, Premiers travaux sur l'arme nucléaire; Duval/Mongin, Histoire des forces nucléaires françaises; Mongin, La bombe atomique française; Pô, Les Moyens de la puissance; Soutou, The French Military Program for Nuclear Energy; Soutou, Die Nuklearpolitik der Vierten Republik; Soutou, La politique nucléaire de Pierre Mendès France, La France et l'Atome. Aufschlussreich sind in diesem Zusammenhang auch die Publikationen ehemaliger französischer Militärs und Wissenschaftler, die an dem Programm beteiligt waren: Ailleret, L'aventure atomique française, t. 1; Goldschmidt, Les rivalités atomiques.
[92] Vgl. Krüger, Sicherheit durch Integration?, S. 16 f.

R. Hammerichs Dissertation über die Lastenteilungsversuche des Nordatlantischen Bündnisses, die somit auch fundierte Einblicke in die Funktionsweise der NATO gewährt[93].

Die geschichtswissenschaftliche Aufarbeitung der Rüstung und Rüstungszusammenarbeit (im konventionellen Bereich) für den Zeitraum nach 1945 ist hierzulande noch ein junges Forschungsfeld. Dies ist zum einen auf das bisweilen eher mangelnde Interesse von Seiten der Historiker für die Thematik zurückzuführen, zum anderen aber auch darauf, dass ein Großteil der deutschen Rüstungsakten der Nachkriegszeit noch bis vor wenigen Jahren weitgehend unerschlossen und somit nicht öffentlich zugänglich war. Bei der Beschäftigung mit Rüstungsthemen konnte man sich zumeist nur auf publiziertes Material, wie etwa Presseberichte und Beiträge aus wehrtechnischen und industrienahen Zeitschriften, stützen. So blieb das Forschungsfeld lange Zeit überwiegend Politikwissenschaftlern überlassen[94]. Aus Sicht des Historikers erlauben derartige Publikationen jedoch nur begrenzte Einsichten in Einzelheiten der Rüstungsplanung, wie in die Entscheidungsprozesse und in das Zusammenspiel von Politik, Wirtschaft und Militär, in die Funktionsweise und Tätigkeit der mit Rüstungsfragen befassten nationalen und internationalen Gremien. Auch ließ sich der genaue Verlauf von Rüstungsprogrammen zumeist nur schemenhaft nachvollziehen. Erst in den 1990er Jahren erschienen hierzulande die ersten quellengestützten Arbeiten zu rüstungspolitischen und -wirtschaftlichen Fragen[95]. In Frankreich hingegen ist die Thematik wesentlich populärer, was sich vor allem in den zahlreichen Publikationen des Centre des Études d'Histoire de la Défense (CEHD), des Centre des Hautes Études de l'Armement (CHEAr), des Comité pour l'Histoire de l'Armement Terrestre (COMHART) und des Comité pour l'Histoire de l'Aéronautique (COMAERO) widerspiegelt[96]. Mittlerweile erlebt das Forschungsfeld europaweit einen regelrechten Boom[97]. Nach wie vor sehr überschaubar ist aus Sicht des Zeithistorikers die Forschungslage zur Rüstungszusammenarbeit im Rahmen der NATO und der WEU[98].

---

[93] Hammerich, Jeder für sich.
[94] Siehe den vorzüglichen Forschungsbericht bei Kollmer, Rüstungsgüterbeschaffung, S. 13–18. Zur Erschließung und Bewertung der Rüstungsakten der Bundeswehr: Menzel, Staatliches Rüstungsmanagement.
[95] So etwa AWS, Bd 4 (Beitrag Abelshauser); Andres, Die bundesdeutsche Luft- und Raumfahrtindustrie; Cabalo, Politische Union Europas, S. 97–122, 233–272; Dietl, Die Westeuropäische Union.
[96] Carlier, Le développement de l'aéronautique militaire; Histoire de l'armement en France; Chadeau, L'industrie aéronautique; Giovachini, L'armement français au XX$^e$ siècle; Deux siècles d'histoire de l'armement en France; Quérel, Vers une marine atomique; Teyssier/Hautefeuille, Recherche scientifique; La IV$^e$ République face aux problèmes d'armement; Armement et V$^e$ République. Stellvertretend für die zahlreichen Publikationen der COMHART und COMAERO: Robineau, Relations internationales; Un demi-siècle d'aéronautique en France. Les avions militaires, 2 t.
[97] Dietl, Emanzipation und Kontrolle, 2 Bde; Kollmer, »Klotzen, nicht kleckern«; Kollmer, Rüstungsgüterbeschaffung; Lemke, Konzeption und Aufbau der Luftwaffe, S. 321–423; Histoire de la coopération européenne dans l'armement; Burigana/Deloge, Standardisation et production coordonnée; Burigana/Deloge, Pourquoi la standardisation des armements a-t-elle échoué dans les années 1950?. Siehe auch das Themenheft: L'Europe des coopérations aéronautiques der Zeitschrift Historie, Economie & Société, 29 (2010), 4.
[98] Cabalo, Politische Union Europas, S. 97–122, 233–272; Krüger, Nationaler Egoismus und gemeinsamer Bündniszweck; McGlade, NATO Procurement; Megens, American Aid to NATO-Allies, S. 183–189; Seiller, »Zusammenarbeit kann man das nicht nennen!«?, S. 74–77. Einen

Als gut aufgearbeitet können neuerdings die deutsch-französischen Rüstungsbeziehungen von Mitte der 1950er bis gegen Ende der 1960er gelten. Die vorliegenden Beiträge vermitteln einen fundierten Einblick in die zahlreichen Gemeinschaftsprojekte, die damit verbundenen Schwierigkeiten und die Bedeutung dieser Kooperation für das bilaterale Verhältnis[99]. Eingehend untersucht wurden ferner die Tätigkeit deutscher Waffenspezialisten in Frankreich nach dem Zweiten Weltkrieg und die Nutzbarmachung der Rüstungstechnik des Dritten Reiches durch das französische Militär. Dabei konnte nachgewiesen werden, dass die Deutschen eine nicht zu unterschätzende Rolle beim Wiederaufbau der französischen Rüstungsforschung und -industrie spielten[100].

Dank der weiter fortgeschrittenen Öffnung der Archive und des spürbar gestiegenen Interesses an dem Forschungsfeld wird es nunmehr möglich sein, die Bedeutung der Rüstungszusammenarbeit für die politischen, wirtschaftlichen und militärischen Beziehungen von Staaten, für die Zusammenarbeit innerhalb der NATO sowie für den europäischen Integrationsprozess zu untersuchen[101]. Daneben werden vergleichende Untersuchungen zwischen NATO und Warschauer Pakt und neue Einblicke in die Rüstungsdynamik des Kalten Krieges möglich[102]. Detailstudien, etwa zur gemeinschaftlichen Entwicklung, Produktion und Beschaffung von Rüstungsgütern sowie zum Zusammenspiel der beteiligten Akteure aus den Bereichen Politik, Wirtschaft und Militär, sind allerdings nach wie vor Desiderate. Als eingehend erforscht gilt dagegen die Militärhilfe der USA, auf welche die von den Folgen des Zweiten Weltkrieges immer noch schwer gezeichneten europäischen Verbündeten dringend angewiesen waren[103].

---

Überblick über die Rüstungskooperation innerhalb der NATO von ihren Anfängen bis in die erste Hälfte der 1980er Jahre vermitteln die zumeist auf veröffentlichtem Material beruhenden Beiträge: Carlton, NATO Standardization; The North Atlantic Treaty Organization, S. 160–178; Hartley, NATO Arms Co-operation; Robineau, Relations internationales, S. 134–141; Seydel/Kanno, Die Rüstung, S. 161–172; Vandevanter, International Logistics. Die riesigen Bestände zu den Aktivitäten der NATO im Rüstungsbereich sind mittlerweile bis in den Zeitraum der 1960er Jahre hinein zu einem großen Teil freigegeben. Allgemein zu den Beständen des NATO-Archivs: Raflik, Les archives de l'OTAN, unter: http://ipr.univ-paris1.fr/spip.php?article201 [15.5.2006].

[99] Baumann, Die Gründung des »Institut Saint-Louis«; Bossuat, Armements et relations franco-allemandes; Hamel, La coopération bilatérale; Histoire de la coopération européenne; Lappenküper, Die deutsch-französischen Beziehungen, Bd 1, S. 1139–1160; Robineau, Relations internationales, S. 49–84, 97–102; Seiller, »Zusammenarbeit kann man das nicht nennen!«? Veröffentlichte Quellen zur deutsch-französischen Rüstungskooperation für die Zeit von 1955 bis 1958: BDFD, Bd 1, S. 665–697. Zu den Plänen einer Nuklearkooperation unter Einschluss Italiens (1957/58) liegt mittlerweile eine beachtliche Anzahl von Beiträgen vor. Zu den wichtigsten Publikationen gehören: Dietl, Emanzipation und Kontrolle, Bd 1; Knoll, Atomare Optionen, S. 250–290; Lappenküper, Die deutsch-französischen Beziehungen, Bd 1, S. 1161–1199; Soutou, L'alliance incertaine, S. 55–121; Thoß, NATO-Strategie, S. 491–497.

[100] Albrecht, Rüstungsfragen, S. 136–162; Bohnekamp, Les ingénieurs allemands; Bossuat, Armements et relations franco-allemandes, S. 153–165; Pernot, L'occupation de l'Allemagne; Villain, L'apport des scientifiques allemands.

[101] Als Pionierarbeit ist die umfangreiche Studie Dietls, Emanzipation und Kontrolle, 2 Bde, zu betrachten.

[102] Seiller, Kriegspläne im Kalten Krieg.

[103] AWS, Bd 4 (Beitrag Abelshauser), S. 113–120; Birtle, Rearming the Phoenix; Bossuat, Les aides américaines économiques; Geiger/Sebesta, A Self-Defeating Policy; Kaplan, A Community of Interests; Kollmer, »Klotzen, nicht kleckern!«, S. 523–538; Megens, American Aid to NATO-Allies; Quérel, Vers une marine atomique, S. 173–196; Sebesta, American Military Aid; Vial, L'aide

Für die vorliegende Untersuchung ist auch die Literatur zur internationalen sicherheitspolitischen Entwicklung nach 1945, zum Kalten Krieg und den Anfängen der NATO von Relevanz. Als grundlegend gelten, um nur die bedeutendsten Werke zu nennen, die Sammelbände Hans-Joachim Harders, Francis H. Hellers und John Gillinghams, Klaus A. Maiers und Norbert Wiggershaus' und Gustav Schmidts[104]. Darüber hinaus leistet die bereits erwähnte Reihe »Entstehung und Probleme des Atlantischen Bündnisses bis 1956« wichtige Forschungsbeiträge[105].

## 4. Quellenlage

Die vorliegende Arbeit stützt sich hauptsächlich auf unveröffentlichtes Quellenmaterial aus deutschen und französischen Archiven. Die zentrale deutsche Überlieferung zur EVG befindet sich im Bundesarchiv-Militärarchiv (BArch) in Freiburg im Breisgau. Dort wurde der Aktenbestand BW 9 eingesehen, der neben dem Schriftgut der Dienststelle Blank und der deutschen EVG-Delegation auch eine Fülle offizieller Dokumente des EVG-Interimsausschusses enthält[106]. Ferner wurden die Nachlässe des deutschen Delegierten im EVG-Rüstungsausschuss Brigadegeneral a.D. Curt Pollex[107] und des militärischen Beraters und Rüstungslobbyisten Generalleutnant a.D. Erich Schneider ausgewertet[108]. Der Nachlass des Leiters der Koblenzer Beschaffungsabteilung des Amtes Blank, Wilhelm Rentrop, war noch nicht zugänglich und konnte daher nicht für die vorliegende Dissertation berücksichtigt werden[109]. Im Archiv für Christlich-Demokratische Politik (ACDP) in Sankt Augustin konnte der Nachlass des Leiters der deutschen EVG-Finanzdelegation, Friedrich-Karl Vialon, eingesehen werden[110].

Im Politischen Archiv des Auswärtigen Amtes (PA-AA) in Berlin wurden die Bestände der mit EVG-, NATO- und WEU-Angelegenheiten befassten Referate herangezogen[111]. Im Bundesarchiv in Koblenz und im Zwischenarchiv Dahlwitz-Hoppegarten waren vor allem die Akten der mit rüstungswirtschaftlichen Fragen befassten Abteilung des

---

américaine. Zur kanadischen Militärhilfe für Europa: Würzler, Die Anfänge kanadischer Militärhilfe.
[104] Von Truman bis Harmel; NATO; Das Nordatlantische Bündnis; A History of NATO, 3 vol.
[105] Heinemann, Vom Zusammenwachsen des Bündnisses; Nationale Außen- und Bündnispolitik; Mastny/Schmidt, Konfrontationsmuster; Greiner/Maier/Rebhan, Die NATO; Hammerich, Jeder für sich; Krüger, Sicherheit durch Integration?; Gersdorff, Die Gründung der Nordatlantischen Allianz; Keßelring, Die Nordatlantische Allianz und Finnland.
[106] Siehe Krüger, Dienststellen; Krüger/Ganser, Quellen zur Planung des Verteidigungsbeitrages.
[107] BArch, Nachlass (NL) Pollex, N 712.
[108] BArch, NL Schneider, N 625.
[109] BArch, NL Rentrop, N 638.
[110] ACDP, NL Vialon, I-475.
[111] PA-AA, B 10, B 14.

Bundesministeriums für Wirtschaft von Interesse[112], ergänzend dazu Dokumente des Bundeskanzleramtes[113] und des Bundesministeriums für Finanzen[114].

In Frankreich erwiesen sich die Aktenbestände des im Januar 2005 geschaffenen Service Historique de la Défense (SHD) in Vincennes von Bedeutung, der die bislang nebeneinander existierenden Archive der einzelnen Teilstreitkräfte unter einem Dach vereinigte[115]. Hier wurde das umfangreiche Schriftgut des Département de l'Armée de Terre (DAT), des Département de l'Armée de l'Air (DAA) sowie des Département de la Marine (DMa) konsultiert. Im DAT konnten Dokumente des Secrétariat Général de la Défense nationale et organismes rattachés[116], des Cabinet du Ministre de la Défense et organismes rattachés[117], des État-Major des Armées et organismes rattachés[118] und des État-Major de l'Armée de Terre[119] eingesehen werden. Im Luftwaffenarchiv wurde der Bestand Administration centrale[120], im Marinearchiv der Bestand des Cabinet du Ministre, conseils, commissions konsultiert[121]. Darüber hinaus war es möglich, die Nachlässe einiger hochrangiger französischer Generale auszuwerten. Dazu gehören die Nachlässe des Generalstabschefs des Heeres Clément Blanc[122], des Chefs des Generalstabes der Gesamtstreitkräfte Paul Ely[123], des Marschalls von Frankreich Alphonse Juin[124] und des Vorsitzenden des Verteidigungsausschusses der Nationalversammlung und späteren Verteidigungsministers General a.D. Pierre Marie Kœnig[125]. Da ein Großteil des militärischen Schriftguts für den Zeitraum nach 1945 gemäß den in Frankreich geltenden gesetzlichen Bestimmungen einer Sperrfrist von 60 Jahren unterliegt, waren für seine Nutzung Sondergenehmigungen durch das Generalsekretariat für Nationale Verteidigung und das Verteidigungsministerium erforderlich[126]. Einige Aktenbestände, die für die vorliegende Arbeit möglicherweise recht aufschlussreich gewesen wären, bleiben auch weiterhin unzugänglich. Hierzu gehören unter anderem Bestände des Secrétariat Général Permanent

---

[112] BArch, B 102. Die Akte »EVG – Marktwirtschaft und Rüstungswirtschaft, 1953–54« (BArch, B 102/3979), die für die vorliegende Studie möglicherweise aufschlussreich gewesen wäre, gilt als verschollen.
[113] BArch, B 136.
[114] BArch, B 126.
[115] Einen informativen Überblick über die Bestände des französischen Militärarchivs bieten: Devos/Corvisier-de Villèle, Guide des Archives.
[116] SHD/DAT, Q.
[117] SHD/DAT, R.
[118] SHD/DAT, S.
[119] SHD/DAT, T.
[120] SHD/DAA, E.
[121] SHD/DMa, 3 BB 8-CED.
[122] SHD/Département de l'Innovation Technologique et des Entrées par voie Extraordinaire (DITEEX), NL Blanc, 1 K/145.
[123] SHD/DITEEX, NL Ely, 1 K/233.
[124] SHD/DITEEX, NL Juin, 1 K/237.
[125] SHD/DITEEX, NL Kœnig, 1 K/238.
[126] Zu den rechtlichen Bestimmungen im Einzelnen sowie zum Genehmigungsverfahren: Devos/Corvisier-de Villèle, Guide des Archives, S. 36–40.

de la Défense Nationale (SGPDN)[127], des Comité des Chefs d'État-Major[128] sowie des Comité de Défense Nationale[129].

Neben den Beständen der Streitkräfte wurden auch umfangreiche Bestände der Archives du Ministère des Affaires Étrangères (AMAE) in Paris ausgewertet. Von besonderem Interesse waren hier die Arbeitsmaterialien der französischen EVG-Delegation (DF-CED/B bzw. C), die von der Forschung bislang weitgehend unberücksichtigt geblieben sind. Außerdem beherbergt das Archiv das komplette Schriftgut des EVG-Interimsausschusses (CI-CED) – ca. 500 Bände –, so dass sich im BArch und PA-AA vorhandene Überlieferungslücken weitgehend schließen lassen. Eingesehen wurden auch die Serien Europe/Allemagne, Secrétariat Générale und Service des Pactes sowie der Nachlass des Leiters der Wirtschaftsabteilung Olivier Wormser[130]. Daneben wurden die Nachlässe des Verteidigungs- und Außenministers Georges Bidault[131] und des Ministerpräsidenten und Verteidigungsministers René Pleven[132] herangezogen, die sich im Centre d'Accueil et de Recherche des Archives Nationales (CARAN) in Paris befinden. Durchaus aufschlussreich war auch der Nachlass des französischen Ministerpräsidenten Pierre Mendès France, der in dem nach ihm benannten Institut in Paris aufbewahrt wird (IPMF).

Daneben war es möglich, Gespräche mit zwei Zeitzeugen durchzuführen, die die Verhandlungsatmosphäre der frühen 1950er Jahre lebendig werden ließen: Zum einen mit dem ehemaligen Generalinspekteur der Bundeswehr, Ulrich de Maizière, einst Mitarbeiter des Amtes Blank und von Februar bis Juni 1951 militärischer Sachverständiger bei der Pariser Konferenz, zum anderen mit dem ehemaligen Luftwaffengeneral und Nuklearstrategen Pierre Marie Gallois, der eine zentrale Rolle beim Wiederaufbau der französischen Luftstreitkräfte nach 1945 spielte und als Adjutant des Generalstabschefs der Luftwaffe Charles Léchères (1948–1953) diente. Gallois zeigte sich überdies bereit, dem Verfasser Einblick in sein Privatarchiv zu gewähren. Beiden Persönlichkeiten möchte der Verfasser an dieser Stelle herzlich danken[133].

Das Schriftgut des EVG-Interimsausschusses beinhaltet die offiziellen Sitzungsprotokolle und Berichte des Lenkungsausschusses, der Unterausschüsse und der Arbeitsgruppen, darüber hinaus internen Schriftverkehr, wie etwa Weisungen und Briefe, aber auch Fragebögen, Studien, Berichte und Material zu Gerätevorführungen und Besuchsprogrammen. Die Quellen geben Aufschluss über Ergebnisse der geleisteten Arbeit, Problemfelder und unterschiedliche Standpunkte der Delegationen und Arbeitseinheiten. Da die EVG-Schriftstücke – dies gilt insbesondere für die Protokolle und Berichte – gemäß den geltenden diplomatischen Konventionen von allen nationalen Delegationen mitgetragen werden mussten und somit offiziellen Charakter besaßen, war

---

[127] SHD/DAT, 1 Q/65-69, 6 Q/66, 9 Q¹/27.
[128] SHD/DAT, 6 R/7-14.
[129] SHD/DAA, 0 E/1538; SHD/DITEEX, 1 K/145/2-2.
[130] AMAE, DE-CE, NL Wormser.
[131] CARAN, NL Bidault, 457 AP.
[132] CARAN, NL Pleven, 560 AP.
[133] General a.D. de Maizière verstarb am 26.8.2006 im Alter von 94 Jahren, General a.D. Gallois am 23.8.2011 im Alter von 101 Jahren. Über de Maizière erschien im Jahre 2012 eine Biografie aus der Feder von John Zimmermann vom MGFA: Zimmermann, Ulrich de Maizière. Über Gallois liegt ein Buch von Christian Malis vor.

zur kritischen Analyse der Rückgriff auf die schriftliche Überlieferung des Militärs und der Diplomatie der Mitgliedstaaten unerlässlich. Zu den hier vorgefundenen Schriftstücken zählen Briefe – darunter auch solche zwischen Militärs und der politischen Führung –, Weisungen, Vermerke, Planungspapiere, Denkschriften, Gutachten, Protokolle von Gremien sowie Veröffentlichungen nebst Entwürfen. Eine wertvolle Ergänzung hierzu sind die Nachlässe ranghoher Offiziere und politischer Akteure, in denen sich neben offiziellen Schriftstücken auch persönliche Aufzeichnungen und Tagebucheinträge finden.

Bei der Quellenlage zeigen sich mitunter beträchtliche Ungleichheiten: Während das Schriftgut der Bonner EVG-Delegation nahezu vollständig vorliegt und sich somit ein detailliertes Bild der deutschen EVG-Politik und der internen Konflikten nachzeichnen lässt, offenbaren sich in den französischen Archivbeständen mitunter große Lücken. So ist das interne Schriftgut der französischen EVG-Delegation nur fragmentarisch vorhanden. Eigene Sitzungsprotokolle, wie sie von der deutschen Seite erstellt wurden, blieben unauffindbar. Daher erwies es sich als mitunter schwierig, ein detailliertes Bild über das Innenleben der französischen EVG-Vertretung zu erhalten. Die schriftliche Überlieferung der Deutschen erwies sich als besondere Fundgrube. Denn anders als die offiziellen EVG-Dokumente geben sie tiefer gehenden Aufschluss über Meinungsverschiedenheiten und Konflikte im Interimsausschuss und zwischen den anderen Delegationen und über Ziele und Absichten der deutschen Seite. Zudem gewähren sie Einblicke in das Stimmungsbild im deutschen Lager, die Sicht der Deutschen auf ihre Partner und die Rivalitäten zwischen dem Amt Blank und anderen Bonner Ressorts[134]. Äußerst dünn ist die Quellenlage zur Haltung der französischen Heeresführung. Günstiger stellt sich die Situation für die französische Luftwaffe dar, die unter anderem einige umfangreiche Gutachten zur EVG-Rüstungsintegration erstellte. Nahezu vollständig und geordnet liegt das Schriftgut der Marine vor, so dass sich deren Vorstellungen einer europäischen Rüstungsorganisation detailliert, wenn nicht gar lückenlos rekonstruieren lassen[135]. Trotz vorhandener Lücken in den französischen Archivbeständen und der daraus resultierenden Schwierigkeit, die internen Entscheidungsprozesse und Konflikte in ihrer Gesamtheit nachvollziehen zu können, ist es möglich, ein facettenreiches Bild der damals in Angriff genommenen Planungen und der Interessen der beteiligten Akteure nachzuzeichnen. Als extrem umfangreich erweist sich das Schriftgut der einzelnen Arbeitsgruppen des Interimsausschusses und deren Unterarbeitsgruppen. Die Fülle des Materials ermöglicht ferner, Einsichten in die Haltung Italiens, Belgiens und der Niederlande zu erhalten[136].

Neben dem äußerst umfangreichen Archivgut wurde auch auf gedruckte Quellen zurückgegriffen. Als nützlich erwiesen sich die vierbändige Quellenedition zu den deutsch-französischen Beziehungen in der Ära Adenauer, Die Bundesrepublik Deutschland und Frankreich. Dokumente 1949–1963 (BDFD), die Akten zur Auswärtigen Politik der Bundesrepublik Deutschland (AAPD), die Protokolle der Unterredungen zwischen dem Bundeskanzler und den Alliierten Hohen Kommissaren (AAPD/AuHK)[137] und

---

[134] Siehe AMAE, DF-CED/B.
[135] AMAE, DF-CED/C/121; SHD/DMa, 3 BB 8/CED/7, 10, 11. Eine Übersicht der Dokumente: SHD/DMa, 3 BB 8/CED/11: Vermerk Staatssekretariat der Marine, 1.7.1954, Anhang 1.
[136] Luxemburg beteiligte sich, zumindest seit Herbst 1952, nicht aktiv an den Arbeiten des Rüstungsausschusses und spielte folglich bei den Rüstungsplanungen keine erkennbare Rolle.
[137] Die AAPD für das Jahr 1954 liegen bislang noch nicht vor.

die Foreign Relations of the United States (FRUS). Die Quellenedition des französischen Außenministeriums, die Documents Diplomatiques Français (DDF), liegt bedauerlicherweise erst für den Zeitraum ab 1954 vor, enthält aber eine Reihe wichtiger Schriftstücke zur Endphase der EVG und den französischen Rüstungspool-Plänen. Hilfreiche Informationen zu den NATO-Rüstungsplanungen lieferten, ähnlich wie die FRUS, die Documents on Canadian External Relations (DCER), die auf der Internetseite des kanadischen Department of Foreign Affairs and International Trade (DFAIT) eingesehen werden können. Die Serie gewährt tiefe Einblicke in die NATO-Rüstungsplanungen[138]. Durchaus aufschlussreich waren ebenfalls die Protokolle des Bundestagsausschusses zur Mitberatung des EVG-Vertrages – des Vorläufers des Bundestagsausschusses für Verteidigung. In diesem Gremium wurden die im Zusammenhang mit der Wiederbewaffnungsdebatte auftauchenden Fragen, unter anderem die EVG und der Stand der Planungen im Interimsausschuss, diskutiert[139]. Darüber hinaus wurden die Kabinettsprotokolle der Bundesregierung (KPBR), hier auch die des Kabinettsausschusses für Wirtschaft (KPBR/KAW), konsultiert. Der EVG-Vertrag und die dazugehörigen Protokolle sind im Bundesgesetzblatt (BGBl.) sowie in einer Sonderausgabe der Zeitschrift Europa-Archiv (EA) wiedergegeben[140]. Keinerlei Aufschluss über die EVG-Rüstungsplanungen geben die publizierten Memoiren und Selbstzeugnisse der damaligen politischen und militärischen Akteure[141]. Lediglich Étienne Hirsch, der Vorsitzende des EVG-Rüstungsausschusses in den Jahren 1951/52, widmet den Rüstungsplanungen in seinen Erinnerungen einige Passagen[142].

## 5. Aufbau der Untersuchung

Nach einem allgemeinen Überblick über die EVG-Verhandlungen, die Positionen und Interessen der einzelnen Nationalstaaten und die Haltung der Führungsspitzen der Streitkräfte zur Europaarmee (Hauptkapitel II) werden die rüstungswirtschaftlichen Rahmenbedingungen in Westeuropa, die grundlegenden Probleme einer integrierten Rüstungs- und Beschaffungsorganisation und die Rolle der Bundesrepublik in den damaligen französischen Verteidigungsplanungen in den Blick genommen (Hauptkapitel III).

---

[138] http://www.international.gc.ca/history-histoire/documents-documents.aspx [28.5.2014].
[139] Der Bundestagsausschuss für Verteidigung/Ausschuss zur Mitberatung des EVG-Vertrages (im Folgenden zit. als BTAV, 2 Bde). Die beiden Bände decken den Zeitraum von Juli 1952 bis Juli 1954 ab.
[140] BGBl. 1954, II, S. 345–410; Die Vertragswerke von Bonn und Paris vom Mai 1952, S. 181–342; EA 1953, S. 971 f.: Wortlaut der Zusatzprotokolle zum EVG-Vertrag.
[141] Siehe beispielsweise Adenauer, Erinnerungen 1953–1955, und Adenauer, Erinnerungen 1945–1953; Maizière, In der Pflicht; Speidel, Aus unserer Zeit; Alphand, L'étonnement d'être; Juin, Mémoires. Hans Speidel war Chef der dt. EVG-Militärdelegation (1951–1954), der Berufsdiplomat Hervé Alphand Leiter der frz. EVG-Delegation und Vorsitzender der Europaarmee-Konferenz (1951/52) und des EVG-Interimsausschusses (1952–1954). Marschall Alphonse Juin war während der EVG-Phase Frankreichs ranghöchster Offizier.
[142] Siehe Hirsch, Ainsi va la vie, S. 111 f. Étienne Hirsch, enger Mitarbeiter Monnets im Generalkommissariat für den Plan, stand bis zur Unterzeichnung des EVG-Vertragswerks an der Spitze der frz. Rüstungsdelegation sowie des EVG-Rüstungsausschusses.

Das IV. Hauptkapitel widmet sich ausführlich den EVG-Rüstungsplanungen bis Mai 1952. Im Einzelnen beschäftigt es sich mit den Verhandlungen über für die Bundesrepublik geltende Rüstungsbeschränkungen, die Frankreich um jeden Preis in den EVG-Vertrag aufnehmen wollte, und den Pariser Verhandlungen über die rüstungswirtschaftlichen Klauseln des EVG-Vertrags sowie dem Verhältnis zwischen den deutschen und französischen Delegationen. Der darauffolgende Teil (Hauptkapitel V) befasst sich eingehend mit dem zur damaligen Zeit erreichten Stand der internationalen Rüstungskooperation. Nach einem kurzen Blick auf die bilaterale Kooperation, die sich Anfang der 1950er Jahre zumeist in Form von Importen oder Exporten und Lizenzbau vollzog, wird ausführlich auf die Zusammenarbeit innerhalb der Nordatlantischen Allianz eingegangen. Im Mittelpunkt stehen dabei der Aufbau von Strukturen und deren Reorganisation sowie die Fortschritte im Bereich der Rüstungsstandardisierung. Besondere Aufmerksamkeit wird der französischen Rüstungspolitik geschenkt: den Bemühungen, der NATO-Rüstungskooperation Impulse zu verleihen, sowie den französischen Initiativen zur Intensivierung der kontinentaleuropäischen Kooperation, die schließlich in die Gründung der Organisationen FINBEL und FINBAIR mündeten. Ein weiterer Schwerpunkt liegt auf den deutsch-französischen Kontakten und Sondierungsgesprächen, die zwischen 1952 und 1954 – zumeist außerhalb des EVG-Rahmens – zu beobachten waren und eine bemerkenswerte Dynamik entwickelten.

Ein weiterer Untersuchungsschwerpunkt ist die massive Kritik des französischen Verteidigungsministeriums, der Staatssekretäre und der Generalstäbe des Heeres, der Luftwaffe und der Marine an der geplanten EVG-Rüstungsorganisation (Hauptkapitel VI). Dabei werden deren Argumentationslinien wie auch Gemeinsamkeiten und Unterschiede herausgearbeitet. Im Fokus stehen dabei besonders auch die befürchteten Auswirkungen der Rüstungsintegration auf die französische Rüstungsindustrie und auf Frankreichs militärisches Atomprogramm. Dabei finden die vereinzelten Stimmen Berücksichtigung, die die Schaffung eines europäischen Atompools in Erwägung zogen und damit ihrer Zeit weit voraus waren. Zum Abschluss wird auf die Vorstellungen des Generals Edgard de Larminat, des Vorsitzenden des EVG-Militärausschusses und zugleich Leiters der französischen EVG-Militärdelegation, hinsichtlich einer europäischen Militärintegration eingegangen. De Larminat gehörte nämlich zu den ganz wenigen ranghohen französischen Offizieren, die engagiert für die Schaffung einer Europaarmee, inklusive einer integrierten Rüstung, eintraten.

Das VII. Hauptkapitel befasst sich mit der Einstellung der deutschen und französischen Wirtschaftsverbände sowie der Union des Industries des Six Pays de la Communauté Européenne (UISPCE), einem Zusammenschluss der Spitzenverbände der EVG-Mitgliedstaaten, zu den EVG-Rüstungsplanungen. Es wird herauszuarbeiten sein, welche Einwände die Verbände gegen die geplante Rüstungsintegration geltend machten und ob und inwiefern diese sich voneinander unterschieden. Eine besondere Bedeutung kommt der massiven Kampagne der französischen Industrie zu, vor allem auch der Rolle, die sie beim Scheitern der EVG spielte. Zu guter Letzt wird zu untersuchen sein, wie die deutschen und französischen Wirtschaftsvertreter im Rahmen der UISPCE zusammenarbeiteten und wie sie konkret versuchten, die Rüstungsplanungen des EVG-Interimsausschusses zu beeinflussen. Im Anschluss daran folgt ein Überblick über die Aktivitäten und Ergebnisse des EVG-Interimsausschusses (Hauptkapitel VIII).

Er soll einen Eindruck von den äußerst umfangreichen Arbeiten der beteiligten Delegationen und Ausschüssen vermitteln, unter Berücksichtigung der deutsch-französischen Komponente.

Im IX. Hauptkapitel werden die in der Endphase der EVG vor allem von französischer Seite angestellten Überlegungen hinsichtlich einer Abschwächung der supranationalen Verteidigungsgemeinschaft zu einer schlichten Rüstungsgemeinschaft untersucht – ein Beleg dafür, welchen Stellenwert das Thema Rüstung im französischen Denken hatte. Darüber hinaus empfiehlt sich ein Blick auf die unmittelbare Zeit nach dem Scheitern der Europaarmee im August 1954. Konkret geht es um den französischen Plan einer mit umfangreichen Befugnissen ausgestatteten westeuropäischen Rüstungsagentur, auch Rüstungspool genannt, und der allmählich einsetzenden »Bilateralisierung« der Rüstungsbeziehungen. Daran lassen sich gut der Wandel der französischen Kooperationspolitik gegenüber der Bundesrepublik sowie die Bedeutung illustrieren, die die französische Regierung einer deutsch-französischen Zusammenarbeit nun beimaß.

Im abschließenden Ausblick auf die jüngsten Entwicklungen bei der europäischen Rüstungspolitik wird ein kurzer Vergleich zwischen den EVG-Planungen und den Aktivitäten der EU unternommen, speziell diejenigen der Europäischen Verteidigungsagentur (EDA) und die Bemühungen der EU-Kommission und des EU-Parlaments zur Schaffung eines europäischen Rüstungsmarktes. Dabei soll nochmals deutlich werden, wie weitreichend die konzeptionellen Überlegungen der EVG-Planer waren und welchen Aktualitätsbezug die Thematik heute besitzt.

## II. Das Projekt einer Europäischen Verteidigungsgemeinschaft, 1950–1954

### 1. Vom Pleven-Plan zur EVG, 1950–1952

Mit dem Angriff des kommunistischen Nordkorea auf den Süden am 25. Juni 1950 schienen sich die latenten Bedrohungsvorstellungen, die in breiten Teilen der Öffentlichkeit der westlichen Welt vorherrschten, zu bestätigen. Der mit Billigung der Sowjetunion und Chinas erfolgte Überfall wirkte wie ein Schock und galt als weiterer Beleg für den sowjetischen Expansionsdrang. Die Möglichkeit, dass das kommunistische Lager zur Erreichung seiner ideologischen Ziele nun weltweit zum Einsatz militärischer Macht übergehen und sich Korea auf deutschem Boden wiederholen könnte, hielt man in den westlichen Hauptstädten für nicht mehr ganz ausgeschlossen. Angesichts dieses Bedrohungsgefühls mehrten sich die Stimmen derjenigen, die eine Einbindung des militärischen Potenzials der noch jungen Bundesrepublik in die Verteidigung Westeuropas forderten. Nur dadurch schien es möglich, die offenbar erdrückende Überlegenheit der Roten Armee im konventionellen Bereich abzumildern. Die westlichen Staaten hatten nach dem Ende des Zweiten Weltkrieges drastische Abrüstungsschritte eingeleitet und ihr Hauptaugenmerk auf den Wiederaufbau und die Sanierung ihrer Volkswirtschaften gelegt. Nun sahen sie sich jedoch zunehmend mit neuen sicherheitspolitischen Herausforderungen konfrontiert, die ihre wirtschaftliche, finanzielle und militärische Leistungsfähigkeit zu übersteigen drohten.

Amerikanische und britische Militärs hatten bereits seit 1947 einen bundesdeutschen Verteidigungsbeitrag für dringlich gehalten und entsprechende Planspiele begonnen. Aus politischen Gründen war ein solches Vorhaben jedoch so kurze Zeit nach dem Ende des Zweiten Weltkrieges politisch keinesfalls durchsetzbar. Sowohl in Frankreich als auch in den anderen europäischen Ländern, die in den Jahren zwischen 1940 und 1944 unter der deutschen Besatzung gelitten hatten, stieß die Idee einer Wiederbewaffnung auf breite Ablehnung. Der Korea-Krieg wirkte allerdings wie ein Katalysator und ließ etwaige Bedenken immer mehr in den Hintergrund treten. In Washington war man nun fest zur Beteiligung der Bundesrepublik an der Verteidigung Westeuropas entschlossen, lediglich die Frage nach ihrer konkreten Form war noch strittig. Am 12. September 1950 stellten die USA bei der New Yorker Außenministerkonferenz ihre Verbündeten vor vollendete Tatsachen: Eine Verstärkung ihrer Truppenpräsenz in Europa und die Gewährung von Finanz- und Militärhilfe knüpften sie unmittelbar an die Schaffung einer unter einem gemeinsamen Kommando stehenden integrierten NATO-Streitmacht, einer European

Defense Force, unter Einbeziehung eines national geschlossenen deutschen Kontingents[1]. Bereits am 11. August 1950 hatte Winston Churchill vor der Beratenden Versammlung des Europarates die Bildung einer europäischen Armee unter einheitlichem Kommando vorgeschlagen und eine britische Beteiligung in Aussicht gestellt. Der amerikanische Vorstoß, der von den Briten nach anfänglichem Zögern mitgetragen wurde, stieß bei den Franzosen auf erbitterten Widerstand.

In Frankreich war die Vorstellung einer Wiederbewaffnung des ehemaligen Kriegsgegners nur fünf Jahre nach dem Ende des Zweiten Weltkrieges ein regelrechter Albtraum. Dass Bundeskanzler Konrad Adenauer den Westmächten auch noch das Angebot eines militärischen Beitrags unterbreitete und als Gegenleistung die Ablösung des Besatzungsstatuts und die Wiederherstellung der Souveränität forderte, zeugte geradezu von einem unerhörten neuen deutschen Selbstbewusstsein und verstärkte französische Ängste. Zu groß schien in den Augen der Franzosen die Gefahr, dass die Deutschen, einmal von den Fesseln des alliierten Besatzungsregimes befreit, wieder nach der Vorherrschaft in Europa greifen und darüber hinaus eine Schaukelpolitik zwischen West und Ost, möglicherweise sogar eine Verständigung mit der Sowjetunion anstreben könnten. Nicht zuletzt befürchteten breite Teile der französischen Öffentlichkeit und Politik eine unkontrollierte deutsche Aufrüstung und die Wiederkehr des deutschen Militarismus, der die Rückeroberung der ehemals deutschen Ostgebiete zum Ziel haben und Westeuropa in einen Krieg gegen die Sowjetunion stürzen würde. Eine Aufnahme der Bundesrepublik in die NATO, so ließ man verlauten, werde dem Bündnis seinen defensiven Charakter rauben[2]. Einer Wiederbewaffnung des ehemaligen Kriegsgegners erteilte der damalige französische Außenminister Robert Schuman daher eine klare Absage[3].

In Pariser Regierungskreisen setzte sich infolge des Korea-Krieges und des zunehmenden amerikanischen Drucks immer mehr die Erkenntnis durch, dass die Frage einer Aufrüstung der Bundesrepublik kaum noch zu umgehen war. Schließlich fügte man sich dem Drängen der Amerikaner, um einer Isolation innerhalb des Nordatlantischen Bündnisses zuvorzukommen und die angesichts der prekären Lage der französischen Truppen in Indochina dringend benötigte US-Militär- und Finanzhilfe nicht aufs Spiel zu setzen. Auch wollte man eine mögliche amerikanisch-deutsche Verständigung, die eine deutsche Nationalarmee zur Folge haben könnte, sowie einen dominierenden Einfluss der USA auf dem europäischen Kontinent verhindern. Innerhalb der französischen Regierung suchte man daher nach einer Lösung, die die Forderungen Washingtons mit den eigenen Sicherheits- und Machtinteressen in Einklang bringen konnte und der Regierung innenpolitisch Luft verschaffen würde. Unter Federführung

---

[1] Vgl. AWS, Bd 2 (Beitrag Maier), S. 3–12; AWS, Bd 4 (Beitrag Schwengler), S. 370–376; Steininger, Wiederbewaffnung, S. 15–169; AWS, Bd 1 (Beitrag Wiggershaus), S. 327–362. Zu den militärstrategischen Planungen der USA: AWS, Bd 1 (Beitrag Greiner), S. 163–196. Allgemein zur Anfangsphase des Kalten Krieges bis zum Ausbruch des Korea-Krieges: Gaddis, Der Kalte Krieg, S. 5–47; Soutou, La guerre de cinquante ans, S. 51–236; Stöver, Der Kalte Krieg, S. 67–98.

[2] Vgl. Bariéty, Frankreich und das Scheitern der EVG, S. 99–101; Christensen, Zur Wiederaufrüstung, S. 43–96; Guillen, Frankreich und die NATO-Integration, S. 427–429; Lappenküper, Die deutsch-französischen Beziehungen, Bd 1, S. 498–534; Poidevin, La France devant le danger allemand; Soutou, France and the German Rearmament Problem, S. 486–498.

[3] Vgl. Lappenküper, Die deutsch-französischen Beziehungen, Bd 1, S. 499.

des geistigen Vaters des Schuman-Planes, Jean Monnet, und unter Rückgriff auf die Entschließung des Europarates vom August 1950 zur Schaffung einer Europaarmee wurde ein Gegenvorschlag erarbeitet, der Diskussionsgrundlage für die zu erwartenden Verhandlungen werden, eine westdeutsche Wiederbewaffnung zugleich aber verzögern sollte. Die eigene militärische Führungsspitze wurde dabei bewusst übergangen.

Am 24. Oktober 1950 präsentierte der französische Ministerpräsident René Pleven der Nationalversammlung den nach ihm benannten und sich am Vorbild der Montanunion orientierenden Plan einer integrierten Europa-Armee mit westdeutscher Beteiligung, die unter einem Kommando stehen und über ein gemeinsames Budget sowie über eine einheitliche Bewaffnung und Ausrüstung verfügen sollte. Die von den Mitgliedstaaten zu stellenden Kontingente sollten auf der »Basis der kleinstmöglichen Einheit« – dies bedeutete in der Regel Bataillonsstärke – in die neue Armee eingegliedert werden. Anzustreben war demnach eine »vollständige Verschmelzung der Mannschaften und der Ausrüstung«. Die Führung der integrierten Streitkräfte sollte einem europäischen Verteidigungsminister obliegen, der wiederum seine Direktiven vom Ministerrat erhalten und einer parlamentarischen Versammlung verantwortlich sein sollte. Im Kriegsfall hätten die Verbände unter dem Befehl der NATO zu operieren.

Plevens Vorschlag machte das Zustandekommen der Montanunion, die Unterstellung der westeuropäischen Kohle- und Stahlproduktion unter eine gemeinsame Behörde, über die die Bundesrepublik, Frankreich, Italien und die drei Beneluxstaaten seit Juni 1950 verhandelten, zur Vorbedingung. Für Monnet war es von größter Bedeutung, den auf die Kontrolle der Schwerindustrie Westdeutschlands und seines Rüstungspotenzials zielenden Schuman-Plan unter Dach und Fach zu bringen. Die europäische Gemeinschaft mit gemeinsamen politischen Organen sollte ein wirksames Gebilde gegen die Wiederkehr eines deutschen Militarismus darstellen. In den anderen Staaten stieß das aus der Not geborene Vorhaben allerdings auf verhaltenes bis negatives Echo, weil es Zweifel an seiner praktischen Durchführbarkeit und militärischen Effizienz gab und die offensichtliche Diskriminierung der Bundesrepublik nicht gutgeheißen wurde. Während die übrigen Partner weiterhin nationale Streitkräfte unterhalten und ihre integrierten Kontingente im Bedarfsfall wieder nationalem Befehl unterstellen durften, sollten der Bundesrepublik die Aufstellung größerer Verbände (Divisionen)[4], die Einrichtung eines eigenen Verteidigungsministeriums und Generalstabs sowie die Mitgliedschaft in der NATO verwehrt bleiben. Deutsche Soldaten würden nach dem französischen Modell nur in Form von Kleinstkontingenten einbezogen und von hohen Kommandostellen ferngehalten werden. Europäische Marinekräfte bzw. deutsche Schiffseinheiten kamen in Plevens Konzeption überhaupt nicht vor. In den westlichen Hauptstädten erkannte man völlig zutreffend, dass die französische Regierung letztlich eine Verzögerung, wenn nicht gar eine Verhinderung der westdeutschen Aufrüstung anstrebte. Die Bundesregierung bevorzugte eindeutig die Aufnahme in die NATO, ein Bündnis souveräner Staaten. Dies erschien als militärisch praktikabelste Lösung. Da sie einen Wehrbeitrag prinzipiell

---

[4] Als kleinster operativ und logistisch selbstständiger Kampfverband galt nach einhelliger Auffassung der Militärs die Division. Zu den von ehemaligen deutschen Militärs während der »Himmeroder Konferenz« (6.–9.10.1950) entwickelten Vorstellungen bezüglich eines deutschen Wehrbeitrages siehe AWS, Bd 1 (Beitrag Foerster), S. 560–564; Meyer, Adolf Heusinger, S. 413–426; Rautenberg/Wiggershaus, Die »Himmeroder Denkschrift«.

mit der Forderung nach Gleichberechtigung und Souveränität verband, lehnte sie den Pleven-Plan zunächst ab, erklärte sich aber aus Rücksicht auf die deutsch-französischen Beziehungen und aufgrund des Drängens der USA zu Verhandlungen bereit, nachdem die französische Seite die völlige Gleichstellung der Deutschen in der europäischen Armee versichert hatte[5].

Nach zähen Verhandlungen gelang es bei der Brüsseler NATO-Ratstagung im Dezember 1950 unter Federführung der USA, Frankreichs grundsätzliche Zustimmung zur deutschen Wiederbewaffnung zu erhalten und in der Frage des Aufbaus deutscher Militäreinheiten einen Kompromiss für eine Übergangslösung zu finden. Gemäß dem nach Charles M. Spofford, dem Ständigen Vertreter der USA im Nordatlantikrat und Vorsitzenden der Ratsstellvertreter, benannten Kompromiss war vorgesehen, im Rahmen des Bündnisses militärische Vorbereitungsmaßnahmen mit provisorischem Charakter einzuleiten und diese zunächst vom Problem des politischen Überbaus zu lösen. Hinsichtlich der Größe effektiver westdeutscher Kampfverbände einigte man sich auf national homogene Regimentskampf- oder Brigade-Gruppen mit einer Stärke von 5000–6000 Mann. Dies stellte einen Kompromiss zwischen dem Divisions-Ansatz der USA und dem Bataillons-Ansatz Frankreichs dar, blieb aber noch weit unter den deutschen Forderungen nach national homogenen Divisionen. Ferner sollte die Aufstellung deutscher Militäreinheiten einer Reihe von Beschränkungen unterliegen. Frankreich setzte daneben – vor allem auf Betreiben zahlreicher Abgeordneter der französischen Nationalversammlung – auf Verhandlungen der drei Westmächte mit der Sowjetunion, in der Hoffnung, eine Entspannung im Ost-West-Verhältnis zu erreichen und die Aufrüstung Bonns damit doch noch überflüssig zu machen. Ende des Jahres 1950 ergaben sich somit zwei unterschiedliche Optionen: Zum einen den von der Bundesrepublik und anderen westlichen Staaten befürworteten deutschen Beitrag in Form nationaler Kontingente im NATO-Rahmen, zum anderen die Schaffung einer supranationalen Europa-Armee auf der Grundlage der französischen Vorschläge[6].

Die deutsche Seite setzte bis in den Frühsommer hinein auf die seit Januar 1951 auf dem Petersberg bei Bonn stattfindenden Gespräche, bei denen Adenauers Sicherheitsberater Theodor Blank und seine Militärexperten, die ehemaligen Generalstabsoffiziere Hans Speidel, Adolf Heusinger und Johann Graf Kielmansegg, mit den Vertretern der Alliierten Hohen Kommission (AHK) über die Aufstellung eines deutschen Kontingents im Rahmen der NATO verhandelten. Die Deutschen, die von den Alliierten über deren

---

[5] EA 1950, S. 3518–3520 (Zitate S. 3519): Regierungserklärung Pleven, 24.10.1950; vgl. Dockrill, The Evolution of Britain's Policy, S. 41–44; Fursdon, The European Defence Community, S. 86–92; Lappenküper, Die deutsch-französischen Beziehungen, Bd 1, S. 541–547; AWS, Bd 2 (Beitrag Maier), S. 12–21; AWS, Bd 2 (Beitrag Meier-Dörnberg), S. 649–656; AWS, Bd 4 (Beitrag Schwengler), S. 376 f., 386–390, 392 f.; Steininger, Wiederbewaffnung, S. 253–269; Volkmann, Adenauer, Frankreich und die Europäische Verteidigungsgemeinschaft, S. 168–173; AWS, Bd 1 (Beitrag Wiggershaus), S. 391–397, 399. Speziell zur Rolle Monnets: Duchêne, Jean Monnet, S. 227–229; Dwan, Jean Monnet and the European Defence Community, S. 141–146; Schröder, Jean Monnet, S. 148–161; Vial, Jean Monnet, un père pour la CED?, S. 208–222.
[6] Vgl. Clesse, Le projet de CED, S. 35–38; Lappenküper, Die deutsch-französischen Beziehungen, Bd 1, S. 552–568; AWS, Bd 2 (Beitrag Maier), S. 21–29; AWS, Bd 2 (Beitrag Meier-Dörnberg), S. 607–610; AWS, Bd 4 (Beitrag Schwengler), S. 377–379; Steininger, Wiederbewaffnung, S. 306–324, 371–389; AWS, Bd 1 (Beitrag Wiggershaus), S. 397–399.

genaue Vorstellungen in Unkenntnis gelassen worden waren, legten unter Berufung auf die Erfahrungen des Russlandfeldzuges ein modernes Streitkräftekonzept vor, das sich weitgehend an ihre im Oktober 1950 formulierten Überlegungen anlehnte und national homogene Armeekorps mit beweglichen Panzerformationen, eine starke taktische Luftwaffe sowie leichte Seestreitkräfte vorsah. Zudem forderten die Deutschen ein nationales Verteidigungsministerium sowie eine eigene Wehrverwaltung. Zum Missfallen ihrer westlichen Verhandlungspartner verbanden sie den Militärbeitrag mit der Forderung nach Gleichberechtigung sowie nach Ablösung des Besatzungsstatuts. Die lediglich informellen Charakter tragenden Gespräche scheiterten jedoch an der ablehnenden Haltung der alliierten Vertreter. Insbesondere die Franzosen wehrten sich entschieden sowohl gegen die Zulassung deutscher Großverbände als auch gegen eine NATO-Lösung. Nach wie vor beharrten sie auf national homogenen Kampfgruppen mit einer Maximalstärke von 5000 Mann. Drei Kampfgruppen unterschiedlicher Nationalität sollten zu einer europäischen Division zusammengefasst werden[7].

In Paris tagte seit dem 15. Februar 1951 die »Konferenz für die Organisation einer Europäischen Armee« mit Vertretern Frankreichs, der Bundesrepublik, Italiens, Belgiens und Luxemburgs. Die USA, Kanada und die NATO waren mit Beobachtern vertreten[8]. Die Arbeit der Konferenzausschüsse, des Lenkungs-, Finanz-, Militär- und Juristenausschusses, verliefen aufgrund der Vielzahl strittiger Fragen und Differenzen zunächst sehr konfus und schleppend. Deutschland erachtete die auf dem Pleven-Plan basierenden Vorschläge Frankreichs sowohl vom militärischen als auch politischen Standpunkt aus als mangelhaft und diskriminierend. Dennoch hatte die Bonner Delegation die Weisung erhalten, eine konstruktive Haltung einzunehmen und die grundsätzliche Bereitschaft zur Beteiligung am europäischen Integrationsprozess zu betonen. Nach deutscher Auffassung sollte in allen Aufstellungsphasen einer europäischen Armee die völlige Gleichberechtigung der Bundesrepublik gewährleistet sein. Folglich versuchten die Deutschen in den ersten Monaten, die Pariser Verhandlungen bewusst zu verzögern und den Verlauf der Petersberg-Gespräche abzuwarten.

Besonders ausgeprägt war der Gegensatz zwischen den Deutschen und den Franzosen in der Frage der Größe nationalhomogener Kampfverbände und des Integrationsniveaus der Streitkräfte. Die französischen Vertreter zeigten sich auch weiterhin bestrebt, die Aufstellung von zu operativ selbstständigem Handeln befähigten Verbänden zu verhindern. Im Mai gewann die Konferenz dann neue Dynamik, als die französische Delegation plötzlich das Tempo verschärfte. Unter diesen Umständen ließ sich die deutsche Hinhaltetaktik kaum noch aufrechterhalten. Die von Staatssekretär Walter Hallstein angeführte deutsche Delegation vollzog daher eine Wende und entschied sich,

---

[7] Vgl. Lappenküper, Die deutsch-französischen Beziehungen, Bd 1, S. 569–576; AWS, Bd 2 (Beitrag Maier), S. 37–39; AWS, Bd 2 (Beitrag Meier-Dörnberg), S. 630–648; Meyer, Adolf Heusinger, S. 446–455; Rink, »Strukturen brausen um die Wette«, S. 375–386; AWS, Bd 4 (Beitrag Schwengler), S. 381–386.

[8] Zum Verlauf der Verhandlungen bis zur Erstellung des Pariser Zwischenberichts vom 24.7.1951: Christensen, Zur Wiederaufrüstung, S. 193–223; Clesse, Le projet de CED, S. 39–44; Fursdon, The European Defence Community, S. 108–125; Lappenküper, Die deutsch-französischen Beziehungen, Bd 1, S. 576–587; AWS, Bd 2 (Beitrag Maier), S. 39–43; AWS, Bd 2 (Beitrag Meier-Dörnberg), S. 656–666; Risso, Divided We Stand, S. 47–52; AWS, Bd 4 (Beitrag Schwengler), S. 394–401; Wettig, Entmilitarisierung und Wiederbewaffnung, S. 429–438.

die Pariser und Petersberger Verhandlungen zusammenzuführen und den Schwerpunkt nach Paris zu verlagern. Ihr bisheriges Streitkräftekonzept gedachten die Deutschen aber beizubehalten.

Auch in anderen wichtigen Fragen hatten sich rasch erhebliche Meinungsverschiedenheiten offenbart. So versuchte die französische Regierung, eine zentralistische Organisation mit einem starken Kommissar an der Spitze durchzusetzen, der wie ein nationaler Verteidigungsminister über die Befehls- und Kommandogewalt der Streitkräfte im Frieden verfügen sollte. Erst im Kriegsfall sollte die operative Führung auf den NATO-Oberbefehlshaber in Europa (SACEUR) übergehen. Bei den übrigen Staaten stieß diese Konzeption hingegen auf Ablehnung. Sie bevorzugten ein Kommissarskollegium mit ausschließlich administrativen Befugnissen. Während den Deutschen aber ein Kommissarskollegium mit einem Präsidenten an der Spitze vorschwebte, traten Belgien, Luxemburg und Italien für ein Kollegialorgan ein. Auch über die Kompetenzen der Versammlung und die Finanzierungsfrage war man uneins: Bonn war bereit, der Versammlung volles Budgetrecht zuzugestehen, Frankreich immerhin Budgetdiskussionsrecht. Belgien und Luxemburg, aber auch Italien lehnten eine solche Lösung aus Furcht vor einer Entmachtung ihrer nationalen Parlamente strikt ab. Dass die Versammlung einer supranationalen Organisation über ihren Militäretat entscheiden würde, stellte für sie einen nicht hinnehmbaren Verlust ihrer Souveränität dar. Letztlich befürchteten die Benelux-Staaten, von den »Großen« marginalisiert zu werden. Daher plädierten sie für einen starken Ministerrat als maßgebliches Entscheidungsgremium. Dies entsprach auch den Vorstellungen der italienischen Delegation.

Vorerst blieben noch viele Frage offen: So hatte man über die Frage, ob die Europaarmee von einem Kommissar oder einem Kommissarskollegium geführt werden sollte, kein Einvernehmen erzielen können. Auch die Befugnisse des Ministerrates sowie die Stimmengewichtung waren noch unklar. Dasselbe galt für die Versammlung. Ungelöst war ebenfalls das Problem der Finanzierung und der Lastenverteilung auf die einzelnen Mitgliedstaaten. Über das Integrationsniveau der aufzustellenden europäischen Streitkräfte bestand noch immer kein Konsens. Auf Drängen der deutschen Delegation, die ab Anfang Juli 1951 von Adenauers Sicherheitsberater Theodor Blank angeführt wurde, fügte man dem Ende des Monats verabschiedeten Zwischenbericht die »Zusätzliche Stellungnahme der Deutschen Delegation« an.

Auch wenn einige aus deutscher Sicht entscheidende Ziele, vor allem die Größe nationalhomogener Verbände und das Integrationsniveau, noch unerreicht blieben, war es Blank – der sich mit dem französischen Chefdelegierten und Präsidenten der Konferenz, Hervé Alphand, regelrechte Rededuelle lieferte – nach zähen Verhandlungen immerhin gelungen, den Grundsatz der Gleichberechtigung und Gleichbehandlung der Bundesrepublik durchzusetzen. So sollten alle aufzustellenden militärischen Verbände von Beginn an einen europäischen Status erhalten, ihre Aufstellung sollte aber in nationaler Regie durchgeführt werden. Damit hatte man die französische Forderung nach der Möglichkeit der Beibehaltung großer, unter nationalem Befehl stehender Truppenverbände abwehren können. Der Versuch der Bundesrepublik, der NATO bereits in Friedenszeiten möglichst weitgehende Befugnisse bei Ausbildung, Führung und Organisation zukommen zu lassen, um dadurch den ersehnten Einfluss auf das Supreme Headquarters Allied Powers Europa (SHAPE) der NATO und den nachgeordneten

Kommandostrukturen zu erhalten, misslang. Hier setzt sich der französische Standpunkt eines starken Kommissars bzw. Kommissariats durch. Dieser sollte für Ausbildung, Verwaltung, Inspektion und Kontrolle, Leitung der Schulen, Dislozierung der Truppen und Rüstungsprogramme zuständig sein. Ferner war ein Europäischer Generalstab vorgesehen. Auf heftigen Widerstand stieß die Bonner Forderung, die deutsche Aufrüstung von Anfang an aus dem gemeinsamen Haushalt zu finanzieren[9].

Ab Juni 1951 hatte die von den Deutschen angestrebte NATO-Lösung kaum noch eine Chance. Dies war vor allem darauf zurückzuführen, dass die USA in der Zwischenzeit auf einen EVG-freundlichen Kurs umgeschwenkt waren. In Washington hatte man eingesehen, dass eine westdeutsche Wiederbewaffnung schlichtweg nicht gegen den Willen Frankreichs umgesetzt werden konnte. Die Europaarmee durfte aber nicht in Gegensatz zur NATO geraten, musste in diese eingebettet und voll mit ihr kompatibel sein. Auch die prinzipiell integrationskritischen Briten hatten in der Zwischenzeit eingesehen, dass die Europaarmee die wahrscheinlich einzig mögliche, wenn auch nicht die optimale Lösung für einen westdeutschen Wehrbeitrag darstellte. Einer aktiven Beteiligung ihres Landes an einer supranationalen Organisation erteilten sie jedoch, ähnlich wie im Falle der Montanunion, eine klare Absage[10].

Bei der Regierung in Rom überwog ebenfalls große Skepsis, doch war sie nicht in der Lage oder willens, eine klare Linie zu verfolgen. Man vermied schlichtweg eine klare Positionierung. Mit der Zustimmung zum Pleven-Plan gedachte man, Frankreich zufrieden zu stellen und den USA das Interesse Roms an der Verteidigung Europas zu demonstrieren. Die italienische Delegation legte folglich wenig Elan für einen zügigen Fortgang der Pariser Verhandlungen an den Tag und betrieb gemeinsam mit den Belgiern und Luxemburgern eine ablehnende Verhandlungspolitik, die darauf hinauslief, die supranationalen Elemente so gering wie möglich zu halten und verbindliche Festlegungen in institutionellen Fragen zu vermeiden. Mit Besorgnis registrierte man, dass sowohl Frankreich als auch die Bundesrepublik einen integrationsfreundlichen Kurs betrieben. Bei der Erstellung des Zwischenberichts meldeten die Italiener daher zahlreiche Vorbehalte an. Insgesamt war es ihnen aber nicht gelungen, die Konferenz entscheidend mitzuprägen[11].

Die niederländische Regierung, die bereits von Beginn an als Befürworterin einer westdeutschen Bewaffnung aufgetreten war, hatte eine Beteiligung an der Pariser Konferenz zunächst abgelehnt und lediglich Beobachter entsandt. Die Sicherheit Europas schien ihr am besten im atlantischen Rahmen gewährleistet. Eine supranationale Armee, dazu noch ohne Beteiligung Großbritanniens und Skandinaviens, hielt man nicht nur für militärisch ineffizient, sondern auch für nachteilig für die NATO, der man absoluten Vorrang einräumte. Auch stand zu befürchten, dass die Franzosen oder die Deutschen oder sogar

---

[9] Zum Pariser Zwischenbericht siehe AWS, Bd 2 (Beitrag Meier-Dörnberg), S. 663–666; Wettig, Entmilitarisierung und Wiederbewaffnung, S. 438–440. Der Bericht ist abgedruckt in: AAPD/AuHK, I, S. 529–548: Anlage Nr. 15.
[10] Vgl. Dockrill, The Evolution of Britain's Policy, S. 44–47; Fursdon, The European Defence Community, S. 114–121; AWS, Bd 2 (Beitrag Maier), S. 43–52; AWS, Bd 2 (Beitrag Meier-Dörnberg), S. 661 f.; Schöttli, USA und EVG, S. 212–242; AWS, Bd 4 (Beitrag Schwengler), S. 398 f.
[11] Vgl. Magagnoli, Italien und die Europäische Verteidigungsgemeinschaft, S. 56–85; Varsori, Italiens Außen- und Bündnispolitik, S. 246 f.

beide zusammen eine dominierende Stellung einnehmen würden. Überdies befürchtete man negative Auswirkungen einer supranationalen Verteidigungsorganisation auf den wirtschaftlichen Wiederaufbau. Erst als sich im Sommer 1951 das Einschwenken der USA auf die Europaarmee abzeichnete und die Amerikaner auf die Einbeziehung der Niederlande drängten, begann sich Den Haag zu bewegen. Da um die EVG-Lösung nicht mehr herumzukommen war, mehrten sich die Stimmen, die eine aktive Beteiligung des Landes an den Verhandlungen forderten, um die zukünftige Organisationsstruktur mitgestalten und deren supranationale Elemente begrenzen zu können[12].

Auch das von einer innenpolitischen Krise und von Spannungen zwischen den beiden Volksgruppen der Flamen und Wallonen heimgesuchte Belgien nahm eine äußerst kritische Haltung gegenüber der EVG ein. Außenminister Paul van Zeeland machte verfassungsrechtliche Bedenken gegen einen Souveränitätstransfer und den Verlust der nationalen Identität geltend. Ferner fürchtete man, dass das kleine Land aufgrund seiner verhältnismäßig soliden Finanzlage in besonderem Maße zur Kasse gebeten werden würde. Auch bei den Belgiern war die Sorge unübersehbar, von den großen Mitgliedern majorisiert zu werden. Außerdem erblickte man in integrierten europäischen Streitkräften eine Gefahr für die Einheit der belgischen Streitkräfte: Man hatte Angst, dass die aus Flamen stammenden Soldaten mit den Niederländern, die aus Wallonien stammenden Soldaten mit den Franzosen »verschmelzen« könnten – mit unabsehbaren Folgen für das belgische Staatsgefüge[13]. Das kleine Land entwickelte sich bei den Pariser Planungsarbeiten zu einem regelrechten »enfant terrible« – sehr zur klammheimlichen Freude seiner niederländischen Nachbarn. So forderte Brüssel zunächst etwa, nur die Streitkräfte der drei großen Mitgliedstaaten zu integrieren[14]. Den eigenen Truppenbeitrag versuchte man möglichst gering zu halten. Überdies bestand man auf einer weitgehenden Einbettung der EVG in die NATO. Brüssels Obstruktionshaltung war derart ausgeprägt, dass das EVG-Projekt Ende 1951 Schiffbruch zu erleiden drohte[15].

In Luxemburg, dem kleinsten der an den Verhandlungen beteiligten Länder, zeigte man sich über Frankreichs Initiative ähnlich besorgt. Von der Notwendigkeit einer Verteidigungsgemeinschaft gab man sich überzeugt, doch um nicht unter die Räder der »Großen« zu geraten, forderte man eine Föderation, eine echte supranationale Autorität. Bis zum Erreichen dieses Ziels hielt man eine Übergangslösung für nötig, die den Interessen der kleineren Mitgliedsländer Rechnung tragen sollte[16]. Alles in allem zeigte sich, dass die Benelux-Staaten eine weitgehend geschlossene Phalanx gegen ein Zuviel an Supranationalismus bildeten. Dem stand ein deutsch-französisches, von Italien unterstütztes Integrationstandem gegenüber – eine durchaus bemerkenswerte Entwicklung.

---

[12] Vgl. Harryvan [u.a.], Dutch Attitudes, S. 322 f.; Harryvan/Harst, From Antagonist to Adherent, S. 171–173; Harst, The Atlantic Priority, S. 147–153; Kersten, Niederländische Regierung, S. 194–204.
[13] Vgl. AAPD 1952, S. 15–19, hier S. 19: Aufz. Wever (Auswärtiges Amt, AA), 8.1.1952; FRUS 1951, III/1, S. 931 f.: Millard (US-Chargé in Belgien) an Acheson, 23.11.1951; Harst, The Atlantic Priority, S. 155 f.
[14] Vgl. Harst, The Atlantic Priority, S. 155 f. (Zitat S. 156).
[15] So Coolsaet, Atlantic Loyalty, S. 17 f.
[16] Vgl. AAPD 1952, S. 20 f.: (Josef) Jansen (dt. Gesandtschaft in Luxemburg) an AA, 8.1.1952. Luxemburg lehnte sich offenbar stark an Belgien an. Vgl. ebd., S. 15–19, hier S. 19: Aufz. Wever, 8.1.1952.

## II. Das Projekt einer Europäischen Verteidigungsgemeinschaft

Den Beneluxländern war weiterhin gemein, dass sie sich für eine enge Bindung der EVG an die NATO stark machten. In den USA und Großbritannien erblickten sie ihre wichtigsten Sicherheitsgaranten. Gerne hätten sie auch die Beteiligung der Briten an der EVG gesehen – für die Drei ein Grund mehr, den Supranationalismus abzuschwächen[17].

Auf französischer Seite konnte man die Entwicklung vom Sommer 1951 als großen Erfolg verbuchen. Hinzu kam, dass mit der Unterzeichnung des Vertrages über die Gründung der Europäischen Gemeinschaft für Kohle und Stahl (EGKS) am 18. April 1951 durch die Bundesrepublik, Frankreich, Italien und die Benelux-Staaten eine wesentliche Bedingung, die die französische Regierung im Pleven-Plan für ihre Zustimmung zur einer westdeutschen Wiederbewaffnung erhoben hatte, erfüllt worden war[18].

Im Spätsommer war der Plan eines deutschen NATO-Kontingents vom Tisch. Erfolglos verlief daher auch der Versuch der Bundesregierung, eine Zwischenlösung – die Aufstellung eines deutschen Kontingents für die zukünftige EVG nach Unterzeichnung des Deutschlandvertrages, aber noch vor Fertigstellung des EVG-Vertragswerks – durchzusetzen und weitreichende Sicherheitsgarantien von den Alliierten zu erhalten[19]. Bundeskanzler Adenauer blieb somit nichts anderes übrig, als dem amerikanischen Einlenken auf die EVG zu folgen[20] und das französische Modell als Verhandlungsgrundlage zu akzeptieren. Zudem wollte er Frankreich entgegenkommen und das deutsch-französische Verhältnis verbessern, wohl wissend, dass der Nachbar im Westen die EVG ähnlich wie die EGKS als Instrument zur Kontrolle der Bundesrepublik konzipiert hatte. Für Adenauer war die EVG nur die »zweitbeste Lösung«[21]. Zwar befürwortete er grundsätzlich die europäische Integration, einen supranationalen Weg hielt er allerdings zum damaligen Zeitpunkt noch für verfrüht. Ein solcher galt ihm als ein wünschenswertes Fernziel. Der Aufstellung einer europäischen Armee müsste in seinen Augen die Schaffung einer politischen Autorität vorausgehen. Eigentlich hatte er, wie auch die deutschen Militärs, die Mitgliedschaft der Bundesrepublik in dem aus souveränen Nationalstaaten bestehenden Nordatlantischen Bündnis angestrebt, weil eine solche Lösung verhältnismäßig einfach zu realisieren wäre und es aus militärischer Sicht am praktikabelsten erschien, dem Land die volle Gleichberechtigung zu bringen, den besten Schutz vor der Sowjetunion zu bieten und es fest in der atlantischen, von den USA geführten Gemeinschaft zu verankern[22]. Als im Sommer 1951 die Würfel zugunsten des EVG-Konzepts, an das man die Beseitigung des Besatzungsstatuts geknüpft hatte,

---

[17] Vgl. Clesse, Le projet de CED, S. 45 f.
[18] Zu den sicherheitspolitischen Überlegungen, die dem französischen Konzept mit zugrunde lagen, siehe AWS, Bd 4 (Beitrag Abelshauser), S. 20–25. Stellvertretend für die kaum noch zu überblickende Fülle an Veröffentlichungen zur EGKS: Gillingham, Coal, Steel, and the Rebirth of Europe; Lappenküper, Die deutsch-französischen Beziehungen, Bd 1, S. 229–276.
[19] Vgl. AWS, Bd 2 (Beitrag Maier), S. 52–57; AWS, Bd 2 (Beitrag Meier-Dörnberg), S. 666–669; AWS, Bd 4 (Beitrag Schwengler), S. 401–406; Lappenküper, Die deutsch-französischen Beziehungen, Bd 1, S. 595 f.
[20] Wie Schwarz hervorhebt, galt für Adenauer bis 1955 der »Grundsatz, im Zweifelsfall immer der amerikanischen Führung zu folgen«. Die USA galten als der Garant der militärischen Sicherheit der Europäer. Schwarz, Adenauer und Europa, S. 482.
[21] Noack, EVG und Bonner Europapolitik, S. 254.
[22] Siehe Gersdorff, Adenauers Außenpolitik, S. 90 f., 266–291; Schwarz, Adenauer, Bd 1, S. 854–857, 871–879; Schwarz, Adenauer und Europa, S. 485; vgl. dazu auch Noack, EVG und Bonner Europapolitik.

gefallen waren, blieb ihm nichts anderes übrig, als mitzuziehen. Die Hoffnung auf eine NATO-Mitgliedschaft begrub er damit jedoch keineswegs.

Weil der Pariser Zwischenbericht lediglich eine »Grobskizze der politisch-militärischen Gestalt der EVG« darstellte[23], blieb der Konferenz, die unter der Bezeichnung »Konferenz für die Organisation einer Europäischen Verteidigungsgemeinschaft« weitergeführt wurde, bis zum Vertragsabschluss noch vieles zu tun. Immerhin galt es, die mitunter stark voneinander differierenden Vorstellungen von sechs Staaten unter einen Hut zu bringen. Die in Paris versammelten Vertreter standen vor gewaltigen Herausforderungen: Um den Parlamenten das Vertragswerk zur Ratifizierung vorlegen zu können, mussten eine Reihe wichtiger Fragen zumindest in Grundzügen festgelegt werden. Hierzu gehörten die Größe der Europaarmee und ihrer einzelnen Kontingente, Aufstellungsplan, Gliederung, Bewaffnung und Ausrüstung, Versorgung, taktische Konzepte und Ausbildung, sprachliche Verständigung, Laufbahn, Beförderung und Besoldung. Ebenso musste eine Verständigung über die Territorialorganisation, die Zusammensetzung und Befugnisse der Organe einschließlich der Entscheidungsmechanismen und den Haushalt der Gemeinschaft herbeigeführt werden. Auch die Frage der Beistandsverpflichtung sowie das Verhältnis zur NATO und zu Großbritannien bedurften noch der Klärung[24]. Im Oktober 1951 gelang es im Militärausschuss immerhin, der Empfehlung von SHAPE folgend, sich auf die Größe der national homogenen Grundeinheiten, Kampfverbände, sogenannte *groupements* in Stärke von ca. 12 500–14 500 Mann, zu einigen. Damit hatte sich der deutsche Standpunkt durchgesetzt. Die Franzosen hatten ihren Widerstand aufgegeben und damit faktisch deutsche Verbände in Divisionsstärke akzeptiert[25].

Nun bewegten sich auch die Niederländer und die bislang in Passivität verharrenden Italiener. In Den Haag hatte sich unter dem Eindruck des Einschwenkens der USA auf die Europa-Armee bis Anfang Oktober 1951 die Linie durchgesetzt, sich als Vollmitglied an der EVG-Konferenz zu beteiligen, um den Fortgang der Verhandlungen entsprechend beeinflussen zu können. Ziel sollte es aus Sicht der Regierung sein, die Integration auf ein Mindestmaß zu beschränken sowie einen allumfassenden Gemeinschaftsetat und die supranationale Kontrolle der nationalen Militärbudgets zu verhindern. Der institutionelle Rahmen der EVG sollte derart gestaltet sein, dass der Einfluss der Benelux-Staaten gewahrt und eine Dominanz durch die »Großen« ausgeschlossen werden konnte. Ferner sollte eine enge Bindung zwischen EVG und NATO sichergestellt sein. Den Haags Teilnahme an den Pariser Arbeiten war somit ein taktischer Schachzug und nicht das Ergebnis einer plötzlich entdeckten Integrationseuphorie[26].

Die italienische Regierung vollzog unter Ministerpräsident Alcide de Gasperi, der die Gedanken italienischer Föderalisten aufgegriffen hatte, im Herbst 1951 einen entschei-

---

[23] AWS, Bd 2 (Beitrag Meier-Dörnberg), S. 664.
[24] Siehe ebd., S. 671–673.
[25] Vgl. Magagnoli, Italien und die Europäische Verteidigungsgemeinschaft, S. 103; Rink, »Strukturen brausen um die Wette«, S. 391 f.; AWS, Bd 4 (Beitrag Schwengler), S. 407; Wettig, Entmilitarisierung und Wiederbewaffnung, S. 451.
[26] Vgl. Harryvan [u.a.], Dutch Attitudes, S. 324 f.; Harryvan/Harst, From Antagonist to Adherent, S. 174 f.; Harst, The Atlantic Priority, S. 153 f., 207–209; Kersten, Niederländische Regierung, S. 208–210.

denden Kurswechsel. Rom wollte sich nicht mehr mit einer militärischen Teilintegration begnügen und trat für eine umfassende politische Integration ein. Hatte die Regierung bislang eine abwartende Haltung eingenommen und auf einen starken Ministerrat anstelle einer starken Exekutive gesetzt, forderte sie nun eine direkt gewählte Versammlung mit umfangreichen Vollmachten, darunter Steuerhoheit – bei Beibehaltung einer schwachen supranationalen Exekutive. Angesichts des bescheidenen wirtschaftlichen und militärischen Potenzials des Landes versprach man sich von einem derartigen Konstrukt weit mehr Einfluss als von einer supranationalen Organisation, wie sie den Franzosen vorschwebte. Immerhin verfügte Italien über die drittgrößte Bevölkerungszahl im Kreise der sechs Montanunion-Staaten, was sich im Falle der Anwendung des Proporzprinzips bei der Anzahl der jeweiligen Versammlungssitze niederschlagen würde. Die Aufstellung supranationaler Streitkräfte bei gleichzeitiger Beibehaltung der nationalen Außen-, Sicherheits- und Wirtschaftspolitik hielt man in Rom für unmöglich. Eine Lösung des Problems konnte daher nur in einer Gesamtlösung mit der Schaffung einer politischen Föderation bestehen. Eine föderative Lösung schien aus Sicht der Diplomatie auch geeignet, um die politischen und wirtschaftlichen Schwierigkeiten zu lösen, in denen sich der italienische Staat zur damaligen Zeit befand[27].

In den grundsätzlichen Sachfragen konnten aufgrund der mitunter beträchtlichen Divergenzen zwischen den Verhandlungspartnern zunächst nur geringe Fortschritte erzielt werden[28]. Belgien, die Niederlande und Luxemburg bemühten sich weiterhin, den supranationalen Charakter der EVG zu begrenzen, während Deutschland, Frankreich und Italien stärker auf eine supranationale Lösung zielten. Zwar bestand weitgehend Einigkeit über Integrationsniveau, Größenumfang und Zusammensetzung der Heeresverbände, doch zum Zeitpunkt der NATO-Ratstagung in Rom Ende November 1951 war vieles noch offen. Dies betraf insbesondere die Zusammensetzung, Kompetenzen und Entscheidungsmechanismen der Organe – die Franzosen beharrten hinsichtlich des Kommissariats immer noch auf einer Ein-Mann-Lösung, der Benelux bestand weiterhin auf dem Einstimmigkeitsprinzip im Ministerrat –, den Gemeinschaftshaushalt und das Verhältnis zwischen der EVG und der NATO. Die Beziehungen zwischen beiden Organisationen beabsichtigten die Deutschen, unterstützt vom Benelux und den USA besonders eng zu gestalten. Zu all dem forderten die Vertreter des Benelux noch die

---

[27] Vgl. Krüger, Sicherheit durch Integration?, S. 273–275; Küsters, Zwischen Vormarsch und Schlaganfall, S. 261; Magagnoli, Italien und die Europäische Verteidigungsgemeinschaft, S. 100–103; Risso, Divided We Stand, S. 73–76. Zur Vorgeschichte des italienischen Kurswechsels siehe Magagnoli, Italien und die Europäische Verteidigungsgemeinschaft, S. 91–99; Risso, Divided We Stand, S. 54–57.

[28] Ausführliche Darstellungen zum Verlauf der EVG-Verhandlungen bis zur Vertragsunterzeichnung am 27.5.1952: Clesse, Le projet de CED, S. 52–60; Fursdon, The European Defence Community, S. 125–148; Jansen, Großbritannien, das Scheitern der EVG und der NATO-Beitritt der Bundesrepublik, S. 62–68; Kersten, Niederländische Regierung, S. 210–217; Magagnoli, Italien und die Europäische Verteidigungsgemeinschaft, S. 104–134; AWS, Bd 2 (Beitrag Maier), S. 57–124; Ruane, The Rise and Fall, S. 19–30; AWS, Bd 4 (Beitrag Schwengler), S. 401–412; Wettig, Entmilitarisierung und Wiederbewaffnung, S. 450–475. Eingehend zu den Militär- und Finanzplanungen: AWS, Bd 2 (Beitrag Meier-Dörnberg), S. 666–670, 674–698, 699–714; Rink, »Strukturen brausen um die Wette«, S. 387–393; Köllner/Volkmann, Aspekt, S. 818–841. Die Pläne einer europäischen Militärverwaltung werden behandelt von Schustereit, Deutsche Militärverwaltung im Umbruch, S. 90–128.

Erweiterung der EVG, wobei sie insbesondere Großbritannien und die skandinavischen Länder im Blick hatten. Doch von der neuen britischen Regierung unter Premierminister Churchill war keine grundlegende Änderung in der Europapolitik und der Haltung zur EVG zu erwarten. In London lehnte man eine supranationale Gemeinschaft weiterhin strikt ab. Prinzipiell befürworteten die Briten einen deutschen NATO-Beitritt, doch damit hatten sie es – nicht zuletzt aus Rücksicht auf Frankreich und die Sowjetunion – keineswegs eilig. Stattdessen gedachte man, der Aufrüstung der Bündnismitglieder Vorrang einzuräumen, wobei man angesichts der eigenen wirtschaftlichen Probleme für moderate Rüstungsmaßnahmen plädierte und großzügige US-Militär- und Finanzhilfe erwartete.

In einigen Bereichen ließen sich immerhin gewisse Fortschritte verbuchen. So rückte Paris von der Forderung nach einem einzigen Kommissar ab und stellte sich auf die Seite Bonns und Roms, die für eine Behörde mit drei Kommissaren, darunter einem starken Präsidenten, eintraten. In Den Haag und Brüssel bestand man hingegen auf sechs Kommissaren und einem relativ schwachen Präsidenten, um auch den kleinen Staaten entsprechenden Einfluss zu sichern. Die Laufzeit des EVG-Vertrags wollten sie an die der NATO – diese betrug 20 Jahre – gekoppelt wissen[29]. Auf erbitterten Widerstand stießen dort ferner die Pläne einer politischen Föderation, in die nach de Gasperis Willen die zukünftige EVG eingebettet werden sollte. Ausgehend von der Überzeugung, dass die Fusion der Streitkräfte die politische Integration voraussetze, schlug der von der föderalistischen Bewegung inspirierte italienische Ministerpräsident – von Adenauer weitgehend, von Schuman nachhaltig unterstützt – die Schaffung einer direkt gewählten und proportional zur Bevölkerungsgröße zusammengesetzten parlamentarischen Versammlung vor, die über das Budgetrecht verfügen und der das kollegiale Kommissariat verantwortlich sein sollte. Im Ministerrat sollte jeder Mitgliedstaat mit gleicher Stimme vertreten sein. Die Perspektive einer Europäischen Politischen Gemeinschaft (EPG) mündete schließlich in Artikel 38 des EVG-Vertrags, der »den kleinsten gemeinsamen Nenner folgender Interessen« darstellte: »die Abneigung des Benelux gegen supranationale Strukturen, das deutsch-französische Interesse an einer supranationalen Exekutive, das deutsche Bestreben«, die Souveränität wiederzuerlangen und die Wiederbewaffnung unter Dach und Fach zu bringen, »und die italienische Forderung, den militärischen Charakter der EVG durch einen supranationalen Parlamentarismus zu modifizieren«. Eine endgültige Entscheidung über die politische Föderation hatte man somit vertagt. Selbst der französischen Regierung, die bereits im Spätsommer 1951 aus innenpolitischen Gründen die Idee einer supranationalen Autorität verkündet hatte, waren die italienischen Pläne dann doch zu weit gegangen. Die parlamentarische Versammlung erhielt lediglich den Auftrag, innerhalb von sechs Monaten nach ihrer Zusammenkunft entsprechende Vorschläge auszuarbeiten und dem Ministerrat vorzulegen. Ziel der endgültigen Organisation war eine bundesstaatliche oder staatenbündische Ordnung nach dem Grundsatz der Gewaltenteilung und mit einem Zweikammersystem, darunter einem direkt gewählten Parlament[30]. In den Fachressorts in Paris, Bonn und selbst in Rom betrachtete man die

---

[29] Vgl. Fursdon, The European Defence Community, S. 134–136; Magagnoli, Italien und die Europäische Verteidigungsgemeinschaft, S. 114–117; AWS, Bd 2 (Beitrag Maier), S. 82 f.; AWS, Bd 4 (Beitrag Schwengler), S. 408.
[30] Vgl. Krüger, Sicherheit durch Integration?, S. 275–279 (Zitate S. 279); siehe ausführlich Fischer, Die Bundesrepublik und das Projekt einer Europäischen Politischen Gemeinschaft, S. 279–281;

bundesstaatliche Entwicklung mit Skepsis, denn aus deren Sicht stand zu befürchten, dass die Verwirklichung eines deutschen Wehrbeitrags und der EVG nunmehr eher erschwert als vereinfacht würde[31].

Auf der Pariser Außenministerkonferenz vom 26./27. Januar 1952 konnte über wichtige institutionelle Fragen Einvernehmen erzielt werden. Man einigte sich auf ein aus insgesamt neun Personen bestehendes Kommissariat mit einem Präsidenten an der Spitze. Die Versammlung sollte mit der des Schuman-Plans identisch sein, ebenso der Gerichtshof. Im Ministerrat sollte jedes Land grundsätzlich über eine Stimme verfügen, in bestimmten Fällen jedoch eine Stimmengewichtung gemäß des effektiven finanziellen Beitrages und der effektiven Stärke der zur Verfügung gestellten Truppen der einzelnen Mitgliedstaaten gelten. Eine optimale Lösung stellten die Kompromisse freilich für kaum einen der Verhandlungspartner dar. Die Benelux-Staaten wollten das Prinzip der Stimmengewichtung so weit wie möglich einschränken. Italien, das für eine neue, von der Montanunion getrennte Versammlung eingetreten war, scheiterte mit dem Versuch, bei der Sitzverteilung eine stärkere Berücksichtigung der Bevölkerungszahlen zu erreichen[32].

Dass ein Vertragsabschluss noch in weiter Ferne war, lag auch in besonderem Maße an den zahlreichen deutsch-französischen Interessengegensätzen. Bei der Ausgestaltung der zukünftigen EVG-Territorialorganisation verfolgte Frankreich das Ziel, diesen Bereich, einschließlich der Territorialverteidigung und der (zivilen) Wehrverwaltung, der deutschen Verfügungsgewalt zu entziehen und damit den Einfluss des mittlerweile zugestandenen deutschen Verteidigungsministeriums drastisch einzuschränken. Im Gegensatz dazu wollten die Deutschen – unterstützt von den Vertretern des Benelux – eine zwar europäischen Charakter tragende, aber rein national zusammengesetzte militärische Territorialorganisation; die Wehrverwaltung sollte vollständig unter nationaler Kontrolle verbleiben. Den zwischen den Delegierten des Militärausschusses erzielten, beiden Seiten entgegenkommenden Kompromissvorschlag – er bestand aus einem äußerst komplizierten Aufstellungsplan – hielt die französische Regierung für unannehmbar. Nach zähem Ringen kam es schließlich Anfang Mai 1952 zu einem Kompromiss, der weit mehr den französischen Wünschen als den deutschen entsprach. Demnach sollte das Aufstellungsverfahren für die Kontingente zeitlich befristet in deutschen Händen liegen, die Gestalt der europäischen Territorialbereiche und ihrer Organisation später durch das Kommissariat und den Ministerrat festgelegt werden. Die gesamte Territorialorganisation musste dem Kommissariat sowie – dies galt es noch näher auszuarbeiten – den zuständigen Regierungsstellen unterstellt werden. Damit war praktisch eine weitgehende Europäisierung der westdeutschen Territorialorganisation festgeschrieben[33]. Eines der heikelsten Probleme stellte, wie später noch zu zeigen sein wird, der Rüstungsbereich

---

Kim, Der Fehlschlag des ersten Versuchs, S. 59–74; Küsters, Zwischen Vormarsch und Schlaganfall, S. 261–264; Lappenküper, Die deutsch-französischen Beziehungen, Bd 1, S. 280 f.; Magagnoli, Italien und die Europäische Verteidigungsgemeinschaft, S. 108–117; Risso, Divided We Stand, S. 76–82; AWS, Bd 4 (Beitrag Schwengler), S. 408–410.

[31] Vgl. Krüger, Die EVG, S. 50.

[32] Vgl. Magagnoli, Italien und die Europäische Verteidigungsgemeinschaft, S. 124–127; AWS, Bd 2 (Beitrag Maier), S. 86 f.; AWS, Bd 4 (Beitrag Schwengler), S. 409 f.; Wettig, Entmilitarisierung und Wiederbewaffnung, S. 456–459.

[33] Siehe AWS, Bd 2 (Beitrag Meier-Dörnberg), S. 688–698; Schustereit, Deutsche Militärverwaltung im Umbruch, S. 99–128.

dar. Hier ging es zum einen um die Struktur der Rüstungsorganisation und Einzelheiten des Rüstungsprogramms, zum anderen um die Frage der Produktionsverbote und -beschränkungen für die Bundesrepublik[34].

Für reichlich Diskussionsstoff sorgte überdies die deutsche Forderung nach Aufnahme in das Nordatlantische Bündnis. Weil die EVG, besonders auf Betreiben der USA, eng an die NATO gebunden werden und diese weiterhin das maßgebende Verteidigungsinstrument in Europa bleiben sollte, hielt es die Bundesrepublik für nicht hinnehmbar, aus dem Kreise der NATO ausgeschlossen zu bleiben. Den Status eines Partners zweiter Klasse, ohne Einfluss auf die maßgeblichen Entscheidungen der westlichen Verteidigung, wollte man in Bonn keinesfalls akzeptieren. Eine westdeutsche NATO-Mitgliedschaft war jedoch genau das, was die französische Regierung mit ihrem Vorschlag einer Europaarmee hatte verhindern wollen. Im Rahmen der NATO wären nämlich, so die französische Befürchtung, die in Bezug auf die Bundesrepublik vorgesehenen Restriktionen nicht realisierbar. Daneben befürchtete man in Paris, die Zulassung der Bundesrepublik zum Bündnis würde die deutsche Integrationsbereitschaft sinken lassen und damit letztlich das gesamte EVG-Projekt gefährden. Als weiteres Gegenargument führte man ins Feld, ein Beitritt Bonns würde aufgrund seiner territorialen Forderungen im Osten die Nordatlantische Allianz ihres defensiven Charakters berauben. Außenminister Schuman warnte mehrfach vor den negativen Auswirkungen einer NATO-Lösung auf die Parteien und die öffentliche Meinung in Frankreich. Sowohl die Regierung als auch die Nationalversammlung wandten sich entschieden gegen eine deutsche Mitgliedschaft. In Washington befürwortete man im Grunde genommen den deutschen Standpunkt, vermied es aber aus Rücksicht auf den französischen Verbündeten, zu starken Druck auszuüben.

Als Ergebnis der komplizierten Beratungen vereinbarte man eine automatische Beistandspflicht aller EVG-Mitgliedstaaten, was dem deutschen Interesse nach einer möglichst umfassenden Sicherheitsgarantie entgegenkam, und eine wechselseitige Bündnisverpflichtung zwischen EVG- und Atlantikpakt-Staaten, ferner gemeinsame Sitzungen des EVG-Ministerrates und des NATO-Rates in einigen wichtigen Fragen, sofern eines der beiden Gremien dies wünschte. Auch wenn der Bundesrepublik über den EVG-Ministerrat ein gewisses Maß an Mitsprache möglich gewesen wäre: Im Gegensatz zu ihren EVG-Partnern war sie nach wie vor benachteiligt, fehlte sie doch in den militärisch entscheidenden NATO-Gremien. Trotzdem waren die Deutschen zuversichtlich, dass die EVG-Mitgliedschaft früher oder später automatisch zur Aufnahme ins Bündnis führen würde[35].

Während die französische Politik und Öffentlichkeit in dieser Angelegenheit unnachgiebig geblieben waren, hatte der Ausschuss der Generalstabschefs im Wissen um die Schwierigkeiten, die ein Fernhalten des deutschen Partners vom Nordatlantischen

---

[34] Auf die Verhandlungen über die deutschen Rüstungsverbote und -beschränkungen sowie die Haltung Frankreichs wird in Kap. IV.1. eingegangen. Die Verhandlungen über die zukünftige europäische Rüstungsorganisation und das Rüstungsprogramm (Oktober 1951 bis Mai 1952) werden in Kap. IV.2.–IV.5. behandelt.
[35] Vgl. Guillen, Frankreich und die NATO-Integration, S. 430 f.; AWS, Bd 2 (Beitrag Maier), S. 71 f., 87–92, 93–99, 103–106; AWS, Bd 2 (Beitrag Meier-Dörnberg), S. 708–711; AWS, Bd 4 (Beitrag Schwengler), S. 443–451.

Bündnis mit sich gebracht hätte, bereits Anfang Februar 1952 zu Protokoll gegeben, dass die Assoziierung der Bundesrepublik, entweder als Vollmitglied oder in einer anderen Form, die einzig mögliche Lösung darstelle[36].

Überschattet wurden die EVG-Verhandlungen auch von der Saarfrage, die bis zu ihrer Lösung im Jahre 1955 »eine ständige Fußangel« im deutsch-französischen Verhältnis blieb[37]. Der Verlauf der Verhandlungen war außerdem maßgeblich von der schwierigen innenpolitischen und wirtschaftlichen Lage Frankreichs sowie von der militärischen Lage seiner Truppen in Indochina beeinflusst. Zur Frage der Europaarmee und der deutschen Wiederbewaffnung zeigten sich Regierung und Parteien gespalten. Zwar stand im Februar 1952 eine knappe Mehrheit der Abgeordneten der Nationalversammlung hinter der Regierung. Das Vertrauensvotum war jedoch nur in Verbindung mit einem umfangreichen Forderungskatalog für die Pariser Verhandlungen möglich gewesen, der das Verbot eines deutschen NATO-Beitritts und einer Rekrutierung deutscher Soldaten vor Inkrafttreten des Vertragswerks, eine angelsächsische Garantie zur dauerhaften Stationierung von Truppen auf dem Kontinent sowie die Mitgliedschaft Großbritanniens in der EVG beinhaltete. Ferner sollten die französischen Streitkräfte den stärksten Anteil der Europaarmee stellen, und das, obwohl Frankreich in Fernost militärisch zunehmend in Bedrängnis geriet und seine Armee bereits an die Grenze ihrer Belastbarkeit gelangt war[38].

Die sowjetische Notenoffensive des Frühjahres 1952, die in Paris das Schreckgespenst eines neutralen und wiedervereinigten Deutschlands mit nationalen Streitkräften zum Leben erweckte, verstärkte die latenten französischen Ängste vor dem ehemaligen Kriegsgegner und ließen den Ruf nach einer Assoziierung Großbritanniens und einer angelsächsischen Verpflichtung zur Truppenstationierung auf dem europäischen Kontinent immer lauter werden[39]. Ministerpräsident Antoine Pinay und Außenminister Schuman gerieten zunehmend unter Druck, weil die Regierungsparteien die Billigung des Vertrags an diverse Bedingungen knüpften. Die christdemokratische Mouvement Républicain Populaire (MRP) forderte die Erfüllung der vom Parlament geforderten Garantien, die Sozialisten verlangten eine Vertiefung der politischen und wirtschaftlichen Integration, die Radikalsozialisten machten Sicherheitsbedürfnisse geltend.

---

[36] Vgl. SHD/DAT, 1 R/180-3: Vermerk Kombinierter Generalstab der Streitkräfte, 8.2.1952; Guillen, Die französische Generalität, S. 141.

[37] So formulierte es zutreffend Henzler, Fritz Schäffer, S. 395. Ausführlich zur Saarfrage und ihren Auswirkungen auf die bilateralen Beziehungen in den Jahren 1951/52: Lappenküper, Die deutsch-französischen Beziehungen, Bd 1, S. 348−366.

[38] Vgl. Clesse, Le projet de CED, S. 116−120; Elgey, Histoire de la IV République, t. 2, S. 304−312; Lappenküper, Die deutsch-französischen Beziehungen, Bd 1, S. 622 f., 633; Poidevin, Frankreich und das Problem der EVG, S. 111 f.

[39] Siehe hierzu Guillen, The Role of the Soviet Union, S. 75−77; AWS, Bd 2 (Beitrag Maier), S. 109−119; Lappenküper, Die deutsch-französischen Beziehungen, Bd 1, S. 140−178, 628 f.; Schwarz, Adenauer, Bd 1, S. 906−924; Soutou, La France et les notes soviétiques; Wettig, Entmilitarisierung und Wiederbewaffnung, S. 498−505. Wie die Forschung erneut zu bestätigen scheint, handelte es sich bei den »Stalin-Noten« um ein gezieltes Störmanöver, das die Westbindung und Wiederbewaffnung der Bundesrepublik verhindern sollte. Siehe Stalins großer Bluff. Die These von der »verpassten Chance« wird vertreten von Loth, Die Sowjetunion und die deutsche Frage, S. 101−174.

London, das einer Mitgliedschaft in der supranationalen Verteidigungsgemeinschaft nach wie vor eine klare Absage erteilte, kam Paris insoweit entgegen, als man eine enge Assoziierung mit der EVG und eine enge Kooperation zwischen seinen dem SACEUR unterstellten Einheiten und denen der EVG zusagte. Ferner erklärte man sich zur automatischen, wechselseitigen Beistandspflicht mit der EVG bereit. Damit waren auch die Niederländer zufrieden gestellt, die ihre Zustimmung zu einer automatischen Beistandsverpflichtung von der Ausdehnung der im Brüsseler Pakt enthaltenen Beistandsklausel auf die EVG-Mitglieder abhängig gemacht hatten. Die Briten begrenzten allerdings die Dauer ihrer Garantie auf die Dauer ihrer Mitgliedschaft in der NATO; ab 1969 waren die NATO-Staaten frei, wieder auszutreten. Dies veranlasste prompt die Niederländer dazu, die auf 50 Jahre angelegte Laufzeit des EVG-Vertrags auf die des NATO-Vertrags reduzieren zu wollen. Wegen des heftigen Windes, der den Niederländern aus London und Washington entgegenblies, mussten sie schließlich klein beigeben.

Sonderwünsche meldeten auch die Franzosen an, die aus Furcht vor einem möglichen EVG-Austritt eines wieder aufgerüsteten Deutschland eine Neuformulierung der Dreimächteerklärung anstrebten. So forderte man in Paris von den USA und Großbritannien eine feste Zusage hinsichtlich der Stationierung ausreichender Truppen auf dem Kontinent. Die beiden Staaten bekundeten schließlich, dass sie jede Bedrohung der Integrität und Einheit der EVG als eine Bedrohung ihrer eigenen Sicherheit betrachten würden. Rechtlich bindende Stationierungsgarantien lehnten aber sowohl Amerikaner als auch Briten ab; sie erklärten immerhin ihre Entschlossenheit, Stationierungskräfte in notwendigem und angemessenem Umfang in Westeuropa und der Bundesrepublik zu unterhalten, um den Verpflichtungen gegenüber der NATO und der EVG nachzukommen[40].

Nach monatelangen Verhandlungen paraphierten die sechs Delegationschefs am 9. Mai 1952 den Vertragstext, doch wurde praktisch bis kurz vor dem Unterzeichnungstermin um die letzten strittigen Verhandlungspunkte gerungen, etwa um die Stimmengewichtung im Ministerrat, die Vertragsdauer, die Territorialorganisation, die Anwendung des Truppenvertrags auf die französischen Militäreinheiten auf dem Bundesgebiet, die angelsächsischen Garantien für die EVG und die Rüstungsbeschränkungen der Bundesrepublik[41]. Bei der Schlusskonferenz sorgte der niederländische Außenminister Dirk U. Stikker nochmals für reichlich Diskussionsbedarf, als er auf die Möglichkeit eines Austritts seines Landes aus der EVG bestand, sollte beim Auslaufen der NATO nach ihrer 20-jährigen Vertragsdauer oder dem Auslaufen der britischen Garantie keine europäische Föderation oder Konföderation existieren. Nach massivem Druck Washingtons und Londons wurde Den Haag mit der Formel zufriedengestellt, dass die EVG-Partner

---

[40] Vgl. Dockrill, The Evolution of Britain's Policy, S. 48–52; Fursdon, The European Defence Community, S. 143–146, 186; AWS, Bd 2 (Beitrag Maier), S. 119 f., 122 f.; AWS, Bd 2 (Beitrag Meier-Dörnberg), S. 711; Poidevin, Frankreich und das Problem der EVG, S. 107 f., 112 f.; Ruane, The Rise and Fall, S. 32–34; AWS, Bd 4 (Beitrag Schwengler), S. 411, 451–454.

[41] Vgl. Fursdon, The European Defence Community, S. 146 f.; Lappenküper, Die deutsch-französischen Beziehungen, Bd 1, S. 630–635; Magagnoli, Italien und die Europäische Verteidigungsgemeinschaft, S. 131 f.; AWS, Bd 4 (Beitrag Schwengler), S. 411; Wettig, Entmilitarisierung und Wiederbewaffnung, S. 472–475.

bei einem Erlöschen des NATO-Vertrags oder im Falle eines Ausscheidens der Briten oder Amerikaner aus dem Bündnis über die neue Situation beraten würden[42]. Für die Deutschen war das Endergebnis der langwierigen Verhandlungen ein Erfolg. Es war ihnen insgesamt gelungen, ihre Forderungen nach Gleichberechtigung und Gleichbehandlung im Grundsatz durchzusetzen und die gravierendsten Benachteiligungen des Pleven-Plans zu beseitigen[43].

Nachdem die letzten Hindernisse aus dem Weg geräumt waren, konnte das 132 Artikel umfassende Vertragswerk mitsamt den zahlreichen dazugehörigen Protokollen und Erklärungen am 27. Mai 1952 im Uhrensaal des Pariser Außenministeriums unterzeichnet werden. Der Vertrag stellte gewissermaßen den kleinsten gemeinsamen Nenner dessen dar, auf das sich die sechs Mitgliedstaaten einigen konnten, und blieb, was die Verwirklichung des Prinzips der Supranationalität anbelangte, deutlich hinter dem EGKS-Vertrag zurück. Während sich die Nationalstaaten bei der Schwerindustrie zu einem weitgehenden Souveränitätsverzicht bereiterklärt hatten, hielten sie sich im Verteidigungsbereich einige Hintertürchen offen, um ihre außen- und sicherheitspolitischen Interessen zu wahren. Dies spiegelte sich deutlich bei den Kompetenzen der EVG-Organe wider[44].

Die Einzelheiten zum Gesamtumfang der EVG-Streitkräfte, zur Größe der einzelnen Kontingente sowie zum Aufstellungszeitplan bis 1954 wurden im geheimen Militärischen Sonderabkommen, im Accord spécial militaire, geregelt. Das Abkommen sah starke europäische Heeres- und Luftstreitkräfte vor, allerdings galt der Grundsatz, dass die deutschen Verbände nicht stärker sein durften als die französischen. Gestalt und Umfang der europäischen Seestreitkräfte waren während den Verhandlungen eher stiefmütterlich behandelt worden, weil die Nationen mit überseeischen Interessen die Integration auf ein Minimum beschränken und den EVG-Seeeinheiten lediglich die Küstensicherung zuweisen wollten[45].

---

[42] Vgl. Harst, The Atlantic Priority, S. 164 f.; Kersten, Niederländische Regierung, S. 216; AWS, Bd 2 (Beitrag Maier), S. 122 f.

[43] Vgl. Krüger, Sicherheit durch Integration?, S. 247.

[44] Knapp dazu siehe oben, Kap. I.2. Umfassend zu den einzelnen Vertragsbestimmungen: Clesse, Le projet de CED, S. 60–66; Fursdon, The European Defence Community, S. 150–188; AWS, Bd 2 (Beitrag Meier-Dörnberg), S. 699–703, 708–714; AWS, Bd 4 (Beitrag Schwengler), S. 412–457. Kurze Zusammenfassungen des Vertragswerks finden sich bei: Kielmansegg, Der Vertrag über die Gründung, in: ebd., S. VII–XVII; EA 1952, S. 5041–5051, hier S. 5047–5051: Die Vertragswerke von Bonn und Paris vom Mai 1952. Am Tag zuvor hatten die Westalliierten und die Deutschen in Bonn den sogenannten Deutschlandvertrag (Generalvertrag) unterzeichnet, der an den EVG-Vertrag gekoppelt war und der Bundesrepublik weitgehend die Souveränität bringen sollte.

[45] Ausführlich dazu: AWS, Bd 2 (Beitrag Meier-Dörnberg), S. 703–708; AWS, Bd 4 (Beitrag Schwengler), S. 428–433. Der Text des Militärischen Sonderabkommens ist abgedruckt in: Ausschuss zur Mitberatung des EVG-Vertrages, Bd 1, S. 836–862: Anlage 6.

## 2. Das Ringen um die EVG, 1952–1954

Im September 1952 nahm der im Pariser Palais Chaillot untergebrachte Interimsausschuss seine Arbeit auf, um die EVG für die Zeit nach der Vertragsratifizierung funktionsfähig zu machen. Der Lenkungsausschuss und seine Unterausschüsse mit ihrem mehrere hundert Personen zählenden Personal verloren sich schon bald in unzähligen Details und versanken regelrecht in Planungspapieren. Dabei erarbeiteten die Vertreter der sechs beteiligten Nationen umfangreiche Vorlagen zu nahezu sämtlichen Bereichen, die die zukünftige Verteidigungsgemeinschaft und deren Streitkräfte betrafen: Organisation und Verwaltung, Finanzierung, Ausbildung, Bewaffnung und Ausrüstung, Taktik und Führungsgrundsätze. Während die Delegierten trotz mitunter harten Ringens in den darauffolgenden zwei Jahren durchaus Bemerkenswertes zustande bringen konnten, tobte auf der internationalen Ebene ein harter Kampf um das Vertragswerk[46].

Kaum war die Tinte unter dem Vertragswerk trocken, geriet die EVG in Frankreich auch schon unter heftigen Beschuss. Während die volksrepublikanische MRP das Vorhaben mit überwiegender Mehrheit unterstützte, rüsteten die Gaullisten, die Kommunisten, aber auch die Radikalsozialisten zum Kampf. Bei den Sozialisten zeichnete sich eine Spaltung ab. Die moskauhörige Kommunistische Partei bekämpfte aus ideologischen Gründen jeglichen Versuch einer westdeutschen Wiederbewaffnung und der Gründung einer gegen die Sowjetunion gerichteten Allianz. Angesichts komplizierter parteitaktischer Erwägungen und instabiler Mehrheiten gestaltete sich die innenpolitische Situation in Frankreich allgemein recht unübersichtlich. Selbst im von der Galionsfigur der Europäischen Integration Schuman geführten Quai d'Orsay fanden sich nicht viele Unterstützer der EVG. Die Mehrheit der Spitzenbeamten lehnte das Vertragswerk, bei dessen Ausarbeitung sie ohnehin nur eine marginale Rolle gespielt hatten, ab und schickte sich an, den Kurs ihres eigenen Außenministers zu sabotieren. Auch Staatspräsident Vincent Auriol gab sich nach wie vor als entschiedener Gegner der Europaarmee. Unter diesen Umständen wagte es das Kabinett Pinay nicht, dem Parlament den Vertragstext zur Ratifikation vorzulegen, und zögerte das Verfahren stattdessen hinaus. Zudem wollten man die US-Präsidentschaftswahlen abwarten. Washington vermied es zunächst auf die Franzosen Druck auszuüben und ermunterte die anderen Partner zu einer zügigen Ratifizierung, in der Hoffnung, Frankreich würde schließlich nachziehen. Unterdessen bemühte sich die Pariser Regierung nicht zuletzt aufgrund innenpolitischen Drucks nach Kräften, den Briten feste Zusagen bezüglich einer ständigen Stationierung von Streitkräfteverbänden auf dem Kontinent abzuringen, um ein für wahrscheinlich gehaltenes deutsches militärisches Übergewicht zu verhindern. Aufgrund der militärischen und finanziellen Belastungen des Indochina-Krieges und der sich ankündigenden Unabhängigkeitsbestrebungen in Nordafrika sahen sich nämlich Frankreichs Regierung und Militärs nicht in der Lage, mindestens gleichstarke Streitkräfteverbände wie die Deutschen aufzubieten. Vor dem Hintergrund des sich ab-

---

[46] Die bislang vorliegenden Darstellungen betrachten die Tätigkeit des Interimsausschusses vornehmlich aus deutscher Sicht. Siehe Krüger, Das Amt Blank, S. 115–130; AWS, Bd 2 (Beitrag Meier-Dörnberg), S. 715–728.

zeichnenden zähen Ratifikationsverfahren in den Unterzeichnerstaaten begann man sowohl in Washington als auch in London vorsorglich mit Alternativplanungen, war sich aber bewusst, dass eine westdeutsche Wiederbewaffnung nur im Einvernehmen mit den Franzosen denkbar sein würde[47].

Mit dem Sturz Pinays und der Übernahme der Regierungsgeschäfte durch den Radikalsozialisten René Mayer Anfang Januar 1953 verschlechterten sich die Aussichten auf eine baldige Ratifizierung des EVG-Vertragswerks zusehends. Auf Betreiben der Gaullisten, auf deren Unterstützung die neue Regierung angewiesen war, musste Schuman seinen Außenministersessel räumen, wodurch das EVG-Projekt einen gewichtigen Fürsprecher verlor. Schumans Nachfolger, sein Parteifreund Georges Bidault, galt nicht gerade als glühender Verfechter der EVG und stand dem supranationalen Integrationskonzept eher reserviert gegenüber. Als Preis für eine stabile Regierung erzwangen die Gaullisten von Mayer und Bidault in der EVG-Frage eine Reihe von Zugeständnissen: Sie forderten die Ausarbeitung von Zusatzprotokollen, die die Einheit der französischen Armee und die Integrität der Französischen Union bewahren sollten, die Schaffung einer europäischen politischen Autorität und schließlich eine vorherige deutsch-französische Übereinkunft in der strittigen Saar-Frage. Während Paris behauptete, die Zusatzprotokolle würden das Vertragswerk lediglich erläutern, präzisieren und ergänzen, erblickte man darin in den anderen Hauptstädten eine massive Aushöhlung des supranationalen Charakters der Verteidigungsgemeinschaft und eine schwerwiegende Diskriminierung der Bundesrepublik. In Bonn war man über die französische Wunschliste empört. Man hielt sie für politisch unannehmbar, war jedoch zu gewissen Zugeständnissen bereit, sofern am Gleichberechtigungsgrundsatz nicht gerüttelt würde. Auch der neue US-Präsident Dwight D. Eisenhower und sein Außenminister John Foster Dulles zeigten sich angesichts des neuerlichen Pariser Verzögerungstaktik besorgt. Nach zähen Verhandlungen einigte man sich schließlich auf Dokumente, die eine formelle Benachteiligung der Deutschen ausschlossen und für alle Mitglieder gültig sein sollten. Zwar segneten sowohl die Pariser als auch die Bonner Regierung das Vereinbarte im April ab. Das Endresultat war jedoch für niemanden völlig zufriedenstellend, und die ausgehandelten Zusatzprotokolle erlangten nie einen rechtlich bindenden Charakter[48].

Kein Vorwärtskommen zeichnete sich bei den deutsch-französischen Gesprächen über die Saarfrage ab. Zwar schien man in Bonn bereit, einen autonomen Status der Saar unter europäischer Kontrolle zu akzeptieren, doch lehnte man das von der Regierung

---

[47] Vgl. Elgey, Histoire de la IV République, t. 2, S. 334–355; Lappenküper, Die deutsch-französischen Beziehungen, Bd 1, S. 641–655; AWS, Bd 2 (Beitrag Maier), S. 125–135; Soutou, France and the German Rearmament Problem, S. 504 f. Auf die massiven Vorbehalte der französischen Generalität gegen die EVG wird in Kap. VI eingegangen.

[48] Vgl. Bariéty, Frankreich und das Scheitern der EVG, S. 112; Clesse, Le projet de CED, S. 71–74, 127 f.; Elgey, Histoire de la IV République, t. 2, S. 355 f., 365–369; Gersdorff, Adenauers Außenpolitik, S. 231 f.; Kim, Der Fehlschlag des ersten Versuchs, S. 198 f., 216 f., 234 f.; Lappenküper, Die deutsch-französischen Beziehungen, Bd 1, S. 653–662, 666–676, 689 f.; AWS, Bd 2 (Beitrag Maier), S. 140–144; Poidevin, Frankreich und das Problem der EVG, S. 199, 122 f.; AWS, Bd 4 (Beitrag Schwengler), S. 457–462; Soutou, Georges Bidault, S. 296–300; Soutou, France and the German Rearmament Problem, S. 505 f.; Wettig, Entmilitarisierung und Wiederbewaffnung, S. 534–548. Die Zusatzprotokolle sind abgedruckt in: EA 1953, S. 5863 f.; FRUS 1952–1954, V/1, S. 722–726.

Mayer eingebrachte Junktim zwischen einer Saar-Übereinkunft und der Ratifizierung der EVG gänzlich ab – eine Haltung, die sowohl von den Amerikanern als auch von den Briten unterstützt wurde[49]. Erfolglos erwiesen sich ebenfalls die französischen Bemühungen, London feste Zusicherungen hinsichtlich einer dauerhaften Stationierung britischer Truppen auf dem europäischen Kontinent zu entlocken und die Beteiligung des Inselstaates an den politischen Organen der EVG zu erreichen. Zu weitergehenden Konzessionen als einer engen technischen Zusammenarbeit zwischen den britischen und europäischen Streitkräften war man in Whitehall nicht bereit[50].

Hinausgezögert wurde der Ratifikationsprozess in Frankreich ferner durch den überraschenden Tod des sowjetischen Diktators Josef Stalin am 5. März 1953, der in breiten Teilen der französischen Politik und Öffentlichkeit die Hoffnung auf eine Verständigung mit Moskau in der Deutschlandfrage und eine Entspannung im Ost-West-Verhältnis nährte. In Bonn witterte man abermals eine bewusste Verzögerungsstrategie. Adenauer, der sich gerade für die im September 1953 stattfindenden Bundestagswahlen rüstete und in der Wiederbewaffnungsfrage innenpolitisch unter großem Druck stand, konterte mit dem Plan eines neuen Sicherheitssystems auf der Grundlage der EVG und unter Berücksichtigung sowjetischer Sicherheitsinteressen, um Moskauer Störmanöver gegen die EVG und die Westintegration im Keim zu ersticken und dem Vorwurf, er verschließe sich Viermächtegesprächen und verspiele die deutsche Wiedervereinigung, zu entgehen. Widerwillig stimmte US-Außenminister Dulles dem französischen Wunsch zu, eine Viererkonferenz über Deutschland zur zwingenden Voraussetzung für die Ratifikation des EVG-Vertrages in der *Assemblée Nationale* zu machen. Er verlangte jedoch von Bidault im Gegenzug die Zusage, dass die Pariser Regierung alles in ihrer Macht Stehende unternehmen müsse, um dem Vertragswerk im Parlament endlich zum Erfolg zu verhelfen[51]. Auf der Bermuda-Konferenz der drei westlichen Regierungschefs Anfang Dezember 1953 blieben die Amerikaner mit den Briten im Schlepptau gegenüber neuerlichen französischen Forderungen hart. Deutlich zeigte sich in der französischen Politik die Tendenz einer Abkehr von der bisher praktizierten Bündnisintegration hin zu einer Stärkung des amerikanisch-britisch-französischen Führungstrios[52].

---

[49] Vgl. Lappenküper, Die deutsch-französischen Beziehungen, Bd 1, S. 393–401; AWS, Bd 2 (Beitrag Maier), S. 144–146; Poidevin, Frankreich und das Problem der EVG, S. 123.

[50] Vgl. Jansen, Großbritannien, das Scheitern der EVG und der NATO-Beitritt der Bundesrepublik, S. 23 f.; Kim, Der Fehlschlag des ersten Versuchs, S. 235 f.; Mager, Die Stationierung der britischen Rheinarmee, S. 21–24; AWS, Bd 2 (Beitrag Maier), S. 144 f.; Poidevin, Frankreich und das Problem der EVG, S. 120 f.

[51] Vgl. Elgey, Histoire de la IV République, t. 2, S. 370–373, 375 f.; Guillen, The Role of the Soviet Union, S. 78–80; Lappenküper, Die deutsch-französischen Beziehungen, Bd 1, S. 677–682; AWS, Bd 2 (Beitrag Maier), S. 146–161; Schwarz, Adenauer, Bd 2, S. 70–75, 84–89; Soutou, France and the German Rearmament Problem, S. 507 f. Die im Januar/Februar 1954 tagende Berliner Außenministerkonferenz der Vier blieb letztlich ohne Ergebnis, bereitete aber den Nährboden für die Beilegung des für Frankreich so verlustreichen Indochina-Konflikts. Siehe hierzu AWS, Bd 2 (Beitrag Maier), S. 177–182; Schöttli, USA und EVG, S. 364–366; Soutou, La guerre de cinquante ans, S. 293 f.

[52] Vgl. Lappenküper, Die deutsch-französischen Beziehungen, Bd 1, S. 691 f.; AWS, Bd 2 (Beitrag Maier), S. 161–170; Ruane, The Rise and Fall, S. 55–63; Schöttli, USA und EVG, S. 371 f.; Soutou, Frankreich und das atlantische Bündnis, S. 227–230.

Die neue US-Administration, die im Januar 1953 in Washington das Ruder übernommen hatte, führte die bisherige Europapolitik, deren Kern die Unterstützung der europäischen Integration war, fort. Der neue Präsident der Vereinigten Staaten, Dwight D. Eisenhower – ehemaliger SACEUR und bester Kenner der politischen Verhältnisse in Europa –, und sein Außenminister Dulles galten als überzeugte Befürworter der Europaarmee. Beide sahen in der EVG, die nach Möglichkeit von einer Politischen Gemeinschaft flankiert werden sollte, die einzige realistische Möglichkeit, die deutsche Wiederbewaffnung zu realisieren und sowjetische Expansionsgelüste einzudämmen, den deutschen Nationalismus im Zaum zu halten und den deutsch-französischen Gegensatz zu überwinden.

Je mehr Paris das Ratifikationsverfahren hinauszögerte, desto ungeduldiger wurde man in Washington. Ende 1953 hatten die ständigen französischen Nachforderungen Dulles Nerven derart strapaziert, dass er mit der berühmt gewordenen Drohung einer »schmerzhaften Neubewertung« (»agonizing reappraisal«) der US-Politik reagierte, sollte die EVG nicht zustande kommen. Die unverhohlene Drohung mit dem Rückzug aus Europa, dem Übergang zu einer peripheren Verteidigungsstrategie – der Verteidigung von den europäischen Randgebieten aus – und das Damoklesschwert einer einseitigen deutschen Wiederbewaffnung erwiesen sich als stumpfe Waffe und waren zudem wenig glaubwürdig. Empfindlich reagierte man in Paris ferner auf die sich abzeichnende Änderung der US-Nuklearstrategie (»New Look«), die den Aufbau eines taktischen Kernwaffenpotenzials bei gleichzeitiger Reduzierung der konventionellen Truppen vorsah. An der Seine schürte dies die Furcht vor einer Verminderung des US-Engagements auf dem europäischen Kontinent, die Frankreich am Ende alleine mit den wiedererstarkten und unberechenbaren Deutschen zurücklassen würde[53]. Angesichts dieser Entwicklung sahen sich maßgebliche Kräfte in den Reihen des Militärs und der Regierung darin bestätigt, dass die *Grande Nation* über eine eigene Atomstreitmacht verfügen müsse, um nicht in völlige Abhängigkeit von den USA zu geraten und ihre sicherheitspolitische Handlungsfreiheit und Weltmachtstellung zu wahren[54].

Bereits im Sommer 1953 hatten die Vereinigten Staaten damit begonnen, bei den Franzosen die Daumenschrauben fester zu ziehen. Die Drohung des US-Kongresses mit der Halbierung der für Europa vorgesehenen US-Militär- und Wirtschaftshilfe für 1954 für den Fall eines Nichtzustandekommens der EVG – auf die Hilfen war Frankreich zur Aufrüstung seiner maroden Streitkräfte und zum Durchhalten seines verlustreichen militärischen Engagements in Indochina dringend angewiesen – erwies sich keineswegs als probates Druckmittel, um den Ratifikationsprozess an der Seine zu beschleunigen. Hatte die immer ungeduldiger werdende Eisenhower-Administration geglaubt, damit die widerspenstigen Franzosen zur Räson bringen zu können, so täuschten sie sich gründlich. Vielmehr entwickelte sich der zunehmende diplomatische Druck Washingtons zu einem

---

[53] Vgl. Duchin, The »Agonizing Reappraisal«; AWS, Bd 2 (Beitrag Maier), S. 135–139, 170–176; Ruane, The Rise and Fall, S. 63–69; Schöttli, USA und EVG, S. 374–379; Schwabe, Bündnispolitik, S. 80 f.; Schwartz, Die USA und das Scheitern der EVG, S. 77–85; Soutou, Frankreich und das atlantische Bündnis, S. 225 f.

[54] Siehe Mongin, La bombe atomique française, S. 310–313; Soutou, La politique nucléaire de Pierre Mendès France, S. 319–321. Auf die Rolle der EVG bei den französischen Nuklearplanungen wird in Kap. VI.6. eingegangen.

zusätzlichen Belastungsfaktor im amerikanisch-französischen Verhältnis und verstärkte die innerhalb des französischen Parteienspektrums und der Regierung vorhandenen Aversionen gegen das EVG-Projekt[55].

Frankreichs innenpolitische Lage gestaltete sich im Laufe des Jahres 1953 immer unübersichtlicher. Trotz Mayers Bemühungen um zusätzliche Garantien und Ergänzungen wurde der Chor der EVG-Kritiker immer lauter. Die Gaullisten befürchteten eine Spaltung der französischen Armee, die Schwächung der Bindungen zu den Überseeterritorien, den Niedergang der Stellung Frankreichs in der NATO und den Verlust des französischen Großmachtstatus. Außerdem warnten sie vor einer deutschen Dominanz auf dem Kontinent. Sie pochten auf die Wahrung der nationalen Souveränität und forderten eine aus den Nationalstaaten bestehende europäische Konföderation mit einem Rat der Regierungschefs an der Spitze[56]. Die Kommunisten verharrten ebenfalls in ihrer Fundamentalopposition und lehnten sogar eine deutsche Wiederbewaffnung kategorisch ab. Die SFIO befürwortete, unter massivem Einfluss der Parteiführung um Guy Mollet, nach wie vor mehrheitlich die EVG, machte deren Zustandekommen aber von der Assoziierung Großbritanniens und der Schaffung einer europäischen politischen Autorität abhängig. Doch auch in ihren Reihen wuchs die Anzahl der Gegner, unter anderem wegen unzureichender Sicherheitsgarantien, Bedenken gegen die Folgen einer wirtschaftlichen Integration und aus Rücksichtnahme auf die UdSSR. Auch die Radikalsozialisten zeigten sich tief gespalten. Während die Gruppe um Mayer und Edgar Faure für die EVG eintraten, ihre Verwirklichung aber an diverse Bedingungen wie die vorherige Schaffung einer politischen Autorität, die Lösung des Saar-Problems und ein Gleichgewicht zwischen den französischen und deutschen Kontingenten knüpften, kritisierte die Gruppe um den Partei- und Parlamentsvorsitzenden Eduard Herriot sowie den ehemaligen Ministerpräsidenten Eduard Daladier den übermäßigen Souveränitätsverlust. Die Mehrheit der Partei sprach sich auf einem Kongress grundsätzlich für die EVG aus, machte aber schwere Vorbehalte geltend. Ebenso gespalten war das Centre National des Indépendants et Paysans (CNIP), in dem das Spektrum von EVG-Befürwortern bis hin zu totalen Gegnern reichte. Im Grunde hielt nur die MRP mit überwältigender Mehrheit zur EVG. Auffällig war, dass die Argumente, die die Parteien gegen die EVG hervorbrachten, einander durchaus ähnelten und die zwischenparteilichen Unterschiede zunehmend verschwammen. Eine nicht zu unterschätzende Rolle spielten auch das nach wie vor vorhandene Misstrauen gegenüber den Deutschen und die Furcht vor einer deutschen Hegemonie. Bei der Debatte der Nationalversammlung über die Europapolitik im November 1953 zeigte sich deutlich, dass es für die Europaarmee de facto keine Mehrheit gab. Selbst innerhalb der Regierung herrschte keine EVG-Euphorie[57].

Erschwert wurde der Ratifikationsprozess durch das Projekt einer Europäischen Politischen Gemeinschaft (EPG) und die niederländische Forderung nach einer Aus-

---

[55] Vgl. Ruane, The Rise and Fall, S. 46–50; Schöttli, USA und EVG, S. 379–381; Wall, The United States and the Making, S. 265–271.
[56] Vgl. Debré, Contre l'armée européenne.
[57] Vgl. Clesse, Le projet de CED, S. 132–143; Elgey, Histoire de la IV République, t. 2, S. 377–381; Kim, Der Fehlschlag des ersten Versuchs, S. 182–186, 196; Lappenküper, Die deutsch-französischen Beziehungen, Bd 1, S. 685, 689 f.; Poidevin, Frankreich und das Problem der EVG, S. 123 f.

weitung des Integrationsprozesses auf den Wirtschaftsbereich[58]. Gemäß des auf italienische Initiative zustande gekommenen Artikel 38 EVG-Vertrag sollte die EVG-Versammlung den Regierungen sechs Monate nach Inkrafttreten des Vertragswerks Vorschläge für eine europäische politische Organisation vorlegen. Das Vorhaben war von Anfang an dazu gedacht, das Zustandekommen der EVG zu erleichtern, und war keineswegs das Produkt einer Integrationseuphorie bzw. der Einsicht der Regierungen in die unbedingte Notwendigkeit einer politischen Gemeinschaft. Es diente sozusagen als »Steigbügelhalter«[59] für die Europaarmee und war in erster Linie ein »taktisches Instrument«[60].

Um den Forderungen der französischen Sozialisten und Gaullisten nach einem politischen Überbau der EVG nachzukommen und die Bundesrepublik stärker an den Westen zu binden unternahm Außenminister Schuman einen Vorstoß zur Schaffung einer politischen Gemeinschaft. Im Juli 1952 schlug er mit Unterstützung seines italienischen Kollegen de Gasperi den Partnern vor, der Montanversammlung noch vor der Ratifizierung des EVG-Vertrags den Auftrag zur Ausarbeitung eines politischen Statuts über eine Sechsergemeinschaft mit demokratischer Kontrolle zu erteilen. Während man in Brüssel zunächst abwartete und in Den Haag mit Ablehnung reagierte – beide Staaten zeigten sich bekanntlich bestrebt Souveränitätseinbußen zu begrenzen –, begrüßte man in Bonn das französisch-italienische Anliegen. Es eröffnete die Chance, Befürchtungen vor einem nationalistischen Kurs und Zweifel an der Integrationsbereitschaft der Bundesrepublik zu zerstreuen und das deutsch-französische Verhältnis zu verbessern. Ferner erhoffte sich die deutsche Seite positive Rückwirkungen auf den Ratifikationsprozess in Frankreich, einen gleichberechtigten Status und den Ausbau der eigenen Machtposition.

Im September 1952 erteilte der EGKS-Ministerrat nach anfänglichem niederländischen Widerstand der erweiterten EGKS-Versammlung, die sich alsdann die Bezeichnung Ad-hoc-Versammlung gab, den Auftrag, innerhalb eines halben Jahres einen entsprechenden Entwurf zu erarbeiten. Dieser wurde am 10. März 1953 fristgerecht verabschiedet und sah eine direkt gewählte Volkskammer mit 268 Abgeordneten, einen aus Delegierten der Nationalparlamente zusammengesetzten Senat mit 87 Abgeordneten sowie eine vom Senat gewählte und weitgehend selbstständige Regierung, einen Europäischen Exekutivrat, vor. Letzterer sollte nach einer Übergangszeit die Zuständigkeiten der Hohen Behörde und der EVG übernehmen. Daneben sollten die Befugnisse der Gemeinschaft auf die Gebiete Außenpolitik, Wirtschaft und Finanzen ausgedehnt werden. Als weitere Organe waren ein Gerichtshof als Verfassungs-, Verwaltungs- und Schiedsinstanz sowie ein Wirtschafts- und Sozialrat vorgesehen. Die Interessen der Mitgliedstaaten wurden im Ministerrat vertreten, der den Ministerräten der EGKS und EVG entsprach.

---

[58] Die folgenden Ausführungen zum Wechselspiel zwischen EVG und EPG stützen sich auf: Fischer, Die Bundesrepublik und das Projekt einer Europäischen Politischen Gemeinschaft, S. 281–297; Griffiths/Milward, The Beyen-Plan; Harryvan [u.a.], Dutch Attitudes, S. 326–345; Krüger, Sicherheit durch Integration?, S. 286–347; Küsters, Zwischen Vormarsch und Schlaganfall, S. 265–292; Lappenküper, Die deutsch-französischen Beziehungen, Bd 1, S. 283–315; Magagnoli, Italien und die Europäische Verteidigungsgemeinschaft, S. 175–206, 221–236; vgl. dazu auch die knappe Darstellung bei Loth, Der Weg nach Europa, S. 101–105. Sehr umfassend wird das EPG-Projekt beschrieben bei Kim, Der Fehlschlag des ersten Versuchs, S. 75–354.
[59] Lappenküper, Die deutsch-französischen Beziehungen, Bd 1, S. 315.
[60] Kim, Der Fehlschlag des ersten Versuchs, S. 364.

Zu den umstrittensten Passagen des Vertragsentwurfs gehörten zweifelsfrei die über die wirtschaftlichen Zuständigkeiten der künftigen EPG. Ihre Aufnahme war maßgeblich auf niederländische Initiative zurückgegangen. Seit September 1952 hatte Außenminister Johan Willem Beyen vorgeschlagen, die Zuständigkeiten der Politischen Gemeinschaft auf den wirtschaftlichen Bereich auszudehnen. Die Einleitung von Maßnahmen zur Errichtung eines Gemeinsamen Marktes mit vorherigem Abbau von Handelsbeschränkungen und der Schaffung einer Zollunion erklärten die Niederländer zur unabdingbaren Voraussetzung für ihre Zustimmung zur EPG. Das kleine Land war massiv von preiswerten Importen von Grundstoffen und vom Export, insbesondere von landwirtschaftlichen Produkten, abhängig und hatte sich in den Vorjahren auf internationaler Ebene vergeblich um den Abbau von Handelsbarrieren bemüht. Man erhoffte sich nicht nur, wirtschaftlich profitieren zu können, sondern auch das Gewicht der kleinen Staaten wahren und sich gegenüber Deutschland, Frankreich und Italien besser behaupten zu können.

Der sogenannte Beyen-Plan sorgte für reichlich Konfliktpotenzial. Während die Belgier und sogar die protektionistisch orientierten Italiener sich gegenüber den Den Haager Plänen aufgeschlossen zeigten und sie unterstützten, lehnten die Franzosen sie strikt ab. In Frankreich fühlte man sich angesichts der anhaltenden ökonomischen Schwäche des Landes schlichtweg noch nicht reif für einen derart weitreichenden Integrationsschritt. Man befürchtete, dass die durch Importzölle, Einfuhrabgaben und Exportbegünstigungen geschützte und durch staatliche Lenkungsmaßnahmen regulierte Volkswirtschaft die Folgen eines marktwirtschaftlich orientierten Gemeinsamen Marktes nicht würde verkraften können und letztlich eine Destabilisierung des politischen Systems drohen würde.

Im Frühjahr 1953 dokumentierte die neue französische Regierung mit ihren Zusatzprotokoll-Entwürfen zum EVG-Vertrag ihre teilweise Abkehr vom supranationalen Integrationsgedanken und gab damit deutlich zu erkennen, dass sie das aus ihrer Sicht außer Kontrolle geratende EPG-Projekt faktisch nicht mehr als Hebel zur EVG-Vertragsratifikation betrachtete. Immer stärker machte auch Frankreichs Ministerialbürokratie gegen die Ausweitung des Integrationsprozesses und den Verlust nationaler Souveränität mobil. Was mit dem Pleven-Plan von 1950 begonnen hatte, um die westdeutsche Wiederbewaffnung in kontrollierte Bahnen zu lenken, hatte sich innerhalb von gut zwei Jahren zu einem monströsen Integrationsprojekt entwickelt, an dessen Ende das Aufgehen der *Grande Nation* in einem europäischen Bundesstaat, in dem die Bundesrepublik vermutlich die erste Geige spielen würde, drohte. Man sorgte sich um Frankreichs Spitzenstellung in der NATO, die Kontrolle seiner Überseegebiete, die Fortexistenz der Französischen Union und Frankreichs Weltmachtstatus. Kurzum: In Paris war man immer mehr zu der Erkenntnis gelangt, dass man sich mit dem Versuch, die Deutschen zu fesseln, letztlich selbst gefesselt hatte. Mit dem Plan einer Europaarmee hatte man den Geist der supranationalen Integration aus der Flasche gelassen, dessen man nicht mehr Herr zu werden vermochte. Nun drohte der kränkelnde französische Staat in einem supranationalen Staatengebilde aufgesaugt zu werden.

Je mehr sich über der Pariser Europapolitik die Wolken verdüsterten, desto mehr entzog auch Bundeskanzler Adenauer dem EPG-Projekt seine Unterstützung. Hatte er anfangs die Meinung vertreten, dass die EPG nicht eine bloße Addition von EGKS und EVG sein dürfe, und eine Vertiefung der Integration auf wirtschaftlichem Gebiet mitgetragen, so genoss bei ihm die Rettung der EVG und der mit ihr verknüpften Ablösung des Besatzungsstatuts der Bundesrepublik ab Mai 1953 Priorität. Adenauer ging es von nun an in erster Linie darum, diese beiden Schäfchen ins Trockene zu bringen und beide Vorhaben nicht durch endlose Diskussionen über die politische Gemeinschaft zu belasten. Gerne hätte er im Hinblick auf die anstehenden Bundestagswahlen konkrete Ergebnisse auf dem Gebiet der politischen Integration vorweisen wollen, auch um das innenpolitisch heikle Wiederbewaffnungsthema zu überdecken. Mit dem Einverständnis, die Montanunion und EVG möglichst rasch mit einem politischen Dach zu versehen, näherte er sich zur Freude Bidaults der französischen Position an. Neue Integrationsschritte sollten erst nach dem Zustandekommen der EPG in Angriff genommen werden.

Auch in den darauffolgenden Monaten standen sich die französischen und niederländischen Standpunkte nahezu unversöhnlich gegenüber. Paris blieb bei seinem minimalistischen EPG-Konzept, sträubte sich nach wie vor gegen weiterreichende Vergemeinschaftungsbestrebungen und ging zu dem Verfassungsentwurf der Ad-hoc-Versammlung zunehmend auf Distanz. Den Haag zeigte sich in der Frage der Wirtschaftsintegration weiterhin kompromisslos. Unterstützung erfuhr es dabei von Brüssel, das sich als hartnäckigster Verfechter der Begrenzung der Kompetenzen der EPG erwies und eine Zollunion im OEEC-Rahmen bevorzugte. So mag es kaum überraschen, dass die seit dem 22. September 1953 in Rom tagende Expertenkonferenz in zentralen Fragen keine Einigung erzielten konnte.

Aus Rücksicht auf die schwierige innenpolitische Lage an der Seine und den Präsidentschaftswahlkampf kündigte Beyen im November 1953 an, die Behandlung der strittigen Fragen zu verschieben. Sie wurden von den Außenministern an eine Studienkommission verwiesen, die am 15. März 1954 einen weiteren Bericht vorlegen sollte, womit das EPG-Problem nur noch weiter auf die lange Bank geschoben wurde. Als die französische Delegation im Januar 1954 ihre Mitarbeit im Ausschuss für Wirtschaftsfragen einstellte und sich auf eine Beobachterrolle zurückzog, waren die Beratungen vollends blockiert. Anfang März 1954 vertagte man das geplante Außenministertreffen auf Initiative Bidaults auf unbestimmte Zeit. Im darauffolgenden Monat beschlossen die Außenminister der Sechs schließlich, die EPG auf die Zeit nach der Ratifikation des EVG-Vertrags zu verschieben. Damit war die EPG so gut wie gestorben. Man einigte sich schließlich im EVG-Interimsausschuss auf die minimalistische Formel, nach der EVG-Ratifizierung eine direkt gewählte Versammlung ins Leben zu rufen, der die Hohe Behörde der EGKS und das EVG-Kommissariat verantwortlich sein sollten.

Während die EVG in Frankreich nach wie vor heiß umkämpft war, kam der Ratifikationsprozess in den Partnerländern voran. Das erste Land, das das Vertragswerk durch die zuständigen Instanzen brachte, waren im Januar 1954 die Niederlande. Belgien folgte im März 1954, Luxemburg im April 1954.

In Italien standen die Chancen auf eine zügige Ratifikation eigentlich günstig, weil die von den Christdemokraten geführte Regierungskoalition über eine komfortable Mehrheit im Parlament verfügte. Dennoch sah sich Ministerpräsident de Gasperi dazu veranlasst, das Ratifikationsverfahren hinauszögern[61]. Angesichts der für Juni 1953 angesetzten Parlamentswahlen und der Auseinandersetzungen um das umstrittene Wahlreformvorhaben, aber auch wegen der Ungewissheit, ob der EVG-Vertrag die französischen Instanzen überhaupt passieren würde, hatte man es in Rom, unter dem Eindruck einflussreicher Kräfte innerhalb der Diplomatie, in der Angelegenheit keineswegs eilig. Man beabsichtigte zunächst die Entwicklung in Frankreich abzuwarten und dem eigentlichen Urheber der Europaarmee den Vortritt zu lassen. In der darauffolgenden Zeit verschob de Gasperi den Akzent stärker auf die EPG und versuchte die militärischen Aspekte der europäischen Integration abzuschwächen. Einen ernsthaften Versuch, die Ratifikation in Angriff zu nehmen, unterließ man – sehr zum Verdruss der USA, die gegenüber den Italienern mögliche Konsequenzen bei der Wirtschafts- und Militärhilfe andeuteten. Die von Historikern als »wait and see«-Kurs charakterisierte Politik[62] behielt Rom bei, ja verschärfte sie ab Sommer 1953 sogar. Hatte de Gasperi darauf spekuliert, nach einer erfolgreichen Parlamentswahl seine Europapolitik wiederbeleben und die EVG mit satter Mehrheit erfolgreich ratifizieren lassen zu können, so ging sein Kalkül nicht auf. Nach einer verlorenen Vertrauensabstimmung und de Gasperis darauffolgendem Rücktritt geriet die EVG immer mehr in den Sog der italienischen Innenpolitik. Rom verknüpfte seine Bereitschaft zur EVG-Ratifikation mit der Lösung des Konflikts mit Jugoslawien um Triest, was zu schweren Verstimmungen mit Washington und London führte. Erst die neue zentristische Regierung unter dem gemäßigten Christdemokraten Mario Scelba brachte den EVG-Vertrag Anfang April 1954 in das Parlament ein, spielte aber nach wie vor auf Zeit und wollte die Entwicklung in Frankreich abwarten. Zur Abstimmung im Plenum kam es jedoch nie. In den Sommermonaten 1954 versank die EVG erneut im Strudel innenpolitischer und innerparteilicher Querelen. Ferner herrschte Ungewissheit über den Kurs des neuen französischen Regierungschefs Pierre Mendès France. Zwar votierten die befassten Parlamentsausschüsse im Juli 1954 für das Pariser Vertragswerk, doch noch immer sah die Regierung in Rom keine Veranlassung das Verfahren zu beschleunigen. Mit dem Scheitern der EVG in der französischen Nationalversammlung Ende August 1954 war das Thema schließlich endgültig erledigt.

In der Bundesrepublik wurden der EVG- und der Generalvertrag nach einjährigem erbitterten Ringen mit der Opposition und den Bundesländern, aber auch innerhalb der Koalitionsfraktionen, im Frühjahr 1953 ratifiziert[63]. Für Adenauer war die EVG zu keinem Zeitpunkt eine Wunschlösung, sondern ein »notwendiges Übel«[64], eine »Notlösung«[65]. Auch wenn er seit Sommer 1951, als die USA auf das französische Integrationsmodell eingeschwenkt waren, die EVG nach außen hin stets als beste und einzig sinnvolle Lösung pries und er bis zum Ende demonstrativ an ihr festhielt, blieb

---

[61] Zur Behandlung der EVG in Italien: Magagnoli, Italien und die Europäische Verteidigungsgemeinschaft, S. 149−174, 206−220, 236−250, 263−278; Risso, Divided We Stand, S. 194−201; Varsori, Italiens Außen- und Bündnispolitik, S. 248−250; Varsori, Italy between the Atlantic Alliance and EDC, S. 282−291.

[62] Magagnoli, Italien und die Europäische Verteidigungsgemeinschaft, S. 174; Risso, Divided We Stand, S. 263.

[63] Zu den innenpolitischen Auseinandersetzungen um die Ratifizierung der Westverträge: AWS, Bd 2 (Beitrag Volkmann), S. 291−462.

[64] Noack, EVG und Bonner Europapolitik, S. 241.

[65] Schwarz, Adenauer, Bd 1, S. 879.

die Aufnahme seines Landes in das Nordatlantische Bündnis bei Gewährung der völligen Gleichberechtigung weiterhin seine eigentliche Präferenz. Er spekulierte darauf, dass die EVG-Mitgliedschaft früher oder später automatisch die Eintrittskarte für das Bündnis bescheren würde. Die NATO-Option verlor er während der gesamten EVG-Phase nie aus dem Blick, hielt sich aber mit entsprechenden Forderungen in der Öffentlichkeit zurück, um außenpolitischen Schaden zu vermeiden und das Zustandekommen der EVG, an die die deutsche Wiederbewaffnung und der Grundlagenvertrag gekoppelt waren, nicht zu gefährden. Das in mühsamen Verhandlungen Erreichte gedachte er nicht aufs Spiel zu setzen. Im Frühjahr 1954, als die Westverträge in der Bundesrepublik endgültig unter Dach und Fach waren, die Aussichten auf die Eröffnung des französischen Ratifikationsverfahrens immer düsterer wurden und die EPG vollends stagnierte, nahm der immer ungeduldiger werdende Kanzler seinen zweigleisigen Kurs wieder auf und ließ intern Ersatzlösungen für den Fall eines Scheiterns der EVG und die Lösung des Junktims zwischen Souveränität und Wiederbewaffnung vorbereiten. Seiner Europapolitik und seiner Politik der Westbindung, gegen die er zähen innenpolitischen Widerstand hatte hinnehmen müssen, drohte ein Debakel, sollte die Europaarmee sterben[66]. Auf deutscher Seite hatte man von der französischen Verzögerungstaktik allmählich genug. Man war nicht bereit, dauerhaft »die Rolle des unglücklichen Liebhabers [zu] übernehmen«[67].

Washington und London zeigten sich wegen des anhaltenden Drängens Frankreichs im Frühjahr 1954 doch zu einer engeren Bindung an die EVG bereit. Besonders die Radikalsozialisten und Sozialisten betrachteten die 1952 gegebenen Zusagen als nicht ausreichend und forderten ein klareres *commitment* der beiden Mächte. Am 13. April 1954 kam es zu einem Assoziierungsabkommen zwischen dem Vereinigten Königreich und der EVG, das im Kern eine engere Anbindung Londons an die Gemeinschaftsorgane und eine Intensivierung der Kooperation zwischen den Streitkräften beider Seiten beinhaltete. Drei Tage später bekräftigten die USA im Wesentlichen ihre im Zusammenhang mit der NATO bestehenden Verpflichtungen. In den darauffolgenden Wochen verstärkten die Amerikaner weiter den diplomatischen Druck auf Paris[68].

Doch die Hoffnungen auf eine Einleitung des vom französischen Kabinett zwischenzeitlich zugesagten Ratifikationsverfahrens zerschlugen sich erneut. Mit dem Fall der französischen Festung Dien Bien Phu am 7. Mai 1954 und der Verbitterung über die ausgebliebene militärische Unterstützung der Angelsachsen trat die EVG in Paris vollends in den Hintergrund. Die katastrophale Niederlage der *Grande Nation* galt als Sinnbild des Niedergangs des französischen Kolonialreichs und Weltmachtstatus und ließ die Bereitschaft zur supranationalen Militärintegration und die mit ihr verbundene Aufgabe der verteidigungspolitischen Autonomie nahezu auf den Nullpunkt sinken. In militärischen Kreisen wurde, auch unter dem Eindruck des *New Look*, der

---

[66] Siehe Gersdorff, Adenauers Außenpolitik, S. 291–321.
[67] BDFD, Bd 1, S. 425–427, hier S. 425: Aufz. (Herbert) Blankenhorn, 16.12.1953.
[68] Vgl. Dockrill, The Evolution of Britain's Policy, S. 55 f.; Fursdon, The European Defence Community, S. 253 f.; Jansen, Großbritannien, das Scheitern der EVG und der NATO-Beitritt der Bundesrepublik, S. 74 f.; Mager, Die Stationierung der britischen Rheinarmee, S. 25–27; AWS, Bd 2 (Beitrag Maier), S. 183–185, 189; Mawby, From Distrust to Despair, S. 502–504; AWS, Bd 4 (Beitrag Schwengler), S. 467–469; Wall, The United States and the Making, S. 273 f.; Wettig, Entmilitarisierung und Wiederbewaffnung, S. 558 f.

Ruf nach einer nationalen Atomstreitmacht immer lauter. Am 12. Juni 1954 stürzte die Regierung Joseph Laniels schließlich im Anschluss an eine Indochina-Debatte in der Nationalversammlung[69].

Für den neuen Regierungschef, der zudem das Amt des Außenministers übernahm, den Radikalsozialisten Pierre Mendès France, genossen die Beendigung des Indochina-Konflikts und der Spannungen in Nordafrika sowie wirtschaftliche Reformen Priorität. Was die EVG betraf, so spielte er weiterhin auf Zeit. Eigentlich hatte er dem Vorhaben bislang kritisch gegenübergestanden, unter anderem, weil er angesichts des weltweiten Engagements Frankreichs die Überdehnung des eigenen Verteidigungspotenzials und über kurz oder lang eine militärische Dominanz der wirtschaftlich immer stärker werdenden Bundesrepublik befürchtete. Die Notwendigkeit einer deutschen Wiederbewaffnung und die Westbindung des ehemaligen Kriegsgegners standen für ihn außer Frage, der supranationale Rahmen missfiel ihm jedoch. Außerdem sah er die Gefahr, dass die Deutschen die EVG für die Wiederherstellung der nationalen Einheit einspannen könnten[70]. Nun aber gab er sich als EVG-Anhänger, der aufgrund der nach wie vor ungünstigen Mehrheitsverhältnisse in der Nationalversammlung noch mehr um Unterstützung für die EVG werben müsse – besonders im Lager derjenigen, die zwar für eine Wiederbewaffnung, aber gegen die Europaarmee seien. Mit dem Abkommen vom 21. Juli 1954 über die Beendigung der Kampfhandlungen in Fernost verschaffte er sich innenpolitisch einen Prestigegewinn. Bald darauf überraschte er seine ausländischen Partner mit der Forderung, aus Rücksicht auf die innenpolitische Stimmung auf die jüngsten sowjetischen Vorschläge einer Viererkonferenz einzugehen. Ein weiteres Mal machte die französische Seite unter Verweis auf die innenpolitische Situation Gespräche mit der UdSSR zur Vorbedingung und revidierte den zugesagten Ratifikationszeitplan. Mendès France' Kurs ließ diesseits wie jenseits des Atlantiks ernsthafte Zweifel aufkommen, ob ihm wirklich an der Realisierung der EVG gelegen war oder ob er sie in Wirklichkeit nicht doch zum Tauschobjekt mit den Russen machen und zugunsten einer Neutralisierung Deutschlands opfern wollte. Ferner befürchtete man innenpolitischen Schaden für Adenauers Politik der Westbindung. Besonders scharfe Kritik äußerte US-Außenminister Dulles[71]. In Bonn verfolgte man die Politik des neuen radikalsozialistischen Regierungschefs mit Unbehagen. Während die Diplomatie davon abriet, voreilig über Mendès France den Stab zu brechen, argwöhnte Adenauer, sein französischer Amtskollege wolle die EVG und die deutsche Wiederbewaffnung zugunsten eines Arrangements mit Moskau beerdigen. Scharf wandte er sich Anfang Juli 1954 öffentlich

---

[69] Vgl. Elgey, Histoire de la IV République, t. 2, S. 606–638; Lappenküper, Die deutsch-französischen Beziehungen, Bd 1, S. 703–705, 707–709; AWS, Bd 2 (Beitrag Maier), S. 188 f.; Roussel, Pierre Mendès France, S. 222–225.
[70] Vgl. Guillen, La France et la question de la défense, S. 39–43.
[71] Vgl. Gersdorff, Adenauers Außenpolitik, S. 237–243; AWS, Bd 2 (Beitrag Maier), S. 194–197; Soutou, Pierre Mendès France et l'Union soviétique, S. 184–188. Wie die Forschung gezeigt hat, beabsichtigte Mendès France keinen marchandage planétaire, wie ihm manche Zeitgenossen unterstellten. Vgl. Gersdorff, Adenauers Außenpolitik, S. 243 f.; Lappenküper, Die deutsch-französischen Beziehungen, Bd 1, S. 723 f.; AWS, Bd 2 (Beitrag Maier), S. 197; Noack, Das Scheitern, S. 53 f.; Roussel, Pierre Mendès France, S. 252; Soutou, Pierre Mendès France et l'Union soviétique, S. 189.

gegen Vertragsneuverhandlungen und versuchte die Franzosen indirekt unter Druck zu setzen, indem er mit der Aufstellung einer deutschen Nationalarmee drohte[72].

Angesichts der festgefahrenen Situation einigte man sich in Washington und London im Juni 1954 für den Fall, dass die Nationalversammlung die EVG nicht vor der Sommerpause verabschiedete, auf die Auflösung des Junktims zwischen General- und EVG-Vertrag, ohne freilich Paris in Details einzuweihen. Im darauffolgenden Monat begannen die USA und Großbritannien die Arbeiten an konkreten Alternativmaßnahmen zur westdeutschen Wiederbewaffnung. Im Kern kreisten die Überlegungen um die Aufnahme der Bundesrepublik in die NATO und die Beibehaltung bestimmter, auf die Bundesrepublik zielender Beschränkungen der Rüstung und Truppenstärke. Die Briten dachten darüber hinaus an eine Rüstungsgemeinschaft der Montanunion-Mitglieder. Öffentlich unterstützten beide Staaten die EVG weiter, um das Vorhaben, vor allem im Hinblick auf Frankreich, so wenig wie möglich zu beeinträchtigen[73].

Am 14. August 1954 schockierte die französische Regierung die Amerikaner und die EVG-Partner mit den Entwürfen von sogenannten Anwendungsprotokollen – einem umfangreichen Forderungskatalog, mit dem sie die Verteidigungsgemeinschaft de facto ihres supranationalen Charakters entkleidete. Im Grunde wäre die EVG zu einem bloßen Anhängsel der NATO verkommen, »letztlich ein Katzentisch für die Deutschen, die an der großen Tafel nicht Platz nehmen, aber einen erheblichen Teil der Suppe bezahlen sollten«[74]. Die Deutschen hielten die Vorschläge für unannehmbar, weil sie darin eine krasse Diskriminierung ihres Landes erblickten. Überdies besaßen die meisten Vorschläge ihrer Auffassung nach eindeutig vertragsändernden Charakter, was einen neuerlichen Parlamentsbeschluss erforderlich machen würde. Die Niederlande und Italien schlossen sich dieser negativen Sichtweise an. Heftige Kritik kam auch von den Amerikanern, die den diplomatischen Druck auf Paris ein weiteres Mal verstärkten. Nur das ohnehin EVG-skeptische Belgien schien gegen einige Bestimmungen insgeheim keine Einwände zu haben, etwa gegen die faktische Verlängerung der Übergangsperiode sowie die Möglichkeit des Austritts aus der EVG. Großbritanniens Haltung war ambivalent, denn einerseits deklarierte man das Anwendungsprotokoll als problematisch, andererseits riet man den Europäern zu dessen Annahme, um der EVG in Paris endlich zum Durchbruch zu verhelfen[75].

---

[72] Vgl. Lappenküper, Die deutsch-französischen Beziehungen, Bd 1, S. 710–712, 717 f.; AWS, Bd 2 (Beitrag Maier), S. 212; Noack, Das Scheitern, S. 53; Schwarz, Adenauer, Bd 2, S. 136 f.
[73] Siehe Jansen, Großbritannien, das Scheitern der EVG und der NATO-Beitritt der Bundesrepublik, S. 94–131; Mager, Die Stationierung der britischen Rheinarmee, S. 33–35, 51–80; AWS, Bd 2 (Beitrag Maier), S. 190–194, 199–208; Ruane, The Rise and Fall, S. 97–99; AWS, Bd 4 (Beitrag Schwengler), S. 469–472; Steininger, Das Scheitern der EVG, S. 5–7.
[74] Krüger, Sicherheit durch Integration?, S. 341.
[75] Vgl. Fursdon, The European Defence Community, S. 281–285; Lappenküper, Die deutsch-französischen Beziehungen, Bd 1, S. 733–737; Magagnoli, Italien und die Europäische Verteidigungsgemeinschaft, S. 287–289; AWS, Bd 2 (Beitrag Maier), S. 208–213; Noack, Das Scheitern, S. 64–75; Pastor-Castro, The Quai d'Orsay, S. 398; AWS, Bd 4 (Beitrag Schwengler), S. 462–465; Steininger, Das Scheitern der EVG, S. 11–13; Wettig, Entmilitarisierung und Wiederbewaffnung, S. 571–575. Das Anwendungsprotokoll ist abgedruckt in: EA 1954, S. 6869–6873; DDF 1954, Annexes, S. 105–112.

Auf der ursprünglich auf belgische Initiative einberufenen Brüsseler Konferenz der Unterzeichnerstaaten des EVG-Vertrags (19.–22. August 1954) war Mendès France weitgehend isoliert. Seine Verhandlungspartner lehnten ratifizierungsbedürftige Änderungen strikt ab, machten ihm gegenüber aber einige Konzessionen. Allerdings reichten diese aus seiner Sicht nicht für ein erfolgreiches Ratifikationsprozedere in der Nationalversammlung aus. Adenauer weigerte sich daraufhin, den Ministerpräsidenten während des offiziellen Teils der Konferenz zu einem Vieraugengespräch zu treffen, was das deutsch-französische Verhältnis noch mehr trübte[76]. Das Scheitern der Konferenz bedeutete wohl das endgültige Todesurteil für die EVG. Auch die hektischen Rettungsversuche, insbesondere die britisch-französischen Gespräche, vermochten die EVG nicht mehr zu retten. Mendès France ließ gegenüber Churchill die Bereitschaft zu einer Ersatzlösung im Rahmen eines aus den EVG-Ländern und Großbritannien bestehenden Bündnisses – einer »kleinen NATO« – erkennen, wobei unklar blieb, ob er die volle NATO-Mitgliedschaft der Bundesrepublik zulassen wollte. Das Treffen brachte ihm immerhin die wichtige Erkenntnis, dass die Briten keine Wiederbewaffnungsalternative ohne französische Zustimmung unterstützen würden und dass er ein Scheitern der EVG getrost riskieren konnte[77].

Offenbar im Bewusstsein, dass die EVG in ihrer damaligen Form innenpolitisch nicht durchsetzbar und insgesamt nicht mehr zu retten sein würde, sah Mendès France bei der ab dem 28. August 1954 einsetzenden Parlamentsdebatte keinen Grund mehr für sie zu kämpfen und seinen Sturz zu riskieren. Sämtliche Ausschüsse verwarfen das Vertragswerk und dokumentierten damit, dass die EVG in der Tat nicht mit einer Mehrheit rechnen konnte. Mendès France hatte die Lage somit richtig eingeschätzt. Am 30. August 1954 wurde die EVG mit 319 gegen 264 Stimmen bei 12 Enthaltungen von der Tagesordnung abgesetzt. In der *Assemblée Nationale* spielten sich tumultartige Szenen ab[78]. Damit wurden auch die Arbeiten des Pariser Interimsausschusses, in dem sich Experten der sechs Mitgliedstaaten mit einer Fülle an Details einer militärischen Integration befasst hatten, mit einem Schlag zunichte gemacht.

Alles in allem hatte sich gezeigt, dass man in Paris die mit dem Integrationsprozess verbundene massive Souveränitätsabtretung als Preis für eine sichere Einbettung eines westdeutschen Verteidigungsbeitrags als zu hoch empfand. In Frankreich war man mehr und mehr zu der Überzeugung gelangt, dass das supranationale Integrationskonzept letztlich genau zu dem führen würde, was man eigentlich hatte verhindern wollen, nämlich zu einer Dominanz der Bundesrepublik auf dem europäischen Kontinent[79]. Diese Entwicklung

---

[76] Ausführlich zum Verlauf der Brüsseler Konferenz: Fursdon, The European Defence Community, S. 285–291; Lappenküper, Die deutsch-französischen Beziehungen, Bd 1, S. 738–744; Magagnoli, Italien und die Europäische Verteidigungsgemeinschaft, S. 290–293; Roussel, Pierre Mendès France, S. 301–305; AWS, Bd 4 (Beitrag Schwengler), S. 465–467; Wettig, Entmilitarisierung und Wiederbewaffnung, S. 580–586.
[77] Siehe Fursdon, The European Defence Community, S. 291 f.; AWS, Bd 2 (Beitrag Maier), S. 215–223, 226–228; Roussel, Pierre Mendès France, S. 306–309; Ruane, The Rise and Fall, S. 100 f.; Steininger, Das Scheitern der EVG, S. 13–15.
[78] Vgl. Clesse, Le projet de CED, S. 155–164; Elgey, Histoire de la IV République, t. 3, S. 225–234; Lappenküper, Die deutsch-französischen Beziehungen, Bd 1, S. 750 f.; AWS, Bd 2 (Beitrag Maier), S. 227–230; Risso, Divided We Stand, S. 216–219; Roussel, Mendès France, S. 310–312.
[79] Krüger, Die EVG, S. 55.

fürchtete man umso mehr, als sich im Zuge der Veränderung der US-Nuklearstrategie eine Reduzierung des amerikanischen Engagements in Westeuropa ankündigte. Zudem stand zu erwarten, dass die Ratifizierung der EVG, wie auch die Verwirklichung einer politischen Gemeinschaft, zur Auflösung der Bindungen zur *Union Française* führen würde, was de facto den Abschied Frankreichs von der Weltmachtrolle bedeutete. Nicht zuletzt erwies sich die EVG als Hemmschuh für das nationale Atomprogramm, mit dem man den verlorenen verteidigungspolitischen Handlungsspielraum und den Vorsprung gegenüber starken konventionellen bundesdeutschen Streitkräfteformationen wieder herstellen wollte.

Doch für das Scheitern des EVG-Projekts waren nicht nur die sich stetig verfestigenden Widerstände in Frankreich verantwortlich, sondern auch die unterschiedlichen Interessenlagen der Nationalstaaten. Mit dem von den Niederlanden ins Spiel gebrachten Junktim zwischen der von Italien zur Unterfütterung der militärischen Integration geforderten Politischen Gemeinschaft und der Schaffung eines Gemeinsamen Marktes mit einer Zollunion »war für Frankreich der sicherheitspolitische Grenznutzen seiner supranationalen Initiative überschritten«[80]. Ein erhebliches Hindernis für die EVG entstand dadurch, dass der eigentliche sicherheitspolitische Bezugspunkt der Westeuropäer einschließlich der Deutschen die NATO war. Die EVG scheiterte mit »an der Schwierigkeit, in einem von den USA dominierten multinationalen Bündnis eine regionale, supranationale Verteidigungsorganisation einzurichten«[81].

Auch wenn das von einigen Zeitgenossen als »crime du 30 août«[82] oder »Anschlag gegen Europa«[83] gescholtene Ereignis den deutsch-französischen Beziehungen und der europäischen Integration einen Schlag versetzte – Adenauer, der trotz seines Faibles für die NATO bis zuletzt auf die EVG gehofft hatte, um endlich die Wiederbewaffnung, Westbindung, Souveränität und Gleichberechtigung unter Dach und Fach zu bringen, sprach von einem »schwarzen Tag« für Europa und zeigte sich tief betroffen[84].

Aber die Bombe, die die Nationalversammlung mit ihrem negativen Votum gezündet hatte, war trotz aller Enttäuschung bei weitem nicht so verheerend, wie von einigen behauptet. Nur die Wenigsten dürften 1954 noch ernsthaft damit gerechnet haben, dass die EVG das Licht der Welt erblicken würde. Für die Wiederbewaffnung der Bundesrepublik fand sich nun rasch ein anderer Weg: Man knüpfte im Grunde wieder an das Konzept deutscher Nationalstreitkräfte im Rahmen der NATO an, das 1951 auf dem Petersberg zur Diskussion gestanden hatte, von den Deutschen präferiert, von den Franzosen aber vehement abgelehnt worden war. Eine NATO-Lösung erschien Frankreich nun akzeptabel, da eine solche nicht mit einem eigenen Souveränitätsverzicht verbunden war. Unter britischer Vermittlung einigten sich die Sechs, Großbritannien, die USA und Kanada im September und Oktober 1954 auf die Aufnahme der Bundesrepublik in die NATO und den Beitritt der Bundesrepublik und Italiens zu dem zur Westeuropäischen Union (WEU) erweiterten Brüsseler Pakt. Diese Organisation sollte die Aufstellung der zwölf

---

[80] Ebd.
[81] AWS, Bd 2 (Beitrag Maier), S. 233.
[82] Fauvet, Naissance et mort d'un Traité, S. 56.
[83] Krone, Tagebücher, Bd 1, S. 142: Eintrag 30.8.1954.
[84] Adenauer, Erinnerungen 1953–1955, S. 289; vgl. Lappenküper, Die deutsch-französischen Beziehungen, Bd 1, S. 752 f.

Divisionen starken deutschen Streitkräfte überwachen und damit insbesondere den französischen Sicherheitsinteressen Rechnung tragen. Die Deutschen verpflichteten sich zu einseitigen Rüstungsbeschränkungen, die sich stark an die Bestimmungen des gescheiterten EVG-Vertrages anlehnten. London sagte dieses Mal ein festes militärisches Engagement auf dem Kontinent zu. Darüber hinaus erhielt die Bundesrepublik mit den am 23. Oktober 1954 unterzeichneten Pariser Verträgen weitgehend ihre Souveränität und formale Gleichberechtigung. Nach ihrer Ratifikation traten sie am 5. Mai 1955 in Kraft, vier Tage später wurde die Bundesrepublik in die NATO aufgenommen[85].

### 3. Die Vorbehalte der Militärs gegen die Europaarmee

Die Mehrheit der französischen Generale hielt eine Bewaffnung Westdeutschlands aufgrund des militärischen Kräfteverhältnisses in Europa und der Furcht vor einem möglichen sowjetischen Angriff grundsätzlich für unumgänglich. Die westeuropäischen Streitkräfte galten sowohl personell als auch materiell schlichtweg als zu schwach, um eine Invasion aus dem Osten abwehren zu können. Zu berücksichtigen galt es ferner, dass ein beträchtlicher Teil der französischen Armee im Kampf gegen die kommunistischen Vietminh in Indochina gebunden war. Im Falle einer sowjetischen Offensive in Mitteleuropa würde das französische Territorium schnell zum Schlachtfeld werden. Die Erfahrungen des vergangenen Krieges, die Zerstörung und Besetzung, drohten sich zu wiederholen. Der Bundesrepublik kam wegen ihrer wehrgeografischen Lage somit eine bedeutende Stellung als Sicherungszone zu. Darüber hinaus verfügte sie nach Auffassung französischer Militärs über beachtliche finanzielle, industrielle, wirtschaftliche und personelle Ressourcen, die für die Verteidigung des Kontinents von großem Nutzen sein würden. Die meisten Generale, unter ihnen auch der Vorsitzende im Ausschuss der französischen Generalstabschefs und Oberbefehlshaber der NATO-Landstreitkräfte in Mitteleuropa, Alphonse Juin, bevorzugten eine Integration deutscher Verbände in die NATO. Um aber eine erneute Bedrohung durch deutsche Streitkräfte und den Aufstieg Deutschlands zu einer führenden Militärmacht zu vermeiden, sollte sich dessen Bewaffnung in streng kontrollierten Bahnen vollziehen. Einen gleichberechtigten Status gedachte man dem ehemaligen Kriegsgegner nicht zuzugestehen. Für die Regierung war die Aufnahme der Deutschen in den Kreis der NATO allerdings politisch zu riskant und völlig unannehmbar. Sie erblickte den Königsweg einer westdeutschen Wiederbewaffnung in ihrem supranationalen Integrationskonzept, obwohl die Militärs

---

[85] Siehe Deighton, The Last Piece of the Jigsaw, S. 185–194; Guillen, Frankreich und der NATO-Beitritt; Jansen, Großbritannien, das Scheitern der EVG und der NATO-Beitritt der Bundesrepublik, S. 143–255; Küsters, Souveränität und ABC-Waffen-Verzicht; Küsters, Einführung, in: DzDP II/4, S. XVIII–XXX; Magagnoli, Italien und die Europäische Verteidigungsgemeinschaft, S. 296–309; Ruane, The Rise and Fall, S. 111–172; AWS, Bd 4 (Beitrag Schwengler), S. 481–546; Soutou, La France, l'Allemagne et les accords de Paris; Thoß, Beitritt.

wiederholt auf die Unzweckmäßigkeit national-gemischter Armeeverbände hingewiesen hatten[86].

Die Tragweite der militärischen Integrationspolitik, die Pleven im Oktober 1950 umrissen hatte, erkannten die französischen Generalstabschefs klar. Sie hielten den Plan einer Europaarmee für geradezu revolutionär, bedeutete er doch die Preisgabe wesentlicher Grundprinzipien, die einen souveränen Nationalstaat ausmachten: »Vis-à-vis des traditions militaires et nationales, la réalisation projetée constitue une révolution, car elle affecte certains des principes essentiels sur lesquels reposent les notions d'État, de Service, et de Devoir«[87]. Die Militärführung beugte sich aufgrund des Primats der Politik schließlich den Vorgaben ihrer Regierung und akzeptierte notgedrungen die Europaarmee, machte deren Verwirklichung aber von einer Reihe von Bedingungen abhängig: Zum einen durfte der Handlungsspielraum der französischen Streitkräfte keinesfalls beeinträchtigt werden. So galt es sicherzustellen, dass für den Schutz der französischen Überseegebiete, der Assoziierten Staaten sowie für die Territorialverteidigung ausreichende Kräfte unter nationalem Oberbefehl verblieben. Im Falle eines Angriffs auf die *Union Française* sollte es überdies möglich sein, französische Einheiten aus der Europaarmee herauszulösen, um sie unter nationalem Kommando einsetzen zu können. Eine Integration der Marine – dem Bindeglied zwischen dem französischen Mutterland und seinen überseeischen Territorien – hatte dabei zu unterbleiben. Ähnliches hielt man auch für die Luftwaffe für geboten. Bei der Aufstellung der Europaarmee sollte ferner gewährleistet sein, dass die deutschen Kontingente vollständig integriert und ihre Führungskader europäisch ausgebildet würden. Darüber hinaus war es von großer Bedeutung, das Ruhrgebiet, Deutschlands ehemalige Waffenschmiede, dem nationalen Zugriff zu entziehen und den Schuman-Plan zu verwirklichen. Auch sollte die Entstehung direkter Kontakte zwischen deutschen und amerikanischen Dienststellen unterbunden bleiben, um eine Kontrolle der Ausstattung des einstigen Kriegsgegners zu ermöglichen und die eigene Stellung als bevorzugter Partner Washingtons bei der Militärhilfe nicht einzubüßen.

Was das Kräfteverhältnis innerhalb der Verteidigungsgemeinschaft anbelangte, so legte die Generalität größten Wert darauf, das Gros an Heerestruppen zu stellen, damit ihr Land eine Führungsposition und somit auch die höchsten Kommandoposten beanspruchen konnte. Man war sich jedoch bewusst, dass diese Forderung angesichts des begrenzten Verteidigungsbudgets nicht so ohne weiteres durchgesetzt werden konnte. Nach Abzug der Finanzmittel, die für die national verbleibenden Armeeeinheiten, die Überseegebiete und den Indochina-Krieg vorgesehen waren, verblieb für die EVG nur ein verschwindend kleiner Anteil, der keineswegs ausreichen würde, um den angestrebten Führungsanspruch untermauern zu können[88].

---

[86] Vgl. Guillen, Die französische Generalität, S. 125–128; Soutou, France and the German Rearmament Problem, S. 495–498.

[87] AMAE, Secrétariat Générale/Dossiers, 62, Bl. 230–241, hier Bl. 239: Stellungnahme Ausschuss der Generalstabschefs, 23.8.1951.

[88] Vgl. ebd.; AMAE, DF-CED/B/39: Vermerk, 28.1.1954, S. 1–3; David, Lâcher la proie pour l'ombre?, S. 120; siehe ausführlich Guillen, Die französische Generalität, S. 130–141; siehe auch AMAE, DF-CED/B/38: Direktiven Ausschuss der Generalstabschefs für frz. EVG-Militärdelegation, 21.9.1951.

Nach der Unterzeichnung des Vertragswerks am 27. Mai 1952 regte sich in den Reihen der französischen Spitzenmilitärs zunehmend Widerstand, weil ihrer Ansicht nach wesentliche Forderungen unzureichend berücksichtigt geblieben waren. In seiner damaligen Form lehnte die Führung der Gesamtstreitkräfte, wie auch die des Heeres, der Luftwaffe und der Marine, unterstützt durch ihre Staatssekretäre[89], den EVG-Vertrag jedenfalls ab. Für den Fall einer Verwirklichung der EVG rechneten sie mit verheerenden Folgen für die Einheit und Einsatzfähigkeit der Streitkräfte sowie für die gesamte Verteidigungspolitik. Auch warnten sie vor den negativen Auswirkungen auf die Moral der Truppe, zumal sich ein europäisches Bewusstsein nicht von heute auf morgen herbeizaubern ließ.

Deshalb forderte die Generalität in der Folgezeit zahlreiche Nachbesserungen, die darauf zielten, den supranationalen Charakter der EVG streng zu begrenzen und die Einheit der französischen Streitkräfte zu bewahren. Im Mittelpunkt der Kritik standen nicht nur die weitreichenden Kompetenzen des Kommissariats und dessen mögliche Mutation zu einer schwerfälligen Megabürokratie. Man sorgte sich ebenfalls um die angestrebte Führungsrolle Frankreichs innerhalb der EVG, die angesichts der schwierigen Lage der eigenen Streitkräfte in Indochina und der sich verschärfenden wirtschaftlichen und finanziellen Probleme des Staates immer mehr ins Wanken geraten war. Ziel musste es aus Sicht der Militärführung sein, innerhalb der EVG über stärkere Streitkräfte zu verfügen als die Bundesrepublik. Ein weiteres wichtiges Anliegen der Generalität war die Möglichkeit des Austauschs der nationalen und europäischen Kontingente, um im Falle schwerer Krisen in Übersee über ausreichend Truppen verfügen zu können. Unzufriedenheit herrschte auch über die nach Meinung der Generalität unzureichende Verflechtung Großbritanniens mit der EVG. Nicht zuletzt fürchteten einige um den Status der in der Bundesrepublik stationierten französischen Truppen. Diesen drohte im Rahmen der EVG die Unterstellung unter ein deutsches Territorialkommando, während die Verbände der Nicht-EVG-Mitglieder USA und Großbritannien ihre Autonomie und Bewegungsfreiheit voll behalten würden[90]. Beunruhigt zeigte man sich auch bezüglich einer möglichen Schaffung deutscher Territorialkommandos und Wehrkreise. Denn diese

---

[89] In Frankreich wurden angesichts der politischen Mehrheitsverhältnisse und der schwierigen Regierungsbildungen die Befugnisse im Verteidigungsbereich auf mehrere Personen verteilt. Neben dem Verteidigungsminister, dem die Führung und Leitung der Gesamtstreitkräfte, die Koordinierung ihrer Aktivitäten und die Einheit von Konzeption und Führung oblag, existierten noch drei Staatssekretäre für Heer, Luftwaffe und Marine, die über durchaus weitreichende Kompetenzen verfügten und direkt auf den ihnen unterstehenden Verwaltungsapparat Einfluss nehmen konnten. Sie waren für die allgemeine Verwaltung und Kontrolle ihrer jeweiligen Teilstreitkraft und des Personals sowie für Unterhalt und Rüstung zuständig. Verfügte der Verteidigungsminister während der Amtszeit Pierre-Henri Teitgens (1947/48) – er strebte langfristig eine Integration der drei Teilstreitkräfte an – noch über eine gewisse Autorität, so änderte sich dies in der Folgezeit rasch: Zwischen 1949 und 1952 wuchs deren Autonomie sogar. Erst ab 1952, als Pleven an die Spitze des Ministeriums gerückt war, gelang es, die Autorität des Verteidigungsministers zu stärken und den Einfluss der Staatssekretäre zurückzudrängen. Näheres zu Stellung und Aufgabenbereichen der Staatssekretäre siehe Chantebout, L'organisation générale de la défense nationale, S. 259–272; Inventaire de la série R, t. 1, S. IX–XII; Quérel, Vers une marine atomique, S. 139–141.
[90] Vgl. Guillen, Die französische Generalität, S. 141–147.

stellten unter Umständen ein heimliches potenzielles Rekrutierungsreservoir dar und ermöglichten die Konstituierung verdeckter Generalstäbe[91].

Der zwischenzeitlich zum Marschall beförderte Juin[92] – er hatte der EVG bis Ende 1952 durchaus wohlwollend gegenübergestanden[93] – schlug der Regierung den Entwurf eines siebten Zusatzprotokolls vor, das die Forderung nach einer unbegrenzten Übergangsperiode enthielt. Während die deutschen Kontingente von Anfang an in die Europaarmee zu integrieren waren, sollte die Integration der französischen Streitkräfte nur schrittweise erfolgen. Das endgültige Inkrafttreten des Vertragswerks machte der ranghöchste französische Offizier von der Schaffung einer supranationalen politischen Autorität abhängig. Damit konnte er sich allerdings bei Außenminister Bidault und Verteidigungsminister Pleven wie auch im Ausschuss für Nationale Verteidigung nicht durchsetzen. Diese hielten Juins Vorschlag für ausgeschlossen, weil er vertragsändernden Charakter besaß und letztlich die bisherige Europapolitik der französischen Regierung in Frage gestellt hätte. Die Verhandlungen der vergangenen Monate hatten deutlich gezeigt, dass die anderen Staaten nachträgliche Vertragsänderungen nicht akzeptieren würden. Auch Juins neuerlicher Hinweis auf die aus Sicht der Generalität verheerenden Konsequenzen der beabsichtigten Integration für die Organisation und Moral der französischen Armee konnte die Regierung nicht von ihrem Kurs abbringen.

Noch weniger Gehör bei den politischen Entscheidungsträgern fand Juins Plädoyer für die Aufnahme der Bundesrepublik in die NATO. Was der Marschall als geeigneten Rahmen für die bundesdeutsche Aufrüstung erachtete, galt innerhalb der Regierung und der Parteienlandschaft schlichtweg als Albtraum. Nachdem es in der Sitzung des Ausschusses für Nationale Verteidigung vom 21. April 1953 praktisch zum Bruch zwischen der Regierung und der Armeeführung gekommen war, spitzte sich die Situation zu[94].

Je weniger die Generalität ihre Interessen berücksichtigt sah, desto mehr regte sich in ihren Reihen Widerstand. Ehemalige, aber auch aktive Offiziere machten nun gegen die Europaarmee mobil und stellten sich damit offen gegen die eigene Regierung. Zu den führenden Köpfen der anti-EVG-Kampagne in den Reihen der Militärs gehörte neben Juin der Gaullist und Vorsitzende des Verteidigungsausschusses der Nationalversammlung

---

[91] Vgl. David, Lâcher la proie pour l'ombre?, S. 128–130.
[92] Vom 12.8.1944 bis zum 14.5.1947 hatte der Gefolgsmann de Gaulles den mit weitreichenden Befugnissen ausgestatteten Posten des Generalstabschefs für Nationale Verteidigung innegehabt. Seit dem 24.1.1951 war er Generalinspekteur der Streitkräfte, zugleich Vorsitzender des Ausschusses der Generalstabschefs und stellv. Vorsitzender des Obersten Rates der Streitkräfte. Darüber hinaus wurde er Oberbefehlshaber der NATO-Streitkräfte Europa Mitte (CINCENT). Zur Karriere Juins siehe Chantebout, L'organisation générale de la défense nationale, S. 79 f., 101–103, 173; Juin, Mémoires; Turpin, Aux confluents du politique.
[93] 1952 soll Juin, wie Speidel aus verlässlichen Quellen erfahren haben will, Ministerpräsident Pinay versichert haben, dass man den EVG-Vertrag »mit geschlossenen Augen« unterzeichnen könne. Vgl. BArch, BW 9/3378, Bl. 129–146, hier Bl. 131: 12. Halbmonatsbericht dt. EVG-Militärdelegation (16.3.–1.4.1954), 1.4.1954; vgl. auch Hirsch, Ainsi va la vie, S. 112, der Juin als ausgefuchsten Taktiker beschreibt.
[94] Vgl. David, Lâcher la proie pour l'ombre?, S. 133 f.; Guillen, Die französische Generalität, S. 147–149.

General a.D. Pierre-Marie Kœnig[95]. Einen Höhepunkt erreichte der Konflikt Ende März 1954, als Marschall Juin mit seiner öffentlich geäußerten Kritik am EVG-Vertrag für einen Eklat sorgte und bei der Regierung in Ungnade fiel. Diese fühlte sich vom höchsten Repräsentanten der Armee desavouiert und enthob ihn infolgedessen seiner nationalen Kommandos[96]. Dadurch entstand die eigenartige Situation, auf einem ranghohen NATO-Posten einen Offizier zu belassen, der auf nationaler Ebene regelrecht demontiert worden war und bei der Regierung kaum noch Rückhalt besaß[97], dafür aber im Volk und bei Soldatenverbänden ein hohes Ansehen genoss[98]. Nichtsdestotrotz dürfte Juin hinter den Kulissen über einen nicht zu unterschätzenden Einfluss verfügt haben – auch auf Abgeordnete der Nationalversammlung[99]. Eine europäische militärische Integration ohne vorangegangene wirtschaftliche und finanzielle Integration hielt er für verfehlt und in ihrer damaligen Form sogar für gefährlich. Über die Europapolitik der Regierungen fällte er ein vernichtendes Urteil:

»Des hommes politiques incapables de bâtir une Europe par l'intégration des économies, des monnaies, par égalisation des prix de revient et par suppression des barrières douanières, ont imaginé le biais de l'intégration militaire, réalisée sous la menace russe, pour arriver à une communauté supranationale qui, pour être imposée brutalement, ne peut être que catastrophique[100].«

Als einer der wenigen ranghohen französischen Generale, die für die Ratifizierung eintraten, galt Paul Ely, vormals Frankreichs Vertreter im Militärausschuss des Brüsseler

---

[95] Vgl. Guillen, Die französische Generalität, S. 149–153. Um die öffentliche Meinung zu beeinflussen und den Ratifikationsprozess in der Nationalversammlung zu torpedieren, hatten sich EVG-Kritiker zu Vereinigungen zusammengeschlossen und eine rege publizistische Tätigkeit entwickelt. Den Vereinigungen gehörten ehemalige, teilweise auch aktive Militärs, Politiker verschiedener Parteien sowie andere Vertreter des öffentlichen Lebens an. Allgemein zur Auseinandersetzung über die EVG in der französischen (Militär-)Publizistik: Abzac-Epezy/Vial, Quelle Europe, S. 88–92; Battaglia, Le général Larminat, S. 42 f.; Elgey, Histoire de la IV République, t. 2, S. 559–561, t. 3, S. 173 f.

[96] Vgl. BArch, BW 9/3378, Bl. 129–146, hier Bl. 131 f.: 12. Halbmonatsbericht dt. EVG-Militärdelegation (16.3.–1.4.1954), 1.4.1954; David, Lâcher la proie pour l'ombre?, S. 132–135; Elgey, Histoire de la IV République, t. 2, S. 326 f.; Juin, Mémoires, S. 261–264; Pujo, Juin maréchal de France, S. 303–306; Vial, Le militaire et la politique, S. 144–146, 155 f.; siehe auch CARAN, NL Pleven, 560 AP/51: Juin an Laniel, 30.3.1954. Juins Einfluss war bereits im Jahr zuvor geschrumpft. Nachdem er im Frühjahr 1953 bei der Regierung in Ungnade gefallen war, verlor er mit dem Dekret vom 18.8.1953 das Amt des Generalinspekteurs der Streitkräfte und damit auch den Vorsitz im Ausschuss der Generalstabschefs. Juin blieb bis zum März 1954 lediglich der Posten des Vizevorsitzenden des Obersten Rates der Streitkräfte und der des Militärberaters der Regierung. Beide Posten hatten mehr dekorativen Charakter, denn sie waren mit wenig Macht ausgestattet. Vgl. Vial, La Quatrième et son maréchal, S. 166 f.; Vial, Le militaire et la politique, S. 151.

[97] In diesem Sinne äußerte sich der Chefbeobachter von SHAPE beim EVG-Interimsausschuss, Oberst Kunzig. Vgl. BArch, BW 9/2299, Bl. 25–27: Notiz Chef G4/Paris: Gespräch mit Kunzig, 12.5.1954.

[98] Vgl. BArch, BW 9/3378, Bl. 147–158, hier Bl. 147: 13. Halbmonatsbericht dt. EVG-Militärdelegation (2.4.–1.5.1954), 1.5.1954.

[99] Elys ehemaliger Stabsoffizier Raymond G. Brohon schätzte die Zahl der Abgeordneten, die unter Juins Einfluss gestanden haben sollen, auf 40. Vgl. Vial, Le militaire et la politique, S. 157, Anm. 85. Demgegenüber behauptete der französische Publizist Alfred Fabre-Luce, dass Juin zunehmend von rechtsgerichteten EVG-feindlichen Abgeordneten beeinflusst worden sei. Vgl. BArch, BW 9/2298, Bl. 230 f.: Aufz. Gespräch Speidel – Fabre-Luce (23.4.1954), 23.4.1954.

[100] SHD/DITEEX, NL Juin, 1 K/238: Vermerk Juin, 30.3.1954.

Paktes in London und in der *Standing Group* der NATO in Washington. Ely, der einer Europaarmee wegen seiner Zweifel an ihrer Effektivität und Durchführbarkeit skeptisch gegenüber gestanden und im Oktober 1953 den neu geschaffenen Posten des Generalstabschefs der französischen Gesamtstreitkräfte[101] übernommen hatte, erachtete den Vertrag zwar als »imparfait«, doch gab es für ihn kein Zurück mehr. Zum einen wäre, so schrieb er an Verteidigungsminister Pleven, eine Ablehnung durch Frankreich mit einem enormen Ansehensverlust sowohl gegenüber den Amerikanern und den Briten als auch gegenüber den anderen Partnern verbunden. Zum anderen erachtete er die westdeutsche Aufrüstung über kurz oder lang ohnehin für unvermeidlich. Sollte sich diese nicht im Rahmen der EVG vollziehen, so bestünde die Gefahr, dass sie in Deutschland von Kreisen durchgeführt würde, die der Wehrmacht nahe stünden und versucht sein könnten, die Lösung der deutschen Wiedervereinigung im Einvernehmen mit der Sowjetunion anzustreben. Dadurch würde die Chance einer deutsch-französischen Annäherung für immer zerstört, und Frankreich sähe sich in Europa einem deutsch-sowjetischen Block gegenüber. Alles in allem hielt Ely die Folgen einer Nichtratifikation des EVG-Vertrags für gravierender als die Probleme, die bei seiner praktischen Anwendung zu Tage treten würden: Berücksichtige man die bereits gebilligten Zusatzprotokolle, die ergänzenden Bestimmungen (namentlich die über die Dauer der Übergangsperiode), eine schrittweise und flexible Anwendung, die enge Bindung zwischen EVG und NATO sowie die angelsächsischen Garantien, so sei gewährleistet, dass der Vertrag den ursprünglichen Notwendigkeiten genüge: erstens, der Verhütung einer unkontrollierten deutschen Wiederbewaffnung und einer daraus resultierenden Gefahr für den Frieden in Europa und der noch jungen westdeutschen Demokratie; zweitens, der Notwendigkeit einer Beteiligung der Bundesrepublik an den Verteidigungslasten und einer damit verbundenen Zügelung seiner allgemeinen Wirtschaftskraft; drittens, der Überwindung des deutsch-französischen Gegensatzes[102].

Mit der geplanten Organisationsstruktur des EVG-Kommissariats tat sich Ely aber nach wie vor schwer. Das geplante neunköpfige Kollegialorgan hielt er für zu schwerfällig. Auch befürchtete er die Entstehung eines riesigen Verwaltungsapparats, ähnlich des Pentagon. Aus diesen Gründen sprach er sich dafür aus, das Kommissariat und den Generalstab der EVG möglichst klein zu halten, um eine effektivere Truppenführung sicherzustellen. Dabei verwies er auf die Erfahrungen der Niederlage von 1940, für die er maßgeblich die Überbürokratisierung und komplizierte Befehlsgebungskette der französischen Armee verantwortlich machte[103]. Ely war somit kein bedingungsloser Befürworter des EVG-Vertrags. Immerhin war er aber bereit, ihn zu akzeptieren, solange

---

[101] Zur Reorganisation der Struktur der Streitkräftespitze: Chantebout, L'organisation générale de la défense nationale, S. 174 f. Allgemein zur Person Elys: Faivre, Le Général Paul Ely.

[102] Vgl. SHD/DAT, 1 R/180-1: Ely an Pleven, 20.3.1954 (Zitat S. 2); David, Lâcher la proie pour l'ombre?, S. 135; Guillen, Die französische Generalität, S. 152 f.; Vial, Le militaire et la politique, S. 153. In einem undatierten Entwurf hatte Ely den Vertrag noch als »très imparfait« bezeichnet: SHD/DITEEX, NL Blanc, 1 K/145/7-2: Ely an Pleven, o.D., S. 1. Der Wandel Elys vom EVG-Skeptiker zum Befürworter wird ausführlich beschrieben bei Vial, Le militaire et la politique, S. 139, 146–151.

[103] Vgl. PA-AA, B 150/193, Bl. 78–81: Aufz. Gespräch Speidel – Ely (12.12.1953), 12.12.1953.

den erwähnten Zusatzbestimmungen Rechnung getragen würde. Doch mit seinem »Ja« stand der Generalstabschef im Kreise der Armeeführung weitgehend allein.

Die Generale Juin und Ely repräsentierten zwei konkurrierende Strömungen innerhalb des französischen Offizierskorps: die »impériaux-atlantistes« und die »euro-atlantistes«. Während Erstere, gestützt auf die *Union Française* und unter strikter Wahrung der nationalen Souveränität, für eine starke Stellung Frankreichs in der NATO eintraten und eine supranationale Armee ablehnten, strebten Letztere nach einer europäischen Verteidigungsidentität unter französischer Führung, um eine größere Unabhängigkeit innerhalb der NATO zu erlangen. Sie befürworteten unter bestimmten Bedingungen eine gemeinsame Streitmacht der Europäer[104]. Europa und Nordafrika bildeten nach dem Verständnis der »impériaux-atlantistes« eine untrennbare Einheit – eine Einheit, die nach ihrer Überzeugung in einer auf Westeuropa begrenzten EVG nicht mehr vorhanden wäre. Französisch-Nordafrika – dem Refugium der »Forces françaises libre« während des Zweiten Weltkriegs – verlieh Frankreich, seinen Nachbarn und der NATO nicht nur die zur Verteidigung notwendige strategische Tiefe, sondern verfügte über ausreichende und vor Angriffen aus dem Osten geschützte Rohstoffvorkommen, die das westliche Rüstungspotenzial bedeutend erhöhen würde. Darüber hinaus erblickte man im euro-afrikanischen Raum eine erhebliche Stärkung der Stellung Frankreichs im Nordatlantischen Bündnis und seines Status als Weltmacht. Prominentester Verfechter des Eurafrika-Konzepts war der in Algerien geborene Marschall Juin, der zwischen 1947 und 1951 Frankreichs *Résident général* in Marokko war und eine enge Bindung an die Region besaß[105]. Bei der Generalinspektion des Heeres hatte man schon seit Jahren davon geschwärmt, mittels einer Nutzbarmachung der Ressourcen Nordafrikas und durch dessen vorteilhafte geostrategische Lage wieder an den früheren Großmachtstatus anknüpfen zu können: »la France reprendra dans le concert des Nations une partie de la place importante qu'elle tenait autrefois[106].« Die Vision eines »Eurafrika« als Bollwerk gegen eine expansionistische Sowjetunion spielte im strategischen Denken der französischen Militärs auch in der darauffolgenden Zeit eine große Rolle[107].

Die französischen Militärs standen mit ihrer Kritik an der Europäischen Verteidigungsgemeinschaft keineswegs allein. Auch die Mehrheit der italienischen Generale lehnte die Pläne der französischen Regierung aufgrund zahlreicher Vorbehalte ab[108]. Die Abtretung eines Großteils der nationalstaatlichen Kompetenzen im Verteidigungsbereich an ein europäisches Kommissariat hielt man für keineswegs hinnehmbar. Man befürch-

---

[104] Vgl. Caserta/Vial, La Marine nationale, S. 79; Vial, Le militaire et la politique, S. 157 f.
[105] Vgl. Juin, Mémoires, S. 218–221; Vial/Vaicbourdt, De soldat à soldat, S. 272–275; Vial, Le militaire et la politique, S. 140 f. Allgemein zu den damaligen französischen Industrialisierungsplänen und der Bedeutung der Region im Denken französischer Militärstrategen: Laure, Projet de combinat industriel.
[106] SHD/DAA, 0 E/1565: Vermerk Generalinspektion des Heeres, Juli 1948, S. 1.
[107] Vgl. SHD/DITEEX, NL Blanc, 1 K/145/16-1: Denkschrift Combaux, 8.2.1957. Generalingenieur Edmond Combaux war zu dem Zeitpunkt Chef der Abteilung für Militärisches Fernmeldegerät der DEFA.
[108] Die Haltung der italienischen Militärs zur EVG hat aufgrund der restriktiven Archivnutzungsbestimmungen des Verteidigungsministeriums für Aktenbestände der Nachkriegszeit lange Zeit nicht umfassend erforscht werden können. Das neu erschienene Werk von Caviglia/Gionfrida, Un'occasione da perdere, konnte für die vorliegende Arbeit nicht mehr herangezogen werden.

tete den Verlust der verteidigungspolitischen Handlungsfreiheit und der Kontrolle über seine Armeeverbände, eine Vernachlässigung der italienischen Sicherheitsinteressen (den Schutz der Nordostgrenze vor einem jugoslawischen Angriff und die Lösung der Triestfrage) und eine Akzentverschiebung hin zur Verteidigung der innerdeutschen Grenze, eine Beeinträchtigung der NATO sowie eine französische Hegemonie auf dem Kontinent. Zudem befürchtete man eine massive Verzögerung der als notwendig erachteten westdeutschen Wiederbewaffnung. Daneben äußerte man erhebliche Zweifel an der militärischen Zweckmäßigkeit national-gemischter Kampfverbände. Mit fast denselben Argumenten attackierte anfänglich Verteidigungsminister Randolfo Pacciardi das Pariser Vorhaben. Ab Oktober 1951 schwenkte er jedoch auf den neuen Regierungskurs ein und unterstützte die Schaffung einer Europaarmee, gab aber zu bedenken, dass aufgrund der Notwendigkeit eines gemeinsamen Militäretats und dessen Auswirkungen auf die nationale Wirtschaftspolitik kein Weg an der Bildung einer Föderation mit politischer Autorität und Budgetkompetenzen vorbeigehen würde[109].

Oberst Mario Turrini von der italienischen Militärdelegation – er hielt von den französischen Integrationsplänen nichts – empfahl, sich zunächst lieber mit einfachen Fragen, wie der Ausbildung und Rekrutierung zu beschäftigen, und politisch strittige Themen, wie die Gliederung und Organisation der Kampfgruppen, zurückzustellen[110]. Italiens nicht gerade hochkarätig besetzte Militärdelegation verhielt sich auf der Pariser Europaarmee-Konferenz bis zum Abschluss des Zwischenberichts weitgehend unauffällig und erweckte eher den Eindruck, als wollte sie sich mit der Rolle des Beobachters begnügen. Sie hegte ohnehin ernsthafte Zweifel, ob die Armeeführung in Rom die Konferenzberichte überhaupt las[111]. Italiens neuer Generalstabschef Efisio L. Marras, dem man eine »very low opinion on the whole conference« nachsagte[112] und der aus seiner Präferenz für die NATO keinen Hehl machte, wollte die EVG auf Verwaltungs- und Ausbildungsfunktionen beschränken und sämtliche militärisch-operativen Angelegenheiten SHAPE überlassen, was letztlich die Beibehaltung der zwischenstaatlichen Zusammenarbeit bedeutete[113]. Ferner strebte Italiens Militär an, zumindest einen Teil seiner Verbände unter nationaler Kontrolle behalten zu dürfen. Völlig unrealistisch war aufgrund der schwierigen wirtschaftlichen und finanziellen Lage des Landes die Vorstellung, den Deutschen und Franzosen in der EVG militärisch auf einer Augenhöhe begegnen zu können[114].

Ab Herbst 1952 begann der italienische Generalstab eine konstruktivere Haltung einzunehmen: Man entsandte zwei weitere Generale nach Paris[115] und bemühte sich, aktiv Einfluss auf die Ausgestaltung der Organisations- und Kommandostruktur der EVG zu nehmen. Zum einen schien die EVG durch die Einsetzung des Interimsausschusses

---

[109] Vgl. Magagnoli, Italien und die Europäische Verteidigungsgemeinschaft, S. 57 f., 72, 77, 99 f.; Risso, Divided We Stand, S. 160–164; Varsori, Italy Between Atlantic Alliance and EDC, S. 275.
[110] Vgl. AAPD 1951, S. 136–142, hier S. 138: Aufz. Sahm (AA) über Ressortbesprechung (27.2.1951), 2.3.1951; PA-AA, B 150/168, Bl. 84: Aufz. Gespräch de Maizière–Turrini (24.2.1951), 25.2.1951.
[111] Vgl. FRUS 1951, III/1, S. 789–798, hier S. 795: US-Bericht über die Europaarmee-Konferenz, um 22.6.1951.
[112] Ebd.
[113] Vgl. Varsori, Italy between Atlantic Alliance and EDC, S. 280.
[114] Vgl. Risso, Divided We Stand, S. 164 f.
[115] Vgl. BArch, BW 9/2296, Bl. 57: Aufz. Gespräch Speidel–Mancinelli (o.D.), 29.6.1952.

allmählich Gestalt anzunehmen. Zum anderen ging im Generalstab die Furcht vor einem deutsch-französischen Tandem um, das Italien abhängen würde. Über die erstaunliche deutsch-französische Zusammenarbeit, die sich bei den bisherigen Verhandlungen in einigen Bereichen offenbart hatte, gab man sich besorgt. Dies führte unter anderem dazu, dass sich die Italiener nur deswegen für ein mehrköpfiges Militärkommissariat, unterteilt in Heer, Luftwaffe und Marine, aussprachen, um ein französisches Übergewicht zu verhindern[116]. Als abschreckendes Beispiel galten die Hohe Behörde der Montanunion und deren Präsident Monnet, dem Marras Ambitionen auf die EVG-Präsidentschaft und eine Tendenz zum Größenwahn unterstellte. Gezielt suchten die Italiener auch die Nähe zu ihren deutschen Kameraden, um ein deutsch-französisches Bündnis im Interimsausschuss zu vereiteln. Ende Oktober 1952 ließ Marras plötzlich verlauten, dass er Europas Verteidigung besser durch die EVG als durch die NATO gewährleistet sehe. Außerdem hielt er sich nicht mit Kritik an Großbritannien zurück, dem er vorwarf, ausschließlich nationale Interessen zu verfolgen[117]. Fast schon reumütig gestand Italiens ranghöchster Soldat ein, dass sein Land die Bedeutung der Verhandlungen zu spät erkannt hatte. Sogleich legte Marras ein Bündel von Vorschlägen vor: Er sprach sich für einen starken Generalstabschef der EVG-Gesamtstreitkräfte und den Aufbau einer echten Operationsabteilung sowie einer Abteilung für Nachrichtengewinnung aus. Dass er dem Präsidenten des Kommissariats – er rechnete damit, dass dieses Amt mit einer Persönlichkeit aus den Benelux-Staaten besetzt würde – keine große Bedeutung zuschrieb, kann als sichtbares Zeichen dafür gewertet werden, dass er den politischen Charakter der EVG reduzieren, wenn nicht gar eliminieren wollte. Unübersehbar war außerdem seine Furcht vor der Besetzung von Schlüsselpositionen im Kommissariat und in den Generalstäben mit Franzosen. Auffälliges Interesse brachte Marras des Weiteren der Verteidigung Süddeutschlands und des Alpenraums entgegen, was eindeutig auf die Ausrichtung der italienischen Militärplanungen auf eine Abwehr gegen einen jugoslawischen Angriff zurückzuführen ist. Im Generalstab strebte man an, eine Nord-Süd-Verbindung über den Brenner offen zu halten. Dahinter verbarg sich die Absicht, die Verteidigung der italienischen Nordostgrenze in die EVG einzubringen[118].

Hinter Marras' Kehrtwende steckte somit kein grundsätzlicher Gesinnungswandel, keine plötzlich entdeckte Liebe für die Europaarmee, sondern taktisches Kalkül. Dass sich die italienische Generalität in Wahrheit immer noch nicht mit der Verteidigungsgemeinschaft angefreundet hatte, zeigte sich beispielsweise, als die Franzosen ihren Partnern Anfang 1953 Zusatzprotokolle vorlegten. Bei den Militärs witterte man die Chance, den supranationalen Gehalt des Vertragswerks endlich modifizieren zu können[119]. Auf den politischen Entscheidungsprozess in Rom hatten die Streitkräfte jedoch

---

[116] Vgl. ebd., Bl. 256–258, hier Bl. 257: Aufz. Gespräch Speidel – Marras (28.10.1952), 29.10.1952; Bl. 178 f.: von Kessel (dt. EVG-Delegation) an AA/II, 17.10.1952.
[117] Vgl. ebd., Bl. 256–258: Aufz. Gespräch Speidel – Marras (28.10.1952), 29.10.1952. Die Kritik an Großbritannien und der NATO könnte mit der Enttäuschung über die Haltung Londons und Washingtons in der Triestfrage zusammenhängen. Italien fühlte sich von den beiden Staaten, die sichtliches Interesse an einer Einbeziehung Titos in das westliche Bollwerk gegen Moskau an den Tag legten, unzureichend unterstützt. Marras und Speidel kannten sich bereits aus Marras' Zeit als Militärattaché in Berlin (1936–1943). Siehe Pelagalli, Il Generale Efisio Marras.
[118] Vgl. BArch, BW 9/2297, Bl. 56–59: Aufz. Gespräch Speidel – Marras (12.12.1952), 12.12.1952.
[119] Vgl. Risso, Divided We Stand, S. 165.

so gut wie keinen Einfluss. Auch gab es keine groß angelegte öffentliche Kampagne aktiver und ehemaliger Offiziere wie in Frankreich[120]. Mit Italiens EVG-Delegation war der Generalstab häufig uneins[121]. Als die EVG 1954 schließlich scheiterte, weinte man ihr im Generalstab keine Träne nach. Nun stand wieder die NATO-Lösung zur Debatte, die man ohnehin von Beginn an bevorzugt hatte.

Zu den wenigen Befürwortern der Europaarmee gehörte General Giuseppe Mancinelli, der im September 1951 nach Paris beordert wurde und bis Juni 1952 die italienische Militärdelegation anführte[122]. Die EVG bezeichnete er »als die nach Maßgabe der Dinge beste Lösung [...], vor allem, weil sie den europäischen Gedanken echt verwirkliche. Komme die EVG nicht zustande, dann wäre auch das Ende der Montan-Union und einer europäischen Gemeinschaft gekommen«[123]. Für Mancinelli waren militärische, wirtschaftliche und politische Integration Europas untrennbar miteinander verbunden, womit er die offizielle Regierungslinie vertrat. Ob der General tatsächlich durch und durch ein Anhänger des europäischen Einigungsprozesses war oder er sich einfach nur als loyaler Diener seines Staates verstand, der die offizielle Regierungslinie zu vertreten hatte, lässt sich auf der Grundlage der vorliegenden Quellen nicht abschließend beurteilen.

Auf völlige Ablehnung stieß der Pleven-Plan auch bei der Führungsspitze der niederländischen Streitkräfte. Zwar erachtete man eine deutsche Wiederbewaffnung aufgrund der sowjetischen Bedrohung als unverzichtbar[124]. Eine Integration von Kampfverbänden unterhalb der Korpsebene hielt man aber aus militärischer Sicht für unsinnig. Sie erschien viel zu kompliziert und zeitaufwändig, auch aufgrund sprachlicher Barrieren und unterschiedlicher militärischer Mentalitäten und Traditionen. Die Militärs bevorzugten klar eine rasche Aufnahme der Bundesrepublik in die NATO inklusive der Aufstellung nationalhomogener Divisionen, weil sie darin die schnellste und effektivste Nutzung des deutschen Potenzials zur Stärkung der westlichen Verteidigung erblickten[125].

Die Regierung teilte diese Kritik und nahm auf der Pariser Konferenz, wie bereits beschrieben, nur eine Beobachterrolle ein, sah jedoch ab Sommer 1951 keine andere Möglichkeit als eine Beteiligung als Vollmitglied, um die USA zufrieden zu stellen und die EVG-Planungen aktiv beeinflussen zu können. Doch das Hauptaugenmerk Den Haags lag nicht auf militärischen, sondern auf politischen und finanziellen Aspekten: Vonseiten der Regierung interessierte man sich zuvorderst für die Form des Budgets und

---

[120] Vgl. ebd., S. 160 f.
[121] Vgl. AAPD 1953, II, S. 943 f., hier S. 943: Aufz. Gespräch Speidel – Lombardo (3.11.1953), 3.11.1953.
[122] Vgl. BArch, BW 9/2296, Bl. 57: Aufz. Gespräch Speidel – Mancinelli (o.D.), 29.6.1952; Risso, Divided We Stand, S. 164. Zum 1.7.1952 wurde Mancinelli nach Mailand versetzt, wo er das Territorialkommando übernahm. Mancinelli führte seine Versetzung darauf zurück, dass er dem Generalstab zu europäisch gewesen sei. Man habe ihm vorgeworfen, Italiens Interessen nicht ausreichend vertreten zu haben. Seiner weiteren militärischen Karriere schadete dies aber nicht. Am 15.4.1954 wurde er Nachfolger des Generalstabschefs Marras und behielt diesen Posten fast fünf Jahre lang.
[123] Vgl. BArch, BW 9/2299, Bl. 32–36 (Zitat Bl. 33): Aufz. Gespräch Speidel – Mancinelli (30.4.1954), 30.4.1954.
[124] Ausführlich zur Bedrohungswahrnehmung der niederländischen Militärs siehe Hoffenaar, »Hannibal ante portas«.
[125] Die folgenden Ausführungen stützen sich auf: Harst, The Atlantic Priority, S. 195–223.

des Rüstungsprogramms sowie für die Organisation und Befugnisse des Kommissariats. Für den Generalstab, der sich über die Regierungsentscheidung alles andere als glücklich zeigte, besaßen hingegen militärspezifische Details Priorität. Sein oberstes Ziel war es, eine supranationale Militärintegration weitestgehend zu beschränken, den Vorrang der NATO festzuschreiben und den nationalen Charakter der Streitkräfte zu bewahren. Gegenüber den Franzosen hegte Generalstabschef Benjamin R. Hasselman ein tiefes Misstrauen[126]. Für ihn roch das Europaarmee-Projekt geradezu nach französischen Hegemoniebestrebungen. Zudem befürchtete er, dass sich die gerade in Gang befindliche Umstellung der niederländischen Truppen auf amerikanische Standards mit dem Aufbau der EVG nicht vertragen und zu einer sinnlosen Duplizierung führen würde. Für die Übergangsphase prognostizierte er ein wildes Nebeneinander von EVG- und NATO-Planungen. Dabei verwies man unter anderem auf den Umstand, dass die Größe der EVG-Groupements bei ca. 13 000 Mann liegen sollte, während die Stärke der NATO-Divisionen ca. 19 000 Mann betrug. Daneben sorgte man sich um den Fortbestand der nationalen Militärschulen und um die Machtfülle des Kommissariats. Ähnlich wie französische Generale erachtete man eine supranationale Verteidigungsgemeinschaft keineswegs als bestmögliche Garantin einer kontrollierten deutschen Wiederbewaffnung. Man hielt es durchaus für möglich, dass die Deutschen die EVG aufgrund ihres zu erwartenden militärischen und politischen Gewichts zu einem Machtinstrument für eigene Zwecke umfunktionieren könnten.

Im Verteidigungsressort forderte man einen schrittweisen Integrationsprozess, den Verzicht auf die Einbeziehung der Einheiten der Heimatverteidigung und die Beschränkung der Einmischung des Kommissariats auf Rekrutierung, Beförderungen und Ernennungen. Obwohl zwischen den Generalen und dem Verteidigungsministerium in Sachen EVG weitgehend Einigkeit bestand, war das Verhältnis zwischen beiden nicht ungetrübt. Dem Ministerium missfielen zusehends die Einmischungsversuche des Generalstabs in politische Sachfragen. Die Militärs verfügten allerdings kaum über Einfluss auf die niederländische EVG-Politik und schafften es nicht, ihre Forderungen durchzusetzen. Die Federführung bei den EVG-Verhandlungen lag beim Außenministerium mit dem europafreundlichen Beyen an der Spitze. Wie zu erwarten, konnte sich die Streitkräfteführung mit dem EVG-Vertrag in keiner Weise anfreunden, da sie ihre Einwände und Verbesserungsvorschläge so gut wie nicht berücksichtigt sah. Trotz wiederholter Eingaben und der Betonung militärischer Sachargumente ließ sich die politische Führung nicht von ihrem grundsätzlichen Kurs abbringen. Als die Franzosen im Februar 1953 ihren Partnern Zusatzprotokolle vorlegten, wurde dies im niederländischen Generalstab sehr begrüßt, denn es bot sich die Möglichkeit, den ungeliebten EVG-Vertrag zu modifizieren und ihn seines supranationalen Gehalts zu berauben. Doch bei den belgisch-niederländischen Konsultationen wurden die niederländischen Militärs, anders als die belgischen, einfach außen vor gelassen.

Nachdem die sechs EVG-Staaten im Frühjahr 1953 in der strittigen Frage der Zusatzprotokolle einen Kompromiss erzielt hatten, schien der Widerstand des Generalstabs

---

[126] Hierbei spielte sicherlich auch das französische Verteidigungskonzept eine Rolle, das stark auf den Schutz des eigenen Territoriums ausgerichtet war und infolgedessen beim niederländischen Generalstab auf scharfe Kritik stieß. Siehe Harst, The Atlantic Priority, S. 106–113.

gebrochen, denn nennenswerte Störaktivitäten entfaltete er nicht mehr. Nachdem die gesetzgebenden Körperschaften der Niederlande den EVG-Vertrag Anfang 1954 ratifiziert hatten, waren die Würfel endgültig gefallen. Zu einer öffentlichen Kampagne von Angehörigen der Streitkräfte gegen die Europaarmee kam es – anders als in Frankreich – nicht. Wie in Frankreich und Italien gab es in den Reihen der höheren Offiziersränge nur vereinzelte Befürworter des EVG-Projekts. Aber auch sie waren keine vorbehaltlosen Anhänger und übten an zahlreichen militärischen Details Kritik. Als die *Assemblée Nationale* die Europaarmee im August 1954 schließlich zu Fall brachte und die Regierungen Verhandlungen über den Beitritt der Deutschen zur NATO aufnahmen, wird im Generalstab die Erleichterung gewiss groß gewesen sein.

Als hartnäckige Gegner der Europaarmee entpuppten sich auch die belgischen Militärs. Ihre Auffassungen ähnelten stark denen ihrer niederländischen Kameraden. Zwar stimmte man im Grundsatz einem westdeutschen Verteidigungsbeitrag zu, eine supranationale Armee lehnte man aber aufgrund der damit verbundenen tiefgreifenden Veränderungen für die heimische Verteidigungsorganisation absolut ab. Statt dessen zog man die Aufstellung einer aus nationalen Verbänden zusammengesetzten und unter dem Kommando von SHAPE stehenden Streitmacht vor. Als schließlich im Februar 1951 die Pariser Konferenz begann, bemühten sich die Belgier nach Kräften, die Verteidigungsintegration so weit wie möglich zu beschränken, den Vorrang der NATO zu bekräftigen und den nationalen Charakter der Streitkräfte zu erhalten. Folglich zeigte sich Belgiens Streitkräfteführung bestrebt, die Zahl der integrierten Einheiten möglichst gering zu halten und die Kontrolle über die Territorialverteidigung aufrecht zu erhalten. Die Aufgabe der nationalen Militärsysteme mit ihren unterschiedlichen Sprachen, ihrer jeweiligen Art der Rekrutierung, Ausbildung und Offiziersernennung sowie ihren Militärschulen und Traditionen zugunsten einer supranationalen Armee erschien der Generalität als zu kompliziert, unpraktisch, hinderlich, zeitaufwändig und folglich inakzeptabel. Auch sträubten sich die Militärs gegen ein Kommissariat und ein Gemeinschaftsbudget, das die Staaten ihrer nationalen militärischen Handlungsfähigkeit beraubte. Weiterhin monierte die Generalität die EVG-Abstinenz des Vereinigten Königreichs, zu dem Belgien aus der Weltkriegszeit noch durchaus enge Militärbeziehungen unterhielt[127].

Vergleicht man die Positionen der Militärs der EVG-Unterzeichnerstaaten miteinander, so zeigen sich beachtliche Ähnlichkeiten: Die UdSSR wurde als militärische Bedrohung empfunden, gegen die es sich zu wappnen galt. Aber die Schaffung einer supranationalen Verteidigungsorganisation empfanden die meisten als zu kompliziert und zeitraubend. An oberster Stelle rangierten bei ihnen die Beteiligung der Deutschen an der westlichen Verteidigung und die möglichst rasche Verfügbarmachung der materiellen und organisatorischen Ressourcen der Europäer. Im Vordergrund stand somit der militärische Effizienzgedanke. Der holländische Militärhistoriker Jan Schulten beschrieb dies mit den Worten:

---

[127] Vgl. Deloge, L'armée belge et la CED, S. 162–167; Deloge, La défense commune; Deloge, Enthousiasmes et réticences.

»Für die Soldaten bedeutete militärische Integration vor allem die Lösung vieler praktischer Probleme: Wie bekomme ich Sprit und Munition; wo werden meine Fahrzeuge repariert; wie fasse ich mein Artilleriefeuer mit dem meiner Nachbarn zusammen[128]?«

Als geeignetstes Kooperationsforum galt ihnen die NATO, die die Souveränität ihrer Mitgliedstaaten sowie deren traditionelle Streitkräfteorganisation wahrte. Die Mehrheit der Generale empfand die EVG als ein rein politisches Projekt – militärisch sinnlos und überflüssig. Bemerkenswerterweise versuchte die Generalität ausschließlich sachliche Argumente gegen die EVG ins Feld zu führen. Zwischen den Zeilen konnte man jedoch herauslesen, dass sie sich schlichtweg nicht damit abfinden konnte und wollte, die Hoheit über ihre Streitkräfte an eine überstaatliche Organisation abzugeben. Den Verlust der Souveränität und Handlungsfreiheit als Preis für den Schutz vor einem Wiederaufflammen des deutschen Militarismus wollte man nicht hinnehmen. Auch das Festhalten an den nationalen Militärtraditionen dürfte ein nicht zu unterschätzender Grund für die negative Haltung gegenüber dem EVG-Projekt gewesen ein.

Somit war die EVG-Gegnerschaft breiter Teile der Armee in hohem Maße auch von psychologischen Aspekten beeinflusst. In Frankreich etwa galten die altehrwürdigen Regimenter mit ihren prachtvollen Uniformen und die Kriegsschulen, etwa die École Polytechnique und die École Spéciale Militaire Interarmées de Coëtquidan (Saint-Cyr), als sichtbare Symbole großer französischer Militärtradition. Geradezu Kultstatus besaß die Parade anlässlich des Nationalfeiertages (14. Juli), bei der sich die über die Champs Élysée marschierenden Streitkräfteformationen feiern ließen[129]. Die als glorreich empfundene Tradition womöglich für eine Europaarmee opfern zu müssen, galt vielen Soldaten geradezu als blasphemischer Akt. Bezeichnend ist eine Episode, als SACEUR Eisenhower gegenüber General a.D. Kœnig die sicherheitspolitischen Vorzüge einer Europaarmee gegenüber einer deutschen Nationalarmee hervorhob, Kœnig daraufhin jedoch lapidar erklärte, dass für General de Gaulle das Verschwinden der französischen Armee schlicht und einfach undenkbar sei[130]. Führende Offiziere wollten Frankreichs Armee partout als Nationalarmee erhalten und eine europäische oder amerikanische »Überfremdung« ausschließen[131]. Man klammerte sich somit in den höheren Offiziersrängen an Altvertrautes und -bewährtes. Überhaupt fehlte es nach Auffassung vieler Militärs an den geistigen Grundlagen einer gemeinsamen Streitmacht: an einem europäischen Patriotismus. Nur wenige Jahre nach dem Ende des Zweiten Weltkrieges erschien ihnen daher die Verschmelzung nationaler Verbände zu einer Europaarmee geradezu utopisch[132]. Der Präsident des EVG-Interimsausschusses Alphand umschrieb dieses Phänomen als »eine gewisse Sentimentalität, ein Verlangen, sich an das Altbekannte zu klammern, eine Angst

---

[128] Schulten, Die militärische Integration, S. 101.
[129] Siehe BArch, BW 9/3064, Bl. 162–165: Bericht de Maizière über Parade zum französischen Nationalfeiertag (14.7.1951), o.D. Aufschlussreich ist das beiliegende Programm, in dem sämtliche teilnehmende Einheiten mit ihren wichtigsten geschichtlichen Eckdaten aufgeführt sind.
[130] Vgl. FRUS 1952–1954, VI/2, S. 1196–1199, hier S. 1198: Gesprächsmemorandum (Douglas) MacArthur (Berater an der US-Botschaft in Paris), 2.4.1952.
[131] Vgl. BArch, BW 9/3378, Bl. 210–223, hier Bl. 211: 18. Halbmonatsbericht dt. EVG-Militärdelegation (2.7.–15.7.1954), 15.7.1954.
[132] Vgl. etwa SHD/DITEEX, NL Blanc, 1 K/145/7-1: Denkschrift Blanc, Teil 1, 12.8.1954, S. 2.

## II. Das Projekt einer Europäischen Verteidigungsgemeinschaft

vor allem, was eine Veränderung herbeiführen könnte und ein Heimweh nach den altehrwürdigen Formen unserer Institutionen«[133].

Monnet hatte vorausgesehen, dass das Konzept einer supranationalen Verteidigungsorganisation und Streitmacht mit einheitlichem Kommando sowie integrierter Logistik und Rüstung bei den Militärs auf wenig Gegenliebe stoßen würde, denn es stellte einen radikalen Bruch mit der Vergangenheit dar. Eine nationale, unabhängige Armee galt seit jeher als ureigenste Domäne staatlicher Souveränität. Sie hatte im Laufe der Zeit feste Traditionen und Symbole entwickelt, die den Militärs geradezu heilig waren. In der Europaarmee sah Monnet eine

>»Veränderung, die bis ins eigentlichste Zentrum der Souveränität reichte und auch an das älteste und wirksamste Instrument rührte, das man bisher gefunden hatte, um sie zu erringen und zu verteidigen. Kohle und Stahl hatten nur ein Jahrhundert Vorherrschaft hinter sich, die Armee lebte aus uralten Traditionen. Ihr Symbol, die Fahne, ihr Unterscheidungsmerkmal, die Uniform, waren geheiligt[134].«

Für den Vater der Montanunion galt die Armee als die Bastion des Nationalstaates schlechthin. Vermutlich ist es darauf zurückzuführen, dass Monnet und seine Mitstreiter – ähnlich wie beim Schuman-Plan – bei der Ausarbeitung der Europaarmee-Initiative bewusst davon abgesehen hatten, Fachleute hinzuzuziehen. Man wollte die Generale schlichtweg überrumpeln[135]. So notierte der spätere Präsident der Behörde für Kohle und Stahl (1952–1955) in seinen Erinnerungen zur Genese des Pleven-Plans:

>»Auch diesmal ließen wir die Techniker beiseite, die die Dinge nur komplizierter machen und sich gegen Veränderungen sträuben. Wir brauchten ebensowenig Militärexperten wie wir Experten gebraucht hatten, um dafür zu sorgen, daß der Stahl eine europäische Sache wurde[136].«

Monnet gab sich überzeugt, dass die Einbeziehung von Militärs aufgrund derer absehbaren Einwände gegen die neue supranationale Konstruktion das rasche Zustandekommen des Pleven-Plans verzögert, wenn nicht gar unmöglich gemacht hätte. Die Welt der Militärs war ihm keineswegs unbekannt. Als Wirtschafts- und Planungsspezialist der französischen Exilregierung hatte er während des Zweiten Weltkrieges mit ihnen regen Kontakt gehabt, sodass er mit ihrer traditionellen Denkweise bestens vertraut war. Und auch nach Kriegsende hatte er mit der Generalität regen Umgang: Als Frankreichs Generalkommissar für den Plan behielt Monnet die Streitkräfteplanungen genau im Blick, weil diese beträchtliche finanzielle Mittel beanspruchten und damit die Kernsubstanz seines Modernisierungsplans berührten[137]. Für die Gruppe um Monnet handelte es sich bei der supranationalen Verteidigungsorganisation in erster Linie um eine politische Angelegenheit, die nicht an den Einwänden der traditionalistischen Generale scheitern durfte.

---

[133] Alphand, Frankreichs Initiative, S. 446.
[134] Monnet, Erinnerungen eines Europäers, S. 434. Gegenüber Militärbündnissen, auch der NATO, zeigte sich Monnet recht misstrauisch, da sie ausschließlich auf das Militärische fixiert seien und dort nur Militärs das Sagen hätten. Vgl. Hammerich, Jeder für sich, S. 168 f.
[135] So auch AWS, Bd 2 (Beitrag Meier-Dörnberg), S. 651.
[136] Monnet, Erinnerungen eines Europäers, S. 436; vgl. Vial, Jean Monnet, un père pour la CED?, S. 217.
[137] Vgl. Roussel, Jean Monnet, S. 308–311, 567, 606; Vial, De la surenchère atlantiste à l'option européenne, S. 311–315.

# III. Militärische und rüstungswirtschaftliche Rahmenbedingungen

## 1. Probleme der westeuropäischen Aufrüstung Anfang der 1950er Jahre

Mit welchen Schwierigkeiten die Aufstellung gemeinsamer Rüstungsprogramme und die Zusammenarbeit im Rüstungsbereich zum Zeitpunkt der Bekanntgabe des Pleven-Plans verbunden war, hatte sich bereits im Rahmen des 1948 ins Leben gerufenen Brüsseler Paktes und der 1949 gegründeten NATO gezeigt[1]. Grundsätzlich war man sich diesseits wie jenseits des Atlantiks spätestens seit dem Ausbruch des Korea-Krieges 1950 bewusst, dass eine enge Kooperation angesichts der vermuteten Stärke der sowjetischen Streitkräfte und der eigenen Lücken in diesem Bereich unumgänglich war. Wollte man der Sowjetunion etwas Gleichwertiges entgegensetzen, so war dies nur möglich, wenn die vom Zweiten Weltkrieg noch schwer gezeichneten westlichen Staaten an einem Strang zogen und die notwendigen finanziellen und wirtschaftlichen Ressourcen bereitstellten und bestmöglich miteinander koordinierten.

Nach Schätzungen westlicher Militärs verfügte die Sowjetunion im Jahre 1950 über 175 aktive Divisionen mit 2,5 Mio. Soldaten und über ein beachtliches konventionelles Waffenarsenal. Davon befanden sich 84 Divisionen in den sowjetischen Besatzungszonen in Deutschland und in Österreich, den Satellitenstaaten in Ostmitteleuropa und den westlichen Militärbezirken der Sowjetunion. Ferner verfügte die UdSSR über beträchtliche Reservekräfte und betrieb eine massive Aufrüstung. Man traute der UdSSR zu, innerhalb von 30 Tagen insgesamt 320 Divisionen mobilisieren zu können. Ein Kräftevergleich mit den NATO-Verbänden ergab bei den Landstreitkräften bei Kriegsausbruch ein Verhältnis von 4:1, bei den taktischen Luftstreitkräften sogar von 5:1. Was Ausrüstung, Bewaffnung, Ausbildung, Kampfmoral und taktische Führung betraf, hielt man die sowjetischen Verbände denen des Westens für haushoch überlegen. Seit August 1949 verfügte Moskau dazu noch über die Atombombe und arbeitete fieberhaft am Ausbau seiner nuklearen Kapazitäten und seiner Bomberflotte. Dies versetzte die UdSSR über kurz oder lang in die Lage, das Territorium Großbritanniens und der USA unmittelbar zu bedrohen. Alles in allem gingen die anglo-amerikanischen Strategen davon aus, dass die Rote Armee und ihre Verbündeten imstande wären, die westlichen Verbände regel-

---

[1] Die Ergebnisse des Brüsseler Paktes und der NATO im Rüstungsbereich werden in Kap. V.2. behandelt.

recht zu überrollen. In fünf Tagen könnten sie den Rhein erreichen, in 14 Tagen die Ärmelkanalküste, in 30 Tagen die Atlantikküste und in zwei Monaten die Pyrenäen[2].

Die USA, die einen Großteil ihrer Truppen nach dem Zweiten Weltkrieg demobilisiert hatten, hatten bereits seit 1947 vorsorglich mit der Ausarbeitung von Plänen für einen möglichen Krieg gegen die Sowjetunion begonnen. Die Planungen sahen für den Fall eines sowjetischen Großangriffs den geordneten Rückzug der alliierten Truppen an die westeuropäischen Randgebiete (Pyrenäen, Süditalien, Britische Inseln und Skandinavien) und somit die Preisgabe weiter Teile des Kontinents vor. Im Gegenzug sollte das Strategische Luftkommando mit seinen schweren Bombern sowjetische Städte und Industriezentren mit Atomwaffen angreifen und vernichten. Nach der Zerschlagung des sowjetischen Kriegspotenzials wollte man von den peripheren Verteidigungslinien aus eine Gegenoffensive starten und die von der Roten Armee besetzten Gebiete schrittweise zurückerobern[3].

Dies war freilich nicht im Sinne der Europäer, deren oberste Priorität dem Schutz ihrer Territorien galt. Sie orientierten sich an den Planungen des Brüsseler Paktes und setzten auf eine Vorneverteidigung entlang der Rhein-Ijssel-Linie, verfügten jedoch nicht ansatzweise über die hierfür erforderlichen wirtschaftlichen und militärischen Mittel. Dabei waren sie sich bewusst, dass eine Verteidigung des Kontinents ohne ein Koordinierung mit den und Unterstützung durch die USA ein hoffnungsloses Unterfangen sein würde. Washington machte jedoch keine verbindlichen Zusagen und gewährte den Europäern, ausgenommen den Briten, keinen Einblick in die eigenen Planungen, vor allem nicht im nuklearen Bereich[4].

Um die militärstrategischen Planungen der noch jungen NATO, die zunächst nur über einer lockere Organisationsform verfügte[5] und nicht über allgemeine militärstrategische Planungsskizzen hinauskam[6], umsetzen zu können, erarbeiten die Planungsstäbe

---

[2] Vgl. Duffield, The Soviet Military Threat, S. 209, 213–216; AWS, Bd 1 (Beitrag Greiner), S. 197–206; AWS, Bd 2 (Beitrag Meier-Dörnberg), S. 625 f.; Rebhan, Der Aufbau, S. 197–200. Die sowjetischen Divisionen waren aber mit einer Stärke von 11 000–13 000 Mann wesentlich kleiner als die US-Divisionen (17 000–19 000 Mann, Unterstützungseinheiten nicht einmal mitgerechnet). Nach amerikanischen Schätzungen lag die tatsächliche Personalstärke der sowjetischen Divisionen in Friedenszeiten noch niedriger. Duffield schätzt die Kampfkraft der sowjetischen Verbände jedoch nicht so hoch ein wie manche westliche Militärs: Zahlreiche sowjetische Divisionen waren mit veralteten Waffen ausgestattet, es mangelte an schwerem Gerät, ihr Motorisierungsgrad war zumeist mangelhaft. Vgl. Duffield, The Soviet Military Threat, S. 214 f.

[3] Umfassend zu den amerikanischen Kriegsplanungen bis 1949/50: AWS, Bd 1 (Beitrag Greiner), S. 163–196, 271–275; Poole, The History of the Joint Chiefs of Staff, S. 161–177. Einen knappen Überblick bieten Hammerich, Kommiss kommt von Kompromiss, S. 94–98; Stöver, Der Kalte Krieg, S. 162–164.

[4] Siehe hierzu ausführlich AWS, Bd 1 (Beitrag Greiner), S. 213–230.

[5] Die NATO verfügte anfangs noch nicht über militärische Strukturen und Kommandoebenen. Die einzigen militärischen Organe waren der Militärausschuss und die insgesamt fünf der Ständigen Gruppe untergeordneten regionalen Planungsgruppen. Vgl. Ismay, NATO. The First Five Years, S. 69–74; Rebhan, Der Aufbau, S. 201–203.

[6] Im April 1950 legte sich die NATO, vor allem auf Betreiben der Mitglieder des Brüsseler Pakts, auf die Vorneverteidigung, die Verteidigung so weit im Osten wie möglich fest, um die Unversehrtheit ihrer Territorien zu garantieren. Dieses Konzept war jedoch nicht deckungsgleich mit den amerikanischen, auf eine periphere Strategie ausgerichteten Kriegsplänen. Siehe AWS, Bd 1 (Beitrag Greiner), S. 230–262.

III. Militärische und rüstungswirtschaftliche Rahmenbedingungen       79

Streitkräfteforderungen, die als Basis für den Aufbau der Bündnisstreitkräfte dienen sollten. Am 1. April 1950 verabschiedete der NATO-Verteidigungsausschuss den unter Federführung der Ständigen Gruppe ausgearbeiteten Mittelfristigen Verteidigungsplan (Medium Term Defence Plan, MTDP), der die Streitkräfteziele bis zum 1. Juli 1954 fixierte. Demnach sollte das Bündnis bis dahin über mehr als 90 Divisionen, 8676 Flugzeuge (davon über 8000 Kampfflugzeuge) und 2324 Kriegsschiffe verfügen. Der im Oktober 1950 nach heftigen Debatten zwischen den amerikanischen und britischen Spitzenmilitärs über die Bedrohungslage überarbeitete Plan legte einen mittelfristigen Streitkräfteumfang von 32 einsatzbereiten Divisionen fest, der innerhalb von 30 Tagen auf 54, innerhalb von 90 Tagen auf 58 Divisionen anwachsen sollte. Langfristig sollten 49, nach 90 Tagen 95 einsatzbereite Divisionen bereitstehen. Unter SACEUR Eisenhower, der eine Erhöhung der Truppenstärken sowie eine raschere Einsatzbereitschaft für erforderlich hielt, wurde der MTDP überarbeitet und im November 1951 vom NATO-Rat angenommen. Man strebte nun 46 einsatzbereite Divisionen an; im Kriegsfall sollten schon binnen eines Monats 98 Divisionen verfügbar sein. Diese Zahlen waren der Ausgangspunkt aller bündnisinternen Rüstungs-, Finanzierungs- und Truppenaufstellungsplanungen der nächsten Jahre[7]. Amerikanische Grobschätzungen bezifferten die Kosten des MTDP in Westeuropa auf 50–60 Mrd. US-Dollar[8].

Die NATO war jedoch trotz des katalysatorischen Effekts des Korea-Krieges für die Aufrüstung der Bündnismitglieder weit davon entfernt, die angestrebten Streitkräfteziele zu erreichen. Die zur Verfügung stehenden Truppen – dies betraf insbesondere die der Europäer – waren unzureichend ausgerüstet und chronisch unterfinanziert. Im Falle Frankreichs kam hinzu, dass ein beträchtlicher Teil seiner Streitkräfte in Nordafrika und Indochina gebunden war[9].

### a) Die Rolle der USA

Bei seiner Europareise im Januar 1951 bot sich Eisenhower ein erschreckendes Bild: Zwischen den NATO-Forderungen und den bestehenden nationalen Truppenstärken klaffte eine erhebliche Lücke. Für eine Verteidigung Westeuropas hielt der SACEUR 50 bis 60 aktive Heeresdivisionen und starke Luftwaffen- und Marineverbände in der Nordsee und im Mittelmeer für erforderlich. Allein für den Kommandobereich »Europa-Mitte« errechnete er einen Bedarf von 18 Divisionen für das Verzögerungsgefecht bis zum Rhein, 54 Divisionen für das Halten der Rheinlinie und schließlich ca. 65 Divisionen für die Vorwärtsverteidigung. Im April 1951 hatte das Bündnis in Westeuropa gerade einmal 16 Divisionen unterschiedlicher Qualität. Gegen Jahresende standen Eisenhower

---

[7] Vgl. Duffield, The Soviet Military Threat, S. 219 f.; AWS, Bd 1 (Beitrag Greiner), S. 247–253; Hammerich, Jeder für sich, S. 72–74; siehe daneben auch Megens, American Aid to NATO-Allies, S. 89–91.
[8] Vgl. Hammerich, Jeder für sich, S. 79.
[9] 1950 hatten die Franzosen von ihren insgesamt 630 000 Mann starken Streitkräften 102 000 Soldaten in Nordafrika stationiert, in Indochina waren 147 000 Soldaten im Einsatz. In den Überseeterritorien befanden sich 48 000 Mann. Vgl. Rebhan, Der Aufbau, S. 207, Anm. 14.

trotz der zwischenzeitlich erfolgten Verlegung von vier amerikanischen Divisionen und sechs Luftwaffengeschwadern nicht einmal 20 aktive Divisionen zur Verfügung. Es verwundert daher kaum, dass die Joint Chiefs of Staff (JCS) der USA weiterhin ihre früheren Notfall-Pläne griffbereit in den Schubladen behielten und die strategische Bomberflotte eine kräftige Stärkung erfuhr. So kündigten sich schon 1951 erste Vorboten einer Nuklearisierung der US-Militärstrategie an[10]. Die Finanzlücke zur Umsetzung des MTDP, die amerikanische Stellen errechneten, war gewaltig: Bei der Ausrüstung kam man, je nach Berechnungsgrundlage, auf einen zusätzlichen Investitionsbedarf der NATO-Staaten von 18,5 bis 25 Mrd. US-Dollar[11]. Nach Schätzungen der Vereinigten Stabschefs fehlten allein den NATO-Landstreitkräften ca. 8000 Panzer, 3200 Artilleriegeschütze und 9300 Halbkettenfahrzeuge. Ende 1951 galt nur etwa die Hälfte der zur Verteidigung des Bündnisgebiets notwendigen Heereskräfte als einsatzbereit. Es mangelte ferner an Kriegsschiffen und Flugzeugen[12].

Wie aber konnte man die Europäer zu einem verstärkten Engagement im Rüstungsbereich bewegen, um die Streitkräftelücken zu schließen? Eine umfangreiche Militärhilfe, wie es die Mitgliedstaaten des im März 1948 gegründeten Brüsseler Paktes wünschten, kam für die USA zunächst nicht in Betracht[13]. Washington bestand darauf, dass die Europäer einen gemeinsamen Verteidigungsplan ausarbeiten und mittels koordinierter Rüstungsproduktions- und Standardisierungsprogramme die Ausstattung ihrer Streitkräfte verbessern sollten. Erst nach Erfüllung dieser Forderungen wären die USA zum Füllen der noch vorhandenen Lücken bereit. Der wirtschaftliche Wiederaufbau im Rahmen des seit 1948 laufenden Marshall-Plans (European Recovery Programme, ERP) besaß für die US-Administration nach wie vor absoluten Vorrang[14].

Doch im Laufe des Jahres 1949 wurden im State Department aufgrund der ernüchternden Bilanz der europäischen Rüstungsanstrengungen die Stimmen lauter,

---

[10] Vgl. Hammerich, Jeder für sich, S. 72, 74–78; AWS, Bd 2 (Beitrag Meier-Dörnberg), S. 626–628; Rebhan, Der Aufbau, S. 209 f. Hammerich nennt für Dezember 1951 die Zahl von insgesamt 35 aktiven und Reservedivisionen sowie ca. 3000 Flugzeugen. Vgl. Hammerich, Jeder für sich, S. 78. Von den 20 Divisionen, die 1950 verfügbar waren, stellten Frankreich 10, die USA 6, Großbritannien 3 1/3 und Belgien 1. Vgl. Rebhan, Der Aufbau, S. 209, Anm. 18.

[11] Zum Vergleich: Diese Summe entsprach in etwa den gesamten Verteidigungsausgaben der Westeuropäer in Zeitraum von 1950 bis 1952. Vgl. Hammerich, Operation Wise Men, S. 140.

[12] Vgl. Hammerich, Jeder für sich, S. 79 f.; vgl. daneben Kaplan, A Community of Interests, S. 156.

[13] Der Begriff Militärhilfe bezeichnet Material- und Rohstofflieferungen, Finanzhilfen, den Einsatz von Beratern und Ausbildungsunterstützung.

[14] Ziel des Marshall-Plans war es, die vom Krieg noch schwer gezeichneten europäischen Volkswirtschaften, darunter auch die Deutschlands, durch die Überwindung der Dollarlücke und ausgeglichene Zahlungsbilanzen zu stabilisieren, damit die Ausbreitung des Kommunismus einzudämmen und letztlich die Verteidigungsfähigkeit der Europäer zu stärken. Die Verteilung der US-Wirtschaftshilfe erfolgte durch die Organization for European Economic Cooperation (OEEC). Zu ihrem Aufgabenbereich gehörten auch der Abbau von Zollbarrieren in Europa und die Schaffung eines multilateralen Zahlungssystems mit stabilen, konvertierbaren Währungen. Die von April 1948 bis Dezember 1952 vergebenen Marshall-Plan-Hilfen hatten ein Volumen von ca. 14 Mrd. US-Dollar. Davon gingen 2,8 Mrd. nach Frankreich und 1,4 Mrd. nach Deutschland. Mit Abstand größter Empfänger war Großbritannien mit über 3,4 Mrd. US-Dollar. Zum Marshall-Plan liegt eine große Fülle an Literatur vor: Gimbel, The Origins of the Marshall Plan; Hardach, Der Marshall-Plan; Hogan, The Marshall Plan; Krüger, Sicherheit durch Integration?, S. 37–62, 168–171; Maier, Marshall Plan and Germany; Plan Marshall.

die der Aufrüstung gewichtigere Bedeutung zukommen lassen und den Europäern ein stärkeres militärisches Engagement abverlangen wollten. Die Amerikaner wollten nach dem Prinzip »Zuckerbrot und Peitsche« verfahren. Grundbedingung für US-Unterstützungsleistungen war eine ausreichende Selbsthilfe der europäischen Staaten. Mit dem nach schwierigen Verhandlungen mit dem Kongress am 28. Oktober 1949 in Kraft getretenen Mutual Defense Assistance Act und dem daraus hervorgehenden Mutual Defense Assistance Program (MDAP) kam die Truman-Regierung den Europäern ein gutes Stück entgegen, sie lehnte es allerdings strikt ab, die Verteilung der Militärhilfe der Westunion oder der NATO zu überlassen. Die Kontrolle über das Hilfspaket und das damit verbundene politische Druckpotenzial gedachten die Vereinigten Staaten keinesfalls aus der Hand zu geben. Um an die begehrte US-Hilfe zu gelangen – für das Haushaltsjahr 1950 handelte es sich um insgesamt 1 Mrd. US-Dollar – mussten die Empfängerstaaten bilaterale Abkommen mit den USA abschließen. Am 27. Januar 1950 unterzeichnete Washington mit acht europäischen NATO-Staaten entsprechende Verträge. Die Programmdurchführung erfolgte über die eigens geschaffene Military Assistance Advisory Group (MAAG). ERP und MDAP blieben weiterhin voneinander getrennt[15].

Infolge des sich verschärfenden Ost-West-Konflikts und dem Ende des US-Atomwaffenmonopols setzte sich im Planungsstab des State Department und im US-Verteidigungsministerium die Auffassung durch, Rüstungsmaßnahmen einen noch größeren Stellenwert einzuräumen und die konventionellen Streitkräfte auszubauen: Das Verteidigungsbudget sollte kräftig erhöht, die Wirtschaftshilfe fortgesetzt und die Militärhilfe an ausländische Staaten verstärkt werden. Wirtschaftlicher Wiederaufbau und militärische Aufrüstung wurden nun gleichgestellt. Noch schlugen sich die Planungen aber nicht auf den Militäretat nieder. Die westeuropäischen Partner stuften die militärische Bedrohung durch den Ostblock als nicht so akut ein und zeigten infolgedessen kaum Bereitschaft, ihre Verteidigungsanstrengungen hochzufahren.

Zum endgültigen Durchbruch der neuen amerikanischen Strategie (NSC 68) kam es nach dem Ausbruch des Korea-Krieges. Was folgte, war eine gigantische Aufrüstungswelle in den USA. Das Verteidigungsbudget verdreifachte sich im Haushaltsjahr 1951 von 13,3 Mrd. auf ca. 49 Mrd. US-Dollar, die Streitkräftestärke wurde mehr als verdoppelt. Lag der Anteil der Verteidigungsausgaben am Bruttosozialprodukt im Jahre 1950 noch bei ca. 5 %, so stieg er im Haushaltsjahr 1952 auf 16 %. Verbunden wurde die Aufstockung des Militärbudgets mit umfangreichen Koordinierungsmaßnahmen bei der Rohstoffbewirtschaftung und Produktion sowie mit der Drosselung des privaten Konsums. Daneben erfuhr das MDAP eine beträchtliche Steigerung: Im August 1950 billigte der Kongress zu den bereits beschlossenen 1,3 Mrd. US-Dollar weitere 4 Mrd. US-Dollar[16].

---

[15] Vgl. AWS, Bd 1 (Beitrag Greiner), S. 141–148; Hammerich, Jeder für sich, S. 36–41; Knapp, Ökonomische Aspekte, S. 291, 299–306, Krüger, Sicherheit durch Integration?, S. 131–137. Der Gesetzestext ist abgedruckt in: Kaplan, A Community of Interests, S. 214–222.

[16] Vgl. AWS, Bd 4 (Beitrag Abelshauser), S. 5–7; Hammerich, Jeder für sich, S. 38–42; Krüger, Sicherheit durch Integration?, S. 131–135, 155; Rebhan, Der Aufbau, S. 205 f. Die Lenkungsmaßnahmen der US-Administration im wirtschaftlichen Bereich mussten jedoch aufgrund des Protests vonseiten der Industrie und Öffentlichkeit bald wieder zurückgenommen werden.

In der zweiten Hälfte des Jahres 1950 zeichnete sich immer mehr eine Schwerpunktverlagerung von der Wirtschaftshilfe hin zur Militärhilfe ab. Der Kongress drängte darauf, um die heimische Volkswirtschaft zu entlasten und die Europäer dazu zu bringen, sich im Rüstungsbereich mehr zu engagieren. Mit dem Mutual Security Program (MSP), das Präsident Harry S. Truman im Mai 1951 dem Kongress präsentierte und das im Oktober desselben Jahres in Kraft trat, war schließlich die Verschmelzung der Wirtschafts- mit der Militärhilfe vollzogen. Das ERP und das MDAP gingen in einem groß angelegten Sicherheitsprogramm auf. Es wurde von der neu ins Leben gerufenen Mutual Security Agency (MSA) verwaltet. Zu den drei wesentlichen Zielen des MSP gehörten die Stärkung des westlichen Militärpotenzials sowie die Steigerung von Produktion und Handel als Basis der gemeinsamen Verteidigung, wie auch die Förderung der transatlantischen wirtschaftlichen und politischen Kooperation[17]. 1951 floss bereits ein Viertel der Marshall-Plan-Hilfe militärischen Zwecken zu, 1952 steigerte sich der Anteil auf über 90 %[18]. Bis Ende 1951 lieferten die USA ihren Partnern 7310 Panzer und gepanzerte Fahrzeuge, 29 875 Transportfahrzeuge, 10 888 Artilleriewaffen, 316 Marineschiffe und 952 Militärflugzeuge. Die Lieferungen besaßen einen Gesamtwert von 1,2 Mrd. US-Dollar[19]. Ende April 1954 summierte sich der Wert der US-Kriegsgüter, die die Europäer erhalten hatten, auf rund 15 Mrd. US-Dollar[20].

Für die Empfängerländer war die Militärhilfe von enormer Bedeutung, denn sie trug wesentlich zur Verbesserung des Ausrüstungsstandes ihrer Streitkräfte bei. Parallel dazu begannen die USA, den Druck auf ihre Verbündeten weiter zu erhöhen und von diesen eine Schwerpunktverlagerung hin zur militärischen Aufrüstung einzufordern. Als Plattform entdeckten sie die NATO: Im Rahmen der NATO-Militärplanungen wollte man den Mitgliedstaaten die Lücken detailliert aufzeigen, auf ein Lastenteilungsverfahren hinwirken und sie auf verpflichtende Beiträge festlegen[21].

Daneben vergaben die USA ab 1951 sog. Offshore-Procurement-Aufträge (OSP): Hierbei handelte es sich um Rüstungsaufträge für europäische Staaten, um deren Industrien anzukurbeln und Dollars in deren Staatskassen zu spülen, um die Dollarlücke aufzufüllen und die Zahlungsbilanzen aufzubessern. Die mit amerikanischem Kapital produzierten Güter wurden den Streitkräften der europäischen Verbündeten in der Regel kostenlos überlassen. Im Pentagon erblickte man darin sogar den »Königsweg«, um die Produktionsschwierigkeiten der Verbündeten lösen und gleichzeitig erhebli-

---

[17] Vgl. Bossuat, Les aides américaines économiques, S. 267–270, 284 f.; Hammerich, Jeder für sich, S. 42–45; Hardach, Der Marshall-Plan, S. 129–134; Kaplan, A Community of Interests, S. 158–162; Krüger, Sicherheit durch Integration?, S. 155 f. Der Gesetzestext ist abgedruckt in: Kaplan, A Community of Interests, S. 224–239. Im Juli 1953 wurde die MSA aufgrund der vielfach bemängelten internen und interministeriellen Koordinationsprobleme durch die Foreign Operations Administration (FOA) ersetzt.
[18] Vgl. AWS, Bd 4 (Beitrag Abelshauser), S. 8; Hammerich, Jeder für sich, S. 33.
[19] Vgl. Birtle, Rearming the Phoenix, S. 12; Kaplan, A Community of Interests, S. 173.
[20] Vgl. Ismay, NATO. The First Five Years, S. 136.
[21] Hierauf wird in Kap. V.2.a) im Zusammenhang mit der NATO-Rüstung eingegangen. Umfassend zur Lastenteilungsproblematik: Hammerich, Jeder für sich. Kurzfassungen: Hammerich, Invasion; Hammerich, Operation Wise Men.

chen Einfluss auf ihre Rüstungsplanungen ausüben zu können[22]. So erhoffte man sich, die Europäer auf amerikanische Managementmethoden, Herstellungstechniken und Logistiksysteme festlegen und eine auf US-Material basierende Standardisierung erreichen zu können. In seinem Kern war das Konzept durchaus widersprüchlich: Einerseits gaben die Amerikaner vor, die Rüstungsproduktion der Europäer stimulieren und eigenständiger machen zu wollen, andererseits versuchte man, die Europäer eng an das eigene Logistiksystem anzubinden[23].

Wie bei der bisherigen Militärhilfe wurden die OSP-Verträge auf bilateraler Basis ausgehandelt. Anfangs nahmen sie nur einen bescheidenen Umfang ein und beschränkten sich auf Munition und Ersatzteile. Nach der Lissabonner NATO-Ratstagung vom Februar 1952 wurden sie kräftig gesteigert. Der mit Abstand größte Posten entfiel auf Munitionsaufträge, gefolgt von Aufträgen für Flugzeuge und Luftwaffengerät, Kriegsschiffe, elektronische Ausrüstung, Kampffahrzeuge und sonstige Waffen[24]. Der erste Generalsekretär des Bündnisses, Lionel Lord Ismay, bezifferte das bis April 1954 erreichte OSP-Gesamtvolumen auf 1,727 Mrd. US-Dollar[25].

Doch rasch hatte sich gezeigt, dass sich die ursprünglichen Ziele nicht erreichen ließen und das Programm aus dem Ruder lief, weil die Empfängerländer die ihnen gewährten OSP-Aufträge zu einem Großteil zweckentfremdeten. Anstatt die ihnen zufließenden Mittel im Sinne ihrer amerikanischen Auftraggeber zu verwenden, verfolgten die Europäer eine dezidiert nationale Rüstungsstrategie[26]. Als der Rüstungswille der Europäer nach der Lissabonner Ratstagung entgegen der festgelegten NATO-Planziele merklich nachließ und sie ihre Verteidigungsprogramme kürzten, nutzten sie die OSP-Aufträge zur Aufrechterhaltung nationaler Beschaffungs- und Produktionsvorhaben. Die Ziele einer integrierten und koordinierten Produktion und einer Standardisierung auf europäischer Ebene auf der Grundlage amerikanischen Materials wurden dadurch geradezu torpediert. So verteilten Briten und Franzosen zum Beispiel OSP-Aufträge für Munition aufgrund beschäftigungspolitischer Motive und ungeachtet von Effizienzgesichtspunkten auf mehrere Firmen, mit der Folge, dass Konzentrations- und Modernisierungsschübe innerhalb der Branche ausblieben. Damit die Produktionskosten nicht völlig ins Kraut schossen, subventionierte man dann auch noch die staatlichen Hersteller[27].

---

[22] Hammerich, Jeder für sich, S. 191; vgl. auch Kaplan, A Community of Interests, S. 165 f. Dieselbe Auffassung vertrat der Vorsitzende des International Security Affairs Committee im US-Außenministerium, Thomas D. Cabot. Vgl. Geiger/Sebesta, A Self-Defeating Policy, S. 57.
[23] Vgl. Geiger/Sebesta, A Self-Defeating Policy, S. 57 f. Für die USA bot das Konzept zusätzlich den Vorteil, dass sich durch das Zurückfahren der Direktlieferungen zugunsten von OSP-Aufträgen die heimischen Kapazitäten stärker für die Deckung des Eigenbedarfs nutzen ließen.
[24] Vgl. Ismay, NATO. The First Five Years, S. 137–139; Megens, Problems, S. 282 f. Ismay nannte eine Reihe positiver Effekte des OSP-Konzepts: die Vergrößerung der europäischen militärischen Produktionsbasis, die Reduzierung der Abhängigkeit von Nordamerika, die Förderung moderner Produktionstechniken, die Verkürzung der Versorgungslinien und Vereinfachung der Logistik, die teilweise Reduzierung der Stückkostenpreise und den Wegfall von Transportkosten, beschäftigungspolitische Effekte und stimulierende Effekte auf die Gesamtwirtschaft, die Verzahnung mit den Produktionsprogrammen der NATO.
[25] Vgl. Ismay, NATO. The First Five Years, S. 137. Darin ist nicht die für Frankreich bestimmte Sonderhilfe in Höhe von über 388 Mio. US-Dollar enthalten.
[26] So das Fazit der Fallstudien von Geiger/Sebesta, A Self-Defeating Policy, S. 68.
[27] Siehe ebd., S. 60–68.

Mit den OSP-Aufträgen verbanden die USA auch beschäftigungspolitische Ziele, um die Arbeiterschaft und die Gewerkschaften in den Bestimmungsländern milde zu stimmen und den Einfluss kommunistischer Parteien und Aktionsgruppen, die massiv gegen die Regierungen, die USA und die Rüstungsprogramme agitierten, zurückzudrängen. Dies galt besonders im Hinblick auf Frankreich und Italien, wo die kommunistischen Parteien eine starke Stellung besaßen[28]. Mitunter wurden OSP-Aufträge auch ganz gezielt als Schützenhilfe für pro-atlantische westeuropäische Regierungen bei Wahlkämpfen eingesetzt, beispielsweise im Falle Italiens: Um der italienischen Mitte-Rechts-Regierung im Wahljahr 1953 den Rücken zu stärken und deren Arbeitslosenstatistik und Wirtschaftsbilanz aufzupolieren, erhöhte man signifikant das Volumen von Munitionsaufträgen für Italiens Industrie. Effizienzgesichtspunkte waren dabei zweitrangig[29]. Für die Europäer erwiesen sich die OSP als Gewinn, da es ihnen möglich wurde, ihre nationalen Rüstungsindustrien aufzupäppeln und eine nationale Rüstungsstrategie zu verfolgen. Die USA hatten sich insgesamt verkalkuliert, denn die erhoffte Integration der westeuropäischen Waffenproduktion wurde durch das OSP-Konzept eher untergraben. Die Historiker Till Geiger und Lorenza Sebesta sprechen daher zu Recht von einer »Self-Defeating Policy«[30].

Wie bereits erwähnt, waren die USA nicht willens, dauerhaft die Gesamtlast der westlichen Verteidigung zu übernehmen. Trotz Verständnisses für die wirtschaftlichen und finanziellen Schwierigkeiten ihrer von den Folgen des Zweiten Weltkriegs noch schwer gezeichneten Partner bestanden sie darauf, dass diese einen angemessenen Eigenanteil leisten mussten. Folglich knüpften die USA seit Ende 1949 ihre militärischen und wirtschaftlichen Hilfszusagen an die Bedingung, dass die Europäer mehr in ihre Streitkräfte und in die gemeinsame Verteidigung investieren sollten. Die von 1949 bis Mitte 1950 zu verzeichnende Verdopplung der europäischen Rüstungsproduktion von 700 Mio. auf 1,5 Mrd. US-Dollar war aus Sicht des State Department allerdings völlig unzureichend und keineswegs zufriedenstellend[31]. Betrachtet man den Zustand der Armeen und der Verteidigungsaufwendungen der späteren EVG-Staaten für die Jahre 1949/50, so wird schnell deutlich, in welch desolatem Zustand sich die westeuropäische Verteidigung befand.

### b) Die Entwicklung bis 1950

Frankreich hielt Anfang 1950 zwar ca. 612 000 Mann unter Waffen, war jedoch aufgrund der massiven wirtschaftlichen und finanziellen Probleme des Staates nicht in der Lage, sein Militärbudget – im Jahre 1950 betrug es 420 Mrd. Franc (= ca. 1,2 Mrd. US-Dollar), was ca. 19 % des Staatshaushaltes entsprach – im erforderlichen Umfang zu erhöhen, die Modernisierung seiner Armee zügig voranzutreiben und seine im Rahmen des Brüsseler Paktes eingegangenen Verpflichtungen zur Bereitstellung von fünf Divisionen

---

[28] Vgl. FRUS 1952–1954, VI/2, S. 1570–1572: State Dept. an diplo. Vertretungen, 21.1.1952.
[29] Vgl. Geiger/Sebesta, A Self-Defeating Policy, S. 61; Megens, American Aid to NATO-Allies, S. 176 f.
[30] So auch der Titel ihres Aufsatzes.
[31] Vgl. Hammerich, Jeder für sich, S. 44.

III. Militärische und rüstungswirtschaftliche Rahmenbedingungen 85

einzuhalten³². Über die Hälfte der französischen Heereskräfte war in Übersee stationiert, darunter die kampfstärksten Verbände. Zwar konnte sich Frankreich aufgrund des Modernisierungskurses der Regierung, insbesondere aber dank der amerikanischen Marshall-Plan-Hilfen³³, einer wachsenden industriellen Produktion, sinkender Inflation und eines geringeren Staatsdefizits erfreuen, die wirtschaftliche und finanzielle Lage war aber nach wie vor schwierig³⁴.

Auch die finanziellen Belastungen durch den Krieg in Indochina, wo ca. 142 000 Soldaten kämpften, zehren gewaltig an Frankreichs verfügbaren Ressourcen. 1950 verschlang er bis zu 45 % des gesamten Militärhaushalts³⁵. Hinzu kam, dass der Krieg in erheblichem Maße militärisches Führungspersonal band, welches dringend für die Aufstellung der für die westliche Verteidigung zugesagten französischen Divisionen benötigt wurde³⁶. Der französische Historiker Gérard Bossuat beziffert die Kosten des Indochina-Krieges bis 1953 auf 5,9 Mrd. US-Dollar. Die USA trugen davon Hilfen in Höhe von ca. 1,6 Mrd. US-Dollar. Washington finanzierte somit durchschnittlich etwas mehr als ein Drittel der gesamten Kriegskosten, 1953 lag der US-Anteil sogar bei 43,5 %³⁷. Ohne diese gewaltige Unterstützung durch die Vereinigten Staaten hätte Frankreich den Krieg in Fernost nicht so lange durchhalten können.

Als weiteres Hemmnis einer forcierten Aufrüstung kam die politische Instabilität der Vierten Republik und der beträchtliche Einfluss linksgerichteter Parteien und Gruppierungen hinzu, die das Land durch Streiks regelrecht lahm legen konnten. Unter diesen Umständen erwies sich eine massive Erhöhung der Militärausgaben für die Regierung als heikles Unterfangen. Der wirtschaftliche Wiederaufbau genoss in den Augen der Öffentlichkeit, aber auch maßgeblicher politischer Persönlichkeiten, darunter Planungskommissar Monnet, unbedingten Vorrang. In ihrer Not wandte sich die französische Regierung an den »reichen« amerikanischen Bruder und erbat von diesem Unterstützung beim Ausbau der Streitkräfte sowie Material- und Finanzhilfen für

---

[32] Die folgenden Ausführungen orientieren sich weitgehend an Rebhan, Der Aufbau, S. 183–186 (auf der Grundlage amerikanischer und britischer Akten). Die US-Botschaft in Paris schätzte die französischen Verteidigungsausgaben für 1950 auf 590 Mrd. Francs, was fast einem Viertel des Staatshaushaltes bzw. 8,8 % des BSP entsprach. Vgl. FRUS 1950, III, S. 1388–1391, hier S. 1389: Bruce (US-Botschafter in Paris) an Acheson, 16.9.1950. Im Vorjahr hatten sich Frankreichs Verteidigungsausgaben laut US-Botschafter Bruce auf ca. 385 Mrd. Francs belaufen. Vgl. FRUS 1950, III, S. 1365–1368, hier S. 1367: Bruce an Acheson, 29.3.1950.

[33] Aus den zwischen 1948 und 1951 bereitgestellten Marshall-Plan-Mitteln flossen ca. 2,5 Mrd. US-Dollar nach Frankreich. Vgl. Bossuat, Les aides américaines économiques, S. 222. Zusammen mit Großbritannien erhielt das Land ungefähr 45 % der gesamten Marshall-Plan-Hilfen. Vgl. Hardach, Der Marshall-Plan, S. 246. Umfassend zur Bedeutung des ERP für Frankreich: Bossuat, Les aides américaines économiques, S. 147–231; Bossuat, La France, l'aide américaine et la construction européenne.

[34] Im Jahre 1949 überstieg die französische Industrieproduktion wieder das Vorkriegsniveau. Die staatlichen Marktbeschränkungen wurden weitgehend abgeschafft. Zur wirtschaftlichen Entwicklung Frankreichs bis 1950 siehe Bonin, Histoire, S. 137–192; Cazes, Un demi-siècle de planification indicative, S. 485–490; Rémond, Frankreich, S. 472–484.

[35] Vgl. Tertrais, L'impacte économique et financier, S. 214.

[36] Vgl. FRUS 1950, III, S. 1369–1372, hier S. 1370: Statement Bohlen, 3.4.1950.

[37] Vgl. Bossuat, Les aides américaines économiques, S. 337. Hugues Tertrais nennt für den Zeitraum von 1946–1954 eine Summe von 1800 Mrd. Francs. Vgl. Tertrais, L'impacte économique et financier, S. 213.

den Indochina-Krieg[38]. Angesichts des begrenzten finanziellen Spielraumes und der horrenden Ausgaben, die man für den Dschungelkrieg in Fernost aufwenden müsse – Frankreich wollte Letzteren als substanziellen Beitrag zum weltweiten Kampf gegen den Kommunismus anerkannt wissen – sei es nicht möglich, die zur Stärkung des westlichen Verteidigungspotenzials notwendigen Mittel aufzubringen. Im Spätsommer 1950 überreichte Paris einen Wunschzettel, der ein Hilfegesuch mit einem Volumen von 270 Mrd. Francs enthielt. Dies entsprach fast einem Drittel des zum damaligen Zeitpunkt für 1951 veranschlagten französischen Verteidigungsbudgets von ca. 850 Mrd. Francs[39]. Damit begann zwischen den beiden Staaten ein ständiges und hartes Ringen um US-Militär- und Dollarhilfen, das in den darauffolgenden Jahren immer wieder zu erheblichen Verstimmungen im bilateralen Verhältnis führte und die Abhängigkeit Frankreichs von der westlichen Führungsmacht USA schonungslos offen legte.

Die auf dem europäischen Kontinent verbliebenen französischen Divisionen galten als so schwach ausgerüstet, dass ernsthafte Zweifel an ihrer Einsatzfähigkeit bestanden. Das Gros der bestehenden Verbände war noch mit veraltetem amerikanischen und britischen Gerät aus der Zeit des Zweiten Weltkrieges ausgestattet, anfangs sogar noch mit Ausrüstung aus erbeuteten deutschen Beständen. Weil Frankreich seine Rüstungsindustrie erst mühsam wieder aufbauen musste, verlief der Modernisierungsprozess seiner Armee äußerst schleppend. Die Luftwaffe musste weitgehend neu aufgestellt werden, ebenso wie die Marine, von der ein Großteil infolge der Selbstversenkung vom November 1942 verloren gegangen war und die nunmehr überwiegend aus amerikanischen und britischen Schiffstypen bestand[40]. Bei der Militärführung, die ehrgeizige Aufrüstungsziele verfolgte, um ihre Truppen wieder »weltmachttauglich« zu machen, sorgte die unzureichende Finanzausstattung für großen Unmut. Im Kabinett kam es zu Scharmützeln zwischen dem Verteidigungsminister und seinem Kollegen aus dem Finanzressort, der sich gegen übermäßige Belastungen des Staatshaushalts durch hohe Militärausgaben verwahrte. Als Finanzminister Maurice Petsche etwa von den Beschlüssen der Brüsseler Pakt-Staaten vom 15. Juli 1949 erfuhr, wonach sich Frankreich bereiterklärt hatte, bis Ende 1951 eine Streitmacht von 20½ Divisionen aufzustellen – dies erforderte Aufwendungen in Höhe von 2347 Mrd. Francs (!) – , zeigte er sich regelrecht schockiert und warnte unter Verweis auf die Währungs-, Finanz- und Wirtschaftslage des Landes eindringlich vor den Folgen eines solchen Rüstungsprogramms. Für erneuten Streit sorgte im Frühsommer 1950 die

---

[38] Vgl. Bossuat, Les aides américaines économiques, S. 275–278.
[39] Vgl. Guillen, Frankreich und die Frage der Verteidigung Westeuropas, S. 120; Wall, The United States and the Making, S. 200; siehe auch FRUS 1950, III, S. 1418–1424: Aufz. amerik.-frz. Ministergespräche, 3. Treffen (16.10.1950), 17.10.1950; S. 1425–1427: Aufz. amerik.-frz. Ministergespräche, 4. Treffen (17.10.1950), 17.10.1950.
[40] Details zur Lage der französischen Streitkräfte nach 1945: Facon, Le général Gérardot; Masson, Histoire de l'armée française, S. 364–377; Quérel, Vers une marine atomique, S. 17–46; Vial, Le réarmement de la Marine, S. 129–131. Am 27.11.1942 hatte man der im Hafen von Toulon liegenden Flotte des Vichy-Regimes den Befehl zur Selbstversenkung erteilt, um zu verhindern, dass die Schiffe den Deutschen in die Hände fallen und gegen die Alliierten eingesetzt würden. Insgesamt gingen über 90 Schiffseinheiten, darunter die kampfstärksten der französischen Flotte, mit einer Gesamttonnage von 250 000 t verloren. Vgl. Masson, Histoire de l'armée française, S. 317.

Frage des französischen Anteils an der Finanzierung des Infrastrukturprogramms des Brüsseler Paktes[41].

Auch die Streitkräfte der Niederlande mit ihren ca. 50 000 Heeres- und ca. 20 000 Marinesoldaten befanden sich 1950 in einem schlechten Zustand[42]. Es existierte auf eigenem Boden nicht einmal eine einzige voll einsatzbereite Division. Zwischen 1945 und 1949 hatte das Hauptaugenmerk auf dem Kolonialkrieg in Indonesien gelegen; für die Landesverteidigung verfügte man über keine nennenswerten Kräfte, sodass die Verpflichtungen, die das Land im Rahmen des Brüsseler Paktes eingegangen war, unmöglich eingehalten werden konnten. Der Großteil der Indonesien-Veteranen wurde nach der Beendigung der Kampfhandlungen in Fernost demobilisiert, unter anderem weil man daran zweifelte, ob die mit der Guerillakriegführung vertrauten Soldaten für die Umschulung auf die konventionelle Kriegführung zu gebrauchen sein würden. Nur ein kleiner Teil der kampferprobten Heimkehrer wurde deshalb in die neuen Streitkräfte übernommen. Die Luftwaffe hatte sich erst 1948 als selbstständige Teilstreitkraft etabliert und befand sich noch im Aufbau.

Die Masse der Streitkräfte war nach wie vor mit veraltetem Gerät aus britischen und kanadischen Beständen ausgerüstet. Organisation und Ausbildung entstammten in erheblichem Umfang aus der Zeit des Zweiten Weltkrieges und waren noch stark von Großbritannien geprägt, wohin sich ein kleiner Teil der Armee nach dem deutschen Überfall 1940 hatte retten können. Mit dem Einsetzen der US-Militärhilfe ab 1950 begann schließlich die Phase der »Amerikanisierung«: Organisation, Ausstattung und Ausbildung der Streitkräfte orientierten sich nun am amerikanischen Vorbild. In Den Haag war man bereits nach Kriegsende zu der Erkenntnis gelangt, dass einzig die USA die Sicherheit Europas garantieren könnten. Großbritannien hielt man hierfür militärisch und wirtschaftlich für zu schwach. Unter den gegebenen Umständen konnte der Schutz des niederländischen Territoriums keineswegs garantiert werden; eine Verteidigung entlang der Rhein–Ijssel-Linie erschien illusorisch und gab zudem östliche Landesteile preis. So mag es kaum verwundern, dass die Niederlande zu den ersten Befürwortern eines westdeutschen Verteidigungsbeitrags gehörten und das Gebiet des ehemaligen Kriegsgegners als rettende Schutzbarriere ansahen.

Die Aufstellungsplanungen des Verteidigungsministeriums erwiesen sich als chaotisch und ineffizient und führten zu erheblichen Spannungen zwischen der Regierung und dem selbst vom Verteidigungsministerium schwer zu kontrollierenden Generalstabschef Hendrik J. Kruls. Koordinierung und Organisation im Verteidigungsressort waren schlichtweg mangelhaft. Hinzu kam die Rivalität der Teilstreitkräfte untereinander, vor allem die zwischen dem Heer und der äußerst traditionsbewussten und prestigesüchtigen Marine. Insbesondere Letztere verfolgte ambitionierte Aufrüstungsziele: Sie sträubte sich gegen eine reine Beschränkung auf die Küstenverteidigung und beharrte auf einer

---

[41] Vgl. Guillen, Frankreich und die Frage der Verteidigung Westeuropas, S. 117–120.
[42] Zum Folgenden: Harst, The Atlantic Priority, S. 31–56; Megens, American Aid to NATO-Allies, S. 26–30, 63–74; Schulten, Die militärische Integration, S. 90–98. Im Jahre 1950 gaben die Niederlande über 20 % des Staatshaushalts bzw. 4,9 % des BSP für die Verteidigung aus. Vgl. Rebhan, Der Aufbau, S. 187; FRUS 1951, III/1, S. 103–105, hier S. 104: Memorandum Cabot an Acheson, 27.3.1951. Nach Angaben des niederländischen Finanzministeriums flossen sogar 28 % des Staatshaushaltes in die Verteidigung. Vgl. Harst, The Atlantic Priority, S. 38.

Präsenz im Atlantik und in Übersee. Während der Generalstab die Aufstellung einer drei Divisionen starken Landstreitmacht, die Anschaffung großer Kriegsschiffe – darunter eines Flugzeugträgers –, einen Militäretat von über 1 Mrd. Gulden, Mehrausgaben für die kommenden fünf Jahre in Höhe von 1,5 Mrd. Gulden und die Ausdehnung der Wehrdienstzeit auf 18 oder 24 Monate forderte, trat Finanzminister Piet Lieftinck, unterstützt von Premierminister Willem Drees, derartigen Planungen entschieden entgegen. Das Verteidigungsbudget durfte die »magische Grenze« von 1 Mrd. Gulden pro Jahr nicht übersteigen, um den Staatshaushalt nicht ins Wanken zu bringen. In den Augen der Regierung genoss der wirtschaftliche Wiederaufbau des vom Krieg noch schwer gezeichneten Landes absolute Priorität. Infolge der unübersehbaren Fehlplanungen beim Wiederaufbau der Truppe musste Kriegs- und Marineminister W.F. Schokking im Oktober 1950 schließlich seinen Hut nehmen.

Etwas besser als die Niederländer standen die Belgier da, die den Zweiten Weltkrieg vergleichsweise glimpflich überstanden hatten und denen es gelungen war, rasch wieder die heimische Wirtschaft in Gang zu bringen. Bereits 1949 übertraf die Industrieproduktion das Niveau der Vorkriegszeit. Die Konsumgüter- und Exportindustrie wurden kräftig angekurbelt, der Staat achtete streng auf Geldwertstabilität. Aus dem Marshall-Plan-Topf erhielt Belgien gemeinsam mit Luxemburg insgesamt 740,9 Mio. US-Dollar[43]. In den unmittelbaren Nachkriegsjahren waren die belgischen Streitkräfte fast vollständig von britischer Ausbildung und Ausrüstung geprägt. Mit London pflegte Brüssel eine enge Kooperation. Ein Großteil des von den Briten gelieferten oder überlassenen, meist überschüssigen Geräts galt aber als völlig veraltet und abgenutzt. Die neu aufzustellende Luftwaffe bestand überwiegend aus britischen Maschinen und wurde in den Anfangsjahren technisch und logistisch durch die *Royal Air Force* betreut. Ab 1949 baute man in Zusammenarbeit mit den Niederländern moderne britische Jagdflugzeuge nach. Als hinderlich erwies sich zudem der Mangel an Piloten und technischem Personal. In einem beklagenswerten Zustand befand sich Belgiens Marine: Sie setzte sich aus wenigen hundert Mann zusammen und verfügte lediglich über ein bunt zusammengewürfeltes und schrottreifes Ensemble an kleinen Schiffen. Bis 1949 war sie nicht in der Lage, den Schutz der belgischen Küsten zu erfüllen. Anfang der 1950er Jahre verbesserte sich die Situation dank der Beschaffung von sechs neuen britischen Minenräumbooten und der Lieferung amerikanischen Marinegeräts. Auch das Heer befand sich in den Nachkriegsjahren in einer schwierigen Lage und musste erst wieder neu aufgebaut werden: Ein erheblicher Teil der Kader war zu den belgischen Besatzungstruppen in Deutschland abkommandiert und fehlte somit in der Heimat. Ausbildungsstand, Einsatzbereitschaft und Fähigkeit zur Landesverteidigung wurden von den Briten trotz der von ihnen geleisteten Unterstützung wiederholt als gering eingeschätzt. Mit dem US-MDAP von 1950 setzte dann ähnlich wie in den Niederlanden die »Amerikanisierung« der Streitkräfte ein. Der Einfluss der Briten, die bei der Unterstützung der Belgier Ende der 1940er Jahre immer weniger Elan an den Tag gelegt hatten, schwand somit fast völlig dahin[44].

---

[43] Vgl. FRUS 1950, III, S. 1347–1355, hier S. 1349 f.: Bericht State Dept., 8.5.1950; Deloge, Une coopération difficile, S. 317 f.; Govaerts, Belgium, Holland and Luxembourg, S. 307 f., 311 f.; Vos, Ein kleines Land, S. 77.

[44] Zum Zustand der belgischen Streitkräfte nach 1944 und der Rolle der Briten bei ihrem Wiederaufbau: Deloge, Une coopération difficile, S. 104–123, 212–250, 343–352.

III. Militärische und rüstungswirtschaftliche Rahmenbedingungen         89

Im Jahre 1950 hielt Brüssel immerhin zwei Divisionen mit 74 000 Mann unter Waffen[45]. Für die Verteidigung gab das Land 11 % seines Staatshaushalts bzw. 2,8 % des BSP aus[46]. Im Juli 1949 hatte Belgien im Zuge der Rüstungsplanungen des Brüsseler Pakts die Bereitstellung von 4½ Infanteriedivisionen und einer Panzerdivision bis zum 1. Januar 1952 zugesagt[47]. Doch trotz der verhältnismäßig guten wirtschaftlichen Lage bewegten sich die Verteidigungsanstrengungen in einem sehr überschaubaren Rahmen. Dass dem so war, galt nicht zuletzt als Verdienst des Ministerpräsidenten und Außenministers Paul-Henri Spaak, der sich auf dem internationalen Parkett entschieden gegen zusätzliche Rüstungsausgaben seines Landes wehrte[48]. Dabei gehörte Belgien zu den wenigen Ländern, die über beachtliche freie Rüstungskapazitäten verfügten. Aber Spaak zeigte sich nicht bereit, diese in den Dienst eines Sonderprogramms der Westunion zu stellen – vor allem aus Furcht, auf den anfallenden Kosten sitzen zu bleiben und sich letztlich zum Finanzier der Aufrüstung anderer Staaten, namentlich Frankreichs, zu machen. Belgien gelang es schließlich, für sich und Luxemburg eine Sonderregelung durchzusetzen[49]. Paradoxerweise bemängelte ausgerechnet Spaak die unzureichenden Fortschritte des Brüsseler Paktes im militärischen und rüstungswirtschaftlichen Bereich[50]. Die ambivalente Haltung der belgischen Regierung wurde auch bei Spaaks Nachfolger im Außenministerium, Paul van Zeeland, ersichtlich, der vollmundig einen größeren belgischen Verteidigungsbeitrag versprach, aber den Worten keine Taten folgen ließ[51].

Der kleinste der Benelux-Staaten, das Großherzogtum Luxemburg, vermochte zum damaligen Zeitpunkt lediglich ein Infanteriebataillon aufzubieten[52]. Entsprechend überschaubar war auch sein Militärbudget: 1949 machte es 1,2 % des BSP aus, im darauffolgenden Jahr verdoppelte es sich jedoch immerhin auf 2,3 %[53].

Auch der am südlichsten gelegene Verbündete, Italien, war 1950 militärisch unzureichend gerüstet. Die Streitkräfte galten als schlecht ausgestattet und organisiert, ihr Kampfwert als gering. Der Friedensvertrag von 1947 hatte das Heer auf 185 000 Mann, die Carabinieri auf 65 000 Mann, die Marine und die Luftwaffe auf jeweils 25 000 Mann begrenzt und beinhaltete Beschränkungen für die Bewaffnung, was von der Regierung und der Militärführung immer wieder als Hemmnis beim Aufbau einer effekti-

---

[45] Vgl. Rebhan, Der Aufbau, S. 187 f.
[46] Vgl. Harst, The Atlantic Priority, S. 61. Nicht hinzugerechnet wurde hierbei der Verteidigungsaufwand für den Kongo. De Vos' Angabe von 2,6 % des BSP weicht geringfügig ab. Vgl. de Vos, Communauté, S. 107. Im US-Außenministerium kursierte die Zahl 3 %. Vgl. FRUS 1951, III/1, S. 103–105, hier S. 104: Memorandum Cabot an Acheson, 27.3.1951.
[47] Vgl. Vos, Ein kleines Land, S. 86. Bis Ende 1951 wollten die Mitglieder der Westunion mindestens 19 Divisionen für Friedenszeiten und 18 weitere Divisionen innerhalb von 90 Tagen nach einem Mobilisierungsbeginn aufbieten können. Vgl. Zeeman, Brüsseler Pakt, S. 415 f.
[48] Vgl. Krüger, Sicherheit durch Integration?, S. 136.
[49] Vgl. Megens, American Aid to NATO-Allies, S. 74 f.
[50] Vgl. FRUS 1949, IV, S. 64: (Alan G.) Kirk (US-Botschafter in Brüssel) an Acheson, 2.2.1949; Krieger, Gründung, S. 200.
[51] Vgl. Krüger, Sicherheit durch Integration?, S. 140 f.
[52] Vgl. Rebhan, Der Aufbau, S. 188.
[53] Vgl. FRUS 1951, III/1, S. 103–105, hier S. 104: Memorandum Cabot an Acheson, 27.3.1951.

ven Verteidigung moniert wurde[54]. Als gravierend erwies sich der eklatante Mangel an Unteroffizieren, der zu spürbaren Ausbildungsdefiziten bei den wehrpflichtigen Soldaten und letztlich zu einem Versickern amerikanischer Militärhilfe führte. Anstatt der vom Pentagon für erforderlich gehaltenen 25 000–30 000 Mann verfügten die *Forze Armate italiane* nur über ein ca. 4000 Personen starkes, überaltertes und schlecht besoldetes Unteroffizierskorps[55]. In der NATO ging man davon aus, dass die zur damaligen Zeit bestehenden Verbände nicht ausreichen würden, um einen Angriff entlang der italienischen Nordgrenze abwehren zu können[56]. So verwundert es angesichts der Spannungen mit Jugoslawien wegen Triest kaum, dass die Italiener auf die Änderung der Militärklauseln des Friedensvertrags drängten. In Washington, wo die Italiener mit ihrem Wunsch nach einer Aufstockung ihrer Streitkräfte offene Türen einrannten, zerbrach man sich daraufhin über die komplexe Materie den Kopf, weil diese nur auf internationaler Ebene zu lösen war[57]. Als vorrangig galt jedoch der Appell an die Regierung in Rom, die vorhandenen Verbände qualitativ zu verbessern und die überschüssigen Rüstungskapazitäten stärker zu nutzen. Im State Department kam man daneben auf die spitzfindige Idee, die Luftverteidigungskräfte mit Personal der Zivilverteidigung zu besetzen und dadurch eine zusätzliche Verstärkung von 80 000 Mann zu erhalten[58].

Italiens drei Infanteriedivisionen waren nicht vollständig einsatzbereit. Die Marine bestand zumeist aus kleineren Schiffseinheiten und verfügte nur über einige wenige größere Kampfschiffe, darunter zwei völlig veraltete Schlachtkreuzer. Das Fluggerät der Luftwaffe – diese setzte sich größtenteils aus Jagd- und kleinen Transportflugzeugen zusammen – entstammte überwiegend amerikanischer und britischer Provenienz, ab 1948 wurde es durch britische und amerikanische Lizenzfertigungen ersetzt.

Im Jahr des Ausbruchs des Korea-Krieges beliefen sich die Verteidigungsausgaben Roms auf ca. 323 Mrd. Lire (= ca. 495 Mio. US-Dollar), was einem Anteil von ca. 20 % am Gesamthaushalt entsprach[59]. Auf den ersten Blick erscheinen diese Zahlen durchaus beachtlich. Die Haushaltslage des Staates und die ökonomischen Voraussetzungen für umfangreichere Rüstungsmaßnahmen waren jedoch alles andere als günstig. Aufgrund seiner chronischen Wirtschafts- und Finanzprobleme, der Rückständigkeit mancher Regionen, des niedrigen Pro-Kopf-Einkommens, der hohen Arbeitslosenquote und der

---

[54] Vgl. FRUS 1950, III, S. 1506 f., hier S. 1506: Positionspapier State Dept., o.D.; Mayer, L'evoluzione del bilancio della difesa, S. 277 f.; Rainero, Le clausole militari del Trattato di Pace; Rebhan, Der Aufbau, S. 191. Unter anderem gestattete der Vertrag Italien nur 200 Panzer, 350 Flugzeuge und eine kleine Flotte.

[55] Vgl. FRUS 1950, III, S. 1495 f.: (George W.) Perkins an (James C.) Dunn (US-Botschafter in Rom), 25.7.1950.

[56] Vgl. ebd., S. 1514–1520, hier S. 1516: Gesprächsmemorandum (Howard J.) Hilton (Office of Western European Affairs), 6.10.1950, Anhang: Memorandum Hilton, 3.10.1950; vgl. auch Rebhan, Der Aufbau, S. 191 f.

[57] Siehe die Dokumente in: FRUS 1950, III, S. 1504–1521; siehe ferner Sebesta, American Military Aid, S. 302, Anm. 46; dort weitere Verweise.

[58] Vgl. FRUS 1950, III, S. 1510–1512, hier S. 1511: Memorandum Perkins an (John) Ohly (Stellv. Direktor MDAP), 8.8.1950; S. 1514–1520, hier S. 1517: Gesprächsmemorandum Hilton, 6.10.1950, Anhang: Memorandum Hilton, 3.10.1950.

[59] Vgl. Rebhan, Der Aufbau des militärischen Instruments der NATO, S. 191. Einen guten Überblick über die ersten drei Jahrzehnte der italienischen Streitkräfte bieten die Beiträge in Jean, Storia delle Forze Armate italiane, dort Teil II.

Überbevölkerung bot das Land einen idealen Nährboden für politischen Extremismus[60]. Durch die Marshall-Plan-Hilfen, die dem Land eine beträchtliche Steigerung des BSP und der Industrieproduktion über das Vorkriegsniveau und einigermaßen stabile Währungsverhältnisse bescherten sowie wesentlich zur Bekämpfung der Arbeitslosigkeit beitrugen, wurde die Situation zumindest gemildert[61].

Die USA, die Italien aufgrund dessen strategischer Lage an der Südflanke und dessen Brückenkopffunktion zum östlichen Mittelmeer und zum Nahen Osten als bedeutsames Mitglied der atlantischen Familie betrachteten, sahen sich daher zu umfangreichen Stabilisierungsmaßnahmen in Form von Wirtschafts- und Militärhilfen veranlasst[62]. Als besonders gefährlich erachtete man in Washington die innenpolitische Bedrohung durch die Kommunistische Partei Italiens, die als stärker als in jedem anderen Land außerhalb des sowjetischen Herrschaftsbereichs galt, umfangreiche Propaganda- und Mobilisierungsaktivitäten entfaltet hatte und sogar über paramilitärische Verbände in einer Größenordnung von ca. 75 000 Mann verfügte. Zwar schätzten die USA die personelle Stärke der italienischen Militäreinheiten und Sicherheitskräfte als ausreichend ein, um gegen mögliche kommunistische Aufstände vorzugehen, doch glaubten sie, dass Italien nicht ohne äußere Unterstützung auskommen würde. Für den Fall eines zu laschen anti-kommunistischen Kurses der italienischen Regierung oder einer kommunistischen Machtübernahme erwog man im Nationalen Sicherheitsrat sogar eine militärische Intervention mit anderen NATO-Staaten[63]. Wie ernst man in Washington die Bedrohung Italiens durch die Kommunisten einschätzte, lässt sich anhand des intensiven Engagements des US-Auslandsnachrichtendienstes Central Intelligence Agency (CIA) in dem Land ablesen. Die Aktivitäten zur Bekämpfung der Kommunistischen Partei und ihrer Anhänger wurden laut Tim Weiner zu den »teuersten, langfristigsten und ergiebigsten Operationen in den ersten 25 Jahren der CIA«[64]. Wesentliches Ziel der amerikanischen Italienpolitik war es, die demokratischen Kräfte zu stärken, um das Land auf atlantischem Kurs zu halten. So erklärte Außenminister Acheson: »Basically we want in every appropriate way to assist democratic forces in Italy in their struggle against the Commies«[65].

Aus Rücksicht auf die schwierige innenpolitische Situation schreckte die Regierung von Ministerpräsident de Gasperi zunächst vor höheren Verteidigungsinvestitionen zurück. Wie in den anderen kontinentaleuropäischen Staaten genossen der wirtschaftliche Wiederaufbau und eine stabile Währung für die Regierung Vorrang, dies umso mehr,

---

[60] Zur wirtschaftlichen Entwicklung Italiens in der unmittelbaren Nachkriegszeit: Di Nolfo, Le paure e le speranza degli italiani, S. 216–245.
[61] Vgl. FRUS 1951, IV/1, S. 706–713, hier S. 707: Aufz. amerik.-ital. Regierungsgespräche, 3. Treffen Acheson – de Gasperi (25.9.1951).
[62] Vgl. FRUS 1950, III, S. 1486–1491, hier S. 1486–1488: Bericht Nationaler Sicherheitsrat (National Security Council, NSC), 21.4.1950; Sebesta, American Military Aid, S. 287–292.
[63] Vgl. FRUS 1950, III, S. 1486–1491, hier S. 1488 f.: Bericht NSC, 21.4.1950.
[64] Vgl. Weiner, CIA, S. 683–685 (Zitat S. 683); dort weitere Verweise. Vermutlich verdankte die Mitte-Rechts-Koalition unter de Gasperi ihren Wahlsieg von 1948 unter anderem der tatkräftigen Unterstützung durch die CIA. Eine rege Aktivität entwickelte der Geheimdienst auch gegen kommunistische Kräfte in Frankreich. Die Akten zu den CIA-Operationen in beiden Ländern sind nach wie vor nicht freigegeben. Vgl. Weiner, CIA, S. 670.
[65] Vgl. FRUS 1950, III, S. 1484 f. (Zitat S. 1484): Acheson an US-Botschaft in London, 18.1.1950.

als es ihr darum gehen musste, den kommunistischen Kräften den Wind aus den Segeln zu nehmen. Italien beabsichtigte sein Rüstungsprogramm mit massiver amerikanischer Unterstützung zu realisieren: in Form von Materiallieferungen, technischer und finanzieller Unterstützung beim Anstoßen der eigenen Rüstungsproduktion sowie Finanz- und Wirtschaftshilfen[66]. Ähnlich wie Paris wurde Rom zu einem dauernden Bittsteller in Washington und verwies stets auf die finanzielle Lage des Staates und die innenpolitische Situation, die es im Blick zu halten galt. Doch bei der Regierung, die um den Verbleib der gemäßigten Sozialisten in ihren Reihen bangte, herrschte große Enttäuschung darüber, dass ihrem Land nur ein verhältnismäßig geringer Anteil der US-MDAP-Lieferungen zufloss[67].

### c) Die Reaktionen auf den Korea-Krieg

Mit dem Überfall Nordkoreas auf den Süden am 25. Juni 1950, der vielerorts im Westen als Beleg für den kommunistischen Expansionsdrang wahrgenommen wurde, gaben die NATO-Partner dem amerikanischen Drängen nach und erhöhten ihre Verteidigungsausgaben mitunter signifikant. Allen voran ging die britische Regierung, die gegen den erbitterten Widerstand des Schatzamtes ein Dreijahresprogramm in Höhe von 3,6 Mrd. Pfund auf den Weg brachte, das auf amerikanisches Insistieren sogar noch auf 4,7 Mrd. Pfund (= ca. 13 Mrd. US-Dollar) gesteigert wurde – eine Steigerung um fast 30 % im Vergleich zu dem bis 1950 gültigen Programm. Hinzu kam eine Verlängerung der Wehrdienstzeit von 18 auf 24 Monate[68].

Auch die Franzosen erhöhten unter größten Schwierigkeiten ihr Verteidigungsbudget. Verschlang es 1950 noch ca. 19 % des jährlichen Staatshaushalts, so waren es ein Jahr später bereits 30,5 %. Bis 1953 wuchs der Anteil sogar auf 40 %[69]. Im Jahre 1951 machten die Militärausgaben ca. 10 % des BSP aus[70]. Am 5. August 1950 präsentierte die französische Regierung dem drängenden amerikanischen Verbündeten ein umfangreiches Aufrüstungspaket, das für das laufende Jahr Zusatzausgaben von 400 Mrd. Francs und für die kommenden drei Jahre Zusatzausgaben von insgesamt 2087 Mrd. Francs (= über 5,7 Mrd. US-Dollar) vorsah. Alsbald brach innerhalb des Regierungsapparats ein regelrechtes Chaos aus, da der Regierungschef und die Minister für Verteidigung und für Finanzen jeweils unterschiedliche Vorstellungen hatten. Verteidigungsminister Jules Moch plante 1950 für die nächsten drei Jahre allen Ernstes die Aufstellung von 20 Divisionen, 28 Jagdflugzeugstaffeln und einer taktischen Luftwaffe mit 24 Staffeln. Daneben fielen für 1951 noch Ausgaben für den laufen Betrieb (600 Mrd. Francs) und die Beteiligung am NATO-Prioritätsprogramm (300 Mrd. Francs) an, ganz zu schwei-

---

[66] Vgl. Sebesta, American Military Aid, S. 290 f. Allgemein zur wirtschaftlichen Entwicklung Italiens in den 1950er Jahren: Bottiglieri, La politica economica dell'Italia centrista.
[67] Vgl. FRUS 1950, III, S. 1482 f.: Dunn an Acheson, 4.1.1950.
[68] Details zum britischen Aufrüstungskurs: Geiger, Britain and the Economic Problem, S. 87–101; Hammerich, Jeder für sich, S. 84–86; vgl. auch Rebhan, Der Aufbau, S. 208.
[69] Vgl. Schmidt/Vidal, L'évolution de l'armement, S. 49; siehe ferner S. 65, Tableau 2: Évolution des dépenses militaires dans le budget général de la France.
[70] Vgl. FRUS 1951, III/1, S. 103–105, hier S. 104: Memorandum Cabot an Acheson, 27.3.1951.

gen von den Kriegskosten für Indochina. Wenig angetan von solchen Träumereien war freilich Finanzminister Petsche, der Mochs Programm für schlichtweg nicht finanzierbar hielt und gar keine andere Möglichkeit sah, als in Washington an die Tür zu klopfen und um Hilfe zu bitten, zumal man dort erwartete, dass die Franzosen auf dem europäischen Kontinent den Löwenanteil an Heereskräften stellen sollten[71].

Frankreich sah sich jedoch außerstande, sein ambitioniertes militärisches Wiederaufbauprogramm aus eigener Kraft zu stemmen. Auf der NATO-Ebene schlug man erfolglos die Einrichtung eines Gemeinschaftsbudgets und eines Dollarpools vor, mit denen die zusätzlichen Ausgaben finanziert werden sollten. An der Seine wollte man einen möglichst großen Teil der anfallenden Kosten auf die Bündnispartner abwälzen[72]. Bei all dem darf nicht vergessen werden, dass das Land bereits größter Profiteur des seit 1949 laufenden MDAP war. Über die Hälfte des von den Vereinigten Staaten gelieferten Endmaterials an Waffen und Ausrüstung ging an die französischen Streitkräfte. Das MDAP hatte somit praktisch die Gestalt eines französischen Militärhilfeprogramms angenommen[73].

Die Regierung in Paris zeigte sich von Anfang an bestrebt, von den USA umfangreiche Wirtschafts- und Militärhilfen zu erhalten. Bei den ab Spätsommer 1950 einsetzenden bilateralen Verhandlungen kristallisierte sich ein typisches, immer wiederkehrendes Verhaltensmuster heraus: Um ihren Forderungen Nachdruck zu verleihen, entwarfen die Franzosen regelmäßig das Schreckensszenario eines Wirtschafts- und Finanzkollaps, sozialer Unruhen und einer wachsenden Gefährdung des Staates durch kommunistische Kräfte. Darüber hinaus warnten sie vor einer massiven Beeinträchtigung der Kriegführung ihrer Truppen in Fernost. Zudem drohte man mit drastischen Kürzungen des Verteidigungsbudgets und der Schließung von Rüstungsfabriken, sollten die Amerikaner sich einer »angemessenen« Unterstützung verweigern. Nicht zuletzt verwies die Regierung auf mögliche negative Auswirkungen auf die Ratifikation des EVG-Vertrages durch die gesetzgebenden Körperschaften. Dass Frankreich angesichts seiner begrenzten Ressourcen nicht in der Lage sein würde, im Rahmen der zukünftigen EVG mindestens die gleiche Anzahl an Kampfverbänden aufzubieten wie die Deutschen, um sich so die Führungsrolle auf dem Kontinent zu sichern und sein ausgeprägtes Sicherheitsbedürfnis zu befriedigen, sorgte sowohl bei den Politikern als auch bei den Militärs für großes Unbehagen. Alles in allem bemühten sich die politisch Verantwortlichen in Paris stets, die ökonomische und innenpolitische Situation ihres Landes als besonders dramatisch zu schildern, die laufenden Verteidigungsanstrengungen als das maximal Mögliche darzustellen und daraus einen besonderen Anspruch auf groß angelegte amerikanische Unterstützungsleistungen abzuleiten[74].

---

[71] Vgl. Bossuat, Les aides américaines économiques, S. 275–278.
[72] Vgl. ebd., S. 275. Auf den französischen Vorschlag eines Gemeinschaftsbudgets und Dollarpools wird im Zusammenhang mit der Entwicklung der NATO-Rüstungszusammenarbeit eingegangen (Kap. V.2.c).
[73] So formulierte es Wall, The United States and the Making, S. 188.
[74] Umfassend zu den Verhandlungen über die US-Wirtschafts-, Finanz- und Militärhilfe an Frankreich und ihren Auswirkungen auf die bilateralen Beziehungen während der EVG-Phase: Bossuat, Les aides américaines économiques, S. 274–339; Wall, The United States and the Making, S. 188–232.

In Washington hingegen war man nicht bereit, dauerhaft die Rolle des Goldesels und Sponsors zu übernehmen und den Franzosen einen Blankoscheck nach dem anderen auszustellen, zumal sämtliche Mittel erst vom Kongress bewilligt werden mussten. Die Gewährung von Hilfsleistungen knüpfte man folglich an harte Bedingungen: So verlangte man von den Franzosen einen substanziellen Eigenbeitrag und eine genaue Übersicht über ihre Etatplanungen. Gegen derartige Einmischungen wehrte man sich in Paris jedoch mit Händen und Füßen. Man erblickte darin eine erhebliche und nicht hinnehmbare Einschränkung der staatlichen Souveränität, ja eine regelrechte Erniedrigung. So kam es im Jahre 1951 zu schweren Verstimmungen, als die USA die Franzosen an der Herstellung bestimmter schwerer Schiffstypen und Landsysteme sowie Flugzeuge hindern wollten, weil sie darin massive Fehlinvestitionen erblickten. Während die USA die Stärkung der französischen Landstreitkräfte für vordringlich hielten, beharrte Frankreich darauf, das gesamte Spektrum an Waffen abzudecken, wie es sich für eine Weltmacht gehörte[75].

Die amerikanisch-französischen Verhandlungen entwickelten sich immer mehr zu einem knallharten Pokerspiel und wurden derart kompliziert, dass kaum noch jemand den Durchblick zu behalten vermochte. Militärs, Diplomaten und Wirtschaftsexperten beider Seiten versanken regelrecht in einem Meer aus sich ständig ändernden Zahlen und Statistiken. Für das jährliche Militärbudget veranschlagten die französischen Planer stets eine beeindruckend hohe Summe, betrachteten es aber als selbstverständlich, dass Washington einen gewichtigen Anteil in Form von Wirtschaftshilfen, Materiallieferungen für Indochina, OSP-Aufträgen und Geldern für NATO-Infrastrukturprogramme auf französischem Boden mittragen würde. Nach der NATO-Ratstagung von Lissabon vom Februar 1952 verschärfte sich die Lage, da das Temporary Council Committee (TCC) den Franzosen ein Jahresbudget von 1400 Mrd. Francs verordnet hatte, diese aber nur einen Eigenbeitrag von 1190 Mrd. Francs für machbar hielten. Die Schließung der Lücke mit einem Volumen von umgerechnet 600 Mio. US-Dollar verlangte man von den Vereinigten Staaten. Im Oktober 1952 erreichten die amerikanisch-französischen Beziehungen schließlich einen absoluten Tiefpunkt. Vorausgegangen war ein erbitterter Disput um die Höhe der von den USA zugesagten Hilfsmaßnahmen für 1952/53[76]. Der amerikanische Botschafter in Paris, James C. Dunn, sprach von der größten Krise der bilateralen Beziehungen seit dem Abgang Charles de Gaulles 1946[77]. In Paris fühlte man sich von Washington wie ein kleiner, ständig bevormundeter Schuljunge behandelt, den man zu Unrecht der Faulheit und Unfähigkeit sowie der mangelnden Lernfähigkeit bezichtigte. Auch warf man den Amerikanern vor, zu wenig Verständnis für Frankreichs schwierige finanzielle und innenpolitische Situation sowie für die Auswirkungen des

---

[75] Vgl. Bossuat, Les aides américaines économiques, S. 279–281; Bossuat, France, S. 111; Wall, The United States and the Making, S. 207 f.
[76] Vgl. Bossuat, Les aides américaines économiques, S. 316–320; Wall, The United States and the Making, S. 228. Anstelle der von Frankreich erwarteten Leistungen in Höhe von 650 Mio. US-Dollar wollten die Vereinigten Staaten nur ein Paket mit einem Volumen von 525 Mio. US-Dollar beisteuern.
[77] Vgl. FRUS 1952–1954, VI/2, S. 1270–1272: Dunn an State Dept., 3.11.1952.

Krieges in Fernost auf seine NATO-Verpflichtungen aufzubringen[78]. Frankreich, das trotz seines chronischen Schwächezustandes nach wie vor den Anspruch erhob, eine Weltmacht zu sein, fühlte sich vom US-Verbündeten zutiefst gekränkt.

Letztlich sahen sich die USA gegenüber Frankreich zu beträchtlichen Zugeständnissen genötigt. Man konnte es sich schlichtweg nicht erlauben, Frankreich hängen zu lassen oder gar zu verprellen und anti-amerikanischen und anti-atlantischen Stimmungen weiteren Nährboden zu bereiten. Zu wichtig war das Land für das atlantische Bündnis. Dennoch: Der im Zuge der Auseinandersetzungen entstandene politische Schaden war enorm und störte das beiderseitige Vertrauensverhältnis nachhaltig. Unstritig ist, dass die Vereinigten Staaten einen ganz erheblichen Beitrag zum Wiederaufbau der französischen Streitkräfte und Rüstungsindustrie leisteten[79]. Von den 1,5 Mrd. US-Dollar, die bis 1953 von den USA im Rahmen des OSP nach Europa flossen, erhielt allein Frankreich 785 Mio. US-Dollar, was einem Anteil von fast 50 % entsprach. Bis 1954 belief sich der Wert der an den französischen Staat fließenden OSP-Aufträge auf über 1 Mrd., bis Ende 1956 sogar auf 1,7 Mrd. US-Dollar[80]. Zu einem der größten Auftragsposten gehörte ein im Zuge eines 1200 Flugzeuge umfassenden NATO-Programms vergebener Auftrag zum Bau von insgesamt 225 Jagdflugzeugen der Typen Mystère II und IV[81]. Auch die Marine profitierte massiv von den amerikanischen Zuwendungen. Nach Schätzungen finanzierten die Amerikaner bis zu 48% des französischen Marinebudgets[82]. Von enormer Bedeutung waren ferner die direkten amerikanischen Materiallieferungen: Zwischen 1950 und 1955 erhielten die Streitkräfte kostenlos Waffen und Gerät im Wert von ca. 3,4 Mrd. US-Dollar, was umgerechnet dem französischen Verteidigungsetat eines ganzen Jahres entsprach (ca. 1190 Mrd. Francs)[83]. Das französische Expeditionskorps in Indochina war mit einem riesigen Sammelsurium an Militärgerät aus US-Beständen ausgestattet – ein sichtbarer Beleg dafür, dass die *Grande Nation* nicht selbst über die Mittel verfügte, um ihre kämpfenden Einheiten mit dem Nötigen zu versorgen[84]. Nicht unberücksichtigt bleiben darf ferner, dass französische Firmen erheblich vom NATO-Infrastrukturprogramm, wie dem Bau von Luftwaffenbasen und Fernmeldeanlagen, profitierten[85]. Bemerkenswert erscheint die von Gérard Bossuat errechnete Gesamtbilanz der zwischen 1938 und 1958 von den USA geleisteten zivilen und militärischen Hilfsmaßnahmen für Frankreich: Sie betrugen sagenhafte 15,3 Mrd. US-Dollar[86].

---

[78] Vgl. ebd., S. 1259–1266: MacArthur II an Perkins, 19.10.1952, mit Anhang: Memorandum (General A.J. Drexel) Biddle, 10.10.1952.
[79] Eine genaue Auflistung der umfangreichen Leistungen findet sich bei Bossuat, Les aides américaines économiques, S. 362: Tableau 51: Aide militaire et de soutien-défense à la France, 1951–1958.
[80] Vgl. Bossuat, Les aides américaines économiques, S. 332, 334. Zum Vergleich: Großbritannien erhielt Aufträge im Wert von 381 Mio. US-Dollar, Italien im Wert von 225 Mio. US-Dollar. Sogar die Bundesrepublik wurde mit OSP-Aufträgen bedacht, wenn auch wegen der bestehenden Rüstungsverbote nur in sehr kleinem Rahmen: Das Volumen betrug lediglich 4 Mio. US-Dollar.
[81] Vgl. Bossuat, Les aides américaines économiques, S. 324; Bossuat, France, S. 113.
[82] Vgl. Vial, Le réarmement de la Marine, S. 138 f., S. 144: Tableau 1: Bilan total de l'aide américaine à la Marine, 1950–58.
[83] Vgl. Bossuat, Les aides américaines économiques, S. 337.
[84] Siehe Gras, L'armée de l'Air en Indochine; Tourret, Les matériels blindés.
[85] Vgl. AMAE, DF-CED/C/119: Bericht [1953/54], S. 6–8.
[86] Vgl. Bossuat, Les aides américaines économiques, S. 364: Tableau 52: Assistance américaine à la France, 1938–1958 (y compris les end-items).

Trotz der kräftigen Aufstockung der Verteidigungsausgaben und der vielfältigen amerikanischen Unterstützungsmaßnahmen offenbarten sich bei der französischen Armee nach wie vor erhebliche Defizite: auf der Kommandoebene, in der Verwaltung, beim Offizier- und Unteroffizierkorps wie auch bei der Ausrüstung. Nach dem Vorbild der amerikanischen JCS hatte Frankreich 1950 einen Kombinierten Generalstab geschaffen, doch faktisch waren die Streitkräfte so gut wie führungslos. Der Vorsitzende des neuen Gremiums, General Charles Léchères, war bei Verteidigungsminister Pleven nicht gerne gesehen und gefiel sich lieber in seiner gewohnten Rolle als Luftwaffenchef. General Juin, Generalinspekteur der Streitkräfte und Vorsitzender des Ausschusses der Generalstabschefs, verbrachte die meiste Zeit als *Résident Général* im sonnigen Rabat in Marokko. Den Posten des Chefs der NATO-Landstreitkräfte Mitteleuropa nahm er aufgrund seiner Präferenz für seine nordafrikanische Heimat nur widerwillig an. Das praktische militärische Tagesgeschäft Frankreichs lag in den Händen des Stabschefs des Kombinierten Generalstabs, General Marcel Vernoux, der jeden Morgen mit dem Minister zusammentraf. »L'Armée Française n'a donc pas de Chef et tant que ce problème fondamental, moralement et pratiquement, n'aura pas été résolu, l'Armée Française n'aura ni âme ni corps« – so das ernüchternde Fazit eines vermutlich aus dem Verteidigungsministerium stammenden Sachstandsberichts vom Juli 1951[87].

Immerhin waren die Streitkräfte mittlerweile auf insgesamt 760 000 Mann angewachsen. Davon hatte vor allem das Heer profitiert. Dennoch erschien es fraglich, ob Frankreich seine gegenüber der NATO eingegangenen Verpflichtungen zur Bereitstellung von insgesamt 10 Divisionen würde einhalten können. Von den ca. 620 000 Heeressoldaten befand sich weniger als ein Drittel, ca. 200 000 Mann, im Mutterland. 85 000 Mann taten in der Bundesrepublik ihren Dienst, 170 000 Mann kämpften in Indochina, 120 000 Mann waren in Nordafrika im Einsatz. In den Überseegebieten war Frankreich mit 45 000 Soldaten präsent. Nachbesserungsbedarf bestand ferner bei den Kadern: Beim Offizierskorps hielt man eine Aufstockung um 1500 Mann, beim Unteroffizierskorps sogar um 20 000 Mann für erforderlich. Zweifel hegte man an der fachlichen Kompetenz der höheren Offiziersränge. Viele verdankten ihren Aufstieg mehr politischer Gunst als militärischer Leistung und richteten ihr Fähnchen nach dem jeweiligen Wind, so der Vorwurf des Verfassers des Sachstandsberichts[88]. Die Luftwaffe besaß Ende 1951 ungefähr 300 Kampfflugzeuge und eine Flotte mit 20 größeren Kriegsschiffen[89].

Als Moloch erwies sich der überdimensionierte Verwaltungsapparat, welcher derart umfangreiche finanzielle und personelle Ressourcen, insbesondere Offiziere und Unteroffiziere, verschlang, dass NATO-Generalsekretär Ismay sich veranlasst sah, Frankreichs Vertreter bei der Ständigen Gruppe, Generalleutnant Paul Ely, anlässlich einer NATO-Sitzung im April 1952 vor den versammelten Repräsentanten gründlich die Leviten zu lesen. Aus dem Sündenregister nannte er eine Reihe kurioser Beispiele mutmaßlicher französischer Verschwendungssucht, etwa die Steigerung der Anzahl der Köche pro Division von 900 auf 930, die 10 000 Mann Verwaltungspersonal an den Militärschulen und die 37 verschiedenen Militärkomitees mitsamt ihrem Tross. Ismay empfahl, 65–70 % des

---

[87] AMAE, DF-CED/C/112: Bericht, 12.7.1951, S. 1.
[88] Vgl. ebd., S. 2–4.
[89] Vgl. Hammerich, Jeder für sich, S. 97.

Verwaltungsapparats einzusparen oder in die Kampftruppe zu investieren[90]. Alles andere als effizient arbeiteten zudem das schwerfällige französische Beschaffungswesen und die zu einem Großteil verstaatlichte Rüstungsindustrie. Nach deutschen Schätzungen waren die Erzeugnisse der Staatsbetriebe ungefähr doppelt so teuer wie die der Privatindustrie[91].

Große Probleme bereiteten den Franzosen darüber hinaus die hohen Verluste des Offizier- und Unteroffizierkorps bei den Kämpfen in Fernost. Die Verluste waren offenbar derart hoch, dass sie durch den vorhandenen Nachwuchs kaum ausgeglichen werden konnten. Folglich standen auch für den Aufbau der französischen NATO-Divisionen viel zu wenige Ausbilder zur Verfügung[92]. Überhaupt waren durch den Einsatz des weit über 100 000 Mann starken Expeditionskorps Kräfte gebunden, die man gut für die Aufstellung mehrerer NATO-tauglicher Divisionen hätte gebrauchen können. Pleven erklärte, freilich mit etwas Übertreibung, ohne das ruinöse Engagement in Indochina wäre sein Land in der Lage, der NATO Kader für 16 bis 18 Divisionen bereitzustellen[93].

Obwohl Frankreich in erheblichem Umfang in seine Streitkräfte investierte und vielfältige Unterstützung durch den US-Verbündeten erhielt, war es dem Land während des gesamten EVG-Zeitraumes nicht möglich, seine hoch gesteckten Aufrüstungsziele sowie die NATO-Erwartungen zu erfüllen. 1954 waren die Franzosen weit davon entfernt, die am 23. Februar 1952 festgelegten Lissabonner NATO-Streitkräfteziele[94] von 22 1/3 Heeresdivisionen (M-day + 30), 104 Kriegsschiffen (M-day + 180) und 2018 Kampfflugzeugen (M-day) auch nur annähernd zu erreichen. Im Grunde zeichnete sich diese Entwicklung bei den Europäern schon kurz nach den Lissabonner Beschlüssen ab, so dass die NATO nicht umhin kam, die Planziele zeitlich zu strecken und anzupassen[95].

Die Erhöhung der Verteidigungsaufwendungen bereitete dem französischen Staat erhebliche Schwierigkeiten, befand er sich doch ohnehin schon in einer prekären wirtschaftlichen und finanziellen Situation. Die stetig steigende Inflation sowie massive Preissteigerungen bei verhältnismäßig geringem Lohnzuwachs sorgten in breiten Bevölkerungskreisen für große Unzufriedenheit und führten zu massiven Streikaktionen. Eine der Hauptursachen war die Krise seines französischen Außenhandels. Ab April 1951 wuchs Frankreichs Zahlungsbilanzdefizit gegenüber den USA und dem EZU-Raum stetig an, sodass es sich im Februar 1952 schließlich gezwungen sah, Importbeschränkungen

---

[90] Vgl. Der Spiegel, Nr. 16, 16.4.1952, S. 15: Säbelhiebe. Ismays ungewöhnlich heftige Schelte sorgte für ein beachtliches Medienecho und verärgerte die französische Regierung gewaltig. In Paris empfand man Ismays Kritik an Frankreichs Armee wie auch seine Empfehlungen als unerhörten Einmischungsversuch. Vgl. Der Spiegel, Nr. 19, 7.5.1952, S. 14 f.: Bitte hoch auf die Mensur.
[91] Vgl. BArch, BW 9/4121, Bl. 31–33: Vermerk [Amt Blank/V], Mai 1953.
[92] Vgl. Hammerich, Jeder für sich, S. 102. Insgesamt hatte die Französische Union 92 000 Gefallene und 114 000 Verwundete zu beklagen. Vgl. Rioux, France, II, S. 53. Nach Aussage des Generalstabschefs des Heeres, Clément Blanc, entsprachen die jährlichen Verluste ungefähr dem Wert eines kompletten Absolventenjahrgangs der Militärakademie Saint-Cyr. Vgl. Hirsch, Ainsi va la vie, S. 113.
[93] Vgl. FRUS 1952–1954, VI/2, S. 1259–1266, hier S. 1262 f.: MacArthur II an Perkins, 19.10.1952, mit Anhang: Memorandum Biddle, 10.10.1952. Realistischer dürften die Angaben des französischen Botschafters in London, René Massigli, gewesen sein, der von 10 zusätzlich verfügbaren Divisionen ausging. Vgl. Hammerich, Jeder für sich, S. 102.
[94] Siehe Rebhan, Der Aufbau, S. 222.
[95] Zur Situation gegen Ende 1954 siehe BArch, BW 9/2673, Bl. 45–58: Aufz. Gespräch Speidel – Juin, 3.11.1954.

zu verhängen. Die Verbindlichkeiten gegenüber der EZU waren zwischenzeitlich auf 163 Mio. US-Dollar angeschwollen. Frankreich musste unverzüglich 100 Mio. US-Dollar in Gold abgelten, was einem Fünftel seiner Gesamtgoldreserven entsprach. Bis Ende 1952 stieg Frankreichs EZU-Defizit auf 625 Mio. US-Dollar und übertraf damit die zulässige Quote um 105 Mio. US-Dollar. Der 1951 unternommene Versuch, der Lage durch ein Importprogramm für Konsumwaren und US-Wirtschaftshilfen Herr zu werden, war weitgehend fehlgeschlagen; die staatlichen Währungsreserven schmolzen immer weiter dahin. Der Versuch der Regierung Faure, zur Stopfung des Haushaltslochs Steuererhöhungen durchzusetzen, erwies sich als politisches Himmelfahrtskommando: Im Februar 1952 brachten Kommunisten und Gaullisten Faures Kabinett und dessen Steuerpläne zu Fall[96].

Diese Episode ist symptomatisch für die Vierte Republik. Nicht nur die wirtschaftliche, sondern auch die innenpolitische Situation machte den Regierungen zu schaffen und ließ umfangreichen Aufrüstungsmaßnahmen nur wenig Spielraum. Das fragmentierte Parteienspektrum, komplizierte Mehrheitsverhältnisse in der Nationalversammlung und häufige Regierungswechsel lähmten die Handlungsfähigkeit des Staates beträchtlich; das Regieren des Landes wurde während der EVG-Phase zu einem ständigen Balanceakt. Besonders machten den Kabinetten die mächtigen Gewerkschaften und die Kommunistische Partei Frankreichs zu schaffen, die mitunter auch groß angelegte antiamerikanische Kampagnen entfachten[97].

Frankreichs Rüstungsindustrie befand sich unmittelbar nach dem Zweiten Weltkrieg in einem desolaten Zustand. Zahlreiche Fertigungsstätten waren zerstört, es mangelte an Maschinen und technischer Ausstattung, an Fachpersonal und vor allem an finanziellen Mitteln. Die Deutschen hatten während der Besetzung des Landes umfangreiche Ausrüstungsgüter und zahlreiche Arbeitskräfte ins Deutsche Reich abgezogen und das Land umfassend für die deutsche Kriegswirtschaft nutzbar gemacht. Der Beitrag in Frankreich selbst bestand jedoch zumeist aus der Fertigung von Einzelkomponenten – die Endmontage fand zumeist in Deutschland statt –, von Schul- und Transportflugzeugen und beschränkte sich auf »zweitrangige« Technologien. Frankreichs Industrie befand sich somit in völliger Abhängigkeit von Deutschland. Als besiegtem und besetztem Staat war es Frankreich nicht möglich, moderne Rüstungsgüter für den Eigenbedarf herzustellen. Auch war die militärische Forschung völlig zum Erliegen gekommen und konnte von den Dienststellen der Exilregierung aufgrund fehlender Kapazitäten nicht auf hohem Niveau fortgeführt werden[98]. Infolgedessen war das Land während der Besatzungszeit technolo-

---

[96] Siehe Hammerich, Jeder für sich, S. 101 f., 104–106; Lynch, France, S. 133–137. Auf amerikanischer Seite bestritt man, dass Frankreichs erhöhte Verteidigungsaufwendungen die Hauptursache für seine Wirtschafts- und Finanzprobleme waren. Vielmehr hielt man die Misere größtenteils für hausgemacht, für das Ergebnis einer verfehlten Politik. Vgl. FRUS 1952–1954, VI/2, S. 1180–1185: (Harry) Labouiss (Leiter MSA-Mission in Frankreich) an (Harlan) Cleveland (Stellv. Direktor MSA Europa), 7.3.1952.

[97] Eine umfassende Darstellung der innenpolitischen Auseinandersetzungen bis Mitte 1954 bietet Elgey, Histoire de la IV République, t. 2.

[98] Die Auswirkungen der Besatzungszeit und der Zerstörungen auf die Luftfahrtindustrie wurden sehr anschaulich am Beispiel der Region um Toulouse untersucht. Siehe Glaß, Schatten, S. 51–153. Allgemein zur deutsch-französischen industriellen Kollaboration während der Besatzungszeit siehe: Chadeau, L'industrie aéronautique en France, S. 347 ff.; Façon/Ruffray, Collaboration

gisch weit zurückgefallen und hatte den Anschluss an moderne Rüstungstechnologien verloren – es befand sich 1944/45 praktisch am Nullpunkt.

Es verwundert daher kaum, dass Frankreich, ähnlich wie die anderen Siegermächte, nach Kriegsende außerordentlich am technologischen Erbe des Dritten Reiches interessiert war. Im Blickpunkt stand besonders die Luftfahrttechnik, vor allem die Raketen- und Düsentriebwerkstechnik, die als Hochtechnologiesparte galt. Sie war für das Militär von herausragender Bedeutung. Großes Interesse zeigten die französischen Behörden daher auch an deutschen Ingenieuren und Technikern. Französischen Diensten gelang es, in ihrer Besatzungszone einige namhafte deutsche Fachleute und sogar ganze Arbeitsgruppen für die französische Rüstungsforschung und -industrie zu rekrutieren. Parallel zum Vormarsch der alliierten Streitkräfte im Reichsgebiet sowie nach Kriegsende machten sich französische Dienststellen auf die Suche nach deutschem Militärgerät und technischen Unterlagen. Dabei fiel ihnen mitunter umfangreiches und hochwertiges deutsches Rüstungsmaterial, wie Panzermotoren, Flugzeug- und Raketenteile, ja sogar komplette Flugzeuge, Raketen und Prüfstände in die Hände. Die Ausrüstung wurde nach Frankreich gebracht, um untersucht und weiterentwickelt zu werden[99]. In der Tat basierten zahlreiche französische Rüstungsgüter der unmittelbaren Nachkriegszeit auf deutschem Know-how[100].

Als eine der wohl bekanntesten Gruppen deutscher Ingenieure in französischen Diensten gilt die überwiegend aus ehemaligen BMW-Ingenieuren bestehende »Groupe O«, benannt nach Hermann Oestrich, dem früheren Leiter der BMW-Turbotriebwerksentwicklung. Unter Oestrichs Leitung entwickelte die »Groupe O« für die zum führenden französischen Staatsbetrieb für Flugmotoren aufsteigende Société Nationale d'Etudes et de Construction des Moteurs d'Aviation (SNECMA) die ATAR-Triebwerksreihe. Auf der Basis dieses Triebwerks kam es bei der SNECMA zu zahlreichen Weiterentwicklungen, mit denen die französischen Kampfflugzeuge Vautour, Mystère, Étendard und Mirage ausgestattet wurden[101]. Das ATAR-Triebwerk gehörte mit einer Serienlaufzeit bis 1994 und mehr als 5000 ausgelieferten Einheiten zu den erfolgreichsten Strahlturbinen der Welt. Gerade dieses Beispiel zeigt, dass deutsche Rüstungsfachleute einen gewichtigen Anteil am Aufbau einer französischen Luftfahrtindustrie hatten, vor allem im Bereich des Düsentriebwerkbaus. Die SNCEMA wurde einer der weltweit führenden Düsentriebwerkshersteller und ist dies bis zum heutigen Tag[102].

---

aéronautique, S. 85–102; Klemm, La production aéronautique française, S. 53–74; Lessmann, Industriebeziehungen, S. 120–153; Riess, Industrielle Kollaboration.

[99] Siehe Albrecht, Rüstungsfragen, S. 136–162; Bohnekamp, Les ingénieurs allemands; Bossuat, Armements, S. 153–165; Pernot, L'occupation de l'Allemagne; Villain, L'apport des scientifiques allemands.

[100] Vgl. etwa BArch, BW 9/2612, Bl. 15 f.: Bericht Amt Blank II/Pl/Il/G 3 über Vorführungen und Besichtigungen in Frankreich (22.–27.11.1954), 6.12.1954.

[101] Ausführlich zur Tätigkeit Oestrichs und der »Groupe O«: Albrecht, Rüstungsfragen, S. 143–146; Bossuat, Armements, S. 160–165; Carlier, Groupe O, S. 273–279. Die Abkürzung ATAR stand für Atelier Technique Aéronautique de Rickenbach, eine eigens geschaffene Entwicklungseinrichtung in Rickenbach nahe Konstanz, wo Oestrichs Gruppe ihre ersten Arbeitsmonate verbrachte.

[102] Vgl. Bossuat, Armements, S. 165; Carlier, Groupe O, S. 279; Gersdorff, Luftfahrtwissen, S. 310; Lasserre, Les moteurs aéronautiques militaires, S. 23.

Nach Kriegsende bemühte sich Frankreich intensiv um den Wiederaufbau seiner Rüstungsindustrie, Forschungseinrichtungen und Entwicklungszentren, um seinen technologischen Rückstand wieder aufzuholen[103]. Das staatliche Steuerungsinstrument wurde zu einem wesentlichen Merkmal der französischen Wirtschaft. Eine zentrale Rolle spielte dabei das 1946 gegründete und von Monnet geführte Generalkommissariat für den Plan, unter dessen Regie das vom Zweiten Weltkrieg schwer gezeichnete Land mittels Mehrjahresplänen mit Zielvorgaben zur Investitionssteuerung (Planification) zügig wieder aufgebaut und zu Wachstum und Wohlstand geführt werden sollte. Zu diesem Kurs gehörte die Verstaatlichung von Bereichen, denen man eine Schlüsselfunktion zuschrieb: Banken, Versicherungen, Bahn, Post- und Telekommunikationsunternehmen, Energieversorger sowie Elektro-, Luftfahrt- und Rüstungsfirmen. Der Staat übernahm eine lenkende und gestaltende Rolle und betrieb eine aktive Industriepolitik, etwa durch zentral gelenkte Wiederaufbauprogramme, Subventionen und Preiskontrollen. Damit orientierte sich Frankreich an den dirigistischen Konzeptionen, die bereits infolge der Weltwirtschaftskrise entwickelt worden waren und auch die Nachkriegsplanungen der Résistance maßgeblich geprägt hatten[104]. Der Wiederaufbau der Rüstungsindustrie litt allerdings unter mangelnder Koordinierung und der Duplizierung von Forschungsarbeiten sowie Kompetenzstreitigkeiten und Rivalitäten zwischen den einzelnen Institutionen[105].

Besonders intensiv engagierte sich der französische Staat beim Wiederaufbau seiner Luftfahrtindustrie, die als Schrittmacher neuester Technik galt und deshalb für das Militär von herausragender Bedeutung war. Zahlreiche Unternehmen wurden verstaatlicht, es kam zu einem umfassenden Umstrukturierungs- und Konzentrationsprozess. So entstanden staatliche Gesellschaften wie die Société Nationale de Constructions Aéronautiques du Nord (SNCAN), die Société Nationale de Constructions Aéronautiques du Centre (SNCAC), die Société Nationale de Constructions Aéronautiques du Sud-Est (SNCASE) und die Société Nationale de Constructions Aéronautiques du Sud-Ouest (SNCASO). Aus der Verstaatlichung des Privatunternehmens Gnôme et Rhône ging der Triebwerkshersteller SNECMA hervor. Von den privaten Unternehmern konnte sich im Grunde nur Marcel Dassault mit seinen Jagdflugzeugen und leichten Bombern etablieren. Um den heimischen Luftfahrtsektor wieder in Gang zu bringen, beschloss Frankreich 1950 ein ambitioniertes 5-Jahres-Programm. Es zeigte sich jedoch rasch, dass dessen Umsetzung angesichts des chronischen Finanzmangels des Staates eine Illusion

---

[103] Vgl. Carlier, L'aéronautique et l'espace, S. 450 f.; Carlier, L'aéronautique, S. 37–39; Giovachini, L'armement, S. 91, 93; Teyssier/Hautefeuille, Recherche scientifique, S. 111–122.
[104] Vgl. Bauer, Sicherheitspolitik, S. 182 f.; Pitzer, Interessen, S. 119 f. Zur Tätigkeit des Generalkommissariats für den Plan unter Monnet: Cazes, Un demi-siècle de planification indicative, S. 485–490; Hirsch, Planungsmethoden, S. 5–15; Marjolin, Le travail d'une vie, S. 162–176; Micche, Le Plan Monnet; Monnet, Erinnerungen eines Europäers, S. 275–336; Roussel, Jean Monnet, S. 429–459.
[105] Grundlegend zur Entwicklung der französischen Rüstungswirtschaft nach 1945: Chesnais/Serfati, L'armement en France; Dussauge/Cornu, L'industrie française de l'armement; Hébert, Stratégie française et industrie d'armement; Hébert, Production d'armement; Kolodziej, Making. Zur Geschichte der militärischen Forschungs- und Versuchszentren: Un demi-siècle d'aéronautique en France. Études et recherches, 2 ts.

war. Schon bald mussten die ambitionierten Ziele heruntergeschraubt und den finanziellen Gegebenheiten angepasst werden – sehr zum Unmut der Industrie und des Militärs[106].

Charakteristisch für die Wiederaufbauphase der französischen Luftfahrtbranche war die geradezu inflationäre Entwicklung von Prototypen. Aufgrund der budgetären Engpässe und der begrenzten Inlandsnachfrage war es den Firmen nicht möglich, wirtschaftlich rentable Großserien zu produzieren. Erst gegen Mitte der 1950er Jahre gingen die ersten Eigenentwicklungen, beispielsweise die Jagdflugzeuge von Dassault, in Serie. Mit seinen ca. 60 000 Beschäftigten wurde der weitgehend unter staatlicher Obhut befindliche Industriezweig rasch zu einem bedeutenden Wirtschaftsfaktor. Trotz aller Schwierigkeiten, mit denen die Franzosen zu kämpfen hatten – hierzu gehörten vor allem Koordinierungsprobleme unter den zahllosen Akteuren, Belastungen durch den Indochina-Krieg und finanzielle Engpässe –, gelang es ihnen bis Mitte der 1950er Jahre, einen durchaus leistungsfähigen Industriezweig auf die Beine zu stellen[107]. Ende der 1950er Jahre kristallisierte sich heraus, dass sich die staatlichen Unternehmen SNECMA und SNCAN auf Hochleistungstriebwerke beziehungsweise auf taktische Raketen konzentrierten, während den privaten Unternehmen weitgehend der Bereich Jagdflugzeugbau überlassen wurde[108].

Für Frankreich war es von fundamentaler Bedeutung, über eine unabhängige Rüstungsindustrie zu verfügen. Nur so meinte man den eigenen Großmachtstatus wiederherstellen und untermauern zu können. Eine unabhängige Industrie sollte Frankreich auch unabhängiger von amerikanischer Unterstützung und damit verbundenem politischen Druck machen. Es wurde zur Tradition, den eigenen Materialbedarf am liebsten aus heimischer Produktion zu decken. Der frühere Rüstungsdirektor Emile Blanc (1983–1986) sprach von einer Grundhaltung, »wonach wir alles, was mit der Bewaffnung der Streitkräfte zu tun hat, selbst herstellen, um möglichst unabhängig zu bleiben«[109]. Auch tief sitzende psychologische Gründe waren für einen solchen Kurs maßgebend. So verwies Verteidigungsminister Bidault im März 1952 gegenüber den Amerikanern darauf, dass sein Land in den vergangenen Jahrzehnten drei Mal angegriffen worden sei und daher unbedingt seine eigene Waffenindustrie haben müsse[110]. Zudem entwickelte sich die größtenteils verstaatlichte Rüstungswirtschaft zu einem wichtigen Element der nationalen Industriepolitik, denn sie garantierte viele Arbeitsplätze und ermöglichte die gezielte Förderung volkswirtschaftlich bedeutender Branchen[111].

Um die heimische Industrie auszulasten und die Produktion seiner Neuentwicklungen betriebswirtschaftlich rentabler zu machen, bemühte sich Frankreich schon früh, Rüstungsgüter in großem Stil zu exportieren. In einigen Bereichen, wie bei leichten

---

[106] Vgl. Decup, France – Angleterre, S. 241–243; Glaß, Schatten, S. 234–240.
[107] Vgl. Carlier, L'aéronautique et l'espace, S. 449–455; Carlier, Le développement de l'aéronautique militaire, S. 9–19, 32–44; Giovachini, L'armement français au XX$^e$ siècle, S. 73–94. Einen fundierten Überblick über die Entwicklung der französischen Rüstungsindustrie in den 1950er Jahren bieten die zahlreichen Beiträge von Zeitzeugen und Historikern in dem Sammelband: La IV$^e$ République face aux problèmes d'armement.
[108] Vgl. Carlier, L'aéronautique et l'espace, S. 8–10, 17–18; AWS, Bd 4 (Beitrag Abelshauser), S. 69 f.
[109] Blanc, »Wir suchen ständig nach Kooperationsmöglichkeiten«, S. 18.
[110] Vgl. Wall, The United States and the Making, S. 226 f.
[111] Einen Überblick über die französische Industriepolitik im Rüstungsbereich bietet Bauer, Sicherheitspolitik.

Panzern, taktischen Raketen und leichten Hubschraubern, nahm Frankreich schon bald eine führende Stellung auf dem Weltmarkt ein[112]. Dabei gelangen dem Land sogar die ein oder anderen aufsehenerregenden Erfolge, etwa die Lieferung von 1500 gelenkten Panzerabwehrraketen (SS 10) an die USA. Dass sich die Führungsmacht des Westens für französische Erzeugnisse interessierte, sah man mit Stolz als Bestätigung für die Leistungsfähigkeit der heimischen Industrie[113]. Den ersten großen Exporterfolg konnten die Franzosen mit der Lieferung von 71 Ouragan-Flugzeugen (Dassault) an Indien verbuchen, die am 26. Juni 1953 vereinbart wurde[114]. Mit diesen Exporterfolgen wurde der Grundstein für die extreme Exportorientierung gelegt, die auch heute noch als wesentliches Merkmal der französischen Luftfahrtindustrie gilt. Trotz aller Bemühungen gelang es den Franzosen aber nicht, zu den USA aufzuschließen, deren Luftfahrtindustrie unbestritten die Spitzenposition im Westen einnahm, sowohl technologisch als auch von ihrer Größe her[115].

Die Reaktion der italienischen Regierung auf den Kriegsausbruch in Korea war nicht ganz so prompt. Nach einigem Zögern kündigte sie ein militärisches Sofortprogramm von 50 Mrd. Lire für das laufende Haushaltsjahr, die Aufstockung des Unteroffizierkorps sowie weitere Rüstungsbeschaffungsmaßnahmen an[116]. Intern war dieser Kurs allerdings höchst umstritten. Finanzminister Giuseppe Pella lehnte zusätzliche Rüstungsausgaben unter Verweis auf die drohende Inflation und das Fehlen eines tragfähigen Finanzierungskonzepts ab und drohte sogar mit seinem Rücktritt. Auch Ministerpräsident de Gasperi entpuppte sich nicht gerade als Freund der Aufrüstung. Als ihm Verteidigungsminister Randolfo Pacciardi im Juli 1950 einen Wunschzettel mit zusätzlichen Investitionen in Höhe von 100 Mrd. Lire präsentierte – dies entsprach etwa einem Drittel des damaligen Militärbudgets –, verschlug es de Gasperi glatt die Sprache[117]. Die Regierungsmehrheit sah zu einer kräftigen Anhebung der Verteidigungsanstrengungen ohnehin wenig Veranlassung, weil sie die Gefahr eines Krieges mit der UdSSR als nicht so akut einschätzte wie die USA. Für wahrscheinlicher hielt man einen bewaffneten Konflikt mit Jugoslawien.

In Washington zeigte man sich mit dem italienischen Nachzügler und dessen abweichender Lageeinschätzung alles andere als zufrieden. Zu Verhandlungen über zusätzliche Hilfen waren die Amerikaner erst nach der Vorlage eines detaillierten Produktionsprogramms bereit[118]. Ende 1950 billigte das Kabinett in Rom ein Zusatzprogramm von

---

[112] Vgl. Kolodziej, Making, S. 46–48. Zur Exportstrategie im Luftfahrtbereich: Glaß, Der lange Schatten der Rüstung, S. 287–290.
[113] Vgl. FRUS 1952–1954, VI/2, S. 1384–1388, hier S. 1386: Memorandum amerik.-frz. Delegationsgespräche, 6.10.1953.
[114] Vgl. Carlier, Le développement de l'aéronautique militaire, S. 13, 154 f.
[115] Zur US-Luftfahrtindustrie: Lorrell, US Combat Aircraft Industry.
[116] Vgl. FRUS 1950, III, S. 1479 f.: Memorandum Gespräch (Homer M.) Byington (Direktor des Office of Western European Affairs) – Luciolli (Berater an der ital. Botschaft in Washington), 25.9.1950, mit Anhang: Memorandum ital. Botschaft an State Dept., 25.9.2950.
[117] Vgl. ebd., S. 1500 f.: Dunn an Acheson, 27.11.1950; Sebesta, American Military Aid, S. 292. Ein Rücktritt Pellas konnte allerdings aus Sicht der US-Botschaft in Rom nicht im Interesse der USA liegen, weil Pellas Finanz- und Währungspolitik, die maßgeblich zur Stabilisierung der Lira beigetragen hatte, als sehr verdienstvoll eingeschätzt wurde.
[118] Vgl. FRUS 1950, III, S. 1500 f.: Dunn an Acheson, 27.11.1950.

250 Mrd. Lire, von dem über die Hälfte für das Heer gedacht war[119]. Dafür erwartete man aus Washington substanzielle Dollarhilfen, um das Zahlungsbilanzdefizit auszugleichen. Im Finanzministerium agierte man bei den Planungen der Verteidigungsausgaben mit großer Vorsicht und war sichtlich bestrebt, die Höhe des eigenen Beitrages an amerikanische Gegenwertleistungen zu koppeln[120]. Mit der Steigerung von 5,1 % (1950) auf 5,7 % des BSP (1951) fiel Italiens Verteidigungsbudget folglich eher moderat aus[121]. Im Rahmen eines Vierjahresprogramms (1950/51–1953/54) brachte man immerhin ein Zusatzpaket von fast 500 Mrd. Lire auf[122]. Beim US-Verbündeten war man hingegen der festen Überzeugung, dass Italien unter seinen Möglichkeiten blieb, zumal es über durchaus beachtliche freie Kapazitäten verfügte. Eine ähnliche Auffassung vertrat man bei der NATO, die sich dazu veranlasst sah, Rom eine Rüge zu erteilen, nachdem bekannt geworden war, dass die Regierung eine Kürzung der Verteidigungsausgaben von 601 Mrd. Lire (1952/53) auf 572 Mrd. Lire (1953/54) beabsichtigte[123].

Wie Frankreich bemühte sich Italien den Nachweis zu erbringen, dass es, gemessen an seiner wirtschaftlichen und finanziellen Situation, einen erheblichen Verteidigungsbeitrag leistete, an seine Belastbarkeitsgrenzen gelangt und dringend auf Militär- und Wirtschaftshilfe angewiesen war. Große Sorgen bereiteten der Regierung nach wie vor die großen ungenutzten Industriekapazitäten und die Überbevölkerung[124]. Die amerikanischen Offshore-Aufträge – bis 1953 beliefen sie sich auf einen Wert von 225 Mio. US-Dollar[125] – hatten offenbar nur geringe Auswirkungen auf die Entwicklung der italienischen Rüstungsindustrie. Der Löwenanteil entfiel auf Munition. Andere wichtige Branchen, wie die Luftfahrt- und Automobilindustrie, mussten sich mit wesentlich weniger begnügen[126].

Am grundsätzlichen Kurs der Italiener änderte sich während der EVG-Phase kaum etwas, erst recht nicht, nachdem ausgerechnet der weithin als »Sparfuchs« bekannte Pella das Amt des Regierungschefs übernahm (August 1953) und die Spannungen mit Jugoslawien zunahmen (Herbst 1953). Für die italienische Regierung lag die Priorität weiterhin auf der Wahrung des wirtschaftlichen Gleichgewichts und der Währungsstabilität. Von Steuererhöhungen sah man ab, weil man ein Sinken des Lebensstandards befürchtete und den Kommunisten nicht in die Hände spielen wollte. Bereits im Dezember 1950 beschloss das Kabinett die Einrichtung eines Komitees zur Rohstoffbewirtschaftung und Investitionslenkung. Ganz oben auf dessen Prioritätenliste rangierte die Landwirtschaft,

---

[119] Vgl. FRUS 1951, IV/1, S. 546: Dunn an Acheson, 9.1.1951.
[120] Vgl. ebd., S. 742–745: Bericht (Stanley B.) Wolff (Office of Western European Affairs), 20.11.1951.
[121] Vgl. FRUS 1951, III/1, S. 103–105, hier S. 104: Memorandum Cabot an Acheson, 27.3.1951.
[122] Vgl. Mayer, L'evoluzione del bilancio della difesa, S. 281–285.
[123] Vgl. Varsori, Italy between Atlantic Alliance and EDC, S. 285.
[124] Siehe Pellas Ausführungen zur wirtschaftlichen Situation Italiens in: FRUS 1951, IV/1, S. 706–713, hier S. 706–709: Aufz. amerik.-ital. Regierungsgespräche, 3. Treffen Acheson – de Gasperi (25.9.1951).
[125] Vgl. Bossuat, Les aides américaines économiques, S. 332; vgl. auch Nones, L'industria militare, S. 321.
[126] Vgl. Sebesta, American Military Aid, S. 295; Nones, L'industria militare, S. 320–322.

gefolgt vom Energiesektor, knappen Importrohstoffen, Maschinenbau- und Chemischer Industrie[127].

Dank der US-Militärhilfe in Form von Materiallieferungen und Ausbildungsunterstützung verbesserte sich der Zustand der italienischen Streitkräfte Anfang der 1950er Jahre spürbar. Aber noch immer war ein Großteil des Heeres (230 000 Mann) mit uneinheitlichem, meist veraltetem Material ausgerüstet. So mussten sich die beiden Panzerdivisionen zum Beispiel über das Jahr 1952 hinaus mit dem britischen Kampfpanzer Sherman aus dem Zweiten Weltkrieg begnügen, bevor er durch einen US-Typ abgelöst wurde. Allgemein herrschte in der italienischen Armee eine bunte Typenvielfalt. Der Luftwaffe (30 000 Mann) mangelte es trotz des zwischenzeitlichen Zulaufs der britischen Vampire an modernen Düsenjägern, sodass an eine effektive Luftunterstützung und -verteidigung kaum zu denken war. Die Fähigkeit der Marine (35 000 Mann) zu Operationen in Mittelmeer und Adria galt wegen ihrer unzureichenden materiellen Ausstattung als stark eingeschränkt. Allgemein machte der italienische Soldat auf ausländische Beobachter einen guten Eindruck, doch die höheren Offizierränge galten als Relikte vergangener Tage. Zu den Vorzeigeverbänden der italienischen Armee gehörten die drei alpinen Brigaden, deren Kampfwert sehr positiv eingeschätzt wurde. Dies spiegelte Italiens verteidigungspolitische Priorität wider, denn man rechnete eher mit einem Schlagabtausch mit Jugoslawien als mit einem sowjetischen Überfall[128]. Im Frühjahr 1954 war die Situation der Streitkräfte nach wie vor unbefriedigend, wie der neue Chef des Generalstabes der Gesamtstreitkräfte, Giuseppe Mancinelli, gegenüber dem Leiter der deutschen EVG-Militärdelegation Speidel eingestand: Noch immer werde ein Großteil des Budgets für Personalausgaben aufgewandt. Schlagkräftige Divisionen seien »bisher nicht existent«. Mancinelli erwog, die bestehenden 15 Divisionen auf 10–12 gut ausgerüstete Divisionen zu reduzieren und die Führungsspitze der Streitkräfte zu reformieren[129].

Schwer tat man sich mit der von den USA und der NATO geforderten forcierten Aufrüstung auch in Den Haag[130]. Dort beschloss das neue Kabinett erst im März 1951, nach heftigem Drängen der Amerikaner, eine Verdopplung des jährlichen Verteidigungsetats auf 1,5 Mrd. Gulden (= ca. 395 Mio. US-Dollar) und kündigte ein Vierjahresprogramm mit einem Volumen von 6 Mrd. Gulden an. Bis Ende 1951 sollten drei, bis Ende 1954 fünf NATO-taugliche Divisionen verfügbar sein. Vorausgegangen waren heftige Diskussionen zwischen der kleinen Schar der Aufrüstungsbefürworter um den atlantisch orientierten Außenminister Stikker und seinen Kollegen aus dem Verteidigungsressort Schokking bzw. dessen Nachfolger Hendrik L. s'Jacob und der von Premierminister

---

[127] Vgl. FRUS 1951, IV/1, S. 546: Dunn an Acheson, 9.1.1951; Hammerich, Jeder für sich, S. 125 f.; Sebesta, American Military Aid, S. 293 f.

[128] Vgl. AMAE, DF-CED/C/124: (Jacques) Fouqués-Duparc (frz. Botschafter in Rom) an Bidault, 13.1.1953; Infovermerk frz. Militärattachéstab Rom, 30.12.1952. Im Vergleich zum Vorjahr hatte Italien aber deutliche Fortschritte erzielt. Siehe AMAE, Europe/Italie, 45: Fouqués-Duparc an Schuman, 31.10.1951; Infovermerk frz. Militärattachéstab Rom, 31.10.1951.

[129] Vgl. BArch, BW 9/2299, Bl. 32–36 (Zitat Bl. 36): Aufz. Gespräch Speidel – Mancinelli (30.4.1954), 30.4.1954.

[130] Zum Folgenden: Harst, The Atlantic Priority, S. 81–94, 113–121; Hammerich, Jeder für sich, S. 113–116; Megens, American Aid to NATO-Allies, S. 106–114, 154–159, 174–177, 192–195, 200 f.

Drees und Finanzminister Lieftinck geführten Mehrheit der Aufrüstungsskeptiker, für die Wirtschaft und Soziales Priorität genossen. Schwere Spannungen gab es ferner zwischen dem mit Nachdruck auf eine Stärkung der Streitkräfte drängenden Generalstab und der Regierung.

Um die zusätzlichen Belastungen abfedern zu können, sahen die politischen Verantwortlichen keine andere Möglichkeit, als die Zusatzausgaben durch Anleihen, Steuererhöhungen und die Einschränkung von öffentlichen Ausgaben und Investitionen zu finanzieren. Daneben erwarteten die Niederländer von den USA Gegenleistungen in Form von Militär- und Dollarhilfen. Auch bei den Niederländern zeigte sich stark die Tendenz, die seit Frühjahr 1951 ergriffenen Maßnahmen zur Stärkung der NATO schönzurechnen. Die Streitkräfte profitierten in der Folgezeit massiv von der Lieferung amerikanischer Waffen und Ausrüstung, insbesondere bei schwerem Gerät. Durch die Übernahme der Organisationsprinzipien und Ausbildungsmethoden von jenseits des Atlantiks wurde Den Haags Streitmacht mit Ausnahme der Marine weitgehend »amerikanisiert«. Bei den US-Lieferungen kam es allerdings zu erheblichen zeitlichen Verzögerungen, sodass man zur Ausstattung der ersten einsatzbereiten Division auf kanadisches Material zurückgreifen musste.

Im Vergleich zu anderen Staaten fiel der niederländische Anteil am OSP eher gering aus, was damit zusammenhing, dass das Land nur über eine kleine und folglich wenig förderungswürdige Rüstungsindustrie verfügte. Bis 1955 betrug der Wert der an die niederländische Wirtschaft vergebenen Offshore-Aufträge einen Wert von 663 Mio. Gulden. Die Hälfte davon entfiel auf Nahrungsmittel. Am meisten profitierte die Schiffbauindustrie von den Aufträgen – etwa durch den Bau von Minenlegern –, gefolgt von der Luftfahrtindustrie. Trotz allem waren die Amerikaner mit dem niederländischen Beitrag nicht gänzlich zufrieden. Eisenhower kritisierte Den Haag dafür, zu sehr in den Ausbau der Marine statt in die als wesentlich wichtiger empfundene Vergrößerung der Landstreitkräfte zu investieren[131].

Als größte Sünder im Kreise der EVG-Staaten galten in Washington die Belgier, die sich trotz ihrer guten gesamtwirtschaftlichen Lage zunächst sträubten, ihren Wehretat signifikant zu erhöhen. Die Steigerung der Ausgaben von 3 % (1950) auf 4,3 % (1951) des BSP hielt man in Washington für völlig unzureichend. Das Vierjahresprogramm in Höhe von umgerechnet 570 Mio. US-Dollar entsprach nach amerikanischer Auffassung bei weitem nicht dem, was Belgien eigentlich hätte leisten können. Ein Ärgernis waren den Amerikanern auch die zahlreichen ungenutzten Produktionskapazitäten im Land. Diese erwiesen sich offenbar als so groß, dass die Belgier selbst bei Erfüllen der NATO-Forderungen nicht imstande gewesen wären, die vorhandenen Kapazitäten auszulasten. Brüssel sah sich mit dem Vorwurf konfrontiert, keinen fairen Anteil an den NATO-Lasten zu tragen und damit eines der Schlusslichter der Nordatlantischen Allianz zu bilden[132]. Wie die anderen europäischen Partner wehrte sich die Regierung in Brüssel

---

[131] Vgl. FRUS 1951, III/1, S. 449–458, hier S. 452: Aufz. (George M.) Elsey (Presidential Administrative Assistant) über Sitzung im Weißen Haus, 31.1.1951. Das Gesamtvolumen der US-Militärhilfe, die Den Haag zwischen 1949 und 1961 erhielt, beziffert van der Harst auf 1,188 Mrd. US-Dollar. Vgl. Harst, The Atlantic Priority, S. 131.
[132] Vgl. FRUS 1951, IV/1, S. 275–279: Acheson an US-Botschaft in Brüssel, 4.5.1951.

gegen solche Beschuldigungen und beteuerte, das Maximale zu leisten. Doch müsse man die Bewahrung stabiler soziökonomischer Verhältnisse im Blick behalten.

Immerhin gelang es Belgien, seine Streitkräfte von 1950 bis 1952 auf 145 000 Mann zu verdoppeln. Ferner schaffte es das kleine Land durch die Hinzuziehung ausländischer Arbeitskräfte und die Drosselung des privaten Konsums sowie durch Rohstoffbewirtschaftungsmaßnahmen, negative Auswirkungen auf die gesamtwirtschaftliche Entwicklung zu vermeiden und die Aufrüstungsanstrengungen weitgehend unbeschadet zu bewältigen. Dieser Erfolg war allerdings keineswegs allein das Verdienst der Regierung. Ohne die umfangreichen Lieferungen von US-Endmaterial im Rahmen des MDAP wäre die Modernisierung und Vergrößerung der belgischen Streitkräfte nicht möglich gewesen. Die Lieferungen beliefen sich 1950/51 auf schätzungsweise 29 Mrd. belg. Francs. Davon entfielen 16 Mrd. auf das Heer, 11 Mrd. auf die Luftwaffe und 1,5 Mrd. auf die Marine. Hinzu kam die Unterstützung durch Kanada, das Waffen und Gerät für eine ganze Division bereit stellte[133]. Nach amerikanischen Berechnungen steuerte Washington gut die Hälfte des belgischen Anteils am NATO-Rüstungsprogramm bei[134].

Luxemburg, der kleinste unter den NATO- und EVG-Staaten, baute bis 1952 eine Truppe von 4500 Soldaten auf und steigerte seine Verteidigungsausgaben auf für seine Verhältnisse beachtliche 5,2 % des BSP[135].

Neben den Budgeterhöhungen erhöhten die NATO-Verbündeten auch ihre Wehrdienstzeiten. Belgien verlängerte den Militärdienst von 12 auf 18 Monate und plante sogar eine Ausdehnung auf 24 Monate, doch konnte die Regierung aufgrund innenpolitischer Widerstände letztlich nur 21 Monate durchsetzen. Italien hob die Dienstzeit von 12 auf 15 Monate an und genehmigte sogar die Möglichkeit der Einführung eines 18-monatigen Dienstes. In Frankreich betrug die Militärdienstzeit 18 Monate; es galten strenge Regeln für Ausmusterungen. Die Niederlande dehnten den Wehrdienst zunächst von 12 auf 18 Monate, im September 1951 schließlich auf 20 Monate aus[136].

Alles in allem zeigte sich, dass der Wille der Westeuropäer zu massiven Investitionen in den Verteidigungsbereich nicht besonders ausgeprägt war; die Ausgaben sollten nach Möglichkeit eng begrenzen werden. Den mühsam erreichten wirtschaftlichen Aufschwung der Nachkriegszeit gedachte man nicht aufs Spiel zu setzen[137]. »Die Westeuropäer, die eben erst begonnen hatten, die Früchte des Marshall-Plans zu ernten, waren von den Rüstungsanstrengungen zweifellos überfordert« – so formulierte es zutreffend der

---

[133] Vgl. Deloge, Une coopération difficile, S. 321–326, 343–353; Hammerich, Jeder für sich, S. 110–112. Belgien gab bei der NATO sogar falsche Wirtschaftsdaten an, um den Anstieg seines Nationaleinkommens zu verdecken und weitere Forderungen nach einem größeren belgischen Verteidigungsbeitrag zu vermeiden. Vgl. ebd., S. 112 f. Ausführlich zur Entwicklung des belgischen Heeres: Cunibert/Vos/Strobbe, De Belgische Landmacht; La Force terrestre belge.

[134] So die Sachlage Ende 1951. Vgl. FRUS 1951, IV/1, S. 289 f.: Millard (Chargé in Belgien) an Acheson, 22.12.1951.

[135] Vgl. Hammerich, Jeder für sich, S. 116.

[136] Vgl. FRUS 1951, III/1, S. 103–105, hier S. 104: Memorandum Cabot an Acheson, 27.3.1951; Hammerich, Jeder für sich, S. 110; Harst, The Atlantic Priority, S. 89; Vos, La Communauté Européenne de Défense, S. 106 f.

[137] Einen sehr guten Überblick zur wirtschaftlichen Entwicklung Westeuropas nach dem Zweiten Weltkrieg bietet: Eichengreen, European Economy, S. 52–130.

Historiker Tony Judt in seinem monumentalen Werk über die Nachkriegsgeschichte des Kontinents[138]. Der infolge des Korea-Krieges von den USA geforderte Prioritätenwechsel führte zu einer Reihe von Problemen, weil er mit erheblichen Belastungen für die nationalen Volkswirtschaften verbunden war. Zu sehr fürchtete man sich in den westlichen Hauptstädten vor den negativen Folgen der Aufrüstung: einer Drosselung des privaten Konsums, einer Umleitung wichtiger Ressourcen von der zivilen in die militärische Produktion, dem Abfluss von Arbeitskräften ins Militär, einem Anstieg der Rohstoffpreise und der Inflation und der Verschlechterung der Zahlungsbilanzen. Doch man sorgte sich nicht nur um die ökonomischen Auswirkungen, sondern ebenso um die eng damit verbundenen innenpolitischen Konsequenzen, weil die Steigerung von Militärausgaben bei der überwiegenden Bevölkerungsmehrheit äußerst unbeliebt war und der Opposition in die Hände zu spielen drohte. In Frankreich und Italien fürchtete man weiteren Zulauf für die ohnehin schon starken kommunistischen Parteien. Nach Jahren des Krieges und der Entbehrungen waren die meisten Menschen nicht bereit, weitreichende Einschränkungen zugunsten der Rüstung hinzunehmen. Eine massive Aufstockung der Streitkräftepotenziale, wie sie aus Sicht vieler Militärs an sich wünschenswert und dringlich war, war aus Sicht der Politik daher ein heißes Eisen. Vor die Wahl gestellt zwischen »Kanonen oder Butter«, gaben die meisten Regierungen Westeuropas der Butter den Vorzug und beschränkten sich auf ein militärisches Minimalprogramm, das gerade ausreichend erschien, um US-Wirtschafts- und Militärhilfe zu ergattern[139]. Allgemein galt in den europäischen Hauptstädten der Grundsatz: »›No national security is possible without social security[140].‹«

Vergleicht man abschließend noch einmal die Verteidigungsausgaben zwischen den USA und ihren Verbündeten, so zeigt sich deutlich, dass die Europäer militärische Zwerge waren. Während die USA zusammen mit Kanada im Jahre 1953 51,694 Mrd. US-Dollar in die Verteidigung investierten, kamen die Europäer, Großbritannien mit inbegriffen, lediglich auf eine Summe von 11,227 Mrd. US-Dollar. Damit waren sie nicht einmal an das US-Militärbudget des Jahres 1949 herangekommen, das 13,3 Mrd. US-Dollar betragen hatte[141].

---

[138] Judt, Die Geschichte Europas, S. 181.
[139] Der Aufrüstung werden auch positive Effekte auf die Wirtschaft zugeschrieben: Die Baubranche profitiert von Aufträgen für militärische Infrastrukturmaßnahmen (beispielsweise durch den Bau von Flugplätzen, Kasernen und Versorgungseinrichtungen), Militäraufträge stimulieren Forschung und Entwicklung und sind mitunter auch für den zivilen Bereich von großem Nutzen, im Rüstungssektor werden neue Arbeitsplätze geschaffen, Produktionskapazitäten werden über einen längeren Zeitraum ausgelastet. Allerdings dürften Militäraufträge zum damaligen Zeitpunkt noch keine gewichtigen Auswirkungen auf die gesamtwirtschaftliche Entwicklung gehabt haben, weil die entsprechenden Industrien Anfang der 1950er Jahre noch nicht voll entwickelt waren. Vgl. Hammerich, Jeder für sich, S. 130 f. Allgemeine Überlegungen zu der schwierigen Frage der Auswirkungen von Rüstungsausgaben: Köllner, Rüstungsfinanzierung, S. 138–146.
[140] FRUS 1950, III, S. 1383–1397, hier S. 1386: Bruce an Acheson, 1.9.1950.
[141] Vgl. Ismay, NATO. The First Five Years, S. 116: Gesamte Verteidigungsausgaben der NATO-Staaten, 1949–1953.

## 2. Die Herausforderung einer europäischen Rüstungs- und Beschaffungsorganisation

Mit der von Frankreich initiierten Planung integrierter europäischer Streitkräfte unter Führung eines Verteidigungsministers und mit gemeinsamer Verwaltung, Finanzierung, Rüstung, Versorgung und Ausbildung beschritten die Europäer einen völlig neuen Weg der militärischen Zusammenarbeit. Nach dem Vorbild des Schuman-Plans wurde nun der ehrgeizige Versuch unternommen, die Verteidigung, den Kernbereich nationalstaatlicher Souveränität schlechthin, in eine supranationale Organisation zu überführen. Lediglich die Länder, die zum damaligen Zeitpunkt über eine eigene Armee verfügten, sollten die Befehlsgewalt über einen Teil dieser Truppen behalten dürfen. »Der Teil der Souveränität«, so formulierte es Adenauers Sicherheitsbeauftragter Blank, »der seit – ich möchte fast sagen – Jahrtausenden am eifersüchtigsten von allen Staaten behütet worden ist, nämlich die Möglichkeit, eigenständig über eine bewaffnete Macht zu verfügen und sie einzusetzen, diesen Teil eifersüchtig gehüteter Souveränität sind eine Reihe europäischer Staaten gegenwärtig willens und im Begriff, auf eine supra-nationale [sic!] Einrichtung zu übertragen«[142]. Damit unterschied sich der Pleven-Plan erheblich von der bisherigen Praxis der Militärkooperation. Seit jeher hatte die Verfügungsgewalt über die eigene Armee als wesentliches Souveränitätsmerkmal eines Staates gegolten. Eine Übertragung politischer Souveränitäts- und militärischer Verfügungsrechte erfolgte nicht. Die verteidigungspolitische Eigenständigkeit der Nationalstaaten blieb prinzipiell unangetastet.

Die Schaffung einer supranationalen Verteidigungsgemeinschaft mit einem Minister an der Spitze und einer Armee glich einem regelrechten Mammutprojekt, denn immerhin bedeutete dies, dass die unterschiedlichen Organisationsstrukturen, Interessen und Traditionen mehrerer Staaten zu vereinheitlichen waren. Mit Ausnahme der Bundesrepublik, der seit dem Ende des Zweiten Weltkrieges die Betätigung im militärischen Bereich vollständig untersagt war und deren Industriepotenzial einer strengen Kontrolle durch die drei westlichen Besatzungsmächte unterlag, verfügten die anderen westeuropäischen Staaten wieder über eigene Streitkräfte, Kommando-, Ausbildungs- und Versorgungseinrichtungen sowie Forschungs- und Versuchsanlagen und Produktionsstätten. Deren Umfang war maßgeblich von der Größe des jeweiligen Staates und der ihm zur Verfügung stehenden finanziellen, wirtschaftlichen, industriellen und technologischen Ressourcen abhängig. Die Verschmelzung nationaler Streitkräftekontingente zu einer gemeinsamen Armee hätte einen weitreichenden Souveränitätstransfer der Mitgliedstaaten erfordert und tiefgreifende Auswirkungen auf deren Verwaltung, Finanzen, Wirtschaft und Industrie mit sich gebracht. Auch die Rüstungsorganisation und -wirtschaft der einzelnen Länder wären davon betroffen gewesen, denn die Europaarmee sollte gemäß der französischen Konzeption über ein ge-

---

[142] Bulletin, Nr. 38, 1.4.1952, S. 390: Ansprache Blank anlässlich einer Tagung der katholischen Arbeiterbewegung in Recklinghausen (30.3.1952).

III. Militärische und rüstungswirtschaftliche Rahmenbedingungen         109

meinsames Budget und ein daraus zu finanzierendes Bewaffnungs-, Ausrüstungs- und Versorgungsprogramm verfügen[143].

Zu dem Zeitpunkt, als Pleven den Plan einer gemeinsamen europäischen Armee verkündete, befand sich die institutionalisierte multilaterale Militärkooperation noch in den Kinderschuhen. Zwar war es mit der Gründung des Brüsseler Paktes am 17. März 1948 und der Unterzeichnung des NATO-Vertrags am 4. April 1949 zu ersten Integrationsansätzen gekommen – so entstanden nach und nach integrierte Kommando- und Organisationsstrukturen[144] –, doch eine Übertragung nationalstaatlicher Souveränität auf die Bündnisse war damit nicht verbunden. Eine Verschmelzung der nationalen Truppenverbände und Kommandobehörden und deren Unterstellung unter eine Autorität, die nach ihrer Einsetzung für ihre Mitglieder verbindliche Entscheidungen treffen und diese auch durchsetzen konnte, gab es nicht. Die Zusammenarbeit vollzog sich formal-juristisch auf der zwischenstaatlichen (intergouvernementalen) Ebene. Verbindliche Beschlüsse mussten einstimmig gefasst werden. Oberstes politisches Entscheidungsorgan der beiden Bündnisse war der Ministerrat. Somit behielten die Staaten weiterhin die Verfügungsgewalt über ihre eigenen Sicherheits- und Verteidigungsangelegenheiten. Dies entsprach ganz den Interessen der partizipierenden Länder, die einen Souveränitätsverlust möglichst vermeiden wollten.

Auch die rein intergouvernementale, multilaterale Rüstungskooperation, die sich im Rahmen des Military Supply Board (MSB) des Brüsseler Paktes, dann mit dem Military Production and Supply Board (MPSB) der NATO und deren Wirtschafts- und Finanzorganen einspielte, war für die Mitgliedstaaten ein völlig neues Phänomen[145]. Über einen gewissen Erfahrungsschatz verfügten im Grunde nur die angelsächsischen Mächte, die während des Zweiten Weltkrieges einen gemeinsamen Operations- und Planungsstab, den Combined Chiefs of Staff, gebildet hatten, um die Kriegführung gegen die Achsenmächte miteinander abzustimmen[146]. Die Kooperation der beiden Westalliierten, in die auch Kanada, Australien und Neuseeland einbezogen waren, er-

---

[143] Vgl. EA 1950, S. 3518–3520, hier S. 3519: Regierungserklärung Pleven, 24.10.1950.

[144] Zum Brüsseler Pakt: Guillen, Frankreich und die Frage der Verteidigung Westeuropas, S. 104–106, 111–114; Kaplan, Westunion; Krieger, Gründung; Vaïsse, L'échec d'une Europe franco-britannique; Varsori, Il Patto di Bruxelles; Zeeman, Der Brüsseler Pakt. Zur Gründung der NATO und zum Aufbau einer integrierten NATO-Kommandostruktur Anfang der 1950er Jahre: von Gersdorff, Die Gründung der Nordatlantischen Allianz; Greiner, Die Entwicklung der Bündnisstrategie, S. 19–28; Rebhan, Der Aufbau, S. 201–204, 210–217.

[145] Mit der Rüstungszusammenarbeit im Rahmen des Brüsseler Paktes und der Nordatlantischen Allianz beschäftigt sich eingehend Kap. V.2. der vorliegenden Arbeit.

[146] Matloff/Snell, Strategic Planning; Rigby, Combined Chiefs of Staff. Als größtes und bekanntestes militärisches Gemeinschaftsunternehmen des Zweiten Weltkrieges gilt die Operation »Overlord« – die Landung alliierter Großverbände in der Normandie am 6.6.1944. Unter dem Oberkommando des US-Generals Dwight D. Eisenhower und seines Stellvertreters, dem britischen Air Chief Marshal Sir Arthur Tedder, führten amerikanische, britische und kanadische Heeres-, Luftwaffen- und Marineverbände einen groß angelegten Angriff auf Hitlers Atlantikwall durch. »Overlord« erforderte umfangreiche gemeinsame Anstrengungen hinsichtlich der Informationsbeschaffung über den deutschen Gegner und der Ausarbeitung alliierter Operationspläne wie auch der materiellen Ausstattung, des Transports und der Führung der einzusetzenden Streitkräfte. Ferner musste der Nachschub geplant werden. Das Landungsunternehmen wurde insgesamt zu einem großen Erfolg, die Leistung seiner Planer war zweifellos beachtenswert. Aus der umfangreichen Literatur hierzu sei lediglich verwiesen auf: DRWK, Bd 7 (Beitrag Vogel); Weinberg, Eine Welt in Waffen, S. 713–735.

streckte sich aber nicht ausschließlich auf den militär-strategischen und -operativen Bereich. Man erkannte, dass es im Zeitalter der Massenheere und der totalen Mobilisierung der Wirtschaft für den Krieg unumgänglich sein würde, die Zusammenarbeit auch auf die Bereiche Rüstung und Versorgung auszudehnen. Die Umstellung der Friedens- auf Kriegswirtschaft drohte nämlich zu schwerwiegenden Engpässen zu führen: bei der Rohstoffversorgung, beim Arbeitskräftepotenzial, bei der Nahrungsmittelversorgung, bei Transportmitteln. Industriekapazitäten wurden zu Lasten des zivilen Konsums zunehmend für Kriegszwecke beansprucht. All dies konnte die eigene Volkswirtschaft und den Lebensstandard der Bevölkerung potenziell ins Wanken bringen. Einen Vorgeschmack hatte bereits der Erste Weltkrieg gegeben[147]. Eine Verschlimmerung der Lage drohte infolge der Ausdehnung des gegnerischen Einflussbereichs und der Nutzbarmachung des neu hinzugewonnen Potenzials für die feindliche Kriegsmaschinerie.

Um die ruinösen Begleiterscheinungen des globalen militärischen Schlagabtausches besser abfedern und Engpassprobleme bewältigen zu können, kamen die Westalliierten auf den Gedanken, kriegswichtige Rohstoffe in einem Pool zusammenzufassen. Deren Verfügbarkeit war für die Fähigkeit zur Kriegsführung geradezu entscheidend, sie waren Schlüsselfaktoren einer modernen Rüstung. Außerdem schien es notwendig, die verfügbaren Transportkapazitäten zu bündeln, um Truppen und Material an ihre Bestimmungsorte bringen und die Industrie am Leben erhalten, ja deren Produktionsausstoß noch vergrößern zu können. Ausgehend von den um die Jahreswende 1941/42, unmittelbar nach dem amerikanischen Kriegseintritt, gefassten Beschlüssen, riefen die Alliierten mehrere gemischte Gremien ins Leben. Zu den bedeutendsten gehörten das Combined Raw Materials Board, das Combined Shipping Adjustment Board, das Combined Production and Resources Board, das Combined Food Board sowie das Munitions Assignment Board. Mit Gründung der Ausschüsse – sie waren von Anfang an als Experiment, als vorübergehende Erscheinung gedacht, bis die Achsenmächte besiegt sein würden – betraten die Westalliierten Neuland[148].

Das Konzept der gemischten Boards stellte in vielerlei Hinsicht eine Herausforderung dar, denn die Gremien konnten nur dann funktionieren, wenn ihre Kompetenzen, Organisation und Arbeitsweise klar definiert waren, die nationalen Stellen sich auf eine gemeinsame Linie einigen konnten und die nationalen Vertreter bei den Boards, wie auch die Boards in ihrer Gesamtheit, unterstützten. Ferner hing der Erfolg der Boards von der Besetzung mit geeigneten Persönlichkeiten ab, die willens waren, nationale Interessen zugunsten einer effektiven Gemeinschaftsarbeit zurückzustellen, und die über Managementerfahrung, Verhandlungsgeschick und Autorität verfügten. Nicht zuletzt bedurfte es des politischen Willens auf Regierungsebene, um eine erfolgreiche Arbeit der Gremien zu ermöglichen.

---

[147] Einen knappen Überblick über die Kriegswirtschaft im Ersten Weltkrieg bietet Ullman, Kriegswirtschaft; dort weitere Verweise.
[148] Siehe hierzu die umfassende Studie von McKee Rosen, Combined Boards. McKee Rosen war Chief Administrative Analyst im US-Bureau of the Budget im Weißen Haus und Professor für Verwaltungswissenschaften. Für seine Arbeit konnte er auf Dokumente beteiligter nationaler Stellen und der Combined Boards zurückgreifen.

In der Praxis erwies sich die Arbeit der Boards als überaus schwierig[149]. Ihre Aufgabengebiete waren meist recht allgemein gehalten, ihre eigentlichen Ziele waren ungenau definiert. Weder erfolgte eine klare Abgrenzung gegenüber den nationalen Stellen, noch wurde das Verhältnis zwischen beiden Ebenen fixiert. Was die innere Organisation betraf, existierte vieles nur auf dem Papier. Nicht selten wurden die Boards von nationalen Akteuren schlichtweg umgangen. Zwischen den einzelnen Ministerien und Behörden gab es häufig Differenzen und Rivalitäten hinsichtlich der in den Boards zu vertretenden Positionen. Auch verfügten die Gremien über keine Durchsetzungsbefugnisse gegenüber den Mitgliedstaaten. Schwierig gestaltete sich die Kooperation mit den Streitkräften: Diese zeigten sich gegenüber den Ausschüssen sehr zurückhaltend und wollten sich in militärrelevanten Sachfragen ungern von zivilen bzw. internationalen Gremien hineinreden lassen. Als großes Manko erwies sich das Fehlen eines internationalen Sekretariats, das die Tätigkeit der einzelnen Ausschüsse und deren Zusammenarbeit hätte koordinieren können. Zu beobachten war zudem, dass die Boards in den Hintergrund traten oder gar aufgelöst wurden, wenn ein Problem als überwunden galt oder aber die nationalen »wartime administrations« in Fahrt kamen. So versank das Combined Shipping Adjustment Board ab Ende 1943 im Dornröschenschlaf, nachdem die Schiffstransportkrise beseitigt war, während das Combined Food Board über das Kriegsende hinaus bis Anfang Juli 1946 fortlebte. Die Arbeit wurde auch durch den mitunter mangelhaften Informationsfluss aus den Hauptstädten und die unzureichende Einbindung von Boards-Vertretern in nationale Entscheidungsprozesse beeinträchtigt. Ohne die nötigen Informationen war es aber kaum möglich, koordinierte Produktions- und Versorgungsprogramme auf die Beine zu stellen und umzusetzen. In der Praxis bildeten sich informelle Arbeits- und Kommunikationskanäle heraus, von denen die Boards mitunter sehr profitierten. Die grundsätzlichen organisatorischen Defizite vermochten sie allerdings nicht zu beheben. Dass die Boards durchaus funktionsfähig sein konnten, lag nicht selten an herausragenden Persönlichkeiten – besonders hervorzuheben wäre hierbei William L. Batt, leitender Beamter im US-Office of Production Management und Vertreter im Combined Production and Resources Board sowie im Combined Raw Materials Board. Die Gesamtbilanz der kombinierten Ausschüsse war, trotz diverser Reorganisations- und Optimierungsversuche, eher durchwachsen. Alles in allem gelangte der amerikanische Verwaltungswissenschaftler S. McKee Rosen zum Schluss:

> »In varying degrees they did effective work in furthering collaboration and adjustment, but they did not perform the larger task of planning and programming the pooled resources of their members[150].«

Zu den beständigsten und bedeutendsten Arbeiten in dem die Rüstung besonders tangierenden Bereich – dieser fiel in die Zuständigkeit des Produktions- und Ressourcenausschusses und seiner Unterausschüsse – zählten der Austausch statistischer Informationen zur Munitionsherstellung und zur Verteilung von Endmaterial und Rohstoffen, der Informationsaustausch über die Regulierung der Produktion und Materialkontrolle und der Austausch technischer Informationen. Aus all dem stechen vor

---

[149] Resümierend: McKee Rosen, Combined Boards, S. 257–273.
[150] Ebd., S. 268.

allem die Berichte über die Munitionslage hervor, die einen vergleichenden Überblick über die jeweilige Situation in den USA, Großbritannien und Kanada ermöglichen[151].

Demgegenüber implizierte der Pleven-Plan vom Oktober 1950 weitaus mehr als bloße Koordinierungsorgane, nämlich eine supranationale Autorität mit einer entsprechenden Behörde. Was im Pleven-Plan nur kurz erwähnt wurde – die Rede war lediglich von einem europäischen Bewaffnungs- und Ausrüstungsprogramm, das unter der Regie eines Verteidigungsministers aufzustellen und durchzuführen sein würde –, konkretisierte sich erst im Laufe der ab Februar 1951 in Paris tagenden »Konferenz für die Organisation einer Europäischen Armee«. Aber selbst dort wurden Rüstungsfragen eher stiefmütterlich behandelt. Dies zeigte sich auch daran, dass der Lenkungsausschuss, in dem die Leiter der an der Konferenz beteiligten Delegationen vertreten waren, lediglich Ausschüsse für Militär, Recht und Finanzen, aber keinen Rüstungsausschuss einrichtete[152].

Im Vordergrund standen, wie bereits in Kapitel II.1. dargelegt, die Festlegung der Organe und deren Befugnisse sowie die Klärung militärischer und finanzieller Sachfragen. Außerdem stellte man Überlegungen zur Funktionsweise der Gemeinschaft für die Übergangsperiode, die Zeit nach Inkrafttreten des noch auszuhandelnden Vertrags über die Europaarmee, an. Die im Zwischenbericht vom 24. Juli 1951 aufgeführten Bestimmungen zum künftigen europäischen Bewaffnungs- und Ausrüstungsprogramm waren dann auch recht allgemein gehalten, ließen aber bereits erahnen, welch umfangreiche Arbeit auf die Fachleute der teilnehmenden Staaten bis zur Vertragsunterzeichnung und darüber hinaus noch zukommen würde. Gemäß dem Zwischenbericht sollte einem Kommissar oder einem Kommissarskollegium die Aufstellung eines integrierten Rüstungsprogramms und dessen Durchführung übertragen werden. Das in enger Abstimmung mit der NATO zu realisierende Rüstungsprogramm war vom EVG-Ministerrat zu billigen und aus gemeinsamen Mitteln zu finanzieren. Für die Programmfestlegung empfahlen die Delegationen mit Ausnahme der Italiener eine Zweidrittelmehrheit. Diese befürworteten die Einstimmigkeitsregel, auch in Finanzangelegenheiten. Ferner kam dem Kommissariat die Verwaltung von Personal und Material zu. In den Kompetenzbereich der EVG sollte außerdem die Standardisierung von Waffen und Gerät, eine Spezialisierung der Rüstungsproduktion, die effiziente Nutzung der in den Mitgliedstaaten vorhandenen Ressourcen, die Verteilung der militärischen Auslandshilfe und der Aufbau eines gemeinsamen Logistiksystems fallen. Zur Erfüllung dieser Aufgaben sollten außer der Europäischen Behörde noch nachgeordnete Verwaltungs- und Militärdienststellen geschaffen werden, die mit entsprechendem Zivil- und Militärpersonal besetzt werden mussten[153]. Zusammenfassend lässt sich feststellen, dass das Kommissariat über Kompetenzen ähnlich denen eines nationalen Verteidigungsministeriums verfügen sollte und dass ein gemeinsamer Rüstungsmarkt ins Auge gefasst war.

Im Einzelnen bedeutete dies, dass die an der Europaarmee teilnehmenden Nationen eine gemeinsame Organisationsstruktur des Kommissariats und seiner zivilen und mi-

---

[151] Vgl. ebd., S. 180–182.
[152] Vgl. Schustereit, Deutsche Militärverwaltung im Umbruch, S. 71.
[153] Vgl. AAPD/AuHK, I, S. 529–548, hier S. 530 f., 534, 536, Anlage Nr. 15: Zwischenbericht der Delegationen für die an der »Konferenz für die Organisation einer Europäischen Armee« beteiligten Regierungen, 24.7.1951.

litärischen Dienststellen konzipieren, deren genauen Befugnisse, aber auch Rolle und Status der auf nationaler Ebene existierenden Organe klären mussten. Daneben war es notwendig, einen Berechnungsschlüssel für die finanziellen Beiträge der Mitgliedstaaten und die Grundzüge eines EVG-Finanzsystems auszuarbeiten und die verfügbaren oder erforderlichen Kapazitäten der Rüstungsindustrien zu ermitteln. Zudem erschien es angebracht, Vorkehrungen gegen mögliche Engpässe und Störungen in den einzelnen Volkswirtschaften zu treffen und wirtschaftliche Mobilisierungspläne für Kriegszeiten zu entwerfen. Auch war es im Hinblick auf die Aufstellung und Durchführung eines europäischen Rüstungsprogramms unabdingbar, einheitliche Standards für die Gebiete Auftragsvergabe, Lizenzvergabe, Fertigungskontrolle, Preisbildung und -prüfung, Zoll- und Steuerfragen, Lieferbedingungen, Geräteabnahme, Bezahlung und Streitschlichtungsmechanismen zu erarbeiten. Zu lösen war daneben die Frage, wie nach Inkrafttreten des EVG-Vertrags mit den laufenden nationalen Verträgen verfahren werden sollte, die sich aus den in der Regel auf mehrere Jahre angelegten Rüstungsprogrammen der Mitgliedstaaten ergaben.

Ein Blick auf die in den Mitgliedstaaten geltenden Vergabebestimmungen für Militäraufträge verrät, dass diese in einigen Bereichen voneinander abwichen, in anderen hingegen große Ähnlichkeiten aufwiesen[154]. Unterschiede bestanden beispielsweise hinsichtlich der vom Auftragnehmer zu erfüllenden Bedingungen, vor allem bei den Einzelbestimmungen zur Prüfung der Eignung von Bewerbern, aber auch hinsichtlich des rechtlichen Charakters der Verträge. Während in Belgien, der Bundesrepublik und den Niederlanden alle von der öffentlichen Hand abgeschlossenen Beschaffungsverträge privatrechtlicher Natur waren und der zivilen Gerichtsbarkeit unterlagen, war den französischen Militärbehörden der Abschluss sowohl privatrechtlicher als auch verwaltungsrechtlicher Verträge möglich, wobei Letztere mit Abstand am häufigsten vorkamen, besonders bei wichtigen Beschaffungsvorhaben. Verwaltungsrechtliche Aufträge räumten dem Auftraggeber weitreichende Befugnisse gegenüber dem Auftragnehmer ein, etwa bei Kontroll- und Zwangsmaßnahmen und Vertragsänderungen. In Italien gestaltete sich die Lage komplizierter, weil man die Verträge zwar begrifflich dem Verwaltungsrecht zuordnete, aber bürgerliches Recht auf sie angewandte. Doch enthielten die Ausschreibungsbedingungen der Militärverwaltung zumeist Klauseln, die Streitfälle einem Schiedsgericht überwiesen und somit der Zuständigkeit der Zivilgerichte entzogen.

In anderen wesentlichen Punkten lagen die Vorschriften und Verfahrensweisen der EVG-Staaten nicht allzu weit auseinander. In allen Hauptstädten kannte man etwa die drei Auftragsvergabearten öffentliche Ausschreibung, beschränkte Ausschreibung und freihändige Vergabe, wobei es in Frankreich noch einige Unterarten gab. Gewisse Analogien gab es außerdem bei der Preisprüfung, den Bezahlungsmodi (Vorschussleistungen) und Durchführungsbestimmungen. Insgesamt hielten es die Experten der an der Europaarmee-Konferenz teilnehmenden Länder für möglich, dass sich die Ausarbeitung gemeinsamer Vorschriften mittelfristig ohne größere Schwierigkeiten realisieren lassen

---

[154] Zum Folgenden: BArch, BW 9/3074, Bl. 321–335: Bericht Unterausschuss für die Untersuchung der mit der Auftragsvergebung durch die Militärbehörden zusammenhängenden Fragen, für EVG-Rüstungsausschuss, 29.4.1952; BArch, BW 9/3643, Bl. 122–130: Überblick über die nationalen Beschaffungsverfahren in den Unterzeichnerstaaten des EVG-Vertrages (außer Luxemburg), o.D.; BArch, BW 9/2968, Bl. 262: Vermerk Mittelstraß [23.4.1952].

würde. Im Großherzogtum Luxemburg wurde die Beschaffung von Waffen, Munition und sonstigem Kampfgerät gemeinsam mit dem belgischen Nachbarn vorgenommen und richtete sich folglich nach dem dort angewandten Verfahren[155]. Am Beispiel Frankreichs zeigte sich aber, dass zwischen Anspruch und Wirklichkeit häufig ein großer Unterschied klaffte: Wie die französische Delegation später im Ausschuss für Auftragsvergabe (Unterausschuss I des EVG-Rüstungsausschusses) eingestand, gab es in ihrem Land nämlich in der Praxis so gut wie keine öffentliche Ausschreibung und damit auch keinen echten Wettbewerb[156] – im Gegensatz zu Belgien[157].

Eine enorme Herausforderung stellte die Vereinheitlichung von Waffen und Gerät und der dazugehörigen Verfahrensvorschriften dar. Hierzu bedurfte es der Erarbeitung gemeinsamer militärisch-taktischer Forderungen und einer Materialauswahl durch einen Generalstab, zumindest aber durch ein mit Militärs besetztes Gremium, wie auch einer engen Zusammenarbeit mit den integrierten Rüstungsdienststellen und der Industrie. Auf einen reichen Erfahrungsschatz konnten die an der Pariser Konferenz beteiligten Nationen nicht zurückgreifen. Im Rahmen des Brüsseler Paktes und der NATO gab es, wie in Kap. V. dargelegt wird, nur sehr mühsame erste Gehversuche.

Wie notwendig die Standardisierung und wie schwierig diese selbst auf nationaler Ebene war, hatte sich während des Zweiten Weltkrieges eindringlich gezeigt, etwa bei der deutschen Wehrmacht: So hatten die vielen unterschiedlichen Waffentypen zu einer beträchtlichen Verschwendung von Ressourcen und Entwicklungs- und Produktionskapazitäten sowie zu Nachschubproblemen geführt. Der gigantische, nur schwer zu überblickende Rüstungsapparat verzettelte sich in einer Vielzahl von Entwicklungsarbeiten und Waffenprogrammen und stellte zu spät auf Massenfertigung um. Da der Produktionsausstoß nicht ausreichte, um die steigende Zahl an Wehrmachtsverbänden auszustatten, griff man auf Beutewaffen zurück, sodass sich das ohnehin schon existierende Sammelsurium an Militärgerät noch vergrößerte. Weiter erschwert wurde die Situation durch die sich immer mehr zuspitzende Rohstofflage, hervorgerufen etwa durch den stetig steigenden Bedarf, den Verlust rohstoffreicher Gebiete und die alliierten Bombenangriffe. Ende 1942 befanden sich im Arsenal Deutschlands und seiner Verbündeten, wie der Chef des Heereswaffenamtes, General der Artillerie Emil Leeb, in einer Denkschrift vom Dezember 1942 bemerkte, 52 verschiedene Modelle von Flakgeschützen. Im deutschen Heer zählte man mehr als 170 verschiedene Geschütztypen und 84 Munitionssorten mit nahezu 400 Varianten. Die Achsenmächte verfügten über mindestens 73 verschiedene Typen an Panzerkampfwagen bzw. gepanzerten Fahrzeugen. Ein Umdenken hin zur Typenbereinigung und Standardisierung setzte in Deutschland erst 1941/42 infolge der schweren Verluste im Russlandfeldzug und dem Beginn des Abnutzungskriegs ein. Noch im Sommer 1943, als unter Rüstungsminister Albert Speer erste Rationalisierungsmaßnahmen in die Wege geleitet worden waren, gab es im Fuhrpark einer einzigen Division 110 verschiedene Kraftfahrzeugtypen. Die Luftwaffe besaß über 55 Flugzeugmuster. Trotz der Versuche Speers, der Typenvielfalt

---

[155] Vgl. PA-AA, B 10/1039: Jansen an AA, 21.3.1952. Für sonstige Armeeaufträge hatte Luxemburg seine eigenen Vergabebestimmungen.
[156] Vgl. BArch, BW 1/2846: Mittelstrass an Gätjen (BMWi), 12.9.1952, S. 1.
[157] Exemplarisch: Ebd., Belg. Verteidigungsministerium, Sonderheft der Ausschreibungsunterlagen bezüglich der Lohnanfertigung militärischer Kleidung aus Tuch [...], 31.5.1952.

ein Ende zu setzen, erwies sich das Unterfangen wegen struktureller Schwierigkeiten und der von Beginn an verfehlten Rüstungspolitik Adolf Hitlers als unlösbar. Alles in allem zeigte sich, dass der mangelhafte Grad an Standardisierung ein erhebliches Maß an Mehrbelastungen für die deutsche Kriegswirtschaft und die Wehrmachtslogistik mit sich gebracht und zu einer gewaltigen Verschwendung an Ressourcen geführt hatte[158].

Auch zu Beginn der 1950er Jahre gestaltete sich die Standardisierung auf nationaler und erst recht auf internationaler Ebene schwierig. Wie bereits beschrieben, bestanden die Militärarsenale der Westeuropäer aus einem wilden Sammelsurium an Gerät aus heimischer Produktion, aus amerikanischen und britischen Beständen, teilweise auch noch aus Beutewaffen. Aus der Vielzahl an Beispielen sei nur an die Typenvielfalt bei den Fahrzeugen des französischen Expeditionskorps in Fernost erinnert. Der Löwenanteil entstammte der US-Militärhilfe. Da die Streitkräfte der Westeuropäer noch weit davon entfernt waren, materiell miteinander kompatibel zu sein, stand das Kommissariat vor einer enormen Herausforderung. Zu bedenken galt es auch, dass man sich mit der NATO abstimmen musste, wobei es eher darauf hinauslief, dass die wesentlichen Rüstungsstandards innerhalb der NATO erarbeitet und von der EVG einfach nur übernommen werden sollten. Dies warf schließlich die Frage auf, ob und inwiefern die Deutschen, die nach französischem Willen kein Mitglied der Nordatlantischen Allianz sein durften, die Standards würden mitgestalten können.

Eine weitere Frage, die sich mit der Etablierung einer europäischen Verteidigungsorganisation stellte, war das Verhältnis des Kommissariats zur Rüstungsindustrie der einzelnen Mitgliedstaaten. Es galt nämlich zu bedenken, dass dieser Industriezweig in Frankreich in hohem Maße verstaatlicht war, somit dem direkten Einfluss der Regierung unterlag und einen bevorzugten Status innehatte. In den Niederlanden war die Rüstungsindustrie hingegen privatwirtschaftlich organisiert und stärker auf marktwirtschaftlichen Wettbewerb ausgerichtet. Auch die deutsche Seite wandte sich entschieden gegen staatliche Rüstungsunternehmen, weil diese als Sinnbild für Ineffizienz und Ressourcenverschwendung und als wenig wettbewerbsfähig galten[159]. Des Weiteren differierten Größe und Leistungsspektrum der Rüstungsindustrien mitunter erheblich. Aus dem Kreise der EVG-Staaten war einzig Frankreich, das sich sehr um den Wiederaufbau seiner Waffenproduktion bemühte, in der Lage, ein breites Spektrum an Kriegsmaterial anzubieten. All dies warf das Problem des vom Kommissariat anzuwendenden Auftragsvergabemodus auf: Wie könnte eine effiziente, zugleich aber auch gerechte und die wirtschaftlichen Interessen der EVG-Staaten berücksichtigende Verteilung der europäischen Beschaffungsaufträge aussehen?

Die Rüstungsintegration berührte aber nicht nur organisatorische und militärischtechnische, sondern auch finanzpolitische Aspekte. Denn bei grenzüberschreitenden Beschaffungen im Rahmen einer supranational integrierten Organisation war mit erheblichen Transfer- und Devisenproblemen zu rechnen. »Die Franzosen müssen auch in Schleswig-Holstein ihren Wein, die Italiener in Lüneburg ihre Spaghetti, beide überall

---

[158] Siehe Müller, Speer, S. 675–684. Müller nennt in seinem Beitrag Beispiele aus den Bereichen Panzerbau und Luftrüstung. Ausführlich hierzu sowie allgemein zur deutschen Rüstungswirtschaft während des Zweiten Weltkriegs: Budraß, Flugzeugindustrie; Knittel, Panzerfertigung im Zweiten Weltkrieg; Tooze, Ökonomie der Zerstörung.

[159] Vgl. BArch, BW 9/4121, Bl. 31–35: Vermerk, Mai 1953.

ihren Kaffee haben, der in Frankreich wenig, in der Bundesrepublik viel kostet« – auf solch anschauliche Weise beschrieb der Kopf der deutschen EVG-Finanzdelegation Vialon das Transferproblem[160]. Ein europäisches Währungssystem existierte nicht, die Währungen waren nicht konvertibel, konnten also nicht beliebig, sondern nur in kleinen Mengen gegeneinander getauscht werden. Auch waren die Devisenreserven der Europäer äußerst ungleich, die Wirtschafts- und Finanzsysteme zu disparat, verlässliche wirtschaftliche Wachstumsvorhersagen kaum möglich[161]. Die Vereinigung der in den verschiedenen Währungen zusammenfließenden Beiträge und deren Verausgabung im Gemeinschaftsgebiet warfen nach Auffassung von Finanzexperten Transferfragen »größten Ausmaßes« auf und drohten bei den Zahlungsbilanzen kräftig zu Buche zu schlagen. Besonders die Größe der zu erwartenden Transfers machte den Planern zu schaffen. Man befürchtete die Entstehung untransferierbarer Größenordnungen[162].

## 3. Die Rolle der Bundesrepublik in den französischen Verteidigungsplanungen

Beschäftigt man sich mit den französischen Rüstungsplänen der Nachkriegszeit, so drängt sich unweigerlich die Frage auf, wie Frankreichs Generale das militärische Kräfteverhältnis zwischen West und Ost eigentlich einschätzten, welches Kriegsbild sie hatten, wie sie eine sowjetische Invasion abwehren wollten und welche Rolle die Bundesrepublik in den Verteidigungsplanungen spielte. Als äußerst aufschlussreich erweist sich hierbei die Sitzung des Obersten Rates der Streitkräfte vom 21. Dezember 1953, bei der nahezu alle wichtigen Militärbefehlshaber des Landes anwesend waren[163]. Fast genau eine Woche zuvor, am 12. Dezember 1953, hatte US-Außenminister Dulles Frankreich mit einem »agonizing reappraisal« der amerikanischen Verteidigungspolitik gedroht, sollte die EVG nicht bald das Licht der Welt erblicken.

Bemerkenswerterweise hatte Verteidigungsminister Pleven, der selbst nicht an der Sitzung teilnahm, diese alleine deshalb anberaumt, um das allgemeine Meinungsbild der Generalität in Bezug auf die westdeutsche Wiederbewaffnung zu eruieren. Es ging ihm lediglich um eine Antwort auf die Frage, ob die Generalität angesichts des militärischen Kräfteverhältnisses zwischen der NATO und der UdSSR und der Notwendigkeit einer Verteidigung des französischen Mutterlandes einen westdeutschen Militärbeitrag

---

[160] Vialon, Gedanken zur Versorgung, S. 6.
[161] Vgl. AWS, Bd 2 (Beitrag Köllner/Volkmann), S. 858 f.; Krüger, Sicherheit durch Integration?, S. 248.
[162] Vgl. ACDP, NL Vialon, I-475-003/5: Memorandum Vialon über das Budget einer Europäischen Verteidigungsorganisation, o.D., S. 17 f. (Zitat S. 18); siehe auch BArch, BW 9/3210, Bl. 132–143: Aufz. über die sich aus der Europäischen Armee ergebenden Devisenprobleme, 24.9.1951.
[163] Vgl. SHD/DAT, 1 R/180-3: Protokoll Sitzung Oberster Rat der Streitkräfte (21.12.1953), 1. Teil, 12.1.1954; vgl. resümierend: David, Lâcher la proie pour l'ombre?, S. 124–128. Bei dem im Mai 1951 geschaffenen und zwei Jahre später reorganisierten Gremium handelt es sich um ein Konsultationsorgan zur Behandlung allgemeiner, die Streitkräfte und die Nationale Verteidigung betreffender Fragen. 1961 wurde das Gremium aufgelöst. Vgl. MDN/Service Historique de l'Armée de Terre, Inventaire de la série R, I, S. XVI f.

für notwendig hielt[164]. Die EVG, die die politische Landschaft Frankreichs zum damaligen Zeitpunkt zutiefst spaltete, war offenbar bewusst nicht als Gegenstand der Sitzung vorgesehen, was vermutlich damit zusammengehangen haben dürfte, dass Pleven die Auffassungen der Streitkräftespitze zu dem Thema hinreichend bekannt waren und er schlichtweg nicht einsah, sich von den Militärs in politische Sachfragen hineinreden zu lassen.

In ihrer militärischen Lagebeurteilung zeichnete die Streitkräftespitze ein sehr düsteres Bild. Ein Vergleich zwischen den Streitkräften der UdSSR (mit ihren Satellitenstaaten) und der NATO ergab ein Verhältnis von 3:1 und offenbarte eine erdrückende konventionelle Übermacht des Ostens. Während der Osten zum Zeitpunkt des Mobilisierungsbeginns 40 Divisionen und 2400 Kampfflugzeuge aufbieten konnte, verfügte die NATO nur über ca. 18 Divisionen und 2600 Flugzeuge. Nach dreißig Tagen sah das Kräfteverhältnis für die Westeuropäer noch ungünstiger aus: Man rechnete mit 100 sowjetischen Divisionen und 5000 Kampfflugzeugen, bei der NATO mit ca. 32 Divisionen bei gleichbleibender Anzahl des Luftwaffengeräts. Doch es sollte noch schlimmer kommen: Die Militärstrategen trauten der Sowjetunion und ihren Satellitenstaaten sogar zu, 90 Tage nach Kriegsausbruch eine Streitmacht mit 140 Divisionen und 7000 Flugzeugen mobilisieren zu können. Bei der NATO hingegen waren für den Zeitraum ab dem 30. Tag keine weiteren Verstärkungen eingeplant. Alles in allem offenbarte sich, dass die Truppen des westlichen Bündnisses numerisch hoffnungslos unterlegen waren. Auch wenn die östlichen Armeen größtenteils den modernen Ausrüstungsstandards nicht entsprachen, stand es zu befürchten, dass die wenigen zur Verfügung stehenden NATO-Verbände im Falle eines sowjetischen Großangriffs regelrecht überrannt würden und das französische Territorium unmittelbar bedroht wäre.

Auf eine groß angelegte Kampfunterstützung durch die USA und Großbritannien wollte man sich nicht hundertprozentig verlassen. Frankreichs Strategen hielten es, bestärkt durch den amerikanischen *New Look* und die Nuklearisierung der Bündnisstrategie, für wahrscheinlich, dass die Angelsachsen große Teile Westeuropas, darunter auch Frankreich, dem Feind preisgeben wollten und sie sich auf periphere Positionen, auf die iberische Halbinsel und die Britischen Inseln, zurückziehen würden – eine Vermutung, die vom französischen Vertreter in der Ständigen Gruppe der NATO und Kenner der US-Nuklearstrategie, General Jean E. Valluy, geteilt wurde[165]. Dabei schwang auch die Befürchtung mit, dass das französische Staatsterritorium bei einem Einsatz taktischer Atomwaffen selbst zum Schlachtfeld werden würde. Die Vorstellung, wonach die Rote Armee im Nu bis zum Ärmelkanal und zur Atlantikküste vorstoßen könnte, erschien unter den gegebenen Umständen durchaus realistisch.

Frankreichs Strategen zerbrachen sich über eine erfolgreiche Invasionsabwehr den Kopf, fanden aber letztlich kein Patentrezept. Man entschied sich beispielsweise 1948 zur Reaktivierung der Maginotlinie, von der einzelne Teile sogar bis 1968 in Betrieb blieben. Man klammerte sich an die Hoffnung, zumindest die Alpenregion, den Jura

---

[164] Vgl. SHD/DAT, 1 R/180-3: Pleven an Juin, 14.12.1953.
[165] Vgl. SHD/DAT, 1 R/180-3: Protokoll Sitzung Oberster Rat der Streitkräfte (21.12.1953), 1. Teil, 12.1.1954, S. 5–9, 15, 17, 26; David, Lâcher la proie pour l'ombre?, S. 125. Die hier genannten Zahlen weichen etwas von den offiziellen NATO-Angaben ab.

und das Zentralmassiv halten und Widerstandsaktionen im feindlich besetzten Gebiet organisieren zu können. Als weiteren Rettungsanker brachte man Nordafrika ins Spiel, das bereits während des Zweiten Weltkriegs als Rückzugsgebiet gedient hatte[166]. Eine Preisgabe des französischen Territoriums, seine Eroberung, Verwüstung und Besetzung durch die Rote Armee, kam für die Streitkräfteführung jedoch nicht in Frage, wie Marschall Juin betonte:

»La situation est alarmante, car elle reporte indéfiniment le risque. Or le risque et quelque chose de très grave. En fait il signifie le retour à la stratégie périphérique, le jour où le conflit se déclenchera; c'est l'abandon consenti de l'Europe Occidentale et de ses valeurs spirituelles. C'est le report de la défense sur des bases de départ ultérieures sur d'autres continents, en Angleterre ou en Espagne [...] Or on n'a pas le droit de penser un seul instant à l'abandon du territoire, car on ne sait pas dans quelles conditions on le retrouverait, même si une décision favorable intervenait à l'issue de la guerre[167].«

Im Zentrum der französischen Auffassungen von einer Verteidigung Westeuropas stand die Sicherung seines Heimatterritoriums. Folglich sollte die Abwehr eines Angriffs aus dem Osten mit Unterstützung der westlichen Verbündeten so weit östlich wie möglich aufgenommen und der Angreifer spätestens am Rhein zum Stehen gebracht werden[168].

Mit gewisser Sorge beobachtete der Generalstab zudem die militärische Aufrüstung in der DDR, auch wenn man die dort aufgestellten Verbände in erster Linie als politisches Instrument zur Herrschaftssicherung der Sozialistischen Einheitspartei Deutschlands (SED) und weniger als Invasionstruppe betrachtete. Während die Bundesrepublik nur über ca. 10 000 mit leichten Waffen ausgestattete Bereitschaftspolizisten verfügte und ihr EVG-Kontingent bislang nur auf dem Reißbrett existierte, hatte sich in Ostdeutschland seit 1948 unter sowjetischer Regie eine militärisch gegliederte und ausgerüstete Kasernierte Volkspolizei (KVP), die Keimzelle einer regulären Armee, formiert. Ihre Stärke schätzte die französische Militäraufklärung zum 1. April 1954 auf sieben Divisionen mit ca. 90 000 Mann. Daneben besaß die DDR eine Volkspolizei Luft mit ca. 6000 Mann, darunter auch ausgebildete Kampfpiloten, und eine Volkspolizei See mit ca. 6500 Mann und kleinen Schiffen mit einer Tonnage von insgesamt 8000 t[169].

Für die NATO-Verbände blieb nach französischer Einschätzung am Tag X nur das Verzögerungsgefecht bis zum Rhein, nach spätestens zehn Tagen musste die Verteidigung entlang der Rheinlinie einsetzen, um eine Invasion Frankreichs abzuwehren. Dass man

---

[166] Einen kurzen Überblick über die zwischen 1945 und 1969 unternommenen Verteidigungsplanungen für den Fall einer sowjetischen Invasion vermitteln Sarmant/Mercier, La guerre qui n'a pas eu lieu.
[167] Vgl. SHD/DAT, 1 R/180-3: Protokoll Sitzung Oberster Rat der Streitkräfte (21.12.1953), 1. Teil, 12.1.1954, S. 9.
[168] Vgl. AWS, Bd 1 (Beitrag Greiner), S. 215 f.
[169] Vgl. AMAE, DF-CED/C/112: Bericht Generalstab der frz. Streitkräfte/2. Abt., 31.5.1954; vgl. auch AMAE, DF-CED/C/117: Bericht [1953/54]. Umfassend zum Aufbau der KVP: Diedrich/Wenzke, Geschichte der Kasernierten Volkspolizei; Thoß, Volksarmee schaffen – ohne Geschrei! Nicht berücksichtigt wurden in dem französischen Armeebericht vom 31.5.1954 der Bundesgrenzschutz (BGS) und die DDR-Grenzpolizei. Zum BGS, der anfangs 10 000 Mann zählte und infolge der Niederschlagung des Volksaufstandes in der DDR (17.6.1953) aufgestockt wurde, hieß es: »[...] sa mission particulière fait qu'il est peu vraisemblable qu'elle puisse donner naissance à une Armée allemande«. AMAE, DF-CED/C/112: Bericht Generalstab der frz. Streitkräfte/2. Abt., 31.5.1954, S. 1.

die anstürmenden Massen an Rotarmisten schon an der Elbe würde aufhalten können, galt geradezu als Phantasievorstellung und wurde folglich gar nicht erst ernsthaft in Betracht gezogen. Sorgen bereitete einigen Generalen allerdings die Operationsfähigkeit der westlichen Verbände: Während man die US-Divisionen als kriegsbereit einschätzte, hatte man an der Qualität der britischen Truppen erhebliche Zweifel. General Marcel Carpentier zufolge mangelte es den Briten an Unterstützungs- und Pionier-, des Weiteren an schlagkräftigen Infanterie- und Panzereinheiten. Den Niederländern traute man noch weniger zu. Carpentier bezeichnete deren verfügbare Division als »purement statique qui se battrait bien pour défendre son pays mais il n'est pas question de la déplacer pour une manœuvre quelconque«[170]. Auch die französischen Streitkräfte galten als schwerfällig, ihre Ausstattung als größtenteils veraltet. Ferner zehrte der Indochinakrieg an ihren Kräften, sodass man kaum mit nennenswerten Truppenverstärkungen und Modernisierungsmaßnahmen würde rechnen können[171].

Angesichts des skizzierten apokalyptischen Szenarios muteten die 12 deutschen Divisionen mit ihren mehreren hunderttausend Soldaten und 1326 Flugzeugen, auf die sich die sechs EVG-Staaten 1952 verständigt hatten, wie ein Geschenk des Himmels an. Für die überwiegende Mehrheit der versammelten Generale stand es daher außer Frage, dass an einem westdeutschen Verteidigungsbeitrag kein Weg vorbeigehen würde. Sie erblickten darin einen substanziellen Beitrag zur Stärkung Europas, der die Chancen vergrößerte, die Schlacht östlich des Rheins austragen und das Heimatterritorium vor einer Invasion verschonen zu können. Ohne deutsche Streitkräfteformationen hielt man eine Verteidigung für aussichtslos[172]. Lediglich einer unter den gut zwei Dutzend Anwesenden wandte sich gegen eine deutsche Wiederbewaffnung und forderte, die NATO müsse gefälligst die erforderlichen personellen, wirtschaftlichen und technischen Ressourcen aufbringen[173].

Weitsichtiger zeigte sich der Oberbefehlshaber der französischen Besatzungstruppen in der Bundesrepublik (1. Französische Armee), General Roger Noiret, der sich am Tag X mit seinen beiden Divisionen, einer Panzer- und einer Infanteriedivision, schätzungsweise 12 gegnerischen Divisionen gegenüber sah: Er empfahl mehrere deutsche Kampfverbände unweit der tschechoslowakischen Grenze zu stationieren, um im Kriegsfall Zeit gewinnen und neue Kräfte aus dem Westen heranführen zu können: »La situation est toute différente si la Noman's land bavarois est occupé par 3 ou 4 Groupements allemands«. Selbst alliierte Nuklearwaffen könnten die quantitative Unterlegenheit der NATO-Truppen nicht kompensieren. Ferner hob Noiret die Bedeutung des Schwarzwaldes für die Militäraufklärung, etwa durch die Installation von Radaranlagen, hervor[174].

Luftwaffenchef Pierre Fay bezeichnete ein deutsches Luftwaffenkontingent als unerlässlich, weil man weder mit einer nennenswerten Vergrößerung der eigenen noch

---

[170] Vgl. SHD/DAT, 1 R/180-3: Protokoll Sitzung Oberster Rat der Streitkräfte (21.12.1953), 1. Teil, 12.1.1954, S. 23–25 (Zitat S. 24).
[171] Vgl. ebd., S. 11, 16; AMAE, DF-CED/C/112: Vermerk, 12.7.1951; vgl. auch AWS, Bd 1 (Beitrag Greiner), S. 216.
[172] Vgl. SHD/DAT, 1 R/180-3: Juin an Pleven, 12.1.1954.
[173] Vgl. ebd.: Protokoll Sitzung Oberster Rat der Streitkräfte (21.12.1953), 1. Teil, 12.1.1954, S. 38.
[174] Vgl. ebd., S. 29–31 (Zitat S. 29).

der alliierten Luftstreitkräfte rechnen könne[175]. Admiral André Georges Lemonnier, stellvertretender Oberbefehlshaber der NATO-Streitkräfte in Mitteleuropa, stimmte einer Aufstellung deutscher Heeres- und Luftwaffenverbände grundsätzlich zu, gab sich aber überzeugt, dass man auf deutsche Marinekräfte getrost verzichten könne[176]. Der allgemein als absoluter EVG-Befürworter bekannte Chef der französischen EVG-Militärdelegation, General Edgard de Larminat, verwies darauf, dass es kaum vorstellbar sein dürfte, den Kampf auf einem Gebiet auszutragen, dessen Bevölkerung nicht auf alliierter Seite stünde: »[...] s'ils ne sont pas avec nous, ils seront contre nous«[177]. Frankreichs Repräsentant bei der Ständigen Gruppe Valluy gab zu bedenken, dass die Angelsachsen sich ohne die Verfügbarkeit deutscher Soldaten erst recht umgehend auf eine periphere Verteidigungsstrategie einrichten würden[178].

Nach Auffassung der Militärs mussten aber für den Fall einer Aufrüstung des einstigen Erzfeindes bestimmte Sicherheitsvorkehrungen getroffen werden, um dessen Kriegspotenzial unter Kontrolle zu halten und eine rein defensive Ausrichtung der deutschen Truppen sicherzustellen. So sollten die Deutschen beispielsweise nicht über eine strategische Luftwaffe verfügen[179]. »Le but à atteindre étant de protéger notre pays contre une invasion«, so formulierte es der französische Admiralstabschef Henri Nomy, »il faut peser toutes les menaces et prendre des garanties afin que l'Allemagne réarmée ne soit pas, lui-même et une fois de plus, le ›perturbateur‹«[180].

Bei der Sitzung zeigte sich allerdings auch eine erschreckende Konzeptlosigkeit der französischen Generale. Zwar votierten sie fast geschlossen für einen westdeutschen Verteidigungsbeitrag, über dessen konkrete Form bestanden jedoch sehr unterschiedliche Auffassungen. Es herrschte heilloses Chaos; ein einheitliches Konzept ließ sich nicht erkennen. Der für die Heimatverteidigung zuständige Befehlshaber, Generalinspekteur René Jean-Charles Chouteau, beklagte sich über seinen schlechten Informationsstand: Eine Sitzung wie die vom 21. Dezember 1953 habe letztmals vor 2½ Jahren stattgefunden. Er sei nicht mehr auf dem Laufenden, auch nicht über die Entwicklungen auf atomarem Gebiet. Seine Zustimmung zur Aufrüstung des ehemaligen Kriegsgegners gab er daher nur unter gewissen Vorbehalten. Andere Generale äußerten wiederum völlig unrealistische, ja geradezu abenteuerliche Vorschläge: So regte Admiral Pierre Barjot eine mit deutschen Soldaten besetzte östliche Verteidigungslinie, ähnlich der Siegfriedlinie und Maginotlinie an, um den streng defensiven Charakter eines deutschen Kontingents festzuschreiben – eine klare Absage an bewegliche und gepanzerte deutsche Kampfverbände, was sicherlich auf die Erinnerungen an die demütigende Niederlage der französischen

---

[175] Vgl. ebd., S. 22 f.
[176] Vgl. ebd., S. 17. Lemonnier war vom 6.6.1943 bis zum 31.5.1950 Chef des französischen Admiralstabes gewesen. Vgl. Quérel, Vers une marine atomique, S. 19, 415.
[177] SHD/DAT, 1 R/180-3: Protokoll Sitzung Oberster Rat der Streitkräfte (21.12.1953), 1. Teil, 12.1.1954, S. 21.
[178] Vgl. ebd., S. 26.
[179] Vgl. ebd., S. 34, 39 f.
[180] Ebd., S. 23. Nomy war während des Zweiten Weltkrieges der Kopf eines Spionagekommandos und nach seiner Flucht nach London im Jahre 1943 Chef der Marineflieger. Er stand vom 26.10.1951 bis zum 1.7.1960 an der Spitze des Admiralstabes. Vgl. État général des fonds privés de la Marine, I, S. 284 f.; Person, L'amiral Nomy; Quérel, Vers une marine atomique, S. 20, 415.

III. Militärische und rüstungswirtschaftliche Rahmenbedingungen     121

Armee beim Westfeldzug 1940 zurückzuführen sein dürfte[181]. Barjot schien ganz offensichtlich vergessen zu haben, dass Festungsbollwerke sich in der Praxis letztlich als weitgehend wertlos erwiesen hatten. Weder Maginotlinie noch Atlantikwall hatten letztlich einen Gegner aufhalten können. Gemäß Barjots Logik war den Deutschen die Rolle des Kanonenfutters zugedacht. Während diese an vorderster Front aufgerieben würden, sollten sich die amerikanischen, britischen und französischen Verbände dahinter formieren und einen Durchbruch des Feindes mit Atom- und Chemiewaffen (!) zurückschlagen[182]. General Duval überraschte die Runde mit dem Vorschlag einer Beteiligung Franco-Spaniens und der (neutralen!) Schweiz an der westlichen Verteidigung[183].

Mit artverwandten Vorschlägen meldete sich der ehemalige Luftwaffenchef Paul Gérardot publizistisch zu Wort, der den Deutschen im Grunde nur die Rolle des Hilfstruppenstellers zuwies. Konkret empfahl er, deutsche Soldaten überwiegend mit leichten Waffen auszustatten und ihnen eine eigene Luftwaffe zu verwehren. Deutschen Kontingenten sollte von vornherein die Fähigkeit zur beweglichen Kriegführung und zum Gefecht der verbundenen Waffen genommen werden. Außerdem sollte sich die deutsche Logistik unter französischer Kontrolle befinden, am besten gar auf französischem Territorium implantiert sein. Es verstand sich in seinen Augen von selbst, dass Deutschland auf die Herstellung schwerer Waffen verzichten müsste und höchstens Montage-, Instandsetzungs- und Reparaturaufgaben übernehmen dürfte. Aus geostrategischen Gründen empfahl Gérardot, kriegswichtige Industrien aus dem wirtschaftlichen und industriellen Herzen Westeuropas – Essen–Nancy–Charleroi – so weit wie möglich nach Belgien, Frankreich (südlich der Seine) und Nordafrika zu verlagern. Dies galt besonders in Bezug auf die für Angriffe so empfindliche Luftfahrtindustrie. Eindeutig hatte er dabei im Blick, den Deutschen eine eigene Rüstungsindustrie zu verwehren und sie damit vollständig von ausländischen Beschaffungen abhängig zu machen[184].

Bemerkenswert erscheinen auch die Ausführungen des designierten militärischen Generalsekretärs des Präsidenten der Republik, General Jean Ganeval, vom April 1954, in der er sich für eine enge Zusammenarbeit der Europäer, insbesondere der Bundesrepublik und Frankreichs, stark machte: Da der Sowjetunion nur Macht imponiere, müsse der Westen eine Gegenmacht bilden, was nur durch einen europäischen Zusammenschluss erreicht werden könne. Eine besondere Bedeutung maß Ganeval dabei einer deutsch-französischen Kooperation, auch auf militärischer Ebene, bei. Dies spiegelte die Absicht der französischen Regierung wider, die Deutschen in die westlichen Verteidigungsanstrengungen einzubeziehen, gleichzeitig aber ganz eng

---

[181] Zum Westfeldzug siehe Frieser, Blitzkrieglegende; Levisse-Touzé, La campagne de 1940.

[182] Vgl. SHD/DAT, 1 R/180-3: Protokoll Sitzung Oberster Rat der Streitkräfte (21.12.1953), 1. Teil, 12.1.1954, S. 34 f. Auf die Franzosen schienen Festungswerke einen großen Eindruck zu machen. So erklärte Juin gegenüber Speidel, dass die deutsche Siegfriedlinie für die französische Führung eine abschreckende Wirkung gehabt habe: »Wäre sie nicht da gewesen, so hätte Frankreich bestimmt schon am ersten Tage des Polenfeldzuges eine Operation in das Herz von Deutschland geführt«. BTAV, I, Anlage 14, S. 897 f., hier S. 898: Aufz. Gespräch Speidel – Juin, 1.10.1952.

[183] Vgl. SHD/DAT, 1 R/180-3: Protokoll Sitzung Oberster Rat der Streitkräfte (21.12.1953), 1. Teil, 12.1.1954, S. 40.

[184] Vgl. Gérardot, L'armée européenne; Französische Generale zur Europa-Armee, Beitrag Gérardot, S. 306–309, hier S. 309. Gérardot hatte vom 7.9.1946 bis zum 14.2.1947 den Posten des Generalstabschefs der Luftwaffe innegehabt. Siehe hierzu Facon, Le général Gérardot.

an Frankreich zu binden, um es kontrollieren zu können. Zudem wurde bei Ganeval die de Gaulle'sche Dritte-Kraft-Philosophie erkennbar, die darauf zielte, den europäischen Kontinent unter französischer Führung als eigenständigeren Akteur in der Weltpolitik zu positionieren – auch gegenüber den USA[185]. Selbst General a.D. Maxime Weygand, Oberkommandierender der französischen Armee während des deutschen Frankreichfeldzugs von 1940 und erster Kriegsminister unter Marschall Philippe Pétain, ließ verlauten, die deutsch-französische Aussöhnung müsse oberstes Ziel der französischen Politik sein. Der gemeinsame Feind stehe im Osten[186].

Zusammenfassend lässt sich feststellen: Frankreichs Streitkräftespitze ging davon aus, dass die NATO-Truppen aufgrund ihrer quantitativen Unterlegenheit, aber auch aufgrund qualitativer Mängel nicht in der Lage sein würden, einen sowjetischen Vormarsch auf Westeuropa aufzuhalten. Frankreich drohte überrannt, verwüstet und besetzt zu werden. Es herrschte daher allgemein Konsens, dass der Schutz des französischen Staatsgebiets so ostwärts wie möglich, auf deutschem Boden, erfolgen sollte. Am realistischsten erschien unter den damaligen Gegebenheiten eine Verteidigung entlang des Rheins[187]. Bemerkenswerterweise blieb das Denken ähnlich wie vor der Niederlage im Jahre 1940 noch immer einer ausgeprägten Defensivstrategie, oder anders ausgedrückt, einer »Maginot-Mentalität« verhaftet[188].

Aufgrund der Erkenntnis, dass eine Verteidigung Westeuropas ohne die Bundesrepublik aussichtslos wäre, sprachen sich die im Obersten Rat der Streitkräfte versammelten Generale mit überwältigender Mehrheit für einen westdeutschen Militärbeitrag aus. Allerdings sollte ein solcher mit bestimmten Sicherheitsauflagen verbunden sein, um sicherzugehen, dass der ehemalige Kriegsgegner nicht doch wieder zu einer Bedrohung werden könnte. Eine gleichberechtigte Stellung wollte man den Deutschen nicht zugestehen. Letztlich wiesen die Franzosen dem Bundesgebiet die Rolle einer Verteidigungsbarriere zum Schutz des französischen Mutterlandes zu. Die Bundesrepublik betrachtete man als Schlachtfeld, auf dem sich Frankreichs Schicksal entscheiden würde.

---

[185] Vgl. PA-AA, B 10/974: Aufz. Gespräch Speidel – Ganeval (12.4.1954), 12.4.1954. Die EVG erwähnte Ganeval mit keinem einzigen Wort. Ganevals kritische Einstellung gegenüber der Sowjetunion war vermutlich maßgeblich aus seiner Zeit als französischer Militärattaché in Finnland (1939/40) geprägt. Nach Ende des Zweiten Weltkriegs wurde er Repräsentant der französischen Besatzungstruppen in Deutschland, 1946 Kommandeur der französischen Truppen in Berlin, wodurch er wieder mit der Roten Armee in Berührung kam. Vier Jahre später wurde er Leiter der französischen Sektion des alliierten Sicherheitsamts in Koblenz und war daneben bis 1954 Vertreter des Generalstabschefs beim französischen Hochkommissariat. 1951–1953 diente er den Verteidigungsministern Bidault und Pleven als Chef des Besonderen Generalstabs. Vgl. BDFD, Bd 4, S. 239.

[186] Vgl. BArch, BW 9/3378, Bl. 173–184, hier Bl. 174: 15. Halbmonatsbericht dt. EVG-Militärdelegation (16.5.–1.6.1954), 1.6.1954.

[187] Dies machte Juin auch bei seiner Unterredung mit Speidel im Oktober 1952 deutlich, als er für die Errichtung starker Brückenköpfe in östlicher Rheinnähe plädierte, auf die sich die entlang des Eisernen Vorhangs dislozierten Kräfte zurückkämpfen müssten. Ferner wies er darauf hin, dass das Ruhrgebiet unbedingt zu halten sei. Vgl. BTAV, I, Anlage 14, S. 897 f., hier S. 898: Aufz. Gespräch Speidel – Juin, 1.10.1952.

[188] Zur Entwicklung der Defensivstrategie des französischen Militärs vor 1940 und der »Maginot-Mentalität« siehe die Studie von Engeli, Frankreich 1940. Marschall Juin bewertete den »Maginot-Komplex« seines Landes rückblickend als schädlich. BTAV, I, Anlage 14, S. 897 f., hier S. 898: Aufz. Gespräch Speidel – Juin, 1.10.1952.

## IV. Die Verhandlungen über die Rüstungsklauseln des EVG-Vertrags, 1950–1952

### 1. Frankreich und das Problem des westdeutschen Rüstungspotenzials

Mit Plevens Vorschlag einer Europaarmee vom Oktober 1950 und der darin enthaltenen Forderung nach einem gemeinsamen europäischen Bewaffnungs- und Ausrüstungsprogramm[1] stellte sich unweigerlich auch die Frage nach der zukünftigen Form eines westdeutschen Rüstungspotenzials. Sollten die Deutschen überhaupt wieder über eigene Waffen- und Munitionsfabriken verfügen dürfen, und wenn ja, in welchem Umfang?

Zu dem Zeitpunkt, als die Mitgliedstaaten der NATO infolge der Ereignisse in Korea über einen westdeutschen Verteidigungsbeitrag diskutierten, existierte in Deutschland aufgrund der Abrüstungs- und Entmilitarisierungspolitik der alliierten Siegermächte keine Rüstungsindustrie mehr. Reine Rüstungsbetriebe waren abgebaut, ein beträchtlicher Teil der nach dem Ende des Zweiten Weltkrieges verbliebenen Industrieanlagen war von den Besatzungsmächten für Reparationszwecke demontiert worden. Darüber hinaus war es zu einem systematischen Transfer deutscher Technologie und zur Übersiedlung deutscher Spezialisten in die Länder der Siegermächte gekommen, was letztlich einen erheblichen Verlust an Know-how in Deutschland bedeutete[2]. Die Herstellung von Kriegsgerät sowie anderen für militärische Zwecke geeigneten Gütern war strikt verboten. Auch nach der Gründung der Bundesrepublik und dem Inkrafttreten des Besatzungsstatuts im Jahre 1949 blieb den Deutschen die Produktion sämtlicher Arten von Militärgütern einschließlich Seeschiffe und Flugzeuge, aber auch bestimmter Grundstoffe, strengstens untersagt. Die Kohleförderung sowie die Stahlerzeugung, die Grundlage einer jeden Kriegswirtschaft, wurden begrenzt und unterlagen der Aufsicht der eigens geschaffenen Internationalen Ruhrbehörde. Insbesondere Frankreich hatte

---

[1] Vgl. Regierungserklärung Plevens, 24.10.1950, in: EA 1950, S. 3518–3520, hier S. 3519.
[2] Abelshauser bezweifelt jedoch, dass die bundesdeutsche (Export-)Wirtschaft durch den von den Alliierten durchgeführten Technologietransfer nachhaltigen Schaden erlitt. Er kommt ferner zu dem Schluss, dass die Verbote bestimmter moderner Technologien die Eingliederung der Bundesrepublik in den Weltmarkt nicht behindert hätten. Vgl. Abelshauser, Deutsche Wirtschaftsgeschichte seit 1945, S. 225–227, 229 f.

auf umfangreichen Sicherheitsgarantien und die Aufrechterhaltung einer konsequenten Entmilitarisierungspolitik bestanden[3].

Die personellen Voraussetzungen für den Wiederaufbau eines militärisch-industriellen Komplexes in Deutschland waren zweifelsfrei gegeben. Es mangelte nicht an zahlreichen, erfahrenen Offizieren und Rüstungsspezialisten, die händeringend nach einer neuen Beschäftigung suchten und/oder bereits in die Industrie gewechselt waren oder als Berater im Ausland tätig waren[4]. Mit den militärischen und rüstungswirtschaftlichen Planungen sowie den Vorbereitungen eines westdeutschen Streitkräftekontingents beschäftigte sich die im Oktober 1950 ins Leben gerufene und nach ihrem Leiter, dem christlich-demokratischen Gewerkschafter Theodor Blank, benannte »Dienststelle Blank«, auch einfach nur »Amt Blank« genannt[5].

Eine Reihe deutscher Forscher und Industrieller wanderte nach Kriegsende ins Ausland ab, wo sie ihre Tätigkeiten fortführen konnten und versuchten, Anschluss an den modernen Entwicklungsstand zu halten. Als bekannte Beispiele galten unter anderem die Firmen Dornier und Messerschmitt, die seit Anfang der 1950er Jahre Entwicklungsbüros in Spanien unterhielten und in Zusammenarbeit mit der dortigen Luftfahrtindustrie an der Entwicklung und Konstruktion von Flugzeugen für das Luftfahrtministerium arbeiteten. Messerschmitt war darüber hinaus auch in Ägypten tätig[6]. Nach der Entlassung der ehemaligen deutschen Luftfahrtfirmen aus der Treuhandschaft und der Vermögenskontrolle Ende der 1940er/Anfang der 1950er Jahre durften sie sich im Bundesgebiet nur im zivilen Bereich betätigen. Viele der Firmen, die später nach Aufhebung der Betätigungsverbote wieder im Luftfahrtsektor tätig werden wollten, engagierten sich in »artverwandten Bereichen«, wie dem Leichtflugzeug-, Automobil- und Motorrollerbau, um nicht völlig den Anschluss zu verlieren und sich am Leben zu erhalten[7]. Aber nicht nur die im Inland, sondern auch die im Ausland lebenden Fachleute hofften, ihre Tätigkeit in ihrer alten Heimat bald wieder aufnehmen zu können[8].

Zu den Industriezweigen, die offen ein Interesse an der Annahme von Rüstungsaufträgen bekundeten, gehörten naturgemäß Hersteller von Waffen – für leichte (Handfeuer-)

---

[3] Ausführlich zur Demontage-, Entwaffnungs- und Entmilitarisierungspolitik der drei westlichen Besatzungsmächte nach 1945: AWS, Bd 4 (Beitrag Abelshauser), S. 53–56; Bitsch, Un rêve français; Bitsch, Un facteur de sécurité de l'Europe; Gillingham, Coal, Steel, and the Rebirth of Europe, S. 205–217; Glaser, Das Militärische Sicherheitsamt, S. 12–15, 26–33, 39–48; Mai, Die Alliierten und die industrielle Abrüstung; AWS, Bd 4 (Beitrag Schwengler), S. 202–207; Wettig, Entmilitarisierung und Wiederbewaffnung, S. 91–121. Zum Transfer deutscher Technologie ins Ausland und zur Rekrutierung deutscher Wissenschaftler und Ingenieure siehe Andres, Die bundesdeutsche Luft- und Raumfahrtindustrie, S. 48–52; Bossuat, Armements et relations franco-allemandes, S. 153–165; Ciesla, Das »Projekt Paperclip«; Michels, Peenemünde und seine Erben; Neufeld, Overcast.
[4] Vgl. Abelshauser, Deutsche Wirtschaftsgeschichte seit 1945, S. 177 f.; AWS, Bd 4 (Beitrag Abelshauser), S. 16.
[5] Detailliert zur Geschichte des Amtes: Krüger, Das Amt Blank; Montecue, The Forge of West German Rearmament.
[6] Vgl. Andres, Die bundesdeutsche Luft- und Raumfahrtindustrie, S. 79–83; Ebert/Kaiser/Peters, Willy Messerschmitt, S. 316–339.
[7] Vgl. Andres, Die bundesdeutsche Luft- und Raumfahrtindustrie, S. 67–79; Ebert/Kaiser/Peters, Willy Messerschmitt, S. 306–315; Gersdorff, Ludwig Bölkow und sein Werk, S. 27–34.
[8] Vgl. BArch, B 102/435428: Gaertner (BMWi/IV A 4) an Krautwig, 26.8.1953, S. 1.

Waffen war es möglich, von den Alliierten entsprechende Lizenzen zu erhalten –, aber auch Textilfirmen, die über freie Kapazitäten verfügten. Auch Kraftfahrzeugunternehmen schielten mit einem Auge auf Militäraufträge, zumal die Umwandlung in militärische Fahrzeugtypen ohne allzu großen Aufwand zu bewerkstelligen war und es hierfür keiner allzu großen Kapitalinvestitionen bedurfte[9].

Mit Ausnahme der ehemaligen deutschen Luftfahrtindustrie, die militärische Aufträge für den Wiederaufbau einer deutschen Luftfahrtindustrie für unabdingbar erachtete, aber auch der Textilindustrie, war das Interesse der Wirtschaft an Rüstungsaufträgen zu Beginn der Wiederbewaffnungsdebatte eher gering. Das Desinteresse nahm in der zweiten Hälfte der 1950er Jahre, als das eigentliche Aufrüstungsprogramm begann, noch zu. Anstatt sich auf gewagte Investitionen in dem noch aus der Zeit des Dritten Reiches mit einem negativen Image behafteten Rüstungsbereich einzulassen, bevorzugte die Mehrheit der Industriellen angesichts des Wirtschaftsbooms eindeutig die Ausrichtung der Wirtschaft auf zivile Export- und Konsumgüter. Der Aufbau eigener Rüstungskapazitäten, so fürchtete man, könnte negative Auswirkungen auf den Konjunkturverlauf haben. Erst als die Konjunktur 1957 erste Anzeichen einer Stagnation zeigte, stieg das Interesse an Rüstungsaufträgen spürbar an[10]. Auch für die Bundesregierung besaß die Rüstung kaum Priorität. Der wirtschaftliche Aufbau, die Rückkehr zum Weltmarkt, die Stabilität von Währung und Wirtschaftskreislauf, die innenpolitische Stabilität sowie die Förderung des Außenhandels hatten für sie absoluten Vorrang[11].

Dies schloss jedoch nicht aus, dass einzelne Unternehmen eifrig Lobbyarbeit betrieben, um dem Amt Blank in Erwartung eines deutschen Verteidigungsbeitrags ihre Erzeugnisse verkaufen zu können, teils mit kuriosen Begründungen. Die Lürssen-Werft etwa drängte, unter Verweis auf die angeblich von britischen und dänischen Marineoffizieren gepriesene Güte ihrer Schnellboote und der dazugehörigen Motoren, auf eine möglichst rasche Bekanntgabe voraussichtlicher Aufträge, »damit sie in der jetzigen Holzschlag-Saison noch berücksichtigt werden können«[12]. Ein weiteres Beispiel ist der bekannte Luftfahrtingenieur Kurt W. Tank, der einst für die Focke-Wulf-Werke tätig gewesen und nach dem Zweiten Weltkrieg zusammen mit anderen Konstrukteuren nach Argentinien übergesiedelt war. Er wandte sich an den Chefdelegierten der deutschen EVG-Militärdelegation, Hans Speidel, um für seinen neu entwickelten Düsenjäger Pulqui II kräftig die Werbetrommel zu rühren[13]. Vertreter des Amtes Blank und des Bundeswirtschaftsministeriums nahmen im Zuge der Planungen zum Aufbau

---

[9] Siehe Näheres bei: AWS, Bd 4 (Beitrag Abelshauser), S. 64–67.
[10] Vgl. AWS, Bd 4 (Beitrag Abelshauser), S. 67, 146–156, 180–183; Rohde, Der Transfer amerikanischer Militärtechnologie, S. 260 f.; Andres, Die bundesdeutsche Luft- und Raumfahrtindustrie, S. 150–154; Kollmer, Rüstungsgüterbeschaffung, S. 91–95.
[11] Vgl. AWS, Bd 4 (Beitrag Abelshauser), S. 183 f.
[12] BArch, BW 9/3688, Bl. 582–586, hier Bl. 585: Vermerk Amt Blank/II/Pl/M/G 4 S, 29.10.1952.
[13] Vgl. BArch, BW 9/1545, Bl. 453–455: Tank an Speidel, 1.10.1953. Von der Pulqui II wurden nur sechs Exemplare für die argentinische Regierung gebaut. Nach dem Sturz des Staatspräsidenten Juan D. Péron gingen Tank und viele seiner Mitarbeiter nach Indien. Vgl. Gersdorff, Umsetzung des deutschen Luftfahrtwissens, S. 321 f. Ausführlich zum Wirken Tanks und dessen Ingenieurgruppe in Argentinien: Stanley, Rüstungsmodernisierung durch Wissensmigration?, S. 166–179. Dort auch Näheres zur Entwicklung der Pulqui II. Allgemein zum Leben Tanks siehe: Wagner, Kurt Tank.

des deutschen EVG-Kontingents Waffen und Ausrüstung in Augenschein und führten Firmenbesichtigungen durch – sowohl im Inland als auch im Ausland. Dabei verschafften sie sich Einblicke in aktuelle Entwicklungen und Produktpaletten und loteten Liefermöglichkeiten der Industrie aus[14].

Unterdessen etablierte sich in der Bundesrepublik seit Anfang der 1950er Jahre wieder eine Forschungslandschaft, die auch für Rüstungszwecke äußerst relevant war. Mit der Deutschen Versuchsanstalt für Luftfahrt, der Aerodynamischen Versuchsanstalt Göttingen, der Deutschen Forschungsgesellschaft für Luftfahrt in Braunschweig und dem Flug-Funk-Forschungsinstitut Oberpfaffenhofen entstanden Einrichtungen, in denen umfangreiche Grundlagenforschung betrieben wurde und die zudem gut mit universitären Einrichtungen vernetzt waren. Die Förderungsmaßnahmen, besonders finanzieller Art, waren jedoch von Bundesland zu Bundesland verschieden. Besonders großen Einsatz zeigte Nordrhein-Westfalen. Allerdings gab es bei der Koordination der Forschungs- und Entwicklungsaktivitäten noch erhebliche Mängel. Selbst innerhalb der Bundesländer ließen die Koordinierungsmaßnahmen noch zu wünschen übrig. Das Bundeswirtschaftsministerium strebte daher eine Verbesserung der Situation in den für die Wehrtechnik interessanten Bereichen an – unter seiner Führung. Ähnliches hielt man auch für andere rüstungsrelevante Gebiete, wie die Radar- und Raketentechnik, für geboten[15]. Es zeigt sich somit, dass mit dem allmählichen Ausbau der Grundlagenforschung ein wichtiger Grundstein für die volle Wiederaufnahme von Rüstungsaktivitäten vorhanden war.

Die französischen Teilstreitkräfte installierten auf deutschem und österreichischem Boden seit Mai 1945 Technische Dienststellen, die neben der Rückholung der von den Deutschen entwendeten Fertigungsanlagen und -geräte und der Rekrutierung von Ingenieuren mit dem Aufspüren von brauchbarem Militärmaterial sowie technischen Unterlagen betraut waren. Sitz der in der Direction des Mission Techniques zusammengefassten Einrichtungen war Koblenz. Ab Oktober 1949 wurden sie verwaltungsmäßig den französischen Besatzungstruppen unterstellt[16].

Mit der Überwachung der Entwaffnung und Entmilitarisierung sowie der Beschränkungen der Industrieproduktion und der wissenschaftlichen Forschung beauftragten die drei westlichen Besatzungsmächte das mit dem Beschluss von Ende 1948 ins Leben gerufene Militärische Sicherheitsamt. Frankreich konnte dabei erreichen, dass die Kompetenzen der neuen Überwachungsbehörde nicht nur den rein militärischen Bereich betrafen, sondern sich auch auf den industriellen und wissenschaftlichen Sektor erstreckten, um über möglichst umfassende Kontrollmöglichkeiten zu

---

[14] Reichhaltiges Quellenmaterial in: BArch, BW 9/3688.
[15] Vgl. BArch, B 102/435428: Gaertner an Krautwig, 26.8.1953; SHD/DAA, 2 E/2905: Bericht (François) Bayle an (Paul) Bergeron, 14.4.1954. Der Marineoffizier Bayle war Angehöriger des Alliierten Militärischen Sicherheitsamtes, General Bergeron Vorsitzender des französischen Wissenschaftsausschusses für Verteidigung. Einen ausführlichen Überblick über die deutschen Forschungsaktivitäten im Luftfahrtbereich bietet der Sammelband aus der Reihe »Die deutsche Luftfahrt«: Luftfahrtforschung in Deutschland.
[16] Vgl. SHD/DAA, 1 E/2119: Sonderbericht Barthes (Staatssekretariat der Luftwaffe/Kontrollabteilung der Luftwaffenverwaltung) über die Technischen Missionen der frz. Luftwaffe in Deutschland, 16.8.1957, S. 2 f. Zu den Aktivitäten der unmittelbaren Nachkriegszeit siehe auch Pernot, L'occupation de l'Allemagne.

verfügen. Außerdem gelang es den Franzosen, die Verlagerung des Hauptsitzes der Überwachungsbehörde von Berlin nach Koblenz und damit in ihre Besatzungszone durchzusetzen[17]. Im Blickfeld der Behörde waren sämtliche Gebiete, die potenziell für militärische Zwecke genutzt werden konnten, denn der Übergang von ziviler auf militärische Technologie war fließend. Betroffen waren besonders die chemische Industrie, die Elektroindustrie, die Metallindustrie, der Schiffbau und die wissenschaftliche Forschung, insbesondere die Luftfahrtforschung. Des Weiteren beobachtete man aufmerksam die Aktivitäten der Organisationen ehemaliger Angehöriger der Wehrmacht und der Waffen-SS, der Dienststelle Blank, der Polizei und des Katastrophenschutzes sowie das allgemeine Wirtschaftspotenzial, das die Grundlage einer zukünftigen westdeutschen Rüstungsproduktion darstellte[18].

Die Berichte und Gutachten, die dem französischen Außenministerium und anderen Stellen zugingen, zeugen von großem Misstrauen gegenüber den Deutschen. Meldungen über die Wiederaufnahme von Forschungsaktivitäten auf rüstungsrelevanten Gebieten, vor allem im Luftfahrtsektor, wurden sorgsam registriert und als Beleg für das beharrliche deutsche Streben interpretiert, die alliierten Restriktionen zu umgehen oder abzuschütteln[19]. Gerüchte etwa, wonach in Deutschland nach einer Vorbereitungszeit von nur einem Jahr eine Panzerproduktion anlaufen könne, sollen vor allem in Frankreich für »erhebliches Aufsehen« gesorgt haben, wie der Rüstungslobbyist Fritz Berendsen meldete[20]. Die von Misstrauen geprägte Haltung der französischen Behördenvertreter zeigte sich auch deutlich bei der Analyse des politischen Klimas in der Bundesrepublik. So glaubte man beispielsweise in den Aktivitäten der Vereinigungen ehemaliger Soldaten gefährliche nationalistische und militaristische Tendenzen innerhalb der westdeutschen Gesellschaft zu erkennen[21].

---

[17] Vgl. Glaser, Das Militärische Sicherheitsamt, S. 33–37, 58–60; Jardin, Le renseignement français en Allemagne, S. 66 f.; AWS, Bd 4 (Beitrag Schwengler), S. 204 f.

[18] Exemplarisch für das breite Tätigkeitsfeld des Sicherheitsamtes siehe die Berichte der französischen Sektion: SHD/DAA, 2 E/2904: Bericht Militärisches Sicherheitsamt/frz. Sektion, August 1952; Bericht Militärisches Sicherheitsamt/frz. Sektion (1952/53), 3.6.1954; SHD/DAA, 0 E/4319: Endbericht Militärisches Sicherheitsamt/frz. Sektion (1.1.1954–5.5.1955), 30.7.1955; SHD/DAA, 2 E/2905: Bericht Bayle an Bergeron, 14.4.1954; siehe ferner Bestand SHD/DAT, 8 Q/273: Verschlusssachen. Zur Kontrolle der chemischen Industrie in der französischen Besatzungszone siehe Ludmann-Obier, Die Kontrolle der chemischen Industrie.

[19] Vgl. AMAE, DF-CED/C/117: Bérard an Mendès France, 5.7.1954, mit Anlage: Presseartikel des »Reutlinger Generalanzeiger«, Auszug, 4.6.1954.

[20] BArch, BW 9/3643, Bl. 423: Berendsen an Bonin, 30.8.1952.

[21] Ein Beispiel ist die Rede des früheren Generals der Fallschirmtruppe und Festungskommandanten von Brest (1944), Bernhard Ramcke, vom 26.10.1952 vor ca. 5000 ehemaligen Angehörigen der Waffen-SS, in der er die Siegermächte wegen ihrer Behandlung deutscher Soldaten als Kriegsverbrecher scharf angriff und die Alliierten als »die wahren Kriegsverbrecher« beschimpfte. Der linientreue Nationalsozialist war wegen Kriegsverbrechen im Kampf um Brest zu fünf Jahren Haft verurteilt worden. Wie die deutsche diplomatische Mission in Paris meldete, blieb Ramckes Rede in Frankreich nicht ohne Wirkung: Ministerpräsident Henri Queuille soll sich daraufhin angeblich zu einer Änderung seiner Haltung bezüglich der Westverträge veranlasst gesehen haben. Vgl. AAPD 1952, S. 701–703, hier S. 703: Aufz. Hallstein, 17.11.1952. Zur Rede Ramckes: Neue Züricher Zeitung (NZZ), 28.10.1952, S. 1: Ramcke zur Kriegsverbrecherfrage. Zu seiner Person siehe Lieb, Konventioneller Krieg oder NS-Weltanschauungskrieg?, S. 483 f., 486–488; Neitzel, Abgehört, S. 466 f.

Bei der französischen Sektion fühlte man sich folglich darin bestätigt, eine Wiederbewaffnung nur im Rahmen einer europäischen Armee zuzulassen und das deutsche Führungspersonal einem supranationalen Organ unterzuordnen. Nur damit könne, so glaubte man, einer »réapparition des aventures passées« vorgebeugt werden[22]. Obwohl sich Blank stets bemüht zeigte, französische Ängste vor einem deutschen Verteidigungsbeitrag und vor seiner Dienststelle zu zerstreuen, war sein Haus vor Verdächtigungen nicht sicher. In der Rue St. Dominique gab es durchaus Stimmen, die im Amt Blank nichts weiter als ein getarntes »ministère de la guerre« erblickten[23]. Aus Sorge, Blanks Dienststelle könnte zu einer Bastion nationalsozialistischen Gedankengutes mutieren, schien man in Paris sogar dazu entschlossen, Einfluss auf die Personalauswahl zu nehmen. So sollen Bewerber von der *Sûreté Nationale* vernommen worden sein[24].

Die strengen Restriktionen auf technischem Gebiet, denen die Deutschen unterlagen, erfuhren auch die Zustimmung der französischen Streitkräfte. So wandte sich etwa die Marine dagegen, den Deutschen die wissenschaftliche und angewandte Forschung in den Bereichen Hydrodynamik, Unterwasserakustik und Antriebe zu gestatten[25]. Der Generalstab erbat von der französischen Sektion des Sicherheitsamtes regelmäßig Informationen über bestimmte westdeutsche Industriefertigungen und zur politischen Lageentwicklung, um ein möglichst exaktes Bild über den ehemaligen Kriegsgegner zu erhalten und nutzbringende technologische Innovationen aufzuspüren[26]. Bei seiner Tätigkeit erhielt das »Élément Français«, so die offizielle Bezeichnung der französischen Abteilung des Sicherheitsamtes, die tatkräftige Unterstützung des Auslandsnachrichtendienstes Service de Documentation Extérieure et de Contre-Espionnage (SDECE). Dieser versorgte die französischen Behördenvertreter mit aktuellen Informationen zur wissenschaftlichen Forschung und Industrie in Deutschland, aber auch zur dortigen politischen Situation[27].

Im Gegensatz zu den USA, die spätestens seit dem Ausbruch des Korea-Krieges an einer raschen Einbeziehung des bundesdeutschen Militär- und Rüstungspotenzials in die westliche Verteidigung interessiert waren und folglich für eine weitgehende Reduzierung der Kontrollaktivitäten eintraten, zielte die französische Politik dar-

---

[22] Vgl. SHD/DAA, 2 E/2905: Bericht Militärisches Sicherheitsamt/frz. Sektion, 24.9.1951 (Zitat S. 11). Der Bericht trug den Titel »La Renaissance du nationalisme et du militarisme en Allemagne – les dangers qui l'accompagnent«. Siehe ferner den Bericht des französischen Hochkommissars François-Poncet: Vgl. AMAE, Europe/Allemagne, 218, Bl. 107–117, hier Bl. 113–116: François-Poncet an Bidault, 10.1.1953.

[23] AMAE, Europe/Allemagne, 218, Bl. 107–117 (Zitat Bl. 111): François-Poncet an Bidault, 10.1.1953.

[24] Siehe BArch, BW 9/2117: Verschlusssachen.

[25] Vgl. AMAE, Europe/Allemagne, 857: DCCAN/Sektion für auswärtige Angelegenheiten an Bergeron, 23.10.1950.

[26] Vgl. AMAE, Europe/Allemagne, 218, Bl. 107–117, hier Bl. 107: François-Poncet an Bidault, 10.1.1953.

[27] Knapp zur Tätigkeit des SDECE auf deutschem Boden: Jardin, Le renseignement français en Allemagne, S. 67 f. Die erste geschichtswissenschaftliche Untersuchung über französische Nachrichtendienstaktivitäten in Westdeutschland hat der Historiker Elzer mit seinem Werk über eine aufsehenerregende Spionageaffäre vorgelegt: Elzer, Die Schmeisser-Affäre. Allgemein zum damaligen SDECE: Chantebout, L'organisation générale de la défense nationale, S. 400–403; Faligot/Krop, La Piscine; Porch, The French Secret Services, S. 267–383; Warusfel, Contre-espionnage, S. 52–60. Die Aktenserie des SDECE (SHD/DAT, 10 R) ist nach wie vor weitgehend unzugänglich.

auf, die Überwachungskompetenzen vollständig auszuschöpfen und den Prozess der Wiederbewaffnung bewusst zu bremsen. Dies führte nicht nur zu Verstimmungen in der Bundesregierung, die darin schlichtweg den Versuch der Wirtschaftsspionage erblickte und eine nicht hinnehmbare Benachteiligung der Industrie befürchtete, sondern auch innerhalb des Lagers der Westalliierten. Die alltägliche Arbeit der Überwachungsbehörde war maßgeblich geprägt vom Gegensatz zwischen den Vertretern der USA, die einen liberalen Kurs bevorzugten, und den Vertretern Frankreichs, die eine harte Linie verfolgten. Gegen die Amerikaner erhob man von französischer Seite regelmäßig den Vorwurf, die Effizienz der Arbeiten des Amtes zu behindern und den Deutschen somit die Umgehung der Restriktionen zu ermöglichen. Insgesamt stufte man aber die Bilanz des Kontrollorgans als Erfolg ein, was man besonders auch auf die eigenen Anstrengungen zurückführte. Die Briten nahmen eine mittlere Position ein und entschieden ihre Haltung von Fall zu Fall. Es hatte jedoch den Anschein, dass sie besonders an Kontrollen im Bereich des Schiffbaus und der Stahlindustrie interessiert waren, vermutlich, um die beiden im eigenen Land so wichtigen Industriezweige zu schützen[28].

Frankreichs rigorose Entmilitarisierungspolitik zeigte sich im Zuge der amerikanischen Bemühungen, gewisse Erleichterungen im Kontrollverfahren durchzusetzen, damit in Deutschland die Herstellung bestimmter für den militärischen Gebrauch verwendbarer Güter ermöglicht würde. So blockierten die französischen Vertreter in Koblenz nahezu jegliche Lockerungen von Beschränkungen für Rüstungsfertigungen. Auch die Versuche der USA, deutschen Unternehmen Aufträge zur Wartung und Reparatur von US-Militärmaschinen zu erteilen, lehnte Frankreich, aber auch Großbritannien ab. Zugeständnisse gab es lediglich hinsichtlich der Herstellung von Munition für zivile Zwecke und bei der Nutzung bereits existierender Kapazitäten für eng definierte rüstungswirtschaftliche Belange. Auf amerikanischer und deutscher Seite nährte dies den Verdacht, dass es den Franzosen, mitunter aber auch den Briten, weniger um Sicherheitsaspekte als um wirtschaftliche Interessen ging und die alliierten Kontrollrechte bewusst zum Nachteil der deutschen Industrie eingesetzt wurden[29].

Der strenge Kurs der Koblenzer Überwachungsbehörde erwies sich nicht nur als nachteilig für die bundesdeutsche Wirtschaft und Wissenschaft, sondern auch für den Katastrophenschutz. So verfügten beispielsweise die im Sommer 1954 im bayerischen Hochwassergebiet eingesetzten Einheiten des BGS und des Technischen Hilfswerkes weder über Sandsäcke noch über (legale) Feldküchen, weil das Sicherheitsamt derartige Güter als militärische Ausrüstung eingestuft und somit verboten hatte. Infolgedessen sah man sich gezwungen, Sandsäcke aus amerikanischen Beständen anzufordern. 100 000 Sandsäcke mussten aus Hamburg, 30 000 aus Frankfurt am Main herbeigeschafft werden[30].

---

[28] Die Tätigkeit des Sicherheitsamtes wurde eingehend untersucht von: Glaser, Das Militärische Sicherheitsamt. Zum Nutzen, den die Briten aus deutscher Technologie zogen, siehe Abelshauser, Deutsche Wirtschaftsgeschichte seit 1945, S. 225–227.
[29] Vgl. AWS, Bd 4 (Beitrag Abelshauser), S. 77 f.; Glaser, Das Militärische Sicherheitsamt, S. 276–279. Zum amerikanischen Interesse an der Vergabe von Reparatur- und Wartungsaufträgen an die deutsche Industrie siehe auch Andres, Die bundesdeutsche Luft- und Raumfahrtindustrie, S. 105 f.
[30] Vgl. Die Zeit, Nr. 29, 22.7.1954: Monsieur Hennecke.

Nicht zuletzt schadete die restriktive Genehmigungspraxis sowohl den Erfordernissen der westlichen Verteidigung als auch Adenauers Politik der Westbindung, wie sich anhand einer Entscheidung des Sicherheitsamtes von Mitte November 1951 zeigen lässt: Mit der Ablehnung des Antrages des Thyssen-Konzerns, die Produktionskapazitäten moderat erweitern zu dürfen, folgte das Sicherheitsamt zwar der gültigen alliierten Gesetzgebung, in ökonomischer Hinsicht erwies sich eine solche Haltung allerdings als wenig vorteilhaft, denn die Alliierten nahmen bewusst in Kauf, dass das für die westliche Verteidigung wertvolle bundesdeutsche Industriepotenzial nicht voll ausgeschöpft werden konnte. Wie »Die Zeit« schrieb, würde sich bei Thyssen mit einem Aufwand von lediglich 67 Mio. DM derselbe Produktionszuwachs erzielen lassen, für den Belgien, Frankreich und Italien zwischen 700 Mio. und 1 Mrd. DM aus dem Marshall-Plan-Topf aufbringen müssten. Zudem richteten derlei Entscheidungen auch politischen Schaden an, weil sie den Gegnern von Adenauers Westkurs in die Hände spielten[31]. Im Juni 1954 richteten Abgeordnete der CDU/CSU-Bundestagsfraktion wegen ihrer Sorge vor einer gezielten Ausspähung deutscher Industriebetriebe durch das Sicherheitsamt eine Kleine Anfrage an die Bundesregierung[32].

Ein anderer Fall war ein vom Sicherheitsamt abgelehnter Antrag des Bundesinnenministeriums zur Vergabe eines Fertigungsauftrags von 3000 bis 4000 Ersatzläufen für das MG 42 des BGS an den Handfeuerwaffenhersteller Sauer & Sohn, was schließlich dazu führte, dass den zuständigen deutschen Beschaffungsstellen nur der Erwerb von Läufen aus französischen Beutebeständen aus der Zeit des Zweiten Weltkrieges blieb – für 85 DM pro Stück. Dies war zum Nachteil der unter den vielen Importen aus der SBZ, Frankreich, Belgien und Spanien, aber auch unter den alliierten Exporterschwernissen leidenden deutschen Firma. Sauer & Sohn versicherte, die MG-Läufe mit besserer Schussleistung und zu dem weitaus günstigeren Preis von 36 DM pro Stück anbieten zu können[33].

Im Amt Blank hatte man aufmerksam registriert, dass Frankreich in Koblenz nicht nur einen großen Mitarbeiterstab unterhielt und eine dominierende Stellung einnahm, sondern dort auch viele Exportfachleute platziert hatte. Aus deutscher Sicht war das Sicherheitsamt »praktisch [...] eine recht wirksame Export-Kontrollbehörde«. Amerikaner und Briten wirkten nach Auffassung der Deutschen »wie Verbindungsoffiziere in einem französischen Hauptquartier«[34]. Da die Entscheidungen des Sicherheitsamtes einstimmig

---

[31] Vgl. Die Zeit, Nr. 47, 22.11.1951: Alliiertes Unsicherheitsamt. Die Wochenzeitung »Die Zeit« nannte die Einrichtung daher kurzerhand »Alliiertes Unsicherheitsamt« und kommentierte die widersprüchliche Haltung der Alliierten wie folgt: »Da die Westalliierten das deutsche Wirtschaftspotential längst in ihre Erörterungen über die gemeinsame Verteidigung Westeuropas einbezogen haben, kann das Sicherheitsamt kaum noch eine Daseinsberechtigung haben, es sei denn, daß es im Stillen gegen die Stärkung dieses Potentials arbeitet«.

[32] Vgl. Deutscher Bundestag, Kleine Anfrage an Bundesregierung (Drucksache 2/640), 24.06.1954; Die Zeit, Nr. 29, 22.7.1954: Monsieur Hennecke. Die Anfrage blieb offenbar unbeantwortet.

[33] Vgl. BArch, BW 9/3431, Bl. 39 f.: (Fritz) Bohnmüller (Vorstandsvorsitzender Sauer & Sohn) an (Fritz) Berg (Präsident des Bundesverbandes der Deutschen Industrie, BDI), 13.10.1953. Das 600 Mitarbeiter zählende Unternehmen, dessen Haupttätigkeitsfeld die Herstellung von Sport- und Jagdwaffen war, hatte sich auch schon erfolglos um Offshore-Aufträge bemüht. Es hatte gehofft, mit dem Auftrag des Innenministeriums die durch die ausländischen Importe und die Exportschwierigkeiten erlittenen Umsatzeinbußen ausgleichen zu können.

[34] BArch, BW 9/4279, Bl. 5–7, hier Bl. 6: Bericht Rentrop für Holtz, 15.12.1953.

getroffen werden mussten, war es den Franzosen möglich, Anträge auf Lockerung von Exportbestimmungen oder sonstige Genehmigungsverfahren leicht zu Fall zu bringen. So verhinderte die französische Seite beispielsweise die Vergabe eines Auftrags zum Bau von Flugplätzen an ein deutsches Unternehmen, den dieses im Zuge eines öffentlichen Ausschreibungsverfahrens von der türkischen Regierung erhalten hatte, und sorgte dafür, dass eine französische Firma zum Zuge kam[35]. Die Franzosen ließen ihre deutschen Gesprächspartner wissen, dass ihnen

> »durch die Deutschen im Kriege derart umfänglicher wirtschaftlicher Schaden zugefügt worden sei, dass es keinesfalls unbillig wäre, wenn Frankreich bei seinen Entscheidungen in Koblenz diesem Sachverhalt Rechnung trüge und versuche, etwas für die Förderung des französischen Exports zu tun[36].«

Die Beschaffungsabteilung der Dienststelle Blank empfahl aufgrund der berüchtigten Blockadehaltung der Franzosen, Genehmigungsanträge beim Sicherheitsamt besser zu einem Zeitpunkt einzubringen, wenn dort die Amerikaner oder Briten den Vorsitz innehatten[37]. Insgesamt zeigte sich, dass die französische Regierung und ihre Dienststellen gegenüber den Deutschen einen harten Kurs verfolgten und offenbar auch ohne weiteres dazu bereit waren, die Überwachungsmaßnahmen zum eigenen wirtschaftlichen Vorteil auszunutzen – als Kompensation für die im letzten Krieg erlittenen Schäden und im Bestreben, die Entstehung eines Konkurrenten zu bremsen[38]. Unter diesen Vorzeichen musste sich die Frage der Wiederzulassung einer westdeutschen Rüstungsindustrie äußerst schwierig gestalten.

Die heikle Angelegenheit der westdeutschen Rüstung war bereits bei der Brüsseler NATO-Ratstagung im Dezember 1950 ein wichtiges Thema gewesen. Damals einigte man sich im Kreis der NATO-Mitgliedstaaten auf einen umfangreichen Maßnahmenkatalog, der angesichts der geplanten Beteiligung der Bundesrepublik am westlichen

---

[35] Zu diesem Fall siehe: Der Spiegel, Nr. 46, 11.11.1953, S. 5 f.: Das Unglück aus Paris.
[36] BArch, BW 9/4279, Bl. 5–7, hier Bl. 7: Bericht Rentrop für Holtz, 15.12.1953. Das Amt Blank stützte sich dabei auf Erkenntnisse des »Nachrichtendienstes BND« [sic!], womit offenbar der Verläufer des Bundesnachrichtendienstes (BND), die Organisation Gehlen, gemeint war. In dem zitierten Schreiben ist interessanterweise vermerkt: »Mit Rücksicht darauf, dass der französische Chefdelegierte es offenbar nicht gern sehen würde, wollten wir über [Organisation Gehlen/BND] über dieses Amt [Sicherheitsamt] und seine Arbeitsweise allzu eingehende Darlegungen machen, möchten wir auch im Rahmen unseres ›vertraulichen‹ Dienstes konziliäner Weise von Einzelheiten absehen« (Zitate ebd., Bl. 5, 7). Näheres zu dem damals im Aufbau begriffenen Nachrichtendienst siehe Critchfield, Auftrag Pullach; Meyer, Adolf Heusinger, S. 347–356; Mueller/Müller, Gegen Freund und Feind, S. 65–234; Reese, Organisation Gehlen, S. 159–210; Wagner/Uhl, BND contra Sowjetarmee, S. 61–63; Zolling/Höhne, Pullach intern, S. 95–262. Mit der Geschichte des BND und seiner Vorläuferorganisationen von 1945 bis 1968 befasst sich die 2011 vom BND eingerichtete Unabhängige Historikerkommission. Siehe dazu www.uhk-bnd.de.
[37] Vgl. BArch, BW 9/4171, Bl. 53–62, hier Bl. 60: Vermerk von Boehmer (Amt Blank/V/Q D 1), 7.12.1953.
[38] Welchen Gesamtnutzen Frankreich durch Behinderungspraktiken seiner Dienststellen tatsächlich zog und welcher Schaden der bundesdeutschen Wirtschaft dadurch möglicherweise entstand, lässt sich derzeit noch nicht beurteilen. Der französische Rüstungskontrollfachmann Coignard wies die Vorwürfe der Industriespionage und vorsätzlichen Schädigung der Wirtschaftsentwicklung naturgemäß zurück. Die Beamten des Sicherheitsamtes seien zu absoluter Geheimhaltung verpflichtet gewesen und hätten sich streng an die alliierten Gesetze gehalten. Es sei alles ordnungsgemäß vonstatten gegangen. Vgl. Coignard, Quelques aspects actuels, S. 49.

Verteidigungssystem ein Höchstmaß an Sicherheit vor einem neuen Aufflammen der »deutschen Gefahr« bieten sollte. Im Rüstungsbereich sollte für die Bundesrepublik ein Produktionsverbot für ABC-Waffen, weit reichende Raketen, schwere Waffen, Flugzeuge und größere Kriegsschiffen gelten[39].

Fast zur gleichen Zeit, als die Delegationen Frankreichs, der Bundesrepublik, Italiens und der Benelux-Staaten in Paris ab Oktober 1951 die Verhandlungen über die EVG aufnahmen, trat in London eine Expertengruppe der drei westlichen Besatzungsmächte zusammen, um sich nochmals eingehend mit der Verbotsliste zu befassen, die Teil des Deutschlandvertrages werden sollte. Während hinsichtlich des Herstellungsverbots für ABC-Waffen, zivile und militärische Flugzeuge, Lenkwaffen, größere Kriegsschiffe und Unterseeboote Einigkeit bestand, bereitete die Verständigung über die Kategorie »schweres Gerät« erhebliche Schwierigkeiten. Im Gegensatz zu den USA, die den Deutschen die Herstellung schweren Militärgeräts nicht mehr verwehren wollten, sprach sich Frankreich für sehr strenge Bestimmungen aus. So schlug man von französischer Seite Höchstgrenzen für Geschützkaliber (60 mm) und für die Stärke von Panzerplatten (50 mm) vor. Diese wären derart niedrig gewesen, dass die Bundesrepublik ihre gesamte schwere Ausrüstung aus dem Ausland hätte beschaffen müssen; die Produktion von Treibmitteln (Pulver) und von militärischen Sprengstoffen gedachte die Pariser Regierung gar ganz verbieten zu lassen. Somit hätten sich die Deutschen nicht einmal mit eigener Munition versorgen können. Die Argumente des US-Außenministers Dean Acheson, wonach man sich eher darum sorgen müsse, ob Deutschland überhaupt genügend Material produzieren könne, stießen in Paris auf taube Ohren. Schuman und andere Vertreter des Außenministeriums warnten die Verbündeten vor den innenpolitischen Konsequenzen in Frankreich. Damit war nichts anderes gemeint, als dass die Nationalversammlung ihre Zustimmung zum EVG-Vertrag – und somit zur westdeutschen Wiederbewaffnung – verweigern würde, falls man den französischen Sicherheitswünschen nicht Rechnung trüge[40].

In Bonn war man sich der Vorbehalte seiner Verhandlungspartner, insbesondere Frankreichs, sehr wohl bewusst und zeigte sich bereit, ihnen entgegenzukommen, um die Befürchtungen zu zerstreuen. Bei den Petersberg-Verhandlungen Anfang Februar 1951 hatte Blank bereits die Bereitschaft der Bundesrepublik bekundet, aus Rücksicht auf das deutsch-französische Verhältnis auf jegliche Waffenproduktion zu verzichten:

> »Die Bundesregierung sei bestrebt, in ein besonders gutes Verhältnis zu Frankreich zu kommen, und sie will daher alles vermeiden, was in Frankreich Mißtrauen auslösen könnte. Sie glaube daher, daß ein Verzicht auf eigene Waffenproduktion die psychologische Stimmung günstig beeinflussen könne. Deutsche Truppen ohne eigene Waffenproduktion könnten niemals aggressiv werden.«

Sollten die Rüstungskapazitäten der Westeuropäer nicht zur effektiven Ausstattung des deutschen Kontingents ausreichen und sich diese nur mit Hilfe einer deutschen Rüstungsindustrie bewerkstelligen lassen, sei man, so hatte Blank damals wissen lassen,

---

[39] Vgl. FRUS 1950, III/1, S. 538–547: Bericht NATO-Militärausschuss (D/MC-D/2), 12.12.1950; Mawby, From Distrust to Despair, S. 501 f.; AWS, Bd 2 (Beitrag Meier-Dörnberg), S. 614, 712; AWS, Bd 4 (Beitrag Schwengler), S. 379–381, 435; Wettig, Entmilitarisierung und Wiederbewaffnung, S. 390–393.

[40] Auf der Grundlage amerikanischer Akten: AWS, Bd 2 (Beitrag Maier), S. 77 f.; AWS, Bd 2 (Beitrag Meier-Dörnberg), S. 712; AWS, Bd 4 (Beitrag Schwengler), S. 435.

zu Verhandlungen bereit, allerdings nur auf ausdrücklichen Wunsch Frankreichs. Bis zu diesem Zeitpunkt hätten die Deutschen somit ihren Bedarf an schweren Waffen durch Auslandskäufe decken müssen. Die damit verbundenen Devisenprobleme wurden von Blank aber offenbar bewusst außen vor gelassen. Was Blank als Beitrag anbot, waren die Kapazitäten der deutschen Industrie zur Lieferung handelsüblichen Geräts. Hierzu zählten Erzeugnisse der Metall-, Holz-, Fahrzeug-, Schiffbau-, Textil- und Elektroindustrie[41].

Die deutsche Position wurde von der französischen Regierung zwar sehr positiv aufgenommen, dennoch hielt diese an ihrer Forderung nach der Aufrechterhaltung bestimmter Produktionsverbote fest. Als Grund machte Außenminister Schuman die Verwundbarkeit deutscher Fabriken aufgrund deren geografischer Nähe zum Eisernen Vorhang geltend. Aus militärischer Sicht war dieses Argument völlig nachvollziehbar, doch handelte es sich dabei um einen geschickten Schachzug, der dazu diente, eine offene Diskriminierung Deutschlands zu verschleiern. Ferner wies Schuman auf die von den Sozialisten in seinem Land stark beachtete öffentliche Meinung und die weit verbreitete Furcht hin, wonach sich Deutschland eines Tages doch gegen den Westen oder gegen den Osten wenden könne. Die EVG müsse, so erklärte der Außenminister, einen »streng defensiven Charakter« haben[42]. Wie groß das Misstrauen auf französischer Seite noch war, zeigte sich deutlich anhand Schumans Äußerungen bei der Londoner Außenministerkonferenz vom 18./19. Februar 1952: So bemerkte er gegenüber Adenauer bezüglich einer möglichen deutschen Rüstungsindustrie:

»Dies ist eine Sache von großer ›delicatesse‹ für Sie und für uns. Sie liegt auf dem Gebiet der Psychologie. Der Gedanke einer Rüstungsproduktion in Deutschland erzeugt in einigen Ländern ganz besondere Wirkungen. Ich brauche Ihnen keine Gründe hierfür zu nennen. Ich denke hierbei nicht nur an die Mitgliedstaaten der EVG, sondern auch noch an andere Länder. Es könnte der Tag kommen, wo das Kommissariat [der EVG] gewisse Aufträge nach Deutschland vergibt, wodurch Rüstungsfabriken in Deutschland erstellt werden müßten, die zur Zeit noch nicht existieren. Ich bin zutiefst überzeugt [...] von Ihrer friedfertigen und solidarischen Einstellung. Aber wir sind nicht ebenso sicher, was ein künftiges Deutschland denken wird[43].«

Von Seiten der Pariser Regierung forderte man daher eine einseitige Verzichtserklärung der Bundesregierung. Eine Regelung des Problems im Rahmen der EVG lehnte man wegen des dort geltenden Grundsatzes der Nichtdiskriminierung ab, denn sämtliche Beschränkungen würden dann automatisch auch für die anderen Mitgliedstaaten – und somit auch für Frankreich – gelten. Staatssekretär Hallstein ließ Gesprächsbereitschaft erkennen und hielt einen Notenaustausch für denkbar, sofern es sich um eine auf geografischen Gründen basierende, zeitlich begrenzte Lösung handle, die die Beteiligung Deutschlands an Arbeiten auf dem Rüstungsgebiet und in der Forschung nicht aus-

---

[41] Vgl. AAPD/AuHK, I, S. 85–90 (Zitat S. 87): Protokoll Gespräch mit Vertretern der AHK (2.2.1951), 2.2.1951; AMAE, Cabinet du Ministre/Schuman, 148, Bl. 54–63, hier Bl. 54 f., 59 f.: Protokoll 4. Sitzung Militärausschuss, 2.2.1951; FRUS 1951, III/2, S. 1005–1008, hier S. 1006 f.: Hays an Acheson, 3.2.1951; AWS, Bd 2 (Beitrag Meier-Dörnberg), S. 644 f.; AWS, Bd 4 (Beitrag Schwengler), S. 384.
[42] AAPD 1952, S. 13 f. (Zitat S. 13): Aufz. Gespräch Hallstein – Bérard (7.1.1952), 7.1.1952.
[43] AAPD/AuHK, II, S. 317–333 (Zitat S. 325): Ausführungen Schuman bei der Londoner Außenministerkonferenz, 18./19.2.1952.

schlösse[44]. Ein deutsches Entgegenkommen machte Hallstein aber von den (noch auszuhandelnden) rüstungspolitischen Bestimmungen des EVG-Vertrags abhängig, »denn irgendwie müsse man die Behandlung Deutschlands in dieser Frage mit der europäischen generellen Regelung in Zusammenhang bringen«[45].

Dies war auch ein Hauptanliegen Bundeskanzler Adenauers, der entschieden gegen einseitige Verbote und Beschränkungen war. Er hielt sie für schlichtweg diskriminierend und mit dem Grundsatz der Gleichberechtigung unvereinbar. Auch fürchtete er, im Inland als Vasall der Alliierten dazustehen. Eine Regelung sollte im Rahmen des EVG-Vertrags erfolgen und für alle Mitgliedstaaten gelten. Hierbei verwies er auf die bei der Pariser EVG-Konferenz verfolgte Linie, wonach die europäischen Rüstungsprogramme vom EVG-Kommissariat in Zusammenarbeit mit dem Ministerrat aufzustellen und durchzuführen und aus einem Gemeinschaftsbudget zu finanzieren waren sowie in enger Abstimmung mit der NATO zu erfolgen hatten. Mit der Produktionsüberwachung sollte SHAPE betraut werden, dem der EVG-Verteidigungskommissar zu unterstellen war. Die Staaten dürften somit nur die vom Kommissariat genehmigten Güter produzieren. Aus Sicht der Hohen Kommission bot die zentrale Verantwortlichkeit des Kommissariats für die Rüstung jedoch noch keine ausreichende Gewähr gegen die Herstellung gefährlicher Waffen durch einzelne Mitgliedstaaten. Als problematisch erachtete man auch die Tatsache, dass die USA und Großbritannien der EVG nicht angehören und ihnen gegenüber in juristischem Sinne keinerlei Verpflichtungen von Bonner Seite bestehen würden. Der stellvertretende US-Hochkommissar für Deutschland, General George P. Hays, beharrte unter Verweis auf die »deutsche Erfindungskraft« im Waffensektor, die sich im Laufe der Geschichte gezeigt habe, weiterhin auf Sicherheitsmaßnahmen. Adenauer signalisierte daraufhin Gesprächsbereitschaft und bot einen Briefwechsel zwischen den USA und Großbritannien einerseits und Deutschland andererseits an, in dem auf die EVG-Vertragsverpflichtungen hingewiesen werden solle[46].

Vom ursprünglichen Vorhaben, die Verbote und Beschränkungen in den Generalvertrag aufzunehmen, ließen die Besatzungsmächte schließlich ab. Adenauer und Blank hatten sich der Aufnahme derartiger Klauseln in den Generalvertrag vehement widersetzt[47]. Der Bundeskanzler hielt es aber für durchaus denkbar, einem amerikanischen und britischen Vorschlag zu folgen, der eine Lösung der Frage im Rahmen eines Bundesgesetzes vorsah, vorausgesetzt, die Deutschen sollten von der Forschung im Nuklearbereich

---

[44] Vgl. AAPD 1952, S. 13 f.: Aufz. Gespräch Hallstein – Bérard (7.1.1952), 7.1.1952. Blankenhorn hatte wenige Wochen zuvor ebenfalls zu erkennen gegeben, dass wegen der besonderen strategischen Lage des Bundesgebiets freiwillige Rüstungsproduktionsbeschränkungen denkbar seien. Vgl. AWS, Bd 4 (Beitrag Schwengler), S. 436.

[45] PA-AA, B 150/174: Vermerk Hallstein für Adenauer, 18.1.1952.

[46] Vgl. AAPD/AuHK, I, S. 421–427 (Zitat S. 422): Protokoll Sitzung Adenauer – AHK, 26.11.1951; FRUS 1951, III/2, S. 1719–1721: McCloy an Acheson, 26.11.1951; S. 1730–1732: Acheson an Truman, 30.11.1951; Andres, Die bundesdeutsche Luft- und Raumfahrtindustrie, S. 134–136; AWS, Bd 2 (Beitrag Meier-Dörnberg), S. 712 f.; AWS, Bd 4 (Beitrag Schwengler), S. 435 f.

[47] Vgl. BArch, BW 9/2048, Bl. 45–48, hier Bl. 47: Aufz. Gespräch Blank – Alphand (14.2.1952), o.D.; BArch, BW 9/3074, Bl. 94–98, hier Bl. 94: Vermerk Amt Blank/II W, 4.12.1951; AAPD/ AuHK, I, S. 421–427, hier S. 426: Protokoll Sitzung Adenauer – AHK, 26.11.1951.

und der Produktion von Zivilflugzeugen nicht ausgeschlossen sein[48]. Anfang Februar 1952 war noch immer keine Einigung in Sicht. Nach wie vor bestanden die drei Besatzungsmächte auf einer einseitigen Verpflichtungserklärung der Bundesrepublik, wobei man auch Bezug auf Artikel 26 Absatz 2 des Grundgesetzes nahm, in dem festgeschrieben war, dass Kriegswaffen nur mit Erlaubnis der Bundesregierung produziert, befördert und in Verkehr gebracht werde durften[49].

Wenig beeindrucken ließen sich die Franzosen durch Blanks Hinweis darauf, dass die Deutschen zwar gewiss über das Know-how zum Bau schwerer Waffen verfügten, eine Fertigung aber erst in ungefähr fünf Jahren anlaufen könne, weil zuerst die erforderlichen Fabriken und Investitionsmittel vorhanden sein müssten. Frankreich beharrte jedoch strikt auf dem von Adenauer in Aussicht gestellten Briefwechsel und der Berücksichtigung der geostrategischen Lage im EVG-Vertrag. Die Bemühungen der Deutschen, die Franzosen von der Unzweckmäßigkeit von Beschränkungen zu überzeugen, waren ins Leere gelaufen[50]. Zwar berief sich Adenauer erneut auf die umfangreichen Befugnisse des zukünftigen Kommissariats, erklärte sich aber nun bereit, dem Wunsch der Besatzungsmächte zu entsprechen und eine Erklärung abzugeben, wonach die Bundesrepublik es »mit Rücksicht auf die internationale Spannung und die geographische Lage« nicht als Diskriminierung ansehen würde, wenn das Kommissariat Aufträge für bestimmte schwere Waffen nicht nach Deutschland vergäbe. Daneben zeigte er sich zur Abgabe einer Erklärung an die Adressen Washingtons und Londons einverstanden. Zugleich bestand Adenauer aber darauf, dass das deutsche Kontingent in jedem Falle mit denselben Waffen ausgestattet sein müsste wie die Kontingente der anderen Mitgliedstaaten. Während Acheson und der britische Außenminister Anthony Eden ihr Einverständnis zu Protokoll gaben, waren bei Schuman noch immer Restzweifel erkennbar, denn nach wie vor bemängelte er das Fehlen verbindlicher Richtlinien für die Auftragsvergabe. Die Klärung dieses Punktes war für ihn weiterhin von wesentlicher Bedeutung, um sicherzustellen, dass nicht doch Aufträge zur Fertigung sensibler Rüstungsgüter nach Deutschland erfolgen würden[51]. Nach langwierigen Verhandlungen einigte man sich auf die ausschließliche Genehmigungsbefugnis des EVG-Kommissariats für die Rüstungsforschung und die Entwicklung, Herstellung sowie die Ein- und Ausfuhr von Waffen, Munition und Sprengstoffen (Art. 107 EVG-Vertrag). Die entsprechenden Rüstungsgüter wurden in Anlage I aufgeführt und die Waffengruppen, die in gefährdeten Gebieten nicht hergestellt werden durften, in Anlage II[52]. Damit hatten sich die Gespräche

---

[48] Vgl. FRUS 1951, III/2, S. 1739–1741: McCloy an Acheson, 19.12.1951; AWS, Bd 4 (Beitrag Schwengler), S. 436.

[49] Vgl. FRUS 1952–1954, V/1, S. 97–101, hier S. 100 f.: Bericht an Acheson, Eden und Schuman, 16.2.1952, Anhang: Gemeinsamer Entwurf einer deutschen Erklärung, 16.2.1952; AWS, Bd 4 (Beitrag Schwengler), S. 436.

[50] Vgl. BArch, BW 9/2048, Bl. 45–48, hier Bl. 47: Aufz. Gespräch Blank – Alphand (14.2.1952), o.D.; Gauzy, La préparation du réarmement de la République Fédérale, t. 1, S. 142 f.

[51] AAPD/AuHK, II, S. 317–333, hier S. 323–327 (Zitat S. 324): Protokoll Londoner Außenministerkonferenz, 18./19.2.1952; FRUS 1952–1954, V/1, S. 67–71: Aufz. Laukhuff, 12.3.1952; S. 75–77: US-Delegation an State Dept., 21.2.1952; S. 104 f.: Vereinbarter Entwurf Adenauer-Erklärung, 19.2.1952; AWS, Bd 4 (Beitrag Schwengler), S. 436 f.

[52] Vgl. Fursdon, The European Defence Community, S. 164 f.; AWS, Bd 2 (Beitrag Meier-Dörnberg), S. 713; AWS, Bd 4 (Beitrag Schwengler), S. 433 f.

zwischen der Bundesregierung und der AHK über etwaige Rüstungsbeschränkungen mit der Pariser EVG-Konferenz vermischt, wo die Delegationen der Montanunion-Länder über den EVG-Vertrag verhandelten.

Die Definition der einzelnen Waffenarten sowie die Festlegung der Liste der Waffen, deren Herstellung in der Bundesrepublik untersagt sein sollte, erwies sich jedoch mitunter als außerordentlich schwierig. Grundsätzlicher Konsens bestand zunächst hinsichtlich des Verbots von ABC-Waffen, weit reichenden und gelenkten Flugkörpern – die Vertreter der drei Besatzungsmächte verwendeten hierfür aufgrund der Erinnerung an die sogenannten »Vergeltungswaffen« V 1 und V 2, die die Deutschen während des Zweiten Weltkrieges zum Einsatz gebracht hatten, in ihrer Terminologie den Begriff »V-Waffen« –, Militärflugzeugen und größeren Kriegsschiffen. Erheblichen Klärungsbedarf gab es hingegen bei der Frage der Herstellung von Geschützrohren größeren Kalibers, Treibmitteln und Zivilflugzeugen[53].

Frankreich und Großbritannien wollten sich keineswegs nur mit einem deutschen Konstruktionsverbot für Militärflugzeuge begnügen. Zu groß schien ihnen die Gefahr, dass die zivile Luftfahrttechnik für militärische Zwecke nutzbar gemacht werden könnte. Bei den Briten spielten offensichtlich auch wirtschaftliche Gründe eine Rolle, weil sich im Falle der Fortdauer des deutschen Betätigungsverbots die Chance bot, die Deutschen mit Erzeugnissen britischer Luftfahrtunternehmen auszustatten. Auf der Londoner Außenministerkonferenz erklärte sich Adenauer zu einem Schreiben an die Adresse der Westmächte bereit, wonach die Bundesrepublik zum damaligen Zeitpunkt keine Zivilflugzeuge baue, über keine Möglichkeiten hierfür verfüge und die Beschaffung eventuell benötigter Maschinen im Ausland vornehmen wolle. Im Gegensatz zu den beiden anderen Außenministern, die mit einer derartigen Regelung zufrieden schienen, blieb der vermutlich unter strikten Anweisungen seiner Regierung handelnde französische Außenminister bei seiner harten Haltung und bestand weiterhin auf einer Verbotsklausel im Rahmen des EVG-Vertrags[54]. Auf der Lissabonner NATO-Ratstagung hielt Schuman an seiner Position fest, gab aber zu erkennen, dass das französische Parlament einen Kompromissvorschlag akzeptieren könnte[55]. Der Versuch der deutschen Seite, den Begriff »Zivilflugzeuge« durch »Verkehrsflugzeuge« zu ersetzen, um zumindest die Möglichkeit des Baus kleiner Sport- und Reiseflugzeuge zu erreichen, scheiterte an der ablehnenden Haltung der Westmächte. Man einigte sich schließlich auf eine deutsche Verzichtserklärung, wie sie Adenauer bereits in London in Aussicht gestellt hatte. Die Option einer deutschen Luftfahrtindustrie hielt der Bundeskanzler allerdings für die Zukunft offen und kündigte an, in einem solchen Falle eine einvernehmliche Lösung mit den drei Westalliierten anzustreben[56].

---

[53] Siehe AAPD/AuHK, II, S. 317–333, hier S. 329–332: Protokoll Londoner Außenministerkonferenz, 18./19.2.1952; AWS, Bd 2 (Beitrag Maier), S. 96. Allgemein zu den deutschen V-Waffen: Hölsken, Die V-Waffen; Neufeld, Die Rakete; Schabel, Die Illusion der Wunderwaffen.

[54] Vgl. AAPD/AuHK, II, S. 317–333, hier S. 324, 332: Londoner Außenministerkonferenz, 18./19.2.1952; FRUS 1952–1954, V/1, S. 75–77, hier S. 76: US-Delegation an State Dept., 21.2.1952; Andres, Die bundesdeutsche Luft- und Raumfahrtindustrie, S. 136 f.; AWS, Bd 2 (Beitrag Maier), S. 96.

[55] Vgl. AWS, Bd 2 (Beitrag Maier), S. 106.

[56] Vgl. BArch, BW 9/2055, Bl. 73 f.: Aufz. de Maizière, 9.4.1952; BGBl. 1954, II, S. 418: Adenauer an Eden, Acheson und Schuman, 7.5.1952; Andres, Die bundesdeutsche Luft- und Raumfahrt-

IV. Die Verhandlungen über die Rüstungsklauseln des EVG-Vertrags 137

Bei den Vertretern der Luftfahrtindustrie, die sich seit geraumer Zeit intensiv um die Aufhebung der alliierten Verbotsmaßnahmen und die Wiederaufnahme ihrer früheren Tätigkeit bemüht hatten und in Kontakt mit den Bundesministerien für Wirtschaft, Finanzen und Verkehr standen, war man über das Verhalten der Bundesregierung enttäuscht. Sie vermieden allerdings öffentliche Kritik, weil sie sich bewusst waren, zukünftig auf staatliche Unterstützung angewiesen zu sein[57].

In der für Luftwaffenangelegenheiten zuständigen Abteilung des Amtes Blank hatte man entschieden vor einer Verzichtserklärung gewarnt. Man befürchtete, dass die deutsche Industrie dadurch den Anschluss an moderne Technologien verlieren würde, und rechnete mit erheblichen Nachteilen für die deutsche Wirtschaft. Den eintretenden technologischen Rückstand hielt man für nur schwer aufholbar, zumal mit der (weiteren) Abwanderung deutscher Luftfahrtexperten ins Ausland gerechnet werden musste. Auch warnte man vor den Auswirkungen auf die Moral des deutschen EVG-Luftwaffenkontingents, sollte dieses mit veralteter Technik ausgestattet sein, besonders für den Fall, dass das Verbot weiter bestehen bliebe[58].

War die Bundesregierung aufgrund der von den Vertretern der Besatzungsmächte bislang verwendeten Terminologie zunächst davon ausgegangen, dass mit dem Produktionsverbot für »V-Waffen« ausschließlich weit reichende Raketen gemeint waren, so musste sie Anfang April 1952 feststellen, dass ihre Verhandlungspartner sämtliche Arten von Fernlenkwaffen unter das Verbot fallen lassen wollten. Dies hätte bedeutet, dass den Deutschen lediglich die Produktion ungelenkter Raketen möglich gewesen wäre. Die Bundesrepublik hielt es jedoch für unerlässlich, gelenkte Panzerabwehr- und Luftabwehrraketen kurzer Reichweite (taktische Raketen) herstellen zu dürfen, um sich im Falle eines Angriffs aus dem Osten ausreichend schützen zu können. Ohne angemessene Abwehrmittel – Rohrwaffen wurden von Militärs aufgrund der hohen Geschwindigkeit moderner Kampfflugzeuge als nicht mehr zeitgemäß erachtet – sei man gegen Luftangriffe machtlos. In diesem Zusammenhang wies man auf die deutschen Flugabwehrraketenentwicklungen aus der Zeit des Zweiten Weltkrieges hin[59]. Außerdem betonte man die Notwendigkeit ausreichenden Nachschubs im Ernstfall. Dieser könne nur durch heimische Fabriken gesichert werden. Eine alleinige Belieferung aus dem Ausland hielt man für unbefriedigend. Die Repräsentanten der Drei Mächte, vor al-

---

industrie, S. 137 f. Die Behauptung Adenauers, dass die deutsche Luftfahrtindustrie zum damaligen Zeitpunkt noch nicht über entsprechende Produktionsmöglichkeiten verfügt habe, ist nicht zutreffend. Siehe hierzu Andres, Die bundesdeutsche Luft- und Raumfahrtindustrie, S. 139.

[57] Vgl. Andres, Die bundesdeutsche Luft- und Raumfahrtindustrie, S. 138–141, 144 f., 146 f. Bei der bundesdeutschen Industrie hatte man den Eindruck, dass bei den alliierten Verbotsabsichten auch ökonomische Gründe maßgebend waren. Zu den damaligen Bemühungen der ehemaligen deutschen Luftfahrtindustriellen um den Wiederaufbau ihres noch verbotenen Industriezweigs siehe ebd., S. 67–93, 95–99, 115–120.

[58] Vgl. BArch, BW 9/3074, Bl. 248: Notiz Eschenauer, 18.3.1952; Andres, Die bundesdeutsche Luft- und Raumfahrtindustrie, S. 139.

[59] Näheres zu den von den Deutschen entwickelten Abwehrwaffen (Wasserfall, Rheintochter, Enzian, Schmetterling) bieten DRWK, Bd 5/2 (Beitrag Müller), S. 586–593; Ludwig, Die deutschen Flaraketen; Neufeld, Die Rakete, S. 278–286, 303–307; Schabel, Die Illusion der Wunderwaffen, S. 259–271, sowie die Beiträge in Flugkörper und Lenkraketen, S. 131–163. Das enorme Interesse der deutschen Delegation an modernen Luftabwehrmitteln lässt sich mit den Erfahrungen des alliierten Luftkrieges gegen das Deutsche Reich erklären.

lem die Franzosen, machten jedoch geltend, dass eine Abgrenzung zwischen Defensiv- und Offensivwaffen kaum möglich sei und Fabrikationsanlagen für taktische Raketen ohne weiteres auch für weit reichende genutzt werden könnten[60]. Adenauer meinte dagegen, dass zwischen einer Fabrik für kleine Lenkflugkörper und einer solchen für große »ein ähnlicher Unterschied bestünde wie zwischen einer Fabrik für Kinderautos und einer solchen für Lastwagen«[61]. Sowohl die deutsche Versicherung, keinesfalls weit reichende Angriffswaffen ähnlich der V 1 und V 2 bauen zu wollen, wie auch die Hervorhebung der technischen Unterschiede zwischen Raketen kurzer und langer Reichweite, etwa bei der Länge sowie bei den Antriebs- und Steuerungssystemen, konnte die Hochkommissare nicht zufrieden stellen. Armand Bérard, stellvertretender französischer Hoher Kommissar, unterbreitete den Vorschlag einer gemeinsamen Fabrikation in »nicht strategisch gefährdeten Gebieten« – nach französischer Lesart bedeutete dies: eine gemeinsame Fertigung *außerhalb* des Bundesgebiets, etwa in Französisch-Nordafrika. Es handelte sich dabei um einen äußerst durchsichtigen Schachzug, der dazu gedacht war, deutsche Rüstungsbeschränkungen zu legitimieren[62]. Entgegenkommen signalisierte zunächst lediglich die amerikanische Expertengruppe. Sie gab zu Protokoll, bei ihrer Regierung darauf hinwirken zu wollen, den Deutschen zumindest die Produktion gelenkter Flaraketen zu gestatten. Eine solche Lösung hielten die deutschen Vertreter für annehmbar[63].

Die deutsche Forderung nach der Erlaubnis zur Herstellung taktischer Raketen wurde von Seiten des Comité d'Action Scientifique de Défense Nationale (CASDN), dem damaligen Beratergremium der französischen Regierung in wissenschaftlich-technischen Fragen der Verteidigung, abgelehnt. Man befürchtete, dass Deutschland im Falle alliierter Zugeständnisse rasch dazu in der Lage sein würde, weit reichende Lenkflugkörper herzustellen[64]. Eine nicht zu unterschätzende Rolle dürften hierbei die Erfahrungen mit den deutschen V-Waffen-Angriffen von 1944 gespielt haben[65]. In französischen Militärkreisen äußerte man zudem die Befürchtung, wonach die deutschen Wissenschaftler und Ingenieure, die seit Kriegsende im Ausland, darunter auch

---

[60] Vgl. AAPD/AuHK, II, S. 81–100, hier S. 99: Protokoll Sitzung Adenauer – AHK, 21.4.1952; S. 125–147, hier S. 137–140: Protokoll Sitzung Adenauer – AHK, 28.4.1952; BArch, BW 9/3074, Bl. 304–315, hier Bl. 310–312: Besprechung Ausschuss für Industriebeschränkung (16.4.1952), 17.4.1952; AAPD 1952, S. 318–325: Besprechung Ausschuss für Industriebeschränkung (25.4.1952), 26.4.1952. Siehe auch die Stellungnahme des »Technischen Geschäftsführers des Ausschusses für Funkortung«, Friedrich Günther: BArch, BW 9/3074, Bl. 292–297: Günther an Blank, 10.4.1952.

[61] AAPD/AuHK, II, S. 212–249, hier S. 227–231 (Zitat S. 229): Protokoll Sitzung Adenauer – AHK, 15./16.5.1952.

[62] Vgl. AAPD/AuHK, II, S. 137–140, hier S. 140: Protokoll Sitzung Adenauer – AHK, 28.4.1952; S. 212–249, hier S. 227–231 (Zitat S. 230): Protokoll Sitzung Adenauer – AHK, 15./16.5.1952; FRUS 1952–1954, VII/1, S. 72–74, hier S. 73: McCloy an US-State Dept., 16.5.1952; Wettig, Entmilitarisierung und Wiederbewaffnung, S. 473.

[63] Vgl. BArch, BW 9/2055, Bl. 113 f.: Aufz. de Maizière, 26.4.1952.

[64] Vgl. AMAE, DF-CED/C/116: Bergeron an Mons, 22.4.1952. General Paul Bergeron war Vorsitzender des CASDN und Militärkommissar für Atomenergie. Allgemein zum CASDN: SHD/DAT, 11 Q/29-3: Stellungnahme Bergeron, 9.12.1952; Chantebout, L'organisation générale de la défense nationale, S. 381–383; Facon, La politique de recherche aéronautique, S. 67.

[65] Zum Einsatz deutscher V-Waffen gegen Frankreich: Hölsken, Die V-Waffen; Jarry, La place de la France. Allgemein zur deutschen V-Waffen-Offensive: DRWK, Bd 6 (Beitrag Boog), S. 380–417.

in Frankreich, tätig waren, mit dem gesammelten Wissens- und Erfahrungsschatz wieder in die Bundesrepublik zurückkehren und die Westmächte auf dem Gebiet der Raketenentwicklung übertreffen würden[66]. Diese Befürchtung war nicht völlig aus der Luft gegriffen: Wenige Tage vor der Unterzeichnung der EVG-Vertragstexte nahmen die in französischen Forschungseinrichtungen tätigen deutschen Raketeningenieure (Oskar?) Schrenk und Rolf Engel über die deutsche EVG-Delegation in Paris Kontakt zur Dienststelle Blank und deren Leiter auf, um mögliche zukünftige Forschungsarbeiten im Bereich der Raketentechnik zu erörtern. Die Aufnahme derartiger Aktivitäten in der Bundesrepublik versuchten die an Aufträgen interessierten Ingenieure ihren Gesprächspartnern mit dem Hinweis auf die unbedingte Notwendigkeit der Entwicklung moderner Flugabwehrraketen schmackhaft zu machen. Beim Amt Blank rannte man mit solchen Ideen offene Türen ein. Als vordringlicher hielt man dort allerdings die Entwicklung einer gelenkten Panzerabwehrrakete, um gegen sowjetische Panzerangriffe gewappnet zu sein. Karl-Alois Fischer von der Unterabteilung für Beschaffung bezeichnete eine solche Waffe als äußerst bedeutsam für die moderne Kampfführung und zog sogleich taktisch-technische Forderungen aus der Tasche[67].

Ursprünglich hatte besonders die französische Regierung beabsichtigt, die Herstellung von Pulver bzw. Treibmitteln für militärische Zwecke auf dem Territorium der Bundesrepublik zu unterbinden, was faktisch eine effektive Überwachung der deutschen Rüstung bedeutet hätte. Damit konnte sie sich aber aufgrund des hartnäckigen deutschen Widerstandes ebenso wenig durchsetzen wie mit dem Plan, die Herstellung von Kanonen mit einem Kaliber über 105 mm in Westdeutschland verbieten zu lassen. Frankreich drängte nun, offenbar unterstützt von Italien, Belgien und Luxemburg, auf ein EVG-Monopol für neue Pulverfabriken. Derartige Anlagen sollten nur in Gebieten errichtet werden dürfen, die nicht als unmittelbar gefährdet galten[68]. Als Kompromiss einigte man sich im Rahmen der EVG schließlich darauf, dass das Kommissariat den Neubau von Pulverfabriken ausschließlich für das Gebiet westlich der »Pulverlinie«, einer von der deutsch-niederländischen Grenze am Rhein bis an den östlichen Bodensee verlaufenden Linie, genehmigen durfte. Voraussetzung für die Erteilung der Lizenz war die Ernennung eines Aufsichtsbeamten, der die Einhaltung der Bestimmungen durch

---

[66] Vgl. SHD/DAT, 11 Q/29-3: Vermerk, 7.5.1952.
[67] Vgl. BArch, BW 9/3284, Bl. 124–126: Aktennotiz, 24.5.1952. Der ehemalige Angehörige des Sicherheitsdienstes (SD) und SS-Hauptsturmführer Engel war nach seiner Entlassung aus einem US-Internierungscamp in einer Forschungseinrichtung der französischen Streitkräfte tätig. Später versuchte er in Ägypten Fuß zu fassen, wo mehrere Dutzend deutsche Spezialisten am Aufbau der ägyptischen Rüstungsindustrie mitwirkten. Engel erklärte, eine Gruppe führender deutscher Raketenwissenschaftler zusammenstellen und eine Forschungs- und Produktionsgesellschaft mit Sitz in Lissabon gründen zu wollen, die über Ableger in allen westlichen Staaten sowie in Ägypten verfügen sollte. Zu Engels Karriere: Neufeld, Rolf Engel vs. the German Army.
[68] Vgl. AAPD/AuHK, II, S. 29–33, hier S. 29–31: Protokoll Sitzung Adenauer – AHK, 27.3.1952; BTAV, I, S. 381–428, hier S. 415 f.: Ausführungen Blank, 9. Sitzung Ausschuss zur Mitberatung des EVG-Vertrags (8.10.1952); AWS, Bd 2 (Beitrag Maier), S. 106; AWS, Bd 4 (Beitrag Schwengler), S. 438. Die Niederlande waren ursprünglich aus grundsätzlichen Erwägungen gegen ein EVG-Monopol. Vgl. BArch, BW 9/3074, Bl. 216–223, hier Bl. 221: Bericht Thieme, 10.3.1952.

das betreffende Industrieunternehmen laufend zu überwachen hatte. Somit war die Pulverproduktion prinzipiell auch auf deutschem Boden möglich[69].

Nach harten Verhandlungen gestand man den Deutschen ferner die Erlaubnis zum Bau von Luftabwehrraketen kurzer Reichweite zu. Unter maßgeblichem Einfluss der Briten und Amerikaner war es gelungen, die Franzosen zur Aufgabe ihrer bisher ablehnenden Haltung zu bewegen. Die Hauptmerkmale der erlaubten Lenkgeschosse wurden in Artikel 107, Anlage II des EVG-Vertrags näher definiert. Das erforderliche Genehmigungsverfahren entsprach dem für Pulverfabriken. Die Fertigung gelenkter Panzerabwehrraketen blieb der Bundesrepublik weiterhin verwehrt. Damit wäre es den Deutschen nicht möglich gewesen, im Falle eines Angriffs aus dem Osten gepanzerte Kräfte wirkungsvoll zu bekämpfen[70]. Das Verbot zur Herstellung solcher Waffen wurde auch in die Protokolle zum späteren WEU-Vertrag aufgenommen[71] und erst 1958 aufgehoben, nachdem die Bundesregierung einen entsprechenden Antrag beim Rat der WEU gestellt hatte. Die Genehmigung wurde am 9. Mai 1958 erteilt – zu einem Zeitpunkt, als die sich seit Ende 1956 intensivierenden deutsch-französischen Rüstungsbeziehungen gerade einen Höhepunkt erreicht hatten[72].

Als weiterer strittiger Punkt galt die Kontrolle der Kernenergie in Westdeutschland. Oberstes Ziel der drei Besatzungsmächte war es, dem Land die militärische Nutzung dieses Technologiezweigs unmöglich zu machen. Mit dem Verbot der Forschung an sowie der Entwicklung und Produktion von Atomwaffen zeigte sich die Bundesregierung völlig einverstanden. Auf die friedliche Nutzung der Atomtechnik, etwa für die wissenschaftliche, medizinische und industrielle Forschung, wollte sie allerdings keineswegs verzichten. Doch der von den Besatzungsmächten vorgelegte, an Adenauer gerichtete Briefentwurf enthielt eine Reihe strenger Verbots- und Kontrollbestimmungen und hätte eine effektive zivile Nutzung somit nahezu unmöglich gemacht[73]. Die deutsche Forderung, die von den Westmächten vorgesehene Begrenzung der jährlichen Kernbrennstoffproduktion auf 500 g zu modifizieren – die deutschen Experten hielten die zugebilligte Brennstoffmenge für unzureichend –, stieß beim CASDN auf Ablehnung. Nach Auffassung französi-

---

[69] Vgl. AAPD/AuHK, II, S. 212–249, hier S. 229: Sitzung Adenauer – AHK, 15./16.5.1952; ebd., S. 340–358, hier S. 344 f.: Protokoll Bonner Konferenz (24./25.5.1952); BTAV, I, S. 381–428, hier S. 415 f.: Ausführungen Blank, 9. Sitzung Ausschuss zur Mitberatung des EVG-Vertrags (8.10.1952); AWS, Bd 2 (Beitrag Meier-Dörnberg), S. 714; AWS, Bd 4 (Beitrag Schwengler), S. 438; Wettig, Entmilitarisierung und Wiederbewaffnung, S. 473.

[70] Vgl. AAPD 1952, S. 430–450, hier S. 434 f.: Protokoll Außenministerkonferenz (24./25.5.1952), 26.5.1952; FRUS 1952–1954, VII/1, S. 89–95, hier S. 92: Aufz. Außenministertreffen der Drei Mächte, 24.5.1952; ebd., S. 95–100, hier S. 98: Aufz. Außenministerkonferenz (der Drei Mächte mit Adenauer), 24.5.1952; AWS, Bd 2 (Beitrag Meier-Dörnberg), S. 714; AWS, Bd 4 (Beitrag Schwengler), S. 434 f., 438.

[71] Allgemein hierzu: Küsters, Souveränität und ABC-Waffen-Verzicht, S. 526–535; AWS, Bd 4 (Beitrag Schwengler), S. 491–496.

[72] Vgl. AWS, Bd 4 (Beitrag Abelshauser), S. 80; AWS, Bd 4 (Beitrag Schwengler), S. 540. Eine Gruppe deutscher Rüstungsexperten um den Luftfahrtindustriellen Ludwig Bölkow hatte sich bereits seit Anfang der 1950er Jahre mit der Entwicklung ferngelenkter Geschosse zur Panzer- und Luftabwehr beschäftigt und 1957 eine Vorvereinbarung mit dem staatlichen französischen Luftfahrtunternehmen SNCAN über eine zukünftige Kooperation geschlossen. Vgl. Gersdorff, Ludwig Bölkow und sein Werk, S. 39 f., 159–162, 178–181; Kuhlo, Deutsch-französische Zusammenarbeit, S. 277.

[73] Ausführlich dazu: Fischer, Atomenergie, S. 42–51; AWS, Bd 4 (Beitrag Schwengler), S. 438 f.

scher Militärs bestand die Gefahr, dass die Bundesrepublik zur Herstellung großer Mengen atomwaffenfähigen Materials in der Lage sein würde. Dabei wies man auch auf Deutschlands exponierte geografische Lage hin. Auch Großbritannien und die USA zeigten sich in diesem Punkt unnachgiebig und verwiesen auf die psychologischen Vorbehalte ihrer Völker gegenüber einer deutschen Betätigung im atomaren Bereich[74].

Angesichts dieser harten Haltung blieb den Deutschen nichts anderes übrig, als sich den Vorgaben der Besatzungsmächte zu beugen. In einem an die drei Westmächte gerichteten Schreiben Adenauers vom 7. Mai 1952 erklärte die Bundesrepublik ihren Verzicht auf die Entwicklung, Produktion und den Besitz von Atomwaffen, auf Forschungen in diesem Sektor sowie auf die Erzeugung von mehr als 500 g Kernbrennstoff jährlich. Darüber hinaus verpflichtete sie sich zu weitgehenden Kontrollen der zivilen Nutzung der Atomenergie im Rahmen einer entsprechenden Gesetzgebung. Immerhin war es den deutschen Unterhändlern gelungen, die Verkürzung der auf drei Jahre festgelegten Revisionsfrist auf zwei Jahre zu erreichen[75].

Die genehmigungspflichtigen Waffen wurden in den beiden Anhängen des Artikel 107 EVG-Vertrag aufgeführt, der die alleinige Zuständigkeit des Kommissariats in Rüstungsangelegenheiten festschrieb. Anlage I enthielt alle diejenigen Güter, die nur mit Erlaubnis des Kommissariats entwickelt, produziert, importiert oder exportiert werden durften. Hierzu gehörten Kriegswaffen (von Handfeuerwaffen bis hin zu Panzerabwehr- und Flugabwehrwaffen), Munition und Zünder aller Art für militärische Zwecke, militärische Explosivstoffe und Antriebsmittel, Panzer und gepanzerte Fahrzeuge, Kriegsschiffe, Militärflugzeuge und ABC-Waffen sowie bestimmte Komponenten und Maschinen. Die Liste konnte auf Antrag des Kommissariats oder eines Mitglieds des Ministerrates geändert werden, allerdings nur mit einer Zweidrittelmehrheit.

Anlage II enthielt diejenigen Güter, die in »strategisch gefährdeten Gebieten« nur nach einstimmigem Votum des Ministerrates produziert werden durften. Hierzu gehörten ABC-Waffen, Lenkflugkörper (mit Ausnahme von Luftabwehrraketen mit maximaler Reichweite von 32 km), Influenzminen für die Seekriegführung, Kriegsschiffe über 1500 t Wasserverdrängung, U-Boote, Kriegsschiffe mit nicht-konventionellen Antriebssystemen sowie Militärflugzeuge und bestimmte dazugehörige Komponenten. Die Anlage umfasste darüber hinaus sämtliche Einrichtungen, die zur Herstellung der genannten Waffen dienen konnten. Davon ausgenommen waren Einrichtungen, die für zivile Zwecke oder die wissenschaftliche, medizinische und industrielle Forschung bestimmt waren. Für den Fall von Verstößen gegen die Bestimmungen des Artikel 107 durch Personen oder Unternehmen konnte der EVG-Gerichtshof auf Antrag des Kommissariats als Sanktionsmaßnahmen hohe Geldbußen und Zwangsgelder verhängen[76].

Mit den erzielten Verhandlungsergebnissen entstand ein »kompliziertes Gebilde aus einseitigen Verzichts- und Anerkennungserklärungen und für alle Unterzeichnerstaaten

---

[74] Vgl. AMAE, DF-CED/C/116: Bergeron an Mons, 22.4.1952; Fischer, Atomenergie, S. 49.
[75] Vgl. BGBl. 1954, II, S. 417: Adenauer an Eden, Acheson und Schuman, 7.5.1952; Fischer, Atomenergie, S. 50 f.
[76] Vgl. Art. 107 EVG-Vertrag, Anlagen I und II; Fursdon, The European Defence Community, S. 164 f.; AWS, Bd 2 (Beitrag Meier-Dörnberg), S. 713; AWS, Bd 4 (Beitrag Schwengler), S. 433 f. Bei Influenzminen handelt es sich um Seeminen, die durch elektrische oder magnetische Beeinflussung eines sich nähernden Objekts, z.B. U-Boote oder Schiffe, explodieren.

geltenden Bestimmungen des EVG-Vertrags«[77]. Eine solche Lösung stellte einen Kompromiss zwischen den von den drei westlichen Besatzungsmächten, aber auch von den anderen EVG-Staaten erhobenen Forderungen nach ausreichenden Sicherheitsgarantien gegen ein aggressives Westdeutschland und der deutschen Forderung nach Gleichberechtigung und Nichtdiskriminierung dar. Rechtlich-formal war die Bundesrepublik den anderen Mitgliedstaaten gleichgestellt, doch hatte sie sich unter dem Druck der Besatzungsmächte bereiterklärt, gewisse Rüstungsverbote und -beschränkungen zu akzeptieren. Als Ausweg bot sich das Argument der geostrategischen Lage (»strategisch gefährdetes Gebiet« bzw. »exponierte Lage«) an, die bei der Vergabe von Rüstungsaufträgen berücksichtigt werden sollte. Auch wenn die ins Spiel gebrachten Begriffe offenbar bewusst nicht eindeutig definiert worden waren, so kann kein Zweifel daran bestehen, dass damit in erster Linie das Bundesgebiet gemeint war. Aus juristischer Sicht lag aufgrund der letztlich freiwilligen Erklärungen keine Benachteiligung der Bundesrepublik vor, wohl aber aus politischer und wirtschaftlicher Sicht, da das Land zumindest für eine bestimmte Zeit gewisse Einschränkungen hinnehmen musste. Dies betraf nicht nur den reinen Rüstungssektor, sondern auch einige zivile Industriezweige wie den Flugzeugbau und die Forschung und Entwicklung im Bereich der Atomenergie[78]. Die bislang für die Bundesrepublik geltenden Verbots- und Kontrollmaßnahmen, über die das Militärische Sicherheitsamt wachte, wären allerdings mit Inkrafttreten des EVG-Vertragswerks entfallen. Den Deutschen wäre es dann prinzipiell möglich gewesen, Waffen herzustellen, darunter auch schwere Waffen wie Panzer und Artilleriegeschütze, sofern eine Genehmigung durch das Kommissariat vorlag[79].

Die Produktion der in Anlage II enthaltenen Waffen in »strategisch gefährdeten Gebieten« – also auch auf westdeutschem Boden – wäre nach einem einstimmigen Beschluss durch den Ministerrat durchaus möglich gewesen, aber ein solcher Beschluss war realistischerweise nicht zu erwarten. Während der Verhandlungen hatten die Besatzungsmächte, allen voran die Franzosen, stets deutlich gemacht, dass die Deutschen als besonders gefährlich geltendes Kriegsmaterial unter keinen Umständen entwickeln oder bauen durften. Dies lag durchaus im Interesse der anderen EVG-Mitgliedstaaten. Im Grunde wäre es der französischen Regierung am liebsten gewesen, wenn die Deutschen keinerlei Kriegswaffen hätten herstellen dürfen. In einer supranationalen Gemeinschaft ließ sich eine derartige Position wegen des Gleichberechtigungsprinzips jedoch kaum aufrechterhalten. So musste es aus französischer Sicht darauf ankommen, das deutsche Rüstungspotenzial vollständig zu integrieren. Mit der Bonner Argumentationslinie,

---

[77] Fischer, Atomenergie, S. 49.
[78] Vgl. AAPD/AuHK, II, S. 212−249, hier S. 228: Protokoll Sitzung Adenauer − AHK, 15./16.5.1952; BTAV, I, S. 381−428, hier S. 416 f.: Ausführungen Blank, 9. Sitzung Ausschuss zur Mitberatung des EVG-Vertrags (8.10.1952); AWS, Bd 4 (Beitrag Schwengler), S. 434, 440 f. Bezeichnenderweise erklärte Adenauer: »Da man gewünscht habe, daß der Eindruck einer Diskriminierung Deutschlands vermieden werde, sei man zur Camouflage auf den Ausweg verfallen, gewisse Produktionen in den strategisch gefährdeten Gebieten, zu denen die Bundesrepublik gehöre, zu verbieten«. AAPD/AuHK, II, S. 212−249, hier S. 229: Protokoll Sitzung Adenauer − AHK, 15./16.5.1952. Siehe hierzu auch die Diskussion über die »zone de combat« während der Pariser Außenministerkonferenz Ende Dezember 1951: BArch, BW 9/2971, Bl. 35−137, hier Bl. 94−99: Protokoll Außenministerkonferenz in Paris (28.12.1951), o.D.
[79] Vgl. AWS, Bd 2 (Beitrag Meier-Dörnberg), S. 714; AWS, Bd 4 (Beitrag Schwengler), S. 434.

wonach die Kompetenzen des Kommissariats ausreichende Garantien gewährleisteten, gab man sich keineswegs zufrieden. So beharrte man auf zusätzlichen Sicherheitsmaßnahmen in Form einseitiger Verzichtserklärungen. Am Ende einigte man sich auf ein Lösungspaket, das sowohl den Franzosen als auch den Deutschen entgegenkam. Deutlich trat bei den Verhandlungen über deutsche Rüstungsverbote und -beschränkungen das Integrationskonzept zum Vorschein, das bereits beim französischen Vorschlag einer Gemeinsamen Behörde für die Kohle- und Stahlindustrie – die spätere Montanunion – ein wesentliches Motiv war. Demnach sollten die kriegswichtigen Fähigkeiten der jungen Bundesrepublik europäisiert und kontrolliert werden, um den französischen Sicherheitsansprüchen zu genügen.

## 2. Die Anfänge des EVG-Rüstungsausschusses

Im Rahmen der »Konferenz über die Organisation einer Europaarmee« begann man erst im Oktober 1951, sich detaillierter mit rüstungswirtschaftlichen Fragen zu beschäftigen. Bisher hatten lediglich je ein Militär-, Finanz- und Justizausschuss sowie ein übergeordneter Lenkungsausschuss bestanden, in dem die Chefs der nationalen Delegationen versammelt waren. Nun kam ein Rüstungsausschuss hinzu, dessen Arbeitsprogramm am 19. Oktober 1951 im Rahmen einer Sitzung des Lenkungsausschusses erstmals präsentiert wurde[80]. Aus Sicht der französischen Regierung war das neu ins Leben gerufene Gremium sehr wichtig, handelte es sich doch bei dem Bewaffnungs- und Ausrüstungsprogramm um eine Angelegenheit »von großer Dringlichkeit«[81]: Der neue Ausschuss hatte dafür Sorge zu tragen, die Grundzüge einer europäischen Rüstungs- und Beschaffungsorganisation zu konzipieren und den deutschen Beitrag vollständig darin zu integrieren. Die Entstehung eines nationalen Verteidigungsministeriums mit dazugehörigen Rüstungs- und Beschaffungsdienststellen, wie auch eine Waffenproduktion auf deutschem Boden, sollten unter allen Umständen verhindert werden. Dies war während der gesamten EVG-Phase gängiger Konsens, nicht nur im Außenministerium, sondern auch im Verteidigungsministerium und den französischen Sicherheitsorganen[82]. Paris hielt ein gemeinsames Rüstungsprogramm, das Aufträge streute und gegenseitige Abhängigkeiten schuf, für die beste Garantie gegen eine autonome deutsche Rüstungsproduktion[83].

Zu Beginn der Pariser Konferenz war für die Franzosen die Frage eines gemeinsamen Rüstungsprogramms noch von zweitrangiger Bedeutung gewesen. Das Memorandum,

---

[80] Vgl. BArch, BW 9/2047, Bl. 209 f.: Zusammenstellung der Beschlüsse der 37. Sitzung EVG-Lenkungsausschuss (16.10.1951), 17.10.1951; BArch, BW 9/562, Bl. 304–311: Protokoll 39. Sitzung EVG-Lenkungsausschuss (19.10.1951), Auszug, 21.10.1951; BArch, BW 9/928, Bl. 38–40, hier Bl. 38: Vermerk EVG-Rüstungsausschuss (Stand: 15.5.1953), o.D.; CARAN, NL Pleven, 560 AP/45-1: Vermerk frz. EVG-Delegation, 24.10.1951.
[81] PA-AA, B 14-SFPP, 7: Ausführungen Alphand, Protokoll Sitzung Lenkungsausschuss (1.10.1951), 2.10.1951, S. 6.
[82] Vgl. AMAE, DF-CED/C/117: Cristofini an Verteiler, 29.1.1953; SHD/DAA, 2 E/2906: Coignard an François-Poncet, 26.1.1953, Anhang: Vermerk Militärisches Sicherheitsamt/frz. Sektion, 26.1.1953, S. 11.
[83] Vgl. AMAE, DF-CED/C/111: Vermerk über Gespräch Alphand – Blank (11.10.1951), o.D., S. 3.

das die französischen Vertreter ihren Verhandlungspartnern bei der Eröffnungssitzung am 15. Februar 1951 präsentierten, enthielt nur sehr grobe Angaben hierzu. Zudem erweckte es den Eindruck, als wollte Frankreich den Aufbau einer westdeutschen Rüstungsindustrie zumindest verzögern, wenn nicht gar verhindern, und den anderen Mitgliedstaaten einen möglichst großen Handlungsspielraum belassen. Bezeichnenderweise nahm der französische Vorschlag explizit Bezug auf das Nordatlantische Bündnis: So durfte die Aufstellung der Europaarmee zu keiner Beeinträchtigung der im Rahmen der NATO vorgesehenen Programme und Standardisierung führen. In der Anfangsphase sollten die europäischen Streitkräfte kein anderes als von NATO-Stellen oder Mitgliedstaaten bereitgestelltes Material erhalten. Da die Deutschen kein Mitglied des Bündnisses waren und nach französischer Auffassung auch nicht sein sollten, hätten sie in Rüstungsangelegenheiten über keinerlei Einflussmöglichkeiten verfügt und wären gegenüber ihren Partnern benachteiligt gewesen. Sie hätten sich mit Waffen und Gerät aus anderen Staaten begnügen müssen. Erst nach Indienststellung eines Kommissars sollte dieser, unter Berücksichtigung der NATO-Planungen und -Standards, die Möglichkeit eines europäischen Rüstungsproduktionssystems untersuchen. Was den von französischer Seite als unabdingbar erachteten Gemeinschaftshaushalt betraf, sollten aus diesem zunächst lediglich die Ausgaben für die gemeinsamen Einrichtungen beglichen werden, erst in einer zweiten Phase die für die europäischen Truppen, »unter Umständen« auch für die Produktion. Eine integrierte Rüstung war somit nur vage angedacht; eine westdeutsche Beteiligung wurde nicht explizit erwähnt, blieb aber theoretisch möglich[84].

Bis zur Fertigstellung des Zwischenberichts vom 24. Juli 1951 hatte sich schließlich bei den Konferenzteilnehmern der Ansatz durchgesetzt, dass ein mit umfangreichen Kompetenzen ausgestatteter Kommissar unter Beachtung der Standardisierungsgrundsätze der NATO ein Bewaffnungs- und Ausrüstungsprogramm ausarbeiten sollte, das aus einer gemeinsamen Kasse zu finanzieren sein würde. Immerhin war die starre Fixierung auf die Allianz zumindest etwas gelockert. Die Verknüpfung des Rüstungsprogramms mit einem gemeinsamen Haushalt galt den Vätern der Europaarmee als beste Garantie für eine effektive Kontrolle und Lenkung des westdeutschen Verteidigungspotenzials und wurde daher zu einem der Kernstücke des EVG-Projekts. Verfügte die Bundesrepublik nicht selbst über einen eigenes Kriegspotenzial, so waren ihr militärische Alleingänge gänzlich unmöglich. Während die Staaten, die zum damaligen Zeitpunkt über eigene Rüstungs- und Beschaffungsapparate verfügten, stufenweise Kompetenzen auf die europäische Ebene übertragen würden, sollte der deutsche Beitrag gleich von Beginn an europäisch sein[85]. Aufgrund des – insbesondere von den Deutschen während der Pariser Konferenz mit Nachdruck vertretenen – Gleichheitsgrundsatzes waren letztlich alle Partner und

---

[84] Vgl. BArch, BW 9/3131, Bl. 3–31, hier Bl. 16, 20 f. (Zitat Bl. 20): Memorandum frz. EVG-Delegation, mit Anhängen, 15.2.1951. Allgemein zum frz. Memorandum: Lappenküper, Die deutsch-französischen Beziehungen, Bd 1, S. 578 f.; AWS, Bd 2 (Beitrag Meier-Dörnberg), S. 651–654; Schröder, Jean Monnet, S. 201 f. Auf deutsche Anregung hin hatte man schon kurz nach Beginn der Pariser Konferenz die Einrichtung eines Wirtschaftsausschusses für einen späteren Zeitpunkt ins Auge gefasst. Vgl. AAPD 1951, S. 130–132, hier S. 131: Marchtaler an Dienststelle für auswärtige Angelegenheiten, 24.2.1951.

[85] Vgl. AMAE, DF-CED/C/120: Vermerk Alphand, 3.9.1954, S. 5a–7; Schröder, Jean Monnet, S. 229 f.

somit auch die Franzosen gezwungen, sich den supranationalen Spielregeln zu unterwerfen. Doch wurde bald das Bestreben der Franzosen deutlich, sich einige Hintertüren offen zu lassen.

Vorsitzender des EVG-Rüstungsausschusses und zugleich Leiter der französischen Rüstungsdelegation wurde der Bergbauingenieur Étienne Hirsch, einer der engsten Vertrauten des Planungskommissars Monnet[86]. Hirsch war einer der geistigen Väter des Schuman- und des Pleven-Plans und man traute ihm die Umsetzung des supranationalen Integrationsmodells zu. Zudem hatte er aufgrund seiner Tätigkeit als stellvertretender Planungskommissar reichliche Erfahrungen in der Wirtschafts- und Finanzplanung gesammelt, was auch für die anstehenden rüstungswirtschaftlichen Vorbereitungsmaßnahmen der künftigen Europaarmee nützlich schien[87]. Dabei mag man in Monnets Umfeld vielleicht auch im Hinterkopf gehabt haben, dass es nicht schaden könnte, eine Persönlichkeit aus eigenem Hause in den EVG-Rüstungsausschuss zu schleusen, um darauf hinwirken zu können, dass das europäische Rüstungsprogramm keine übermäßigen Belastungen für den wirtschaftlichen Wiederaufbau des Landes mit sich bringen würde. Für derlei Erwägungen spricht, dass Hirsch zugleich zum engsten Mitarbeiterkreis Monnets bei den »Drei Weisen« des Temporary Council Committee (TCC) zählte. Dieses sollte sich im Auftrag des NATO-Rats mit dem Problem der Lastenteilung der Nordatlantischen Allianz befassen und nahm ab Oktober 1951 – etwa zur gleichen Zeit wie der EVG-Rüstungsausschuss – seine Tätigkeit auf. Ein wesentliches Motiv für Monnets Beteiligung an dem hochrangigen NATO-Expertengremium lag vermutlich darin, dass er die Möglichkeit erblickte, die in seinen Augen überzogenen Streitkräfteforderungen der Militärs zu bremsen und die finanziellen Auswirkungen des Aufrüstungskurses so gering wie möglich zu halten[88].

Mit denselben Problemen war Monnet von Anfang an in seiner Planungsbehörde konfrontiert. Als Frankreichs »Chefmodernisierer« zeigte er sich sorgsam um den Vorrang des wirtschaftlichen Wiederaufbaus bemüht, der durch die ehrgeizigen Rüstungspläne der Militärs und die Kriegsausgaben für Indochina nicht gefährdet werden durfte. Mit Argusaugen blickte er auf die Verwendungszwecke der knappen staatlichen Finanzressourcen. Erst recht musste ihn der Ausbruch des Korea-Kriegs beunruhigen, weil dieser eine gewaltige Aufrüstungswelle auslöste und somit die ersten zarten Pflänzchen des Modernisierungsprogramms bedrohte[89].

Durch die Entsendung Hirschs war Monnets Geist somit gewissermaßen auch im Pariser Rüstungsausschuss präsent. Die Paralleltätigkeit Hirschs eröffnete ferner die

---

[86] Vgl. BArch, BW 9/562, Bl. 304–311: Protokoll 39. Sitzung EVG-Lenkungsausschuss (19.10.1951), Auszug, 21.10.1951; FRUS 1951, III/1, S. 895–897, hier S. 895: Bruce an Acheson, 22.10.1951; Duchêne, Jean Monnet, S. 232; Fursdon, The European Defence Community, S. 113; Hirsch, Ainsi va la vie, S. 111.

[87] Hirsch war ab 1943 bereits Vize-Direktor des Rüstungsamts der französischen Exilregierung in Algier gewesen. Seit dieser Zeit hatte sich auch das enge Verhältnis zwischen ihm und Monnet entwickelt. Vgl. Duchêne, Jean Monnet, S. 126 f., 129; Hirsch, Ainsi va la vie, S. 75–82; Roussel, Jean Monnet, S. 379.

[88] Siehe Hammerich, Jeder für sich, S. 168–171. François Duchêne zufolge soll Hirsch sogar den Großteil von Monnets Arbeit im Gremium der »Drei Weisen« geleistet haben. Vgl. Duchêne, Jean Monnet, S. 233.

[89] Siehe Vial, De la surenchère atlantiste à l'option européenne, S. 315–319.

Möglichkeit, die Rüstungsplanungen der EVG mit denen der NATO besser zu koordinieren und die Gefahr eines sinnlosen Nebeneinanders zu bannen. Untergebracht wurde Hirschs Arbeitsstab dann auch im Gebäude der Planungskommission in der Rue de Martignac – in unmittelbarer Nachbarschaft des Verteidigungsministeriums (Rue St. Dominique). Die Berufung von Monnets Gefolgsmann als Vorsitzender des EVG-Rüstungsausschusses erschien auch in anderer Hinsicht bemerkenswert, denn er war jüdischer Herkunft und hatte während des Zweiten Weltkrieges enge Familienangehörige – seine Eltern, seine Schwester und deren vier Kinder – verloren. Sie waren von den Deutschen in Konzentrationslager deportiert und ermordet worden[90]. Für Hirsch mag es daher keine leichte Aufgabe gewesen sein, nur knapp sechs Jahre nach Kriegsende ausgerechnet mit Deutschen auf rüstungswirtschaftlichem Gebiet zusammenarbeiten zu müssen.

Mit dem Karrierediplomaten Hervé Alphand befand sich ein weiterer Vertrauter Monnets auf einem Schlüsselposten bei den Pariser Europaarmee-Verhandlungen[91]. Der am 19. August 1950 in den Rang eines Botschafters erhobene Alphand war Leiter der französischen EVG-Delegation und seit Februar 1951 Vorsitzender des Ausschusses der Delegationschefs (Lenkungsausschuss), ab Juni 1952 außerdem Vorsitzender des Interimsausschusses. Diesen Posten behielt er bis zum Scheitern des EVG-Vertrags. Parallel dazu war Alphand seit August 1950 Frankreichs Repräsentant im Rat der Stellvertreter des Nordatlantischen Bündnisses – eine Tätigkeit, die ihn direkt in Berührung mit multinationalen Rüstungsplanungen brachte. Schon Ende Juli 1950 hatte er den NATO-Partnern den maßgeblich von Monnet inspirierten Plan eines NATO-Rüstungsfonds und -pools vorgelegt, um vorhandene Ressourcen effektiv nutzen zu können und die Bündnismitglieder an den französischen Kriegslasten in Fernost zu beteiligen[92].

Zuvor hatte der versierte Wirtschaftsfachmann die Abteilung für Wirtschafts- und Finanzangelegenheiten des Quai d'Orsay geleitet. Reichlich Erfahrungen auf diesem Gebiet hatte er bereits während des Zweiten Weltkriegs im Rahmen seiner Tätigkeit für die französische Exilregierung erworben: 1941 wurde er deren Chefplaner in London, ab 1943 unterstützte er das Comité Français de Libération Nationale in Algier in Wirtschafts- und Versorgungsfragen und vertrat gemeinsam mit Monnet sein Land bei der United Nations Relief and Rehabilitation Agency[93]. In dieser Zeit entwickelte sich zu Monnet ein enges Verhältnis. Wie Hirsch gehörte Alphand zu den geistigen Vätern des Schuman-Plans und war ebenfalls am Entwurf des Pleven-Plans beteiligt[94]. Zum Verdruss der Beamten im Außenministerium war er damit der einzige Diplomat, den Monnet in dieser Angelegenheit hinzuzog.

Während einflussreiche Kräfte im Quai d'Orsay in der Folgezeit die Europaarmee ablehnten und geradezu bekämpften, zählte Alphand zu ihren stärksten und verlässlichs-

---

[90] Vgl. Hirsch, Ainsi va la vie, S. 84, 217; Roussel, Jean Monnet, S. 379 f.
[91] Vgl. Lappenküper, Die deutsch-französischen Beziehungen, Bd 1, S. 580.
[92] Vgl. Roussel, Jean Monnet, S. 573; Schröder, Jean Monnet, S. 141–148. Mit dem Plan eines NATO-Rüstungsbudgets beschäftigt sich Kap. V.2.c).
[93] Vgl. Duchêne, Jean Monnet, S. 127–137. Für einen ausführlichen Überblick über Alphands Karrierestationen bis 1954: Annuaire Diplomatique 1954, S. 396.
[94] Vgl. Duchêne, Jean Monnet, S. 228 f.; Hirsch, Ainsi va la vie, S. 111; Roussel, Jean Monnet, S. 598, 606, 608 f.

ten Befürwortern[95]. Bis zum Schluss verteidigte er das Vorhaben, wie überhaupt die »revolutionäre Politik der europäischen Integration«, mit großer Leidenschaft. Frankreichs Initiativen zur Europäischen Integration – den Schuman-Plan, den Pleven-Plan und die Europäische Politische Gemeinschaft – bezeichnete er als bestes Mittel, um Kriege, »die Europa während der letzten hundert Jahre mit Blut überschwemmten und fast immer aus dem deutsch-französischen Gegensatz erwuchsen«, unmöglich zu machen. Verdun und Stalingrad dürften sich nicht alle 25 Jahre wiederholen. Die mit dem EVG-System vollzogene Verschmelzung von Truppen, Material und Budget schaffe gegenseitige Abhängigkeiten, sodass kein Staat alleine über das nötige Militärpotenzial verfügen könne, um aus nationalen Erwägungen heraus einen Krieg zu führen. Auch ökonomische Gründe erforderten laut Alphand den Aufbau einer supranationalen Europaarmee: Panzer und Zerstörer kosteten doppelt so viel wie 1939, Bomber sogar sechs Mal so viel. Während man für den Bau eines Bombenflugzeugs bei Kriegsende 85 000 Arbeitsstunden benötigt habe, dauere der Fertigungsprozess mittlerweile drei Mio. Arbeitsstunden. Darüber hinaus habe sich die Feuerkraft innerhalb von zehn Jahren verfünffacht. Nach Meinung Alphands könne ein Volk von 40–50 Mio. Einwohnern nicht mehr aus eigenen Anstrengungen heraus das gesamte Spektrum der Waffenproduktion abdecken und für seine nationale Verteidigung sorgen. Nur Länder mit 100–200 Mio. Menschen besäßen die hierfür notwendigen Ressourcen – wie ein geeinigtes Westeuropa mit seiner Bevölkerung von 156 Mio. Menschen. Zwar gestand Alphand ein, dass der Kontinent zunächst auf amerikanische Militärhilfe angewiesen wäre, doch eines Tages würde es das Gemeinschaftspotenzial gestatten, sowohl den USA als auch der UdSSR auf Augenhöhe zu begegnen – ein deutlicher Fingerzeig in Richtung einer Dritte-Kraft-Philosophie. Alphand verhehlte auch nicht, dass die durch die Europaarmee hinzugewonnene Sicherheit auch Frankreichs Großmachtstatuts zugute käme und das Land ungestörter seinen Interessen in Fernost und Nordafrika nachgehen könnte[96].

Daran zeigt sich, dass Alphand trotz aller Sympathien für die supranationale Integration durchaus ein Interessenwahrer französischer Großmachtambitionen war. Intern machte er auch deutlich, dass Frankreichs Integrationsinitiativen das bestmögliche Instrument zur Verankerung der Deutschen im Westen sei, maximale Sicherheitsgarantien erbrächten und es Frankreich ermöglichten, auf dem Kontinent die Führerschaft zu übernehmen und Schlüsselpositionen zu besetzen. Explizit erwähnte er den Posten des europäischen Generalstabschefs. Außerdem wies Alphand darauf hin, dass nur durch eine Europaarmee und ein Kommissariat direkte Kontakte zwischen deutschen und amerikanischen Militärs, eine privilegierte Ausstattung der Deutschen mit modernem US-Gerät im Rahmen der Militärhilfe und eine daraus resultierende Benachteiligung Frankreichs

---

[95] Vgl. Elgey, Histoire de la IV République, t. 1, S. 209; Wall, The United States and the Making, S. 266.
[96] Vgl. Alphand, Frankreichs Initiative, S. 441–446 (Zitate S. 444, 443, in dieser Reihenfolge); siehe auch AMAE, DF-CED/C/143: Pressekonferenz Alphand über die frz. Europapolitik (18.7.1952); Ansprache Alphand anlässlich der Eröffnung der Atlantischen Ausstellung in Strasbourg (16.9.1953); AMAE, DF-CED/C/116: Vermerk [Alphand], 29.9.1953; Alphand an Bidault, 5.1.1954.

zu verhindern seien[97]. Mit Alphand und Hirsch waren somit zwei enge Weggefährten Monnets mit der Konzeption einer europäischen Rüstungszusammenarbeit befasst: der eine indirekt als Vorsitzender des Lenkungsausschusses, der andere direkt als Vorsitzender des Rüstungsausschusses.

Da es zur damaligen Zeit kein Vorbild gab, auf das man sich bei der Ausarbeitung eines westeuropäischen Rüstungswesens stützen konnte, blieb den Planern nichts anderes übrig, als zu improvisieren. Hirsch soll von der französischen Regierung vorab nicht einmal detaillierte Instruktionen erhalten haben. Ähnlich erging es seinem Landsmann im Finanzausschuss, Jean Sadrin[98]. »Il m'a fallu, pour une construction sans précédent«, so schrieb Hirsch später in seinen Memoiren, »tout inventer et faire accepter mes propositions«[99]. Ausgehend von den knappen, aber präzisen rüstungswirtschaftlichen Passagen des Zwischenberichts vom Juli 1951 skizzierte er vor dem Lenkungsausschuss seine Vorstellungen vom Kompetenzspektrum des künftigen Kommissariats und gab damit ein ehrgeiziges Arbeitsprogramm für den neu konstituierten Rüstungsausschuss vor[100]. Auch wenn es sich, wie er betonte, ausschließlich um seine persönlichen Auffassungen handelte, war unverkennbar, dass darin die Grundgedanken der offiziellen französischen Linie zum Vorschein kamen. Es war ohnehin charakteristisch für Frankreich, während der EVG-Konferenz Initiativen zu ergreifen. Paris wollte die Führungsrolle übernehmen, den Verhandlungen seinen Stempel aufdrücken und möglichst viele Aspekte seiner militärischen Integrationspläne durchsetzen.

Das Aufgabenspektrum und die Machtfülle, die Monnets Planungsspezialist dem EVG-Kommissariat zuwies, waren immens: Zwar sollte der Kommissar bei der Aufstellung des europäischen Rüstungsprogramms aufgrund der zu erwartenden Auswirkungen auf die nationalen Volkswirtschaften eng mit dem Ministerrat zusammenwirken und in wichtigen Fragen einen Beratenden Ausschuss zu Rate ziehen[101]. Allerdings durfte er in seinem allgemeinen Handlungsspielraum nicht eingeschränkt werden, ausgenommen in Finanzangelegenheiten, etwa in Transferfragen. Der Kommissar sollte von den Mitgliedstaaten zum einen die für die Programmaufstellung notwendigen Informationen über sämtliche Produktionskapazitäten, -exporte und -importe einholen und nachprüfen dürfen[102]. Zum anderen erhielt er die Befugnis, Aufträge direkt an die Industrie zu vergeben und deren Ausführung zu überwachen. Waffeneinfuhren von außerhalb der Gemeinschaft waren ihm vom Empfängerstaat zu melden. Waffenausfuhren unterlagen einer besonderen Genehmigungspflicht. Um Kollisionen zwischen europäischen und nationalen Programmen zu vermeiden, hatte der Kommissar gemeinsam mit den Regierungen nach angemessenen Lösungsmöglichkeiten zu suchen.

---

[97] Vgl. AMAE, Secrétariat Générale/Dossiers, 62, Bl. 226–229: Vermerk Alphand, 14.8.1951; siehe auch Lappenküper, Die deutsch-französischen Beziehungen, Bd 1, S. 593 f.
[98] Vgl. Fursdon, The European Defence Community, S. 113.
[99] Hirsch, Ainsi va la vie, S. 111.
[100] Zum Folgenden: BArch, BW 9/562, Bl. 299–303: Ausführungen Hirsch anlässlich 39. Sitzung EVG-Lenkungsausschuss (19.10.1951), o.D.; Bl. 304–311, hier Bl. 306–308: Ausführungen Hirsch, Protokoll 39. Sitzung EVG-Lenkungsausschuss (19.10.1951), Auszug, 21.10.1951; FRUS 1951, III/1, S. 895–897: Bruce an Acheson, 22.10.1951; Harst, The Atlantic Priority, S. 242 f.
[101] Der Beratende Ausschuss, wie er auch für die EGKS vorgesehen war, sollte sich aus Herstellerfirmen, Arbeitnehmern und Vertretern von Interessengruppen zusammensetzen.
[102] Als Vorbild für ein solches Verfahren nannte Hirsch Art. 47 EGKS-Vertrag.

Eine besonders starke Stellung wies Hirsch dem Kommissariat bei sogenannten Mangelperioden, in Zeiten von Knappheit rüstungswichtiger Rohstoffe und Militärgüter, zu. Hier sollte es über weitreichende Vollmachten, etwa hinsichtlich Auftragsvergabe, Prioritätenfestlegung bei der Produktion und Beschlagnahmungen von Industriekapazitäten verfügen[103]. Weiterhin empfahl Hirsch eine Zentralisierung der wissenschaftlichen und technischen Forschung auf militärischem Gebiet. Der Kommissar hatte daneben in Rüstungsangelegenheiten als Bindeglied zur NATO, zu Nichtmitgliedstaaten und zu internationalen Organisationen wie der EGKS sowie als zentrale Instanz bei der Verteilung militärischer Außenhilfeprogramme zu fungieren. Als weiteren Schwerpunkt der künftigen Beratungen nannte Hirsch die Klärung zoll- und steuerrechtlicher Probleme, die sich aus einem europäischen Rüstungsprogramm ergeben würden: die Frage der Zollbefreiung des innergemeinschaftlichen Transfers von Material und Versorgungsgütern, der möglichen Ausdehnung der Zollbefreiung auf halbfertige Erzeugnisse und rüstungsrelevante Rohstoffe. Als überlegenswert erachtete der neue Rüstungsausschussvorsitzende auch die Einführung eines besonderen Fiskalsystems.

Hirsch folgte mit seinem Entwurf in großen Linien dem Geist des Schuman-Plans, an dem er selbst mitgewirkt hatte und welcher der Hohen Behörde umfangreiche Vollmachten in die Hand gab. Nach Blanks Worten handelte es sich bei Hirschs Vortrag eindeutig um eine »Monnet'sche Konzeption«[104]. Die Befugnisse des Verteidigungskommissars auf rüstungswirtschaftlichem Gebiet übertrafen die der NATO bei weitem. Während das Military Production and Supply Board (MPSB, 1949/50) und dessen Nachfolger, das Defence Production Board (DPB, 1951/52), im Grunde nichts weiter als Informationssammel-, Koordinierungs-, Beratungs- und Empfehlungsorgane waren, die über keine Durchsetzungsgewalt gegenüber den einzelnen Regierungen verfügten und auch kein gemeinschaftlich finanziertes Rüstungsprogramm ausführten, ähnelte die Machtfülle des Kommissariats der eines nationalen Verteidigungsministeriums. Der Aufgabenkatalog ermöglichte de facto massive Eingriffe in die bislang als ureigene Domäne nationaler Souveränität bekannten Rüstungsverwaltungen und Wirtschafts- und Finanzsysteme der Mitgliedstaaten. Frankreich hätte damit eines seiner wesentlichen Ziele, die vollständige Eingliederung und Kontrolle der westdeutschen Rüstungskapazitäten im europäischen Rahmen, erreicht – erst recht, wenn dazu noch der Posten des Kommissars mit einem französischen Beamten besetzt worden wäre, worauf man in Paris insgeheim spekuliert haben dürfte.

In ihrem Vorschlag vom Februar 1951 hatten die Franzosen für eine Einmannbehörde plädiert, die übrigen Konferenzteilnehmer sprachen sich aber für ein Kollegialorgan aus. Während die Franzosen argumentierten, die effektive Funktionsfähigkeit der EVG ließe sich nur durch ein mit weitreichenden Kompetenzen ausgestattetes Lenkungsorgan erreichen, lag es im Interesse ihrer Partner, eine Machtkonzentration in den Händen eines einzigen Kommissars zu unterbinden. Aus Sicht der Deutschen erschien ein Kollegium deshalb von Vorteil, weil die Interessen der Mitgliedstaaten darin besser ver-

---

[103] Diese Sonderbefugnisse ähnelten denen, die in Art. 59 EGKS-Vertrag aufgeführt waren. Demnach konnte die Hohe Behörde Produktions- und Lieferquoten und Mindest- und Höchstpreise erlassen sowie Maßnahmen zur Ankurbelung des Stahl- und Kohleabsatzes ergreifen.
[104] BArch, BW 9/3074, Bl. 55–92, hier Bl. 74: Protokoll interministerielle Sitzung (30.11.1951), o.D.

treten und Entscheidungen besser akzeptiert werden könnten. Außerdem hielt man eine Einmannlösung angesichts der gewaltigen Aufgabenfülle des Kommissariats für wenig ratsam. Die Debatte um die Frage Einmann- oder Kollegialorgan zog sich über mehrere Monate hin[105]. In ihrem Organisationsentwurf von Mitte September 1951 hielten die Franzosen an der Einmannlösung fest. Demnach sollte der Kommissar einer drei Ebenen umfassenden Organisation vorstehen. Als Arbeits- und Kontrollorgane unterstanden ihm direkt eine Direktion für Zivil- und Militärpersonal, ein Zivilkabinett (für politische und rechtliche Angelegenheiten), ein Militärkabinett (für militärische Fragen und Beziehungen zu SHAPE sowie zu nationalen Organen) sowie eine Inspektionsstelle. Zur Unterstützung waren als nachgeordnete Organe fünf Direktionen für politische, finanzielle und militärische Angelegenheiten sowie für Wirtschaftsmobilisierung und Rüstung vorgesehen. Zur Entscheidungsvorbereitung sollte der Exekutivchef auf Ausschüsse für Politisches, Finanzen, Militär, Forschung, Rüstung und Wirtschaft zurückgreifen können[106]. Wie bereits geschildert, einigten sich die Verhandlungspartner bis zum Vertragsabschluss auf ein neunköpfiges Kommissariat. Blank hatte im November 1951 für ein dreiköpfiges Kommissariat votiert. Dabei war einem Kommissar die Rolle des primus inter pares zugedacht, während die anderen beiden für Wirtschaft und Rüstung zuständig sein sollten[107]. Gegen Ende des Jahres 1951 zeichnete sich in zunehmendem Maße die Einrichtung eines eigenen Rüstungskommissariats ab.

Die Reaktionen der einzelnen Delegationen auf Hirschs Ausführungen waren unterschiedlich: Italiens Vertreter folgten weitgehend der französischen Auffassung. Ihre niederländischen Kollegen zeigten sich gegenüber den Plänen erstaunlich aufgeschlossen und hatten keine Vorbehalte, wiesen aber aufgrund der zu erwartenden Auswirkungen des Rüstungsprogramms auf die Volkswirtschaften auf die Notwendigkeit von Übergangsregelungen hin. Dabei mag mit maßgebend gewesen sein, dass der niederländische Rüstungsdelegierte, P.A. Blaisse, als europafreundlich galt und in Bezug auf die von Frankreich angestrebte Rüstungsintegration eine konstruktivere Haltung einnahm, als es seiner Regierung lieb war[108]. Bonns Repräsentant im Lenkungsausschuss, dem Diplomaten Albrecht von Kessel, erschienen Hirschs Darlegungen »zu zahlreich und so ungeheuer kompliziert«, sodass er einige Tage Bedenkzeit erbat[109]. Auf heftige Kritik stießen die französischen Pläne bei den Belgiern, die den Grundsatz vertraten, dass die der NATO unterstellten und der EVG zur Verfügung zu stellenden Truppen auf nationaler Ebene trainiert und ausgerüstet werden sollten[110].

---

[105] Vgl. Schustereit, Deutsche Militärverwaltung im Umbruch, S. 77.
[106] Vgl. BArch, BW 9/3146, Bl. 9–14: Organisationsentwurf frz. EVG-Delegation, 12.9.1951, mit Organigramm. Das Organigramm ist abgedruckt im Anhang dieser Arbeit, S. 510.
[107] Ausführlich zu den Verhandlungen über die Struktur des Kommissariats: Schustereit, Deutsche Militärverwaltung im Umbruch, S. 75–84.
[108] Vgl. BArch, BW 9/562, Bl. 304–311, hier Bl. 310: Protokoll 39. Sitzung EVG-Lenkungsausschuss (19.10.1951), Auszug, 21.10.1951; FRUS 1951, III/1, S. 914: Bruce an Acheson, 8.11.1951; Harst, The Atlantic Priority, S. 244 f.
[109] BArch, BW 9/562, Bl. 304–311, hier Bl. 310: Protokoll 39. Sitzung EVG-Lenkungsausschuss (19.10.1951), Auszug, 21.10.1951. Bei den Deutschen war aus Sicht der US-Konferenzbeobachter selbst in der darauffolgenden Woche noch keine klare Haltung erkennbar. Vgl. FRUS 1951, III/1, S. 914: Bruce an Acheson, 8.11.1951.
[110] Vgl. FRUS 1951, III/1, S. 914: Bruce an Acheson, 8.11.1951; Harst, The Atlantic Priority, S. 244.

Brüssels Unterhändler, Baron Guillaume, zeigte sich von Hirschs Ausführungen regelrecht geschockt. In seinen Augen liefen derart weitreichende Konzeptionen auf die Schaffung eines mit geradezu diktatorischen Vollmachten gegenüber den nationalen Volkswirtschaften versehenen Kommissariats hinaus. Überhaupt warf er den Franzosen vor, den Charakter des Europaarmee-Projekts fundamental geändert zu haben. Was anfangs als »expérience à but limité« gedacht gewesen sei, drohe sich nun zu einem Großvorhaben von revolutionärer Tragweite zu entwickeln, das die Staaten ihrer Souveränität beraube und Verfassungsänderungen notwendig mache. Belgien wolle eine europäische Föderation, aber nicht durch die Hintertür. Guillaume vermischte die Kritik an Hirschs Entwurf mit den grundsätzlichen Vorbehalten Brüssels gegenüber einer supranationalen Gemeinschaft. Die Furcht vor dem französischen Integrationskurs wurde auch von Luxemburg und den Niederlanden geteilt. Bei den Benelux-Staaten wollte man es unter allen Umständen vermeiden, in einer Megagemeinschaft aufgesogen zu werden. Guillaumes Alternativforderung lautete, erst einen Kommissar zu bestellen und dann dessen Befugnisse schrittweise auszubauen. Keinesfalls sollten die Staaten ihre Kompetenzen in den Bereichen Budget und Rüstung verlieren[111]. Die der EVG zur Verfügung zu stellenden Divisionen wären aus den jeweiligen Staatshaushalten aufzubringen. Nur die Generalstäbe der Armee und ausgewählte Organe dürften integriert und aus einem Fonds finanziert werden. Ein gemeinsames, von einem überstaatlichen Organ durchgeführtes und überwachtes Rüstungsprogramm war für Belgien kein Thema[112]. Unterstützt wurde dieser Kurs von der belgischen Wirtschaft. Sie fürchtete sich vor der Entstehung eines übermächtigen Direktoriums von Technokraten und eines schwerfälligen bürokratischen Riesenapparates[113]. Nach Hirschs Worten war die belgische Position »so completely at variance with [the] discussion«, dass der Ausschuss lediglich einen Vorbehalt vermerkte. Fortan übernahmen die Belgier bei dem Gedankenaustausch eine passive Rolle, behielten sich aber eine gesonderte Stellungnahme vor[114]. Außenminister van Zeeland ging wenig später sogar noch weiter als seine Diplomaten: Er empfahl unter anderem, das europäische Rüstungsprogramm auf der Grundlage von Direktiven des EVG-Ministerrates innerhalb der NATO auszuarbeiten, womit er deutlich seine Ablehnung einer supranationalen Behörde und seine Präferenz für das auf intergouvernementaler Basis arbeitende Nordatlantische Bündnis dokumentierte[115].

Selbst innerhalb des französischen Kabinetts gab es gegen Hirschs Ideen schwere Bedenken. Der über Hirschs Exposé sichtlich verwunderte Finanz- und Wirtschaftsminister René Mayer machte gegenüber Außenminister Schuman massive Vorbehalte geltend und warnte eindringlich vor den möglichen Folgen eines zentral gelenkten Rüstungsprogramms für die französische Gesamtwirtschaft. Mayer befürchtete, ein sol-

---

[111] Vgl. AMAE, Secrétariat Générale/Dossiers, 63, Bl. 40–43, hier Bl. 41: Alphand an MAE, 26.10.1951.
[112] Vgl. ebd., Bl. 44 f.: Vermerk für Präsident, 30.11.1951.
[113] Vgl. ebd., Bl. 46 f.: Frz. Botschaft in Brüssel an MAE, 31.10.1951.
[114] FRUS 1951, III/1, S. 914: Bruce an Acheson, 8.11.1951; vgl. BArch, BW 9/562, Bl. 289–293, hier Bl. 289: Vermerk EVG-Rüstungsausschuss, Entwurf, 7.11.1951.
[115] Vgl. AMAE, Secrétariat Générale/Dossiers, 63, Bl. 52–54, hier Bl. 53: Aufz. frz. EVG-Delegation über Pariser Außenministerkonferenz (15.11.1951), 22.11.1951. Davon abweichend der dt. Konferenzbericht: AAPD 1951, S. 620–624: Aufz. Außenministerkonferenz in Paris (15.11.1951), 16.11.1951.

ches Vorhaben würde sowohl bei den französischen Industrieverbänden als auch bei den nationalen Parlamenten auf heftigen Widerstand stoßen und das Zustandekommen der EVG ernsthaft gefährden[116]. Mit seiner Prophezeiung sollte Mayer schließlich recht behalten, wie sich nach der Unterzeichnung des EVG-Vertrags Ende Mai 1952 herausstellte.

Zwar erklärten sich Frankreichs Partner – sieht man von den Belgiern ab – mit Hirschs Vorschlägen in groben Zügen einverstanden. In wesentlichen Punkten gab es jedoch erhebliche Meinungsunterschiede[117]. Italien hatte hinsichtlich der Aufstellung des Rüstungsprogramms bereits seit geraumer Zeit auf dem Einstimmigkeitsprinzip bestanden, die anderen Partner waren einer Entscheidung per Zweidrittelmehrheit zugeneigt. Uneins war man auch über die genaue Rolle des Kommissariats bei der Vergabe von Rüstungsaufträgen. Konsens herrschte darüber, dass der Auftragsvergabe eine öffentliche Ausschreibung zugrunde liegen sollte. Ob die Vergabe aber zentral durch das Kommissariat, dezentral durch dessen Dienststellen oder aber durch nationale Organe und somit im Auftrag der Exekutive zu erfolgen hatte, war noch unklar. Ferner stand die Frage im Raum, ob und wie für das europäische Rüstungsprogramm Länderquoten aufgestellt werden sollten. Denkbar erschien die Gründung eines Staatenausschusses, der in engem Kontakt mit dem Kommissariat stehen müsste.

Für Diskussionsstoff sorgte überdies der französische Vorschlag, spezielle Auftragskommissionen (»Commissions des marchés«) einzurichten. Ihnen wäre die Aufgabe zugefallen, die Vergabefälle vor einer endgültigen Entscheidung zu begutachten und dabei bestimmte industrielle und wirtschaftliche Aspekte zur Geltung kommen zu lassen[118]. Luxemburg hingegen sprach sich dafür aus, in besonderen Fällen auch den Ministerrat mit der Vergabe zu befassen, sofern die Positionen des Kommissars und der Kommissionen voneinander abwichen. In eine ähnliche Richtung gingen die Vorstellungen der deutschen Delegation, dem Ministerrat eine Art Schiedsfunktion zuzuweisen. Zudem beabsichtigten sie die Auftragskommission mit Regierungsvertretern zu besetzen. Völlig offen waren noch die Details des Auftragsvergabeverfahrens. Hierfür war es unumgänglich, die Kompetenzen der am Rüstungsprogramm beteiligten Instanzen genau zu klären und sich auf einheitliche Vergabekriterien zu einigen. Letzteres galt als heißes Eisen, da bei der Vergabe ein komplexes Bündel von wirtschaftlichen, finanziellen, militärischen und industriellen Faktoren eine Rolle spielte und es als sehr wahrscheinlich galt, dass die Mitgliedstaaten versuchen würden, ihre spezifischen Interessen durchzusetzen und günstige Ausgangsbedingungen für ihre nationalen Industrien zu erkämpfen. Die Probleme des Währungstransfers und der militärischen Außenhilfe hatte man bislang noch nicht behandelt. Wenig erfreut zeigten sich die Deutschen über die Bemühungen der Franzosen, die Vergabe von Aufträgen in »strategisch gefährdete Gebiete« zu verhindern, wovon in erster Linie das Bundesgebiet als direkt an den Eisernen Vorhang angren-

---

[116] Vgl. AMAE, DF-CED/C/117: Mayer an Schuman, 5.11.1951.
[117] Vgl. ebd.: Ergebnisvermerk [EVG-Rüstungsausschuss], 31.10.1951; BArch, BW 9/3074, Bl. 6–12: Ergebnisvermerk EVG-Rüstungsausschuss, 31.10.1951; BArch, BW 9/562, Bl. 45–48: Ergebnisvermerk Thieme (BMWi/I A), 17.11.1951.
[118] Solche Kommissionen waren in Frankreich und Belgien üblich. In Italien wurde bei Aufträgen, die eine bestimmte Wertgrenze überstiegen, zwecks Abstimmung ein interministerieller Koordinierungsausschuss eingeschaltet. Vgl. BArch, BW 9/2055, Bl. 120–124, hier Bl. 121: Vermerk Mittelstrass, 24.4.1952; Bl. 130 f.: Vermerk Gespräch dt.-ital. EVG-Rüstungsdelegation, 28.4.1952.

zendes Territorium betroffen gewesen wäre. Die Deutschen witterten dahinter zu Recht den Versuch einer gezielten Diskriminierung und meldeten folglich einen Vorbehalt an. Immerhin gelang es ihnen, die französische Forderung dahingehend abzumildern, dass bei der Auftragsvergabe »gegebenenfalls die strategischen Erfordernisse berücksichtigt werden sollten«[119].

Unterschiedliche Auffassungen bestanden zudem hinsichtlich der Zusammensetzung und der Aufgaben des bereits im Zwischenbericht erwähnten Beratenden Ausschusses: Die Delegationen Frankreichs, der Niederlande und Belgiens bevorzugten ein Gremium mit Vertretern von Herstellerfirmen und Arbeitnehmern. Es sollte als Informations- und Kontaktplattform zwischen den Beteiligten dienen und sich mit dem Kommissariat beraten. Dagegen befürworteten die Deutschen anfangs die Schaffung eines Ausschusses, der sich aus Beamten der zuständigen Ministerien zusammensetzen sollte. Nachdem die Konferenzteilnehmer darin übereingekommen waren, dass die Regierungen ohnehin eng bei der Ausarbeitung des Rüstungsprogramms zu beteiligen wären, ruderten die Deutschen zurück und empfahlen die Einrichtung ständiger Delegationen der Wirtschaftsressorts beim Kommissariat. Einer breiten Abwehrfront sahen sich die Franzosen in Bezug auf die dem Kommissariat zustehenden Befugnisse bei Mangellagen gegenüber. Nach den Vorstellungen der französischen Rüstungsexperten sollte der Kommissar nicht nur darüber entscheiden dürfen, wann eine Mangellage vorlag, sondern auch umfassende Vollmachten erhalten – die Rede war von »certains pouvoirs autoritaires« –, um Abhilfe zu schaffen[120]. Dass die Franzosen nicht nur Wirtschaftskrisen, sondern auch branchenspezifische Absatzschwierigkeiten und Überproduktion als Mangellagen deklarieren und dem Kommissar für solche Fälle weitreichende Interventionsbefugnisse in die Hand geben wollten, stieß bei den Benelux-Staaten und den Deutschen auf Ablehnung. Sie befürchteten die Entstehung einer mit nahezu diktatorischen Vollmachten ausgestatteten Exekutive und massive Eingriffsmöglichkeiten in das nationale Wirtschafts- und Sozialgefüge. Nach deutscher Auffassung war im Falle von Mangellagen die Beteiligung nationaler Ressorts an der Durchführung des europäischen Rüstungsprogramms unerlässlich.

Alles in allem ergab sich in den ersten Sitzungen des Rüstungsgremiums ein chaotisches Bild. Die Konferenzmitglieder waren reichlich unvorbereitet und unkoordiniert in die Verhandlungen geschlittert. Während Frankreich in puncto Rüstungsprogramm eine zentralistische Lösung anstrebte, zeigte sich bei seinen Partnern von Beginn an die Tendenz, eine zu starke Machtkonzentration beim Kommissariat zu verhindern und Einmischungen in ihre jeweilige Wirtschaftspolitik abzuwehren[121]. Dies galt insbesondere für die Bonner Delegation, die anfangs sichtlich bestrebt war, möglichst viele intergouvernementale Elemente in der neuartigen Organisationsstruktur zu verankern, um die ordnungspolitischen Grundsätze der Bundesregierung zu verteidigen und Frankreichs Kontroll- und Regulierungswut zu bremsen. Während die Delegierten Italiens und der

---

[119] Vgl. BArch, BW 9/562, Bl. 45–48 (Zitat Bl. 47): Ergebnisvermerk Thieme, 17.11.1951.
[120] AMAE, DF-CED/C/117: Ergebnisvermerk [EVG-Rüstungsausschuss], 31.10.1951, S. 7. Auf französischer Seite hielt man es sogar für denkbar, dem Kommissariat ähnliche Vollmachten zu verleihen, wie sie im Reichsleistungsgesetz des Deutschen Reiches aufgeführt waren.
[121] Vgl. PA-AA, B 10/969: Dt. Ergänzung zum Zwischenbericht (Stand: 10.11.1951), November 1951, S. 4; AWS, Bd 2 (Beitrag Meier-Dörnberg), S. 658.

Benelux-Staaten eher vornehm Zurückhaltung übten, kristallisierte sich deutlich ein deutsch-französischer Gegensatz heraus. Dies erscheint wenig verwunderlich, war es doch das erklärte Ziel der Pariser Regierung, dem Rüstungspotenzial des ehemaligen Kriegsgegners enge Fesseln anzulegen.

Im Vorfeld der gegen Ende Oktober 1951 einsetzenden Pariser Sondierungsgespräche hatte sich Blank bei Alphand gezielt darum bemüht, französische Ängste vor einer deutschen Wiederbewaffnung zu zerstreuen[122]. Dabei erneuerte Adenauers Sicherheitsberater sein bereits während der Petersberg-Gespräche vom 2. Februar 1951 unterbreitetes und von der französischen Seite positiv aufgenommenes Angebot, wonach die Bundesrepublik sich bereiterklären würde, aus Rücksicht auf Frankreich auf die Herstellung von Kriegsgerät zu verzichten und nur auf ausdrücklichen Wunsch der Pariser Regierung Verhandlungen mit den westlichen Partnern über eine deutsche Beteiligung an Rüstungsfertigungen aufzunehmen[123]. Ferner griff er ein weiteres Mal seine auf dem Petersberg erhobene Forderung nach einer echten europäischen Waffenproduktion auf. Hatte er dies damals mit der besseren Möglichkeit einer Vereinheitlichung von Waffen, Munition und Ausrüstung der westlichen Armeen sowie einer leichteren Koordinierung der Versorgung mit rüstungswichtigen Rohstoffen begründet, so fügte er nun noch die Notwendigkeit qualitativ hochwertiger Rüstungsgüter für die Ausstattung der Europaarmee hinzu. An den US-Rüstungsgütern, die zahlreichen Staaten im Rahmen der Militärhilfe zuflossen, ließ er kein gutes Haar. Er bezeichnete Washingtons Kriegsgerät als völlig veraltet und meinte sogar, dass einige der von den USA verwendeten Infanteriewaffen in Deutschland schon 1923 als überholt gegolten hätten und man mit den amerikanischen Panzern »nichts anfangen könne«. Demgegenüber schmeichelte er seinem Gesprächspartner mit einem Loblied auf die französische Artillerie, »die unter allen Armeen der Welt berühmt sei«[124].

Blanks Skepsis gegenüber dem amerikanischen Heeresmaterial spiegelte eine durchaus weit verbreitete Haltung innerhalb seiner Dienststelle wider. Deutsche Militärplaner äußerten sich während der EVG-Phase wiederholt kritisch, vor allem hinsichtlich Panzerabwehr-, Flak- und Maschinenwaffen. Teilweise hielt man das Niveau der US-Ausstattung weit unter dem der ehemaligen deutschen Wehrmacht. Die Panzerabwehrwaffen für mittlere und weitere Entfernungen erachtete man als unzureichend, ebenso die Flugabwehrgeschütze, die nicht zur Bekämpfung moderner Kampfflugzeuge taugten. Dass in der Bundesrepublik stationierte US-Verbände mitunter noch mit wassergekühlten schweren Maschinengewehren ausgestattet waren, könne, so der Leiter der Unterabteilung »Militärische Planung« der Dienststelle Blank, Oberst i.G. Bogislaw von Bonin, »von kriegserfahrenen Soldaten eigentlich nur als Witz aufgefasst

---

[122] Vgl. BArch, BW 9/2048, Bl. 12–20, hier Bl. 17: Aufz. Gespräch Blank – Alphand (11.10.1951), o.D.; AMAE, DF-CED/C/111: Vermerk über Gespräch Alphand – Blank (11.10.1951), o.D., S. 3 f.

[123] Im Gegensatz dazu erachteten es ehemalige Militärs wie der frühere Chef des Heereswaffenamtes (1940–1945), General der Artillerie a.D. Emil Leeb, als selbstverständlich, dass den Deutschen aus militärischen, wirtschaftlichen und psychologischen Gründen die Herstellung von Kriegsgerät erlaubt werden müsste. Vgl. BArch, BW 9/19, Bl. 218–227: Leeb, Erfahrungen des Heereswaffenamtes im Hinblick auf Aufstellung von Streitkräften der Bundesrepublik im Rahmen der Atlantikstreitkräfte, 3.9.1951.

[124] BArch, BW 9/2048, Bl. 12–20, hier Bl. 17: Aufz. Gespräch Blank – Alphand (11.10.1951), o.D.

werden«. Aus Sicht der militärischen Planungsabteilung genügte das US-Heeresgerät nicht modernen Anforderungen[125]. Deutsche Rüstungsexperten sorgten sich daher, dass Washington versuchen würde, »auch an uns recht viel von dem alten Zeug zu verkaufen«[126]. Andererseits mussten sie sich eingestehen, dass ihnen gar keine andere Wahl blieb, um die Aufstellung deutscher Streitkräftekontingente zügig bewerkstelligen zu können. Es galt letztlich die Devise: Besser veraltetes Material als gar keines[127]. Hoch im Kurs stand im Amt Blank dafür amerikanisches Luftwaffengerät, das als das modernste der Welt galt[128].

Als vertrauensbildende Maßnahme regte Blank bei seiner Unterredung mit Alphand eine deutsch-französische Koproduktion auf rüstungswirtschaftlichem Gebiet an, mit der Möglichkeit der Endfertigung in Frankreich. Hierfür schlug er den Abschluss eines speziellen bilateralen Abkommens vor. Mithilfe einer deutsch-französischen Übereinkunft als Kern eines unter der Ägide des Kommissariats durchzuführenden europäischen Rüstungsprogramms hoffte er, die nach wie vor ängstlichen Franzosen überzeugen zu können, dass Rüstungsbeschränkungen unnötig waren. Alphand hielt das Thema Beschränkungen keinesfalls für erledigt, zeigte sich aber gegenüber Blanks Angebot aufgeschlossen[129].

Intern machten die Deutschen keinen Hehl daraus, dass Blanks Verzichtsofferte vom Februar 1951 für sie »kein allzu großes Opfer« bedeutete. Sie gingen nämlich davon aus, dass die EVG die Bundesrepublik aufgrund der Unrentabilität der Rüstungsproduktion früher oder später sehr wohl an der Aufrüstung des Westens beteiligen würde[130]. Der Hauptgrund für die deutsche Wiederbewaffnung bestand ja gerade darin, neben dem personellen auch das materielle Potenzial der Bundesrepublik sowie das dort vorhandene technische Know-how für die westlichen Verteidigungsanstrengungen auszuschöpfen[131]. Darauf drängten bekanntlich seit Sommer 1950 insbesondere die Amerikaner. Auf deutscher Seite hoffte man, die Franzosen mit Verzichtserklärungen besänftigen zu können, spekulierte aber insgeheim darauf, dass sie ihren harten Kurs ohnehin nicht würden durchhalten können.

Zur Überzeugungstaktik Blanks gehörte ferner der Hinweis darauf, dass die deutschen Industriellen an Rüstungsaufträgen nicht interessiert seien und ohnehin den zi-

---

[125] Vgl. BArch, BW 9/231, Bl. 71–78 (Zitat Bl. 73 f.): Denkschrift Bonin, 20.5.1953; BArch, BW 9/2307, Bl. 128–135, hier Bl. 131 f.: Bericht Schneider über amerikanische, französische, niederländische, italienische und belgische Gerätevorführungen (Oktober/November 1952), 22.11.1952, im Folgenden zit. als: Bericht Schneider, 22.11.1952; AWS, Bd 2 (Beitrag Meier-Dörnberg), S. 735.
[126] BArch, BW 9/2307, Bl. 128–135, hier Bl. 131: Bericht Schneider, 22.11.1952.
[127] Vgl. AWS, Bd 2 (Beitrag Meier-Dörnberg), S. 735 f.
[128] Vgl. AWS, Bd 4 (Beitrag Abelshauser), S. 72.
[129] Vgl. BArch, BW 9/2048, Bl. 12–20, hier Bl. 18: Aufz. Gespräch Blank – Alphand (11.10.1951), o.D.
[130] Vgl. BArch, BW 9/3064, Bl. 209–215, hier Bl. 214 f. (Zitat Bl. 214): Protokoll Gespräch dt. Delegation für die Ablösung des Besatzungsstatuts – Amt Blank – Bundesministerium der Justiz (BMJ) (18.9.1951), 18.9.1951.
[131] Die Erwartung, dass der Westen das Wirtschaftspotenzial der noch jungen Bundesrepublik voll für seine Verteidigungszwecke zu nutzen gedachte, hatte man im BMWi bereits nach den Beratungen der NATO in New York und Brüssel (September und Dezember 1950). Vgl. AWS, Bd 4 (Beitrag Abelshauser), S. 60.

vilen Export bevorzugten; die Industrie begrüße es sogar, dass man in Sachen Waffenproduktion den Franzosen, Briten und Amerikanern das Feld überlasse[132]. In der Tat konnte man sich am Rhein im Gegensatz zu den meisten NATO-Staaten bislang relativ ungestört der Herstellung ziviler Exportwaren und Konsumgüter für den Binnenmarkt widmen, was sich als weitaus einträglicher als die Waffenherstellung erwies und mit ein gewichtiger Grund für die Überschüsse gewesen sein dürfte, die die Bundesrepublik in der EZU erzielte.

Vor dem Hintergrund der französischen Außenhandelskrise und Aufrüstungsprobleme konnte man Blanks Äußerungen als gezielte Spitze verstehen, mit der die Franzosen an die ruinösen Begleiterscheinungen ihrer hohen Verteidigungsinvestitionen und an die Nachteile für ihre heimische Konsumgüter- und Exportindustrie erinnert werden sollten. Wie bereits erwähnt, hatte Frankreich seit Frühjahr 1951 ein desaströses Zahlungsbilanzdefizit angehäuft. Im Februar 1952 sah sich die Regierung schließlich dazu veranlasst, die Liberalisierung im OEEC-Rahmen auszusetzen und verstärkt um US-Unterstützung zu ersuchen. Die Bundesrepublik hingegen verzeichnete einen kräftigen Wirtschaftsaufschwung, avancierte sogar zum größten Gläubiger der EZU und machte mit dem »Wirtschaftswunder« von sich reden. Der Nutzen, den die Deutschen aus der rüstungsgüterfreien Produktion, aus der freien Verfügbarkeit von Grundstoffen und Arbeitskräften zogen, hatte bereits im Spätsommer 1950 bei den Briten für Unmut gesorgt und deren Befürwortung eines westdeutschen Wehrbeitrags mit beeinflusst. In London wollte man es auf Dauer nicht hinnehmen, dass die westlichen Staaten ihre Verteidigungsanstrengungen verstärken mussten, während die Bundesrepublik ihre Wirtschaftskraft in die Eroberung ausländischer Märkte investieren konnte[133].

### 3. Die Positionierung der Bundesrepublik

Auch wenn bei den Deutschen zum damaligen Zeitpunkt noch kein in sich geschlossenes Rüstungskonzept für die EVG-Verhandlungen erkennbar war: Die Notwendigkeit einer sehr engen Zusammenarbeit zwischen den Westeuropäern stand für sie angesichts der Sorge vor der militärischen Übermacht der Sowjetunion außer Frage. Militärplaner, wie der spätere Delegierte der deutschen EVG-Rüstungsdelegation, Oberst a.D. Curt Pollex, erkannten völlig zutreffend, dass es einer umfassenden rüstungswirtschaftlichen Zusammenarbeit zwischen den Europäern bedurfte, bei der die Finanzkraft, die Ernährungs- und Rohstofflage, die Kapazitäten der Fertigungsstätten, das Arbeitskräftepotenzial sowie die Infrastruktur der einzelnen Staaten zu berücksichtigen wären. Bereits in Friedenszeiten sollten die wehrwirtschaftlichen Bedürfnisse der Europäer gedeckt werden können und eine reibungslose Umstellung auf Kriegszeiten möglich sein.

---

[132] Vgl. BArch, BW 9/2048, Bl. 45–48, hier Bl. 47: Aufz. Gespräch Blank – Alphand (14.2.1952), o.D. Bundeskanzler Adenauer hatte gegenüber US-Hochkommissar McCloy wenige Monate zuvor ebenfalls das vorrangige Interesse der westdeutschen Industrie an der Herstellung ziviler Exportgüter hervorgehoben. Vgl. FRUS 1951, III/2, S. 1719–1721, hier S. 1720: McCloy an Acheson, 26.11.1951.
[133] Vgl. Hammerich, Jeder für sich, S. 260 f.

## IV. Die Verhandlungen über die Rüstungsklauseln des EVG-Vertrags

Dabei galt es auch eine enge Abstimmung mit den Generalstäben vorzunehmen, die militärische Forderungen zu formulieren und Streitkräfte aufzustellen hatten. Nationales Autarkiestreben hielt Pollex für ein Relikt aus alten Zeiten; den Autarkiegedanken des Deutschen Reiches übertrug er nun auf Europa. Der Kontinent sollte mittelfristig in die Lage versetzt werden, seinen Bedarf auf allen für die Rüstungswirtschaft relevanten Gebieten selbst zu decken und daher über eine leistungsfähige Infrastruktur und Energieversorgung sowie über ein entsprechendes Bevorratungssystem verfügen. Die wichtigen Fertigungsstätten sollten geografisch verteilt und so weit wie möglich im Westen liegen, um sie vor Angriffen aus dem Osten zu schützen. »Das gesamte Europa muss«, so formulierte es Pollex in einer Denkschrift, »in die Rüstung und die vor ihr stehenden wirtschaftlichen Fragen einbezogen werden, weil sonst die Versorgung der Streitkräfte im Kriege nicht garantiert ist. Ohne Rüstungspolitik kommt Europa nicht aus. Sich auf den Nachschub aus Amerika einzustellen, ist im Augenblick zweckmäßig, für die Zukunft jedoch nicht vertretbar«. Deutsche oder europäische Truppen seien nutzlos, wenn ihre Munition in den USA produziert würde[134].

Pollex entwarf in seiner Denkschrift die Grundzüge einer gemeinsamen europäischen Rüstungspolitik, die deutlich die Lehren des Zweiten Weltkrieges widerspiegelte. Ausgehend von den Erfahrungen des Totalen Krieges erschien es erforderlich, für den Fall einer Auseinandersetzung zwischen Ost und West die umfassende Mobilisierung aller verfügbaren Ressourcen Europas in die Wege zu leiten. Hierfür galt es schon in Friedenszeiten, europaweit die entsprechenden Grundlagen zu schaffen. Des Weiteren waren sich die deutschen Militärplaner bewusst, dass die westlichen Streitkräfte dringend der Standardisierung bei Waffen und Gerät bedurften. Während die Armeen des Ostens in hohem Maße nach russischem Vorbild ausgerüstet, ausgebildet und vereinheitlicht waren, bestand im Westen noch erheblicher Nachholbedarf[135].

Die Vertretung der deutschen Interessen im Rüstungsausschuss lag in den Händen zweier Beamter des Bundesministeriums für Wirtschaft. Chefdelegierter war Ministerialrat Hans von Boeckh, Leiter der Unterabteilung für Wirtschaftspolitische Grundsatzfragen[136]. Ihm zur Seite gestellt wurde Oberregierungsrat Thieme, der derselben Unterabteilung entstammte[137]. Im Amt Blank, insbesondere bei den Militärs,

---

[134] Vgl. BArch, BW 9/798, Bl. 83–89 (Zitat Bl. 88 f.): Denkschrift Pollex »Beachtenswertes für Wirtschaftsbesprechungen – einige wehrwirtschaftliche Grundsätze«, 20.10.1951, im Folgenden zitiert als: Denkschrift Pollex, 20.10.1951. Pollex war von März bis Oktober 1944 Chef des Stabes beim Sonderbeauftragten für die Vereinheitlichung der Wehrmachtorganisation und von April bis Mai 1945 Chef des Stabes beim Chef der deutschen Wehrmachtrüstung gewesen.
[135] Vgl. AMAE, DF-CED/C/117: Aufz. Gespräch François-Poncet – Heusinger – von Kielmansegg (8.6.1954), 15.6.1954.
[136] Der Jurist war zwischen 1933 und 1945 im Reichswirtschaftsministerium, zwischen 1948 und 1951 im Badischen Wirtschafts- und Arbeitsministerium tätig gewesen. Kurze biografische Angaben zu seiner Person finden sich in: KPBR/KAW, II, S. 666.
[137] Vgl. PA-AA, B 10/1011: Vermerk Blankenhorn, 6.10.1951. Die Delegationsmitglieder wurden auf Vorschlag des Delegationschefs vom AA bestimmt. Daneben konnten vom AA auf Vorschlag des Delegationschefs und im Einvernehmen mit den jeweiligen Bundesministerien Sachverständige berufen werden, die als Berater fungierten. Zur Vorbereitung von Direktiven siedelte man beim AA einen interministeriellen Ausschuss an, in dem die Staatssekretäre der beteiligten Ressorts zusammenkamen. Die Leitung der deutschen EVG-Delegation wurde Blank übertragen, sehr zum Missfallen des AA, das sich für die federführende Stelle hielt. Blanks Stellvertreter wurde der

war man über die Ausschussbesetzung weniger zufrieden, handelte es sich bei den Rüstungsplanungen doch um einen Bereich, der aus ihrer Sicht klar zum Aufgabenspektrum des eigenen Hauses gehörte. Erst im Januar 1952 wurden von Boeckh und Thieme auf Bitten Blanks mit einem Beamten seiner Dienststelle, Oberregierungsrat Otto Mittelstrass von der Unterabteilung für rüstungswirtschaftliche Fragen, verstärkt[138]. Mittelstrass war früher im Referat für öffentliches Auftragswesen im Reichswirtschaftsministerium tätig gewesen und verfügte somit über einen reichen Erfahrungsschatz[139]. Mit der Entsendung von Oberregierungsrat Ernst Bolck, ebenfalls ein früherer Beamter aus dem Reichswirtschaftsministerium, erhielt die Delegation im Frühjahr 1952 weitere Unterstützung aus dem Hause Blanks[140].

Als gegen Ende November 1951 der Rüstungsausschuss voll seine Arbeit aufnahm und mit dem Entwurf der rüstungswirtschaftlichen Klauseln des EVG-Vertrags begann, erschien es auf deutscher Seite dringend erforderlich, sich auf interministerieller Ebene über den in Paris zu vertretenden Kurs abzustimmen[141]. Dabei offenbarten sich zwischen den in Rüstungsfragen federführenden Ressorts, namentlich der Bundesministerien für Wirtschaft und Finanzen sowie der Dienststelle Blank, mitunter beträchtliche Differenzen. Die Position des Wirtschaftsministeriums war maßgeblich geprägt von Erhards Konzept der Sozialen Marktwirtschaft. Demnach stand die westdeutsche Aufrüstung unter dem »strengen wirtschaftspolitischen Primat des Exports und der zivilen Nachfrage« und durfte nicht zu Störungen der Wirtschaftsordnung führen[142]. Staatliche Eingriffe zugunsten der Aufrüstung und zum Nachteil der zivilen Branchen lehnte Erhard strikt ab. Die neu zu schaffende Rüstungswirtschaft wurde als Teil der gewerblichen Wirtschaft betrachtet, deren Ausmaß nicht allein von militärischen Forderungen abhängig sein durfte. Sie war vollständig in das marktwirtschaftliche System zu integrieren[143].

Folglich wurde es bei den anstehenden Verhandlungen über die EVG zur Leitlinie des Bundesministeriums, die Entstehung eines mit weitreichenden Kompetenzen und Interventionsbefugnissen ausgestatteten Kommissariats zu vereiteln, auf die faire Beteiligung westdeutscher Unternehmen an europäischen Rüstungsaufträgen hinzuwirken und die Verankerung marktwirtschaftlicher Prinzipien bei der Verwirklichung des europäischen Bewaffnungsprogramms durchzusetzen. Keineswegs durfte das Kommissariat dazu missbraucht werden, unrentable Aufträge in der Bundesrepublik zu platzieren und der dortigen Export- und Konsumgüterindustrie zu schaden. Im Einzelnen erhob man die Forderung nach billigster Bedarfsdeckung und Sicherung größtmöglichen Wettbewerbs – Idealziel war die freie, nicht an Ländergrenzen gebundene öffentli-

---

Diplomat Albrecht von Kessel. Vgl. ebd.: Hallstein an dt. EVG-Delegation, 16.11.1951; Krüger, Das Amt Blank, S. 43 f.; Schustereit, Deutsche Militärverwaltung im Umbruch, S. 71.

[138] Vgl. PA-AA, B 10/1011: Blank an Hallstein, 7.1.1952; Hallstein an Blank, 21.1.1952. Eine Übersicht der regulären Mitglieder der dt. EVG-Delegation, vermutlich vom Februar 1952: BArch, BW 9/3076, Bl. 45.

[139] Vgl. BTAV, II, S. 195–309, hier S. 264: Protokoll 30. Sitzung Ausschuss für Fragen der europäischen Sicherheit (23./24.4.1953).

[140] Vgl. ebd.; PA-AA, B 10/1011: Blank an Hallstein, 18.4.1952; Krüger, Das Amt Blank, S. 117.

[141] Vgl. BArch, BW 9/2968, Bl. 41: Amt Blank/II W an Verteiler, 23.11.1951.

[142] AWS, Bd 4 (Beitrag Abelshauser), S. 67; siehe auch Erhard, Kriegs-untaugliche Marktwirtschaft?, S. 285 f.

[143] Vgl. Andres, Die bundesdeutsche Luft- und Raumfahrtindustrie, S. 170 f.

che Ausschreibung. Außerdem forderte man die Verhinderung »unangemessener«, die Programmdurchführung gefährdende Preissteigerungen, zudem Schutzmaßnahmen sowohl zur Vermeidung als auch zur Bewältigung von Mangellagen (Festlegung von Mindest- oder Höchstpreisen für Bedarfsgüter nach einheitlichen Richtlinien). Wettbewerbsbeschränkungen und Kartelle lehnte man strikt ab. Mit Nachdruck drängten die Beamten auf die Schaffung einheitlicher Verdingungsrichtlinien und die Harmonisierung der Wettbewerbsbedingungen[144]. Da die westdeutsche Wirtschaft in der Zeit nach Ausbruch des Korea-Kriegs einen kräftigen Aufschwung verzeichnete und ihre Güter sich auf dem Weltmarkt ausgezeichnet behaupten konnten, rechnete man in Erhards Dienstsitz mit guten Chancen für die heimische Industrie, bei EVG-Aufträgen für handelsübliches Gerät zum Zuge zu kommen:

»Deutschland wird unter den gegebenen ökonomischen Bedingungen zweifellos auch in Zukunft zu den billigsten Ländern der Gemeinschaft gehören, sodass eine Förderung des Wettbewerbsprinzips und eine Ausrichtung der Auftragsvergabe nach ökonomischen Gesichtspunkten nur zu befürworten ist[145].«

Eine derartige Vergabepraxis hielt Erhard aus volkswirtschaftlicher Sicht für am vernünftigsten. Soziale Marktwirtschaft und Verteidigungsleistungen für die EVG hatten miteinander kompatibel zu sein. Er war sich jedoch bewusst, dass es für manche Rüstungsgüter, etwa schwere Waffen, keine Marktpreise wie in anderen Branchen geben konnte und infolgedessen gewisse Preisrichtlinien unumgänglich sein würden[146]. Letztlich war es die Sorge um die zu erwartende starke Konkurrenz des östlichen Nachbarn, die, wie noch zu zeigen sein wird, Frankreichs Militärs, Rüstungsfachleute und Industrieverbände zutiefst beunruhigte und ihre Abneigung gegen die Europaarmee massiv verstärkte.

Angesichts der Komplexität der mit der Regelung der Wirtschaftsbestimmungen zusammenhängenden Fragen empfahl von Boeckh, erst einen EVG-Rahmenvertrag abzuschließen und Einzelheiten zur Rüstung unter Zugrundelegung der oben genannten Prinzipien in einem Zusatzabkommen zu fixieren. Er rechnete mit einem ca. 50 Artikel starken Dokument und einer halbjährigen Verhandlungsdauer[147]. Einer solchen Lösung stimmten auch Blank und sein Stellvertreter, Ministerialdirigent Wolfgang Holtz, zu. Um unangenehme Überraschungen für die Bundesrepublik auszuschließen, forderte Holtz, dass »nichts in den Vertrag kommt, was uns hinterher auf das Butterbrot geschmiert werden kann«. Und Blank beabsichtigte das Zusatzabkommen so hieb- und stichfest zu machen, »dass nach der Ratifizierung [des EVG-Vertrags] niemand mehr ausbrechen kann«[148]. Unter diesen Umständen erwies sich Adenauers ursprünglicher Plan, das EVG-Projekt noch vor Weihnachten 1951 unter Dach und Fach zu bringen, geradezu als illusorisch.

---

[144] Vgl. PA-AA, B 10/1039: Vermerk von Boeckh, o.D.; Studie Michaelis (BMWi) zum Preisproblem im Vertrag über die Gründung einer EVG, 19.11.1951.

[145] PA-AA, B 10/1039: Studie Michaelis (BMWi) zum Preisproblem im Vertrag über die Gründung einer EVG, 19.11.1951, S. 4.

[146] Vgl. BArch, B 102/59558: Ansprache Erhard zur Eröffnung der EVG-Geräteausstellung in Bonn, 24.9.1953, S. 2–4.

[147] Vgl. BArch, BW 9/3074, Bl. 55–92: Protokoll interministerielle Sitzung (30.11.1951), o.D.; Bl. 94–98: Vermerk Mittelstrass, 4.12.1951.

[148] BArch, BW 9/3074, Bl. 55–92: Protokoll interministerielle Sitzung (30.11.1951), o.D., Bl. 60, 62.

Äußerst strittig war auf deutscher Seite, ob ein spezielles Wirtschaftsabkommen der Ratifizierung durch die Parlamente bedurfte. Während Blank dies bejahte, hielt Holtz eine solche Lösung für eine »scheussliche [sic!]« Sache. Von Boeckh und der deutsche Finanzdelegierte bei der Pariser Konferenz und Ministerialrat im Bundesfinanzministerium, Friedrich-Karl Vialon, bevorzugten ein nicht ratifizierungsbedürftiges Reglement zwischen den Regierungen. Unklar war außerdem die Frage der erforderlichen Mehrheit für das auf mehrere Jahre zu veranschlagende Rüstungsprogramm: Holtz, der die Franzosen offen des Hegemoniestrebens bezichtigte, wollte das Einstimmigkeitsprinzip durchsetzen, um den Regierungen ein starkes Gewicht zu verschaffen – ganz im Gegensatz zu Blank, der eine solche Praxis als »Waffe der Böswilligen« verteufelte und vor übertriebenem Misstrauen gegenüber den Partnern warnte. Wenn jeder nur auf Schutzklauseln aus sei, sehe er für das gesamte Unternehmen schwarz[149]. Von Boeckh empfahl, unterstützt durch Oberst a.D. von Kielmansegg, eine Dreiviertelmehrheit anstelle der im Rüstungsausschuss diskutierten Zweidrittelmehrheit. Einigkeit herrschte zumindest darin, dass die Bundesrepublik bei der Aufstellung des Rüstungsprogramms auf keinen Fall überstimmt werden durfte.

Von fundamentaler Bedeutung war aus deutscher Sicht die Frage, ob die Rüstungsaufträge zentral durch das Kommissariat oder regional durch die nationalen Verteidigungsministerien, also im Auftrag des Kommissariats, zu vergeben sein würden. Ministerialdirektor Holtz favorisierte eindeutig die zweite Option. Eine zentrale Vergabe befürwortete er nur in Ausnahmefällen, etwa bei Aufträgen im Dollarraum oder für Spezialgerät. Unterstützung erfuhr er auch durch Thieme. Dessen Kollege von Boeckh plädierte hingegen für eine zentrale Vergabe, wohl weil er hoffte, auf diese Weise den von seinem Ministerium verfochtenen marktwirtschaftlichen Kurs am besten zur Geltung bringen zu können[150]. Die offizielle und mit Nachdruck vertretene Verhandlungsposition der deutschen Rüstungsdelegation trug maßgeblich die Handschrift der Dienststelle Blank, trug aber auch den Interessen Erhards Rechnung: Eine zentrale Beschaffungsstelle galt als zu schwerfällig, kostspielig und ineffizient. Man fragte sich ohnehin, ob eine Zentralorganisation das gigantische EVG-Auftragsvolumen von schätzungsweise 40 Mrd. DM überhaupt würde bewältigen können. Eine zügige und unkomplizierte Bedarfsdeckung der deutschen Streitkräftekontingente genoss für die deutschen Planer absolute Priorität. Für die Übertragung der Rüstungsgüterbeschaffung an nationale Organe sprach zudem, dass diese über eine genauere Kenntnis der vorhandenen Rohstoff- und Produktionskapazitäten verfügten. Eine solche Lösung ermöglichte außerdem eine bessere Koordinierung des EVG-Programms mit dem nationalen Zivil- und Exportbedarf. Darüber hinaus konnten nationale Stellen den heimischen industriepolitischen Interessen besser Rechnung tragen, etwa durch die Streuung von Aufträgen nach strukturpolitischen oder branchenspezifischen Gesichtspunkten. Dies konnte etwa in Regionen mit einem hohen Anteil an Heimatvertriebenen bzw. in »Notstandsgebieten« Anwendung finden. Als weiteres Argument führten die Deutschen an, dass in ihren fünf Partnerstaaten bereits Beschaffungsstellen vorhanden waren und diese sich leicht

---

[149] Ebd., Bl. 67.
[150] Vgl. ebd.; Bl. 94–98, hier Bl. 95 f.: Vermerk Mittelstrass, 4.12.1951.

für die EVG nutzen lassen würden¹⁵¹. Zusammenfassend beschrieben Bonns Vertreter in Paris ihr Rüstungsintegrationskonzept als »echte europäische Lösung föderativen Charakters«¹⁵².

Der Standpunkt der deutschen Planer zum künftigen Rüstungsapparat war eng mit der Frage der EVG-Territorialorganisation verknüpft. Im Hause Blanks stellte man sich vor, dass es auf westdeutschem Boden eine territoriale Organisation mit militärischen Kommandos und zivilen Behörden geben würde. Während Erstere integriert wären, sollten Letztere ausschließlich dem nationalen Verteidigungsministerium unterstehen, sodass Beschaffungen bis auf wenige Ausnahmen als nationale Angelegenheit zu gelten hätten. Für den Fall, dass sich der deutsche Vorschlag nicht durchsetzen lassen würde, sah man nur die Zusammenlegung beider Stränge vor, allerdings mit der Folge, dass auch das Verteidigungsministerium mit seinen nachgeordneten Oberbehörden sowohl einen nationalen als auch einen europäischen Charakter würde erhalten müssen¹⁵³.

Mit der Unterzeichnung der Verträge, der Entscheidung zugunsten eines westdeutschen Wehrbeitrags im Rahmen der EVG sowie dem damit einhergehenden Ende des Besatzungsstatuts beabsichtigte Blanks Dienststelle auch die Zuständigkeit für die Beschaffungsmaßnahmen der ausländischen Stationierungstruppen zu übernehmen, um ein Nebeneinander ausländischer und nationaler Rüstungsdienststellen auszuschließen¹⁵⁴. Die Vermeidung einer Zweigleisigkeit kam Erhard sehr entgegen, bestand ansonsten doch die Gefahr einer in ökonomischer Hinsicht sinnlosen Zersplitterung der Beschaffungen und eines Zwangs zu »immer stärkeren dirigistischen Massnahmen [sic!]« – mit schwerwiegenden Konsequenzen für die Wirtschafts- und Sozialordnung. Mit Nachdruck machte er eine Woche vor Abschluss des EVG-Vertrags erneut auf die Notwendigkeit einer fairen, auch strukturpolitische Gesichtspunkte berücksichtigenden Beteiligung der deutschen Industrie, ferner auf die Beachtung markwirtschaftlicher Prinzipien aufmerksam. Erhard fürchtete vor dem Hintergrund der bisherigen Erfahrungen mit Rüstungsaufträgen für die Besatzungsmächte, »dass uns die Dinge unter den Händen zerrinnen und unser Einfluss sich nur auf die Korrektur der ernstesten Schäden erstreckt«. Aus diesen Gründen bat er Blank, sich im Hinblick auf die integrierten Beschaffungsstellen für die Festschreibung deutscher Sonderrechte im EVG-Vertrag einzusetzen¹⁵⁵.

Hinter den Kulissen kündigte sich zwischen beiden Häusern bereits das Ringen um die Federführung beim zukünftigen militärischen Beschaffungswesen an¹⁵⁶. Im Amt Blank, das sich zu Recht als eigentlicher militärischer Bedarfsträger verstand,

---

¹⁵¹ Vgl. BArch, BW 9/2968, Bl. 236–239: Aufz. Gespräch dt.-niederl. EVG-Rüstungsdelegationen, 18.3.1952; Bl. 257–261, hier Bl. 257 f.: Entwurf dt. EVG-Rüstungsdelegation, 17.4.1952.
¹⁵² PA-AA, B 10/969: Dt. Ergänzung zum Zwischenbericht (Stand: 10.11.1951), November 1951, S. 5.
¹⁵³ Vgl. BArch, BW 9/2968, Bl. 222 f.: Mittelstrass an von Boeckh, 23.2.1952; Bl. 178–181: Amt Blank/I OZ an II W, 31.1.1952; Schustereit, Deutsche Militärverwaltung im Umbruch, S. 127. Einzelheiten zu den Plänen einer EVG-Wehrverwaltung: ebd., S. 118–128.
¹⁵⁴ Vgl. BArch, BW 9/2968, Bl. 236–239: Aufz. Gespräch dt.-niederl. EVG-Rüstungsdelegationen, 18.3.1952.
¹⁵⁵ BArch, BW 9/2061, Bl. 177 f.: Erhard an Blank, 19.5.1952.
¹⁵⁶ Ausführlich zum Zuständigkeitskonflikt zwischen den beiden Häusern: Andres, Die bundesdeutsche Luft- und Raumfahrtindustrie, S. 170–175, 178; Krüger, Das Amt Blank, S. 100–105, 108–114.

forderte man die Zentralisierung der Rüstungsaufträge bei einer dem künftigen Verteidigungsministerium unterstehenden Beschaffungsstelle, zeigte sich jedoch bereit, mit dem Bundesministerium für Wirtschaft »auf das engste« zu kooperieren[157]. Mit Finanzminister Fritz Schäffer hatte sich Blank schon im November 1951 darauf verständigt, die Bedarfsdeckung sowohl für die deutschen als auch für die alliierten Truppen auf dem Bundesgebiet dem neu zu schaffenden nationalen Verteidigungsministerium zu übertragen. Dies bedeutete konkret, dass die dem Finanzministerium unterstehende Sonderabteilung Besatzungslastenverwaltung[158] an Blank fallen sollte. Derlei Ambitionen stießen jedoch im Wirtschaftsministerium auf heftige Gegenwehr. Ausgehend von dem als unumstößlich erachteten Grundsatz, wonach wehrwirtschaftliche Belange in den Zuständigkeitsbereich des Wirtschaftsressorts fielen, erhob man Anspruch auf die Angliederung der zur Debatte stehenden Beschaffungsstelle an die Bundesstelle für den Warenverkehr. Bei ihr handelte es sich um eine nachgeordnete Behörde des Wirtschaftsressorts mit Haupttätigkeitsschwerpunkt Ein- und Ausfuhrangelegenheiten. Sie wäre somit zur zentralen Beschaffungsstelle für Rüstungsaufträge mutiert[159]. In diesem Zusammenhang erinnerte man an eine gegen Ende Februar 1952 im Kabinettsausschuss für Wirtschaft getroffene Absprache[160]. Erhards Beamte legten »entscheidenden Wert darauf [...], dass die Beschaffungsstelle auf das engste in den wirtschaftlichen Gesamtablauf eingeordnet und ihre Tätigkeit für den militärischen Bereich mit den wirtschaftspolitischen und Lenkungsmaßnahmen des zivilen Bereichs verbunden wird«[161].

Der allmählich zum Vorschein tretende Konflikt zwischen Blanks Dienststelle und Erhards Ministerium – dieses wolle nicht nur bei Rüstungsgüterbeschaffungen, sondern auch bei Forschung, Entwicklung und Produktion ein gehöriges Wörtchen mitreden – überschattete die gesamte EVG-Phase und beeinträchtigte auch die Handlungsfähigkeit der deutschen Rüstungsdelegation im späteren EVG-Interimsausschuss. Hinter dem Scharmützel zwischen beiden Seiten verbargen sich auch tief sitzende Ressentiments, die noch aus der Zeit vor 1945 stammten. Bei den Beamten in Erhards Hause hatte man keineswegs vergessen, dass ihr Vorgängerressort, das Reichswirtschaftsministerium, während des Zweiten Weltkrieges in rüstungswirtschaftlichen Angelegenheiten »praktisch ausgeschaltet« war[162]. Man befürchtete, die Militär- und Rüstungsplaner Blanks könnten womöglich der Versuchung erliegen, an die Tradition der Wehr- und Rüstungswirtschaft des nationalsozialistischen Deutschlands anzuknüpfen, und versuchen, eine Organisation

---

[157] BArch, BW 9/3075, Bl. 22–24, hier Bl. 23: Holtz an Graf (Ministerialdirektor im BMWi/IV A), 30.11.1951.
[158] Die Sonderabteilung wickelte Beschaffungsaufträge und sog. mandatorische Aufträge der britischen Besatzungsmacht ab. Vgl. Andres, Die bundesdeutsche Luft- und Raumfahrtindustrie, S. 175; Krüger, Das Amt Blank, S. 99; Wirtgen, Aspekte aus der Geschichte des Rüstungsbereichs, S. 20 f.
[159] Vgl. PA-AA, B 10/1039: Erhard an Verteiler, 1.8.1952; Vermerk Graf, 21.8.1952. Ausführlich dazu: Krüger, Das Amt Blank, S. 100–102. Die neue Oberbehörde sollte einem gemeinsamen Weisungsrecht des Amtes Blank und des Wirtschaftsministeriums unterliegen, rechtlich jedoch zu Letzterem gehören.
[160] Vgl. KPBR/KAW, Bd 1, S. 141–145, hier S. 144 f.: Protokoll 17. Sitzung KAW (21.2.1952); PA-AA, B 10/1039: Vermerk Graf, 21.8.1952; siehe auch AWS, Bd 4 (Beitrag Abelshauser), S. 130.
[161] PA-AA, B 10/1039: Vermerk Graf, 21.8.1952, S. 3.
[162] BArch, B 102/435428: Schmid (Unterabteilungsleiter BMWi/IV A) an Erhard, 20.5.1954, S. 3.

ähnlich des Wehrwirtschafts- und Rüstungsamtes im Oberkommando der Wehrmacht (OKW) oder des Reichsministeriums für Bewaffnung und Rüstung à la Albert Speer (»Ministerium Speer«) aufzuziehen[163].

Eine neuerliche Unterwerfung der staatlichen Wirtschaftsordnung unter einen gigantischen Rüstungsmobilisierungs- und Lenkungsapparat wollte man nicht hinnehmen. Obwohl derlei Befürchtungen unzutreffend waren – die Leitungsebene der Dienststelle Blank hatte sich ohnehin angeschickt, in ihrem Amtsbereich den Primat des Zivilen durchzusetzen und den Ambitionen einiger traditionsorientierter Militärs Einhalt zu gebieten – bemühte sich das Bundeswirtschaftsministerium nach Kräften, die Kompetenzen der Dienststelle auf dem Gebiet der Rüstung zu begrenzen. Es beanspruchte die Prärogative für sich und erfuhr hierbei die Unterstützung des Bundesverbandes der Deutschen Industrie (BDI). Der BDI sah seine Interessen am besten von Erhards Ministerium gewahrt. Sämtliche Programme öffentlicher Bedarfsträger sollten vom Wirtschaftsressort auf ihre Vereinbarkeit mit den wirtschaftlichen Grundsätzen geprüft werden[164]. Trotz wiederholter Beteuerungen, wonach man keineswegs den Aufbau einer Rüstungsorganisation nach dem Vorbild des Wehrwirtschafts- und Rüstungsamtes oder des »Ministeriums Speer« anstrebte[165], gelang es der Dienststelle Blank nicht, die Restzweifel der Beamten im Bundeswirtschaftsministerium zu beseitigen. Zum Misstrauen trug auch bei, dass Angehörige der Dienststelle bei ihren Planungsarbeiten des Öfteren Modelle aus den 1930/40er Jahre ventilierten, beispielsweise die Idee eines »Wirtschaftsgeneralstabs«, bestehend aus früheren Wehrmachtsangehörigen[166]. Dadurch wurden im Wirtschaftsministerium automatisch Abwehrreflexe geweckt. Noch im Juni 1953 richtete Erhard an die Adresse Blanks die Mahnung, dass keine »Riesenbürokratien« und keine »selbstherrlichen Heereswirtschaftsorganisationen neu erstehen sollen«[167]. Im Gegenzug hielt Blank dem Bundeswirtschaftsministerium vor, mit dem Wunsch nach der Übertragung militärischer Beschaffungsaufgaben an die Bundesstelle

---

[163] Vgl. AWS, Bd 4 (Beitrag Abelshauser), S. 128–130. Zum Wehrwirtschafts- und Rüstungsamt sowie zum Reichsministerium für Bewaffnung und Rüstung: DRWK, Bd 5/2 (Beitrag Müller); Tooze, Ökonomie der Zerstörung; siehe auch die Schilderung des damaligen Chefs des Wehrwirtschafts- und Rüstungsamtes, General Georg Thomas, Geschichte der deutschen Wehr- und Rüstungswirtschaft.

[164] Vgl. Krüger, Das Amt Blank, S. 102, 104. Zu einer einvernehmlichen Regelung kam es erst mit den »Leitsätzen« vom November 1954. Dem BMWi oblag demnach die Prüfung der wirtschaftlichen Durchführbarkeit der vom Verteidigungsressort aufgestellten Bedarfsprogramme sowie alle ihm notwendig erscheinenden Maßnahmen auf den Gebieten Investitionen, Außenwirtschaft, Kapazitäten, Preisbildung und -überwachung. Das Verteidigungsressort war für die Typenauswahl und die technische Vorbereitung zuständig, wobei es bei Angelegenheiten mit erheblichen Auswirkungen auf die Produktion das Einvernehmen des BMWi herbeiführen musste. Die Bedarfsdeckung sollte von einem dem Verteidigungsministerium nachgeordneten Beschaffungsamt, die Typenauswahl von einem Technischen Amt vorgenommen werden. Als Koordinationsgremium sah man einen paritätisch besetzten interministeriellen Arbeitsausschuss, den »Sechser-Ausschuss«, vor. Siehe KPBR/KAW, II, S. 233–244, hier S. 240–243: Protokoll 20. Sitzung KAW (15.11.1954), siehe auch Anhang 1, S. 590 f.: Leitsätze zwischen BMWi und Verteidigungsressort, 2.11.1954; AWS, Bd 4 (Beitrag Abelshauser), S. 139 f.; Andres, Die bundesdeutsche Luft- und Raumfahrtindustrie, S. 172–174.

[165] Vgl. BArch, BW 9/3643, Bl. 465–468: Aufz. Eberhard an Heusinger und Bonin, 17.7.1952.

[166] Vgl. AWS, Bd 4 (Beitrag Abelshauser), S. 132 f.

[167] Ludwig Erhard Stiftung (LES), NL Erhard, I. 4)37: Erhard an Blank, 20.6.1953, S. 3.

für den Warenverkehr einen gigantischen, mit umfangreichen Aufgaben betrauten Behördenapparat zu schaffen und damit bei den Verhandlungspartnern erst recht das Gespenst des Speer-Ministeriums zu wecken. Nur eine mit ausschließlich militärischen Beschaffungen befasste Dienststelle, so argumentierte Blank, sei für die anderen EVG-Staaten ein klarer Begriff und würde bei ihnen mögliche Bedenken zerstreuen[168].

Zusammenfassend lässt sich festhalten, dass sich die Deutschen bei der Suche nach einer einheitlichen Verhandlungslinie für die Pariser EVG-Konferenz anfangs schwer taten. Selbst innerhalb der Dienststelle Blank herrschte zunächst keine hundertprozentige Übereinstimmung. Holtz entpuppte sich als Frankreich- und integrationskritischer Beamter, Blank nahm im Hinblick auf die EVG eine gemäßigtere und aufgeschlossenere Position ein. Die Vertreter des Wirtschaftsministeriums gebärdeten sich als Gralshüter der Sozialen Markwirtschaft und wollten dies auch bei den EVG-Rüstungsplanungen zum Tragen bringen. Einigkeit herrschte darin, den Transfer von Kompetenzen an ein supranationales Kommissariat aus wirtschaftspolitischen und Effizienzerwägungen zu begrenzen. Ferner wurde das Bestreben deutlich, sich in den eigentlichen Rüstungs- und Beschaffungsprozess möglichst wenig von außen hineinregieren zu lassen, schon gar nicht von den kontrollsüchtigen Franzosen. Man favorisierte stattdessen eine föderative Lösung: Die Durchführung von EVG-Rüstungsaufträgen sollte bis auf wenige Ausnahmen dezentral, das heißt durch nationale Dienststellen, im Auftrag des Kommissariats erfolgen.

## 4. Die schwierigen Verhandlungen im EVG-Rüstungsausschuss

Ende November 1951 waren die Arbeiten des Rüstungsausschusses noch nicht sehr weit fortgeschritten. Immerhin deutete sich an, dass die Franzosen hinsichtlich des Kompetenzspektrums des Kommissariats Abstriche hingenommen hatten und sowohl dem Ministerrat als auch den nationalen Regierungen ein Mehr an Mitbestimmung bei der Aufstellung und Durchführung des europäischen Rüstungsprogramms zuzugestehen bereit waren. Einvernehmen herrschte auch über Grundsätze der vom Kommissariat vorzunehmenden Auftragsvergabe: Demnach sollten Preise, Lieferfristen und Regelmäßigkeit der Leistungen der in Frage kommenden Firmen maßgebend sein. Der Vergabe hatte im Regelfall eine Ausschreibung vorauszugehen. Für Aufträge, die eine bestimmte Geldsumme überstiegen, sollten spezielle Kommissionen eingeschaltet werden. Hinsichtlich der Vollmachten des Kommissariats bei sogenannten Mangellagen hatte Frankreich seinen Partnern ein wichtiges Zugeständnis gemacht, um ihrer Furcht vor Interventionen ins staatliche Wirtschafts- und Sozialgefüge zu begegnen: Das Kommissariat sollte den Regierungen der Mitgliedsländer lediglich Empfehlungen erteilen dürfen. Konsens bestand zudem über die Gründung eines aus Herstellerfirmen und Arbeitnehmern zusammengesetzten Beratenden Ausschusses nach dem Vorbild

---

[168] Vgl. BArch, BW 9/994, Bl. 20–22: Blank an Erhard, 1.9.1952; AWS, Bd 4 (Beitrag Abelshauser), S. 130.

der Montanunion. Zentrale Punkte bedurften aber nach wie vor der Klärung, etwa: die sensible Frage der Modalitäten, nach denen das Kommissariat Informationen über die in den Mitgliedstaaten vorhandenen Herstellungskapazitäten einzuholen hätte; die aus Sicht der französischen Regierung essentielle Kontrolle von Rüstungsproduktion, -importen und -exporten; die Aufgaben des Kommissariats auf dem Gebiet der technischen und wissenschaftlichen Forschung; die Beziehungen zwischen dem Kommissariat und den Rüstungsorganen der NATO sowie der schwierige Komplex der Zoll- und Steuerfragen[169].

In der ersten Dezemberwoche des Jahres 1951 zog die französische EVG-Delegation das Tempo wieder an und präsentierte den anderen Nationenvertretern einen knappen, leicht entschärften Entwurf zum Rüstungs- und Versorgungswesen. Bei der Programmaufstellung sollte es keine Länderquoten geben, vermutlich, um das Kommissariat bei der Vergabekompetenz nicht zu beschneiden. Ein weiterer Grund könnte gewesen sein, dass man Diskussionen um den Umfang eines deutschen Rüstungsanteils vorerst ausweichen wollte. Das anfänglich verfochtene Prinzip eines zentralistischen Rüstungs- und Beschaffungssystems schien Paris aufrechterhalten zu wollen, denn das Kommissariat sollte zur Durchführung der Programme über regionale Agenturen für die technische und industrielle Überwachung verfügen. Eisern beharrte man an der Seine auf der Berücksichtigung der strategischen Lage der Mitgliedstaaten bei der Streuung der Aufträge und bei der Genehmigungserfordernis in puncto Herstellung, Einfuhr und Ausfuhr von Kriegsgerät. In der Absicht, sich möglichst freien Handlungsspielraum für seine eigenen Kolonial- und Überseeverbände zu verschaffen, wollte Paris durchsetzen, dass das Kommissariat Staaten mit außereuropäischer Truppenpräsenz allgemeine Lizenzen für deren Ausrüstung zu erteilen haben würde. Dadurch wäre ein wesentliches Merkmal der supranationalen EVG ausgehebelt, der Grundsatz einer echten integrierten Rüstung ad absurdum geführt worden. Was die Übergangsphase, die Phase nach erfolgter Vertragsunterzeichnung, betraf, so wollte Frankreich dem Kommissariat das Aufsichtsrecht über die laufenden Verträge zugestehen. Überdies forderte man die Abschaffung von Zollgebühren für innergemeinschaftliche Rüstungslieferungen und deren steuerrechtliche Gleichstellung mit Ausfuhren. Auch beanspruchten die Franzosen für die EVG die Zuständigkeit auf dem Gebiet der Außenhilfe[170]. Hinter diesem Schachzug verbarg sich die Absicht, direkte Verhandlungen zwischen Bonn und Washington über US-Lieferungen zu unterbinden. Außerdem wollte man an der Seine nicht hinnehmen, dass der Löwenanteil der US-Außenhilfe möglicherweise in den Aufbau des westdeutschen Kontingents fließen würde und Frankreich sich daher mit weniger und veraltetem Material würde begnügen müssen. Die amerikanische Militärhilfe war, wie bereits beschrieben, für Frankreichs Streitkräfte (vor allem für sein in Fernost kämpfendes Expeditionskorps) von herausragender Bedeutung. Insgesamt zeigte sich aber, dass Paris nach wie vor stur an einer zentralistischen Rüstungsorganisation festhielt.

---

[169] Vgl. AMAE, Secrétariat Générale/Dossiers, 63, Bl. 55–69, hier Bl. 65–67, und FRUS 1951, III/1, S. 933–946, hier S. 943 f.: Bericht Schuman anlässlich der NATO-Ratstagung in Rom über den Stand der EVG-Konferenz, 27.11.1951.

[170] Vgl. BArch, BW 9/562, Bl. 279–281: Entwurf frz. EVG-Delegation zum Problem der Rüstung und Versorgung, 6.12.1951; Harst, The Atlantic Priority, S. 247; Lappenküper, Die deutsch-französischen Beziehungen, Bd 1, S. 610.

Die deutsche Delegation erklärte sich mit dem französischen Entwurf grundsätzlich einverstanden. Sie bekannte sich zur Notwendigkeit eines gemeinsamen Rüstungsprogramms, akzeptierte die Hoheit des Kommissariats bei der Genehmigung der Herstellung sowie Ein- und Ausfuhr von Waffen und Ausrüstung und forderte gar die Ausdehnung der Autorisierungspflicht auf die Rüstungsforschung. Ähnlich wie beim Gemeinschaftsetat sprachen sich die Deutschen für eine Verabschiedung des Rüstungsprogramms durch den Ministerrat mit Zweidrittelmehrheit aus. Einverstanden waren Bonns Vertreter auch mit der allgemeinen Lizenzerteilung für die Ausstattung der unter nationalem Kommando verbleibenden Truppen, womit man Frankreich entgegenkam. Zustimmung erfuhren ferner der Vorschlag, die Kontrolle der laufenden Rüstungsverträge in der Übergangsphase an das Kommissariat zu übertragen, sowie die Befreiung innergemeinschaftlicher Rüstungsgütertransfers von Zöllen. Auch der Zuständigkeit des Kommissariats für die militärische Außenhilfe stimmten die Deutschen zu; sie sollte aber aus einer gemeinsamen Kasse finanziert werden. Hartnäckig hielt man an zwei Grundpfeilern fest: Der Durchführung des Rüstungsprogramms durch nationale Organe und der Ausarbeitung eines (rüstungs-)wirtschaftlichen Sonderabkommens. Gegen die Formel der »strategischen Gefährdung« und die aus ihr abzuleitenden Rüstungsbeschränkungen opponierte man unnachgiebig[171]. Die Deutschen versuchten sich mit ihrem deutlichen Bekenntnis zu einem europäischen Gemeinschaftsprogramm und einem relativ starken Kommissariat als gute Europäer zu präsentieren. Sichtlich erkennbar war ihre Absicht, den EVG-Vertrag und damit die Bewaffnung der Bundesrepublik möglichst rasch unter Dach und Fach zu bekommen. Im Gegensatz zu den souveränen Partnerstaaten konnten sie im Grunde nur gewinnen, weil mit dem Zustandekommen der EVG die Aufhebung der bestehenden Verbote verbunden war. Die Europaarmee war die Voraussetzung, um überhaupt wieder »ins Geschäft« zu kommen. Ähnlich wie beim Schuman-Plan stellte die supranationale Schiene das Vehikel dar, um einzwängende Fesseln abzustreifen. Der Gleichberechtigungs- und Effizienzansatz sollte aber auf jeden Fall beibehalten werden. Für die Bundesrepublik bedeutete das integrierte Rüstungsprogramm ein verhältnismäßig geringes Opfer. Man konnte sich mit ihm leicht arrangieren – ganz im Gegensatz zu den anderen EVG-Mitgliedern, die dazu gezwungen sein würden, ihre bereits bestehenden Rüstungsorgane der Gemeinschaft zu unterstellen. In Paris war man sich dieser Problematik voll bewusst. Bezeichnend ist die Bemerkung des Chefs der französischen Militärdelegation, General Edgard de Larminat, zu Oberstleutnant de Maizière: »Ihr habt es leichter, der EVG zuzustimmen. Ihr bekommt nur, und wir geben nur[172].«

Aufgeschlossen, aber dennoch recht vage, verhielten sich die bislang widerspenstigen Belgier. Sie legten großen Wert auf einen schrittweisen Integrationsprozess. Für die Übergangsperiode waren sie bereit, dem Kommissar gemäß einem noch festzulegenden Modus die Kontrolle über das Rüstungsprogramm der integrierten (!) Einheiten zu übertragen. In keinem Fall dürfte das Programm jedoch zu Verzögerungen bei der

---

[171] Vgl. AMAE, DF-CED/B/38: Stellungnahme dt. EVG-Delegation zur Rüstung und Versorgung, 7.12.1951; BArch, BW 9/3210, Bl. 329–332: Stellungnahme dt. EVG-Delegation zu den sechs Punkten der Außenministerbesprechung in Straßburg, 7.12.1951; Lappenküper, Die deutsch-französischen Beziehungen, Bd 1, S. 611.

[172] So zit. in: Maizière, In der Pflicht, S. 158.

Verwirklichung des MTDP der NATO führen – ein klarer Beleg dafür, dass Brüssel die Nordatlantische Allianz nach wie vor als das eigentliche verteidigungspolitische Gravitationszentrum betrachtete. Für die Definitivperiode war man damit einverstanden, das Kommissariat mit der Programmausarbeitung zu betrauen, über das dann der Ministerrat einstimmig zu befinden hatte. Zudem billigte man den Mitgliedstaaten ein Einspruchsrecht zu[173].

Große Skepsis gegenüber dem französischen Entwurf legte die niederländische Delegation an den Tag. Im Gegensatz zur französischen Gruppe bestand sie bezüglich der Auftragsvergabe auf Länderquoten, um eine ausgewogene Berücksichtigung der heimischen Industrie zu gewährleisten; das Rüstungsprogramm bedurfte der Absegnung durch den Rat der Minister, der dem Kommissariat obendrein noch Direktiven erteilen konnte. Kritisch beurteilte man die Einrichtung regionaler Agenturen, solange nicht das gesamte Ausmaß der Kontrollkompetenzen des Exekutivorgans feststand. Auch wollte man dessen Interventionsbefugnisse auf die Verifikation von Informationsangaben von Firmen und die Erteilung von Empfehlungen limitieren. Mit einer umfassenden Genehmigungsbefugnis des Kommissariats war Den Haag nicht einverstanden. Was die Frage der Zollgebühren betraf, so favorisierte man eine möglichst großzügige Auslegung des Begriffs »Rüstungsmaterial«, damit auch die heimische Industrie in den Genuss der Regelung kommen würde. Die Beneluxländer verfügten bekanntlich zumeist nur über Hersteller leichter Waffen und Ausrüstung. Für die Übergangsphase bestand man auf der Berücksichtigung der nationalen Rüstungsprioritäten, wobei man, ähnlich wie Belgien, auf das MTDP verwies. Auch hier genossen somit die NATO-Verpflichtungen Vorrang[174]. In der Folgezeit ventilierte die Delegation in Paris die Schaffung eines gemeinsamen Einkaufs- anstelle eines Produktionsmarktes[175].

Den Haags Kurs war maßgeblich von der Sorge um seine in hohem Maße exportabhängige Industrie bestimmt. Zu groß schien die Gefahr, das Kommissariat könnte durch seine Vergabepraxis dem kleinen Land wirtschaftlich schaden. Im niederländischen Kabinett stemmte sich der atlantisch orientierte Außenminister Stikker gegen ein zentralistisches Überwachungsregime. Er befürchtete eine regelrechte Strangulierung der heimischen Wirtschaft und schwerwiegende Auswirkungen auf das Sozialgefüge. Da er sich bewusst war, dass die Niederlande bei der EVG nicht abseits stehen konnten, plädierte er für eine eng definierte Materialliste, für die der Kommissar zuständig sein würde. Im Kabinett fiel ein solches Vorhaben auf fruchtbaren Boden[176].

Knapp, aber verbindlich blieb der kleinste Partner im Bunde: Das Großherzogtum Luxemburg bestand nach wie vor auf einer begrenzten Rolle des Kommissariats, einem vom Ministerrat einstimmig zu verabschiedenden Rüstungsprogramm, der Beschränkung

---

[173] Vgl. AMAE, DF-CED/B/38: Stellungnahme belg. EVG-Delegation zur Rüstung und Versorgung, 7.12.1951.
[174] Vgl. ebd.: Stellungnahme niederl. EVG-Delegation zur Rüstung und Versorgung, 7.12.1951. Auf niederländischer Seite gab es Stimmen, die auch Nahrungsmittel und Bekleidung in das Rüstungs- und Versorgungsprogramm aufnehmen wollten, damit auch die heimische Industrie in den Genuss von EVG-Aufträgen kommen würde. Vgl. Harst, The Atlantic Priority, S. 246.
[175] Vgl. BArch, BW 9/2055, Bl. 46–48, hier Bl. 47: Vermerk Amt Blank/W 1, 27.3.1952; BArch, BW 9/2968, Bl. 236–239, hier Bl. 237: Aufz. Gespräch dt.-niederl. EVG-Rüstungsdelegationen, 18.3.1952.
[176] Vgl. Harst, The Atlantic Priority, S. 246 f.

der Eingriffsrechte des Kommissariats auf ein Minimum und der Gültigkeit laufender Verträge. Die vom Exekutivorgan zu gewährleistende technische und industrielle Überwachung der Programmdurchführung sollte »non seulement *en consultation* avec le Conseil et les Gouvernements, mais surtout *en collaboration* avec les Gouvernements« erfolgen[177]. Alles in allem zeigte sich, dass Frankreich die Widerstände und Bedenken der Benelux-Staaten noch nicht überwunden hatte. Roms Vertreter verhielten sich merkwürdig passiv und erklärten Frankreich ohne nähere Begründung ihre prinzipielle Unterstützung[178].

Vor der Straßburger Außenministerkonferenz, die für den 11. Dezember 1951 angesetzt war, ergab sich somit folgendes Bild: Frankreich, Italien und vom Grundsatz her auch die Bundesrepublik standen in Rüstungsangelegenheiten den drei »Kleinen« gegenüber. Der Wille der Beneluxländer zur Begrenzung supranationaler Elemente, zur Verhinderung einer zu großen Machtfülle des Kommissariats, war ungebrochen.

Eine ähnliche Konstellation offenbarte sich bei den Verhandlungen über Form und Inhalt, Berechnungsgrundlage und -modus – dieser Punkt war untrennbar verknüpft mit der Frage der nationalen Beiträge – sowie Durchführung und -kontrolle des EVG-Budgets. Auch hier standen sich die drei Großen und die drei Kleinen gegenüber[179]. Die Franzosen und Deutschen und schließlich auch die anfangs skeptischen Italiener einigten sich auf die Verabschiedung des Gemeinschaftshaushalts mit einer Zweidrittelmehrheit des Ministerrats. Die Benelux-Fraktion bemühte sich aber nach Kräften, den Einstimmigkeitsgrundsatz festzuschreiben und ein Gemeinschaftsbudget auf ein Minimum zu begrenzen. Sie brachte zudem die Idee einer Übergangsphase ins Spiel, die vom Inkrafttreten des EVG-Vertrags bis zum endgültigen Funktionieren der Gemeinschaft reichen sollte. In diesem Punkt schaffte sie es sogar, die Italiener auf ihre Seite zu ziehen. Kontrovers diskutiert wurde außerdem die Frage nach der Rolle der einzelnen EVG-Organe: Den Haag und Brüssel wollten das Budgetrecht dem einstimmig beschließenden Ministerrat überlassen, den Großen schwebte ein Zusammenwirken von Rat und Versammlung mit qualifizierter Mehrheit vor. Besonders kompliziert gestalteten sich die Verhandlungen über die mehrstufigen Budgetaufstellungsphasen. Heftig gerungen wurde auch um die Ermittlung eines geeigneten Berechnungsschlüssels und die Behandlung der Außenhilfe.

Bis Ende Februar 1952 konnten sich die Beteiligten in wesentlichen Punkten einigen: Nach Inkrafttreten des EVG-Vertrags sollte vom Kommissariat ein gemeinsamer Haushaltsplan aufgestellt werden, der sämtliche EVG-Einnahmen und -Ausgaben beinhaltete; die Einnahmen des Haushalts sollten aus nationalen Beiträgen, Eigeneinnahmen der EVG und Auslandshilfen bestehen; die Beitragsfestlegung der Mitgliedstaaten erfolgte nach dem in der NATO praktizierten Verfahren, bei dem ihre jeweilige volks-

---

[177] Vgl. AMAE, DF-CED/B/38: Stellungnahme luxemburg. EVG-Delegation zur Rüstung und Versorgung, 7.12.1951, S. 1 (Hervorhebung im Original).
[178] Vgl. ebd.: Stellungnahme ital. EVG-Delegation zur Rüstung und Versorgung, 7.12.1951.
[179] Die langwierigen und extrem komplizierten Budgetverhandlungen können an dieser Stelle nicht im Detail behandelt werden. Siehe dazu die ausführliche Analyse bei AWS, Bd 2 (Beitrag Köllner/Volkmann), S. 818–841. Eine exzellente Darstellung der zahlreichen mit dem Gemeinschaftsbudget zusammenhängenden Schwierigkeiten findet sich bei ACDP, NL Vialon, I-475-003/5: Memorandum Vialon über das Budget einer Europäischen Verteidigungsorganisation, o.D.

## IV. Die Verhandlungen über die Rüstungsklauseln des EVG-Vertrags

wirtschaftliche Leistungsfähigkeit ermittelt wurde. Bei der Ausgabenplanung waren die gegenüber der NATO und vor Inkrafttreten des EVG-Vertrags eingegangenen vertraglichen Verpflichtungen der Staaten zu beachten; nach der Vertragsunterzeichnung stellen Finanz- und Militärausschuss ein gemeinsames Budget auf, bei dem nach wie vor fortbestehende nationale Budgets und Programme berücksichtigt werden sollten[180].

Getreu ihres Selbstverständnisses als Initiatoren, die die Geschicke der EVG-Konferenz zu leiten hatten, legten die Franzosen Mitte Dezember 1951 einen Entwurf für ein Steuer- und Zollsystem für Versorgungsgüter nach[181].

Aber auch die Bundesrepublik versuchte Akzente zu setzen, und dies auf einem durchaus sensiblen Feld: Kurz vor Weihnachten 1951 unterbreitete die deutsche EVG-Delegation ihren Partnern den Vorschlag einer »Europäischen Gemeinschaft für wissenschaftliche Forschung«. Er hatte die Schaffung eines Forschungspools auf den Gebieten Nuklearphysik, Fernmeldetechnik, B- und C-Waffen-Kriegführung, U-Boote und militärische Unterwasserfahrzeuge, Militärflugzeuge und Lenkflugkörper zum Gegenstand. Durch Ratsbeschluss sollte das Tätigkeitsfeld der Forschungsgemeinschaft auf weitere Bereiche ausgedehnt werden können. Den Deutschen schwebte die Einrichtung einer von der EVG-Exekutive unabhängigen, aber gegenüber den anderen EVG-Institutionen verantwortlichen Forschungskommission vor. Die Hohe Behörde der EGKS (!) – so war es in einem an Außenminister Acheson adressierten Telegramm von US-Konferenzbeobachter Bruce zu lesen – und weitere internationale Institutionen sollten Forschungsaktivitäten stimulieren, die Zusammenarbeit unter den Mitgliedstaaten fördern und Finanzmittel beisteuern. Sämtliche Aktivitäten in den genannten Bereichen sollten der Genehmigungspflicht durch die Kommission unterliegen oder dort vorher angemeldet werden. Darüber hinaus gestand der deutsche Vorschlag der Kommission das Recht zu, Forschungen verbieten oder ausschließlich unter ihrer Regie durchführen zu lassen[182]. Im Bundeswirtschaftsministerium bereitete man einen entsprechenden Entwurf vor[183].

Hinter dem deutschen Anliegen stand zweifelsohne der Wunsch nach Zugang zu modernem Know-how, um den erheblichen Rückstand in der Rüstungstechnik wieder aufzuholen. Überdies lag es im Interesse der Deutschen, einseitige Verbote und Diskriminierungen in der Forschung zu unterbinden. Vor allem wollten sie Einschränkungen auf zivilem Gebiet verhindern[184]. Für die Mitgliedstaaten der EVG sollten nach Auffassung Bonns dieselben Regeln gelten. Einseitigen, das heißt ausschließlich auf die Bundesrepublik zielenden Beschränkungen, wie sie während der Verhandlungen

---

[180] Zu den Verhandlungen über den deutschen EVG-Finanzbeitrag: Hammerich, Jeder für sich, S. 258–283; AWS, Bd 2 (Beitrag Köllner/Volkmann), S. 842–855.
[181] Siehe BArch, BW 9/2965, Bl. 45–47: Entwurf frz. Delegation Steuer- und Zollsystem für Versorgungsgüter, 19.12.1951.
[182] Vgl. FRUS 1951, III/1, S. 977 f.: Bruce an Acheson, 21.12.1951; BArch, BW 9/2968, Bl. 66–77, hier Bl. 75: Hirsch an Alphand, 19.12.1951, Anhang: Entwürfe Art. A 1–10, dt. Vorbehalt zu Art. A 8. Es kann nicht ausgeschlossen werden, dass Bruce ein Fehler unterlief und er nicht die EGKS, sondern das Kommissariat meinte.
[183] Vgl. BArch, BW 9/2968, Bl. 103–105: Blank an Blankenhorn, 11.1.1952. Der Entwurf war in den deutschen Akten nicht auffindbar. Nachweisen lässt sich aber in den Beständen der US-National Archives. Siehe FRUS 1951, III/1, S. 978, Anm. 2 (NA, RG 59, 740.5/12-2151).
[184] Vgl. AAPD 1952, S. 13 f.: Aufz. Gespräch Hallstein – Bérard (7.1.1952), 7.1.1952.

zwischen der Bundesregierung und der AHK bereits sichtbar geworden waren, galt es einen Riegel vorzuschieben. Mit der Idee einer Forschungsgemeinschaft für den militärischen Bereich drangen die Deutschen bei ihren Partnern aber nicht durch. Schon bald verschwand der Entwurf von der Tagesordnung[185]. Dies dürfte auch ganz im Sinne der französischen Streitkräfte gewesen sein, die die Deutschen in der Rüstungsforschung ohnehin an der kurzen Leine halten wollten.

Ab Mitte Dezember 1951 begann der Pariser Rüstungsausschuss mit der Ausarbeitung von Entwürfen für den Wirtschaftsteil des künftigen EVG-Vertrags. Wie zu erwarten, kam es zwischen den Beteiligten zu einem harten Ringen um die einzelnen Paragraphen[186]. Bis zur NATO-Ratstagung von Lissabon im Februar 1952 gelang es den Diplomaten, die wesentlichen Pflöcke einzuschlagen und so die Grundzüge des EVG-Rüstungssystems zu fixieren[187]. Es dauerte jedoch bis Anfang Mai 1952, bis die wichtigsten Themen des Wirtschaftskapitels unter Dach und Fach gebracht werden konnte. Zu den härtesten Brocken zählten die Themenbereiche Beschaffungsverfahren und Genehmigungskompetenzen des Kommissariats[188]. Während die Arbeiten der Pariser Konferenz und ihrer Unterausschüsse Fortschritte verzeichneten, vermochten sich Frankreichs Spitzenmilitärs noch immer nicht mit der EVG anzufreunden. Sie bevorzugten die NATO-Lösung. Zum Jahresbeginn 1952 gab der Ausschuss der Generalstabschefs zu Protokoll, dass die Deutschen über kurz oder lang mit der NATO assoziiert werden müssten, ob als Vollmitglied oder in einer anderen Form[189]. Zwischen der Regierung und der vorrangig an effizienten militärischen Lösungen interessierten Generalität bestand somit eine tiefe Kluft. Zugleich stellte die Streitkräfteführung fest: »La France doit garder l'entière disposition des établissements qui lui sont nécessaires pour ses besoins Outremer et la maintenance métropolitaine[190].«

Eine der größten Herausforderungen des Rüstungs- sowie des Finanzgremiums stellte die Regelung des zu erwartenden Währungstransferproblems dar. Aus Furcht vor den Folgen zügelloser grenzüberschreitender Finanzbewegungen für die Zahlungs- und Devisenbilanzen der Mitgliedstaaten erschien den Regierungen eine Begrenzung unumgänglich. Konkret musste man sich mit der Frage auseinandersetzen, in welchem

---

[185] Über die genauen Gründe lassen sich in den eingesehenen Akten keine Hinweise finden. Es ist zu vermuten, dass Deutschlands Verhandlungspartner es zum damaligen Zeitpunkt schlichtweg ablehnten, sich auf eine derart weitreichende, vertraglich fixierte Zusammenarbeit, zumal noch mit den Deutschen, einzulassen. Dass die Deutschen ganz konkret versuchten, in der Rüstungsforschung wieder einen Fuß in die Tür zu bekommen, mag in den anderen Hauptstädten argwöhnisch beäugt worden sein. Es ist vielsagend, dass die später im EVG-Vertrag enthaltene Klausel zur wehrtechnischen Forschung (Art. 106) knapp und sehr allgemein gehalten war.

[186] Umfangreiches Quellenmaterial zum Verlauf der Verhandlungen in: BArch, BW 9/2968, BW 9/3074.

[187] Vgl. FRUS 1952–1954, V/1, S. 230–246, hier S. 242–246: Bericht EVG-Konferenz an Nordatlantikrat (C9-D/12), 19.12.1952; Harst, The Atlantic Priority, S. 247; AWS, Bd 2 (Beitrag Köllner/Volkmann), S. 837.

[188] Zum genauen Sachstand Ende April 1952 siehe AMAE, DF-CED/C/115: Hirsch an Alphand, 25.4.1952; BArch, BW 9/2055, Bl. 120–124: Vermerk Mittelstrass, 24.4.1952.

[189] Vgl. SHD/DAT, 1 R/180-3: Vermerk Kombinierter Generalstab der Streitkräfte über Stellungnahme Ausschuss der Generalstabschefs, 8.2.1952, S. 2.

[190] SHD/DAA, 9 E/1152-1: Vermerk Kombinierter Generalstab der Streitkräfte für Ausschuss der Generalstabschefs, 4.1.1952, S. 8.

Umfang ein Mitgliedstaat durch das Kommissariat verpflichtet werden könnte, seinen Beitrag im restlichen EVG-Raum auszugeben. Die Niederländer, die der Gefahr entgehen wollten, große Teile ihrer Finanzleistungen zum Schaden ihrer heimischen Industrie im Ausland platzieren zu müssen, sprachen sich für eine besonders strenge Regelung aus und zeigten sich nicht bereit, Transfers von über 10 % des eigenen Finanzbeitrags in ein anderes Land zuzulassen. Die Franzosen, die zunächst bemängelt hatten, eine derart kleine Marge enge das Kommissariat zu sehr ein, und sogar angedeutet hatten, einen Satz von 30 % hinzunehmen, vollzogen plötzlich eine Kehrtwende und schwenkten nun in die niederländische Richtung ein. Vermutlich dämmerte es den Verantwortlichen in Paris, was im Falle einer großzügigen Regelung auf ihre schwächelnde Wirtschaft und ihre Hoflieferanten zugekommen wäre. Für die Transferbegrenzung auf 10 % des Eigenbeitrags hatte sich von Beginn an auch Roms Abordnung stark gemacht. Die Deutschen, die sich gemäß Erhards Credo einem weitgehend freien Wettbewerb verschrieben hatten, unterstützten eine Transferhöhe von 20 %, standen damit aber alleine da. Letztlich lief die Kompromissfindung auf eine Begrenzung der grenzüberschreitenden Zahlungen auf 15 % hinaus. Dies bedeutete, dass mindestens 85 % des eigenen Finanzbeitrags im eigenen Land auszugeben wären, wobei ein Staat sich freiwillig zu höheren Transferleistungen bereiterklären konnte.

Bei der gemeinsamen Sitzung der Ausschüsse für Rüstung und Finanzen vom 16. Januar 1952 schlugen die Franzosen dieselbe Regelung für die Empfängerseite vor[191]. Damit war allerdings klar, dass dem Wettbewerbsprinzip bei Ausschreibungsverfahren des Kommissariats enge Grenzen gesetzt sein würden. Unklar war noch, welcher Beitragsanteil genau auf Rüstung, Sold, Infrastruktur und Dienstleistungen entfallen würde. Aufgrund der zu erwartenden hohen Stationierungsdichte im Bundesgebiet vermutete die deutsche Rüstungsdelegation, dass das Gros der dort auszugebenden Mittel für den Sold, womöglich auch noch für das Bauwesen aufgesaugt und kaum etwas für leichtes Gerät, das die deutsche Industrie anzubieten hätte, übrig bleiben würde. Man vermochte dem jedoch auch etwas Gutes abzugewinnen, rechnete man doch in gewissem Umfang mit Einsparungen an Devisen und einer Schonung industrieller Engpassbereiche. Es erschien sogar überaus verlockend, wenn die Industrie sich lieber privaten Export- sowie Offshore-Aufträgen widmen könnte. Die Einführung bestimmter Quoten für die verschiedenen Ausgabearten bot nach deutschem Verständnis eine ausgewogenere Berücksichtigung bei EVG-Aufträgen[192]. In den Hauptstädten der EVG-Mitglieder herrschte jedoch Einvernehmen darüber, dass eine Sprengung der EZU mit ihrem multilateralen Zahlungs- und Clearingmechanismus unter allen Umständen verhindert werden müsse. Dies lag auch im Interesse der Deutschen, die im Zuge ihrer Zahlungsbilanzkrise 1950/51 kräftig von der EZU profitiert hatten[193]. Nachdem die Gold- und Devisenbestände der Bundesrepublik nach Ausbruch des Korea-Kriegs rasch dahingeschmolzen waren, hatte sich die Regierung dazu veranlasst gesehen, gegen den Willen von Wirtschaftsminister Erhard die Handelsliberalisierung

---

[191] Vgl. PA-AA, B 10/1039: Vermerk dt. EVG-Rüstungsdelegation, 17.1.1952; Harst, The Atlantic Priority, S. 248; vgl. auch AWS, Bd 2 (Beitrag Köllner/Volkmann), S. 834.
[192] Siehe BArch, BW 9/3074, Bl. 179–185: Ausarbeitung von Boeckh, Januar 1952.
[193] Vgl. PA-AA, B 10/1039: Schöne (BMWi/V C 1) an von Hassel (AA), 26.11.1951; Vermerk dt. EVG-Rüstungsdelegation, 17.1.1952.

im Rahmen der OEEC auszusetzen und einen Sonderkredit in Anspruch zu nehmen. Dank der Solidaritätsmaßnahmen, zu der auch die Franzosen ihren Teil beitrugen, konnte sich die Lage stabilisieren. Bereits im April 1951 hatte die Bundesrepublik wieder Exportüberschüsse zu verzeichnen. Im darauffolgenden Jahr erzielten die Deutschen ihren ersten Zahlungsbilanzüberschuss. Im April 1952 lag ihre Liberalisierungsquote schon bei 76 % und damit einen Prozentpunkt über der vorgeschriebenen Quote. War die Bundesrepublik 1951 noch einer der Schuldner der EZU, entwickelte sie sich 1952 zu einem der Hauptgläubiger[194].

Alles andere als glücklich zeigte man sich in den nationalen Wirtschaftsministerien. Dort sorgte man sich über die Auswirkungen einer integrierten Rüstung auf die heimische Industrie. Im italienischen Industrie- und Handelsministerium bemühte man sich daher, die Kompetenzen des Kommissariats in Rüstungsfragen zu begrenzen und Schutzklauseln für die heimische Industrie durchzusetzen[195]. Bauchschmerzen bereiteten die Pariser Verhandlungen auch dem niederländischen Wirtschaftsministerium[196].

Die Deutschen bemühten sich vergeblich, ihren Partnern ein unter der Federführung des Bundeswirtschaftsministeriums entworfenes, ca. 40 Artikel umfassendes rüstungswirtschaftliches Zusatzabkommen schmackhaft zu machen, das detaillierte Bestimmungen für das EVG-Beschaffungswesen enthielt. Das Abkommen ging fest von der Existenz von Beschaffungsbehörden aus, die den nationalen Verteidigungsministerien nachgeordnet waren und formell den Weisungen und Kontrollen des Kommissariats unterlagen. Die Ausarbeitung der Durchführungsregelungen wollten die Deutschen nicht einfach dem späteren Kommissariat überlassen, sondern umgehend und aktiv mitgestalten, um mögliche nachteilige Überraschungen von vornherein auszuschließen[197]. Bis Ende März

---

[194] Vgl. Abelshauser, Deutsche Wirtschaftsgeschichte seit 1945, S. 224 f.; Buchheim, Die Wiedereingliederung, S. 130–133; Bührer, Wirtschaftliche Zusammenarbeit, S. 559 f.; Eichengreen, The European Economy, S. 83 f.; Hentschel, Zwischen Zahlungsunfähigkeit und Konvertibilität, S. 106 f.; Krüger, Sicherheit durch Integration?, S. 250 f. Ausführliche Analysen der deutschen Zahlungsbilanzkrise/Devisenkrise finden sich bei: Hentschel, Ludwig Erhard, S. 130–138; Hentschel, Die Europäische Zahlungsunion; Kaplan/Schleiminger, The European Payments Union, S. 97–117. Bührer zeigt in seinem Beitrag, dass die Bundesrepublik und Frankreich im Rahmen der OEEC nicht gerade harmonisch miteinander kooperierten, sich aber in Krisenfällen dann doch gegenseitig unterstützten. Im Frühjahr 1952 griffen die Deutschen den Franzosen unter die Arme, nachdem diese in eine schwere Zahlungsbilanzkrise geraten waren. Siehe Bührer, Wirtschaftliche Zusammenarbeit.

[195] Vgl. Magagnoli, Italien und die Europäische Verteidigungsgemeinschaft, S. 122, Anm. 111. Näheres müsste in weiterführenden Forschungen analysiert werden.

[196] Vgl. Harst, The Atlantic Priority, S. 249 f. Völlig unerforscht sind die Positionen der Wirtschaftsministerien Belgiens und Luxemburgs.

[197] Siehe BArch, BW 9/2968, Bl. 113–169: Arbeits-Entwurf für ein Zusatzabkommen über die Durchführung des Programms für die Bewaffnung, Ausrüstung und Versorgung der EVG, o.D.; Bl. 182–221: Entwurf für ein Abkommen über die Durchführung des Programms für die Bewaffnung, Ausrüstung und Versorgung der EVG [30.1.1952]. Das Amt Blank kritisierte die darin enthaltene Forderung nach Vereinheitlichung der Beschaffungsverfahren in den Mitgliedstaaten. Man erkannte darin einen völligen Widerspruch zu dem während der Verhandlungen vertretenen Grundsatz des föderativen Charakters der EVG. Ferner wandte man sich gegen die in dem Schriftstück erwähnte Möglichkeit, wonach neben dem Kommissariat und den Verteidigungsministerien auch militärische Stäbe Rüstungsgüterbeschaffungen durchführen dürften. Da die militärische Territorialorganisation der Europaarmee voll integriert sein würde, befürchtete man direkte Interventionsmöglichkeiten des Kommissariats in nationale Beschaffungen

1952 stutzten die Deutschen den Entwurf auf 15 Artikel zurecht[198]. Doch selbst innerhalb der deutschen EVG-Delegation vermochte sich nicht jeder mit dem Dokument anzufreunden. Finanzexperte Vialon hielt zahlreiche Klauseln für »überflüssig«, »entbehrlich« oder gar »unmöglich«, weil sie seinem Verständnis nach im klaren Widerspruch zu Inhalt und Zielen des EVG-Vertrags standen und gegen den Integrationsgedanken verstießen[199]. Hieran zeigt sich, dass es unter den deutschen EVG-Delegierten keine völlig einheitliche Linie gab. Während Wirtschaftsressort und Dienststelle Blank den Mitgliedstaaten beim Beschaffungssystem aus Effizienzerwägungen heraus einen gewissen Handlungsspielraum belassen und zudem die Gefahr einer zu starken Einmischung des Kommissariats bannen wollten, zeigte sich der Finanzdelegierte gegenüber einer integrierten Lösung aufgeschlossener.

Unterdessen setzte die EVG-Konferenz einen speziellen Unterausschuss ein, der die in den Nationalstaaten angewandten Beschaffungsverfahren miteinander vergleichen sollte, um daraus Erkenntnisse für das vom Kommissariat später zu praktizierende Verfahren ableiten zu können. Der Unterausschuss vertrat die Ansicht, dass die bislang gängigen nationalen Bestimmungen in der Übergangsphase weiter ihre Gültigkeit behalten könnten und die Ausarbeitung einheitlicher europäischer Regelungen ohne größere Schwierigkeiten machbar schien – eine reichlich optimistische Einschätzung angesichts der in der Realität sehr wohl voneinander abweichenden Beschaffungspraktiken. Wie schon erwähnt, führte beispielsweise Frankreich kaum öffentliche Ausschreibungen durch, obwohl sie auf dem Papier durchaus vorgesehen waren[200]. Ungefähr Mitte April 1952 verschwanden die deutschen Entwürfe offenbar stillschweigend von der Bildfläche. Im Rüstungsausschuss konzentrierte man sich stattdessen auf die Ausarbeitung zunächst allgemeiner, direkt in den EVG-Vertrag aufzunehmender Bestimmungen[201]. Dies lag sicherlich ganz im Sinne der deutschen Partner, die sich nicht so ohne weiteres auf weitreichende Detailregelungen festlegen lassen wollten.

Auf ganzer Linie scheiterte Bonn mit seiner Forderung, die EVG-Rüstungsgüterbeschaffung in die Hände von weitgehend dezentralisierten, den nationalen Verteidigungsministerien nachgeordneten Dienststellen zu legen[202]. Auch der Verweis auf den Effizienzaspekt und die Unzweckmäßigkeit einer übermäßigen Zentralisierung half nichts. Die anderen Delegationen, inklusive die US-Beobachter, lehnten die deutsche Forderung kategorisch ab[203]. Daran zeigt sich, dass nicht nur Frankreich ein Interesse daran besaß, den deutschen Handlungsspielraum zu begrenzen. Zu einem deutschen

---

und folgenschwere Auswirkungen auf das deutsche Wirtschaftsleben. Abgesehen davon war die Leitungsebene des Amtes Blank ohnehin ein strenger Verfechter des Konzepts einer zivilen und nicht einer militärischen Beschaffungsorganisation. Es galt das strenge Primat des Zivilen. Vgl. BArch, BW 9/2968, Bl. 178–181: Amt Blank/I OZ an II W, 31.1.1952.

[198] Siehe BArch, BW 9/2968, Bl. 247–255: Vorschlag dt. Delegation als Diskussionsgrundlage für Abkommen [...], 28.3.1952.
[199] Vgl. BArch, BW 9/2055, Bl. 56–59: Vialon an Mittelstrass, 2.4.1952.
[200] Die unterschiedlichen Regelungen in den EVG-Mitgliedstaaten waren bereits Gegenstand von Kap. III.2.
[201] Die Bestimmungen fanden sich später als Art. 104 im EVG-Vertrag.
[202] Diesen Punkt betrachteten die Deutschen als »besonders vordringlich«. Vgl. BArch, BW 9/928, Bl. 32–34, hier Bl. 33: Amt Blank/II W, Arbeitsprogramm EVG-Rüstungsausschuss, 15.5.1952.
[203] Vgl. BArch, BW 9/2968, Bl. 273–275: Vermerk Mittelstrass, o.D.

Verteidigungsressort gab es ein klares »Nein«. Roms Unterhändler zeigten zwar gegenüber ihren deutschen Kollegen »in gewissem Umfang Verständnis«, kündigten aber zugleich an, dass ihr Land im Lenkungsausschuss gegen eine Kompetenzabgrenzung zwischen Kommissariat und nationalen Beschaffungsstellen eintreten werde. Als Kompromiss schlugen sie die Formulierung vor, dass sich das Kommissariat der nationalen Beschaffungsstellen bedienen könne, »wenn und soweit dies nach Art des Auftrags [die] zweckmäßigste, sparsamste und praktischste Methode für [die] Erreichung der Ziele der Gemeinschaft [sei]«[204]. Für die italienische Position dürfte mit maßgebend gewesen sein, dass das Land bereits ein zentralistisches System gewohnt war. Die Auftragsvergabe erfolgte grundsätzlich durch die zentralen Beschaffungsstellen des Heeres, der Luftwaffe und der Marine. Einige Aufträge konnten auch durch das Intendanturkorps vergeben werden[205]. Ganz ähnlich verhielt es sich mit den Franzosen: Auch bei ihnen war das Beschaffungswesen beim Verteidigungsministerium angesiedelt, und zwar getrennt nach den einzelnen Dienstzweigen Rüstung, Intendantur und Sanitätswesen. Eine nachgeordnete Oberbehörde mit Rüstungsaufgaben war den Franzosen unbekannt[206].

Nachdem bei der EVG-Konferenz die Entscheidung gefallen war, dass sich das Kommissariat dezentraler ziviler Beschaffungsstellen bedienen sollte[207], hielten die Deutschen es für unabdingbar, umgehend eine eigene Dienststelle auf die Beine zu stellen, um sie später als »Mitgift«[208] in die EVG einzubringen. Mit diesem Schritt gedachte man den Franzosen zuvorzukommen, denen man zutraute, dass sie den Deutschen die in der französischen Besatzungszone vorhandenen Dienststellen für EVG-Beschaffungen aufzuzwängen beabsichtigten. Dadurch würden, wie man nicht grundlos vermutete, die Franzosen in die Lage versetzt, die deutsche Rüstungsindustrie (weiter) zu kontrollieren. Auf alle Fälle galt es aus deutscher Sicht zu vermeiden, dass die Partner das Fehlen einer deutschen Beschaffungsstelle zum Vorwand nehmen könnten, in der Bundesrepublik von Anfang an eine dem Kommissariat zugeordnete, voll integrierte Behörde aufzuziehen, während die anderen Mitgliedstaaten ihre bereits bestehenden Einrichtungen würden beibehalten dürfen. Wieder einmal pochten die Deutschen auf den Gleichberechtigungsgrundsatz. Nicht zuletzt ging es ihnen auch darum, über einen Grundstock an qualifiziertem Personal für Beschaffungsaufgaben zu verfügen, um später im Kommissariat mitreden und dort entsprechende Leitungsfunktionen ausüben zu können[209]. Der nicht gerade als frankophil geltende Ministerialdirektor Holtz entwarf gar das Schreckensszenario, ein Überstülpen des französischen Systems

---

[204] BArch, BW 9/2055, Bl. 130 f.: Aufz. Gespräch dt.-ital. EVG-Rüstungsdelegationen, 28.4.1952.
[205] Vgl. BArch, BW 9/2055, Bl. 130 f.: Vermerk Gespräch dt.-ital. EVG-Rüstungsdelegation, 28.4.1952. Das Intendanturkorps entsprach in etwa den früheren deutschen Wehrkreis- und Standortverwaltungen.
[206] Vgl. BArch, BW 9/4121, Bl. 31-35: Vermerk, Mai 1953; BArch, BW 9/4271, Bl. 17 f.: Escher an Rentrop, 16.11.1954.
[207] Unter dem Begriff »dezentral« verstand man den Rückgriff auf bereits in den Mitgliedstaaten existierende Einrichtungen, die nach Vertragsratifikation auf die EVG übertragen werden sollten.
[208] Diesen Begriff benutzte von Kielmansegg. BTAV, II, S. 685-706, hier S. 705: Ausführungen von Kielmansegg, Protokoll 3. Sitzung Ausschuss für Fragen der europäischen Sicherheit (30.11.1953).
[209] BArch, BW 9/928, Bl. 25-27: Vermerk Amt Blank/II W, 14.5.1952; BArch, BW 9/4187, Bl. 63-67: Vermerk Gätjen (BMWi/IV A 6), 16.8.1952.

würde »die dort unbestritten herrschende außerordentliche Korruption verewigen«[210]. Bei der Besatzungslastenverwaltung wies man auf die Folgen einer europäisierten Beschaffungsverwaltung auf deutschem Boden für die britische Besatzungsmacht hin. Ob die Briten bereit sein würden, die für ihre in der Bundesrepublik stationierten Truppen vorgesehenen Beschaffungen von EVG-Stellen vornehmen zu lassen, erschien zu Recht fraglich[211]. Großbritannien war bekanntermaßen kein Anhänger supranationaler Lösungen.

Mit der Übernahme wesentlicher Teile der zum Bundesfinanzministerium gehörenden Sonderabteilung Besatzungslastenverwaltung durch Blanks Dienststelle und der Gründung der Abteilung V im September 1952 – sie wurde im Mai 1953 von Bad Homburg nach Koblenz verlegt und war auch unter der Bezeichnung »Außenstelle Koblenz« bekannt – schufen sich die Deutschen schließlich eine Einrichtung, die sie als Keimzelle eines bundesdeutschen Rüstungs- und Beschaffungsamts im Rahmen der EVG betrachteten[212]. Damit ging das Gerangel zwischen Blank und Erhard um die Federführung auf rüstungswirtschaftlichem Gebiet in eine neue Runde, was sich später auch bei den Rüstungsplanungen im EVG-Interimsausschuss bemerkbar machte und zur Schwächung der deutschen Position beitrug. Paris hielt die mit der Vorbereitung eines westdeutschen Rüstungsbeitrags befasste Abteilung V sorgsam im Blick – die Kontrollabsichten der französischen Sicherheitsorgane blieben ungebrochen. Immerhin stuften sie die Existenz einer nicht-integrierten deutschen Rüstungsorganisation als Risiko für die Umsetzung des EVG-Vertrags ein. Hinsichtlich der Schaffung einer Rüstungsdienststelle auf deutschem Boden ließ man verlauten: »Si un tel service n'est pas dès la ratification intégré dans un organisme européen qui le dépasse et le contrôle, il continuera de constituer au sein du Gouvernement Fédéral un organe nationale de l'armement dont l'existence seule est contraire au Traité et met en danger son application«[213]. Zumindest in einem entscheidenden Punkt konnten die Deutschen einen Teilsieg verbuchen: Die EVG-Konferenz entschied sich für ihren mit Nachdruck vertretenen Grundsatz, wonach es sich bei den Beschaffungsdienststellen des Kommissariats um dezentralisierte *zivile* und nicht um (zentralisierte) *militärische* Einrichtungen handeln müsse[214]. Den Franzosen war es somit nicht gelungen, ihr eigenes Organisationsmodell in die EVG zu importieren.

Nicht von Erfolg gekrönt waren die deutschen Bemühungen, eine verbindlichere und detailliert geregelte Abstimmungspflicht zwischen Kommissariat und Regierungen bei der Programmaufstellung zu verankern, um der wirtschaftspolitischen Ausrichtung

---

[210] BArch, BW 9/994, Bl. 6–18, hier Bl. 7: Vermerk Holtz, 1.9.1952, zit. nach: Krüger, Das Amt Blank, S. 101.
[211] Vgl. BArch, BW 9/4187, Bl. 21–26: Vermerk Leiter Sonderabt. Besatzungslastenverwaltung, 4.7.1952.
[212] Vgl. AWS, Bd 4 (Beitrag Abelshauser), S. 130 f., 133; Krüger, Das Amt Blank, S. 102; Wirtgen, Aspekte aus der Geschichte des Rüstungsbereichs, S. 21. Ausführlich zur Entwicklung des westdeutschen Rüstungs- und Beschaffungsapparats: Wirtgen, Aspekte aus der Geschichte des Rüstungsbereichs.
[213] SHD/DAA, 2 E/2906: Vermerk Militärisches Sicherheitsamt/frz. Sektion, 26.1.1953, S. 11.
[214] Vgl. BArch, BW 9/2968, Bl. 268: Mittelstrass an Blank, 3.5.1952; Bl. 273–275, hier Bl. 274 f.: Vermerk Mittelstrass, o.D.; BTAV, I, S. 381–428, hier S. 395: Ausführungen Blank, Protokoll 9. Sitzung Ausschuss zur Mitberatung des EVG-Vertrags (8.10.1952).

der Mitgliedstaaten in gebührendem Maße Rechnung zu tragen. Vor allem die Franzosen und die Niederländer hielten den etwas unverbindlicheren Passus für ausreichend, wonach das Kommissariat das Rüstungsprogramm *im Benehmen* mit den Regierungen (»en consultation«) vorzubereiten hatte[215].

Eine weitere bittere Pille, die die Deutschen schlucken mussten, war die Klausel, der zufolge das Kommissariat für »strategisch gefährdete Gebiete« nur nach einstimmigem Beschluss des Ministerrats Genehmigungen betreffend der in Liste II enthaltenen Waffengruppen (ABC-Waffen und schweres Kriegsgerät) erteilen durfte. Aus deutscher Sicht schien es nicht nachvollziehbar, dass der Ministerrat dem Kommissariat mit Zweidrittelmehrheit allgemeine Richtlinien erteilen konnte, aber ausgerechnet im beschriebenen Fall eine Einstimmigkeitserfordernis zu gelten hätte. Selbst Hirsch gestand ein, dass der deutsche Einwand nicht so ohne weiteres von der Hand zu weisen war; er ließ sich aber letztlich nicht erweichen – sehr zum Unmut der deutschen Rüstungsdelegierten, die den im Lenkungsausschuss bereits beschlossenen Paragraphen wieder rückgängig machen wollten[216]. Auch in diesem Fall offenbarte sich bei Deutschlands Partnern ein nach wie vor stark ausgeprägtes Sicherheitsdenken.

Für zusätzliche Verstimmungen sorgte Frankreichs Plan eines EVG-Monopols für den Bau von Sprengstofffabriken für militärische Zwecke, unter Berücksichtigung des Aspekts der strategischen Gefährdung. Nicht nur bei den Deutschen, sondern auch bei den Italienern und Niederländern stießen derlei Absichten auf wenig Begeisterung. Denn es bestand die Gefahr, dass die Regel auch auf Teile ihres Territoriums angewendet werden könnte. Überhaupt wandten sich die Niederlande ganz grundsätzlich gegen EVG-Monopole. Den Deutschen erklärte man auf Nachfrage, dass alle neu zu errichtenden Sprengstofffabriken EVG-Eigentum sein sollten. Bereits existierende Anlagen sollten hingegen in Privateigentum bleiben. Das hätte bedeutet, dass militärische Sprengstofffabriken, die in der Bundesrepublik im Grunde erst neu gebaut werden müssten, unter die Fittiche der EVG gekommen wären, nicht jedoch die bereits in den Partnerländern bestehenden[217]. Am Ende einigten sich die sechs EVG-Mitgliedstaaten auf die »Pulverlinie«, die nur das Bundesgebiet betraf[218].

Unterdessen tobte unter den Außenministern eine rege Diskussion um die offizielle Namensgebung und Zusammensetzung der Kollegialbehörde. Nach einigem Hin und Her einigte man sich auf die Bezeichnung »Kommissariat«. Heiß umkämpft war die Anzahl der zu berufenden Kommissare. Ganz deutlich trat dabei zutage, dass jeder Staat je einen Kommissar stellen wollte. Staatssekretär Hallstein wandte sich jedoch explizit gegen die sechsköpfige Variante. Er hielt es für wenig ratsam, dass die Mitgliederzahl die einzelnen Nationen widerspiegelte und gewissermaßen den Ministerrat imitierte. Stattdessen brachte er ein neunköpfiges Kommissariat ins Spiel. Schuman und de Gasperi befürchteten eine Zersplitterung, doch letztlich vermochten sich alle Beteiligten

---

[215] Vgl. BArch, BW 9/2055, Bl. 117 f.: Vermerk dt. EVG-Rüstungsdelegation, 23.4.1952; Bl. 125 f.: Vermerk Mittelstrass, 26.4.1952.
[216] Vgl. BArch, BW 9/3074, Bl. 216–223, hier Bl. 220: Bericht Thieme, 10.3.1952; BArch, BW 9/2968, Vermerk Bolck, 6.5.1952.
[217] Vgl. BArch, BW 9/3074, Bl. 216–223, hier Bl. 221: Bericht Thieme, 10.3.1952; Harst, The Atlantic Priority, S. 246, 252.
[218] Siehe Kap. IV.1.

mit Hallsteins Idee anzufreunden. Allerdings blieb noch die Geschäftsverteilung innerhalb eines solch aufgeblähten Exekutivorgans zu regeln[219]. Es zeichnete sich immer mehr ab, dass man für die Rüstung ein eigenes Kommissariat einrichten würde. Im Bundeswirtschaftsministerium machte man sich schon einmal erste Gedanken hinsichtlich einer möglichen Gliederung[220].

### 5. Das Verhältnis zwischen den EVG-Delegationen Frankreichs und der Bundesrepublik

Das Verhältnis zwischen den Rüstungsdelegationen Deutschlands und Frankreichs erwies sich aufgrund der zahlreichen Gegensätze als schwierig. Hirsch bescheinigte den Italienern, Belgiern und Luxemburgern eine insgesamt zufriedenstellende Kooperationsbereitschaft, den Niederländern sagte er Kommunikationsprobleme nach, den Deutschen hingegen warf er eine »obstruction systématique« vor[221]. Seine Kritik richtete sich besonders gegen von Boeckh, den Leiter der deutschen Rüstungsdelegation. Mit ihm hatte er sich im Verlauf der Sitzungen den einen oder anderen Schlagabtausch geliefert. Hirsch bezichtigte von Boeckh wegen dessen Kritik an Frankreichs zentralistischen Konzeptionen einer europafeindlichen Gesinnung. Erst durch persönliche Intervention bei Adenauer und Blank sei es gelungen, seinen deutschen Kollegen zu Konzessionen zu bewegen, wie Hirsch rückblickend bemerkte[222].

Hirschs Klage über die Deutschen war überzogen. Zum einen wandten sie sich nicht aus Prinzip gegen eine Rüstungsintegration, sondern machten aus Sorge um die Beibehaltung des marktwirtschaftlichen Kurses, mögliche Diskriminierungen und die Funktionsfähigkeit der EVG sachliche Einwände geltend. Zum anderen kamen sie den Franzosen mitunter mehr entgegen als die Benelux-Staaten, wie sich während der Verhandlungen herausstellte. Von einer systematischen Obstruktionspolitik der deutschen Vertreter konnte folglich keine Rede sein. Bei den Franzosen zeigte sich die Tendenz, all das als »uneuropäisch« zu deklarieren, was nicht den eigenen Vorstellungen entsprach. Den Begriff »europäisch« setzten die Verantwortlichen in Paris mit einem starken Kommissariat gleich. Er diente dazu, ihr ausgeprägtes Sicherheitsdenken mehr

---

[219] Vgl. AAPD 1952, S. 81–84, hier S. 81 f.: Aufz. Außenministerkonferenz in Paris (26.1.1952), 26.1.1952.
[220] Vgl. BArch, BW 9/927: Skizze Weniger (BMWi) [vermutl. Februar 1952]. Weniger ging in seiner Skizze von einer sehr einfachen Gliederung aus: ein Generalsekretariat, eine Zentralabteilung (Finanzen, Recht, Forschung, Patente), eine Planungsabteilung (Marktbeobachtung, Mobilisierung, Programmaufstellung und -kontrolle) und eine Fachabteilung (Brenn- und Treibstoffe, industrielle Rohstoffe, Ernährungsgüter, Bauwirtschaft, Bekleidung, Waffen und Munition, Luftfahrtgerät, Kraftfahrzeuge, Nachrichtengerät und allgemeines Gerät).
[221] Hirsch, Ainsi va la vie, S. 112.
[222] Vgl. ebd. Diese Darstellung findet sich auch bei Fursdon, The European Defence Community, S. 114, der sich auf ein mit Hirsch geführtes Interview stützt. In den Archivakten lassen sich jedoch keine Belege für Hirschs Aussagen finden. Unklar ist, ob die EVG-freundliche Stellungnahme der dt. EVG-Delegation vom 7.12.1951 auf eine direkte Intervention Adenauers oder Blanks zurückzuführen ist.

oder weniger elegant zu verschleiern. Schustereit kommt im Zusammenhang mit seiner Untersuchung über die deutsch-französischen Querelen um die Gestalt der militärischen EVG-Territorialorganisation zu dem Schluss, dass der Ausdruck »nichts anderes als eine Umschreibung für eine politische Auffassung bedeutete, die die sachlich richtige Lösung nicht akzeptierte«. ›Europäische Lösungen‹ hielt er demzufolge für den Versuch, »der deutschen Seite einen möglichst geringen nationalen Spielraum bei der Aufstellung ihres Kontingents zu belassen«[223].

Wie groß Hirschs Misstrauen gegenüber dem ehemaligen Kriegsgegner war, dokumentierte er kurz vor seinem Ausscheiden als Vorsitzender des EVG-Rüstungsgremiums im Juni 1952: Im Hinblick auf das Arbeitsprogramm des künftigen Interimsausschusses empfahl er eindringlich, es unbedingt auf die Regelung des Beschaffungsverfahrens, die Vorschrift der Kommission für Auftragsvergabe und ein Verzeichnis der längerfristigen laufenden Rüstungsaufträge der Mitgliedstaaten zu beschränken, »sinon nous risquons de nous voir entraînés par la Délégation allemande dans l'étude d'un programme de fabrication d'armements en Allemagne«[224]. Die Angst davor, dass die Deutschen der EVG auf dem Gebiet der Rüstung ihren Stempel aufdrücken und den Interimsausschuss nach ihrer Pfeife tanzen lassen könnten, war im französischen Denken fest verankert. Maßgeblich beeinflusst wurde dies durch den Fleiß, das selbstbewusste Auftreten und die hohe Professionalität, mit der die deutsche EVG-Delegation zu Werke ging[225]. Ihr hartnäckiger Einsatz für nationale Rüstungsorgane, ihre Entwürfe eines umfangreichen, das Kommissariat de facto in die Schranken verweisenden wirtschaftlichen Sonderabkommens sowie ihr Vorschlag einer Europäischen Gemeinschaft für wehrtechnische Forschung ließen die Franzosen hellhörig werden. Das emsige Treiben der Deutschen bei der EVG-Konferenz soll Botschafter Alphand mit den Worten kommentiert haben:

»Es ist ganz schrecklich mit Euch Deutschen. Wenn in dem Ausschuss abends ein Gedanke zur Diskussion gestellt wird, dann kommt Ihr am nächsten Morgen mit einer 50seitigen Denkschrift, legt die auf den Tisch, und dann sind wir alle gezwungen, über Eure deutschen Vorstellungen zu reden[226].«

Ähnlich dachte Frankreichs Diplomatie. Im Hochkommissariat in Bonn-Bad Godesberg glaubt man schon kurze Zeit nach der Unterzeichnung des EVG-Vertragswerks verstärkte Anzeichen dafür zu erkennen, dass sich die westdeutsche Industrie im Hinblick auf künftige EVG-Rüstungsaufträge bereits warmzulaufen begann. Wie Pressberichte meldeten, erblickten einige Wirtschaftskreise, unter anderem aus der Bau- und Schwerindustrie, in der Aufnahme einer Rüstungsproduktion ein lukratives Geschäft. Sie sahen sich gut gewappnet und zeigten sich zuversichtlich, Aufträge des Kommissariats ohne größere Schwierigkeiten bewältigen zu können. Die zu erwartende Ausdehnung der

---

[223] Schustereit, Deutsche Militärverwaltung im Umbruch, S. 103. Ausführlich zu der äußerst komplizierten Diskussion über die EVG-Territorialorganisation: ebd., S. 99–109; AWS, Bd 2 (Beitrag Meier-Dörnberg), S. 688–698.
[224] AMAE, DF-CED/C/117: Vermerk für Alphand, 10.6.1952.
[225] So auch gezeigt am Beispiel des EVG-Militärausschusses: Gauzy, La préparation du réarmement de la République Fédérale, t. 1, S. 146 f.
[226] Fett, Die Grundlagen, S. 199: Diskussionsbeitrag Ministerialrat a.D. Alfred Wenzel (vormals Mitglied im EVG-Statutausschuss), Zitat aus einem Gespräch zwischen Alphand und Cartellieri.

Industriekapazitäten und Produktionssteigerungen würde zu Kostenreduktionen führen und positive Auswirkungen auf die Gesamtwirtschaft sowie die Arbeitslosenstatistik mit sich bringen. Auch im Amt Blank deuteten sich entsprechende Planungsaktivitäten an. Der stellvertretende französische Hochkommissar Bérard bezeichnete das Vorpreschen der Industriellen vor der Vertragsratifikation als einen neuerlichen Beleg für »leur dynamisme habituel«[227]. Nachrichtendienstliche Quellen wussten über rege Aktivitäten deutscher Firmen und Blanks Planer zu berichten[228]. Irritierend wirkte auf die Franzosen auch das potenzielle Produktionsvolumen für leichte rüstungswirtschaftliche Güter auf deutschem Boden. Während das Koblenzer Sicherheitsamt im März 1952 unter Berücksichtigung aller zulässigen Faktoren einen monatlichen Stahlverbrauch von 35 000 t für die Aufstellung der deutschen EVG-Kontingente errechnet haben soll, legte die Bundesregierung einen Plan vor, der von der dreifachen Menge ausging[229].

Von einem großen Ansturm der deutschen Industrie auf die Waffenherstellung konnte indessen keine Rede sein. Tatsächlich gab sich das Gros der Unternehmer eher zurückhaltend[230]. Das französische Verhalten war vielmehr Ausdruck einer permanenten Alarmbereitschaft. Schon bei geringsten Anlässen schlugen Frankreichs Seismografen aus. Wie sich unter solchen Umständen, in einem Klima des Misstrauens, eine effektive rüstungswirtschaftliche Zusammenarbeit hätte etablieren können, erscheint daher schleierhaft.

Im Gegensatz dazu hatte sich zwischen den deutschen und französischen Militärs bei der Pariser Konferenz trotz mancher Schwierigkeiten, die insbesondere auf politische Vorgaben der Regierung in Paris zurückzuführen waren, ein durchaus gutes und konstruktives Miteinander entwickelt. Ein anschauliches Beispiel ist die Einigung in der Frage der Territorialorganisation, die am 7. Dezember 1951 im Militärausschuss einstimmig zustande gekommen war. Während es offizielle Linie der Pariser Regierung war, die auf deutschem Boden zu implantierende Territorialorganisation vollständig zu europäisieren, das heißt, keine nationalen, einem deutschen Verteidigungsministerium unterstehende Territorialkommandos zu gestatten, konnten sich die Soldaten auf eine Lösung verständigen, die der deutschen Interessenlage ein gutes Stück entgegenkam.

Die deutschen Militärs hatten eine militärische Territorialorganisation mit Wehrkreisen gefordert, die zwar einen europäischen Charakter haben, aber ausschließlich national zusammengesetzt sein sollte. Anordnungen durften nur über einen deutschen Verteidigungsminister erfolgen. Auf deutscher Seite hielt man es für geradezu absurd, die Wehrbereiche direkt dem Kommissariat zu unterstellen und einem überstei-

---

[227] Vgl. AMAE, DF-CED/C/127: Bérard an Schuman, 9.8.1952 (Zitat S. 5). Im konkreten Fall bezog sich Bérard auf einen Artikel des »Industrie-Kuriers« vom 5.8.1952. Wie brisant man den Vorgang einschätzte, zeigt sich daran, dass das Schreiben auch dem Verteidigungsministerium, dem SGPDN, den Staatssekretariaten und Rüstungsdienststellen des Heeres, der Luftwaffe und der Marine, aber auch den Generalstäben des Heeres und der Marine zugeleitet wurde. Eine ausführliche Einschätzung des zur damaligen Zeit in Westdeutschland vermuteten Rüstungspotenzials findet sich in: SHD/DAA, 2 E/2904: Bericht Militärisches Sicherheitsamt/frz. Sektion, August 1952.
[228] Vgl. AMAE, DF-CED/C/117: François-Poncet an Bidault, 23.5.1952.
[229] Vgl. AMAE, DE-CE, NL Wormser, 25, Bl. 235: Vermerk für Coignard, o.D.
[230] Siehe Brandt, Rüstung und Wirtschaft, S. 75–104; AWS, Bd 2 (Beitrag Köllner/Volkmann), S. 811.

gerten und lähmenden Zentralismus zu huldigen. Gänzlich in deutscher Hand sollte die Zuständigkeit für die zivile Territorialorganisation bleiben. In Paris einigten sich die Militärs schließlich auf die schrittweise Schaffung einer Europäischen Territorialorganisation, die Übertragung der Führung der Wehrbereiche an einen nationalen Zonenbefehlshaber und die Doppelunterstellung des Zonenbefehlshabers sowohl unter das Kommissariat als auch unter den europäischen Verteidigungsminister[231]. Eine solche Lösung trug auch dem militärischen Effizienzgrundsatz Rechnung. Zur großen Überraschung der Militärs verwarf Botschafter Alphand den Kompromiss mit der Begründung, der Integrationsgedanke sei nicht ausreichend berücksichtigt worden, was selbst bei der französischen Militärdelegation auf Unverständnis stieß. Denn für deren Empfinden hatte das erzielte Resultat eine militärisch sinnvolle und tragfähige Lösung dargestellt[232]. Im Vorfeld hatte der Chef der französischen Militärdelegation, Edgard de Larminat, sein deutsches Pendant, Generalleutnant a.D. Hans Speidel, bereits darauf hingewiesen, dass die deutschen Vorstellungen, die im Übrigen dem in Frankreich angewandten Verfahren entsprachen, zwar »technisch völlig verständlich und richtig« seien, aber den »psychologischen und politischen Gründe[n]« nicht ausreichend Rechnung trügen[233].

Von besonderer Bedeutung für die durchaus konstruktive Zusammenarbeit war das gute Verhältnis, das sich zwischen Speidel und de Larminat entwickelte. Als Teile der französischen Politik, Diplomatie und Öffentlichkeit im Spätsommer 1951 gegen die Anwesenheit Speidels in Paris Einwände erhoben[234] – der frühere Wehrmachtsoffizier war zwischen 1940 und 1942 Chef des Stabes des Deutschen Militärbefehlshabers in Paris gewesen[235] – hatte sich de Larminat höchstpersönlich bei Verteidigungsminister Pleven für ihn eingesetzt, um ihm die Teilnahme an der EVG-Konferenz zu ermöglichen. Dabei strich er Speidels fachliche Kompetenz und moralische Integrität heraus und präsentierte ihn als *den* geeigneten deutschen Offizier für die Pariser Verhandlungen:

»Speidel est un homme de haute valeur, dont la classe professionnelle et morale n'est pas discutée dans le milieu militaire Allemand. Il est réellement la personnalité apte à faire progresser utilement la question; en dehors de lui, il n'y aurait que des personnalités secondaires qui en

---

[231] Die Deutschen spekulierten in Wirklichkeit auf einen eigenen Verteidigungsminister, unterließen jedoch diese Bezeichnung, weil sie französische Proteste voraussahen.

[232] Siehe AWS, Bd 2 (Beitrag Meier-Dörnberg), S. 692–696; Schustereit, Deutsche Militärverwaltung im Umbruch, S. 106–108.

[233] BArch, BW 9/3290: Kurzbericht Gespräch Speidel – de Larminat (13.11.1951), zit. nach: Schustereit, Deutsche Militärverwaltung im Umbruch, S. 103.

[234] Blank hatte daraufhin aus Protest die deutschen Offiziere aus Paris zurückrufen lassen. Näheres zum Wirbel um Speidel: AAPD 1951, S. 481–483, hier S. 482: Aufz. von Kessel, 4.9.1951; BArch, BW 9/3064, Bl. 197 f.: Aufz. Gespräch de Maizière – de Larminat (13.9.1951), 14.9.1951; Bérard, Un ambassadeur se souvient, t. 2, S. 379; Gauzy, La préparation du réarmement de la République Fédérale, t. 1, S. 125 f.; Krüger, Das Amt Blank, S. 44; Lappenküper, Die deutsch-französischen Beziehungen, Bd 1, S. 599 f.; Maizière, In der Pflicht, S. 154 f. Speidel selbst geht auf die Affäre in seinen Erinnerungen nur ganz am Rande ein: Speidel, Aus unserer Zeit, S. 297.

[235] Zu Speidels Tätigkeit in Paris Anfang der 1940er Jahre siehe die knappe Skizze bei Krautkrämer, Generalleutnant Dr. phil. Hans Speidel, S. 246 f.; siehe ferner Speidels eigene Schilderungen in: Speidel, Aus unserer Zeit, S. 86–121.

référeraient constamment et seraient incapables des efforts d'imagination et des initiatives nécessaires [...] Son attitude en France, durant la guerre, a été irréprochable[236].«

Offensichtlich hatte de Larminat zu Speidel im Laufe der bisherigen EVG-Verhandlungen Vertrauen gefasst und war von dessen pro-europäischer Gesinnung überzeugt. Paris erteilte Speidel schließlich nach Einschaltung Monnets und Alphands doch die Einreiseerlaubnis, und es ist durchaus möglich, dass de Larminat mit seiner Intervention seinen Teil dazu beigetragen hatte.

Auch Speidel äußerte sich über seinen französischen Kameraden voller Hochachtung und Bewunderung. In seinen Memoiren beschrieb er ihn als äußerst kompetenten Offizier, der »Strategie, Taktik und Organisation in vollendeter Weise« beherrsche und auch mit den deutschen Führungsgrundsätzen bestens vertraut sei. In der Form sei er verbindlich, in der Sache hart. Speidel bescheinigte ihm eine von Beginn an erkennbare, große Kameradschaftlichkeit[237]. Zwischen beiden Generalen entwickelte sich, anders als bei den Wirtschaftsbeamten von Boeckh und Hirsch, ein durchaus vertrauensvolles Miteinander.

Insgesamt dürfte es bei den Kompromissfindungen eine gewisse Rolle gespielt haben, dass sich manche Militärvertreter schon aus der Zeit vor 1945 persönlich kannten, so zum Beispiel Speidel und der französische Luftwaffengeneral Paul Stehlin, Plevens Berater in EVG-Angelegenheiten. Beide Generale waren eng befreundet[238]. Stehlin wiederum wurde ein nicht unbedeutender Einfluss auf de Larminat zugeschrieben[239]. Nach de Larminat lag es »in der Natur der Sache«, dass es den Streitkräfteangehörigen möglich war, »in allen wesentlichen Fragen« zu akzeptablen Übereinkünften zu gelangen,

»denn der Soldat brauche nicht in dem Maße wie der Politiker auf psychologische Strömungen Rücksicht zu nehmen. Er fälle seine Urteile vornehmlich nach dem gesunden Menschenverstande und nach den Grundsätzen der militärischen Vernunft, und infolgedessen ergebe sich für den Militärausschuss keine Notwendigkeit zu einer Änderung der bisherigen Einstellung, wenn nunmehr infolge größerer Anteilnahme und vermehrter Beeindruckung der Öffentlichkeit günstige psychologische Voraussetzungen für die Arbeit unserer Regierungen geschaffen würden[240].«

Es galt sozusagen das Motto: »Während sich die Politiker zanken, erfüllen wir unsere Pflicht!« Eine ähnliche Grundhaltung zeigte sich bei Speidel, der nach einem Gedankenaustausch mit Juin über operative Verteidigungsplanungen für Mitteleuropa zu dem Schluss kam, dass der Marschall in Führungs- und Planungsfragen »frei von den vor allem in politischen Kreisen auftauchenden Ressentiments war und eine echte Gleichberechtigung für selbstverständlich hielt«. Zuvor hatte Juin die Gemeinsamkeiten

---

[236] CARAN, NL Pleven, 560 AP/45-2: de Larminat an Pleven, 2.8.1951.
[237] Siehe Speidels sehr positives Porträt de Larminats in: Speidel, Aus unserer Zeit, S. 300.
[238] Die beiden Offiziere kannten sich aus Speidels Zeit beim Militärattachéstab der deutschen Botschaft in Paris (1933–1935). Vgl. Speidel, Aus unserer Zeit, S. 66, 298. Näheres wäre in weiterführenden Forschungen, insbesondere unter Heranziehung privater Nachlässe, zu untersuchen.
[239] Vgl. AAPD 1952, S. 205 f., hier S. 206: Aufz. Sitzung Militärische Chefdelegierte (7.3.1952), 7.3.1952.
[240] Ebd., S. 205.

auf operativer Ebene betont und mit Befriedigung festgestellt, dass man die gleiche Sprache spreche[241].

Folglich schrieb de Larminat den Militärs eine Vorbildfunktion für Politik und Öffentlichkeit zu; er sah seine Zunft als Avantgarde bei der Förderung des europäischen Integrationsgedankens und daher in der Pflicht, ein Scheitern der Europaarmee auf politischer Ebene zu verhindern. Allgemeiner Tenor seiner Botschaft war, dass die Militärs mit gutem Beispiel vorangehen müssten[242]. Dieses Denken tauchte während der EVG-Phase bei den Militärs immer wieder auf, aber nicht nur dort, sondern mitunter auch bei Industriellen und Ingenieuren. Dies darf jedoch nicht darüber hinwegtäuschen, dass den Militärs nationale Egoismen keinesfalls fremd waren und sie keine homogene Gruppe bildeten.

Zwischen den Angehörigen der französischen EVG-Militärdelegation und der nationalen Armeeführung bestand aber ein fast schon unversöhnlicher Gegensatz[243]. Die bei den EVG-Verhandlungen tätigen Offiziere zeichneten von sich gerne das Bild einer Gruppe, die an sachorientierten, effizienten Lösungen für die Europaarmee interessiert war und weniger an sperrigen politischen Konstruktionen, die den eigentlichen militärischen Erfordernissen zuwiderliefen. Sie sahen sich in der Rolle des Integrationsmotors. Bei der Pariser EVG-Konferenz zeigte sich ein merkwürdiger Kontrast: Während sich die Wirtschaftsexperten im Rüstungsausschuss eher miteinander schwer taten, schafften es die Militärs scheinbar besser, auf einen gemeinsamen Nenner zu kommen. Sie sahen sich jedoch mit einem permanenten Dazwischenfunken oder Hinhalten der politisch-diplomatischen Ebene konfrontiert. Insgesamt war auf dem militärischen Terrain eine erstaunlich fruchtbare Zusammenarbeit feststellbar. Nicht selten ließen sich die Franzosen in militärischen Sachfragen vom Standpunkt ihrer ostkriegserfahrenen deutschen Kameraden überzeugen[244].

Es kam sogar vor, dass die Deutschen von ihren französischen Kameraden unter der Hand vertrauliche Unterlagen, etwa über die Spitzengliederung der französischen Armee, bekamen, die sie erbeten hatten, um die französischen Konferenzvorschläge besser bewerten und eigene Argumentationslinien entwickeln zu können[245]. Überhaupt schienen die Militärs beider Seiten im direkten Umgang miteinander etwas entkrampfter und weniger befangen. Scheinbar vorbehaltlos ging etwa der Befehlshaber der NATO-Landstreitkräfte Mitteleuropa (CINCENT) Juin auf Speidel zu und machte Tempo in Bezug auf deutsche Truppenverstärkungen. Trotz seiner zur damaligen Zeit eher un-

---

[241] BTAV, I, Anlage 14, S. 897 f., hier S. 898: Aufz. Gespräch Speidel – Juin, 1.10.1952. Speidel irrte allerdings in der Annahme, dass Frankreichs Militärs den Deutschen eine echte Gleichberechtigung zugestehen wollten.
[242] Vgl. AAPD 1952, S. 205 f.: Aufz. Sitzung Militärische Chefdelegierte (7.3.1952), 7.3.1952.
[243] Auf diesen Aspekt wird in Kap. VI.8. eingegangen.
[244] Vgl. etwa Gauzy, La préparation du réarmement de la République Fédérale, t. 2, S. 144–172, hier S. 155: Befragung General a.D. Ernst Ferber, 26.5.1993. Ferber berichtet von einer amüsanten Episode, als im Militärausschuss die Frage »Panzeraufklärungsbataillon oder Panzeraufklärungskompanie für eine europäische Division?« behandelt wurde. Nachdem er ein »flammendes Plädoyer« für das Bataillon gehalten hatte, sollen sich die Franzosen mit den Worten geschlagen gegeben haben: »Assez, assez, mon Colonel, nous sommes vaincus!«.
[245] Vgl. BArch, BW 9/3256, Bl. 196–200: Vermerk Speidel, 14.2.1952, mit Anhängen. Möglicherweise erhielt Speidel das Dokument von de Larminat.

durchsichtigen Haltung in Sachen Europaarmee betonte er, dass er sie aufgrund der veränderten sicherheitspolitischen Rahmenbedingungen für unabdingbar hielt. Dabei ließ er auch durchblicken, dass die Europäer ein eigenständigeres militärisches Gewicht in der Welt haben müssten, ohne freilich den französischen Führungsanspruch zu erwähnen:

»Wenn nicht bald die europäische Armee verwirklicht werden würde, trotz aller politischen und finanziellen Probleme – so trennend sie auch wären –, so wäre die letzte Stunde für Europa verpasst. Er erinnere sich der Zeit im Frühjahr 1945, als der russische und der amerikanische Soldat sich in der Mitte Europas die Hand gereicht hätten. Jetzt müsse man Europa neu schaffen und stärken, denn nur durch ein starkes Europa könne eine bewaffnete Auseinandersetzung zwischen dem Osten und dem Westen verhindert werden. Leider könne Europa noch nicht aus sich heraus leben, da es durch die Wirtschaft und Finanzen von den Vereinigten Staaten abhängig sei. Das ändere aber nichts daran, dass Europa eine feste Haltung haben müsse, damit man wirklich von Europa sprechen könne[246].«

Wie gut die Militärs aufeinander zugehen konnten, zeigt sich auch daran, dass sie bei ihren Unterredungen häufig rasch auf Kriegserlebnisse zu sprechen kamen. Auffällig war dabei, dass die französischen Generale, von denen die Initiative hierzu ausging, ihren damaligen deutschen Gegnern mitunter große Bewunderung und Wertschätzung entgegenbrachten. So lobte der einstige Afrikakämpfer Juin gegenüber Speidel den Generalfeldmarschall Erwin Rommel, »dessen Führereigenschaften und ritterliche Haltung heute noch in der französische Armee lebendig seien«. Der ranghöchste französische Offizier pries darüber hinaus die »blitzschnellen Entschlüsse [...] Rommels auf dem Schlachtfeld«, an denen er sich selbst ein Beispiel genommen habe[247]. Wenn beide Seiten so in Erinnerungen schwelgten, erleichterte das die gegenseitige Annäherung auf persönlicher Ebene, diente aber sicherlich auch dazu, etwas über die Kampfweise der Wehrmacht zu erfahren und das Kriegsgeschehen, an dem man schließlich selbst teilgenommen hatte, im Nachhinein besser nachvollziehen zu können.

Nicht zuletzt ging es den französischen Generalen bei solchen Unterhaltungen darum, von den Deutschen etwas über die Kämpfe der Wehrmacht mit der Roten Armee zu erfahren[248]. Soweit sich den Aufzeichnungen entnehmen lässt, erstreckten sich die Gesprächsthemen fast ausschließlich auf strategische, operative oder taktische Aspekte. Heikle Themen, wie etwa Partisanenbekämpfung und Kriegsverbrechen, tauchen in den Gesprächsaufzeichnungen nirgends auf. Auch die Militärs anderer Staaten, darunter britische und die früheren italienischen Waffenbrüder, kamen während der EVG-Phase bei

---

[246] PA-AA, B 10/969: Aufz. Gespräch Speidel – Juin (22.11.1951), 22.11.1951, S. 2. In seinen Memoiren beschrieb Speidel dieses erste Treffen als »gute [...] Basis für spätere Begegnungen«. Speidel, Aus unserer Zeit, S. 302.

[247] PA-AA, B 10/969: Aufz. Gespräch Speidel – Juin (22.11.1951), 22.11.1951. Es spricht einiges dafür, dass Juins Äußerungen nicht bloße Floskeln waren, doch Näheres muss weiterführenden Forschungen vorbehalten bleiben. Aufschlussreich wäre möglicherweise eine systematische Auswertung von Briefen und Nachlässen deutscher und französischer Generale. Hierbei müsste untersucht werden, welches Bild sie von der jeweils anderen Seite besaßen, welche Rolle ihre jeweilige Sozialisation dabei spielte und wie sie durch die damals gängigen Geschichtsbilder und die Kriegserlebnisse des Ersten und Zweiten Weltkrieges beeinflusst worden waren. Darüber hinaus wäre herauszuarbeiten, ob und inwiefern sich diese Erfahrungen in der deutsch-französischen Militärkooperation nach 1955 niederschlagen.

[248] Vgl. PA-AA, B 10/969: Aufz. Gespräch Speidel – Juin (22.11.1951), 22.11.1951.

ihren Unterredungen mit deutschen Offizieren immer wieder auf Weltkriegserfahrungen zu sprechen und zeigten ein ausgeprägtes Interesse an den russischen Kampfmethoden und Waffen[249].

Auch in der Zeit nach dem Scheitern des Europaarmee-Projekts kamen einige Generale immer wieder auf ihre Erinnerungen und »positive« Kriegserlebnisse zu sprechen. Anfang 1955 philosophierte Juin mit Speidel nebenbei über die Marneschlacht von 1914 – an dieser hatte er als Kompaniechef einer Marokkanerbrigade teilgenommen –, den drohenden Zusammenbruch des alliierten Westflügels sowie den für Juin unverständlichen deutschen Rückzugsbefehl. Auch bei dieser Gelegenheit zollte er deutschen Generalen für deren Führungsfähigkeiten großen Respekt[250]. Im Mai 1957 berichtete der Militärattachéstab der Deutschen Botschaft Paris – vier Monate nach der Unterzeichnung der bilateralen Kooperationsvereinbarung von Colomb-Béchar, die das Tor zu einer umfassenden bilateralen Militärkooperation aufstoßen sollte[251] –, dass die französische Admiralität gegenüber dem deutschen Marineattaché ausdrücklich die »ritterliche Haltung« der deutschen Offiziere gegenüber den Franzosen, etwa bei der Rettung Schiffbrüchiger, gelobt habe[252].

Dies alles soll keineswegs bedeuten, dass zwischen den deutschen und französischen Militärs grenzenloses Einvernehmen oder permanente Harmonie herrschte. Ihre Vorstellungen von der künftigen Europaarmee unterschieden sich sehr wohl voneinander, bedingt unter anderem durch unterschiedliche militärische Konzepte, militärische Traditionen und dem Festhalten an nationalen Organisationsmodellen. Als Beispiele sollen an dieser Stelle nur die Debatten um die europäische Luftverteidigung und die Dislozierungsplanung der EVG-Luftwaffe genannt werden[253]. Nicht vergessen werden darf darüber hinaus, dass auch für die französische EVG-Militärdelegation der Grundsatz galt, die deutschen Kontingente quantitativ und qualitativ nicht stärker als die eigenen werden zu lassen. Dementsprechend bekamen die deutschen Marineplaner von ihren französischen Kameraden zu hören: »Wir wünschen uns [...] möglichst starke deutsche Streitkräfte damit die Verteidigung effektiv wird, aber die müssen so aussehen, daß sie für Frankreich niemals gefährlich werden können«[254]. Trotzdem zeigten die Militärs einen großen Gemeinschaftsgeist und bewerkstelligten es in vielen Punkten, zu Kompromissen

---

[249] Exemplarisch hierfür: BArch, BW 9/2307, Bl. 128–135, hier Bl. 129 f.: Bericht Schneider, 22.11.1952; BArch, BW 9/2296, Bl. 256–258: Aufz. Gespräch Speidel – Marras (18.10.1952), 29.10.1952.

[250] Vgl. BArch, BW 9/2884, Bl. 13–16, hier Bl. 15 f.: Aufz. Gespräch Speidel – Juin (22.2.1955), 23.2.1955. Speidel selbst gab sich jedoch stets zurückhaltend – so zumindest lässt es sich aus seinen Berichten entnehmen.

[251] Siehe dazu: Lappenküper, Die deutsch-französischen Beziehungen, Bd 1, S. 1169–1171; Seiller, »Zusammenarbeit kann man das nicht nennen!«?, S. 69 f.; Soutou, L'alliance incertaine, S. 74–76.

[252] Vgl. PA-AA, B 14-301/64: Bericht Militärattachéstab Paris über erste Kooperationserfahrungen, 10.5.1957 (Zitat S. 3). Dass Einheiten der Wehrmacht und Waffen-SS sehr wohl auch Kriegsverbrechen an französischen Soldaten begangen und sich somit in einigen Fällen alles andere als »ritterlich« verhalten hatten – hierbei sei an die Erschießungen afrikanischstämmiger Soldaten der französischen Armee erinnert – ließ man unerwähnt bzw. umschiffte man tunlichst. Zu diesen und anderen Vorfällen siehe Scheck, Hitlers afrikanische Opfer.

[253] Siehe Lemke, Konzeption und Aufbau der Luftwaffe, S. 124–140.

[254] Zit. nach: Fett, Die Grundlagen, Diskussionsbeitrag Vizeadmiral a.D. Karl Adolf Zenker, S. 184–191, hier S. 188.

zu gelangen. Die Militärs betonten, dass es ihnen in erster Linie um den Aufbau eines effektiven Verteidigungssystems gehe.

Aber wo blieben die Militärs bei den Vorbereitungen der rüstungswirtschaftlichen Klauseln des EVG-Vertragswerks? Sie spielten hier keine Rolle, und das, obwohl Frankreichs EVG-Enthusiasten Schuman, Pleven und Alphand nicht müde wurden, die Vorzüge der EVG für gemeinsame Rüstungsprogramme – wie das Erreichen eines hohen Standardisierungs- und Spezialisierungsgrades bei Waffen und Ausrüstung sowie eine effizientere Nutzung von Ressourcen – hervorzuheben. Man begründete die EVG gegenüber der Öffentlichkeit sogar mit der Notwendigkeit von Kostenersparnissen in der Rüstung[255]. In dieselbe Richtung ging die Argumentation Hirschs, der in seinen Memoiren die Standardisierung und Rationalisierung der Rüstungsproduktion, die es mit einer fairen Berücksichtigung der nationalen Industrien in Einklang zu bringen gelte, als wesentliche Aufgabe seines Ausschusses bezeichnete[256].

Insgesamt zeigte sich, dass der Sicherheitsaspekt bei den politisch Verantwortlichen in Paris eindeutig Vorrang besaß. Erst wollte man an der Seine ein supranationales System in trockenen Tüchern sehen, aus dem die Deutschen nicht mehr würden ausbrechen können. Dann erst durfte es an die militärische Feinarbeit gehen, etwa an die Regelung der Standardisierungsfrage. Nicht von ungefähr pries Schuman anlässlich der NATO-Ratstagung in Rom von Mitte November 1951 ein supranationales Rüstungsprogramm und -budget nochmals als notwendige Garantie gegen eine Wiederkehr des deutschen Militarismus[257]. Andererseits war es völlig unmöglich, bis zur Vertragsunterzeichnung sämtliche Einzelheiten des so umfassenden und komplizierten Themenkomplexes zu regeln. Es blieb den Protagonisten letztlich gar nichts anderes übrig, als sich auf das Notwendigste zu beschränken.

Doch genau hier setzte später die Kritik deutscher Fachleute an, welche die rüstungswirtschaftlichen Passagen des EVG-Vertragswerks als völlig mangelhaft einstuften. Sie vermissten einschlägige Bestimmungen zu wehrtechnischen Aspekten, denn diese waren nach ihrem Verständnis von fundamentaler Bedeutung für die Kriegführung[258]. So fehl-

---

[255] Vgl. FRUS 1951, III/1, S. 933–946, hier S. 943: Bericht Schuman anlässlich der NATO-Ratstagung in Rom über den Stand der EVG-Konferenz, 27.11.1951; CARAN, NL Pleven, 560 AP/51: Vorwort Pleven, Entwurf [vermutlich Ende 1952], S. 1 f.; AMAE, DF-CED/B/39: Vermerk [Alphand], 26.4.1952, S. 1; Alphand, Frankreichs Initiative, S. 444.
[256] Vgl. Hirsch, Ainsi va la vie, S. 111.
[257] Vgl. FRUS 1951, III/1, S. 933–946, hier S. 946: Bericht Schuman anlässlich der NATO-Ratstagung in Rom über den Stand der EVG-Konferenz, 27.11.1951.
[258] Vgl. BArch, NL Schneider, N 625/153: Gutachten Schneider über die Behandlung der Wehrtechnik und der materiellen Rüstung im Vertrag zur EVG, 1. Teil, 12.12.1952. Generalleutnant a.D. Erich Schneider, ehemaliger Amtsgruppenchef im Heereswaffenamt, bestürmte Blanks Dienststelle in der Angelegenheit geradezu mit missionarischem Eifer. Der Spezialist für Ballistik war 1938–1940 Chef der Waffenprüfabteilung 1 (Ballistik, Munition, Raketen), 1942 Waffenprüfabteilung 1 (Artillerie), 1943/44 Amtsgruppenchef für Entwicklung und Prüfung von Waffen, Munition und Gerät im Heereswaffenamt des Oberkommando des Heeres gewesen und im August 1944 wegen des Vorwurfs der »Rüstungssabotage« auf Anordnung Hitlers verhaftet worden. Schneider hatte sich nach eigener Aussage geweigert, »militärisch nicht vertretbare [...] Qualitätsminderungen an Waffen und Munition zuzustimmen, was von der Industrie wegen Fertigungs- und Rohstoffschwierigkeiten verlangt wurde«. Nach dem Krieg arbeitete er als militärischer Berater in Spanien, Schweden und der Schweiz. Siehe BArch, NL Schneider, N 625/169: Personal-Notizen 31.5.1952. In den 1950er Jahren avancierte Schneider zu einem der führenden Rüstungslobbyisten in der Bundesrepublik.

ten Regelungen zu den Bereichen Forschung und Entwicklung, Aufstellung taktisch-technischer Forderungen, Rolle des Militärs bzw. Generalstabs im Beschaffungsprozess, Geräteprüfung und -abnahme und technische Ausbildung der Soldaten. Von einem Wehrtechnischen Amt fehlte jede Spur. Des Weiteren missfielen ihnen das Konzept des zivilen Rüstungskommissariats und die Zusammensetzung des Rüstungsausschusses, der nur aus Ministerialbeamten bestand und im Rahmen des Beratenden Ausschusses Vertreter der Industrie und Wirtschaft in seine Arbeit einbeziehen würde. Auch warnte man vor einer alles überragenden Dominanz wirtschaftlicher und industrieller Erwägungen. Ohne gebührende Berücksichtigung der Wehrtechnik bzw. des militärischen Elements, so gab der als Gutachter für die Dienststelle Blank tätige Generalleutnant a.D. Erich Schneider zu bedenken, drohe den Streitkräften im Ernstfall eine Katastrophe. Für Schneider und andere ehemalige wehrtechnische Offiziere war es ein ehernes Gesetz, dass die Rüstung in die Hände des Militärs gehörte, um sicherzustellen, dass es mit dem besten und modernsten Gerät ausgestattet sein würde. Industrie und wehrtechnische Ämter müssten aufs Engste zusammenwirken[259]. Die Wehrtechnik-Fraktion sah »in einer starken, mit besten modernsten klassischen Waffen gerüsteten deutschen Wehrmacht das einzige Mittel, die Russen in Schach zu halten und einen neuen Weltbrand, ohne und mit Atomwaffen, zu verhüten«[260].

Zusammenfassend lässt sich feststellen: Während der Verhandlungen über die rüstungswirtschaftlichen Klauseln des EVG-Vertragswerks zeigte sich, dass die Sicherung des deutsche Militärpotenzials absolute Priorität gegenüber dem militärischen Effizienzgedanken genoss. Frankreich ging es zuvorderst darum, möglichst rasch umfangreiche Kompetenzen des Kommissariats zu fixieren. Die Bundesrepublik sollte im Rüstungsbereich von Anfang an über so wenig eigenen Handlungsspielraum verfügen wie möglich. Im Vertragstext wurde eine Organisation entworfen, die sich weniger an den Erfordernissen einer effektiven Rüstungszusammenarbeit als vielmehr am französischen Kontrolldrang auszurichten schien. Daran zeigt sich ein hohes Maß an Misstrauen gegenüber dem früheren Weltkriegsgegner. Dass die Benelux-Staaten nach anfänglichem Widerstand dann doch so erstaunlich mitzogen, ist gewiss nicht auf eine plötzlich ein-

---

Zwischen 1957 und 1970 bekleidete er das Amt des Präsidenten der von ihm mit gegründeten Arbeitsgemeinschaft für Wehrtechnik, die 1967 in Deutsche Gesellschaft für Wehrtechnik (DWT) umbenannt wurde. Die DWT, die auf Initiative des BMVg ins Leben gerufen wurde, existiert noch heute und gilt hierzulande als führende Dialogplattform der deutschen wehrtechnischen Industrie. Wichtigstes Publikationsorgan der Gesellschaft ist die international angesehene Zeitschrift »Wehrtechnik«. Nähere Infos unter: http://www.dwt-sgw.de.

[259] Schneider führte die auf vielen Gebieten unbestrittene waffentechnische Überlegenheit der Deutschen im Zweiten Weltkrieg, beispielsweise bei der Raketen-, Düsenjäger und U-Boottechnik, auf die Einhaltung dieser Grundsätze zurück. Vgl. BArch, NL Schneider, N 625/153: Schneider, Bemerkungen zu wehrtechnischen Fragen in der EVG nach einem Vortrag am 5.12.1952 im Palais Chaillot, o.D.; siehe auch Schneider, Wehrtechnik und Wehrindustrie. Mit seinem Konzept der militärischen Rüstungsverwaltung biss Schneider bei den Ministerialbeamten des Amtes Blank jedoch auf Granit. Der Zank um die Rolle der Wehrtechnik im Beschaffungsprozess führte schließlich zum Zerwürfnis zwischen der Dienststelle und Schneider, der unter den Ehemaligen des Heereswaffenamtes zahlreiche Sympathisanten hatte. Schneider war als Leiter für ein neu zu schaffendes Wehrtechnisches Amt im Gespräch gewesen, er winkte aber im Zuge des Grundsatzstreits ab. Siehe AWS, Bd 4 (Beitrag Abelshauser), S. 137 f.; Krüger, Das Amt Blank, S. 108 f.

[260] BArch, NL Schneider, N 625/61: Schneider an Berendsen, 16.11.1955, zit. nach: AWS, Bd 4 (Beitrag Abelshauser), S. 138.

setzende Europaeuphorie zurückzuführen, sondern eher darauf, dass es ihnen gelungen war, allzu weitgehende Detailfestlegungen zu verhindern und die Gültigkeit bisher laufender Verträge und Abmachungen und der NATO-Verpflichtungen zu verankern. Die Benelux-Staaten und das nicht gerade durch außergewöhnliches Engagement glänzende Italien konnten mit dem Erreichten leben. Weniger Grund zur Freude herrschte bei den Deutschen, die einige herbe Niederlagen hinnehmen mussten. Für so manchen Beobachter mag der Eindruck entstanden sein, als diente die EVG eher der puren Kontrolle als dem Aufbau einer effektiven Rüstung. Beim Ringen um die rüstungswirtschaftlichen Klauseln des EVG-Vertragsdokuments kamen dieselben Motive zum Vorschein, die bereits bei der Schaffung der Montanunion eine wesentliche Rolle spielten: Aus französischer Sicht erschien ein europäischer Ansatz als der geeignetste Weg, um das eigene Sicherheitsverlangen zu befriedigen. Das Verständigungs- und Europainteresse war dem nachgeordnet.

Neben all dem sticht noch eines ins Auge: Bei den Rüstungsplanungen prallten zwei völlig unterschiedliche Konzepte aufeinander: Frankreichs staatszentralistisches bzw. -dirigistisches System und Deutschlands hartnäckig verteidigten markwirtschaftlichen Grundsätze. Während man in Paris traditionell auf eine starke Zentralgewalt setzte und sich diese Haltung zwangsläufig – unabhängig von den militärischen Planungen und der Frage des nationalen Prestiges – in den Verhandlungen über die Europaarmee niederschlagen musste, befürwortete man in Bonn die föderalistische Variante, die den Mitgliedstaaten und deren Institutionen einen gewissen Spielraum beließ und der Konsumgüter- und Exportindustrie Vorrang gewährte. Eigentlich hätte Letzteres auch im Interesse Frankreichs liegen müssen. Die Bundesregierung erteilte der Schaffung eines wie auch immer gearteten Militärisch-industriellen Komplexes eine klare Absage.

Trotz aller Mängel und Kontrollambitionen sollte aber eines nicht übersehen werden: Dass Frankreich, Italien und die Benelux-Staaten nur wenige Jahre nach dem Ende des Zweiten Weltkrieges überhaupt auf dem Gebiet der Rüstung eine derart weitreichende Kooperation mit den Deutschen anstrebten, ist außerordentlich bemerkenswert. Wohl die wenigsten Zeitgenossen dürften Derartiges für möglich gehalten haben. Die Erinnerungen an über ein halbes Jahrzehnt Krieg ließen sich schließlich nicht so ohne weiteres aus den Köpfen der Menschen verbannen. Dass die Europaarmee in der Öffentlichkeit kaum Rückhalt besaß, dürfte daher kaum überraschen.

## 6. Die wirtschaftlichen Bestimmungen des EVG-Vertragswerks vom 27. Mai 1952

Die wirtschaftlichen Bestimmungen des EVG-Vertragswerks – Fursdon sprach von einer »extremely detailed and tough section of the Treaty«[261] – waren in Titel V, in den Artikeln 101 bis 111, niedergelegt[262]. Neben dem gemeinsamen Budget war die gemein-

---

[261] Fursdon, The European Defence Community, S. 163.
[262] Vgl. Art. 101–111 EVG-Vertrag; Fursdon, The European Defence Community, S. 163–166. Zusammenfassungen finden sich ferner in: BTAV, I, S. 381–428, hier S. 403–409: Ausführungen

same Rüstung, wie es Meier-Dörnberg zutreffend formulierte, »eine der besonders festen Klammern der EVG«[263]. Wie bereits dargelegt, gab es für den Wirtschaftsteil, anders als bei den Bereichen Militär, Justiz und Finanzen, kein eigenes Protokoll[264].

Bei der Aufstellung und Umsetzung des europäischen Rüstungsprogramms kam dem Kommissariat eine zentrale Rolle zu. Im Einvernehmen mit den Regierungen der Mitgliedstaaten hatte es die gemeinsamen Programme für die Bewaffnung, Ausrüstung, laufende Versorgung und die Infrastruktur vorzubereiten und im Rahmen des Haushaltsplanes nach Maßgabe des Finanzprotokolls auszuführen[265]. Bei der Programmvorbereitung und -durchführung sollte das Kommissariat »die technischen und wirtschaftlichen Möglichkeiten« der Mitgliedstaaten »aufs beste nutzbar machen« und schwere Störungen ihrer Volkswirtschaften verhindern. Außerdem hatte es das Beitragsvolumen der einzelnen Mitgliedstaaten sowie die Grundsätze der EZU zu berücksichtigen. Die Ressourcen der einzelnen Staaten waren auf bestmögliche Art und Weise für die Bedürfnisse der Gemeinschaft heranzuziehen, ohne jedoch die Staaten wirtschaftlich und finanziell übermäßig zu belasten. Daneben fiel dem Kommissariat die Aufgabe zu, in Kooperation mit den zuständigen NATO-Stellen für eine weitgehende und zügige Vereinheitlichung und Vereinfachung der Bewaffnung, Ausrüstung, laufenden Versorgung und Wehrbauten zu sorgen, um die Interoperabilität zwischen den EVG-Kontingenten, die im Kriegsfalle dem Kommando des SACEUR unterstanden, und den NATO-Truppen sicherzustellen. Der Rat konnte allgemeine Richtlinien für das Kommissariat erlassen. Sie bedurften einer Zweidrittelmehrheit im Rat[266].

Angesichts der mit der Aufstellung und Umsetzung des gemeinsamen europäischen Rüstungsprogramms verbundenen Devisen- und Transferproblematik enthielten der Vertrag und das Finanzprotokoll Schutzklauseln, um Gefahren für das wirtschaftliche und finanzielle Gleichgewicht der Mitgliedstaaten zu vermeiden. Bei der Vorbereitung und Umsetzung des Haushaltsplans der Gemeinschaft sollte der Grundsatz gelten, »diejenigen Zahlungen der Mitgliedstaaten zu beschränken, die das wirtschaftliche und währungsmäßige Gleichgewicht der Mitgliedstaaten gefährden könnten«. Traten hierbei Schwierigkeiten auf, so war das Kommissariat auf Antrag eines betroffenen Staates und nach Absprache mit den Partnerregierungen befugt, entsprechende Gegenmaßnahmen einzuleiten. Konnte man sich nicht auf ein gemeinsames Maßnahmenpaket einigen, musste sich auf Antrag eines Mitgliedslandes oder des Kommissariats der Rat mit der Angelegenheit beschäftigen. Die EVG-Länder waren zudem verpflichtet, »die durch ihre Devisengesetzgebung den internationalen Zahlungen auferlegten Beschränkungen zugunsten der Gemeinschaft elastischer zu gestalten«[267].

---

von Boeckh, Protokoll 9. Sitzung Ausschuss zur Mitberatung des EVG-Vertrags (8.10.1952); Anlage 15: S. 899–910, hier S. 907–910: Bericht (Fritz) Erler (SPD) über die wirtschaftlichen, finanziellen und haushaltsmäßigen Bestimmungen des EVG-Vertrags und ihre Auswirkungen.
[263] AWS, Bd 2 (Beitrag Meier-Dörnberg), S. 711.
[264] Vgl. EArch, BW 9/928, Bl. 38–40, hier Bl. 38: Vermerk EVG-Rüstungsausschuss (Stand: 15.5.1953), o.D. Die Militär-, Justiz- und Finanzprotokolle befinden sich in: Die Vertragswerke von Bonn und Paris, S. 243–259, 261–272, 275–285.
[265] Vgl. Art. 101, 91 EVG-Vertrag.
[266] Vgl. Art. 102 EVG-Vertrag.
[267] Vgl. Art. 96 EVG-Vertrag.

Einen weiteren Sicherheitsmechanismus zur Vermeidung von Störungen der einzelnen Volkswirtschaften sollte die sogenannte 85/115 %-Klausel bieten. Weil die Währungen zum damaligen Zeitpunkt noch nicht konvertibel waren, wurde im Finanzprotokoll festgeschrieben, dass mindestens 85 % und höchstens 115 % der nationalen Anteile am Gemeinschaftsbudget in den jeweiligen Mitgliedsländern bzw. in deren Währungsgebiet auszugeben waren. Demnach sollten Transferzahlungen auf ca. 15 % der jeweiligen Summe begrenzt werden. Darin inbegriffen waren nicht nur Ausgaben für Rüstungsaufträge, sondern auch für Infrastruktur, Sold und Truppenversorgung. Beide Prozentsätze konnten auf Antrag des jeweiligen Staates oder des Kommissariats reduziert oder erhöht werden. Sollte es dabei zu keiner Einigung kommen, wurde die Angelegenheit an den Rat verwiesen, der nach dem Einstimmigkeitsprinzip darüber zu befinden hatte[268].

Die vorgesehenen Rüstungsprogramme waren in den Haushaltsplan der Gemeinschaft aufzunehmen. Dieser wurde vom Kommissariat im Benehmen mit den einzelnen Regierungen vorbereitet. Die einzelnen Ausgabeposten für Rüstung, Ausrüstung, laufende Versorgung und Infrastruktur wurden dem Haushaltsplan als Anlage beigefügt und galten mit der Verabschiedung des Haushaltsplans durch den Rat als genehmigt. Grundsätzlich war es dem Kommissariat möglich, Programme aufzustellen, die sich über mehrere Jahre erstreckten. In einem solchen Fall musste das Kommissariat die Zustimmung des Rates einholen, der mit Zweidrittelmehrheit zu entscheiden hatte[269]. Eine derartige Verfahrensweise wäre bei größeren Vorhaben zum Zuge gekommen, da deren Realisierung einen längeren Zeitraum beanspruchte.

In den Zuständigkeitsbereich des Kommissariats fielen des weiteren die Auftragsvergabe, die Überwachung ihrer Ausführung und die Abnahme sowie die Bezahlung. Zur Durchführung der ihm zugeteilten Aufgaben verfügte es über zivile und dezentralisierte Dienststellen. Sie sollten so dezentralisiert sein, dass sich das Kommissariat »der Hilfsquellen jedes Mitgliedstaates unter den für die Gemeinschaft vorteilhaftesten Bedingungen bedienen kann«, was allerdings nicht näher definiert wurde. Die Auftragsvergabe hatte »auf der Grundlage eines möglichst umfassenden Wettbewerbes« zu erfolgen. Es sollte demzufolge das qualitativ beste und preiswerteste Angebot zum Zuge kommen. In bestimmten Fällen, etwa aus militärischen Geheimhaltungsgründen, technischen Gründen oder bei besonderer Dringlichkeit, waren Ausnahmen möglich. Als Vergabeverfahren waren die öffentliche oder beschränkte Ausschreibung und die freihändige Vergabe vorgesehen. Das Unternehmen, an das entsprechende Aufträge vergeben wurden, musste »besonders leistungsfähig« sein und durfte in seinem Heimatland nicht von öffentlichen Ausschreibungen ausgeschlossen sein.

Die genauen Vorschriften für das Vergabeverfahren, die Überwachung der Ausführung, die Abnahme sowie die Bezahlung sollten durch Verordnungen des Kommissariats geregelt werden, denen der Rat mit Zweidrittelmehrheit zustimmen musste. Dieselbe Prozedur galt für Verordnungsänderungen. Innerhalb eines halben Jahres nach Inkrafttreten des EVG-Vertragswerks sollten dem Ministerrat die Verordnungen zur Genehmigung vor-

---

[268] Vgl. Art. 29 und 30 EVG-Finanzprotokoll.
[269] Vgl. Art. 103 EVG-Vertrag. Allgemein zur Aufstellung und Ausführung des EVG-Haushaltsplanes: Art. 87 EVG-Vertrag; AWS, Bd 2 (Beitrag Köllner/Volkmann), S. 856–873.

liegen. Bis dahin galten für die Auftragsvergabe die Rechts- und Verwaltungsvorschriften der Mitgliedstaaten. Überstiegen die Rüstungsaufträge eine bestimmte Wertgrenze, sollten sie dem eigens eingerichteten Ausschuss für Auftragsvergabe vorgelegt werden, dem Vertreter aller EVG-Mitgliedstaaten angehörten. Für den Fall, dass das Kommissariat vom Gutachten des Ausschusses abwich, hatte es dem Ministerrat Bericht zu erstatten. Auch hierzu sollte eine entsprechende Verordnung erlassen werden.

Sollte es zwischen der EVG und Dritten mit Wohnsitz innerhalb des Gebiets der Gemeinschaft zu Rechtsstreitigkeiten kommen, so war für den Rechtsweg bei Liegenschafts- und Bauangelegenheiten das Recht des jeweiligen Ortes der Liegenschaft maßgeblich, bei allen anderen Angelegenheiten das Recht des Wohnsitzes des Auftragnehmers. Wurde nach Auffassung des Kommissariats oder eines Mitgliedstaates von staatlicher oder industrieller Seite der Versuch unternommen, das geltende Wettbewerbsprinzip zu verfälschen oder beträchtlich einzuschränken, war der Ministerrat anzurufen. Dieser musste dann einstimmig über geeignete Maßnahmen entscheiden[270]. Da die rüstungswirtschaftlichen Klauseln des EVG-Vertrags zahlreiche Wirtschaftsbereiche berührten, etwa die gesamte gewerbliche Wirtschaft wie auch die Landwirtschaft, war es zum damaligen Zeitpunkt unmöglich gewesen, detailliertere Regelungen festzulegen[271].

Eingehende Bestimmungen vermied man auch bezüglich der Maßnahmen zur Behebung von Schwierigkeiten, die bei der Durchführung von Rüstungsprogrammen auftreten konnten. Zu den möglichen Problemen gehörte beispielsweise der Mangel an Rohstoffen, Ausrüstung oder Kapazitäten. So war es durchaus denkbar, dass sich aus den genannten Gründen für einige wichtige Großaufträge kein Unternehmen fand und der Gemeinschaft eine Ausrüstungslücke drohte. Des Weiteren waren Terminverzögerungen und überhöhte Preise möglich. Der Vertrag sah im Falle sogenannter Mangellagen lediglich vor, dass sich das Kommissariat gemeinsam mit dem Rat mit geeigneten Gegenmaßnahmen zu befassen hatte. Dieser musste dann einen einstimmigen Beschluss fassen. Blieb eine einstimmige Entscheidung des Rates aus, so sollte das Kommissariat nach Beratungen mit den beteiligten Mitgliedstaaten Empfehlungen an diese richten. Hierbei galt es, die wirtschaftlichen und finanziellen Möglichkeiten der Mitgliedstaaten zu berücksichtigen. Wie die Gegenmaßnahmen aber im Einzelnen auszusehen hatten, blieb offen. Vermutlich war daran gedacht, den Staaten gewisse Ziele aufzuzeigen, ihnen aber die Methoden zu deren Erreichung selbst zu überlassen. So war es den Regierungen im Grunde möglich, die Zielvorgaben im Rahmen ihres jeweiligen wirtschaftspolitischen Kurses zu realisieren[272].

Die Kompetenzen des Kommissariats erstreckten sich auch auf die technische und wissenschaftliche Forschung im militärischen Bereich. Dem Kommissariat fielen die

---

[270] Vgl. Art. 104 und Art. 104a EVG-Vertrag.
[271] Vgl. BTAV, I, S. 381–428, hier S. 401 f.: Ausführungen von Boeckh, Protokoll 9. Sitzung Ausschuss zur Mitberatung des EVG-Vertrags (8.10.1952). Im Gegensatz zum EVG-Vertrag waren im EGKS-Vertrag die Fälle, die als unvereinbar mit den Regeln des gemeinsamen Marktes für Kohle und Stahl galten, genau aufgeführt, ebenso die Eingriffs- und Überwachungsbefugnisse der Hohen Behörde. Siehe BGBl. 1952, II, S. 449, 457–471.
[272] Vgl. Art. 105 EVG-Vertrag; BTAV, I, S. 381–428, hier S. 403 f.: Ausführungen von Boeckh, Protokoll 9. Sitzung Ausschuss zur Mitberatung des EVG-Vertrags (8.10.1952).

Vorbereitung gemeinsamer Programme sowie deren Ausführung zu. Dabei sollten dieselben Grundsätze gelten wie für die anderen Rüstungsprogramme[273].

Von Bedeutung war für die EVG ebenfalls die Möglichkeit der wirtschaftlichen Mobilmachung der Mitgliedstaaten. Detaillierte Bestimmungen hierzu wurden allerdings noch nicht ausgearbeitet. In Artikel 111 war lediglich vermerkt, dass das Kommissariat im Benehmen mit den Regierungen Pläne vorbereiten sollte[274].

Als einer der wohl bedeutendsten Artikel des EVG-Vertrags galt der Artikel 107, der die ausschließliche Kompetenz des Kommissariats in rüstungswirtschaftlichen Fragen beinhaltete. Demnach waren die Herstellung, die Ein- und Ausfuhr von Rüstungsgütern aus und nach Drittländern, die Errichtung von Produktionsstätten, der Bau von Prototypen sowie die angewandte Forschung im Rüstungssektor verboten und nur nach vorheriger Genehmigung durch das Kommissariat gestattet. Die Kategorien von Waffen, die unter diese Bestimmungen fielen, und die, die in »strategisch gefährdeten Gebieten« nicht gebaut werden durften, waren in den beiden Anlagen des Artikels aufgeführt[275]. Einzelheiten des Genehmigungsverfahrens sollten durch Verordnungen des Kommissariats festgelegt werden. Diese waren dem Rat innerhalb von drei Monaten nach Inkrafttreten des Vertrags vorzulegen. Bis zu diesem Zeitpunkt »erteilt[e] das Kommissariat die einschlägigen Genehmigungen«. Für die Produktion und die Ein- und Ausfuhr von Militärgütern zur Ausstattung derjenigen Streitkräfte der Mitgliedstaaten, die nicht in die EVG integriert waren, vergab das Kommissariat »allgemeine Genehmigungen«. Dasselbe galt für Güter, die für die Streitkräfte von Staaten bestimmt waren, zu denen EVG-Mitgliedsländer Bündnisverpflichtungen unterhielten. Dies lag vor allem im Interesse Frankreichs, das enge militärische Beziehungen zu verbündeten Staaten in Übersee pflegte (*États Associés*) und mit Truppen in seinen Übersee-Départements präsent war, aber auch in dem Belgiens. Derartige Genehmigungen waren ferner für die in Anlage I aufgeführten und für zivile Zwecke bestimmten Güter zu gewähren. Für den Fall von Verstößen gegen die Bestimmungen des Artikel 107 durch Personen oder Unternehmen konnte der EVG-Gerichtshof auf Antrag des Kommissariats Sanktionsmaßnahmen wie hohe Geldbußen und Zwangsgelder verhängen[276].

Das Kommissariat hatte außerdem das Recht, bezüglich der in den Anlagen zu Artikel 107 aufgelisteten Waffen von den Unternehmen Auskünfte einzuholen und Kontrollen durchzuführen. Bei etwaigen Verstößen von Seiten der Unternehmen konnten Bußgelder verhängt werden[277].

Ähnlich wie beim Schuman-Plan war die Bildung eines Beratenden Ausschusses vorgesehen, der das Kommissariat bei der Vorbereitung und Durchführung des Rüstungsprogramms unterstützen sollte. Ihm sollten mindestens 20 und höchstens 34 Mitglieder, darunter vor allem Vertreter der Unternehmen und der Arbeitnehmer, angehören. Beide Gruppen sollten zahlenmäßig gleich groß sein. Ferner galt es sicherzustellen, dass Staatsangehörige aus allen Mitgliedstaaten der Gemeinschaft vertreten waren. Die Mitglieder des Gremiums wurden vom Ministerrat mit Zweidrittelmehrheit für ei-

---

[273] Vgl. Art. 106 EVG-Vertrag.
[274] Vgl. Art. 111 EVG-Vertrag.
[275] Vgl. Kap. IV.1.
[276] Vgl. Art. 107 und Art. 107a EVG-Vertrag.
[277] Vgl. Art. 108 EVG-Vertrag.

nen Zeitraum von zwei Jahren bestellt und waren »an keinerlei Auftrag oder Weisung gebunden«. An seiner Spitze war für eine Amtsperiode von einem Jahr ein Präsident vorgesehen, der ihn auf Antrag des Kommissariats einberief[278].

Relevanz für den Rüstungsbereich besaß daneben das Abkommen über die Rechtsstellung der Europäischen Verteidigungsstreitkräfte und über das Zoll- und Steuerwesen. Um den Warenverkehr innerhalb der Gemeinschaft zu vereinfachen, hatte man sich darauf verständigt, dass die von der Gemeinschaft in den Mitgliedstaaten erworbenen Güter den zollrechtlichen Bestimmungen des betreffenden Staates unterliegen und sowohl aus steuerlicher als auch handelspolitischer Sicht nicht als Export oder Import gelten sollten. Die von der EVG in einem Nichtmitgliedstaat bezogenen Waren unterlagen den Zöllen und Abgaben, die auf dem Boden desjenigen Mitgliedstaates anfielen, in dem die Zollabfertigung für die endgültige Einfuhr vorgenommen wird. Handelte es sich um reines Militärgerät, so sollte es bei der erwähnten Zollabfertigung von den Zöllen im eigentlichen Sinne ausgenommen sein. Ausnahmen bildeten indirekte Abgaben oder Abgaben zum Ausgleich indirekter Steuern[279].

Im Endergebnis war die EVG deutlich weniger supranational angelegt als die EGKS. Die Unterzeichnerstaaten hatten es erfolgreich geschafft, die Zügel weiterhin in der Hand zu behalten. Die Richtlinienkompetenz lag eindeutig beim Ministerrat, der in wichtigen Angelegenheiten einstimmig beschließen musste. Nur in wenigen Ausnahmen, darunter bei der Erteilung von Richtlinien für das Rüstungsprogramm oder bei Empfehlungen für in Krisenzeiten zu ergreifende Maßnahmen auf rüstungswirtschaftlichem Gebiet, war eine Zweidrittelmehrheit ausreichend. Dadurch wurden die Kompetenzen des Kommissariats begrenzt, seine Gestaltungsmöglichkeit und seine Rolle als weitgehend selbstständiger Akteur eingeschränkt. Eigenhändig aktiv werden konnte das Exekutivorgan lediglich bei verwaltungsfachlichen Fragen: bei der Erteilung von Aufträgen und Empfehlungen an andere EVG-Organe und der Vorbereitung von Plänen und Untersuchungen. Vom Europäischen Verteidigungsminister, wie er im Pleven-Plan angedacht gewesen war, blieb kaum mehr etwas übrig. Frankreichs Partner hatten Plevens ursprüngliches Anliegen erfolgreich abgeschmettert. Die Konferenz einigte sich schließlich auf ein neunköpfiges Kommissariat, ein Kollegialorgan mit einem Präsidenten an der Spitze, das tatsächlich als supranationales Organ angelegt war. Die Kommissare wurden zwar mit Zustimmung der Regierungen berufen, durften aber in ihrem Amt weder Regierungsweisungen einholen noch empfangen und waren somit unabhängig. Dieser Grundsatz sollte auch für die nachgeordneten militärischen und zivilen Ebenen gelten[280].

Die EVG-Versammlung, der man ja allgemein nur Beratungs- und Kontrollfunktionen zugewiesen hatte, hatte in punkto Rüstung so gut wie nichts zu bestellen. Ihr Einfluss auf die Ausgestaltung des Haushaltsplanes, der das Rüstungsprogramm enthielt, war letztlich marginal. Der Versammlung wurde es nur gestattet, Änderungen zu empfehlen, vorausgesetzt, diese führten nicht zu einer Erhöhung der Gesamtausgaben. Auch konnte

---

[278] Vgl. Art. 109 und Art. 110 EVG-Vertrag.
[279] Vgl. Art. 29–31 Abkommen über die Rechtsstellung der Europäischen Verteidigungsstreitkräfte und über das Zoll- und Steuerwesen der Europäischen Verteidigungsgemeinschaft, abgedr. in: Die Vertragswerke von Bonn und Paris, S. 303–323.
[280] Siehe AWS, Bd 4 (Beitrag Schwengler), S. 418–426.

sie mit einer Zweidrittelmehrheit die Ablehnung des Gemeinschaftshaushalts nur vorschlagen. Das letzte Wort darüber lag beim Ministerrat[281].

Abgesehen von seiner Bedeutung für den militärischen Bereich: Der EVG-Vertrag barg auch das Potenzial für eine weitreichende Integration auf wirtschaftlichem Gebiet. Der deutsche Rüstungsdelegationschef von Boeckh verkaufte den Bundestagsabgeordneten das Werk jedenfalls als eine »recht wertvolle und beachtliche Ergänzung der anderen europäischen Bestrebungen hinsichtlich einer internationalen Zusammenarbeit«. Er stellte die EVG in eine Linie mit den anderen europäischen Integrationsforen wie der Montanunion, der OEEC, der EZU und dem Europarat[282]. Von Boeckhs Nachfolger, Ministerialdirigent Walter Schmid, betonte jedoch vor allem, dass durch den EVG-Vertrag die wirtschaftspolitische Souveränität der Mitgliedstaaten nicht angetastet würde[283].

---

[281] Vgl. AWS, Bd 2 (Beitrag Köllner/Volkmann), S. 836; AWS, Bd 4 (Beitrag Schwengler), S. 423.
[282] BTAV, I, S. 381–428, hier S. 397: Ausführungen von Boeckh, Protokoll 9. Sitzung Ausschuss zur Mitberatung des EVG-Vertrags (8.10.1952).
[283] Vgl. BArch, B 102/435428: Schmid an Erhard, 20.5.1954.

# V. Rüstungskooperation in Westeuropa, 1949–1954

## 1. Die Anfänge der bilateralen Rüstungskooperation

Wie bereits geschildert, waren die westeuropäischen Staaten aufgrund ihrer desaströsen finanziellen und wirtschaftlichen Situation, aber auch aufgrund fehlender Rüstungskapazitäten meist nicht in der Lage, die zum Aufbau ihrer Streitkräfte erforderliche Ausrüstung in ausreichendem Umfang selbst herzustellen. Der Löwenanteil des schweren Kriegsgeräts, das sich bei Kriegsende in den Arsenalen der belgischen, italienischen, französischen und niederländischen Verbände befand, war amerikanischen, aber auch britischen Ursprungs und stellte aufgrund seines Alters und seiner Abnutzungserscheinungen im Grunde nur eine Übergangslösung dar.

Zu den ersten rüstungswirtschaftlichen Kontakten unter den Westeuropäern in der Nachkriegszeit kam es ab Ende der 1940er Jahre. Von einer echten Kooperation nach heutigen Maßstäben – einer gemeinsamen Entwicklung, Fertigung und Beschaffung von Kriegsgerät – konnte jedoch zum damaligen Zeitpunkt keine Rede sein. Die Kooperation bestand zunächst ausschließlich im Kauf und im Lizenzbau, wie sich besonders beim Luftwaffengerät zeigt[1] – und das fast nur jeweils in Zusammenarbeit der Kontinentaleuropäer mit den Briten. Die direkte Beschaffung von Rüstungsgütern sollte den unmittelbaren Bedarf decken. In der Lizenzproduktion, die besonders im Luftfahrtsektor zum Tragen kam, sah man die Möglichkeit, die heimische Luftfahrtindustrie wieder in Gang zu bringen, Zugang zu neueren Technologien und Fertigungsmethoden zu erhalten und somit eine neue Ausgangsbasis für künftige eigene Entwicklungen zu schaffen. Des Weiteren trug der Lizenzbau zu einem gewissen Maß an Standardisierung bei. Dies war aber eher ein Nebeneffekt als Absicht.

Frankreich sah sich in der zweiten Hälfte der 1940er Jahre dazu gezwungen, von den Briten Waffen, Munition, Fernmelde- und Pioniergerät sowie Schiffe und U-Boote zu beschaffen, weil die heimische Produktion für seine in Indochina kämpfenden Truppen nicht ausreichte. Die Lieferungen erwiesen sich für das französische Militär als

---

[1] Zur kontinentaleuropäischen Zusammenarbeit im Heeres- und Marinebereich liegen noch keine Untersuchungen vor. Die Zusammenarbeit dürfte sich aber mit hoher Wahrscheinlichkeit unter dem Niveau der Luftfahrtkooperation befunden haben. Da die beiden Bereiche im Gegensatz zur Luftfahrt damals noch nicht als Hochtechnologiesparten galten, war der Kooperationsbedarf aus Sicht der Staaten nicht so groß. Im Gegensatz zur Luftfahrttechnik galten Heeres- und Marinetechnik zur damaligen Zeit noch als verhältnismäßig einfache Technologiebereiche.

recht bedeutsam[2]. Noch bedeutsamer war jedoch die Lieferung von US-Material, von Handfeuerwaffen und Munition über Mörser und Geschütze bis hin zu Fahrzeugen, Panzern, Transport- und Kampfflugzeugen. In Paris musste man sich zähneknirschend eingestehen, dass die heimische Rüstungsproduktion nicht ausreichte, um den Bedarf des französischen Expeditionskorps in Fernost decken zu können. So verfügte die Armee der *Grande Nation* über ein wildes Sammelsurium unterschiedlichster Waffentypyen, was letztlich auch erhebliche logistische Probleme mit sich brachte. Doch ohne ausländische Waffen und Ausrüstung wäre Frankreich sicherlich nicht in der Lage gewesen, den Krieg in Fernost durchzuhalten[3].

Ende der 1940er/Anfang der 1950er Jahre kaufte Frankreich in Großbritannien den Jagdflieger Vampire (De Havilland) und den Nachtjäger Gloster Meteor (Gloster Aircraft Company). Die Vampire und die aus ihr abgeleitete Marineversion Sea Venom – Letztere erhielt die Bezeichnung Mistral – wurden vom staatlichen Luftfahrtunternehmen SNCASE in Lizenz nachgebaut, weil die Franzosen noch kein ebenbürtiges Jagdflugzeug vorweisen konnten. Insgesamt wurden in Frankreich in der ersten Hälfte der 1950er Jahre über 500 britische Maschinen gefertigt[4]. Der französische Konzern Hispano-Suiza erwarb von Rolls-Royce die Lizenz zum Nachbau der Triebwerke Nene und Tay. Mit der Nene wurden diverse Prototypen, die Vampire sowie die MD 450 Ouragan (Dassault) ausgerüstet. Die Tay wurde in die Mystère IV A (Dassault) integriert[5]. Frankreich war bis in die erste Hälfte der 1950er Jahre hinein nicht in der Lage gewesen, ein eigenes ausgereiftes Hochleistungstriebwerk für Düsenjäger zu präsentieren. Erst mit der Serienreife der unter Mithilfe deutscher Techniker entwickelten ATAR-Reihe (SNECMA) gelang Frankreich auch international der Durchbruch[6].

Die stark exportorientierten Briten hingegen zeigten an französischen Waffenentwicklungen wenig Interesse, denn Frankreich hatte zum damaligen Zeitpunkt kaum international Konkurrenzfähiges zu bieten. Zudem bestellte London lieber heimische Güter, um seine eigenen Industriekapazitäten auszulasten. Der einzige bekannte Fall einer Beschaffung französischer Rüstungstechnik durch die Briten erfolgte im September 1951, als London eine Handvoll Zielflugkörper erwarb, ein Großauftrag blieb jedoch aus. Erst in der zweiten Hälfte der 1950er Jahre, nachdem die französische Rüstungsindustrie sichtliche Fortschritte gemacht hatte, nahm das britische Kaufinteresse zu: Großbritannien erwarb nun Marinegerät, Hubschrauber – auf diesem Gebiet waren die Franzosen Pioniere

---

[2] Vgl. Decup, La contribution du Royaume-Uni, S. 242–244; Decup, France – Angleterre, S. 75–83.
[3] Siehe hierzu die umfangreichen Beiträge in: La IV<sup>e</sup> République face aux problèmes d'armement, S. 291–351.
[4] Vgl. Chadeau, L'industrie aéronautique, S. 403; Cuny, Historique du Vampire, S. 227; Decup, France – Angleterre, S. 242–245; Mosneron-Dupin, Du Sea Venom à l'Atlantique, S. 181; Glaß, Der lange Schatten der Rüstung, S. 220; Sandeau, Programmes d'avions de combat, S. 167; Soissons, Les programmes aéronautiques, S. 409. Bemerkenswerterweise liegen noch keine geschichtswissenschaftlichen Studien zu den britisch-französischen Lizenzbauprojekten der 1950er Jahre vor. Bei der Gloster Meteor handelte es sich um den ersten britischen strahlgetriebenen Jagdflieger, der die Einsatzreife erlangt hatte. Die französische Version der Sea Venom erhielt die Bezeichnung Aquilon.
[5] Vgl. Un demi-siècle d'aéronautique en France. Les moteurs aéronautiques militaires, S. 20, 24, 83 f.
[6] Siehe hierzu Bodemer/Laugier, L'ATAR et tous les autres moteurs.

– und die mittlerweile als erstklassig geltenden Panzerabwehrraketen (SS 11). Ferner bauten die Briten französische Hubschraubertriebwerke nach[7].

Alles in allem bewegten sich die britisch-französischen Rüstungsbeziehungen Anfang der 1950er Jahre nach bisherigen Erkenntnissen im kleinen Rahmen. Von einer Rüstungszusammenarbeit im eigentlichen Sinne konnte kaum die Rede sein. Eine gemeinsame Entwicklung von Waffen und Ausrüstung war nicht in Sicht. Zu einem ersten Durchbruch in der britisch-französischen Rüstungskooperation kam es erst ab 1957 – infolge der durch die Suez-Krise intensivierten verteidigungspolitischen Beziehungen –, als beide Seiten einen bilateralen Militärausschuss ins Leben riefen, der sich mit einem breiten Spektrum an Forschungs- und Entwicklungsarbeiten beschäftigen sollte. In Paris schien man dabei insbesondere an einer nuklearen Zusammenarbeit interessiert, um für das eigene militärische Atomprogramm profitieren zu können[8].

Zu guten Kunden der britischen Rüstungsindustrie entwickelten sich seit Ende der 1940er Jahre Belgien und die Niederlande, die bereits seit dem Zweiten Weltkrieg mit Material »made in UK« ausgestattet waren. Belgien beschaffte zwischen 1948 und 1954 insgesamt 355 Gloster Meteor in den verschiedensten Ausführungen, einige Dutzend davon wurden von Avions Fairey zusammengebaut. Die niederländischen Fokker-Werke fertigten die britische Gloster Meteor in Lizenz[9]. Ausgerüstet wurden der Flugzeugtyp mit dem Triebwerk Derwent V (Rolls Royce), für das Fokker und das belgische Unternehmen Fabrique Nationale eine Nachbaulizenz erworben hatten[10]. Im Rahmen eines mit amerikanischen Mitteln finanzierten Auftrages stellten beide Staaten gemeinsam 112 britische Hawker Hunter her. Der größte Teil der Aufträge entfiel dabei auf Fokker[11]. Als die amerikanische Ausrüstungshilfe für Den Haag 1951 kurzfristig stockte, orderten die niederländischen Streitkräfte britisches Heeresmaterial[12].

Auch die Italiener erwarben von den Briten Produktionslizenzen. 1949 schlossen sie einen Vertrag zum Nachbau von 150 Exemplaren des Typs Vampire ab[13]. Neben den

---

[7] Vgl. Decup, France – Angleterre, S. 245–247. Eine Gesamtaufstellung des Finanzvolumens liegt nicht vor.
[8] Siehe Decup, La contribution du Royaume-Uni, S. 244 f.; Decup, France – Angleterre, S. 247–252, 255–259; Robineau, Relations internationales, S. 85–92.
[9] Vgl. BArch, BW 9/3688, Bl. 309–312, hier Bl. 309: Fokker-Werke an AA, 28.10.1952. Belgien erwarb von den Niederlanden zwischen 1950 und 1952 150 Gloster Meteor, die von Fokker in Lizenz produziert worden waren. Vgl. Deloge, Une coopération difficile, S. 249. Beide Staaten bemühten sich allgemein um eine enge militärische Zusammenarbeit. Am 10.5.1948, am achten Jahrestag des deutschen Überfalls, hatten beide Seiten ein Geheimabkommen über eine enge Militärkooperation geschlossen und eine bilaterale Militärkommission ins Leben gerufen. Diese befasste sich unter anderem mit den Themen Erfahrungsaustausch, gemeinsame Ausbildung und Nutzung von Übungsplätzen, Rüstung und Verteilung von Funkfrequenzen. 1951 beschlossen die beiden Staaten die Gründung eines gemeinsamen Küstenverteidigungskommandos. Im selben Jahr erarbeiteten beide Länder gemeinsam eine Untersuchung über die Möglichkeiten eines sowjetischen Angriffs gegen die Rhein-Ijssel-Linie. Vgl. Harst, The Atlantic Priority, S. 24, 93 f.; Schulten, Die militärische Integration, S. 99 f.
[10] Vgl. Deloge, Une coopération difficile, S. 249.
[11] Vgl. Megens, American Aid to NATO-Allies, S. 181–183; Megens, Problems of Military Production Co-ordination, S. 286 f.
[12] Vgl. Megens, American Aid to NATO-Allies, S. 131.
[13] Vgl. Nones, L'industria militare, S. 323. Die britische Vampire wurde zu einem regelrechten Verkaufsschlager der britischen Luftfahrtindustrie. Insgesamt wurden über 3900 Stück gefertigt.

von den Firmen Fiat und Macchi gefertigten Vampire-Maschinen und dem Nachtjäger Venom produzierten Fiat und Alfa Romeo zusammen das Triebwerk Ghost[14]. Hinzu kam die Lizenzfertigung eines Schulflugzeuges von Fokker (S 11) durch Aeronautica und TMM[15].

Die Zusammenarbeit der Kontinentaleuropäer untereinander beschränkte sich nach bisherigem Wissensstand – mit Ausnahme der belgisch-niederländischen Luftfahrtkooperation – zumeist auf Rüstungskäufe und -verkäufe. Die französisch-italienischen Rüstungsbeziehungen etwa waren so unspektakulär, dass die für Verteidigungsfragen zuständige Abteilung des Quai d'Orsay eingestehen musste: »on ne peut véritablement parler de coopération franco-italienne dans ce domaine«[16]. Doch nicht nur die Tatsache, dass sich die »Zusammenarbeit« ausschließlich auf Käufe erstreckte, empfand man in Paris als unbefriedigend, sondern auch das finanzielle Ungleichgewicht. Während sich die italienischen Beschaffungen in Frankreich für das Jahr 1952 auf 180 Mio. Francs beliefen, hatte die französische Regierung den Italienern Aufträge in Höhe von 1,3 Mrd. Francs beschert. Der mit Abstand größte Teil entfiel auf den Kauf von Triebwerken für das U-Boot-Bekämpfungsflugzeug Sea Venom[17]. Für 1953 lagen Rom französische Bestellungen in Höhe von ca. 620 Mio. Francs vor, während die Lieferungen aus Frankreich wohl wieder den Umfang des Vorjahres erreichen würden. Für die eher mäßige Intensität der beiderseitigen Kooperation machte man im Außenministerium den geringen Standardisierungsgrad und das Fehlen eines gemeinsamen Rüstungsprogramms verantwortlich. Ein weiteres Hindernis erkannte man im vorrangigen Interesse der Europäer am kostenlosen Erwerb von US-Kriegsgerät im Rahmen der Militärhilfe. Abgesehen davon schätzten die Franzosen die Leistungsfähigkeit der italienischen Rüstungsindustrie eher gering ein, aber ausgerechnet in den Bereichen, in denen die Italiener etwas zu bieten hatten, standen sie mit den Franzosen in Konkurrenz, namentlich bei Fahrzeugen, Elektronik und Marinegerät. Möglichkeiten eines Ausbaus der bilateralen Rüstungsbeziehungen sah man sowohl im Zusammenhang mit einem koordinierten Produktionsprogramm der kontinentaleuropäischen NATO-Mitglieder als auch im Zusammenhang mit dem EVG-Rüstungsprogramm. Bis zum Zustandekommen der beiden multilateralen Vorhaben könne man, so empfahl der Quai d'Orsay, die bilaterale Schiene weiterverfolgen und industrielle Kontakte fördern. Realistische Perspektiven erkannte man hinsichtlich einer gemeinsamen oder sich ergänzenden Produktion und eines technischen Informationsaustauschs[18].

Trotz ihres beträchtlichen industriellen und technologischen Gewichts verfügte die britische Rüstungsindustrie auf dem Kontinent über keine unangefochtene Stellung.

---

[14] Vgl. AMAE, DF-CED/C/124: Infovermerk frz. Militärattachéstab Rom, 30.12.1952, S. 7.
[15] Vgl. BArch, BW 9/3688, Bl. 309–312, hier Bl. 311: Fokker-Werke an AA, 28.10.1952. Fokkers S 11 wurde bei den Luftwaffen der Niederlande, Italiens und Israels eingeführt.
[16] AMAE, Pactes, 133: Vermerk MAE/Abt. für Bündnisangelegenheiten für Präsident, 20.1.1953 (Zitat S. 1).
[17] Hierbei handelte es sich um das von den Italienern nachgebaute Triebwerk Ghost (De Havilland Engine Company). Vgl. Sandeau, Programmes d'avions de combat, S. 167.
[18] Vgl. AMAE, Pactes, 133: Vermerk MAE/Abt. für Bündnisangelegenheiten für Präsident, 20.1.1953. Ein Bericht des Militärattachéstabs in Rom erwähnt noch die Lieferung von drei französischen Radarsystemen für Versuchszwecke. Vgl. AMAE, DF-CED/C/124: Infovermerk frz. Militärattachéstab Rom, 30.12.1952, S. 8.

Mit der Ausbreitung amerikanischen Militärmaterials im Zuge der umfangreichen Militärhilfe und Offshore-Aufträge wurde die britische Rüstungsindustrie immer mehr zurückgedrängt, sodass ihr Auftragsvolumen innerhalb Westeuropas spürbar sank. Sowohl die belgischen als auch die niederländischen Streitkräfte wurden in den 1950er Jahren immer mehr amerikanisiert. Organisation, Ausrüstung und Ausbildung wurden größtenteils amerikanisch[19].

Auch wenn die von der Londoner Regierung massiv geförderte britische Luftfahrtindustrie mit ihren 210 000 Beschäftigten und einem monatlichen Ausstoß von ca. 200 Flugzeugen die Führungsposition in Europa innehatte[20] – was die Technik betraf, reichte man scheinbar nicht so ohne weiteres an Nordamerika heran. Als die Briten im Korea-Krieg die Erfahrung machten, dass sie über kein Flugzeug verfügten, das der sowjetischen MIG 15 ebenbürtig war, sahen sie sich Ende 1950 zur Beschaffung von 428 Maschinen des Typs F 86 aus kanadischen Beständen veranlasst[21]. Abgesehen davon hatte es den Anschein, dass der Ausbau der Luftfahrtindustrie, wie der Rüstungsindustrie insgesamt, teuer erkauft wurde. Die hohen Verteidigungsausgaben der Regierung hatten jedenfalls spürbar hemmende Auswirkungen auf die gesamtwirtschaftliche Entwicklung, wie Hammerich auf der Basis britischen Archivmaterials darlegen kann. Die britische Volkswirtschaft und die Finanzlage des Staates befanden sich in einem besorgniserregenden Schwächezustand[22]. Spätestens Mitte der 1960er Jahre war unübersehbar, dass Großbritanniens Autarkiekurs im Luftfahrtbereich nicht mehr aufrechtzuerhalten war. Der sog. Plowden-Bericht vom Dezember 1965 identifizierte bei der heimischen Luftfahrtindustrie zahlreiche Defizite und empfahl eine radikale Kehrtwende hin zu einer stärkeren Einschränkung und Rationalisierung, einer Reduzierung der staatlichen Unterstützung und einer europäischen Zusammenarbeit bei Großprojekten. Zudem empfahl die Untersuchungskommission um Plowden eine Steigerung der Exporte[23].

Dieser kurze, aufgrund der dürftigen Forschungslage keineswegs vollständige Überblick zeigt, dass die Rüstungszusammenarbeit in Westeuropa noch um 1950 nur rudimentär vorhanden war. Führt man sich dies vor Augen, so erscheinen die Rüstungsplanungen der NATO und anderer multilateraler Foren, und erst recht die des auf eine supranationale Organisation zielenden EVG-Interimsausschusses geradezu revolutionär. Konnte unter den damaligen Gegebenheiten eine enge, institutionalisierte, ja sogar mit einem

---

[19] Siehe Deloge, Une coopération difficile, S. 343–353; Megens, American Aid to NATO-Allies, S. 197–200. Im belgischen Generalstab hatte man bereits 1948 die Ausrichtung auf die USA gefordert, weil man Großbritannien militärisch und wirtschaftlich für zu schwach hielt. Vgl. Schulten, Die militärische Integration, S. 93.

[20] Vgl. SHD/DAA, 2 E/2906: Vermerk [1953?], S. 2.

[21] Vgl. Geiger, Britain and the Economic Problem, S. 96 f.

[22] Vgl. Hammerich, Jeder für sich, S. 89 f. Ausführlich hierzu: ebd., S. 82–93. Abelshauser hingegen bezweifelt, dass die für die 1950er Jahre zu konstatierende Wachstumsschwäche der britischen Wirtschaft unmittelbar auf die hohen Verteidigungsausgaben zurückgeführt werden kann. Er sieht es genau umgekehrt: Vielmehr sei es die Schwäche der britischen Wirtschaft gewesen, die hohe Verteidigungsausgaben auf Dauer untragbar habe erscheinen lassen. Für Großbritanniens wirtschaftliche Probleme seien andere Gründe maßgebend gewesen. Vgl. AWS, Bd 4 (Beitrag Abelshauser), S. 11–13.

[23] Siehe PA-AA, B 14/II A 7-835: Bericht Blankenhorn (dt. Botschafter in London) über Plowden-Bericht an AA, 16.2.1966.

Souveränitätsverzicht verbundene Integration im Rüstungsbereich überhaupt funktionieren? Würden die Kooperationsforen als Katalysator oder als Hemmschuh wirken?

Etwas besser als bei den Regierungen schien die Zusammenarbeit bereits in der Luftfahrtindustrie zu funktionieren. Im April 1950 schlossen sich die Verbände der Luftfahrtindustrien Belgiens, Frankreichs, der Niederlande, Italiens, Norwegens und Spaniens auf Initiative des Generaldirektors der Fokker-Werke, P.J.C. Vos, zu einem internationalen Industrieverband, der Association Internationale des Constructeurs de Matériel Aéronautique (AICMA), zusammen[24]. Bereits im Mai 1949 hatten die französischen und italienischen Verbände einen Koordinationsausschuss gegründet. Die Unternehmen waren zu der Einsicht gelangt, dass es vor dem Hintergrund der angespannten Haushaltslage der Nationalstaaten und der kostspieligen Forschungs- und Entwicklungsarbeiten unumgänglich wäre, untereinander zu kooperieren. Konkret dachte man an eine Koordinierung der Produktion und eine gegenseitige industrielle Verflechtung. So sollten in jedem Mitgliedstaat bestimmte Bauelemente gefertigt werden und Endmontagen möglich sein. Geheimhaltungsgründe, die die Unternehmen bislang geltend machten, und nationale Egoismen sollten, so ließ man verlauten, der Vergangenheit angehören. Für die Zukunft strebte man, wie Georges Héreil, Präsident der AICMA und zugleich Präsident der französischen Union Syndicale des Industries Aéronautiques (USIA) vollmundig verkündete, eine Bündelung des auf dem Kontinent vorhandenen Potenzials, die gemeinsame Nutzung vorhandener Einrichtungen und eine enge Zusammenarbeit bei Forschung, Entwicklung und Herstellung an. Dabei vergaß man freilich nicht, auf die Vorzüge gemeinsamer Wartungs- und Reparaturwerkstätten hinzuweisen. Nicht zuletzt besaß die Gründung eines europäischen Luftfahrtverbandes auch eine anti-amerikanische und anti-britische Komponente, da beide Mächte über die stärksten Luftfahrtindustrien der westlichen Welt verfügten, gegen die es zu bestehen galt. Man befürchtete, die erfolgreiche Verbreitung angelsächsischer Luftfahrttechnik in Europa wie auch auf den anderen Kontinenten würde über kurz oder lang zum Verschwinden der heimischen Anbieter führen. Héreil sah zu einem europäischen Zusammenschluss keine Alternative: Es gehe um eine »Frage von Tod oder Leben«, man habe nur die Wahl zwischen »Europäische[m] Schulterschluss oder Untergang«.

Die Integrationsbestrebungen der europäischen Luftfahrtunternehmen sollten letztlich dem Zweck dienen, die unter der staatlichen Finanzknappheit leidenden Industrien zu retten, doch zeigte man sich bemüht, die eigenen Interessen rhetorisch geschickt zu verpacken und den Zusammenschluss als Beitrag zur europäischen Einigung zu deklarieren. Héreil hob in seinem nur wenige Wochen nach der Unterzeichnung des EVG-Vertrags in der Fachzeitschrift »Interavia« veröffentlichten Beitrag die Verantwortung seiner Branche für das europäische Einigungswerk sowie die friedensstiftende Wirkung einer industriellen Verflechtung hervor: Verfüge jeder über dasselbe Material, so wären Kriege untereinander geradezu aussichtslos[25]. Zwar sprach man in Industriekreisen öffentlich

---

[24] Aus der AICMA ging später die Association Européenne des Constructeurs de Matériel Aérospatial (AECMA) hervor, die sich im Jahre 2004 mit zwei weiteren Verbänden, der European Defence Industries Group (EDIG) und Eurospace, zur AeroSpace and Defence Industries Association of Europe (ASD) zusammenschloss. Näheres hierzu unter: http://www.asd-europe.org [4.6.2014].

[25] Vgl. Héreil, Die Werkgemeinschaft (Zitate S. 435, 437); AMAE, DE-CE, NL Wormser, 99, Bl. 124–130, hier Bl. 129: Bericht USIA, 7.2.1955. Héreil war ferner Präsident des staatlichen

nicht explizit von einer gemeinsamen Rüstungsproduktion, aber weil zivile und militärische Luftfahrttechnologie nur schwer zu trennen waren, ist stark davon auszugehen, dass eine Zusammenarbeit im Rüstungsbereich mit auf der Agenda stand. Abgesehen davon war jedem Industriellen klar, dass staatliche Aufträge, und um solche handelte es ich bei Rüstungsaufträgen, von entscheidender Bedeutung für die Industrie sein würden, denn nur durch staatliche Aufträge ließen sich Forschungs- und Entwicklungskapazitäten aufbauen und unterhalten sowie Planungssicherheit auf längere Sicht erreichen. Die Ausführungen Héreils klangen für die damalige Zeit zweifellos fortschrittlich und idealistisch, da sie einen radikalen Bruch mit der Vergangenheit darstellten, doch es zeigte sich schon bald, dass die Ziele der AICMA aufgrund des nach wie vor ausgeprägten Konkurrenzverhaltens der nationalen, von ihren jeweiligen Regierungen unterstützten Industrien eher Wunschdenken waren. Der Kampf um den deutschen sowie westeuropäischen Rüstungsmarkt, der bereits während der Zeit der EVG-Rüstungsplanungen (1952–1954) einsetzte, ist hierfür ein gutes Beispiel, wie noch zu zeigen sein wird.

## 2. Eine Geschichte des Scheiterns? Die Rüstungszusammenarbeit innerhalb der NATO, 1949–1954

### a) Die Behandlung rüstungswirtschaftlicher Fragen im Brüsseler Pakt und im Nordatlantischen Bündnis, 1949–1951

Um die NATO in ein funktionsfähiges und schlagkräftiges Verteidigungsbündnis zu verwandeln, war es unerlässlich, die rüstungswirtschaftliche Zusammenarbeit zwischen ihren Mitgliedern zu koordinieren und zu verbessern sowie das Problem der Lastenteilung zu lösen. Als treibende Kraft erwiesen sich dabei die USA. Diese waren mit den Rüstungsanstrengungen ihrer Partner alles andere als zufrieden. Während die USA ihren Verbündeten im Rahmen des Marshall-Plans und des Militärhilfeprogramms umfangreiche Unterstützung für den Wiederaufbau ihrer Volkswirtschaften und Streitkräfte gewährten, begnügten sich ihre Verbündeten mit der Rolle der »sicherheitspolitischen Trittbrettfahrer«[26]. Zwar erhöhten die Europäer infolge der Schwerpunktverlagerung der Amerikaner von der Wirtschaftshilfe auf die Militärhilfe ihre eigenen Verteidigungsausgaben (1950/51), doch nach Auffassung Washingtons war das Engagement nach wie vor völlig unzureichend, um den Streitkräften der Sowjetunion und deren Satellitenstaaten Paroli bieten zu können. Die USA versuchten daher anlässlich der Militärplanungen des Bündnisses, die bestehenden Defizite und Versäumnisse der NATO-Mitglieder schonungslos offen zulegen und sie von der Notwendigkeit verstärkter Rüstungsanstrengungen zu überzeugen. Im Interesse der Europäer lag es hingegen, ihre laufenden Verteidigungsprogramme als das maximal Mögliche zu präsentieren

---

französischen Luftfahrtkonzerns SNCASE. Untersuchungen zur Geschichte der AICMA, ihren Nachfolgeverbänden und den Kooperationsplänen der europäischen Luftfahrtindustriellen sind Desiderate.

[26] Hammerich, Jeder für sich, S. 37.

und auf die drohenden Gefahren für die wirtschaftliche, finanzielle und letztlich auch politische Stabilität hinzuweisen[27].

Ab 1950 unternahm die NATO den Versuch, gemeinsame Streitkräfteziele zu formulieren, eine Erfassung und Bewertung der nationalen Verteidigungslasten vorzunehmen und daraus ein tragfähiges und gerechtes Lastenteilungsverfahren zu erarbeiten[28]. Die Schwierigkeit bestand darin, einen Weg zu finden, wie sich militärische Aufrüstung und wirtschaftlicher Wiederaufbau miteinander in Einklang bringen ließen. Sowohl die zwischen den USA, Großbritannien und Frankreich aufgenommenen Verhandlungen als auch die bündnisinternen Versuche zur Lösung des Lastenteilungsproblems waren jedoch nicht von Erfolg gekrönt. Eine Einigung konnte lediglich über ein NATO-Infrastrukturprogramm erzielt werden. Als Hemmnis erwies sich, dass zunächst einheitliche Ermittlungsgrundlagen fehlten und die unterschiedlichen Wirtschafts- und Finanzdaten der Nationalstaaten nicht auf einen Nenner gebracht werden konnten. Ein weiterer Nachteil bestand darin, dass die Wirtschaftsexperten des Bündnisses ohne militärische Experten auskommen mussten. Eine Abstimmung der Rüstungs- und Militärplanungen war somit unmöglich erreichbar. Ferner zeigte sich, dass die Regierungen den NATO-Behörden äußerst ungern Einblick in ihre nationalen Planungen gewähren wollten. Das Financial and Economic Board (FEB) der NATO gelangte immerhin zu einem Sachstandsbericht, der die erste systematische und umfassende Untersuchung der Schwierigkeiten der NATO-Staaten darstellte, aufgrund der begrenzten Befugnisse des Gremiums allerdings keine konkreten Vorschläge zu einer gerechten Lastenteilung enthielt[29].

Zum entscheidenden Durchbruch in der Lastenteilungsfrage kam es schließlich bei der NATO-Ratstagung in Ottawa im September 1951. Dort einigten sich die Bündnismitglieder auf die Einsetzung des mit weitreichenden Befugnissen ausgestatteten Temporary Council Committee (TCC). Unter der Leitung Monnets, Averell Harrimans (USA) und Sir Edwin N. Plowdens (UK) nahm das TCC alle Verteidigungs- und Rüstungsprogramme der Bündnismitglieder unter die Lupe, führte Gespräche mit Regierungsvertretern und erarbeitete gemeinsam mit Wirtschaftsfachleuten des OEEC Empfehlungen. Am Ende legte das TCC einen äußerst umfangreichen Abschlussbericht vor, in dem erstmals seit Bestehen der NATO gemeinsame Streitkräfteziele als Basis für die Aufrüstungsprogramme der Mitgliedstaaten fixiert wurden. Bemerkenswert war, dass Aufrüstung und wirtschaftlicher Wiederaufbau miteinander gleichgesetzt wurden und zwei Seiten einer Medaille bildeten. Dafür hatten sich besonders die kleinen und wirtschaftlich schwächeren Bündnismitglieder stark gemacht. Die USA hatten hingegen weiterhin das Ziel verfolgt, ihren Verbündeten größeren Einsatz bei der Rüstung abzuverlangen[30].

---

[27] Vgl. ebd., S. 45.
[28] Das Problem der Lastenteilung ist sehr ausführlich beschrieben bei Hammerich, Jeder für sich. Kurzfassungen: Hammerich, Invasion oder Inflation; Hammerich, Operation Wise Men.
[29] Siehe Hammerich, Jeder für sich, S. 36–60, 63–82, 133–154.
[30] Hierzu und zum Folgenden Hammerich, Jeder für sich, S. 154–364; Hammerich, Invasion oder Inflation, S. 35–37; Hammerich, Operation Wise Men, S. 145–151; Ismay, NATO. The First Five Years, S. 43–48.

Die Empfehlungen des Gremiums zur Schließung der vorhandenen Streitkräftelücken wurden auf der im Februar 1952 stattfindenden Lissabonner NATO-Ratstagung angenommen. Schon im Vorfeld hatte sich angekündigt, dass der MTDP in seiner ursprünglichen Form kaum zu realisieren war, sodass die NATO-Vorgaben etwas nach unten korrigiert und zeitlich gestreckt wurden. Ein Schlussstrich unter die Leistungsteilungsdebatte wurde damit aber keineswegs gezogen, denn schon bald zeigte sich, dass die Konflikte innerhalb der Allianz weiter schwelten und Schwierigkeiten bei der Umsetzung der Planziele eintraten. Es war unübersehbar, dass die Westeuropäer doch ihren volkswirtschaftlichen Interessen, und damit auch innenpolitischen Rücksichtnahmen, Priorität einräumten und verstärkten Rüstungsanstrengungen eine untergeordnete Rolle beimaßen. Volkswirtschaftliche Überlegungen genossen eindeutig Vorrang. Man setzte weiterhin unvermindert auf möglichst großzügige US-Militärhilfe. Dem Bündnis gelang es daher letztlich nicht, eine gemeinsame Streitkräfteplanung wirklich durchzusetzen. So waren auch die Pläne Washingtons durchkreuzt, seine Partner auf einen verpflichtenden Verteidigungsplan festzulegen. Im April 1953 mussten die Streitkräfteplanungen der NATO dann nochmals gedrosselt werden. Dies kam im Grunde auch den Briten und Amerikanern entgegen, die im selben Jahr aus einer Reihe wirtschaftlicher, finanzieller und politischer Gründen ihre Militäretats kürzten, verbunden mit der Absicht, mit der Einführung neuer, vermeintlich kostengünstiger Waffen – dabei dachte man an taktische Atomwaffen – die Lücken im konventionellen Bereich auszugleichen.

Parallel zur Behandlung des Lastenteilungsproblems etablierten sich innerhalb des Bündnisses erste Ausschüsse und Arbeitsgruppen sowie eine Standardisierungsagentur. Sie befassten sich nicht nur mit den übergeordneten wirtschaftlichen und finanziellen Aspekten der Verteidigung und der militärischen Bedarfsermittlung, sondern auch mit der Koordinierung von Rüstungsproduktionsprogrammen und der Vereinheitlichung von Vorschriften, Verfahrensabläufen und Militärgütern. Erste mühsame Gehversuche auf diesem Gebiet hatten Frankreich, Großbritannien und die Benelux-Staaten bereits im Rahmen des Brüsseler Paktes, auch Westunion genannt, unternommen[31]. Den Beteiligten war im Grunde klar, dass es sowohl aus militärischen als auch aus wirtschaftlichen Gründen von wesentlicher Bedeutung sein würde, die Ausrüstung ihrer Streitkräfte zu vereinheitlichen und bei der Rüstungsproduktion und -beschaffung eng zusammenzuarbeiten[32]. Doch was aus militärischer Sicht völlig einleuchtend schien, sollte sich in der Praxis als gewaltige Herausforderung erweisen. Im Herbst 1948 wurden innerhalb des Brüsseler Paktes das Financial and Economic Committee (FEC) und das Military Supply

---

[31] Die Rüstungsplanungen des Brüsseler Paktes sind von der zeithistorischen Forschung noch nicht im Detail untersucht. Lediglich Megens, American Aid to NATO-Allies, S. 44 f., 74–81, geht im Rahmen ihrer Studie über die US-Militärhilfe für die Niederlande näher darauf ein. Die Aktenbestände des Paktes befinden sich in den National Archives des Vereinigten Königreiches (ehemals Public Record Office, PRO) unter der Signatur PRO/DG. Siehe ferner AMAE, [Service des] Pactes [1947–1950], 8: Verschlusssachen. Allgemein zum Brüsseler Pakt: Kaplan, Die Westunion und die militärische Integration; Krieger, Gründung und Entwicklung des Brüsseler Paktes; Vaïsse, L'échec d'une Europe franco-britannique; Varsori, Il patto di Bruxelles; Zeeman, Der Brüsseler Pakt. Siehe auch Dietl, Emanzipation und Kontrolle, Bd 1, S. 54–74, demzufolge die fünf Mitgliedstaaten den Brüsseler Pakt als ein Mittel europäischer Eigenständigkeit, als »Instrumentarium zur kollektiven Emanzipation der Nationalstaaten Europas«, betrachtet hätten. Ebd., S. 57.

[32] Vgl. Knapp, Ökonomische Aspekte, S. 290.

Board (MSB) ins Leben gerufen, deren Aufgabe die Ausarbeitung und Durchführung eines gemeinsamen Rüstungsplanes war. Dem MSB war ein Supply Executive Committee (SEC) zugeordnet, das die Tagesgeschäfte übernahm und über zahlreiche, für verschiedene Materialkategorien zuständige Unterausschüsse und Spezialarbeitsgruppen verfügte. Als nachteilig erwies sich allerdings, dass der Brüsseler Pakt sich nicht auf ein Gemeinschaftsbudget stützen konnte[33]. Im März 1949 verabschiedeten die Brüsseler Vertragsstaaten ein auf zwei Jahre angelegtes Additional Military Production Programme (AMP), das sie mit einer offiziellen Anfrage an Washington nach Militärhilfe verbanden. Das Gesamtvolumen des AMP belief sich auf insgesamt 600 Mio. US-Dollar. Für das erste Jahr (1949/50) veranschlagte man 200 Mio. US-Dollar, für das darauffolgende Jahr (1950/51) 400 Mio. US-Dollar. Die USA zeigten sich alles andere als erfreut darüber, dass die Paktstaaten ihnen die Rolle des Zahlmeisters zugedacht hatten, die Verteilung der Hilfen aber in eigener Regie vornehmen wollten. Trotzdem erklärten sie schließlich ihre Bereitschaft, das AMP mit der Lieferung von Rohstoffen und Materialkomponenten zu unterstützen. Keinesfalls war Washington bereit, die Verteilung der Militärhilfe den Europäern zu überlassen und damit die eigenen Kontroll- und Einflussmöglichkeiten aus der Hand zu geben[34].

Zum großen Zankapfel wurde innerhalb der Westunion die Finanzierungsfrage, denn die Briten bestanden darauf, dass die Kosten für die Aufträge des Gemeinschaftsprogramms von den jeweiligen Herstellerstaaten getragen werden müssten. Belgiens Außenminister Spaak wehrte sich entschieden dagegen, die Industriekapazitäten seines Landes ohne finanzielle Gegenleistung belegen zu lassen und es zum Mitfinanzier der Aufrüstung anderer Staaten, insbesondere Frankreichs, zu machen. Die fünf Mitgliedstaaten akzeptierten schließlich den britischen Lösungsvorschlag, fassten aber ins Auge, den Herstellerländern die entstandenen Kosten zurückzuerstatten, falls die USA das Programm doch durch zusätzliche Dollarhilfen unterstützen sollten[35].

Die Ergebnisse der Brüsseler Pakt-Organisation im Rüstungsbereich waren insgesamt ernüchternd, denn die Mitgliedstaaten hatten es nicht geschafft, Militärpolitik und Wirtschafts- und Finanzpolitik aufeinander abzustimmen. Ebenso wenig war es ihnen gelungen, eine funktionierende Militärorganisation zu schaffen[36]. An der Anfang 1949 von Spaak hervorgebrachten Klage, wonach »there still seem to be too many generals and no armies whatever«, hatte sich offensichtlich wenig geändert. Im Kreise der Brüsseler-Pakt-Staaten waren Pläne für die Verteidigung entlang des Rheins und die Schaffung von Kommandostrukturen ausgearbeitet sowie ein gemeinsames Rüstungsprogramm

---

[33] Vgl. Jordan, The NATO International Staff, S. 230 f.; Release of NATO-Information, Final Report (DES(92)1), II, S. 25 f.; Release of NATO-Information, Second Final Report (DES(94)2), VIII, S. 22, 46, 49, 65, 81, 90.

[34] Vgl. Dietl, Emanzipation und Kontrolle, Bd 1, S. 71; Kaplan, A Community of Interests, S. 157; Knapp, Ökonomische Aspekte, S. 304; Megens, American Aid to NATO-Allies, S. 44 f., 74–78 (zum niederländischen Anteil an dem Programm, S. 78–81); Megens, Problems of Military Production Co-ordination, S. 279 f.; Vial, Le réarmement de la Marine, S. 136.

[35] Vgl. Massigli, Une comédie des erreurs, S. 127–129; Megens, American Aid to NATO-Allies, S. 74 f.

[36] Vgl. Krüger, Sicherheit durch Integration?, S. 135. Für einen knappen Überblick über die Planungen des Brüsseler Paktes und die Rolle der USA siehe Kaplan, Die Westunion und die militärische Integration, S. 41–56.

entworfen worden, aber »nothing effective has been accomplished in allocating responsibility for [the] manufacture and supply [of] weapons among [the] five powers, even [in the] matter [of] small arms and machine guns«[37]. Selbst der Vorsitzende des Ausschusses der Befehlshaber des Brüsseler Paktes, der britische Field Marshall Bernard L. Montgomery, äußerte sich mehrfach negativ über die eigene Organisation und zweifelte, ob es jemals gelingen würde, diese zu einem effektiven militärischen Instrument zu machen[38]. Des Weiteren war das Verhältnis zwischen dem »Luxemburg Plan«, einem am 15. Juli 1949 beschlossenen Streitkräfteziel des Brüsseler Pakts[39], und den NATO-Streitkräfteplanungen völlig unklar.

Im US-Außenministerium witzelte man: »Notwithstanding our efforts to do so, we have not yet been able to find out its exact relationship to the NATO Medium Term Plan«. So sehr man im State Department die Aufrüstungsbekenntnisse der Paktmitglieder grundsätzlich begrüßte: Aus Washingtoner Sicht schienen die Westeuropäer ihr Bündnis zu überschätzen, denn die Musik spielte bekanntlich in zunehmenden Maße auf der NATO-Bühne. Zudem stand außer Frage, dass das westeuropäische Ensemble nicht ohne die massive Hilfe des amerikanischen Dirigenten auskommen würde. In Washington erblickt man in dem Regionalpakt daher sogar eher einen Hemmschuh für die Nordatlantische Allianz: »this tendency to wear a Western Union hat has been a retarding influence in NAT[O] planning«[40]. Bei näherem Hinsehen erscheint die Schelte des Außenministeriums aber verwunderlich, denn das Pentagon war über die Vorgänge im Pakt nicht nur bestens informiert, sondern sogar selbst in die dortigen Arbeiten involviert[41].

Der französische General Jean Cherrières, Chef des Ständigen Stabes beim Ratspräsidium der Westunion, fällte in einem im März 1950 an Verteidigungsminister Pleven gerichteten Schreiben ein vernichtendes Urteil. Er bemängelte, dass es dem MSB trotz der Bemühungen der französischen Vertreter nicht gelungen sei, ein koordiniertes und langfristiges Rüstungsproduktionsprogramm auf die Beine zu stellen und die angestrebte Materialstandardisierung zu erreichen. Als noch schlechter bezeichnete er die Bilanz des Finanz- und Wirtschaftsausschusses. Die Gremien der Westunion hielt er für unfähig zur Entscheidungsfindung; den weniger an der Verteidigung des Kontinents, sondern mehr am Schutz ihrer Inseln interessierten Briten unterstellte er Störmanöver. Ähnliche Klagen kamen aus dem Quai d'Orsay. Im Frühjahr 1950 war der Finanz- und

---

[37] FRUS 1949, IV, S. 64: (Alan G.) Kirk (US-Botschafter in Belgien) an Acheson, 2.2.1949; vgl. auch Krieger, Gründung und Entwicklung des Brüsseler Paktes, S. 200.

[38] Vgl. Kaplan, Die Westunion und die militärische Integration, S. 43; Zeeman, Der Brüsseler Pakt, S. 416, 424.

[39] Siehe Zeeman, Der Brüsseler Pakt, S. 415 f.; siehe ferner AWS, Bd 1 (Beitrag Greiner), S. 226 f.

[40] FRUS 1950, III, S. 1491–1495, hier S. 1494, 1495 (Zitate in dieser Reihenfolge): (George W.) Perkins (Staatssekretär für Europaangelegenheiten im State Dept.) an Dunn (US-Botschafter in Italien), 27.6.1950. Der harschen Kritik des Außenministeriums stand die Schönfärberei des Pentagon entgegen, das dem US-Kongress den Brüsseler Pakt als Beleg der Selbsthilfe und des Integrationswillens der Westeuropäer zu verkaufen versuchte. Vgl. Kaplan, Die Westunion und die militärische Integration, S. 42. Auf französische Initiative hin war die Überprüfung der Luxemburger Richtlinien im Frühjahr 1950 der Ständigen Gruppe der NATO übertragen worden. Vgl. Zeeman, Der Brüsseler Pakt, S. 420.

[41] Siehe dazu Kaplan, Die Westunion und die militärische Integration, S. 48–55.

Wirtschaftsausschuss am Ende, weil es nicht gelungen war, sich auf ein für alle Beteiligten zufriedenstellendes Lastenteilungsverfahren zu einigen[42]. Im Sommer entschied der Militärausschuss, seine Arbeit im Rahmen der NATO fortzuführen[43]. Einen gewissen Hoffnungsschimmer sah man beim französischen Generalstab der Landstreitkräfte im technischen Informationsaustausch. Die Arbeiten verliefen hierbei zwar schleppend, aber sie förderten neben Schwächen auch Stärken der französischen Rüstungstechnik zutage – zu Letzteren gehörten vor allem Artillerie- und Handfeuerwaffen – und ermöglichten somit eine aktuelle »Standortbestimmung«. Auf dem Rüstungsmarkt des Brüsseler Paktes sah man für heimisches Militärgerät gute Absatzchancen. Ferner glaubte man im Gegenzug von Technologien der Partner profitieren zu können, womit man in erster Linie die Briten im Blick gehabt haben dürfte[44].

Dass die Rüstungsplanungen scheiterten, lag aber keineswegs nur an den Gremien der Westunion – sie bestanden wohlgemerkt aus Vertretern der Nationalstaaten und spiegelten somit die nationalen Interessenlagen wider –, sondern ist maßgeblich darauf zurückzuführen, dass die Mitglieder des Brüsseler Paktes schlichtweg nicht die erforderlichen Finanzmittel bereitstellen wollten. Stattdessen blickten sie erwartungsvoll nach Washington. Von dort erhoffte man sich eine möglichst großzügige Militärhilfe. Am Misserfolg der Planungen hatten auch die Franzosen ihren Anteil. Regierung und Parlament dachten angesichts der Haushaltslage und Zahlungsbilanzprobleme nicht daran, die Verteidigungsausgaben nennenswert zu erhöhen. Unter Verweis auf die Kosten des Indochina-Krieges und die mit der Aufrüstung verbundenen Risiken für den wirtschaftlichen Gesundungsprozess schlüpfte Paris gegenüber den USA lieber in die Rolle des Bittstellers. Aufgrund der immer prekärer werdenden Situation der französischen Truppen in Fernost und der daraus resultierenden Prioritätsverschiebung geriet der Aufbau europäischer Streitkräfte für Paris eindeutig in den Hintergrund[45]. Mitverantwortlich für die Misere waren zudem Transferprobleme: So scheiterte im Sommer 1948 eine Lieferung von 60 britischen Kampfflugzeugen nach Frankreich an inkompatiblen Zahlungsmodalitäten[46].

Uneinigkeit herrschte ferner in der Frage eines deutschen Verteidigungsbeitrages. Während die Niederlande einen solchen mit dem Hintergedanken befürworteten, das eigene Budget schonen und die Verteidigung ihres Territoriums weiter nach Osten verschieben zu können, sprach sich Großbritannien dafür aus, die vorhandenen Ressourcen lieber in die Ausstattung der Militärverbände der Mitgliedstaaten zu investieren. Auch wollte man nicht die UdSSR provozieren. Italien, das Militärbündnissen ohnehin kritisch gegenüberstand, fühlte sich angesichts eines solchen Chaos in seiner ablehnenden Haltung bestätigt[47]. Die Erfüllung der Planziele des Paktes war unter den gegebenen Umständen reines Wunschdenken. Damit wurde auch die ins Auge gefasste Verteidigung

---

[42] Vgl. Guillen, Frankreich und die Frage der Verteidigung Westeuropas, S. 113 f.
[43] Vgl. Kaplan, Die Westunion und die militärische Integration, S. 44.
[44] Vgl. SHD/DITEEX, NL Blanc, 1 K 145/14-1: Vermerk Generalstabschef des Heeres, Entwurf, o.D.
[45] Vgl. Facon, L'armée de l'Air, S. 77–79.
[46] Vgl. Krieger, Gründung und Entwicklung des Brüsseler Paktes, S. 200.
[47] Vgl. Krüger, Sicherheit durch Integration?, S. 141. Zur neutralistischen Haltung Italiens siehe Rainero, Militärische Integration; Breccia, Italien und die EVG, S. 181 f.

entlang der Rhein–Ijssel-Linie, und erst recht eine Verteidigung ostwärts, zu einem reinen Phantasieprodukt[48].

Im September 1950 fasste die Westunion in Abstimmung mit der NATO den Entschluss, ihre Rüstungsorganisation schrittweise in die NATO zu überführen. Sie ging 1950/51 in den neuen Gremien des Bündnisses auf[49]. Mit der Gründung der NATO hatte der Brüsseler Pakt ohnehin massiv an Bedeutung verloren. Die Einbindung der Atommacht USA in die gemeinsame Verteidigung bot aus Sicht der militärisch schwachen Europäer die beste Schutzgarantie. Die Herausbildung eigener Sicherheitsstrukturen schien daher überflüssig. Zudem war die NATO nicht mit Souveränitätseinbußen verbunden, denn die Zusammenarbeit vollzog sich auf intergouvernementaler Ebene und beließ den Staaten somit die Entscheidungsfreiheit in der Außen- und Sicherheitspolitik. Die Integration, die zweifelsohne ein Novum war, beschränkte sich auf die militärisch-operative Ebene. Schon kurze Zeit nach dem Ausbruch des Korea-Krieges versank der Brüsseler Pakt endgültig in der Bedeutungslosigkeit. Ende 1950 beschloss der Konsultativrat, dass der Brüsseler Pakt nicht mehr notwendig sei. Dieser bestand zwar weiterhin fort und wurde künstlich am Leben gehalten, besaß aber verteidigungspolitisch keine nennenswerte Bedeutung mehr[50]. Zum Niedergang der Organisation hatte auch die US-Militärhilfe beigetragen. Mit ihr »bliesen« die Amerikaner dem Bündnis buchstäblich »das Licht der Integration aus«[51].

Zu den federführenden NATO-Gremien, die sich sowohl in weiterem als auch engerem Sinne mit Rüstungsfragen beschäftigten, gehörten in der Anfangsphase das Defence Financial and Economic Committee (DFEC) und das Military Production and Supply Board (MPSB), auf dessen Gründung sich der NATO-Rat im November 1949 verständigt hatte. Beide Gremien verfügten über einen Ständigen Arbeitsstab mit Sitz in London[52]. Dem aus den Finanz- und Wirtschaftsministern der zwölf NATO-Mitgliedstaaten bestehenden DFEC oblag es, in Zusammenarbeit mit dem Militärausschuss und der Standing Group (Ständigen Gruppe)[53] sowie dem MPSB, die allgemeinen wirtschaftlichen und finanziellen Richtlinien und die Grenzen zukünftiger Rüstungsprogramme auszuarbeiten, die die NATO-Staaten gemeinsam oder einzeln im Rahmen der ihnen zur Verfügung stehenden Ressourcen durchzuführen hatten. Außerdem war ihm die Aufgabe übertragen, die finanziellen und wirtschaftlichen Auswirkungen der vom MPSB oder dem Militärausschuss ausgearbeiteten Vorhaben abzuschätzen, ferner die Verfügbarkeit an Rohstoffen, Kapital und Arbeitskräften

---

[48] Zu den Verteidigungs- und Streitkräfteplanungen des Brüsseler Paktes: AWS, Bd 1 (Beitrag Greiner), S. 213−230.
[49] Vgl. Release of NATO-Information, Final Report (DES(92)1), II, S. 25 f.; Release of NATO-Information, Second Final Report (DES(94)2), VIII, S. 22, 46, 49, 65, 81, 90. Allgemein zum Aufbau der Bündnisstrukturen: Jordan, The NATO-International Staff; Rebhan, Der Aufbau, S. 210−215; Woyke, Die Militärorganisation der NATO.
[50] Vgl. Kaplan, Die Westunion und die militärische Integration, S. 44; Krüger, Sicherheit durch Integration?, S. 140 f.; Zeeman, Der Brüsseler Pakt, S. 424.
[51] Krüger, Sicherheit durch Integration?, S. 138; vgl. auch Watt, Bemerkungen, S. 370.
[52] Zum Folgenden: Hammerich, Jeder für sich, S. 50, 139−141; Ismay, NATO. The First Five Years, S. 25, 27; Release of NATO-Information, Final Report (DES(92)1), II, S. 13−15.
[53] Der Ständigen Gruppe mit Sitz in Washington gehörten die USA, Großbritannien und Frankreich an. Kanada hatte seinen Sitz zugunsten Frankreichs geräumt.

zu berücksichtigen sowie entsprechende Empfehlungen zu erteilen. Darüber hinaus sollte er Finanzierungsmöglichkeiten und -modalitäten, insbesondere für den Austausch von Ausrüstung, überschüssigen Vorräten oder Material empfehlen. In seinen Zuständigkeitsbereich fiel ebenfalls die Devisenproblematik, mit der bei Importen von Material oder Ausrüstung aus Nichtmitgliedstaaten zu rechnen war. Dem DFEC fiel somit die schwierige Aufgabe zu, statistisches Material aus den NATO-Staaten zusammenzutragen und auszuwerten, eine Berechnungsmethode für die Verteidigungslasten zu ermitteln und eine gesicherte Grundlage für eine Bestandsaufnahme der rüstungswirtschaftlichen Leistungsfähigkeit der Bündnismitglieder zu erhalten. Zudem hatte das Gremium sich mit der Ressourcenmobilisierung in Krisenzeiten zu befassen.

In den ersten Monaten verlief die Tätigkeit des Ausschusses und seiner Unterausschüsse recht schleppend. Als großes Problem erwies sich, dass die Wirtschaftsfachleute und die Militärplaner jeweils auf Informationen der anderen Seite warteten, um mit der eigenen Arbeit anzufangen: während die Wirtschaftsfachleute von den Militärs zuerst Auskunft über den Streitkräfteaufbau verlangten, um die anfallenden Kosten abschätzen zu können, erbaten die Militärfachleute von den Wirtschaftsexperten zuerst Angaben zu den verfügbaren Ressourcen für ihre Streitkräfteplanungen. Zwar habe man, so eine kritische amerikanische Zwischenbilanz, bei der Prüfung der nationalen Verteidigungsausgaben einiges erreichen können, nicht aber bei den Ressourcen und Verteidigungslasten.

Im April 1950 einigten sich die NATO-Mitglieder darauf, das Problem der Koordinierung zwischen den zivilen und militärischen Organen anzugehen, über die genaue Rolle und Befugnisse des DFEC bestanden innerhalb der NATO allerdings nach wie vor unterschiedliche Auffassungen. Besonders das angesichts hoher Verteidigungsausgaben schwächelnde Großbritannien verfolgte, unterstützt durch Belgien und Italien, den Grundsatz, wonach die ökonomischen Fakten zuerst auf dem Tisch liegen müssten, bevor man an militärische Planungen gehen dürfe. So dauerte die Lähmung des DFEC bis ins Frühjahr 1951 an, als es schließlich in das neue FEB überführt wurde. Zwischenzeitlich hatte man aufgrund des Durcheinanders zwischen den zivilen und militärischen Akteuren einen Ständigen Rat der Stellvertreter geschaffen, der das Spannungsverhältnis zwischen ausreichenden Streitkräften und wirtschaftlichen und finanziellen Ressourcen als zwei Seiten einer Medaille betrachten sollte. Der Arbeitsstab des DFEC wurde ihm unmittelbar unterstellt.

Das DFEC war jedoch nicht das einzige Gremium, das sich auf dem wirtschaftlichen und finanziellen Gebiet der Verteidigung betätigte. Infolge des Korea-Krieges und der daraus resultierenden Ressourcenverknappung richtete die NATO Ende Oktober 1950 die Economic and Financial Working Group (GTEF)[54] ein, die Anfang 1951 mit Unterstützung der OEEC und deren Experten das erste Lastenteilungsprojekt der NATO in Angriff nahm. Sie war den Ratsstellvertretern verantwortlich. Zur Verbesserung der Zusammenarbeit zog die Arbeitsgruppe im Januar 1951 von London nach Paris, dem Sitz der OEEC, um. Mit der Ausarbeitung gemeinsamer Analysestandards beauftragte man eine eigens geschaffene Untergruppe, die Working Group of Twelve. Doch der Lastenteilungsversuch entpuppte sich letzten Endes als Fehlschlag. Nach wie vor

---

[54] Die Abkürzung GTEF leitet sich von der französischen Bezeichnung Groupe de Travail Économique et Financier ab.

mangelte es an einheitlichen Begriffsdefinitionen und Kriterien, die zur Erfassung und Auswertung der Wirtschafts- und Finanzdaten sowie zur Ausarbeitung eines tragfähigen Lastenteilungskonzepts unerlässlich waren. Ein weiterer wichtiger Grund bestand darin, dass die USA sich zwar zu einer Verteilung ihrer Militärhilfe durch eine internationale Institution bereit zeigten, sich aber weiterhin den Abschluss bilateraler Abkommen vorbehielten, was im Grunde kein Fortschritt zur bisherigen Praxis bedeutete. Eine weitere Schwierigkeit bestand darin, dass die europäischen Bündnismitglieder das ganze Vorhaben im Gegensatz zu den USA unabhängig vom MTDP betrachteten, nach wie vor von ihren nationalen Militärprogrammen ausgingen und auf die Modifizierung des MTDP, genauer gesagt auf dessen Reduzierung, zielten[55].

Wegen der langsamen Fortschritte bei den Verteidigungsplanungen und der Lastenteilungsfrage regte man vonseiten des US-Außenministeriums im Februar 1951 an, die Behandlung wirtschaftlicher und finanzieller Probleme der NATO in einem einzigen Gremium zusammenzufassen und dieses mit weiterreichenden Kompetenzen auszustatten. Es sollte den Mitgliedstaaten direkte Empfehlungen erteilen können, wogegen sich aber die Ratsstellvertreter erfolgreich zur Wehr setzten. Die Regierungen, allen voran die kanadische, waren nicht bereit, einem neuen Gremium Entscheidungskompetenzen mit verbindlichem Charakter zuzugestehen. Im Mai 1951 entstand schließlich das FEB, das in Paris angesiedelt wurde, den Ständigen Arbeitsstab des DFEC ablöste und die Aktivitäten der GTEF, der Ende 1950 geschaffenen Advisory Group on Raw Material sowie der anderen Arbeitsgruppen der Ratsstellvertreter bündelte und aufsog. Unterstützung erhielt das FEB durch sechs neu geschaffene Untergruppen[56]. Schwerpunkt seiner Tätigkeit sollte die Ausarbeitung von Lösungsansätzen zur Bewältigung der mit der Aufrüstung verbundenen ökonomischen Probleme sowie zur effizienten Verwendung der erforderlichen Mittel der Mitgliedstaaten sein. Von amerikanischer Seite machte man immerhin das Zugeständnis, die Verteilung ihrer Militärhilfe als Teil des Lastenteilungsprozedere zu betrachten und dem FEB in der Angelegenheit eine gewisse Mitsprachemöglichkeit zu geben, wenngleich Washington in der Sache nach wie vor das letzte Wort beanspruchte. Man erhoffte sich, eine solcher Ansatz würde die europäischen Partner kooperationswilliger machen und sie zur Preisgabe der erforderlichen Wirtschafts- und Finanzdaten bewegen können.

Es gelang dem Gremium in der Folgezeit immerhin, wie bereits oben erwähnt, die erste systematische und umfassende Untersuchung der finanziellen und wirtschaftlichen Schwierigkeiten der NATO-Staaten zu erstellen und die unterschiedlichen gesamtwirtschaftlichen Rahmenbedingungen zwischen den USA und den Europäern deutlich aufzuzeigen. Die Europäer konnten dabei darlegen, dass Rüstungsmaßnahmen für sie aufgrund des niedrigen Lebensstandards eine größere Belastung darstellten als für die

---

[55] Siehe Hammerich, Jeder für sich, S. 141–147; Release of NATO-Information, Final Report (DES(92)1), II, S. 15–17.

[56] Die sechs dem FEB zugeordneten Arbeitsgruppen (Groupe de travail, GT) waren: Budget Working Party (GT/1), Working Group on Civil Seaborne Import Requirements in Time of War (GT/2), Statistical Coordination and Screening Group for the Study of the Periodic Collection on Data on Defence Expenditures (GT/3), Working Party on Scarce Materials (GT/4), Working Group on the Atlantic Community (GT/5), Working Group on European Steel Supplies for Rearmament (GT/6).

USA. Diese konnten hohe Verteidigungsausgaben ohne größere Probleme bewältigen. Auch Zeitmangel und begrenzte Entscheidungskompetenzen des FEB sowie die fehlende Einbeziehung militärischer Experten führten schließlich dazu, dass das angestrebte Lastenteilungsprojekt nicht über einen Sachstandsbericht hinausging[57].

### b) Das Military Production and Supply Board, 1949/50

Nicht weniger schwierig gestalteten sich die Bemühungen um eine aufeinander abgestimmte Rüstungsproduktion, mit der die mitunter gravierenden Material- und Fähigkeitslücken der Streitkräfte der westeuropäischen Staaten geschlossen werden sollten. Der Direktive des Verteidigungsausschusses (Defence Committee) vom 5. Oktober 1949 folgend, gründete die NATO das MPSB, das über einen Ständigen Arbeitsstab mit Sitz in London verfügte und bereits Anfang November zu seiner ersten Sitzung zusammentrat. Es war dem Verteidigungsausschuss verantwortlich und sollte enge Kontakte zu den Militär-, Wirtschafts- und Finanzgremien des Verteidigungsbündnisses unterhalten. Eine enge Zusammenarbeit hielt man ferner mit der Standing Group für geboten, die über Detailinformationen über Ausrüstung und Gerät verfügte. Das Tätigkeitsfeld des MPSB erstreckte sich auf das Sammeln und Auswerten rüstungswirtschaftlich relevanter Daten, die Ausarbeitung von Empfehlungen zur Erhöhung der Rüstungsproduktion in den einzelnen Mitgliedstaaten und zum effizienteren Einsatz von Militärhilfe, ferner auf die Erstellung eines koordinierten Rüstungs- und Versorgungsprogramms. Die Bündnismitglieder sollten das Gremium gemäß ihrer wirtschaftlichen und finanziellen Möglichkeiten unterstützen, um die gemeinsamen Streitkräfteziele zu erreichen. Es galt der Grundsatz: »each nation must do its part, as determined by its position and its resources, in relation to the common security of all«[58].

Zu den ersten Studien, die von dem neuen Gremium in Angriff genommen wurden, gehörten eine aktuelle Bestandsaufnahme der Rüstungspläne der europäischen Bündnismitglieder, um eine integrierte Produktion zu ermöglichen, sowie eine Übersicht über die in Europa vorhandenen überschüssigen Bestände an Ausrüstung und Ersatzteilen sowohl amerikanischer als auch europäischer Herkunft, die sich für den innergemeinschaftlichen Transfer eigneten. Priorität hatte darüber hinaus die

---

[57] Siehe Hammerich, Jeder für sich, S. 147–152; Ismay, NATO. The First Five Years, S. 43 f.; Jordan, The NATO International Staff, S. 201 f.; Release of NATO-Information, Final Report (DES(92)1), II, S. 19 f.

[58] Vgl. DFAIT/DCER, 15/392-IV/2: Memorandum, 9.11.1949, Anhang: Memorandum, o.D. (Zitat S. 1), unter: http://epe.lac-bac.gc.ca/100/206/301/faitc-aecic/history/2013-05-03/www.international.gc.ca/department/history-histoire/dcer/details-en.asp@intRefid=9004 [5.6.2014]; Ismay, NATO. The First Five Years, S. 27, 127; Jordan, The NATO International Staff, S. 231–233; Masson, Le cadre institutionnel, S. 186; Megens, Problems of Military Production Co-ordination, S. 280–282; Woyke, Gründung, S. 222; Release of NATO-Information, Final Report (DES(92)1), II, S. 13–15, 21 f. Die vorübergehende Leitung des MPSB sollte der bisherige Chef des Sekretariats des MSB der Westunion, H. West-Burnham, übernehmen. Obwohl das MSB sich mit fast identischen Sachfragen befasste wie das MPSB der NATO und beide Gremien personell nahezu identisch besetzt waren, vermied man damals eine offizielle Koordinierung. Das MSB erhielt nicht den Status einer regionalen NATO-Gruppierung, trotz der Zugehörigkeit seiner fünf Mitglieder zum Nordatlantischen Bündnis.

Ausarbeitung von Sofort- und Langzeitplänen für die Standardisierung von Endmaterial und Herstellungsmethoden sowie für die Dislozierung von Rüstungsfabriken nach strategischen, wirtschaftlichen und finanziellen Gesichtspunkten.

Mit der Einrichtung des MPSB verlor das Schwestergremium der fünf Unterzeichnerstaaten des Brüsseler Paktes, das MSB, vollends seine Bedeutung, denn die USA machten gleich bei der ersten Sitzung des MPSB deutlich, dass sie das AMP der fünf Paktstaaten von nun an nicht mehr als maßgebend betrachteten. Washington bestand auf ein »Ten Power programme«, ein Mängelbeseitigungsprogramm aller westeuropäischen NATO-Staaten. Die USA seien nicht bereit, so ließ ihr Vertreter im MPSB verlauten, die Herstellung von Lastwagen in einem der Brüsseler-Pakt-Staaten zu finanzieren, wenn die Lastwagen in einem anderen NATO-Land günstiger produziert werden könnten. Voraussetzung für die Bewilligung der Militärhilfe in Höhe von 900 Mio. US-Dollar durch den Präsidenten sei nicht nur ein integrierter Militärplan für das Bündnisgebiet, sondern auch ein integriertes militärisches Produktionsprogramm. Damit verknüpften die USA die Aufrüstungsaktivitäten der NATO direkt mit ihrer Militärhilfe. Trotz solcher Drohgebärden schien der mit dem MPSB eingeschlagene Weg zunächst ermutigend. Immerhin konstatierte ein kanadischer Repräsentant, dass die erste Sitzung des MPSB »in an atmosphere of relative harmony and co-operation« geendet habe und sich die Europäer einsichtig gezeigt hätten[59].

In den ersten Monaten erstellten die Experten des MPSB vorläufige Listen mit Angaben zu freien Produktionskapazitäten und zum Ausrüstungsbedarf, zu vorhandenen Materialüberschüssen sowie zu Ersatzteilen US-amerikanischer Herkunft. Allerdings stammten die erforderlichen Daten aus den Nationalstaaten. Auf welcher Grundlage sie beruhten, schien unklar, ebenso, ob und inwiefern sie der Realität entsprachen. Ihr tatsächlicher Wert ließ sich somit nur schwer einschätzen[60]. Im MPSB zeigte man sich bei seiner zweiten Sitzung mit dem bis dato Erreichten trotz aller Hindernisse zufrieden und sprach offiziell von einem »encouraging progress«[61]. Unterdessen bemühte sich die US-Administration nach Kräften, die Aktivitäten des MPSB, des DFEC, des European Coordinating Committee (ECC) und der bei den US-Botschaften angesiedelten MDAP-Sonderstäben miteinander zu koordinieren. Denn wenn es bei der Produktionsplanung zu raschen Fortschritten kam, war es leichter, dem Kongress gegenüber die Notwendigkeit amerikanischer Militärhilfe für die Europäer zu rechtfertigen[62].

Die Empfehlungen der Standing Group und des Ständigen Arbeitsstabes des MPSB sollten nach dem Willen der USA so zügig wie möglich umgesetzt werden[63]. Ein Knackpunkt war jedoch die Haltung der Finanzminister, die zwar, zumindest dem

---

[59] DFAIT/DCER, 15/395-IV/2: Memorandum kanad. Defence Liaison Division, 10.11.1949, unter: http://epe.lac-bac.gc.ca/100/206/301/faitc-aecic/history/2013-05-03/www.international.gc.ca/department/history-histoire/dcer/details-en.asp@intRefid=9007 [5.6.2014].
[60] Vgl. FRUS 1950, III, S. 72–74, hier S. 72: Bericht Office of European Regional Affairs, 27.4.1950.
[61] FRUS 1950, III, S. 33 f. (Zitat S. 33): Kommuniqué MPSB, 24.3.1950.
[62] Vgl. FRUS 1950, III, S. 25–27: (Julius C.) Holmes (Chargé im Vereinigten Königreich) an Acheson, 25.2.1950. Beim ECC handelte es sich um das interministerielle Koordinierungsorgan der USA für die für Europa bestimmten Hilfsprogramme. Vgl. FRUS 1951, III/1, S. 47–52, hier S. 50: Memorandum of Understanding (MoU) zwischen State Dept. und ECA, 15.2.1951; Megens, American Aid to NATO-Allies, S. 54.
[63] Vgl. FRUS 1950, III, S. 237 f., hier S. 237: Spofford an Acheson, 22.8.1950.

Anschein nach, mehrheitlich die Notwendigkeit vermehrter Rüstungsausgaben anerkannten, aber keine verbindlichen Finanzierungszusagen machen und den Militärplanern keinen Blankoscheck ausstellen wollten. Frankreich und Italien gaben sich in der Frage höherer Verteidigungsanstrengungen erstaunlicherweise aufgeschlossen. Als Sorgenkinder galten dem US-Außenministerium die Norweger, deren Verteidigungsminister sich äußerst zurückhaltend zeigte, aber auch die Briten, die sich regierungsintern nicht auf eine einheitliche Linie einigen konnten. Während Finanzminister Sir Stafford Cripps dem wirtschaftlichen Wiederaufbau klar den Vorzug geben wollte, plädierte Verteidigungsminister Emanuel Shinwell für eine ausgewogene Gewichtung von Wiederaufbau und Rüstung[64].

Da dem MPSB dringend benötigte Angaben noch immer nicht vorlagen und man wegen der »extreme urgency« – zwischenzeitlich war der Korea-Krieg ausgebrochen – nicht länger warten wollte, beschloss das Gremium am 12. Juli 1950 die Aufstellung spezieller Arbeitsgruppen, die unter Rückgriff auf Informationen der Ständigen Gruppe und der Mitgliedstaaten sowie durch eigene Untersuchungen vor Ort eine Mängelliste der wichtigsten Materialkategorien erstellen sollten. So kamen insgesamt neun Task Forces zustande: für Kampfflugzeuge, Artillerie, Kampffahrzeuge, Munition und Sprengstoffe, Elektronik, Handfeuerwaffen, Pioniergerät, Transportgerät und Schiffbau. Sie setzten sich jeweils aus Rüstungsfachleuten mehrerer NATO-Mitgliedstaaten zusammen. In einem ersten Schritt hatten sie eine Bestandsaufnahme der vorhandenen europäischen Produktionskapazitäten zu ermitteln und dem Ständigen Arbeitsstab des MPSB Empfehlungen zu erteilen, wie die Produktion erhöht werden könnte. In einem zweiten Schritt sollten konkrete Empfehlungen zur Schließung der Materiallücken folgen[65].

Zwischen den Vorgesehenweisen der einzelnen Task Forces gab es jedoch Unterschiede: Während die Combat Aircraft Task Force sehr gründlich vorging und sich in den einzelnen Ländern ein Bild der Lage machte, überließ die Ammunition and Explosives Task Force die Informationsbeschaffung den nationalen Behörden und beschränkte sich auf Rahmenvorgaben. Dies warf freilich die Frage nach der Existenz einheitlicher Bewertungsstandards auf. Trotz guter Absichten war das Task-Force-Konzept offenbar nicht geeignet, die bestehenden Informationslücken zügig zu schließen. Auf kanadischer Seite etwa äußerte man erhebliche Zweifel, ob es den Task Forces tatsächlich gelingen würde, die nötigen Detailinformationen wie vorgesehen bis Anfang

---

[64] Vgl. FRUS 1950, III, S. 49 f.: Acheson an US-Botschaften Brüssel, Kopenhagen, Den Haag u.a., 13.4.1950. Shinwell sprach sich im NATO-Verteidigungsausschuss, ohne sich mit Cripps abzusprechen, für die Annahme des MTDP aus, was zu handfestem Streit im britischen Kabinett führte. Cripps war nicht bereit, die mit dem MTDP verbundenen massiven Erhöhungen des britischen Verteidigungshaushaltes mitzutragen. Zu Cripps' hartnäckigem Kampf für eine Begrenzung der britischen Militärausgaben: Warner, Die britische Labour-Regierung, S. 136 f.; Gorst, Facing Facts?, S. 190–209. Cripps' Grundsatz »Economy and Finance First!« wurde auch von anderen Verbündeten, wie den Belgiern und Italienern, unterstützt. Vgl. Hammerich, Jeder für sich, S. 140 f.

[65] DFAIT/DCER, 16/548-V/3: [Leolyn D.] Wilgress an [Lester B.] Pearson, 31.8.1950, unter: http://epe.lac-bac.gc.ca/100/206/301/faitc-aecic/history/2013-05-03/www.international.gc.ca/department/history-histoire/dcer/details-en.asp@intRefid=7568 [5.6.2014]; vgl. FRUS 1950, III, S. 232–236, hier S. 233: Spofford an Acheson, 22.8.1950; Jordan, The NATO International Staff, S. 233; Megens, Problems of Military Production Co-ordination, S. 281.

Oktober zusammenzutragen[66]. Parallel zu den Task Forces bestanden im November 1950 acht Expertengruppen für die Bereiche Radiokomponenten, elektronische Röhren, Treibstoffe, Sprengmittel, Waffenstahl, Panzerstahl, Abwehr chemischer Waffen und Austauschbarkeit von Fahrzeugteilen, die man vom Brüsseler Pakt übernommen hatte und die ebenfalls nach Auswegen zur Beseitigung von Ausrüstungsdefiziten suchten[67]. Ein durchschlagender Erfolg blieb den Task Forces, die um die Jahreswende 1950/51 ihre Abschlussberichte vorlegten, aufgrund ihrer geringen Befugnisse versagt. Die für Luftrüstung zuständige Task Force konnte zwar in den Mitgliedstaaten, um ein Beispiel zu nennen, überschüssige Kapazitäten beim Flugzeugzellenbau und fehlende Kapazitäten bei der Triebwerksherstellung identifizieren, und ein entsprechendes Umsteuern, eine Standardisierung sowie eine gegenseitige freie Gewährung von Lizenzen empfehlen. Außerdem mahnte sie zu einem effizienteren Umgang mit Rohstoffen. Konkrete Auswirkungen auf die Rüstungspolitik der Bündnismitglieder blieben allerdings aus[68].

Um den dringendsten Materialbedarf decken zu können, hatten sich die Ratsstellvertreter bereits Anfang August 1950 auf ein High Priority Production Programme (HPPP) geeinigt[69]. Hierzu wurde eigens eine Working Group on the High Priority Production Programme (WGHP) eingesetzt, die Anfang des darauffolgenden Monats erstmals tagte. Diese aus Vertretern Belgiens, Dänemarks, Frankreichs, Italiens, Großbritanniens und der USA zusammengesetzte Sonderarbeitsgruppe sollte nicht nur schnellstmöglich die Produktion wichtigen Kriegsgeräts bei den westeuropäischen Bündnismitgliedern in Gang bringen, sondern auch die erforderliche US-Unterstützung koordinieren. Entsprechende Vorarbeiten hatte die Standing Group zwischenzeitlich geleistet: unter ihrer Regie waren der Materialumfang bestimmt und eine Liste mit sechs Materialkategorien erstellt worden, an denen nach ihrer Auffassung besonders dringlicher Bedarf bestand. Dazu gehörten taktische Kampfflugzeuge, Luftabwehrwaffen und Radargerät, Panzerabwehrwaffen, Kampfpanzer, Minen und Geleitschiffe. Generalleutnant Paul Ely, Frankreichs Repräsentant in der Ständigen Gruppe, machte dabei aber geltend, dass Entscheidungen über die Waffenarten nur in Beratung mit dem MPSB erfolgen könnten. Dort herrschte bekanntlich das Konsensprinzip. In das Sofortprogramm bezog man auch das DFEC ein, um Vorschläge zur Finanzierung und zu effizientesten Herstellungsmöglichkeiten zu erhalten. Den Ratsvertretern fiel dann die Aufgabe zu, aus den Berichten der drei involvierten Gremien und in enger Abstimmung mit dem MPSB ein Prioritätsprogramm zu konzipieren und den Regierungen der NATO-Staaten entsprechende Empfehlungen zu erteilen.

Von einer gemeinschaftlichen Marschroute kam man allerdings ab, denn im September 1950 begannen plötzlich bilaterale Gespräche zwischen den USA und Groß-

---

[66] Vgl. DFAIT/DCER, 16/556-V/3: [Evan W.T.] Gill (kanad. Vertreter im NATO Defence Production Board) an [Arnold O.P.] Heeney (kanad. Unterstaatssekretär für Auswärtige Angelegenheiten), 19.9.1950, unter: http://epe.lac-bac.gc.ca/100/206/301/faitc-aecic/history/2013-05-03/www.international.gc.ca./department/history-histoire/dcer/details-en.asp@intRefid=7576 [5.6.2014].
[67] Vgl. Release of NATO-Information, Final Report (DES(92)1), II, S. 25 f.
[68] Vgl. Megens, Problems of Military Production Co-ordination, S. 281 f.
[69] Zum Folgenden: FRUS 1950, III, S. 145 f.: Spofford an Acheson, 27.7.1950; S. 176 f.: Spofford an Acheson, 2.8.1950; S. 232–236, hier S. 233: Spofford an Acheson, 22.8.1950; Release of NATO-Information, Final Report (DES(92)1), II, S. 17 f.; Jordan, The NATO International Staff, S. 233; Megens, Problems of Military Production Co-ordination, S. 281.

britannien beziehungsweise Frankreich. Eine solche Vorgehensweise stieß beim US-ECC auf Kritik. Dort befürchtete man, dass nationalen Interessenerwägungen Tür und Tor geöffnet und der angestrebte multilaterale Ansatz verwässert werden würde. Briten und Franzosen gelang zwar der erfolgreiche Abschluss der Verhandlungen, doch das Hochprioritätsprogramm verlor damit seinen eigentlichen Charakter und verlief im Sande. Der Misserfolg lag auch in erheblichem Maße an den unzureichenden Informationen, die dem Ständigen Arbeitsstab des MPSB über die existierenden Ausrüstungsmängel und Programme der einzelnen Staaten sowie über die US-Militärhilfe vorlagen[70]. Transferfragen waren nach wie vor ungelöst. Mitte November 1950 verständigte man sich innerhalb der Sonderarbeitsgruppe darauf, dass die Untersuchung der Länderprogramme von der für das MDAP zuständigen Gruppe durchgeführt werden müsste. Unter diesen Vorzeichen konnte die WGHP die ihr zugewiesene Aufgabe unmöglich erfüllen.

Angesichts der unübersehbaren Schwierigkeiten auf rüstungswirtschaftlichem Gebiet trommelte man im Rahmen der im September 1950 etablierten Working Group on Production and Finance (WGPF) eine Expertengruppe für Produktion zusammen, die den Auftrag erhielt, einen aktuellen Sachstandsbericht vorzulegen und Reformvorschläge auszuarbeiten[71]. In Washington, wie auch in anderen Hauptstädten, hatte man sich zunehmend die Frage gestellt, ob das MPSB in seiner damaligen Form und personellen Zusammensetzung den ihm zugewiesenen Aufgaben gewachsen war. Acheson kam zu dem eher ernüchternden Ergebnis: »Much remains to be done in the field of internat[iona]l coordination«. Die Bemühungen Washingtons, die Rüstungsproduktion des Nordatlantischen Bündnisses und seiner Mitglieder zu forcieren und damit einen substanziellen Beitrag zur raschen Umsetzung des MTDP zu leisten, waren bislang wenig erfolgreich gewesen[72].

Unzufriedenheit herrschte auch auf französischer Seite. Der Chef der Rüstungsabteilung der Ständigen Vertretung Frankreichs bei der NATO, Generalingenieur André Bron, zeigte sich tief enttäuscht darüber, dass die Arbeiten des MPSB ohne konkreten Nutzen geblieben waren, da sie letztlich nicht in integrierte Rüstungsprogramme mündeten. Auf dem Gebiet der Rüstungskooperation gab es Bron zufolge »Aucun [sic!] résultat positif« zu verzeichnen. Der französische Vertreter hielt das MPSB für zu schwerfällig, dessen Arbeitsprogramm für zu ehrgeizig und zu theoretisch, die Wirtschaftslage sei unzureichend berücksichtigt worden. Darüber hinaus beklagte er den im Vergleich zum

---

[70] Der britische Vertreter bei der Ständigen Gruppe, der britische Luftwaffengeneral Sir Arthur Tedder, vertrat hingegen die Meinung, dass dem MPSB ausreichende Informationen vorgelegen hätten. Vgl. FRUS 1950, III, S. 176 f.: Spofford an Acheson, 2.8.1950.

[71] Vgl. DFAIT/DCER, 16/565-V/3: Vermerk Duder, 18.10.1950, unter: http://epe.lac-bac.gc.ca/100/206/301/faitc-aecic/history/2013-05-03/www.international.gc.ca/department/history-histoire/dcer/details-en.asp@intRefid=7585 [5.6.2014]. Der WGPF gehörten Vertreter Frankreichs, Italiens, Kanadas, der Niederlande, Norwegens, der USA und des Vereinigten Königreichs an. Sie wurde daher auch *Group of Seven* genannt. Eine weitere WGPF-Untergruppe beschäftigte sich mit der Frage, inwieweit die OEEC vor dem Hintergrund der Wirtschafts- und Finanzprobleme der Europäer in die Rüstungsanstrengungen der NATO einbezogen werden könnte. Näheres zur Siebenergruppe siehe Release of NATO-Information, Final Report (DES(92)1), II, S. 18 f. Zur Frage einer Einbindung der OEEC: Hammerich, Jeder für sich, S. 143−145.

[72] Vgl. FRUS 1950, III, S. 397−399, hier S. 397: Acheson an Spofford, 19.10.1950.

Rüstungsausschuss des Brüsseler Paktes schwach ausgeprägten »esprit d'équipe entre égaux«, was als klare Kritik an der Führungsrolle der USA bei den Rüstungsplanungen der NATO zu werten ist. Zudem bemängelte er, dass eine Zusammenarbeit mit dem Militärausschuss, anders als beim Brüsseler Pakt, praktisch nicht bestanden habe. Frankreich störte es sichtlich, dass die USA bei den Rüstungsplanungen der NATO Druck auf die Bündnismitglieder ausübten und die heiß begehrte Militärhilfe von den Verteidigungsanstrengungen ihrer europäischen Verbündeten abhängig machten[73].

Zu den wenigen greifbaren Ergebnissen, die die Fachleute des MPSB Ende 1950 vorlegen konnten, gehörten Übersichten über die in den NATO-Staaten vorhandenen Industriekapazitäten für die wichtigsten Materialkategorien[74]. Auch wenn das Bündnis noch weit davon entfernt war, koordinierte und integrierte Rüstungsprogramme auf die Beine zu stellen: immerhin wurden die Ausrüstungsdefizite der Westeuropäer mitunter schonungslos offen gelegt, sodass mancherorts ernsthafte Zweifel aufkamen, ob die Mängel auf absehbare Zeit überhaupt zu bewältigen wären. Auf kanadischer Seite war man schon im Mai 1950 zu der pessimistischen Schlussfolgerung gekommen: »Certain of the deficiencies are [...] of such magnitude that they are unlikely even if scaled down, to be satisfied by United States aid, additional military production programmes, transfers, or any combination of the measures now planned[75].« Die bisherige Bilanz war so mager, dass sich die Produktionsspezialisten der WGPF veranlasst sahen, nochmals an den simplen und an für sich logischen Grundsatz zu erinnern, wonach die Militärs erst den Umfang der Streitkräfte und die Art der Ausrüstung festlegen, die Rüstungsfachleute die effizientesten Produktionsmethoden aufzeigen und die Finanz- und Wirtschaftsexperten die Finanzierung sowie die ökonomischen Folgen abschätzen müssten[76].

Dass das MPSB weit hinter den ihm vorgegebenen Zielmarken zurückgeblieben war und sich die Planungen noch im Anfangsstadium befanden, lag zu einem erheblichen Teil an seiner Struktur und personellen Zusammensetzung: diese erwiesen sich für die Ausarbeitung eines integrierten Produktionsprogramms als völlig ungeeignet. Das Gremium war keine Dauereinrichtung, sondern verfügte nur über einen Ständigen Arbeitsstab mit Sekretariatsfunktion und trat bis Ende 1950 insgesamt nur viermal zusammen; das Ausschusssystem des MPSB erlaubte keine »sufficient continuity, a proper division of labour, or effective forward planning«; die Delegationen befanden sich zudem in einer Doppelrolle, weil sie nationale Standpunkte präsentieren, gleichzeitig aber auch gemeinsame Empfehlungen erarbeiten mussten. Beides war im Grunde nicht mit-

---

[73] Vgl. AMAE, Pactes, 47: Bron an Chodron de Courcel, 29.1.1958, Anhang: Vermerk [Bron], o.D., S. 2 f. (Zitat S. 2). Geoffroy Chodron de Courcel war zwischen September 1954 und Mai 1958 Generalsekretär des SGPDN. Auffälligerweise bezeichnete Bron die Arbeitsweise der »groupes de travail« äußerst positiv. Es lässt sich dem Schriftstück aber nicht entnehmen, ob Bron damit die Task Forces oder die anderen Expertengruppen meinte.
[74] Vgl. AMAE, Pactes, 47: Bron an Chodron de Courcel, 29.1.1958, Anhang: Vermerk [Bron], o.D., S. 2.
[75] DFAIT/DCER, 16/509-V/3: Wilgress an Pearson, 12.5.1950, unter: http://epe.lac-bac.gc.ca/100/206/301/faitc-aecic/history/2013-05-03/www.international.gc.ca/department/history-histoire/dcer/details-en.asp@intRefid=7529 [5.6.2014].
[76] Vgl. DFAIT/DCER, 16/565-V/3: Vermerk Duder, 18.10.1950, unter: http://epe.lac-bac.gc.ca/100/206/301/faitc-aecic/history/2013-05-03/www.international.gc.ca/department/history-histoire/dcer/details-en.asp@intRefid=7585 [5.6.2014].

einander vereinbar, weil die Staaten ihren nationalen Interessen den Vorzug gaben und das Gremium daher nicht objektiv sein konnte[77]. Nach Meinung der Expertengruppe für Produktion bestand die größte Schwäche des MPSB darin, »that all members were committed to a national point of view although they were doing an international task«[78].

Wie bereits erwähnt, zeigten sich die europäischen Verbündeten äußerst zurückhaltend, wenn es um höhere Verteidigungsinvestitionen ging, weil der wirtschaftliche Wiederaufbau Priorität genoss und man sich fest an die Hoffnung klammerte, der »reiche Onkel« in Amerika würde es schon richten. Hinzu kam, dass das Gremium mit der Fülle der zu erledigenden Aufgaben schlichtweg überfordert war. Angesichts der massiven wirtschaftlichen, finanziellen und technischen Schwierigkeiten, mit denen sich die Westeuropäer zur damaligen Zeit konfrontiert sahen, war es für einen mit verhältnismäßig schwachen Befugnissen ausgestatteten und unter massivem Zeitdruck arbeitenden Rüstungsausschuss schlichtweg unmöglich, die hohen Erwartungen zu erfüllen[79]. Zudem konnte kein Bündnismitglied zu etwas gezwungen werden. Es muss ferner berücksichtigt werden, dass die NATO mit ihren Rüstungsplanungen Neuland betrat. Noch nie zuvor hatte eine Gruppe von zwölf Staaten versucht, koordinierte oder integrierte Rüstungsprogramme auf die Beine zu stellen. Das Bündnis, dessen Strukturen noch in den Kinderschuhen steckten, musste sich erst Schritt für Schritt an geeignete Verfahrensweisen herantasten.

Angesichts der dürftigen Resultate der NATO bei den Rüstungsplanungen war es nur konsequent, dass man diesseits wie jenseits des Atlantiks sowie im Bündnis selbst intensive Überlegungen über eine Reorganisation des MPSB anstellte. Im Oktober 1950 sprachen sich die Produktionsexperten des WGFP dafür aus, das MPSB durch ein mit größeren Befugnissen versehenes Defence Production Board (DPB) abzulösen. Dieses neue Gremium sollte über eine dauerhafte, integrierte Organisationsstruktur verfügen, was eine wichtige Neuerung darstellte und eine zentrale Schwäche des Vorgängergremiums behob. Anstelle nationaler Vertreter strebte man ein internationales Arbeitsgremium an. Als Sitz der neuen Einrichtung war London vorgesehen, wo sich schon das MPSB befand. An der Spitze des neu zu schaffenden DPB sollte ein in Rüstungsfragen erfahrener Beamter mit dem Status eines Direktors stehen[80]. In ihrem Abschlussbericht vom 7. November 1950 sah die Expertengruppe die Hauptaufgabe des zukünftigen DPB darin, »to achieve [the] maximum production [of] military equipment in [the]

---

[77] So die Kritik des ersten NATO-Generalsekretärs Ismay, NATO. The First Five Years, S. 127 f.
[78] Vgl. DFAIT/DCER, 16/565-V/3: Vermerk Duder, 18.10.1950, unter: http://epe.lac-bac.gc.ca/100/206/301/faitc-aecic/history/2013-05-03/www.international.gc.ca/department/history-histoire/dcer/details-en.asp@intRefid=7585 [5.6.2014].
[79] Vgl. Jordan, The NATO International Staff, S. 234.
[80] Vgl. DFAIT/DCER, 16/565-V/3: Vermerk Duder, 18.10.1950, unter: http://epe.lac-bac.gc.ca/100/206/301/faitc-aecic/history/2013-05-03/www.international.gc.ca/department/history-histoire/dcer/details-en.asp@intRefid=7585 [5.6.2014]; FRUS 1950, III, S. 436 f.: Acheson an Spofford, 8.11.1950. Die Bündnismitglieder sollten für den Direktorenposten Kandidaten aus ihren Reihen vorschlagen, die Entscheidung würde durch das MPSB erfolgen, das erst nach dem offiziellen Arbeitsbeginn des DPB aufzulösen war. Nach seiner Ernennung müssten der Direktor eine Organisationsstruktur ausarbeiten und die Regierungen Kandidaten für die übrigen Spitzenposten nominieren. Die Auswahl sollte beim Direktor liegen, bedurfte aber der Zustimmung des MPSB. Dem Direktor fiele ferner die Besetzung der niedrigeren Dienstposten zu.

most efficient manner, at [the] least cost, in [the] shortest time[,] to meet [the] NATO requirements«[81].

Die Grundidee zu einer umfassenden Reform der NATO-Rüstungsorganisation ging wohl von amerikanischer Seite aus. Im State Department hielt man es für erstrebenswert, die Kompetenzen und das Ansehen des neu zu schaffenden Rüstungsgremiums sowie dessen Personals substanziell zu stärken[82]. Einen gewissen Vorbildcharakter hatte dabei vermutlich das Office of Defense Mobilization, eine mit sehr weitreichenden Befugnissen ausgestatte rüstungswirtschaftliche Lenkungs- und Koordinierungsbehörde auf amerikanischem Boden, für die der Kongress Anfang September 1950 grünes Licht gegeben hatte. Geleitet wurde die Einrichtung von einer führenden Persönlichkeit der Firma General Electric, dem Industriellen Charles E. Wilson[83].

Für Washington als Führungsmacht des Nordatlantischen Bündnisses stand außer Frage, dass an der Spitze des DPB ein erfahrener und namhafter US-Amerikaner – man dachte an einen »outstanding American with production experience and proven exec[utive] ability whose name carries weight with Europeans« – zu stehen hatte, der sich einen hochkarätigen multinationalen Stab würde zusammenstellen dürfen[84]. In der neuen Einrichtung sollten möglichst alle Mitgliedstaaten repräsentiert sein, zugleich galt es aber, eine effiziente Funktions- und Arbeitsweise sicherzustellen. Am plausibelsten erschien es den Amerikanern, wenn sich das Gremium aus Vertretern der Herstellerstaaten mit dem US-Repräsentanten als Direktor zusammensetzte[85]. Die Tätigkeit des DPB hatte sich nach dem Willen der USA auf die wichtigsten Produktionsprogramme zu beschränken, die der Koordinierung bedurften. Zudem schwebte den USA vor, das DPB wegen dessen eher dünnen Personaldecke nur mit den Regierungen anstelle der einzelnen Industriezweige und Unternehmen verkehren zu lassen. Es sollte sich nur auf die allgemeinen nationalen Produktionsprobleme konzentrieren. Zur Erfüllung seiner Aufgaben sollte sich der Direktor Task Forces bedienen dürfen.

Innerhalb der Regierung war man sich darüber im Klaren, dass es völlig unmöglich sein würde, den DPB mit einer Weisungsbefugnis gegenüber den Mitgliedstaaten auszustatten. Eine derart weitreichende Souveränitätsabtretung, der letztlich auch die USA selbst unterliegen würden, war politisch unmöglich durchsetzbar. Um dem Rüstungsorgan aber doch gewisse für notwendig erachtete Entscheidungs- und Empfehlungskompetenzen zu verleihen, erwog man, die Unterstützung von Produktionsprogrammen für hilfsbedürftige Bündnismitglieder von bestimmten Faktoren abhängig zu machen. So sollte ein Staat

---

[81] FRUS 1950, III, S. 436 f. (Zitat S. 437): Acheson an Spofford, 8.11.1950. Vgl. dazu die Passage mit ähnlichem Wortlaut in Achesons Telegramm an die amerikanische NATO-Ratsvertretung, in dem er die Vorstellungen der US-Regierung zum zukünftigen DPB ausführte. Dies zeigt, dass die USA entscheidenden Einfluss bei der Umgestaltung der NATO-Rüstungsorganisation ausübten. FRUS 1950, III, S. 397–399, hier S. 397: Acheson an Spofford, 19.10.1950.
[82] Vgl. FRUS 1950, III, S. 397–399, hier S. 397: Acheson an Spofford, 19.10.1950.
[83] Siehe AWS, Bd 4 (Beitrag Abelshauser), S. 5. Hammerich sieht darin zu Recht einen Beleg für den Einfluss der USA auf die Entwicklung der Bündnisstrukturen. Vgl. Hammerich, Jeder für sich, S. 53.
[84] FRUS 1950, III, S. 397–399, hier S. 397: Acheson an Spofford, 19.10.1950.
[85] Man ging davon aus, dass im DPB alle Mitgliedstaaten außer Island, das über keine eigenen Streitkräfte verfügte, vertreten sein würden. Allgemein zur NATO-Politik des kleinen Inselstaates: Whitehead, Die Außenpolitik Islands.

erst dann in den Genuss von Militärhilfe gelangen, wenn die Produktionsprogramme vom DPB geprüft und zertifiziert wären. Ein entscheidendes Kriterium war somit die Frage, ob und inwiefern die NATO-Vorgaben umgesetzt werden konnten. Doch wollte Washington die Kontrolle über die Vergabe von Unterstützungsleistungen nicht völlig aus der Hand geben, sprich, die Militärhilfe nicht ausschließlich vom Votum des DPB abhängig machen. Ferner gedachte man davon abzusehen, die Verteilung um jeden Preis erst nach Vorlage der DPB-Empfehlungen freizugeben, vor allem, wenn dadurch Fortschritte auf dem Rüstungsgebiet verhindert würden. Langfristig strebten die USA an, dass Länder für Programme, die beim DPB durchfielen, keinerlei Außenhilfe erhalten durften. Um dem Gremium auch im Innern ein hohes Maß an Handlungsfähigkeit zu verleihen, sollten Entscheidungen mit Zweidrittelmehrheit gefällt werden[86].

Das MPSB und dessen Ständiger Arbeitsstab hatten nach Vorstellung der USA bis zur Einsatzbereitschaft des neuen internationalen Stabes und dessen Direktors ihre Tätigkeit fortzuführen. Zunächst sollte das DPB eine sorgfältig ausgewählte Materialliste erstellen, die für NATO-weite Produktionsplanungen in Frage kommen konnten. Auf der Grundlage eines Abgleichs der militärischen Anforderungen mit der Versorgungslage und Produktionsleistung der Bündnismitglieder hatte das Gremium dann die Herstellungsaufträge für ausgewählte Materialtypen zu verteilen. In einem späteren Stadium sollten sich die an die Adresse der Mitgliedsländer gerichteten Empfehlungen des DPB auf Herstellungsmethoden und Standardisierung von Einzelteilen und Endmaterial erstrecken. Außerdem wollte man dem Board die Untersuchung des Rohstoffbedarfs für militärische Zwecke zubilligen[87].

Für reichlich Diskussionsstoff sorgte unter den Bündnismitgliedern die Frage, wem gegenüber der DPB verantwortlich sein sollte[88]. Washington befürwortete die Unterstellung unter den Verteidigungsausschuss bzw. unter die Ratsstellvertreter, wenn der Verteidigungsausschuss sich nicht zur Sitzung traf. Zustimmung erhielten die Amerikaner dabei von Italien und Luxemburg. Dänemark und die Niederlande hingegen bevorzugten die ausschließliche Verantwortlichkeit des DPB gegenüber den Ratsstellvertretern. Paris zeigte sich bereit, den US-Vorschlag als Übergangslösung zu akzeptieren. Norwegen wollte die Lösung der Angelegenheit zunächst aufschieben, tendierte aber ebenfalls zu vorübergehender Annahme des US-Vorschlages. Für einen gänzlich anderen Ansatz traten die Portugiesen ein, die das DPB sowohl dem Verteidigungsausschuss als auch dem DFEC rechenschaftspflichtig sehen wollten, sie waren jedoch bereit, sich der Mehrheit anzuschließen. Das Vereinigte Königreich wiederum wollte das Rüstungsgremium sofort den Ratsstellvertretern zuordnen, war aber ebenfalls damit einverstanden, die US-Position vorübergehend mitzutragen, sofern das DPB die Ratsstellvertreter fortlaufend über seine Tätigkeiten unterrichtete. Nachdem die USA in diesem Punkt eingelenkt hatten, erklärten die Briten schließlich ihr Einverständnis. Diskussionsbedarf gab es zudem hinsichtlich des Zeitpunkts, an dem das DPB zu errichten wäre. Die Repräsentanten der USA, Norwegens und Portugals wollten zunächst das Votum des Verteidigungsausschusses

---

[86] Vgl. FRUS 1950, III, S. 397–399: Acheson an Spofford, 19.10.1950; Dietl, Emanzipation und Kontrolle, Bd 1, S. 106.
[87] Vgl. FRUS 1950, III, S. 397–399, hier S. 399: Acheson an Spofford, 19.10.1950.
[88] Hierzu und zum Folgenden: FRUS 1950, III, S. 481 f.: Acheson an Spofford, 25.11.1950.

zum Endbericht der Siebenergruppe abwarten, während die übrigen Länder die sofortige Errichtung des DPB favorisierten. Man folgte dem belgischen Vorschlag, demzufolge die Ratsstellvertreter bei ihren jeweiligen Regierungen Instruktionen einholen, Mitglieder für das DPB nominieren und sich auf die umgehende Einrichtung des neuen Gremiums nach erfolgter Übereinkunft im Verteidigungsausschuss vorbereiten sollten. Bedenken meldete jedoch die französische Seite an, die auf den NATO-Rat als eigentliches Entscheidungsgremium verwies. Großbritanniens Vertreter sah in dem Wirrwarr einen klaren Beleg für die zahlreichen Defizite der damaligen Organisation. Dass die Ratsstellvertreter aus den USA, Norwegen und Portugal – sie waren jeweils den Außenministerien unterstellt – erst Rücksprache mit der Regierung und den beteiligten nationalen Stellen halten mussten, hielt man für einen unglücklichen Umstand[89].

Genau dieses Problem hatte die kanadische Regierung kurz zuvor dazu veranlasst, ihren Verbündeten den Vorschlag zur Vereinfachung der Bündnisstrukturen und Stärkung der Stellung der Ratsstellvertreter zu unterbreiten. So sollten die Ausschüsse der Verteidigungs- und Finanzminister, die bisher anders als das Gremium der Außenminister unterhalb des NATO-Rats angesiedelt waren, ebenfalls dort aufgenommen werden, um die bislang geltende, mittlerweile als unangemessen angesehene Hierarchie zu beseitigen. Zudem wollte man einer weiteren Aufblähung des Ausschusssystems begegnen, denn man befürchtete angesichts der immer stärkeren Bedeutung rüstungswirtschaftlicher Fragen die Einrichtung eines vierten Ausschusses für die Wirtschaftsminister. Außerdem sollten die Ratsstellvertreter zukünftig die Regierungen und somit alle an NATO-Angelegenheiten beteiligten Ressorts, also nicht mehr nur die jeweiligen Außenministerien repräsentieren. Die Ständigen Arbeitsstäbe des MPSB und DFEC beabsichtigten die Kanadier als ratgebende Instanzen in Rüstungs- und Finanzierungsfragen den Ratsstellvertretern direkt zuzuordnen[90]. Im Mai 1951 erfolgte schließlich offiziell die auf kanadische Initiative angestoßene Reorganisation der Bündnisstrukturen, bei der alle Ministerausschüsse in den NATO-Rat integriert wurden und das Ratsstellvertretergremium gestärkt wurde. Die Ratsstellvertreter repräsentierten fortan alle NATO-relevanten Ministerien ihrer Regierungen und fungierten als ständiges Arbeitsgremium der Rates. Darüber hinaus erhielt das Bündnis erstmals ein Internationales Sekretariat mit verschiedenen Büros, das aus einem gemeinsamen Topf finanziert wurde und unter der Leitung Spoffords stand[91]. Die Einrichtung eines gemeinsamen Budgets stellte ein Novum dar, wenngleich es auf das Ratsstellvertretergremium und die Sitzungen des Ministerrates beschränkt blieb.

Die Debatte um die zukünftige Gestalt des DPB ist, neben der bereits skizzierten Lastenteilungsfrage, ein guter Beleg für die verworrene Lage, in der sich das Bündnis befand. Es zeigt sich deutlich, wie schwierig es war, im Kreise von elf souveränen Staaten in

---

[89] Am 2.11.1950 erhielt Spofford aus Washington die Weisung, dass hinsichtlich der Errichtung des DPB das letzte Wort beim Verteidigungsausschuss der NATO liegen würde, der die Vorschläge der Ratsstellvertreter prüfen und wohlwollende Empfehlungen erteilen sollte. Vgl. FRUS 1950, III, S. 482, Anm. 2.

[90] Vgl. FRUS 1950, III, S. 461–464: Memorandum Pearson an NATO-Ratsstellvertreter, 17.11.1950; FRUS 1951, III/1, S. 6–9: Spofford an Acheson, 3.1.1951.

[91] Vgl. FRUS 1951, III/1, S. 156–159: Kommuniqué NATO-Ratsstellvertreter, 5.5.1951; Hammerich, Jeder für sich, S. 52; Ismay, NATO. The First Five Years, S. 41; Jordan, The NATO International Staff, S. 23 f. Die Militärstruktur blieb hingegen, anders als von Kanada erhofft, weitgehend unverändert.

Rüstungsfragen auf einen Nenner zu kommen[92]. Dabei verhandelte man noch nicht einmal über anspruchsvolle gemeinsame Rüstungskooperationsprojekte – dies war noch völlig undenkbar –, sondern lediglich über Mittel und Wege, wie man die Materialengpässe der europäischen Bündnismitglieder beheben und ihre Rüstungsindustrien stimulieren könnte. Neben chronischem Geldmangel, über den man in den westeuropäischen Hauptstädten fortwährend klagte, und einer klaren Präferenz der Westeuropäer für den wirtschaftlichen Wiederaufbau, herrschten unter den Bündnismitgliedern unterschiedliche Ansichten über die anzustrebende Organisationsstruktur und Verfahrensweisen. Auch das Sammeln aussagefähiger Daten über Industriekapazitäten und Ausrüstungslücken, aber auch die verwendeten Erhebungsmethoden erwiesen sich als noch nicht ausgereift. In Paris wollte man sich allerdings keineswegs nur auf eine umgestaltete Rüstungseinrichtung verlassen, die ohnehin erst Anfang 1951 das Licht der Welt würde erblicken können, sondern setzte auf eine großzügige Soforthilfe Washingtons.

c) Das Defence Production Board, 1951/52

Im Dezember 1950 segnete der NATO-Rat die neue Organisationsstruktur des Rüstungsbereichs ab und beschloss, das MPSB durch ein mit größeren Befugnissen ausgestattetes DPB zu ersetzen. Dieses nahm im darauffolgenden Monat seine Tätigkeit auf. Zum Koordinator für Verteidigungsproduktion wurde am 15. Januar 1951 der Präsident der International General Electric Company, der US-Amerikaner William R. Herod, ernannt. Er stand an der Spitze des neu geschaffenen International Staff, erhielt Ministerrang, vertrat das DPB sowohl innerhalb des Bündnisses als auch gegenüber anderen Organisationen und besaß das Recht, direkt mit den Regierungen der Mitgliedstaaten in Kontakt zu treten[93]. Das Verteidigungsproduktionsamt, das bis zu seiner Ablösung durch die Production and Logistics Division (April 1952) insgesamt 19 Mal zusammentrat, gliederte sich in die für die Informationsbeschaffung und -auswertung zuständige Analysis Division, in die mit der Fortführung der Arbeiten des MPSB betrauten Production and Programmes Division[94] und die General Activities Division. Letztere beschäftigte sich mit Rohstoff-, Herstellungs-, Standardisierungs-, Zoll- und

---

[92] Nicht hinzugerechnet wird Island, das, wie bereits erwähnt, über keine Streitkräfte verfügte und somit keinen Bedarf an Rüstungsgütern besaß.
[93] Vgl. EA 1951, S. 3639: Kommuniqué NATO-Ratstagung (18./19.12.1951); AMAE, Pactes, 47: Bron an Chodron de Courcel, 29.1.1958, Anhang: Vermerk [Bron], o.D., S. 3; Ismay, NATO. The First Five Years, S. 128; Jordan, The NATO International Staff, S. 235 f.; Kaplan, A Community of Interests, S. 136 f; Megens, Problems of Military Production Co-ordination, S. 282. Der kanadische Unterstaatssekretär im Außenministerium, Arnold D.P. Heeney, verglich die Kompetenzen des designierten Koordinators mit denen General Eisenhowers gegenüber der Europaarmee. Heeney berief sich dabei auch auf ein Statement Achesons, der behauptet habe, man wolle einen »production man to stand beside General Eisenhower«. DFAIT/DCER, 17/353-V/1: Memorandum Heeney an Pearson, 12.1.1951, unter: http://epe.lac-bac.gc.ca/100/206/301/faitc-aecic/history/2013-05-03/www.international.gc.ca/department/history-histoire/dcer/details-en.asp@intRefid=6362 [5.6.2014].
[94] Die Production and Programmes Division war in sechs technische Abteilungen untergliedert (Flugzeuge, Bewaffnung, Munition und Sprengstoffe, Elektronik, Schiffbau und Fahrzeuge) und übernahm somit die Tätigkeitsfelder der früheren neun Task Forces.

wirtschaftlichen Mobilisierungsfragen und unterhielt die Verbindung zum FEC bzw. FEB.

Das DPB profitierte bei seiner Tätigkeitsaufnahme in erheblichem Maße von den Arbeiten der neun Task Forces, die in ihren Berichten eine Fülle von Daten zusammengetragen und Empfehlungen zur Schließung der größten Materiallücken auf den Gebieten Artillerie und Infanteriewaffen, Panzer, Transportfahrzeuge, Pioniergerät, Geleitschiffe und Minenräumboote erarbeitet hatten. Schrittweise nahm das DPB dann auch die acht vom Brüsseler Pakt übernommenen Sachverständigengruppen unter seine Fittiche, die bis Mitte 1952 auf 14 anwuchsen. Sie befassten sich mit Ersatzteilen für Kraftfahrzeuge, der Austauschbarkeit von Kraftfahrzeugeinzelkomponenten, Gasschutzausrüstung, Stahlhülsen (als Ersatz für das knapper werdende Messing), Pulver und Sprengstoffen, Kanonenstahl, Ersatzteilen für leichte Waffen und Artilleriegeschütze, elektronischem Gerät für die Luftabwehr, schwerem Radargerät für Luftabwehr-Feuerleitanlagen und Gerät für den Funksprechverkehr am Boden. Des weiteren bestanden Sachverständigengruppen für Meterwellen- und Dezimeterwellengeräte, für die Erstellung einer NATO-Vorrangliste für Radioröhren, die Herstellung von Radioröhren sowie für die Produktion von Einzelteilen für elektronisches Gerät.

Während das Gros der Expertengruppen für eine langfristige Tätigkeit vorgesehen war, beabsichtigte man im Laufe des Jahres 1953 die Arbeitseinheiten für Stahlhülsen, Pulver und Sprengstoffe sowie Meterwellen, und Dezimeterwellengerät über kurz oder lang aufzulösen, da ihre Aufgaben entweder als erfüllt angesehen wurden oder auf andere Expertengruppen übertragen werden sollten. Verhältnismäßig weit fortgeschritten waren die Arbeiten zu Pulver und Sprengstoffen. Im Fokus standen die Festlegung von Pulver- und Sprengstoffklassen, Spezifikationsvergleiche der Rohmaterialien, Versuchsverfahren, Abnahmebedingungen und Standardisierungsfragen. Das Aufgabenspektrum der einzelnen Gruppen war einander weitgehend ähnlich: Es erstreckte sich vom Informationsaustausch betreffend technische Einzelheiten und Herstellungskapazitäten über die Feststellung des Materialbedarfs bis hin zur Erarbeitung von Handlungsempfehlungen[95].

Der Aufbau der DPB und deren Arbeitsstabs ging unter der Regie Herods zwar zügig voran, doch die Rüstungsproduktion der Westeuropäer hinkte nach wie vor den eigentlichen Erfordernissen hinterher. Zu seiner großen Ernüchterung musste Herod feststellen, dass sein Amt doch nicht so mächtig und einflussreich war, wie er gehofft hatte. Anstelle weitreichender Durchführungsbefugnisse, die ihn zu einem »truly international administrator« mit fast supranationalen Vollmachten gemacht hätten, blieb ihm nur die Rolle eines schwachen Koordinators. Zwar war das DPB mit einem umfangreichen Aufgabenkatalog ausgestattet, doch die eher lockere Organisationsstruktur des Bündnisses und die auf Konsens basierende Kooperation der Mitgliedstaaten machte die Umsetzung geradezu unmöglich. In den Augen von Herods Stabschef, Generalleutnant Sir Ernest Wood, war die Erfüllung eines Großteils der dem DPB aufgetragenen Aufgaben

---

[95] Siehe PA-AA, B 10/1086: Bericht EVG-Rüstungsausschuss/AG 3/1: Die Organisation und Arbeitsweise der Logistical and Production Division der NATO [sic!], 3.9.1953, S. 1–6, 10–30; Ismay, NATO. The First Five Years, S. 128, 130; Release of NATO-Information, Final Report (DES(92)1), II, S. 24. Zum Aufgabenspektrum des DPB siehe auch AMAE, Pactes, 47: Belg. NATO-Militärdelegation an frz. NATO-Vertretung, 12.2.1954, Anhang 1, o.D.

nur durch ein gemeinsames Budget und eine mit supranationalen Kompetenzen ausgestattete Institution möglich. Fast neidisch schien Wood auf die EVG zu blicken, bei der sich, wie er glaubte, aufgrund des fest vorgesehenen Gemeinschaftshaushalts automatisch Fortschritte im Rüstungsbereich ergeben würden[96]. Auch die französische Rüstungsdelegation beklagte das Fehlen supranationaler Kompetenzen des Koordinators sowie das Fehlen eines echten Gemeinschaftsbudgets[97]. Fragen der wirtschaftlichen Mobilisierung sollten nicht in den Kompetenzbereich des DPB, sondern in den des im Mai 1951 ins Leben gerufenen FEB fallen. Zwischen beiden Gremien galt es aber eine enge Zusammenarbeit sicherzustellen[98].

Der Ruf nach einem Gemeinschaftshaushalt des Bündnisses entwickelte sich zu einer Art Standardrepertoire der französischen Diplomatie. Schon im Juli und August 1950 hatte die französische Regierung die Schaffung eines von einem speziellen NATO-Komitee verwalteten Gemeinschaftsfonds angeregt, in den die Bündnismitglieder gemäß ihrer ökonomischen Leistungsfähigkeit einzahlen und aus dem gemeinsame Rüstungsprogramme bezahlt würden. Einen weiteren Vorstoß in diese Richtung unternahm Paris am 22. September 1952. Auch die Einsetzung eines zivilen US-Amerikaners oder eines kleinen NATO-Gremiums mit »practically dictatorial powers on rearmament and military production« hielt man für denkbar. Paris begründete seinen Vorschlag mit der Notwendigkeit einer effizienteren Nutzung der industriellen, wirtschaftlichen und finanziellen Ressourcen, einer Vermeidung von Doppelarbeiten und den Vorzügen der Materialstandardisierung. Zudem würde ein Gemeinschaftsfonds zur Währungsstabilisierung beitragen. Eine fortwährende Kleinstaaterei in der Rüstung führe zu nichts. Außerdem müsse man den Mitgliedern unter die Arme greifen, die wie Frankreich aufgrund ihrer strategischen Lage überproportional hohe Verteidigungsleistungen erbrächten. Darüber hinaus lockte man mit der Aussicht, mehr Verbände aufstellen zu können.

Der Vorschlag war freilich nicht ohne Hintergedanken: Im Grunde lief der Vorstoß darauf hinaus, die USA und ihre Verbündeten an den Kosten des Indochina-Krieges – diesen wollte Frankreich als substanziellen Beitrag zum Kampf gegen den Kommunismus anerkannt sehen – zu beteiligen und das eigene Budget zu entlasten. Auch hoffte man, durch die Aufstellung weiterer Militärverbände eine westdeutsche Bewaffnung doch noch abwenden zu können. Gerne sollten die Deutschen aber in die gemeinsame Kasse einzahlen, um sie an den westlichen Verteidigungslasten zu beteiligen und zu verhindern, dass sich ihre Industrie ungestört dem zivilen Export widmen könnte. Neben einem NATO-Budget brachte Frankreichs Finanzminister Petsche noch die Idee eines von der EZU kontrollierten Dollar-Pools ins Spiel, in den die Bündnispartner Dollarüberschüsse und die USA für das Verteidigungsprogramm bestimmte Finanzmittel einzahlen sollten.

In den Hauptstädten der Partner, etwa in Washington, London und Den Haag, stießen derart weitreichende Integrationsideen auf wenig Begeisterung, da man die Oberhoheit über Finanzmittel, dazu noch für Rüstungsbelange, keinesfalls in fremde

---

[96] Siehe Jordan, The NATO International Staff, S. 236–238 (Zitat S. 237).
[97] Vgl. AMAE, Pactes, 47: Bron an Chodron de Courcel, 29.1.1958, Anhang: Vermerk [Bron], o.D., S. 3.
[98] Vgl. FRUS 1951, III/1, S. 47–52, hier S. 51 f.: MoU zwischen State Dept. und ECA, 15.2.1951; S. 53–56, hier S. 54 f.: Spofford an Acheson, 19.2.1951.

Hände zu geben bereit war[99]. Nicht einmal bei Frankreichs Militärs dürfte die Idee eines supranationalen Budgets Anhänger gefunden haben. Ihre ablehnende Haltung gegenüber einer supranationalen Militärintegration zeigte sich deutlich während der Diskussion über die EVG. So fortschrittlich der französische Vorstoß auf den ersten Blick gewesen sein mag: Die Idee eines integrierten Haushaltes für das Bündnis war, wie Wood völlig zutreffend erkannte, zum damaligen Zeitpunkt geradezu illusorisch. Weder verfügte die NATO über die erforderliche Organisationsstruktur und über supranationale Kompetenzen, noch ließ sich ein solches Anliegen politisch durchsetzen, da die Staaten nicht zu einem derartigen Souveränitätsverzicht bereit waren und sie die Kontrolle über ihre jeweiligen Rüstungsschwerpunkte nicht abtreten wollten. Spofford machte sich folglich keine Illusionen darüber, dass die Schaffung eines gemeinsamen Budgets im Rahmen der NATO ein langwieriger Prozess sein würde[100]. Die Amerikaner blieben in der Frage eines NATO-Gemeinschaftsbudgets hart und ließen ihre französischen Partner sogleich wissen, dass ihr Vorstoß sowohl Washington als auch London erhebliche Bauchschmerzen bereitete und dass dem Bündnis ohnehin die organisatorischen Voraussetzungen, eine »executive agency« mit Kompetenzen in »matters of internal financial and monetary policy«, fehlten. Eine solche setzte wiederum eine stärkere politische Organisationsstruktur der NATO voraus[101].

Zwischenzeitlich mussten die Vereinigten Staaten mehr und mehr einsehen, dass auch die bilaterale Schiene nicht die gewünschten Resultate hervorbrachte. Der Vorsitzende des neu geschaffenen interministeriellen International Security Affairs Committee (ISAC)[102], Thomas D. Cabot, gestand gegenüber Außenminister Acheson unumwunden ein, dass das bereits unter der Westunion praktizierte AMP-Konzept[103] »has proved too complicated to be much of a stimulus«. Er erkannte völlig zutreffend, dass die Europäer bewusst auf die kostenlose Lieferung von US-Endmaterial im Rahmen des MDAP spekulierten in der Hoffnung, eigene Rüstungsprogramme auf die lange Bank schieben zu können. Dadurch ging der Anreiz der Europäer zu vermehrten eigenen Anstrengungen

---

[99] Vgl. FRUS 1950, III, S. 148–159 (Zitat S. 152): Spofford an Acheson, 28.7.1950; S. 168–172, hier S. 170 f.: Bruce an Acheson, 1.8.1950; S. 1428–1424: Aufz. amerik.-frz. Ministergespräche, 5. Treffen (18.10.1950), 18.10.1950; AMAE, DF-CED/C/120: Vermerk Alphand, 3.9.1954, S. 1–5; IPMF, DN/6: Ansprache Cristofini vor dem IHEDN über die Rüstungspolitik im atlantischen und europäischen Rahmen (25.1.1954), 6.3.1954, S. 4 f.; Bossuat, Les aides américaines économiques, S. 275 f.; Hammerich, Jeder für sich, S. 95 f., 141 f.; Harst, The Atlantic Priority, S. 230; Krüger, Sicherheit durch Integration?, S. 203; Megens, American Aid to NATO-Allies, S. 96; Wall, The United States and the Making, S. 195 f. Die Idee eines gemeinsamen Rüstungsfonds stammte ursprünglich von Monnet. Siehe Schröder, Jean Monnet, S. 141–148.

[100] Vgl. FRUS 1950, III, S. 237 f., hier S. 237: Spofford an Acheson, 22.8.1950. Washingtons Botschafter an der Seine sah im französischen Vorstoß eine Mogelpackung. Vgl. FRUS 1950, III, S. 1388–1391, hier S. 1386: Bruce an Acheson, 16.9.1950.

[101] Vgl. ebd., S. 1428–1424 (Zitate S. 1431): Aufz. amerik.-frz. Ministergespräche, 5. Treffen (18.10.1950), 18.10.1950.

[102] Beim ISAC handelte es sich um ein um die Jahreswende 1950/51 geschaffenes Gremium zum Zwecke der Koordinierung der US-Militär- und Wirtschaftshilfeprogramme. Vgl. FRUS 1951, III/1, S. 47–52, hier S. 50: MoU zwischen State Dept. und ECA, 15.2.1951; Kaplan, A Community of Interests, S. 146 f.

[103] Siehe Kaplan, A Community of Interests, S. 157; Megens, American Aid to NATO-Allies, S. 74–78. Megens befasste sich auch speziell mit dem niederländischen Anteil am AMP-Programm: ebd., S. 78–81.

verloren. Washingtons ursprünglicher Plan, im Rahmen des MDAP nur solches Endmaterial zu liefern, das die Verbündeten nicht selbst herzustellen vermochten, war kaum durchzuhalten, da ansonsten die Erfüllung des MTDP immer unrealistischer zu werden drohte. Cabot war sich bewusst, dass sich Europas Politiker aus Rücksicht auf die öffentliche Meinung vor unpopulären Entscheidungen wie einer Aufstockung der Rüstungsausgaben drückten und man von den Europäern aufgrund ihres geringeren Lebensstandards keine mit den USA vergleichbaren Verteidigungsanstrengungen erwarten konnte. Trotz aller Schwierigkeiten beurteilte der ISAC-Chef Ende März 1951 die Entwicklung des Bündnisses vorsichtig positiv. Immerhin hatten die Mitgliedstaaten mit Ausnahme Portugals ihre Verteidigungsausgaben erhöht. Frankreich etwa steigerte sein Verteidigungsbudget von 7,3 % (1950) auf 9,7 % (1951), Großbritannien von 6,2 % auf 8,7 %, Kanada gar von 4 % auf 8,8 %. Die größten Erfolge bei der Verbesserung des Verteidigungspotenzials der Europäer sah man im State Department in der Verlängerung der Wehrpflicht, vor allem aber im Ausbau der NATO-Strukturen, unter anderem im Rüstungsbereich und bei SHAPE[104].

Wie beträchtlich der Materialbedarf Westeuropas zur damaligen Zeit mitunter war, lässt sich gut am Bespiel militärischer Kraftfahrzeuge illustrieren. Rüstungsplaner ermittelten bei den europäischen NATO-Mitgliedern einen Gesamtbedarf von sage und schreibe 74 495 Jeeps, 62 213 0,75−1t-Lastwagen und 123 768 2,5−3t-Lastwagen. Alleine die Lücken der Franzosen bezifferte man auf 50 521 Jeeps, 44 982 0,75−1t-Lastwagen und 77 937 2,5−3t-Lastwagen. Zwar gab es in Frankreich, aber auch in Italien freie Produktionskapazitäten, allerdings verzögerten der chronische Finanzmangel und die auf nationaler Ebene heiß diskutierte Frage, welche Fahrzeugtypen in die Streitkräfte eingeführt werden sollten, rasche Entscheidungen[105].

Angesichts der bislang eher ernüchternden Bilanz suchten ISAC und ECC fieberhaft nach Wegen, um die Rüstungsproduktion der europäischen Verbündeten endlich in die Gänge zu bringen und die geplanten OSP-Programme mit den Planungen des DPB zu koordinieren. Der Ausstoß an Militärgütern sollte vergrößert, die Europäer sollten zur vermehrten finanziellen Eigenbeteiligung bewegt und eine bessere Streuung der Herstellung sollte gefördert werden. Zudem sollten die Verbündeten bei der Herstellung von Rüstungsmaterial unabhängiger werden. Dabei wollten die Amerikaner einen Spagat vollführen, der darin bestand, die Europäer in den Genuss von auf bilateraler Basis gewährten Offshore-Aufträgen kommen zu lassen, sie aber gleichzeitig dazu zu bringen, im Gegenzug so viele Finanzmittel wie möglich zur Umsetzung der vom DPB erarbeiteten Herstellungspläne bereitzustellen. Um eine bestmögliche Koordinierung zwischen den OSP-Programmen und dem NATO-Verteidigungsproduktionsamt zu gewährleisten, erteilte Außenminister Acheson die Weisung, wonach die US-Stellen sich an den NATO-Empfehlungen orientieren und diese so weit wie nur möglich befolgen sollten. Außerdem beabsichtige man die Europäer langfristig zur Schaffung einer »cen-

---

[104] FRUS 1951, III/1, S. 103−105 (Zitat S. 104): Memorandum Cabot an Acheson, 27.3.1951.
[105] Vgl. DFAIT/DCER, 17/380-V/1: Wilgress an Pearson, 8.5.1951, unter: http://epe.lac-bac.gc.ca/100/206/301/faitc-aecic/history/2013-05-03/www.international.gc.ca/department/history-histoire/dcer/details-en.asp@intRefid=6389 [5.6.2014]. Siehe auch im Anhang, S. 511: Bedarf einzelner NATO-Mitgliedstaaten an Jeeps und LKW.

tral procurement agency« zu ermuntern[106]. Ein zentrales Anliegen Washingtons war es, das Nordatlantische Bündnis und die zukünftige EVG in rüstungswirtschaftlichen Angelegenheiten eng miteinander zu verzahnen. Auf dem Rüstungsgebiet hoffte man, den für möglich gehaltenen europäischen Produktions- und Versorgungsminister fest in die Arbeiten des DPB einbinden und ihn zur Anlaufstelle für Verhandlungen mit den USA machen zu können. Auch das DPB plädierte für ein enges Zusammenwirken mit der zukünftigen EVG[107].

Des Weiteren war der feste Wille Washingtons erkennbar, die bundesdeutschen Industriekapazitäten inklusive denen West-Berlins für die westliche Verteidigung zu nutzen und in die NATO-Planungen zu integrieren. Man wollte die Bündnispartner dazu bewegen, Rüstungsaufträge an die Bundesrepublik zu vergeben, insbesondere Frankreich und Großbritannien, die beide EZU-Überschüsse vorzuweisen hatten. Darüber hinaus suchte man nach einer Formel, wie die Deutschen unter Einbeziehung der Alliierten Hohen Kommission mit dem FEB und DPB assoziiert werden könnten. US-Nordatlantikratsvertreter Spofford liebäugelte mit der Einrichtung einer »NATO purchasing commission« unter der Ägide des DPB. Für ihn war es denkbar, die Bundesrepublik, sobald der Umfang ihres Militärbeitrages und die politischen Sicherheitsgarantien feststanden, mit verschiedenen NATO-Gremien in Kontakt treten zu lassen und ihr dort stufenweise eine volle Mitgliedschaft zu ermöglichen[108]. Frankreich hatte sich in der Frage einer Nutzung des westdeutschen Industriepotenzials von Anfang an als Bremser entpuppt und interpretierte die Brüsseler NATO-Beschlüsse vom Dezember 1950 weitaus restriktiver als die USA[109]. Während die Amerikaner den Standpunkt vertraten, dass die Deutschen mit Ausnahme des verbotenen Kriegsgeräts und in der Regel ohne besondere NATO-Vorgaben sämtliche benötigten Güter produzieren könnten, beharrten die Franzosen darauf, dass erst detaillierte NATO-Empfehlungen vorliegen sollten und die Alliierte Hohe Kommission zusätzlich noch ihre Zustimmung zu erteilen hätte[110]. Damit errichteten die Franzosen gleich eine doppelte Barriere, die die Befürworter westdeutscher Rüstungsfertigungen würden überwinden müssen – ein eindeutiger Beleg für das ausgeprägte französische Sicherheitsdenken.

Im Spätsommer kündigte sich bei den NATO-Rüstungsplanungen ein Debakel an. Trotz aller Bemühungen, die Herod und sein Arbeitsstab an den Tag legten, waren die Ergebnisse des DPB geradezu enttäuschend. Der Sachstandsbericht des DPB, der während der NATO-Ratstagung in Ottawa im September 1951 vorgelegt wurde, berücksichtigte lediglich die Ausrüstungsdefizite und Produktionskapazitäten von sieben Mitgliedstaaten und war somit unvollständig. Bei drei Mitgliedstaaten identifizierte man zahlreiche freie

---

[106] Vgl. FRUS 1951, III/1, S. 225–231 (Zitat S. 227): Memorandum Sitzung ISAC-ECC (30.7.1951), 31.7.1951; S. 231 f.: Acheson an Spofford, 1.8.1951.
[107] Vgl. FRUS 1951, III/1, S. 960 f.: Spofford an Acheson, 11.12.1951; S. 969: Acheson an Spofford, 17.12.1951.
[108] Vgl. FRUS 1951, III/1, S. 1038 f. (Zitat S. 1039): Spofford an Acheson, 17.5.1951.
[109] Zur Brüsseler NATO-Ratstagung siehe AWS, Bd 2 (Beitrag Maier), S. 27–29; AWS, Bd 2 (Beitrag Meier-Dörnberg), S. 607–609; Wettig, Entmilitarisierung und Wiederbewaffnung, S. 390–393.
[110] Vgl. FRUS 1951, III/2, S. 1357–1359: US-Delegation bei Intergovernmental Study Group on Germany an Acheson, 12.2.1951. Aus Sicht der USA sollten die Deutschen bei den ihnen zugestandenen Rüstungsfertigungen frei sein, sofern sie nicht gegen NATO-Standardisierungsvereinbarungen verstießen und die NATO nicht auf eine Herstellung in einem anderen Land bestünde.

Kapazitäten. Ohne deren rasche Nutzung schien die Einhaltung der Planziele für 1954 unmöglich, ein Umstand, der sich durch den Mangel an Werkzeugmaschinen, Rohstoffen und Arbeitskräften noch zu verschlimmern drohte. Am gravierendsten wirkte sich allerdings nach wie vor der Geldmangel aus[111]. Dem pflichtete die französische NATO-Rüstungsdelegation bei[112]. Angesichts der mageren Bilanz galten die Planungen auf rüstungswirtschaftlichem Gebiet als eine der größten Problemzonen des Bündnisses. Im US-Außenministerium kam man zu der ernüchternden Schlussfolgerung, »that NATO is too large and too disparate an organization to deal with financial, economic, and production problems as a whole«[113]. Im November 1951 legte das DPB ein weiteres Mal die erheblichen Rüstungslücken der kontinentaleuropäischen Bündnismitglieder offen. Während die Briten innerhalb von drei Jahren Rüstungsausgaben in Höhe von 7 Mrd. US-Dollar vorsahen, betrugen die ihrer Partner nur die Hälfte. Davon waren von den Parlamenten bisher nur 2 Mrd. US-Dollar bewilligt worden, davon wiederum nur 1 Mrd. US-Dollar auch schon ausgegeben. Erstaunlicherweise kam das DPB zu dem Schluss, dass eine Aufstockung der Rüstungsproduktion in Höhe von 3,5 Mrd. US-Dollar machbar sei. Entscheidende Aspekte, wie etwa die Konsequenzen einer Produktionsvergrößerung für den Rohstoff- und Arbeitsmarkt, blieben jedoch offen[114].

Eine Kontroverse entzündete sich an der Frage, ob auch die drei großen Rüstungsproduzenten USA, Großbritannien und Kanada ihre Wirtschaftsdaten offen legen müssten, bevor die anderen NATO-Mitglieder zu weiteren eigenen Anstrengungen gezwungen werden könnten. Die USA erteilten dem von den Franzosen vorgebrachten Anliegen eine klare Absage, da man sich als größter Rüstungshersteller und -produzent nicht von den »Kleinen« in die Karten schauen und gar noch Vorschriften machen lassen wollte[115]. Die drei Staaten waren keinesfalls bereit, sich den bündnisinternen Bemühungen um eine koordinierte Rüstungsproduktion zu unterwerfen, die ja schließlich dazu dienen sollten, die Defizite ihrer kontinentaleuropäischen Partner zu beheben. Im US-State

---

[111] Vgl. FRUS 1951, III/1, S. 272−279, hier S. 274 f.: Bericht Spofford an NATO-Rat, 14.9.1951. Siehe auch Hammerich, Jeder für sich, S. 152. Immerhin war es dem FEB in Ottawa erstmals gelungen, eine systematische und umfassende Untersuchung der finanziellen und wirtschaftlichen Schwierigkeiten der NATO-Mitgliedstaaten präsentieren. Der Bericht enthielt jedoch keine konkreten Handlungsempfehlungen, sodass das DPB kaum konkreten Nutzen daraus ziehen konnte. Vgl. FRUS 1951, III/1, S. 272−279, hier S. 275: Bericht Spofford an NATO-Rat, 14.9.1951; Hammerich, Jeder für sich, S. 150 f. Die Namen der drei Staaten mit freien Kapazitäten werden in Spoffords Bericht nicht genannt. Einer der »Sünder« war mit Sicherheit Belgien. Vgl. FRUS 1951, III/1, S. 225−231, hier S. 230: Memorandum Sitzung ISAC-ECC (30.7.1951), 31.7.1951; siehe auch Kap. III.1.c). Bei den anderen beiden Ländern handelte es sich höchstwahrscheinlich um Frankreich und Italien. Italiens Vertreter im MPSB und DFEC hatten schon im Oktober 1950 auf die freien Herstellungskapazitäten ihres Landes hingewiesen. Vgl. FRUS 1950, III, S. 1514−1520, hier S. 1517: Gesprächsmemorandum Hilton, 6.10.1950, Anhang: Memorandum Hilton, 3.10.1950. US-Botschafter Dunn riet Rom zu einer besseren Auslastung seiner Produktionsstätten und zu einer »aggressive selling campaign with her other NATO partners«. Ebd., S. 1500 f., hier S. 1500: Dunn an Acheson, 27.11.1950.

[112] Vgl. AMAE, Pactes, 47: Bron an Chodron de Courcel, 29.1.1958, Anhang: Vermerk [Bron], o.D., S. 3.

[113] FRUS 1951, III/1, S. 827−832, hier S. 828 f. (Zitat S. 828): Memorandum Acheson, überarbeitete Fassung durch Jessup, 12.7.1951.

[114] Vgl. Hammerich, Jeder für sich, S. 189 f.

[115] Vgl. ebd., S. 190.

Department vertrat man die Auffassung, dass »Nobody really expects that NATO is going to make decisions in these fields which will control action in the United States, Canada, and Great Britain«, weil diese Staaten schließlich ihren Bedarf an Militärgütern selbst decken konnten[116]. Kritik mussten sich die Amerikaner aber auch von ihrem Landsmann Herod gefallen lassen, der sich über eine mangelnde Zusammenarbeit der USA mit dem DPB beklagte. Washington informiere nicht ausreichend über seine Hilfsmaßnahmen, sodass die Arbeit des DPB beeinträchtigt werde[117]. Die unzureichende Koordinierung zwischen den USA und Herods Arbeitsstab war dann auch ein wichtiger Grund für dessen Scheitern[118]. Alles in allem war die Tätigkeit des heillos überforderten Verteidigungsproduktionsausschusses »largely without issue since NATO countries were unable, or unwilling, to modify national programmes and to finance the supplementary production programmes drawn up by DPB«[119].

Unterdessen hatten sich die Ratsstellvertreter wegen des langsamen Tempos des Lastenteilungsverfahrens und der bisweilen schwierigen Abstimmung der NATO-Gremien untereinander dazu veranlasst gesehen, eine Sonderarbeitsgruppe, die Working Group on Production, Finance and Military Requirements Problems (Ad-hoc Committee 8, AC/8), einzusetzen. Sie war eine von insgesamt 14 Ad-hoc-Ausschüssen des Bündnisses und bestand aus Ratsstellvertretern sowie Vertretern der Ständigen Gruppe, des FEB und des DPB. Aufgabe des gemischten Ausschusses war es, die Probleme auf den Gebieten Rüstungsproduktion, Wirtschaft und Finanzen sowie die militärischen Bedarfsforderungen des Bündnisses miteinander in Einklang zu bringen und entsprechende Empfehlungen auszuarbeiten, wobei der MTDP weiterhin offiziell Richtschnur blieb. Immerhin gelang es mit den zusammengetragenen Daten, einen dringend erforderlichen Gesamtüberblick über die bestehenden Lücken und die organisatorischen Defizite der NATO zu erhalten, was eine wichtige Vorarbeit für das mit der Lösung der Lastenteilungsproblems beauftragte TCC darstellte[120].

---

[116] FRUS 1951, III/1, S. 827–832, hier S. 828: Memorandum Acheson, überarbeitete Fassung durch Jessup, 12.7.1951.
[117] Vgl. DFAIT/DCER, 17/380-V/1: Wilgress an Pearson, 8.5.1951, unter: http://epe.lac-bac.gc.ca/100/206/301/faitc-aecic/history/2013-05-03/www.international.gc.ca/department/history-histoire/dcer/details-en.asp@intRefid=6389 [5.6.2014].
[118] Vgl. Megens, Problems of Military Production Co-ordination, S. 283. Herod nahm nach nur zehnmonatiger Tätigkeit seinen Hut, vermutlich aus Enttäuschung über den beschränkten Handlungsspielraum des DPB und daraus resultierende Differenzen mit den NATO-Mitgliedstaaten. Vgl. Jordan, The NATO International Staff, S. 241 f., Anm. 28.
[119] So beschrieb es rückblickend die kanadische NATO-Delegation. DFAIT/DCER, 19/476-V/1: Memorandum Wilgress an Pearson, 7.2.1953, Anhang: Memorandum kanad. Defence Liaison Division, 4.2.1953, unter: http://epe.lac-bac.gc.ca/100/206/301/faitc-aecic/history/2013-05-03/www.international.gc.ca/department/history-histoire/dcer/details-en.asp@intRefid=6389 [5.6.2014].
[120] Siehe Hammerich, Jeder für sich, S. 152–154. Siehe auch Release of NATO-Information, Final Report (DES(92)1), II, S. 32 f.

### d) Die Production and Logistics Division des Internationalen Stabs, 1952–1954

Als gegen Ende 1951 offenkundig war, dass die Tätigkeit des DPB nicht zu den gewünschten Resultaten geführt hatte, schien seine erneute Reorganisation nur noch eine Frage der Zeit zu sein. Der entscheidende Schritt wurde bei der Lissabonner Ratstagung im Februar 1952 vollzogen, in deren Folge das Bündnis ab April 1952 eine eigenständige, zivile Organisationsstruktur mit Sitz in Paris erhielt. An der Spitze des neu geschaffenen International Staff/Secretariat stand ein dem NATO-Rat direkt verantwortlicher Generalsekretär. Die Wahl fiel auf Churchills ehemaligen Stabschef Hastings Lionel Lord Ismay, der am 13. März 1952 seinen neuen Posten antrat und im darauffolgenden Monat auch stellvertretender Vorsitzender des NATO-Rates wurde[121]. Aus dem DPB ging die Production and Logistics Division (PLD) hervor[122]. Sie untergliederte sich zunächst in zehn Sektionen[123] und wurde von einem Stellvertretenden Generalsekretär für Produktion und Logistik geleitet. Die von den Ratsstellvertretern und dem TCC vorgeschlagene Umwandlung des DPB in eine Abteilung des Internationalen Stabes war jedoch nicht unumstritten. Der Leitende Sekretär, der Brite Nigel E.P. Sutton, hielt ein derartiges Unterfangen aufgrund des fehlenden Gemeinschaftshaushalts für die Rüstung für sinnlos. Auch Ismay zeigte sich anfangs gegenüber den Reorganisationsplänen skeptisch. Er bevorzugte die Behandlung der mit der Rüstungsproduktion zusammenhängenden Fragen durch die nationalen Delegationen, wobei dem Internationalen Stab reine Sekretariatsaufgaben zukommen sollten. Auch sollte dieser über keine eigenen Rüstungsexperten verfügen. Auf Geheiß Ismays befasste sich der erfahrene US-Amerikaner William L. Batt – er war während des Zweiten Weltkrieges Stellvertretender Direktor der Production Division des Office of Production Management und Mitglied im alliierten Combined Raw Materials Board, vor seinem Wechsel zur Allianz Leiter der Washingtoner MSA-Mission in London – mit der zukünftigen Organisationsstruktur der NATO-Rüstungssparte und legte entsprechende Vorschläge vor.

Zu den drei Kernaufgaben der schließlich im April 1952 ins Leben gerufenen PLD gehörten die langfristige Produktionsplanung, der Informationsaustausch und die Leitung technischer Studien sowie die Beteiligung an der im Frühjahr 1952 eingeführten NATO-Jahreserhebung mittels der Bereitstellung von Daten zum geschätzten Bedarf an

---

[121] Ausführlich zur Reorganisation der NATO im Frühjahr 1952: Hammerich, Jeder für sich, S. 284–292; Ismay, The Memoirs of General the Lord Ismay, S. 458 f., 462; Jordan, The NATO International Staff, S. 26–31; Rebhan, Der Aufbau, S. 210–217.

[122] Zum Folgenden: AMAE, Pactes, 47: Bron an Chodron de Courcel, 29.1.1958, Anhang: Vermerk [Bron], o.D., S. 3 f.; PA-AA, B 10/1086: Bericht EVG-Rüstungsausschuss/AG 3/1: Die Organisation und Arbeitsweise der Logistical and Production Division der NATO [sic!], 3.9.1953; Ismay, The Memoirs of General the Lord Ismay, S. 458 f.; Ismay, NATO. The First Five Years, S. 128 f.; Jordan, The NATO International Staff, S. 241–243, 246–249; Thies, Friendly Rivals, S. 112. Ausführlich zum Jahreserhebungsverfahren (Annual Review) siehe Hammerich, Jeder für sich, S. 324–335; BArch, BW 9/558-560, 269–271.

[123] Die zehn Bereiche waren Überprüfung und Verbindung, Produktionskoordination, Fluggerät, Munition, Fahrzeuge, Schiffbau, Infrastruktur, Ersatzteilkoordination, Bewaffnung und Elektronik. 1953 wurde die Infrastruktur-Sektion herausgelöst und in eine eigene Abteilung umgewandelt. Vgl. Jordan, The NATO International Staff, S. 243.

Ausrüstung und Ressourcen. Als besonders bedeutsam erwiesen sich für das PLD die bereits erwähnten, aus nationalen Vertretern zusammengesetzten Sachverständigengruppen, die umfangreiche Informationen über technische Einzelheiten zu den verschiedensten Materialgruppen zusammentrugen und untereinander austauschten. Koordiniert wurden die Arbeiten vom Internationalen Stab und dessen Technischen Sektionen. Bei diesen Rüstungsarbeiten konnte das Nordatlantische Bündnis während der Amtszeit Ismays tatsächlich seine größten Fortschritte verzeichnen[124].

Auch wenn die NATO im Laufe des Jahres 1952 beim Streitkräfteaufbau und dem Ausbau der gemeinsamen Infrastruktur, etwa beim Bau von Flugplätzen und Kommunikationseinrichtungen, durchaus sehenswerte Fortschritte erzielen konnte[125]: was die koordinierten Rüstungsprogramme betraf, kamen die Europäer immer noch nicht richtig in die Gänge. Es mehrten sich sogar die Anzeichen, wonach die Bereitschaft der Verbündeten zur Rüstung merklich nachzulassen drohte und die Lissabonner Streitkräfteziele für 1953 zusehends ins Wanken gerieten[126]. Im Internationalen Sekretariat unternahm man daher einen neuen Anlauf, um ein koordiniertes Rüstungsprogramm auf die Beine zu stellen, und legte dem NATO-Rat anlässlich seiner Ratstagung im Dezember 1952 einen entsprechenden Plan vor. Erklärtes Ziel des Vorhabens war es,

»d'accroître l'efficacité de la production, en permettant de coordonner autant que possible la production financée par les pays européens et la production financée par les États-Unis et Canada, de manière à permettre la passation de commandes portant sur des quantités de matériels suffisamment importantes pour que l'on puisse les produire économiquement[127].«

Es ging somit darum, die Herstellung von Rüstungsgütern mittels einer bestmöglichen Koordination der von den Europäern und den amerikanischen Verbündeten finanzierten Programme effizienter zu gestalten, um große Stückzahlen zu erreichen und Herstellungskosten zu senken. Darüber hinaus sollte das anvisierte Programm zu einer weiten Vereinheitlichung von Militärgerät führen. Für all dies beabsichtigte der Internationale Stab eine eigene Arbeitsgruppe einzusetzen, die im Anfangsstadium Unterstützung von den nationalen Delegationen zu erhalten hatte. Zunächst galt es, die in Frage kommenden Materialkategorien auszuwählen, die bestehenden Ausrüstungsdefizite sowie die zur Verfügung stehenden Fabrikationskapazitäten, Rohstoffe und Arbeitskräfte, aber auch die Güterpreise zu ermitteln. Im nächsten Schritt musste eine Liste sowie das Gesamtvolumen der herzustellenden Güter festgelegt werden – unter Berücksichtigung sowohl der von den Mitgliedstaaten als auch der von der NATO-Arbeitsgruppe vorgesehenen Programme. Davon ausgehend sollte das DPL ein präzises Bündnisprogramm ausarbeiten und jedem interessierten Mitgliedstaat einen bestimmten Anteil zuweisen. Zu den maßgeblichen Verteilungskriterien gehörten die Wirtschaftskraft der beteiligten Staaten, die durch Vergrößerung bereits laufender Fabrikationsserien absehbaren Ersparnisse sowie logistische, militärische und strategische Erwägungen. Bemerkenswerterweise sah der Plan vor, die erarbeiteten Materiallisten auch an den

---

[124] Vgl. Ismay, NATO. The First Five Years, S. 130; Jordan, The NATO International Staff, S. 244.
[125] Vgl. Hammerich, Jeder für sich, S. 326 f.; Ismay, NATO. The First Five Years, S. 122 f.
[126] Allgemein zur damaligen Diskussion im Bündnis um die Lissabonner Streitkräfteziele: Hammerich, Jeder für sich, S. 327–332.
[127] AMAE, Pactes, 133: Protokoll Sitzung SGPDN (17.1.1953), 17.1.1953, Anhang: Vermerk SGPDN/Abt. Kriegswirtschaft für Mons, 16.1.1953 (Zitat S. 2).

EVG-Interimsausschuss zu übermitteln, um eine bestmögliche Koordination zwischen der NATO und der zukünftigen Verteidigungsgemeinschaft sicherzustellen – dies entsprach genau den rüstungswirtschaftlichen Bestimmungen des EVG-Vertrages. Die nach Abstimmung innerhalb der Arbeitsgruppe erstellte Endfassung des Programms sollte dann dem Ständigen Rat zugeleitet werden, der Änderungen vornehmen und den Regierungen Empfehlungen erteilen konnte[128].

Frankreich stimmte dem Vorhaben im großen Ganzen zu, forderte allerdings, auch in der späteren Phase der Programmaufstellung eine Beteiligung der nationalen Delegationen zu ermöglichen, vermutlich in der Absicht, jederzeit nationale Interessen geltend machen zu können. Darüber hinaus wollten die Franzosen die Planungen rein auf die NATO beschränken und die EVG-Arbeiten außen vor lassen. In Paris legte man zudem großen Wert darauf, die Briten, die sich bekanntlich einer aktiven Teilnahme an der Europaarmee entzogen, in die Rüstungsplanungen einzubeziehen[129]. Auf seiner Sitzung am 14. Januar 1953 fasste die höchste Entscheidungsinstanz des Bündnisses dann den Beschluss, die Working Group on the Preparation of Correlated Production Programme in European Members Countries (AC/42) ins Leben zu rufen[130]. Sie setzte sich aus Vertretern diverser NATO-Organe, darunter der Ständigen Gruppe und der 14 Mitgliedsländer, zusammen und sollte im Grunde das ausbügeln, was die bereits existierenden Arbeitsgruppen und sonstigen Gremien nicht zu realisieren imstande waren. Erneut wurden Untergruppen für diverse Materialkategorien aufgestellt und laufende Programme unter die Lupe genommen, sodass sich der mit Rüstungsfragen befasste NATO-Apparat immer weiter aufblähte.

Alles in allem blieb der Umfang der koordinierten Rüstungsproduktionsprogramme weit hinter den Erwartungen zurück. Als die neu eingerichtete Arbeitsgruppe am 5. Oktober 1954 zu ihrer letzten Sitzung zusammentrat, waren die Ergebnisse nicht sonderlich positiv. Nennenswerte Impulse hatte sie den eher zaghaften Versuchen einer bündnisweiten koordinierten Rüstungsproduktion nicht verleihen können[131]. Die zwischen Januar 1953 und Juli 1954 den Regierungen erteilten Empfehlungen zur koordinierten Herstellung von Militärgütern erreichten einen Gesamtwert von 2 Mrd. US-Dollar, doch nur ein Bruchteil davon wurde tatsächlich auch durchgeführt. Die größten Erfolge konnte die NATO bei der Herstellung von Munition und Ersatzteilen erzielen[132]. Im Grunde war dies recht unspektakulär, da in diesen Bereichen ein Einvernehmen – anders als bei schwerem Militärgerät – verhältnismäßig einfach zu erreichen war. Man einigte sich somit auf den kleinsten gemeinsamen Nenner. Immerhin war ein erster Anfang gemacht, der Ismay zu vorsichtigem Optimismus Anlass gab, zumal es sich bei beiden Materialkategorien um kriegswichtige Güter handelte. Doch Jahre später kam selbst eine NATO-Publikation nicht umhin, ein kritisches Fazit zu ziehen:

---

[128] Vgl. ebd.
[129] Vgl. ebd.
[130] Vgl. Release of NATO-Information, Second Final Report (DES(94)2), VIII, S. 7 f.
[131] Vgl. ebd., S. 8.
[132] Vgl. Ismay, NATO. The First Five Years, S. 129; AMAE, Pactes, 48: Vermerk Weicker, 12.10.1954, S. 2.

»The programmes were limited in scope. No attempt was made to draw up any overall master plan for the equipment of all NATO forces which would parcel out production to the most efficient or economic sources[133].«

Zu den damals ehrgeizigsten Vorhaben des Bündnisses gehörte der Versuch, ein Luftrüstungsprogramm auf die Beine zu stellen, um die Lücken bei der Jagdflugzeugproduktion zu stopfen. Batt und Ismay hatten im Juni 1952 einen Plan zur Herstellung von 1700 Maschinen – später reduziert auf 1000 Stück – vorgelegt in der Hoffnung, damit einen der größten Ausrüstungsmängel der europäischen NATO-Verbündeten beheben zu können. 750 Flugzeuge sollten von den teilnehmenden Staaten finanziert (175 Mio. US-Dollar), die restlichen 950 Stück im Rahmen der amerikanischen Offshore-Hilfe beschafft werden (225 Mio. US-Dollar). Zu den drei in Frage kommenden Flugzeugtypen gehörten die britische Swift, die französische Mystère IV und die in Italien hergestellte, aber bereits veraltete NF-3 Venom. Als Teilnehmer des auf insgesamt 400 Mio. US-Dollar bezifferten Programms waren Belgien, Frankreich, Großbritannien, Italien und die Niederlande vorgesehen. Norwegen und Dänemark hätten als Abnehmer bereitgestanden. In Washington, namentlich bei der US Air Force, stieß der Vorschlag jedoch auf Ablehnung. Dort hieß es, ein solches Programm sei zu optimistisch hinsichtlich der Preise und Liefermodalitäten und beinhalte zu wenige Ersatzteile und Zubehör. Die federführende Rolle bei der Aufstellung übernahmen die USA, die ab Herbst 1952 in direkte Verhandlungen mit den interessierten Staaten traten, sodass das Programm seinen »co-ordinating character«[134] einbüßte.

Am Ende stand ein Programm mit einem Gesamtvolumen von 550 Mio. US-Dollar. Darin waren Offshore-Aufträge in Höhe von 281,5 Mio. US-Dollar enthalten. Der Löwenanteil entfiel auf Großbritannien, das Offshore-Aufträge zum Bau von 465 Hawker Hunter und 107 Sea Hawk erhielt (153 Mio. US-Dollar). Frankreich bekam einen Großauftrag für die Produktion von 225 Mystère IV (86,5 Mio. US-Dollar). Brüssel und Den Haag erhielten die Order zur gemeinsamen Fabrikation von 112 britischen Hawker Hunter (42 Mio. US-Dollar), wobei die Amerikaner die entsprechenden Verträge mit beiden getrennt voneinander abschlossen. Darüber hinaus mussten sich die Empfängerstaaten zur Beschaffung weiterer Flugzeuge verpflichten, die aus eigener Tasche zu finanzieren waren. Die Niederländer und Belgier erklärten sich zum Kauf von Maschinen für 75 Mio. US-Dollar bereit, die Franzosen zum Erwerb von Fluggerät für 91 Mio. US-Dollar, die Briten zur Beschaffung von Flugzeugen in Höhe von 70 Mio. US-Dollar. Der Rest entfiel auf Italien, das auf die amerikanische F-86 K festgelegt wurde[135].

---

[133] The North Atlantic Treaty Organization, S. 162.
[134] Megens, Problems of Military Production Co-ordination, S. 285. Vgl. auch Jordan, The NATO International Staff, S. 257.
[135] Ausführlich zum Luftwaffenprogramm: Megens, American Aid to NATO-Allies, S. 183–186; Megens, Problems of Military Production Co-ordination, S. 283–286. Speziell zum belgisch-niederländischen Fertigungsprogramm und den dabei auftauchenden Schwierigkeiten (Fertigungsprobleme bei Fokker, Fehleinschätzung der benötigten Arbeitsstunden, explodierende Produktionskosten): Megens, American Aid to NATO-Allies, S. 181–183; Megens, Problems of Military Production Co-ordination, S. 286 f.

In Frankreich war man alles andere als begeistert darüber, dass die EVG-Partner Belgien und die Niederlande ausgerechnet einen britischen Flugzeugtyp fertigten. Verteidigungsminister Pleven ließ verlauten, das von den USA initiierte Projekt »had ›broken‹ his heart«, da es die Standardisierungsanstrengungen der EVG-Mitgliedstaaten erschwere. Zwar bemühte er sich darum, nicht den Verdacht aufkommen zu lassen, wonach es ihm um die Bevorzugung der Luftfahrtindustrie seines Heimatlandes ging. In Wahrheit dürfte er aber sehr wohl über den Bau eines britischen Modells enttäuscht gewesen sein, denn die heimische Luftfahrtbranche befand sich zum damaligen Zeitpunkt in einer prekären Lage und suchte händeringend nach zusätzlichen Aufträgen, um die sinkende Inlandsnachfrage zu kompensieren. Dass ausgerechnet die mächtige britische Luftfahrtindustrie zum Zuge gekommen war, empfand Pleven offensichtlich als Schlag ins Gesicht. Pleven verband seine Kritik mit dem Wunsch, die US-Regierung möge »the great weapon it has in OSP« dafür einsetzen, die Standardisierung im Rahmen der EVG zu fördern – eine deutliche Bitte, bei der Vergabe von Offshore-Aufträgen an EVG-Staaten die dortigen Produzenten – und damit auch die französischen – zu berücksichtigen[136].

Plevens Reaktion ist ein gutes Beispiel dafür, wie sehr die einzelnen Staaten auf ihre jeweiligen industriepolitischen Interessen bedacht waren. Sie nutzten die US-Offshore-Aufträge gezielt zum Aufbau nationaler Rüstungskapazitäten, statt sie in den Dienst einer koordinierten oder gar integrierten westeuropäischen Rüstungsproduktion unter der Ägide der NATO zu stellen. Die bilaterale Schiene hielten sie zudem für wesentlich einfacher als eine Konsensfindung unter 14 Mitgliedstaaten, zumal sich mit den zugeteilten Mitteln nationale Industrieinteressen verwirklichen ließen. Die Staaten zweckentfremdeten mitunter die OSP-Hilfe, indem sie aus beschäftigungspolitischen Motiven und ungeachtet von Effizienzgesichtspunkten Aufträge auf mehrere Firmen verteilten – zum Wohle der heimischen Industrie. Ferner kam es vor – dies galt vor allem für Frankreich –, dass Güter, die mit OSP-Mitteln hergestellt worden waren, nicht der Stärkung des europäischen Verteidigungspotenzials zuflossen, sondern ins Ausland exportiert wurden, in der Absicht, damit die nationale Rüstungsindustrie zu stärken[137]. Selbst die Franzosen, die sich während der EVG-Phase immer wieder als Verfechter einer intensiveren Rüstungszusammenarbeit im Rahmen der NATO gaben, bedienten sich fleißig OSP-Mitteln – zumindest so lange, bis ein in ihren Augen tragfähiger Bündniskompromiss gefunden worden wäre[138].

Sich auf ein gemeinsames Rüstungsprogramm festzulegen hätte mit hoher Wahrscheinlichkeit schmerzhafte Kompromisse erfordert, denn die Bündnismitglieder hätten in Kauf nehmen müssen, dass einige ihrer nationalen Rüstungsprogramme unter Umständen nicht hätten weitergeführt werden können. Man hätte sich auf die Auswahl bestimmter Güter für eine koordinierte Produktion einigen und Aufträge nach

---

[136] Vgl. FRUS 1952–1954, VI/2, S. 1384–1388 (Zitate S. 1386): Memorandum [vermutl. Godley], 6.10.1953. Zum Hilferuf der französischen Luftfahrtindustrie: BArch, B 102/15373-1: Hausenstein an AA, 16.11.1953.

[137] Siehe die Fallstudien bei Geiger/Sebesta, A Self-Defeating Policy. So brachten es die Franzosen fertig, Jagdflugzeuge des Typs MD 450 Ouragan an Indien zu verkaufen, während in Indochina das Kriegsgerät knapp war und man in Washington zum permanenten Bittsteller geworden war.

[138] Siehe oben, Kap. III.1.c).

einem bestimmten Modus verteilen müssen. Wirtschaftlich unrentable Unternehmen wären von der Bildfläche verschwunden, Rüstungsaufträge hätten weniger als beschäftigungspolitisches Instrument missbraucht werden können. Eine unabhängige Rüstungsindustrie, wie sie beispielsweise die Franzosen und Briten im Visier hatten, hätte sich kaum realisieren lassen. Es lag daher wohl ganz im Interesse der Mitgliedstaaten, die Kompetenzen der NATO im Rüstungsbereich möglichst begrenzt zu halten. Der Stab des ersten Stellvertretenden Generalsekretärs David L. Hopkins verfügte über keinen eigenen Rüstungsfonds und besaß keine Durchsetzungsbefugnisse, sondern war auf das Wohlwollen der Mitgliedstaaten, insbesondere der USA, angewiesen. Die Beteiligung an den Rüstungsprogrammen war ohnehin nur freiwilliger Natur, weil die NATO keine supranationale Organisation darstellte, an die die Mitgliedstaaten rüstungswirtschaftliche Kompetenzen abgetreten hatten. In vielen Expertengruppen waren nicht einmal Vertreter aus allen Hauptstädten vertreten.

Frankreich sah im Falle eines bündnisinternen Vorgehens seine Wettbewerbsfähigkeit gefährdet und fühlte sich gegenüber seinen Partnern benachteiligt, weil seine im NATO-Fragebogen gemachten Preisangaben vergleichsweise hoch waren. Auslandsaufträge und Offshore-Aufträge stellten aus Sicht des SGPDN allerdings eine wichtige Devisenquelle dar und zogen in der Regel eine Reihe von Folgeaufträgen nach sich, etwa die Lieferung von Ersatzeilen. Infolgedessen forderte die rüstungswirtschaftliche Abteilung des SGPDN, die französischen Preisangaben zu überarbeiten. Damit war nichts anderes gemeint, als sie so »anzupassen«, dass die Konkurrenzfähigkeit heimischer Erzeugnisse künstlich erhöht würde[139]. Im weiteren Verlauf zeigten sich die Franzosen daran interessiert, die für die Aufstellung der NATO-Programme maßgebenden Kriterien so zu modifizieren, dass das unbequeme Preisproblem auf der Kriterienskala möglichst weit unten rangierte. Man begründete dies mit den allgemeinen Vergleichsschwierigkeiten für Preise und wies darauf hin, dass der Preis nur einer von vielen Faktoren sein könnte. Als weitaus bedeutender stufte man industriepolitische Gesichtspunkte – die Aufrechterhaltung laufender Herstellungsserien –, die Qualität der Produktion und des Materials sowie die geografische Lage der Fabrikationsanlagen (für Munition, Instandsetzung, Ersatzteile) ein. Außerdem hielt man es für unabdingbar, die zu erwartenden wirtschaftlichen und finanziellen Gesamtauswirkungen der koordinierten Rüstungsprogramme für die Mitgliedsländer im Blick zu behalten. Daneben mahnte man an der Seine eine Verstärkung der Zusammenarbeit zwischen dem Internationalen Sekretariat und den nationalen Delegationen an[140].

Dass die NATO auf dem Gebiet der Rüstungsproduktion schwach blieb, lässt sich in hohem Maße auf die amerikanische Militärhilfe in Form der Offshore-Aufträge zurückführen. Dadurch, dass die Vereinigten Staaten die Militärhilfe ausschließlich auf bilateraler Basis aushandelten, war eine bündnisinterne Koordinierung von Rüstungsprogrammen

---

[139] Vgl. AMAE, Pactes, 133: Vermerk SGPDN/Abt. Kriegswirtschaft, 27.6.1953. Als Grund für die hohen Preisangaben im NATO-Fragebogen gab das SGPDN an, dass sämtliche angefallene Kosten, von den Entwicklungs- und Produktionskosten bis hin zu den Steuern, hinzugerechnet worden seien. Damit unterstellte man den Bündnispartnern bei deren Preisangaben implizit Mogelei und verschleierte die wahren Gründe für das verhältnismäßig hohe französische Preisniveau.

[140] Vgl. AMAE, Pactes, 47: Vermerk SGPDN/Abt. Kriegswirtschaft, 29.5.1954.

kaum zu realisieren[141]. Zum einen eröffnete eine derartige Vorgehensweise den USA weitreichende Einflussmöglichkeiten auf die Rüstungsplanungen der einzelnen Bündnispartner und erhöhte ihr politisches Druckpotenzial, was insbesondere Frankreich zu spüren bekam. Zum anderen förderte Washington damit die Ausrichtung der Empfängerstaaten auf US-Militärmaterial und US-Logistik[142]. Vor diesem Hintergrund überrascht die vonseiten des Internationalen Sekretariats vielfach beklagte mangelhafte Koordinierung zwischen den US-Hilfsprogrammen und den NATO-Organen kaum[143].

Die USA als größter Waffenlieferant und bedeutendste Militärmacht des Westens waren zu keinem Zeitpunkt bereit, die Kontrolle über die Offshore-Beschaffungen in die Hände des Bündnisses zu legen. Den USA ging es in erster Linie um eine Vergrößerung der Herstellungskapazitäten und des Rüstungsgüterausstoßes in Westeuropa – auf Kosten einer bündnisinternen Koordinierung und Standardisierung[144]. Unter Hopkins glich die PLD eher einer Datensammel- und Beratungs- als einer echten Koordinationsstelle[145]. Das dürfte ganz im Interesse der Amerikaner gelegen haben, denn dadurch erhielten sie tiefe Einblicke in die Lage der westeuropäischen Rüstungsindustrien. Je mehr Daten die Vereinigten Staaten mittels der NATO-Organe sammeln konnten,

»the greater the likelihood that the preponderant influence of the United States could be translated into collective agreements to undertake projects intended to lead to greater production in Europe and/or provide add-ons to production runs planned by American firms, thereby lowering the unit cost of the weapons the U.S. armed forces bought for themselves[146].«

Durch die OSP-Praxis erwuchsen letztlich auch der amerikanischen Rüstungsindustrie und dem Pentagon beträchtliche Vorteile.

Paris sah Washington als den größten Bremser einer bündnisinternen Lösung, denn die Amerikaner als größte Geldgeber und Rüstungslieferanten dachten gar nicht daran, sich ausgerechnet von den hilfsbedürftigen Europäern in die Karten schauen zu lassen und sich den Plänen des Internationalen NATO-Stabes unterzuordnen. Zum einen beharrte Frankreichs Regierung auf einer Überarbeitung des NATO-Fragebogens mit dem Ziel, sämtliche Bündnismitglieder in das Verfahren mit einzubeziehen – nach französischem Verständnis Grundpfeiler eines gerechten Lastenteilungsverfahrens. Zum anderen hielten sie unvermindert an der Forderung nach einem langfristigen, bündnisweiten Produktions- und Standardisierungsprogramm fest und appellierten an die Adresse der USA wie auch Großbritanniens, den europäischen Verbündeten im Rüstungsbereich noch stärker als bisher unter die Arme zu greifen und sich mehr in die Bündnisplanungen einzubringen. Letztlich warf man beiden Ländern ein mangelndes Bekenntnis zur europäischen Verteidigung vor.

---

[141] Vgl. Hammerich, Jeder für sich, S. 190 f.; Jordan, The NATO International Staff, S. 256–259; Megens, Problems of Military Production Co-ordination, S. 289.
[142] Vgl. Geiger/Sebesta, A Self-Defeating Policy, S. 57 f.
[143] Vgl. Megens, American Aid to NATO-Allies, S. 183.
[144] So auch Hammerich, Jeder für sich, S. 191 f.; Megens, Problems of Military Production Co-ordination, S. 289.
[145] Vgl. Jordan, The NATO International Staff, S. 256 f. Der Chef der französischen NATO-Rüstungssektion Bron ging sogar so weit zu behaupten, dass der Arbeitsstab der PLD noch schwächer als der des Vorgängerorgans, des Stabes um Rüstungskoordinator Herod, gewesen sei. Vgl. AMAE, Pactes, 47: Bron an Chodron de Courcel, 29.1.1958, Anhang: Vermerk [Bron], o.D., S. 4.
[146] Thies, Friendly Rivals, S. 112.

Paris, das sich von den Amerikanern nicht immer unzureichende Aufrüstungsanstrengungen vorwerfen lassen wollte, betonte, dass man, vor allem wegen des Indochina-Krieges und des wirtschaftlichen Wiederaufbauprogramms, im Kreise der kontinentaleuropäischen Staaten die größten Opfer erbringe und folglich zu Recht Anspruch auf vermehrte Militär- und Wirtschaftshilfe anmelden könne[147]. Letztlich ging es Paris darum, Washington weitere Zugeständnisse abzuringen und eine dauerhafte und langfristige Bündnislösung zu fixieren, von der letztlich die »bedürftigen« Partner sehr profitieren würden. Eine Bündnislösung auf dem Rüstungsgebiet hätte sich für die drei großen Waffenhersteller USA, Großbritannien und Kanada angesichts des vergleichsweise geringen Produktionsausstoßes ihrer europäischen Partner gewiss nachteilig ausgewirkt, da sie womöglich noch stärker als bisher in die Pflicht genommen worden wären.

Frankreichs Kurs war durchaus widersprüchlich: Einerseits plädierte es für einen Ausbau der NATO-Rüstungsplanungen, andererseits verfolgte es gegenüber den USA die bilaterale Schiene, was die Bündnisbemühungen untergrub oder gar unmöglich machte. Daran zeigt sich, dass Frankreich zweigleisig fuhr, um sich bestmöglich abzusichern. Solange keine befriedigende Bündnislösung in Sicht war, sollten die USA gefälligst mit Waffen und Dollars einspringen – so das Kalkül an der Seine. Die ständigen Querelen zwischen Paris und Washington um die Höhe des französischen Verteidigungsetats und der amerikanischen Wirtschafts- und Militärhilfe entwickelte sich zu einer schweren Belastung für die bilateralen Beziehungen[148].

Unter Hopkins' Nachfolger, seinem Landsmann Lowell P. Weicker, unternahm der Internationale Stab einen neuen Anlauf, um der bislang nur in Ansätzen sichtbaren NATO-Rüstungszusammenarbeit neue Impulse zu verleihen. Im Oktober 1953 legte Weicker den Entwurf einer zukünftigen gemeinsamen Rüstungspolitik vor, der Flexibilität und Vereinfachung von Wartung und Versorgung sowie Einsparungen bei Konzeption, Herstellung, Einsatz und Wartung von Rüstungsgerät zum Ziel hatte[149]. Die endgültigen Entscheidungen bei der Beschaffung sollten aber weiterhin bei den einzelnen Mitgliedstaaten bleiben, die schließlich auch die nötigen Geldmittel beizusteuern hatten. Das Programm war langfristig angelegt und sollte bei der Ausmusterung alten Materials oder der Erschließung neuer Finanzquellen greifen. Weicker empfahl jedoch, die notwendigen Vorarbeiten so rasch wie möglich in Angriff zu nehmen. Kernpunkte seines Entwurfs waren die Definition gemeinsamer Standards bei der Materialauswahl – von der Wahl der in Frage kommenden Materialkategorien über die Festlegung taktisch-technischer Mindestforderungen und die Berücksichtigung wirtschaftlicher und finanzieller Gesichtspunkte bis hin zu einer NATO-Entscheidung und deren Umsetzung – sowie die Beseitigung von Produktionshemmnissen: die Regelung von Patent- und Lizenzfragen und der vollständige Austausch technischer Informationen.

Mit den Versuchsreihen und der Auswahl wollte Weicker die seit 1951 bestehende Military Agency for Standardisation (MAS) beauftragen. Eine spezielle Arbeitsgruppe,

---

[147] Vgl. AMAE, Pactes, 133: Vermerk MAE/Abt. Bündnisangelegenheiten für Alphand, 28.1.1953.
[148] Zu den permanenten amerikanisch-französischen Querelen um die US-Wirtschafts- und Militärhilfe bis 1954 siehe Bossuat, Les aides américaines économiques, S. 295–339; Wall, The United States and the Making, S. 188–232.
[149] Vgl. AMAE, Pactes, 52: Weicker an Alphand, 21.10.1953, Anhang: 3. Entwurf Weicker: Ansatz einer NATO-Rüstungspolitik, 9.10.1953.

bestehend aus Vertretern der MAS und aus Produktionsfachleuten des International Staff, sollte Empfehlungen erteilen dürfen. Darüber hinaus erwähnte Weicker die Möglichkeit einer zentralen Fertigung von Einzelteilen für solches Gerät, das zur Herstellung in mehreren Mitgliedstaaten vorgesehen war.

Weicker, der sein Papier auf der nächsten Ministerratstagung behandelt sehen wollte, warnte eindringlich vor einer Stagnation, sollte sich auf dem Rüstungsgebiet nicht bald etwas tun: »Si les principales puissances de l'alliance ne parviennent pas à l'occasion de la prochaine réunion ministérielle à jeter tout au moins les bases d'une nouvelle politique commune d'armement nous continuerons à nous enliser dans les travaux actuels qui [...] sont en fait sans réelle portée[150].«

Während die beiden politischen und militärischen Schwergewichte des Bündnisses, die USA und Großbritannien, auf Weickers Initiative eher zurückhaltend reagierten, zeigte sich Frankreich sehr aufgeschlossen, wünschte allerdings einige Änderungen[151]. So forderte man, dass auch neues, in den Mitgliedstaaten entwickeltes Material, für das keine NATO-Spezifikationen vorlagen, mit in den Auswahlprozess einbezogen werden dürfte. Hintergrund war offenbar das Interesse Frankreichs, seine zahlreichen und kostenintensiven Prototypenentwicklungen im Rahmen des Bündnisses präsentieren und als Standardgerät durchsetzen zu können. Außerdem sprach man sich dafür aus, die aufgrund wirtschaftlicher Eigenerwägungen schwierige Standardisierung nur auf bestimmtes Gerät zu beschränken, und zwar auf solches, bei dem eine Vereinheitlichung am einfachsten zu realisieren wäre. Anders als Weicker schwebte den Franzosen ein NATO-Ausschuss für Materialstandardisierung und -versuche vor, bestehend aus Vertretern des MAS sowie aus Produktionsexperten der nationalen Delegationen und unter der Führung des Chefs der PLD. Durch eine Einbeziehung nationaler Repräsentanten erhoffte man sich, die eigenen Vorstellungen und Interessen stärker zur Geltung bringen zu können. Darüber hinaus warb Paris für eine sofortige Umsetzung der Initiative[152].

Die Briten zollten Weicker für seinen ambitionierten Ansatz in diplomatischer Höflichkeit Respekt, gaben ihm aber deutlich zu verstehen, dass sein Vorhaben ein hoffnungsloses Unterfangen sei und er aus London keine Unterstützung erwarten könne. Londons NATO-Vertreter, Sir Christopher Steel, verwies auf Sicherheitsgründe, die den gegenseitigen Austausch technisch-wissenschaftlicher Informationen erschweren und die Umsetzung von Weickers Plänen »malheureusement impossible« machten. Darüber hinaus versuchte er den Chef der PLD mit dem Hinweis zu trösten, wonach der erreichte Standardisierungsgrad dank der US-Militärhilfe und Offshore-Programme doch gar nicht so schlecht sei und die NATO erst einmal kleine Brötchen backen solle. Steel

---

[150] So zitierte Pierre Baraduc von der frz. NATO-Vertretung den Chef der PLD. SHD/DITEEX, NL Ely, 1 K 233/27-4: Baraduc an MAE, 22.10.1953, S. 1.
[151] Vgl. AMAE, Pactes, 52: Alphand an MAE, 30.11.1953; SHD/DITEEX, NL Ely, 1 K 233/27-4: Baraduc an MAE, 22.10.1953.
[152] Vgl. AMAE, Pactes, 52: Balland (Generalingenieur für Marinerüstung, Chef frz. NATO-Rüstungsdelegation) an Weicker, 28.11.1953. Die französische Antwort wurde von Weicker sehr positiv aufgenommen, soll aber die einzige positive Reaktion gewesen sein, die Weicker auf seinen Vorstoß erhalten hat. Vgl. AMAE, Pactes, 133: Baraduc an MAE, 9.12.1953.

empfahl Weicker, sich vermehrt der Standardisierung von Einzelteilen zu widmen, und bot hierfür die Hilfe britischer Dienststellen an[153].

Offensichtlich hatten die Briten an einem Ausbau der bündnisinternen Zusammenarbeit im Bereich Rüstungsstandardisierung kein Interesse. Großbritannien, das damals über die leistungsfähigste und modernste Rüstungsindustrie Europas verfügte, wollte sich bei der Rüstungstechnik nicht in die Karten blicken lassen oder seine Trumpfkarten verspielen. Schließlich verschaffte ein technologischer Vorsprung einen strategischen Vorteil – sowohl auf dem heimischen als auch auf dem internationalen Markt. Einen Informationsaustausch im multilateralen Rahmen hielt man für ein einseitiges Geschäft, weil die europäischen Partner kaum nennenswerte Eigenfertigungen zu bieten hatten und man nicht die Rolle des Entwicklungshelfers übernehmen wollte. Außerdem war man keinesfalls bereit, den Aufbau potenzieller Konkurrenten zu fördern. Den Briten war es am liebsten, wenn ihre europäischen Partner bei ihnen kauften und weiterhin in einem gewissen Abhängigkeitsverhältnis blieben. Eine umfangreiche NATO-Standardisierung genoss in London keine Priorität; sie war allenfalls von zweitrangiger Bedeutung. So kochte Whitehall auch bei der bilateralen Rüstungskooperation mit den europäischen Verbündeten eher auf Sparflamme: Sie vollzog sich nur im kleinen Rahmen und war eine recht einseitige Angelegenheit, denn sie bestand in erster Linie in der Lieferung oder im Lizenzbau britischen Kriegsgeräts[154].

### e) Die Standardisierungsbemühungen der NATO, 1949–1954

Die eng mit der Frage der Materialproduktion verknüpfte Standardisierung zählte zu einer der größten Baustellen der NATO. Auch hier zeigte sich, dass es im Rahmen eines Militärbündnisses von souveränen Nationalstaaten äußerst kompliziert war, sich auf gemeinsame Grundsätze zu einigen. Aufgrund der immensen Bedeutung der Standardisierung für das Zusammenwirken der Streitkräfte des Bündnisses hatte der Militärausschuss am 24. Oktober 1950 die Gründung der MAS mit Sitz in London beschlossen. Die neue Behörde unterstand direkt der in Washington ansässigen Standing Group und nahm am 15. Januar 1951 ihre Tätigkeit auf. An ihrer Spitze stand ein ranghoher Offizier. Sie verfügte über Abteilungen für Heeres-, Luftwaffen- und Marinerüstung – diese waren mit Vertretern Frankreichs, des Vereinigten Königreiches, Kanadas und den USA besetzt – sowie über ein teilstreitkraftübergreifendes Sekretariat, das jedoch nur als Koordinierungsorgan fungierte und keine Weisungsbefugnis besaß. Die Generalstäbe der anderen NATO-Staaten entsandten an die drei Abteilungen der MAS Verbindungsoffiziere und waren daher im Grunde keine Vollmitglieder der Einrichtung. Anhand der Organisationsstruktur und Zusammensetzung zeigt sich, dass die Mitglieder der Ständigen Gruppe und Kanada eine herausgehobene Rolle besaßen. Die in Washington ansässige Gruppe verfügte mit dem Standardisation Policy and Coordination Committee (SPCC) zudem über ein eigenes Unterstützungs- und Beratungsgremium. Aufgabe des MAS war es, die Vereinheitlichung operationeller, lo-

---

[153] Vgl. AMAE, Pactes, 47: Steel an Weicker, 30.11.1953 (Zitat S. 1).
[154] Siehe oben, Kap. V.1.

gistischer und administrativer Verfahren sowie die Vereinheitlichung von Waffen, Gerät und sonstiger militärischer Ausrüstung im Bündnisgebiet zu fördern. Ausgenommen waren die Bereiche Meteorologie, Fernmeldewesen, Nachrichtengewinnung, Forschung und Entwicklung und Geheimschutz – sie wurden von gesonderten Ausschüssen der Ständigen Gruppe behandelt[155].

Das Standardisierungsverfahren, das im Falle einer Einigung in eine sog. Standardisierungsvereinbarung (Standardisation Agreement, STANAG) mündete, war mitunter recht langwierig: Die einzelnen Abteilungen der MAS konnten auf eigene Initiative oder auf Initiative von Mitgliedstaaten, NATO-Organen und –Kommandobehörden oder der Standing Group tätig werden und eine Arbeitsgruppe – diese konnte von einem Land geleitet werden, das ein besonderes Interesse an der Standardisierung bestimmter Geräte oder Verfahrensweisen besaß – damit befassen. Die Arbeitsgruppe erstellte einen Bericht und einen Vereinbarungsentwurf, die der zuständigen Teilstreitkraftabteilung zugeleitet wurden und von dort den nationalen Stellen sowie interessierten NATO-Stellen, aber auch zum Zwecke der Information den beiden anderen Teilstreitkraftabteilungen zugingen. Zeigten sich die betroffenen Stellen einverstanden, so bereitete die federführende Abteilung eine endgültige STANAG vor, die im Anschluss vom MAS-Sekretariat zu genehmigen war und mit der Bitte um Umsetzung an alle interessierten nationalen und NATO-Stellen weitergeleitet wurde. Konnte man sich nicht auf eine endgültige STANAG einigen, war ein weiterer Entwurf auszuarbeiten und den Generalstäben der Mitgliedstaaten sowie anderen Interessenten zur Begutachtung zuzuleiten. Keiner der Mitgliederstaaten konnte allerdings zu einer Zusammenarbeit gezwungen werden, denn die Beteiligung an der Standardisierung war freiwilliger Natur. Ausschlaggebend waren somit die einzelnen Generalstäbe bzw. Regierungen. Die MAS verfügte über keine exekutiven Befugnisse. Auch besaß sie keine Kompetenzen auf dem Gebiet der Herstellung[156].

Mit Produktionsangelegenheiten beschäftigten sich, wie schon erwähnt, die PLD und ihre zahlreichen Sachverständigengruppen. Da die Tätigkeitsfelder der MAS und des International Staff mitunter eng beieinander liegen konnten, standen beide Organe in regelmäßigem Kontakt und führten miteinander Gespräche[157]. Im Vordergrund stand die Absicht, sich bei möglichen neuen Standardisierungsfeldern miteinander abzustimmen, Doppelarbeiten zu vermeiden und bei Bedarf technische Informationen auszutauschen. Grundsätzlich galt die Regel, dass Standardisierungsvorschläge, die militäri-

---

[155] Hierzu und zum Folgenden: SHD/DAA, 2 E/2926: Memorandum NATO/MAS (MAS(52)11), 11.11.1952, Anhang: Überblick über die MAS, o.D.; BArch, B 102/435441: Bericht WEU-Interimsausschuss/Arbeitsgruppe Rüstungsproduktion und Standardisierung (17.1.–5.5.1955), o.D., S. 35–38; PA-AA, B 14-301/34: Dt. NATO-Vertretung an AA, 20.6.1956; Ismay, NATO. The First Five Years, S. 79; Jordan, The NATO International Staff, S. 261 f.

[156] Vgl. SHD/DAA, 2 E/2926: Memorandum NATO/MAS (MAS(52)11), 11.11.1952, Anhang: Überblick über die MAS, o.D., S. 3. Für den späteren Zeitraum siehe ergänzend BArch, B 102/435441: Bericht WEU-Interimsausschuss/Arbeitsgruppe Rüstungsproduktion und Standardisierung (17.1.–5.5.1955), o.D., S. 37 f. Das Organigramm findet sich im Anhang, S. 511.

[157] So besuchte beispielsweise der Stellvertreter des Vize-Generalsekretärs, Sir Wood, am 25.7.1952 die MAS-Heeresabteilung, um neben allgemeinen Grundsätzen der Zusammenarbeit auch Fragen bezüglich Gerät für die C-Waffen-Abwehr, Transportfahrzeugen und Ersatzteilen zu besprechen. Für einige Materialkategorien existierten bereits Expertengruppen unter dem Dach der PLD. Vgl. AMAE, CED, 222: Memorandum MAS/Heer (MAS(52)130), 16.10.1952, Anhang: Vierteljahresbericht MAS/Heer (1.7.–20.9.1952), o.D., S. 4.

schen Erwägungen entsprangen, Sache des MAS waren, während der PLD alles zufiel, was mit der Fabrikation zu tun hatte[158]. In einigen Fällen erwies es sich aber als vorteilhaft, auf die Ressourcen des jeweils anderen zurückzugreifen: Als zum Beispiel das Standardisierungsamt zu dem Schluss kam, dass es nicht in der Lage sein würde, im Hinblick auf das für 1954 geplante »correlated production programme« für Fahrzeuge die notwendigen Vergleichstests durchzuführen, hielt man es innerhalb der Standing Group für sinnvoller, die PLD mit einer Studie zu betrauen. Sie konnte nämlich über ihre Expertengruppen schon auf Daten zurückgreifen oder sie zumindest beschaffen[159].

Am Ende der EVG-Phase waren die bei der Standardisierung von Verfahrensweisen und Militärgerät erzielten Ergebnisse noch immer mager. Die unter Dach und Fach gebrachten oder noch im Ausarbeitungsstadium begriffenen STANAGs betrafen überwiegend gemeinsame Grundsätze für Markierungen von Militärgerät oder Gefahrenzonen, Materialklassifikationen und -spezifikationen, militärische Symbole, Kartenmaterial, Schaubilder und Berichte. Noch dürftiger waren die Resultate auf materiellem Gebiet. Zu den wenigen Ergebnissen gehörten gemeinsame Standards bei Treib- und Schmierstoffen sowie elektrischen Spannungen und elektronischen Geräten für Fahrzeuge. Die Vorgehensweise der Heeres-, Luftwaffen- und Marinesektionen ließ kaum eine Systematik erkennen; die STANAG-Tabellen glichen einem wilden Sammelsurium[160].

Für die Misere waren zahlreiche Faktoren maßgebend: Zum einen zeigten sich die Mitgliedstaaten aus wirtschaftlichen, finanziellen und industriepolitischen Gründen wenig geneigt, ihre laufenden Produktionsserien auf neu standardisierte Güter umzustellen und/oder heimische Prototypen aufzugeben. Zum anderen waren die Staaten nicht in der Lage oder willens, die unterschiedlichen technischen Standards und patentrechtlichen Probleme rasch zu beseitigen. Als besonders heikles Problem entpuppten sich neben dem Schutz modernen Know-hows, auf den einige Staaten bedacht waren, der Unwille der Beteiligten, sich von ihren militärischen Traditionen und ihrer tief verwurzelten Fixiertheit auf heimisches Material zu lösen und Kompromisse einzugehen. Nicht zuletzt waren es, wie bereits angedeutet, die schwache Stellung des MAS, ihre streng auf den militärischen Bereich begrenzten Kompetenzen und das häufig schwerfällige und langwierige Prozedere bei der Ausarbeitung der STANAGs, die eine erfolgreiche Standardisierungspolitik des Bündnisses verhinderten[161]. Nachteilig wirkten sich auch die geografische Distanz und der »canal hiérarchique«, der komplizierte Dienstweg zwi-

---

[158] Vgl. BArch, B 102/435441: Bericht WEU-Interimsausschuss/Arbeitsgruppe Rüstungsproduktion und Standardisierung (17.1.–5.5.1955), o.D., S. 37.

[159] Vgl. SHD/DITEEX, NL Ely, 1 K 233/27-4: Vermerk Ely für Valluy, 31.10.1953, Anhang: Standing Group [Washington] an Standing Group-Liaison Paris, o.D. Die Ständige Gruppe hielt den Aspekt der Fahrzeugproduktion weniger für ein militärisches, sondern vielmehr für ein wirtschaftliches, finanzielles und politisches Problem.

[160] Eine Übersicht über die erzielten oder noch in Bearbeitung befindlichen STANAGs (Stand: Frühjahr 1955) findet sich in: BArch, B 102/435441: Bericht WEU-Interimsausschuss/Arbeitsgruppe Rüstungsproduktion und Standardisierung (17.1.–5.5.1955), o.D., S. 46–51.

[161] Vgl. BArch, B 102/435441: Bericht WEU-Interimsausschuss/Arbeitsgruppe Rüstungsproduktion und Standardisierung (17.1.–5.5.1955), o.D., S. 33; SHD/DITEEX, NL Ely, 1 K 233/27-4: Kurzstudie Generalstab der Streitkräfte über die frz. Politik bei der Standardisierung von Rüstungsmaterial, 16.12.1953, S. 1 f.

schen der MAS (London) und der Ständigen Gruppe (Washington) aus, wie von französischer Seite moniert wurde. Probleme in Sachfragen würden in Washington womöglich nicht richtig verstanden; auch eine Nutzung inoffizieller Kanäle sei im Bedarfsfall kaum möglich[162].

Wie steinig der Weg der Rüstungsstandardisierung sein konnte, lässt sich gut am Beispiel der mehrjährigen Verhandlungen über eine einheitliche Munition für Handfeuerwaffen veranschaulichen[163]. Im Jahre 1947 hatten mit Belgien, den USA, Frankreich und dem Vereinigten Königreich gleich vier westliche Staaten mit der Entwicklung neuer Handfeuerwaffen begonnen, ohne sich allerdings untereinander abzustimmen[164]. Ein gemeinsames Vorgehen zeichnete sich erst im August 1951 ab, als sich die Verteidigungsminister Frankreichs, Großbritanniens, Kanadas und der USA darauf einigten, so bald wie möglich einen gemeinsamen oder austauschbaren Munitionssatz für Handfeuerwaffen anzunehmen. Im September 1951 verständigte sich eine von der Standing Group eingesetzte Arbeitsgruppe auf einheitliche militärische Charakteristika, konnte sich allerdings nicht auf einen gemeinsamen Munitionssatz einigen. So setzten die fünf involvierten Länder ihre jeweiligen Entwicklungen fort, arbeiteten aber eng zusammen und pflegten einen intensiven Informationsaustausch. Belgier, Briten und Kanadier schlossen sich zur sogenannten BBC-Gruppe – nach den englischen Anfangsbuchstaben der Ländernamen – zusammen.

Bei ihrem Treffen in Rom bekräftigten die Verteidigungsminister in einer gemeinsamen Resolution an den NATO-Rat die Bedeutung einer Standardisierung und riefen die Standing Group dazu auf, ihre Untersuchungen auf dem Gebiet fortzuführen. Das DPB wurde ersucht, die mit der Produktion zusammenhängenden Fragen zu klären und sich mit den Vorzügen der Beschaffung und Lieferung eines einzelnen Gewehrtyps zu befassen. Die Ausgangslage gestaltete sich alles andere als einfach: In London strebte man als Ersatz für den veralteten Lee-Enfield-Karabiner (Kaliber .303) die Einführung eines leichten, automatischen Gewehrs mitsamt einer leichteren Munition an. Dabei zogen die Briten – mit den Kanadiern im Schlepptau – durchaus auch ein besonders leichtes Kaliber in Betracht (7 mm/Kaliber .280). In Washington und Paris sah man

---

[162] AMAE, Pactes, 48: Vermerk frz. NATO-Vertretung/Wirtschafts- und Finanzbüro, 31.3.1954. Die Produktionsabteilung der frz. NATO-Vertretung forderte eine Verlegung der MAS von London nach Paris und hielt deren Ansiedlung beim Verbindungsbüro der Ständigen Gruppe für denkbar. Ziel der Verlegung war es, eine verbesserte Zusammenarbeit mit dem im April 1954 neu geschaffenen Defence Production Committee (DPC) sicherzustellen und die Rüstungsaktivitäten des Bündnisses an einem Ort zu bündeln. Womöglich handelte es sich für die Franzosen auch noch um eine Prestigefrage.

[163] Zum Folgenden: BArch, B 102/435441: Bericht WEU-Interimsausschuss/Arbeitsgruppe Rüstungsproduktion und Standardisierung (17.1.–5.5.1955), o.D., S. 19 f.; BArch, BW 9/3431, Bl. 129–132: Dt. EVG-Militärdelegation/G 4/III an Verteiler, 14.1.1954, Anhang: Memorandum für die Ständige Gruppe der Nordatlantikpakt-Organisation, o.D., S. 1; FRUS 1951, III/1, S. 721–723, hier S. 723: Memorandum Vass (federführender Beamter für militärpolitische Angelegenheiten im Office of European Regional Affairs) an Knight (Koordinator der US-Delegation bei der 8. Nordatlantikrat-Sitzung in Rom, 24.–28.11.1951), 26.11.1951.

[164] Die maßgeblichen Kaliber waren bis zum damaligen Zeitpunkt gewesen: 7,5 mm (Frankreich), 7,62 mm/Kaliber .30 (USA), Kaliber .303 (Vereinigtes Königreich). Vgl. BArch, B 102/435441: Bericht WEU-Interimsausschuss/Arbeitsgruppe Rüstungsproduktion und Standardisierung (17.1.–5.5.1955), o.D., S. 19. Die Kaliberfrage hatte bereits den Brüsseler Pakt beschäftigt. Vgl. Kaplan, Die Westunion und die militärische Integration, S. 54.

hingegen keine dringende Notwendigkeit, einen Munitionstyp einzuführen, der leichter als ihre 7,62-mm- bzw. 7,5-mm-Munition (beide Kaliber .30) wäre, geschweige denn, auf die britisch-kanadische Linie umzuschwenken, da ein derartiger Schritt aufgrund der erforderlichen Umstellung der Produktion und des Austauschs der Depotbestände mit erheblichen Investitionen verbunden gewesen wäre.

Vom Standpunkt der Ökonomie erschien es sinnvoller, wenn die Briten und Kanadier, die ohnehin neue Waffen und Munition entwickeln und beschaffen wollten und infolgedessen ihre Fertigung würden umstellen müssen, den Amerikanern und Franzosen entgegenkommen würden. Da die Waffenentwicklung aber maßgeblich von militärischen Gesichtspunkten und den Mentalitäten der Militärs bestimmt wurden, war eine einfache Lösung nicht so ohne weiteres in Sicht. In der Tat vermochten sich die Militärs und Techniker der verschiedenen Länder zunächst nicht darauf zu einigen, welche Waffe wohl die beste sei, wie sich unter anderem bei den amerikanisch-britischen Regierungsgesprächen offenbarte. Während die Amerikaner beispielsweise die »stopping power at short range« des Kaliber-.30-Gewehrs positiv hervorhoben, meinten die Briten, die Waffe verfüge über mehr »stopping power« als nötig. Premierminister Churchill, der in der Angelegenheit keinerlei Eile an den Tag legte und den Standpunkt vertrat, man solle in Krisenzeiten nichts überstürzen und lieber auf einen ausreichend großen Waffenvorrat bedacht sein, vermochte selbst keine gravierenden Unterschiede zwischen den beiden Waffen festzustellen: Er persönlich »had fired several score rounds with both weapons and managed to hit the target pretty often«. Damit dokumentierte der Premier, dass er die Standardisierung aufschieben wollte. Die USA gaben ihrerseits klar zu verstehen, dass sie nicht beabsichtigten, die in Gang befindliche Produktion des Automatikgewehrs M-1 einzustellen. Ferner wiesen sie darauf hin, dass die Kaliber-.30-Munition für sämtliche ihrer Maschinengewehre verwendet wurde und eine Umstellung der Fertigung nicht nur gravierende Folgen für die USA, sondern auch für zahlreiche andere Staaten mit sich bringen würde. Eine Reihe von Streitkräften hatten nämlich im Rahmen der Militärhilfe US-Waffen erhalten[165]. Auf Anregung Churchills verständigten sich beide Seiten schließlich darauf, bis auf weiteres die jeweils vorhandenen Gewehre und Munitionsarten in den eigenen Streitkräften zu belassen, neue Entwicklungen nur zu Versuchszwecken zu produzieren – Churchill sprach zudem von der Produktion von 20 000 bis 30 000 Stück (Kaliber .280) für Fallschirmjäger und Spezialkommandos – und sich parallel um eine Standardisierung zu bemühen. Im Hinblick auf die angestrebte Kooperation konnte sich Churchill nicht die sarkastische Bemerkung verkneifen, »he supposed it would be a wonderful thing if we developed the perfect way of killing our fellowmen« – ein Indiz dafür, dass er die Angelegenheit nicht richtig ernst nahm[166]. Der US-Administration, die mit der Perspektive einer gemeinsamen Massenfertigung zu locken versucht hatte, war es somit nicht gelungen, die Briten von ihrer Linie abzubringen. Beide Seiten beharrten im Grunde weiterhin auf ihren Standpunkten. London hatte zudem deutlich gemacht, dass man sich nicht einfach zum Anhängsel Washingtons degradieren lassen wollte. So

---

[165] Vgl. FRUS 1952–1954, VI/1, S. 766–773 (Zitat S. 768): Aufz. US-Delegation 2. formelles Treffen Truman – Churchill (7.1.1952), o.D.
[166] Vgl. ebd. (Zitat S. 769): Aufz. US-Delegation 2. formelles Treffen Truman – Churchill (7.1.1952), o.D.; S. 837–839, hier S. 838 f.: Kommuniqué Truman – Churchill, 9.1.1952.

erklärte Field Marshal Sir William Slim hinsichtlich der amerikanischen Bestrebungen, die Briten zur Annahme der T-65-Kurzpatrone zu drängen, in 10 bis 15 Jahren kämen die USA wieder mit einer neuen Entwicklung angerannt[167].

Während die BBC-Gruppe ihre Entwicklungen auf dem Gebiet des 7-mm-Satzes (Kaliber .280) fortsetzte, arbeiteten Frankreich und die USA am 7,62-mm-Satz (Kaliber .30) weiter. Belgien fuhr zweigleisig und nahm sich ebenfalls dieses Kalibers an. Beide Entwicklungsstränge – sämtliche Arten basierten auf der amerikanischen Patrone T 65 – erfüllten die 1951 formulierten Forderungen und ähnelten sich weitgehend. Bei Vergleichstests der BBC-Gruppe im Sommer 1953, bei denen im Beisein amerikanischer und französischer Beobachter beide Kaliber erprobt wurden, zeigten sich kaum Unterschiede in Bezug auf militärische Leistungsmerkmale und Wirksamkeit. Daher ging man davon aus, das Standardisierungsproblem durch gewisse Modifikationen beim Design und durch ballistische Anpassungen lösen zu können, sodass bei der Munition eine reibungslose Austauschbarkeit zwischen den Ländern möglich sein würde. Somit wären prinzipiell beide Munitionssätze annehmbar gewesen. Für die endgültige Entscheidung zugunsten des 7,62-mm-Satzes erwies sich als ausschlaggebend, dass seine Annahme mit dem wenigsten produktionstechnischen Aufwand verbunden war. Nur Großbritannien und Kanada mussten nämlich ihre heimische Produktion umstellen – dies hätten sie ohnehin auch für den Fall eines Votums zugunsten des von ihnen entwickelten Kalibers tun müssen. Infolgedessen gaben die fünf beteiligten Staaten die Empfehlung ab, die 7,62-mm-Munition als NATO-Standard einzuführen. Im Dezember 1953 wurde sie vom Nordatlantikrat gebilligt. Alsdann legten die Repräsentanten der Generalstäbe bei ihrem Treffen in Ottawa genaue technische Spezifikationen fest, um die Austauschbarkeit der Munition sicherzustellen. Eine vollständige Vereinheitlichung, d.h. die Festlegung auf einen ganz bestimmten 7,62-mm-Munitionstyp, war somit nicht notwendig[168]. Im März 1955 beauftragte die Standing Group die MAS mit der Ausarbeitung einer entsprechenden STANAG (STANAG 2310)[169]. Nach mehrjährigem Tauziehen war die »bataille des calibres«[170] zu Ende.

London und Brüssel gingen bei der Beschaffung einer neuen Handfeuerwaffe in eine ähnliche Richtung. Nach den belgischen entschieden sich auch die britischen Streitkräfte

---

[167] Vgl. ebd., S. 766–773, hier S. 769: Aufz. US-Delegation 2. formelles Treffen Truman – Churchill (7.1.1952), o.D.
[168] Vgl. BArch, B 102/435441: Bericht WEU-Interimsausschuss/Arbeitsgruppe Rüstungsproduktion und Standardisierung (17.1.–5.5.1955), o.D., S. 20 f.; BArch, BW 9/3431, Bl. 129–132: Dt. EVG-Militärdelegation/G 4/III an Verteiler, 14.1.1954, Anhang: Memorandum für Ständige Gruppe der NATO, o.D., S. 2 f., mit beiliegender Pressemitteilung. Bei den Vergleichstests, die auf zwei in den USA und Großbritannien gelegenen Schießanlagen durchgeführt wurden, übernahm die Munitionssektion der Produktionsabteilung der PLD eine bedeutende Rolle. Vgl. Jordan, The NATO International Staff, S. 261.
[169] Zur Umsetzung und Kontrolle der Beschlüsse von Ottawa bzw. zur Einhaltung der STANAG 2310 rief das Defence Production Committee auf Betreiben der fünf Initiatorstaaten im November 1956 die 7,62-mm-Ammunition-ad-hoc-Group (AC/116) ins Leben, die im darauffolgenden Jahr in 7,62-mm-Ammunition-Panel umbenannt wurde. Dem Gremium gehörten Vertreter aus zwölf Mitgliedstaaten und des Internationalen Sekretariats an. Im Jahre 1958 wurden die Arbeiten auf die 9-mm-Munition ausgedehnt. Siehe Release of NATO-Information, Second Final Report (DES(94)2), VIII, S. 98 f.
[170] AMAE, Pactes, 52: Bonnet (frz. Botschafter in Washington) an Schuman, 28.8.1951.

für das vollautomatische Gewehr der belgischen Fabrique nationale (FN) Herstal, das zu einem regelrechten Exportschlager avancierte. Es schien den Briten schneller und einfacher herzustellen und zu unterhalten zu sein als das leistungsmäßig ebenbürtige heimische Modell[171]. Die Waffe wurde unter der Bezeichnung L1 A1 von der Royal Small Arms Factory in Lizenz gebaut[172].

Die Standardisierung von Endgerät verlief innerhalb der NATO anfangs sehr punktuell und bewegte sich nur im kleinen Rahmen. Zu einer – wenn auch begrenzten – Zusammenarbeit kam es in der Regel, wenn mehrere Staaten einen bestimmten Waffentyp beschafften oder modernisierten, wie etwa im Falle der Munition für das schwedische Luftabwehrgeschütz Bofors 40 mm L.70 und von Einzelteilen für das Vorgängermodell L.60. Bei Transportfahrzeugen kam man nicht über die Erstellung von Mindestforderungen und die Vereinheitlichung von Einzelkomponenten hinaus. Eine gemeinsame Auswahl von Fahrzeugtypen war illusorisch, da die Mitgliedstaaten es vorzogen, heimische Modelle zu produzieren. Als wenig hilfreich erwiesen sich zum Zwecke der Standardisierung die von den USA erteilten Offshore-Aufträge, da die Partner, wie beschrieben, stark dazu tendierten, die Produktion heimischen Materials zu fördern. Die von den USA unterstützte belgisch-niederländische Kooperation bei der Fabrikation der britischen Hawker Hunter war kein großer Wurf. Dänemark und die Niederlande erhielten im Rahmen des OSP den auch von Großbritannien und Kanada ausgewählten Kampfpanzer Centurion. Dieser konnte allerdings aufgrund des Herstellungsaufwands nur in Großbritannien gebaut werden, sodass letztlich nur die dortige Industrie profitierte[173]. Im Grunde waren sich die in der MAS vertretenen Beamten durchaus bewusst, dass die Formulierung auch der idealen militärischen Forderungen ohne Folgen bliebe, wenn eine Standardisierung weiterhin auf der Grundlage existierenden Materials vorgenommen würde[174]. Doch erwiesen sich die industriepolitischen Interessenlagen als stärker[175]. Am meisten trug zur bündnisweiten Standardisierung von Endmaterial sicherlich die Verbreitung von Waffen und Ausrüstung aus US-Beständen bei, die im Rahmen der Militärhilfe an die Europäer geliefert wurden. Die bis Ende April 1954 getätigten Materiallieferungen besaßen einen Gesamtwert von rund 15 Mrd. US-Dollar[176].

---

[171] Vgl. PA-AA, B 14/50: Schlitter (dt. dipl. Vertretung London) an AA, 20.1.1954; BArch, B 102/435441: Bericht WEU-Interimsausschuss/Arbeitsgruppe Rüstungsproduktion und Standardisierung (17.1.–5.5.1955), o.D., S. 24 f. Zum FN-Gewehr: BArch, BW 9/3431, Bl. 142–146: Hükelheim an Verteiler, 13.2.1954, Anhang: Aufz. van Loo (belg. Verteidigungsministerium) für Engelen (belg. EVG-Delegation), 9.2.1954, mit Anlagen; Five Years of NATO: Belgium's FN Rifle, S. 30.

[172] Ein wesentlicher Unterschied zwischen dem belgischen Original und der geringfügig modifizierten britischen Lizenzversion bestand darin, dass Letztere nicht über eine Dauerfeuereinrichtung verfügte.

[173] Siehe BArch, B 102/435441: Bericht WEU-Interimsausschuss/Arbeitsgruppe Rüstungsproduktion und Standardisierung (17.1.–5.5.1955), o.D., S. 18–30.

[174] Vgl. SHD/DITEEX, NL Ely, 1 K 233/27-4: Vermerk Vernoux (Kombinierter Generalstab der Streitkräfte) für Pleven, 17.8.1953, S. 3.

[175] Im französischen Generalstab sah man die industriellen Faktoren als größtes Hindernis einer Standardisierung an. Vgl. SHD/DITEEX, NL Ely, 1 K 233/27-4: Kurzstudie Generalstab der Streitkräfte über die frz. Politik bei der Standardisierung von Rüstungsmaterial, 16.12.1953, S. 4.

[176] Vgl. Ismay, NATO. The First Five Years, S. 136. Allein bis Ende 1951 hatten die USA ihren Partnern 7310 Panzer und gepanzerte Fahrzeuge, 29 875 Transportfahrzeuge, 10 888 Artilleriewaffen, 316 Marineschiffe und 952 Militärflugzeuge geliefert. Die Lieferungen besaßen einen Gesamtwert

Westliche Beobachter vertraten die Meinung, dass der Warschauer Pakt in einer günstigeren Position war, da Waffen und Gerät dort größtenteils nach russischem Vorbild standardisiert waren[177]. Im Gegensatz dazu herrschte im Nordatlantischen Bündnis auch in den Folgejahren eine große Typenvielfalt. Mitte der 1970er Jahre befanden sich in den Hangars der NATO-Luftwaffen 26 Kampfflugzeug-Grundtypen. Rechnet man sämtliche Varianten hinzu, so sind es insgesamt 50. Die Luftstreitkräfte des Warschauer Paktes verfügten hingegen nur über 10 Grundtypen und 15 Varianten. Die Vorteile für Infrastruktur und Logistik liegen auf der Hand[178]. Ein österreichischer Militärfachmann urteilte über das westliche Bündnis:

> »Trotz vieler Bemühungen ist es der NATO nicht gelungen, die Bewaffnung der Streitkräfte in jenem Maß zu vereinheitlichen, wie dies bei den Armeen der Warschauer-Pakt-Staaten geschehen ist. Die Bestrebungen zur Einführung gemeinsamer Modelle scheiterten meist an wirtschaftlichen Gründen, da die einzelnen NATO-Staaten auf eine Beschäftigung ihrer nationalen Rüstungsindustrien nicht verzichten wollten. Dies wirkt sich vor allem bei den Infanteriewaffen und den Kraftfahrzeugen aus, während beim übrigen Großgerät durch die Übernahme amerikanischer und britischer Typen oder durch Lizenzfertigung die Zahl der verschiedenen Modelle doch beschränkt blieb[179].«

### f) Französische Belebungsversuche, 1953

In Paris zeigten sich die Militärs und das Verteidigungsministerium ab dem Frühjahr 1953 angesichts der »faibles résultats obtenus sur le plan de la Standardisation [sic!] matérielle« zunehmend beunruhigt. Damit lagen die Franzosen nahezu auf einer Linie mit dem NATO-Generalsekretär, der in einem am 6. Mai 1953 an Präsident Mayer gerichteten Memorandum die äußerst zögerliche Bereitschaft der Bündnismitglieder bezüglich einer gemeinsamen Nutzung ihrer industriellen Kapazitäten und Fertigungsmethoden sowie ihrer Forschungseinrichtungen geißelte[180]. Mitverantwortlich machte man auf französischer Seite neben den bereits zitierten industriepolitischen Partikularinteressen der Nationalstaaten und den organisatorischen und methodischen Schwächen des MAS die ausgeprägte Geheimhaltungskultur der angelsächsischen Mächte: ihre restriktive Politik beim Technologietransfer und ihre mangelnde Kooperationsbereitschaft bei Forschung und Entwicklung. Gerade auf diesem Gebiet sahen aber die Franzosen für die Kontinentaleuropäer einen erheblichen Nachholbedarf, wenn es gelingen sollte, deren Streitkräfte mit modernem Gerät auszustatten. Während man in Paris im Sommer

---

von 1,2 Mrd. US-Dollar. Vgl. Birtle, Rearming the Phoenix, S. 12; Kaplan, A Community of Interests, S. 173.

[177] Siehe Wiener, Die Armeen der Warschauer-Pakt-Staaten. Nicht so einheitlich war hingegen der Kraftfahrzeugsektor. Hier verfügten Moskaus Verbündete über die Möglichkeit zur Produktion eigener Typen, doch wurden immer stärkere Tendenzen der Vereinheitlichung spürbar. Die Typenvielfalt war geringer als bei der NATO.
[178] Vgl. Mechtersheimer, Rüstung und Politik, S. 121 f.
[179] Wiener, Die Armeen der NATO-Staaten, S. 161.
[180] Vgl. SHD/DITEEX, NL Ely, 1 K 233/27-4: Vermerk Vernoux für Pleven, 17.8.1953 (Zitat S. 1); Kurzstudie Generalstab der Streitkräfte über die frz. Politik bei der Standardisierung von Rüstungsmaterial, 16.12.1953, S. 1 f.

1953 Anzeichen einer offeneren Haltung der Amerikaner registrierte – diese hatten zur Verbesserung des bilateralen Austauschs technischer Informationen die Erstellung einer Prioritätenliste vorgeschlagen –, konstatierte man in Bezug auf die Briten nach wie vor eine »intransigeance systématique« und »politique d'obstruction«. Den kleineren Partnern warf man eine gewisse Gleichgültigkeit vor[181]. Immerhin gelang es auf französische Initiative hin anlässlich einer gemeinsamen Sitzung der MAS und des SPCC der Standing Group im Juli 1953, die Bildung unabhängiger Versuchsgruppen unter dem Dach der MAS anzuregen, die Militärgerät testen und so in den einzelnen Ländern die Auswahl geeigneten Materials für eine koordinierte Produktion erleichtern sollten. Eine in einem frühen Stadium einsetzende Zusammenarbeit sah man als den besten Weg, um zu einer Rüstungsstandardisierung zu gelangen. Die französische MAS-Heeresdelegation unterbreitete daneben den Vorschlag, die Generalstabschefs der USA, Großbritanniens, Kanadas und Frankreichs in wichtigen Rüstungsfragen zusammentreten zu lassen, um rascher als bisher zu Entscheidungen zu gelangen. Außerdem regte sie einen zunächst auf ausgewählte Bereiche begrenzten Austausch wissenschaftlich-technischer Informationen an, etwa bei Panzerabwehr- und Luftabwehrwaffen. Im Grunde beabsichtigte Frankreich einen Beitritt zum trilateralen Rüstungskooperationsforum USA – Großbritannien – Kanada. Von der Aufnahme in das exklusive Rüstungsdreieck versprach man sich an der Seine nicht nur einen Know-how-Gewinn bei Forschung und Entwicklung, sondern auch eine Möglichkeit, die angelsächsische Dominanz bei der NATO-Rüstung aufzubrechen. Paris missfiel es zusehends, dass die ABC-Staaten das Bündnisgebiet mit Rüstungsgerät überfluteten, das nach Auffassung französischer Militärs ohnehin zu wenig auf die europäischen Bedürfnisse zugeschnitten sei. Darüber hinaus erhofften sich die Franzosen eine Aufwertung ihres politischen Status im Bündnis[182].

Dass das französische Verteidigungsministerium ausgerechnet ab Sommer 1953 seine Bemühungen um einen Beitritt zu dem unter anderem in nuklearen Fragen zusammenarbeitenden ABC-Dreieck verstärkte, mag gewiss kein Zufall gewesen sein. Zur damaligen Zeit deutete sich unter der neuen Eisenhower-Administration eine Strategiediskussion an, die auf eine Nuklearisierung der NATO-Strategie hinauslief. Demnach erwog man in Washington Einsparungen im Verteidigungsetat und einen Übergang zu einer Strategie der massiven Vergeltung mit Atomwaffen. Seinen Niederschlag fand die Strategie des »New Look« in der im Oktober 1953 verabschiedeten US-Direktive NSC 162/2. Eine wesentliche Komponente stellte die Stationierung nuklearer Gefechtsfeldwaffen in Westeuropa dar. Mit der Aufstellung entsprechender Artilleriegeschütze hatten die Amerikaner bereits im Juli begonnen[183]. In Paris erkannte man die Auswirkungen eines

---

[181] Vgl. ebd.: Vermerk [Ely], o.D., S. 1; Vermerk Vernoux für Pleven, 17.8.1953, S. 2 f.; Kurzstudie Generalstab der Streitkräfte über die frz. Politik bei der Standardisierung von Rüstungsmaterial, 16.12.1953 (Zitate S. 1). Dietl hingegen schreibt, die Briten seien für eine intensivere Rüstungskooperation innerhalb der NATO eingetreten und hätten in Washington mehrmals erfolglos darauf gedrängt, die rigide Haltung der USA beim Austausch wissenschaftlicher Informationen aufzugeben. Vgl. Dietl, Emanzipation und Kontrolle, Bd 1, S. 166.
[182] Vgl. SHD/DITEEX, NL Ely, 1 K 233/27-4: Vermerk Vernoux für Pleven, 17.8.1953, S. 3 f., mit Anlagen; Vernoux an frz. Delegation bei Standing Group, 24.8.1953, S. 2; Ely an Valluy, 31.10.1953; Ely an frz. Delegation bei Standing Group, 30.1.1954, S. 2.
[183] Zum »New Look« liegt mittlerweile eine große Fülle an Literatur vor: Dietl, Emanzipation und Kontrolle, Bd 1, S. 164–177; Dockrill, Eisenhower's New Look; Fischer, Die Reaktion der Bundes-

solchen Strategiewechsels sofort: Es drohte eine Teilung des Bündnisses in ein tonangebendes angelsächsisches Führungsduo und in die kontinentaleuropäischen nuklearen »Habenichtse«. Die französische Regierung war politisch wie militärisch keinesfalls bereit, den Status eines zweitrangigen Mitgliedes der Ständigen Gruppe zu übernehmen, und pochte darauf, durch eine Intensivierung der Kooperation mit den Angelsachsen auf technisch-wissenschaftlichen Gebiet – etwa im Rahmen des ABC-Dreiecks – Zugang zu nuklearem Know-how zu erlangen und einer völligen Abhängigkeit vom angelsächsischen Atomwaffenmonopol zu entgehen[184]. Insofern besaßen die französischen Pläne einer verstärkten Rüstungszusammenarbeit mit hoher Wahrscheinlichkeit auch eine nukleare Komponente[185]. Eine Kooperation auf diesem Gebiet lehnten die USA aber strikt ab, denn gemäß des 1946 verabschiedeten McMahon-Gesetzes, benannt nach Senator Brien McMahon, war der US-Regierung die Weitergabe nuklearen Know-hows an andere Staaten streng untersagt[186].

An der Seine hatte man freilich auch industrielle Hintergedanken: Man beabsichtigte, den europäischen Partnern französische Waffenentwicklungen schmackhaft zu machen und eine Standardisierung auf der Grundlage französischen Materials zu erreichen, um die hohen Investitionen im Forschungs- und Entwicklungsbereich zu amortisieren und die heimischen Industriekapazitäten zu stärken. Frankreich war im Kreise der kontinentaleuropäischen Bündnismitglieder nämlich der Staat, der trotz vielerlei ökonomischer und finanzieller Schwierigkeiten die meisten rüstungstechnischen Neuerungen zu bieten hatte, sie aber aus eigener Kraft nicht alle in Serien produzieren konnte – sehr zum Leidwesen seiner Industrie. In einigen Sparten verfügte Frankreich durchaus über qualitativ hochwertige Rüstungsgüter, sodass zumindest hier die Chance bestand, zum Zuge zu kommen. Beim schwerem Kriegsgerät hinkte das Land aber technologisch nach wie vor hinterher. Ferner galten die finanziellen und industriellen Ressourcen als unzureichend. Eine nur auf die Kontinentaleuropäer fokussierte Zusammenarbeit erachtete Paris jedoch nicht als geeigneten Lösungsansatz, weil der dortige Rüstungsmarkt zu klein war und der Generalstab der Streitkräfte befürchtete, »cette solution conduit à l'intégration des industries d'armement, et il n'est pas sûr que les industries françaises

---

regierung, S. 109 f.; AWS, Bd 2 (Beitrag Maier), S. 135–139; Rebhan, Der Aufbau, S. 227–244. Der britische Generalstab hatte sich bereits im Jahr zuvor in seinem Global Strategy Paper dafür ausgesprochen, die extrem kostspielige konventionelle Rüstung zugunsten einer Strategie der nuklearen Abschreckung aufzugeben. Siehe Baylis, Ambiguity and Deterrence; Macmillan/Baylis, A Reassessment of the British Global Strategy Paper.

[184] Die französischen Militärs fürchteten auch, dass die USA sich über die Köpfe ihrer westeuropäischen Verbündeten hinweg mit der UdSSR verständigen könnten. Vgl. David, Lâcher la proie pour l'ombre?, S. 127. Parallel zum Kooperationsgesuch wollte Frankreich sich vom Kontrollregime der EVG losreißen, um sich eine nationale Nuklearoption offen zu halten. Vgl. Dietl, Emanzipation und Kontrolle, Bd 1, S. 174.

[185] In diesem Sinne auch Dietl, der ein französisches Gesuch vom 24.11.1953 betreffend einer Beteiligung am atomaren Informationsaustausch der ABC-Gruppe erwähnt. Vgl. Dietl, Emanzipation und Kontrolle, Bd 1, S. 176.

[186] Zum McMahon-Gesetz siehe Hewlett/Anderson, The New World, vol. 1, S. 320–528; Gowing, Independence and Deterrence, vol. 1, S. 63–130; Simpson, The Independent Nuclear State, S. 27–40. Eine bevorzugte Behandlung genossen lediglich die Briten, die mit ihrem eigenen militärischen Nuklearprogramm schon weit fortgeschritten waren und mit denen die Amerikaner Gespräche über nukleare Einsatzplanungen gegen Ziele in der UdSSR führten. Siehe Ball, Military Nuclear Relations.

soient en tous cas bénéficiaires de cette opération«. Die Militärführung hielt es stattdessen für »indispensable de demander aux puissantes industries anglo-saxonnes de fournir les membres de la Communauté atlantique en matériels modernes, en nombre suffisant et à des prix relativement peu élevés«. Dafür signalisierte man sogar die Bereitschaft, unter Umständen auf die Produktion unrentablen und rückständigen heimischen Materials zu verzichten[187].

Der Generalstab der Streitkräfte ging bei der Lösung des Standardisierungsproblems dreigleisig vor: Erstens sollte man die bilaterale Kooperation mit den USA in der Forschung und Entwicklung intensivieren, zweitens die Kooperation unter den Kontinentaleuropäern in diesem Bereich vertiefen und drittens das Standardisierungsprozedere der NATO auf der Grundlage der französischen Vorschläge verbessern[188]. Die Empfehlungen wurden von Verteidigungsminister Pleven im Grundsatz gebilligt, allerdings dahingehend ergänzt, dass auf nationaler Ebene genau geprüft werden sollte, bei welchem Material eine Vereinheitlichung sinnvoll und erreichbar schien[189]. Kern der abschließenden Direktiven des Generalstabs an seine NATO-Delegation war eine an die jeweils zu wählende Standardisierungsart (sofortige, kurzfristige und langfristige Standardisierung) angepasste und flexible Vorgehensweise mit folgendem Grundmuster: Unter Leitung der MAS finden Vergleichserprobungen statt, die Ständige Gruppe verfasst einen Bericht und legt entsprechende Empfehlungen vor. Die PLD befasst sich alsdann mit den industriellen Aspekten. Militärische und industrielle Faktoren sollen gleichermaßen berücksichtigt werden, um sicherzustellen, dass eine Normung nicht fortwährend an industriepolitischen Egoismen scheitert. Die Abstimmung obliegt einem aus Vertretern der Streitkräfte und Rüstungsfachleuten bestehenden Gremium. Am Ende des Verfahrens erstellen die Ständige Gruppe und das Internationale Sekretariat einen gemeinsamen Abschlussbericht, der dem NATO-Rat vorzulegen ist. Dieser erteilt dann eine Empfehlung an die Mitgliedstaaten. Eine langfristige Standardisierung, wie sie für komplexes Großgerät in Frage kam, war aus Sicht der französischen Militärs nur auf der Grundlage eines technischen Informationsaustausches möglich und bedurfte eines besonderen Vertrauensklimas. In einem ersten Schritt sollten sich unter dem Dach des Bündnisses interessierte Länder zusammenfinden und freiwillig miteinander kooperieren[190].

---

[187] Vgl. SHD/DITEEX, NL Ely, 1 K 233/27-4: Vermerk für Ely, 3.11.1953 (Zitate S. 3).
[188] Vgl. ebd.: Vermerk Vernoux für Pleven, 17.8.1953, S. 6; Kurzstudie Generalstab der Streitkräfte über die frz. Politik bei der Standardisierung von Rüstungsmaterial, 16.12.1953, S. 5–8.
[189] Vgl. ebd.: Pleven an Ely, 31.10.1953. Pleven unterschied beim Militärgerät drei Hauptkategorien: Erstens: komplexes Großgerät, das in nationaler Regie zu aufwändig herzustellen war und am besten entweder aus dem Ausland beschafft oder in Lizenz gebaut werden sollte (z.B. schwere Transportflugzeuge); zweitens: einfaches Großgerät, das leicht und in großen Stückzahlen herstellbar, bei dem aber eine vollständige Standardisierung kaum erreichbar schien (z.B. Flugzeuge, Nutzfahrzeuge, Pioniergerät, elektronische Ausrüstung); drittens: einfaches, in Serie produziertes Gerät, das als weitgehend problemlos zu vereinheitlichen galt (z.B. leichte Waffen, Munition).
[190] Vgl. SHD/DITEEX, NL Ely, 1 K 233/27-4: Memorandum Generalstab der Streitkräfte für frz. NATO-Delegation, 8.12.1953; Kurzstudie Generalstab der Streitkräfte über die frz. Politik bei der Standardisierung von Rüstungsmaterial, 16.12.1953; Ely an Staatssekretariate für Heer, Luftwaffe und Marine, 30.1.1954. Das hier vorgeschlagene Verfahren weicht ein wenig von dem der französischen Rüstungsdelegation ab, den diese als Reaktion auf Weickers Entwurf Ende November 1953 formuliert hatte.

Pleven hatte die ehrgeizige Parole ausgegeben, wonach Frankreich alles dafür tun müsse, um unter den NATO-Partnern nach und nach ein »climat de confiance technique« zu erzeugen. Dies bedeutete nicht weniger, als eines der größten Hindernisse bei der Rüstungszusammenarbeit, die von den Mitgliedstaaten betriebene Geheimniskrämerei, zu reduzieren, wenn nicht gar zu beseitigen, um endlich an heißbegehrtes technologisches Wissen zu gelangen[191]. Was eine verstärkte bilaterale Kooperation mit den USA betraf – für den Generalstab stellte ein amerikanisch-französisches Einvernehmen »la seule méthode possible et efficace dans la voie de standardisation« dar –, sah man Mitte Dezember 1953 günstige Perspektiven. Man hielt Übereinkünfte in zahlreichen Materialkategorien für möglich[192].

Wie groß um die Jahreswende 1953/54 der Handlungsbedarf bei der NATO-Standardisierung aus französischer Sicht war, zeigte die Unzufriedenheit der Militärs: So formulierte Generalingenieur Louis Meyer von der technischen Dienststelle der Luftwaffe (DTI) überspitzt, die Allianz stehe hier noch immer fast am Anfang[193]. Eine Besserung der Situation schien sich im Februar 1954 anzudeuten: Generalsekretär Ismay wollte die Diskussion um eine Verbesserung der Standardisierung in der Ständigen Gruppe voranbringen; bei den US-Militärs stellte man eine zunehmende Aufgeschlossenheit fest. Unverändert blieb hingegen das Desinteresse Großbritanniens[194].

Zu substanziellen Fortschritten kam es in den darauffolgenden Monaten auf dem Gebiet der Materialstandardisierung nicht. Nach wie vor erwies sich der Informationsaustausch als ein großes Hemmnis. Zwar hatten die Franzosen bei den US-Militärs die Bereitschaft zu einer engeren Kooperation auf technischem Gebiet zu erkennen geglaubt, doch der US-Vertreter in der Ständigen Gruppe, General J. Lawton Collins, dämpfte etwaige Hoffnungen, als er hervorhob, dass die Anforderungen für Rüstungsgüter der USA aufgrund klimatischer Faktoren strenger als die der Europäer seien und daher zu einer teureren Rüstung führten. Überdies erlaubten es die amerikanischen Produktionsbedingungen nach Aussage Collins' nicht, europäisches Material zu fertigen. Einigkeit bestand unter den Mitgliedern der Ständigen Gruppe zumindest darin, das MAS zu reformieren und eine entsprechende Studie erarbeiten zu lassen. Überdies beabsichtigte man zu prüfen, inwiefern man das im April 1954 neu konstituierte Defence Production Committee (DPC) in den Standardisierungsprozess einbinden könnte. Im NATO-Rat war man mittlerweile zu der Erkenntnis gelangt, dass eine vollständige Standardisierung innerhalb der Allianz unerreichbar sein würde. An dem Grundsatz, dass das Bündnis keine verpflichtende Entscheidungen für seine souveränen Mitgliedstaaten treffen konnte, war schlichtweg nicht zu rütteln. Weil sich die Organisation von Vergleichserprobungen innerhalb der Allianz nach wie vor als schwie-

---

[191] Vgl. SHD/DITEEX, NL Ely, 1 K 233/27-4: Pleven an Ely, 31.10.1953 (Zitat S. 1).
[192] Ebd.: Kurzstudie Generalstab der Streitkräfte über die frz. Politik bei der Standardisierung von Rüstungsmaterial, 16.12.1953, S. 7. Auf der amerikanisch-britisch-französischen Bermuda-Konferenz (4.–8.12.1953) hatte Außenminister Bidault eine engere trilaterale Zusammenarbeit auf dem Gebiet der atomaren und konventionellen Rüstung gefordert sowie den Wunsch nach einer Globalstrategie der NATO geäußert. Vgl. AWS, Bd 2 (Beitrag Maier), S. 169 f.; Soutou, Frankreich und das atlantische Bündnis, S. 228 f.
[193] SHD/DAA, 9 E/1147-1: Studie Meyer, Januar 1954, S. 11.
[194] Vgl. AMAE, Pactes, 52: Baraduc an MAE, 19.2.1954.

rig erwies, empfahl die Ständige Gruppe, auf europäische Regionalgruppierungen zurückzugreifen. Explizit erwähnte man die im Oktober 1953 auf französische Initiative aus der Taufe gehobene FINBEL, ein Gremium der Generalstabschefs der Heere von fünf westeuropäischen Staaten. Dies war ein bemerkenswerter Schritt, denn damit wies die Ständige Gruppe der FINBEL-Organisation, in der Paris die Führungsrolle besaß, eine Art Hilfsfunktion zu. Eine entscheidende Rolle maß man erstaunlicherweise auch der zukünftigen EVG zu[195]. Im Pariser Interimsausschuss bastelten die EVG-Unterzeichnerstaaten seit September 1952 an einer integrierten Rüstungsorganisation, die eng mit der NATO zusammenarbeiten sollte.

### g) Die Reorganisation des NATO-Rüstungsapparats: Das Defence Production Committee, 1954

Bei der NATO-Ratstagung vom Dezember 1953 wurde deutlich, dass sich die Allianz von den Lissabonner Streitkräfteplanungen endgültig verabschiedet hatte. Die Beibehaltung der hohen Streitkräfteziele hatte sich angesichts der enormen Belastung der nationalen Haushalte vollends als Illusion erwiesen. Ohnehin war in breiten Bevölkerungskreisen Westeuropas nach Stalins Tod im März 1953 und wegen der damit verbundenen Hoffnung auf eine Tauwetterperiode im Ost-West-Verhältnis das Verständnis für anhaltend hohe Verteidigungsausgaben merklich gesunken. Nachlassende Rüstungsanstrengungen ließen sich nicht nur bei den kleineren Allianzpartnern und Großbritannien, sondern auch bei den USA beobachten. In Washington und London hatte man, wie geschildert, seit einiger Zeit über eine Schwerpunktverlagerung auf atomare Waffen nachgedacht, um Einsparungen bei der als extrem kostspielig empfundenen konventionellen Rüstung vornehmen zu können und den Steuerzahler zu entlasten[196].

Nach wie vor mager war die Zusammenarbeit der Nordatlantischen Allianz bei der Rüstungsproduktion. Der Ministerrat gab zwar wieder einmal die wohlklingende Empfehlung, dass die Streitkräfte des Bündnisses mit den modernsten Waffen ausgestattet sein und die Produktions- und Versorgungsprogramme auf einer soliden industriellen Basis stehen sollten, ein tragfähiger und langfristiger Lösungsansatz für die Aufrechterhaltung eines hohen Streitkräfteniveaus zu suchen sei und der EVG alle erdenkliche Unterstützung bei ihren Verteidigungs- und Produktionsplanungen gewährt werden müsse[197]. Bei einigen Mitgliedern regten sich allerdings erneut zunehmend Zweifel an der Effizienz des bestehenden NATO-Rüstungsapparats. Seit der Ablösung des (unregelmäßig zusammengetreten) Defence Production Board und dessen Ständigen Arbeitsstabes im März 1952 gab es auf dem Rüstungsgebiet kein Gremium mehr, in dem die nationalen Delegationen an einem Tisch versammelt waren, sondern nur noch die PLD und die von ihr koordinierten gemischten Expertengruppen und Ad-hoc-Ausschüsse. Die natio-

---

[195] Vgl. ebd.: Alphand an MAE, 7.5.1954; FRUS 1952−1954, V/1, S. 520 f., hier S. 521: (John) Hughes (Ständiger US-Vertreter im Nordatlantikrat) an State Dept., 3.5.1954.
[196] Ausführlich zur Diskussion um die NATO-Streitkräfteplanungen von 1953 und die Auswirkungen auf den Strategiewechsel: Hammerich, Jeder für sich, S. 335−346.
[197] Vgl. AMAE, Pactes, 47: Pleven an MAE, 25.2.1954, Anhang: Rosart (belg. Brigadegeneral und Chef der belg. NATO-Militärdelegation) an Balland, 12.2.1954, S. 2.

nalen Delegationen waren unzureichend in die Arbeiten des Internationalen Sekretariats eingebunden, der Kontakt zwischen ihnen ließ ebenfalls zu wünschen übrig[198].

Nun dämmerte es in einigen Hauptstädten, dass das PLD des Internationalen Sekretariats doch nicht das mehr oder weniger ersehnte Heilmittel zur Belebung der Rüstungszusammenarbeit war. Stattdessen erfuhr die Idee eines aus nationalen Delegationen bestehenden, regelmäßig zusammentretenden und direkt dem Nordatlantikrat zugeordneten Kollegialorgans eine Renaissance. Am 12. Februar 1954 präsentierte die belgische Militärdelegation den Verbündeten einen entsprechenden Entwurf. Darin schlug der Delegationschef, Brigadegeneral A.D. Rosart, die Gründung eines »Comité permanent de Production«, eines Ständigen Ausschusses für Produktion, vor. Der neue Ausschuss sollte als Bindeglied zwischen dem Internationalen Sekretariat und den nationalen Produktionsexperten fungieren, die Zusammenarbeit zwischen den einzelnen Delegationen intensivieren und dadurch die als unerlässlich erachtete Herausbildung eines engen Gemeinschaftsgeistes sowie Vertrauensklimas fördern. Wie die Bezeichnung des neuen Ausschusses bereits verdeutlicht, sollte er sich schwerpunktmäßig mit Produktionsangelegenheiten befassen: Von der Auflistung der für eine koordinierte Herstellung in Frage kommenden Geräte und des jeweiligen Länderbedarfs über die Ausarbeitung von Produktionsempfehlungen und die Einberufung spezieller Arbeitsgruppen bis hin zur Erstellung eines Inventars von Mängelgütern und einer ausreichenden Versorgung im Kriegsfall sowie einer engen Abstimmung der Produktionsplanungen zwischen der NATO und der EVG. Als Vorsitzenden des »Comité permanent de Production« empfahl man den Chef der PLD Weicker oder einen nationalen Vertreter (gemäß einem Rotationsverfahren)[199].

Vonseiten der französischen NATO-Rüstungsdelegation wurde der belgische Entwurf grundsätzlich begrüßt. Allerdings machte Generalingenieur J.J. Balland sich zunächst noch dafür stark, den Zuständigkeitsbereich des neuen Ausschusses über die Bewaffnung hinaus auf den Bereich der militärischen Ausrüstung, wie etwa Sanitätsmaterial, auszudehnen und darin auch Standardisierungs-, Forschungs- und Entwicklungsfragen zu behandeln. Aus diesen Gründen hielten die Franzosen es für sinnvoller, das neue

---

[198] Vgl. ebd.: Protokoll Sitzung SGPDN (2.3.1954), 4.3.1954, S. 2. Der französische NATO-Rüstungsgesandte Balland beklagte sich zudem über eine schwache Position seines Landes im Internationalen Sekretariat, da die integrierten französischen Beamten sich besonders bündnistreu gaben. Ferner störte ihn, dass der Sitz der NATO-Produktionsabteilung die französische Hauptstadt war und es dem integrierten Stab somit leicht möglich war, umfangreiche Informationen über Frankreichs Rüstungsplanungen zusammenzutragen und dortige Schwächen zu entlarven. Dafür, dass Frankreich bei den Vorbereitungsarbeiten für die koordinierten Produktionsprogramme weit hinterherhinkte, machte man im SGPDN auch das Fehlen eines ranghohen französischen Beamten auf der Leitungsebene der PLD verantwortlich – »d'un français susceptible de faire connaître l'ensemble des problèmes que se posent à notre pays, et non pas seulement ceux qui ont trait à deux secteurs particuliers si importants soient-ils, comme c'est le cas actuellement«. AMAE, Pactes, 133: Mons an Alphand, 26.6.1953.

[199] Vgl. AMAE, Pactes, 47: Pleven an MAE, 25.2.1954, Anhang: Rosart an Balland, 12.2.1954. Siehe ferner ebd., Anhang 2: Anweisungsentwurf für Produktionsausschuss. Bei der Konzeption des neuen Gremiums – es stand im Einklang mit den im März 1952 von den Ratsstellvertretern verabschiedeten Richtlinien, die dem Rat zur Unterstützung seiner Arbeit die Einrichtung ständiger oder temporärer Ausschüsse zugestanden – orientierte man sich am Vorbild der Infrastructure Branch des PLD, wo eine derartige Arbeitsweise bereits praktiziert wurde.

Gremium »Comité d'Armement« zu taufen. Um den Eindruck eines Konkurrenzorgans zum Internationalen Sekretariat zu vermeiden und die Zusammenarbeit zwischen beiden Institutionen zu stärken, sollte Weicker den Vorsitz übernehmen[200]. Auf Betreiben des Generalstabs wurde die Kompetenzabgrenzung zwischen den militärischen Organen und dem künftigen Rüstungsausschuss hinsichtlich Bedarfsdefinition und Materialauswahl stärker präzisiert. Gemäß des französischen Endentwurfs hatte der Rüstungsausschuss, der von den militärischen Behörden des Bündnisses über den quantitativen Bedarf an Militärgütern auf dem Laufenden zu halten war, den Auftrag, dem Nordatlantikrat Stellungnahmen und Empfehlungen zu mit der Rüstungsproduktion zusammenhängenden Fragen zu unterbreiten. Des weiteren oblag es ihm, die Aufstellung koordinierter Herstellungsprogramme zu untersuchen und voranzubringen, ebenso die Zusammenarbeit zwischen den Mitgliedstaaten zum Zwecke der Erzielung von Synergieeffekten wie auch die industrielle Mobilisierung. Eine enge Fühlungnahme mit den militärischen Stellen galt es bei der Festlegung der taktisch-technischen Forderungen des zu fabrizierenden Militärgeräts sicherzustellen[201].

In einer eigens eingerichteten Arbeitsgruppe wurde die belgische Initiative lediglich dahingehend verändert, dass sich der neue Ausschuss nicht nur mit industriellen Aspekten der Rüstungsproduktion, sondern auch mit der Standardisierung befassen sollte und sein Mandat kurz und allgemein gehalten werden müsste. Mit seiner Forderung nach einem umfassenderen Rahmen und der Namensgebung »Rüstungsausschuss« hatte sich Frankreich nicht durchsetzen können, zumindest war es aber gelungen, das Aufgabenspektrum des neuen Gremiums nicht nur auf Produktionsfragen zu beschränken. Das Ende April 1954 ins Leben gerufenen DPC war direkt dem NATO-Rat verantwortlich und sollte diesem Stellungnahmen und Entscheidungsentwürfe in Rüstungsproduktionsangelegenheiten vorlegen, ein Gesamtprogramm konzipieren und dessen Umsetzung kontrollieren und Kontakte zu anderen mit Rüstungsfragen betrauten Organen innerhalb des Bündnisses pflegen. Ferner oblag dem DPC die Kontrolle der der PLD zugeordneten Experten- und Ad-hoc-Gruppen sowie die Aufstellung weiterer Arbeitsgruppen. Diese waren verpflichtet, dem DPC ihre Tagesordnungen und Sitzungsprotokolle zuzuleiten und regelmäßig Berichte zu erstatten. Das neue Gremium bestand aus den Vertretern der nationalen Delegationen; den Vorsitz übernahm der Stellvertretende Generalsekretär für Produktion und Logistik Weicker[202].

Mit dem neu errichteten System sollte es möglich sein, die Tätigkeiten der zahlreichen technischen Expertengruppen auf dem Gebiet der Rüstungsproduktion – und damit des Internationalen Sekretariats – mit denen der Repräsentanten der Mitgliedstaaten zu verknüpfen und Doppelarbeit zu vermeiden. Während das DPC die allgemeinen Leitlinien definierte und über deren Einhaltung wachte sowie als »guardian of the

---

[200] Vgl. ebd. Siehe dort auch Anhang 2: Anweisungsentwurf für Rüstungsausschuss. Der belgische Vorschlag erhielt auch die Unterstützung der britischen Delegation. Vgl. ebd.: Protokoll Sitzung SGPDN (2.3.1954), 4.3.1954, S. 3.
[201] AMAE, Pactes, 47: Protokoll Sitzung SGPDN (2.3.1954), 4.3.1954, mit Anhang: [überarbeiteter] Anweisungsentwurf für Rüstungsausschuss.
[202] Vgl. Jordan, The NATO-International Staff, S. 250 f.; Release of NATO-Information, Second Final Report (DES(94)2), VIII, S. 10 f. Das DPC traf sich am 6.5.1954 zu seiner ersten Zusammenkunft.

members' interests«[203] fungierte, konzentrierten sich die Sachverständigengruppen auf die eigentlichen technischen Arbeiten[204]. Ob es sich bei der Reorganisation tatsächlich um einen großen Wurf handelte, lässt sich aber durchaus bezweifeln, denn die Einsetzung des DPC mit seiner Funktion als »watchdog committee«[205] ermöglichte es den Mitgliedstaaten im Grunde, die Arbeitsgruppen der PDL an die kurze Leine zu legen und unbequeme Entscheidungen, etwa solche, die zu Mehrausgaben führten oder Nachteile für die heimische Rüstungsindustrie zur Folge hätten, zu vermeiden. Faktisch bedeutete die Schaffung des PDC eine Verwässerung des integrierten Ansatzes. Darüber hinaus erwies es sich für die Mitglieder der Expertengruppen nach wie vor als schwierig, den Spagat zwischen nationaler Interessenvertretung und gemeinsamem Bündniszweck zu bewerkstelligen. Darin dürfte ein wichtiger Grund für die kümmerlichen Resultate der NATO bei der Förderung koordinierter Produktionsprogramme liegen, und vermutlich war dies den Regierungen gar nicht so unrecht.

Ein weiterer Grund bestand darin, dass die Staaten mit der leistungsfähigsten Rüstungsindustrie – insbesondere die USA und das Vereinigte Königreich – bei NATO-weiten Programmen höchstwahrscheinlich weitaus mehr profitiert hätten als schwächere Partner, da sie technologisch fortgeschrittenere Güter anbieten und zu günstigeren Preisen fertigen konnten[206]. Damit wollten sich die rüstungswirtschaftlich schwächeren Staaten aber nicht abfinden, denn wie sich anhand ihres Umgangs mit Offshore-Aufträgen zeigte, bevorzugten sie es, ihre heimischen Industrien aufzupäppeln und eigene Kapazitäten aufzubauen – auch wenn der NATO in ihrer Gesamtheit in wirtschaftlicher, finanzieller sowie militärischer Hinsicht dadurch Nachteile entstanden. Das von den Verbündeten offiziell propagierte Ziel, koordinierte Programme aufzustellen und dadurch kosteneffizienter fertigen und beschaffen zu können, wurde deshalb erheblich erschwert, wenn nicht gar unterminiert, genau wie eine erfolgreiche Standardisierung. Gemessen an dem, was eigentlich nötig gewesen wäre, um das Bündnis auf dem Rüstungsgebiet merklich voranzubringen, waren die während der EVG-Phase erzielten Ergebnisse des DPC letztlich gering.

So sah es auch der französische NATO-Vertreter Alphand. Während er die Resultate der NATO beim Aufbau einer gemeinsamen Infrastruktur durchaus positiv bewertete, bezeichnete er die Fortschritte im Rüstungsbereich als am enttäuschendsten. Hinderlich für eine rationelle Rüstungsproduktion und industrielle Konzentration waren Alphand zufolge die US-Offshore-Aufträge[207]. Eine solche Schelte aus dem Munde des französischen Vertreters bei der Allianz war bemerkenswert, denn seine eigene Regierung bemühte sich stets mit Nachdruck um Offshore-Aufträge und wurde deren größter Profiteur, ließen sich damit doch die Entwicklung der nationalen Rüstungsindustrie fördern und Arbeitsplätze sichern – auf Kosten einer effizienten Waffenherstellung und bündnisweiten Standardisierung – sowie die Löcher im Militärbudget notdürftig stopfen. Mit größter Hartnäckigkeit hatte die Regierung Pinay nach der Lissabonner NATO-Ratstagung

---

[203] Thies, Friendly Rivals, S. 115.
[204] Zur Zusammenarbeit zwischen dem DPC und den zahlreichen Experten- und Ad-hoc-Gruppen bis Ende 1956 siehe Jordan, The NATO-International Staff, S. 250–255.
[205] Thies, Friendly Rivals, S. 115.
[206] Vgl. ebd., S. 115 f.
[207] Vgl. AMAE, DF-CED/C/120: Vermerk Alphand, 3.9.1954, S. 4.

vom Februar 1952 mit der US-Regierung um zusätzliche OSP-Mittel gerungen und schwerwiegende Krisen im französisch-amerikanischen Verhältnis heraufbeschworen[208].

In der Rue St. Dominique waren zwischenzeitlich Stimmen laut geworden, die die Bereitschaft zur Einführung supranationaler Elemente auf europäischer Ebene signalisierten. Als Konsequenz aus der unbefriedigenden NATO-Rüstungspolitik und der Erkenntnis, dass es Frankreich aufgrund seiner begrenzten finanziellen und industriellen Ressourcen kaum noch möglich sein würde, das gesamte Spektrum an modernen Waffen effizient und in ausreichenden Stückzahlen herzustellen, hatte der Leiter der Abteilung für Finanzen und Programme im französischen Verteidigungsministerium, Charles Cristofini, bereits Ende Januar 1954 für eine sehr weitreichende Option votiert: für einen engen Zusammenschluss interessierter Staaten und eine echte Zusammenlegung ihrer finanziellen und industriellen Ressourcen. Anders als bei der NATO, die eine Versammlung souveräner Nationalstaaten darstellte, sollten die an einer engeren Rüstungsproduktion interessierten Länder zu einem partiellen Souveränitätstransfer bereit sein. Die Auswahl des zu beschaffenden Militärgeräts sollte von einer »autorité souveraine« bzw. einer »autorité impartiale« vorgenommen werden. Daneben bedurfte es eines fairen Finanzsystems, wobei der Begriff »fair« bekanntlich Definitionssache war. Cristofini forderte nicht weniger als eine weitreichende, nicht auf den reinen Rüstungssektor beschränkte wirtschaftliche Integration. Aufgrund der engen Verflechtung von ziviler und militärischer Produktion hielt er es nämlich für angebracht, dass sich die Staatengruppe zuvor auf gemeinsame Grundsätze bei der Geld-, Steuer- und Sozialpolitik einigen und dadurch die nationalen Volkswirtschaften einander angleichen würde. Außerdem sprach er sich für die Harmonisierung von Verfahrensweisen und bestimmten Materialkomponenten aus. Für ein gemeinschaftliches Vorgehen plädierte der ranghohe Beamte auch in den Bereichen Forschung und Entwicklung. Er war sich jedoch bewusst, dass eine enge Kooperation auf diesem besonders sensiblen Gebiet eine noch größere Herausforderung darstellte[209].

Mit seinen bemerkenswerten Vorschlägen knüpfte Cristofini an die seit Sommer 1950 von der französischen Regierungen vorgebrachten Pläne eines NATO-Gemeinschaftsbudgets an. Ob der von Cristofini während einer Rede am Institut des Hautes Études de la Défense Nationale (IHEDN) präsentierte Ansatz der Ansicht des Verteidigungsministeriums entsprach, erscheint allerdings fraglich. Ein entsprechender Antrag wurde zumindest nicht in die NATO eingebracht. Allein stand Cristofini mit seiner Vision im Verteidigungsministerium jedoch nicht. Auch der Leiter der französischen NATO-Rüstungsdelegation Bron bedauerte das Ausbleiben einer supranationalen Lösung ausdrücklich und befürwortete die Schaffung einer mit Durchsetzungsbefugnissen aus-

---

[208] Vgl. Bossuat, Les aides américaines économiques, S. 316–325, siehe auch Tableau 51: Aide militaire et de soutien-défense à la France, 1951–1958, S. 362; Wall, The United States and the Making, S. 227–232.
[209] Vgl. IPMF, DN/6: Ansprache Cristofini vor dem IHEDN über Rüstungspolitik im atlantischen und europäischen Rahmen (25.1.1954), 6.3.1954, S. 11 f. (Zitate S. 11). Die EVG und EPG erwähnte Cristofini in seinen Ausführungen mit keinem einzigen Wort, obwohl sie seinem Konzept durchaus nahe kamen. Bei dem noch heute existierenden IHEDN handelt es sich um eine sicherheits- und verteidigungspolitische Aus- und Fortbildungsstätte für Führungskader. Siehe hierzu Sauvage, L'IHEDN.

gestatteten überstaatlichen Autorität. »En l'absence d'une autorité supranationale, capable d'imposer des solutions ou, au moins, d'appuyer celles-ci de son autorité, et faute d'une impulsion donnée par les gouvernements«, so seine zentrale Lehre, »la machine fonctionne à vide«. Für die Misere verantwortlich machte er neben einer mangelnden Überzeugung der Bündnismitglieder insbesondere die Zurückhaltung der leistungsfähigsten Verbündeten: Washington und London[210]. Brons Kritik war vom Standpunkt eines an effizienten Lösungen interessierten NATO-Befürworters, nicht aber von dem der Regierungsbeamten und der Industrie her gedacht, die die Belange ihrer heimischen Branche zu berücksichtigen hatten. Frankreichs Waffenschmieden befanden sich nämlich zu einem großen Teil in staatlicher Hand und hätten im Falle integrierter Lösungen höchstwahrscheinlich auch mit wirtschaftlichen Nachteilen rechnen müssen.

Auch in der unmittelbaren Zeit nach dem Scheitern der Europaarmee kam die Rüstungszusammenarbeit innerhalb der Nordatlantischen Allianz nur im Schneckentempo voran[211]. Bis zu seiner Umwandlung in das mit erweiterten Befugnissen versehene Armaments Committee im Juli 1958 vermochte das DPC nur bescheidene Fortschritte zu erzielen, ebenso wie die MAS mit ihren Standardisierungsvereinbarungen bezüglich Verfahrensweisen und Materialkomponenten. Als mit am effektivsten erwiesen sich nach wie vor die zahlreichen technischen Sachverständigengruppen, die immerhin ein gewisses Maß an technischem Informationsaustausch erreichen konnten, sich jedoch nur auf bereits existierendes Material bezogen und Prototypengerät ausklammerten[212]. Zur ersten gemeinschaftlichen Realisierung von Rüstungsprojekten, wie beispielsweise dem Lizenzbau der Boden-Luft-Rakete Hawk, der Luft-Luft-Rakete Sidewinder, dem Kampfflugzeug F-104 Starfighter (alle drei amerikanische Waffensysteme), dem Lizenzbau des auf einem US-Modell basierenden italienischen taktischen Kampfflugzeuges Fiat G.91 sowie der Entwicklung und Fertigung des Seefernaufklärungs- und U-Boot-Bekämpfungsflugzeuges Bréguet Atlantic, kam es erst ab Ende der 1950er Jahre[213].

Aus Sicht der Nationalstaaten erwiesen sich die vielfältigen Hindernisse einfach als zu groß: unterschiedliche militärpolitische Schwerpunkte und daraus resultierende unterschiedliche Materialanforderungen, zugeschnitten auf das jeweilige Einsatzgebiet und

---

[210] AMAE, Pactes, 47: Bron an Chodron de Courcel, 29.1.1958, Anhang: Vermerk Bron, o.D., S. 1.
[211] Vgl. AMAE, DE-CE, NL Wormser, 99, Bl. 101–107, hier Bl. 105: Vermerk, 26.4.1955.
[212] AMAE, Pactes, 47: Bron an Chodron de Courcel, 29.1.1958, Anhang: Vermerk Bron, o.D., S. 4; Seiller, »Zusammenarbeit kann man das nicht nennen!«?, S. 75. Näheres zu dem ab 1958 tätigen und mit Kompetenzen auf dem Gebiet der Forschung und Entwicklung versehenen NATO-Rüstungsausschuss: Cabalo, Politische Union Europas, S. 256, 260–266; Masson, Le cadre institutionnelle, S. 187 f.
[213] Näheres zu den genannten Projekten siehe: Brokate, Das Boden-Luft-Flugkörpersystem Hawk; Robineau, Relations internationales, S. 35–38; Andres, Die bundesdeutsche Luft- und Raumfahrtindustrie, S. 215–224; Lemke, Konzeption und Aufbau der Luftwaffe, S. 355–359; Kordik, NATO-Leichtbau-Erdkampfflugzeug; Hamel, La coopération multilatérale; Lorell, Multinational Development of Large Aircraft, S. 13–30. Einen Überblick über die NATO-Rüstungskooperation bis in die 1990er Jahre vermitteln: Carlton, NATO Standardization; Cornell, International Collaboration; Cornu, Fortress Europe, S. 73–75; The North Atlantic Treaty Organization, S. 160–178; Hartley, NATO Arms Co-operation; Hayward, Towards a European Weapons Procurement Process, S. 21–28; James, Standardization and Common Production; Robineau, Relations internationales, S. 134–141; Seydel/Kanno, Die Rüstung, S. 161–172; Vandevanter, International Logistics.

die dort herrschenden geografischen und klimatischen Bedingungen; ferner die im Falle einer Gemeinschaftslösung drohende Reduzierung oder Umwandlung vorhandener Produktionskapazitäten und -serien, voneinander abweichende Fertigungsstandards und -techniken, Patentangelegenheiten, kommerzielle Interessen, nicht zuletzt auch mangelnder politischer Wille, verbunden mit einer fehlenden Bereitschaft, die nötigen finanziellen Mittel aufzubringen. Vonseiten der NATO riet man den Mitgliedsländern daher zunächst dazu, weniger ambitionierte Ziele zu verfolgen und der Vereinheitlichung von Einzelteilen sowie von Vorräten mit hohem Verbrauch, der Austauschbarkeit von Munition und der Entwicklung von Adaptern Priorität einzuräumen. Eine vollständige Vereinheitlichung von Endmaterial sah man nicht als zwingende Voraussetzung zur Umsetzung der *Operational Plans* des Bündnisses an, sie erschien jedoch aus wirtschaftlichen und logistischen Gründen geboten. Staaten, die an einer Gemeinschaftslösung interessiert waren, empfahl man zum einen die Durchführung von Vergleichstests von Prototypen oder von bereits in Fertigung befindlichem Gerät, zum anderen die gemeinsame Definition technisch-taktischer Forderungen und eine darauf fußende gemeinsame Entwicklung[214].

Die Mitgliedstaaten hätten eine weitreichende Vereinheitlichung wohl nur dann akzeptiert, wenn ihr jeweils eigenes Gerät als Standardgerät eingeführt worden wäre und sie selbst als Lizenzgeber letztlich der Hauptnutznießer gewesen wären[215]. Da dies nicht möglich war, blieb es bei Absichtserklärungen. Einen der größten Stolpersteine stellte – dies wollte man kaum offen zugeben – die Sorge der Mitgliedstaaten um den Schutz sensibler Industriegeheimnisse dar, die im Rahmen der Informationssammelwut der NATO-Organe preiszugeben gewesen wären. Nach Aussage des niederländischen Repräsentanten im Defence Production Board besaßen vertrauliche Informationen über Produktionsfragen innerhalb des Bündnisses nur eine kurze Halbwertszeit und sickerten regelmäßig zu den amerikanischen und französischen Industrien durch[216].

### 3. Französische Initiativen zur kontinentaleuropäischen Rüstungskooperation, 1952–1954/55

#### a) Der Léchères-Plan, 1952/53

Einen für die frühen 1950er Jahre bemerkenswerten Integrationsversuch unternahm der Generalstabschef der französischen Luftstreitkräfte Charles Léchères mit dem Plan eines gemeinsamen Materialprogramms für Belgien, Frankreich, Italien und die Niederlande – unter Einbeziehung der Bundesrepublik. Der pragmatisch orientierte Léchères hatte rasch erkannt, dass die Lissabonner Streitkräfteziele für Frankreichs Luftwaffe aufgrund unzureichender Finanzmittel, ineffizienter Entwicklungs- und Fertigungsmethoden und

---

[214] Vgl. BArch, B 102/435441: Bericht WEU-Interimsausschuss/Arbeitsgruppe Rüstungsproduktion und Standardisierung (17.1.–5.5.1955), o.D., S. 33 f.
[215] So drückte es zutreffend der spätere SACEUR Lauris Norstad aus. Vgl. Seiller, »Zusammenarbeit kann man das nicht nennen!«?, S. 76.
[216] Vgl. Harst, The Atlantic Priority, S. 250 f.

einer mangelhaften Koordinierung der Rüstungsproduktion innerhalb der Atlantischen Allianz unmöglich zu realisieren sein würden. Schon kurze Zeit nach der Lissabonner NATO-Ratstagung vom Februar 1952, bei der die Stärke der französischen Luftwaffe für Juli 1955 auf 2289 Maschinen festgesetzt wurde, sah sich die Luftwaffenführung veranlasst, das Aufstellungsprogramm zeitlich zu strecken. Gemäß dem Plan VIII vom Mai 1952 sollte das Planziel bis 1956 erreicht werden. Im Plan IX vom Februar 1953 wurde das Programm ein weiteres Mal den Gegebenheiten angepasst: 1956 sollte die Luftwaffe über 1722 Maschinen verfügen. Für das geringfügig modifizierte Endziel von 2292 Maschinen wurde kein genaues Datum festgelegt. Der darauffolgende Plan stellte schließlich eine radikale Abkehr dar, denn von der ursprünglich genannten Zahl von mehr als 2200 Maschinen war nun keine Rede mehr. Stattdessen legte man sich auf den Aufbau einer Luftflotte von 1000 Flugzeugen bis zum Jahresende 1955 fest – sehr zum Unmut der Generalität. Léchères sah angesichts des engen finanziellen Korsetts keine andere Möglichkeit, als den eingeschlagenen Weg weiterzuverfolgen[217].

Da die Schwierigkeiten, mit denen sich die westeuropäischen Staaten auf dem besonders kostenintensiven Gebiet der Luftwaffenrüstung konfrontiert sahen, einander stark ähnelten, entwickelte der Stab um Léchères einen Plan, der über die bisherige im Rahmen der Westunion und NATO praktizierte Form der Rüstungszusammenarbeit hinausging und die Mängel beider Organisationen auf diesem Gebiet kompensieren sollte: die Schaffung eines westeuropäischen Luftrüstungspools, zu dem alle beteiligten Staaten einen ihrer wirtschaftlichen und technologischen Leistungsfähigkeit entsprechenden Beitrag leisten sollten und der die Ausstattung mit dem modernsten, standardisierten und kostengünstigsten Material ermögliche. Erste Überlegungen hierzu hatte Léchères bereits im Frühjahr 1951 als Alternative zu einer Lösung im atlantischen Rahmen formuliert[218].

Im Detail beinhaltete die sich im Laufe des Jahres 1952 herauskristallisierende Konzeption Léchères die gemeinsame Nutzung bereits vorhandener Forschungs- und Produktionsanlagen, die Spezialisierung der nationalen Luftfahrtindustrien gemäß ihrer technologischen und militärischen Fähigkeiten, die gemeinsame Aufstellung von Entwicklungs- und Produktionsprogrammen sowie eines Reparatur- und Wartungssystems, die einvernehmliche Auswahl von Prototypen auf der Grundlage qualitativer und produktionstechnischer Erwägungen und die Serienfertigung in den leistungsfähigsten Werken. Der Pool sollte seinen Mitgliedern auch die Nutzung von Einrichtungen eröffnen, die sie aus eigener Kraft nicht oder nur schwer würden aufbauen und unterhalten können. Im Generalstab war man sich allerdings bewusst, dass Westeuropa, zumindest in der Anfangsphase, nicht ohne materielle Unterstützung vonseiten der USA auskommen würde[219].

Léchères erkannte den Nutzen der amerikanischen Offshore-Aufträge für die europäischen Industrien ausdrücklich an, sah allerdings in ihnen ein zweischneidiges Schwert,

---

[217] Vgl. Facon, La projet, S. 21 f.; Facon, Le réarmement français de l'armée de l'air, S. 117 f., 119, 126 f.: Le réarmement aérien français 1948–1954 (Tableau synoptique).
[218] Vgl. SHD/DAA, 0 E/1559: Memorandum Léchères, 16.3.1951; Facon, Le réarmement français de l'armée de l'air, S. 122.
[219] Vgl. Gallois, Luftmacht, S. 423 f.; SHD/DAA, 0 E/1560: Studie frz. Generalstab der Luftwaffe über den Bedarf der fünf europäischen Nationen an Luftwaffengerät, 26.12.1952.

da sie meist nur bestimmten Branchen zugute kamen und eine Koordinierung der Forschung und Herstellung auf europäischer Ebene erschwerten. Darüber hinaus führten sie seiner Auffassung nach zu einer ungeheuren Materialvielfalt in Europa, was unter logistischen Gesichtspunkten von Nachteil war. Offshore-Hilfen stellten für ihn folglich nur eine Übergangslösung dar, bis Europa über eigene ökonomische und technologische Kraftquellen verfügte. Die mangelhafte Abstimmung der Europäer bei Forschung, Entwicklung, Herstellung und Beschaffung führten zu einem Nebeneinander unterschiedlicher Flugzeugmuster und einem ineffizienten Einsatz vorhandener Ressourcen und behinderten letztlich auch die Zusammenarbeit der Luftwaffenstäbe im operationellen Bereich. Nach Schätzungen französischer Militärs existierten in Europa insgesamt ca. 100 verschiedene Militärflugzeugtypen. Bei Léchères kritischer Bestandsaufnahme schimmerte auch Kritik an der verschwenderischen Arbeitsweise der DTI durch, die wegen ihrer zahlreichen und kostspieligen Entwicklungsprojekte die für den Aufbau der nationalen Luftflotte verfügbaren Mittel merklich schrumpfen ließ[220].

Aufgrund der immensen Bedeutung der Luftrüstung sollte dem Industriezweig, so die französischen Überlegungen, bei der europäischen Einigung eine Vorreiterrolle zukommen. Die (militärische) Luftfahrt sollte zu einem »Instrument der europäischen Gemeinschaft« werden. Trotz seines neuartigen Charakters wollte man dem Pool nicht das Etikett »revolutionär« verleihen, wie Pierre Marie Gallois, in den Jahren 1953/54 Oberst im Stab Léchères, bescheiden bekundete: Ziel sei lediglich »die Schaffung einer Organisation [...], die in den USA und in der Sowjetunion – in ungleich grösserem Ausmass [sic!] längst existiert. Es ist kaum ersichtlich, welcher andere Weg Europa bliebe, um die Unzulänglichkeiten seiner politischen Zerrissenheit zu überwinden«[221].

Frankreichs Luftwaffenführung strebte die Zusammenlegung der in den einzelnen westeuropäischen Nationen vorhandenen Luftrüstungspotenziale zu einem großen Ganzen und damit die Beendigung der bislang praktizierten Kleinstaaterei in diesem Bereich an. Entgegen Gallois' Beteuerungen – sie waren wohl eher als Beschwichtigung gedacht, um nach wie vor traditionell denkende Militärs und Industrievertreter nicht zu verschrecken – besaß der vorgestellte Plan durchaus etwas Revolutionäres, weil man sich mit ihm auf völlig neues Terrain wagte. Von den Regierungen, insbesondere aber von den Militärs und der Industrie, erforderte er ein radikales Umdenken. Wie Gallois bemerkte, müssten »die Europäer mit der Vergangenheit restlos Schluss machen«, sprich, mit der Fixierung auf rein nationale Rüstungsplanungen aufhören. Er war sich jedoch völlig darüber im Klaren, dass es bis dahin ein weiter Weg sein würde. Das gemeinsame verteidigungspolitische Fundament der Europäer, der 1948 besiegelte Brüsseler Pakt, galt nämlich noch als recht fragil und stellte noch keinen geeigneten Rahmen für eine effektive Zusammenarbeit dar:

»die europäische Militärallianz ist noch zu jung, um die nationalen Gegensätze von heute auf morgen zu überbrücken. Fast sieht es so aus, als hätte die akute Gefahr [aus dem Osten] nur zu

---

[220] Vgl. SHD/DAA, 0 E/1559: Memorandum frz. Generalstab der Luftwaffe, 26.3.1952.
[221] Gallois, Luftmacht, S. 424. Gallois war auch in die im Juli 1952 einsetzenden Sondierungsgespräche über eine mögliche Zusammenarbeit zwischen der deutschen und französischen Luftfahrtindustrie einbezogen. Vgl. BArch, BW 9/2296, Bl. 59: Notiz Eschenauer, 3.7.1952.

einer vorübergehenden Gemeinschaft geführt, die beim Wiedereintreten friedlicher Zustände der alten Ordnung weichen sollte[222].«

Auf Einladung ihres französischen Kollegen trafen die Generalstabschefs der Luftwaffen Belgiens, Italiens und der Niederlande im Dezember 1952 in Paris zusammen, um eine möglichst genaue Bestandsaufnahme der nationalen Rüstungspläne sowie der damit zusammenhängenden Probleme zu erhalten und die Möglichkeiten eines zukünftigen Gemeinschaftsprogramms auszuloten. Vertreter Washingtons und Londons nahmen als Beobachter teil. Mit Detailfragen sollte sich eine hochrangig besetzte Arbeitsgruppe beschäftigen, die Mitte des darauffolgenden Monats ihre Tätigkeit aufnahm. Die versammelten Experten mussten sich durch einen regelrechten Dschungel von Zahlenmaterial und Berechnungsmodi kämpfen, verstanden es aber, ein klares Bild der mitunter gravierenden Defizite der vier europäischen Teilnehmerstaaten zu zeichnen. Mit Erleichterung nahm man die Ankündigung der Vertreter der US-Air Force auf, den europäischen Luftfahrtindustrien in den kommenden Jahren Offshore-Aufträge in Höhe von 225 Mio. Dollar zufließen zu lassen. Bemerkenswert war, dass die versammelten Militärs, unter Zugrundelegung der im Accord Spécial zum EVG-Vertrag genannten Bestimmungen, auch den Materialbedarf der Bundesrepublik (1326 Flugzeuge) in ihre Überlegungen einbezogen – ohne freilich die deutsche Seite an den Planungen zu beteiligen[223].

Weil man sich im Rahmen des EVG-Interimsausschusses mit fast identischen Planungen zu befassen hatte, erschien es naheliegend, die Arbeiten der EVG-Organe und der Vierer-Arbeitsgruppe aufeinander abzustimmen. So regte Gallois gegenüber Léchères an, die Arbeiten der im Interimsausschuss im Palais Chaillot tätigen Experten zu berücksichtigen, weil diese bereits einheitliche Auffassungen geäußert hätten[224]. Interessant erscheint in diesem Zusammenhang, dass Gallois im September 1952 vom Staatsekretariat der Luftwaffe zur frz. EVG-Rüstungsdelegation abgeordnet worden war[225]. Zu den Anhängern der supranationalen EVG gehörte er allerdings keineswegs. Wie so viele andere Militärs lehnte er das ambitionierte Vorhaben aus Furcht vor seinen Auswirkungen auf Frankreich ab[226].

---

[222] Gallois, Luftmacht, S. 423.
[223] Vgl. SHD/DAA, 0 E/1542: Vermerk Léchères für Montel, 28.1.1953; SHD/DAA, 0 E/1560: Protokolle 1./2. Sitzung Arbeitsgruppe Westeuropäische Luftwaffenrüstung (16./17.1.1953, 25./26.2.1953), o.D.; Berichtigung zu Protokoll 2. Sitzung, 25.3.1953. Luxemburg nahm an dem Projekt nicht teil, weil es über keine eigene Luftwaffe verfügte.
[224] Vgl. SHD/DAA, 0 E/1542: Gallois an Léchères, 6.3.1953. Ob und inwiefern die im Palais Chaillot betriebenen Planungen in der Arbeitsgruppe tatsächlich berücksichtigt wurden, ist unklar. Immerhin gehörten der Arbeitsgruppe Oberst Jean Nicot, der Chef der frz. Luftwaffensektion im EVG-Militärausschuss, und der in Sachen Europaarmee bewanderte General Max Gelée an, sodass eine Koordinierung durchaus möglich gewesen wäre. Belege hierfür lassen sich in den Quellen jedoch nicht finden.
[225] Vgl. SHD/DAA, 9 E/1150-2: Nicot an Léchères, 16.10.1952, Anhang: Challe (General und Chef des Besonderen Generalstabs) an frz. EVG-Delegation, 29.9.1952. Gallois konnte sich allerdings im Gespräch nicht daran erinnern, für den Rüstungsausschuss tätig gewesen zu sein. Auch der Leiter der EVG-Rüstungsdelegation Coignard war ihm gänzlich unbekannt. Befragung General a.D. Gallois, Paris, 8.6.2006.
[226] Vgl. Gallois, Le sablier du siècle, S. 302.

Der Sachstandsbericht der in der Vierer-Arbeitsgruppe versammelten Luftwaffenoffiziere fiel erwartungsgemäß ernüchternd aus[227]. Übereinstimmend stellte man fest, dass die Vorgaben des NATO-Plans MRC 12 weder für 1953 noch für 1954 würden eingehalten werden können. Für einige Länder und Waffenkategorien prognostizierte man sogar noch für die darauffolgenden Jahre erhebliche Defizite: Bis mindestens 1956, so schätzte man, müsse man ohne leichte Bomber auskommen, bei der Aufstellung von Staffeln mit Allwetterjägern befand man sich enorm im Rückstand. In allen vier Ländern gab es erhebliche Schwächen bei Allwetterjägern und taktischen Aufklärern. Frankreich und Italien mangelte es bis auf weiteres an Abfangjägern, trotz der Verlängerung der Lebenszyklen älterer Typen. Italien verfügte noch immer über nicht genug Tagjäger. Frankreichs Luftwaffe musste sich weiterhin mit einem Sammelsurium an Abfangjägern begnügen und folglich Mehrkosten bei der Logistik und Produktion, aber auch Erschwernisse bei den operationellen Einsatzplanungen hinnehmen. Eine rasche Verbesserung der Situation war angesichts knapper Ressourcen, unrentabler Fertigung und unzureichender Stückzahlen, Typenvielfalt und -veraltertheit kaum zu erwarten. Die im Rahmen des MDAP den Europäern zufließenden meist älteren Flugzeugtypen, vor allem bei Jagdbombern, Aufklärern und Transportflugzeugen, würden nur für einige Jahre eine gewisse Linderung verschaffen.

Alles in allem kam man zu dem Ergebnis, dass das Produktionsniveau der Europäer und die US-Militärhilfe nicht ausreichen würden, um die Planziele zu erreichen. Zudem ging man davon aus, dass die zum damaligen Zeitpunkt eingeführten oder kurz vor der Einführung stehenden Flugzeugtypen bald ebenfalls veraltet sein würden. Spätestens für die Zeit um 1959/60 hielten die versammelten Offiziere eine Erneuerung eines Großteils der europäischen Luftflotten und die Ablösung des im Rahmen des MDAP erworbenen Materials für unumgänglich – auf der Basis eines gemeinsamen Luftrüstungsprogramms Belgiens, Frankreichs, Italiens, der Niederlande sowie der Bundesrepublik, so stand es zumindest auf dem Papier. Ein solches Vorgehen bot zudem die Möglichkeit, die Abhängigkeit des Kontinents von der Außenhilfe zu reduzieren und Material einzuführen, das weitgehend auf die militärischen Bedürfnisse der Westeuropäer zugeschnitten sein und deren industriellen Interessen und ökonomische Leistungsfähigkeit angemessen berücksichtigen würde.

Weil aufgrund der Komplexität der Materie mit langwierigen Planungen zu rechnen war, schien aus Sicht der Militärs große Eile geboten. Nicht nur sollten die USA rasch ihre zugesagte Militärhilfe bewilligen, es musste auch unter Hinzuziehung von Produktions-, Wirtschafts- und Finanzexperten schleunigst mit weiterführenden Untersuchungen begonnen werden, um rechtzeitig die Weichen für ein europäisches Gemeinschaftsprogramm stellen und konkrete Maßnahmen ergreifen zu können. Letztendlich lag es aber in der Hand der Regierungen, einem solchen Programm den politischen Segen zu erteilen und die erforderlichen Ressourcen bereitzustellen.

Die Empfehlungen der vier Luftwaffenchefs an ihre Regierungen folgten weitgehend den Vorschlägen, die Gallois in seinem im Oktober 1952 erschienenen Zeitschriftenartikel »Luftmacht« veröffentlicht hatte. Zwecks Erarbeitung des angestreb-

---

[227] Hierzu und zum Folgenden: Privatarchiv Gallois: Abschlussbericht Arbeitsgruppe Westeuropäische Luftwaffenrüstung, 22.4.1953.

ten Forschungs- und Produktionsprogramms schlugen die Generale die Aufstellung einer aus Militärs, Technikern, Produktions-, Wirtschafts- und Finanzfachleuten bestehenden Arbeitsgruppe vor[228]. Pleven stimmte den Empfehlungen noch am selben Tag zu und regte ein ähnliches Vorgehen für Heer und Marine an[229].

Doch schon bald offenbarte sich, dass bei Frankreichs Partnern das Interesse an einer Fortführung der Luftrüstungsplanungen in Wahrheit praktisch null war. Während der Abschlussbericht der Arbeitsgruppe in Brüssel, Den Haag und Rom rasch in den Schubladen verschwand, hielt man im französischen Verteidigungsministerium an der Umsetzung des Léchères-Plans fest. Gemäß der Vorstellungen von Fays Stab sollte bis zum Jahre 1957 der Materialbedarf durch die Fabrikation in nationaler Regie, durch britische und amerikanische Lieferungen sowie durch Offshore-Aufträge gedeckt werden. Ab diesem Zeitpunkt sollte mit der Indienststellung neuer Flugzeugtypen aus kontinentaleuropäischer Produktion begonnen werden. Konkret strebte man die gemeinsame Einführung zweier Jagdflugzeugtypen, eines Bombertyps, eines Jagdbombertyps, eines Aufklärertyps und zweier Transportertypen an. Um diesen äußerst knappen Zeitplan einhalten zu können, war eine umgehende Aufnahme der Vorarbeiten unumgänglich[230]. Zum Erstaunen der Rue St. Dominique reagierte der niederländische Verteidigungsminister Cornelis Staf auf Plevens Brief vom Juni 1953 ausweichend und unverbindlich. Zwar gab er sich in seinem Antwortschreiben grundsätzlich kooperativ. Er verwies die Angelegenheit aber auf die Regierungsebene, ließ Pleven über die genaue Haltung seines Ressorts im Unklaren und brachte stattdessen die EVG ins Spiel: Staf zufolge sollte man ein konkretes Programm für die zukünftige Verteidigungsgemeinschaft aufstellen und sich dabei mit dem EVG-Rüstungsausschuss abstimmen. Dasselbe Vorgehen regte er für den Heeres- und Marinebereich an[231].

Dass das im Frühjahr mühsam aus der Taufe gehobene Projekt so schnell an Schwung verloren hatte, lag weniger an der zwischenzeitlichen Ablösung seines Urhebers vom Posten des Generalstabschefs der französischen Luftwaffe[232]. Weitaus bedeutender waren die Vorbehalte der Belgier und der Niederländer gegen eine rein kontinentaleuropäische Rüstungsproduktion, denn ihre Luftwaffen waren fast vollständig von den USA und Großbritannien ausgerüstet und ausgebildet[233]. Die belgische Luftwaffe war seit

---

[228] Vgl. SHD/DAA, 0 E/1560: Gemeinsame Empfehlungen der Generalstabschefs der Luftwaffen der Niederlande, Belgiens, Frankreichs und Italiens, 22.4.1953. Der Abschlussbericht und die Gemeinsamen Empfehlungen befinden sich ebenfalls im Nachlass des Generalstabschefs der Streitkräfte Paul Ely, sodass davon ausgegangen werden kann, dass dieser in den Léchères-Plan voll eingeweiht war. Siehe SHD/DITEEX, NL Ely, 1 K 233/26-3.
[229] Vgl. SHD/DITEEX, NL Ely, 1 K 233/26-3: Vermerk Kombinierter Generalstab der Streitkräfte, 17.7.1953.
[230] Vgl. SHD/DAA, 0 E/1542: Vermerk frz. Generalstab der Luftwaffe, 26.5.1953.
[231] Vgl. Privatarchiv Gallois: Staf an Pleven, 9.9.1953; SHD/DAA, 2 E/2919: Gallois an Fay, 28.9.1953. Staf, der von März 1951 bis Mai 1959 das Amt des Verteidigungsministers innehatte, galt als ausgesprochen NATO- und amerikafreundlich. Siehe Megens, American Aid to NATO-Allies, S. 120–122.
[232] Léchères wurde am 20.8.1953 von General Pierre Fay abgelöst. Vgl. Christienne/Lissarrague, Histoire de l'Aviation militaire, S. 306.
[233] Dennoch gaben sich Brüssel und Den Haag gegenüber Paris aufgeschlossen, vermutlich eher aus diplomatischer Höflichkeit. Vgl. SHD/DITEEX, NL Ely, 1 K 233/26-3: Vermerk Kombinierter Generalstab der Streitkräfte, 17.7.1953, S. 2.

Kriegsende materiell, logistisch und trainingsmäßig sehr stark auf die Royal Air Force ausgerichtet. Vergleichbares galt für die niederländischen Streitkräfte, die nach dem Zweiten Weltkrieg zunächst größtenteils britisches Gerät bezogen hatten, im Laufe der 1950er Jahre jedoch fast völlig »amerikanisiert« wurden. Als bedeutsam erwies sich zudem, dass die Luftstreitkräfte beider Länder unter dem Oberbefehl eines britischen Air Marshalls der 2. Allied Tactical Air Force der NATO (2. ATAF) standen. Vor allem bei den Belgiern war die Furcht groß, den britischen Verbündeten im Falle einer kontinentaleuropäischen Ausrichtung zu verärgern[234].

Bei Frankreichs Luftwaffenführung galten die Briten aufgrund ihres rüstungspolitischen Gewichts in Europa als erheblicher Störfaktor[235]. Des Weiteren waren die drei potenziellen Partner Frankreichs, allen voran die Belgier, bestrebt, den Aufbau nationaler Rüstungskapazitäten streng zu begrenzen[236]. Ein groß angelegtes Rüstungsprogramm im Kreise der Westeuropäer wäre dem vermutlich zuwider gelaufen. Viel lieber bevorzugte man kostengünstiges britisches und amerikanisches Gerät, insbesondere die als unerlässlich erachtete US-Militär- und Wirtschaftshilfe – auch um den Preis einer Zementierung des Abhängigkeitsverhältnisses. So passte es auch gut ins Bild, dass die USA gerade einen Tag nach der Fixierung der Gemeinsamen Empfehlungen (22. April 1953) mit Belgien und den Niederlanden Vereinbarungen über eine durch OSP-Aufträge finanzierte Produktion von 112 britischen Hawker Hunter unterzeichneten[237].

Ein weiterer Grund für das Desinteresse der Beneluxstaaten an der Verwirklichung des Lécheres-Plans war zu einem gewissen Teil der Mangel an qualifiziertem Personal für internationale Gremien. In Den Haag und Brüssel fühlte man sich mit der Vorstellung, neben der NATO, der Westunion und der EVG nun auch noch eine Sonderarbeitsgruppe mit geeigneten Offizieren bedienen zu müssen, schlichtweg überfordert[238]. Der neue Luftwaffenchef Frankreichs Fay sah daneben in den »perspectives ouvertes par la création d'une C.E.D.« einen weiteren Grund für die passive Haltung der Partner[239]. Diese wollten zunächst die Vorbereitungsarbeiten im Palais Chaillot und das Zustandekommen der Europaarmee abwarten, anstatt sich auf ein neuerliches Abenteuer mit ungewissem Ausgang einzulassen, in dem die Franzosen klar die erste Geige zu spielen gedachten. Fay selbst hielt es für denkbar, dass das westeuropäische Gemeinschaftsprogramm nicht nur auf zwischenstaatlicher Ebene, sondern auch im Rahmen der EVG umgesetzt werden könnte[240]. Gallois gab sich überzeugt, dass eine Umsetzung des Lécheres-Planes eine wichtige Vorarbeit für die EVG geleistet hätte; im Falle ihres Zustandekommens hätte sie den Plan übernehmen können[241].

---

[234] Vgl. SHD/DAA, 2 E/2919: Denatre (Militärattaché an der frz. Botschaft in Brüssel) an Fay, 13.12.1954, S. 1 f.; SHD/DAA, 0 E/1542: Protokoll Sitzung Kombinierter Generalstab (11.2.1953), 12.2.1953, S. 3; Deloge, Une coopération difficile, S. 222–230, 244–249, 343–352; Megens, American Aid to NATO-Allies, S. 149–152, 197–200.
[235] Vgl. SHD/DAA, 2 E/1106: Vermerk Fay, 15.3.1954, S. 2.
[236] Vgl. SHD/DAA, 0 E/1542: Vermerk Lécheres für Montel, 28.1.1953, S. 2 f.
[237] Vgl. Megens, American Aid to NATO-Allies, S. 182; Megens, Problems of Military Production Co-ordination, S. 286.
[238] Vgl. SHD/DAA, 2 E/2919: Denatre an Fay, 13.12.1954, S. 2.
[239] SHD/DAA, 2 E/2919: Kurzvermerk Fay, 15.3.1955, S. 1.
[240] Vgl. SHD/DAA, 0 E/1542: Vermerk Fay, 20.8.1953, S. 2.
[241] Befragung General a.D. Gallois, Paris, 8.6.2006.

Eine Chance, das Vorhaben aus seinem Dämmerschlaf zu wecken, witterte Verteidigungsminister Pleven im Herbst 1953, anlässlich der Erstellung des Annual Review der NATO für 1954. Da die Antwortbögen der Bündnismitglieder auf eine weitere zeitliche Streckung der Rüstungspläne hindeuteten, hegte er die Hoffnung, das unter Léchères aus der Taufe gehobene Projekt neu beleben und die bisherigen Planungen entsprechend anpassen zu können[242]. Doch erst als sich die politischen Rahmenbedingungen grundlegend geändert hatten, nahm die französische Seite den Faden wieder offiziell auf. Das mit viel Aufwand betriebene Europaarmee-Projekt war im August 1954 endgültig zu Grabe getragen, die Wiederbewaffnung Westdeutschlands auf den Konferenzen von Paris und London unter Dach und Fach gebracht, die Erweiterung des Brüsseler Paktes zur WEU unter Einbeziehung der Bundesrepublik und Italiens beschlossen worden. Daneben hatte die neue Regierung unter Mendès France ihren westeuropäischen Partnern den Plan einer mit umfassenden Befugnissen ausgestatteten Rüstungsbehörde vorgelegt, der jedoch sogleich auf massiven Wiederstand gestoßen war. Zudem brachte der Strategiewechsel der NATO von der konventionellen Verteidigungsfähigkeit hin zur atomaren Abschreckung, wie er in dem im Dezember 1954 vom Nordatlantikrat verabschiedeten Strategiepapier MC 48 niedergelegt war, tiefgreifende Auswirkungen auf die militärischen Planungen für den möglichen westeuropäischen Kriegsschauplatz mit sich, aber auch für Logistik und Infrastruktur[243].

Am 8. Dezember 1954 wandte sich der Generalstabschef der französischen Luftwaffe erneut an seine drei Amtskollegen, um sie von den Vorzügen einer weitreichenden Rüstungszusammenarbeit zu überzeugen. Dabei erinnerte Fay an die positiven Erfahrungen, die man im Rahmen der im Vorjahr gegründeten FINBEL-Organisation gesammelt habe, und sprach dem für Heeresrüstung zuständigen Gremium Modellcharakter für den Luftwaffensektor zu. Ferner betonte er die Notwendigkeit einer Ausrüstung, die der neuen NATO-Nuklearstrategie und der geografischen Lage Westeuropas Rechnung trage. Fay rief dazu auf, nicht erst die Verwirklichung einer Kooperation innerhalb der WEU – ihr würde Frankreichs schärfster europäischer Konkurrent im Luftfahrtbereich, Großbritannien, angehören – abzuwarten, sondern die Integration schon jetzt voranzutreiben[244].

So sehr dem französischen Verteidigungsministerium und seinen Militärs eine Standardisierung und koordinierte Produktion auch am Herzen gelegen haben mag: Ihr Plan war nicht ohne Hintergedanken. Weil Frankreich im Kreise der kontinentaleuropäischen Staaten über die mit Abstand größten und modernsten Forschungs-, Entwicklungs- und Fabrikationseinrichtungen verfügte, war absehbar, dass seine Industrie im Rahmen der

---

[242] Vgl. SHD/DAA, 2 E/2919: Pleven an [Etienne] de Greef (Oberst und belgischer Verteidigungsminister), 31.10.1953; SHD/DITEEX, NL Ely, 1 K 233/26-3: Pleven an Ely, 31.10.1953, S. 4.
[243] Zum Strategiewechsel der NATO im Jahre 1954: Greiner, Die Entwicklung der Bündnisstrategie, S. 103–128; AWS, Bd 3 (Beitrag Greiner), S. 605, 608–611; Hammerich, Jeder für sich, S. 346–356; Heuser, Victory in a Nuclear War?, S. 315 f.; Rebhan, Der Aufbau, S. 237–245; Thoß, NATO-Strategie, S. 59–63; Trachtenberg, La formation du système.
[244] Vgl. SHD/DAA, 0 E/1542: Fay an Raffaelli, Baretta und Leboutte (Generalstabschefs der Luftwaffen Italiens, der Niederlande und Belgiens), 8.12.1954. Die Vorbereitungen hierzu hatten bereits im Frühjahr begonnen. Siehe SHD/DAA, 2 E/1106: Vermerk Fay, 15.3.1954; SHD/DAA, 2 E/2919: Vermerk Fay, 30.10.1954; Christiaens an Pleven, 16.4.1954.

angestrebten Kooperation überproportional profitiert und eine privilegierte Stellung eingenommen hätte[245]. Ein Fünferrahmen hätte den Franzosen die Chance eröffnet, ihre beträchtlichen Investitionen in Prototypenentwicklungen nachträglich rentabler erscheinen zu lassen und das Problem unzureichender und kostspieliger Produktionsserien zu lösen. Mit hoher Wahrscheinlichkeit wären die in den kontinentaleuropäischen Luftwaffengeschwadern eingeführten Flugzeugtypen überwiegend französischer Bauart gewesen; das von den Franzosen vorgeschlagene gemeinsame Auswahlverfahren wäre zu einer Farce geworden. Die Industrien des Benelux und Italiens hätten sich zumeist mit der Rolle des Lizenznehmers begnügen müssen und sich in ein Abhängigkeitsverhältnis begeben. Dies wäre dadurch begünstigt worden, dass Frankreichs Partner, allen voran Belgien, ohnehin kein sonderliches Interesse an der Vergrößerung eigener militärischer Fertigungskapazitäten besaßen und bis auf wenige Schulflugzeugtypen keine nennenswerten Eigenentwicklungen vorweisen konnten. Großbritanniens Abwesenheit im beabsichtigten Kooperationsrahmen würde, so das Pariser Kalkül, Frankreich den Absatzmarkt auf dem Kontinent sichern. Gemeinsam mit den anderen drei Staaten könnte es zu einem späteren Zeitpunkt unter Umständen sogar möglich sein, für die Briten zu einem attraktiven und ebenbürtigen Kooperationspartner zu werden[246].

Dass man auf dem amerikanischen und britischen Markt bald Fuß fassen können würde, galt in Paris aufgrund des eigenen technologischen Rückstands als reichlich unwahrscheinlich:

»Il est hors de doute que, malgré les succès reportés ces derniers mois avec quelques matériels particulièrement réussis, la technique aéronautique française n'est pas d'une classe suffisante pour s'imposer outre-Manche et outre-Atlantique.«

Ein weiteres Hindernis stellte aus französischer Sicht die restriktive Rüstungsimportpolitik beider Mächte dar. Die französische Luftwaffe zeigte sich sichtlich bestrebt, das Schreckgespenst des dauernden Lizenznehmerstatus und die daraus resultierenden politischen, wirtschaftlichen und sozialen Auswirkungen zu vertreiben. Darüber hinaus wollte sie der Gefahr entgehen, weiterhin auf ausländisches Material angewiesen zu sein, das die operationellen Anforderungen für den westeuropäischen Kriegsschauplatz nur unzureichend erfüllte[247]. Alles in allem hatte es den Anschein, als sehnte man bei der französischen Luftwaffenführung die zügige Ablösung des amerikanischen Luftwaffengeräts in Europa geradezu herbei[248]. Neben all dem hoffte man durch eine neue Kooperationsplattform mögliche westdeutsche Ambitionen im Luftfahrtsektor im Zaum halten zu können:

»Comme, seule des 5 nations, notre pays possède de vastes possibilités techniques et industrielles, il y là une place à prendre qui, si elle est définie et occupée rapidement, limiterait de ce fait les prétentions allemandes pouvant naître ultérieurement[249].«

Frankreichs Versuch, die Defizite der NATO-Rüstungsplanungen und die eigenen Schwächen durch eine Gemeinschaft mit Belgien, Italien, den Niederlanden und dem Juniorpartner Bundesrepublik zu lösen, hätte dem Land faktisch die Führungsrolle auf

---

[245] Vgl. SHD/DAA, 0 E/1542: Vermerk Léchères für Montel, 28.1.1953, S. 4; SHD/DAA, 2 E/2919: Vermerk Fay 15.3.1954, S. 2; Vermerk Fay, 30.10.1954, S. 2.
[246] Vgl. SHD/DAA, 2 E/2919: Vermerk Fay, 30.10.1954, S. 2.
[247] Vgl. SHD/DAA, 0 E/1542: Montel an Pleven, 23.3.1953, S. 6 (Zitat ebd.).
[248] Vgl. ebd.: Vermerk frz. Generalstab der Luftwaffe, 26.5.1953, S. 2.
[249] Ebd.: Vermerk Léchères für Montel, 28.1.1953, S. 4.

dem kontinentalen Rüstungsmarkt beschert und sowohl den Amerikanern als auch den Briten einen wichtigen Absatzmarkt streitig gemacht, in letzter Konsequenz aber auch die verteidigungspolitischen Bindungen der Partner zu den Angelsachsen gelockert. Ohne Zweifel war Léchères ein Visionär, der seiner Zeit voraus war. Während manche Militärs nach wie vor in nationalen Kategorien dachten, verfolgte Léchères einen weitreichenden Integrationsansatz, wobei der genaue organisatorische Rahmen offen blieb. Nicht die Unabhängigkeit der Europäer von den USA war sein Ziel – die USA hielt er für die Sicherheit Europas für unverzichtbar –, sondern eine Stärkung des kontinentaleuropäischen Verteidigungspotenzials mit amerikanischer Hilfe[250]. Der französische Militärhistoriker Patrick Facon hat Léchères Vision zutreffend beschrieben: »Vision atlantiste sans doute trop théorique, trop éloignée des réalités, ne tenant sans doute pas assez compte des particularismes nationaux, des réflexes individualistes«[251].

### b) Ein zweiter Anlauf: Die Gründung der FINBAIR-Organisation, 1954/55

Während Italien bezüglich der französischen Initiative vom Dezember 1954 Aufgeschlossenheit signalisierte, verhielten sich sowohl die Belgier als auch die Niederländer aufgrund ihrer allgemeinen Skepsis gegenüber Pariser Rüstungsintegrationsplänen wieder einmal zurückhaltend. Im französischen Militärattachéstab in Brüssel und Den Haag hielt man es allerdings für denkbar, dass beide Staaten aufgrund der bisher durchaus ermutigenden Erfahrungen mit FINBEL und infolge der mageren Bilanz der NATO-Standardisierung dazu geneigt sein könnten, sich einem »Comité FINBEL de l'Air« anzuschließen[252]. Tatsächlich wurde die französische Charmeoffensive von Erfolg gekrönt, sodass sich die Führungsspitzen der vier Luftstreitkräfte am 4. Februar 1955, erstmals seit April 1953, in Paris zusammenfinden konnten. Lediglich der niederländische Luftwaffenchef, Generalleutnant Anton Baretta, ließ sich »sans doute pour des raisons de prudence«, wie man in Paris mutmaßte, vertreten[253].

Gleich zu Beginn der Viererkonferenz zeigte sich deutlich, dass die französischen Planungen ganz unter dem Eindruck des neuen NATO-Strategiedokuments MC 48 standen. Aus der Nuklearisierung der Bündnisstrategie leiteten Frankreichs Militärs weitreichende Folgen für Infrastruktur, Luftverteidigung, Organisation, Materialausstattung, Pilotenausbildung und Einsatzplanungen der Luftwaffen ab, die es im atlantischen, insbesondere aber im kontinentaleuropäischen Rahmen zu lösen gelte[254]. Aufgrund seiner geografischen Beschaffenheit, seiner geringen strategischen Tiefe und des Fehlens

---

[250] Vgl. Facon, La projet, S. 24 f.; Facon, Le réarmement français de l'armée de l'air, S. 122 f.
[251] Facon, Le réarmement français de l'armée de l'air, S. 123.
[252] Vgl. SHD/DAA, 2 E/2919: Denatre an Fay, 13.12.1954 (Zitat S. 2); Raffaelli an Fay, 14.12.1954.
[253] SHD/DAA, 2 E/1106: Kurzvermerk frz. Generalstab der Luftwaffe, 15.3.1955 (Zitat S. 1, Anm. 1).
[254] Hierzu und zum Folgenden: SHD/DAA, 2 E/1106: Kurzvermerk frz. Generalstab der Luftwaffe, 15.3.1955; SHD/DAA, 2 E/2919: Protokoll 1. Sitzung der Generalstabschefs der Luftwaffen Belgiens, Frankreichs, Italiens und der Niederlande, FINBAIR (4.2.1955), 10.2.1955, mit Anhängen (Eröffnungsrede Fay und Vortrag Maurin). Oberst Maurin war Leiter des Referats für Einsatzplanungen (Bureau des Plans d'Emploi).

eines »fosse antichar naturel«[255] sah man den Kontinent für den Fall eines mit hoher Wahrscheinlichkeit atomar geführten Angriffs aus dem Osten einer großen Gefahr ausgesetzt. Dabei erinnerte man auch an die im Zweiten Weltkrieg erlittenen Zerstörungen und ihre immer noch spürbaren Folgen. Unter anderem dachte man an eine Reduzierung der Verwundbarkeit der militärischen Infrastruktur, etwa durch Tarnmaßnahmen, geografische Streuung, Verbunkerung und Installation von Frühwarnanlagen. Neue Kampfflugzeuge sollten auf die militärischen Bedürfnisse Westeuropas zugeschnitten sein und konsequenterweise über entsprechende Steigleistung, Wendigkeit, Einsatzradius und Bewaffnung verfügen, ferner bei jedem Wetter eingesetzt werden können. Nicht zuletzt erinnerten die Franzosen an den bevorstehenden Aufbau der bundesdeutschen Luftwaffe, die zwar ihren Bedarf in den Anfangsjahren nicht würde aus eigener Kraft decken können. Doch Fay vermutete, dass die Deutschen innerhalb der nächsten fünf bis sechs Jahre eigene industrielle Kapazitäten schaffen wollen, mit dem Ziel, eigene Flugzeugmuster zu entwickeln und damit Streitkräfte auszustatten, die »à ces propres impératifs de défense«[256] entsprechen würden. Dies könnte durchaus zweideutig gemeint gewesen sein, da hierbei gewisse Zweifel an der zukünftigen sicherheitspolitischen Ausrichtung der Bundesrepublik und seiner Streitkräfte zum Vorschein kamen. Womöglich versuchte Fay seine Kollegen dezent daran zu erinnern, dass man den Aufbau der neuen deutschen Luftwaffe »begleitend« unterstützen müsste, um potenzielle deutsche Alleingänge auszuschließen und die Wiederentstehung einer autonomen deutschen Luftfahrtindustrie zu unterbinden.

Fays Botschaft war klar: Weil die Kontinentaleuropäer in einem Boot säßen, unmöglich alleine die enormen Kosten für die erforderliche Umrüstung würden schultern können und die Kooperationserfahrungen innerhalb der NATO mit ihren 14 Mitgliedstaaten eher durchwachsen gewesen seien, erscheine ein gemeinsames Vorgehen das Gebot der Stunde. Aufgrund all dieser Erwägungen regte man französischerseits die Einrichtung eines ständigen und lockeren Konsultations- und Diskussionsorgans im Viererrahmen an, in dem sämtliche Sachfragen von gemeinsamem Interesse behandelt werden könnten. In Paris hielt man zwar sehr wohl an der Idealvorstellung einer gemeinsamen Auswahl und Fertigung von Luftwaffengerät fest. Man hatte zwischenzeitlich aber akzeptiert, dass es einer Politik der kleinen Schritte bedurfte, um die Kooperationspartner einander anzunähern. Wegen des erfahrungsgemäß vorsichtigen Taktierens der anderen drei und des gewaltigen Umfanges der durchzuführenden Planungen war die baldige Umsetzung eines integrierten Programms, wie es Léchères vorgeschwebt hatte, geradezu illusorisch. Dementsprechend gab sich die französische Seite bescheiden und empfahl moderate Zielsetzungen.

Eine aktuelle Bestandsaufnahme der in den beiden Benelux-Ländern und Italien laufenden Rüstungsprogramme zeigte, dass sie nach wie vor überwiegend mit angelsächsischen Flugzeugen, insbesondere mit amerikanischen Typen, ausgestattet waren. Bei Kampf- und Aufklärungsflugzeugen dominierten Muster der Serien F 84 und F 86, bei mittleren Transportmaschinen die C 47 und C 119. Italien hatte unterdessen mit der Konzeption eines taktischen Kampfjets (G.91 von Fiat), eines Schulflugzeuges und

---

[255] Ebd., Vortrag Maurin, S. 3.
[256] Ebd., Eröffnungsrede Fay, S. 6.

eines leichten, mit britischen Triebwerken auszustattenden taktischen Jägers begonnen. Zugleich ließ Roms Repräsentant die Runde wissen, dass sich die italienische Luftrüstung maßgeblich auf die US-Außenhilfe stütze und man zum damaligen Zeitpunkt daran nichts ändern könne.

Die Generale zeigten sich grundsätzlich mit den von den Franzosen angestrebten Kooperationsfeldern einverstanden. Eine lockere Konsultations- und Diskussionsplattform ohne verpflichtenden Charakter und Souveränitätsabtretung – nach dem Vorbild FINBEL – erschien ihnen daher annehmbar. Der belgische Vertreter erklärte, ein gemeinsames Zusammenwirken der Luftwaffenstäbe erhöhe die Chancen, in der NATO eine einheitlichere Linie der Kontinentaleuropäer präsentieren zu können. Um etwaiges Misstrauen seiner Kollegen zu zerstreuen, versicherte Fay, dass die zukünftige Luftwaffenausrüstung nicht nur französischer, sondern europäischer Bauart sein müsse[257]. So willigten die Beteiligten schließlich in die Bildung eines Organs ein,

»qui aurait pour rôle d'examiner toutes les questions qui présenteraient un intérêt commun dans les différents pays intéressés et notamment de rechercher une certaine similitude dans la définition des matériels aériens en vue de faciliter la standarisation des matériels, tant pour des raisons opérationnelles et logistiques qu'industrielles[258].«

Das auf den Namen »FINBAIR«[259] getaufte Gremium erhielt ein Ständiges Sekretariat, konnte je nach Bedarf Arbeitsgruppen einrichten und sollte explizit für weitere interessierte Staaten offen stehen. In der Folgezeit versank FINBAIR, das infolge des vor allem von Frankreich betriebenen Beitritts der Bundesrepublik in FINABAIR umbenannt wurde[260], jedoch rasch in der Bedeutungslosigkeit. Es konnte keine erkennbaren Akzente im Luftwaffenbereich setzen und keine mit FINABEL vergleichbare Bedeutung erlangen[261]. FINABAIR beschäftigte sich nur mit »taktischen Problemen«, nicht jedoch mit Standardisierungs- und Produktionsangelegenheiten, wie es eigentlich dem Vordenker einer umfassenden Luftrüstungszusammenarbeit, General Léchères, vorgeschwebt hatte[262]. In der Folgezeit beschäftigte man sich mit den Einsatzbedingungen für leichte Abfangjäger, taktische Jäger und Allwetterjäger, einem Ausbildungsprogramm für angehende Jetpiloten, der Struktur von Luftwaffeneinheiten, der Verwendung von Hubschraubern für militärische Zwecke und dem Verhältnis zum Ständigen Rüstungsausschuss zur WEU[263].

---

[257] Siehe SHD/DAA, 2 E/2919: Protokoll 1. Sitzung der Generalstabschefs der Luftwaffen Belgiens, Frankreichs, Italiens und der Niederlande, FINBAIR (4.2.1955), 10.2.1955.
[258] SHD/DAA, 2 E/1106: Kurzvermerk frz. Generalstab der Luftwaffe, 15.3.1955, S. 2.
[259] Der Name leitet sich aus den Anfangsbuchstaben der Mitgliedstaaten (Frankreich, Italien, Niederlande und Belgien) in Kombination mit dem französischen Wort für »Luft« ab.
[260] Zum französischen Beitrittsangebot: BArch, BW 9/2673, Bl. 192 f.: Aufz. Gespräch Speidel – Bailly (24.5.1955), 24.5.1955; BArch, BW 9/3362, Bl. 375 f.: Speidel an Blank, 26.7.1955.
[261] Zur weiteren Tätigkeit des Gremiums siehe SHD/DAA, 2 E/1107-1110.
[262] BArch, B 102/435441: Memorandum BMWi, 21.7.1956, S. 9; vgl. SHD/DAA, 2 E/2919: Bailly an (Alexandre) Parodi und SGPDN, 26.11.1955, Anhang: Erklärung FINBAIR gegenüber der NATO [14.11.1955], S. 2; SHD/DAA, 2 E/1106: Kurzvermerk frz. Generalstab der Luftwaffe, 15.3.1955; Cabalo, Politische Union Europas, S. 106. Der Generalsekretär des Quai d'Orsay Parodi war per Dekret vom 5.1.1955 zum Ständigen Vertreter Frankreichs bei der NATO ernannt worden. Vgl. JORF, Lois et décrets, Décret N° 13, 14.1.1955, S. 596.
[263] Siehe SHD/DAA, 2 E/2919: Kurzprotokoll 2. Sitzung FINBAIR (20.6.1955), 12.7.1955; Bailly an Parodi und SGPDN, 26.11.1955, Anhang: Erklärung FINBAIR gegenüber der NATO [14.11.1955].

Ein gemeinsames Luftrüstungsprogramm wurde nie auf den Weg gebracht – man blieb im Stadium elementarster Vorarbeiten hängen. Der Versuch, zu »europäischen Lösungen« bei der Materialausstattung zu gelangen, scheiterte auf ganzer Linie. Es mag eine bittere Ironie gewesen sein, dass die Bundesrepublik, Belgien, Italien und die Niederlande – allesamt Mitglieder des FINABAIR-Clubs – sich Ende der 1950er Jahre für den amerikanischen Hochleistungsjäger F-104 Starfighter (Lockheed) entschieden, diesen im gemeinsamen Verbund fertigten und das Konkurrenzprodukt Mirage III (Dassault), das Paris als europäische Lösung angepriesen hatte, links liegen ließen. Damit war Frankreichs Vision einer europäischen Kooperation in der Luftrüstung unter französischer Führung vollends zu Staub zerfallen[264].

Dass man auch in Paris nicht unbedingt dazu bereit war, integrierte Lösungen in Rüstungsfragen mitzutragen, zeigte sich während des Auswahlverfahrens der NATO auf dem Gebiet der taktischen Kampfflugzeuge im Jahre 1957/58[265]: Nachdem sich die italienische G.91 gegen die französische Konkurrenz durchgesetzt hatte, wollte man die NATO-Empfehlung zur Beschaffung der G.91 an der Seine nicht hinnehmen. Eine Annahme des italienischen Musters knüpften die Franzosen an diverse Bedingungen. So bestand man unter anderem darauf, dass Anfang der 1960er Jahre ein französisches Flugzeug bei den NATO-Streitkräften eingeführt werden müsse[266].

Auch die Bereitschaft einiger Luftwaffengenerale, Verbündeten Einblicke in hochmoderne Waffenentwicklungen zu gewähren, ließ mitunter zu wünschen übrig. Im Staatssekretariat für Luftwaffenangelegenheiten beispielsweise sprach man sich im November 1954 dagegen aus, Mitgliedern des FINBAIR-Gremiums Einblicke in neueste französische Raketenentwicklungen zu gewähren, aus Furcht, die Partner könnten Erkenntnisse an die Briten weiterleiten – zum Nachteil Frankreichs: »Nous risquons tout au plus de voir certaines de ces nations diffuser à l'Angleterre les renseignements obtenus de notre part, diffusion qui ne pourrait tourner qu'à notre désavantage«. Des Weiteren sträubte man sich dagegen, die neue Rakete SE 4300 vorzuführen und ausländischen Offizieren Zugang zum Testgelände von Colomb-Béchar (im heutigen Algerien) zu gewähren[267]. Auch wenn derartige Maßnahmen aus militärischen Geheimhaltungsgründen bei nahezu allen Armeen gängige Praxis gewesen waren und man äußerste Vorsicht walten ließ, so machte sich Frankreich damit im Grunde genau dessen schuldig, was es in den NATO-Gremien jahrelang immer wieder als Hindernis einer effektiven Rüstungszusammenarbeit angeprangert hatte.

Alles in allem zeigte sich, dass von Léchères ambitioniertem Vorhaben einer koordinierten Zusammenarbeit der Kontinentaleuropäer in der Luftrüstung wenig übrig geblieben war. Anhand der erst ein halbes Jahr nach dem Scheitern der EVG realisierten

---

[264] Siehe hierzu Andres, Die bundesdeutsche Luft- und Raumfahrtindustrie, S. 212–224; Lemke, Konzeption und Aufbau der Luftwaffe, S. 327–349; Seiller, »Zusammenarbeit kann man das nicht nennen!«?, S. 77–82.

[265] Siehe hierzu Kordik, NATO-Leichtbau-Erdkampfflugzeug Fiat G 91; NATO-Vergleichsfliegen; Seydel/Kanno, Die Rüstung, S. 194.

[266] Vgl. AMAE, Pactes, 47: Vermerk MAE/Abt. für Bündnisangelegenheiten, 1.8.1958; Albrecht, Rüstungsfragen, S. 163 f.; Lemke, Konzeption und Aufbau der Luftwaffe, S. 380.

[267] Vgl. SHD/DAA, 2 E/2919: [Gilbert] Andrier (General im Besonderen Generalstab) an Generalstab der Streitkräfte, 11.12.1954. Näheres zu der vom Staatsunternehmen SNCASE entwickelten Rakete SE 4300: Carpentier, Les missiles tactiques, S. 39, 58 f.

FINBAIR-Gruppierung wird jedoch deutlich, wie hartnäckig man an der Seine eine Kooperation im Viererrahmen verfolgte. Mit der Gründung von FINBAIR gedachte Frankreichs Luftwaffenspitze eine Politik der kleinen Schritte zu verfolgen, ohne Léchères Vision völlig aus dem Kopf zu verlieren. Das eher mangelnde Interesse der Verbündeten ließ französischen Träumereien bezüglich eines einheitlicheren und gestärkten kontinentaleuropäischen Pfeilers innerhalb der NATO und unter französischer Führung jedoch keinen Raum. Es hatte den Anschein, als setzte man in den anderen Hauptstädten lieber auf das Nordatlantische Bündnis und seine Hegemonialmacht USA.

### c) Die Gründung der FINBEL-Gruppe, 1953

Noch bevor die das Verteidigungsministerium im Sommer 1953 auf der NATO-Ebene seine Initiative für eine Intensivierung der Zusammenarbeit bei der Standardisierung und Normung von Rüstungsgerät startete, unternahm es den Versuch, die Teilnehmer am EVG-Projekt und Kernländer der europäischen Integration – Belgien, Italien, Luxemburg und die Niederlande – für eine verstärkte Kooperation auf diesem Gebiet zu gewinnen. Im April 1953 wandte sich der Kombinierte Generalstab der Streitkräfte mit der Bitte an Verteidigungsminister Pleven, die Führungsspitzen der Teilstreitkräfte zur Kontaktaufnahme mit ihren jeweiligen Kollegen aus den EVG-Staaten zu autorisieren. Anhand dieser Haltung wird ein weiteres Mal deutlich, dass man an der Seine mit dem schwerfälligen NATO-Rüstungsapparat allmählich die Geduld verloren hatte. Auch wollte man nicht erst das Zustandekommen der supranationalen EVG abwarten, die infolge der durch die französischen Zusatzprotokolle ausgelösten Diskussion bis auf weiteres in der Schwebe hing und die bei der Mehrheit der Generale der beteiligten Länder ohnehin äußerst unpopulär war. Frankreichs Generalität plante eine »politique d'études et de fabrications d'armement étroitement coordonnées« auf rein europäischer Ebene und somit außerhalb der Strukturen des Nordatlantischen Bündnisses[268].

Bei dem integrationsfreudigen Pleven fiel ein solches Anliegen auf fruchtbaren Boden[269]. Bereits zwei Wochen später wandte sich der Generalstabschef des Heeres und entschiedene Gegner einer supranationalen Europaarmee, Clément Blanc, mit einem Schreiben an seine Amtskollegen in den vier Nachbarländern und lud sie zu einem baldigen Treffen ein, um die Möglichkeit einer institutionalisierten Zusammenarbeit zu erörtern[270]. Als Ort der Generalstabsgespräche schlug Blanc Brüssel vor – ein Bonbon für die Belgier und ein allgemeines Zeichen, durch das Frankreich signalisieren wollte, es beabsichtige keine Dominanz. Ähnlich wie Léchères hatte Blanc nicht nur die Offenlegung der natio-

---

[268] SHD/DITEEX, NL Ely, 1 K 233/26-3: Vermerk Vernoux (Kombinierter Generalstab der Streitkräfte) für Pleven, 20.4.1953.
[269] Vgl. ebd.: Vermerk Ganeval (Chef des Besonderen Generalstabs) an Kombinierten Generalstab der Streitkräfte, 24.4.1953; Vermerk Kombinierter Generalstab der Streitkräfte, 17.7.1953, S. 2.
[270] Hierzu und zum Folgenden: SHD/DITEEX, NL Ely, 1 K 233/26-3: Blanc an Generalstabschefs der Heere Belgiens, Italiens, Luxemburgs und der Niederlande, 26.5.1953. Pleven untermauerte Blancs Vorstoß im darauffolgenden Monat in einem Schreiben an die jeweiligen Verteidigungsminister. Vgl. ebd.: Pleven an Verteidigungsminister Belgiens, Italiens und der Niederlande (ausgenommen Luxemburg), 6.6.1953; Vermerk Kombinierter Generalstab der Streitkräfte, 17.7.1953, S. 3.

nalen Rüstungspläne, den technischen Informationsaustausch und die Vereinheitlichung von Militärgerät, Verfahrensweisen und Einsatzgrundsätzen im Blick, sondern auch die Ausarbeitung und Durchführung koordinierter Rüstungsprogramme, inklusive gemeinsamer Versuchsreihen und Materialauswahl. Als zukünftige Kooperationsfelder nannte er ein breites Spektrum an Heeresgerät: Kampfpanzer, Fahrzeuge, Artillerie, Luftabwehr- und Panzerabwehrwaffen sowie Fernmeldeausrüstung. Blanc erwähnte in diesem Zusammenhang an den aus seiner Sicht vorbildlichen Charakter der von Léchères angestoßenen Arbeitsgruppe im Luftwaffensektor:

»Cette création est indiscutablement la preuve de la nécessité de disposer entre ce gigantesque combinat parfois abstrait qu'est O.T.A.N. et chaque pays de l'Europe continentale pris isolément, d'un *palier de coordination intermédiaire et naturel* [sic!][271].«

Die Argumente, die Blanc ins Feld führte, waren denen Léchères' weitestgehend ähnlich. Über die bisherigen Ergebnisse der NATO zeigte er sich tief enttäuscht: Die Standardisierung sei gescheitert, die MAS überfordert. Als Ausweg aus der Misere präsentierte er einen flexibleren Konsultations- und Diskussionsrahmen der kontinentaleuropäischen Staaten auf dem Gebiet der Heeresbewaffnung, um Ressourcen zu sparen, eine bessere Abstimmung bei der Vereinheitlichung zu erreichen und den europäischen Bedürfnissen angepasste Waffensysteme zu realisieren. Ferner ermögliche eine Fünfergemeinschaft eine bessere Koordinierung für die Zusammenarbeit auf NATO-Ebene, und damit letztlich ein geschlosseneres Auftreten gegenüber den USA und Großbritannien. Kontinentaleuropa grenzte er klar vom angelsächsischen Raum ab: Amerikaner, Briten und Kanadier seien durch ihre Kultur, ihre »communautés traditionelles de langue, de pensées et par un long passé historique et économique« eng miteinander verbunden[272]. Demgegenüber entwarf er das Bild einer Fünfergruppe, die eine Reihe spezifischer Gemeinsamkeiten verband: eine miteinander verbundene geografische Lage entlang des Eisernen Vorhangs, eine ähnliche ökonomische Situation. In Blancs Schreiben klang auch das Interesse an einer Wiederbelebung von Teilen der Militärstruktur des ins Koma versunkenen Brüsseler Paktes an. Obwohl der Chef der französischen Landstreitkräfte einen eventuellen Beobachterstatus Washingtons und Londons in dem neuen Gremium in Aussicht stellte, um den Eindruck einer gegen die beiden Verbündeten gerichteten Aktion zu vermeiden, war kaum zu übersehen, dass sein Plan eine gewisse anti-angelsächsische Spitze besaß. Wie bereits geschildert, war man in der Rue St. Dominique darüber verstimmt, dass Amerikaner und Briten in ihrem exklusiven und intransparenten ABC-Club ihr eigenes Süppchen kochten, aufgrund ihres politischen, militärischen und wirtschaftlichen Übergewichts im Bündnisraum den Ton angaben und Fortschritte bei der Vereinheitlichung und auf dem Gebiet koordinierter Programme bremsten.

In Rom, insbesondere aber in Den Haag stieß Blancs Einladung auf Skepsis[273]. Zwar erkannte man auf dem Gebiet der Rüstungsstandardisierung durchaus Handlungsbedarf,

---

[271] SHD/DITEEX, NL Ely, 1 K 233/26-3: Blanc an Generalstabschefs der Heere Belgiens, Italiens, Luxemburgs und der Niederlande, 26.5.1953 (Zitat S. 2, Hervorhebung im Original).
[272] Ebd. (Zitat S. 2).
[273] Die Reaktion Luxemburgs ist in den vorliegenden Akten nicht überliefert. Auch bei Burigana/ Deloge, Pourquoi la standardisation des armements a-t-elle échoué dans les années 1950?, und bei Dietl, Emanzipation und Kontrolle, Bd 1, lassen sich keine Hinweise finden.

doch die französische Initiative warf viele Fragen auf. Dass Paris just zu einem Zeitpunkt, als die EVG-Verhandlungen und -Planungen noch im Gang waren, eine solche Initiative startete – die zudem noch Großbritannien faktisch ausschloss und den Eindruck von Geheimniskrämerei hinterließ –, erschien rätselhaft. Auch fragte man sich, ob Blancs Offerte nicht in Wahrheit dazu dienen sollte, der zum überwiegenden Teil in staatlicher Hand befindlichen französischen Heeresindustrie – der größten unter den fünf Ländern – einen Absatzmarkt zu sichern[274]. Die Tatsache, dass General Blanc als ein entschiedener Gegner einer supranationalen Europaarmee galt, dürfte bei den Adressaten das Misstrauen verstärkt haben[275].

Trotz solcher Vorbehalte traten die Führungsspitzen der Landstreitkräfte Belgiens, Frankreichs, Italiens und Luxemburgs am 12./13. Oktober 1953 in Brüssel zu ihrer ersten Konferenz zusammen. Die Niederlande schlossen sich erst am 5. November 1953 an und boxten, unterstützt von Belgien, durch, dass die NATO offiziell über die Existenz des auf den Namen FINBEL[276] getauften Gremiums in Kenntnis zu setzen und das Verhältnis zwischen FINBEL, der NATO und der EVG zu klären sei[277]. In den Benelux-Staaten wollte man offenbar der Entstehung einer Konkurrenzorganisation zu den Gremien der Nordatlantischen Allianz unter allen Umständen vorbeugen, um Washington und London nicht zu brüskieren. Außerdem wollte man sich nicht zu »Komparsen Frankreichs«[278] machen lassen.

Am 3. Dezember 1953 übermittelten die Generalstabschefs schließlich auch an den Leiter der deutschen EVG-Militärdelegation Speidel den Wunsch einer deutschen Teilnahme – ein zum damaligen Zeitpunkt sicherlich bemerkenswerter Schritt[279]. Zu einem Beitritt der Deutschen kam es allerdings nicht. Vermutlich schreckte man in Bonn vor einer aktiven Beteiligung deutscher Militärs an einem solchen Militärgremium zurück, solange noch keine endgültige Entscheidung über die Europaarmee und die definitive Form einer Wiederbewaffnung getroffen war.

Mit FINBEL konstituierte sich im Jahre 1953 eine Organisation, deren Zielsetzung es nach eigenem Bekunden war, »eine natürliche Zwischenstufe der Koordinierung zwischen den NATO-Staaten« Westeuropas »und der NATO selbst zu schaffen, um die

---

[274] Vgl. SHD/DITEEX, NL Ely, 1 K 233/27-4: Vermerk Vernoux für Pleven, 17.8.1953, S. 5; Burigana/Deloge, Pourquoi la standardisation des armements a-t-elle échoué dans les années 1950?, S. 107 f.; Dietl, Emanzipation und Kontrolle, Bd 1, S. 265.

[275] Mit der Haltung Blancs zur EVG beschäftigt sich Kap. VI.4.

[276] Der Name FINBEL besteht aus den Anfangsbuchstaben der Mitgliedstaaten Frankreich, Italien, Niederlande, Belgien und Luxemburg.

[277] Vgl. Burigana/Deloge, Pourquoi la standardisation des armements a-t-elle échoué dans les années 1950?, S. 108; Dietl, Emanzipation und Kontrolle, Bd 1, S. 265. Die Niederlande erwiesen sich von Anfang an als sehr kritisches Mitglied. Auch hielten sie Großbritannien über die Organisation auf dem Laufenden. Vgl. Burigana/Deloge, Pourquoi la standardisation des armements a-t-elle échoué dans les années 1950?, S. 108.

[278] Dietl, Emanzipation und Kontrolle, Bd 1, S. 265.

[279] Vgl. SHD/DAA, 2 E/1106: Generalstab des frz. Heeres an Heusinger, Entwurf, 3.2.1956, S. 2. General Heusinger war seit 1955 Vorsitzender des Militärischen Führungsrates im BMVg. Vgl. Meyer, Adolf Heusinger, S. 529. Von einer an die Deutschen gerichteten Einladung zum FINBAIR-Vorläufer ist nichts bekannt.

Standardisierungsbemühungen der NATO zu ergänzen«[280]. Konkret strebte FINBEL an, in Verbindung mit den zuständigen NATO-Organen die Kooperation unter den fünf Mitgliedstaaten zu intensivieren, um einen höheren Standardisierungsgrad zu erreichen, mit der Perspektive einer integrierten Rüstungsproduktion. Desweiteren beabsichtigte man den Austausch wissenschaftlicher und technischer Informationen – ohne damit die Patent- und Schutzrechte der Mitgliedstaaten zu verletzen – sowie die Durchführung von Materialerprobungen auf der Grundlage gemeinsamer Regeln. Oberstes Entscheidungsgremium war der Ausschuss der Generalstabschefs der fünf Landstreitkräfte, der von einem Stellvertretergremium unterstützt wurde. Als eigentliche Arbeitsorgane fungierten ein Ausschuss von Militärexperten, dessen wichtigste Aufgabe die Definition militärischer Spezifikationen des zu behandelnden Geräts war, sowie ein Ausschuss von Sachverständigen, der sich mit technischen Aspekten zu befassen hatte. Die Sitzungen sollten abwechselnd in den Mitgliedstaaten stattfinden. Koordiniert wurde die Tätigkeit der Organisation durch ein kleines Sekretariat in Brüssel. Bei FINBEL handelte es sich nicht um eine supranationale Autorität, sondern um ein informelles, lockeres Kollegialorgan, das von der freiwilligen Mitarbeit seiner Mitglieder lebte und die Arbeiten der Militärischen Standardisierungsagentur der NATO beim Entwerfen von STANAGs als Ausgangspunkt seiner Aktivitäten nahm. Um eine effektive Arbeit zu gewährleisten, sollte das in den FINBEL-Ausschüssen tätige Personal identisch mit den nationalen Vertretern im MAS sein.

Während der EVG-Phase fanden auf der Ebene der Generalstabschefs, ihrer Stellvertreter sowie der Militärexperten insgesamt 13 Sitzungen statt. Die technischen Sachverständigen trafen sich über 20 Mal. Die Bilanz nach ungefähr einem Jahr war eher dürftig. Zwar sprach man auf französischer Seite von ermutigenden und vielversprechenden Ergebnissen[281], die Arbeiten kamen aber insgesamt sehr langsam voran. Man erarbeitete für ausgewähltes Material, etwa für schwere Panzerabwehrwaffen für Infanterie und Luftabwehrgeschütze, auf der Grundlage von STANAG-Entwürfen gemeinsame militärische Spezifikationen, führte Vergleichstests durch und verfasste Berichte. Doch die Verabschiedung gemeinsamer Empfehlungen, sofern man bis zu diesem Stadium gelangte, erwies sich meist als schwierig, sei es aufgrund unterschiedlicher Sichtweisen und Beurteilungen oder mangelnden Interesses, möglicherweise auch wegen nationaler industriepolitischer Erwägungen[282]. Als positiv ist jedoch hervorzuheben, dass sich die Kontinentaleuropäer mit FINBEL bzw. FINABEL ein flexibles, von der NATO als Regionalgruppe anerkanntes Forum geschaffen hatten, das es er-

---

[280] Hierzu und zum Folgenden: BArch, BW 9/165, Bl. 181–185 (Zitat Bl. 182): Aufz. WEU-Interimsausschuss/Arbeitsgruppe Rüstungsproduktion und -standardisierung (PWG/2/22, 17.3.1955), 24.3.1955; BArch, B 102/435441: Bericht WEU-Interimsausschuss/Arbeitsgruppe Rüstungsproduktion und -standardisierung (17.1.–5.5.1955), o.D., S. 39–43; AMAE, Pactes, 52: Infovermerk Drion (Oberstleutnant und Stabschef im Generalstab des Heeres), 24.1.1955, mit Anhängen; SHD/DAA, 2 E/1106: Vermerk Blanc, 8.2.1955.

[281] Vgl. AMAE, Pactes, 52: Infovermerk [Jacques R.P.] Drion (Oberstleutnant und Stabschef im Generalstab des Heeres), 24.1.1955, S. 8; SHD/DAA, 2 E/1106: Vermerk Blanc, 8.2.1955, S. 4 f. Die Quellenlage zu FINBEL ist in der EVG-Phase äußerst dünn.

[282] Siehe BArch, B 102/435441: Bericht WEU-Interimsausschuss/Arbeitsgruppe Rüstungsproduktion und Standardisierung (17.1.–5.5.1955), o.D., S. 60–65; SHD/DAA, 2 E/1106: Vermerk Blanc, 8.2.1955, S. 4 f.

möglichte, sich im Hinblick auf die Arbeiten der Bündnisorgane mit den unterschiedlichen Standpunkten und Mentalitäten der einzelnen Partner vertraut zu machen. Auf der Ebene der Generalstabschefs entwickelte sich, so formulierte es Blanc, »un véritable esprit de solidarité et de compréhension mutuelle«[283].

Greifbare Ergebnisse gab es allerdings nicht. Schon bald nach seiner Gründung versank das Forum in der Bedeutungslosigkeit[284]. Möglicherweise waren Frankreichs Partner aufgrund der laufenden EVG-Rüstungsplanungen wenig geneigt, sich nun auch noch in einem weiteren Rüstungsforum zu verzetteln. Es hat den Anschein, als waren sie eher aus Höflichkeit dazu bereit gewesen, FINBEL beizutreten. Frankreichs Plan einer mehr auf die kontinentaleuropäischen Bedürfnisse abgestimmten Vereinheitlichung von Rüstungsgerät und sein Traum eines kontinentaleuropäischen Gegenpols zum amerikanisch-britischen Übergewicht bei der Rüstung im Bündnis erwiesen sich somit als Illusion.

Erst ab Herbst/Winter 1954, als sich die Gründung eines Ständigen Rüstungsausschusses der WEU abzeichnete[285], erwachte FINBEL zu neuem Leben. General Blanc forderte, unterstützt von seinen ausländischen Kollegen, eine Beteiligung der Militärs am WEU-Rüstungsausschuss und zielte darauf, FINBEL dem neuen Ausschuss gewissermaßen vorzuschalten, um die Berücksichtigung der für erforderlich gehaltenen militärischen Expertise sicherzustellen. Hier zogen die Militärs der FINBEL-Staaten an einem Strang[286]. Die Briten, die von den Franzosen anfangs aufgrund ihrer Nähe zu den Amerikanern nicht als Mitglied erwünscht gewesen waren, blieben FINBEL aus Furcht vor der Entstehung einer regionalen Parallelorganisation zur NATO fern und erkannten das Gremium nicht an. Den Haag blieb aufgrund seines Misstrauens gegenüber Frankreich und aus Rücksicht auf London weiterhin kritisches Mitglied[287].

Die Bundesrepublik, die im Juni 1955, kurz nach ihrer Aufnahme in die NATO, eine offizielle Einladung erhielt, übte sich aufgrund ähnlicher Befürchtungen wie in Großbritannien zunächst in großer Zurückhaltung und beteiligte sich erst ab Anfang

---

[283] SHD/DAA, 2 E/1106: Vermerk Blanc, 8.2.1955, S. 4.
[284] So auch Dietl, Emanzipation und Kontrolle, Bd 1, S. 265 f. Ein kritisches Fazit ziehen die beiden Historiker Burigana und Deloge für die gesamten 1950er Jahre. Aus ihrer Sicht vermochte FINABEL es nicht, nennenswerte Akzente bei der Rüstungsstandardisierung zu setzen. Die Militärs setzten nach wie vor ihre eigenen verteidigungspolitischen Schwerpunkte und die Staaten betrieben ihre jeweils eigene Verteidigungspolitik, was sich schließlich in ihren Rüstungsplanungen und Materialbeschaffungen niederschlug. Die nationalen Industrien verfolgten ihre eigenen Interessen, die Dominanz der USA im Rüstungsbereich erwies sich als zu stark. Hier konnte auch kein Gremium wie FINABEL Abhilfe schaffen. Siehe Burigana/Deloge, Pourquoi la standarisation des armements a-t-elle échoué dans les années 1950?, S. 109−115. Die beiden Historiker stützen sich unter anderem auf Dokumente aus dem Finabel-Archiv. Für einen genauen Überblick über die in den 1950er Jahren erzielten Ergebnisse siehe: BArch, BV 5/16677: Liste der FINABEL- und Adhoc-Übereinkommen sowie der laufenden Studien (Stand: 15.10.1960).
[285] Aufgabe des Ständigen Rüstungsausschusses der WEU sollte die Förderung der Entwicklung, Standardisierung und Beschaffung von Rüstungsmaterial auf freiwilliger Basis sein. Siehe AWS, Bd 4 (Beitrag Abelshauser), S. 81 f.; Cabalo, Politische Union Europas, S. 97−101, 117−121; Dietl, Emanzipation und Kontrolle, Bd 1, S. 255−270.
[286] Zu der bis 1957 schwelenden Frage einer Arbeitsteilung bzw. Koordinierung zwischen FIN(A)BEL und dem Ständigen Rüstungsausschuss der WEU: Cabalo, Politische Union Europas, S. 105−107; Dietl, Emanzipation und Kontrolle, Bd 1, S. 266−271, 309−317.
[287] Vgl. AWS, Bd 4 (Beitrag Abelshauser), S. 83; Cabalo, Politische Union Europas, S. 106.

Mai 1956 voll an der Arbeit, woraufhin FINBEL in FINABEL (»A« für Allemagne) umbenannt wurde. Frankreich und seinen Partnern erschien es äußerst bedeutsam, die Bundesrepublik schnellstmöglich einzubinden – aus militärfachlichen Gründen, wohl aber auch, um deutsche Sonderwege im Rüstungsbereich auszuschließen[288].

Trotz der skizzierten Probleme, die, insbesondere für die EVG-Phase, noch durch weiterführende Forschungen zu vertiefen wären, erwies sich FINABEL als wesentlich langlebiger als FINABAIR. FINABEL existiert noch heute, ist eine sowohl vom Nordatlantischen Bündnis als auch vom EU-Militärstab anerkannte »internationale Organisation mit regionalem Charakter« und verfügt in beiden Organisationen über Beobachterstatus. Dabei sieht sie sich nach eigenen Angaben nicht als Konkurrenz, sondern als Forum, das aufgrund seiner einfachen und flexiblen Arbeitsweise die Kooperation im Rahmen der NATO- und EU-Gremien zu fördern versucht. Die Stärke des Gremiums liegt in seinem informellen Charakter und den persönlichen Kontakten seiner Mitglieder. So ist es ihm im Gegensatz zur eher schwerfälligen NATO möglich, in lockerer Atmosphäre bestimmte Probleme zu studieren, gegenseitige Standpunkte kennen zu lernen und nach flexiblen Lösungen zu suchen. Sein Mitgliederkreis hat sich im Laufe der Zeit erheblich erweitert. Im Jahre 1973 traten die Briten bei, die den Ausschuss bis dahin sehr kritisch beäugt hatten. Später kamen Spanien (1990), Griechenland und Portugal (1996), Polen und die Slowakei (2006) sowie Zypern, Rumänien und Finnland (2008) hinzu. Die jüngsten Mitglieder sind Malta (2010) und die Tschechische Republik (2012). Mittlerweile gehören Finabel 17 Nationen an. Im Jahre 2006 erging im Auftrag der Generalstabschefs der Landstreitkräfte an alle Mitgliedstaaten der EU eine Beitrittseinladung. Zu den aktuellen Tätigkeitsschwerpunkten gehört die Verbesserung der Interoperabilität bei internationalen Militäreinsätzen, unter anderem im Hinblick auf die EU Battle Groups – in enger Zusammenarbeit mit dem EU-Militärstab[289]. Die im Rahmen des Gremiums erzielten Resultate werden von offizieller Seite als außerordentlich positiv eingestuft. Bis zum 1. Januar 2006 wurden ungefähr 425 Berichte, Vereinbarungen und Konventionen ausgefertigt[290]. So heißt es seitens des Bundesministeriums der Verteidigung: »Durch die angestrebte Harmonisierung nationaler Konzepte hat die Finabel-Organisation zur Schaffung eines umfassenden und kohärenten Gesamtwerks aus Führungs- und Einsatzgrundsätzen auf Ebene der europäischen

---

[288] Zum deutschen Beitritt: BArch, BW 9/2673, Bl. 192 f.: Aufz. Gespräch Speidel – Bailly (24.5.1955), 24.5.1955; BArch, BW 9/3362, Bl. 375 f.: Speidel an Blank, 26.7.1955; AMAE, Pactes, 52: Vermerk Generalstab des Heeres/Abt. für interalliierte Koordination, 18.5.1956; AWS, Bd 4 (Beitrag Abelshauser), S. 83; Burigana/Deloge, Pourquoi la standardisation des armements a-t-elle échoué dans les années 1950?, S. 107, 110; Dietl, Emanzipation und Kontrolle, Bd 1, S. 313 f.

[289] Vgl. Klein, Europäische Heereskooperation (Zitat S. 73); Burigana/Deloge, Standardisation et production coordonnée, S. 342. Infolge der Erweiterung des Gremiums kamen die beteiligten Nationen überein, den Begriff »Finabel« zukünftig als Eigenname zu betrachten, der in Kleinbuchstaben geschrieben wird und nicht mehr auf die Anfangsbuchstaben der Mitglieder verweist. Zu den aktuellen Arbeitsfeldern von Finabel: http://www.finabel.org; Klein, Europäische Heereskooperation; Noel, FINABEL. Näheres zu den als Battle Groups bezeichneten schnellen Eingreiftruppen der EU: Heise, Zehn Jahre Europäische Sicherheits- und Verteidigungspolitik, S. 17–19; Lindstrom, Enter the EU Battlegroups; Schmitt, Europas Fähigkeiten, S. 116 f.

[290] Vgl. Noel, FINABEL, S. 21.

Landstreitkräfte beigetragen«[291]. Langfristig hatte die französische Gründungsinitiative somit Früchte getragen, in ihrer Anfangsphase war sie jedoch bedeutungslos geblieben.

Zur Gründung einer westeuropäischen Organisation für Marinerüstungsfragen kam es nach derzeitigem Wissensstand nicht[292]. Bei den französischen Militärs gab es für ein derartiges Anliegen offenbar kein Interesse, wenngleich Verteidigungsminister Pleven gegenüber seinen europäischen Kollegen die Einbeziehung von Marinefragen in den Standardisierungsdialog erwähnt hatte[293]. Im französischen Generalstab hielt man eine Vereinheitlichung von Marinegerät lediglich in Bezug auf Güter mit hohem Verbrauch, wie etwa Treibstoffe und Munition, ferner für Elektronik und Nachrichtengerät für notwendig. Nach Auffassung der Streitkräfte reichte es völlig aus, eine gegenseitige logistische Unterstützung unter den Europäern und damit die gemeinsame Operationsfähigkeit der Marinen in den europäischen Gewässern sicherzustellen. Man vermutete ohnehin, dass die Seestreitkräfte der NATO aufgrund der bisher erzielten Ergebnisse auf dem Gebiet der Standardisierung schon in ausreichendem Maße miteinander operieren konnten. Bei Schiffen erachteten Frankreichs Militärs eine Vereinheitlichung nur bei Booten kleiner Tonnage, wie beispielsweise bei Minensuch-, Räum- und Patrouillenbooten für geboten[294]. Der Bau von Großgerät, wie Flugzeugträgern, Zerstörern und U-Booten, sollte weiterhin eine rein nationale Angelegenheit bleiben und sich ausschließlich am jeweiligen maritimen Missionsspektrum orientieren.

Die Rüstungskooperationspolitik Frankreichs in der ersten Hälfte der 1950er Jahre lässt sich also so zusammenfassen: Frankreich sicherte sich nach mehrere Seiten hin ab und handelte überaus strategisch. Aufgrund der unbefriedigenden Erfahrungen mit der streng intergouvernemental organisierten NATO-Rüstungskooperation, aber auch, um seinen Weltmachtstatus zu untermauern, versuchte das Land die Rolle des Impulsgebers zu übernehmen. Das Land bemühte sich darum, die Standardisierung von Rüstungsgerät voranzubringen und Zugang zu modernen Technologien zu erhalten, um seinen Rückstand wieder wettzumachen. Parallel dazu initiierte es die Schaffung kontinentaleuropäischer Organisationen (FINBEL und FINBAIR) – ohne das als lästiger Konkurrent empfundene und auf die USA ausgerichtete Großbritannien –, in denen es die Führungsrolle übernehmen wollte. Frankreich nutzte die von ihm angestoßenen Foren als Vehikel, um seinen Führungsanspruch auf dem Kontinent durchzusetzen und vermutlich auch, um sich günstige Ausgangsbedingungen für seine heimische Industrie zu verschaffen. Paris scheiterte aber mit dem Versuch, die zögerlichen Partner auf seine Seite zu ziehen. Es wäre wohl verfehlt, der französischen Rüstungskooperationspolitik einen rein instrumentellen Charakter zu unterstellen. Was die Standardisierung betraf, so hatte es den Anschein, dass Frankreich tatsächlich ein großes Interesse an Fortschritten auf diesem Gebiet besaß.

---

[291] Klein, Europäische Heereskooperation, S. 73.
[292] Über einen entsprechenden Vorstoß des französischen Admiralstabschefs ließen sich in den konsultierten Archivakten keine Hinweise finden.
[293] Vgl. SHD/DITEEX, NL Ely, 1 K 233/26-3: Pleven an Verteidigungsminister Belgiens, Italiens und der Niederlande, 6.6.1953.
[294] Vgl. SHD/DITEEX, NL Ely, 1 K 233/27-4: Vermerk Vernoux für Pleven, 17.8.1953, S. 3; Zusammenfassende Studie Generalstab der Streitkräfte über die frz. Politik bei der Standardisierung von Rüstungsmaterial, 16.12.1953, S. 4, Anm. 1.

Merkwürdigerweise schlug Frankreich sogar die Einführung supranationaler Elemente in das Bündnis vor, wie der Vorschlag eines Gemeinschaftsbudgets nahelegt. Und der Chef der französischen NATO-Rüstungssektion bemängelte gar das Fehlen einer mit supranationalen Kompetenzen ausgestatteten Einrichtung. Dies mag verblüffen, bemühte sich Frankreich doch bei den EVG-Verhandlungen, die supranationalen Elemente der Europaarmee zu eliminieren. Trotz aller Autonomiebestrebungen war es Frankreich wichtig, nicht mit den USA zu brechen und auch weiterhin enge bilaterale Beziehungen zu der technologisch führenden Macht des Nordatlantischen Bündnisses aufrechtzuerhalten. Der Transfer moderner Rüstungstechnik, sowohl im konventionellen als auch im atomaren Bereich, nahm für Frankreich eine herausragende Bedeutung ein. Bemerkenswerterweise hatten die französischen Militärs ein großes Interesse daran, die Deutschen in die kontinentaleuropäischen Rüstungsforen aufzunehmen, um ihr Potenzial zu nutzen und sie sicherheitspolitisch und militärisch einzubinden. Hier waren die Militärs weiter als die Politik, der eine westdeutsche Wiederbewaffnung noch große Bauchschmerzen bereitete.

## 4. Deutsch-französische Sondierungsgespräche, 1952–1954

Auch wenn der Bundesrepublik der Aufbau einer eigenen Rüstungsindustrie vor Inkrafttreten des EVG-Vertrags strengstens untersagt war und die französische Regierung das Zustandekommen der Europaarmee in die Länge zog: Sondierungsgespräche zwischen deutschen und französischen Industrievertretern über eine Zusammenarbeit in rüstungsrelevanten Bereichen und inoffizielle Kontakte auf Beamtenebene waren während der EVG-Phase kein Tabu[295]. Im Mittelpunkt stand dabei der Flugzeugbau. In diesem für die Rüstung besonders interessanten und wichtigen Industriezweig entwickelten französische Verbände bereits kurz nach der Unterzeichnung des EVG-Vertragswerks ein lebhaftes Interesse an einer Kooperation mit der Bundesrepublik. Erste Überlegungen hierzu entstanden im Rahmen französischer Pläne zur wirtschaftlichen Entwicklung der nordafrikanischen Territorien im europäischen Rahmen, die seit 1951 unter Eirik Labonne, dem ehemaligen Generalresidenten in Marokko und amtierenden Generalbeauftragten des Ministerpräsidenten für Afrika und den Mittleren Osten, vorangetrieben wurden. Wesentlicher Grund für derartige Kooperationsideen war die Tatsache, dass Frankreich nicht über die finanziellen Mittel verfügte, um die aus wirtschaftlicher Sicht sehr profitabel erscheinende Industrialisierung und Ausbeutung der

---

[295] Zur wohl ersten offiziellen Vereinbarung mit den Deutschen auf dem Rüstungsgebiet war es im Rahmen der Ausrüstungshilfe für die Einheiten des neu gegründeten Bundesgrenzschutzes (BGS) gekommen. Im Juli 1951 hatte das französische Verteidigungsministerium dem Bundesinnenministerium leihweise und kostenlos deutsche Beutewaffen aus dem Zweiten Weltkrieg überlassen. Die Lieferung beinhaltete 11 000 Mauser-Karabiner und 1800 Maschinengewehre des Typs MG 42 inklusive Dreibeine, Läufe und Ersatzteile. Sie besaß einen Gesamtwert von 248,6 Mio. Francs. Vgl. BArch, BW 1/2052: Vermerk BMVg/X A 4, 5.6.1956, Anhang: Vertrag zwischen der Bundesrepublik Deutschland und der Republik Frankreich, 18.7.1951.

Rohstoffe Nordafrikas aus eigener Kraft bewerkstelligen zu können. Es blieb zunächst allerdings ausschließlich bei Planspielen[296].

Anfang 1952 begannen sich die Industrialisierungspläne zu konkretisieren. Hierbei tauchten auch Überlegungen auf, Rüstungsbetriebe nach Nordafrika zu verlagern und die westdeutsche Industrie dort an der Produktion von Rüstungsgütern zu beteiligen. Zum einen schien dies aufgrund der militärischen Verwundbarkeit Westeuropas, also aus militärstrategischen Gründen, zum anderen wegen der dort vorhandenen Rohstoffe sinnvoll. Ferner eröffnete sich die Möglichkeit, das westdeutsche Rüstungspotenzial zu nutzen und gleichzeitig zu kontrollieren, womit den französischen Sicherheitsinteressen Rechnung getragen würde[297].

Einer der prominentesten deutschen Befürworter einer derartigen Zusammenarbeit auf dem nordafrikanischen Kontinent war der umtriebige CSU-Bundestagsabgeordnete und Gründer der »Arbeitsgemeinschaft Nordafrika« Johannes Semler[298]. Semler besaß an der Erschließung der Region ein großes Eigeninteresse, weil er als Wirtschaftslobbyist bereits beachtliche Aufträge dort hatte platzieren können und sich von der Umsetzung eines gemeinschaftlichen Industrialisierungsplanes weitere lukrative Geschäfte erhoffte[299]. Folglich warb er bei seinen Landsleuten intensiv für einen »friedlichen Panthersprung nach Agadir«[300]. Bereits Ende Januar 1951 hatte er erste Fühler in Richtung von Blanks Dienststelle ausgestreckt. Eine industrielle Kooperation war offenbar schon Gegenstand von Besprechungen im Dunstkreis des Europarats gewesen – infolge Churchills Vorschlag einer Europaarmee. Werde auf militärischem Gebiet eine innereuropäische Regelung angestrebt, so ließ Semler verlauten, solle man frühzeitig Vereinbarungen abschließen, analog zum Schuman- oder Labonne-Plan; man müsse Deutschlands geografische Lage und seine noch nicht konsolidierte wirtschaftliche Situation beachten[301]. Zum Zeitpunkt des Beginns der Petersberg-Gespräche hatte es Blank noch als unzweckmäßig bezeichnet, eine solch politisch delikate Angelegenheit offiziell zu erörtern. Einem Gedankenaustausch war er hingegen nicht abgeneigt gewesen, um gewappnet zu sein, sollte das Thema tatsächlich irgendwann auf die Tagesordnung gesetzt werden[302].

Zu ersten Gesprächen zwischen französischen und deutschen Luftfahrtindustriellen kam es im Juli 1952 auf Initiative des Verbandes der französischen Luftfahrtindustrie USIA und unter Vermittlung E. Heimans, des Herausgebers der Luftfahrtzeitschrift

---

[296] Allgemein zu den Plänen einer deutsch-französischen Kooperation in Nordafrika: Bouhsini, Die Rolle Nordafrikas, S. 134–139; Lefèvre, Projets franco-allemands; Lefèvre, Les relations économiques franco-allemandes, S. 374–379.
[297] Vgl. BDFD, Bd 2, S. 1053–1059, hier S. 1058: François-Poncet an Schuman, 18.4.1952.
[298] Vgl. BDFD, Bd 2, S. 1053–1059: François-Poncet an Schuman, 18.4.1952; Lefèvre, Les relations économiques franco-allemandes, S. 374, 377, 381. Zur Rolle Semlers siehe auch die Fragmente in seinem Nachlass: ACDP, NL Semler, I-342/004-2. Semler war 1947/48 Direktor für Wirtschaft beim Wirtschaftsrat der Bizone gewesen, wegen seiner Kritik an der alliierten Besatzungspolitik aber vom damaligen US-Militärgouverneur, General Lucius D. Clay, seines Postens enthoben worden. Vgl. Groß, Hanns Seidel, S. 66 f.
[299] Vgl. BArch, BW 9/2820, Bl. 22–24 (hier Bl. 23): Vermerk Eschenauer, 11.7.1952.
[300] So formulierte es pointiert das Nachrichtenmagazin »Der Spiegel« in Anspielung auf die Entsendung des deutschen Kanonenbootes »Panther« nach Agadir während der 2. Marokkokrise 1911. Der Spiegel, Nr. 41, 8.10.1952, S. 9: Warum nach Marokko.
[301] Vgl. BArch, BW 9/823, Bl. 26 f.: Semler an Blank, 30.1.1951.
[302] Vgl. ebd., Bl. 29: Blank an Semler, 15.2.1951.

»Interavia«. Auf französischer Seite nahmen hochrangige Persönlichkeiten, USIA-Präsident Georges Héreil, General a.D. Paul Stehlin und der Chefberater der französischen Luftwaffengruppe im EVG-Militärausschuss, Oberst Jean Nicot, teil. Die deutsche Seite war durch Ministerialdirektor Leo Brandt vom nordrhein-westfälischen Innenministerium, Semler und die Luftfahrtingenieure und -industriellen Ernst Heinkel, Claude Dornier, Walter Blume, Friedrich Seewald und Fritz Siebel vertreten. Aus dem Kreise der Bonner EVG-Militärdelegation erschien Oberst a.D. Arthur Eschenauer. Gegenstand der Besprechungen, in deren Verlauf die Franzosen auch zivile und militärische Flugzeuge vorführten, um ihre Gäste zu beeindrucken, war eine deutsch-französische Zusammenarbeit beim Flugzeugbau im europäischen Rahmen – ein »Schuman-Plan der Luftfahrtindustrie«. Semler und der ehemalige Wehrgeograf und Journalist Klaus Mehnert zeigten hierbei auffälliges Interesse an der Verknüpfung einer Luftfahrtkooperation mit dem Afrika-Projekt, was auf die Errichtung gemeinsamer Luftfahrtbetriebe in Marokko hinauslief[303].

Offenbar versuchten die Luftfahrtindustriellen bei dieser Gelegenheit auch in Erfahrung zu bringen, ob im Amt Blank möglicherweise schon Beschaffungspläne für bundesdeutsche EVG-Luftwaffeneinheiten bestünden. Eschenauer gab sich gegenüber den Luftfahrtvertretern aufgrund der bestehenden Rechtslage jedoch äußerst zurückhaltend – Gespräche über Beschaffungsfragen hielt er in Übereinstimmung mit der Leitungsebene der Dienststelle Blank zum damaligen Zeitpunkt noch für verfrüht. Er trat aber grundsätzlich dafür ein, die noch vorhandenen Kapazitäten auf dem Boden der Bundesrepublik in das EVG-Rüstungsprogramm einzubeziehen, um sicherzustellen, dass das westdeutsche Luftwaffenkontingent nicht schlechter ausgestattet würde als die der anderen Mitgliedstaaten[304].

Den Franzosen schwebte konkret die Gründung zweier internationaler Gesellschaften privaten Rechts – eines Flugzeugwerks und eines Motorenwerks – in Südfrankreich oder im Raum Agadir vor, die zu je einem Viertel von Frankreich, der Bundesrepublik, Italien und den Benelux-Staaten getragen werden sollten. Die Industriewerke sollten eine Belegschaft von 7000 bis 10 000 Menschen umfassen, über nahe gelegene Wohnsiedlungen verfügen und zu einem monatlichen Produktionsvolumen von ca. 70 Flugzeugen verschiedener Typen oder 100 Jagdflugzeugen befähigt sein. Die Kosten für

---

[303] Vgl. BArch, BW 9/2295, Bl. 46–48 (hier Bl. 47): von Etzdorf (AA) an Lahr, 12.9.1952; BArch, BW 9/2296, Bl. 59: Notiz Eschenauer, 3.7.1952; BArch, BW 9/2832, Bl. 4 f.: Seebohm an Blank, 11.7.1952; BArch, BW 9/2820, Bl. 22–24 (Zitat Bl. 23): Vermerk Eschenauer, 11.7.1952; Lefèvre, Les relations économiques franco-allemandes, S. 380; Der Spiegel, Nr. 41, 8.10.1952, S. 9: Warum nach Marokko. Über die deutsch-französischen Industriellenkontakte berichtete unmittelbar darauf die französische Presse, die zum Erstaunen Eschenauers ebenfalls zu dem Treffen hinzugezogen worden war. Bemerkenswerterweise wurde das Afrika-Projekt darin als deutsch-französischer Plan dargestellt, obwohl die Idee eindeutig der französischen Seite entsprungen war. Vermutlich geschah dies aus Rücksicht auf die öffentliche Meinung in Frankreich. Siehe Le Monde, 10.7.1952: Installera-t-on en Afrique du Nord une industrie aéronautique européenne?; siehe auch BArch, BW 9/2820, Bl. 22–24 (hier Bl. 22 f.): Vermerk Eschenauer, 11.7.1952.

[304] Vgl. BArch, BW 9/2832, Bl. 6–8: Eschenauer an Holtz, 25.7.1952. Eschenauer war bis Anfang der 1930er Jahre Ingenieur und Pilot bei Junkers gewesen und 1935 zur Luftwaffe gewechselt, wo er in Kampfverbänden eingesetzt wurde und bis in den Rang eines Oberst im Generalstab (i.G.) aufstieg. Vgl. Eschenauer, Rückblick auf die deutsche »Entfeinerungsaktion«, S. 371; Krüger, Das Amt Blank, S. 186 f.

die Zellenfertigung bezifferten die Franzosen auf 50 Mrd. Francs, was ca. 600 Mio. DM entsprach. Von den USA erhoffte man sich Unterstützung für den Aufbau einer Ausrüstungsindustrie, da diese Sparte noch einer der großen Schwachpunkte der Europäer war[305]. Treibende Kraft hinter dem Vorhaben war Senator Marcel Pellenc, Berichterstatter für Luftfahrtangelegenheiten, Vizepräsident des Haushaltsausschusses und Vorsitzender der Kontrollkommission für verstaatlichte Unternehmen. Er zeigte sich zudem an der Möglichkeit einer Zusammenarbeit zwischen Air France und deutschen Luftverkehrsunternehmen interessiert[306]. Mit einem detaillierten Fragekatalog im Gepäck beabsichtigte Pellenc, der im Übrigen ein erklärter EVG-Gegner war, zu Gesprächen in die Bundesrepublik zu reisen, um sich ein detailliertes Bild darüber zu machen, welche Industriekapazitäten die Deutschen in den Bereichen Zellenbau, Motorenbau und Ausrüstung für das »Marokkoprojekt« würden beisteuern können und welches Meinungsklima aufseiten der Luftfahrtindustrie und Politik zu dem Vorstoß vorherrschte[307]. Pellenc lehnte eine supranationale Armee ab, bevorzugte jedoch eine Integration auf rüstungswirtschaftlichem Gebiet unter französischer Führung, mit der die sich wieder formierende deutsche Luftfahrtindustrie im Zaum gehalten werden könnte. Anhand der Afrika-Pläne zeigt sich, dass es auch einflussreichen politischen Kreisen durchaus ernst mit einer deutsch-französischen Kooperation im Luftfahrtbereich war und sie bereits konkrete Vorstellungen besaßen.

Die Gründe für die plötzliche französische Kooperationsbereitschaft in dem für Militär und Industrie so bedeutenden Wirtschaftszweig waren vielfältig. Zum einen waren die französischen Industriellen allmählich zur Einsicht gelangt, dass sie angesichts massiver staatlicher Finanzprobleme und steigender Entwicklungs- und Produktionskosten zukünftig kaum in der Lage sein würden, sich auf dem internationalen Luftfahrtmarkt zu halten und der mächtigen und technologisch fortgeschrittenen angelsächsischen Luftfahrtindustrie Paroli bieten zu können. Eng damit verbunden war das Motiv, mittels einer Zusammenarbeit günstige Voraussetzungen für die Ausstattung des zukünftigen deutschen EVG-Kontingents zu schaffen. Außerdem war es für die Industrie, aber auch für die Regierung, von großem Interesse, die Wiederentstehung einer autonomen deutschen Luftfahrtindustrie zu unterbinden und stattdessen eine gemeinschaftliche Fertigung in fern liegende, sichere Gebiete – vorzugsweise in den französischen Einflussbereich Nordafrikas – zu verlagern. Dies begründete man unter anderem mit einem militärstrategischen Argument, das im Grunde kaum von der Hand zu weisen war, aber auch dazu diente, die eigentlichen politischen Hintergedanken zu verschleiern: Das Bundesgebiet sei aufgrund seiner Nähe zum Eisernen Vorhang durch Angriffe gefährdet. Damit benutzte man eine Formel, auf die die Diplomatie bereits bei der Formulierung der EVG-Vertragsklauseln zurückgegriffen hatte. Konkret sollte damit einer neuerlichen deutschen Gefahr und der Entstehung eines mächtigen Konkurrenten auf dem Luftfahrtmarkt vorgebeugt werden. Darüber hinaus könne, so hoben die französischen

---

[305] Vgl. BArch, BW 9/23, Bl. 193–195: Vermerk Engelmann (BMWi), 13.10.1952.
[306] Vgl. BArch, BW 9/2295, Bl. 46–48: von Etzdorf an Lahr, 12.9.1952.
[307] Siehe ebd., Bl. 49–51: Reiseprogramm Comité d'Études pour le Redressement Économique et Financier/Centre Professionnel d'Information et de Réalisation Pratique de l'Industrie française, Vorentwurf [Sept. 1952].

Vertreter hervor, die Einbettung einer deutsch-französischen Luftfahrtkooperation in einen europäischen Rahmen dazu geeignet sein, psychologische Vorbehalte in der Öffentlichkeit abzubauen und Misstrauen gegenüber einer Wiederaufnahme deutscher Aktivitäten im Luftfahrtbereich zu reduzieren. Nicht zuletzt versuchte man die bundesdeutschen Wirtschaftsvertreter mit der Aussicht auf eine gemeinsame Erschließung Nordafrikas zu locken[308].

Eifrige Befürworter einer rüstungswirtschaftlichen Zusammenarbeit zwischen beiden Staaten fanden sich auch unter ehemaligen deutschen Waffenspezialisten, die nach Kriegsende von französischen Dienststellen rekrutiert worden waren. Bereits einige Monate vor der Unterzeichnung des EVG-Vertrags trat der Triebwerksingenieur Hermann Oestrich, der inzwischen technischer Direktor der SNECMA war, mit einem Kooperationsangebot an seine ehemaligen Landsleute heran. Oestrich, der die französische Staatsbürgerschaft angenommen hatte und im Ruf stand, die Industrieinteressen seiner neuen Heimat zu vertreten, warb bei der Dienststelle Blank mit den Worten, »daß von Seiten der französischen Industrie eine vernünftige Zusammenarbeit mit Deutschland angestrebt wird, um auch das hier befindliche Restpotential an industriellen Möglichkeiten und Geisteskapazität mit für die europäische Gemeinschaftsarbeit auszunutzen«. Experten beider Länder sollten in Paris Kontakte miteinander aufnehmen, um die gegenseitigen Standpunkte kennenzulernen. Aus den Ausführungen des früheren BMW-Ingenieurs ging deutlich hervor, dass Frankreichs Rüstungsindustrie außerordentlich stark an einer Zusammenarbeit mit dem ehemaligen Kriegsgegner interessiert war, um von dessen wirtschaftlichen und technologischen Potenzial profitieren zu können. Französische Eigeninteressen versuchte Oestrich dadurch zu kaschieren, indem er die Bedeutung eines deutschen Beitrages für die europäische Integration hervorhob. Daneben führte er ein Argument an, das bei den Militärs und Rüstungsfachleuten während der EVG-Phase immer wieder auftauchte: Die Vorstellung, im Gegensatz zu den unter innenpolitischem Druck stehenden Politikern sachbezogen zusammenarbeiten und zu gemeinsamen Lösungen gelangen zu können. So meinte Oestrich im Hinblick auf eine mögliche Kooperation: »Die Politiker würden hierbei nie zum Ziel kommen, da sie durch Ressentiments ihrer Wählerschaft gebunden sind[309].«

Eschenauer erkannte Oestrichs eigentliche Absichten sehr wohl, sah aber eine baldige Kooperation grundsätzlich positiv, denn er hielt es für denkbar, dass die französischen Industriellen die Politiker ihres Landes für die Idee einer Gemeinschaftsarbeit gewinnen könnten. Davon versprach man sich im Amt Blank offenbar ein Umdenken der Pariser Regierung in Richtung einer raschen Aufhebung der bestehenden deutschen Rüstungsverbote. Dass auch alte Loyalitätsgefühle Oestrichs gegenüber sei-

---

[308] Vgl. BArch, BW 9/23, Bl. 193−195 (hier Bl. 194): Vermerk Engelmann (BMWi), 13.10.1952; BArch, B 102/15367-3: Vermerk BMWi, 12.9.1952; Andres, Die bundesdeutsche Luft- und Raumfahrtindustrie, S. 109 f.

[309] Vgl. BArch, BW 1/2737: Vermerk Eschenauer (Amt Blank/I/Pl/7), 26.2.1952 (Zitat ebd.). Ob Oestrich auf private Initiative, auf Anweisung oder zumindest mit Billigung offizieller Stellen handelte, ist nicht bekannt. Die folgenden Ausführungen sprechen aber dafür, dass französische Regierungsstellen, allen voran das Verteidigungsministerium, mit hoher Wahrscheinlichkeit von Oestrichs Initiative wussten und diese tolerierten.

nem Heimatland eine Rolle gespielt haben mögen, erscheint eher unwahrscheinlich. Eschenauer gab sich überzeugt, dass Oestrich eindeutig französische Interessen vertrat[310].

Die Fühlungnahme der französischen Flugzeugkonstrukteure mit ihren deutschen Nachbarn genoss die ausdrückliche Rückendeckung des Verteidigungsministers und des Staatssekretärs der Luftwaffe; die Kontakte waren vom Verteidigungsministerium sogar ausdrücklich genehmigt worden. Auch die führenden Köpfe der französischen EVG-Delegation, namentlich Alphand und Marcel Coignard, waren in das Vorhaben eingeweiht[311]. Pleven ließ den deutschen Vertretern im Pariser Interimsausschuss über Coignard ausrichten, dass er die Gespräche zwischen den Luftfahrtindustriellen beider Länder ausdrücklich begrüße und er sich Ähnliches in anderen Bereichen wünsche[312]. Darüber hinaus übermittelte der französische Rüstungsdelegationschef seinen deutschen Kollegen den »dringenden [...] Wunsch möglichst enger Zusammenarbeit« bei europäischen Rüstungsaufträgen. Die Rede war gar von einer »deutsch-französische[n] Allianz«. Im Blickpunkt stand hierbei die Koordinierung der Rüstungsproduktion im Rahmen der EVG. Zu den konkreten Themengebieten, die man mit den Deutschen erörterte, gehörten neben dem Bau von Flugzeugen und Triebwerken auch Entwicklungen auf dem Gebiet ferngelenkter Abwehrraketen sowie die Frage der Einbeziehung von Forschungseinrichtungen beider Länder[313]. Der Gedanke eines deutsch-französischen Abkommens auf dem Gebiet der Waffenproduktion im Zusammenhang mit einem zukünftigen westeuropäischen Rüstungsprogramm war keineswegs neu. Bereits Mitte Oktober 1951 hatte Blank gegenüber Alphand eine in diese Richtung gehende Lösung – die bilaterale Aufteilung von Rüstungsfertigungen und eine mögliche Endmontage in Frankreich – angeregt. Sie schien aus deutscher Sicht geradezu prädestiniert, um französisches Misstrauen abzubauen und den Plan einer westdeutschen Wiederbewaffnung an der Seine salonfähiger zu machen. Alphand reagierte damals auf den Vorschlag ausgesprochen positiv und verwies insbesondere auf dessen psychologischen Aspekt. Dabei machte er auch deutlich, dass er von den Deutschen die Hinnahme gewisser Rüstungsbeschränkungen erwartete[314].

---

[310] Vgl. ebd. Bezeichnend für Oestrichs Einstellung ist seine Reaktion auf ein Angebot des Unternehmens Junkers-Klöckner, nach Deutschland zurückzukehren. Oestrich bat unter Verweis auf seine exzellenten Arbeitsbedingungen in Frankreich um Bedenkzeit und ließ erkennen, dass er für den Fall einer positiven Zusage gewisse Forderungen für sich und seine Forschergruppe stellen würde. Vgl. AMAE, DE-CE, NL Wormser, 99, Bl. 71–73: François-Poncet an Faure, 12.2.1955.

[311] Vgl. AMAE, Europe/Allemagne, 497, Bl. 113–115 (hier Bl. 113 f.): Pleven an Schuman, 17.10.1952. Marcel Coignard war Chef der französischen EVG-Rüstungsdelegation und Vorsitzender des EVG-Rüstungsausschusses und gehörte daneben dem in Koblenz ansässigen Militärischen Sicherheitsamt der Alliierten an.

[312] Vgl. BArch, BW 9/3335, Bl. 9–12, hier Bl. 11: Wochenbericht dt. EVG-Rüstungsdelegation (15.9.–20.9.1952), 18.9.1952. In die Pläne war offenbar auch Ministerpräsident Pinay eingeweiht. Vgl. BArch, BW 9/23, Bl. 193–195 (hier Bl. 194): Vermerk Engelmann, 13.10.1952.

[313] Vgl. BArch, BW 9/3335, Bl. 2–4 (Zitate Bl. 4): Wochenbericht dt. EVG-Rüstungsdelegation (27.8.–5.9.1952), 5.9.1952.

[314] Vgl. BArch, BW 9/2048, Bl. 12–20 (hier Bl. 17 f., 20): Besprechung Blank–Alphand (11.10.1951), o.D. Blank hatte bei den Petersberg-Gesprächen 1951 die Bereitschaft der Bundesrepublik erklärt, auf jegliche Herstellung von Rüstungsgütern zu verzichten und einen Aufbau westdeutscher Rüstungskapazitäten ausschließlich im Einvernehmen mit Paris in Angriff zu nehmen, um dort vorhandenen Ängsten zu begegnen.

An Plevens Dienstsitz hatte man sich mit der Möglichkeit einer deutsch-französischen Kooperation im Luftfahrtbereich intensiv beschäftigt. Neben militärischen Kontakten – als geeignetes Forum verwies man auf den EVG-Militärausschuss – strebte man auch industrielle an. Konkret dachte man an die Fertigung von Ersatz- und Motorenteilen sowie von Ausrüstung für französische Flugzeugtypen durch deutsche Firmen. Eine solche Zusammenarbeit hielt das Verteidigungsministerium aufgrund des technologischen Rückstandes der eigenen Flugzeugfirmen und deren mangelnder industrieller Basis für unerlässlich. Als äußerst nützlich erachtete man das viel geschätzte Know-how der deutschen Ingenieure – hierbei dachte man unter anderem an die zur damaligen Zeit in Frankreich tätigen deutschen Rüstungsfachleute – sowie das deutsche Industriepotenzial. An der Absicht der ehemaligen deutschen Luftfahrtunternehmen, ihren Industriezweig wieder aufzubauen, bestand aus der Sicht der Verantwortlichen im französischen Verteidigungsministerium kein Zweifel. Daneben gab man zu bedenken, dass das Land über nahezu sämtliche technologischen und industriellen Voraussetzungen hierfür verfügte. Abgesehen davon vermutete man, dass die Lücken im EVG-Vertrag von den Deutschen ausgenutzt und die Vertragsbeschränkungen über kurz oder lang fallen würden. Mit großer Sorge betrachtete man auch die Verbreitung angelsächsischer Flugzeugtechnik in anderen europäischen Staaten – als neuerlichen Beleg interpretierte man die Vergabe amerikanischer Offshore-Aufträge für 400 Hawker-Hunter-Flugzeuge an britische Firmen –, die Kontakte zwischen deutschen und britischen Firmenvertretern und die damit verbundene Gefahr, dass das deutsche EVG-Kontingent mit angelsächsischer Flugzeugtechnik ausgestattet werden könnte – zum Nachteil der französischen Industrie[315]. Die einzige Chance zur Rettung der heimischen Luftfahrtbranche sah man darin, mit den Deutschen zu kooperieren. Gehe man nicht mit dem Nachbarn zusammen, sei man zum Untergang verdammt, während die Deutschen einen unaufhaltsamen Aufstieg erleben würden:

»Cette association est indispensable, car autrement l'industrie aéronautique française est inévitablement vouée à disparaître, tandis que l'industrie allemande se reconstituera en tout état de cause; c'est par la formule d'une harmonisation des potentiels allemand et français qu'une chance subsiste de sauver notre industrie.«

Im Mai 1953 äußerte das Verteidigungsministerium sogar die Möglichkeit der Montage des modernen Jagdflugzeuges Mystère IV der Firma Dassault durch deutsche Firmen. Ausgenommen von der Kooperation sollte jedoch der Bereich Elektronik sein – neben den Triebwerken das eigentliche Filetstück eines modernen Kampfjets –, in dem Frankreich seinen Vorsprung gegenüber der Bundesrepublik zu wahren gedachte. Bei all dem hob man hervor, sich streng innerhalb der Vorgaben des EVG-Vertrags zu bewegen[316]. Im direkten Gespräch mit Staatssekretär Hallstein ließ Pleven hinsichtlich einer Zusammenarbeit im Rüstungsbereich aber keine Eile erkennen und machte deutlich,

---

[315] Vgl. AMAE, Europe/Allemagne, 497, Bl. 113–115: Pleven an Schuman, 17.10.1952; Bl. 163–166 (hier Bl. 164 f.): Vermerk MAE/Unterabt. Zentraleuropa für Präsident, 22.11.1952; BDFD, Bd 2, S. 189–192: Aufz. MAE/Unterabt. Zentraleuropa, 5.5.1953 (dieses Dokument entstand tatsächlich erst am 6.5.1953, vgl. AMAE, Europe/Allemagne, 498, Bl. 126–131); Lappenküper, Die deutsch-französischen Beziehungen, Bd 1, S. 1141 f.; Lefèvre, Les relations économiques franco-allemandes, S. 383 f.

[316] Vgl. BDFD, Bd 2, S. 189–192 (Zitat S. 191): Aufz. MAE/Unterabt. Zentraleuropa, 5.5.1953.

dass zunächst die Materialliste der EVG abzuwarten sei und eine auch zum Zwecke des wirtschaftlichen Ausgleichs notwendige arbeitsteilige Rüstungsproduktion der Industrien beider Länder in die EVG eingebettet werden müsse[317].

Mit großem Misstrauen registrierte man bei den Franzosen den Aufenthalt ehemaliger deutscher Luftwaffenpiloten in Großbritannien, die dort Gerüchten zufolge auch zu Gesprächen mit Vertretern der Royal Air Force (RAF) zusammengetroffen sein sollten. Dass es sich hierbei nur um eine zivile Mission handle, wollte man sowohl im Verteidigungsministerium als auch im französischen Hochkommissariat in Bonn nicht so ohne weiteres wahrhaben. Ebenso misstrauisch beäugte man den Besuch deutscher Industrieller beim internationalen Luftfahrtsalon in Farnborough. Es ging die Furcht um, dass damit die Weichen für eine spätere Ausrüstung der deutschen EVG-Luftwaffeneinheiten mit britischem Gerät gestellt würden[318]. Der französische Botschafter in London, René Massigli, glaubte immerhin insoweit Entwarnung geben zu können, als er offizielle Kontakte der deutschen Besucher mit dem britischen Luftfahrtministerium für eher unwahrscheinlich hielt. Von offizieller britischer Seite gab man lediglich an, sich für die Ausbildung deutscher EVG-Piloten im NATO-Rahmen, für die Ausbildung von Piloten deutscher Fluglinien sowie für die Lieferung ziviler Flugzeuge zu interessieren. Eine gewisse Vorsicht hielt Massigli dennoch nach wie vor für geboten, denn er vermutete, dass den deutschen Industriellen in Farnborough nicht ohne Grund neueste britische Prototypen gezeigt worden waren[319].

Die deutsch-französischen Industriellenkontakte riefen wiederum Misstrauen bei den Briten hervor. In London warf man Paris ebenfalls das Aufweichen der alliierten Verbote vor und forderte von der französischen Diplomatie Auskunft. In der Europaabteilung des Quai d'Orsay warnte man unterdessen davor, dass die Deutschen im Falle britisch-französischer Rivalitäten auf dem Luftfahrtsektor letztlich die lachenden Dritten sein könnten[320]. Anhand der britisch-französischen Verstimmungen zeigt sich, dass nur wenige Monate nach der Unterzeichnung des EVG-Vertragswerks ein Wettlauf um den künftigen deutschen Rüstungsmarkt einsetzte und das Misstrauen zwischen Paris und London stetig wuchs. Auf beiden Seiten gab es Kräfte, die die Perspektive einer Kooperation mit dem ehemaligen Kriegsgegner ausloteten und erste Kontakte knüpften, um sich für die Zeit nach dem offiziellen Startschuss einer westdeutschen Wiederbewaffnung optimal zu positionieren. Doch nicht nur die Luftfahrtindustrien der Briten und Franzosen, sondern auch die der Niederlande und Italiens streckten ihre Fühler in Richtung Bonn aus, priesen ihre Erzeugnisse an und bekundeten den Willen zu einer Zusammenarbeit[321].

---

[317] Vgl. AAPD 1952, S. 701−703, hier S. 703: Aufz. Gespräch Hallstein − Pleven (13.11.1952), 17.11.1952.
[318] Vgl. AMAE, Europe/Allemagne, 497, Bl. 145: François-Poncet an MAE, 29.10.1952.
[319] Vgl. ebd., Bl. 218−220: Massigli an Schuman, 19.12.1952.
[320] Vgl. AMAE, Europe/Allemagne, 497, Bl. 62−64 (hier Bl. 62): Schuman an Pleven, 22.9.1952; Bl. 180 f.: Vermerk MAE/Unterabt. Zentraleuropa für Präsident, 28.11.1952; AMAE, DF-CED/C/116: Schumann an Pleven, 27.11.1952, S. 4. Der Mitbegründer der christdemokratischen Partei MRP Maurice Schumann war von August 1951 bis Juni 1954 Staatssekretär im Quai d'Orsay und galt als sehr europafreundlich. Vgl. Lappenküper, Die deutsch-französischen Beziehungen, Bd 1, S. 53 f.
[321] Vgl. BArch, BW 9/3688, Bl. 309−312: Fokker-Werke an AA, 28.10.1952; Andres, Die bundesdeutsche Luft- und Raumfahrtindustrie, S. 107; Rieder, Deutsch-italienische Wirtschaftsbeziehungen,

Während man im französischen Verteidigungsministerium eine Zusammenarbeit mit den Deutschen für unerlässlich hielt und dabei betonte, streng im Rahmen des gemäß EVG-Vertrags Zulässigen zu handeln, zeigte man sich im Außenministerium über derartige Pläne besorgt und äußerte schwere Bedenken. Im Quai d'Orsay ging die Furcht um, dass eine technische Zusammenarbeit mit den Deutschen im Luftfahrtbereich zu einer allmählichen Aushöhlung des EVG-Vertragswerks führen und der Wiederentstehung einer nationalen deutschen Luftfahrtindustrie den Weg ebnen würde. Die Verhinderung einer solchen galt aber als wesentlicher Grundpfeiler französischer Sicherheitspolitik. In Schumans Ressort warnte man eindringlich davor, Unteraufträge an die ehemaligen großen deutschen Flugzeugkonstrukteure zu vergeben und ihnen unter Umständen noch Zugang zu französischen Forschungs- und Entwicklungseinrichtungen zu gewähren. Zudem durfte die zukünftige Vergabepolitik des EVG-Kommissariats – in Bezug auf die Bundesrepublik sollte sie nach dem Willen des Außenministeriums äußerst restriktiv ausfallen – nicht durch zuvor eingeleitete Kooperationen unterlaufen werden. Anstelle einer Einbeziehung der ehemaligen großen deutschen Flugzeugfirmen empfahl man eine Kooperation mit unerfahrenen deutschen Unternehmen. Neben all dem hielt man es in dieser Frage für erforderlich, eine Verständigung mit den USA, besonders aber mit Großbritannien herbeizuführen[322].

Die Vorschläge des Quai d'Orsay waren jedoch wenig zielführend, weil kaum davon auszugehen war, dass weitgehend unerfahrene deutsche Firmen einen nennenswerten Beitrag für den französischen Flugzeugbau würden leisten können. Auch die Empfehlung, sich zur Ankurbelung der heimischen Luftfahrtindustrie besonders auf Offshore-Aufträge aus Washington zu stützen, stellte vor dem Hintergrund der permanenten diplomatischen Querelen zwischen Franzosen und Amerikanern in der Frage der Verteidigungshilfe gewiss kein wirkungsvolles Heilmittel dar.

Einen völlig anderen Kurs empfahl Botschafter Massigli, der die Wiederentstehung eines deutschen Flugzeugbaus gänzlich unterbinden wollte und von einer deutsch-französischen Kooperation dringend abriet. Als weit gewinnbringender für Frankreichs Luftfahrtbranche erachtete er ein Zusammengehen mit der technologisch fortschrittlichen britischen Luftfahrtindustrie. Nichtsdestotrotz hielt er auch ein französisch-britisch-deutsches Dreierbündnis für denkbar, in dem die Deutschen niedergehalten würden[323]. Massigli, von 1944 bis 1955 Botschafter seines Landes in der britischen Hauptstadt und äußerst anglophil, trat für ein sehr enges französisch-britisches Bündnis und eine sehr enge Anbindung Großbritanniens an den Kontinent ein. Er war ein entschiedener Gegner einer supranationalen Integration und plädierte stattdessen für eine intensive intergouvernementale Zusammenarbeit der Europäer. Folglich lehnte er den Schuman-Plan und die Europaarmee ab, unter anderem, weil Großbritannien sich an beiden Vorhaben nicht als Vollmitglied beteiligen wollte und er Monnets und Schumans Konzeption als faktische Abgrenzung des aus seiner Sicht wichtigsten französischen Verbündeten aus dem europäischen Integrationsprozess empfand. EPG, EGKS

---

S. 464 f.
[322] Vgl. AMAE, Europe/Allemagne, 497, Bl. 163–166 (hier Bl. 166): Vermerk MAE/Unterabt. Zentraleuropa für Präsident, 22.11.1952; AMAE, DF-CED/C/116: Schumann an Pleven, 27.11.1952.
[323] Vgl. AMAE, Europe/Allemagne, 497, Bl. 209–213: Massigli an Schuman, 18.12.1952.

und EVG waren für ihn zudem monströse und schwerfällige Gebilde, die Frankreichs Großmachtstellung untergruben und Deutschland die Hegemonie auf dem Kontinent bescherten. Insofern dürfte die Kritik des durchaus einflussreichen Botschafters an einer deutsch-französischen Luftfahrtkooperation kaum überraschen[324].

Die ehemalige deutsche Luftfahrtindustrie war an einer baldigen Wiederaufnahme ihrer Entwicklungs- und Produktionstätigkeit äußerst interessiert und stellte schon Anfang der fünfziger Jahre Überlegungen bezüglich einer internationalen Zusammenarbeit an. Die Flugzeugbauer waren sich bewusst, dass die bestehenden Verbotsbestimmungen nur durch Verhandlungen mit den westlichen Alliierten aufgehoben werden konnten und dass sie beim Wiederaufbau dringend auf ausländische Unterstützung angewiesen waren, um ihren technologischen Rückstand wieder aufzuholen, etwa durch den Lizenzbau moderner ausländischer Flugzeugtypen. Darüber hinaus erhofften sie sich eine Kostenreduktion durch internationale Arbeitsteilung. Allerdings beanspruchten sie das Recht auf eine eigenständige Luftfahrtindustrie und auf die Wahrung des Gleichheitsgrundsatzes. Ab 1952 kam es zu ersten internationalen Kontakten, und zwar nicht nur mit französischen und britischen Industrieverbänden, wie bereits skizziert, sondern auch mit italienischen und US-amerikanischen. Besonders vielversprechend erschien vielen eine Zusammenarbeit mit der US-amerikanischen Luftfahrtindustrie, die allgemein als die technologisch fortschrittlichste der Welt galt und sich bezüglich einer Zusammenarbeit mit den Deutschen sehr offen zeigte. Vonseiten der US-Beschaffungsstellen bestand ferner die Bereitschaft, deutschen Firmen Reparatur- und Wartungsaufträge für Kampfflugzeuge zu erteilen und sie wegen der günstigen Produktionsbedingungen Einzelkomponenten fertigen zu lassen. Nicht zuletzt waren die USA schon früh bestrebt, das deutsche Potenzial für die westlichen Verteidigungsanstrengungen zu nutzen. Allerdings scheint das Interesse der US-Firmen primär auf den Lizenzbau ihrer Typen in der Bundesrepublik als auf eine Beteiligung deutscher Ingenieure an Entwicklungsvorhaben gerichtet gewesen zu sein[325].

Die Mehrheit der ehemaligen deutschen Luftfahrtindustriellen, wie zum Beispiel Heinkel, standen den französischen Kooperationsplänen skeptisch bis ablehnend gegenüber. Aus ihrer Sicht war ein Engagement in einer wirtschaftlich unterentwickelten und politisch instabilen Region wie Nordafrika wenig verlockend. Sie bevorzugten den Lizenzbau ausländischer Flugzeuge auf heimischem Boden. Heinkel war prinzipiell für eine deutsch-französische Zusammenarbeit offen, allerdings nicht zu den von den Franzosen vorgesehenen Bedingungen. Eine ähnliche Haltung ließ Dornier erkennen. Die deutschen Luftfahrtvertreter betrachteten das französische »Marokko-Projekt« primär als ein politisches und weniger als ein industrielles Vorhaben, da die politischen Interessen Frankreichs aus ihrer Sicht klar überwogen. Es bestand die Gefahr, von den Franzosen dominiert zu werden. Die deutsche Industrie wollte die Verhandlungen mit den Franzosen daher zunächst eigentlich nicht weiterführen, wurde aber von den Bundesministerien zu weiteren Verhandlungen aufgefordert. Ihr Verhandlungsziel war die Aufhebung der Verbotsbestimmungen. Ferner wollte sie bei den Gesprächen mit den Franzosen all ihr Gewicht in die Waagschale werfen und eine Zusammenarbeit von deren Bereitschaft

---

[324] Vgl. Ulrich, Massigli et l'Europe, S. 53–61; siehe auch Pastor-Castro, The Quai d'Orsay, S. 394–396.
[325] Siehe Andres, Die bundesdeutsche Luft- und Raumfahrtindustrie, S. 104–109.

abhängig machen, wieder eine eigenständige deutsche Luftfahrtindustrie zuzulassen. Als weitere Bedingung forderte der Verband zur Förderung der Luftfahrt von den französischen Partnern die Gründung einer deutsch-französischen Studiengesellschaft, deren Aufgabe die Koordinierung bei europäischen Programmen sein sollte[326].

Der Verband zur Förderung der Luftfahrt setzte die Gespräche mit den Franzosen also fort, zumal diese ein ausgeprägtes Interesse an einer Einigung zum Ausdruck brachten und die beabsichtigte Gesellschaft nicht nur mit Industrievertretern, sondern auch mit Militärs besetzen wollten. Die Einbeziehung von Angehörigen der Streitkräfte erschien Verbandspräsident Friedhelm Jastrow insofern als verlockend, als sich dadurch die Möglichkeit eröffnete, ein vom ungeliebten EVG-Vertrag unabhängiges Forum zur »persönlichen Fühlungnahme« unter den Militärs zu schaffen[327]. Vermutlich erhoffte man sich, im Rahmen eines solchen Forums der Aufhebung der bestehenden Restriktionsbestimmungen ein gutes Stück näher zu kommen.

Die Bundesregierung war den französischen Vorschlägen gegenüber aus politischen Gründen aufgeschlossen und verlangte von der Industrie die Gespräche fortzusetzen. Völlig kritik- oder bedenkenlos nahm man die französischen Vorschläge allerdings nicht hin, da man in Bonn die französischen Hintergedanken durchschaute. Bundesverkehrsminister Hans Christoph Seebohm sprach sich sogar ausdrücklich gegen deutsch-französische Flugzeugwerke in Nordafrika aus, weil er hinter dem französischen Angebot schlichtweg den Versuch erblickte, das technische Know-how der deutschen Ingenieure auszunutzen[328]. Ministerialdirektor Leo Brandt vom nordrhein-westfälischen Innenministerium hatte die Nordafrika-Thematik bei der ersten Zusammenkunft regelrecht abgewürgt und darauf beharrt, dass die westdeutschen Flugzeugkonstrukteure ihre Tätigkeit wieder aufnehmen sollten. Nur so sei ein deutscher Verteidigungsbeitrag der Bevölkerung politisch und psychologisch vermittelbar[329]. Das Bundeswirtschaftsministerium verwies die französischen Unterhändler auf die bestehende Gesetzeslage, bezeichnete das »Marokko-Projekt« als »eine typische Aufgabe für die EVG« und nahm den Plänen damit ihren exklusiven Charakter[330]. Angesichts der EVG-Bestimmungen und Adenauers Brief vom 7. Mai 1952, in dem dieser den Außenministern Großbritanniens, Frankreichs und den USA zum Ärger der deutschen Luftfahrtvertreter mitgeteilt hatte, dass die Bundesrepublik Zivilflugzeuge weder herstelle, noch über die Möglichkeiten hierzu verfüge, war an offizielle Verhandlungen nicht zu denken. Noch im August 1952 hielt es Erhards

---

[326] Vgl. Der Spiegel, Nr. 41, 8.10.1952, S. 9: Warum nach Marokko; AMAE, Europe/Allemagne, 497: Vermerk MAE/Unterabt. Zentraleuropa, 15.10.1952; BArch, BW 9/2820, Bl. 22–24 (hier Bl. 23): Vermerk Eschenauer, 11.7.1952; Andres, Die bundesdeutsche Luft- und Raumfahrtindustrie, S. 110–112, 495 f.; Lefèvre, Les relations économiques franco-allemandes, S. 381. Heinkel hatte übrigens Anfang der 1950er Jahre in der Öffentlichkeit die Europäisierung der Luftfahrt propagiert, doch ist dies eher als taktischer Schachzug zu betrachten, der dazu gedacht war, eine rasche Wiederaufnahme der Tätigkeit deutscher Industrieller auf diesem Gebiet international salonfähiger zu machen. Daneben wies er auf die bedeutenden Leistungen der Deutschen bei der Luftfahrttechnik hin. Vgl. Erker, Ernst Heinkel, S. 261.
[327] BArch, B 102/15373-1: Jastrow an Schmid, 17.1.1953.
[328] Vgl. Andres, Die bundesdeutsche Luft- und Raumfahrtindustrie, S. 111 f., 495 f.; Lefèvre, Les relations économiques franco-allemandes, S. 381 f.
[329] Vgl. BArch, BW 9/2820, Bl. 22–24 (hier Bl. 24): Vermerk Eschenauer, 11.7.1952.
[330] BArch, BW 9/23, Bl. 193–195 (Zitat Bl. 195): Vermerk Engelmann, 13.10.1952.

Ressort für unzweckmäßig, in der Öffentlichkeit oder gegenüber dem Ausland das Thema deutsche Luftfahrtindustrie anzuschneiden[331].

Bundeskanzler Adenauer war einer rüstungswirtschaftlichen Zusammenarbeit mit Paris zum damaligen Zeitpunkt offenbar nicht abgeneigt. Als sich die deutsch-französischen Beziehungen im Oktober 1952 infolge der fehlgeschlagenen Saargespräche verschlechterten, stellte er die Überlegung an, ob es nicht sinnvoll sein könnte, mittels einer arbeitsteiligen Rüstungsproduktion die wirtschaftlichen Beziehungen auszubauen[332]. Eine rüstungsindustrielle Verflechtung und die damit einhergehende Intensivierung der Wirtschaftsbeziehungen sollten somit dazu beitragen, das Verhältnis zum französischen Nachbarn zu verbessern.

Die Pläne einer deutsch-französischen Kooperation in Nordafrika reichten nicht über das Planungsstadium hinaus und versandeten bald. Ein wesentlicher Grund war das Zögern der Franzosen, den Deutschen Zugang zum nordafrikanischen Markt zu gewähren. Vor allem im Handelsministerium und im Kolonialministerium war die Furcht vor deutscher Konkurrenz groß. Die deutsche Industrie war angesichts dieser nüchternen Bilanz enttäuscht. Für sie waren die Kooperationspläne nichts weiter als bloße Rhetorik[333]. Daneben waren in Paris keinerlei Bestrebungen erkennbar, die rechtlichen Grundlagen für eine Wiederzulassung einer deutschen Luftfahrtindustrie zu schaffen. Im Außenministerium versuchte man weiterhin, mögliche Ansätze dazu bereits im Keim zu ersticken[334]. Eine Flut von Genehmigungsanträgen deutscher Unternehmen für die Herstellung von Ersatzteilen und Zubehör für Flugzeuge, aber auch die liberale Haltung der US-Repräsentanten in Koblenz in dieser Angelegenheit sorgten im Quai d'Orsay für Alarmstimmung. Der vom State Department vertretene Standpunkt, wonach die Herstellung von Ersatzteilen keine Verletzung der geltenden Bestimmungen sowie des EVG-Vertrags darstellen würde, ließ man auf französischer Seite nicht gelten. Man verwies auf die nach wie vor gültige alliierte Gesetzgebung, wonach den Deutschen jegliche Betätigung im Luftfahrtsektor verboten war. Eine vorzeitige Lockerung würde, so argumentierte man an der Seine, das EVG-Vertragswerk bereits vor dessen Ratifizierung unterlaufen, den Entscheidungen des Kommissariats vorgreifen und den Deutschen de facto die Chance zum Wiederaufbau einer eigenen, für militärische Zwecke nutzbare Luftfahrtindustrie eröffnen[335].

In französischen Diplomatenkreisen zeichnete sich jedoch im Laufe des Jahres 1953 unter dem Eindruck des zunehmenden Wettbewerbs um den westdeutschen Rüstungsmarkt allmählich ein Umdenken ab: So avancierte der französische

---

[331] Vgl. Andres, Die bundesdeutsche Luft- und Raumfahrtindustrie, S. 107. Zu den internationalen Verhandlungen der Bundesregierung über die Wiederzulassung einer eigenen Luftfahrtindustrie siehe: ebd., S. 131–141.
[332] Vgl. Lappenküper, Die deutsch-französischen Beziehungen, Bd 1, S. 181, 1141.
[333] Vgl. Lefèvre, Les relations économiques franco-allemandes, S. 378 f.; Lefèvre, Projets franco-allemands, S. 585–587.
[334] Wormser zufolge sind die Industriellengespräche auf Wunsch der Regierung unterbrochen worden, um der Ratifikation des EVG-Vertrags nicht vorzugreifen. Vgl. AMAE, DE-CE, NL Wormser, 99, Bl. 101–107, hier Bl. 106: Vermerk, 26.4.1955.
[335] Vgl. AMAE, Europe/Allemagne, 498, Bl. 36 f.: Parodi an frz. Vertretungen in Bonn, London und Washington, 6.2.1953; Bl. 71–75: Aide-mémoire State Dept. [12.3.1953]; Bl. 179–181: Stellungnahme MAE zum US-Aide-mémoire, 30.5.1953.

Hochkommissar André François-Poncet, der anfangs noch ein entschiedener Gegner einer Wiederbewaffnung gewesen war, plötzlich zu einem eifrigen Befürworter einer Kooperation. Gestützt auf Informationen französischer Beamter aus dem Militärischen Sicherheitsamt warnte er eindringlich vor amerikanischen und britischen Bestrebungen, die Bestimmungen des EVG-Vertrages zunehmend zu ignorieren und auf den deutschen Markt zu drängen. Aus seiner Sicht drohte die Bundesrepublik im Luftfahrtbereich zu einem angelsächsischen Satelliten zu werden, wodurch die französische Flugzeugindustrie gefährdet würde. Folglich plädierte er für eine umgehende Zusammenarbeit mit anderen europäischen Partnern auf der Grundlage einer deutsch-französischen Entente[336]. Damit schwenkte man im Quai d'Orsay auf die vom Verteidigungsministerium vertretene Linie ein[337].

Unterdessen rührten französische Firmen beim Bundeswirtschaftsministerium eifrig die Werbetrommel für ihre zivilen Produkte und luden Beamte zu Betriebsbesichtigungen nach Frankreich ein[338]. Frankreichs Flugzeugindustrie, die in hohem Maße von staatlichen Aufträgen abhängig war, war sich aber bewusst, dass sie sich nicht allein durch Exporte würde über Wasser halten können. Zwar vermeldete sie bei Exporten für die Jahre 1952/53 ein kräftiges Plus, dem standen aber, wie der Luftfahrtverband in einem öffentlichen Hilferuf beklagte, unzureichende staatliche Finanzmittel und ein Rückgang militärischer, insbesondere aber innerfranzösischer Aufträge gegenüber. Die reduzierten Stückzahlen schlugen bei den Herstellungskosten und Verkaufspreisen zu Buche und bedrohten den Fortbestand von Entwicklungs-, Forschungs- und Produktionsstätten. Zur Bekämpfung der drohenden Gefahren forderte der Verband die Gewährung zusätzlicher staatlicher Kredite in Höhe von 40 Mrd. Francs jährlich, die Aufstellung eines umfassenden Rüstungsprogramms, die bevorzugte Vergabe französischer Aufträge an die heimische Luftfahrtindustrie, ein Exportförderprogramm sowie die Einrichtung einer Luftfahrtkommission in der *Assemblée Nationale*. Zur Untermauerung ihrer Forderungen vergaß die USIA freilich nicht, auf die Bedeutung ihres Sektors für die politische Unabhängigkeit und die gesamtwirtschaftliche Entwicklung der Nation sowie für den allgemeinen technologischen Fortschritt hinzuweisen. Ohne das geforderte Maßnahmenpaket drohe der Zusammenbruch, so der allgemeine Tenor der von der USIA herausgegebenen Publikation[339].

---

[336] Vgl. BDFD, Bd 2, S. 194 f.: François-Poncet an Bidault, 1.12.1953; Lappenküper, Die deutsch-französischen Beziehungen, Bd 1, S. 1142; Lefèvre, Les relations économiques franco-allemandes, S. 384. François-Poncet war von 1931 bis 1938 französischer Botschafter in Berlin gewesen. Von 1949 bis Mai 1955 vertrat er Frankreich als Hochkommissar in Bonn. Bis September 1955 übernahm er dann den Posten des Botschafters. Einen aufschlussreichen Einblick in François-Poncets mitunter ambivalente Haltung zur Bundesrepublik vermittelt der von Bock auf der Grundlage von François-Poncets Monatsberichten verfasste Aufsatz: Bock, Zur Perzeption der frühen Bundesrepublik. Zu François-Poncets Zeit als Botschafter in Berlin: Schäfer, André François-Poncet.
[337] Zur Position des Verteidigungsministeriums siehe BDFD, Bd 2, S. 189–192: Aufz. MAE/Unterabt. Zentraleuropa, 5.5.1953.
[338] Vgl. BArch, B 102/15373-1: Generaldirektor Bréguet an BMWi, 10.11.1953.
[339] Siehe ebd.: (Wilhelm) Hausenstein (dt. Botschafter in Paris) an AA, 16.11.1953. Die von Hausenstein ausgewertete Broschüre der USIA trug den geradezu reißerischen Titel »La France va-t-elle fermer ses usines de constructions aéronautiques?«.

Die Pläne deutsch-französischer Flugzeugwerke erlebten im Sommer 1954 eine Renaissance[340]. Im Juli 1954 legte eine Gruppe französischer Industrieller unter Führung des Präsidenten der Fouga-Werke, Stéphane Chasle, dem französischen Außenministerium in Erwartung eines baldigen westdeutschen Verteidigungsbeitrages den Plan eines europäischen Flugzeugwerkes in Nordafrika zur Produktion von Rüstungsgerät vor. An dem Vorhaben sollte sich die deutsche Industrie mit Kapital, Maschinen und Technikern beteiligen. Wortführer der deutschen Seite war erneut Semler. Für die geplanten Gespräche erwarteten die französischen Industriellen vom Außenministerium eine Stellungnahme und Direktiven. In der Europaabteilung ging man davon aus, dass es auf Dauer unmöglich sein würde, die Verbotsbestimmungen des EVG-Vertrages aufrechtzuerhalten, falls es nicht gelänge, eine deutsch-französische Luftfahrtkooperation außerhalb der Bundesrepublik auf die Beine zu stellen. Die Verbotsbestimmungen seien, so hieß es nun auf einmal im Quai d'Orsay, »comme un moyen en vue de faciliter l'établissement d'une telle coopération« gedacht gewesen. Man überlegte sich, ob es angesichts der Bedeutsamkeit der Angelegenheit und ihrer politischen Implikationen nicht besser wäre, diese auf der Regierungsebene zu behandeln. Rückenwind erhielt das Industriellenprojekt offenkundig auch vom Luftfahrtministerium[341].

Wegen der zu erwartenden Schwierigkeiten bei den Brüsseler Verhandlungen (19. bis 22. August 1954) – dem letzten großen Rettungsversuch des EVG-Vertragswerks – kam man im Quai d'Orsay zu der Erkenntnis, dass das beste Mittel zur Überwindung der nachbarschaftlichen Differenzen ein enges deutsch-französisches Zusammengehen wäre. Eine solche deutsch-französische Entente würde auch positive Auswirkungen auf die innenpolitische Debatte über die Pariser Verträge haben. Neben der Lösung der Saarfrage, die für Frankreich von fundamentaler Bedeutung war, dachte man am Quai d'Orsay an ein deutsch-französisches Kooperationsprogramm im europäischen Rahmen. Als Teil eines solchen Programmes, das die EVG nicht ersetzen, sondern ergänzen sollte, fasste man unter anderem eine »Coopération franco-allemande dans le domaine des interdictions prévues par le Traité de Paris« ins Auge, also eine Zusammenarbeit in einem Bereich, in dem Bonn eigentlich eine Betätigung verboten war. Dabei stellte man Überlegungen an, wie man mit der Bundesrepublik zu einer Zusammenarbeit im Rüstungsbereich gelangen könnte, bevor die Rüstungsbeschränkungen des EVG-Vertrages fielen, und wie man das deutsche Know-how vorteilhaft nutzen könnte. In einer ersten Phase sollten europäische Flugzeugwerke mit deutscher Beteiligung in Südalgerien oder Südmarokko errichtet werden. Für eine spätere Phase wurde sogar eine Zusammenarbeit im Bereich der Lenk- und Atomwaffen für denkbar gehalten[342].

---

[340] Vgl. AMAE, Europe/Allemagne, 501, Bl. 45–47: Vermerk [MAE], Juni 1954. Laut einem Bericht des Luftfahrtverbandes USIA sollen die Gespräche schon 1953 wieder aufgenommen worden sein. Vgl. AMAE, DE-CE, NL Wormser, 99, Bl. 124–130, hier Bl. 128: Bericht USIA, 7.2.1955.
[341] Vgl. BDFD, Bd 2, S. 216 f. (Zitat S. 217): MAE/Europaabt. an Mendès France, 5.7.1954; AWS, Bd 4 (Beitrag Abelshauser), S. 33; Lappenküper, Die deutsch-französischen Beziehungen, Bd 1, S. 1142; Lefèvre, Les relations économiques franco-allemandes, S. 384.
[342] Vgl. BDFD, Bd 2, S. 218–221 (Zitat S. 218): Aufz. (Jean) Sauvagnargues, 10.7.1954; Lappenküper, Die deutsch-französischen Beziehungen, Bd 1, S. 1143; Calandri, The Western European Armaments Pool, S. 40 f. Sauvagnargues war Leiter der Unterabteilung Zentraleuropa im Außenministerium.

Die deutsche Seite legte jedoch die Nordafrika-Pläne angesichts der sich rapide verschlechternden politischen Lage in der Region vorerst auf Eis; die von der französischen Industrie heiß ersehnte Gründung eines deutsch-französischen Expertenkomitees wurde folglich aufgeschoben. Das Projekt erschien den Deutschen nicht nur wegen des enormen Investitionsbedarfs, sondern auch wegen der heiklen politischen Situation als zu riskant. Ministerialdirigent Schmid gab überdies zu bedenken, dass eine deutsche Beteiligung an Flugzeugwerken in Nordafrika zu handelspolitischen Schwierigkeiten führen könnte, womit er vermutlich eine Beeinträchtigung der deutsch-arabischen Wirtschaftsbeziehungen gemeint haben dürfte[343].

Trotz aller Widrigkeiten hielt Frankreich auch weiterhin an der Idee gemeinsamer Rüstungswerke in strategisch sicheren Zonen – in seinem nordafrikanischen Einflussbereich – fest, um den Aufbau einer autonomen Rüstungsindustrie auf dem Bundesgebiet zu verhindern. Die französische Diplomatie erwähnte derartige Projekte nach dem endgültigen Aus für die Europaarmee immer wieder, insbesondere im Zusammenhang mit dem Plan eines westeuropäischen Rüstungspools, in den man einen deutschen Rüstungsbeitrag einbetten wollte[344]. In Bonn gab man sich, vor allem aus diplomatischen Gründen, in der Angelegenheit aufgeschlossen, doch im Frühjahr 1955, als die Modalitäten einer deutschen Wiederbewaffnung weitgehend in trockenen Tüchern waren, legte man die Überlegungen endgültig zu den Akten. Anfang April 1955 ließ der Leiter der Politischen Abteilung im Auswärtigen Amt Herbert Blankenhorn den französischen Hochkommissar François-Poncet wissen, dass die Bundesregierung aus Furcht vor negativen Auswirkungen auf die Beziehungen zu den arabischen Staaten von der Idee gemeinsamer Rüstungsbetriebe in Nordafrika Abstand genommen habe[345]. Dass die Nordafrika-Pläne während der EVG-Phase nicht sonderlich weit gedeihen konnten, lag jedoch größtenteils an der französischen Seite selbst. Zwar bot sie den Deutschen eine Zusammenarbeit an, konfrontierte man sie aber mit dem Hinweis auf die nach wie vor existierenden Verbote und der Bitte um Unterstützung für eine Aufhebung, so verstummten sie plötzlich[346].

Unter dem Eindruck der nahenden Aufstellung deutscher Truppenverbände und dem immer stärker werdenden Konkurrenzdruck durch Amerikaner und Briten traten die französischen Vorbehalte gegenüber den Deutschen mehr und mehr in den Hintergrund. Der Wettlauf um den zukünftigen deutschen Rüstungsmarkt war allerspätestens ab Juli 1954, mit den umfangreichen Vorführungen britischer Flugzeuge in Köln-Wahn, voll entbrannt und zwang die Franzosen endgültig zu einer kooperati-

---

[343] Vgl. BArch, B 102/15373-1: Semler an Schmid, 15.7.1954; Schmid an Semler, Entwurf, 17.7.1954.

[344] Vgl. etwa DDF 1954, S. 423–426, hier S. 424: François-Poncet an Mendès France, 21.9.1954; BDFD, Bd 1, S. 193–195, hier S. 194: Tagebuchaufz. Blankenhorn, Eintrag 30.12.1954; DDF 1954, S. 975 f.: Mendès France an François-Poncet, 28.12.1954; AMAE, DE-CE, NL Wormser, 99, Bl. 163–165: Vermerk [Wormser] für Ministerbüro, 31.8.1955.

[345] Vgl. BDFD, Bd 2, S. 1074: François-Poncet an MAE, 6.4.1955; Lefèvre, Les relations économiques franco-allemandes, S. 413 f. Bundeswirtschaftsminister Erhard zeigte sich gegenüber den französischen Afrika-Plänen äußerst misstrauisch. Zwar war er der Idee gemeinsamer Rüstungswerke nicht grundsätzlich abgeneigt, allerdings vermutete er hinter den Afrika-Plänen nicht zu Unrecht französische Hintergedanken, die darauf hinausliefen, das eigene Industriepotenzial begünstigen zu wollen. Vgl. BDFD, Bd 2, S. 362–364, hier S. 364: Erhard an Adenauer, 18.10.1954.

[346] Vgl. Andres, Die bundesdeutsche Luft- und Raumfahrtindustrie, S. 112.

veren Haltung. Im Rahmen einer sorgfältig vorbereiteten Veranstaltung präsentierten die Briten den Deutschen über ein Dutzend moderne Flugzeuge und Hubschrauber und schürten damit in französischen Regierungskreisen ein weiteres Mal die Furcht vor sich anbahnenden deutsch-britischen Geschäftsbeziehungen und daraus resultierenden, gravierenden Nachteilen für die heimische Luftfahrtbranche, ganz zu schweigen von der Schreckensvision eines eigenständigen deutschen Luftfahrtsektors. Im Falle eines Scheiterns des EVG-Vertrags und eines kontinentaleuropäischen Rüstungsmarktes drohte sich die Entwicklung nach Auffassung Coignards gar zu beschleunigen[347]. Derlei Befürchtungen waren kein reines Phantasieprodukt, denn bei den Deutschen hinterließen die Briten mit ihrem Gerät einen sehr positiven Eindruck. Speidel pries intern die britischen Vorführungen als »vorzüglichen Einblick in den jetzigen technischen Stand und die daraus abzuleitenden taktischen Möglichkeiten moderner Flugzeuge«[348].

Druck verspürte man in Paris auch deswegen, weil die USA immer stärker auf eine Einbeziehung der Bundesrepublik in das OSP-Programm drängten. Dies lief bekanntlich dem bislang hartnäckig verteidigten Kurs des Außenministeriums entgegen, bilaterale deutsch-amerikanische Rüstungsbeziehungen zu verhindern und die Verteilung der US-Militärhilfe ausschließlich über die EVG abzuwickeln. Eine solche Lösung hätte Frankreich und dem Kommissariat nämlich beträchtliche Mitsprache- und Kontrollmöglichkeiten eröffnet[349].

Französische Firmen waren zwischenzeitlich allerdings nicht untätig geblieben und hatten mit Rückendeckung offizieller Stellen Verhandlungen mit deutschen Industriellen über den Kauf und Lizenzbau von Schulflugzeugen für das deutsche Militärkontingent aufgenommen, wobei man sich bewusst war, dass das Kommissariat nach der Ratifikation des EVG-Vertrags das letzte Wort über Vertragsabschlüsse und Beschaffungen haben würde[350]. Zwischen den Firmen Siebelwerke Allgemeine Transport Gesellschaft (ATG) und Morane-Saulnier kam es am 25./26. Mai 1954 unter Vermittlung des deutschen Lobbyisten Richard Wagner zum Abschluss eines Vertragsentwurfs über den Kauf von 250 Schulflugzeugen des Typs MS 733 Alcyon mit einem Gesamtvolumen von ca. 80 Mio. DM und einen möglichen Lizenzbau der Maschine. Daneben interessierte sich Siebelwerke ATG noch für das modernere Modell MS 755 Fleuret[351]. Ungefähr zwei Monate später erstellte die Firma für das Amt Blank und das Bundeswirtschaftsministerium eine Machbarkeitsstudie bezüglich eines mögli-

---

[347] Vgl. AMAE, DF-CED/C/115: Coignard an Alphand, 7.7.1954.
[348] BArch, BW 9/3378, Bl. 210–223, hier Bl. 220: 18. Halbmonatsbericht dt. EVG-Militärdelegation (2.7.–15.7.1954), 15.7.1954.
[349] Vgl. AMAE, DF-CED/C/115: Coignard an François-Poncet, 15.7.1954.
[350] Generalleutnant a.D. Erich Schneider, der über ausgezeichnete Kontakte ins Amt Blank sowie ins Ausland verfügte, berichtete dem Leiter der dt. EVG-Militärdelegation Speidel im Mai 1954, dass von französischer Seite seit einiger Zeit verstärkt Kooperationsofferten an ihn herangetragen würden. Vgl. BArch, BW 9/3366, Bl. 228: Schneider an Speidel, 22.5.1954. Speidel riet zu »grösster [sic!] Vorsicht, da eine solche [Zusammenarbeit] erfahrungsgemäss [sic!] meist nicht autorisiert ist und privaten Zwecken dient«. Ebd., Bl. 227: Speidel an Schneider, 31.5.1954.
[351] Vgl. AMAE, Europe/Allemagne, 501, Bl. 102 f.: François-Poncet an Mendès France, 27.8.1954; Lefèvre, Les relations économiques franco-allemandes, S. 385. Details zu den beiden Strahltrainern der Firma Morane-Saulnier: Jane's All the World's Aircraft, S. 145 f.

chen Lizenzbaus[352]. Interesse an einer Lizenzfertigung von Flugzeugen der Firma Morane-Saulnier bekundeten auch die Dornier-Werke[353]. Auch die Dienststelle Blank, die sich eingehend über die Ausbildung ihrer zukünftigen Düsenjägerpiloten Gedanken machte und mehrere ausländische Schulflugzeugmodelle in Augenschein genommen hatte[354], stand seit Frühjahr 1954 mit dem französischen Unternehmen in Kontakt, um Auskunft über dessen Erzeugnisse zu erhalten, was die Franzosen freilich dazu nutzten, kräftig die Werbetrommel zu rühren und Konkurrenzmodelle schlecht zu machen[355]. Der für die Franzosen tätige deutsche Lobbyist Wagner vergaß dabei nicht daran zu erinnern, dass Morane-Saulnier während des Zweiten Weltkrieges 900 Flugzeuge des Typs Fieseler Storch gebaut habe, und betonte die außerordentlich deutsch- und EVG-freundliche Einstellung des Generaldirektors der Firma, R. Savarit, wie auch des Staatssekretärs der Luftwaffe, Louis W. Christiaens[356]. Es erscheint jedoch zumindest in Bezug auf den hochdekorierten ehemaligen Résistance-Kämpfer Christiaens sehr zweifelhaft, dass dieser als besonders deutschfreundlich gelten konnte. Am 7. Dezember 1943 war er neben seiner ältesten Tochter als einer der führenden Köpfe des Widerstandes in der Region Nord von der Gestapo verhaftet worden. Vom 29. Januar bis zum 22. April 1945 hatten ihn die Deutschen im Konzentrationslager Buchenwald interniert. Auch war man im Staatssekretariat der Luftwaffe alles andere als EVG-freundlich eingestellt, wie später noch zu sehen sein wird. Hinter Wagners Worten verbarg sich wohl mehr Rhetorik, um den potenziellen Kunden vom Rhein zu schmeicheln und einzuwickeln[357]. Wenig glaubhaft erscheinen daher auch Wagners Beteuerungen, wonach man im Staatssekretariat »keinerlei geschäftliches Interesse, sondern nur politisches Interesse im Sinne der EVG« habe und es aus Sicht Christiaens' gelte, die deutsch-französische Zusammenarbeit unter Beweis zu stellen[358]. Die Industrie kleidete ihre handfesten Absichten gerne in ein europäisches Gewand und zeichnete von sich das Bild des Wegbereiters der Verständigung. Bei Morane-Saulnier wollte man keine Zeit mehr verlieren, lud eine deutsche Delegation für April 1954 zu einer Firmenbesichtigung ein und bot die Übernahme sämtlicher Reisekosten an. In Koblenz fiel ein solches Angebot grundsätzlich auf fruchtbaren Boden, zumal eine schon für Januar geplante Auslandsreise aufgrund fehlender Haushaltsmittel nicht hatte durchgeführt werden können. Die Deutschen befürworteten aber direkte

---

[352] Vgl. BArch, BW 1/437796: Vermerk [BMVg], 4.2.1958, S. 1. Die dabei entstandenen Kosten wurden der Firma im August 1955 durch das BMWi erstattet.
[353] Vgl. BArch, BW 9/4051, Bl. 19: Wagner an Falkner (Amt Blank), 7.4.1954.
[354] Vgl. BArch, BW 9/2475, Bl. 86–92: (Werner) Panitzki (Leiter der Abt. Luftwaffe im Amt Blank) an Verteiler, 15.3.1954, Anhang: Vermerk Amt Blank/II/PL/L-A3, 9.3.1954. Deutsche Luftwaffenplaner hatten bereits die Firmen Fouga (Frankreich) und Fokker (Niederlande) besucht. Vertreter des BMWi waren bei Saab (Schweden) zu Gast gewesen. Vgl. BArch, BW 9/4051, Bl. 17 f.: Vermerk Amt Blank/V C 14, 15.4.1954.
[355] Vgl. ebd., Bl. 30–32: Morane-Saulnier an Kübler (Amt Blank), 8.3.1954 und 9.3.1954. Anfang Februar 1954 hatte sich Morane-Saulnier bereits an Oberst a.D. Johannes Steinhoff von der Luftwaffenabteilung gewandt. Vgl. ebd., Bl. 32 f.: Morane-Saulnier an Steinhoff, 2.2.1954.
[356] Vgl. ebd., Bl. 19: Wagner an Falkner, 7.4.1954.
[357] Näheres zu Christiaens – er gehörte der Union des républicains et de rassemblement gaulliste, später der Gruppe der Républicains indépendants an und hatte das Amt des Staatssekretärs vom 2.7.1953–19.6.1954 inne: http://www.assemblee-nationale.fr/sycomore/fiche.asp?num_dept=1817 [20.6.2014].
[358] BArch, BW 9/4051, Bl. 20: Vermerk Amt Blank/U C, 30.3.1954.

Vergleichstests, bei denen die verschiedenen Modelle gegeneinander antreten sollten. Sie legten großen Wert auf die Qualität des in Frage kommenden Materials[359]. Während der EVG-Phase ließ sich dieses Vorhaben nicht mehr realisieren.

Ab Mitte August 1954 wurde auch die Technische Dienststelle der französischen Luftwaffe (DTI) aktiv und erarbeitete eine Liste mit Luftfahrtgerät, das für eine Lieferung an den westdeutschen Nachbarn in Frage kam: Darauf befanden sich moderne Verbindungs-, Schul- und Transportflugzeuge, leichte Hubschrauber, sogar Jagdflugzeuge und taktische Bomber – Ersatzteillieferungen, Wartungs- und Instandsetzungsarbeiten sowie Pilotenausbildung inbegriffen. Machbar schien ferner der Verkauf von Radargeräten[360]. Alles in allem war unübersehbar, dass die von der französischen Regierung seit Jahren verfolgte Strategie der strikten Eindämmung der Deutschen im Rüstungsbereich nicht mehr aufrechtzuerhalten war.

Für die Anbahnung von Kontakten auf rüstungswirtschaftlichem Gebiet erwiesen sich persönliche Netzwerke als äußerst bedeutsam. Anlässlich von Veranstaltungen wissenschaftlicher Institutionen und Vereinigungen knüpften deutsche und französische Techniker, Forscher und ehemalige Militärs zahlreiche Kontakte, tauschten sich über aktuelle Projekte und Tätigkeitsfelder aus und eruierten bei dieser Gelegenheit die unterschiedlichsten Kooperationsmöglichkeiten. Ein aufschlussreiches Beispiel sind die Fühlungnahmen zwischen der Deutschen Aeronautischen Gesellschaft (DAG) und der Association Française des Ingénieurs et Techniciens de l'Aéronautique (AFITA) anlässlich der DAG-Jahrestagung von 1953, zu der M.J. Jarry, der Präsident der AFITA, geladen worden war. Konkrete Gesprächsthemen waren Flügel für Überschallflugzeuge, Grundlagenforschung, Elektronik und Raketentechnik. Auch wenn aus naheliegenden Gründen nicht explizit über militärische Projekte gesprochen wurde, so kann dies nicht darüber hinwegtäuschen, dass es sich um Technologien handelte, die sich geradezu ideal für militärische Verwendungen eigneten. Für die Deutschen boten solche Zusammenkünfte eine günstige Gelegenheit, sich Einblicke in den aktuellen Stand der Luftfahrtforschung und -entwicklung zu verschaffen und nach technischen Neuerungen und Kooperationsgelegenheiten Ausschau zu halten, um damit letztlich den Wiederaufbau der noch brachliegenden heimischen Luftfahrtindustrie zu beschleunigen. Überdies strebten die Deutschen die Mitgliedschaft in der AICMA an, um sich international zu vernetzen. Auffällig ist, dass die an einer Zusammenarbeit interessierten Franzosen kontinuierlich dem Konzept einer Kooperation unter ihrer Führung verhaftet blieben[361]. Weitere Beispiele für Institutionen, die miteinander in Verbindung standen,

---

[359] Vgl. ebd., Bl. 17 f.: Vermerk Amt Blank V/C 14, 15.4.1954; Bl. 18: (Richard) Heuser (Oberst i.G. und Referatsleiter II/4/Gruppe Luftwaffe im Amt Blank) an dt. EVG-Militärdelegation, 15.4.1954.
[360] Vgl. SHD/DAA, 9 E/1152-5: Vermerk Daum (DTI) für Generalstab der Luftwaffe, 28.8.1954. Am 11.8.1954 hatte der Generalstab der Luftwaffe die DTI um Auskunft darüber gebeten, welches Material aus französischen Beständen an die Deutschen abgegeben oder von der französischen Industrie hergestellt und an die Deutschen geliefert werden könnte. Auslöser war eine Anfrage des Vorsitzenden des EVG-Militärausschusses infolge der Bekanntgabe des Sofortbedarfs der ersten Einheiten des zukünftigen deutschen Luftwaffenkontingents. Vgl. ebd.: EVG-Militärausschuss, Erstbedarfsliste für das deutsche Kontingent, Juni 1954.
[361] Vgl. SHD/DAA, 2 E/2906: Bericht Jarry über Jahreskongress der DAG (11.–12.4.1953), 14.4.1953. Dem Bericht zufolge brachten die Deutschen ihrem französischen Gast ein ausgeprägtes Kooperationsinteresse entgegen.

sind die Luftfahrtverbände AICMA, USIA und der Verband zur Förderung der Luftfahrt, der spätere Bundesverband der Deutschen Luft- und Raumfahrtindustrie (BDLI)[362].

Als Kontaktbörsen und Lobbyplattformen fungierten daneben die großen internationalen Luftfahrtmessen, bei denen nahezu sämtliche Firmen und Verbände mit Rang und Namen vertreten waren und eine Reihe von zivilen und militärischen Erzeugnissen vorgeführt wurden. Zu den wichtigsten Messen ihrer Art gehörten bzw. gehören auch heute noch die Luftfahrtsalons von Le Bourget (Frankreich) und Farnborough (Großbritannien). Die Beziehungen zwischen deutschen und französischen Luftfahrtindustriellen und -ingenieuren, die mitunter sogar bis in die Zeit des Zweiten Weltkrieges und der Kollaboration zurückreichten, wie auch deren Bedeutung für die bilaterale Kooperation, sind jedoch erst in Ansätzen erforscht. Hier eröffnet sich für Historiker ein sehr breites Betätigungsfeld. Sicher ist, dass sich schon während der EVG-Phase Verbindungen und Netzwerke entwickelten, die in den darauffolgenden Jahren das Fundament für die ersten deutsch-französischen Rüstungsvorhaben bildeten und somit einen nicht zu unterschätzenden Beitrag zur deutsch-französischen Verständigung im industriellen, wissenschaftlichen und militärischen Bereich leisteten. Nachvollziehen lässt sich dies anhand der Vorgeschichte des in der Bundesrepublik durchgeführten Lizenzbaus der beiden französischen Flugzeugtypen Fouga Magister und Noratlas[363].

Auch bei den französischen Vertretern im Militärischen Sicherheitsamt war Anfang des Sommers 1954 deutlich eine kooperativere Haltung gegenüber den Deutschen feststellbar. Dies ist bemerkenswert, denn zum damaligen Zeitpunkt bestanden zwischen dem nach außen hin streng abgeschotteten Militärischen Sicherheitsamt und der mit dem Aufbau eines bundesdeutschen Rüstungs- und Beschaffungswesens betrauten und in Koblenz angesiedelten Außenstelle des Amtes Blank, der Abteilung V, noch keine offiziellen Kontakte[364]. Überhaupt herrschte in Koblenz zwischen den deutschen und französischen Beamten ein eher frostiges Klima. Vertreter des Dienststelle Blank, aber auch des Bundeswirtschaftsministeriums, bezichtigten die französischen Angehörigen des Sicherheitsamtes, wie bereits geschildert, der gezielten Diskriminierung und Wirtschaftsspionage und verurteilten die harte Linie der Franzosen gegenüber der deutschen Industrie und naturwissenschaftlichen Forschung[365]. Offenbar war eine solche Situation auch für französische Militärdienststellen ein unbefriedigender Zustand. Bereits im Vorjahr hatten sie ein sichtbares Interesse bekundet, die Beziehungen zu den Deutschen zu verbessern und offizielle Kontakte mit der Koblenzer Rüstungsabteilung aufzubauen. Zu diesem Zweck hatte die französische Besatzungsverwaltung den Sonderbeauftragten Jouvin zu Ministerialdirigent Rentrop entsandt, um Möglichkeiten einer Annäherung zu erörtern[366]. Konkret äußerte Jouvin die Erwartung, dass Rentrop mithelfe, »die

---

[362] Vgl. BDFD, Bd 2, S. 189–192, hier Bl. 188 f.: Aufz. MAE/Unterabt. Zentraleuropa [6.5.1953], S. 1028 f.: (Vollrath Freiherr) von Maltzan (dt. Botschafter in Paris) an AA, 23.7.1955.
[363] Zur Bedeutung von Firmen, Verbänden und Ingenieurvereinigungen bei der Anbahnung dieser beiden ersten konkreten deutsch-französischen Luftwaffenprojekte: Seiller, Les négociations, S. 24.
[364] Zum Aufbau und zur Tätigkeit der Abteilung V der Dienststelle Blank siehe AWS, Bd 4 (Beitrag Abelshauser), S. 128–139; Krüger, Das Amt Blank, S. 99–114.
[365] Siehe oben, Kap. IV.1.
[366] Vgl. BArch, BW 9/4162, Bl. 4–8: Aufz. Gespräch Rentrop – Jouvin (30.9.1953), o.D. Jouvin war zudem Sonderbeauftragter Cherrières. Kurz zuvor war es zu einem Treffen zwischen Cherrière und Rentrop gekommen. Über den genauen Inhalt des Gesprächs ist jedoch nichts bekannt.

Atmosphäre des Misstrauens, das auf beiden Seiten bestünde, zu beseitigen und dazu beizutragen, zunächst einen Kontakt von Mensch zu Mensch zu schaffen«. Jouvin zufolge seien menschliche Kontakte »wichtiger als eine Einigung über Waffen und Soldaten im Sinne der EVG«. Bei Rentrop stießen die Äußerungen seines Gesprächspartners auf ein vorsichtig positives Echo. Als möglichen Rahmen für eine Kontaktanbahnung schlug er eine gesellige Veranstaltung in Form einer Weinkellereibesichtigung vor – unter Einschaltung der Koblenzer Stadtverwaltung. An einer solchen Veranstaltung hatte Jouvin allerdings, wie sich auch im weiteren Gesprächsverlauf zeigte, nicht das geringste Interesse. Die in Koblenz stationierten französischen Offiziere hätten, so ließ Jouvin verlauten, keinerlei »innere Beziehung« zu der Stadt gehabt, womit er auf das angespannte Verhältnis zwischen dem französischen Militär und der Koblenzer Bevölkerung in der Nachkriegszeit anspielte[367].

Eine äußerst positive Reaktion löste hingegen Rentrops Vorschlag eines Treffens zwischen General Cherrière und Generalleutnant Wolfgang Vorwald, dem Leiter der wehrtechnischen Abteilung, aus. Aus Jouvins Äußerungen ging eindeutig hervor, dass er eine Kontaktaufnahme auf offizieller Ebene wünschte – hierbei dachte er an eine Besichtigung der französischen École des Cadres – und Außenstellenleiter Rentrop unbedingt mit einbezogen wissen wollte. Letzterem Anliegen verlieh Jouvin mit einer Charmeoffensive Ausdruck, indem er den angeblich ausdrücklichen Wunsch der Besatzungsverwaltung äußerte, wonach »eine Besserung der deutsch-französischen Beziehungen in Koblenz [...] nur durch die Persönlichkeit von Herrn Dr. Rentrop und seiner Mitarbeiter« zu erreichen sei. Nicht unerwähnt ließ der Sonderbeauftragte freilich, dass dies zudem ganz dem Wunsch General Cherrières entspreche, der eine »wirklich freundschaftliche Beziehung« zu den deutschen Beamten wünsche[368].

In der Folgezeit gelang es Rentrop allem Anschein nach doch noch, Jouvin ein zwangloses Miteinander deutscher und französischer Militärvertreter unter Einbeziehung der Stadt Koblenz schmackhaft zu machen. Im Beisein des Koblenzer Beigeordneten Richter, der im Namen seiner Stadt dem Wunsch nach einer Verbesserung der Beziehungen kundtat, besprach man, einen »Höflichkeitsbesuch« bei General Cherrière abzustatten und einen gemeinsamen Operettenbesuch zu verabreden[369]. Ob und inwieweit das Besprochene tatsächlich umgesetzt wurde, lässt sich aufgrund der Quellenlage nicht beurteilen. Bemerkenswert ist aber, wie schwierig und verkrustet sich das Verhältnis zwischen den in Koblenz ansässigen deutschen und französischen Beamten gestaltete und dass Rentrop bewusst auf eine Beteiligung der Stadt – eines zivilen Akteurs – setzte, um

---

[367] Vgl. ebd. (Zitate Bl. 5, 7)
[368] Vgl. ebd. (Zitate Bl. 8, 5 in dieser Reihenfolge). Das Verhältnis zwischen der Koblenzer Bevölkerung und der französischen Besatzungsmacht war sehr konfliktgeladen. Gründe hierfür waren zum einen noch vorhandene anti-französische Ressentiments bei den Koblenzern aus der Zeit der Besatzung nach dem Ersten Weltkrieg, zum anderen Unmut über die als äußerst hart empfundenen Maßnahmen der französischen Behörden, wie etwa Beschlagnahmungsaktionen (u.a. von Lebensmitteln und Wohnraum), und über die schweren Versorgungsmängel. Vgl. Schmidt, »In die erbarmungslose Wirklichkeit der Gegenwart gestellt«, S. 48 f., 51 f.
[369] Vgl. BArch, BW 9/4162, Bl. 14 f.: Aufz. Gespräch Rentrop – Jouvin – Richter (19.10.1953), 4.11.1953. Zum weiteren Verlauf ließen sich keine Dokumente finden. Möglicherweise würde sich der nach wie vor nicht erschlossene und somit unzugängliche Nachlass Rentrops als Fundgrube erweisen: BArch, NL Rentrop, N 638.

ein deutsch-französisches Tauwetter einzuleiten. Die Deutschen taktierten trotz allem weiterhin sehr vorsichtig und hielten sich streng an die politisch-rechtlichen Vorgaben. Die französische Seite war eindeutig die drängende. Nun zeigte sich deutlich, dass sie Opfer ihrer eigenen restriktiven Politik geworden war.

Auf das Verhältnis zwischen den Einwohnern der Stadt Koblenz und den dort stationierten Franzosen wirkten sich die auf offizieller Ebene betriebenen Kontaktanbahnungen indes nicht aus. Die Beziehungen zwischen beiden Seiten blieben nach wie vor schwierig. So boykottierten die Bürger am 14. Juli 1954 die Militärparade anlässlich des französischen Nationalfeiertages – in den Augen des französischen Hochkommissars einer von vielen Belegen für die Wiederkehr des deutschen Nationalismus. François-Poncet notierte hierzu:

»Les Coblençais ont manifestement boudé la traditionnelle revue du 14 juillet de nos troupes dans leur ville. Ce n'est pas le seul symptôme de cette remontée progressive du nationalisme que l'Allemagne fédérale nous offre, depuis quelque temps, l'occasion d'observer[370].«

In diesem Zusammenhang sollte allerdings nicht unerwähnt bleiben, dass es anderenorts durchaus erfolgreiche Ansätze zur Annäherung zwischen der einheimischen Bevölkerung und den französischen Stationierungsstreitkräften gab. In Baden-Württemberg etwa initiierte die Landesregierung 1952 die »action Tannenbaum«, bei der 829 französische Soldaten das Weihnachtsfest bei deutschen Familien verbringen durften. Wenngleich die Aufnahmebereitschaft in den einzelnen Kommunen aufgrund psychologischer Vorbehalte und der kurzen Vorbereitungszeit durchaus unterschiedlich war: Auf französischer Seite stieß eine derartige Aktion auf ein sehr positives Echo. Im Gegenzug lud man Freiburger und Tübinger Studenten für Silvester zu französischen Familien ein. Insgesamt zeigte sich Frankreichs Kommissar für Baden-Württemberg, Jean de Boisbéranger, über die Weihnachtsaktion recht zufrieden und betrachtete sie als gute Ausgangsbasis für den Ausbau der immer noch von Misstrauen geprägten Beziehungen[371].

Ab Mitte Juni 1954, als der Wettlauf um den westdeutschen Rüstungsmarkt voll entbrannt war, konstatierte Rentrop bei den französischen Offiziellen eine erstaunliche Offenheit. Diese zeigten sich verstärkt bemüht, Verbindung zur Außenstelle aufzunehmen, mit der Begründung, es sei angesichts des Nebeneinanders beider Behörden »›Unsinn‹«, dass die Vertreter des Sicherheitsamtes nur durch den Nachrichtendienst über die Tätigkeit der Abteilung V erführen. Allerdings sollte sich der Austausch nicht im offiziellen, sondern im informellen Rahmen vollziehen, um, wie die Franzosen verlauten ließen, den Gegnern des EVG-Vertrags keine Angriffsfläche zu bieten. Die eigentliche Sorge dürfte jedoch weniger dem Schicksal der innerhalb des Militärs unpopulären EVG gegolten haben. Vielmehr dürfte es den Franzosen darum gegangen sein, die vorzeitige Aufnahme mehr oder weniger offizieller Rüstungsbeziehungen zum ehemaligen Kriegsgegner vor der eigenen Öffentlichkeit vorerst zu verschleiern. Coignard, der als Vorsitzender des EVG-Rüstungsausschusses und Angehöriger des Militärischen Sicherheitsamtes eine Doppelfunktion innehatte, ging sogar so weit, Rentrop zu den

---

[370] Les rapports mensuels, II, S. 1201–1224 (Zitat S. 1205): Eintrag 31.7.1954.
[371] Vgl. AMAE, DF-CED/C/124: François-Poncet an Bidault, 3.2.1953, Anhang: De Boisbéranger an François-Poncet, 21.1.1953. In Württemberg-Baden, das zur US-Besatzungszone gehörte, hatte sich eine deutsch-amerikanische Weihnachtsaktion bereits mit Erfolg eingespielt und galt als »déjà traditionnelle«. Ebd., S. 4.

Sitzungen des EVG-Rüstungsausschusses nach Paris einzuladen, was dieser allerdings mit Hinweis auf die noch ausstehende Ratifizierung des EVG-Vertrages höflich ablehnte[372].

Ziel der französischen Initiative war es, zusätzliche Informationen über das Innenleben der Abteilung V und die dort in Gang befindlichen Planungen zu erlangen, besonders vor dem Hintergrund der immer akuter werdenden Fragen nach der Beteiligung der deutschen Industrie im Rahmen der EVG und dem Materialbedarf der westdeutschen EVG-Kontingente. Damit sollten im Hinblick auf künftige deutsche Rüstungsaufträge günstige Voraussetzungen für die heimische Industrie geschaffen werden[373]. In Rentrops Haus fielen die Fühlungnahmen grundsätzlich auf fruchtbaren Boden, denn schließlich bedurften Anträge für Forschungsarbeiten auf rüstungstechnischem Gebiet und für Beschaffungen der Genehmigung des Sicherheitsamtes. Dabei war man auch auf die Milde der französischen Vertreter angewiesen. Eine einheitliche Linie im Umgang mit den Franzosen gab es amtsintern allerdings nicht. In der Forschungs- und Entwicklungsabteilung der Außenstelle Koblenz, die besonders von der strengen Genehmigungspraxis des Sicherheitsamtes betroffen war, hielt man es zwar nicht für opportun, über Waffenfertigungen zu sprechen, wohl aber über die Aussichten auf Genehmigungen für deutsche Firmen betreffend Pionierbrücken, Vorarbeiten auf den Gebieten Radar und Zielsuchköpfen und Elektroröhren. Ferner wünschte man sich die Erlaubnis zur Herstellung von Strahlungsmessgeräten und zur Entwicklung eines Hohlstabsgeräts, eines Räumgeräts für magnetische Fernzündungsminen[374]. Die Beschaffungsabteilung erhoffte sich vom Sicherheitsamt eine Auflistung aller genehmigten Anträge im Rüstungsbereich sowie Informationen darüber, auf welchen Gebieten schon mit Beschaffungsvorbereitungen begonnen werden könnte[375]. In der Unterabteilung A (Allgemeines) empfahl man hingegen, bei der Kontaktaufnahme konkrete Themen zu umgehen und zunächst nur die Grundeinstellung der Vertreter der Sicherheitsbehörde in Erfahrung zu bringen[376]. Blank wies Rentrop schließlich an, dienstliche Kontakte zu vermeiden. Sollte es zufälligerweise doch zu außerdienstlichen Zusammentreffen kommen, so habe man Gesprächen mit dienstlichem Inhalt auszuweichen[377]. Der Dienststellenleiter ließ weiterhin große Vorsicht walten und wollte keinesfalls den Anschein erwecken, wonach Deutschland schon vorzeitig konkrete militärische Vorbereitungsmaßnahmen anstrebte. Bei den Franzosen sorgte die extreme

---

[372] BArch, BW 9/4279, Bl. 14−16 (Zitat Bl. 15): Rentrop an Blank, 16.6.1954.
[373] Dies legen die Ausführungen einer führenden Persönlichkeit der US-Delegation nahe, die auf das auffällige Interesse der Franzosen an der Bekanntgabe deutscher Materialvorführungen und Musterschauen hinwies. Vgl. BArch, BW 9/4279, Bl. 33 f.: Rentrop an Blank, 3.5.1955. Frankreich hatte es sich ganz offensichtlich zum Ziel gesetzt, möglichst umfassend über derartige Veranstaltungen informiert zu sein, zum einen aus Kontrollmotiven, zum anderen in der Absicht, möglicherweise selbst von den dargebotenen Technologien profitieren zu können. In der Forschungsabteilung der Außenstelle hielt man es jedenfalls für nicht ausgeschlossen, dass die Kontaktanbahnung dahingehend motiviert war, »dem französischen Sicherheitsdienst die Arbeit [zu] erleichtern«. BArch, BW 9/4279, Bl. 29−31, hier Bl. 30: Außenstelle Koblenz/U C [Forschung, Entwicklung, Prüfwesen] an Rentrop, 25.6.1954.
[374] Vgl. BArch, BW 9/4279, Bl. 29−31: AK/U C an Rentrop, 25.6.1954.
[375] Vgl. ebd., Bl. 27 f.: Außenstelle Koblenz/Unterabteilungsleiter D [Beschaffung] an Rentrop, 25.6.1954.
[376] Vgl. ebd., Bl. 24: Außenstelle Koblenz/U A an Rentrop, 25.6.1954.
[377] Ebd., Bl. 32: Weisung Blank an Rentrop, 22.7.1954.

deutsche Zurückhaltung aufgrund des sichtlich vorhandenen Interesses an Details zu Materialvorführungen offenbar für Verstimmung. Doch selbst nach der EVG-Phase kam es in Koblenz zu keiner Annäherung. Im März 1955 sah sich Rentrop schließlich zu der Empfehlung veranlasst, auf das Sicherheitsamt zuzugehen, da man nichts zu verbergen habe, die Alliierten – vor allem die Franzosen – den Deutschen bereits Einblicke in Geheimentwicklungen böten und sich eine Vertiefung der Kontakte mit Hinblick auf eine spätere Kooperation positiv auswirken könne[378].

Keine Bewegung gab es in der Frage einer Einschaltung deutscher Dienststellen in Beschaffungen für die französische Besatzungsmacht. Der Bundesregierung war sehr an einer derartigen Praxis gelegen, um Unregelmäßigkeiten beim Besatzungskostenetat zu vermeiden[379]. Doch die Franzosen zeigten sich in der Angelegenheit während der gesamten EVG-Phase äußerst zurückhaltend[380]. Auf den Vorschlag des Bundesfinanzministeriums vom Dezember 1953, die Durchführung der Ausschreibungen für Besatzungsaufträge an eine deutsche Beschaffungsdienststelle zu übertragen, gingen die Franzosen nicht ein[381]. Vermutlich wollten sie aus politischen Gründen weiterhin die völlige Kontrolle über ihre Beschaffungen behalten und folglich keine Kompetenzen an die Deutschen abtreten. Zudem schien eine solche Haltung auch dazu geeignet, einen Ausbau und Bedeutungszuwachs der Koblenzer Außenabteilung des Amtes Blank und deren mögliche Mutation zu einem eigenständigen deutschen Beschaffungsapparat zu verhindern[382].

Die französische Besatzungsmacht mit ihren über 20 Beschaffungsdienststellen vergab zwar Aufträge an die deutsche Industrie. Das seit Sommer 1951 bestehende Deutsche Beratende Büro mit Sitz in Baden-Baden besaß allerdings nur eine Unterstützungs- und Koordinierungsfunktion: Es nannte den Franzosen geeignete Firmen. Das eigentliche Beschaffungsprozedere verblieb dagegen in französischer Hand. Zwischen beiden Seiten scheint sich dennoch ein gutes Miteinander eingespielt zu haben[383]. Immerhin durften

---

[378] Vgl. ebd., Bl. 33 f.: Rentrop an Blank, 3.5.1955. Die Tätigkeit des Militärischen Sicherheitsamtes endete infolge der Erlangung der Souveränität und des NATO-Beitritts der Bundesrepublik im Mai 1955. Obwohl die Behörde in ihrer Endphase ihre Tätigkeit nur noch in abgeschwächter Form aufrechterhalten konnte, bemühte sich Frankreich – ganz im Gegensatz zu den USA – die Kontrollmöglichkeiten bis zum Schluss auszuschöpfen. Am 1.1.1956 nahm dann das Rüstungskontrollamt der WEU seine Arbeit auf. Es verfügte aber bei weitem nicht über die Kompetenzen des früheren Koblenzer Sicherheitsamtes. Siehe Glaser, Das Militärische Sicherheitsamt, S. 328–342. Allgemein zum WEU-Rüstungskontrollamt: AWS, Bd 4 (Beitrag Schwengler), S. 512 f.; Coignard, Rüstungskontrolle. Aktenbestände finden sich in: BArch, B 102/441884.

[379] Vgl. AAPD/AuHK, I, S. 352–368, hier S. 367: Protokoll Sitzung Bundesregierung – AHK (9.5.1951), o.D.; Krüger, Das Amt Blank, S. 99. Die deutsche Forderung war nachvollziehbar, denn die Besatzungstruppen gingen mit den deutschen Finanzbeiträgen mitunter recht verschwenderisch um. Vgl. AWS, Bd 4 (Beitrag Abelshauser), S. 98 f.

[380] Im Jahre 1953 unternahm Blanks Dienststelle mehrere Anläufe, um Bewegung in die Angelegenheit zu bringen. Es fanden Gespräche mit französischen Vertretern der Hohen Kommission und des Militärs statt, jedoch ohne Erfolg. Vgl. Krüger, Das Amt Blank, S. 105.

[381] Vgl. BArch, BW 9/4225, Bl. 10–29, hier Bl. 25: Tätigkeitsbericht Amt Blank für 1954; BArch, BW 9/4251, Bl. 3 f.: Oeftering an Rivain, 27.8.1954. Prof. Heinz-Maria Oeftering war Ministerialdirektor im BMF, Bernard Rivain Generaldirektor für Wirtschafts- und Finanzfragen bei der französischen Hochkommission in Bad Godesberg. Laut Rentrop war die Außenstelle des Amtes Blank in die Beschaffung bestimmter Verbrauchsgüter, vor allem aber von Kraftfahrzeugteilen, eingeschaltet. Vgl. Rentrop, Die Beteiligung deutscher Stellen, S. 498 f., hier S. 499.

[382] Aktenbestände des Deutschen Beratenden Büros: Siehe Krüger, Dienststellen, Bd 2, S. 500–502.

[383] Vgl. BArch, BW 9/4271, Bl. 17 f.: Escher (Deutsches Beratendes Büro) an Rentrop, 16.11.1954.

die Deutschen seit Herbst 1952 gewisse Beschaffungsfunktionen für Dienststellen des französischen Hochkommissariats übernehmen. Und auch die Materialdienststelle der französischen Streitkräfte in Oberkirch band sie in die Beschaffung von Ersatzteilen für Kraftfahrzeuge ein. Allerdings erhielt der zuständige General im Frühjahr 1953 aus Paris die Weisung, derartige Aufträge nicht ausufern zu lassen, mit der Begründung, man solle der EVG nicht vorgreifen[384]. Offensichtlich wollten die Franzosen ihren östlichen Nachbarn nicht zu schnell an eine neue Rolle gewöhnen.

Ausgezeichnet verlief hingegen die Zusammenarbeit mit dem British Mandatory Procurement Office in Herford. Die Einschaltung der Deutschen erstreckte sich auf den gesamten Armeebedarf, soweit dies gemäß den geltenden rechtlichen Bestimmungen möglich war. Gefragt waren bei den Briten besonders Fahrzeuge, Maschinen, Elektrogeräte, Textilien und Holzerzeugnisse aus deutscher Produktion. Es gelang den Deutschen auch, die Anzahl der ohne ihre Mitwirkung vergebenen Aufträge kräftig zu reduzieren. Mittels einer solch weitreichenden Beteiligung versuchten sie eine Reihe von Zielen zu verwirklichen: Die Durchsetzung des Grundsatzes des freien Wettbewerbs und die Vermeidung von Störungen im bundesdeutschen Wirtschaftsgefüge, die Streuung der Aufträge über das gesamte Bundesgebiet und die Verwirklichung des Freiwilligkeitsprinzips. Firmen sollten nicht zu Leistungen gezwungen werden können. Außerdem gelang es durch die Anwendung der zum Jahresbeginn 1954 in Kraft getretenen »Verordnung über die Preise bei öffentlichen Aufträgen« auf die Aufträge der Besatzungsmacht, bei der Preisgestaltung eine weitgehende Angleichung an die bei öffentlichen Aufträgen üblichen Preisbildungs- und Preisüberwachungsgrundsätze zu erreichen. Nicht zuletzt sammelte man wertvolle Erfahrungen für das zukünftige deutsche Beschaffungswesen. Als bedeutsam erwies sich in diesem Zusammenhang auch das Einüben einer engen Kooperation mit dem Bundesfinanzministerium und den Wirtschaftsministerien der Bundesländer[385].

Der ehemalige Amtsgruppenchef des Heereswaffenamtes beim Oberkommando des Heeres (OKH) und mittlerweile als Gutachter der Dienststelle Blank tätige Generalleutnant a.D. Erich Schneider erblickte in der Tatsache, dass einige der im Rahmen der EVG-Planungen vorgeführten französischen Waffen nach Kriegsende mit Hilfe deutscher Fachleute entwickelt worden waren, einen günstigen Anknüpfungspunkt für eine künftige Kooperation. Hierbei dachte er vor allem an das Laboratoire de Recherches Saint-Louis (LRSL), einer aus dem Ballistischen Institut der Technischen Akademie der deutschen Luftwaffe hervorgegangenen Einrichtung. Sie war gegen Kriegsende nach Süddeutschland verlegt und dann vom französischen Militär besetzt worden. Später hatten die Franzosen es mit dem Großteil der darin arbeitenden deutschen Wissenschaftler und Techniker übernommen. Es unterstand seit 1946 der DEFA. Schneider stellte die

---

[384] Vgl. BTAV, II, S. 195–309, hier S. 233: Protokoll 30. Sitzung Ausschuss für Fragen der europäischen Sicherheit (23./24.4.1953), Ausführungen Rentrop.
[385] Vgl. BArch, BW 9/4225, Bl. 10–29, hier Bl. 24 f.: Tätigkeitsbericht Amt Blank für 1954. Über das British Mandatory Procurement Office wurden auch Beschaffungen für die Belgier, Dänen und Norweger durchgeführt. Einzelheiten zum Beschaffungsverfahren für die Briten: Rentrop, Die Beteiligung deutscher Stellen. Die amerikanische Besatzungsmacht sperrte sich erstaunlicherweise gänzlich gegen die Einbeziehung deutscher Dienststellen in Beschaffungsangelegenheiten. Vgl. BTAV, II, S. 195–309, hier S. 233 f.: Protokoll 30. Sitzung Ausschuss für Fragen der europäischen Sicherheit (23./24.4.1953), Ausführungen Rentrop.

Überlegung an, ob eine Zusammenarbeit auf rüstungstechnischem Gebiet nicht zu einer »Brücke« werden könnte, und empfahl, auf die Franzosen zuzugehen: »Wir sollten ernsthaft überlegen, ob wir auf diesem Gebiet nicht eine Zusammenarbeit anstreben müssen. Gewisse Anzeichen für eine Bereitschaft auf der anderen Seite hierzu liegen vor«[386].

Schneider stand stellvertretend für eine Reihe deutscher Rüstungsfachleute, in deren Interesse es lag, so rasch wie möglich eine funktionsfähige und moderne Rüstungsorganisation in der Bundesrepublik aufzubauen, um die künftigen deutschen Militärkontingente mit zeitgemäßem Material ausstatten zu können und das Land gegen einen für möglich gehaltenen sowjetischen Angriff zu wappnen[387]. Der umtriebige technische Offizier aus dem einstigen Heereswaffenamt war außerordentlich gut vernetzt und pflegte auch ins Ausland enge Kontakte, so etwa nach Spanien[388] und Frankreich. Eine Zusammenarbeit mit anderen westeuropäischen Staaten war sehr willkommen, um Deutschlands Rückstand in der Waffentechnik wieder aufzuholen. Als Partner kam daher auch Frankreich infrage, das über einige neuartige Forschungs- und Entwicklungseinrichtungen und Rüstungsgüter verfügte und zudem eine Reihe hochqualifizierter deutscher Fachleute beschäftigte. Die Existenz des LRSL kam wie gerufen, weil dort unter Leitung einer Koryphäe der ballistischen Forschung, Professor Dr. Ing. Hubert Schardin, ca. 100 deutsche Waffenspezialisten, darunter 20 Spitzenkräfte, tätig waren. Die Haupttätigkeitsfelder des Instituts umfassten Innen- und Außenballistik, Sprengstoffe und Hohlladungen – allesamt Bereiche, die für eine moderne Rüstung von herausragender Bedeutung waren[389].

Schneider lag mit seiner Vermutung, wonach vonseiten des LRBA ein gewisses Interesse an einer Zusammenarbeit mit offiziellen deutschen Stellen bestünde, nicht falsch. Im November 1952 unterbreitete Schardin, der nebenbei noch Honorarprofessor für Technische Physik an der Universität Freiburg im Breisgau war, ein für die damalige Zeit bemerkenswertes Kooperationsangebot: Er regte eine Mitarbeit deutscher Dienststellen sowie einen paritätischen deutschen Finanzbeitrag an, um »eine Brücke des Verstehens« zu schaffen und das in Frankreich noch vorhandene Misstrauen gegenüber den Deutschen schrittweise abzubauen. Darüber hinaus liebäugelte er mit dem Aufbau eines kleinen, an seinen Freiburger Lehrstuhl angelehnten ballistischen Instituts, an dem die zukünftigen deutschen Rüstungsingenieure akademisch ausgebildet werden sollten und das als Keimzelle einer späteren wehrtechnischen Akademie dienen könnte. Als Sitz

---

[386] BArch, BW 9/2307, Bl. 128–135 (Zitate Bl. 133): Bericht Schneider, 22.11.1952. Schneider hatte im August eine Einladung Schardins erhalten. Vgl. BArch, BW 9/3643, Bl. 241 f., hier Bl. 241: Vermerk Schneider, 8.12.1952.

[387] Schneiders unermüdliche Bemühungen bei der Mitgestaltung einer bundesdeutschen bzw. europäischen Rüstungsorganisation sind in seinem umfangreichen Nachlass dokumentiert: BArch, NL Schneider, N 625; siehe ferner BArch, BW 9/3643, Bl. 244–255, 266–275, 284–297.

[388] Schneider spielte eine wichtige Rolle beim Aufbau rüstungswirtschaftlicher Kontakte zwischen der jungen Bundesrepublik und Franco-Spanien Anfang der 1950er Jahre. Siehe hierzu Aschmann, »Treue Freunde ...?«, S. 348–351; BArch, NL Schneider, N 625/22, 625/150.

[389] Vgl. BArch, BW 9/3643, Bl. 241 f., hier Bl. 241: Vermerk Schneider, 8.12.1952. Das Jahresbudget der Einrichtung lag bei umgerechnet 2 Mio. DM. Davon entfiel die Hälfte auf die Gehälter für die deutschen Mitarbeiter.

des Instituts regte er Weil am Rhein oder Freiburg im Breisgau an. Schneider erschienen Schardins Vorschläge aus den oben genannten Gründen »durchaus beachtenswert«[390].

Mit Kooperationsofferten trat Schardin folglich auch gezielt an Blanks Dienststelle heran[391]. Ähnlich wie im Falle Oestrichs war es erneut ein Deutscher in französischen Diensten, von dem erste Schritte ausgingen, um die Perspektive einer zukünftigen Kooperation auszuloten. Eine gewisse innere Verbundenheit zu seinem Heimatland und der Wunsch nach einer beiderseitigen Verständigung mag hierbei eine Rolle gespielt haben. Von besonderem Interesse dürfte für Schardin aber gewesen sein, lukrative Forschungsaufträge zu ergattern und die in Saint-Louis tätige Forschergruppe zusammenzuhalten, denn im Falle des offiziellen Startschusses einer westdeutschen Wiederbewaffnung bestand die Gefahr, dass die Spezialisten wieder in ihre Heimat abgeworben würden[392].

In der Tat hatte man in der Außenstelle Koblenz ein Auge auf die in Frankreich tätigen und für den Wiederaufbau eigener Kapazitäten in der Rüstungsforschung bedeutsamen Landsleute geworfen. Auch wenn die Leitungsebene der DEFA nach Aussage Schardins gegenüber Kooperationsplänen aufgeschlossen gewesen sein soll: von der Regierungsebene scheinen sie – im Gegensatz zur Anbahnung deutsch-französischer Industriellenkontakte – zunächst nicht weiter verfolgt bzw. gefördert worden zu sein. Hintergrund dürfte die damalige Rechtslage gewesen sein, die vom Quai d'Orsay bekanntlich hartnäckig verteidigt wurde. So erscheint es wenig verwunderlich, dass Schardins Vorstoß zunächst im Sand verlief.

Eine Brise frischen Wind brachte erst das Frühjahr 1954 in die Angelegenheit. Gegen Ende Juni wurden zwei Angehörige des Instituts, ein Deutscher und ein Franzose, in der Außenstelle Koblenz vorstellig und brachten den Wunsch nach einer Umwandlung in eine bi-nationale Einrichtung vor[393]. In der Außenabteilung Koblenz beabsichtigte man das Angebot aufzugreifen und es zum Anlass für allgemeine Erörterungen rund um Rüstungsfragen zu machen[394], was jedoch auf Blanks Anweisung unterbunden wurde[395]. Zur Debatte stand aber offenbar nicht nur eine bi-nationale Lösung. Angeblich soll

---

[390] Vgl. BArch, BW 9/3643, Bl. 241 f. (Zitate Bl. 242): Vermerk Schneider, 8.12.1952. Schardin war mehrere Jahre Leiter der Abteilung für angewandte Physik der Universität Freiburg, die später in das Ernst-Mach-Institut der Fraunhofer Gesellschaft umgewandelt wurde, und machte später im BMVg Karriere. Am 1.10.1964 wurde er Leiter der Abteilung Wehrtechnik. Er starb jedoch bereits am 28.9.1965. Vgl. die Meldungen in: Bundeswehrverwaltung 8:11 (1964), S. 245, und Bundeswehrverwaltung 9:10 (1965), S. 219.
[391] Vgl. BArch, NL Pollex, N 712/21: Vermerke Amt Blank/III/2/5, 13.1.1953. Schardin versorgte das Amt unter anderem mit fachlichen Informationen aus dem LRSL.
[392] In Paris befürchtete man für den Fall der Rückkehr der deutschen Fachleute in ihre Heimat eine durchaus erhebliche Beeinträchtigung des französischen Forschungsbetriebs. Vgl. BDFD, Bd 1, S. 666 f., hier S. 666: Allgemeine Richtlinien für die französisch-deutsche Rüstungskooperation, 29.7.1955.
[393] Vgl. BArch, BW 9/4279, Bl. 25 f., hier Bl. 26: Vermerk Amt Blank/A 2 H, 24.6.1954.
[394] Vgl. ebd., Bl. 29–31, hier Bl. 29: Außenstelle Koblenz/U C an Rentrop, 25.6.1954. Bei dieser Gelegenheit gedachte die Forschungsabteilung auch allgemein über die Zukunft der in Frankreich tätigen deutschen Fachleute zu sprechen.
[395] Siehe ebd., Bl. 32: Weisung Blank an Rentrop, 22.7.1954. Die Verhandlungen über die Umwandlung des Instituts in eine Gemeinschaftseinrichtung erfolgte erst ab Herbst 1955 – im Zuge der offiziellen Aufnahme militärischer Beziehungen beider Länder – und kamen erst am 31.3.1958 durch ein von den Verteidigungsministern Franz Josef Strauß und Jacques Chaban-Delmas unterzeichnetes

Schardin sogar erwogen haben, ein gemeinschaftlich betriebenes Institut in die EVG einzubringen[396]. Ähnliche Überlegungen sollen bezüglich der in Neuershausen bei Freiburg im Breisgau, ab 1953 auch in Neuf-Brisach ansässigen deutsch-französischen Forschergruppe für Ionosphärenforschung angestellt worden sein. So bemerkte deren Wissenschaftlicher Leiter, Dr. Karl Rawer, der in engem Kontakt mit Schardin stand, rückblickend, dass man ursprünglich vorgehabt habe, »die ganze Sache in die EVG einzugliedern«[397].

Die Einrichtung ging ursprünglich auf die Zentralstelle für Funkberatung (ZfF) der Luftwaffe zurück. Mehrere ihrer Mitarbeiter waren nach Kriegsende in französische Dienste übernommen worden und bildeten seitdem den Kern der neuen Forschergruppe des Service de Prévision Ionosphérique Militaire (SPIM)[398]. Bundeskanzler Adenauer hatte in einem an Rawer gerichteten Schreiben vom 26. Juli 1952 eine solche Zusammenarbeit ausdrücklich gebilligt. Seit Ende 1952 stellten die Franzosen die Vorhersagen zur Ausbreitung von Radiowellen auch interessierten deutschen Dienststellen zur Verfügung[399]. Rawer und sein Team wirkten am Aufbau von Messstationen in Afrika und an der Ausbildung französischen Militärpersonals mit und steuerten Höhenmessgeräte für die mit Hilfe deutscher Spezialisten entwickelte französische Rakete Véronique bei, einer Vorläuferin der Ariane-Rakete[400]. Als 1955 konkrete Verhandlungen über die Umwandlung des Institut Saint-Louis in eine bi-nationale Gemeinschaftseinrichtung einsetzten, machte sich Rawer dafür stark, seine von der

---

Abkommen zum endgültigen Abschluss. Siehe hierzu Baumann, Die Gründung des »Institut Saint-Louis«, S. 250–254; Seiller, Vom Lizenzbau, S. 87–90.

[396] Vgl. Schall, Vom Laboratoire zum Institut, S. 33; Baumann, Die Gründung des »Institut Saint-Louis«, S. 248 f. Diese auf den Schilderungen damaliger Institutsmitarbeiter beruhende Angabe wird auch heute noch an prominenter Stelle, etwa in namhaften wehrtechnischen Zeitschriften, vertreten. Vgl. Wagner, 50 Jahre ISL, S. 71.

[397] PA-AA, B 14-II A 7/838: Rawer an Jansen (AA), 27.7.1955, S. 1; vgl. auch Rawer, Meine Kinder umkreisen die Erde, S. 101. Die Ionosphärenforschung beschäftigt sich mit der Ausbreitung von Radiowellen und der Funkwetter-Vorhersage und fand Anwendung bei der Erforschung und Weiterentwicklung der Kommunikations- und Messtechnik. Rawer war während des Zweiten Weltkrieges Chef der Gruppe Ionosphären-Beobachtung und Vorhersage bei der ZfF gewesen.

[398] Vgl. AMAE, DE-CE, NL Wormser, 100, Bl. 75–82, hier Bl. 76 f.: Bericht Rawer, 23.3.1956. Einen interessanten Einblick in die Forschungstätigkeit der Gruppe um Rawer ermöglicht ein 1951 veröffentlichtes Buch, das sich auf Messdaten der Freiburger SPIM-Stelle stützte und mit Genehmigung des Service des Études et Recherches Scientifiques der französischen Marine erschien. Das Vorwort verfasste der für das französische Militär tätige Physiker Yves Rocard, der maßgeblich an der Entwicklung der französischen Atombombe beteiligt war und Rawer für den Ionosphären-Vorhersagedienst der Marine engagiert hatte. Siehe Rawer, Die Ionosphäre. Zur Rekrutierung Rawers und den Anfängen seiner Tätigkeit beim SPIM siehe dessen Autobiografie Meine Kinder umkreisen die Erde, S. 64–88.

[399] Vgl. ebd., hier Bl. 77; PA-AA, B 14-II A 7/838: Jansen an Blank, 6.10.1955; Naupert (AA) an Bundesministerium für Post und Fernmeldewesen, 23.11.1955. Vorausgegangen war nach Darstellung Rawers eine Unterredung zwischen dem Chef des SPIM und General a.D. Reinhard Gehlen, dem Chef der Vorläuferorganisation des BND. Gehlen soll von Adenauer den Auftrag erhalten haben, eine Übersicht über die für die Alliierten tätigen deutschen Wissenschaftler zu erstellen. Vgl. Rawer, Meine Kinder umkreisen die Erde, S. 101.

[400] Siehe Rawer, Meine Kinder umkreisen die Erde, S. 93–98, 101–110. Zum Véronique-Programm: Durand-de Jongh, De la fusée Véronique au lanceur Ariane; Huwart, Du V2 à Véronique.

Auflösung bedrohte Forschergruppe dem Institut anzugliedern, was jedoch ohne Erfolg blieb⁴⁰¹.

Ob die erwähnten Europäisierungspläne tatsächlich der Realität entsprachen oder sie wegen der allgemeinen Popularität des Europagedankens hervorgebracht, möglicherweise gar erst nachträglich konstruiert wurden, muss offen bleiben. In jedem Falle wurde bei den Initiativen deutlich die Bereitschaft zu einer engen zwischenstaatlichen Zusammenarbeit erkennbar, um Synergieeffekte zu nutzen. Rawer zumindest drückte sein großes Bedauern über das Scheitern der EVG aus. In seinen Memoiren beschrieb er das Ereignis als »Wendepunkt in der europäischen Entwicklung«, als »Wendepunkt zum Schlechteren«. Eine »Sternstunde für Europa« sei vertan worden. Zwar wäre eine integrierte europäische Verteidigung nicht einfach zu realisieren gewesen, doch die Gemeinsamkeit hätte eher zu einer engeren Zusammenarbeit geführt. In seiner 1986 erschienenen Rückschau beklagte er die stärker werdenden nationalen Gegensätze in Westeuropa und eine zunehmende Bedeutungslosigkeit des Kontinents auf der weltpolitischen Bühne: »So werden die Westeuropäer wohl noch lange weiterwursteln und sich weiter zanken, das ›Schaufenster des Westens‹ wird mehr und mehr blind, Macht und Einfluß Europas und der Europäer werden von Jahr zu Jahr geringer⁴⁰².«

Alles in allem zeigte sich, dass Frankreichs Politik gegenüber den Deutschen in Bezug auf eine mögliche Rüstungszusammenarbeit sehr ambivalent war. Während das Außenministerium den offiziellen Kurs der Regierung verteidigte, wonach es jede Form der Rüstungszusammenarbeit vor Inkrafttreten des EVG-Vertrages zu unterbinden gelte, um den Deutschen ja keine Ausgangsbasis für die Renaissance einer autonomen Waffenproduktion zu verschaffen, sondierten französische Luftfahrtindustrielle mit Billigung höchster Regierungskreise und des Verteidigungsministeriums bereits während der EVG-Phase mögliche Kooperationsfelder. Dies war keinesfalls auf idealistische Erwägungen zurückzuführen, sondern Ausdruck einer harten, aus der Not geborenen Interessenpolitik, die darauf zielte, das in der Bundesrepublik vorhandene Industrie- und Forschungspotenzial für die französische Industrie nutzbar zu machen und sich den bundesdeutschen Rüstungsmarkt gegen die schier übermächtige angelsächsische Konkurrenz zu sichern. Überdies erkannte man in einer Zusammenarbeit ein geeignetes Mittel, deutsche Rüstungsaktivitäten zu kontrollieren – ganz im Gegensatz zum Quai d'Orsay, der genau dies für die falsche Richtung hielt. Die Pläne kleidete man gerne in ein europäisches Gewand, um mögliches deutsches Misstrauen zu zerstreuen. Doch infolge des stetig wachsenden Drucks seitens der amerikanischen und britischen Industrien und Regierungen wie auch aufgrund der Einsicht, die deutschen Rüstungsverbote und -beschränkungen nicht mehr allzu lange aufrechterhalten zu können, knickte schließlich auch die französische Diplomatie ein und vollzog einen Kurswechsel, ohne freilich gänzlich auf bestimmte Sicherheitsvorkehrungen gegenüber den Deutschen verzichten zu wollen. Spätestens seit den Sommermonaten des Jahres 1954 war der Wettlauf um

---

[401] Dokumente dazu in: PA-AA, B 14-II A 7/838. Nach der Auflösung der deutsch-französischen SPIM-Gruppe, die eng mit dem Fernmeldetechnischen Zentralamt und dem Max-Planck-Institut für Ionosphärenforschung in Lindau (Harz) zusammengearbeitet hatte, trat ein Teil des Personals in deutsche Dienste über und wurde offenbar vom BND übernommen. Vgl. Rawer, Meine Kinder umkreisen die Erde, S. 111–113; Mueller/Müller, Gegen Freund und Feind, S. 356.

[402] Rawer, Meine Kinder umkreisen die Erde, S. 111.

den westdeutschen Rüstungsmarkt in vollem Gange. Unter dem Eindruck des sich stetig verschärfenden Wettbewerbs wurde selbst der für Industriekontrollen zuständige Beamte des Militärischen Sicherheitsamtes Coignard zu einem ausgesprochenen Befürworter einer deutsch-französischen Luftfahrtkooperation.

Während der EVG-Phase ließen sich somit zahlreiche konstruktive Kooperationsansätze ausmachen, doch die politischen Verantwortlichen in Paris brachten es schlichtweg nicht fertig, über ihren Schatten zu springen, aktiver auf die Deutschen zuzugehen und die Gelegenheiten beim Schopf zu packen. Dadurch verspielte Frankreich wertvolle Chancen. Erst reichlich spät, unter dem Eindruck des immer intensiver werdenden Ringens um den westdeutschen Rüstungsmarkt und dann schließlich nach dem Aus für die Europaarmee, wachte man an der Seine auf.

Der Annäherungsprozess zwischen Deutschen und Franzosen auf rüstungswirtschaftlichem Gebiet wurde weniger vom Europa- und Versöhnungsgedanken der Nachkriegszeit bestimmt, wie er immer wieder vonseiten der Politik öffentlich beschworen wurde, sondern maßgeblich von ökonomischen Interessen, vom Gewinnstreben von Unternehmen und Verbänden. Die anfänglich auf beiden Seiten vorhandenen Vorbehalte verflüchtigten sich, je mehr die Industriellen die Vorteile eines Zusammengehens erkannten, wobei die Franzosen die Drängenderen waren. Die Initiative für eine rüstungswirtschaftliche Zusammenarbeit ging von der Industrie, aber auch von einzelnen Persönlichkeiten aus und wurde letztlich von Politik und Diplomatie aufgegriffen und von aktiven wie ehemaligen Forschern und Militärs gefördert. Während auf hoher politischer Ebene noch intensiv über die Gestalt der künftigen EVG, die den Rahmen der westdeutschen Aufrüstung vorgeben sollte, verhandelt wurde, kam es auf industrieller Ebene schon zu zahlreichen Fühlungnahmen. Das Vorpreschen der Rüstungsvertreter im Schatten der sich wandelnden politisch-strategischen Rahmenbedingungen setzte die Politik mehr und mehr unter Zugzwang und führte dazu, dass die anfangs noch vorherrschenden sicherheitspolitischen Bedenken stärker in den Hintergrund rückten. Eine wichtige Rolle spielten ferner prominente Wissenschaftler, die seit Kriegsende in Frankreich tätig waren, mit ihren französischen Kollegen offenbar gute Kooperationserfahrungen gesammelt hatten und daher eine Zusammenarbeit – offenbar auch in europäischem Kontext – stark befürworteten. Der Annäherungsprozess wurde also keineswegs nur durch die politischen Akteure bzw. durch die gouvernementale Ebene geprägt, sondern auch maßgeblich von den unteren Ebenen: von Repräsentanten aus der Rüstungsindustrie, militärnahen Kreisen und Wissenschaftlern. Mit ihren während der EVG-Phase aufgebauten Kontakten legten die Beteiligten, wie im weiteren Verlauf noch gezeigt wird, einen wichtigen Grundstein für die Intensivierung der Zusammenarbeit und die beiderseitige Verständigung.

## VI. Zwischen Integrationszwang und nationalen Interessen: Die Haltung der französischen Streitkräfte zur EVG-Rüstungsintegration

### 1. Die Gespräche zwischen Frankreichs Militärführung und EVG-Delegation, 1952

Einen wesentlichen Anteil an der EVG-Kritik der Militärs hatten Rüstungsfragen. Es zeigte sich, dass die Generale die im Vertrag vorgesehene Rüstungsintegration vehement ablehnten und damit im scharfen Gegensatz zur offiziellen Regierungspolitik standen, wie sie vom Außenministerium und der französischen EVG-Delegation im Interimsausschuss vertreten wurde. Auf der Regierungsseite, repräsentiert durch den Quai d'Orsay, verwies man auf die Möglichkeit der kontrollierten Einbeziehung des bundesdeutschen Potenzials, wobei die Vergemeinschaftung der Waffenproduktion in Kombination mit den Verboten und Restriktionen die Entstehung einer autonomen Waffenindustrie des ehemaligen Kriegsgegners von vornherein ausschließen würden. Den Vorwurf, wonach der EVG-Vertrag die Deutschen von den meisten der geltenden Kontrollen befreien, die Franzosen hingegen im wissenschaftlichen Bereich beschränken und ihres bislang erworbenen Know-hows berauben würde, wies man zurück[1]. Auch bei der französischen Sektion im Militärischen Sicherheitsamt stellte man noch im Juni 1954 mit Genugtuung fest, dass es durch die europäische Integration im militärischen Bereich gelungen sei, die Ressourcen der Bundesrepublik zu integrieren und die Produktion bestimmter Kriegsgüter zu unterbinden:

»L'intégration européenne, c'est-à-dire la mise en commun des ressources et des moyens, contient en elle-même le principe de la dépendance du potentiel militaire allemand, lié à la collectivité occidentale.«

Gemeinsame Kommandostäbe, Logistik und Rüstungsprogramme stellten, in Verbindung mit der Genehmigungspflicht und Adenauers Verzichtserklärungen, die Hauptelemente der dauerhaften Garantie für die Zeit nach der Ablösung des bisherigen Kontrollregimes dar. Bis zum Inkrafttreten des EVG-Vertrags fiel dem Sicherheitsamt die Aufrechterhaltung der alliierten Überwachungstätigkeit zu[2].

---

[1] Vgl. AMAE, DF-CED/C/115: Vermerk, 7.7.1954, S. 1; SHD/DAT, 9 R/611-4: Bericht frz. EVG-Rüstungsdelegation, o.D., S. 3.
[2] SHD/DAA, 2 E/2904: Bericht Militärisches Sicherheitsamt/frz. Sektion (1952/53), 3.6.1954, S. 5 f. (Zitat S. 5).

Weiterhin ermöglichte die EVG aus Sicht ihrer Befürworter die zur Verteidigung Westeuropas notwendige Zusammenlegung der personellen, wissenschaftlichen, industriellen, wirtschaftlichen und finanziellen Ressourcen[3]. Davon erhofften sie sich zahlreiche Vorteile[4]: So ließe sich eine aus militärischer und logistischer Sicht sinnvolle Standardisierung von Rüstungsgütern und eine auf die spezifischen Bedürfnisse der Europäer zugeschnittene Waffenproduktion erreichen. Daneben würde eine integrierte Rüstung dazu beitragen, die Abhängigkeit der Europäer von ausländischen Importen zu verringern und die damit verbundene Devisenproblematik zu entschärfen. Die Koordinierung der Produktion und die geografisch günstige Aufteilung der Aufträge würden den Industrien der Mitgliedstaaten zugute kommen und die dortigen Kapazitäten in ausreichendem Maße auslasten. Außerdem ging man davon aus, durch die Herstellung großer Stückzahlen im Rahmen der EVG beträchtliche Kosteneinsparungen erzielen und die begrenzten finanziellen Mittel effizienter einsetzen zu können. Ebenso hoffte man Entwicklungskosten einzusparen. Somit wäre es möglich, Synergien zu entfalten, Ressourcenverschwendungen und Doppelarbeiten zu vermeiden und ein breites Spektrum an modernen Waffen zu erhalten, die ein einzelnes Land aus eigener Kraft kaum würde herstellen können. Vor dem Hintergrund der stetig steigenden Preise bei modernen Rüstungsgütern schien die Integration das Gebot der Stunde zu sein. Schätzungen gingen von Einsparungen von 25–30 % aus.

Langfristiges Ziel der EVG-Anhänger war der Aufbau eines leistungsfähigen europäischen Industriepotenzials. Eine kleine Gemeinschaft wie die EVG, ausgestattet mit einem eigenen Budget, hätte es daneben bei der Materialauswahl und Standardisierung einfacher als die eher schwerfällige NATO. Zudem würde die geografische Streuung von Aufträgen die europäische Rüstungsindustrie weniger verwundbar gegen militärische Angriffe machen. Alles in allem entwarfen die französischen Verfechter der EVG die Vision eines gemeinsamen Marktes für standardisierte Rüstungsgüter, von dem Frankreich beträchtlich würde profitieren können. Das zukünftige Kommissariat betrachtete man trotz seiner Machtfülle keineswegs als Gefahr für Staat und Wirtschaft der Länder, sondern als notwendiges und nutzbringendes Lenkungsorgan. Die rüstungswirtschaftlichen Bestimmungen des Pariser Vertrags boten nach ihrem Dafürhalten ausreichende Gewähr, um die vitalen nationalstaatlichen Interessen zu wahren und Störungen in den Bereichen Wirtschaft und Finanzen zu vermeiden. In diesem Zusammenhang verwies man darauf, dass die Regierungen bzw. der Rat gemäß EVG-Vertrag an allen wichtigen Entscheidungen hinsichtlich des Rüstungsprogramms und Haushalts zu beteiligen waren (Art. 105 EVG-Vertrag). Vor dem Grundsatz des Wettbewerbs, der sich nach dem Verständnis der Integrationsbefürworter ohnehin nur auf den reinen Rüstungssektor bezog, fürchtete man sich nicht. Aufgrund des hohen technischen Standards, den man der französischen Rüstungsindustrie zuschrieb, betrachtete man diese als sehr gut aufgestellt und denen der Nachbarn, gemeint waren auch die Deutschen, weit voraus. Letzteren wurde zwar ein ansehnliches Potenzial attestiert, doch bis zur Fabrikation

---

[3] Vgl. AMAE, DF-CED/C/115: Vermerk, 7.7.1954, S. 1.
[4] Zum Folgenden: IPMF, Papiers Mendès-France, Accords de Paris I/3: Vermerk, 18.6.1953; SHD/DAA, 2 E/2919: Coignard an Alphand, 30.6.1954, Anhang: Vermerk, o.D.; SHD/DAT, 9 R/611-4: Bericht frz. EVG-Rüstungsdelegation, o.D.; AMAE, DF-CED/C/119: Vermerk [Coignard], o.D.

schwerer Waffen würden mindestens drei Jahre vergehen, sodass die Deutschen auf diesem Gebiet unmöglich als Konkurrenten in Erscheinung treten könnten. Ausreichend Wettbewerbsfähigkeit sah man ebenfalls in den Bereichen Infrastruktur, Ausrüstung und Versorgung. Die Versorgung der Truppen mit Gütern des täglichen Bedarfs bezeichnete man ohnehin als unproblematisch, da diese unmittelbar vor Ort beschafft würden. Anlass zur Besorgnis gab in den Augen der Rüstungsdelegation lediglich die Textilbranche. Hier bedurfte es dringend der Konsolidierung, um sich gegenüber dem Ausland behaupten zu können.

In einem gemeinsamen Rüstungsmarkt erkannte man das probate Mittel, die Schwächen der eigenen Industrie – geringe Stückzahlen, Komplexität und Vielfalt des Materials, aufwändige Beschaffungsverfahren und Verwaltungsmodalitäten – aufzufangen und wettzumachen. Die Produktivität würde verbessert, die Konzentration beschleunigt. Besonders gut aufgestellt sah man sich in den Sparten Artillerie, Lenkraketen und Luftfahrt. Alles in allem wurde Frankreich als einer der großen Gewinner der industriellen Integration präsentiert:

> »Il est toutefois certain que l'établissement du programme européen d'armement et l'institution progressive d'un marché commun entraîneront des transformations tendant à provoquer en France une plus grande concentration industrielle, génératrice de productivité et condition essentielle d'une production d'armement moderne[5].«

Man ging sogar so weit, die EVG als Retterin der französischen Rüstungsindustrie zu stilisieren: Ohne sie drohten einige Branchen wegen des kleinen, auf geringe Stückzahlen ausgerichteten nationalen Marktes »dahinzuvegetieren«, wenn nicht gar völlig zu verschwinden[6].

Im Kreise der Militärs überwog jedoch eindeutig die Skepsis: Besorgnis lösten im Generalstab vor allem die Bestimmungen des Artikels 107 EVG-Vertrag aus, die dem zukünftigen Kommissariat umfangreiche Kompetenzen auf dem Gebiet der Rüstung zuwiesen[7]. Der Wortlaut des Artikels warf in den Augen der Rangoberen eine Reihe von Problemen auf, die unbedingt der Klärung bedurften. Zwar war im besagten Artikel festgeschrieben, dass das Kommissariat allgemeine Genehmigungen für die Produktion, den Import und Export für solche Kriegsgüter erteilen konnte, die für die Ausstattung der unter nationalem Oberbefehl verbleibenden Streitkräfte und der Armeen verbündeter Staaten bestimmt waren. Gleichzeitig wies er aber dem Kommissariat Kontrollmöglichkeiten zu, mit der eine über diesen Bedarf hinausgehende Ausnutzung der erteilten Genehmigung ausgeschlossen werden sollte (Art. 107 § 4e EVG-Vertrag). Das bedeutete, dass die französische Regierung im Falle der Wahrnehmung ihrer »überseeischen Verpflichtungen« nicht nur einen formellen Antrag beim Kommissariat hätte stellen müssen, sondern sie wäre gar zur Begründung und damit zur Offenlegung ihrer Marine- und Überseepolitik angehalten gewesen. Dass Frankreichs nationale Einsatzmöglichkeiten, wie man glaubte, vom Votum der fünf anderen Partnerstaaten abhängen würden, hielt man im Kreise

---

5 SHD/DAA, 2 E/2919: Coignard an Alphand, 30.6.1954, Anhang: Vermerk, o.D., S. 6. Vgl. auch AMAE, DF-CED/C/120: Vermerk frz. EVG-Rüstungsdelegation, 14.1.1954, S. 2.
6 Vgl. AMAE, DF-CED/C/119: Vermerk [Coignard], o.D., S. 3.
7 Zum Folgenden: SHD/DAT, 1 R/180-3: Vermerk Kombinierter Generalstab der Streitkräfte für Pleven, 7.8.1952; AMAE, DF-CED/C/127: Vermerk, o.D., S. 2–4; Guillen, Die französische Generalität, S. 144.

der Militärführung für nicht hinnehmbar, zumal vertragsgemäß lediglich 15 % der Seestreitkräfte in die Europaarmee eingebracht werden sollten. Auch wies man auf die negativen Auswirkungen der Genehmigungs- und Kontrollpraxis sowie auf die politischen Beziehungen zu den *États Associés* hin.

Daneben hielt der Generalstab derartige Einmischungsmöglichkeiten weder für vereinbar mit der Befriedigung der materiellen Bedürfnisse des Expeditionskorps in Indochina und der Armeen der assoziierten Staaten, noch mit der Handlungsfreiheit des Kommandos in Fernost. Letztlich sah man durch den Verlust der verteidigungspolitischen Unabhängigkeit die Prinzipien der *Union Française* in Frage gestellt, denn gemäß Verfassungsartikel 62 war es Aufgabe der *Union*, die Gesamtheit ihrer Mittel zum Zwecke ihrer Verteidigung zusammenzulegen. Betroffen von der Genehmigungspflicht des Kommissariats wäre auch der französische Rüstungsexport nach Staaten außerhalb der Verteidigungsgemeinschaft gewesen, denn die Ausfuhr militärischer Erzeugnisse galt gemeinhin als wichtiger Wirtschaftsfaktor. Allein im Jahre 1951 soll der Staat dadurch ca. zwölf Mrd. Francs an Devisen eingenommen haben. Abgesehen davon fürchtete man, durch die im Zuge des Genehmigungsprozesses erfolgte Offenlegung der Exporte die Abnehmerstaaten zu verprellen[8].

Doch nicht nur Artikel 107 erachteten die Generale als Hemmschuh. Auch die anderen Bestimmungen des Titels V, namentlich Artikel 102, 104 und 105, empfand man als nachteilig für die französische Wirtschaft. Begünstigt werde, so der allgemeine Tenor im Kreise der Generale, letztlich die bundesdeutsche Industrie. Die Schließung französischer Produktionsstätten hielt man unter solchen Umständen für nicht ausgeschlossen. Artikel 107 ausschließlich auf Westdeutschland zu beziehen bezeichnete man als nicht realisierbar. Mit Alphands und de Larminats Ausführungen über die Ergebnisse des EVG-Interimsausschusses gab man sich zunächst im Grunde zufrieden, doch forderte man, dies in einer schriftlichen Zusatzvereinbarung der Sechs zu fixieren. Damit sollte sichergestellt werden, dass Frankreich bei der Herstellung sowie Ein- und Ausfuhr von Militärgütern zur Erfüllung seiner internationalen Verpflichtungen freie Hand haben würde.

Ein weiteres Problem stellte die Zukunft der für die französische Armee immer noch bedeutsamen amerikanischen Offshore-Aufträge durch das Kommissariat dar. Auch hier galt es im Rahmen einer noch auszuhandelnden Zusatzvereinbarung sicherzustellen, dass sie vom Exekutivorgan auch tatsächlich in das Land vergeben würden, für die die Lieferungen bestimmt waren. Diese Maßnahme zielte darauf, eine Vergabe solcher Aufträge nach dem Wettbewerbsprinzip – als Konkurrenten wurden ausdrücklich die Bundesrepublik und Italien erwähnt – und somit zu Ungunsten Frankreichs zu verhindern. Die Aufträge aus den USA sollten nämlich der heimischen Rüstungsindustrie zukommen. Darüber hinaus bestanden die Generalstabschefs auf eine Vereinbarung der sechs EVG-Staaten, wonach die bereits bestehenden Unterstützungs- bzw. Bündnisverpflichtungen der Mitgliedstaaten durch das Vertragswerk nicht eingeschränkt würden. Letzteres dürfte durchaus im Interesse des Staatssekretariats des Heeres gelegen

---

[8] Zu den wichtigsten Kunden der französischen Rüstungsindustrie gehörten Länder des Mittleren Ostens und Südamerikas. Vgl. AMAE, DF-CED/C/139: Vorbericht Moch zu Gesetzentwurf Nr. 5404, 1954, S. 240, 304.

haben, denn auch dort hielt man die im Vertrag enthaltenen Restriktionen als kaum vereinbar mit Frankreichs militärischem Engagement in Übersee.

Innerhalb der Abteilung für Logistik dachte man offenbar an einen recht pragmatischen Ansatz, dessen Kern es war, den Bedarf eines jeden EVG-Kontingents durch den jeweiligen Mitgliedstaat selbst decken zu lassen. Sobald diese Verpflichtungen erfüllt wären, sollte der Staat mit seinen verbliebenen Kapazitäten freie Hand zur Bedarfsdeckung seiner unter nationalem Kommando verbleibenden Streitkräfte haben[9]. Dadurch wäre die Machtfülle des Kommissariats entscheidend abgeschwächt worden.

Die möglichen Auswirkungen des Titels V des EVG-Vertrags wurden in Paris Anfang August 1952 auch Gegenstand einer interministeriellen Erörterung. Neben dem Chef der französischen Rüstungsdelegation Coignard und Vertretern des Ständigen Generalsekretariats für Nationale Verteidigung waren Vertreter des Generalstabs der Streitkräfte, des Verteidigungsministeriums und der Staatssekretäre für Heeres-, Luftwaffen- und Marineangelegenheiten anwesend. Ferner wurden Angehörige des Ministeriums für Industrie und Handel sowie des Ministeriums für Übersee und die Assoziierten Staaten hinzugezogen. Besonders stark vertreten war dabei die Abteilung für Luftfahrttechnik und -industrie des Staatssekretärs für die Luftwaffe (DTI) – ein sichtbares Zeichen dafür, welchen Stellenwert man im dortigen Ressort der Angelegenheit beimaß. Im Kreise der Versammelten zeigte sich, dass zahlreiche Detailfragen zur EVG-Rüstung noch unklar waren, etwa zum System der industriellen Mobilisierung in Kriegszeiten, zur Machtfülle und Effizienz des zukünftigen Verwaltungsapparates des Kommissariats sowie zu den finanziellen Ressourcen. Nach wie vor herrschte bei den Beteiligten große Konfusion. Coignard, der die wichtigsten die Rüstung betreffenden Vertragspassagen und die Aufgaben des Rüstungsausschusses skizzierte, verteidigte das Konzept der Integration und damit auch die offizielle Regierungslinie. Er ließ aber keinen Zweifel daran, dass die nationalen Interessen Frankreichs in der EVG gewahrt bleiben müssten, wie er vor allem mit Blick auf Artikel 107 und den zur damaligen Zeit im Rüstungsausschuss behandelten Entwurf einer dazugehörigen »Allgemeinen Verordnung« deutlich zum Ausdruck brachte:

»Même si nous arrivons à une intégration européenne pour une économie de Défense [sic!], les besoins de nos Forces [sic!] demeurant nationales doivent être librement satisfaits ainsi que nos besoins civils. Par ailleurs, nous ne voulons pas donner à nos partenaires ›un levier‹ qui permettrait de faire pression dans certaines négociations. Ceci nous a conduit à une formule très libérale dont le léger inconvénient à l'égard de l'Allemagne est largement compensé par la liberté d'action que nous conservons.«

Die Integration der Verteidigungswirtschaft sollte demnach weder den Bedarf der unter nationalem Kommando verbleibenden Armeeeinheiten noch den zivilen Bedarf behindern. Eine Mitsprache der anderen EVG-Mitglieder galt es auch deshalb zu unterbinden, um ihnen kein Druckmittel zu verschaffen, das sie bei Verhandlungen nach Gutdünken würden einsetzen können. Coignard machte ferner keinen Hehl daraus, dass die allgemeinen Genehmigungen einen Blankoscheck für Frankreichs Regierung

---

[9] Vgl. SHD/DAT, 11 T/161-2: Vermerk du Pontavice (Oberst und Chef der 4. Abteilung des Generalstabs) für Generalstab des Heeres, 16.7.1952.

darstellten[10]. Um den nationalen Interessen größtmöglich Rechnung zu tragen, wurden die interessierten Dienststellen und Ressorts aufgefordert, Empfehlungen auszuarbeiten, die die Grundlage für Instruktionen der französischen EVG-Rüstungsdelegation bilden sollten. Brigadegeneral Adolphe Vézinet, Stellvertreter des Ständigen Generalsekretärs für Nationale Verteidigung, brachte die Idee einer Konvention ins Spiel, um die Inanspruchnahme nationaler Ressourcen und Einrichtungen durch die Gemeinschaft genau zu regeln[11].

Vonseiten des CASDN gab es gegen die beabsichtigten Maßnahmen keine größeren Einwände, doch hielt man es für unbedingt erforderlich, im Rahmen der EVG den Begriff »strategisch gefährdetes Gebiet« zu definieren, die wesentlichen Grundlinien der industriellen Mobilisierung der Mitgliedstaaten zu präzisieren, ebenso die Bestimmungen zur militärtechnischen Forschung. Die Grenze zur allgemeinen wissenschaftlichen Forschung galt als fließend und als potenzielle Quelle zukünftiger Streitigkeiten[12].

Bis Ende August 1952 war es Coignard scheinbar gelungen, eine Reihe von Fragen, Bedenken und Einwänden der verschiedenen Ressorts zusammenzutragen und mit seinen Gesprächspartnern einigermaßen akzeptable Kompromisslösungen zu erzielen, die schließlich als Marschroute der französischen Delegation im Rüstungsausschuss dienen sollten[13]. Die Kritikpunkte waren weitgehend identisch mit jenen, die bereits der Ausschuss der Generalstabschefs geltend gemacht hatte. Der Chef der französischen Rüstungsdelegation leitete aus den zahlreichen Stellungnahmen und Kritikpunkten Kompromisslösungen ab, deren Umsetzung in Form allgemeiner Instruktionen oder Anwendungsvorschriften zu erfolgen hatte. Was die allgemeinen Genehmigungen nach Artikel 107 betraf, so empfahl man entsprechend der im Interimsausschuss verfolgten Linie und dem vom Ausschuss der Generalstabschefs gebilligten Prozedere vorzugehen: Sie sollten im Kreise der sechs EVG-Mitgliedstaaten präzisiert und schriftlich festgehalten werden. Auch sollten die bereits vor der Unterzeichnung des EVG-Vertrags bestehenden Verpflichtungen gegenüber anderen Staaten abgedeckt sein. Die Verteilung der Offshore-Aufträge hatte über die EVG zu erfolgen. Es musste jedoch zusätzlich möglich sein, derartige Aufträge zur Ausstattung der nationalen Einheiten und derjenigen verbündeter Staaten zu erhalten. Ferner hielt man die Harmonisierung der EVG-Programme mit den nationalen Programmen für erforderlich. Hierzu bedurfte es einer sehr engen Verbindung zwischen den Dienststellen des Kommissariats und denen der Mitgliedstaaten. Sollte die Situation eintreten, dass das Kommissariat die Schaffung integrierter Forschungszentren beschlösse, würden sich für die französische Luftfahrtindustrie aufgrund der im Vergleich zu den Partnerländern guten Ausstattung günstige Perspektiven ergeben. Coignard versprach sich dabei vor allem Vorteile durch die Hinzuziehung deutscher Spezialisten und solcher aus den anderen EVG-Staaten.

Die Auftragsvergabe auf der Grundlage eines möglichst umfassenden Wettbewerbs gedachte Coignard hingegen abzuschwächen, was ganz im Interesse der französischen

---

[10] Vgl. AMAE, DF-CED/C/115: Sitzung SGPDN, 7.8.1952 (Zitat S. 5).
[11] Vgl. AMAE, DF-CED/C/115: Rundschreiben SGPDN, 13.8.1952; SHD/DMa, 3 BB 8/CED/11: Vermerk Gavini [26.10.1952].
[12] Vgl. SHD/DAT, 11 Q/29-3: Bergeron an Mons, 18.8.1952.
[13] Hierzu und zum Folgenden: AMAE, DF-CED/C/127: Vermerk Coignard für Alphand, 29.8.1952 (Zitate S. 5, 6, 7).

Dienststellen lag. Aufgrund der vielen technischen Aspekte, die bei Fertigungsaufträgen eine Rolle spielten, hielt er die Anwendung des Prinzips des freien Wettbewerbs für nur sehr schwer realisierbar. Bei den erwähnten Aufträgen sei maßgebend, dass sie vonseiten des Staates an hochqualifizierte Firmen vergeben würden. Anstelle der freien Konkurrenz müsse es eine »politique d'étroite association industrielle« unter der Kontrolle des Kommissariats geben. Das Wettbewerbsprinzip sollte nur in den Bereichen zum Zuge kommen, wo die technischen Bedingungen es erlaubten. Die Industrien der Staaten müssten in Friedenszeiten bei Muster- und Produktionseinrichtungen für begrenzte Versuchsserien, in Übergangsphasen oder bei Dringlichkeit – dann sei die Frage des Preises nebensächlich – ihre gewöhnliche Funktion erfüllen. Der Wettbewerb könnte bei der Serienfertigung zur Anwendung kommen, wo Qualität und ein hohes Maß an Spezialisierung zugunsten der Unternehmen eine Rolle spielten.

Einen völlig zentralisierten europäischen Rüstungsapparat hielt Coignard für nicht erstrebenswert. Im EVG-Vertrag sei dies ohnehin nicht vorgesehen, weil ausdrücklich die Schaffung dezentraler ziviler Dienststellen erwähnt sei. Die Zentralisierung der Beschaffungen in den Händen des Kommissariats dürfe keinesfalls zur Entstehung eines »organisme hypertrophié« führen und könne auch nicht unmittelbar nach Inkrafttreten des Vertrags zur Errichtung einer vollständig zentralisierten Organisation führen. Zur Kontrolle der Bundesrepublik sei ein solcher auch nicht notwendig. Hier genüge es, die Abhängigkeit der deutschen Industrie durch eine Politik der engen industriellen Verflechtung so lange wie möglich aufrechtzuerhalten, vor allem auf dem Gebiet der schweren Waffen, die das Land noch nicht selbst fertigen könne. Bis zum Inkrafttreten müsse dringend ein zentrales Lenkungsorgan aufgebaut werden, damit die EVG sofort handlungsfähig sein würde. Die bislang in den Mitgliedstaaten vorhandenen Dienststellen würden als dezentrale Dienststellen des Kommissariats fungieren; in der Bundesrepublik hingegen müsste die bisher existierende Keimzelle einer solchen Einrichtung umgehend europäisiert werden, indem Personal aus den anderen Mitgliedstaaten dort aufgenommen würde. Freilich müsste dabei der Grundsatz der Gegenseitigkeit gelten. Für Frankreich ergäbe sich jedoch aufgrund der Struktur und Aufgaben seiner technischen Dienststellen eine delikate Situation. Als Ausweg sah die französische Seite die Abstellung eines *Haut Délégué* des Kommissariats beim französischen Verteidigungsministerium an. Dies würde es ermöglichen, eine effektive Abstimmung zwischen den europäischen und nationalen Rüstungsprogrammen sicherzustellen. Coignard mahnte mit Blick auf die zu konzipierende europäische Organisation zur Eile, andernfalls drohten sich die Deutschen auf diesem Gebiet zu verselbstständigen:

»Si, dès l'entrée en vigueur du Traité, rien n'était réalisé de façon concrète, on peut être sûr que le Gouvernement allemand se déclarerait prêt à prendre en charge immédiatement toutes les tâches que le Commissariat ne pourrait matériellement assumer.«

Darüber hinaus müsse man sich um die endgültige Gestalt der EVG-Organisation Gedanken machen. Wegen des engen Wechselverhältnisses zwischen der Rüstungswirtschaft der Gemeinschaft und der allgemeinen Wirtschaft ihrer Mitgliedstaaten erschien es Coignard angebracht, auf enge und dauerhafte Kontakte zwischen den europäischen und den nationalen Organisationen hinzuwirken[14].

---

[14] Vgl. AMAE, DF-CED/C/115: Pleven an Coignard, 29.8.1952.

Der von der französischen EVG-Delegation eingeschlagene Kurs stand in nahezu völligem Einklang mit dem Wortlaut des wirtschaftspolitischen Abschnitts des EVG-Vertrags und entsprach nach ihrer Lesart vollauf den nationalen Interessen. So glaubte man aufgrund der Erfahrungen, die man zwischenzeitlich im Rahmen des seit Anfang Juli 1952 arbeitenden Rüstungsausschusses[15] gesammelt hatte, den Kritikern der Integration Entwarnung geben zu können. Hinsichtlich der Möglichkeit, die eigenen Streitkräftekontingente und die der Assoziierten Staaten zu unterstützen, zeichnete sich die von der französischen Militärführung angestrebte Lösung ab, die auf eine völlige Handlungsfreiheit des antragstellenden Staates hinauslief: Im Rüstungsausschuss hatten sich die Delegationen einstimmig auf den Entwurf eines Grundsatztextes geeinigt, der Bestandteil des noch auszuarbeitenden Anwendungsreglements zu Artikel 107 sein sollte. Demnach sollten die vom Kommissariat für die Deckung des Bedarfs der national verbleibenden oder verbündeten Einheiten erteilten allgemeinen Genehmigungen sämtliche Fertigungen, Exporte und Importe für einen bestimmten Zeitraum abdecken und keine Angaben zur Menge oder Qualität des Materials beinhalten. Der Vorwurf der Kritiker, die die Gefahr einer Einmischung des europäischen Exekutivorgans in die französische Überseepolitik heraufbeschworen hatten, schien damit vom Tisch. Eine günstige Lösung deutete sich ebenfalls beim Problem der Harmonisierung der nationalen und europäischen Bedürfnisse an. Auch hier sahen die französischen Rüstungsdelegierten die von den Kritikern geäußerte Gefahr einer Vernachlässigung der nationalen zugunsten der europäischen Programme gebannt, weil man aus dem Vertragstext eine liberale und flexible Anwendungspraxis zugunsten der Mitgliedstaaten ableitete, etwa für den Fall wirtschaftlicher Schwierigkeiten oder bei dringendem Eigenbedarf. Ebenso blieben die französischen Vertreter im Interimsausschuss bei ihrer Auffassung, dass die vor Vertragsunterzeichnung geschlossenen Abmachungen aufgrund der Bestimmungen des Artikels 91[16] unberührt blieben. Hierzu zählte man auch die Verträge über den Export von militärischem Gerät an Drittstaaten. Die Beibehaltung der US-Außenhilfe auf bilateraler Basis erachtete man als unvereinbar mit dem Geist des EVG-Vertrags. Ferner erkannte man darin die Gefahr neuer Rivalitäten zwischen den Empfängerländern, aber auch die einer Begünstigung der Deutschen durch die USA. Daher sollte die Verteilung der Offshore-Aufträge über das europäische Kommissariat erfolgen, womit letztlich auch die Kontrolle derartiger Aufträge gewährleistet schien[17].

Ingesamt war unübersehbar, dass die Generalstabschefs und die EVG-Rüstungsdelegation die in Titel V aufgeführten Wirtschaftsklauseln sehr unterschiedlich interpretierten. Während die stark in nationalen Kategorien denkende Militärführung sie

---

[15] Der EVG-Rüstungsausschuss war am 8.7.1952 erstmals zusammengetreten. Vgl. BArch, BW 9/1385, Bl. 10−16: Protokoll 1. Sitzung EVG-Rüstungsausschuss (8.7.1952) (CA/CR/1), 10.7.1952.

[16] Art. 91 EVG-Vertrag führte aus: »Bei der Aufstellung und Ausführung des Haushaltsplanes berücksichtigen die Organe der Gemeinschaft die Verpflichtungen der Mitgliedstaaten gegenüber der Nordatlantikpakt-Organisation. Die vor Inkrafttreten dieses Vertrages von Mitgliedstaaten mit Dritten geschlossenen Verträge werden ausgeführt, soweit sie nicht mit Einverständnis der Unterzeichnerregierungen zugunsten der Gemeinschaft geändert werden.«

[17] Vgl. AMAE, DF-CED/C/115: Vermerk frz. EVG-Rüstungsdelegation für Pleven, Anhang: Stellungnahme frz. EVG-Rüstungsdelegation, 29.9.1952. Auszüge aus dem Dokument sind wiedergegeben bei Caserta, La Marine nationale, S. 64−67.

schlichtweg als Einschränkung der Handlungsfähigkeit ihrer Truppe und als Risiko für die heimische Rüstungsindustrie sah und folglich missbilligte, zeigten sich die französischen Repräsentanten im Interimsausschuss mit dem Erreichten sehr zufrieden. Die Schaffung eines gemeinsamen Marktes für Rüstungsgüter im Rahmen einer supranationalen Organisation war für sie *die* Antwort zur Überwindung der Herausforderungen, denen Frankreich und seine Nachbarn gegenüberstanden: Sie gestattete die effektive Nutzung der finanziellen, industriellen und wirtschaftlichen Ressourcen Westeuropas bei gleichzeitiger Kontrolle der Deutschen. Die damit verbundene Souveränitätsabgabe wurde durch die zahlreichen Vorteile einer Gemeinschaftsarbeit mehr als aufgefangen. Ein Dirigismus war für die Verfechter des Integrationskurses mit dem EVG-Vertrag ohnehin nicht begründet, weil die Regierungen direkt oder über den Rat in die wichtigen Entscheidungsprozesse involviert waren und das Vertragswerk Ausnahmemöglichkeiten eröffnete. Der Passus, wonach das Kommissariat für die national verbliebenen Militäreinheiten sowie für verbündete Staaten allgemeine Genehmigungen zu erteilen hatte und die vor dem 27. Mai 1952 abgeschlossenen Vereinbarungen weiterhin ihre Gültigkeit haben konnten, kam in den Augen Coignards und seiner Mitarbeiter Frankreich sehr entgegen und sicherte dem Land weiterhin einen durchaus großen Handlungsspielraum in der Militär- und Rüstungspolitik. Auffällig ist, dass die Rüstungsdelegation die wirtschaftlichen Bestimmungen des Vertragswerks recht großzügig auslegte. Die Deutschen konnten Gleiches nicht geltend machen, da sämtliche ihrer Kontingente in der Europaarmee aufgehen sollten.

## 2. Das Ende der französischen Luftfahrtindustrie? Die Luftwaffe und die Furcht vor einer »Communauté Européenne Totale«

Die optimistische Sichtweise der Rüstungsdelegation wurde von den Streitkräften nicht geteilt. Zahlreiche kritische Stimmen waren aus dem Kreis der Luftwaffe, vor allem von den Rüstungsingenieuren zu vernehmen, die um das Fortbestehen ihrer Forschungs-, Entwicklungs- und Produktionseinrichtungen bangten. In Frankreich, wie in vielen anderen Staaten, galt der Luftfahrtsektor wegen seiner Stellung als Hochtechnologiebereich als besonders schützenswert. Man schrieb ihm eine Schrittmacherfunktion für andere Industrie- und Technologiezweige zu, etwa für Elektronik, Motoren-, Kraftfahrzeug- und Werkzeugmaschinenbau. Ohne eine eigene Spitzentechnik vermochte, so die weit verbreitete Meinung in Regierungs-, Militär- und Wirtschaftskreisen, keine moderne Industriegesellschaft auszukommen: »Dans notre civilisation mécanique actuelle, une nation sans industrie aéronautique est condamné à la stagnation industrielle«. Ein Verzicht auf den Ausbau des Sektors bezeichnete man als undenkbar. Es drohte sonst der Abstieg zu einer »Nation industrielle incomplète et attardée«[18]. Ferner war man der festen

---

[18] Vgl. AMAE, DF-CED/C/116: Studie über die Zukunft der frz. Luftfahrtindustrie [vermutlich Herbst 1953], S. 1 f., 13 f. (Zitate ebd.), im Folgenden zitiert als: Studie [1953]; SHD/DAA, 9 E/1147-1: Studie Meyer über die Anwendung des EVG-Vertrags im Bereich der Luftfahrttechnik und -industrie, Januar 1954, S. 5, im Folgenden zit. als: Studie Meyer, Januar 1954. Derartige Argumentationslinien sind auch bei der Debatte über den Wiederaufbau einer bundesdeutschen

Überzeugung, dass der Rang eines Staates im Konzert der großen Mächte vom technologischen Stand seiner Industrie bestimmt werde: »la place occupée par un pays dans une technique d'avant-garde, comme l'aviation, est un des éléments qui contribuent à fixer son rang parmi les puissances«[19]. Ein leistungsfähiger Flugzeugbau war somit auch eine Frage des Prestiges. Die dauerhafte Beschränkung auf Auslandskäufe oder der Lizenzbau ausländischer Flugzeugtypen stellten für die Fachleute keine Alternative dar. Zum einen drohte man in ein Abhängigkeitsverhältnis zum Lieferstaat und dessen Industrie zu geraten, zum anderen konnte man nicht mit dem modernsten Material rechnen, weil Staaten bei ihren neuesten Entwicklungen erfahrungsgemäß Geheimschutzgründe geltend machten und sich selbst gegenüber engen Verbündeten äußerst restriktiv verhielten. Zum anderen nahmen Lizenzbauvorhaben eine Anlaufzeit von mindestens zwei Jahren in Anspruch. Auslandsbeschaffungen galten aus finanzpolitischer Perspektive als nachteilig, denn sie verschärften die Devisenproblematik[20].

Die militärische Luftfahrtindustrie wies daneben noch eine Reihe von Besonderheiten auf, die sie von anderen Industriezweigen beträchtlich unterschied. Sie war ein hochspezialisierter und kostenintensiver Sektor, dessen einziger Kunde der Staat war. Ein Großteil der französischen Unternehmen befand sich seit Kriegsende in staatlicher Hand. Weil Forschung, Entwicklung und Herstellung militärischer Bedarfsgüter enorme finanzielle Mittel verschlangen, sah sich die Regierung dazu veranlasst, in die Rollen des Kapitalgebers und Eigentümers oder Aktionärs zu schlüpfen, um den Fortbestand der Firmen sicherzustellen. Wollte der Staat über eine leistungsfähige und unabhängige Industrie verfügen, so musste es in seinem Interesse liegen, eine ausreichende und gleichmäßige Auslastung der vorhandenen Entwicklungs- und Produktionsstätten zu erreichen. Dies diente auch dazu, die privaten Unternehmen bei der Stange zu halten, damit diese sich nicht, wie etwa beim Kraftfahrzeugbau, aufgrund schlecht gefüllter Auftragsbücher von der Produktion militärischer Güter abwandten. Charakteristisch für den Militärflugzeugbau, wie allgemein für die Rüstungsproduktion, waren ferner die verhältnismäßig langen Entstehungszeiten des Materials. Von der Entwicklung über die Erprobung bis hin zur Einführung neuen Fluggeräts vergingen in der Regel mehrere Jahre. Hinzu kamen meist noch technische Veränderungen und neue Anforderungen an das Material, was sich wiederum auf die Zeit-, Finanzierungs- und Beschaffungspläne auswirkte. Zwischen Staat und Luftfahrtindustrie bestand somit ein enges Abhängigkeitsverhältnis. Unter diesen Umständen hielt man es für kaum möglich, bei der Auftragsvergabe nach dem Prinzip des freien Wettbewerbs zu verfahren[21].

---

Luftfahrtindustrie zu finden. Siehe Andres, Die bundesdeutsche Luft- und Raumfahrtindustrie, S. 117–120, 180–182.

[19] Vgl. SHD/DAA, 9 E/1147-1: Studie Meyer, Januar 1954, S. 5.
[20] Vgl. ebd., S. 3 f.; SHD/DAA, 110 E/7431: Vermerk Gérardin, 7.5.1952, S. 9–11. So sollen es die USA im Jahre 1949 abgelehnt haben, den Franzosen die Lizenz zum Nachbau des modernen Kampfflugzeuges F 86 Sabre zu überlassen. Wenig erfolgreich waren Anfang der fünfziger Jahre auch die Pariser Bemühungen, moderne US-Ausrüstung für die Produktion der MD 452 Mystère, das damals modernste französische Jagdflugzeug, zu erhalten.
[21] Vgl. SHD/DAA, 9 E/1147-1: Studie Meyer, Januar 1954, S. 1–3, 14; SHD/DAT, 1 R/180-1: Studie frz. NATO-Vertretung über die frz. Rüstungsindustrie und den Wettbewerb im Rahmen der EVG [Juni 1954], Kap. 1, S. 1 f., im Folgenden zit. als: SHD/DAT, 1 R/180-1: Studie frz. NATO-Vertretung [Juni 1954].

Als die Diskussion um die möglichen Auswirkungen des Pariser Vertragswerks innerhalb der französischen Streitkräfte in vollem Gange war, befand sich die französische Luftfahrtindustrie in einer prekären Situation. Obwohl der Staat seit der *Libération* beträchtliche Anstrengungen in den Wiederaufbau des Industriezweigs investiert hatte und erste Erfolge sichtbar waren, schien der Bereich noch auf wackligen Beinen zu stehen[22]. Dass der mühsam wieder in Gang gebrachte und für die Streitkräfte so bedeutende Industriesektor, der allgemein als »Kronjuwel« der französischen Wehrwirtschaft galt, sich in der supranationalen Verteidigungsgemeinschaft den Spielregeln des Kommissariats zu unterwerfen und einem Wettbewerb zu stellen hatte, empfand man im Kreise der Luftwaffe geradezu als existenzbedrohend.

Der zuständige Staatssekretär, Pierre Montel – er hatte als Abgeordneter der Parti Républicain de la Liberté (PRL) in der Nationalversammlung die Vorrangstellung der Luftwaffe im modernen Krieg betont und sich vehement für die massive Förderung der Teilstreitkraft eingesetzt[23] –, nannte drei wesentliche Bedingungen für den Fortbestand der französischen Flugzeugindustrie: eine ausreichende Auftragslage, um die vorhandenen technischen und industriellen Kapazitäten angemessen auszulasten, ein ausreichendes Aktivitätsvolumen, um für benachbarte Industriezweige attraktiv zu sein, und die Ausrichtung von Forschung, Investitionen und entsprechenden Geldmitteln auf die Anschubfinanzierung zukünftiger Serien[24]. Dies alles schien dem Staatssekretär im Rahmen einer integrierten EVG-Rüstung nicht mehr gegeben.

Verteidigungsminister Pleven teilte die von Montel geäußerten Bedenken jedoch nicht. Er verwies auf die neu geschaffene interministerielle Sonderkommission[25], die sich mit den praktischen Auswirkungen des Vertrages befassen sollte, sowie auf die im Vertragswerk enthaltenen, auf die Bundesrepublik zielenden Sicherheitsvorkehrungen, nämlich die Genehmigungspflicht für die Rüstungsproduktion und die Titulierung des Bundesgebiets als »strategisch exponierte Zone«. Das Problem der Preise und der damit eng zusammenhängenden Frage der Wettbewerbsfähigkeit spielte Pleven offen-

---

[22] AMAE, DF-CED/C/115: Vermerk frz. EVG-Rüstungsdelegation für Pleven, Anhang: Stellungnahme frz. EVG-Rüstungsdelegation, 29.9.1952, S. 7; AMAE, DF-CED/C/116: Studie [Herbst 1953], S. 5–12; SHD/DAA, 110 E/7431: Vermerk Gérardin, 7.5.1952; SHD/DAA, 9 E/1147-1: Studie Meyer, Januar 1954, S. 5 f.

[23] Vgl. Mongin, La bombe atomique française, S. 78 f.; Quérel, Vers une marine atomique, S. 208.

[24] Vgl. AMAE, DF-CED/C/115: Vermerk frz. EVG-Rüstungsdelegation für Pleven, Anhang: Stellungnahme frz. EVG-Rüstungsdelegation, 29.9.1952, S. 7. Pierre Montel, Abgeordneter des Wahlkreises Rhône und Mitglied des Verteidigungsausschusses der Nationalversammlung, hatte den Staatssekretärsposten seit dem 11.8.1951 inne. Am 21.5.1953 trat er aus Protest gegen die Budgetkürzungen bei der Luftwaffe zurück. Vgl. Elgey, Histoire de la IV République, t. 2, S. 144; http://www.assemblee-nationale.fr/sycomore/fiche.asp?num-dept=5377 [21.6.2014].

[25] Mit Erlass vom 29.8.1952 hatte Pleven eine Sonderkommission ins Leben gerufen, deren Aufgabe die Behandlung der »sérieuses divergences d'interprétation« war. Koordiniert wurde das Gremium vom SGPDN. SHD/DITEEX, NL Ely, 1 K/233/25-6: Ministererlass Pleven, 29.8.1952, S. 1; AMAE, DF-CED/C/127: Pleven an Chevigné, 29.8.1952. Dem Ad-hoc-Ausschuss gehörten an: Ständiger Staatssekretär für Nationale Verteidigung Jean Mons, Staatssekretär des Heeres Pierre de Chevigné, Staatssekretär der Luftwaffe Pierre Montel, Staatssekretär der Marine Jacques Gavini, Marschall Alphonse Juin, Generalstabschef der Streitkräfte Paul Ely, die drei Generalstabschefs der Teilstreitkräfte Clément Blanc, Henri Nomy und Charles Léchères, der Chef der frz. EVG-Delegation Hervé Alphand und der Chef der frz. EVG-Militärdelegation General Edgard de Larminat.

bar bewusst herunter. Dabei sorgte genau dieser Aspekt, wie noch zu zeigen sein wird, zunehmend für Zündstoff, da die französischen Erzeugnisse verhältnismäßig teuer waren und in Militär- und Industriekreisen die Furcht umging, gegenüber ausländischer Konkurrenz ins Hintertreffen zu geraten. Stattdessen spekulierte Pleven darauf, dass die im Rahmen der EVG zu erwartenden großen Stückzahlen der eigenen Industrie zugute kommen würden, weil im Kreise der EVG-Mitgliedstaaten nur Frankreich über eine leistungsfähige Luftfahrtindustrie verfüge und das Land folglich gute Aussichten auf einen Großteil der künftigen Aufträge habe. Letzteres verschaffe Frankreich auch ein besonderes Gewicht gegenüber den Deutschen. Ferner versäumte Pleven es nicht, auf den Standardisierungseffekt bei der Rüstung hinzuweisen, mit der sich die NATO so schwer tue. Die im EVG-Vertrag enthaltene Mindestklausel von 85 % hielt er für eine ausreichende Garantie. Deren konsequente Anwendung schien ihm bezüglich des starken heimischen Flugzeugbaus für sinnvoll, während man in anderen Branchen, wo Frankreich nicht so gut positioniert sei, Abstriche machen könne. Hierbei dachte er beispielsweise an den Fahrzeugsektor. Pleven konnte sich vorstellen, einen Großteil der Produktion den Deutschen und Italienern zu überlassen. Seiner Meinung nach gab es zum europäischen Kurs keine Alternative. Andernfalls riskiere man von den Deutschen überholt zu werden: »nous risquons, autrement, d'être, dans les années à venir, dépassé par les Allemands qui sauront, eux, s'adapter avec tout le dynamisme que nous leur connaissons«[26].

Ebenso bemühte sich die französische EVG-Rüstungsdelegation, die Bedenken der Luftwaffe gegen den »Dirigismus« des Kommissariats durch die Hervorhebung der positiven Vorzüge der Integration und die im Vertragstext aufgeführten Klauseln zu entkräften. Die Ängste vor einer europäischen Zentralorganisation versuchte man den Kritikern in den Reihen der Luftwaffe auch mit dem Hinweis zu nehmen, dass man zum Zwecke der dauerhaften Harmonisierung zwischen den nationalen und den europäischen Bedürfnissen die Ansiedlung eines Sonderbeauftragten des Kommissariats beim Verteidigungsministerium sowie die eines zentralen Lenkungsorgans beim Kommissariatskollegium anstrebe. Die bereits vorhandenen Technischen Dienststellen der Mitgliedstaaten würden zusätzlich zu ihren nationalen Aufgaben auch als dezentrale europäische Dienststellen fungieren. Das Fazit der Rüstungsdelegation lautete demnach:
> »la conception européenne, loin d'aggraver la situation de l'industrie aéronautique française lui apporte des possibilités de consolidation, peut-être d'expansion, et d'autres part il est tout à fait possible de trouver des solutions satisfaisantes dans le cadre du Traité[27].«

Nach Auffassung des Ministerrates bestand daher auch kein Anlass, eine Revision der Vertragstexte ins Auge zu fassen[28].

---

[26] Vgl. AMAE, DF-CED/C/110: Pleven an Montel, 10.9.1952 (Zitat S. 4). Staatssekretär Montel richtete im Februar 1953 eine dreiköpfige Arbeitsgruppe ein, der Generalingenieur du Merle, Chefingenieur Daum und Oberstleutnant Tardy de Montravel angehörten. Sie sollte bis Ende des Monats die Auswirkungen des EVG-Vertrags auf die Renaissance einer deutschen Rüstungsindustrie und die zukünftige deutsche Rüstungspolitik untersuchen, vor allem vom Standpunkt der Sicherheit Frankreichs und der Interessen der französischen Luftfahrtindustrie. Vgl. SHD/DAA, 2 E/2919: Staatssekretärserlass Montel, 10.2.1953. Zu welchem Ergebnis die Arbeitsgruppe kam, ließ sich jedoch nicht ermitteln.

[27] Vgl. SHD/DAT, 9 R/611-4: Vermerk frz. EVG-Rüstungsdelegation, 24.10.1952 (Zitat S. 4).

[28] Vgl. ebd., S. 4.

Die Errichtung der Verteidigungsgemeinschaft warf schließlich auch die Frage nach der Zukunft der staatlichen Forschungs-, Entwicklungs-, Produktions- und Instandsetzungseinrichtungen, namentlich der DEFA, DTI und DCCAN, auf. Im SGPDN ging man unter Verweis auf Artikel 104 davon aus, dass der EVG-Vertrag auf die Integration der Leitungsorgane zielte, die Produktionsstätten aber weiterhin in den Händen der Nationalstaaten verbleiben würden. Unklar schien aber die Verfahrensweise in Bezug auf die Forschungs- und Entwicklungszentren. Da darüber keine detaillierten Bestimmungen im Vertragstext enthalten waren, ging man von deren Verbleib in nationaler Regie aus. Doch hielt man es für erforderlich, Vorteile und Nachteile einer Europäisierung sorgfältig abzuwägen. Für eine Gemeinschaftslösung sprachen der anfangs zu erwartende technologische Vorsprung Frankreichs, Vorteile durch europäische Finanzmittel, ferner die Möglichkeit zur Kontrolle der deutschen Kapazitäten. Dagegen sprachen die zu erwartenden Beschränkungen der eigenen Handlungsfreiheit im militärischen Forschungssektor. Auch ging die Furcht um, im Kreise der sechs Mitgliedstaaten die undankbare Rolle des Entwicklungshelfers zu übernehmen, ohne selbst zu profitieren. Deswegen sollten die Folgen beider Optionen auf die einzelnen Einrichtungen genau untersucht werden[29].

Für die Finanz- und Programmabteilung des Verteidigungsministeriums, die Staatssekretariate und die Rüstungsdirektionen – sie stellten sich bereits auf den Aufbau einer europäischen Rüstungsorganisation ein – schien der Fall völlig klar: Die Rüstungsdirektionen sollten weiterhin dem französischen Staat unterstehen, ihr Verhältnis zur EVG galt es gesondert zu regeln. Die Direction des Poudres, die in Frankreich das Monopol auf Explosivstoffe besaß, sollte, ebenso wie ihre Forschungseinrichtungen, ebenfalls vollständig unter nationaler Kontrolle verbleiben. Desweiteren sollten dem nationalen Rüstungsbedarf Priorität zukommen und die heimische Industrie in dem von der Regierung für notwendig erachteten Umfang unterstützt werden können. Nicht zuletzt beharrte man darauf, dass zu keinem Zeitpunkt nationale deutsche Rüstungsdienststellen entstehen dürften[30].

Als regelrechtes Bollwerk gegen jegliche Integrationsversuche entpuppte sich die DTI. Bereits in der Vergangenheit war bei ihr das Vorhaben einer westeuropäischen Vereinheitlichung des Luftwaffenmaterials auf wenig Gegenliebe gestoßen. So hatte die technische Dienststelle im November 1950, im Zusammenhang mit den im Rahmen des Brüsseler Pakts und NATO in Angriff genommenen Standardisierungsbemühungen, schwerwiegende Bedenken geltend gemacht. Die völlige Vereinheitlichung, gar eine Reduzierung auf einen einzigen Flugzeugtyp pro Einsatzspektrum, hielt man aus militärischen, industriellen und technischen Gründen für unpraktikabel. Man setzte stattdessen auf eine gewisse Typenvielfalt und verwies auf die Notwendigkeit von Konkurrenz als Motor des Fortschritts. Daneben äußerte man offen die Furcht vor einer »élimination de la technique française des avions de combat«, die durch die Beteiligung Frankreichs an, wie man befürchtete, komplexen und kostspieligen internationalen Programmen erst recht herbeigeführt würde. Derart pessimistische Zukunftsprognosen

---

[29] Vgl. SHD/DITEEX, NL Ely, 1 K/233/25-7: Vermerk SGPDN für Sitzung Interministerielle Arbeitsgruppe (3.10.1953), 1.10.1953, Anhang 4.
[30] Vgl. AMAE, DF-CED/C/117: Cristofini an Verteiler, 29.1.1953.

und die stark auf die nationale Perspektive zentrierte Haltung des Ingenieurkorps stießen nicht einmal beim Generalstab der Luftwaffe auf Zustimmung. Dieser bezeichnete die Kassandrarufe seiner Ingenieure als größtenteils überzogen. Die Standardisierung im westlichen Verbund wurde nicht als Schwächung, sondern als Stärkung der militärischen Luftfahrtkapazitäten Frankreichs angesehen. Ziel sei modernes Material in ausreichender Stückzahl und zu günstigen Preisen[31].

Waren bei der DTI bereits die genannten Bestrebungen alles andere als willkommen gewesen, so musste dies erst recht für eine supranationale Organisation wie die EVG gelten. Deutlich trat die Angst um die eigene Existenz zum Vorschein. Im Falle der Zentralisierung des Rüstungssektors in den Händen des Kommissariats würde, so mutmaßte man, die technische Dienststelle der Luftwaffe in letzter Konsequenz zu dessen Befehlsempfänger degradiert zu werden und ihre bisherige Stellung einzubüßen. Zwar hatte man zwischenzeitlich die Notwendigkeit eines gewissen Maßes an Standardisierung anerkannt, doch gegen einen europäischen Riesenapparat, wie man ihn aus dem Vertragstext herauszulesen glaubte, sträubte man sich hartnäckig. Die EVG schien nichts anderes zu sein als ein Schritt hin zu einer »Communauté Européenne Totale«, von der es dann kaum noch ein Zurück geben würde[32].

Neben den vielen praktischen Schwierigkeiten, mit denen die Rüstungsingenieure bei der Europäisierung eines so komplexen Prozesses wie der Waffenentwicklung, -herstellung und -beschaffung rechneten, kritisierten sie auch das Fehlen eines detaillierten Maßnahmenkatalogs für den Fall gravierender wirtschaftlicher und sozialer Probleme – ähnlich dem Vorbild des Vertrags über die Montanunion. Besonders für Frankreichs Industrie sah man ernste Gefahren voraus. Die Vorstellungen der DTI zielten folglich auf eine möglichst weitgehend dezentralisierte europäische Organisationsstruktur, die den bisher bestehenden nationalen Organismen ein Maximum an Handlungsspielraum und Unabhängigkeit beließ. Die Befugnisse des Kommissariats sowohl für Forschung und Programmaufstellung als auch für Materialauswahl und Serienproduktion sollten sich ausschließlich auf die langfristig angelegte Aufstellung allgemeiner Richtlinien und gemeinsamer Ziele beschränken. Alles andere, wie die Auftragsvergabe, Programmdurchführung, -überwachung und -finanzierung hatte dagegen weiterhin in nationaler Regie zu erfolgen[33]. Der Staatssekretär für die Luftwaffe forderte überdies, das militärische Personal der DTI in französischem Dienst zu belassen[34]. Hinter all dem steckte freilich die Absicht, Einmischungsmöglichkeiten vonseiten der europäischen Exekutive verhindern und die eigenen Rüstungsdienststellen und -betriebe so weit wie möglich dem Zugriff von außen zu entziehen. So sollte die Federführung weiterhin bei den Regierungen der einzelnen Mitgliedstaaten verbleiben.

---

[31] Vgl. SHD/DAA, 0 E/1541: Vermerk DTI, Auszug, 4.11.1950, zit. in: Vermerk Léchères, 4.12.1950 (Zitat S. 3).
[32] SHD/DAA, 9 E/1150-2: Vermerk Gérardin, 10.9.1952, S. 2.
[33] Vgl. ebd.; Vermerk Gérardin, Entwurf, 11.9.1952. Interessanterweise hielt Gérardin es aber für durchaus vorstellbar, die Schaffung neuer Forschungseinrichtungen durch europäische Mittel finanzieren zu lassen.
[34] Vgl. SHD/DITEEX, NL Ely, 1 K/233/25-7: Vermerk SGPDN für Sitzung Interministerielle Arbeitsgruppe (3.10.1953), 1.10.1953, Anhang Nr. 4, S. 1.

Neben der Klärung der Aufgaben der europäischen Exekutive legten die DTI-Offiziere Wert auf eine stufenweise Verwirklichung der Integration. Nach dem Vorschlag des Generalingenieurs für Luftrüstung Guy du Merle sollte sich in der Anfangsphase der Kompetenzbereich des Kommissariats mittels eines »organisme central très léger« auf Gesamtdirektiven beschränken; in den einzelnen Mitgliedstaaten würden die dort vorhandenen nationalen Dienststellen weiterhin bestehen bleiben. Langfristig hielt er allerdings eine Zentralisierung für denkbar, die sich über die Ebenen der Verteidigungsministerien und Rüstungsdirektionen bis hin zu den untergeordneten Dienststellen sowie Versuchs- und Forschungszentren erstreckte. Dieser Prozess musste langsam und schrittweise erfolgen, um nachteilige Effekte zu vermeiden[35].

Zahlreiche Kritikpunkte und Bedenken brachte auch der Chef der DTI, Generalingenieur Louis Meyer, in einem ausführlichen Gutachten zum Ausdruck[36]. Die Anwendung des Pariser Vertragsgeflechts bedeutete für ihn – damit lag er völlig richtig –, dass Frankreich keine vollständig unabhängige Rüstungspolitik mehr betreiben könnte – mit tiefgreifenden Folgen für den eigenen Luftfahrtsektor, der auf dem europäischen Kontinent die Führungsposition einnahm. Dass das Kommissariat den französischen Interessen vollauf Rechnung tragen und das Fortbestehen einer nationalen Technik absichern würde, galt als unwahrscheinlich. Vielmehr stand zu erwarten, dass das europäische Exekutivorgan sich stark zu den Briten und Amerikanern hin orientieren würde. Man dürfe nicht erwarten, so Meyer, dass die heimische Industrie aufgrund einer »politique systématique d'autonomie européenne« unterstützt und eine auf nationale Unabhängigkeit ausgerichtete Politik durch eine auf europäische Unabhängigkeit ausgerichtete Politik ersetzt würde.

Durchaus positiv bewertete der Rüstungsfachmann die durch die EVG angestrebte Standardisierung, die sich eng an der NATO und deren Führungsmächten USA und Großbritannien anlehnen würde und in einem späteren Stadium auf die Einsatzmerkmale von Hauptmaterial und die mühelose gegenseitige Austauschbarkeit bestimmter Ausrüstungskomponenten erstrecken könnte. Gemäß Meyers Prognose schien jedoch absehbar, dass sich das Kommissariat auf amerikanische und britische Produktionslizenzen stützen würde. Doch hielt er es für gut möglich, dass Washington und London gegenüber der EVG eine liberalere Handhabung der Lizenzvergabe verfolgen könnten, als sie sie bislang gegenüber den Franzosen praktizierten.

Die im EVG-Vertrag enthaltenen Bestimmungen zur wissenschaftlichen und technischen Forschung (Art. 106 EVG-Vertrag) schienen nach Auffassung Meyers vage, was er als Indiz dafür wertete, dass das mutmaßlich auf angelsächsische Lizenzen fixierte

---

[35] Vgl. SHD/DAA, 2 E/2919: Studie du Merle, 2. Version, 22.1.1953. Du Merle von der DTI wurde nach Absprache mit der Luftwaffenführung technischer Experte für Luftfahrtangelegenheiten in Coignards Arbeitsstab. Schwerpunkt seiner Tätigkeit war die Ausarbeitung von Entwürfen einer zukünftigen EVG-Rüstungsorganisation. Vgl. AMAE, DF-CED/C/117: Vermerk Coignard, 23.10.1952; SHD/DAA, 9 E/1152-1: Bericht Coignard vor Verteidigungsausschuss der Nationalversammlung, 15.5.1953, S. 13.
[36] Zum Folgenden: SHD/DAA, 9 E/1147-1: Studie Meyer, Januar 1954, S. 8–22 (Zitate S. 11, 19). Die in dem Dokument gemachten Vorschläge erfuhren die volle Zustimmung des Generalstabschefs der Luftwaffe, General Pierre Fay, und sollten Grundlage für weitere Direktiven sein, die dem Verteidigungsminister zur Entscheidung vorzulegen waren. Vgl. SHD/DAA, 0 E/1542: Vermerk Fay für DTI, 5.3.1954. Plevens Reaktion auf Meyers Studie ist nicht bekannt.

Kommissariat wenig zu einer intensiven eigenen europäischen Entwicklungsarbeit geneigt sein könnte – zu Lasten der französischen Entwicklungszentren. Es bestand daher Anlass zur Sorge, dass Letztere finanziell unzureichend ausgestattet und nationale Programme durch den vom Kommissariat angestrebten Wettbewerb zum Stillstand gebracht würden. Der damit verbundene Wissensverlust wäre aber nur schwer wieder rückgängig zu machen. Während sich Frankreichs Zellenbauindustrie gut behaupten könne, müssten die Triebwerks- und Ausrüstungsindustrie schwere Einbußen hinnehmen. Folglich galt es beim Kommissariat darauf hinzuwirken, dass eine bestimmte Menge des EVG-Materials französischer Herkunft zu sein habe. Die Produktionslinien für die EVG und den Eigenbedarf seien, trotz ihrer formellen Trennung, in technologischer und industrieller Hinsicht untrennbar miteinander verbunden – insbesondere bei identischem Material. Schließlich seien sie von denselben Firmen oder Einrichtungen entwickelt oder hergestellt worden. Weil davon auszugehen war, dass die EVG der größte und wichtigste Kunde sein würde – der rein nationale Bedarf schien vergleichsweise gering –, habe man mit weitreichenden Auswirkungen zu rechnen. Für die eigenen Streitkräfte ließen sich nämlich in der Regel nur solche Flugzeuge rentabel beschaffen, die in großen Stückzahlen produziert würden. Dem Auftragsvolumen der EVG komme hier eine entscheidende Rolle zu. Namentlich galt dies für Gerät, das für die *Union Française*, die Marine oder den Export bestimmt waren. Die daraus resultierende Abhängigkeit von der Rüstungspolitik der Gemeinschaft stellte in Meyers Augen »une source de difficultés« dar. Auch er plädierte deshalb nachdrücklich für einen sehr engen Kontakt zwischen den europäischen und den französischen Dienststellen, um eine effektive Koordinierung sicherzustellen. Die für Vertragsabschlüsse sowie für Lieferanten- und Materialauswahl zuständigen Zentralverwaltungen beider Seiten gelte es aber institutionell streng voneinander getrennt zu halten.

Darüber hinaus bezeichnete er es als unabdingbar, sich über die Modalitäten der Nutzung nationaler Einrichtungen durch das Kommissariat zu verständigen, weil der französische Staat größter Anteilseigner und Eigentümer im Luftfahrtbereich war, das Kommissariat selbst aber über keine eigenen Anlagen verfügte und somit auf vorhandene angewiesen war. Am nahe liegendsten waren Meyer zufolge finanzielle Beiträge vonseiten des Kommissariats und die Entsendung von EVG-Personal. Es sei ohne weiteres denkbar, dass die Ateliers Industriels de l'Air (AIA) sowohl vom französischen Staat als auch von der EVG genutzt werden könnten. Bei den Circonscriptions Aéronautiques Régionales (CAR)[37], den Kontrollstellen, genüge es, sie mit der Wahrnehmung von Gemeinschaftsaufgaben zu beauftragen. Eventuell neu zu schaffende EVG-Anlagen könnten gemeinsam finanziert werden. Für gänzlich ausgeschlossen hielt der Generalingenieur die Integration der staatlichen Forschungsinstitution Office National d'Études et de Recherches Aéronautiques (ONERA), weil ein solcher Schritt Frankreich von jeglicher eigenständiger Luftfahrtforschung abschneiden würde. Hinter der Frage nach dem genauen Kurs des zukünftigen Kommissariats standen allerdings nach wie vor viele

---

[37] Die CAR waren mit den Bauaufsichten des ehemaligen Reichsluftfahrtministeriums vergleichbar. Während diese jedoch fachlich bzw. nach Firmen gegliedert waren, waren die CAR regional gegliedert. Vgl. BArch, B 102/15373-1: Vermerk [2.12.1954]. Die AIA waren für die Wartung des Luftfahrtgeräts zuständig. Umfassend hierzu siehe den Sammelband Les Ateliers de Maintenance Industrielle de l'Aéronautique.

Fragezeichen, da zahlreiche Details noch ungeklärt schienen, so zum Beispiel dessen innere Funktions- und Arbeitsweise in Friedens- wie in Krisen- bzw. Kriegszeiten.

Im Zusammenhang mit der Frage nach den in nationalem Zuständigkeitsbereich verbleibenden Kompetenzen erhob Meyer zusammenfassend sieben Forderungen. In der Verantwortung der technischen und industriellen Einrichtungen Frankreichs sollten verbleiben[38]:

– die Sicherstellung des Eigenbedarfs für die Zivilluftfahrt, Marinefliegergeschwader und Luftstreitkräfte der *Union Française* (Forschung und Entwicklung, Serienherstellung, Wartung) sowie die Vergabe von Aufträgen entsprechend der den spezialisierten zentralen Dienststellen zur Verfügung stehenden Mitteln;
– die Führung der technischen Einrichtungen, die, auch wenn sie für die Gemeinschaft tätig waren, Eigentum des französischen Staates bleiben sollten; ferner die Führung des technischen und industriellen Erbes Frankreichs in allen Fällen, in denen es nicht Eigentum der nationalen Gesellschaften oder öffentlichen Einrichtung mit dem Status einer juristischen Person war (Fabriken oder Teile davon, Versuchsstände, Werkzeugmaschinen);
– die Kontrolle der Einrichtungen und Dienste, die zwar von der Gemeinschaft genutzt wurden, dem französischen Staat aber weiterhin unterstanden: (eventuell) Versuchszentren, Werkstätten, Kontrollbezirke, technische Dokumentations- und Informationsdienste;
– die Beratung der staatlichen Vertreter innerhalb der nationalen und Wirtschafts-Gesellschaften in technischen Dingen;
– das Pendant der EVG-Dienste in allen Fragen, die eine Koordinierung des Bedarfs, der Entscheidungen oder der Ausgaben erforderten; Zuständigkeit bei der Anwendung des Artikel 107 EVG-Vertrag bei den integrierten Diensten;
– die Beratung der französischen Repräsentanten im Rat der EVG;
– die Unterbreitung von Vorschlägen an die Regierung für Maßnahmen, die hinsichtlich der Verbesserung der Wettbewerbsfähigkeit der einheimischen Industrie zu ergreifen waren.

Neben all dem wurden auch Sicherheitsaspekte geltend gemacht: Du Merle brachte schwere Bedenken gegen die Vergabe von Aufträgen zur Fabrikation bedeutender bzw. sensibler Güter an einen »partenaire suspect« hervor. Ihn trieb die Furcht um, dass solche Länder in das feindliche Lager wechseln und damit die Gemeinschaft und ihre Mitgliedstaaten bei der Rüstungsproduktion entscheidend schwächen könnten. Als Ausweg schien es daher notwendig, die Vergabe derartiger Aufträge an »Wackelkandidaten« unter dem nicht völlig aus der Luft gegriffenen Vorwand der strategischen Gefährdung – hierbei nahm er Bezug auf Artikel 107 EVG-Vertrag – zu unterbinden und die Auftragsvergabe innerhalb der Gemeinschaft geografisch zu streuen, um sich nicht von einem Partner abhängig zu machen. Dies schien du Merle auch aufgrund der Invasionsgefahr aus dem Osten für geboten. Daneben dachte er an die Produktionsverlagerung nach Nordafrika und damit in direktes französisches Einflussgebiet[39]. Auch wenn der »partenaire suspect« namentlich nicht explizit genannt wurde, so dürfte kaum ein Zweifel daran bestehen, dass sich die

---
[38] Vgl. SHD/DAA, 9 E/1147-1: Studie Meyer, Januar 1954, S. 23 f.
[39] Vgl. SHD/DAA, 2 E/2919: Vermerk du Merle, 16.12.1952 (Zitat S. 2).

Bezeichnung auf Westdeutschland bezog, dem er offenkundig noch ein großes Maß an Misstrauen entgegenbrachte.

Ähnliche Sorgen wie die DTI brachte die für die Heeresrüstung zuständige DEFA hervor, die vor einem Totalverlust der staatlichen Souveränität im wirtschaftlichen Bereich und einer »stérilisation« aller ausschließlich für nationale Vorhaben zu investierenden Anstrengungen warnte. Um dies zu verhindern erhob man die Forderung, der EVG lediglich die Rolle eines »État-Major« zuzuweisen, der auf Wettbewerbsbasis Studien in jedem einzelnen Mitgliedsland in Auftrag geben konnte, für die Erfassung des vorhandenen Potenzials und die Verteilung der Programme – unter Berücksichtigung der Preise und Fristen – zu sorgen hatte und den Staaten die Durchführung der Programme überlassen sollte[40].

Die französische Regierung hatte zum Jahresbeginn 1953 die Bedenken der Militärs hinsichtlich des Artikel 107 EVG-Vertrag aufgegriffen und ihren Verhandlungspartnern in Paris im Rahmen ihrer Zusatzprotokoll-Initiative den Entwurf eines »erläuternden Protokolls« vorgelegt. Zweck des Vorstoßes war es, verbindliche und dauerhaft gültige Rüstungsgenehmigungen für Frankreichs National- und Überseeverbände durchzusetzen[41]. Zum Kreise der Gegner des besagten Artikels gehörte auch die Luftwaffe. Die Klausel, wonach das Kommissariat allgemeine Genehmigungen für die Rüstungsgüter, die zur Ausstattung der national verbleibenden Einheiten sowie der États Associés bestimmt waren, zu erteilen und zu kontrollieren hatte, empfanden die Generale als schlichtweg inakzeptabel. Das Problem wollte die Luftwaffe mittels einer Konvention oder eines Protokolls lösen. In dem Dokument sollten die für jede Teilstreitkraft notwendigen Materialkategorien, für die man sich Genehmigungen wünschte, aufgelistet werden, allerdings ohne nähere Angaben machen zu müssen. Zudem durfte es weder quantitative noch qualitative Beschränkungen geben. Ebenso lehnte man direkte Kontrollen durch das Kommissariat ab[42]. Im Grunde forderten die Rüstungsfachleute der Luftwaffe einen Blankoscheck, der die Autorisierungspflicht des Kommissariats zu einer reinen Formalität gemacht und die Rüstungsintegration de facto völlig außer Kraft gesetzt hätte. Dadurch wäre eine Art Zweiklassengesellschaft innerhalb der EVG entstanden: Auf der einen Seite die Deutschen, deren militärische Kapazitäten vollständig vergemeinschaftet gewesen wären, auf der anderen Seite Staaten wie Frankreich, die unter Berufung auf überseeische Verpflichtungen bei der Rüstung freie Hand gehabt und sich der supranationalen Kontrolle entzogen hätten.

Trotz allem scheint es bei der Luftwaffenführung keine einheitliche Haltung zur Europa-Armee gegeben zu haben. Während der Staatssekretär und eine Reihe von Ingenieuren gegen ein supranationales Rüstungs- und Beschaffungssystem wetterten, gab sich Generalstabschef Léchères als EVG-Befürworter. Anlässlich der Vorführungen französischen Luftwaffengeräts vor den Militärs der im Pariser Interimsausschuss vertretenen Staaten im Herbst 1952 soll er sich »eindeutig« für die EVG ausgesprochen

---

[40] SHD/DITEEX, NL Blanc, 1 K/145/7-2: Vermerk Salmon, 21.10.1952 (Zitate S. 1, 2). Generalingenieur Omer Salmon stand zum damaligen Zeitpunkt an der Spitze der DEFA.
[41] Siehe hierzu AWS, Bd 2 (Beitrag Maier), S. 141 f.; AWS, Bd 2 (Beitrag Meier-Dörnberg), S. 749; AWS, Bd 4 (Beitrag Schwengler), S. 459, 461.
[42] Vgl. SHD/DAA, 9 E/1152-1: Vermerk (Max) Gelée für Kombinierten Generalstab der Streitkräfte, 16.2.1953.

haben⁴³. In den Augen Léchères stellte die Europaarmee »la seule solution militaire rationnelle capable de conduire à l'efficacité au moindre prix« dar⁴⁴. Ob sein EVG-Bekenntnis nichts weiter als Rhetorik war, ob seine Einstellung zur EVG möglicherweise Wandlungen unterlag, lässt sich aufgrund der dürftigen Quellenlage nicht abschließend beurteilen. Sicher ist allerdings, dass er für damalige Verhältnisse zu ungewöhnlichen Integrationsschritten bereit war: Wie bereits beschrieben, war Léchères bis 1952 zu der festen Überzeugung gelangt, dass die westeuropäischen Staaten die Ausstattung ihrer Luftstreitkräfte unmöglich im nationalen Alleingang bewerkstelligen könnten und sie sich – unter Einbeziehung der Bundesrepublik und mit Unterstützung der USA – zu einer koordinierten Herstellung von Kampfflugzeugen zusammenschließen müssten, um eine effizientere Nutzung der vorhandenen Ressourcen sicherzustellen und die NATO-Planziele zumindest halbwegs erfüllen zu können. Zwar war im Léchères-Plan nicht von einer Verwirklichung im Rahmen einer supranationalen Gemeinschaft die Rede, aber seine Integrationsbereitschaft ging deutlich über die vieler anderer Militärs hinaus. Léchères Amtsnachfolger, Pierre Fay, kann dagegen klar zum Lager der EVG-Gegner gerechnet werden⁴⁵.

### 3. Von »nombreuses réserves« zur »déclaration de guerre«: Der Abwehrkampf der Marineführung

Der hartnäckigste Widerstand gegen ein europäisches Rüstungswesen formierte sich bei der Marine. Ursprünglich hatte die äußerst traditionsbewusste Marineführung um Admiralstabschef Henri Nomy gehofft, vom Pleven-Plan und damit von einer Integration verschont zu bleiben. Der Aufbau europäischer Seestreitkräfte vertrug sich in keiner Weise mit dem Selbstverständnis der Marine, für die es nur nationale und NATO-Missionen gab. Zu ihrem Einsatzspektrum zählte sie den Schutz des Mutterlandes und der Überseegebiete, die Unterstützung der Assoziierten Staaten, die Sicherung der als lebenswichtig erachteten maritimen Kommunikationslinien sowie die Verteidigung des westlichen Mittelmeeres und des Atlantiks vom Ärmelkanal bis an die nordafrikanische Küste. Die Existenz einer eigenen, schlagkräftigen Hochseeflotte – wichtigstes

---

[43] BArch, BW 9/2297, Bl. 3: Speidel an Blank, 24.10.1952; vgl. auch BArch, BW 9/2048, Bl. 23: Aufz. Gespräch Speidel – Stehlin – Léchères (8.11.1951), 9.11.1951. Die umfangreichen Vorführungen fanden vom 13.–15.10.1952 statt. Léchères kündigte bei dieser Gelegenheit den anwesenden Offizieren der EVG-Mitgliedstaaten einen Vortrag zu einem »eigenen europäischen Luftwaffenprogramm« an. BArch, BW 9/2297, Bl. 4–8, hier Bl. 8: Bericht Eschenauer (dt. EVG-Militärdelegation/Abt. Luftstreitkräfte/Paris), 23.10.1952. Einen Vorgeschmack hatte der Oberst im Generalstab Gallois in einem Beitrag für die August-Ausgabe der Luftfahrtzeitschrift »Interavia« gegeben, in dem er, höchstwahrscheinlich im Auftrag seines Vorgesetzten Léchères, Kritik an der bisherigen Rüstungspolitik der NATO übte und die Grundzüge eines gemeinsamen, von den USA unterstützten europäischen Luftwaffenprogramms darlegte. Siehe Gallois, Luftmacht.
[44] SHD/DAA, 0 E/1564: Redskript [Léchères], o.D. [vermutlich 1952] (Zitat S. 5).
[45] Speidel erwähnt in einem Bericht vom Mai 1954 explizit die EVG-feindliche Einstellung der Generalstabschefs des Heeres, der Marine und der Luftwaffe. Vgl. BArch, BW 9/3378, Bl. 147–158, hier Bl. 148: 13. Halbmonatsbericht dt. EVG-Militärdelegation (2.4.–1.5.1954), 1.5.1954.

Bindeglied zwischen dem Mutterland und der *Union Française* – untermauerte den Großmachtstatus Frankreichs. Man beabsichtigte gar, in einer Liga mit den großen westlichen Flotten, der US-Navy und der Royal Navy, zu spielen und an die alte französische Marinetradition anzuknüpfen. Ein Souveränitätsverzicht zugunsten eines integrierten europäischen Kommandos galt deshalb als schlichtweg undenkbar[46]. Ähnlich zurückhaltend verhielten sich Belgien und die Niederlande, die ebenfalls erhebliche überseeische Interessen verfolgten.

Nur widerwillig beugte man sich in der Pariser Rue Royale, dem Amtssitz des Marinestaatssekretärs und der Admiralität, den Vorgaben der Regierung. Da die von den Deutschen erhobene Forderung nach Aufstellung einer Marinekomponente zur Sicherung des Ostsee- und Nordseeraumes vor einem sowjetischen Angriff kaum von der Hand zu weisen war, es deutsche nationale Seestreitkräfte jedoch nicht geben durfte, blieb den Teilnehmern der Pariser Konferenz nichts anderes übrig, als das von der französischen Regierung propagierte Integrationskonzept auch auf den Marinebereich anzuwenden. Es sollte aber auf ein absolutes Minimum beschränkt werden[47].

Erklärtes Ziel der französischen Marineführung war es, den strikt nationalen Charakter ihrer Teilstreitkraft zu bewahren. Daneben galt es, die Wiederentstehung einer unter nationalem Kommando stehenden, zu selbstständigen und offensiven Operationen befähigten deutschen Kriegsmarine zu verhindern. Dies lag auch ganz im Interesse der Briten, die sich nur zu gut an die verlustreiche Schlacht im Atlantik während des Zweiten Weltkrieges erinnerten. Gemäß den Vorstellungen des französischen Admiralstabes war ein westdeutscher Marinebeitrag auf rein defensive Aufgaben – die Küstenüberwachung, den Küstenschutz sowie die Sperrung des Rheins – zu begrenzen und im Gegensatz zu den Marinen der Partnerstaaten vollständig zu integrieren. Dementsprechend sollten die deutschen Marineeinheiten ausschließlich mit leicht bewaffneten Kleinbooten wie Geleit- und Schnellbooten, Minenlegern und Sperrschiffen, keinesfalls aber mit schweren Kriegsschiffen und U-Booten ausgerüstet sein. Dabei dachte man ganz offen daran, bei der Ausstattung der Deutschen die französischen Werften zum Zuge kommen zu lassen, um die vorhandenen Fertigungskapazitäten ausreichend auszulasten. Die Erforschung wie auch die Entwicklung moderner Marinewaffen sollte den Deutschen weiterhin verwehrt bleiben[48]. Zweifelsohne wäre eine derartige Ministreitmacht nicht ausreichend gewesen, einen sowjetischen Durchbruch in die Nordsee oder Landungsoperationen im Ostseeraum abzuwehren. Dennoch einigten sich die Delegationen in Paris auf eine Formel, die deutlich die Handschrift der Franzosen trug[49]. Allerdings zeigten sich nicht

---

[46] Vgl. Quérel, Vers une marine atomique, S. 205–210; Strub, La Marine nationale et la Communauté Européenne, S. 7–9; Caserta, La Marine nationale, S. 97–100.

[47] Allgemein zu den Verhandlungen über das EVG-Marinekontingent und den deutschen Beitrag: Krüger, Die Anfänge der Bundesmarine, Teil 1, S. 4–6; Sander-Nagashima, Die Bundesmarine 1950 bis 1972, S. 42–46.

[48] Vgl. AMAE, DF-CED/B/38: Stellungnahme Lambert, 8.10.1951, mit Anlagen; Caserta/Vial, La Marine nationale, S. 80; Guillen, Die französische Generalität, S. 137 f. Roger Lambert war vom 18.8.1950 bis zum 26.10.1951 Admiralstabschef. Vgl. Quérel, Vers une marine atomique, S. 20, 415.

[49] Den Deutschen gestand man als »erste Welle« ein schrittweise aufzustellendes Marinekontingent mit insgesamt 311 Schiffen (Minensucher, Geleit- und Schnellboote, Minenleger, Hafenschutz- und Landungsboote), 24 Aufklärungsflugzeugen, 30 Hubschraubern und kleinen Landeinheiten

alle von der Notwendigkeit bundesdeutscher Marinekräfte überzeugt. So gab der ehemalige Admiralstabschef Georges Lemonnier, der einen Bonner Verteidigungsbeitrag grundsätzlich nicht in Frage gestellt hatte, noch im Dezember 1953 zu Protokoll, dass westdeutsche Seestreitkräfte zur Verteidigung Europas nicht nötig seien[50].

Kaum war die Tinte unter dem Pariser Vertragswerk trocken, formulierte Frankreichs Marinestaatssekretär Jacques Gavini einen detaillierten Forderungskatalog für die Arbeiten des ab Juli zusammentretenden Interimsausschusses[51]. Die Wunschliste, die man in der Rue Royale als Direktiven für die französischen Vertreter im Palais Chaillot verstanden wissen wollte, bildete bis zum endgültigen Aus für das EVG-Projekt im Sommer 1954 die Grundlage der »Europapolitik« des Marineressorts. Erklärtes Ziel der Führungsspitze war es, den nationalen Charakter und somit die völlige Unabhängigkeit und Einheit ihrer Teilstreitkraft zu erhalten[52]. Eine Vergemeinschaftung, wie sie für Heer und Luftwaffe vorgesehen war, lehnte Gavini für die Marine strikt ab. Vor dem Hintergrund, dass der Anteil der Marinekräfte an der Europaarmee nur ca. 10–15 % betragen, die restlichen 85–90 % unter nationalem Kommando verbleiben würden, erschien es ihm völlig unannehmbar, die gesamte französische Marineorganisation der Kontrolle des zukünftigen Kommissariats zu unterwerfen und dieses gar noch mit eigenen Einrichtungen und Befugnissen zu versehen. Weil die EVG-Flottille, wie im Militärischen Sonderabkommen festgehalten, lediglich aus leichten Küstenschutzeinheiten bestehen sollte, forderte Gavini, die für Hochseeoperationen ausgelegten Flotten der Mitgliedstaaten mitsamt ihren Kommandostrukturen und Dienststellen weiterhin in nationaler Verfügungsgewalt zu belassen. Nur so sei es möglich, die bestehenden »Verpflichtungen« in Übersee sowie im NATO-Raum zu erfüllen. Während die Aktivitäten der EVG ausschließlich auf den Schutz der westeuropäischen Küsten beschränkt seien, diene die Hochseeflotte der Verfolgung der weltweiten Interessen Frankreichs und der Verteidigung im Rahmen der NATO. Hinsichtlich der NATO wies er darauf hin, dass SHAPE im Kriegsfall ohnehin die operative Führung der EVG übernehmen würde.

Eine Aufspaltung der bestehenden Organisationsstrukturen in einen europäischen und einen nationalen Teil lehnte Gavini daher kategorisch ab. Die Kommandostäbe, Logistikbasen und Arsenale der Seestreitkräfte – von der zentralen bis zur lokalen Ebene – bildeten nach seinem Verständnis ein untrennbares Ganzes. Jegliche Veränderung zugunsten eines mächtigen europäischen Exekutivorgans würde zur Destabilisierung des gesamten Systems führen – mit verheerenden Folgen für die Einsatzfähigkeit der Flotte. Daneben galt die Schaffung eines eigenen EVG-Marineapparates als unnötige

---

zu, wobei das Gros der Minensucher und Hafenschutzboote in Reserve gehalten werden sollte. Dem Kontingent war eine Friedensstärke von 11 442 Mann zugedacht, im Kriegsfall sollte sie auf eine Gesamtstärke von 23 534 Mann anwachsen. Vgl. AWS, Bd 2 (Beitrag Meier-Dörnberg), S. 705, 707; AWS, Bd 4 (Beitrag Schwengler), S. 431 f. Leicht davon abweichende Personalstärken: Krüger, Die Anfänge der Bundesmarine, Teil 1, S. 5; Sander-Nagashima, Die Bundesmarine 1950 bis 1972, S. 45.

[50] Vgl. Caserta, La Marine nationale, S. 96.
[51] Der Korse Jacques Gavini vom Centre National des Indépendants et Paysans (CNIP) war Abgeordneter im französischen Parlament und bekleidete vom 11.8.1951 bis zum 19.6.1954 das Amt des Marinestaatssekretärs. Vgl. http://www.assemblee-nationale.fr/sycomore/fiche.asp?num_dept= 3316 [23.6.2014].
[52] Zum Folgenden: Caserta, La Marine nationale, S. 48–55.

Duplizierung und Ressourcenverschwendung. Anstelle des Aufbaus eines gigantischen supranationalen Gebildes hielt Gavini es für zweckmäßiger, dem Kommissariat die in den Mitgliedstaaten vorhandenen Kommando-, Verwaltungs-, Logistik- und Ausbildungseinrichtungen bei Bedarf zur Verfügung zu stellen. Die Marinen sollten demnach der EVG als eine Art Dienstleistungsunternehmen zur Verfügung stehen. Einzelheiten, etwa die finanziellen, administrativen und militärischen Modalitäten einer solchen Lösung, waren in einer noch auszuarbeitenden Konvention zu regeln. Damit sollten ferner die Bedürfnisse der EVG mit denen der Nationalmarinen abgestimmt werden. Oberstes Gebot war, dass das europäische Marineprogramm die zur Erfüllung der nationalen und nordatlantischen Missionen notwendigen Programme keinesfalls beeinträchtigen durfte. Der Grundsatz, wonach »les responsabilités de la défense commune en matière navale restent essentiellement nationales (liaison avec l'Union Française, Extrême Orient) et interalliées (dans le cadre OTAN)«, war für das Marineressort nicht verhandelbar[53]. Unterstützung erfuhr man vom Ausschuss der Generalstabschefs, der die besondere Stellung der Marine anerkannte und die Beibehaltung der Oberhoheit über die Marineeinrichtungen für angebracht hielt[54].

Wie wenig Platz in den Überlegungen der Admiralität für ein EVG-Marinekontingent war, wurde anlässlich der Sitzung des Höheren Rates der Streitkräfte vom 21. Dezember 1953 deutlich, bei der neben der Frage einer Beteiligung der Bundesrepublik an der Verteidigung Europas auch die Marinepolitik Frankreichs auf der Tagesordnung stand. Nomy ließ in seinen Ausführungen keinen Zweifel, dass das Ziel eine nationale, unabhängige und global operierende Hochseeflotte zur Durchsetzung des französischen Weltmachtanspruchs war[55]. In den Überlegungen der Militärs spielte auch Frankreichs sich wandelnde Stellung als Militärmacht in Europa eine Rolle. Admiral Lemonnier bezeichnete eine ambitionierte Marinepolitik als legitimen Ausgleich für den mit der Wiederbewaffnung Deutschlands verbundenen Machtverlust seines Landes auf dem europäischen Kontinent:

»le [sic!] réarmement allemand amènera un affaiblissement relatif de la position militaire de la France sur le continent, puisque notre pays n'y sera plus la seule puissance militaire [...] ce que l'on va perdre sur le continent doit être regagné sur le plan mondial, et la Marine permet d'y contribuer[56].«

---

[53] SHD/DMa, 3 BB 8/CED/11: Gavini an Mons, 17.9.1952, mit Anhang (Zitat Anhang, S. 1). In einer Aufzeichnung vom 13.6.1952, in der die Marine die Marschroute für die anstehenden Verhandlungen im Interimsausschuss definierte, heißt es: »les responsabilités de l'ensemble de nos forces maritimes restent essentiellement nationales et interalliées«. Zit. nach Caserta, La Marine nationale, S. 49.
[54] Vgl. SHD/DITEEX, NL Ely, 1 K/233/25-7: Vermerk Kombinierter Generalstab der Streitkräfte, 1.6.1953, hier: Stellungnahme Ausschuss der Generalstabschefs, Zusammenfassung, 20.11.1952, S. 4.
[55] Siehe SHD/DAA, 0 E/1531: Protokoll Sitzung Oberster Rat der Streitkräfte (21.12.1953), 2. Teil, 12.3 1954; Caserta, La Marine nationale, S. 96-102; Caserta/Vial, La Marine nationale, S. 91-93; Strub, La Marine nationale et la Communauté Européenne, S. 20-22. Die Perspektive einer EVG-Marine spielte bei der Sitzung so gut wie keine Rolle.
[56] SHD/DAA, 0 E/1531: Protokoll Sitzung Oberster Rat der Streitkräfte (21.12.1953), 2. Teil, 12.3 1954; Caserta/Vial, La Marine nationale, S. 91 f.

Entsprechend ehrgeizig waren die Rüstungsplanungen des Admiralstabes: Die Gesamttonnage an Kampfschiffen sollte bis zum Jahr 1960 von ca. 255 000 t auf 444 000 t steigen. Dies erforderte einen gewaltigen finanziellen Kraftakt, dies umso mehr, als sich die Lebensdauer zahlreicher Schiffe bereits zu Ende neigte und die veralteten Schiffe durch neue ersetzt werden mussten[57]. Es mag daher kaum überraschen, dass die Marine den eigenen EVG-Beitrag so klein wie möglich zu halten versuchte. In den Plänen vom Juli 1954 betrug der Umfang ihrer integrierten Einheiten nur einen Anteil von 9 % der damaligen Gesamttonnage, 10 % der Marineflieger und 6 % des Personals. Dies entsprach einer Personalstärke von 4295 Mann[58].

Besondere Aufmerksamkeit schenkte man in der Rue Royale vor dem Hintergrund des geringen Integrationsgrades der Marinestreitkräfte rüstungswirtschaftlichen und organisatorischen Fragen[59]. Im Fadenkreuz der Kritik stand, wie auch beim Heer und bei der Luftwaffe, der berühmt-berüchtigte Artikel 107 EVG-Vertrag, der die Furcht vor einer übermächtigen Rüstungsbehörde weckte. Angesichts der Bestrebungen, die Europäisierung des heimischen Marineapparates zu verhindern, stieß die Genehmigungspflicht des Kommissariats für Entwicklung, Herstellung, Import und Export von Militärgütern auf einhellige Ablehnung. Nicht weniger groß waren die Sorgen um die Vereinbarkeit von nationalen und europäischen Rüstungsprogrammen. Auf keinen Fall sollten Erstere – sie genossen absolute Priorität – durch Maßnahmen des Kommissariats behindert werden. Dabei machte man geltend, dass es sich bei Marineprojekten, etwa beim Bau von großen Schiffen, in der Regel um langwierige und komplexe Programme handelte und man unbedingt Planungssicherheit benötigte. Folglich strebte man zum einen den Wegfall der »dirigistischen« Befugnisse des Kommissariats, zumindest aber eine äußerst liberale Genehmigungspraxis an, zum anderen hielt man eine Koordination zwischen den beiden unterschiedlichen Rüstungsprogrammen für unumgänglich.

Hier griff Gavini den Vorschlag des Brigadegenerals Vézinet auf, der schriftliche Konventionen zwischen den Mitgliedstaaten und der Verteidigungsgemeinschaft angeregt hatte. Darin waren die zahlreichen Details der erforderlichen Abstimmung festzulegen. Was die Nutzung von Verwaltungs- und Logistikeinrichtungen betraf, so hatten gemäß den Vorstellungen Gavinis die zentralen Marinedienste Frankreichs vom Kommissariat die Finanzmittel zu empfangen und zu verwalten, die bei ihnen für die EVG-Programme ausgegeben werden sollten. Den lokalen Diensten, zum Beispiel den dem Verteidigungsministerium unterstehenden Werften[60], oblag die Bereitstellung von Kapazitäten für Nachschub und Instandsetzung. Sie sollten über einen (»europäischen«) Verbindungsoffizier mit der EVG verbunden sein. Bei der Vorbereitung der europäischen Rüstungsprojekte war vorgesehen, dass das Kommissariat den Regierungen sei-

---

[57] Umfassend dazu: Quérel, Vers une marine atomique, S. 222–247.
[58] Vgl. SHD/DMa, 3 BB 8/CED/11: Vermerk Staatssekretariat der Marine, 1.7.1954, mit Anhängen, hier Anhang 2: Überblick über das frz. EVG-Marinekontingent. Zur Personalstärke des französischen Marinekontingents gemäß den Planungen zwischen 1951 und 1953: Caserta/Vial, La Marine nationale, S. 86: Projets de contribution de la France à la Marine européenne (Automne 1951–été 1953).
[59] Zum Folgenden: SHD/DMa, 3 BB 8/CED/11: Gavini an Mons, 17.9.1952, mit Anhang; Caserta, La Marine nationale, S. 58–60.
[60] Die größten und wichtigsten französischen Arsenale befanden sich in Brest, Lorient, Cherbourg, Toulon und Bizerte. Vgl. Quérel, Vers une marine atomique, S. 31–33.

nen Bedarf meldete und nach Absprache die europäischen Programme festlegte. Der Marinespitze musste es möglich sein, zu prüfen, ob ihre eigenen Vorhaben mit denen der EVG vereinbar waren oder kollidierten. Auch im Hinblick auf die Auftragsverteilung und die Durchführung sollte die Marine ein Mitspracherecht besitzen, um eine Konkurrenz zwischen nationaler und europäischer Ebene und damit etwaige Nachteile für französische Rüstungsvorhaben auszuschließen. Für die Durchführung der EVG-Projekte sollte Frankreichs Marine ihre zentralen und lokalen Einrichtungen (Generalstab und nachgeordnete Dienste) zur Verfügung stellen. Näheres galt es, wie bereits erwähnt, durch eine Konvention zu regeln, ebenso wie die Kontrollbefugnisse des Kommissariats gegenüber den französischen Dienststellen.

Beim Rüstungsausschussvorsitzenden Coignard stieß die Forderung allerdings auf Ablehnung. Er verwarf sie als schlichtweg »uneuropäisch« und bezeichnete sie als einen Verstoß gegen den vertraglich zugesicherten Gleichheitsgrundsatz, vor allem im Hinblick auf die Bundesrepublik. Daneben gab er zu bedenken, dass die Verhandlungen über eine Konvention äußerst langwierig sein würden und sich das für die EVG günstige politische Klima rasch ändern könnte. Ferner äußerte er die Vermutung, dass sich die Deutschen zwischenzeitlich im Rüstungsbereich stärker auf die USA hin orientieren könnten, was die Aussicht auf eine Konvention weiter verschlechtern würde. Dahinter verbarg sich der Versuch, Ängste bei der Marineführung zu wecken, um sie von den Vorzügen der bislang im Interimsausschuss angestrebten integrierten Lösung zu überzeugen. Erneut verwies Coignard auf die seiner Meinung nach großzügige Handhabung allgemeiner Genehmigungen durch das Kommissariat: Letzteres werde den Regierungen allgemeine Genehmigungen für die Herstellung von Material erteilen, das zur Ausrüstung ihrer unter nationalem Kommando verbliebenen Verbände bestimmt sei, und zwar für einen bestimmten Zeitraum, allerdings ohne quantitative oder qualitative Beschränkungen. Einzelheiten bräuchten nicht in Form eines Regierungsabkommens, sondern lediglich in Form von Richtlinien oder Vorschriften des Kommissariats festgelegt zu werden[61]. Dieses Modell entsprach ganz der Linie der zwischenzeitlich aufgenommenen Arbeiten des Interimsausschusses. An einer Europäisierung der bestehenden Einrichtungen, einem »rattachement organique« an die EVG, führte nach Coignards Worten kein Weg vorbei. Gemäß diesem Ansatz war ihnen die Rolle lokaler europäischer Dienststellen zugedacht. Das Problem der Harmonisierung der nationalen und europäischen Rüstungsvorhaben gedachte man mittels einer Doppelunterstellung der französischen Rüstungsdienststellen zu lösen: Sie sollten einerseits dem Marinestaatssekretär unterstehen, der die spezifischen Interessen für rein nationale Programme vertrat, andererseits einem Sonderkommissar zugeordnet sein, der über die Gemeinschaftsaufträge zu wachen hatte[62].

Wie auch bei den beiden anderen Teilstreitkräften bot für Gavini die Genehmigungspflicht für die Ausfuhr von Militärgütern Anlass zu Besorgnis. In der Rue Royale pochte man auf die Gültigkeit der bisher unterzeichneten Exportverträge so-

---

[61] Richtlinien und Vorschriften bedurften der Zustimmung des Rates. Für Richtlinien/Direktiven war Einstimmigkeit erforderlich, für Vorschriften eine Zweidrittelmehrheit. Vgl. Art. 39 § 2, Art. 107 § 5 EVG-Vertrag.
[62] Vgl. SHD/DMa, 3 BB 8/CED/11: Gespräch Coignard/Marinevertreter, 26.9.1952 (Zitat, S. 2); Vermerk, 27.9.1952; Caserta, La Marine nationale, S. 67 f.; Strub, La Marine nationale et la Communauté Européenne, S. 15 f.

wie auf die Zusicherung eines reibungslosen Abschlusses der laufenden Verhandlungen, ohne Einmischungen vonseiten einer europäischen Autorität fürchten zu müssen[63]. Die Marine trieb im Rahmen des finanziell Möglichen den Wiederaufbau einer prestigeträchtigen heimischen Schiffbauindustrie voran und plante bereits eifrig eigene Klassen von Kriegsschiffen und U-Booten – auch im Hinblick auf die in ökonomischer Hinsicht sehr bedeutsamen Exporte[64]. Alarmiert war die Marineführung zudem wegen der Pläne des Rüstungsausschusses, die ausländische Militärhilfe zukünftig vollständig über die Vereidigungsgemeinschaft zu koordinieren und sie damit den nationalen Dienststellen zu entziehen. Für Frankreichs Seestreitkräfte, die massiv von umfangreichen US-Lieferungen profitierten, war es völlig unannehmbar, bei der Ausrüstung ihrer zu 85–90 % national verbleibenden Flotte mit ausländischen Gütern vom Votum einer supranationalen Behörde abhängig zu sein. Zudem bemängelten sie das Fehlen jeglicher politischer Grundlagen für eine derartige Machtbefugnis der EVG[65]. Widerstand formierte sich ferner gegen mögliche europäische Gemeinschaftsprogramme auf dem Gebiet der wissenschaftlichen und technischen Forschung und die damit verbundenen Eingriffsmöglichkeiten des Kommissariats und des Ministerrats[66].

Die Zusicherungen Coignards vermochten Gavini und seine Admiräle nicht zu beruhigen. Ihnen erschienen die vom Interimsausschuss erarbeiteten Genehmigungsgrundlagen unzureichend, die geplante Zentralisierung der Offshore-Aufträge unannehmbar[67]. Am erbittertsten leistete Gavini gegen die geplanten Organisationsstrukturen des zukünftigen EVG-Kommissariats Widerstand. Der Entwurf des Rüstungsausschusses vom Oktober 1952 sah die Schaffung eines für alle drei Teilstreitkräfte zuständigen und mit umfangreichen Befugnissen ausgestatteten Rüstungskommissariats vor[68]. Dessen Kompetenzspektrum sollte sich auf die Bereiche Rüstung, Ausrüstung, Versorgung und Infrastruktur erstrecken; die Einflussmöglichkeiten des Militärs, für das man ein eigenes Kommissariat vorsah, waren hingegen sehr begrenzt. Diese Konzeption, die im Grunde eine strikte Trennung zwischen den beiden Gebieten Rüstung und Militär festschrieb, stand im völligen Gegensatz zu dem bisher von den Streitkräften angewandten Organisationsprinzip, das sämtliche Aspekte der Rüstung unter einem Dach, dem der jeweiligen Staatssekretariate, vereinte. Der Marine unterstanden Admiralsstab und

---

[63] Vgl. SHD/DMa, 3 BB 8/CED/11: Vermerk [26.10.1952]. Konkreter Hintergrund war das Interesse der Marine an der Lieferung von Schiffen der T-47-Klasse nach Pakistan und Brasilien. Hierbei handelte es sich um ein für Luftverteidigung und U-Boot-Bekämpfung konzipiertes Konvoi-Begleitschiff. Zu dem Schiffstyp siehe Quérel, Vers une marine atomique, S. 106–113.
[64] Zu den bedeutendsten Eigenentwicklungen während der EVG-Phase gehörten die U-Boot-Typen Aréthuse und Daphné, die Geleitschiffklasse Commandant Rivière sowie der Flugzeugträger Clemenceau. Der Plan des U-Boot-Jägers E-54 musste aufgegeben werden. Vgl. Quérel, Vers une marine atomique, S. 247–286.
[65] Vgl. SHD/DMa, 3 BB 8/CED/11: Vermerk [26.10.1952]. Details zur amerikanischen Militärhilfe für die französische Marine in den 1950er Jahren: Quérel, Vers une marine atomique, S. 173–196; Vial, L'aide américaine.
[66] Vgl. SHD/DMa, 3 BB 8/CED/11: Vermerk, 10.7.1952.
[67] Vgl. ebd.: Vermerk [26.10.1952]. Siehe dazu in diesem Kapitel auch die Analyse der Stellungnahme der französischen Rüstungsdelegation zu Art. 107 EVG-Vertrag vom 29.9.1952.
[68] Siehe AMAE, DF-CED/C/117: Coignard an Alphand, 4.11.1952, Anhang: Organisation der EVG-Rüstungsdienste, Entwurf, 24.10.1952; BArch, BW 9/3428: Bl. 12–14: Coignard an de Larminat, 5.11.1952.

DCCAN, die sowohl auf zentraler als auch auf lokaler Ebene sehr eng zusammenarbeiteten. Mit Nachdruck erinnerte man in der Rue Royale an den besonderen Charakter der Marine: Der Bau eines Kriegsschiffs galt als Großvorhaben, das im Vergleich zu Heeres- und Luftwaffenprojekten längere Entwicklungs- und Produktionsphasen erforderte. Auch waren nur begrenzte Stückzahlen möglich. Aus diesen Gründen, aber auch wegen der angestrebten Harmonisierung zwischen dem nationalen und europäischen Programmen, hielt man eine besonders enge Kooperation zwischen der Admiralität und den Arsenalen für unabdingbar. Sie musste bereits in der Anfangsphase einsetzen. Zu bedenken galt hierbei, dass Prototypenentwicklungen und Vorserien, wie sie für Flug- und Heeresgerät üblich waren, bei Schiffen allein schon aufgrund ihrer Größe nicht machbar waren. Außerdem standen Schiffe in der Regel lange im Dienst und mussten regelmäßig instandgesetzt und modernisiert werden, was nur in den entsprechenden Werften und unter Berücksichtigung der Forderungen der Admiralität erledigt werden konnte. Ein weiterer Kritikpunkt Gavinis war, dass das Rüstungskommissariat nicht nur für das Kriegsmaterial, sondern auch für die Instandsetzung und Versorgung zuständig sein sollte, was die gesamte Logistik von der EVG abhängig machte und letztlich die Einsatzfähigkeit der nationalen Marinekräfte stark einschränken würde. Mit neuerlichem Hinweis auf den geringen Anteil integrierter Marinekräfte, die noch dazu lediglich für den Küstenschutz vorgesehen waren, bezeichnete Gavini eine europäische Mammutorganisation ohnehin als nicht gerechtfertigt und als überflüssig. Sie führe im Grunde zu einer »direction centrale européenne de l'économie de défense dont le gigantisme risque d'entraîner l'inefficacité«. Zudem zweifelte er an der Rechtmäßigkeit des vom Rüstungsausschuss eingeschlagenen Kurses, da nach seiner Auffassung keine offizielle Regierungsdirektiven zum Themenkomplex existierten. Entwicklung, Produktion, Beschaffung, Versorgung, Instandsetzung und Modernisierung sollten in einer Oberbehörde zusammengefasst sein. Damit waren alle militärischen, administrativen, industriellen, technischen und finanziellen Kompetenzen miteinbezogen. Gavini forderte, zur Bedarfsdeckung des europäischen Marinekontingents nach dem Vorbild der in Frankreich existierenden Organisationsstrukturen ein spezielles Marinekommissariat mit einem Admiralstab und einer Verwaltung einzurichten. Nach wie vor sollte damit aber kein staatlicher Souveränitätsverzicht verbunden sein. Es sollte sich nur um ein Koordinierungsorgan handeln[69]. Was den besonderen Charakter der Marinerüstung betraf, so war Gavini mit seiner Position nicht allein. Im EVG-Militärausschuss vertrat man dieselbe Meinung[70].

Unzufrieden zeigte sich Gavini ebenfalls mit den Arbeiten des Militärausschusses. Nach seiner Vermutung beabsichtigte dieser, die Rüstungs- und Versorgungsdienste der drei Teilstreitkräfte dem jeweiligen General- bzw. Admiralstab zu unterstellen, was er im Grunde begrüßte. Trotz dieser an sich wünschenswerten Zentralisierung unter dem Dach der Teilstreitkräfte verwarf Gavini aber auch diesen Entwurf, weil er den Militärs nicht

---

[69] Siehe AMAE, DF-CED/C/121: Gavini an Mons, 25.10.1952; SHD/DMa, 3 BB 8/CED/11: Gavini an de Larminat, 15.12.1952; SHD/DMa, 3 BB 8/CED/7: Vermerk Gavini, 25.11.1952 (Zitat S. 2); Caserta, La Marine nationale, S. 68–70, 73 f.
[70] Vgl. AMAE, CED, 254: Vermerk EVG-Militärausschuss/Abt. Marine, 26.11.1952.

die notwendigen Kompetenzen in industrie- und finanzpolitischen Angelegenheiten zutraute[71].

Einen kleinen Lichtblick gab es in Gavinis Ressort im Frühjahr 1953, als die Pariser Regierung Zusatzprotokoll-Entwürfe ausarbeiten ließ. Gavini nutzte die Gelegenheit, um gegenüber der Regierung erneut seinen Standpunkt darzulegen[72]. Der »Entwurf einer Vereinbarung über eine genehmigte Direktive bezüglich Artikel 107«[73], der gemeinsam mit anderen Zusatzprotokollen nach zähen Verhandlungen am 24. März 1953 im EVG-Lenkungsausschuss verabschiedet wurde[74], ging in die von der Marine gewünschte Richtung. Völlig zufrieden gestellt war sie allerdings noch immer nicht, denn die von ihr angestrebte Harmonisierung der eigenen mit den europäischen Programmen schien nach wie vor noch nicht hundertprozentig gesichert. Gavini bestand darauf, dass mit der vom Kommissariat erteilten allgemeinen Genehmigung auch eine automatische Regelung hinsichtlich der Frage der Ressourcenverteilung verbunden war. Die Priorität sollte dabei eindeutig zugunsten nationaler Programme gesetzt werden. Weiterhin hielt die Marine an der Forderung nach einer Konvention zur Regelung der Nutzung der französischen Einrichtungen für EVG-Rüstungsaufträge fest. Sie war nur bereit, für die Europaarmee Dienstleistungen zu erbringen, nicht aber die Kontrolle über die eigenen Einrichtungen aus den Händen zu geben[75]. Ähnlich wie die Luftwaffe unternahm die Marine den systematischen Versuch, die vertraglich fixierte Rüstungsintegration auszuhebeln und damit einen Grundpfeiler der gemeinsamen westeuropäischen Verteidigungsstruktur zum Einsturz zu bringen. Im Ständigen Generalsekretariat für Nationale Verteidigung wollte man nun alle Hebel in Bewegung setzen »de trouver des solutions qui, dans le cadre des prescriptions parfois très générales de cet article [Art. 107 EVG-Vertrag], sauvegardent au maximum nos intérêts, et en particulier ceux de nos Forces qui ne font pas partie de la C.E.D.«[76].

Rückendeckung erhielt Gavini vom Admiralstabschef. Nomy hatte sich bereits im Juli 1952 entschieden gegen ein Rüstungskommissariat ausgesprochen[77]. Zwar war er zum damaligen Zeitpunkt noch der Meinung gewesen, dass die wirtschaftlichen Kompetenzen in den Zuständigkeitsbereich eines Streitkräftekommissariats fielen. Doch ließ er sich

---

71　Vgl. ebd. Der Entwurf des Militärausschusses wurde erst am 8.12.1952 fertiggestellt. Siehe BArch, BW 9/3428, Bl. 50 ff.: Militärausschuss/Gruppe Logistik: Kompetenzverteilung Rüstung – Streitkräfte, Entwurf (CM/LOG/IV/99), 8.12.1952.
72　Vgl. Caserta, La Marine nationale, S. 79 f.
73　Siehe EA 1953, S. 5863 f., hier S. 5864: Entwurf zu einer Vereinbarung über eine genehmigte Direktive bezüglich Artikel 107 [Zusatzprotokoll Nr. 5]; AWS, Bd 2 (Beitrag Maier), S. 141 f.; AWS, Bd 2 (Beitrag Meier-Dörnberg), S. 749; AWS, Bd 4 (Beitrag Schwengler), S. 459, 461.
74　Der Staatssekretär legte am 20.1.1953 Richtlinien für zwei Zusatzprotokolle vor, in denen er die wesentlichen Forderungen der Marine wiederholte. Ein Entwurf betraf die Forderung nach der Beibehaltung des nationalen Charakters der Marine und nach der Schaffung eines Marinekommissariats. Der andere Entwurf bezog sich auf die Lockerung der rigiden Bestimmungen des Art. 107 EVG-Vertrag für die unter nationalem Oberbefehl stehenden Truppen. Vgl. Caserta, La Marine nationale, S. 79 f.
75　Vgl. SHD/DMa, 3 BB 8/CED/11: Vermerk Staatssekretariat der Marine, 17.6.1954, S. 2; Vermerk Staatssekretariat der Marine, 1.7.1954, mit Anhängen, S. 4.
76　SHD/DAT, 6 Q/67-2: Vermerk SGPDN/Allgemeine Angelegenheiten für Général Vézinet, 31.3.1953, S. 3.
77　Vgl. SHD/DAT, 8 S/239-3: Vermerk Generalstab der Streitkräfte für Ausschuss der Generalstabschefs, 2.7.1952, S. 3; AMAE, DF-CED/C/121: Gavini an Alphand, 13.1.1953, S. 2 f.

vom Ressortchef rasch davon überzeugen, dass es aufgrund der besonderen Situation der Marine sinnvoller wäre, eine dem französischen Staatssekretariat ähnliche Institution zu schaffen. So sprach sich Nomy dann mit Nachdruck für ein EVG-Marinekommissariat aus[78]. Beifall erhielt Gavini auch von der für die Seerüstung zuständigen DCCAN, die unter den gleichen Existenzängsten litt wie ihre Schwestereinrichtungen DEFA und DTI. Man wollte ebenso wenig wie diese zu einer europäischen Dienststelle transformiert werden und die für essenziell erachtete Autonomie hinsichtlich Wahl und Einsatz der logistischen Mittel verlieren. Eine »europäische DCCAN« stufte man dazu noch als schwerfälligen und lähmenden Koloss ein[79]. Beim Willen zur Erhaltung der (nationalen) DCCAN dürfte auch der Traditionsaspekt eine wichtige Rolle gespielt haben, denn die Einrichtung hatte eine über 300-jährige Geschichte vorzuweisen. Seit 1631 wurden dort die Schiffe der französischen Kriegsmarine entwickelt, gebaut und instandgesetzt.

Nachdem bei der Marine spätestens zum Jahreswechsel 1952/53 der Eindruck entstanden war, dass ihre Kritik am Vertragswerk sowie ihre Forderungen weitestgehend ignoriert würden, entwickelte sich ein schwerer Konflikt, der sich rasch verhärtete und in einen regelrechten Kleinkrieg zwischen dem Marinestaatssekretär Gavini und den französischen Repräsentanten im Interimsausschuss, Alphand, Coignard und de Larminat, ausartete. Gavini richtete bis zum Ende seiner Amtszeit im Juni 1954 zahlreiche Schreiben an sie, in der Absicht, die Arbeiten im Palais Chaillot in die von der Marine gewünschte Richtung zu lenken[80]. Ein besonderes Anliegen Gavinis war der Kampf gegen die organische Trennung zwischen Rüstung und Streitkräften und die damit einhergehende Kompetenzverteilung. Die Fronten verhärteten sich derart, dass man von einer »véritable hostilité«, ja gar von einer »déclaration de guerre« sprechen konnte[81]. So sehr sich Gavini auch um die Durchsetzung der Interessen seines Ressorts bemühte: sein Engagement glich einem Kampf gegen Windmühlen. Alphand, Coignard und de Larminat, die in der Öffentlichkeit weithin als »EVG-Freunde« galten, ignorierten ganz offenkundig seine Kassandrarufe. Der Leiter der französischen EVG-Delegation Alphand versuchte den rebellischen Staatssekretär mit dem Hinweis auf den rechtlich nicht bindenden Charakter der Tätigkeit des Interimsausschusses zu beschwichtigen: Die Entwürfe stellten lediglich Empfehlungen dar, das letzte Wort liege bei den Regierungen[82]. Militärdelegationschef de Larminat verwies fälschlicherweise darauf, dass der Ausschuss der Generalstabschefs den Organisationsentwurf eines Kommissariats inklusive der Trennung von Rüstung und Militär angenommen und es keine kritischen Bemerkungen von der Regierungsseite gegeben habe; ferner sei der Entwurf unter der Mitarbeit französischer Armeeangehöriger zustande gekommen. Der verabschiedete Text könne nun nicht mehr in Frage gestellt werden. Dies wies man in der Rue Royale entschieden zurück. Auch pochte man un-

---

[78] Vgl. Caserta, La Marine nationale, S. 62, 81 f.
[79] Vgl. ebd., S. 89.
[80] Exemplarisch hierfür: AMAE, DF-CED/C/121: Gavini an Alphand, 13.1.1953, S. 1 f., 4; SHD/DMa, 3 BB 8/CED/11: Vermerk Staatssekretariat der Marine, 17.6.1954, S. 2 f. Eine vollständige Übersicht des Schriftverkehrs: SHD/DMa, 3 BB 8/CED/11: Vermerk Staatssekretariat der Marine, 1.7.1954, Anhang 1.
[81] So Caserta, La Marine nationale, S. 72.
[82] Vgl. AMAE, DF-CED/C/121: Alphand an Gavini, 20.1.1953.

vermindert auf die Einhaltung des Kollegialitätsprinzips im EVG-Kommissariat. Damit sollte gewährleistet sein, dass man in vitalen Fragen nicht überstimmt werden würde[83].

Dass den Wünschen der Marine im Interimsausschuss Rechnung getragen würde, war für den Staatssekretär – er studierte die ihm vorgelegten EVG-Dokumente akribisch – nicht erkennbar. Auch zweifelte er erheblich an dem provisorischen Charakter der im Palais Chaillot betriebenen Planungen. Er hielt es für höchst unwahrscheinlich, dass die Regierungen der sechs Mitgliedstaaten nach der Vertragsratifikation wieder einen Schritt zurück machen und neu verhandeln würden[84]. Selbst die Intervention des Verteidigungsministers Pleven verpuffte offenbar weitgehend wirkungslos. Er hatte den Entwurf einer Organisation des Kommissariats, namentlich die Kompetenzverteilung zwischen Streitkräften und Rüstung, heftig kritisiert und die Generalstabschefs und Staatssekretäre sowie das Ständige Generalsekretariat für Nationale Verteidigung angewiesen, sich mit einer weiteren möglichen Option zu beschäftigen: der Schaffung separater Kommissariate für Heer, Luftwaffe und Marine anstelle eines Kommissariats für die Gesamtstreitkräfte. Dem schloss sich auch Heeresstaatssekretär Pierre de Chevigné an. Gavini sah sich in seiner Haltung bestätigt und schöpfte neue Hoffnung[85]. Bemerkenswerterweise tat sich diesbezüglich im Interimsausschuss nichts[86].

Es hat den Anschein, dass die französischen Vertreter in dem Gremium – sie unterstanden dem bei den Verhandlungen federführenden Außenministerium – nicht gewillt oder dazu ermächtigt waren, dem Wunsch des Verteidigungsministeriums zu entsprechen. De Larminat – neben Ely der einzige die EVG unterstützende ranghohe General – hatte den Verteidigungsminister eindringlich davor gewarnt, die Alternativoption in Betracht zu ziehen und das Streitkräftekommissariat in mehrere Teile zu zersplittern. Angesichts der »transformation de caractère révolutionnaire«, die sich mit der Europäisierung der Nationalarmeen vollziehe, sei es geradezu gefährlich, von der bei den Streitkräften seit Langem praktizierten Zentralisierung der Kompetenzen abzuweichen. Aufgrund der ohnehin schon beachtlichen Herausforderungen der Integration berge das Experiment die Gefahr, die Europaarmee ins Chaos zu stürzen:

»Leur [Streitkräfte] demander en même temps de modifier radicalement les formules suivant lesquelles s'y exerce l'autorité depuis des siècles, c'est augmenter le risque de désordre dans une mesure excessive.

L'on reproche déjà à l'Armée européenne de nous astreindre à un saut dans l'inconnu – aller plus loin nous exposerait à un véritable plongeon dans le chaos.«

Abgesehen davon hegte der General große Zweifel, ob die Deutschen eine Abkehr vom Grundsatz der Zentralisierung der militärischen Spitzenorganisation mittragen würden. Die Deutschen schienen wegen ihres militärischen Effizienzdenkens eine zentralisierte

---

[83] Vgl. ebd.: de Larminat an Gavini, 18.12.1952, S. 3 f.; Gavini an Alphand, 13.1.1953, S. 2 f.; Battaglia, Le général Larminat, S. 41; Strub, La Marine nationale et la Communauté Européenne, S. 17.
[84] Vgl. AMAE, DF-CED/C/121: Gavini an Alphand, 14.11.1953, S. 2. Gavini drohte sogar mit seinem Rücktritt.
[85] Vgl. ebd.: Protokoll Sitzung Interministerielle Konferenz, Auszug, 13.3.1953; Pleven an Alphand, 18.11.1953; Caserta, La Marine nationale, S. 89. Plevens Plan hätte zu einem neunköpfigen Kommissariat geführt.
[86] AMAE, DF-CED/C/121: Gavini an de Larminat, 23.11.1953.

und streng hierarchisch gegliederte Streitkräfteorganisation zu bevorzugen. Im Falle einer Aufteilung in mehrere Teilstreitkraftkommissariate ließen sie sich wahrscheinlich nur noch schwer kontrollieren und drohten sich zu verselbstständigen – mit verheerenden Folgen für die Europaarmee. Schlimmer als keine Europaarmee zu schaffen sei es, »d'en constituer une qui ne soit pas viable et qui éclate rapidement dans l'anarchie, laissant les Allemands libres de réarmer, les Européens profondément divisés, les Français discrédités par l'échec de leur tentative«[87].

De Larminats Warnungen vor einer möglichen Funktionsunfähigkeit der EVG-Organisation bei einer Abkehr vom Zentralisationsgrundsatz und vor einem möglichen Ausscheren des ehemaligen Kriegsgegners dürften ihre Wirkung nicht verfehlt haben. Offensichtlich setzte sich die Position des Vorsitzenden des Militärausschusses durch. In den letzten Wochen der EVG spielten Plevens Überlegungen allem Anschein nach keine Rolle mehr. Die Ausschüsse für Rüstung und Militär hatten ihre jeweiligen Entwürfe zwischenzeitlich weiterentwickelt und versuchten sie aufeinander abzustimmen; von dem Plan dreier Kommissariate für Heer, Luftwaffe und Marine war jedoch nichts zu sehen[88].

### 4. Die EVG als »communauté de marchands« und »véritable suicide«: Die Ablehnung der EVG-Rüstungsorganisation durch das Heer und das Verteidigungsministerium

Im August 1954, als die Ratifizierungsdebatte in der Pariser Nationalversammlung in ihre entscheidende Phase trat, war unübersehbar, dass Coignards Missionierungskampagnen die Bedenken der Streitkräfteführung nicht hatten ausräumen können. An den grundsätzlichen Kritikpunkten hatte sich wenig geändert. Die drastischsten Worte fand der Generalstabschef des Heeres Blanc in einer Denkschrift, die er zwei Wochen vor dem endgültigen Scheitern der EVG verfasste[89]. Der EVG-Vertrag schoss für seine Begriffe weit über das Ziel hinaus und galt für ihn zum damaligen Zeitpunkt aus vielerlei Gründen als unrealisierbar. Die Zeit für eine supranationale Militärorganisation war aus seiner Sicht noch nicht reif, denn der Zweite Weltkrieg lag nur wenige Jahre zurück und die Erinnerungen daran waren bei der Bevölkerung noch zu lebendig. Nur so kurz nach

---

[87] AMAE, DF-CED/C/121: de Larminat an Pleven, 16.3.1953 (Zitate S. 1 f.). Seine Äußerungen waren vermutlich auch als Seitenhieb auf die in Frankreich angewandte Organisationspraxis gedacht, in der es für jede Teilstreitkraft einen mit durchaus weitreichenden Befugnissen ausgestatteten Staatssekretär gab.

[88] Vgl. SHD/DMa, 3 BB 8/CED/11: Vermerk Staatssekretariat der Marine, 1.7.1954. Zum letzten Stand der Arbeiten bezüglich der Kompetenzverteilung Streitkräfte – Rüstung: BArch, BW 9/1398, 255–264: EVG-Militärausschuss/Rüstungsausschuss: Kompetenzverteilung Streitkräfte – Rüstung, Entwurf (CM/D/109 – CA/D/3), 7.7.1954 (frz. Original).

[89] Zum Folgenden: SHD/DITEEX, NL Blanc, 1 K/145/7-1: Denkschrift Blanc, Teil 1, 12.8.1954 (Zitate S. 4, 8, 10). Gegenüber Speidel hatte sich Blanc Ende Oktober 1951 als Befürworter einer Europa-Armee präsentiert. Die EVG-Konferenz hatte er gar als »grosse [sic!] Chance für Europa« bezeichnet. Vgl. BArch, BW 9/2048, Bl. 21 f. (Zitat Bl. 21): Aufz. Gespräch Speidel – Blanc (31.10.1951), 7.11.1951.

Kriegsende müsse daher alles vermieden werden, was den Nationalismus beflügeln könne – eine deutliche Anspielung auf sein Heimatland, in dem die Verteidigungsgemeinschaft die Gemüter der breiten Öffentlichkeit erhitzte. Abgesehen davon existierten nach wie vor die seit Jahrhunderten gewachsenen Traditionen, die sich nicht einfach von heute auf morgen beseitigen ließen. Ein »europäischer Geist« musste sich in seinen Augen erst entwickeln und konnte nicht von oben herab und per Vertrag oktroyiert werden. Bevor man an eine derart weitreichende Integration im Verteidigungssektor denken könne, seien Integrationsschritte in anderen wichtigen Bereichen erforderlich, wie beim Zoll, in der Wirtschaft, auf dem Finanzsektor und schließlich auf politischem Gebiet. Erst mit dem Erreichen einer Politischen Union bestünde die Grundlage für integrierte Streitkräfte. Damit lag er auf einer Linie mit dem infolge der Ereignisse vom März 1954 von der Regierung abgestraften Juin. Für Blanc war die Stärkung der Verteidigungsfähigkeit Westeuropas und die sichere Einbindung der Deutschen zuvorderst ein technisches Problem. An oberster Stelle standen bei ihm die möglichst rasche Verfügbarmachung der materiellen und organisatorischen Mittel der Europäer und somit die militärische Effizienz.

Die wirtschaftlichen Bestimmungen des EVG-Vertrags gingen seiner Meinung nach an den eigentlichen militärischen Erfordernissen vorbei, enthielten sie doch zahlreiche Widersprüche und Mängel. Die darin enthaltenen Richtlinien für die Auftragsvergabe, wie die bestmögliche Nutzung der ökonomischen und technischen Fähigkeiten der Mitgliedstaaten, ein möglichst umfassender Wettbewerb, der Zuschlag zugunsten der vorteilhaftesten Angebote und die 85/115 %-Klausel[90], bezeichnete er als nicht miteinander vereinbar. So erschien es widersprüchlich, wenn ein Staat durch Zuteilungen in einem bestimmten Produktionssektor seine Mittel ausgeschöpft haben würde und er folglich keine weiteren Aufträge erhalten könnte – unabhängig von seiner unter Umständen günstigen Positionierung in weiteren Bereichen. Als problematisch galt der Fall der Bundesrepublik, die enorme Investitionen im Infrastrukturbereich würde tätigen müssen, ihr anderweitig vorhandenes Potenzial in der Technik sowie die generellen preislichen Vorteile ihrer Produkte aber nicht ausschöpfen könnte. Unklar war daneben die Einhaltung der 85 %-Klausel bei Staaten, die nur über eine kleine Rüstungsindustrie verfügten. Sollten in diesem Fall sämtliche verfügbaren Kapazitäten der jeweiligen Länder ohne Berücksichtigung des Preiskriteriums herangezogen werden, um das festgeschriebene Minimum zu erfüllen? Insgesamt erwecke die EVG, so Blanc, den Eindruck einer »communauté de marchands« anstelle einer echten Verteidigungsunion.

Als weiteren Beleg für diesen Vorwurf führte er an, dass der EVG-Vertrag keinerlei Bestimmungen für Mobilisierung, Kriegszeiten und Reservekräfte enthielt. Letztlich attestierte er der Verteidigungsgemeinschaft Kriegsuntauglichkeit. Nicht weniger ausgeprägt war Blancs Furcht vor der zu erwartenden Machtfülle und Aufblähung des supranationalen Kommissariats, das in eine unkontrollierbare und schwerfällige Bürokratie ausarten, die Mitgliedstaaten in ein totales Chaos stürzen und schließlich den Europagedanken für immer beschädigen würde. Die umfangreichen Befugnisse des vom General unter anderem als »outil démesuré«, »exécutif monstrueux« und »organe cosmopolite et irresponsable« titulierten Organs drohten weit in die Wirtschafts-, Finanz- und

---

[90] Siehe Art. 102 und 104 EVG-Vertrag, Art. 29 und 30 EVG-Finanzprotokoll.

Sozialpolitik der einzelnen Nationalstaaten einzugreifen, was das Ende der staatlichen Souveränität bedeute; die Einstimmigkeitserfordernis im Rat der EVG und die absehbaren Konflikte und Rivalitäten innerhalb der Mammutbehörde sowie der Mangel an qualifiziertem Personal lähmten die gesamte Konstruktion. Dabei war für den Heereschef auch fraglich, ob sich die Bediensteten des Kommissariats und seiner Dienststellen tatsächlich von ihrer jeweiligen nationalen Denkperspektive würden befreien können. Manche Schätzungen gingen von einem gigantischen Verwaltungsapparat mit 25 000 bis 50 000 Beamten aus[91].

Gänzlich unzufrieden war Blanc nach wie vor mit der Genehmigungspflicht für den Einsatz der französischen EVG-Kontingente außerhalb des Mutterlandes im Falle schwerer Krisen und für die Herstellung sowie Import und Export von Rüstungsgütern zur Ausstattung der Überseeeinheiten und Einheiten verbündeter Staaten. All dies bedeutete für ihn eine Spaltung der französischen Armee und kam, wie er es ausdrückte, einem »véritable suicide« gleich[92]. Doch es waren nicht nur der institutionelle Rahmen und die vertragsrechtlichen Mängel, die dem Generalstabschef des Heeres Sorgen bereiteten, sondern auch die Furcht vor der Anwendung des Wettbewerbsprinzips und den Auswirkungen auf die französische Industrie, wie noch zu zeigen sein wird.

Die Denkschrift war sowohl inhaltlich als auch ihrer Form nach eine regelrechte Abrechnung mit der französischen Regierung, die sich letztlich den Vorwurf gefallen lassen musste, bei den bisherigen Verhandlungen beratungsresistent gewesen zu sein und das Land und seine Armee durch ein unausgegorenes und überambitioniertes Vertragswerk in eine Sackgasse manövriert zu haben. Auffallenderweise nahm der Aspekt der Rüstung einen verhältnismäßig großen Raum ein. Dies belegt, welchen Stellenwert der Heereschef der Angelegenheit beimaß. Für ihn kreiste die eigentlich entscheidende Frage um die Koordinierung der Rüstungsanstrengungen und den Aufbau eines gemeinsamen Potenzials Westeuropas. Oberste Priorität hatte bei ihm die militärische Effizienz, die am besten im Rahmen einer eng kooperierenden Koalitionsarmee zur Entfaltung kommen konnte. Die Entwicklung hin zu einer umfassenden Integration im Verteidigungsbereich, an deren Ende ein gigantischer Lenkungs- und Verwaltungsapparat stehen würde, erschien ihm zum damaligen Zeitpunkt unnötig und unpraktisch, ja gar utopisch. Blanc favorisierte daher den Beitritt der Bundesrepublik zur NATO und die Bildung einer aus den sechs Kernstaaten der Europäischen Integration bestehenden und eng an FINBEL angelehnten europäischen Staatengruppe, mit dem Ziel einer vollständigen Standardisierung des Materials und koordinierten oder integrierten Produktionsprogrammen[93].

Auf der Regierungsseite hatte sich unterdessen der Wind gedreht. Nach dem Sturz Laniels und dem Amtsantritt von Mendès France war mit General a.D. Pierre Marie Koenig

---

[91] So die Schätzung in: AMAE, DF-CED/C/139: Vorbericht Moch zu Gesetzentwurf Nr. 5404, 1954, S. 243.
[92] Vgl. SHD/DITEEX, NL Blanc, 1 K/145/7-1: Denkschrift Blanc, Teil 1, 12.8.1954, S. 12 f. (Zitat S. 13). General Ely hingegen sah mit den Zusatzprotokollen das Überseeproblem als erledigt an. Vgl. SHD/DAT, 1 R/180-1: Ely an Pleven, 20.3.1954, S. 3.
[93] Siehe SHD/DITEEX, NL Blanc, 1 K/145/7-1: Denkschrift Blanc, Teil 2, 12.8.1954. Mit den von verschiedenen Seiten erarbeiteten Entwürfen einer EVG-Ersatzlösung beschäftigt sich ausführlich Kapitel IX.1.

ein Gaullist und erklärter EVG-Gegner an die Spitze des Verteidigungsministeriums gerückt[94]. Unter seiner Regie entstand im Juli 1954 die erste und einzige Gesamtanalyse des Vertragswerks. Der Ministerstab nahm dabei Artikel für Artikel unter die Lupe und untersuchte deren Praxistauglichkeit. Dabei ging man mit der Europaarmee hart ins Gericht: Die Verteidigungsgemeinschaft wurde als schwerfälliger Organismus beschrieben, der gravierende Nachteile für die französischen Streitkräfte mit sich brachte und keinen ausreichenden Schutz vor dem Wiedererwachen eines deutschen Militarismus bot. Nach Auffassung der Gutachter verhinderte die Integration keine homogenen deutschen Armeekorps und Dienststellen, sondern ermöglichte sie erst. In diesem Zusammenhang gab man auch seiner Furcht vor militärischen Abenteuern der Bundesrepublik in Osteuropa Ausdruck. Für nicht ausgeschlossen hielt man es sogar, dass die Deutschen nach einer Wiedervereinigung ihre »Divisionen« aus der Europaarmee zurückziehen würden. Dies wollte man ebenso wenig akzeptieren wie einen europäischen Verwaltungsapparat. Deutsche Offiziere auf französischem Boden lehnte man schlichtweg ab. Das tiefe Misstrauen gegenüber der Aufrüstung des ehemaligen Kriegsgegners hatte sich somit über den gesamten Verhandlungszeitraum bewahrt. Außerdem kritisierte man das Fehlen eines echten Europapatriotismus, die Schwächung der Fähigkeiten Frankreichs bei der Durchsetzung seiner Interessen in Übersee sowie Mängel bei den militärischen Verteidigungsplanungen. Letztere gingen nach Auffassung des Ministerstabes zu sehr von groß angelegten Heeresangriffen aus dem Osten aus und vernachlässigten die Bedrohung aus der Luft. Im Grunde kehrten die Verfasser damit zur Diskussion vor Mai 1952 zurück[95].

Einer ausführlichen Analyse wurden auch die elf Artikel des Wirtschaftsabschnitts unterzogen. Das Verteidigungsministerium fasste dabei eine Reihe bereits bekannter Kritikpunkte zusammen: die Interventions- und Kontrollmöglichkeiten des Kommissariats, die zu erwartende gigantische supranationale Bürokratie, die Auswirkungen des integrierten Vergabeverfahrens sowie die daraus resultierenden Nachteile für die französische Industrie. Während die Deutschen erneut als die großen Gewinner der Rüstungsintegration präsentiert wurden, zeichnete man von der Zukunft der unter einem hohen Preisniveau leidenden heimischen Industrie ein düsteres Bild. Nicht unerwähnt ließ man zudem die nach Meinung der Rue St. Dominique zahlreichen Widersprüche und Unklarheiten des Vertragstextes, wie auch Zweifel an der Wirkungslosigkeit der

---

[94] Kœnig war zwischen 1945 und 1949 Oberkommandierender der französischen Truppen in Deutschland und Mitglied des Alliierten Kontrollrates. Von 1951–1958 saß er als Abgeordneter von Bas-Rhin in der Nationalversammlung. Zweimal, vom 19.6. bis 15.8.1954 sowie vom 23.2. bis 6.10.1955, hatte er den Posten des Ministers für Nationale Verteidigung und Streitkräfte inne. Zu seiner Vita siehe Gromand, Le maréchal Kœnig; Vial, Un ministre paradoxale, le général Kœnig; http://www.assemblee-nationale.fr./sycomore/fiche.asp?num-dept=4150 [23.10.2014]. Eine Untersuchung, die detailliert Aufschluss über Kœnigs Wirken als Oberbefehlshaber in der französischen Besatzungszone und somit auch Aufschluss über seine Einstellung gegenüber den Deutschen geben könnte, liegt noch nicht vor. Als gesichert kann jedoch gelten, dass der General sich tatkräftig für die Verbesserung der Versorgungslage eingesetzt hatte und sich um einen raschen Wiederaufbau der Zone bemüht zeigte. Siehe den Forschungsbericht Hudemanns, Le général Kœnig.

[95] Vgl. SHD/DAT, 11 T/162: EVG-Studie frz. Verteidigungsministerium/Ministerstab, Ende Juli 1954; PA-AA, B 10/993: Vermerk Heuseler (AA), 4.8.1954; Christensen, Zur Wiederaufrüstung, S. 368 f.; David, Lâcher la proie pour l'ombre?, S. 135 f.

vorgesehenen Sicherheitsmechanismen: Es fehlten beispielsweise noch immer eine Definition des Begriffs »schwere Störungen« in der Wirtschaft sowie ein schlüssiges Konzept der wirtschaftlichen Mobilmachung Westeuropas. Wie die Vergabegrundsätze – die Berücksichtigung der »vorteilhaftesten Angebote« und die Zuschlagserteilung nach einem »möglichst umfassenden Wettbewerb« – mit der Ausgabebegrenzung im eigenen Währungsraum (85 %-Klausel) vereinbar sein sollten, erschien rätselhaft. Für die Verfasser der Studie bereitete die EVG den Weg in ein völliges Chaos, und zwar nicht nur für die französischen Streitkräfte und die Rüstungsindustrie, sondern für die gesamte Volkswirtschaft[96].

Breiten Raum widmete Kœnigs Stab dem bislang wenig beachteten Problem der Lieferverzögerungen, die in Frankreich an der Tagesordnung waren. Damit das Land die von der EVG zugeteilten Auftragsvolumen erfüllen könnte, blieb nach Einschätzung der Gutachter nur ein Weg: die Vergabe von Unteraufträgen ins Ausland, wovon besonders die Deutschen profitieren würden. Diese erhielten dadurch in Westeuropa eine Monopolstellung in wichtigen Industriebereichen, etwa in der Metallindustrie, während ihre Partnerstaaten in eine totale Abhängigkeit zu geraten drohten. Im Kriegsfall würde sich eine Katastrophe für die westeuropäische Rüstungswirtschaft anbahnen, weil das Bundesgebiet in ein Schlachtfeld verwandelt und es somit als Zulieferer für die lebenswichtigen Rüstungskomponenten ausscheiden würde. Ferner ging man davon aus, dass ins Ausland vergebene Unteraufträge negativ bei den Zahlungsbilanzen zu Buche schlagen würden. Im Zusammenhang mit dem Problem der Unteraufträge bezichtigte man Adenauer gar des hinterhältigen Kalküls: Die Rüstungsverbote und -beschränkungen des EVG-Vertrags habe der Kanzler deshalb so leicht hingenommen, weil der Vertrag der Bundesrepublik an anderer Stelle (Titel V) den Zugriff auf die Zulieferindustrie eröffnete, die letztlich eine Schlüsselindustrie für die Herstellung von Kriegsgütern war[97]. Ende Juli 1954 war eine Situation eingetreten, die für die EVG-Befürworter geradezu ein Schock sein musste: Zwei Jahre nach der Unterzeichnung im Quai d'Orsay verwarf ein Ministerium, ausgerechnet das Verteidigungsministerium, faktisch das gesamte Vertragswerk. Die Aussichten auf ein erfolgreiches Ratifikationsverfahren in der *Assemblée Nationale* hatten sich nochmals verschlechtert.

In seiner ablehnenden Haltung dürften Kœnig sicherlich die Schreiben der Industrieverbände bestärkt haben, die ihm während seiner Zeit als Vorsitzender des Verteidigungsausschusses der Nationalversammlung zugingen[98]. Ebenso kann man davon ausgehen, dass die an ihn adressierten Berichte der Direction générale des prix et des Enquêtes Économiques des Ministeriums für Finanzen und wirtschaftliche Angelegenheiten einen nicht zu unterschätzenden Einfluss auf seine EVG-kritische Einstellung

---

[96] Vgl. SHD/DAT, 11 T/162: EVG-Studie frz. Verteidigungsministerium/Ministerstab, Ende Juli 1954, Kap. V.
[97] Vgl. ebd. Für diese abenteuerliche Behauptung des Ministerstabs lassen sich keine Belege finden. Adenauer hatte es sich bei der Frage der westdeutschen Rüstungsverbote und -beschränkungen und der Anerkennung des Status des »strategisch gefährdeten Gebietes« keineswegs leicht gemacht. Er stimmte deshalb zu, weil die Alliierten derartige Sicherheitsvorkehrungen zur conditio sine qua non erhoben hatten. Die vom Verteidigungsministerium unterstellten Absichten spielten in Adenauers Denken keine Rolle.
[98] Siehe Bestand SHD/DITEEX, NL Kœnig, 1 K/237/6. Mit der Kritik der Industrieverbände am EVG-Vertrag befasst sich ausführlich Kap. VII.2.

hatten. In den Berichten vermittelte der Beauftragte der Abteilung, Henri Menahem, eine negative Bilanz der Montanunion und warnte unter Verweis auf die ungünstigen wirtschaftlichen Ausgangsbedingungen Frankreichs und die wachsende ausländische Konkurrenz eindringlich vor einer Vertiefung der europäischen Wirtschaftsintegration[99]. Wie unnachgiebig Kœnig in der Frage der Europaarmee war – Hochkommissar François-Poncet sprach von einer »hostilité irréductible à l'Armée européenne«[100] – zeigte sich außerdem bei den Arbeiten der von Mendès France in Auftrag gegebenen Regierungskommission. Aufgabe der Kommission war es, zwischen den Befürwortern und Gegnern des Vertragswerks einen Kompromiss zustande zu bringen, der als Grundlage für eine mehrheitsfähige Parlamentsvorlage dienen sollte. Die Beratungen zwischen Kœnig und dem neuen Industrie- und Handelsminister Maurice Bourgès-Maunoury, einem ausgesprochenen EVG-Anhänger, verliefen jedoch ohne Erfolg[101]. Kœnig, dem Alphand eine »attitude, dès le départ entièrement négative et hostile« bescheinigte, gab sich in der Angelegenheit völlig kompromisslos. Als Bourgès-Maunoury mit dem General über Einzelheiten der Vertragsbestimmungen diskutierte, soll er von diesem die Antwort erhalten haben: »Je n'ai pas besoin de comprendre, je suis contre«[102]. Am 14. August 1954 trat er gemeinsam mit zwei anderen Ministern des gaullistischen Lagers von seinem Amt zurück[103]. Offenbar gingen ihm selbst Mendès France' Anwendungsprotokolle nicht weit genug, die tags zuvor vom Ministerrat gebilligt worden waren. Sie sollten Grundlage für die Brüsseler Konferenz (19.–22. August 1954) sein. Kœnig dürfte beim Scheitern der EVG in der Nationalversammlung eine nicht unbedeutende Rolle gespielt haben. Es spricht einiges dafür, dass der alte Gefolgsmann de Gaulles und ehemalige Vorsitzende des Verteidigungsausschusses über einen beträchtlichen Einfluss verfügte, der über das gaullistische Lager hinausging[104]. Zu berücksichtigen gilt hierbei auch, dass sich unter den gaullistischen Parlamentsabgeordneten elf ehemalige ranghohe Offiziere befanden[105].

Gegenüber der politischen Führung seines Landes hegte Kœnig eine geradezu feindselige Haltung, wie sich schon bei einer Unterredung mit General Eisenhower über die EVG im April 1952 offenbart hatte. Frankreichs Politiker – stellvertretend nannte er die Namen Pleven, Pinay, Auriol sowie den Sozialisten Paul Reynauld – bezeichnete er als

---

[99] Vgl. SHD/DITEEX, NL Kœnig, 1 K/237/6: Vermerke Menahem für Kœnig, 15.10.1953, 4.11.1953 und 8.12.1953.
[100] Les rapports mensuels, II, S. 1201–1224 (Zitat S. 1201 f.): Eintrag 31.7.1954.
[101] Siehe Clesse, Le projet de CED, S. 153 f.; Elgey, Histoire de la IV République, t. 3, S. 205; Fursdon, The European Defence Community, S. 275 f.; Lappenküper, Die deutsch-französischen Beziehungen, Bd 1, S. 710, 726; AWS, Bd 2 (Beitrag Maier), S. 198 f.; Rouanat, Mendès France au pouvoir, S. 245–247; Roussel, Pierre Mendès France, S. 291; Vial, Un ministre paradoxale, le général Kœnig, S. 272 f.
[102] Alphand, L'étonnement d'être, S. 256: Tagebucheintrag 3.11.1954.
[103] Vgl. Elgey, Histoire de la IV République, t. 3, S. 207; Lappenküper, Die deutsch-französischen Beziehungen, Bd 1, S. 733; Rouanat, Mendès France au pouvoir, S. 251 f.; Vial, Un ministre paradoxale, le général Kœnig, S. 273; Wettig, Entmilitarisierung und Wiederbewaffnung, S. 576.
[104] Kœnig war unter anderem in die öffentliche Kampagne gegen die EVG verstrickt, die von diversen Aktionsgruppen ausging. So verfasste er ein Nachwort für eine im Januar 1954 erschienene EVG-kritische Broschüre, bei einer anderen tauchte er als Mitunterzeichner auf. Vgl. Battaglia, Le général Larminat, S. 42; Fursdon, The European Defence Community, S. 234.
[105] Vgl. Duhamel, De l'épée à la toge, S. 359. Allgemein zu den gaullistischen Strömungen innerhalb des Militärs: Lachaise, Les militaires et le gaullisme.

»nice, amiable gentlemen«, denen es an Charakter fehle und die die Politik als reinen Selbstzweck betrachteten anstatt sich ernsthaft um Frankreichs Probleme zu kümmern. Sie seien führungsschwach, inkompetent und schlichtweg unfähig, der Nation und dessen Militär wieder zur Stärke zu verhelfen und Frankreich eine Führungsrolle in Europa zu verschaffen. Nur General de Gaulle und seine Sammlungsbewegung seien dazu in der Lage[106].

Wie einflussreich das gaullistische Gedankengut war, zeigt sich bei einem Vergleich des Gutachtens des Verteidigungsministeriums mit der Kritik de Gaulles und seiner Gefolgsleute am EVG-Vertrag. Sie waren in ihrer ablehnenden Haltung gegenüber dem Supranationalismus und in ihren Warnungen vor einem drohenden Übergewicht Deutschlands im Kern weitgehend miteinander identisch. De Gaulle, der selbst nicht der Regierung angehörte, konnte es sich im Gegensatz zur Rue St. Dominique leisten, öffentlich und in aller Schärfe gegen die Verteidigungsgemeinschaft mobil zu machen. Dabei offenbarte sich auch, welchen Stellenwert Streitkräfte in seinem politischen Denken besaßen. Für ihn verkörperten sie die Nation; sie waren wichtigstes Instrument einer zukünftigen Außenpolitik der nationalen Größe, der »grandeur«. Die supranationale Einbindung der französischen Armee und der damit einhergehende Verlust der nationalen Unabhängigkeit stellten in seinen Augen eine erhebliche Bedrohung für den Fortbestand der *Union Française* dar und schwächten Frankreichs Position gegenüber den USA und Großbritannien innerhalb der NATO. Als nicht hinnehmbar erschien ihm die Unterstellung der Europaarmee unter den Oberbefehl des SACEUR, einen Posten, den ein US-Amerikaner innehatte und der für de Gaulle als Symbol der Vorherrschaft Washingtons in Europa galt[107]. Darüber hinaus äußerte er die Befürchtung, dass der EVG-Vertrag zur politischen und militärischen Hegemonie Deutschlands auf dem Kontinent führen würde[108]. In seiner Pressekonferenz vom 12. November 1953 bezeichnete er die EVG abfällig als »monstre artificiel, [...] robot, [...] Frankenstein que, pour tromper le monde, on appelle la Communauté«[109]. Eine überragende Rolle für seine negative Haltung spielte auch ein psychologischer Aspekt: Dass es in Zukunft keine eigenständige französische Armee mehr geben würde, war für de Gaulle schlichtweg undenkbar und inakzeptabel[110]. De Gaulle machte keinen Hehl daraus, dass er aufgrund seiner tiefen Abneigung gegen die supranationale Europaarmee alle Hebel in Bewegung setzen würde, um sie zu Fall zu bringen, ja dass er selbst vor einer Zusammenarbeit mit den Kommunisten und der Sowjetunion nicht zurückschrecke:

»Ich garantiere, daß die Europa-Armee nicht durchkommt. Ich werde alles, was ich kann, gegen sie unternehmen. Ich werde mit den Kommunisten zusammenarbeiten, um ihr den Weg

---

[106] Vgl. FRUS 1952–1954, VI/2, S. 1196–1199 (Zitat S. 1197): Gesprächsmemorandum (Douglas) MacArthur (Berater an der US-Botschaft in Paris), 2.4.1952. Zum damaligen Zeitpunkt war Koenig Abgeordneter der Nationalversammlung.
[107] Vgl. Lucas, Europa vom Atlantik bis zum Ural?, S. 53–62; Guillen, Die französische Generalität, S. 151 f.; Vaïsse, La grandeur, S. 32 f.
[108] Gaulle, Discours et messages, t. 2, S. 564–575: Pressekonferenz de Gaulle, 25.2.1953. So meinte der General: »Il est [...] très clair que ce traité combiné avec l'actuelle politique américaine, mène directement militaire et politique du Reich en Europe«. Ebd., S. 565.
[109] Vgl. ebd., S. 586–600 (Zitat S. 596): Pressekonferenz de Gaulle, 12.11.1953.
[110] Vgl. FRUS 1952–1954, VI/2, S. 1196–1199, hier S. 1198: Gesprächsmemorandum MacArthur, 2.4.1952.

zu versperren. Ich werde eine Revolution gegen sie entfesseln. Ich würde es vorziehn [sic!], mich mit den Russen zu verbünden, um sie aufzuhalten[111].«

Doch wie sahen die gaullistischen Alternativvorstellungen aus und welche Rolle spielten darin Rüstungsfragen? De Gaulle schwebte ein Zusammenschluss westeuropäischer Staaten unter Einbeziehung Großbritanniens und Deutschlands vor, der über einen Rat der Staats- und Regierungschefs und einen gemeinsamen Generalstab verfügen sollte. Der Generalstab sollte mit seinen Planungen in den Bereichen Militärstrategie, Infrastruktur, Rüstung und Fernmeldewesen die Voraussetzungen einer gemeinsamen europäischen Verteidigungspolitik schaffen. Folglich sollten die Mitgliedstaaten ihre materiellen und logistischen Ressourcen bündeln, ohne aber die nationalen Armeen ihrer Tradition und ihrer Korps zu berauben: De Gaulle befürwortete die gemeinsame Nutzung von Flugplätzen, Häfen und Kommunikationseinrichtungen, die Anschaffung gemeinsamer Waffentypen sowie die kooperative Rüstungsproduktion auf bestimmten Gebieten. Integrierte Kommandos hielt er für möglich. Kurzum, das Gebilde sollte über »toutes mesures de coopération« verfügen, »que permettrait, par excellence, l'association des nations dans une confédération d'États«[112].

Daraus sollte sich später eine politische Konföderation entwickeln, mit einem Rat der Staats- und Regierungschefs, einer demokratisch gewählten parlamentarischen Versammlung sowie einem Gerichtshof. Ferner dachte de Gaulle an eine Versammlung, die, wie er es formulierte, die regionalen, wirtschaftlichen, kulturellen und moralischen Realitäten widerspiegelte. Die Konstruktion beschnitt die Mitgliedstaaten trotz eines in Aussicht gestellten Transfers bestimmter Kompetenzen nicht im Kern ihrer Souveränität. Im Rahmen einer solchen europäischen Konföderation sollte in Verbindung mit politischen und militärischen Garantien eine Wiederbewaffnung der Bundesrepublik erfolgen. Hierbei war unübersehbar, dass die Deutschen nicht auf Augenhöhe mit Frankreich sein durften. Frankreich wäre uneingeschränkt die Rolle der Führungsmacht Westeuropas zugefallen[113].

Eine Rüstungsintegration à la EVG kam für de Gaulle folglich nicht in Frage, ein durchdachtes, ausgefeiltes Alternativkonzept besaß er aber anscheinend nicht. Zwar war für den erfahrenen General eine Zusammenarbeit in der Rüstung fester Bestandteil der Konföderation, nicht zuletzt auch als Sicherheitsmaßnahme gegen mögliche deutsche Abenteuer im Osten. Wie aber Lucas nachweist, war de Gaulle allgemein ein strammer Verfechter eines »souveränitätsorientierten intergouvernementalen Ansatz[es]«, der auf den Erhalt der verteidigungspolitischen Freiheit seines Landes sowie auf eine Führungsrolle Frankreichs in Westeuropa zielte[114]. Dementsprechend besaßen seine Vorstellungen von einer militärischen Kooperation einen stark nationalstaatlichen

---

[111] Gespräch mit dem US-Verleger Cyrus L. Sulzberger, 21.1.1954, zit. nach: Weisenfeld, Welches Deutschland soll es sein?, S. 63.
[112] Vgl. Gaulle, Discours et messages, t. 2, S. 604–618, hier 609: Pressekonferenz de Gaulle, 7.4.1954; ebd., S. 586–600 (Zitat S. 590): Pressekonferenz de Gaulle, 12.11.1953; BArch, BW 9/3336, Bl. 18–23, hier Bl. 18 f.: Halbmonatsbericht dt. EVG-Rüstungsdelegation (1.11.–15.11.1953), 14.11.1953; Lucas, Europa vom Atlantik bis zum Ural?, S. 57.
[113] Vgl. Lucas, Europa vom Atlantik bis zum Ural?, S. 57 f.
[114] Ebd., S. 50. Demgegenüber vertritt Loth wenig überzeugend die These, dass de Gaulles Bekenntnisse zu einem föderalistischen Europa und einer supranationalen Integration nicht nur bloße Rhetorik gewesen seien. Siehe Loth, De Gaulle und Europa, hier besonders S. 641–646. Tatsächlich lehnte

Charakter. Sie blieben zum damaligen Zeitpunkt insgesamt recht vage. Gleichwohl bildeten sie die Basis seines späteren Kurses in der Außen- und Sicherheitspolitik[115].

### 5. Die französische Generalität und das Problem der supranationalen Rüstungsintegration – eine Bilanz

Wie aus den obigen Ausführungen hervorgeht, war das Problem der Rüstungsintegration eine wesentliche Ursache für den Widerstand der Militärführung gegen die Europaarmee. Nachdem sich die Militärs bei ihren Unterredungen mit dem Vorsitzenden des EVG-Rüstungsausschusses ein Bild über die genauen Vertragsbestimmungen sowie über die Einzelheiten der Arbeiten im Interimsausschuss gemacht hatten, formierte sich rasch Opposition. Im Falle der Marine artete sie in einen regelrechten Kleinkrieg zwischen dem Marinestaatssekretär und den Vertretern seines Landes im Palais Chaillot aus. Bei allen drei Teilstreitkräften zeigte sich, dass Rüstungsfragen einen geradezu entscheidenden Einfluss auf ihre EVG-kritische Einstellung hatten. Die Einwände, die die Generalität wiederholt gegen eine supranationale Rüstung hervorbrachte, waren einander durchaus ähnlich: Sie wandten sich mit aller Entschiedenheit gegen die umfangreichen Interventions- und Kontrollkompetenzen des zukünftigen Exekutivorgans und seiner Dienststellen und die damit verbundene Gefahr für nationale Rüstungsvorhaben sowie für die gesamte heimische Rüstungsindustrie. Die Verteilung der für den Wiederaufbau der französischen Streitkräfte und Rüstungsindustrie benötigten US-Hilfsmaßnahmen durch eine europäische Gemeinschaftsbehörde lehnte man ebenfalls ab, weil man damit rechnen musste, dass Frankreich dadurch massive Nachteile entstünden. Nicht zuletzt fürchtete man um die für die Überseeterritorien und die États Associées in wirtschaftlicher, politischer und militärischer Hinsicht wichtigen Exporte. Alles in allem drohte die völlige Abhängigkeit des nationalen Rüstungssektors und damit das Ende der militärischen Handlungsfreiheit. Die »Verpflichtungen« innerhalb der Union Française und der NATO, auf die man sich stets berief, ließen sich in den Augen der Generale dann nicht mehr erfüllen. Eine Abhängigkeit von einer supranationalen Verteidigungsgemeinschaft mit einem mächtigen Kommissariat widersprach dem Selbstverständnis der Armeeführung, die ihr Land nach wie vor als unabhängige Großmacht betrachtete bzw. wieder an vergangene

---

de Gaulle das Konzept der politischen und militärischen Supranationalität strikt ab. Vgl. Kim, Der Fehlschlag des ersten Versuchs, S. 185 f.

[115] Welche Bedeutung de Gaulle einer europäischen Rüstungskooperation beimaß, zeigte sich nach seiner Rückkehr an die Macht 1958. Ab 1962 strebte er gezielt ein enges deutsch-französisches Sonderverhältnis im Bereich der Außen- und Verteidigungspolitik an, das eine Magnetwirkung auf die Beneluxstaaten und Italien entfalten sollte. Die militärische Zusammenarbeit war für ihn eine wesentliche Grundvoraussetzung eines selbstständigeren und von den USA unabhängigeren Europa unter Frankreichs Führung. Die Rüstungskooperation war hierbei ein wichtiges Element. Dabei verfolgte der General einen durchaus integrativen Ansatz: Gemischte Kommissionen sollten sich mit zukünftigen Gemeinschaftsvorhaben befassen und die Basis einer gemeinsamen Rüstungspolitik schaffen. Dies sollte dann in konkrete (Groß-)Projekte münden. Siehe dazu: Seiller, »Zusammenarbeit kann man das nicht nennen!«?, S. 91–93.

Zeiten anknüpfen wollte. Frankreich sollte in einer Liga mit den beiden angelsächsischen Führungsmächten spielen und nicht in einer EVG aufgehen, in denen ihnen die Deutschen über kurz oder lang den Rang ablaufen würden. Nicht zuletzt handelte es sich auch um eine Frage des Prestiges. Allgemein galt der Grundsatz: »Faire l'Europe de la Défense, sans défaire l'Empire ni l'armée française«[116].

Bei den Teilstreitkräften waren durchaus unterschiedliche Interessenschwerpunkte erkennbar: Die Luftwaffe brachte nicht nur Bedenken gegen die zukünftigen europäischen Organisationsstrukturen vor, sondern sorgte sich um den Fortbestand einer leistungsfähigen nationalen Luftfahrtindustrie, einem technologischen Schlüsselsektor. Er galt gemeinhin als unverzichtbar für eine moderne Streitmacht und Frankreichs Rang in der Welt. Die Marine pochte aufgrund des verhältnismäßig geringen Umfangs des europäischen Marinekontingents und unter Verweis auf ihre besondere Bedeutung für die Verteidigung der Union und Frankreichs Weltmachtstatus auf eine privilegierte Stellung. Sie forderte eine weitgehende Ausklammerung aus der EVG-Rüstungsorganisation und die Schaffung eines Marinekommissariats. Gemeinsam vereint waren die Teilstreitkräfte bei ihrem Kampf gegen den allseits unbeliebten Artikel 107 EVG-Vertrag.

Die Vorstellungen der Generale waren ausgesprochen stark von militärischem Effizienzdenken geprägt. Man erkannte in einer supranationalen Verteidigungsorganisation keinen Vorteil, sondern einen gravierenden Nachteil. Von der Aufstellung des Rüstungsprogramms über die Forschung, Entwicklung und Produktion bis hin zur Beschaffung, Instandsetzung und Modernisierung drohte alles in den Strudel des Kommissariats zu geraten – eines bürokratischen Monstrums mit einer Heerschar von Beamten, Militärs und Technikern[117]. Die Aufstellung und Realisierung von Rüstungsprogrammen stellte bereits auf nationaler Ebene eine erhebliche Herausforderung dar. Gleiches galt bezüglich der wirtschaftlichen Mobilisierungspläne für den Kriegsfall, die im Rahmen der EVG eher stiefmütterlich behandelt wurden. Das von den Diplomaten in Paris Ausgehandelte war für die Militärs reines Wunschdenken und fern jeder Realität. Man hielt es für unmöglich, die Rüstung von sechs Staaten unter einen Hut zu bringen. Was von der eigenen Regierung in Verbindung mit Sicherheitsmechanismen als Maßnahme zur Einbeziehung des westdeutschen Militärpotenzials gedacht war, entwickelte sich in den Augen der Generale zu einem unkalkulierbaren Risiko, das weit über den Rüstungssektor hinausging und die gesamte französische Verteidigungsorganisation ins Wanken brachte. Die Generale hatten den Eindruck gewonnen, dass der Preis für eine gleichberechtigte Beteiligung Deutschlands an der Verteidigung Westeuropas, das Aufgehen in einer supranationalen Verteidigungsgemeinschaft, zu hoch war. Den Nachbesserungsversuchen, mit denen man sich im Kreise der EVG-Mitgliedstaaten auf Initiative der französischen Regierung befasst hatte, traute man letztlich nicht.

Anstelle dessen, was unter Coignards Regie im Interimsausschuss geplant wurde, bevorzugten die Generale eine weitgehend dezentralisierte europäische Organisations-

---

[116] So David, Lâcher la proie pour l'ombre?, S. 132.
[117] Vgl. SHD/DAT, 11 T/162: EVG-Studie Verteidigungsministerium/Ministerstab, Ende Juli 1954, Kap. V; SHD/DMa, 3 BB 8/CED/11: Gavini an de Larminat, 15.12.1952, S. 2; SHD/DITEEX, NL Blanc, 1 K/145/7-1: Denkschrift Blanc, Teil 1, 12.8.1954, S. 8.

struktur. Die bisher existierenden staatlichen Rüstungsverwaltungen mit den ihnen unterstehenden Forschungs-, Entwicklungs-, Produktions-, Beschaffungs- und Instandsetzungsstellen sollten weiterhin Eigentum der jeweiligen Mitgliedstaaten bleiben. Neben der Ausstattung der unter nationalem Oberbefehl verbleibenden Truppen sollten sie zur Durchführung von Aufträgen des Kommissariats dienen und somit der EVG als Dienstleistungszentren zur Verfügung stehen. Hierbei strebte man eine effektive Koordinierung zwischen dem europäischen und nationalen Bedarf an. Die Marine bestand unter Verweis auf ihre Sonderstellung gar auf ein eigenes Kommissariat als Koordinationsorgan. Eine lockere Organisationsform beließ den Regierungen und ihren Dienststellen ein Höchstmaß an Handlungsspielraum und Flexibilität. Die Streitkräfteführung hielt dies für absolut erforderlich, um die nationalen Interessen des Staates ohne Einschränkungen durchsetzen zu können. An vorderster Stelle standen die Verteidigung der Überseegebiete und der Assoziierten Staaten sowie des NATO-Raumes im Atlantik und im Mittelmeer. Besonders die Luftwaffe plädierte für eine möglichst lange Übergangsperiode, um die supranationale Rüstungsintegration hinauszuzögern. Bei der Marine spielte eine Übergangsperiode so gut wie keine Rolle, denn sie wollte sich der Integration ohnehin so weit wie möglich, am liebsten gar vollständig entziehen.

Überdies machten die Generale keinen Hehl daraus, dass sie mit dem europapolitischen Kurs ihrer Regierung nicht einverstanden waren. Anstelle mit der Errichtung einer supranationalen Verteidigungsgemeinschaft zu beginnen, müsse zuerst eine Politische Union geschaffen und die Integration auf anderen Gebieten, wie der Wirtschaft, begonnen werden. Für den Rüstungssektor bedeutete dies, dass Schritt für Schritt ähnliche Ausgangsbedingungen zu schaffen sein würden. Zudem bedurfte es einiger Zeit, bis bei den Soldaten ein militärischer Gemeinschaftsgeist, ein europäischer Patriotismus, entstanden sei. Die militärische Integration sollte somit am Ende, keineswegs aber am Anfang des europäischen Einigungsprozesses stehen. Bei Juin und Blanc kam dies sehr deutlich zum Ausdruck. Es kann nicht ausgeschlossen werden, dass es sich bei der Forderung nach einer Politischen Union um ein taktisches Manöver gehandelt haben könnte, um die Hürden für die EVG noch höher zu legen[118]. Insgeheim mag man gehofft haben, dass ein derart ambitioniertes Vorhaben wie die EPG nie zustande kommen würde. Folglich wäre auch ein Supranationalismus im militärischen Bereich hinfällig gewesen. Der bisherige Verlauf der EPG-Verhandlungen, den man in den Reihen des Militärs sorgsam mitverfolgt haben dürfte, hatte bereits deutlich vor Augen geführt, dass die Westeuropäer von einer Politischen Gemeinschaft noch weit entfernt waren.

Die Generale waren keineswegs gegen eine enge Rüstungszusammenarbeit der Westeuropäer; sie befürworteten sie außerordentlich, bevorzugten aber eine andere Form als den supranationalen Rahmen der EVG. Dies zeigte sich anhand des vom Generalstabschef des Heeres Blanc entworfenen Plans einer westeuropäischen Staaten-

---

[118] So kommentierte der Historiker Poidevin Juins Forderung nach dem Vorrang einer politischen und wirtschaftlichen Integration mit den Worten: »ein ausgezeichneter Schachzug zur Verhinderung des EVG-Vertrages«. Poidevin, Frankreich und das Problem der EVG, S. 124.

gruppe, der schließlich im Oktober 1953 in die Gründung der FINBEL-Organisation mündete. Gleiches wurde bei der Initiative des Generalstabschefs der Luftwaffe Léchères deutlich, die ein umfangreiches westeuropäisches Produktions- und Standardisierungsprogramm in der Luftrüstung, unter Einschluss der Bundesrepublik, zum Ziel hatte. In den Idealvorstellungen der französischen Militärs sollten die westeuropäischen Staaten ihre Rüstungsanstrengungen bündeln und untereinander koordinieren; ein Souveränitätstransfer sollte damit hingegen nicht verbunden sein.

Die obigen Ausführungen legen den Schluss nahe, dass die Einflussmöglichkeiten der Generalität auf die Ausgestaltung der EVG-Rüstungsintegration sehr begrenzt waren und zwischen den Streitkräften und der Regierung eine tiefe Kluft bestand. In den zwei Jahren nach Vertragsunterzeichnung formulierten die militärischen und zivilen Spitzen des Verteidigungsministeriums zahlreiche Stellungnahmen und Empfehlungen[119], fanden damit aber bei den politischen Entscheidungsträgern, ja selbst bei ihren Kameraden in der Rüstungsdelegation, offenbar kaum Gehör. Der Ausschuss der Generalstabschefs verfügte, anders als beispielsweise die US-Joint Chiefs of Staff (JCS), kaum über politisches Gewicht. Anstatt das gesamte Vertragswerk inklusive der rüstungswirtschaftlichen Klauseln von Beginn an systematisch unter die Lupe zu nehmen, begnügte man sich mit punktuellen Forderungen und Nachbesserungsvorschlägen. Daneben verfolgte man einen Schlingerkurs, denn auch wenn man nicht an Kritik sparte: noch im Januar 1953, als die neue Regierung Mayer das Ruder übernahm und Juin seine Wünsche für Zusatzprotokoll-Entwürfe formulierte, stellte der Marschall in einem an Pleven adressierten Schreiben die EVG als Ganzes nicht in Frage[120]. Im Grunde akzeptierten die Militärs das Primat der Politik und nahmen die EVG letztlich zähneknirschend hin, forderten allerdings weitreichende Änderungen, die das Vertragswerk entstellt und die Verteidigungsgemeinschaft ihres supranationalen Charakters beraubt hätten.

Welchen Stellenwert die Rüstung hierbei besaß, zeigte sich an ihren Vorschlägen eines Zusatzprotokolls zu Artikel 107 EVG-Vertrag. Die Änderungen sollten, ungeachtet der daraus resultierenden Schwierigkeiten auf diplomatischem Parkett, in Form von Konventionen festgeschrieben werden. Über den im Kreise der sechs Mitgliedstaaten erzielten Kompromiss herrschte bei den Militärs allerdings große Ernüchterung; sie hielten das Endresultat für unzureichend[121]. Vermutlich hatten die Generale den Widerstand der anderen Vertragspartner unterschätzt und geglaubt, ihre Wünsche und Forderungen ließen sich ohne größere Schwierigkeiten umsetzen. Dass dies einen massiven Verstoß gegen den Gleichberechtigungsgrundsatz und de facto eine gravierende nachträgliche Änderung des bereits unterzeichneten EVG-Vertragsgeflechts darstellte, wollten sie offenbar nicht zur Kenntnis nehmen.

Erst nach der Sitzung des Ausschusses für Nationale Verteidigung vom 21. April 1953 gingen die Generalstabschefs auf offenen Konfrontationskurs. Aber selbst zu die-

---

[119] Siehe allgemein David, Lâcher la proie pour l'ombre?, S. 119–121; Guillen, Die französische Generalität, S. 131–141.
[120] Siehe auch die mitunter ähnliche Interpretation bei David, Lâcher la proie pour l'ombre?, S. 137 f. David kommt zum Schluss, dass es den Militärs nicht gelungen sei, eine konstruktive und fortlaufende Kritik zu formulieren.
[121] Vgl. ebd., S. 137. Das Protokoll der Sitzung des Ausschusses der Generalstabschefs vom 3.3.1953, auf das sich David bezieht, ist nach wie vor nicht frei zugänglich (SHD/DAT, 6 R/13).

sem späten Zeitpunkt unterbreiteten die Generale der Regierung kein umfassendes Alternativkonzept zur Verteidigungsgemeinschaft. Die Militärs mögen darauf gehofft bzw. spekuliert haben, dass die Nationalversammlung dem Spuk ein Ende bereiten und sich das Problem der EVG damit erledigen würde. Am Ende sollte es schließlich so kommen, doch das Verhältnis zwischen dem Staat und seiner Armeeführung war während der EVG-Phase irreparabel beschädigt worden. Der Militärhistoriker Vial sieht darin eine wichtige Etappe im Erosionsprozess des Verhältnisses zwischen Staat und Militär, der die Republik später in ihren Grundfesten erschütterte[122].

Gravierend war überdies, dass die Staatssekretäre es schlichtweg versäumten, eine untereinander abgestimmte bzw. gemeinsame Offensive zu starten. So kochte jedes Staatssekretariat sein eigenes Süppchen und versuchte sein Glück auf eigene Faust. Zwar erwog beispielsweise Gavini im Dezember 1952 eine Fühlungnahme mit seinem Kollegen aus dem Luftwaffenressort[123], das Vorhaben wurde aber allem Anschein nach, aus welchen Gründen auch immer, nicht in Angriff genommen[124].

Die Ursache dafür, dass die Streitkräfte ihre Interessen nicht durchsetzen konnten, lag weniger in den Versäumnissen der Generale oder Staatssekretäre. Der Hauptgrund lag wohl eher darin, dass die Pariser Regierung und ihre Vertreter im Interimsausschuss den Militärs keine maßgebliche Rolle im Entscheidungsprozess zukommen lassen wollten. »En tout état de cause«, so resümiert Caserta in Bezug auf die Marine, »les récriminations de la Marine ne semblent pas avoir été entendues, ni par le gouvernement, ni par le Comité intérimaire, depuis le début des négociations«[125]. Bereits Monnet hatte bei der Ausarbeitung des Pleven-Plans bewusst darauf verzichtet, Militärexperten zu beteiligen. Er war sich absolut darüber im Klaren gewesen, wie deren Reaktion ausfallen würde. Zwar anerkannte die Regierung im Nachhinein die Notwendigkeit von Modifikationen und ließ unter Beteiligung ihrer Militärs entsprechende Zusatzprotokollentwürfe ausarbeiten, sie konnte ihre Generale damit aber letzten Endes nicht zufrieden stellen. Darüber hinaus darf nicht übersehen werden, dass die französische Regierung am Verhandlungstisch der Außenminister wie auch im Palais Chaillot zu Kompromissen gezwungen war. Die vermutlich von der französischen EVG-Delegation verbreitete Darstellung, wonach die maßgeblichen Akteure im Verteidigungsbereich – das Verteidigungsministerium, das Ständige Generalsekretariat für Nationale Verteidigung und die Streitkräfte – in ausreichendem Maße in die Beratungen über die Europaarmee einbezogen und deren Interessen zu einem Großteil berücksichtigt worden seien[126], ist somit nicht ganz zutreffend. Auch de Larminats Beschwerden über das anfangs angeblich mangelnde und erst

---

[122] Vgl. Vial, Le militaire et la politique, S. 135. Einen Höhepunkt erreichte der Entfremdungsprozess mit dem »Putsch von Algier« (22.−25.4.1961), bei dem einige Generale offen gegen die Pariser Regierung rebellierten. De Gaulle hatte sich gegen den Widerstand von Teilen der Armee einer politischen Lösung des seit 1958 virulenten Algerienproblems zugewandt. Zu den Ereignissen siehe Girardet, La crise militaire française; Planchais, Une histoire politique de l'armée, t. 2.
[123] Vgl. Caserta, La Marine nationale, S. 77.
[124] In den Archivbeständen des AMAE und SHD lassen sich keine Dokumente finden, die ein gemeinsames Vorgehen der Staatssekretäre belegen.
[125] Caserta, La Marine nationale, S. 77.
[126] Vgl. AMAE, DF-CED/B/39: Vermerk [vermutlich frz. EVG-Delegation], 28.1.1954.

nach der Vertragsunterzeichnung erwachende Interesse der französischen Generalstäbe und Regierungsstellen[127] erscheinen zweifelhaft[128].

## 6. Die EVG und das französische Atomwaffenprogramm

Im Frühjahr 1954 sah sich Frankreichs Regierung mit einem weiteren Problem konfrontiert, nämlich mit der Frage, inwieweit der EVG-Vertrag ein Hindernis für das nationale Atomprogramm darstellte. Zu diesem Zeitpunkt waren die Arbeiten an einem nationalen Atomprogramm schon in vollem Gange. Zuständig für die Forschungsarbeiten auf diesem Gebiet war das am 18. Oktober 1945 auf Betreiben General de Gaulles gegründete Commissariat à l'Énergie Atomique (CEA). Zwar handelte es sich dabei um eine zivile Behörde, deren Aufgabe die Erforschung und Nutzbarmachung dieser völlig neuen Technologie sein sollte, doch dachte de Gaulle unter dem Eindruck der Atombombenabwürfe von Hiroshima und Nagasaki ohne Zweifel bereits in eine militärische Richtung. Der Ministerpräsident der provisorischen Regierung hatte, ebenso wie einige Strategen und Ingenieure der Armee, die politische und militärische Bedeutung dieser mächtigen Waffe eindeutig erkannt: Die Bombe hatte eine Revolution eingeleitet, denn sie übertraf die Wirkung konventioneller Waffen bei weitem, beeinflusste den Status eines Landes in der Welt und war eine Rückversicherung gegen mögliche Gegner[129].

Eine offizielle Entscheidung zugunsten einer militärischen Nutzung der Kernenergie gab es zunächst nicht. Dies hielt die Streitkräfte jedoch nicht davon ab, mit ersten Vorarbeiten zu beginnen. Im Fokus ihres Interesses waren der Schutz gegen radioaktive Strahlung bzw. atomare Waffen, atomgetriebene Schiffe und U-Boote sowie die Atombombe. Von einer koordinierten Vorgehensweise konnte allerdings keine Rede sein. Innerhalb der Streitkräfte existierten mehrere voneinander unabhängig arbeitende Einrichtungen: Die direkt an das Verteidigungsministerium angegliederte, teilstreitkraftübergreifende Direction des Poudres befasste sich mit der Entwicklung von Explosivstoffen und der Isotopentrennung; die 1947 unter der Regie des Generalstabschefs des Heeres

---

[127] Vgl. BArch, BW 9/2296: Gespräch Speidel – de Larminat, 18.6.1952; Gauzy, La préparation du réarmement de la République Fédérale, t. 1, S. 157. De Larminat erwähnte gegenüber Speidel, dass die Militärs von den EVG-Arbeiten kaum Notiz genommen hätten. Die bei David und Guillen dokumentierten Äußerungen und Aktivitäten der Militärs widerlegen seinen Vorwurf. Siehe David, Lâcher la proie pour l'ombre?, S. 119–121; Guillen, Die französische Generalität, S. 131–141.

[128] Von Juli 1951 bis Juli 1952 soll sich der Ausschuss der Generalstabschefs acht Mal mit der EVG befasst haben. Vgl. AMAE, DF-CED/B/39: Zusammenkünfte des Ausschusses der Generalstabschefs (Juli 1951–Juli 1952), Übersicht, 20.1.1954. In einer Sitzung des EVG-Lenkungsausschusses von Mitte Oktober 1951 erwähnte de Larminat ausdrücklich Einwände vonseiten der französischen Luftwaffe und Marine, was gegen die Behauptung eines mangelnden Interesses spricht. Vgl. BArch, BW 9/3141, Bl. 273–275: Protokoll Sitzung Lenkungsausschuss (17.10.1951), o.D.

[129] Ausführlich zur Gründung der CEA und de Gaulles Motiven: Mongin, La bombe atomique française, S. 36–62, siehe ferner ebd., S. 297–299. In einer Pressekonferenz erklärte de Gaulle 1954 in aller Deutlichkeit, dass Frankreich Atommacht werden müsse und er aus diesem Grunde das CEA gegründet habe. Vgl. Gaulle, Discours et messages, t. 2, S. 604–618, hier S. 606: Pressekonferenz de Gaulle, 7.4.1954.

Blanc gegründete Enseignement Militaire Supérieur Scientifique et Technique (EMSST) bemühte sich um die Ausbildung und Gewinnung qualifizierter Militäringenieure. Im Jahre 1950 entstand, ebenfalls auf Betreiben Blancs, die der Section technique de l'Armée de Terre (STA) zugeordnete groupement Y. Deren Tätigkeitsfeld war die Ausarbeitung von Grundsätzen für den Einsatz von Atomwaffen sowie von Schutzmaßnahmen vor atomaren Angriffen. Auch die dem Staatssekretär des Heeres unterstehende DEFA verfügte seit 1951 mit der Section atomique über eine eigene Einrichtung für atomare Forschungen. Schwerpunkt ihrer Arbeit waren Schutzmaßnahmen vor radioaktiver Strahlung und die Funktionsweise von Kernsprengkörpern. Mit einbezogen war ferner das Laboratoire de Recherches Saint-Louis (LRSL). Es unterstand der DEFA und befasste sich mit Ballistik und Detonik. So blieb es nicht aus, dass die Dienststellen in Konkurrenz zueinander gerieten, so etwa die DEFA mit der Direction des Poudres und dem Commandement des Armes Spéciales (CAS)[130].

Erst ab 1950 hatte man bei der Armee damit begonnen, die Arbeiten auf atomarem Gebiet besser zu koordinieren. Die beiden führenden Köpfe waren General Bergeron, Vorsitzender des CASDN und Kraft seines Amtes Mitglied im Ausschuss für Atomenergie, und Oberst Charles Ailleret, Chef des am 2. Januar 1952 geschaffenen CAS. Aillerets Kommando unterstand direkt dem Generalstab des Heeres und sollte sich mit allen Fragen rund um atomare, biologische und chemische Waffen beschäftigen, das nötige Know-how für ein militärisches Atomprogramm erwerben, ABC-Abwehrmaßnahmen erarbeiten, Versuche durchführen und Spezialisten des Heeres ausbilden. Sowohl Bergeron als auch Ailleret strebten ein rasches Anlaufen eines militärischen Nuklearprogramms und eine teilstreitkräfteübergreifende Koordinierung an, hatten dabei allerdings unterschiedliche Vorstellungen, was den genauen institutionellen Rahmen, die Rolle von CASDN und CAS, aber auch die zu setzenden Prioritäten betraf. Beide teilten jedoch, ebenso wie andere Abteilungen der Armee, eine kritische Einstellung gegenüber dem zivilen CEA, dessen Mitarbeiter man für politisch unzuverlässig und für Gegner einer militärischen Nutzung der Kernenergie hielt. In der Tat sprach sich ca. ein Drittel des Personals des CEA in einer Petition vom Juli 1954 gegen eine Nutzung der Nukleartechnologie zu militärischen Zwecken aus. Bergeron und vor allem Ailleret waren sich jedoch bewusst, dass das Militär dringend auf die Forschungen des CEA angewiesen war und dieses deshalb einbinden müsste[131].

Der Generaldirektor des CEA, Pierre Guillaumat (1951–1958), galt als ausgesprochener Befürworter eines militärischen Atomprogramms, versuchte aber, Bergerons und Aillerets Pläne zu vereiteln. Gegenüber Verteidigungsminister Pleven trat er ab März 1954 entschieden dafür ein, die Federführung für das französische Atomprogramm beim CEA zu belassen. Sowohl das zivile als auch das militärische Programm sollten

---

[130] Vgl. Bonnet, Premiers travaux sur l'arme nucléaire, S. 9 f., 12; Delmas, Naissance et développement, S. 264 f.; Mongin, La bombe atomique française, S. 85–97, 177, 193–196, 202–204; Mongin, Forces armées, S. 302–308.

[131] Siehe Mongin, La bombe atomique française, S. 196–229, 235–250, 301–307. Die USA betrachteten das CEA offenbar als Sammelbecken von Kommunisten. Den militärischen Geheimschutz Frankreichs im atomaren Bereich schätzten US-Diplomaten aufgrund mutmaßlicher »Communist infiltration« als sehr mangelhaft ein. FRUS 1950, III, S. 1369–1372, hier S. 1371: Statement Bohlen, 3.4.1950.

unter einem Dach vereint sein[132]. Es war daher ein geschickter Schachzug von ihm und dem Hochkommissar des CEA, Francis Perrin, gewesen, der Marine Ende Februar 1954 die Einrichtung eines gemeinsamen Ausschusses vorzuschlagen, um ein Programm für Atomantriebe auszuarbeiten. Nachdem Marinestaatssekretär Gavini positiv geantwortet hatte, konnte der Ausschuss Anfang April erstmals zusammentreten[133]. Erste Überlegungen für ein Unterseeboot mit Nuklearantrieb hatte es bei der Marine schon 1947 gegeben[134]. Eine enge Zusammenarbeit bestand zudem schon seit Längerem zwischen der CEA und der Direction des Poudres auf dem Gebiet der Isotopentrennung[135].

Etwa zur gleichen Zeit wurde Verteidigungsminister Pleven aktiv. Am 20. Mai 1954 erörterte er mit den Staatssekretären der Teilstreitkräfte erstmals die Möglichkeit eines militärischen Atomprogramms, eine Zusammenkunft des Obersten Rates der Streitkräfte sollte folgen. Konkret sah Plevens Plan die Schaffung einer militärischen Abteilung innerhalb des CEA vor. Das CEA sollte für die technische Umsetzung zuständig sein, das Verteidigungsministerium über die Programme und die bereitgestellten Finanzmittel wachen[136]. Die gesetzlichen Grundlagen für ein allgemeines Atomprogramm des CEA waren bereits im Sommer 1952 gelegt worden. Am 3. Juli 1952 hatte die Nationalversammlung mit überwältigender Mehrheit einen Fünfjahresplan (1952–1957) mit einem Gesamtvolumen von 37,7 Mrd. Francs verabschiedet – nur knapp einen Monat, nachdem der Vertrag über die Europäische Verteidigungsgemeinschaft feierlich unterzeichnet worden war. Der Fünfjahresplan sah den Bau zweier Atomreaktoren und einer Anlage zur Plutoniumgewinnung vor. Damit sollte spaltbares Material erzeugt werden. Offiziell handelte es sich um ein Programm zur friedlichen Nutzung der Kernenergie, doch den Abgeordneten und anderen aufmerksamen Beobachtern war nicht verborgen geblieben, dass damit insgeheim auch die Grundlagen für eine militärische Nutzung gelegt würden. Bis Ende 1957 sollten 12 bis 15 kg Plutonium gewonnen werden. Félix Gaillard, der für Atomenergie zuständige Staatssekretär beim Amt des Ministerpräsidenten (1951/52) und einer der Hauptinitiatoren des Plans, strebte mit den Atomanlagen eine jährliche Produktion von 50 kg Plutonium an. Eine solche Menge wäre für den Bau von sechs bis acht Atomsprengköpfen geeignet[137].

Bis März 1954, als plötzlich die Frage der Vereinbarkeit des EVG-Vertrages mit dem französischen Nuklearprogramm akut wurde, hatte die Regierung immer noch keinen offiziellen Startschuss für ein militärisches Programm erteilt; es war noch nicht einmal zu einer Zusammenkunft von Regierungsvertretern, Spitzenmilitärs und Wissenschaftlern auf höchster Ebene gekommen, um die Angelegenheit eingehend zu erörtern. Zwar waren vom CEA und den Militärdienststellen schon einige wichtige Vorarbeiten geleistet

---

[132] Vgl. Mongin, La bombe atomique française, S. 299 f.
[133] Vgl. ebd., S. 300 f.; Vaïsse, La filière sans issue, S. 333 f. Das erste französische Atom-U-Boot wurde 1969 getestet und war 1971 einsatzbereit – gut ein Jahrzehnt nach dem ersten amerikanischen Atom-U-Boot. Über das schleppend in Gang gekommene Programm informieren: Quérel, Vers une marine atomique, S. 406 f.; Vaïsse, La filière sans issue.
[134] Vgl. Quérel, Vers une marine atomique, S. 406; Vaïsse, La filière sans issue, S. 332.
[135] Vgl. Mongin, La bombe atomique française, S. 208 f., 300.
[136] Vgl. ebd., S. 247–250.
[137] Vgl. Bariéty, Frankreich und das Scheitern der EVG, S. 108; Delmas, Naissance et développement, S. 265 f.; Soutou, Die Nuklearpolitik der Vierten Republik, S. 606. Umfassend hierzu: Mongin, La bombe atomique française, S. 136–174.

worden, doch vom Bau von Kernwaffen sowie von Schiffen und U-Booten mit atomarem Antrieb war man nach wie vor noch weit entfernt. Anlässlich der im März 1954 stattfindenden Parlamentsdebatte über den Verteidigungshaushalt informierte Pleven die Abgeordneten zum ersten Mal über die Betätigung der Streitkräfte auf atomarem Gebiet, ohne freilich das gesamte Ausmaß offen zulegen. Er ließ allerdings durchblicken, dass eine Regierungsentscheidung in der Angelegenheit in Kürze bevorstand – als Zeitpunkt wurde der Beginn der Budgetplanung für 1955 genannt – und er ein enges Zusammenwirken von Militär und CEA anstrebte[138]. Unterdessen warben die Militärs hinter den Kulissen weiter intensiv für ihre Anliegen[139].

Im CEA war man über die möglichen Folgen des EVG-Vertrages für die eigenen Nuklearambitionen nicht informiert. Weder das Außenministerium oder das Verteidigungsministerium noch der Chef der französischen EVG-Delegation und Vorsitzende des Interimsausschusses Alphand schienen die mit dem Atomprogramm verantwortlichen Stellen über die Rechtslage unterrichtet zu haben[140]. Erst im Frühjahr 1954 wurde das CEA auf die Problematik aufmerksam[141]. Die Bestimmungen des Artikels 107 sorgten bei den Verantwortlichen des französischen Nuklearprogramms für große Verunsicherung. Daran hatte offenbar auch das dazugehörige Zusatzprotokoll vom März 1953 nichts ändern können, denn die Genehmigungs- und Kontrollkompetenzen des Kommissariats blieben in ihrem Kern erhalten. Ein weiterer Knackpunkt war die in Artikel 107, Anlage II enthaltene Mengenbeschränkung für atomwaffentaugliches Material. Demnach durfte ein Mitgliedstaat jährlich nicht mehr als 500 g Kernbrennstoff erzeugen. Was darüber lag, konnte zum Kernwaffenbau genutzt werden und fiel damit unter die Genehmigungs- und Kontrollpflicht des Kommissariats[142]. Der französische Fünfjahresplan sah jedoch vor, bis Ende 1957 ein Vielfaches davon herzustellen. Mit der EVG hatte man eigentlich den Deutschen rüstungspolitische Fesseln anlegen wollen, sich aufgrund des Gleichberechtigungsprinzips aber zugleich selbst die Hände gebunden.

Am 1. März 1954 wandte sich das CEA an Außenminister Bidault, um Klarheit in der brisanten Angelegenheit zu erhalten[143]. In der Rechtsabteilung des Quai d'Orsay unternahm man daraufhin eine eingehende Prüfung und kam zu folgendem Ergebnis: Die vom Kommissariat zu erteilenden allgemeinen Genehmigungen betreffend der in Anlage I genannten und für zivile Zwecke bestimmten Güter (Art. 107 § 4f) deckten die Forschungsaktivitäten des CEA im zivilen Bereich ab. Somit war das zivile Atomprogramm grundsätzlich mit dem EVG-Vertrag vereinbar. In diesem

---

[138] Vgl. Mongin, La bombe atomique française, S. 287–293.
[139] Vgl. ebd., S. 309 f.
[140] So berichtete es unter anderem Bertrand Goldschmidt, der zur damaligen Zeit Atomwissenschaftler beim CEA gewesen war. Vgl. Goldschmidt, Les rivalités atomiques, S. 200–202; Bariéty, Frankreich und das Scheitern der EVG, S. 107.
[141] Mongin zufolge soll Direktor Guillaumat eher zufällig auf die Problematik aufmerksam geworden sein. Vgl. Mongin, La bombe atomique française, S. 295 f.
[142] Siehe Art. 107 EVG-Vertrag, in Verbindung mit Anlage I und II; EA 1953, S. 5863 f., hier S. 5864: Entwurf zu einer Vereinbarung über eine genehmigte Direktive bezüglich Artikel 107 [Zusatzprotokoll Nr. 5].
[143] Vgl. AMAE, DF-CED/C/116: Vermerk [frz. EVG-Rüstungsdelegation], 24.5.1954, S. 1; SHD/DAT, 1 R/180-1: Bidault an Guillaumat und Perrin, 25.3.1954, S. 1; Elgey, Histoire de la IV République, t. 2, S. 326; Mongin, La bombe atomique française, S. 296.

Zusammenhang verwies man auch auf die im dazugehörigen Zusatzprotokoll vom März 1953 enthaltenen Zusicherungen. Außerdem hielt man den Bau eines atomgetriebenen U-Bootes für möglich, an dem sich Vertreter des CEA und Militärs äußerst interessiert zeigten. Dies gestattete nach Auffassung der Gutachter die im EVG-Vertrag enthaltene Vorgabe, wonach das Kommissariat allgemeine Genehmigungen für die Herstellung von solchen Rüstungsgütern erteilen musste, die für die unter nationalem Kommando verbleibenden Truppen oder für Verbündete bestimmt waren, gegenüber denen Frankreich Bündnispflichten eingegangen war (Art. 107 § 4e). Weiterhin stellte der Quai d'Orsay fest, dass für sämtliche militärischen Programme des CEA zur Ausrüstung der französischen EVG-Einheiten eine besondere Autorisierung des Kommissariats erforderlich sein würde[144].

Um dem CEA einen möglichst großen Handlungsspielraum zu ermöglichen, kamen Guillaumat und Alphand darin überein, den Atomwissenschaftler Bertrand Goldschmidt als Verbindungsmann des CEA zur französischen EVG-Delegation abzuordnen. Zusammen mit dem Vorsitzenden des Rüstungsausschusses Coignard begutachtete Goldschmidt Entwürfe von Anwendungsvorschriften. Auffallend ist, dass kein Vertreter der Streitkräfte mit einbezogen war. Daran zeigt sich, dass die Regierung nach wie vor am CEA als einziger Atombehörde festhielt[145]. Staatssekretär Pierre July gab sich mit den Ergebnissen des Gutachtens aus Bidaults Ressort und der engen Koordinierung zwischen der CEA und den französischen Vertretern im Interimsausschuss zunächst zufrieden, bezeichnete aber die fortwährende Gültigkeit des Zusatzprotokolls zu Artikel 107 EVG-Vertrag als wesentlich. Deshalb forderte er eine entsprechende Garantie. Das Ziel eines maximalen Handlungsspielraumes für das CEA in der Atomforschung genoss bei July eine so hohe Priorität, dass er sogar bereit war, französische Sicherheitsbedenken hintanzustellen: Er hielt es für »préférable de libérer le plus possible la France dans ce domaine en risquant de libérer aussi la République Fédérale, plutôt que nous lier dans le seul but de lier les allemands«[146]. Da EVG-Verordnungen gemäß des Gleichberechtigungsprinzips für alle Mitgliedstaaten gültig gewesen wären, hätte eine liberale Handhabungspraxis bezüglich der Atomforschung bedeutet, dass auch die Bundesrepublik davon profitiert und größere Betätigungsmöglichkeiten erhalten hätte. Dies wäre geradezu einer Kehrtwende in der französischen EVG-Politik gleichgekommen, denn eines der Hauptanliegen der Regierung in Paris war es bekanntlich, Aktivitäten der Bundesrepublik auf dem Nuklearsektor strengstens zu beschränken und damit dem Land eine militärische Nutzung der Nuklearenergie absolut unmöglich zu machen.

Neben einer freien Hand in der Atomforschung strebten das CEA und der Ausschuss für Atomenergie die uneingeschränkte Kooperationsmöglichkeit Frankreichs mit ande-

---

[144] Vgl. AMAE, DF-CED/C/116: Vermerk [frz. EVG-Rüstungsdelegation], 24.5.1954, S. 1; SHD/DAT, 1 R/180-1: Bidault an Guillaumat und Perrin, 25.3.1954, S. 1; Protokoll 130. Sitzung Ausschuss für Atomenergie, Auszug (1.4.1954), o.D., S. 1. Unter Verweis auf einen Vermerk des Rechtsberaters des Quai d'Orsay vom 13.3.1954 spricht Elgey von einer sehr großzügigen Auslegung der Vertragsklauseln zugunsten Frankreichs. Vgl. Elgey, Histoire de la IV République, t. 2, S. 327 f.

[145] Vgl. AMAE, DF-CED/C/116: Vermerk [frz. EVG-Rüstungsdelegation], 24.5.1954, S. 2.

[146] Vgl. ebd., S. 2 f.; July an Bidault, 12.4.1954 (Zitat). Siehe ferner SHD/DAT, 1 R/180-1: Protokoll 130. Sitzung Ausschuss für Atomenergie, Auszug (1.4.1954), o.D., S. 1; Goldschmidt, Les rivalités atomiques, S. 202 f.

ren Staaten an. Die Möglichkeit des Exports nuklearen Brennstoffs bezeichnete man als »indispensables pour la poursuite de certaines de nos collaborations extérieures et pour la participation à une éventuelle organisation internationale«[147]. Damit wollte man sich weiterhin eine Zusammenarbeit mit den angelsächsischen Mächten offen halten. Von diesen erhoffte man sich Unterstützung für das eigene Atomprogramm[148]. Ein weiteres wichtiges Anliegen der Verantwortlichen war es, die im EVG-Vertrag festgeschriebenen Kontrollkompetenzen des Kommissariats zu lockern. Aufgrund von Geheimhaltungsgründen in dem als äußerst sensibel eingestuften Bereich der Atomtechnik wollte man Kontrollen nur von nationalen Stellen durchführen lassen. Dabei ging es den Befürwortern auch darum, befreundete Staaten bzw. potenzielle Kooperationspartner nicht zu verprellen. Frankreichs Vertreter im Interimsausschuss drängten deshalb darauf, ein dauerhaftes, vor Ort installiertes EVG-Kontrollregime zu unterbinden. Außenminister Bidault regte an, Paris solle in Kontakt mit den beiden Führungsmächten der NATO, den USA und Großbritannien, treten und von diesen die Zusicherung erhalten, dass Kontrollen im Rahmen der EVG kein Hindernis für eine französisch-angelsächsische Kooperation darstellten[149].

Alphand hatte sich unterdessen in Gesprächen mit Goldschmidt und Coignard darum bemüht, eine für das CEA befriedigende Lösung zu finden. Am 24. April 1954 legte Alphand einen entsprechenden Entwurf für eine Anwendungsvorschrift vor: Demnach sollten die allgemeinen Genehmigungen hinsichtlich der in Anlage I genannten und für zivile Zwecke bestimmten Güter keine »störenden« Beschränkungen für Exporte mit sich bringen, »tout en évitant des exportations indésirables«. Die Durchführung von Kontrollverfahren bezüglich der Inanspruchnahme allgemeiner Genehmigungen sollte den jeweiligen Regierungen übertragen werden, wodurch man Einmischungen des EVG-Kommissariats in nationale Angelegenheiten vermeiden wollte. Das Exekutivorgan wurde somit zu einem faktisch machtlosen Oberaufseher degradiert, der auf sensiblen Gebieten wie der Atomforschung Kontrollbefugnisse an die Mitgliedstaaten delegierte. Zunächst hatte es den Anschein, als zeigten sich die Vertreter des CEA einverstanden. Doch plötzlich brachte das CEA neue Bedenken hervor. Man kam nicht nur auf die schon mehrfach geforderte Garantie des Zusatzprotokolls zu Artikel 107 EVG-Vertrag zurück, sondern wollte die Garantie noch auf die Zusatzbedingungen ausdehnen, die gerade in Form einer gemeinsamen Vereinbarung verfasst wurden. In dieser Situation sahen sich Coignard und Alphand dazu veranlasst, auf die Unrechtmäßigkeit einer solchen Maßnahme hinzuweisen – sie widersprach nämlich der zwischen den sechs Mitgliedstaaten vertraglich vereinbarten Vorgehensweise, der zufolge die Ausarbeitung der notwendigen Verordnungen im EVG-Rahmen zu erfolgen hatte. Dem Ministerrat oblag am Ende die Entscheidung. Am 14. Mai gab sich Staatssekretär July gegenüber Bidault schließlich mit einer Lösung zufrieden, die wörtlich dem von Alphand vorge-

---

[147] SHD/DAT, 1 R/180-1: Protokoll 130. Sitzung Ausschuss für Atomenergie, Auszug (1.4.1954), o.D., S. 2.
[148] Mit der »organisation internationale« war möglicherweise das Centre Européen de Recherches Nucléaires (CERN) nahe Genf gemeint, an dem sich auch Frankreich beteiligte. Zur Gründungsphase der Einrichtung: Hermann [u.a.], History of CERN, vol. 1.
[149] Vgl. SHD/DAT, 1 R/180-1: Bidault an Guillaumat und Perrin, 25.3.1954, S. 2.

legten Entwurf entsprach[150]. Aber noch immer waren bei einigen Verantwortlichen offenbar noch nicht alle Bedenken beseitigt. July hielt nach wie vor hartnäckig an der Forderung fest, vor der Vertragsratifikation durch die Nationalversammlung eine hieb- und stichfeste Zusicherung der Zusatzbedingungen zu erhalten[151]. Dies lief faktisch auf ein weiteres Zusatzprotokoll hinaus und hätte die Verhandlungen zwischen den sechs Regierungen und den Fortgang der Arbeiten im Palais Chaillot erneut erheblich behindert. Ferner wäre der Ratifikationsprozess weiter in die Länge gezogen worden.

Trotz der Bemühungen Alphands und Coignards, dem CEA im Rahmen des rechtlich Möglichen entgegenzukommen, konnte es keinen Zweifel geben: Frankreich wäre eine Nuklearrüstung ohne Genehmigung und Kontrolle durch das supranationale Kommissariat unmöglich gewesen[152]. Die EVG-Dokumente und das Gutachten des Außenministeriums waren eindeutig und ließen keinen weiteren Interpretationsspielraum zu. Die allgemeinen Genehmigungen ermöglichten nur die zivile Nutzung der Kernenergie wie auch den Export und Import von Kernbrennstoff, allerdings nur im Rahmen eines nicht näher definierten tatsächlichen Bedarfs, über den das Kommissariat zu wachen hatte. Der Bau eines nukleargetriebenen U-Bootes konnte mit Verweis auf das Recht zur Ausrüstung der unter nationaler Kontrolle verbleibenden Truppen gerechtfertigt werden. Aufgrund der Beschränkung der Herstellungsmenge von spaltbarem Material war die Entwicklung und Herstellung von nuklearen Sprengkörpern unmöglich, es sei denn, das Kommissariat würde eine Genehmigung erteilen[153].

Die linksgerichtete Presse übte unterdessen scharfe Kritik am EVG-Interimsausschuss und dessen Vorsitzenden Alphand. Das Wochenblatt La Tribune des Nations bezeichnete den EVG-Vertrag und die Rüstungsplanungen nicht nur als massive Beeinträchtigung der französischen Nuklearforschung, sondern auch als Beihilfe zum Bau einer deutschen Atombombe. Während Frankreich sowohl im militärischen als auch im zivilen Bereich massiven Beschränkungen ausgesetzt sei, werde den deutschen Atomwissenschaftlern Tür und Tor geöffnet – so die Argumentation. Als Sündenbock musste Alphand herhalten, der in einer Karikatur als »L'Alfant [sic!] terrible« diffamiert und als Wegbereiter einer deutschen Atombombe dargestellt wurde. Die Karikatur entwarf einmal mehr die Schreckensvision eines wiederaufflammenden deutschen Militarismus: Man zeichnete das Bild einer Verteidigungsgemeinschaft, durch die die Deutschen sich mit Leichtigkeit Zugriff auf nukleares Know-how verschaffen könnten, um sich dann aus

---

[150] Vgl. AMAE, DF-CED/C/116: Vermerk [frz. EVG-Rüstungsdelegation], 24.5.1954, S. 3 f.; AMAE, DF-CED/C/115: Alphand an Goldschmidt, 24.4.1954. Dem Interimsausschuss oblag die Ausarbeitung von Vorschriften, dem künftigen Kommissariat deren Prüfung. Anschließend mussten die Vorschriften dem EVG-Ministerrat zur endgültigen Entscheidung vorgelegt werden.
[151] Vgl. AMAE, DF-CED/C/116: Vermerk [frz. EVG-Rüstungsdelegation], 24.5.1954, S. 5.
[152] So auch Bariéty, Frankreich und das Scheitern der EVG, S. 107; Delmas, Naissance et développement, S. 267; Goldschmidt, La France et la non-prolifération, S. 244; AWS, Bd 4 (Beitrag Schwengler), S. 461.
[153] Hierzu sei angemerkt, dass mit einem Verbot der Kernwaffenherstellung das Projekt eines Atom-U-Bootes in militärischer Sicht erheblich eingeschränkt worden wäre. Zwar kann ein Atom-U-Boot selbstverständlich konventionell bewaffnet werden und damit die Rolle eines Jagd-U-Bootes übernehmen, doch als ultimative Angriffswaffe, die zugleich eine Zweitschlagskapazität sichert, gilt ein U-Boot mit atomar bestückten Torpedos oder Raketen. Dies wäre somit wegen der Bestimmungen des Art. 107 Anlage II, I c) nicht möglich gewesen.

der Gemeinschaft zu verabschieden. Alles in allem deklarierte La Tribune des Nations die zu einer regelrechten Staatsaffäre hochstilisierte Angelegenheit als »véritable crime contre la science française« und als »une des scandales les plus redoutables du Traité d'armée européenne«[154].

Die gegen Alphand gerichteten Angriffe waren geradezu absurd und zeugen von einer völlig selektiven Wahrnehmung, Verzerrung und Fehlinterpretation des Vertragswerkes und seiner Anhänge sowie der ausgehandelten Zusatzprotokolle. Von einer »vérité sur l'affaire«[155] konnte keine Rede sein. Weder die französische Regierung noch ihr höchster Repräsentant im Palais Chaillot erwogen zu irgendeiner Zeit, den Deutschen unkontrollierten Zugang zur Nuklearforschung, geschweige denn ihre militärische Nutzung, zu ermöglichen. Vermutlich handelte es sich bei dem Beitrag um eine gezielte Stimmungsmache, mit der Ängste vor einer integrierten Rüstung und den Deutschen geschürt und mit der für die Bewahrung einer nationalen Atomforschung geworben werden sollte.

Schon unmittelbar nach seiner Amtsübernahme im Juni 1954 sah sich der neue Ministerpräsident Mendès France mit der Frage einer französischen Nuklearrüstung konfrontiert. Es kann davon ausgegangen werden, dass Mendès France rasch über den Stand der Arbeiten auf militärischem Gebiet informiert wurde. Am 3. August 1954 legte ihm der Staatssekretär für Wissenschaftliche Forschung, Henri Longchambon, den Plan eines zivilen und militärischen Atomprogramms vor[156]. Kurz darauf erhielt er zudem detailliert Kenntnis über die sich abzeichnende Änderung der NATO-Nuklearstrategie[157]. Die Nuklearisierung der Bündnisstrategie durch die Übernahme des im Januar 1954 verkündeten amerikanischen »New Look« und die seitdem initiierten Planungen spielten bei der Entscheidung der französischen Regierung für ein eigenes Atomwaffenprogramm eine entscheidende Rolle. Das neue NATO-Konzept sah im Kern den sofortigen Einsatz taktischer Atomwaffen im Falle eines sowjetischen Angriffs vor. In Washington beabsichtigte man, durch den Aufbau eines solchen Waffenpotenzials Einsparungen bei der konventionellen Rüstung vorzunehmen und die Abschreckung zu erhöhen, was einen erheblichen Bedeutungszuwachs der nuklearen Verteidigungskomponente und damit auch eine massive Abhängigkeit der Europäer von den USA zur Folge hatte. In den

---

[154] Vgl. La Tribune des Nations – l'Hebdomadaire du monde entier, N° 437, 5.3.1954: Construira-t-on en France la bombe atomique allemande? La vérité sur l'affaire (Zitate S. 1 f.). Bei der Tribune handelte es sich um ein deutschfeindliches, pro-sowjetisch gesinntes Blatt, das vom sowjetischen Geheimdienst KGB finanziert wurde und dessen Herausgeber für den KGB arbeitete. Vgl. Andrew/Mitrochin, Das Schwarzbuch des KGB, S. 570 f., 583, 586; Elgey, Histoire de la IV République, t. 2, S. 337 f.; Wolton, Le KGB en France, S. 334 f. Die in der *Tribune* veröffentlichte Karikatur ist abgedruckt im Bildteil, S. 507.

[155] So der Untertitel des Presseartikels.

[156] Vgl. Bariéty, Frankreich und das Scheitern der EVG, S. 119; Vaïsse, La filière sans issue, S. 335. »Überzeugungsarbeit« leistete unter anderem Oberst i.G. Gallois. Vgl. Gallois, Le sablier du siècle, S. 354.

[157] Vgl. BDFD, Bd 1, S. 445–449: Valluy an (Augustin) Guillaume, 13.8.1954; IPMF, CED, 2: (André) Pélabon an Mendès France, 20.8.1954; Alphand an Mendès France, 14.8.1954; Aufz. Gespräch Valluy – Pélabon (20.8.1954), o.D.; Bariéty, Frankreich und das Scheitern der EVG, S. 119 f.; Lappenküper, Die deutsch-französischen Beziehungen, Bd 1, S. 735. Augustin Guillaume hatte am 4.6.1954 den Generalstabschef der Streitkräfte Ely abgelöst, der zum Oberkommandierenden des französischen Expeditionskorps in Indochina ernannt worden war. André Pélabon war Kabinettschef bei Mendès France.

europäischen Hauptstädten stieß das Konzept deswegen auf große Skepsis. Während die konventionell bewaffneten Truppen der westeuropäischen NATO-Mitglieder bzw. der EVG im Falle eines Krieges entlang des Eisernen Vorhanges die Hauptlast der Landschlacht zu tragen hätten, würden sich die USA auf ihre Nuklearstreitkräfte stützen, über deren Einsatz sie alleine bestimmen könnten. Letztlich drohte den europäischen Streitkräfteverbänden bei einem Waffengang der Untergang im nuklearen Inferno[158].

In Paris war man nun endgültig davon überzeugt, dass ein Staat ohne ein eigenes Nuklearpotenzial zur Ohnmacht verdammt sei und in eine völlige Abhängigkeit von den USA geraten würde. Für Frankreich, dessen angestrebte Führungsrolle innerhalb der EVG aufgrund der eigenen Schwäche und des zu erwartenden Gewichtszuwachses der Bundesrepublik ohnehin sehr ungewiss war, bedeutete dies den totalen Verlust der Autonomie und der Fähigkeit zum Schutz der Französischen Union. Die EVG drohte aus französischer Sicht zu einem Instrument amerikanischer Hegemonie zu verkommen. Frankreich musste nach dieser Logik über die Atombombe verfügen, um seine Unabhängigkeit und Handlungsfreiheit zu erhalten, sein Gewicht innerhalb der NATO zu erhöhen und eine Balance zum beachtlichen konventionellen Verteidigungsbeitrag der Bundesrepublik zu schaffen[159]. Im Generalstab des Heeres formulierte man dies folgendermaßen:

> »toute puissance qui ne possède pas d'armement atomique est une puissance secondaire, et [...] elle est vouée à exécuter les décisions des partenaires possédant ces armements [...] si la France veut avoir une voix prépondérante en Europe, il est indispensable qu'elle amorce dès à présent des études conduisant à des fabrications rapides dans ce domaine.« Mit Hilfe eines Atomprogramms nehme Frankreich »une position de grande puissance« ein, »et, à ce moment là, elle peut prétendre à être le leader de la formation européenne. [...] Le simple fait que nous possédions l'armement atomique et que l'Allemagne ne le possède pas interdirait à cette puissance de nous attaquer avec quelque chance de succès, quelle que soit la valeur de ses armements conventionnels[160].«

Auch in den darauffolgenden Jahren blieben wesentliche Motive für ein französisches Kernwaffenprogramm, die Sicherheit vor Deutschland und eine gleichberechtigte Stellung innerhalb der Nordatlantischen Allianz, konstant. Bundeskanzler Adenauer beschrieb wenige Jahre später Bundesverteidigungsminister Franz Josef Strauß die maßgeblich von historischen Erfahrungen geprägte französische Mentalität mit folgenden Worten:

> »Die Franzosen leiden nun einmal darunter, daß die Deutschen sie in sechs Wochen besiegt haben und daß sie im Ersten Weltkrieg viereinhalb Jahre lang vergeblich den Sieg

---

[158] Siehe Mongin, La bombe atomique française, S. 310–313; Soutou, La politique nucléaire de Pierre Mendès France, S. 319–321.

[159] Als entscheidende Wegmarke für das militärische Nuklearprogramm gilt die am 26.12.1954 im Quai d'Orsay unter dem Vorsitz von Mendès France abgehaltene Sondersitzung, bei der erstmals alle maßgeblichen politischen und militärischen Persönlichkeiten versammelt waren. Ausführlich dazu: Mongin, La bombe atomique française, S. 328–333; Soutou, La politique nucléaire de Pierre Mendès France, S. 324–326.

[160] SHD/DITEEX, NL Blanc, 1 K/145/7-1: Vermerk [Generalstab des Heeres für MAE], 13.9.1954, S. 2. Das Dokument wurde erst nach dem Scheitern der EVG, im Zusammenhang mit der Suche nach einer neuen Form für eine westdeutsche Wiederbewaffnung, formuliert, spiegelt aber die bereits während der EVG-Phase vorhandene Grundhaltung der Militärs zutreffend wider.

über Deutschland anstrebten. General de Gaulle leidet auch noch immer unter der schlechten Behandlung, die er im Krieg von den Alliierten erfahren hat, die ihn immer nur am Katzentisch sitzen ließen und nie als gleichwertigen Alliierten behandelten. So wollen die Franzosen mit eigenen Atomwaffen auch ihre Gleichberechtigung gegenüber den Engländern und Amerikanern demonstrieren[161].«

Angesichts des aus französischer Sicht besorgniserregenden US-Strategiewechsels, der sich bereits seit 1953 angekündigt hatte, sah sich die Regierung dazu veranlasst, die im EVG-Vertrag enthaltenen nuklearen Restriktionen erneut auf die Tagesordnung zu setzen. Auf eine nukleare Option gedachte man keineswegs zu verzichten. Einen erneuten Modifikationsversuch hielt Mendès France auch angesichts der unsicheren Mehrheit für die EVG in der Nationalversammlung für geboten. Im Quai d'Orsay wollte man die als äußerst hinderlich empfundene Vertragsklausel, die faktisch eine Produktionsbegrenzung für spaltbares Material auf 500 g pro Jahr vorschrieb und die legale Überschreitung der Menge vom Votum des Kommissariats abhängig machte, beseitigen, um freie Bahn für ein militärisches Nuklearprogramm zu erhalten. Es galt aber zugleich einen Passus zu finden, der die Deutschen weiterhin von Kernwaffen strikt fernhalten würde. Erneut musste das Argument der strategischen Gefährdung herhalten: Die Mengenbeschränkung für spaltbares Material sollte nicht für die »außerhalb der strategisch exponierten Zonen« gelegenen Gebiete gelten[162]. Eine solche Regelung hätte Frankreich die militärische Nutzung der Kernenergie in Nordafrika oder in den Überseedepartements ermöglicht und ihm somit den vollen Handlungsspielraum zurückgegeben. Der Vorschlag war Teil eines ganzen Pakets von Änderungsvorschlägen für den EVG-Vertrag. Es wurde am 13. August 1954 vom französischen Kabinett verabschiedet[163] und am darauffolgenden Tag an die fünf anderen Unterzeichnerstaaten übermittelt[164]. Wie bedeutsam man die Lockerung der Beschränkungsklausel für Kernbrennstoffe einstufte, zeigt sich daran, dass der Änderungswunsch im Abschnitt über die wirtschaftlichen und finanziellen Vertragsbestimmungen gleich an erster Stelle stand.

Mit seinen ohne Zweifel vertragsändernden Anwendungsprotokollen[165] scheiterte Mendès France bei der Brüsseler Konferenz bekanntlich aufgrund des Widerstandes der EVG-Partner. Damit wurde auch der Wunsch des CEA und der Militärs nach einer Aufhebung der nuklearen Restriktionen zunichte gemacht. Allerdings scheint man in

---

[161] So zitierte Strauß den Bundeskanzler: Strauß, Die Erinnerungen, S. 318.
[162] Mit dem Begriff »strategisch exponierte Zone« war eindeutig die Bundesrepublik gemeint. In einem dem EVG-Vertrag beigefügten Brief hatte Adenauer anerkannt, dass die Bundesrepublik ihr Territorium als strategisch gefährdetes Gebiet betrachte und die in Art. 107 Anlage II genannten Restriktionen deshalb unter bestimmten Voraussetzungen nicht als Diskriminierung betrachte. Vgl. oben, Kap. IV.1.
[163] Das Dokument findet sich in: EA 1954, S. 6869–6873; DDF 1954, Annexes, S. 105–112; siehe auch DDF 1954, S. 147–150: Erläuternder Vermerk MAE zum Anwendungsprotokoll, vor 13.8.1954.
[164] Vgl. Lappenküper, Die deutsch-französischen Beziehungen, Bd 1, S. 733 f.; AWS, Bd 2 (Beitrag Maier), S. 208–210; AWS, Bd 4 (Beitrag Schwengler), S. 462–464.
[165] Vgl. EA 1954, S. 6869–6873, hier S. 6872: [Frz.] Entwurf eines Protokolls zur Anwendung des Vertrages über die Gründung der Europäischen Verteidigungsgemeinschaft [22.8.1954], Titel VI, § 1: »Für die sich aus den Anlagen I und II zu Artikel 107 des Vertrages ergebende Begriffsbestimmung der Atomwaffen bleiben außerhalb der strategisch exponierten Zonen die Bestimmungen des § 1 Absatz c der Anlage II zu Artikel 107 unberücksichtigt«.

den anderen Hauptstädten das eigentliche Ziel der Franzosen, eine freie Hand für eine nationale Atomrüstung, nicht erkannt zu haben[166]. Der Entwurf einer Erklärung, die die fünf Außenminister zum Ende der Konferenz der Öffentlichkeit vorlegten, ging mit keinem Wort auf Frankreichs Forderung ein, die Anwendung der Beschränkungsklausel für Kernbrennstoff auf strategisch bedrohte Gebiete zu begrenzen. Man gab lediglich zu Protokoll, dem Kommissariat die nötigen Richtlinien erteilen zu wollen, damit die vorgesehenen Kontrollen nicht die Forschungsaktivitäten und die Kernbrennstofferzeugung für zivile Zwecke beeinträchtigen würden. Frankreich wäre somit auch weiterhin die Aufnahme eines nationalen militärischen Nuklearprogramms versperrt geblieben[167].

Nicht alle ranghohen Militärs dachten in Bezug auf die für unverzichtbar gehaltene Atombewaffnung in rein nationalen Kategorien. Oberst Ailleret vom CAS fasste eine europäische Option ins Auge. Damit ließen sich nämlich gleich mehrere Fliegen mit einer Klappe schlagen: Zum einen bot eine in europäischem Rahmen realisierte Atomrüstung die beste Sicherheitsgarantie vor einem wiederbewaffneten Deutschland. Zum anderen erschien ihm eine Integration im atomaren Bereich leichter realisierbar als eine Verschmelzung nationaler Truppenverbände zu einer Europaarmee, denn erstere »ne se heurterait pas à l'existence de traditions aussi puissantes que celles qui contrarieront nécessairement l'intégration d'Infanteries qui se sont depuis un siècle plusieurs fois battues avec acharnement des flandres [sic!] aux Vosges, qui ont connu deux Sedan et deux reprises de Strasbourg«. Die jahrzehntelang gewachsenen militärischen Traditionen und Rivalitäten, die während der Kämpfe zwischen Deutschen und Franzosen aufeinander geprallt seien, hielt Ailleret weiterhin für so ausgeprägt, dass sie seiner Meinung nach die Integration auf Streitkräfteebene zum damaligen Zeitpunkt noch unmöglich machten. Für ihn handelte es sich bei dem Problem einer effektiven westeuropäischen Verteidigung nicht um eine bloße verwaltungstechnische Angelegenheit, über die, wie im Falle der EVG, auf diplomatischem Parkett entschieden werden konnte, sondern um eine komplexe Thematik, bei der es eine Reihe militärfachlicher Gesichtspunkte zu berücksichtigen galt. Darüber hinaus erkannte er die Vorteile, die eine deutsch-französische Zusammenarbeit eröffnete: Das deutsche Potenzial im wissenschaftlichen und industriellen Bereich, gepaart mit der Tiefe des Raumes und den Rohstoffvorkommen der Französischen Union, boten ideale Voraussetzungen für ein militärisches Atomprogramm Westeuropas[168].

Doch für den Chef des CAS gab es noch einen weiteren wichtigen Grund, warum er ausgerechnet für eine Integration im nuklearen, nicht aber im konventionellen Bereich votierte: die Überlegenheit gegenüber der Feuerkraft konventioneller Waffen. Ausgehend von der Vorstellung, dass wegen ihrer Sprengkraft schon kleine Stückzahlen an Atomwaffen ausreichten, hielt Ailleret einen europäischen Atompool für relativ überschaubar und damit für leichter kontrollierbar als mehrere tausend Mann starke integrierte Truppenverbände. Der Offizier zeigte sich davon überzeugt, dass am Besitz der Atomwaffe kein Weg vorbeigehen würde. Eine ausschließlich mit konventionellen

---

[166] So AWS, Bd 4 (Beitrag Schwengler), S. 466.
[167] Vgl. EA 1954, S. 6873 f., hier S. 6874: Entwurf einer Erklärung über die Auslegung und die Anwendung des EVG-Vertrages in Erwiderung auf die französischen Vorschläge [22.8.1954].
[168] Vgl. SHD/DITEEX, NL Blanc, 1 K/145/7-2: Denkschrift Ailleret, o.D. (Zitat S. 2).

Waffen ausgerüstete Streitmacht sei – darin stimmte er mit dem Generalstab des Heeres völlig überein – zweitklassig und in einem modernen Krieg zur Ohnmacht und damit zur Niederlage verdammt[169].

Gemäß Aillerets Vorstellungen sollte die Zusammenarbeit von der Herstellung der für die Atomwaffenproduktion nötigen Grundstoffe und von technischen Studien bis hin zur Produktion von Sprengköpfen und zur atomaren Bewaffnung von Luftwaffen- und Artillerieeinheiten reichen. Er hielt es gar für denkbar, nicht nur atomare, sondern auch chemische und biologische Waffen, kurzum, sämtliche »Armes spéciales«, in einem gemeinsamen Kommando zu vereinigen. Damit folgte er ganz dem mit dem CAS verwirklichten Modell. Weil er eine auf die konventionelle Rüstung zentrierte Vergemeinschaftung, wie sie für ihn die EVG darstellte, als militärisch zweifelhaft und damit längst überholt erachtete, regte er die Einrichtung eines europäischen Pools für Nuklear- oder gar ABC-Waffen an. Die Truppenverbände der Mitgliedstaaten sollten weiterhin in nationaler Verfügungsgewalt verbleiben, ihre eventuelle operative Führung sollte entweder von SHAPE oder, dies war zunächst noch eine Zukunftsvision, von einem ausschließlich europäischen Kommando übernommen werden. In den Augen des Oberst versprach eine solche Teilintegration im Gegensatz zu einer »communauté immense« zudem ein größeres Maß an Unabhängigkeit von den anderen Atommächten – dazu gehörten bekanntlich die Amerikaner und Briten – und verlieh dem europäischen Einigungsprozess einen Schub in Richtung einer »unité européenne«[170].

Aillerets Vorschläge sind in vielerlei Hinsicht bemerkenswert: Erstens dachte der Chef des CAS ernsthaft darüber nach, die für unverzichtbar gehaltene Atomwaffe nicht im nationalen Alleingang, sondern im europäischen Rahmen verwirklichen zu lassen. Dies war erstaunlich, weil es sich bei der Nuklearwaffenproduktion um einen äußerst sensiblen Technologiebereich handelte. Die USA und Großbritannien schotteten ihre Forschungsarbeiten auf diesem Gebiet selbst von ihren Verbündeten streng ab. Zweitens beabsichtigte Ailleret die Deutschen am Aufbau eines europäischen Atompotenzials zu beteiligen, und dies noch nicht einmal ein halbes Jahrzehnt nach Ende des Zweiten Weltkrieges. Dabei war es gerade ein zentrales Anliegen der Väter des EVG-Vertrages gewesen, die Deutschen aus Furcht vor neuerlichen »militärischen Abenteuern« von Massenvernichtungswaffen fernzuhalten. Was für Frankreichs Politiker und Öffentlichkeit nicht nur zur damaligen Zeit, sondern auch in den darauffolgenden Jahrzehnten als eines der größten denkbaren Schreckensszenarien galt, war für Ailleret offensichtlich kein Tabu. Oberste Priorität besaß bei ihm der Aufbau eines schlagkräftigen Militärpotenzials. Angesichts der militärischen Stärke der Sowjetunion war Ailleret bereit, die Deutschen in eine integrierte europäische Nuklearbewaffnung einzubeziehen. Durch den europäischen Charakter eines solchen Projekts wäre automatisch ein atomarer

---

[169] Ebd., S. 1 f. Der später in den Rang eines Generals erhobene Ailleret profilierte sich rasch als einer der wichtigsten französischen Nuklearstrategen. Er war mit der Vorbereitung des ersten französischen Kernwaffentests betraut, der 1960 in der Sahara stattfand. Im Juli 1962 machte ihn de Gaulle zum Generalstabschef der französischen Streitkräfte. Diesen Posten hatte er bis zu seinem Unfalltod im Jahre 1968 inne. Zu Aillerets nuklearstrategischen Konzeptionen und seiner Rolle bei der Realisierung des franz. Nuklearprogramms: Ailleret, L'aventure atomique française, t. 1; Mongin, La bombe atomique française, S. 196–206, 222–226, 245–250.

[170] Vgl. SHD/DITEEX, NL Blanc, 1 K/145/7-2: Denkschrift Ailleret, o.D. (Zitate S. 3).

Sonderweg eines Mitgliedstaates ausgeschlossen. Drittens gab er klar zu erkennen, dass er die Zusammenlegung von Westeuropas Ressourcen als unausweichlich ansah. Eine entscheidende Bedeutung kam dabei der deutsch-französischen Komponente zu, da die beiden Länder über ein sich ergänzendes Potenzial verfügten. Als Chef des Commandement des Armes Spéciales war Ailleret sich sehr wohl bewusst, welch gewaltiger Kraftakt notwendig sein würde, um die militärische Nutzung der Kernenergie realisieren zu können. Viertens würde sich mit Hilfe eines europäischen Atompools anstelle einer Europaarmee ein wesentliches Problem lösen: Die rasche und vollständige Verfügbarkeit der konventionellen Streitkräfte Frankreichs für Einsätze innerhalb der Französischen Union, um die viele Generale wegen der EVG bangten, wäre weiterhin gesichert. Ebenso wäre die Gefahr einer europäischen Megabürokratie gebannt und eine weitere Hauptsorge der französischen Militärs beseitigt. Fünftens wird bei Ailleret das Bestreben erkennbar, Europa als eine eigenständigere und von den angelsächsischen Führungsmächten im Nordatlantischen Bündnis unabhängigere Macht etablieren zu können.

Im Januar 1955, als die Europaarmee bereits längst Geschichte war, brachte Ailleret seinen kühnen Entwurf erneut vor, wohl wissend, dass die politischen Rahmenbedingungen für eine integrierte europäische Nuklearrüstung nach wie vor ungünstig waren. Er warb jedoch dafür, seine Vision nicht aus den Augen zu verlieren und bei Interesse einer eingehenderen Prüfung zu unterziehen. Der Entwurf sollte zunächst Ministerpräsident Mendès France vorgelegt werden[171]. Auch wenn Ailleret sich mit derart weitreichenden Ideen nicht durchsetzen konnte, so ist er doch ein Beispiel dafür, dass es innerhalb des französischen Militärs Köpfe gab, die zu für die damalige Zeit außergewöhnlichen Integrationsschritten bereit waren. Vermutlich handelt es sich bei Aillerets Skizze um den damals weitreichendsten Vorschlag einer europäischen Nuklearintegration im militärischen Bereich. Damit war er seiner Zeit weit voraus.

Knapp zwei Wochen nach der Ablehnung des EVG-Vertrages durch die Nationalversammlung, als die Suche nach einem geeigneten Rahmen für die westdeutsche Wiederbewaffnung in vollem Gange war, legte der Generalstab des Heeres eine Empfehlung vor, die unter anderem die Gründung einer integrierten europäischen Atomstreitmacht im Rahmen der NATO vorsah – falls möglich mit britischer Beteiligung[172]. Die Motive ähnelten weitgehend denen, die bereits Ailleret in seiner Denkschrift geltend gemacht hatte: Frankreich sollte – ganz im Gegensatz zur Bundesrepublik – unbedingt Atommacht werden. Doch weil das Land es sich unmöglich leisten konnte, parallel zu einem kostspieligen Kernwaffenprogramm die aus sicherheits- und machtpolitischen Erwägungen erforderliche Parität mit den Deutschen im konventionellen Rüstungsbereich aufrechterhalten zu können, sah man nur einen Ausweg: Die Zusammenlegung der materiellen, personellen und finanziellen Ressourcen der Westeuropäer. Als Stationierungsort dachte der Generalstab an Südfrankreich oder Nordafrika, beides Regionen, die auf-

---

[171] Vgl. IPMF, Défense nationale, 2: Vermerk für Pélabon, 22.1.1955, Anlage: Vermerk Ailleret für Binoche, o.D.; Delmas, Naissance et développement, S. 272; Lappenküper, Die deutsch-französischen Beziehungen, Bd 1, S. 1152. Oberstleutnant François Binoche war militärischer Berater im Kabinett. Eine Antwort des Ministerpräsidenten auf Aillerets Vorschlag ist nicht überliefert.
[172] Zum Folgenden: SHD/DITEEX, NL Blanc, 1 K/145/7-2: Vermerk Generalstab des Heeres, 12.9.1954, S. 4; siehe auch Guillen, Die französische Generalität, S. 156 f.; Soutou, Die Nuklearpolitik der Vierten Republik, S. 607.

grund ihrer geografischen Lage nicht unmittelbar durch sowjetische Streitkräfte bedroht schienen. Dahinter steckte freilich auch die Absicht, eine führende Position unter den europäischen Staaten einzunehmen und die eigene Machtposition innerhalb der NATO zu stärken. Die Militärs sahen in der Atombombe nicht nur ein Instrument zur Aufrechterhaltung der nationalen Unabhängigkeit und eine Art Rückversicherung für den Fall eines Aufweichens der US-Schutzgarantie, sondern auch einen »premier embryon de pouvoir supranational détenue par des représentants des gouvernements nationaux«, die Keimzelle einer übernationalen Autorität. Mit einem echten supranationalen Integrationsmodell wie der EVG hatte der Vorschlag allerdings insofern wenig gemeinsam, als die militärischen und politischen Kontroll- und Entscheidungsgremien mit nationalen Vertretern besetzt sein sollten. Als militärisches Planungsgremium hielt man die bereits existierende FINBEL-Organisation für denkbar.

Die Fühlungnahme zwischen dem CEA und der französischen EVG-Delegation drohte trotz der rechtlich eindeutigen Ausgangslage in ein völliges Chaos auszuarten. Die reichlich verworrene Situation, die durch die möglichst großzügigen Auslegungsversuche der EVG-Regelungen entstanden war, zeugt von einer starken Verunsicherung bei Frankreichs Atomlobby und ihrem festen Willen, sich eine völlige Handlungsfreiheit zu erkämpfen. Sie misstraute den Arbeiten des Interimsausschusses zutiefst und bemühte sich nach Kräften, die Fesseln des EVG-Vertrags um jeden Preis abzustreifen. Zu diesem Zweck erklärte sie sich sogar bereit, eine Lockerung der ursprünglich besonders auf die Deutschen zielenden Kontrollbestimmungen in Kauf zu nehmen, selbst auf die Gefahr hin, dass sich damit auch für den ehemaligen Kriegsgegner ein größeres Betätigungsfeld eröffnete. Vielleicht mag man dabei im Hinterkopf gehabt haben, ein weiteres Mal auf eine Einstufung des Bundesgebiets als »strategisch gefährdetes Gebiet« hinzuwirken, um das lästige Problem aus der Welt zu schaffen. Die hartnäckigen Bemühungen, die Frankreichs Nuklearplaner an den Tag legten, zeugen davon, wie sehr sie zu einer militärischen Nutzung der Kernenergie in nationalem Rahmen entschlossen waren. Eine EVG passte ihnen nicht ins Konzept, denn sie verlangte aus ihrer Sicht mehr Opfer ab, als sie Nutzen brachte. Nur sehr vereinzelt wurden Rufe nach einer Europäisierung der Atomrüstung laut.

### 7. Europäischer Rüstungsmarkt und Wettbewerb: Untergang der französischen Industrie?

Eine nicht zu unterschätzende Rolle spielten in den Überlegungen der französischen Militärs und Rüstungsfachleute industriepolitische Gesichtspunkte. Die im EVG-Regelwerk aufgeführten Vergabekriterien für Rüstungsaufträge, insbesondere der Passus, wonach die Vergabe auf der Basis »eines möglichst umfassenden Wettbewerbes« im Rahmen einer Ausschreibung zu erfolgen habe und die Aufträge unter Berücksichtigung der »vorteilhaftesten Angebote« zu erteilen seien[173], weckten große Befürchtungen hinsichtlich der Wettbewerbsfähigkeit und des Fortbestandes der heimischen Rüstungs-

---

[173] Art. 104 § 3 EVG-Vertrag.

industrie. Dies lag weniger an der Qualität der Güter, die die Franzosen zur damaligen Zeit herzustellen vermochten, als an den Preisen, die mitunter weit über denen des Auslandes lagen und die heimische Industrie somit benachteiligten. Würden sich die eigenen Unternehmen in einem europäischen Rüstungsmarkt gegen die Konkurrenz innerhalb sowie außerhalb des EVG-Raumes behaupten können, oder würden sie ins Hintertreffen geraten, wenn nicht gar zugrunde gehen? Ihre tieferen Wurzeln hatten die Befürchtungen in der nationalen Industriepolitik, die durch Marktinterventionen der Regierung mit Unterstützung von Schlüsselindustrien, Preiskontrollen und zentral gelenkten Wiederaufbauprogrammen geprägt war. Staatliche Eingriffe genossen eindeutig Vorrang vor der Förderung des Wettbewerbsgedankens – darin bestand weitgehend Konsens zwischen Regierung, Wirtschaftsverbänden und Gewerkschaften[174].

Das Wettbewerbsproblem beschäftigte die französischen Vertreter im Pariser Interimsausschuss und im Verteidigungsministerium derart, dass sie nicht umhin kamen, sich eingehend mit dem Sachverhalt zu befassen. Bis ins Frühjahr 1954 entstanden daher mehrere Studien, in denen die Stärken und Schwächen der französischen Rüstungsindustrie und die zu erwartenden wirtschaftlichen Auswirkungen der Integration analysiert wurden. Darüber hinaus beinhalteten sie Empfehlungen zur Verbesserung der Wettbewerbsfähigkeit der heimischen Wirtschaft und zur Gestaltung der EVG-Rüstungspolitik[175]. Doch die Frage nach Frankreichs internationaler Wettbewerbsfähigkeit betraf keineswegs nur den Rüstungssektor, sondern Frankreichs gesamte Volkswirtschaft. Wie drängend die Problematik zum damaligen Zeitpunkt war, zeigte sich an der wahren Flut an Gutachten und Berichten, die von der Regierung und diversen Ministerien und Wirtschaftsverbänden in der ersten Hälfte der 1950er Jahre in Auftrag gegeben worden sind[176]. Zu den bekanntesten Gremien, die sich mit der Angelegenheit befassten, gehörte die Commission Nathan, benannt nach ihrem Vorsitzenden, Roger Nathan. Die Expertengruppe wurde von Finanzminister Edgar Faure per Dekret vom 6. Januar 1954 ins Leben gerufen und legte gegen Ende März ihren Abschlussbericht vor. Aufgabe des Gremiums war es, die Gründe für die Unterschiede zwischen den französischen und ausländischen Preisen zu untersuchen und Vorschläge zur Lösung des Problems zu erarbeiten[177].

Mit dem Stand der Produktionsmittel und -technik der heimischen Luftfahrtindustrie und der Qualität ihrer Produkte herrschte bei der Ständigen NATO-Vertretung

---

[174] Ausführlich zur allgemein gering ausgeprägten französischen Tradition der Wettbewerbspolitik in den 1950er Jahren: Pitzer, Interessen im Wettbewerb, S. 118–130. Dort weitere Verweise.
[175] Als die bedeutendsten Studien sind zu nennen: AMAE, DF-CED/C/119: Studie frz. EVG-Rüstungsdelegation über die wirtschaftlichen Auswirkungen des EVG-Vertrags auf die frz. Industrie, Oktober 1953, im Folgenden zitiert als: Studie frz. EVG-Rüstungsdelegation, Oktober 1953; AMAE, DF-CED/C/116: Anlage zur Studie frz. EVG-Rüstungsdelegation, Oktober 1953; SHD/DAT, 1 R/180-1: Studie frz. NATO-Vertretung [Juni 1954], mit Anhängen. Aufschlussreich ist ebenfalls die bereits zitierte Studie: SHD/DAA, 9 E/1147-1: Studie Meyer, Januar 1954.
[176] Armengaud zählt für den Zeitraum zwischen Juni 1948 und Mai 1954 insgesamt 14 Berichte und Gutachten auf. Vgl. Armengaud, L'Europe, problème économique et social, S. 516 f.
[177] Vgl. Commission Nathan, Rapport général, 1954, S. III–V: Ministererlass Faure, 6.1.1954; Bonin, Histoire économique de la IV$^e$ République, S. 315. Die Commission Nathan legte am 20.3.1954 ihren Bericht vor. Dieser wurde veröffentlicht: Commission Nathan, Rapport général, 1954. Eine kurze Zusammenfassung des Berichts bietet Coulbois, Pourquoi les prix français sont-ils trop élevés?.

Frankreichs im Großen und Ganzen Zufriedenheit. Im Luftfahrtbereich glaubte man den Anschluss an die »classe internationale« erreicht zu haben, ebenso bei leichten Panzern und gepanzerten Kampffahrzeugen. Man sah sich bei den Flugzeugprototypen gar auf einer Stufe mit den Amerikanern und Briten. Gut positioniert wähnte man die heimischen Firmen ferner auf dem Gebiet der leichten Waffen. Dennoch sah der Verfasser der Studie wegen der hohen Produktionskosten ernst zu nehmende Rivalen am Horizont: Belgien, Italien sowie die Bundesrepublik. Als durchaus günstig schätzte man auch, was die Qualität betraf, die Situation auf dem Gebiet der taktischen Raketen, Artillerie, Luftabwehrwaffen sowie Telekommunikation und Elektronik ein. Als Sorgenkind galt hingegen der Textil- und Lederwarensektor, der unter einer unzureichenden Konzentration und Ausstattung litt und mangelhaft auf eine wirtschaftliche Fertigung eingestellt war. Als alles andere als positiv galt ebenfalls die Lage des militärischen Kraftfahrzeugbaus. Wegen mangelnder Aufträge und kleiner Serien war das Interesse der Firmen an der Herstellung militärischer Nutzfahrzeuge gesunken. Auf diesem Gebiet musste folglich mit gefährlicher Konkurrenz aus der Bundesrepublik und Italien gerechnet werden. Die Munitionsherstellung konnte sich im Grunde nur Dank ausländischer Hilfe über Wasser halten. Hier profitierten die Franzosen in erheblichem Maße von den amerikanischen Offshore-Aufträgen. Hinsichtlich der Leistungsfähigkeit der heimischen Rüstungswirtschaft und der Qualität ihrer Güter schrieb man ihr auf den meisten Gebieten durchaus gute Chancen beim Wettbewerb im Rahmen der Verteidigungsgemeinschaft zu[178].

Auffallend war eine leichte Tendenz der Studie zur Selbstüberschätzung, was sich vor allem beim Luftfahrtbereich zeigte. Diesen deklarierten Vertreter des Militärs und der Industrie nur zu gerne als Frankreichs Vorzeigesparte[179]. Gewiss hatten die französischen Ingenieure, etwa mit dem Jagdflugzeug MD 452 Mystère IV A (Dassault) und dem Bomber SO 4050 Vautour (SNCASO), zumindest was die Grundausstattung betraf, einen hohen technologischen Stand erreicht. Doch ob ihre Entwicklungen zum damaligen Zeitpunkt tatsächlich den britischen, vor allem den amerikanischen Flugzugmustern ebenbürtig waren, erscheint durchaus zweifelhaft. In den Bereichen Elektronik und Radar – wesentliche Komponenten moderner Kampfflugzeuge – bestanden offenbar noch Defizite. Bis weit in die 1950er Jahre hinein mussten die französischen Konstrukteure auf angelsächsische Technik zurückgreifen. Die Vautour etwa galt als zu klein, es mangelte ihr an modernen Navigations- und Bombenabwurfsystemen. Zur Ausstattung der Mystère bemühte man sich um US-Elektronik. Auch sahen sich die Franzosen veranlasst, moderne Triebwerke im Ausland zu beschaffen. Hispano-Suiza erwarb von Rolls-Royce die Lizenzen zum Nachbau der Triebwerke Nene und Tay[180]. Den mittleren Transporter Nord 2501 Noratlas stattete man mit Turbo-Prop-Triebwerken des Typs Bristol-Hercules 758/759 (Bristol-Siddeley Engines) aus, die von der SNECMA in

---

[178] Vgl. SHD/DAT, 1 R/180-1: Studie frz. NATO-Vertretung [Juni 1954], Kap. II, S. 4–11 (Zitat S. 9).
[179] So etwa AMAE, DF-CED/C/116: Studie [Herbst 1953], S. 5 f.
[180] Vgl. Cuny, Historique du Vampire, S. 230; Un demi-siècle d'aéronautique en France. Les moteurs aéronautiques militaires, S. 20, 24, 83 f. Zur US-Luftfahrtindustrie in den 1950er Jahren: Lorell, The US Combat Aircraft Industry, S. 66–76.

Lizenz gefertigt wurden[181]. Das Urteil der Ständigen Vertretung der US-amerikanischen Mutual Security Agency (MSA) in Europa über die Leistungsfähigkeit französischer Flugzeugtypen fiel nicht gerade positiv aus: Nur ein französisches Kampfflugzeug, die Mystère, so ließ man gegen Ende Februar 1952 verlauten, erreiche das derzeitige internationale Produktionsniveau; technisch sei es aber schon wieder veraltet. Auch über die Lebensfähigkeit der französischen Betriebe äußerte man sich skeptisch. Man beklagte das Fehlen einer rationellen Fabrikation moderner Muster und zu hohe Selbstkostenpreise[182]; der »état d'esprit« des Personals sei beklagenswert. Die angelsächsischen Industrien hielt man für weit überlegen[183]. Dass die französische Luftfahrttechnik noch im Rückstand war, etwa bei Flugzeugmotoren und bestimmter Ausrüstung, gab Generalingenieur Meyer in seinem Bericht auch zu[184].

Als eine der größten Schwachstellen galten – darin herrschte unter den Fachleuten Konsens – die verhältnismäßig hohen Preise für französische Erzeugnisse. Nach vorsichtigen Schätzungen der Ständigen NATO-Vertretung lagen die Verkaufspreise – als Vergleichsparameter zog man die Exportpreise heran – bis auf ganz wenige Ausnahmen um ca. 10–30 % höher als die der ausländischen Konkurrenz[185]. Als Bezugspunkte galten hierbei nicht nur die anderen EVG-Staaten, sondern auch die USA und Großbritannien – die beiden größten und bedeutendsten Waffenproduzenten der westlichen Welt. Bei den Infanterie- und Artilleriewaffen lagen die Exportpreise um 10–15 % höher, auf dem Gebiet der Munition um 20–30 %, im Kraftfahrzeugsektor wie auch in der Telekommunikations- und Elektrobranche um 25 %. Beim Kriegsschiffbau überstiegen die Preise die der ausländischen Konkurrenz um 20 %, bei Textil- und Lederwaren um 10–25 %. In Bezug auf den Luftfahrtsektor nannte man einen Wert von 15 % – die in einer dazugehörigen Fußnote erwähnte Angabe, in der von bis zu 40 % die Rede war, scheint jedoch mehr der Realität entsprochen zu haben[186]. Zu ähnlichen Ergebnissen war ein umfangreiches Gutachten vom Oktober 1953 gekommen[187], das

---

[181] Vgl. André, Une partie de l'histoire militaire de SNECMA, S. 68.
[182] Bei den Selbstkosten handelt es sich um die Summe aller Kosten, die einem Unternehmen durch Herstellung und Vertrieb von Erzeugnissen insgesamt oder je Mengeneinheit des Erzeugnisses entstehen.
[183] AMAE, Pactes, 48: Bérard an MAE, 24.2.1952. Die von Bérard überlieferten Äußerungen eines US-Vertreters vor Angehörigen des Amtes Blank und vor US-Offizieren dürften sicherlich auch vor dem Hintergrund des Interesses der Amerikaner an der Ausstattung des zukünftigen deutschen EVG-Kontingents zu sehen sein, das erwartungsgemäß einen beträchtlichen Bedarf an Militärgerät haben würde.
[184] Vgl. SHD/DAA, 9 E/1147-1: Studie Meyer, Januar 1954, S. 6.
[185] Gemäß dem Bericht des Conseil économique et sociale vom 13.2.1953 sollen die französischen Preise zwischen 10 und 40 % über denen des Auslands gelegen haben. Vgl. Bonin, Histoire économique de la IVe République, S. 208.
[186] Vgl. SHD/DAT, 1 R/180-1: Studie frz. NATO-Vertretung [Juni 1954], Kap. II, S. 4–11 (Zitat S. 9), Kap. III, S. 1. Zu den Preisen für französisches Luftfahrtgerät konstatierte eine Besuchsdelegation des BMWi Ende November 1954: »Die Franzosen liegen [...] durchweg noch im steilen Ast der Kostenkurve und es ist ihnen durchweg nicht möglich, eine Frage nach dem Preis auch nur einigermaßen zuverlässig zu beantworten. Die Angaben schwanken daher und sind nur mit Vorsicht zu bewerten«. BArch, B 102/441887: Bericht BMWi/IV/A/2/Gruppe Luft über die Besichtigungen in Frankreich (22.–27.11.1954), Entwurf, 30.11.1954, S. 2.
[187] AMAE, DF-CED/C/119: Studie frz. EVG-Rüstungsdelegation, Oktober 1953; AMAE, DF-CED/C/116: Anlage zur Studie frz. EVG-Rüstungsdelegation, Oktober 1953.

der Vorsitzende des EVG-Rüstungsausschusses Coignard im Frühjahr in Auftrag gegeben hatte. Offiziell hatte man es als Dokument der französischen Rüstungsdelegation deklariert. Eigentlicher Verfasser war jedoch eine Arbeitsgruppe um Pierre Bouillot von der Abteilung für auswärtige Angelegenheiten des Ministeriums für Industrie und Handel, der Vertreter seines Ressorts wie auch des Verteidigungsministeriums und der Staatssekretäre von Heer, Luftwaffe und Marine angehörten. Doch damit nicht genug: Zum Ärger Alphands, der offenbar erst Mitte Januar 1954 durch den Diplomaten Pierre Baraduc auf den Vorgang aufmerksam geworden war, erbat Coignard dann auch noch die Erlaubnis, den Bericht zu Informationszwecken der Commission Nathan zu übermitteln[188]. Coignard hatte sich zwangsläufig Sachverständiger aus den einzelnen Ministerien bedienen müssen, da nur sie über das nötige Fachwissen und die erforderlichen Wirtschaftsdaten verfügten. Als äußerst problematisch musste allerdings anmuten, dass er mit dem Industrie- und Handelsministerium ausgerechnet ein Ressort betraute, das sich als Anwalt der heimischen Wirtschaft sah und dem EVG-Vertrag folglich äußerst kritisch gegenüberstand. Der Originaltitel der als »geheim« eingestuften und offenbar nicht mit dem Chef der französischen EVG-Delegation Alphand abgestimmten Studie, »Problèmes imposés à l'industrie française par les dispositions économiques du Traité«, ließ bereits erahnen, in welche Richtung die in ihr enthaltenen Schlussfolgerungen und Handlungsempfehlungen gehen würden. Dass ein derartiges Schriftstück mit dem Stempel der französischen Rüstungsdelegation versehen wurde, ist auf den ersten Blick erstaunlich, weil deren Chef die EVG-Vertragstexte bislang gegenüber den Kritikern weitgehend verteidigt hatte[189]. Allerdings betonte Coignard ausdrücklich, dass das Dokument keinen Frontalangriff auf das Vertragswerk darstellte, sondern der Regierung lediglich Lösungsmöglichkeiten aufzeigen sollte, um negative Begleiterscheinungen des künftigen gemeinsamen Rüstungsmarktes abzufedern[190].

Einen Vorgeschmack auf Coignards und Bouillots Überraschungscoup hatten die Beamten des Quai d'Orsay wenige Wochen zuvor erhalten, als Industrieminister Jean-Marie Louvel seinen Kollegen Bidault über die potenziellen ökonomischen Gefahren der Rüstungsintegration in Kenntnis setzen und entsprechende Rettungsvorschläge unterbreiten wollte[191]. Es wäre sicher vorteilhafter gewesen, eine Arbeitsgruppe aus Vertretern sämtlicher interessierter Stellen einzusetzen. Hierzu hätten nicht nur die Ministerien für Industrie und Nationale Verteidigung gehört, sondern auch die für Äußeres, Wirtschaft und Finanzen sowie die Delegation um Alphand. Dieser oblag schließlich die Vertretung

---

[188] Vgl. AMAE, DF-CED/C/116: Vermerk [Alphand] für Pleven, 29.1.1954.
[189] Siehe etwa AMAE, DF-CED/C/115: Vermerk frz. EVG-Rüstungsdelegation für Pleven, Anhang: Stellungnahme frz. EVG-Rüstungsdelegation, 29.9.1952; SHD/DAT, 9 R/611-4: Vermerk frz. EVG-Rüstungsdelegation, 24.10.1952.
[190] Vgl. AMAE, DF-CED/C/120: Vermerk frz. EVG-Rüstungsdelegation, 14.1.1954.
[191] Vgl. CARAN, NL Bidault, 457 AP/35-1: Louvel an Bidault, Entwurf [September 1953]. Bei dem Schriftstück handelte es sich im Grunde um ein Resümee des kurze Zeit später fertiggestellten Berichts der frz. EVG-Delegation. Louvel war Abgeordneter der MRP in der Nationalversammlung (Wahlkreis Calvados) und bekleidete von Februar 1950 bis Mitte Juni 1954 das Amt des Industrie-, Handels- und Energieministers. Vgl. http://www.assemblee-nationale.fr/sycomre/fiche.asp?num_dept=4834 [24.6.2014].

der Pariser Interessen im Interimsausschuss. Darüber hinaus wäre es durchaus sinnvoll gewesen, Repräsentanten aus den Reihen der Wirtschaft einzubeziehen. Nur ein solch breiter Ansatz hätte es ermöglicht, zu einer einheitlichen Analyse zu gelangen, eine gemeinsame Marschroute bei den Pariser Verhandlungen einzuschlagen und ein effektives Maßnahmenbündel für die Industrie zu schnüren. Doch anstelle einer weitreichenden Koordinierung kochte jeder der beteiligten Akteure sein eigenes Süppchen.

Eine pikante Note erhielt die Angelegenheit noch dadurch, dass Bouillot zugleich für die von Finanzminister Faure eingesetzte Commission Nathan tätig gewesen sein soll[192] und er von Coignard die Erlaubnis erhalten hatte, den reinen Analyseteil der »EVG-Studie« (Kapitel II) sowie den Statistikteil für die Arbeiten der Commission Nathan verwenden zu dürfen. Die Nutzung der direkt die Europaarmee betreffenden Passagen (Kapitel I, III) sollte hingegen aufgrund ihrer Brisanz strikt unterbleiben[193]. Dies entpuppte sich jedoch freilich als reines Wunschdenken, denn es war aufgrund von Bouillots Doppelfunktion kaum zu erwarten, dass dieser die im Rahmen der »EVG-Studie« gewonnenen Erkenntnisse aus seinem Gedächtnis streichen und unberücksichtigt lassen würde. Somit bestand die Gefahr, dass das Nathan-Expertengremium durch das Gutachten der Rüstungsdelegation erheblich beeinflusst würde. Ende Januar 1954 bekam, vermutlich durch gezielte Indiskretionen aus Louvels Haus, die Presse vom Inhalt des Gutachtens Wind, sodass politischer Schaden zu befürchten war. Die Frage der Preisunterschiede zwischen französischen und ausländischen Gütern und die Folgen für die Wettbewerbsfähigkeit der heimische Firmen waren nämlich gerade auch im Hinblick auf den zukünftigen westeuropäischen Rüstungsmarkt akut[194]. Die Berichterstattung drohte Wasser auf den Mühlen der Integrationsgegner zu werden und in immer stärkerem Maße die Wirtschaftsverbände auf den Plan zu rufen, die ohnehin schon seit geraumer Zeit gegen die Europäisierung der Rüstung mobil machten. Folglich hegte man im Kreise der französischen EVG-Delegation den Verdacht, dass es sich beim Presseleck um eine vorsätzliche Aktion handelte, um die Europapolitik der Regierung zu kompromittieren[195].

Alphand gab sich über die von ihm nicht autorisierte Studie der französischen EVG-Delegation verärgert. Er stufte sie als überzogen und tendenziös ein. Die Mängel, die er dem voluminösen Werk vorwarf – er bezeichnete es als »tout à fait contestable à la fois dans sa présentation et dans ses conclusions« – waren dann vermutlich auch ein wesentlicher Grund, warum die Ständige NATO-Vertretung auf seine Weisung hin ein eigenes Gutachten erstellte. In ihm wurde die Situation aller relevanten Rüstungssparten untersucht. Freilich kam auch dieses nicht ohne die Expertise der Rue St. Dominique

---

[192] Vgl. AMAE, DF-CED/C/116: Vermerk [Alphand] für Pleven, 29.1.1954, S. 2. Bouillot ist allerdings nicht als offizielles Mitglied der von Faure eingesetzten Expertenkommission aufgeführt. Vgl. Commission Nathan, Rapport général, 1954, S. III–V, hier S. III: Ministererlass Faure, 6.1.1954.
[193] Vgl. AMAE, DF-CED/C/116: Coignard an Bouillot, 18.1.1954. Coignard schickte die Studie auch an seinen Vorgänger, Planungskommissar Hirsch, sowie an den Direktor der Abteilung für Auswärtige Finanzangelegenheiten im Finanzministerium und französischen Delegierten im EVG-Finanzausschuss Jean Sadrin. Vgl. AMAE, DF-CED/C/120: Coignard an Hirsch und Sadrin, 18.1.1954.
[194] Vgl. AMAE, DF-CED/C/116: Vermerk, 30.1.1954. Louvel wies eine Verwicklung in die Angelegenheit von sich. Vgl. AMAE, DF-CED/C/116: Louvel an Schumann, 29.1.1954.
[195] Vgl. AMAE, DF-CED/C/116: Vermerk, 30.1.1954.

aus. Das Dokument nannte die Probleme der heimischen Wirtschaft zwar ebenfalls beim Namen, zeichnete aber kein derart düsteres Bild wie das der EVG-Delegation[196]. Trotz seiner erkennbaren Tendenzen kann das umfangreiche Gutachten der EVG-Delegation aufgrund seiner beachtlichen Materialfülle als eine der wichtigsten Quellen zur Frage der möglichen Auswirkungen des EVG-Vertrags auf Frankreichs Industrie gelten.

Nach Berechnungen der französischen EVG-Delegation waren die französischen Erzeugnisse um durchschnittlich 15−20 % teurer als die des Auslandes. Die Exportpreise für mechanische und elektrische Geräte befanden sich um 15−20 %, für Textilprodukte und Explosivstoffe um 10−25 %, für Militärflugzeuge um 40 % und für Munition um 20−30 % über denen anderer Staaten[197]. So war es dann auch wenig verwunderlich, dass man für den Fall einer Umsetzung der EVG-Pläne gravierende Nachteile für die genannten Industriezweige befürchtete. In den Augen der Fachleute bestand die Gefahr, dass die heimischen Firmen trotz ihrer Fähigkeit zur Herstellung qualitativ durchaus hochwertiger Waren gegenüber den Firmen der Partnerstaaten benachteiligt sein und weniger Aufträge erhalten würden. Letzten Endes rechneten sie mit Firmenschließungen und einem damit einhergehenden Verlust von Know-how. Das Preisproblem entpuppte sich daher in den Vorstellungen der französischen Spezialisten als regelrechte Achillesferse der heimischen Rüstungswirtschaft[198]. Folglich galt es, die eigene, mühsam wieder aufgebaute Industrie vor einem möglichen Niedergang zu schützen. Das Vorhandensein nationaler Rüstungskapazitäten hielt man nach wie vor für unverzichtbar, sowohl für die unter nationalem Kommando verbleibenden Truppen und die der verbündeten Staaten als auch für die Gesamtwirtschaft. In Frankreich, wie auch in anderen Staaten, war es ohnehin gängige Praxis, seine Industrie beim Export mit Subventionen zu unterstützen,

---

[196] Vgl. ebd.: Vermerk [Alphand] für Pleven, 29.1.1954 (Zitat S. 2); Studie frz. NATO-Vertretung [Juni 1954], mit Anhängen. Das Dokument wurde am 10.6.1954 dem neuen Verteidigungsminister Kœnig zugestellt. Vgl. SHD/DAT, 1 R/180-1: Ständige frz. NATO-Vertretung an Balland, 23.6.1954; Generalingenieur J.J. Balland war Generalinspekteur für Rüstungsfertigungen und -programme.

[197] Vgl. AMAE, DF-CED/C/119: Studie frz. EVG-Rüstungsdelegation, Oktober 1953, S. 88−98. Untersucht wurden die Bereiche Automobile und Kraftfahrzeuge, Maschinenbau, Chemie, Bekleidung, Schiffbau, Luftfahrt und Munition. Auch hier legte man beim Vergleich die Exportpreise zugrunde (ohne Steuern und Abgaben), weil die Selbstkostenpreise der Erzeugnisse aus den verschiedenen Ländern als schwer zu ermitteln galten. Der Preisvergleich war, wie man einräumte, mit gewissen Unsicherheitsfaktoren behaftet. Zum einen erwies sich ein Vergleich als schwierig, da die Ausstattungen der zu vergleichenden Waffensysteme nicht völlig identisch waren. Dies galt vor allem für schweres Gerät wie Kriegsschiffe und Kampfflugzeuge. Hinzu kam, dass die Verkaufspreise oft »verfälscht« wurden, etwa durch staatliche Subventionen. Darüber hinaus konnte der Verkaufspreis Schwankungen unterliegen, bedingt durch Angebot und Nachfrage, Entwicklung der Rohstoffpreise etc. Siehe ebd., S. 88−94.

[198] Meyer sprach gar von einer doppelten Herausforderung für Frankreichs Luftfahrtbranche: in technischer Hinsicht habe man mit einem Wettbewerb mit amerikanischen und britischen Lizenzen zu rechnen, in preislicher Hinsicht mit einem Wettbewerb innerhalb der Gemeinschaft. Er hielt es für ausgeschlossen, dass das Kommissariat es sich erlauben könnte, große Serien von Fertiggerät außerhalb des EVG-Raumes, z.B. aus Großbritannien, zu beziehen oder gar einen Mix aus Auslandskäufen und Auslandslizenzen anzustreben. Beides hielt er für nachteilig für die EVG. Deshalb ging er davon aus, dass sich der Preiswettbewerb nur auf die Gemeinschaft bezog. Vgl. SHD/DAA, 9 E/1147-1: Studie Meyer, Januar 1954, S. 15 f.

etwa durch Steuererleichterungen bzw. -rückerstattungen, Zuschüsse, Bürgschaften und Preisgarantien[199].

Als Ursache für die hohen Preise werden in den vorliegenden Untersuchungen eine Reihe von Gründen angeführt: die im Vergleich zum Ausland hohen Lohn-, Sozial- und Steuerlasten, Rohstoff- und Energiepreise, Transportkosten und Finanzlasten, unter anderem hervorgerufen durch den Indochina-Krieg. Zu schaffen machten den französischen Firmen darüber hinaus die unzureichende und bisweilen schwerfällige Planung und Durchführung von Beschaffungsvorhaben sowie ihre mangelhafte Produktivität. Sie litt unter fehlender Planungssicherheit, der Streuung von Bestellungen, uneinheitlichen Vergabebedingungen, einem zu geringen Grad an Standardisierung, aber auch unter Zahlungsrückständen. Überhaupt hielten die Wirtschaftsfachleute die Industrie im Vergleich zu denen der anderen EVG-Mitgliedstaaten für in hohem Maße zersplittert, für zu wenig konzentriert und somit für strukturell benachteiligt. Sie galt als die am stärksten fragmentierte im ganzen EVG-Raum, verfügte über eine zu große Produktvielfalt, war ungenügend spezialisiert und stellte zu kleine Stückzahlen her[200].

Für das verhältnismäßig hohe Niveau bei den allgemeinen Unkosten in Frankreich machte der einflussreiche Senator und Vorsitzende der Koordinierungs- und Kontrollkommission des Ministerrates in EGKS-Angelegenheiten, André Armengaud, eine Reihe tiefer liegender, systemimmanenter Ursachen verantwortlich: Während sich beispielsweise in Deutschland seit der Bismarck-Zeit große, eng miteinander verbundene Industriezweige herausgebildet hätten und damit die Konzentration in der Schwerindustrie gefördert worden seien, habe sich in Frankreich eine durch permanenten staatlichen Protektionismus gestützte, zersplitterte und durch mangelnde Spezialisierung gekennzeichnete Industrielandschaft entwickelt. Armengaud geißelte zudem den staatlichen Interventionismus im industriellen Bereich, der letztlich ein Klima des Misstrauens schaffe und den Fortschritt behindere. Als nachteilig erweise sich ferner die historisch gewachsene Konzentration des gesamten Verwaltungslebens auf Paris, wohingegen sich in anderen Nationen, etwa in Deutschland, Großbritannien und Italien, jeweils mehrere Zentren herausgebildet hätten. Nicht zuletzt beklagte der Senator die Belastungen der mittleren und kleineren Unternehmen, etwa durch steuerliche oder administrative Vorgaben, sowie die gängige Subventionspraxis oder überbewerteten Preisgarantien, durch die unwirtschaftliche Praktiken gefördert und am Leben gehalten würden. Mit seinem Beitrag umriss der Senator die gravierenden Schwächen der französischen Industrie recht zutreffend[201].

---

[199] Siehe AMAE, DF-CED/C/119: Studie frz. EVG-Rüstungsdelegation, Oktober 1953, S. 111 f. Das Amt Blank berichtete von einem konkreten Fall aus dem Frühjahr 1952. Hierbei ging es um eine europaweite öffentliche Ausschreibung des US-Quartiermeisters für Heeresbedarf. Frankreich soll seiner Industrie Subventionen zugesagt haben, um ihre Erfolgschancen zu erhöhen. Ähnliche Bestrebungen beobachtete man in Italien. Vgl. BArch, BW 9/823, Bl. 96: Vermerk Amt Blank/II/W, 11.2.1952.

[200] Siehe AMAE, DF-CED/C/119: Studie frz. EVG-Rüstungsdelegation, Oktober 1953, S. 23–84; SHD/DAT, 1 R/180-1: Studie frz. NATO-Vertretung [Juni 1954], Kap. III, S. 2–6. Siehe ferner die Analyse des Senators Armengaud, in der dieser sich auf die zahlreichen in Frankreich kursierenden Berichte und Gutachten beruft. Dort auch zu den Ursachen des Preisniveaus: Armengaud, L'Europe, problème économique et social, S. 517–535.

[201] Vgl. Armengaud, L'Europe, problème économique et social, S. 532–535.

Die Verfasser der »EVG-Studie« glaubten dazu noch eine spezifische Mentalität bei den eigenen Industriellen und Ingenieuren ausgemacht zu haben, die als Hemmschuh wirkte und die bestehenden Schwierigkeiten verschärfte: ein »tempérament individualiste«, das die Fragmentierung der Unternehmenslandschaft begünstige, sowie ein »esprit individualiste« im Forschungssektor, der die notwendige Koordinierung zwischen Entwicklung und Produktion störe[202]. Zwar wurde stets betont, dass sich die Industrie auf einem hohen technischen Stand befinde, der Realität entsprach dies offenbar aber nicht in vollem Maße. So sehr sich die französische Regierung in den vergangenen Jahren um die Modernisierung bei der Produktion bemüht hatte: es war unübersehbar, dass die angewandten Fertigungsmethoden de facto nicht dem neuesten Stand entsprachen. Bei der Produktion herrschten nach den Worten einer deutschen Militärdelegation »zum grössten [sic!] Teil altertümliche Zustände«. Eine maßgerechte Fertigung der Einzelteile fand kaum statt. Darüber hinaus krankte die Industrie an strukturellen Problemen und Mängeln bei der Planung. Im Streben, möglichst rasch wieder Anschluss an moderne Technologien zu finden, hatten sich die Franzosen in zahllosen Entwicklungsvorhaben verzettelt, was in einer wahren Flut an Prototypen gipfelte. Von einer koordinierten Planung konnte noch immer kaum eine Rede sein. Die Vorbereitung der Massenfertigung und der Abnahmebedingungen setzte viel zu spät ein; in der Prototypenphase berücksichtigte man zu wenig die spätere Realisierung durch die Industrie. Die Folgen einer solchen Politik waren große Lücken zwischen Entwicklungsabschluss und Produktionsbeginn. Verschärft wurde die Situation noch durch nachträgliche Änderungen, die die Umsetzung eines Rüstungsprojekts immer weiter verzögerten. Die deutschen Spezialisten charakterisierten die französische Vorgehensweise als »Herumtasten der Techniker auf der Suche nach militärisch brauchbaren Lösungen«. Der französische Ingenieur sei zwar, wie man im Hinblick auf die Qualität der Prototypen mit Bewunderung feststellte, »ein ideenreicher Entwickler, leider aber ein reiner Bastler«[203].

Das Fehlen einer kontinuierlichen Großserienfertigung – hauptsächlich bedingt durch das begrenzte Militärbudget – wurde von den Fachleuten als besonders gravierend empfunden, denn gerade durch eine ausreichende und dauerhafte Auslastung der vorhandenen Kapazitäten und die Herstellung großer Stückzahlen schien es nach der Logik der Rüstungsplaner möglich, die betriebswirtschaftliche Rentabilität zu erhöhen, die Stückkostenpreise zu senken (*economies of scale*) und damit wiederum die Konkurrenzfähigkeit gegenüber ausländischen Firmen zu verbessern. So rechneten die Fachleute im Falle einer Verdopplung einer Flugzeugserie mit einer Stückkostenreduktion von 20 %, im Falle einer Vervierfachung mit Kostenersparnissen von 36 %. Bei einer Verzehnfachung der Serie ging man gar von einer Halbierung der Preise aus[204]. Zu kleine Fabrikationsserien, verbunden mit teilweise anspruchsvollen Anforderungen an das Material und schwerfälligen Beschaffungsprozeduren, brachten außerdem die Gefahr ei-

---

[202] AMAE, DF-CED/C/119: Studie frz. EVG-Rüstungsdelegation, Oktober 1953, S. 13, 16.
[203] So die Eindrücke einer deutschen Delegation nach dem Besuch der modernsten französischen Versuchs-, Entwicklungs- und Fertigungsanlagen Ende November 1954. Vgl. BArch, BW 9/38, Bl. 1–8: Bericht Amt Blank/II/Pl/G4/2, 7.12.1954 (Zitate S. 2, 1).
[204] Vgl. AMAE, DF-CED/C/116: Studie über die Zukunft der frz. Luftfahrtindustrie [vermutlich Herbst 1953], S. 4 f. Siehe dazu auch SHD/DAT, 1 R/180-1: Studie frz. NATO-Vertretung [Juni 1954], Kap. III, S. 4.

nes zunehmenden Desinteresses von Unternehmen an Rüstungsaufträgen mit sich. Die Folge war, wie sich bereits in der jüngsten Vergangenheit gezeigt hatte, dass vormals leistungsfähige Kapazitäten nicht mehr für die militärische Bedarfsdeckung zur Verfügung standen. So wurde es dann immer schwieriger, geeignete Firmen für zukünftige, anspruchsvolle Aufträge zu finden[205].

Um den wirtschaftlichen Risiken, die nach einhelliger Auffassung französischer Rüstungsplaner von dem Pariser Vertragswerk ausgingen, entgegenzuwirken und die Erfolgsaussichten für französische Güter auf dem westeuropäischen Rüstungsmarkt zu vergrößern, war es zwingend erforderlich, die Produktivität und Wettbewerbsfähigkeit der eigenen Forschungs-, Entwicklungs- und Produktionseinrichtungen zu erhöhen. Die Gutachten beinhalteten daher zahlreiche Empfehlungen sowohl für umgehend als auch für zukünftig vom Staat und den Unternehmen zu ergreifende Maßnahmen[206]. Um die tief verwurzelten strukturellen Probleme beheben zu können, führte an einem langfristig angelegten Maßnahmenpaket kein Weg vorbei. Hierzu gehörten die Senkung des Lohnniveaus, der Lohnnebenkosten und der Steuerlasten, aber auch die großzügige Gewährung von Investitionskrediten zugunsten der Industrie. Kostenintensive Rohstoffsparten, deren Beibehaltung die Regierung aufgrund politischer Erwägungen für notwendig erachtete, sollten auf ein Mindestmaß begrenzt werden. Daneben waren die damit zusammenhängenden finanziellen Lasten gleichmäßig, nicht nur auf eine bestimmte Wirtschaftssparte zu verteilen. Handlungsbedarf gab es zudem bezüglich der Einfuhrerleichterungen für Rohstoffe. Auch hier sollten bestehende, Mehrkosten verursachende Hemmnisse beseitigt werden. Wenig Spielraum sah man hingegen bei den Energiepreisen, deren Senkung im Grunde zwar wünschenswert, aber kaum realisierbar schien. Von erheblicher Bedeutung war den Wirtschaftsexperten zufolge außerdem die Verbesserung der Ausbildung des technischen Personals durch eine stärkere fachliche Spezialisierung, die Einrichtung neuer Ausbildungsstätten, eine intensivere personelle Rekrutierung für technische Studiengänge sowie enge Kontakte zwischen den technischen Schulen und der Industrie. Für unabdingbar erachteten sie ebenfalls die Aufstockung des Budgets für staatliche, aber auch private Forschungseinrichtungen nach dem Vorbild der Vereinigten Staaten und Großbritanniens. Für notwendig hielten die Rüstungsspezialisten ferner die Aufstellung langfristiger Programme durch die Regierung, um der Industrie Planungssicherheit zu verschaffen, sowie die Aufstellung einheitlicher Vergabebedingungen, die weitgehende Standardisierung des Materials und die Vereinfachung und Beschleunigung der Formalitäten bei der Auftragsvergabe. Als verbesserungswürdig galten ebenfalls die Abwicklung von Aufträgen und die entsprechenden Zahlungsmodalitäten, wie beispielsweise Vorschussleistungen, Anzahlungen, Verzugszinsen, Garantien und Streitschlichtungsfragen.

Daneben mussten aber auch von den Unternehmen selbst umfangreiche Maßnahmen in Angriff genommen werden. Dringend erforderlich waren neben der Modernisierung ihrer Ausstattung eine stärkere Konzentration, die Spezialisierung und die

---

[205] Vgl. SHD/DAT, 1 R/180-1: Studie frz. NATO-Vertretung [Juni 1954], Kap. III, S. 3.
[206] Zum Folgenden: AMAE, DF-CED/C/119: Studie frz. EVG-Rüstungsdelegation, Oktober 1953, S. 102–115; SHD/DAA, 9 E/1147-1: Studie Meyer, Januar 1954, S. 24–30; SHD/DAT, 1 R/180-1: Studie frz. NATO-Vertretung [Juni 1954], Kap. IV, S. 1–3.

Standardisierung, aber auch die Professionalisierung des Unternehmenspersonals, besonders in den Verkaufsabteilungen. Darüber hinaus mahnten die Rüstungsfachleute in ihren Empfehlungen die Harmonisierung, Systematisierung und Rationalisierung der verschiedenen Arbeitsprozesse an. Daneben dachte man an die Verbesserung des innerbetrieblichen Klimas. In einigen der genannten Bereiche hatte die Regierung bereits, unabhängig von den EVG-Verhandlungen, konkrete Schritte zur Modernisierung ihrer Wirtschaftsstrukturen unternommen und entsprechende Dekrete erlassen, so etwa zur finanziellen Begünstigung bei Firmenfusionen. Doch bedurfte es eines umfangreichen und langfristig angelegten Gesamtpakets, um die für Frankreich nachteiligen Auswirkungen eines westeuropäischen Rüstungsmarktes abzufedern.

Für den Fall, dass der EVG-Vertrag in seiner damaligen Form – ohne bestimmte Schutzklauseln für die französischen Rüstungsaufträge – zur Anwendung kommen sollte, gedachte man sich mit Sofortmaßnahmen zu wappnen. Am detailliertesten befasste sich mit dieser Frage die französische EVG-Rüstungsdelegation, die von einem Auftragsdefizit in Höhe von ca. 75 Mrd. Francs ausging[207]. Eine Möglichkeit, das auszugleichen, erblickte man im Rückgriff auf einen »währungspolitischen Ansatz« mit dem Ziel, die Preisunterschiede zwischen Frankreich und den anderen EVG-Mitgliedstaaten künstlich aufzuheben und damit die französische Wettbewerbssituation zu verbessern. Vorstellbar war die Modifikation der offiziellen Parität des Franc, was zwar weit über die mit der Schaffung eines Rüstungsmarktes verbundenen industriellen Probleme hinausgehe, jedoch nicht gegen den Vertragsinhalt verstoße. Als zweite Möglichkeit galt die Einführung einer speziell für Transaktionen zwischen Frankreich und der EVG anzuwendenden Verrechnungseinheit. Hierbei würden die französischen Angebote in Francs zu einem Geldwert berücksichtigt, der auf der Grundlage eines modifizierten Wechselkurses berechnet wäre. Die entsprechenden Leistungen würden durch die EVG aber unter Zugrundelegung des offiziellen Wechselkurses beglichen, wobei die Differenz durch die französische Regierung zu bezahlen war. Eine solche Formel bereitete aber nicht nur im Hinblick auf Frankreichs internationale finanzielle und wirtschaftliche Verpflichtungen Probleme, namentlich im Zusammenhang mit EZU und EGKS, sondern brachte wahrscheinlich auch erhebliche Schwierigkeiten bei der Umsetzung mit sich. Zudem stellte sie einen Verstoß gegen Artikel 104 EVG-Vertrag (Verbot wettbewerbsverzerrender Maßnahmen) dar. Als dritte Möglichkeit wurde die Einführung von Koeffizienten erwähnt, die für die Angebote von Lieferungen französischer Herkunft bestimmt wären und die zudem die für jede große Materialkategorie festgestellten Preisabweichungen berücksichtigen würden. Im Gegensatz zu den beiden anderen Vorschlägen erlaubte diese Formel theoretisch, tatsächlich vergleichbare ausländische und heimische Angebote einander gegenüberzustellen. Außerdem war sie selektiver, indem die Verschiedenartigkeit der Koeffizienten es erlaubte, den Korrekturmechanismus

---

[207] Zur Einordnung: Frankreichs Verteidigungsausgaben (ohne Ausgaben für den Indochina-Krieg) beliefen sich im Jahre 1953 auf ca. 860 Mrd. Francs. Davon entfielen 338 Mrd. Francs auf Personal, 99 Mrd. Francs auf Instandsetzung, 414 Mrd. Francs auf Infrastruktur, Waffen und Gerät sowie 9 Mrd. Francs auf sonstige Ausgaben. Die Industrieaufträge – hierzu zählte man die Etatposten für Infrastruktur, Rüstungsgüter und Instandsetzung – summierten sich auf 513 Mrd. Francs. Der errechnete Verlust von 75 Mrd. Francs erscheint somit vergleichsweise gering. Vgl. AMAE, DF-CED/C/119: Studie frz. EVG-Rüstungsdelegation, Oktober 1953, S. 8.

der Situation jeder Industrie anzupassen. Die beiden Schwachpunkte des Vorschlags bestanden darin, dass sich die Festlegung der verschiedenen Koeffizienten und von den Regierungen gewünschte nachträgliche Modifikationen durchaus schwierig gestalten würden[208]. Die Pariser Wirtschaftsfachleute waren bereit, an der Wechselkursschraube zu drehen, um die Schwächen gegenüber den Partnerländern wettzumachen und die Wettbewerbsposition zu verbessern.

Ein weiterer Überlegungsansatz war, die Preisdisparitäten beizubehalten, deren Auswirkungen aber durch Kontingentierung zu beseitigen. Demnach sollte die EVG der französischen Industrie ein Auftragsvolumen in der bislang gewohnten Größenordnung zuteilen. Man empfahl, die 85/115 %-Klausel nicht auf die gesamten EVG-Aufträge, sondern auf jeden einzelnen Ausgabeposten, in diesem Fall auf die Industrieerzeugnisse anzuwenden – bis hin zu den verschiedenen Materialgruppen[209]. Man ging zwar davon aus, dass es sich dabei um keinen zu offenen Verstoß gegen das laut Vertragstext vorgeschriebene Wettbewerbsprinzip handelte, erkannte aber völlig zutreffend, dass eine derartige Lösung gegen den Gemeinschaftsgeist der EVG verstieß. Zudem würde den Deutschen die Wiedererrichtung einer eigenen Rüstungswirtschaft ermöglicht, weil den anderen Mitgliedstaaten gemäß dem Gleichheitsgrundsatz dieselbe Begünstigung zustehen müsste. Aufgrund der offenkundigen Unzulänglichkeiten konnte eine solche Lösung lediglich als zusätzliche Sicherheitsmaßnahme in Betracht kommen[210].

Zu guter Letzt dachten Frankreichs Rüstungsdelegierte an die Möglichkeit, die nachteiligen Preisdifferenzen durch Unterstützungsmaßnahmen zu kompensieren, die – zumindest teilweise – durch die EVG oder aber durch die Regierung in Paris übernommen werden sollten. Sie sollten lediglich für eine Übergangsperiode gelten, bis die französischen Firmen einen entsprechenden Leistungsstand erreicht haben würden. Hinsichtlich der von der EVG zu leistenden Hilfe galt es, die finanziellen, wirtschaftlichen, politischen, technologischen, strategischen und sozialen Vorteile für die Gemeinschaft hervorzuheben, die aus französischer Sicht eine solche Lösung rechtfertigten. Dabei wollte man besonders auf die Bedeutung des französischen Potenzials für die EVG und die Notwendigkeit möglichst gleicher wirtschaftlicher Ausgangsbedingungen hinweisen. Ein noch festzulegender Teil des Pariser Beitrags zum Gemeinschaftsbudget sollte in Form von Steuerermäßigungen und Subventionen zugunsten Materials französischer Herkunft verwendet werden. Zudem war vorgesehen, die davon profitierenden Unternehmen in die Pflicht zu nehmen und die Gewährung derartiger Unterstützungsleistungen an bestimmte Bedingungen zu knüpfen. So sollten die Firmen auf die Steigerung ihrer Produktivität getrimmt werden. Angestrebt war ferner die schrittweise Reduzierung dieses Ausgabepostens, bis die französische Industrie die gewünschte Wettbewerbsfähigkeit erreicht haben würde. Um nachteilige Effekte durch die Kontrollbefugnisse des Kommissariats zu vermeiden, befürwortete die französische Rüstungsdelegation als »sécurité complémentaire« eine maßvolle Ausdehnung der 85/115 %-Klausel auf jede Großkategorie, die Ausgaben für Industrieaufträge enthielt. Für den Fall, dass sich die Vorschläge nicht

---

[208] Vgl. AMAE, DF-CED/C/119: Studie frz. EVG-Rüstungsdelegation, Oktober 1953, S. 108–110.
[209] Damit sind beispielsweise gemeint: Waffen, Munition, Panzer und gepanzerte Fahrzeuge, Fluggerät, Elektronik, Bekleidung etc.
[210] Vgl. AMAE, DF-CED/C/119: Studie frz. EVG-Rüstungsdelegation, Oktober 1953, S. 110 f.

realisieren ließen, würde der Regierung nur übrig bleiben, wie bisher zu verfahren und die Hilfsleistungen für die französische Rüstungsindustrie in Eigenregie zu übernehmen – ein eindeutiger Verstoß gegen das Vertragswerk, wie die Verfasser der Studie selbst eingestehen mussten[211].

In der Wirtschaftsabteilung des Quai d'Orsay, namentlich beim Leiter des Referats für Wirtschaftskooperation Wormser, erntete Louvel mit seinen auf Bouillots Gutachten basierenden Vorschlägen keineswegs Beifall, sondern Verwunderung und Ablehnung. Für Wormser war unstrittig, dass bei der Auftragsverteilung für Kriegsmaterial ökonomische Gesichtspunkte, wie Produktionskosten, ein maßgebliches Kriterium sein mussten und die Integration auf dem Gebiet der Rüstungswirtschaft eine gewisse Homogenität bei den Preisen voraussetzte. Im Falle gravierender Preisunterschiede zwischen französischen und ausländischen Produkten blieb für ihn nur die Abwertung des Franc. Durch die Verminderung des Außenwerts der französischen Währung sollten die Exportpreise gesenkt und die Wettbewerbsfähigkeit auf dem europäischen Markt erhöht werden. Der Vorschlag einer Währungsabwertung barg jedoch die Gefahr eines internationalen Abwertungswettlaufs. Louvels kompliziertes Gemisch aus Sonderregelungen hielt Wormser für unvereinbar mit dem EVG-Vertrag; die wirtschaftlichen, politischen, technischen und sozialen Gründe, mit denen der Industrieminister und die Gruppe um Bouillot Erleichterungen zugunsten Frankreichs zu rechtfertigen versuchten, erschienen ihm geradezu absurd. Selbst das Wormser zufolge noch am ehesten brauchbare Argument, das der günstigen geostrategischen Lage des französischen Mutterlandes, wirkte nicht mehr überzeugend: Es sei mittlerweile hinreichend ausgeschöpft und stelle nichts weiter als ein Relikt aus der Zeit der Verhandlungen über die Deutschland betreffenden Rüstungsverbote und -beschränkungen dar. Andere Stimmen fügten ergänzend hinzu, dass Frankreich seine Stellung als Sanktuarium infolge der sowjetischen Atombombenentwicklung ohnehin eingebüßt habe und folglich nicht mehr wesentlich geschützter sei als das Territorium der Bundesrepublik[212]. Als sichere Garantie dafür, dass das von den Integrationskritikern immer wieder zitierte Transferproblem nicht zu sehr zu Buche schlagen würde, bezeichnete der Spitzenbeamte des Außenministeriums Artikel 102 § 1a), der das Kommissariat dazu verpflichtete, gravierende Störungen der Volkswirtschaften zu verhindern. Die Forderungen nach einem Mix aus Subventionen und protektionistischen Maßnahmen galten ihm wegen des zu erwartenden Widerstandes der Partnerstaaten als nicht durchsetzbar und folglich als unrealistisch. Darüber hinaus erinnerte er an Artikel 104 § 7, der wettbewerbsverzerrende Praktiken untersagte[213].

Ablehnend äußerte er sich zu den Vorstellungen, die Exporte nach Drittstaaten in nationaler Regie zu belassen und die Importe von der Genehmigung des Beratenden Ausschusses abhängig zu machen. Ersteres öffne schlichtweg die Büchse der Pandora und ermögliche den Deutschen zum größten Rüstungsexporteur der Welt zu avancieren, Letzteres sei nichts weiter als reiner Protektionismus. Wormser wandte sich außerdem entschieden dagegen, die Rüstungsausgaben aus dem EVG-Haushalt herauszulösen und

---

[211] Vgl. ebd., S. 111–114 (Zitat S. 114).
[212] Vgl. CARAN, NL Bidault, 457 AP/35-1: Wormser an (Charles) Merveilleux du Vignaux, 14.9.1953; Merveilleux du Vignaux an (Pierre-Louis) Falaize, 18.9.1953.
[213] Vgl. ebd.: Vermerk Wormser für Merveilleux du Vignaux, 16.11.1953.

diesem lediglich die Ausgaben für den laufenden Bebtrieb der europäischen Institutionen und Organe zuzuweisen, da dies den Kerngedanken des Vertragswerks untergrub: Die vollständige Finanzierung der Europaarmee aus einem gemeinsamen Topf war als Mittel gedacht, um eine effektive Kontrolle der westdeutschen Wiederbewaffnung zu ermöglichen. Die Kritiker mussten sich von Bidaults Wirtschaftsfachmann den Vorwurf gefallen lassen, »de [...] ne [...] pas connaître ni le Traité, ni les conditions dans lesquelles il a été négocié«[214]. Ähnlich wie die Leitung der französischen Delegation im Palais Chaillot stufte er die rüstungswirtschaftlichen Bestimmungen des EVG-Vertrags aufgrund der zahlreichen, durchaus großzügig auslegbaren Sicherheitsgarantien als unbedenklich ein und wandte sich gegen die zahlreichen Verwässerungsversuche.

Die Auswirkungen der 85/115 %-Schutzklausel ließen sich zum damaligen Zeitpunkt nur schwer abschätzen. Zwar ermöglichten die Regelungen, die einen Korridor von 15 % unter und über der Höhe der nationalen Finanzierungsbeiträge an die EVG zuließen, durchaus zufrieden stellende Lösungen, ja sogar eine Modifikation der erwähnten Prozentsätze, allerdings mangelte es an zuverlässigen Untersuchungsmethoden auf ökonomischem Gebiet, um präzise Voraussagen zu treffen. Außerdem waren Einzelheiten zum Verteilungsschlüssel, etwa die Frage, ob der jeweilige Prozentsatz nur auf die Gesamtausgaben oder auch auf bestimmte Etatposten übertragbar war, immer noch unklar[215]. Mit der Schutzklausel vermochten sich dennoch nicht alle Rüstungsplaner anzufreunden, denn vor dem Hintergrund der bisherigen Praxis, wonach die französischen Streitkräfte ihre Ausrüstung nach Möglichkeit ausschließlich bei heimischen Anbietern kauften, stellte die Schutzklausel einen eindeutigen Rückschritt dar. Für die Verfasser der »EVG-Studie« stand außer Frage, dass angesichts der Ausgaben für den Indochina-Krieg, des Unterhalts der in Nordafrika und Übersee stationierten wie auch der unter nationalem Oberbefehl verbleibenden Truppen der französische Anteil am Gemeinschaftsbudget auf 500 Mrd. Francs begrenzt sein müsse. Wenn nun also 15 % des eigenen Beitrages im Ausland ausgegeben werden müsste, drohte der heimischen Wirtschaft eine Summe von schätzungsweise 75 Mrd. Francs zu entgehen. Ein beträchtlicher Teil würde dabei auf Industrieaufträge entfallen; einige Branchen und Firmen stünden vor dem Aus. Für den Fall einer Reduzierung der EVG-Streitkräftestärken und einer damit einhergehenden Senkung der Personalausgaben rechnete man mit einer Verschlimmerung der Lage[216].

---

[214] Vgl. ebd. (Zitat S. 3); siehe auch ebd.: Vermerk, 14.11.1953.
[215] Vgl. SHD/DAA, 9 E/1147-1: Studie Meyer, Januar 1954, S. 15; AMAE, DF-CED/C/119: Studie frz. EVG-Rüstungsdelegation, Oktober 1953, S. 7 f.
[216] Vgl. AMAE, DF-CED/C/119: Studie frz. EVG-Rüstungsdelegation, Oktober 1953, S. 8–10; CARAN, NL Bidault, 457 AP/35-1: Louvel an Bidault, Entwurf [September 1953], S. 2; Vermerk, 14.11.1953, S. 1. Von einer französischen Beitragssumme in Höhe von 500 Mrd. Francs ging ebenfalls aus: SHD/DAT, 11 Q/29-3: Vermerk CASDN/Ständiges Sekretariat, 13.5.1952, S. 2 f. Demgegenüber vertrat man im SGPDN die Auffassung, dass es einer Aufstockung des französischen Beitrages auf 535 Mrd. Francs bedurfte, um einen größeren Anteil am EVG-Haushalt als die Bundesrepublik vorweisen zu können. Für Frankreich war es politisch wie auch militärisch von enormer Bedeutung, den Rang der stärksten Macht innerhalb der EVG einzunehmen. Vgl. SHD/DITEEX, NL Ely, 1 K/233/25-7: Vermerk SGPDN für Sitzung interministerielle Arbeitsgruppe (3.10.1953), 1.10.1953, S. 4. Dieses ambitionierte Ziel schien aber aufgrund der angespannten Haushaltslage des französischen Staates und der Belastungen durch den Indochina-Krieg in weiter Ferne. Unter Berufung auf Informationen aus dem EVG-Interimsausschuss hielten Armeekreise im Juli 1953 einen deutschen Finanzbeitrag in Höhe von umgerechnet 688 Mrd. Francs anstelle

Ein ähnliches Bild zeichnete der Wirtschaftsanalyst Vernant, der von einem Verlust von 100 Mrd. Francs ausging[217]. Übertroffen wurden seine Schätzungen vom sozialistischen Parlamentsabgeordneten Jules Moch: Dieser nannte in seinem Ausschussbericht ein Defizit von sage und schreibe 120 Mrd. Francs[218].

Während sich die Arbeitsgruppe um Bouillot, wie bereits erwähnt, für die Anwendung der 85/115 %-Quote auf jeden Etatposten mit Industrieaufträgen aussprach, bezeichneten andere Stimmen, vermutlich aus dem Kreis der französischen Rüstungsdelegation, eine solche Forderung als wenig realistisch und zu komplex. Als bestes Beispiel diente ihnen die Bundesrepublik, von der viele Beobachter eigentlich erwarteten, dass sie sich innerhalb kurzer Zeit nach Inkrafttreten des Pariser Vertragswerks zu einem ernst zu nehmenden Konkurrenten entwickeln würde. Nach einem Vermerk vom Juli 1954 müsse davon ausgegangen werden, dass in der Anfangsphase der EVG der Löwenanteil der auf westdeutschem Territorium auszugebenden Finanzmittel auf die Aufstellung der deutschen Kontingente, die Stationierung ausländischer Verbände sowie die Schaffung einer militärischen Infrastruktur entfallen und somit nur ein verhältnismäßig kleiner Anteil für reine deutsche Rüstungsaufträge übrig bleiben würde. Darüber hinaus wies man auf die zu erwartende US-Außenhilfe sowie auf den mehrjährigen Rückstand der westdeutschen Rüstungskapazitäten hin. Die für die französische Industrie günstigste Variante war es, wenn die 115%-Klausel des Finanzprotokolls ausgeschöpft würde. Dies würde die Auftragsbücher der französischen Anbieter füllen:

> »Donc du point de vue de l'économie générale française[,] il est du plus grand intérêt de faire jouer le plus largement dans toute la limite des 115 % que nous pouvons espérer nos activités industrielles bien placées en étendant leur marché au territoire européen[219].«

Andere Experten brachten die Einführung einer speziellen Ausgleichsgewichtung ins Spiel, mit der die Auswirkungen der Preisunterschiede innerhalb der EVG-Staaten kurzfristig aufgefangen werden sollten. Die 85/115 %-Regel bot nach Auffassung der Verfasser eines solchen Entwurfs zu wenig Schutz der Industrien vor den Bestimmungen der Konkurrenzklausel (Art. 104 § 3 EVG-Vertrag). Konkret sollte die provisorischen Charakter tragende Ausgleichsgewichtung Grundlage der gemäß Artikel 102 § 2 EVG-Vertrag auszuarbeitenden allgemeinen Richtlinien des Kommissariats sein, die einer Zweidrittelmehrheit im Rat bedurften. In ihr mussten Details der zukünftigen Vergabepraxis präzisiert werden. Dies war notwendig, um das Spannungsverhältnis zwischen den beiden in Artikel 102 § 1a) und Artikel 104 § 3 enthaltenen Vorgaben eines möglichst umfassenden Wettbewerbs, bei dem gleichzeitig die technischen und ökonomischen Potenziale der Mitgliedstaaten bestmöglich genutzt und gravierende Störungen in den einzelnen Volkswirtschaften vermieden werden sollten, lösen zu können. Anstelle einer »confrontation brutale« der unterschiedlichen Preise empfahl

---

der bisher genannten 500 Mrd. Francs für möglich. Zum Interesse der Pariser Militärs, zumindest eine Parität zwischen dem deutschen und französischen EVG-Beitrag zu erreichen: SHD/DAT, 8 S/239-3: Vermerk Generalstab der Streitkräfte/Stab für Ausschuss der Generalstabschefs, 20.7.1953.

[217] Vgl. Vernant, L'économie française devant la C.E.D., S. 122.
[218] Vgl. AMAE, DF-CED/C/139: Vorbericht Moch zum EVG-Gesetzentwurf (Nr. 5404), 1954, S. 240.
[219] Vgl. AMAE, DF-CED/C/115: Zusatzvermerk [vermutlich MAE], 12.7.1954 (Zitat S. 3).

man eine »confrontation de chiffres résultant de l'application à ces prix d'un coefficient correctif«. Die mittels eines Ausgleichsfaktors zu bildenden Vergleichswerte sollten einzig und allein der Ermittlung der günstigsten Angebote dienen; der dann vom Kommissariat nach einer Auftragsvergabe zu bezahlende Preis sollte allerdings der von dem jeweiligen Unternehmen geforderte sein. Die »coefficients« waren nur auf die wichtigsten Industriebranchen anzuwenden und regelmäßig zu begutachten. Dabei waren Wechselkurse, Gehaltsindex und die Entwicklung der vom Kommissariat getätigten Geschäfte sowie ihre Folgen für die nationalen Industriebranchen zu berücksichtigen. Offen blieb in dem Entwurf hingegen die genaue Berechnungsformel für ein solches System. Der Vorschlag konnte keineswegs darüber hinwegtäuschen, dass die bestehenden Preisdisparitäten letztlich nur kaschiert werden sollten. Es handelte sich daher bei dem skizzierten Lösungsansatz um ein künstliches Rechenkonstrukt, das ausschließlich ein Mittel zur Milderung der Folgen der Preisunterschiede darstellte, nicht aber zur eigentlich notwendigen Behebung der Ursachen taugte. Überdies schien es äußerst fraglich, ob die Partnerstaaten dazu bereit gewesen wären, einen derartigen Kunstgriff hinzunehmen. Sie hätten eine Ausgleichsgewichtung unter Verweis auf das allgemeine politische Gleichbehandlungsprinzip sicherlich abgelehnt – vor allem die Länder, die im Wettbewerb besser positioniert waren als Frankreich.

Die französischen Planer gedachten sich aber nicht nur nach innen abzusichern, sondern auch nach außen: So enthielt der Entwurf die ausdrückliche Forderung, dass das Kommissariat bei Ausschreibungen die Industrien im EVG-Raum gegenüber denen in Drittstaaten zu bevorzugen hatte. Nur in absoluten Ausnahmefällen wollte man davon abweichen[220]. Das auf Ausgleichsgewichtungen basierende Verfahren orientierte sich vermutlich an einer in Frankreich zulässigen Praxis, die neben öffentlichen und beschränkten Ausschreibungen auch eine besondere Form der Ausschreibung zuließ: die Ausschreibung mit Koeffizienten. Hierbei handelte es sich um einen Sonderfall, bei dem die technischen Merkmale des Angebots in einer vorher beschlossenen Weise durch bestimmte Koeffizienten berücksichtigt werden, sodass aus diesen und dem Preis automatisch das günstigere Angebot ermittelt werden kann[221].

Bei anderen Vertretern der Streitkräfte spielte die Europaarmee in den Planungen offenbar keine Rolle. In Bezug auf den Luftfahrtsektor empfahlen sie für die Zukunft die Förderung und Steigerung des Exports, etwa durch steuerliche Erleichterungen für Unternehmen, ein zügiges Anlaufen von Produktionsserien und eine bessere Abstimmung zwischen den staatlichen Stellen, ferner die Integration der kontinentaleuropäischen Luftfahrtindustrien unter Frankreichs Führung. Letzteres ermöglichte, so hoffte man, größere Serien und somit auch günstigere Stückpreise, aber auch die Nutzung von Synergieeffekten[222].

Trotz der Risiken, die die Integrationsskeptiker der Konkurrenzklausel zuschrieben, empfanden einige unter ihnen Frankreichs Wirtschaft nicht als völlig wehrlos ausgelie-

---

[220] Vgl. AMAE, DF-CED/C/116: Vermerk, Entwurf [vermutlich frz. EVG-Rüstungsdelegation], 4.6.1954 (Zitate S. 2, 3); vgl. auch Vernant, L'économie française devant la C.E.D., S. 121.
[221] Vgl. BArch, BW 1/347655: Außenabteilung Koblenz/Sonderreferat: Zusammenfassende Übersicht [...] über die Rüstungsbeschaffungspolitik der Mitgliedsstaaten der WEU (21.3.1955), o.D., Anlage: Bericht Paulhac, Auszug, 25.6.1952.
[222] Vgl. AMAE, DF-CED/C/116: Studie [Herbst 1953], S. 14–17.

fert. Selbst Generalingenieur Meyer stufte in seiner Untersuchung die Lage aufgrund des durchaus beachtlichen technischen Standes seines Landes im Luftfahrtsektor nicht als gänzlich hoffnungslos ein: »Dans la compétition qui s'instituera, notre industrie aura pour elle sa vitalité technique et le fait qu'elle constitue l'essentiel de l'industrie aéronautique de la Communauté«. Frankreich könne Meyer zufolge sein Gewicht in die Waagschale werfen und die Schwächen gegenüber der europäischen Konkurrenz durch fortschrittliche Technologie und qualitativ hochwertige Produkte kompensieren. Für das Kommissariat müsse es unter diesen Umständen reichlich schwierig sein, »de retirer à nos usines le pain de la bouche«[223].

Die französische NATO-Vertretung, die vom Integrationsbefürworter und Monnet-Vertrauten Alphand geleitet wurde, begriff das EVG-Projekt im Gegensatz zum Industrieministerium nicht als existenzielle Bedrohung der heimischen Wirtschaft, sondern durchaus als Chance. Demnach konnte die Verteidigungsgemeinschaft der französischen Rüstungswirtschaft den dringend nötigen, ja längst überfälligen Modernisierungsschub verleihen:

»la mise en vigueur de la C.E.D. donnerait aux Industries françaises d'Armement le coup de fouet dont elles ont besoin. En fait, très protégées par l'État, trop souvent ›bouée de sauvetage‹ ou ›vache à lait‹, elles ont une tendance marquées à se cristalliser [...] Une action stimulatrice serait utile[224].«

Dieselbe Auffassung vertrat man in Bidaults unmittelbarer Umgebung:

»Si le traité avait pour résultat de forcer les Pouvoirs Publics à étudier les conditions de production qui dépendent de lui [...], et les entreprises à se réorganiser sans compter sur l'éternelle de subvention et de production, ledit traité nous aurait rendu un grand service[225].«

Die kritischen Stimmen waren im August 1954 keineswegs verstummt. Der Generalstabschef des Heeres Blanc – er stand stellvertretend für viele andere Militärs und industriefreundliche Beamte – rechnete nach wie vor nicht mit Entfaltungsmöglichkeiten für Frankreichs Wirtschaft, sondern mit verheerenden Konsequenzen. Eine große Rolle spielte dabei die Angst vor dem wirtschaftlichen Aufstieg des ehemaligen Kriegsgegners. Die Deutschen erachtete er als ernst zu nehmende Konkurrenten, die bei den EVG-Ausschreibungsverfahren eindeutig im Vorteil wären und die Franzosen vom Markt verdrängen könnten. Gegenüber einer in vollem Aufschwung begriffenen, zu niedrigen Preisen produzierenden deutschen Industrie, die von ihrer Regierung massiv unterstützt würde, glaubte er die französische Industrie weitgehend chancenlos. Diese pessimistische Vorhersage galt insbesondere für die zu einem guten Teil in staatlicher Hand befindliche Rüstungsindustrie. Doch nicht nur die Deutschen boten nach seinem Dafürhalten Anlass zur Sorge, sondern auch die Italiener und Belgier. Eine solche Entwicklung bedeute, so zeigte sich der General überzeugt, das Ende der für die Heeresrüstung zuständigen DEFA, weil diese ihre gewohnten Aufträge verlieren und auf die Belieferung der Truppen in den Überseegebieten und die der Verbündeten beschränkt sein würde. Auch bei der Privatindustrie wäre mit gravierenden Veränderungen zu rechnen. Sie würde sich umorientieren müssen. Blancs Warnungen mussten folglich auch für die mit der

---

[223] Vgl. SHD/DAA, 9 E/1147-1: Studie Meyer, Januar 1954, S. 15 f. (Zitat S. 15).
[224] SHD/DAT, 1 R/180-1: Studie frz. NATO-Vertretung [Juni 1954], Kap. IV, S. 3.
[225] CARAN, NL Bidault, 457 AP/35-1: Merveilleux du Vignaux an Falaize, 18.9.1953, S. 3.

Luft- und Marinerüstung betrauten DTI und DCCN gelten. Zwar war sich der General bewusst, dass sein Land in einigen Bereichen durchaus gut positioniert war und es zumindest in der Anfangsphase aufgrund des noch vorhandenen qualitativen Vorsprungs in den Genuss satter Aufträge kommen konnte, doch die Risiken, die vonseiten des mit umfangreichen Lenkungsbefugnissen ausgestatteten Kommissariats, dem »gros client omnipotent«, ausgehen würden, drohten langfristig großen Schaden zu verursachen[226].

In Blancs nur wenige Wochen vor dem endgültigen Scheitern der Europaarmee verfassten Denkschrift zeigt sich nicht nur der Stellenwert, den er wirtschaftlichen Gesichtspunkten im Allgemeinen beimaß, sondern auch die eng damit verbundenen Vorbehalte und Ängste gegenüber dem ökonomisch wieder erstarkenden Nachbarn jenseits des Rheins. Blanc war fest davon überzeugt, dass die Deutschen durch die integrierte Rüstungsgüterbeschaffung der EVG zu einem der großen, wenn nicht gar zu dem großen Gewinner avancieren, die Franzosen hingegen zu einem rüstungswirtschaftlichen Zwerg degradiert würden – mit katastrophalen Folgen für Frankreichs Unternehmenslandschaft. Den Sicherheitsmechanismen, die die Verhandlungsführer der sechs beteiligten Länder bis zur Unterzeichnung des EVG-Vertragstextes ausgearbeitet und verbindlich festgeschrieben hatten, traute er keineswegs, ebenso wenig den im Interimsausschuss vertieften Arbeiten und Detailregelungen. Der französische Historiker Guillen spricht im Zusammenhang mit Blancs vernichtender Kritik von einem »regelrechten Minderwertigkeitskomplex« der Generalität gegenüber der Bundesrepublik[227]. Es kann davon ausgegangen werden, dass Blanc mit den von der französischen Sektion des Militärischen Sicherheitsamtes bzw. von der Auslandsaufklärung gelieferten Erkenntnissen über das allmählich wachsende bundesdeutsche Forschungs- und Industriepotenzial vertraut war und dies seine Haltung gegenüber Deutschland entscheidend beeinflusste[228]. Höchstwahrscheinlich spielten bei einem derart ausgeprägten Sicherheitsdenken auch Ressentiments gegenüber den Deutschen eine Rolle, die noch aus der Zeit der beiden Weltkriege herrührten[229]. Und so mancher französische Generalstabsoffizier und Rüstungsplaner mag auch das deutsche »Rüstungswunder« unter Albert Speer noch im Hinterkopf gehabt haben.

---

[226] Vgl. SHD/DITEEX, NL Blanc, 1 K/145/7-1: Denkschrift Blanc, Teil 1, 12.8.1954, S. 11 f. (Zitat S. 13).

[227] Guillen, Die französische Generalität, S. 154. Die weit verbreitete Furcht vor der »deutschen Dynamik« dürfte auch durch den Sieg des Mercedes-Silberpfeils bei seinem Formel-1-Debüt beim Grand Prix von Reims und durch den Triumph der deutschen Nationalelf beim Endspiel der Fußballweltmeisterschaft in Bern beflügelt worden sein. Beide Ereignisse fanden am 4.7.1954 statt und wurden – dies galt insbesondere für das »Wunder von Bern« – zum Symbol des deutschen Wiederaufstiegs in der Nachkriegszeit. Vgl. BArch, BW 9/3378, Bl. 210–223, hier Bl. 211: 18. Halbmonatsbericht dt. EVG-Militärdelegation (2.7.–15.7.1954), 15.7.1954.

[228] Sehr aufschlussreich sind die in den Berichten der französischen Sektion des Koblenzer Sicherheitsamtes enthaltenen Daten. Sie waren auch den Spitzenmilitärs bekannt: SHD/DAA, 2 E/2904: Bericht Militärisches Sicherheitsamt/frz. Sektion, August 1952; Bericht Militärisches Sicherheitsamt/frz. Sektion (1952/53), 3.6.1954; SHD/DAA, 0 E/4319: Endbericht Militärisches Sicherheitsamt/frz. Sektion (1.1.1954–5.5.1955), 30.7.1955.

[229] Mentalitätsgeschichtliche Studien, die sich unter Berücksichtigung der Kriegserfahrungen mit der Haltung der französischen Generalität gegenüber den (west-)deutschen Militärs nach 1945 beschäftigen, liegen noch nicht vor.

Die Empfehlungen der Commission Nathan – sie hatte sich allerdings nicht speziell mit dem Rüstungssektor, sondern mit der Gesamtwirtschaft auseinandergesetzt – ähnelten in einigen Punkten denen der NATO-Vertretung und des Industrie- und Handelsressorts: Die Gutachter forderten von der Regierung Sparmaßnahmen im Verwaltungs- und Sozialbereich, die Modernisierung der Unternehmen und die Verbesserung der Produktivität sowie eine Vereinfachung des Steuersystems. Als Übergangslösung wollte man den Unternehmen zeitlich befristete Subventionen gewähren, die vom Parlament abzusegnen waren: So sollte es den französischen Betrieben ermöglicht werden, Rohstoffe ausländischer Herkunft zum gleichen Preis zu erhalten wie ausländische Firmen. Überdies sollten sie Energieträger zu denselben Bedingungen erwerben können wie ihre ausländischen Konkurrenten.

Neben dem umfangreichen Maßnahmenpaket hielt man es im Hinblick auf die gesamtwirtschaftliche Entwicklung zudem für unabdingbar, Frankreichs Handelsbarrieren gegenüber den anderen OEEC-Staaten zu lockern »en vue de permettre l'établissement d'une concurrence effective n'ayant sa limite que dans le souci du plein emploi de la main-d'œuvre«. Ein größeres Warenaustauschvolumen sollte in Verbindung mit den in Angriff zu nehmenden Reformen die Grundlage für eine merkliche Steigerung des Lebensniveaus der französischen Bevölkerung schaffen. Die Kommission drängte folglich mehrheitlich auf eine Handelsliberalisierung im Rahmen der OEEC. Nur eine Liberalisierung könne, unter Berücksichtigung des bestehenden Zolltarifs, einen dauerhaften Vergleich der französischen und ausländischen Preise ermöglichen, ohne Dirigismus die Effizienz der französischen Produzenten abschätzen und ohne Willkür die Aktivitäten oder Unternehmen beseitigen, die offensichtlich unrentabel waren[230]. Dies war gewiss nicht nach dem Geschmack der Militärs und Rüstungsexperten, die um jeden Preis einen Schutzwall in Form von Sonderregelungen für die heimische Rüstungsindustrie reklamierten. Konsens herrschte bei Nathan und den anderen Kommissionsmitgliedern zudem darin, dass keine Maßnahmen ergriffen werden dürften, die die Währung über kurz oder lang ruinieren könnten:

> »Ni l'organisation indispensable des marchés agricoles, ni le souci d'équilibrer le budget de l'État ou des entreprises nationales, ni l'amélioration régulière de la rémunération salariale ne doivent autoriser des mesures conduisant inévitablement à des mouvements de prix qui, s'ils peuvent apparaître comme une solution dans l'immédiat, des problèmes pressants, ruinent,

---

[230] Vgl. Commission Nathan, Rapport général, 1954, Annexes, S. 45–47: Nathan an Faure, 20.3.1954 (Zitat aus Hauptteil des Berichts, S. 40). Angesichts massiver Preissteigerungen, schrumpfender Devisenbestände und einem immer größer werdenden Zahlungsbilanzdefizit hatte sich Frankreich im Februar 1952 gezwungen gesehen, die Handelsliberalisierung im OEEC-Rahmen zu suspendieren. Vgl. Bührer, Wirtschaftliche Zusammenarbeit, S. 560; Krüger, Sicherheit durch Integration?, S. 255 f.; Lefèvre, Les relations économiques franco-allemandes, S. 337 f.; Lynch, France and the International Economy, S. 134–137. Zu Frankreichs Außenhandel und seinen Zahlungsbilanzschwierigkeiten 1951/52: Bonin, Histoire économique de la IV$^e$ République, S. 207 f., 218 f.; Buchheim, Die deutsch-französischen Wirtschaftsbeziehungen, S. 88; Hentschel, Zwischen Zahlungsunfähigkeit und Konvertibilität, S. 108–111; Lefèvre, Les relations économiques franco-allemandes, S. 335–338; Lynch, France and the International Economy, S. 131–143. Die Zusammenarbeit der Staaten Westeuropas, der USA und Kanadas im Rahmen der OEEC und EZU wird ausführlich behandelt bei Hardach, Der Marshall-Plan, S. 174–178; Kaplan/Schleiminger, The European Payments Union; Krüger, Sicherheit durch Integration?, S. 250–268.

à plus ou moins brève échéance, la monnaie, sans atteindre les effets qu'ils proposaient de réaliser[231].«

Der Stabilität des Franc sowie einer ausgeglichenen Zahlungsbilanz musste ihrer Auffassung nach eine wesentliche Bedeutung zukommen. Schwachpunkt des Gutachtens war allerdings, dass es keinerlei Bezug zur EVG aufwies. Im Falle eines baldigen Inkrafttretens des Vertrags wäre es vermutlich in Teilen – man denke hierbei unter anderem an die beabsichtigten Subventionen – obsolet gewesen.

Die Frage nach den Auswirkungen der Wirtschaftsklauseln auf die französische Industrie war freilich auch brennendes Thema in der Nationalversammlung. Der Berichterstatter des »Ausschusses für auswärtige Angelegenheiten betreffend den EVG-Vertrag«, General a.D. Jules Moch von der SFIO, der zum Zeitpunkt der Bekanntgabe des Pleven-Plans Verteidigungsminister (1950/51) gewesen war, hatte sich allerdings grundsätzlich gegen eine deutsche Wiederbewaffnung und eine Europaarmee ausgesprochen und reihte sich mit seinem für das Parlament erstellten Bericht in den Chor derjenigen ein, die das Vertragswerk als Auslöser einer wirtschaftlichen Katastrophe apostrophierten. In seinem Bericht machte er ähnliche Befürchtungen geltend wie die diversen Gutachten. Angesichts der dauerhaften ökonomischen Schwäche, unter der die Vierte Republik litt, hielt er es für unerlässlich, Schutzklauseln einzuführen, um den wirtschaftlichen und sozialen Verhältnissen der Mitgliedstaaten Rechnung zu tragen und das als widersprüchlich empfundene und einen Preiswettbewerb auslösende Paragraphendickicht zu entwirren. Die zu erwartende Machtfülle des Kommissariats und die damit verbundene Entmachtung der nationalen Parlamente waren zu begrenzen, der Integrationsprozess schrittweise umzusetzen. Als inakzeptabel bezeichnete er, dass die Staaten ihre Mitbestimmungs- und Gestaltungsmöglichkeiten auf ökonomischem und finanziellem Gebiet einbüßen würden und zusätzlich die verheerenden Folgen – Unternehmensschließungen und Arbeitslosigkeit – tragen müssten. Ihnen bleibe letztlich nur die Rolle des Konkursverwalters. Die Führungsfigur im sozialistischen Lager zeigte sich zudem von der Unmöglichkeit der Trennung von ziviler und militärischer Forschung und Produktion überzeugt und schürte Zweifel an der Zuverlässigkeit des EVG-Personals. Der Einsatz ausländischer Beamter auf französischem Boden im Dienste der EVG öffne der Industriespionage Tür und Tor. Als große Profiteure einer europäischen Rüstungsorganisation galten für ihn Großbritannien und die USA, weil Frankreich seine wichtigsten Rüstungsmärkte, den Mittleren Osten und Südamerika, einbüßen würde[232]. Die Einwände, die der ehemalige Widerstandskämpfer und Marinesoldat in seinem voluminösen Bericht aufführte, waren derart umfangreich, dass an seiner eigentlichen Intention kein Zweifel bestehen konnte: das Vorhaben einer Europaarmee zu Fall zu bringen. Damit wurde er zu einem der Architekten des 30. August 1954.

---

[231] Commission Nathan, Rapport général, 1954, S. 40.
[232] Siehe AMAE, DF-CED/C/139: Vorbericht Moch zum EVG-Gesetzentwurf (Nr. 5404), 1954, S. 238–243, 300–306, 329–333. Ein weiterer wichtiger Grund für Mochs kompromisslose Haltung in der Frage der westdeutschen Wiederbewaffnung und der Europaarmee könnte darin liegen, dass sein einst für den französischen Widerstand kämpfender Sohn von den Deutschen auf grausame Weise getötet worden war. Aufschlussreich zu seiner Haltung in der Wiederbewaffnungsfrage: Moch, Histoire.

Angesichts einer solch geballten Abwehrfront der EVG-Gegner sah sich der Chef der französischen Rüstungsdelegation Coignard Ende Juni 1954 erneut veranlasst, sämtliche politischen, militärischen und ökonomischen Vorzüge eines integrierten europäischen Rüstungssystems zu unterstreichen[233]. Bezogen auf die Preisnachteile beharrte Coignard auf seiner These, wonach das Zustandekommen der EVG kein existenzbedrohendes Risiko für die heimische Industrie darstellen, sondern entscheidend zur Bewältigung der aktuellen Probleme der Rüstungswirtschaft beitragen würde. Größere Produktionsserien, geringere Stückzahlkosten und Frankreichs technologischer Vorsprung in wichtigen Bereichen steigerten die Produktivität, förderten die Konzentration und verbesserten damit die Wettbewerbsfähigkeit. Coignard stellte darüber hinaus klar, dass sich die angestrebte Integration nicht, wie von den EVG-Gegnern behauptet, auf die gesamte Wirtschaft, sondern nur auf den Rüstungssektor erstrecken würde. Zudem betonte er, dass das Kommissariat keineswegs über eine grenzenlose Machtfülle verfügen würde oder nach Gutdünken agieren könnte[234]. Die Argumente der EVG-Anhänger und ihrer Gegner in der Frage der Auswirkungen eines wirtschaftlichen Wettbewerbs standen sich somit bis zum Aus des Europaarmee-Projekts unversöhnlich gegenüber.

Vor dem Hintergrund der zahlreichen und weitreichenden Modifikations- und Ergänzungsvorschläge französischer Beamter und Militärs stellt sich die Frage, ob die Bestimmungen des EVG-Vertrages und der anhängenden Protokolle tatsächlich eine Gefahr für die französische Wirtschaft dargestellt hätten und ob die darin enthaltenen Sicherungsmechanismen unzureichend gewesen wären. Die Bestimmungen im Vertragstext waren vage formuliert und wären durch noch zu erlassende Richtlinien und Verordnungen zu präzisieren gewesen. Die Auftragsvergabe sollte so weit wie möglich nach Wettbewerbsgesichtspunkten erfolgen, der Zuschlag dem »vorteilhaftesten« Angebot erteilt werden, wobei dies nicht zwangläufig bedeuten müsste, dass automatisch das billigste Angebot zum Zuge käme[235]. Neben dem Preis waren bei der Beschaffung militärischer Güter nämlich noch andere Faktoren von Bedeutung, so die Qualität des angebotenen Materials und die Erfüllung des geforderten Lieferzeitplans. Auf nationaler Ebene hatte sich in der Praxis gezeigt, dass Beschaffungsvorhaben ein komplexes Gemisch aus militärtechnischen, außen-, innen-, sozial-, finanz-, wirtschafts- und außenhandelspolitischen Motiven zugrunde lagen[236].

Mit der äußerst schwierigen Frage, wie genau im Rahmen der EVG die Gewichte zu verteilten waren, befasste sich der Rüstungsausschuss im Palais Chaillot. Da der Preis wohl kaum das einzige Entscheidungskriterium gewesen wäre, waren diejenigen Stimmen zutreffend, die auf die Leistungsfähigkeit des französischen Militärgeräts hinwiesen und die Chance sahen, trotz erhöhter Preise gegen die ausländische Konkurrenz

---

[233] Vgl. SHD/DAA, 2 E/2919: Coignard an Alphand, 30.6.1954, Anhang: Vermerk, o.D.
[234] Vgl. AMAE, DF-CED/C/119: Vermerk [Coignard], o.D., S. 2, 5; SHD/DAA, 2 E/2919: Coignard an Alphand, 30.6.1954, Anhang: Vermerk, o.D.
[235] Vgl. Art. 104 § 3 EVG-Vertrag.
[236] Die vielfältigen Motive, die bei militärischen Beschaffungsvorhaben eine Rolle spielen, hat Kollmer im Hinblick auf die Bundeswehr ausführlich und auf breiter Quellenbasis untersucht. Siehe Kollmer, Rüstungsgüterbeschaffung; Kollmer, »Klotzen, nicht kleckern!«; Kollmer, »Nun siegt mal schön!«

bestehen zu können[237]. Hinzu kam, dass das Kommissariat gemäß EVG-Vertrag darauf achten musste, die wirtschaftlichen und technischen Fähigkeiten und Kapazitäten der Mitgliedstaaten bei der Auftragsvergabe bestmöglich zu berücksichtigen und negative Auswirkungen auf die Volkswirtschaften soweit wie möglich zu unterbinden[238]. Dies bedeutete somit eine Einschränkung des Wettbewerbsprinzips. Die Einschränkung konnte dahingehend interpretiert werden, dass das Kommissariat aus Rücksicht auf die in den Mitgliedstaaten existierenden Firmen seine Aufträge einigermaßen ausgewogen zu verteilen und existenzielle Notlagen von Firmen, wie sie infolge von Unterbeschäftigung, Werksschließungen und Entlassungen eintreten konnten, zu vermeiden hatte. Selbst für den Fall, dass Deutsche und Italiener die preiswertesten und qualitativ besten Angebote vorzuweisen gehabt hätten, wäre es kaum möglich gewesen, Aufträge ausschließlich dorthin zu vergeben.

Hinzu kam, dass die Währungen zum damaligen Zeitpunkt noch nicht konvertibel und Transferzahlungen, wie bereits beschrieben, unbedingt zu beschränken waren. *Mindestens* 85 % der nationalen Beiträge hatten wieder in den Geberstaat zu fließen. Es erschien also durchaus möglich bzw. denkbar, dass der Wert auf 90 % oder 95 % erhöht werden konnte, was für Frankreichs Industrie überaus günstig gewesen wäre, weil sich deren Auftragsverluste in engen Grenzen gehalten hätten. Ob der französischen Rüstungsindustrie bei der Anwendung der 85 %-Klausel tatsächlich ein Auftragsvolumen in Höhe von 75 Mrd. Francs entgangen wären, wie im Gutachten des Industrie- und Handelsministeriums behauptet[239], ist fraglich. Dasselbe gilt für die von Moch in den Raum gestellte astronomische Summe von 120 Mrd. Francs[240]. Es dürfte wenig wahrscheinlich gewesen sein, dass der gesamte Betrag auf Rüstungsaufträge entfallen wäre. Realistischer ist die Annahme, dass die Summe auch (ausländische) Aufträge für Versorgung und Infrastruktur enthalten hätte. Bei einer Stationierung ausländischer Soldaten auf französischem Territorium, etwa zum Betreiben integrierter Kommandostellen oder logistischer Einrichtungen, wäre vermutlich zudem noch ein Teil auf den Sold entfallen. Zudem kann mit Sicherheit davon ausgegangen werden, dass Frankreich, selbst wenn ein Teil des für seine Europakontingente bestimmten Geräts in den Partnerstaaten produziert worden wäre, die eingetretenen Verluste wieder hätte mehr oder weniger ausgleichen können. Es konnte nämlich damit gerechnet werden, dass das Kommissariat bei Anwendung der 85 %-Regel französischen Rüstungsunternehmen Aufträge im gesamten EVG-Raum erteilen würde. Kam bei einem der EVG-Staaten die 115 %-Regel zur Anwendung, so hätte sich dies sicherlich positiv auf die Auftragsbücher französischer Firmen ausgewirkt.

Die Chancen, von den Entscheidungen des Kommissariats auch zu profitieren, dürften nicht schlecht gestanden haben, weil das Land, wie bereits dargelegt, über die größte Rüstungsindustrie auf dem europäischen Kontinent verfügte, ein breites Spektrum an Militärgütern anbieten konnte und in einigen Technologiebereichen eine führende

---

[237] Siehe etwa SHD/DAA, 9 E/1147-1: Studie Meyer, Januar 1954, S. 16 f.; AMAE, DF-CED/C/115: Zusatzvermerk [vermutlich MAE], 12.7.1954, S. 2 f.
[238] Vgl. Art. 102 § 1 a) EVG-Vertrag.
[239] Vgl. AMAE, DF-CED/C/119: Studie frz. EVG-Rüstungsdelegation, Oktober 1953, S. 9 f.
[240] Vgl. AMAE, DF-CED/C/139: Vorbericht Moch zum EVG-Gesetzentwurf (Nr. 5404), 1954, S. 240.

Position einnahm. Italien, Belgien und die Niederlande lagen dagegen weit zurück und wären in den meisten Sparten kaum ernsthafte Rivalen gewesen[241]. Die Bundesrepublik wäre in den Anfangsjahren nicht in der Lage gewesen, eigenes schweres Gerät in nennenswertem Umfang herzustellen – mangels vorhandener Kapazitäten und neuesten Know-hows im Bereich der Waffentechnik, außerdem wegen des Produktionsverbots für schwere Waffen sowie für Flugzeuge und Raketen größerer Reichweite. Erst schrittweise hätten die Deutschen wieder Anschluss an den neuesten Stand erlangt; sie hätten sich zunächst nur auf den Gebieten leichte Waffen, Kraftfahrzeuge, Elektronik, Chemie und Textilien etablieren können.

Abgesehen von den Barrieren, die vor einer in erster Linie wettbewerbsorientierten Beschaffungspolitik schützten, gilt es zu berücksichtigen, dass es der französischen Regierung über den EVG-Rat möglich gewesen wäre, Einfluss auf Richtlinien und Verordnungen des Kommissariats zu nehmen und dadurch für die heimische Industrie zu nachteilige Regelungen zu verhindern oder abzumildern. So besaß der Rat, wie bereits beschrieben, die Befugnis, dem Kommissariat allgemeine Richtlinien hinsichtlich der Vorbereitung und Ausführung der Rüstungsprogramme vorzugeben. Hierfür war eine Zweidrittelmehrheit erforderlich[242]. Zudem fiel es in den Kompetenzbereich des Rates, über die vom Kommissariat vorzubereitenden Verfahrensvorschriften für die Auftragsvergabe, die Ausführungskontrolle sowie die Abnahme und Bezahlung zu entscheiden. Auch hier bedurfte es einer Zweidrittelmehrheit[243]. Überstiegen Aufträge eine noch festzulegende Finanzsumme, so sollte vor einer Vergabeentscheidung des Kommissariats ein aus nationalen Vertretern zusammengesetzter »Ausschuss für Auftragsvergabe« den Fall begutachten. Näheres war in einer entsprechenden Verordnung zu regeln, über die der Rat mit Zweidrittelmehrheit befinden musste[244]. Die französische Regierung hätte in dem Gremium entsprechenden Einfluss geltend machen und gegebenenfalls missliebige Entscheidungen blockieren können. Selbst falls Frankreich davon bedroht gewesen wäre, überstimmt zu werden, erschien es fraglich, ob die Partnerstaaten es tatsächlich gewagt hätten, gegen den entschiedenen Willen des Landes zu handeln und eine massive Konfrontation zu riskieren.

Eine prekäre Situation wäre vermutlich eingetreten, wenn die Franzosen zugunsten der heimischen Wirtschaft subventionsähnliche Praktiken eingeführt bzw. aufrechterhalten hätten: Da der entweder vom Kommissariat oder von einem Mitgliedstaat angerufene Rat einstimmig über die »geeigneten Abhilfemaßnahmen« entscheiden musste, hätte Frankreich faktisch eine Vetoposition innegehabt und missliebige Entscheidungen blockieren können – mit womöglich schwerwiegenden Folgen für die Gemeinschaft[245]. Gewisse Einflussmöglichkeiten auf das EVG-Rüstungsprogramm hätte auch der aus Industrievertretern bestehende Beratende Ausschuss eröffnet, auch wenn dieser über keine Entscheidungsbefugnis gegenüber dem Kommissariat verfügte[246].

---

[241] Luxemburg schied als Konkurrent aus, da es über keine nennenswerten Rüstungskapazitäten verfügte.
[242] Vgl. Art. 102 § 2 EVG-Vertrag.
[243] Vgl. Art. 104 § 4 EVG-Vertrag. Die gleiche Verfahrensweise galt für Änderungen.
[244] Vgl. Art. 104 § 5 EVG-Vertrag. Dasselbe galt für etwaige Änderungen.
[245] Vgl. Art 104 § 7 EVG-Vertrag.
[246] Vgl. Art. 109 und 110 EVG-Vertrag.

VI. Zwischen Integrationszwang und nationalen Interessen    383

Ein gravierender Schwachpunkt der oben genannten Gutachten war, dass sie sich sehr stark auf den Preisaspekt konzentrierten, die übrigen beim Beschaffungsprozess relevanten Faktoren hingegen nur unzureichend berücksichtigten – ein sichtbarer Beleg für die weit verbreitete Furcht vor einer mangelnden Wettbewerbsfähigkeit der heimischen Industrien. Auffallend war ebenfalls, dass sich die Gutachten ausschließlich auf den vage gehaltenen Vertragstext vom 27. Mai 1952 bezogen, den im Rahmen des Pariser Interimsausschusses laufenden Arbeiten allerdings keinerlei Beachtung schenkten. Bemerkenswert ist zudem, dass einige Fachleute die rüstungswirtschaftlichen Bestimmungen nicht in ihrer Gesamtheit beachteten, sondern sie selektiv wahrnahmen[247]. In der krisengeschüttelten Vierten Republik fielen Angstvorstellungen auf fruchtbaren Boden.

Von einem echten, wettbewerbsorientierten Rüstungsmarkt konnte unter diesen Umständen keine Rede sein. Aus währungspolitischen bzw. devisenwirtschaftlichen Gründen wäre ein derartig ehrgeiziges Unterfangen zum damaligen Zeitpunkt nicht umsetzbar gewesen. Darüber waren sich die Väter des Vertragswerks völlig im Klaren. Selbst heute, Jahre nach der Wirtschafts- und Währungsunion und der erfolgreichen Einführung einer gemeinsamen europäischen Währung, erweist sich die Verwirklichung eines einheitlichen europäischen Rüstungsmarktes aufgrund noch immer vorhandener Hürden als enorme Herausforderung.

### 8. Einer gegen den Rest: General de Larminat und die Europaarmee

Bei näherer Betrachtung des Verhältnisses zwischen der Generalität und der EVG-Delegation zeigt sich, dass die Konfliktlinien in der Frage der EVG keineswegs nur zwischen den beiden Akteursgruppen verliefen. Auch innerhalb der Armee gab es einen tiefen Graben. Auf der einen Seite stand, wie bereits beschrieben, die große Gruppe der »impériaux-atlantistes«, auf der anderen Seite die Minderheit der »euro-atlantistes«. Wie sehr die Armee gespalten war, zeigt sich nicht nur am Beispiel Juins und Elys, sondern auch am Verhältnis zwischen de Larminat und der Militärführung bzw. Marinestaatssekretär Gavini. De Larminat verdient an dieser Stelle größere Aufmerksamkeit. Zum einen war er in seiner Funktion als Leiter der EVG-Militärdelegation, wie im weiteren Verlauf der Arbeit noch ersichtlich wird, einer der Hauptakteure im Interimsausschuss, zum anderen war er innerhalb des französischen Offizierskorps aufgrund seines unermüdlichen Plädoyers zugunsten der Europaarmee eine Ausnahmeerscheinung. Um nachvollziehen zu können, warum ausgerechnet der Heeresgeneral de Larminat die Europaarmee nach Kräften unterstützte und sie gegen die Kampagne der Streitkräfteführung verteidigte, ist es erforderlich, einen kurzen Blick auf sein Europadenken zu werfen, das er in seinen Schriften offenbarte[248].

---

[247] Vgl. AMAE, DF-CED/C/119: Studie frz. EVG-Rüstungsdelegation, Oktober 1953, S. 6 f.
[248] De Larminats Aufsätze zur Europaarmee sind in dem 1952 erschienenen Sammelband L'Armée européenne abgedruckt. Sein wohl bedeutendster Beitrag, »Pourquoi une armée européenne?«, wurde auch in der Wehrwissenschaftlichen Rundschau unter dem Titel »Warum eine europäische Armee?« publiziert. Im Frühjahr 1953 veröffentlichte de Larminat einen weiteren EVG-freundlichen Aufsatz.

Während die Mehrheit der französischen Offiziere die Auffassung vertrat, dass eine militärische Integration erst nach einer erfolgreichen Integration auf politischem und wirtschaftlichem Gebiet in Angriff genommen werden könne und somit am Ende des europäischen Einigungsprozesses stehen müsse, sah de Larminat die Dinge genau umgekehrt: Die gemeinsame Armee war für ihn Ausgangspunkt einer europäischen Föderation, nicht Endpunkt. Weil die größte Gefahr, der sich Europa gegenüber sehe, militärischer Art sei, müsse der Einigungsprozess bei den Streitkräften beginnen. Eine klassische Koalitionsarmee hielt er für unzureichend. Sie stellte für ihn eine reine Zweckgemeinschaft, kein festes Band zwischen den Europäern dar. Zudem bestand ohne einen föderativen Ansatz die Gefahr der Wiederentstehung einer deutschen Nationalarmee, die »die bittere Erinnerung an die ›unverdiente‹ Niederlage wach hält und der gefährlichen Sehnsucht nach Macht und dem Komplex der verpaßten Gelegenheiten ausgeliefert ist«[249]. Der im Ersten Weltkrieg mehrfach verwundete Soldat – er war unter anderem Opfer eines deutschen Gasangriffs geworden[250] – sah in einer gemeinsamen Streitmacht das geeignetste Instrument, um den jahrhundertealten deutsch-französischen Gegensatz und die innere Zerrissenheit Westeuropas zu überwinden. Beide Problemfelder stellten in seinen Augen sogar eine größere Gefahr für den Kontinent dar als die Bedrohung durch die Sowjetunion:

»Denn wenn wir diese beseitigen, nur um uns danach erneut gegenseitig zu zerfleischen und hierfür die für die gemeinsame Verteidigung geschmiedeten Waffen zu benutzen, ist Europa endgültig verloren und die Zivilisation, die wir retten möchten, würde in Anarchie oder totaler Barbarei versinken. Die Erfahrung der Jahre 1939–1945 läßt uns hierüber wenig Zweifel[251].«

Erstaunlicherweise hegte de Larminat trotz seiner Kriegserfahrungen und einem noch immer vorhandenen Funken an Misstrauen gegenüber dem »deutschen Militarismus« keine gravierenden Ressentiments gegen den ehemaligen Kriegsgegner. Er befürwortete eine gleichberechtigte Partnerschaft und lehnte Diskriminierungen ab. Auf restriktiven Grundlagen könne, so schrieb er, nichts Positives entstehen[252].

Neben einem gemeinsamen Generalstab, integrierten Stäben ab der Korps-Ebene und einer Finanzdirektion war eine Direktion für Bewaffnung und Versorgung wesentlicher Bestandteil der neuen europäischen Organisationsstruktur. Ihr sollte die Standardisierung, Programmaufstellung, Auftragserteilung, Produktion und Beschaffung obliegen. Ein solches, vereinheitlichtes System entsprach nicht nur dem Gesichtspunkt der militärischen und ökonomischen Effizienz, es entstand auch ein wechselseitiges Abhängigkeitsverhältnis zwischen den Mitgliedstaaten, was Kriege untereinander unmöglich machen würde. So könnten die Deutschen Panzermotoren herstellen, die

---

In diesem ging er besonders auf wichtige im Interimsausschuss behandelte Aspekte, wie die voraussichtliche Organisationsstruktur der EVG-Verwaltung und der Streitkräfte, die für Frankreich so bedeutende Austauschbarkeit von Militäreinheiten und die geplante Übergangsperiode ein. Vgl. Larminat, La Communauté Européenne.

[249] Vgl. Larminat, Warum eine europäische Armee?, S. 511 f. (Zitat S. 512).
[250] Als junger Offiziersanwärter des 321. Infanterieregiments wurde de Larminat bei den Kämpfen um das Fort de Vaux bei Verdun 1916 verwundet. Im März 1918 geriet er bei Bezonvaux in einen deutschen Gasangriff, im Juni erlitt er erneut eine Verwundung. Vgl. Battaglia, Le général Larminat, S. 13 f.
[251] Larminat, Warum eine europäische Armee?, S. 511.
[252] Vgl. ebd., S. 510; Battaglia, Le général Larminat, S. 46 f., 81 f.

Franzosen Panzertürme, die Belgier Elektronik. Hinzu kamen eine geografische Streuung der Rüstungsaufträge und Produktionsverbote in strategisch exponierten Gebieten, was nicht zuletzt auch eine Kontrolle der deutschen Rüstungsindustrie ermöglichte[253].

Konkrete Vorstellungen hatte de Larminat ferner hinsichtlich der zukünftigen soldatischen Ausbildung: So sollten europäische Schulen eingerichtet werden, in denen die Führungskräfte, von den Offizieren und Reserveoffizieren bis hin zu den Generalstabsoffizieren, schrittweise nach einheitlichen Vorschriften und Methoden auszubilden waren[254]. Dadurch sollte nicht nur die Basis für ein effektives Zusammenwirken der national-homogenen Kampfverbände, sondern auch ein echter Gemeinschaftsgeist entstehen. Außerdem würde eine gewisse Kontrolle des deutschen Offizierskaders ermöglicht[255].

Eine integrierte Streitmacht bedeutete für den überzeugten europäischen Föderalisten keineswegs eine Vernachlässigung französischer Interessen in den Überseegebieten oder eine Schwächung Frankreichs. Die Handlungsfreiheit in der Union sah er durch eine »genügend dehnbare Form« abgesichert, und zwar dadurch, dass Frankreich der Unterhalt einer für Einsätze innerhalb der Union bestimmten Truppe gestattet sei, die Soldaten zwischen dieser und der Europaarmee ausgetauscht werden könnten und der Staat im Krisenfall der Rückgriff auf seine europäischen Kontingente ermöglicht wäre[256]. Die Verschmelzung der Kontingente der Mitgliedstaaten zu einer Europaarmee zum Zwecke der gemeinsamen Verteidigung bedeutete für ihn nicht das Ende der jahrhundertlang gewachsenen nationalen Traditionen. Diese blieben nach wie vor bestehen, doch nach und nach, so prognostizierte de Larminat, werde sich durch den engen Kontakt und die gemeinsame Ausbildung unter den Soldaten ein »sekundärer europäischer Patriotismus« entwickeln, der sich mit dem »primären nationalen Patriotismus« verbinden werde[257]. Der General war demnach fest davon überzeugt, dass die nationalen Traditionen in abgeschwächter Form und damit die nationalen Identitäten weiter existieren, im Gegensatz zu früher jedoch aufgrund des gefestigten Europagefühls nicht mehr zu ernsthaften Rivalitäten führen würden. Auf den Vorwurf der EVG-Gegner, die Aufstellung der Europaarmee spanne den Ochsen hinter den Pflug, entgegnete der General in bildhafter Ausdrucksweise, dass die Europaarmee das Gespann sei, das die Föderation ziehen werde. »Dieser Pflug wird den Boden Europas fruchtbar machen, um ihn aber auf den Weg zu bringen, muß man zunächst die Ochsen aus dem Stall holen und sie zusammenschirren«[258]. Die gemeinsame Streitmacht, die es rasch aufzubauen galt, war für den Heeresgeneral Vorreiter einer europäischen politischen und wirtschaftlichen Gemeinschaft. Ganz ohne Hintergedanken waren de Larminats Ansichten freilich nicht:

---

[253] Vgl. Larminat, Warum eine europäische Armee?, S. 514 f.; Larminat, La Communauté Européenne, S. 155 f.
[254] Vgl. Larminat, Warum eine europäische Armee?, S. 516; Larminat, La Communauté Européenne, S. 155 f. Der General schlug daneben sogar die Umwandlung der französischen Militärschulen Coëtquidan (Saint-Cyr), Saumur und Fontainebleau in europäische Militärschulen vor. Vgl. Battaglia, Le général Larminat, S. 67.
[255] Vgl. Battaglia, Le général Larminat, S. 66 f.
[256] Larminat, Warum eine europäische Armee?, S. 513.
[257] Vgl. ebd., S. 515 f. (Zitate S. 516).
[258] Ebd., S. 517.

für ihn stand außer Frage, dass seinem Land innerhalb der Verteidigungsgemeinschaft die Führungsrolle zufallen musste[259].

Ingesamt ist unverkennbar, dass de Larminats Ansichten identisch mit dem unter maßgeblicher Mitwirkung Monnets zustande gekommenen Pleven-Plan waren. Es ist daher wenig verwunderlich, dass Ministerpräsident Pleven, der mit dem General freundschaftlich verbunden war[260], ihn als Leiter der französischen Militärdelegation ausgewählt hatte[261]. Pleven lobte den Offizier für seinen außerordentlichen Einsatz und nannte ihn einen »clairvoyant patriote«, »homme de bonne foi« und »champion de la Communauté de Défense«, der dem Land einen großen Dienst erweise[262].

Es erscheint bemerkenswert, dass der General, der im Grunde eine ähnliche Karriere durchlief wie Juin – beide kämpften während des Zweiten Weltkriegs in Nordafrika, verbrachten längere Zeit in den Kolonialgebieten und hatten hohe Kommandos inne –, eine derart europafreundliche Einstellung entwickelt hatte. Im Gegensatz zur Mehrheit des höheren Offizierskorps war es ihm gelungen, sich von den traditionellen militärischen Denkweisen in beachtlichem Maße zu lösen. Er war bereit, auf eine klassische Nationalarmee zu verzichten und einen bedeutenden Kernbereich staatlicher Souveränität größtenteils an eine europäische Autorität abzutreten, weil er darin eine Reihe politischer und militärischer Vorteile für Frankreich und Westeuropa sah. Man kann sagen, dass EVG-Gegner und -Befürworter im Grunde ähnliche Ziele verfolgten, sich aber bezüglich der notwendigen Mittel unterschieden. Während die Gegner glaubten, den Zerfall der französischen Weltmachtstellung nur durch starke Nationalstreitkräfte und unter Hinzuziehung des westdeutschen Potenzials im Rahmen der NATO aufhalten zu können, bestand in den Augen der Befürworter die Lösung des Problems in einer supranationalen Armee, an der die Bundesrepublik einigermaßen gleichberechtigt zu beteiligen war. Battaglia fasst de Larminats gesamtstrategisches Konzept wie folgt zusammen

»Le rôle de la France, son autonomie d'action, peuvent être vivifiés par et dans la Communauté Européenne de Défense, dont la dimension stratégique serait autant continentale que méditerranéenne, océanique, et qui ne nierait pas le partenariat atlantique, mais contribuerait à en redéfinir les bases, dans un sens davantage égalitaire[263].«

Die Integration war für ihn somit auch ein wesentliches Mittel des Machterhalts. In weiterführenden Forschungen wäre unter besonderer Berücksichtigung von Nachlässen zu untersuchen, wie sich bei den französischen Generalen im Laufe ihres Lebens ihre jeweiligen europapolitischen Vorstellungen entwickelten und welche Rolle möglicherweise einschneidende Erfahrungen, wie etwa die Erlebnisse des Ersten und Zweiten Weltkrieges,

---

[259] Vgl. Battaglia, Le général Larminat, S. 47, 75 f.
[260] Vgl. ebd., S. 30.
[261] Welche Rolle de Larminats bei der Ausarbeitung des Europaarmee-Konzepts spielte, bleibt nach wie vor unklar. Vgl. Battaglia, Le général Larminat, S. 31 f.
[262] CARAN, NL Pleven, 560 AP/51: Vorwort Pleven, Entwurf [vermutlich Ende 1952], S. 2. De Larminat hatte sich Anfang Juli 1952 beim Ministerpräsidenten über mangelnde Unterstützung für seine Arbeit beklagt. Daraufhin hatte Pleven ein Vorwort für de Larminats Aufsatzsammlung verfasst, die als Werbepamphlet für die EVG gedacht war. Vgl. ebd.: De Larminat an Pleven, 10.7.1952, Pleven an de Larminat, 30.7.1952.
[263] Battaglia, Le général Larminat, S. 78.

## VI. Zwischen Integrationszwang und nationalen Interessen

oder die Einstellung gegenüber den USA, Großbritannien und der Sowjetunion, dabei spielten[264].

Innerhalb des französischen Offizierskorps war der »Europäer« de Larminat unbeliebt und weitgehend isoliert[265]. Der Gegensatz zwischen ihm und den Generalstabschefs hatte sich etwa bei den Beratungen über den Status des EVG-Militärpersonals Anfang Juni 1952 gezeigt: Er und Blanc waren damals derart aneinandergeraten, dass Letzterer den Ausschluss des Leiters der Pariser Militärdelegation von den Sitzungen des Ausschusses der Generalstabschefs durchsetzen wollte[266]. Fortan behandelten die Militärs wichtige EVG-Angelegenheiten ohne ihren Kontrahenten, wie dieser gegenüber Pleven klagte[267]. Ebenso wenig wohl gesonnen war ihm der Staatssekretär des Heeres de Chevigné, der offenbar danach trachtete, de Larminat vom Posten des Militärdelegationschefs ablösen zu lassen[268]. Zur Entzweiung dürften sicherlich de Larminats Seitenhiebe gegen die EVG-kritischen Militärs in seinen kurz zuvor erschienenen Beiträgen für die Zeitschrift Revue Militaire d'Information beigetragen haben. Der General war darin mit den Kritikern hart ins Gericht gegangen und auch vor persönlichen Angriffen, unter anderem gegen Juin, nicht zurückgeschreckt. Ferner öffnete er alte Wunden, indem er die für seine Begriffe starre und konservative Denkmentalität der Militärs beklagte und ihre Einstellung mit der Mentalität der Vichy-Ära in Verbindung brachte – ein wohl einmaliger Vorgang, denn die Armee hatte über die Besatzungszeit noch immer den Mantel des Schweigens ausgebreitet[269]. Überhaupt galt *Vichy* innerhalb der französischen Gesellschaft lange Zeit als Tabuthema. Insbesondere die gaullistische und kommunistische Geschichtspolitik hatte nach der Befreiung Frankreichs das Bild eines Landes im Widerstand gezeichnet und einen jahrzehntelang kultivierten Mythos geschaffen[270]. Mit solch umstrittenen Äußerungen, die in Paris für einen Aufschrei der Empörung sorgten, hatte Frankreichs höchster Militärvertreter im Interimsausschuss aus Sicht seiner Kritiker der eigenen

---

[264] Zu den Perspektiven einer komparativen Militärgeschichte siehe die Beiträge des Sammelbandes »Militär in Deutschland und Frankreich 1870–2010«.
[265] Vgl. Battaglia, Le général Larminat, S. 38, 51. Auch wegen seiner mitunter bizarren Verhaltensformen zog de Larminat den Argwohn anderer auf sich. Nach Hirschs Auffassung war er nicht »dans un état normal«. Hirsch, Ainsi va la vie, S. 112.
[266] Vgl. SHD/DITEEX, NL Blanc, 1 K/145/7-1: Blanc an Juin, 4.6.1952. Die Sitzung bestand nach Darstellung Blancs praktisch aus einem Schlagabtausch zwischen ihm und de Larminat. Näheres zur Sitzung des Ausschusses der Generalstabschefs vom 3.6.1952: ebd.: Zusatzvermerk für Ausschuss der Generalstabschefs, o.D. Offenbar hegte de Larminat gegen Blanc auch eine persönliche Abneigung. Er bezeichnete ihn als selbstgefälligen, leicht beeinflussbaren Charakter und warf ihm zudem fehlende Kommandoerfahrung vor. Der Militärdelegationschef zeigte sich sichtlich bemüht, Blanc und andere Generalstabsoffiziere als inkompetent und mittelmäßig zu brandmarken, um deren EVG-Kritik als unfundiert erscheinen zu lassen. Vgl. CARAN, NL Pleven, 560 AP/51: Vermerk de Larminat, 12.7.1952; Battaglia, Le général Larminat, S. 39 f.
[267] Vgl. CARAN, NL Pleven, 560 AP/16: De Larminat an Pleven, o.D.
[268] Vgl. ebd.: De Larminat an Pleven, 30.5.1952, S. 2.
[269] Vgl. d'Abzac-Epezy/Vial, Quelle Europe, S. 89; Battaglia, Le général Larminat, S. 72, 79. Hierbei spielte auch eine Rolle, dass das Vichy-Regime de Larminat 1941 in Abwesenheit zum Tode verurteilt hatte, nachdem ihm die Flucht zu den Forces françaises libres gelungen war und er in Nordafrika gegen die Achsenmächte weiterkämpfte. Siehe Battaglia, Le général Larminat, S. 24 f.
[270] Zur Erinnerungskultur in Frankreich nach dem Zweiten Weltkrieg: Hüser, Vom schwierigen Umgang; Rousso, Vichy.

Armeeführung den Fehdehandschuh zugeworfen. Trotz allem hielt die Regierung bis zum endgültigen Aus für die Verteidigungsgemeinschaft an ihm fest.

Der Vorsitzende des Militärausschusses war offenbar derart mit dem Ruf eines Europaarmee-Anhängers »befleckt«, dass selbst Verteidigungsminister Bidault, wie Speidel notierte, ihn nicht zur NATO-Ratstagung nach Lissabon (20.–25.2.1952) habe schicken wollen, weil er »zu europäisch denke«. Stattdessen sei der Generalstabschef des Heeres Blanc geschickt worden, der »ganz im Fahrwasser des Ministers Bidault schwimme«[271].

De Larminat dürfte der einzige ranghohe Offizier gewesen sein, der die EVG voll und ganz unterstützte, und dies weniger aufgrund machtpolitischer Motive, sondern aus Überzeugung von der Notwendigkeit eines föderalen Europa. General Ely kann hingegen, wie oben beschrieben, nicht als glühender Befürworter der Europaarmee gelten. Bei ihm hatte es den Anschein, dass er die EVG eher deswegen unterstützte, weil nach seiner Auffassung mit der Vertragsunterzeichnung das Kind ohnehin schon in den Brunnen gefallen war und es nun kein Zurück mehr gab.

---

[271] BArch, BW 9/2048, Bl. 42: Vermerk Speidel, 11.2.1952. Bidault war aber nicht, wie weithin behauptet, ein EVG-Gegner. Er hatte die Europaarmee, wenn auch nicht mit großem Enthusiasmus, mitgetragen, sah sich jedoch im Zuge der Verhandlungen mit den Gaullisten über eine Regierungsbildung im Sommer 1952 zu Zugeständnissen gezwungen. Dies mündete u.a. in die Zusatzprotokolle vom Februar 1953. Als Außenminister im Kabinett Mayer nahm er eine gemäßigte Position ein, zeigte sich aber gegenüber EVG-feindlichen Strömungen in seinem Ressort und bei den Militärs unnachgiebig. Bidault erachtete die EVG und EGKS als effektives Instrument zur Eindämmung Deutschlands. Frankreichs Führerschaft in Europa und seine Rolle als Großmacht, gestützt auf das *Empire* und die NATO, galt es allerdings unbedingt zu bewahren. Vgl. Soutou, Georges Bidault, S. 295–301.

# VII. Die Positionen der Wirtschaftsverbände

## 1. Die ambivalente Haltung des Bundesverbandes der Deutschen Industrie

Die Pläne einer integrierten westeuropäischen Rüstungsorganisation im Rahmen der EVG beschäftigten freilich nicht nur die Militärs und Rüstungsexperten, sondern auch die Wirtschaftsverbände.

Die Mehrheit der deutschen Industriellen zeigte zu Beginn der 1950er Jahre auffallend wenig Interesse an einer Rückkehr ins Rüstungsgeschäft[1]. Die Produktionskapazitäten im Bundesgebiet waren im Zuge des Korea-Booms weithin ausgelastet; der Aufbau einer Rüstungsproduktion hätte zusätzliche Investitionen erfordert, wobei es damals noch fraglich schien, ob ein derartiges Engagement langfristig profitabel sein würde. Anstelle der Verlockung kurzfristiger Gewinne zu erliegen, bevorzugte die Industrie die Herstellung von Konsumgütern und Exportartikeln. Dies versprach nicht nur die meisten Gewinne, sondern auch ein gewisses Maß an Planungssicherheit. Eine nicht zu unterschätzende Rolle bei der Zurückhaltung vieler Industrieller dürfte auch gespielt haben, dass sie sich wegen ihrer Zusammenarbeit mit dem nationalsozialistischen Regime des Vorwurfs der Mittäterschaft und der Mitverantwortung für die vom Deutschen Reich begangenen Verbrechen ausgesetzt sahen. Unvergessen waren zudem die Demontagepolitik der Alliierten und die Dekartellisierung der Schwerindustrie, gegen die sich die Industrievertreter heftig gewehrt hatten. Sie fühlten sich als zu Unrecht kriminalisiert und zeigten sich teilweise aus verletztem Stolz wenig geneigt, sich erneut auf rüstungswirtschaftliches Terrain zu begeben[2]. Die Kraftfahrzeugindustrie etwa hatte es mit Militäraufträgen keinesfalls eilig. Sie signalisierte zwar gegenüber der Dienststelle Blank durchaus ihre Bereitschaft, Militärfahrzeuge zu produzieren – hierbei dachte man aus ökonomischen Gründen an geringfügige Modifikationen handelsüblicher Fahrzeuge –, wollte aber offenbar zunächst präzise Rüstungspläne der Regierung abwarten[3]. Zu den wenigen Branchen, die von Anfang an ein ausgeprägtes Interesse an Rüstungsaufträgen besaßen, gehörte die Textilindustrie, die von der Korea-Krise wenig profitiert hatte und einen spürbaren Auftragsrückgang verzeichnen musste. Sie wäre zur umgehenden Übernahme von militärischen Aufträgen bereit gewesen, um ihre Kapazitäten auszulas-

---

[1] Grundlegend hierzu: Brandt, Rüstung und Wirtschaft, S. 75–104.
[2] Vgl. AWS, Bd 4 (Beitrag Abelshauser), S. 64 f., 180; Kollmer, Rüstungsgüterbeschaffung, S. 84.
[3] Vgl. AWS, Bd 4 (Beitrag Abelshauser), S. 64.

ten[4]. Die Luftfahrtindustrie drängte, insbesondere im Hinblick auf die Europaarmee, auf die rasche Aufhebung der alliierten Restriktionen und die Wiedererrichtung eines deutschen Luftfahrtsektors. Sie war sich bewusst, dass Rüstungsaufträge – im Zusammenhang mit der Ausstattung des deutschen EVG-Kontingents ging man von 1000 bis 1500 Jagdflugzeugen aus – volle Auftragsbücher und damit eine langfristige Auslastung der Fertigungskapazitäten bescherten. Anders als im zivilen Sektor hatten Staaten im militärischen Bereich eine Monopolstellung inne. Allgemein glaubten die Luftfahrtvertreter, dass große Auftragsvolumen und damit verbundene Investitionen positive Auswirkungen für den gesamten deutschen Flugzeugbau, aber auch für andere Wirtschaftszeige mit sich bringen würden[5].

Der Bundesverband der Deutschen Industrie (BDI) hielt sich in Rüstungsfragen zunächst zurück[6]. Er wollte nicht den Eindruck erwecken, er liebäugle mit einer Rückkehr ins Rüstungsgeschäft und strebe eine Wiederaufrüstung im nationalen Rahmen an[7]. Grundsätzlich war der BDI aber gegenüber zukünftigen Militäraufträgen durchaus aufgeschlossen. Im Vordergrund stand dabei weniger ein unbedingtes Interesse an großen Geschäften mit Kriegsgütern, sondern vielmehr das an der Bewältigung rüstungswirtschaftlicher Aufgaben, ohne dabei vom marktwirtschaftlichen Kurs allzu sehr abzuweichen. Dass es auf Dauer kaum möglich sein würde, sich einer Beteiligung an den Verteidigungsanstrengungen der westlichen Welt zu entziehen, erfuhr der BDI schließlich durch die weltweite Rohstoffknappheit, die infolge des Korea-Krieges eingetreten war und die USA dazu veranlasst hatten, die Bundesrepublik zu einem stärkeren Engagement bei der Lösung des Problems zu bewegen. Seit Frühjahr 1951 hatten die USA die Bundesregierung unter Verweis auf das steigende deutsche Zahlungsbilanzdefizit zur Abkehr vom Liberalisierungskurs gedrängt und direkte staatliche Interventionen gefordert, darunter auch Preis- und Devisenkontrollen. Andernfalls, so drohte Hochkommissar John McCloy, werde man die Dollarhilfe und Rohstoffeinfuhren kappen. Um staatliche Lenkungs- und Bewirtschaftungsmaßnahmen zu verhindern, gleichzeitig aber dem amerikanischen Drängen nach einem deutschen Verteidigungsbeitrag entgegenzukommen, etablierte der BDI einen Sonderausschuss, an dessen Spitze der Rohstoffbeauftragte der Bundesregierung, Otto A. Friedrich, stand. Ferner eröffnete der BDI ein Verbindungsbüro in der amerikanischen Hauptstadt. Aus Sicht des Verbandes, aber auch der Regierung, war es von erheblicher Bedeutung, unter Beibehaltung der marktwirtschaftlichen Grundsätze Wege aus der Rohstoffmisere zu finden[8].

Nur wenige Wochen nachdem der EVG-Vertrag unterzeichnet worden war, signalisierte der BDI gegenüber dem Amt Blank und dem Bundeswirtschaftsministerium großes Interesse an der Entsendung eines Verbindungsmannes nach Paris und an einer

---

[4] Vgl. ebd., S. 66.
[5] Vgl. Andres, Die bundesdeutsche Luft- und Raumfahrtindustrie, S. 129 f.; Brandt, Rüstung und Wirtschaft, S. 96 f.
[6] Die Quellenlage zum BDI ist allgemein recht dünn. Seine Archivbestände für die 1950/60er Jahre wurden zu einem Großteil vernichtet. Vgl. Bührer, Der BDI und die Außenpolitik, S. 245, Anm. 6; Wilkens, Verständigung von Wirtschaft zu Wirtschaft, S. 189.
[7] Vgl. Bührer, Der BDI und die Außenpolitik, S. 250.
[8] Vgl. AWS, Bd 4 (Beitrag Abelshauser), S. 15, 146; Schwarz, Adenauer, Bd 1, S. 792 f. Vgl. daneben Hentschel, Ludwig Erhard, S. 155 f.

möglichst frühzeitigen Einbindung in die Arbeiten des dortigen Rüstungsausschusses. Nach den Worten des Hauptgeschäftsführers des Verbandes, Wilhelm Beutler, war der BDI »entscheidend daran interessiert, über den Ablauf der Verhandlungen unterrichtet zu sein und die deutschen Delegierten dabei jederzeit beraten zu können«. Ebenso beabsichtigte der BDI die Entsendung eines Verbindungsmannes für den gemäß Truppenvertrag einzurichtenden Versorgungsausschuss. Der Versorgungsausschuss sollte sich mit der Bedarfsdeckung der alliierten Streitkräfte in Westdeutschland und den Verteidigungsbeiträgen der Bundesregierung befassen[9]. Die Industrie wollte nicht nur frühzeitig über sämtliche Planungsaktivitäten der EVG und der involvierten staatlichen Stellen unterrichtet sein, sondern den Prozess auch aktiv beeinflussen, um die aus ihrer Sicht unverzichtbare Koordinierung der Rüstungsvorhaben mit den Erfordernissen des Exports und des zivilen Bedarfs sicherzustellen. Blank erteilte dem Wunsch des BDI, dessen Vertreter nach Paris zu schicken, unter Verweis auf das noch ausstehende Inkrafttreten des EVG- und Truppenvertrags eine Abfuhr und verwies auf die Wirtschaftsabteilung seines Hauses als geeignetes Gesprächsforum[10].

Zwar war man zum Jahreswechsel 1952/53 noch meilenweit vom Inkrafttreten des EVG-Vertrags entfernt, dennoch wollte der BDI keine Zeit verlieren und endlich Gewissheit hinsichtlich der Rüstungsplanungen auf europäischer Ebene und der Ausstattung des deutschen Kontingents erlangen. Im Frühjahr 1953 rief der Spitzenverband der westdeutschen Industrie schließlich mit Billigung Blanks und des Wirtschaftsressorts sogenannte Fertigungsausschüsse ins Leben, die kurze Zeit später auf Betreiben des Leiters der deutschen EVG-Rüstungsdelegation, Ministerialdirektor Carl Krautwig, in »Arbeitsgruppen« umbenannt wurden. Sie sollten die deutschen Planer in rüstungswirtschaftlichen Fragen beraten und der Industrie entsprechende Beteiligungsmöglichkeiten eröffnen[11]. Im Juni 1953 wurde den Arbeitsgruppen ein »Arbeitskreis für Rüstungsfragen« vorangestellt, der sich aus hochrangigen Vertretern der einzelnen Mitgliedsverbände zusammensetzte. Nachdem sich im darauffolgenden Monat die Spitzenverbände der deutschen Wirtschaft auf die federführende Rolle des BDI bei der Beratung der Regierungsstellen und auf gemeinsame Grundsätze, etwa die Beibehaltung der marktwirtschaftlichen Prinzipien und die Prärogative des Bundeswirtschaftsministeriums in Rüstungsfragen, verständigt hatten, verfügte der BDI über eine beachtliche Organisationsstruktur auf diesem Gebiet. Aufgabe des neu geschaffenen Arbeitskreises war die Mitwirkung bei der Programmvorbereitung, insbesondere hinsichtlich der Abstimmung zwischen Inlands- und Exportbedarf, bei der industriellen Umsetzung der militärischen Forderungen sowie bei der Ermittlung vorhandener und eventuell neu zu schaffender Produktionskapazitäten. Außerdem sollte er sich an der Investitionsplanung, der Erstellung technischer Liefer- und Abnahmebedingungen und der Beseitigung wirtschaftlicher Schwierigkeiten beteiligen[12].

---

[9] Vgl. BArch, BW 9/824, Bl. 116: Besprechung Amt Blank/II/W/3 – BDI, 18.6.1952; Bl. 117 f.: Beutler an Blank, 25.6.1952; Bl. 119 f. (Zitat Bl. 119): Beutler an Blank, 25.6.1952.
[10] Vgl. ebd., Bl. 121 f.: Blank an BDI, 2.7.1952; AWS, Bd 4 (Beitrag Abelshauser), S. 146 f. Bei der Wirtschaftsabteilung handelte es sich um die Außenstelle Koblenz (Abt. V).
[11] Vgl. AWS, Bd 4 (Beitrag Abelshauser), S. 147.
[12] Vgl. BArch, BW 9/283, Bl. 2–17, hier Bl. 8–12: Besprechung BDI/Arbeitskreis für Rüstungsfragen – Amt Blank, 12.7.1954; AWS, Bd 4 (Beitrag Abelshauser), S. 147 f., 171–178: Abb. 27: Gliederung

Auch wenn Bundeswirtschaftsminister Ludwig Erhard der Einschaltung von Verbänden in den Beschaffungsprozess durchaus kritisch gegenüberstand: weder das Amt Blank noch sein eigenes Haus konnten auf sie verzichten. Zum einen war ihnen im Wirtschaftsteil des EVG-Vertrags eine feste Rolle innerhalb der EVG-Rüstung zugewiesen, zum anderen benötigte man ihr Know-how und erfahrenes Personal im Hinblick auf den Aufbau der deutschen Kontingente. Daher hatte das Wirtschaftsministerium die Entstehung rüstungswirtschaftlicher Strukturen des BDI sogar gefördert[13].

Für die Industrie war eine frühzeitige Einschaltung in den Rüstungsprozess aus vielerlei Gründen bedeutsam. Wie bereits angedeutet, war es für den BDI von größtem Interesse, negative Auswirkungen auf die Gesamtwirtschaft zu verhindern. Rüstungsaufträge durften nicht zu einer Einschränkung des (zivilen) Konsums und des Exports führen und sollten, mit Ausnahme der Grundstoffindustrie und besonderer Kriegsgüter, nicht mit der Schaffung zusätzlicher Kapazitäten verbunden sein. Eine Störung des wirtschaftlichen Gleichgewichts musste in jedem Falle vermieden werden. Der Industrieverband räumte einer kontinuierlichen Auslastung der vorhandenen Kapazitäten absolute Priorität ein. Als Garant solcher Vorstellungen sah man das Bundeswirtschaftsministerium. Diesem sollte daher die Federführung auf dem Gebiet der Rüstungswirtschaft zufallen. Hinsichtlich der enormen Investitionen, die zum Aufbau einer Wehrwirtschaft nötig waren, erhoffte man sich eine Übernahme durch die EVG, um der Industrie zusätzliche Belastungen zu ersparen. Des weiteren durften der Aufbau der Streitkräfte und die damit verbundene Rekrutierung von Personal – Oberstleutnant a.D. Heinrich Hükelheim erwähnte gegenüber BDI-Vertretern die Aufstellung von 180 000 Mann innerhalb von drei Jahren – nicht zu einem Fachkräftemangel auf dem Arbeitsmarkt führen[14]. Ein weiteres Anliegen des BDI war es zu verhindern, dass der Arbeitskreis für Rüstungsfragen in Beschaffungsangelegenheiten von einzelnen Unternehmen übergangen würde und sich diese somit einen Wettbewerbsvorteil verschafften[15].

Die bundesdeutsche Wirtschaftselite bot in der Frage der EVG kein einheitliches Bild. Glaubt man den damaligen Meinungsumfragen, so begriffen ca. zwei Drittel der Befragten die EVG als Mittel zur Rückkehr ihres Landes auf die europäische Bühne. Sie unterstützten folglich die Europaarmee. Ein Drittel lehnte die EVG aus verschiedenen Gründen ab. Die einen argumentierten, die Europaarmee schränke die Souveränität der

---

des Arbeitskreises für Rüstungsfragen und seiner Arbeitsgruppen; Andres, Die bundesdeutsche Luft- und Raumfahrtindustrie, S. 152 f. An der Spitze des Arbeitskreises und der BDI-Abteilung für Verteidigungsangelegenheiten stand der ehemalige Vizeadmiral Wilhelm Meendsen-Bohlken, der während des Zweiten Weltkrieges im Wehrwirtschafts- und Rüstungsamt des Oberkommandos der Wehrmacht (OKW) tätig gewesen war und somit über einen reichen Erfahrungsschatz verfügte. Siehe BArch, MSg 1/2054, 2407; AWS, Bd 4 (Beitrag Abelshauser), S. 147, 151.

[13] Vgl. AWS, Bd 4 (Beitrag Abelshauser), S. 151.
[14] Vgl. BArch, BW 9/283, Bl. 2–17, hier Bl. 3–7: Besprechung BDI/Arbeitskreis für Rüstungsfragen – Amt Blank, 12.7.1954; Andres, Die bundesdeutsche Luft- und Raumfahrtindustrie, S. 151–153; BArch, BW 9/1648, Bl. 7–14, hier Bl. 6, 13: Besprechung BMWi – Amt Blank – BDI (24.11.1953), 30.11.1953.
[15] Vgl. BArch, NL Pollex, N 712/22: Besprechung dt. EVG-Rüstungsdelegation – BDI, 22.1.1954, S. 4. Der deutsche Rüstungsdelegierte Manigold (BMWi) hatte den Eindruck, dass dies das Hauptanliegen der BDI-Vertreter bei ihrem Besuch war.

Bundesrepublik ein, die anderen bewerteten die Wiederaufrüstung skeptisch und befürchteten Rückschläge für die europäische Integration[16].

Die BDI-Spitze verhielt sich in der Frage der Europaarmee gegenüber der Regierung aber außerordentlich loyal und konstruktiv. Hauptgeschäftsführer Beutler versicherte dem Leiter der Rüstungsabteilung des Amtes Blank, Ministerialdirigent Wilhelm Rentrop, dass die im BDI repräsentierten Industrien »voll und ganz die Aussenpolitik [sic!] unseres Landes und damit auch die Europäische Verteidigungsgemeinschaft« unterstützten[17]. Dies geschah jedoch weniger aus Begeisterung für das supranationale Integrationsprojekt als deshalb, weil an der EVG im Falle der Vertragsratifizierung kein Weg vorbei führen würde und man auf eine enge Zusammenarbeit mit dem Staat und dem zukünftigen Kommissariat angewiesen wäre. Man war sich wohl darüber im Klaren, dass eine deutsche Wiederbewaffnung aus Rücksicht auf Frankreich ausschließlich im vorgegebenen Rahmen verwirklicht werden konnte. Zwar herrschte offenbar nicht, wie beispielsweise bei französischen Rüstungsvertretern, eine regelrechte Panik vor einem wirtschaftlichen Wettbewerb, aber man ließ stets durchblicken, dass man an der Ausstattung des westdeutschen Militärkontingents interessiert war und es ungern sähe, wenn ausländische Unternehmen zum Zuge kommen würden. Wenn schon eine Europaarmee mit deutschen Kontingenten aufgestellt werden sollte, dann sollte die heimische Wirtschaft auch im Rahmen ihrer Möglichkeiten daran beteiligt sein[18]. Außerdem war es aus politischen Gründen völlig undenkbar, offen gegen die Bundesregierung mobil zu machen[19]. In seinen zahlreichen Unterredungen mit dem Amt Blank und dem Wirtschaftsressort drängte der BDI auf einen langfristig angelegten Gesamtplan mit Angaben zu Mengen, Typen und Fristen (»Katalog mit Zeitplan«), um sich über Fertigungsmöglichkeiten sowie qualitative und quantitative Aspekte der Rüstungsproduktion Gedanken machen zu können[20]. Mit Verwunderung nahmen die Vertreter des BDI zur Kenntnis, dass in Blanks Dienststelle selbst im Sommer 1954 noch keine endgültige Klarheit hinsichtlich des Materials für das deutsche EVG-Kontingent bestand. Man warnte, dass

> »ein Inkrafttreten der EVG oder die Verwirklichung einer anderen Lösung uns im augenblicklichen Zeitpunkt in einem völlig unvorbereiteten Zustand antreffen würde und zu bedauerlichen Improvisationen zwingen müsste, die wir gerade durch die frühzeitige Schaffung unserer Rüstungsgremien zu vermeiden hofften[21].«

Mitverantwortlich für die Stagnation machte man unter anderem die rigiden Verbots- und Kontrollbestimmungen des Militärischen Sicherheitsamtes, die eine eigenständige Betätigung in rüstungsrelevanten Bereichen nach wie vor unmöglich machten. Der deut-

---

[16] Vgl. Braunthal, The Federation of German Industry in Politics, S. 292 f.
[17] Vgl. BArch, BW 9/283, Bl. 2–17 (Zitat Bl. 3): Besprechung BDI/Arbeitskreis für Rüstungsfragen – Amt Blank, 12.7.1954.
[18] Vgl. BArch, NL Pollex, N 712/22: Besprechung dt. EVG-Rüstungsdelegation – BDI, 22.1.1954, S. 2, 4.
[19] Vgl. Wilkens, Verständigung von Wirtschaft zu Wirtschaft, S. 217.
[20] Siehe BArch, NL Pollex, N 712/22: Besprechung dt. EVG-Rüstungsdelegation – BDI, 22.1.1954; BArch, BW 9/283, Bl. 2–17, hier Bl. 6 f.: Besprechung BDI/Arbeitskreis für Rüstungsfragen – Amt Blank, 12.7.1954; BArch, BW 9/1648, Bl. 7–14, hier Bl. 6, 13: Besprechung BMWi – Amt Blank – BDI (24.11.1953), 30.11.1953.
[21] Vgl. BArch, BW 9/234, Bl. 151 f. (Zitat Bl. 152): Beutler an Blank, 14.7.1954. Siehe daneben auch BArch, NL Pollex, N 712/22: Besprechung dt. EVG-Rüstungsdelegation – BDI, 22.1.1954, S. 3.

schen Industrie waren praktisch die Hände gebunden – dies dazu noch auf Gebieten, die allgemein als zukunftsträchtig und für die Gesamtwirtschaft bedeutsam galten, etwa der Elektronik. Zwischen BDI, Bundeswirtschaftsministerium und Blanks Dienststelle bestand Konsens, dass das Sicherheitsamt so rasch wie möglich die Sperren aufheben sollte, damit die Unternehmen ihr Potenzial zum Aufbau deutscher Einheiten im Rahmen der Europaarmee würden ausschöpfen können. Zwar ging man im Elektronikbereich davon aus, dass ausreichende Fertigungskapazitäten vorhanden seien, kritisch gestaltete sich jedoch die Situation bei Entwicklungs- und Konstruktionskapazitäten. Den »sklavischen Nachbau« ausländischer Funkgeräte lehnte man ab, da es sich in der Regel um veraltetes Material handelte und ein bloßer Nachbau mittelfristig wenig Perspektiven bot. Der technologische Rückstand zum Ausland ließe sich damit kaum aufholen. Zudem zeigte man sich davon überzeugt, dass die gängige elektronische Ausrüstung in Moskau ohnehin längst bekannt war. Allen Beteiligten war klar, dass die deutsche Industrie in den ersten sechs Monaten nach Inkrafttreten des EVG-Vertrags keine nennenswerte Rolle bei den Aufrüstungsmaßnahmen würde spielen können. Man setzte folglich für die Anfangsphase notgedrungen auf die US-Außenhilfe und den Lizenzbau von US-Modellen[22]. Da in der Ausrüstungsfrage noch immer keine Entscheidung gefallen war, musste die Beschaffungsabteilung schließlich eingestehen, dass der militärische Aufstellungszeitplan unmöglich eingehalten werden konnte[23].

Das schleppende Tempo der Pariser Arbeiten und der stockende Ratifizierungsprozess in Frankreich und Italien, die man vonseiten der deutschen Rüstungsdelegation für die Misere verantwortlich machte, dürften beim BDI den Eindruck der Schwerfälligkeit supranationaler Organisationen und die Abneigung gegen ein derartiges Integrationsmodell noch verstärkt haben. Mit dem Inkrafttreten des EVG-Vertrags sah man sich im Grunde einem übermächtigen Kommissariat ausgeliefert. Vonseiten der deutschen Repräsentanten im Palais Chaillot wurde dem BDI klar gemacht, dass man »im Gegensatz zu früher [...] nicht mehr allein im eigenen Haus beschliessen [sic!]« könne und Entscheidungen in supranationalen Gremien gefasst würden[24]. Weil eine eigenständige Rüstungspolitik somit ausgeschlossen war, schied die Möglichkeit aus, konjunkturbedingte Kapazitätsschwankungen im zivilen Sektor durch (national-)staatliche Rüstungsaufträge auszugleichen. Genau dies war dem BDI aber offenkundig ein wichtiges Anliegen.

---

[22] Siehe BArch, BW 9/4068, Bl. 102–141 (Zitat Bl. 118): Besprechung BMWi – BDI – Zentralverband der Elektrotechnischen Industrie (ZVEI) – Amt Blank (4.5.1954), o.D.

[23] Vgl. AWS, Bd 2 (Beitrag Meier-Dörnberg), S. 738. Der katastrophale Stand bei der materiellen Planung hatte bereits im Sommer 1953 für einigen Wirbel in der Dienststelle Blank gesorgt. Der Unterabteilungsleiter II/Pl, Oberst a.D. Bogislaw von Bonin, hatte damals die umgehende Vergabe von Aufträgen an die deutsche Industrie gefordert, um endlich die Erstausstattung für ein deutsches Kontingent zu erhalten. Ferner forderte er die Unterstellung des Rüstungswesens unter das Militär. Derartige Pläne waren nach Auffassung Blanks und der Bundesregierung jedoch nicht akzeptabel, weil man aus Rücksicht auf die anderen EVG-Mitglieder keine Rüstungsmaßnahmen vor Inkrafttreten des EVG-Vertrags beginnen wollte und ein militärischer Rüstungsapparat aus politischen Gründen vermieden werden sollte. Vgl. AWS, Bd 2 (Beitrag Meier-Dörnberg), S. 736; Krüger, Das Amt Blank, S. 124 f. Die »Bonin-Krisen« werden ausführlich behandelt bei Meyer, Adolf Heusinger, S. 468–481.

[24] BArch, NL Pollex, N 712/22: Besprechung dt. EVG-Rüstungsdelegation – BDI, 22.1.1954, S. 2.

Ihre Skepsis gegenüber supranationalen Integrationskonzepten hatte die Industrie bereits während den Verhandlungen über die Montanunion offenbart: Zwar begrüßte die Eisen- und Stahlindustrie zunächst das Ende der Demontagen und die Aufhebung der alliierten Kontrollen und Beschränkungen, die man sich in diesem Zusammenhang erhoffte, die Dekonzentrations- und Dekartellierungsmaßnahmen, auf die man in Paris und Washington bestand, stießen bei ihr allerdings auf entschiedenen Widerstand. Die nach der Unterzeichnung des EGKS-Vertrages geschaffene Hohe Behörde betrachtete man wegen ihrer umfangreichen, »dirigistischen« Befugnisse äußerst kritisch. Nationale Interessen ließen sich nicht mehr wie bisher durchsetzen; man befürchtete die Einschränkung des eigenen Handlungsspielraumes und ökonomische Nachteile[25].

Anstelle einer supranationalen Integration bevorzugte der BDI die Fortsetzung der Liberalisierung und den schrittweisen Abbau der Zollschranken. So erklärt sich, warum sich die OEEC beim BDI so großer Beliebtheit erfreute: Sie trug dazu bei, günstige Rahmenbedingungen für die Wirtschaft zu schaffen, ohne die staatliche Eigenständigkeit im Kern anzutasten[26]. Nach außen hin gaben sich seine Repräsentanten dann auch stets sehr integrationsfreundlich. Man war sich nur allzu bewusst, dass an einer engeren wirtschaftlichen Verflechtung auf europäischer Ebene kein Weg vorbei ging, um als gleichberechtigter Partner an die internationalen Märkte zurückkehren zu können. Doch die Haltung des BDI war ambivalent. Intern machte man keinen Hehl daraus, dass man Liberalisierungsmaßnahmen nur so lange für wünschenswert hielt, wie sie den eigenen Interessen förderlich waren. Bei Gesprächen mit französischen Industriellen zeigte sich, dass sich die BDI-Führung von Relikten der Vergangenheit keineswegs verabschiedet hatte: im Zusammenhang mit der EGKS ließ man unmissverständlich verlauten, dass man am liebsten zur Kartellbildung – ähnlich der Vorkriegszeit – zurückkehren würde[27]. Solche Worte implizierten nichts anderes als eine Ablehnung der Hohen Behörde und damit auch des supranationalen Integrationsmodells.

Was für die EGKS galt, galt in ähnlicher Form auch für die EVG: Der BDI unterstützte nach außen hin ein Projekt, das nicht im Einklang mit seinen eigentlichen wirtschaftspolitischen Vorstellungen stand. Auch wenn der BDI supranationalen Rüstungsstrukturen wenig Begeisterung entgegenbrachte, so vermied er gegenüber der Bundesregierung in dieser Angelegenheit ein aggressives Auftreten und initiierte keine Anti-EVG-Kampagne. Als das französische Parlament die EVG im August 1954 zu Fall

---

[25] Die Haltung der westdeutschen Industrieverbände zum Schuman-Plan wird ausführlich beschrieben bei Gillingham, Coal, Steel, and the Rebirth of Europe, S. 266–319; Bührer, Ruhrstahl und Europa, S. 170–179, 185–203; Lefèvre, Les relations économiques franco-allemandes, S. 258–260; Wilkens, La fin des limitations. Der einflussreiche Industrielle Günter Henle hatte den Eindruck, dass die bereits während der Verhandlungen über die Montanunion vielfach geäußerte Furcht vor einer supranationalen Behörde und einer damit einhergehenden Ausschaltung staatlicher Organe auf eine Art »Besiegtenkomplex« der Deutschen zurückgeführt werden könnte. Henle, Das Vertragswerk mit dem Westen, S. 7.

[26] So Bührer, Der BDI und die Außenpolitik, S. 248; siehe auch Bührer, Die Montanunion, S. 81 f.

[27] BDI-Hauptgeschäftsführer Beutler soll sich anlässlich eines Treffens führender deutscher und französischer Industrieller dafür ausgesprochen haben, dass man »Kartelle in aller Form machen« müsse. BDFD, Bd 2, S. 991–996, hier S. 995: Vermerk Besprechung dt. und frz. Industrieller in Paris (29./30.3.1954), 30.3.1954; vgl. Wilkens, Verständigung von Wirtschaft zu Wirtschaft, S. 215. Zu den Stahlkartellen der Zwischenkriegszeit: Wurm, Les cartels internationaux.

brachte, zeigte sich der BDI demonstrativ gelassen[28]. Er hatte ohnehin die NATO bevorzugt, die die Souveränität der Nationalstaaten wahrte und die Rüstungszusammenarbeit ihrer Mitglieder mit dem Vorzeichen der Freiwilligkeit versehen hatte. Eine der wesentlichen Ursachen für das Ende des Europaarmee-Projektes erblickte man am Kölner Habsburger Ring, dem Sitz der Hauptgeschäftsführung, darin, dass die Industrien der beteiligten Länder nicht an der Ausarbeitung des Vertragswerks beteiligt worden seien[29].

In deutschen Industriekreisen ging jedoch auch die Sorge vor einer Diskriminierung deutscher Firmen beim EVG-Beschaffungsverfahren um. Die bayerische metallverarbeitende Industrie sowie in Bayern angesiedelte Luftfahrtbetriebe zeigten sich über die Auswirkungen des Artikel 107 EVG-Vertrag, insbesondere über die Bestimmungen zur »Pulverlinie«, besorgt und hatten Angst, bei der Auftragsvergabe nicht zum Zuge zu kommen[30].

## 2. Die Kampagne der französischen Industrieverbände

Der französische Unternehmerverband Conseil National du Patronat Français (CNPF) äußerte sich gegenüber der Regierung in der Frage der europäischen Rüstungsintegration zwar durchaus kritisch, ging dabei jedoch sehr behutsam vor[31]. Die Unterzeichnung des EVG-Vertrags, insbesondere dessen Wirtschaftsteil, hatte in den französischen Wirtschaftskreisen keineswegs für Begeisterungsstürme gesorgt, sondern große Besorgnis ausgelöst. Die Bedenken der Industrie lagen auf der Hand: Bisher hatte sie damit rechnen können, vonseiten ihrer Regierung großzügig mit Rüstungsaufträgen bedacht zu werden. Der Löwenanteil der Aufträge wurde vom Verteidigungsministerium sowohl an staatliche als auch an private Unternehmen im eigenen Land vergeben. Dies entsprach den Intentionen der Regierung, die den Aufbau einer eigenen leistungsfähigen Industrie massiv förderte, um von ausländischen Lieferungen unabhängiger zu werden. Eine eigene, moderne Wehrwirtschaft erachtete man zur Untermauerung des Weltmachtstatus als unverzichtbar. Auslandskäufe kamen in der Regel nur dann in Frage, sofern es sich um Waffen und Gerät handelte, das Frankreich (noch) nicht aus eigener Kraft herstellen konnte. Zwar waren die Franzosen Anfang der 1950er Jahre noch in hohem

---

[28] Vgl. Bührer, Der BDI und die Außenpolitik, S. 251; Wilkens, Verständigung von Wirtschaft zu Wirtschaft, S. 217. Dagegen meint Braunthal unter Berufung auf eine Studie des berühmten amerikanischen Politikwissenschaftlers Gabriel Almond, dass das Ende der EVG für viele deutsche Industrielle ein Schock gewesen sei. Dieser Befund erscheint jedoch eher fragwürdig. Vgl. Braunthal, The Federation of German Industry in Politics, S. 293.

[29] Vgl. Andres, Die bundesdeutsche Luft- und Raumfahrtindustrie, S. 153.

[30] Vgl. BArch, BW 9/823, Bl. 123 f.: Bayerisches Staatsministerium für Wirtschaft und Verkehr an Amt Blank, 1.3.1954. Das beschwichtigende Antwortschreiben der Ermekeilstraße findet sich in: ebd., Bl. 124 f.: Holtz an Bayerisches Staatsministerium für Wirtschaft und Verkehr [31.3.1954]. Unter anderem wies Holtz darauf hin, dass der Gleichheitsgrundsatz galt und die Pulverlinien-Klausel nur die Errichtung neuer Produktionsanlagen für militärische Zwecke betraf.

[31] Vgl. Pitman, Interested Circles, S. 58. Allgemein zum CNPF, dem Vorläufer des heutigen Mouvement des Entreprises de France (MEDEF): Brizay, Le Patronat; Ehrmann, Organized Business; Lévy-Leboyer, Le patronat français; Weber, Le parti des patrons.

Maße von Lieferungen aus den USA und Großbritannien abhängig, doch wurden erste Bestrebungen in Richtung einer Autarkie im Rüstungssektor erkennbar.

Mit Inkrafttreten des EVG-Vertrags drohten im Verteidigungsbereich einschneidende Veränderungen: Die Unternehmen mussten sich darauf einstellen, ihren Status als Hoflieferanten, an den sie sich allmählich gewöhnt hatten, zu verlieren. Zuständig für das europäische Rüstungsprogramm würde zukünftig das Kommissariat sein, das im Rahmen der ihm vorgegebenen Richtlinien entscheiden musste. Als besonders gravierend empfand man in Industriekreisen, dass Aufträge mit einem Volumen von ca. 15 % des nationalen Beitrags ins Ausland vergeben werden konnten und beim Auswahlverfahren Wettbewerbsgesichtspunkten eine wesentliche Rolle zukommen sollten. Hinzu kam die Befürchtung, dass ganze Branchen leer ausgehen könnten. Vor dem Hintergrund des zu erwartenden schwindenden Anteils französischer Erzeugnisse, ihres hohen Preisniveaus und der damit verbundenen Einbußen läuteten in den Konzernzentralen und Wirtschaftsverbänden die Alarmglocken.

So lag es im ureigensten Interesse des CNPF bei der Regierung zu intervenieren, um die schlimmsten Folgen der befürchteten Auswirkungen zu mildern. Ganz oben auf der Agenda stand beim CNPF daher die Einführung einer mindestens fünfjährigen Übergangsperiode, in der die wirtschaftlichen Verhältnisse der sechs Mitgliedstaaten angeglichen werden sollten, um einheitliche Ausgangsbedingungen zu schaffen. Als geeignete Maßnahme erschien dem CNPF der Übergang zur freien Konvertibilität der Währungen – angepasst, wenn nötig, durch variable Wechselkurse. In der Anfangsphase sollte jeder Mitgliedstaat die von ihm gestellten Kontingente selbst ausrüsten und versorgen. Nur die integrierten Einrichtungen der EVG waren aus dem gemeinsamen Topf zu finanzieren. Die Übernahme logistischer Aufgaben durch das Kommissariat sollte erst nach und nach erfolgen[32].

Um die Interessen der Industrie innerhalb der EVG besser zur Geltung bringen zu können, schlug der CNPF vor, den Beratenden Ausschuss erheblich zu erweitern. So sollte das Gremium anstelle der im Vertragstext vorgesehenen 20 bis 34 Mitglieder 30 bis 51 Mitglieder umfassen und nicht nur aus Vertretern der Industrie und Gewerkschaften, sondern auch aus Verwaltungsbeamten bestehen. Alle drei Gruppen sollten nach Möglichkeit gleich stark repräsentiert sein. Der französische Spitzenverband beabsichtigte eine enge Abstimmung zwischen den am Rüstungsprozess Beteiligten. Dem entsprach auch die Forderung, Importe von der einstimmigen Genehmigung des Ausschusses abhängig zu machen. Hier kamen kartellähnliche Bestrebungen zum Vorschein. Exporte in Drittländer sollten nicht der Genehmigungspflicht des Kommissariats unterliegen. Ohne einstimmige Entscheidung der Mitgliedstaaten sollte es in diesem Bereich keine Einschränkungen geben. Damit wollte man den französischen Unternehmen auch weiterhin die Möglichkeit belassen, ungehindert ihre Erzeugnisse in alle Welt zu exportieren. Nicht hinnehmen wollte der CNPF ferner die Genehmigungspflicht für den Bau von Prototypen und für die technische Forschung, weil er Einschränkungen auf dem gesamten wissenschaftlichen Gebiet befürchtete. Anstelle von Restriktionen erwartete man von der Verteidigungsgemeinschaft die Aufstellung bestimmter Zielmarken, die von den Forschungseinrichtungen in Eigenregie erreicht werden sollten. Nur in Bezug

---

[32] Vgl. SHD/DITEEX, NL Kœnig, 1 K/237/6: Stellungnahme CNPF, 24.2.1953, S. 1 f.

auf ABC-Waffen war der CNPF, vermutlich als Schutzmaßnahme vor den Deutschen, zu Ausnahmen bereit: In diesem Bereich sollte eine Betätigung nur nach vorheriger Genehmigung durch die EVG gestattet sein[33].

Nachdem der CNPF eingesehen hatte, dass seine Modifikationsvorschläge nicht von den politischen Entscheidungsträgern berücksichtigt worden waren, sah sich Verbandspräsident Georges Villiers im Juni 1954 veranlasst, erneut auf die ökonomischen Folgen für die heimische Industrie hinzuweisen, sollte der Vertrag in seiner aktuellen Form angewendet werden. Obwohl die EVG-Wirtschaftsklauseln für den CNPF ein drängendes Problem darstellten, gab sich Villiers im Ton recht gemäßigt, richtete aber einen deutlichen Appell an die Regierung: Sie sollte auf nationaler wie auch auf europäischer Ebene alles in ihrer Macht Stehende tun, um mit den fünf anderen Mitgliedstaaten zu Vereinbarungen zu gelangen, die es der französischen Industrie ermöglichten, ihre Produkte zu wettbewerbsfähigen Preisen anbieten zu können[34].

Villiers Vorstoß erinnert durchaus an die Forderungen, die der CNPF, insbesondere die Schwerindustrie, im Zusammenhang mit der Ratifizierung des EGKS-Vertrags erhoben hatte und die schließlich in das Gesetz Nr. 52 vom 10. April 1952 Eingang fanden: Darin war der Regierung aufgetragen worden, im Rahmen des Modernisierungsplanes die Investitionen im Steinkohlebergbau und in der Stahlindustrie fortzuführen und vor der Errichtung eines gemeinsamen Marktes Verhandlungen über die Kanalisierung der Mosel zwischen Thionville und Koblenz aufzunehmen. Hinzu kam, dass die Regierung dem Parlament spätestens vier Monate nach Vertragsratifikation einen Investitionsprogramm-Entwurf vorlegen musste, mit dem der französischen Kohle- und Stahlbergbau konkurrenzfähig gemacht werden sollte[35].

Angesichts des anstehenden Ratifikationsverfahrens in der *Assemblée Nationale* verstärkte der CNPF hinter den Kulissen Ende Juli 1954 den Druck auf die Regierung und konkretisierte nochmals seine Forderungen. Hauptangriffspunkt war für den CNPF das Vergabeverfahren. Die im Finanzprotokoll verbriefte 85/115 %-Schutzklausel bot, so das Urteil der Industriellen, zwar in einigen Bereichen, wie bei schweren Waffen, unbestreitbar Vorteile[36]. Man prognostizierte jedoch mit großem Unbehagen, dass die Aufträge für schwere Waffen und die in heimischer Währung zu zahlenden Gelder für Sold und den täglichen Bedarf den Wert der auf französischem Boden zulässigen Höchstausgaben von 115 % übersteigen und keinerlei Spielräume mehr für Aufträge in anderen wichtigen Rüstungsbereichen möglich sein würden. Als Profiteure einer solchen Entwicklung nannte man Italien und die Benelux-Staaten. An deren Industrien werde

---

[33] Vgl. ebd., S. 2 f.
[34] Vgl. Elgey, Histoire de la IV République, t. 2, S. 360. Elgey zitiert aus einem Schreiben Villiers an Ministerpräsident Mendès France vom 23.6.1954. Villiers stand zwei Jahrzehnte an der Verbandsspitze (1946–1966).
[35] Vgl. Elgey, Histoire de la IV République, t. 2, S. 360 f.; Lefèvre, Les relations économiques franco-allemandes, S. 276 f.; Mioche, Le patronat de la sidérurgie française, S. 312–314; Vernant, L'économie française devant la C.E.D., S. 110 f. Die Kanalisierung der Mosel war dazu gedacht, den Transport von Ruhrkohle in die Nachbarländer und von lothringischen Stahlerzeugnissen in den Norden zu erleichtern.
[36] Frankreich verfügte im Gegensatz zu seinen kontinentaleuropäischen Partnern bekanntlich über die gesamte Palette an Rüstungsgütern und war im EVG-Vertrag nicht als strategisch gefährdetes Gebiet eingestuft, sodass ihm die Fertigung sämtlicher Waffen möglich gewesen wäre.

das Gros der Aufträge für militärische Ausrüstung und Dienstleistungen gehen, wohingegen die entsprechenden französischen Wirtschaftszweige mit schweren Einbußen zu rechnen hätten. Bei den Deutschen ging man davon aus, dass der Löwenanteil ihres EVG-Beitrags auf militärische Infrastrukturprogramme entfallen würde; mit negativen Folgeerscheinungen ähnlich denen in Frankreich rechnete man nicht[37].

Weil für den CNPF die 85/115 %-Schutzklausel somit nicht als ausreichend galt, zielte der Verband auf eine gewisse Lockerung und hielt nach wie vor eine – zeitlich nicht näher genannte – Übergangsperiode für unumgänglich. Ergänzend hierzu sollte die geografische Verteilung der EVG-Aufträge vom einstimmigen Votum des Ministerrats abhängig sein. Ferner sollten bei EVG-Käufen der laufende Handelsverkehr – hierbei verwies man ausdrücklich auf handelsübliche Materialien wie Textilien und Lederwaren – und die zahlenmäßige Stärke der von den einzelnen Mitgliedstaaten gestellten Truppen Berücksichtigung finden. Daneben befürwortete der Patronat die Vergabe von Infrastrukturprogrammen an Firmen des Landes, in denen die Aufträge auszuführen waren. Ein wichtiges Anliegen war darüber hinaus der Wunsch nach Abkommen zwischen den Industrien der beteiligten Staaten, um die Rationalisierung und Spezialisierung im Rüstungsbereich zu fördern. Nach wie vor trat der CNPF für eine starke Repräsentation der Industrie im Beratenden Ausschuss ein. Er müsse vor der Weiterleitung des vom Kommissariat ausgearbeiteten Rüstungsprogramms an den Ministerrat eine Stellungnahme abgeben. Ebenso wurde die Aufforderung wiederholt, Rüstungsaufträge zuvorderst innerhalb der Gemeinschaft zu tätigen. Importe aus Drittländern sollten nur die Ausnahme darstellen[38].

In der Abteilung für wirtschaftliche Zusammenarbeit des Außenministeriums stieß der umfangreiche Wunschzettel des CNPF größtenteils auf Ablehnung. Man konstatierte eine Fehlinterpretation hinsichtlich der zu erwartenden Auswirkungen der 85/115 %-Regel und bezeichnete die Forderungen als massiven Verstoß gegen den Geist des Vertrages und den dem Vertrag zugrunde liegenden Wettbewerbsgedanken. Eine klare Absage erteilte Wormsers Abteilung außerdem der Forderung hinsichtlich der Zusammensetzung und Befugnis des Beratenden Ausschusses. Man war keinesfalls bereit, der Industrie eine stimmberechtigte Funktion bei der Formulierung der Wirtschaftspolitik des Kommissariats zuzugestehen. Zustimmung fand lediglich die Idee einer Übergangsphase, mit der man sich im Rahmen des Interimsausschusses ohnehin gerade befasste[39].

Ähnlich wie die Rüstungsplaner der Regierung plädierte der CNPF für die Einführung von vertraglich festgelegten und regelmäßig zu überprüfenden Ausgleichskoeffizienten für jede Materialsparte (»coefficients correctif«), um die Preisdisparitäten zwischen Frankreich und den übrigen Mitgliedstaaten zu »korrigieren«. Im Zentrum der Bemühungen stand die flexible Auslegung des Wettbewerbsgrundsatzes. Überdies wünschte der Patronat eine

---

[37] Vgl. AMAE, DE-CE, NL Wormser, 25, Bl. 287–290, hier Bl. 287 f.: Stellungnahme CNPF/ Studienkommission EVG-Vertrag, 29.7.1954.
[38] Vgl. ebd., Bl. 289 f.
[39] Vgl. AMAE, DE-CE, NL Wormser, 24, Bl. 207 f.: 2. Vermerk MAE/Wirtschafts- und Finanzabt./ Unterabt. für wirtschaftliche Zusammenarbeit, 6.8.1954.

exakte Definition der im Vertragstext genannten Ausnahmefälle bei der Auftragsvergabe[40] – offenbar in der Absicht, nach Wegen suchen zu können, wie man am besten deren Inanspruchnahme für sich reklamieren konnte[41]. Doch auch in diesen Punkten widersprachen die Wirtschaftsfachleute des Quai d'Orsay den Vertretern der Industrie, denen man bezüglich der Vergabeverfahren in einigen Punkten eine Falschinterpretation sowie eine »interprétation tendencieuse« vorwarf[42].

Ein Dorn im Auge waren dem CNPF die im EVG-Vertrag enthaltenen Bestimmungen zur Regelung von Rechtsstreitigkeiten zwischen der Gemeinschaft und Dritten[43]. Als in Betracht zu ziehende Alternative schlug der Industrieverband die Einrichtung einer gemeinsamen westeuropäischen Rechtsinstanz vor, was in einem entsprechenden Zusatzprotokoll festzuschreiben war. Begründet wurde dies mit der Notwendigkeit, einheitliche rechtliche Grundlagen zu schaffen, aus denen sich schrittweise ein gemeinsames Gewohnheitsrecht bilden würde[44]. In Wormsers Abteilung verwarf man hingegen ein solches Vorhaben. Man vermutete zu Recht, dass die Zentralisierungsbestrebungen des CNPF die Bildung kartellähnlicher Strukturen zwischen den Industrien der Mitgliedstaaten durch die Hintertür ermöglichen sollten[45].

Der CNPF zielte darauf, die supranationalen Elemente des EVG-Vertrages aufzuweichen, wenn nicht gar zu beseitigen. Das Kommissariat sollte geschwächt, der Industrie hingegen ein entscheidendes Mitspracherecht bei der Auftragsvergabe eingeräumt werden. Dies wollte man unter anderem mit einer Vergrößerung und Aufwertung des Beratenden Ausschusses erreichen. Anstelle eines bloßen Beratungsorgans, wie es die Väter des Vertragswerks vorgesehen hatten, strebte der französische Spitzenverband an, das Gremium mit Entscheidungskompetenzen auszustatten. Daneben torpedierte man offen das Wettbewerbsprinzip, in der Absicht, die französische Industrie zu protegieren. Fest in den Vorstellungen des CNPF verankert war ferner die Notwendigkeit einer Abschottung des europäischen Rüstungsmarktes nach außen, was eindeutig gegen die USA und Großbritannien gerichtet war. Wenn man sich schon im Rahmen der Sechs arrangieren musste, dann sollten nicht noch Amerikaner und Briten den Europäern den heimischen Markt streitig machen.

Das Schreckgespenst einer deutschen Konkurrenz spielte in der Argumentation des CNPF, anders als bei den Militärs und Rüstungsfachleuten, erstaunlicherweise so gut

---

[40] Als Ausnahmegründe werden aufgeführt: militärische Geheimhaltung, technische Erfordernisse oder Dringlichkeit. Vgl. Art. 104 § 3 EVG-Vertrag.

[41] Vgl. AMAE, DE-CE, NL Wormser, 25, Bl. 291–295: Stellungnahme CNPF/Studienkommission EVG-Vertrag [vermutlich Ende Juli 1954].

[42] Vgl. AMAE, DE-CE, NL Wormser 24, Bl. 205 f. (Zitat Bl. 206): 1. Vermerk MAE/Wirtschafts- und Finanzabt./Unterabt. für wirtschaftliche Zusammenarbeit, 6.8.1954; siehe auch AMAE, DE-CE, NL Wormser, 25, Bl. 291–295, hier Bl. 291: Stellungnahme CNPF/Studienkommission EVG-Vertrag [vermutlich Ende Juli 1954].

[43] Was Rechtsweg, sachliche und örtliche Zuständigkeit und anzuwendendes sachliches Recht betraf, schrieb Titel V vor: Bei Infrastrukturaufträgen sollte das Recht des Ortes der entsprechenden Liegenschaft maßgebend sein, in sonstigen Fragen das Recht des Wohnsitzes des Auftragsnehmers. Vgl. Art. 104 § 6 EVG-Vertrag.

[44] Vgl. AMAE, DE-CE, NL Wormser, 25, Bl. 296: Stellungnahme CNPF/Studienkommission EVG-Vertrag, 28.7.1954.

[45] Vgl. AMAE, DE-CE, NL Wormser, 24, Bl. 209 f.: 3. Vermerk MAE/Wirtschafts- und Finanzabt./Unterabt. für wirtschaftliche Zusammenarbeit, 6.8.1954.

wie keine Rolle. Dies hing vermutlich damit zusammen, dass man mit den deutschen Kollegen vom BDI zwischenzeitlich ein enges Verhältnis entwickelt und mit ihnen in der Europapolitik eine gemeinsame Interessenbasis gefunden hatte. Zwischen Industriellen sowie Fach- und Spitzenverbänden beider Seiten waren seit Ende der 1940er Jahre enge Kontakte entstanden, die schließlich auch ihren Niederschlag in festen Kooperationsplattformen wie der Association Française pour les Relations Économiques avec l'Allemagne (AFREA) und der Deutschen Vereinigung zur Förderung der Wirtschaftsbeziehungen mit Frankreich (DEFRA) fanden. Beiderseits des Rheins zeigte man sich bemüht, die grenzüberschreitende Kooperation zu intensivieren, den gegenseitigen Warenaustausch zu fördern, Streitfragen in Handelsfragen zu beseitigen und eine gemeinsame Linie bezüglich des Schuman-Plans bzw. der supranationalen Montanbehörde zu finden[46].

Eine völlig einheitliche Linie gab es bei der französischen Industrie in der Frage der Europaarmee aber dann doch nicht. Während der Präsident des CNPF, Villiers, gegenüber der europäischen Integration als durchaus aufgeschlossen galt und einen modifizierten EVG-Vertrag hinzunehmen bereit schien, gehörten andere Repräsentanten, darunter Villiers Stellvertreter Pierre Ricard – er war im Februar 1952 an die Spitze des Chambre Syndicale de la Sidérurgie Française (CSSF) gerückt – zur EVG-Opposition. Diese hätte die EVG lieber heute als morgen zu Grabe getragen. Hinter vorgehaltener Hand äußerte der Präsident der Société des Aciéries de Longwy, Jean Raty, im Frühjahr 1954 gegenüber deutschen Wirtschaftsvertretern, dass eine Europaarmee eine »Unmöglichkeit« sei und man besser eine Koalitionsarmee bilden solle[47]. Die EVG war nach seinen Worten wertlos. Eine gemeinsame Armee führe zu einem »Durcheinander der Nationen«. Konfrontierte man Raty aber mit der Tatsache, dass Koalitionsstreitkräfte auf eine NATO-Lösung und damit auf eine deutsche Nationalarmee hinausliefen, die von französischer Seite doch gar nicht erwünscht sei, entgegnete er, dass die Haltung der französischen Europaarmee-Befürworter eben nicht als allgemeine Meinung betrachtet werden könne[48].

Ein ähnliches Zerwürfnis hatte sich bereits während der Verhandlungen über die Montanunion gezeigt: Zwar stimmten CNPF und der unmittelbar von der Vergemeinschaftung betroffene CSSF in der Notwendigkeit von (Kartell-)Absprachen zwischen den beteiligten Industrien überein, doch schlug die CSSF gegenüber der Regierung eine härtere Gangart ein. Während der CNPF-Präsident Villiers sich gegen eine Ablehnung der Ratifikation des Schuman-Plans und für leichte Vertragsänderungen aussprach,

---

[46] Ausführlich zur Wiederaufnahme der deutsch-französischen Wirtschaftsbeziehungen bis Anfang der 1950er Jahre: Bührer, Ruhrstahl und Europa, S. 113–137; Bührer, Wegbereiter der Verständigung; Lefèvre, Les relations économiques franco-allemandes, S. 215–232; Wilkens, Verständigung von Wirtschaft zu Wirtschaft, S. 190–214.

[47] BDFD, Bd 2, S. 996–999, hier S. 998: Henle an Adenauer, 1.4.1954; Wilkens, Verständigung von Wirtschaft zu Wirtschaft, S. 216. Dagegen erwähnt Mioche, dass die Stahlindustrie Ricard zufolge das EVG-Projekt interessant finde. Vgl. Mioche, Le patronat français, S. 249. Villiers spielte eine prominente Rolle bei der Wiederaufnahme deutsch-französischer Industriellenkontakte (1948/49). Vgl. Bührer, Ruhrstahl und Europa, S. 118–120, 122, 124 f. Dies erscheint vor allem deshalb bemerkenswert, weil er während des Zweiten Weltkrieges von den Deutschen nach Dachau deportiert worden war. Vgl. Kowalsky, Der Conseil National du Patronat Français, S. 136.

[48] BDFD, Bd 2, S. 991–996, hier S. 995: Vermerk Besprechung dt. und frz. Industrieller in Paris (29./30.3.1954), 30.3.1954.

versuchte der CSSF unter seinem damaligen Präsidenten Jules Aubrun, weitreichende Modifikationen durchzusetzen. Als dies misslang, wollte Letzterer die Ratifikation um jeden Preis verhindern[49].

Gegenwind verspürte die Regierung in Paris dazu noch vonseiten der Industriezweige, die in hohem Maße von den nationalen Rüstungsaufträgen profitiert hatten und von der Realisierung der EVG in besonderer Weise betroffen gewesen wären. Die metallverarbeitende Industrie, repräsentiert vom Syndicat Général des Industries Mécaniques et Transformatrices des Métaux (SGIMTM), legte einen detaillierten Entwurf für eine Konvention zwischen den sechs Mitgliedstaaten vor, mit der die ursprünglichen Vertragsbestimmungen modifiziert werden sollten. Der Entwurf ähnelte in weiten Teilen dem Forderungskatalog des CNPF, machte aber das Erreichen der letzten Integrationsstufe explizit von der Schaffung einer Europäischen Politischen Union mit gemeinsamer Außenpolitik abhängig. Zunächst sollte eine fünfjährige Übergangsphase gelten, in der bereits erste Integrationsschritte, wie die Harmonisierung der Vergabeverfahren, in Angriff genommen werden könnten. Mit der Forderung nach einer Politischen Union wurde die Hürde für integrierte europäische Streitkräfte sehr hoch gelegt – zur damaligen Zeit war man davon bekanntermaßen noch meilenweit entfernt[50].

Verbandspräsident Albert-Roger Métral bedrückten die Aussichten auf Einbußen von schätzungsweise 150 Mrd. Francs, mit denen nach Berechnung des Verbandes bei der Anwendung der 85 %-Klausel zu rechnen sei. Angesichts des französischen Zahlungsbilanzdefizits von 200 Mrd. Francs bezeichnete er einen Verlust in der Summe von 15 % des französischen Beitrags als eine schwere Belastung für den Industriezweig. Auch Métral vermutete, dass einige Branchen leer ausgehen und schweren Schaden nehmen könnten. Für ihn schien es geradezu paradox, dass die Regierung in einer angespannten ökonomischen Situation die Importschranken für notwendige Rohstoffe hochfahren, das Kommissariat allerdings parallel dazu eine beträchtliche Menge französischer Mittel im Ausland ausgeben würde[51].

Beim Vorsitzenden des EVG-Rüstungsausschusses stießen die Änderungs- und Ergänzungswünsche des Syndicat wegen ihres vertragsändernden und mitunter auch widersprüchlichen Charakters auf Ablehnung: »il semble bien improbable«, so urteilte Coignard, »de trouver dans ces ›dispositions interprétatives‹ les critiques fécondes que

---

[49] Die Bemühungen, zu denen offenbar auch die Bestechung von Parlamentariern gehörte, waren jedoch nicht von Erfolg gekrönt. Am 13.12.1951 ratifizierte die Nationalversammlung mit großer Mehrheit den EGKS-Vertrag und machte damit den Weg für eine gemeinsame Behörde für Kohle und Stahl frei. Siehe die ausführliche Darstellung bei Kipping, Zwischen Kartellen und Konkurrenz, S. 263–329; Kipping, Welches Europa soll es sein?, S. 258–264.

[50] Vgl. AMAE, DF-CED/C/116: Coignard an Alphand, 16.2.1954, S. 1 f.; SHD/DITEEX, NL Kœnig, 1 K/237/6: Stellungnahme SGIMTM, Dezember 1952, siehe besonders S. 5–12. Letzteres Schriftstück ging dem Vorsitzenden des Verteidigungsausschusses Kœnig am 27.2.1953 zu. Vgl. ebd.: Métral an Kœnig, 27.2.1953. Métral war zugleich Zweiter Vizepräsident des Beratenden Ausschusses der EGKS und Mitglied der Verbraucher- und Händlergruppe. Vgl. Bulletin, Nr. 18, 28.1.1953, S. 143, und Nr. 20, 29.1.1953, S. 155. Ähnlich wie Villiers kritisierte Métral Monnets Integrationsmodell und übte am »Superdirigismus« der Hohen Behörde scharfe Kritik. Stattdessen befürwortete er Abmachungen zwischen den Industrien, aber auch eine Öffnung des französischen Stahlmarktes, um durch sinkende Preise die Situation der Stahlverarbeiter zu verbessern. Damit wiederum unterstützte er indirekt die Montanunion.

[51] Vgl. SHD/DITEEX, NL Kœnig, 1 K/237/6: Stellungnahme SGIMTM, Dezember 1952, S. 2, 4.

nous souhaitons pour rendre aussi satisfaisantes que possible les conditions d'application du Traité«[52].

Auch die Confédération Générale des Petites et Moyennes Entreprises (CGPME) machte gegen den EVG-Vertrag in seiner Ursprungsform mobil. Vonseiten der Politik und der Presse fühlte sie sich im Stich gelassen. Lobende Worte fand man hingegen für Métral, der nicht müde werde, vor den wirtschaftlichen Auswirkungen der Rüstungsintegration zu warnen. Einen Lichtblick sah die CGPME im Entwurf zum EPG-Vertrag vom März 1953: In Artikel 85 des Vertragsentwurfs war festgelegt worden, dass für die Unternehmen ein Ausgleichsfond eingerichtet werden sollte, um sie im Falle von Notlagen zu unterstützen[53].

Die Ungewissheit über die zukünftige Beschaffungspraxis des Kommissariats rief auch die Groupement Générale de l'Industrie et du Commerce Lainiers Français (GGICLF) auf den Plan. Die traditionsreiche französische Textilindustrie mit ihren ca. 620 000 Beschäftigten galt als eine der bedeutendsten Wirtschaftsbranchen des Landes und nahm auf dem Weltmarkt Platz vier ein. Im Jahre 1950 exportierte sie Waren im Wert von 236 Mrd. Francs. Allerdings war sie auch stark von Importen abhängig, etwa bei der Baumwolle. Die Gesamteinfuhren erreichten einen Wert von 219 Mrd. Francs[54]. Die schwerpunktmäßig im Norden und Nordosten Frankreichs angesiedelte Textilindustrie war ein wichtiger Auftragnehmer des Militärs und befand sich zur damaligen Zeit in einer Krise[55]. Wie bereits erwähnt, litt die Branche unter einem hohen Preisniveau, das ca. 10–25 % über dem der Nachbarstaaten lag[56]. Weil das Kommissariat das Gros der Rüstungsaufträge erwartungsgemäß an die metallverarbeitenden Industrien vergeben und der Textilindustrie folglich nur ein verhältnismäßig kleiner Teil verbleiben würde – davon ging man beim Verband fest aus –, drohte sie in eine noch prekärere Situation zu geraten: Dass man sich zusätzlich noch mit der starken Konkurrenz aus den Benelux-Staaten konfrontiert sah, war bei der GGICLF ein Schreckensszenario.

Derartige Befürchtungen waren nicht unbegründet, denn in der Tat verfügten die Beneluxstaaten auf diesem Gebiet über leistungsfähige Betriebe. Weil die reine Rüstungsproduktion in diesen Ländern relativ klein war, schien es sehr wahrscheinlich, dass die EVG in Zukunft ihre Uniformen und Ausrüstung, wie Zeltplanen und Schlafsäcke, bevorzugt in den kleinen Ländern einkaufen würde. Nicht außer Acht gelassen werden durfte darüber hinaus, dass auch die deutschen Textilfirmen wieder kräftig im Aufwind begriffen waren und aussichtsreiche Chancen gehabt hätten, im Rahmen

---

[52] AMAE, DF-CED/C/116: Coignard an Alphand, 16.2.1954, S. 3.
[53] Vgl. SHD/DITEEX, NL Kœnig, 1 K/237/6: Stellungnahme CGPME (zugleich Leitartikel der »Informations Industrielles et Commerciales« Nr. 445, 30.10.1953), 30.10.1953.
[54] Vgl. Tournafond, L'importance et la vulnérabilité, S. 303–305. Unter dem Begriff Textilindustrie wird an dieser Stelle nicht nur die Bekleidungsindustrie verstanden, sondern auch die Ausrüstungsindustrie, die beispielsweise Zeltplanen, Schlafsäcke, Fallschirme etc. produzierte.
[55] Der Konzentrationsgrad der französischen Textilindustrie differierte mitunter stark. Während sich 90 % der Baumwolle verarbeitenden Industrie auf nur drei Regionen konzentrierte, verteilte sich die Wolle verarbeitende Industrie auf neun Regionen. Zur geografischen Verteilung des Industriezweigs: Vgl. Tournafond, L'importance et la vulnérabilité, S. 311–313.
[56] Siehe Kap. VI.7.; AMAE, DF-CED/C/119: Studie frz. EVG-Rüstungsdelegation, Oktober 1953, S. 91 f.; Vermerk [Coignard], o.D., S. 4; SHD/DAT, 1 R/180-1: Studie frz. NATO-Vertretung [Juni 1954], Kap. II, S. 11.

der EVG zum Zuge zu kommen. In der Hoffnung, auch weiterhin in den Genuss des bisher gewohnten Auftragsvolumens zu gelangen, erhob die GGICLF selbstbewusst Anspruch auf den Löwenanteil, wenn nicht gar auf die Gesamtheit der EVG-Aufträge. Man untermauerte dies mit Hinweisen auf die Größe der französischen Branche, auf deren Bedeutung für die Gesamtwirtschaft – nach Angaben der GGICLF trügen die Exporte zu ca. 10 % der Devisenbestandes der Republik bei –, ferner auf die angebliche Qualität der hergestellten Produkte und die Erfahrung und Ausstattung der Betriebe. Als Qualitätsbeleg erwähnte man im gleichen Atemzug voller Stolz die Großaufträge, die man vonseiten des britischen Ministry of Supply sowie einer Reihe von Staaten aus dem Nahen Osten erhalten hatte. Freilich vergaß man nicht daran zu erinnern, dass eine unzureichende Auslastung der vorhandenen Kapazitäten schwerwiegende Folgen für den gesamten französischen Textilsektor nach sich ziehen könne[57].

Vonseiten der französischen EVG-Rüstungsdelegation teilte man solche Untergangsphantasien nicht. Sie zeigte sich zuversichtlich, dass es besser als in anderen Branchen möglich sein würde, die Lage in den Griff zu bekommen[58]. Die Werbekampagne der Textilindustrie ging an der Realität vorbei, da der GGICLF von seiner Branche ein völlig übersteigertes Selbstbild zeichnete. Anstelle der ökonomischen Schwierigkeiten durch grundlegende Reformen Herr werden zu wollen, erblickte man sein Heil darin, für sich selbst einen Sonderstatus zu reklamieren. Damit gedachte man letztlich einen aufgeblähten Wirtschaftszweig künstlich am Leben zu halten. Abgesehen davon stellte die Forderung einen massiven Verstoß gegen die für das EVG-Vergabeverfahren maßgeblichen Grundsätze dar. Anhand dieses Beispiels zeigt sich, dass die französische Industrie keinen einheitlichen Kurs fuhr und die einzelnen Branchen mitunter divergierende Interessen verfolgten.

Unnachgiebig zeigte sich die Rüstungsdelegation bis zum Schluss gegenüber der Forderung von Industrieseite, die 85/115 %-Klausel auf jede Materialsparte einzeln anzuwenden. Man hielt eine derartige Lösung für wenig realistisch und den französischen Interessen zuwiderlaufend. Am vorteilhaftesten schien es nämlich, wenn man den maximalen Spielraum von 115 % würde ausschöpfen können, was satte Exporte innerhalb des EVG-Raumes versprach. Zudem ließe sich, wie man am Beispiel der Bundesrepublik erläuterte, eine starre 85/115 %-Regelung ohnehin nicht anwenden, denn in der Anfangsphase würde man nicht damit rechnen können, dass die Deutschen Aufträge aus dem gesamten Lieferspektrum annehmen könnten[59].

Freilich gab es auch Unternehmen, die in der Schaffung der Verteidigungsgemeinschaft ein lukratives Geschäft zu erblicken schienen. Hierzu gehörte der Elektronikkonzern IBM, der Datenverarbeitungs- und Rechenanlagen herstellte und praktisch in allen Mitgliedstaaten der Montanunion vertreten war. Er empfahl sich beim Interimsausschuss für die Ausstattung der zukünftigen integrierten Einrichtungen mit standardisier-

---

[57] Vgl. SHD/DAT, 6 Q/69: Genty an Moulias, 29.4.1953, mit Anlagen; Comité central de la Laine, La disparité des prix français. Émile Genty war Präsident des Interessenverbandes Comité central de la Laine. In Fachkreisen fürchtete man sich vor allem vor einem Wiederaufstieg der deutschen und japanischen Textilindustrien. Vgl. Tournafond, L'importance et la vulnérabilité, S. 304. Details zur Wettbewerbsfähigkeit der japanischen Textilindustrie: Kahmann/Köllner, Japan.
[58] Vgl. AMAE, DF-CED/C/115: Zusatzvermerk [frz. EVG-Rüstungsdelegation], 12.7.1954, S. 4.
[59] Vgl. ebd., S. 1, 4.

tem und kostengünstigem Gerät und lud zu diesem Zweck EVG-Vertreter zu einer Firmenbesichtigung mit Vorführungen ein[60]. Mit Militäraufträgen besaß IBM schon reichlich Erfahrung: in Frankreich etwa hatte die Firma zahlreiche Dienststellen von Heer, Luftwaffe und Marine beliefert[61].

Die in weiten Teilen der französischen Industrie vorhandenen Bedenken gegen die Auswirkungen der rüstungswirtschaftlichen Bestimmungen des EVG-Vertrags, insbesondere die Befürchtung, gegenüber den europäischen Partnern nicht konkurrenzfähig zu sein, dürften eine nicht zu unterschätzende Rolle beim Scheitern des Europaarmee-Projekts in der Nationalversammlung gespielt haben. Unter Berufung auf Ausführungen des Ersten Vize-Präsidenten des CNPF Ricard vor Vertretern der sechs westeuropäischen Spitzenverbände ließ der BDI-Hauptgeschäftsführer Beutler verlauten, dass die Angst der französischen Industrie vor einem supranationalen Wettbewerb – trotz der in Artikel 29 und 30 des EVG-Finanzprotokolls enthaltenen Schutzquoten – »mit ein entscheidender Grund für die Nichtratifizierung des EVG-Vertrages« gewesen sei. Beutler gab sich überzeugt, dass die Position der Industrieverbände nicht ohne Wirkung auf die Wirtschafts- und Finanzkommission des französischen Parlaments geblieben war. Als besonders gravierend empfanden französische Industriekreise, dass sie zur Ausarbeitung des Vertrags nicht hinzugezogen worden waren und somit keinerlei Einfluss auf dessen Ausgestaltung hatten nehmen können. Ähnlich verärgert zeigte man sich in Bezug auf den Entwurf über die EPG. Hinzu kam eine herbe Enttäuschung über die Montanunion[62]. Demgegenüber bestritt Ricard wenig später gegenüber einem anderen deutschen Industrievertreter, derartige Äußerungen gemacht zu haben. Die Industrie habe sich, so Ricard, mit dem damaligen Wirtschaftsminister Bourgès-Maunoury darauf verständigt, sich in der Ratifikationsfrage neutral zu verhalten[63]. Ricard stellte mögliche EVG-kritische Bemerkungen französischer Industrieller als Einzelmeinungen dar und versicherte, dass ökonomische Gründe seines Erachtens nicht gegen den EVG-Vertrag gesprochen hätten[64]. Aufgrund der oben dargelegten Aktivitäten der Industrieverbände kann allerdings davon ausgegangen werden, dass diese sehr wohl versuchten Einfluss auf den Ratifikationsprozess zu nehmen und die politischen Entscheidungsträger in ihrem Sinne zu beeinflussen[65]. Da im August 1954 noch immer keine Anzeichen dafür erkennbar waren, dass die Vorschläge der Verbände tatsächlich umgesetzt würden, um die von einem gemeinsamen Rüstungsmarkt ausgehenden Risiken zu beseitigen bzw. abzumil-

---

[60] Vgl. AMAE, DF-CED/C/124: de Waldner (Generaldirektor IBM France) an Alphand, 16.11.1953; AMAE, CED, 231: Vermerk frz. EVG-Delegation für EVG-Militärausschuss/Logistik/Gruppe Rüstung, 18.11.1953, mit Besuchsprogramm und Teilnehmerliste; AMAE, DF-CED/C/124: Alphand an de Waldner, 23.11.1953 und 28.11.1953. Näheres zum Unternehmen und seinen Erzeugnissen siehe die dem Aktenbestand beiliegenden Firmenbroschüren »Compagnie IBM France«, Paris 1953; »Les machines électriques et électroniques à cartes perforées«, Paris, o.D.; AMAE, DF-CED/C/124: Vermerk IBM France, November 1953.
[61] Vgl. AMAE, DF-CED/C/124: Vermerk IBM France, November 1953, S. 6.
[62] Vgl. BArch, B 102/435439: Vermerk Beutler, 24.9.1954 (Zitat S. 1); Pitman, Interested Circles, S. 51.
[63] Dafür ließen sich in den vorgefundenen Aktenbeständen keinerlei Belege finden.
[64] Vgl. PA-AA, B 20/87: Unbek. Verfasser (Henle?) an Adenauer, 17.10.1954, S. 2.
[65] Davon zeugen die bereits zitierten Schreiben und Entwürfe verschiedener Verbände, die sich im Nachlass des damaligen Vorsitzenden des Verteidigungsausschusses Kœnig befinden. Siehe SHD/DITEEX, NL Kœnig, 1 K/237/6.

dern, dürfte bei den Industriellen sicherlich eine große Ernüchterung eingetreten sein, die sie dazu veranlasste, das Ratifikationsprozedere zu beeinflussen.

Auch nach fester Überzeugung des Vorstandsmitglieds des Duisburger Klöckner-Konzerns und CDU-Bundestagsabgeordneten Günter Henle war die Haltung der französischen Industriellen zur europäischen Integration in hohem Maße von der Sorge um die eigene Wettbewerbsfähigkeit beeinflusst. Aufgrund der Schwäche der heimischen Wirtschaft zeigten sie sich gegenüber den von politischer Ebene angestoßenen Integrationsprojekten – der EVG, der EGKS, der EPG sowie den Plänen eines Gemeinsamen Marktes – kritisch bis ablehnend. Der Groll richtete sich vor allem gegen die Montanunion, die sich für Frankreich in den Augen von Wirtschaftsvertretern »als schlechtes Experiment erwiesen« habe, und gegen den Präsidenten der Hohen Behörde Monnet. Die Bereitschaft, sich auf weitere »Experimente« einzulassen, war daher gering. Zu einschneidenden Reformen, beispielsweise zu Abstrichen bei den Sozialleistungen und beim Lebensstandard sowie zum Abbau staatlicher Subventionsmaßnahmen, war man nicht bereit. Zu sehr hatte man sich in den letzten Jahren an den staatlichen Protektionismus gewöhnt; den daraus gezogenen Nutzen gedachte man nicht auf dem Altar des Supranationalismus zu opfern. Mit der »Integrationsfreudigkeit der französischen Wirtschaftler«, so schrieb Henle an Bundeskanzler Adenauer, sei es »heute leider recht schlecht bestellt«. Dabei verwies der Industrielle auch darauf, dass selbst Schuman, der »Fahnenträger der französischen Integrationspolitik«, in einem Interview die Meinung vertreten habe, dass die Schaffung einer weiteren supranationalen Behörde neben der Montanunion aufgrund der aktuellen wirtschaftlichen Situation nicht machbar sei und die heimischen Unternehmen erst konkurrenzfähig gemacht werden müssten[66].

Henle selbst hatte sich in einer am 7. Juli 1952 vor der »Volks- und Betriebswirtschaftlichen Vereinigung im rheinisch-westfälischen Industriegebiet« gehaltenen Rede über einige Vertragsartikel »wenig glücklich« gezeigt, sich aber dennoch »nachdrücklichst« für die Vertragsannahme ausgesprochen. Die Bedenken aus deutschen Industriekreisen – die Furcht vor einer Ausschaltung der Bundesorgane und einer Überstimmung durch die anderen EVG-Partner, die Angst vor einem Dirigismus des Kommissariats sowie vor möglichen Störungen des Wirtschaftslebens und des Sozialgefüges – konnte er nachvollziehen, teilte sie aber nicht in vollem Umfang. Die wirtschaftlichen Bestimmungen des EVG-Vertrags, darunter auch die Rüstungsbeschränkungen und die 85/115 %-Klausel, erschienen ihm im Großen und Ganzen akzeptabel und nicht schädlich; die mit der EVG verbundene Aufhebung der alliierten Verbote und Überwachungsmaßnahmen für die deutsche Industrie bewertete er ausdrücklich positiv. Henle vertraute auf den »Schutzwall in Gestalt unseres Professors Erhard« und sah in diesem den Garanten für

---

[66] Vgl. BDFD, Bd 2, S. 996–999: Henle an Adenauer, 1.4.1954 (Zitate S. 997 f.); siehe auch Wilkens, Verständigung von Wirtschaft zu Wirtschaft, S. 215; Krüger, Sicherheit durch Integration?, S. 352 f. Henle galt Ende der 1940er/Anfang der 1950er Jahre als politisch einflussreicher Industrieller und fungierte zeitweise als enger Berater des Kanzlers. Er befürwortete eine deutsch-französische Zusammenarbeit und die Westbindung der Bundesrepublik, weil er darin u.a. das geeignete Mittel erblickte, die alliierten Ruhrkontrollen abzuschütteln. Als einer der ersten deutschen Industriellen wandte er sich von der Kartellpolitik der Vorkriegszeit ab, trat für eine Handelsliberalisierung nach amerikanischem Vorbild ein und unterstützte nachdrücklich den Schuman-Plan. Vgl. Wilkens, Verständigung von Wirtschaft zu Wirtschaft, S. 205 f.

Stabilität und den Bewahrer vor übermäßiger Aufrüstung und planwirtschaftlichen Praktiken. Um aber deutsche Wirtschaftsinteressen innerhalb der EVG angemessen vertreten zu können, müsse die Bundesregierung dafür sorgen, dass Schlüsselpositionen in der Hohen Behörde mit Deutschen besetzt würden. Für Henle war ein Zusammengehen der Westeuropäer aus wirtschaftlichen und militärischen Erwägungen unverzichtbar. Die Verträge über die EGKS und die EVG, wirtschaftliche und notgedrungen auch militärische Integration, waren in seinen Augen zwei Seiten einer Medaille und bildeten das Fundament eines neuen Europa. Ein Scheitern der Europaarmee sei laut Henle ein Triumph Moskaus[67].

Mit seinen Einschätzungen zur Haltung der französischen Industriellen bestätigte Henle das Bild, das sich auf der Grundlage des ausgewerteten Archivmaterials zeichnen ließ: Frankreichs Wirtschaftselite konnte sich aufgrund befürchteter Nachteile nicht dazu durchringen, ein supranationales Beschaffungssystem zu akzeptieren. Beeinflusst wurde diese Haltung auch durch die Enttäuschungen, die die Industrie mit dem ersten supranationalen Integrationsprojekt, der Montanunion, verband. Vor allem die Stahlindustrie hatte, wie bereits erwähnt, von Anfang an massiv gegen den Schuman-Plan mobil gemacht und sah sich aufgrund der Anlaufschwierigkeiten der Hohen Behörde in ihrer Skepsis und Kritik bestätigt. Zur Verunsicherung im Lager der französischen Industriellen mögen sicherlich auch die zur gleichen Zeit tobenden Querelen über die innergemeinschaftlichen Steuern und Transporttarife, die Kanalisierung der Mosel, die Rekonzentration der Schwerindustrie an der Ruhr sowie das Saarproblem beigetragen haben[68].

Mit ihrer negativen Sichtweise stand die Industrie nicht allein. Geteilt wurde die kritische Beurteilung des Gemeinsamen Marktes für Kohle und Stahl im Ministerium für Finanzen und wirtschaftliche Angelegenheiten, wie ein an den Vorsitzenden des Verteidigungsausschusses der Nationalversammlung, General a.D. Kœnig, gerichtetes Schreiben belegt. Zwischen Januar und Oktober 1953 sei, so hieß es darin, die Stahl- und Kohleproduktion im EGKS-Raum um 7,3 % bzw. 5 % zurückgegangen. Nach Überzeugung Henri Menahems von der Abteilung für Preisfragen hatten sich die positiven Prognosen der Regierung nicht erfüllt: weder habe der Gemeinsame Markt zur Ausdehnung des Kohle- und Stahlsektors und zu Preissenkungen, noch zu einem freien Wettbewerb und zur Schaffung von mehr Arbeitsplätzen geführt. Zudem beklagte er, dass die Regierung ihre im Zusammenhang mit der Ratifikation gegebenen Versprechen nicht gehalten habe. Mit Neid blickte man im Ministerium an die Ruhr, wo die Entwicklung gemäß der vorliegenden Wirtschaftsdaten günstiger schien. Im Ministerium sang man ein weiteres Mal das Klagelied von der leidenden heimischen Industrie und dem mächtigen Nachbarn am Rhein. So richtete man an die Adresse Kœnigs erneut die eindringliche Warnung: »quand on fusionne des économies à potentiel inégal, la plus forte se développe au détriment de la plus faible«[69]. Schon früher hatte Menahem Kœnig indirekt dazu aufgefordert, etwas gegen einen Machtzuwachs der Hohen Behörde auf politi-

---

[67] Vgl. Henle, Das Vertragswerk mit dem Westen, S. 6–8 (Zitate S. 8, 7, in dieser Reihenfolge).
[68] Ausführlich zu diesen Aspekten, unter besonderer Berücksichtigung der bundesdeutschen und französischen Standpunkte: Lefèvre, Les relations économiques franco-allemandes, S. 281–304.
[69] Vgl. SHD/DITEEX, NL Kœnig, 1 K/237/6: Vermerk [Menahem] für Kœnig, 8.12.1953 (Zitat, S. 3).

schem Gebiet zu unternehmen[70]. Die nach Einschätzung des Ministeriums ernüchternden Erfahrungen mit Monnets Behörde wirkten im Hinblick auf die EVG wie ein böses Omen. Doch nicht nur die im Rahmen der EGKS und EVG anvisierten Gemeinsamen Märkte boten aus Menahems Sicht Anlass zur Sorge.

Neues Ungemach drohte mit dem niederländischen Vorstoß zu einer wirtschaftlichen Einigung im Rahmen der EPG. Hier entstand insbesondere der französischen Landwirtschaft eine Gefahr, die wegen ihrer vielen Kleinbetriebe international nur schwer wettbewerbsfähig war und von der Regierung massiv mit Subventionen unterstützt werden musste. Hinzu käme der Wegfall der Schutzzölle[71]. Alles in allem hielt man das eigene Land im Gegensatz zur Bundesrepublik zum damaligen Zeitpunkt noch nicht reif für eine europäische Wirtschaftsintegration:

»En somme, dans l'immédiat, l'intégration économique européenne semble présenter, pour l'industrie de l'Allemagne Occidentale, à la fois un besoin pour son essor ultérieur et un avantage considérable, alors qu'elle risque de cristalliser le handicap de l'industrie de la France.«

Doch die Deutschen galten nicht als die einzigen Konkurrenten. Fast genauso große Furcht hatte Menahem vor den landwirtschaftlichen Produkten Belgiens und der Niederlande[72]. Dass ausgerechnet Kœnig der Empfänger solcher integrationskritischer Schreiben war, dürfte kein Zufall gewesen sein. Der General, der ohnehin schon ein vehementer Gegner der EVG war, könnte sich durch Menahems Analysen zur Montanunion in seiner ablehnenden Haltung gegenüber supranationalen Integrationsmodellen und damit auch gegenüber einer Europaarmee bestätigt gesehen haben.

Angesichts der kritischen Bemerkungen von französischer Seite über die Montanunion, die im Zusammenhang mit der EVG geäußert wurden und dazu dienen sollten, die Europaarmee zu diskreditieren, stellt sich die Frage, ob die Bilanz der Montanunion tatsächlich negativ war und zu Recht als Warnsignal herhalten konnte. Waren die Klagen französischer Industrieller und Ministerialbeamter und somit auch die Warnungen vor einer EVG berechtigt? Eine sachgerechte Beurteilung war zum damaligen Zeitpunkt sicherlich noch zu früh, weil der gemeinsame Markt für Kohle, Eisenerz und Schrott erst ab dem 10. Februar 1953, der für Stahl erst ab dem 1. Mai desselben Jahres existierte[73].

---

[70] Vgl. ebd: Vermerk [Menahem], 9.6.1953, mit Anlagen A–D. Interessanterweise unternahm Menahem fast zur selben Zeit den Versuch, in eine Studiengruppe des EVG-Interimsausschusses aufgenommen zu werden, deren Aufgabe der Vergleich der militärischen Lieferpreise in den EVG-Mitgliedsländern war. Vgl. AMAE, DF-CED/C/117: Generaldirektor für Preisfragen an Alphand, 26.5.1953.

[71] Vgl. SHD/DITEEX, NL Kœnig, 1 K/237/6: Menahem an Kœnig, 4.11.1953, mit Vermerk [Menahem], 3.11.1953; Vernant, L'économie française devant la C.E.D., S. 111 f. Von der Landwirtschaft lebte in Frankreich gut ein Viertel der Bevölkerung. In einer besonders schwierigen Situation soll sich der Fleischmarkt befunden haben. Angeblich soll die Regierung die Versorgungsstellen der Armee angewiesen haben, massive Käufe und Bevorratungen von Fleisch vorzunehmen, um die Lage zu mildern. Menahem wies ausdrücklich darauf hin, dass derartige staatliche Interventionen in der EVG kaum noch möglich wären und ein Großteil der Aufträge mit hoher Wahrscheinlichkeit ins Ausland fließen würde, wo die Fleischpreise angeblich um bis zu 40 % (!) günstiger seien. Vgl. SHD/DITEEX, NL Kœnig, 1 K/237/6: Menahem an Kœnig, 4.11.1953. Zu den Bemühungen der französischen Regierung um eine Modernisierung ihres Agrarsektors: Lynch, France and the International Economy, S. 146–166.

[72] Vgl. SHD/DITEEX, NL Kœnig, 1 K/237/6: Vermerk Menahem, 15.10.1953 (Zitat S. 11).

[73] Vgl. Bührer, Die Montanunion, S. 75; Lefèvre, Les relations économiques franco-allemandes, S. 280.

Selbst in der Folgezeit erwies es sich schwierig, die wirtschaftlichen Auswirkungen der EGKS klar zu messen und zu bewerten[74], da die statistischen Erhebungs- und Vergleichsmethoden noch nicht ausgereift waren.

Nicht von der Hand zu weisen ist, dass die Hohe Behörde in den ersten Jahren mit teils erheblichen Anlaufschwierigkeiten zu kämpfen hatte. Monnets eher autokratischer Führungsstil und das bisweilen konfuse Innenleben des stetig wachsenden Verwaltungsapparats sorgten vielerorts für Irritationen. Auf wenig Gegenliebe stießen Monnets Bemühungen, den mit Industrievertretern der sechs Mitgliedstaaten besetzten Beratenden Ausschuss durch externe Kommissionen zu umgehen. Allerdings gelang es der Hohen Behörde nicht, eine umfassende Macht zu entfalten, wie von der Wirtschaft im Vorfeld befürchtet. Die Industrie konnte wesentliche Interessen durchsetzen. So schlossen sich die Stahlproduzenten zu einem Exportkartell zusammen, Unternehmensabsprachen in Preisfragen bestanden fort, der Subventionssumpf konnte zunächst nicht trocken gelegt werden. Der französische Staat unterstützte anfangs weiterhin in beträchtlichem Maße die Kohleförderung, in geringerem Umfang die Stahlindustrie[75]. Die Luxemburger Behörde gestand den Deutschen die Rekonzentration der nach dem Krieg zwangsentflochtenen Kohle- und Stahlindustrien zu, um ihnen gleiche Wettbewerbschancen mit den anderen westeuropäischen Industrien zu ermöglichen[76].

Insofern traf das Bild eines nahezu allmächtigen Behördenapparats nicht so ohne weiteres zu. In wirtschaftlicher Hinsicht bescheinigen Historiker der EGKS eine überwiegend positive Bilanz. Die Stahlerzeugung in den Mitgliedstaaten stieg in den ersten beiden Jahren, der Binnenhandel innerhalb der EGKS nahm beträchtlich zu. Die Stahlproduktion stieg zwischen 1952 und 1957 um 42,7 % an, bei Koks und 23,7 %, bei Kohle hingegen nur um 3,8 %. Beim Binnenhandel im Eisen- und Stahlsektor, namentlich bei Lieferungen an den gemeinsamen Markt, ließ sich eine Steigerung von ca. 2,5 Mrd. t (1952) auf ca. 4 Mrd. t (1954) feststellen[77]. Zu Klagen bestand demnach in wirtschaftlicher Hinsicht eher weniger Grund. Kipping betont die positiven Auswirkungen der Montanunion auf die französische Stahlindustrie: diese erfuhr nämlich einen beachtlichen Modernisierungs- und Konzentrationsschub, der sich letzt-

---

[74] Vgl. Diebold, The Schuman Plan, S. 567, der in seiner 1959 erschienenen Studie eine gemischte Bilanz zieht, siehe ebd., S. 567–592.

[75] Resümierend dazu: Krüger, Sicherheit durch Integration?, S. 230–234; vgl. auch Abelshauser, Deutsche Wirtschaftsgeschichte seit 1945, S. 244, 246.

[76] Vgl. Abelshauser, Deutsche Wirtschaftsgeschichte seit 1945, S. 245 f.; Lefèvre, Les relations économiques franco-allemandes, S. 293–298; Spierenburg/Poidevin, The History, S. 170–175, 293–295.

[77] Vgl. Bührer, Die Montanunion, S. 76–81. Abelshauser bezeichnet die EGKS als wirtschaftliche Erfolgsgeschichte, weist aber darauf hin, dass ihr Erfolg sich nicht anhand der Produktionsentwicklung beurteilen lässt. Zum Zeitpunkt, als der gemeinsame Markt verwirklicht wurde, schwächte sich der Boom der Montanindustrien bereits ab, während die Bedeutung des Investitions- und Konsumgütersektors zunahm. Vgl. Abelshauser, Deutsche Wirtschaftsgeschichte seit 1945, S. 246–248. Eine kritischere Haltung nimmt Gillingham ein. Für ihn lagen die Verdienste der EGKS weniger im wirtschaftlichen, sondern im politischen Bereich. Die positiven Errungenschaften waren für ihn die Bindung der Bundesrepublik an den Westen, die deutsch-französische Annäherung und die allgemeine Schubwirkung für die Europäische Integration. Vgl. Gillingham, Coal, Steel, and the Rebirth of Europe, S. 332–348, 364. Als wenig ergiebig zur Beurteilung der EGKS erweist sich der Beitrag von Mioche, Bilan économique.

lich auch positiv auf die Stahlverbraucher ausgewirkt haben dürfte. Die Association des Utilisateurs des Produits Sidérurgiques (AUPS) zeigte sich wohlwollend. Selbst SGIMTM-Chef Métral, der der Hohen Behörde nach wie vor »Dirigismus« vorwarf, gab sich nicht unzufrieden, forderte aber weitere Preissenkungen[78]. Diese knappe Bilanz mag genügen, um zu zeigen, dass die Kritik französischer Industrievertreter an Monnets Behörde nicht in vollem Umfang zutraf. Dass Frankreich durch die EGKS auch Vorteile erwuchsen, ging angesichts von Anlaufschwierigkeiten und der mitunter emotional geführten Debatte um die EVG vermutlich etwas unter[79].

Beim BDI zeigte man für die Befürchtungen der französischen Kollegen hinsichtlich einer supranationalen Auftragsvergabe im Rüstungsbereich Verständnis, ohne freilich harsche Kritik am Europaarmee-Konzept bzw. an der Bundesregierung zu üben. Auffällig war, dass man den Eindruck vermeiden wollte, nur für den BDI zu sprechen und primär Eigeninteressen zu vertreten. Man zeigte sich vielmehr bemüht, eine gemeinsame Position der Industrieverbände aus den sechs betroffenen Ländern zu präsentieren. So gab man zu Protokoll, dass man eine integrierte Beschaffungsorganisation, wie sie im Rahmen der EVG vorgesehen war, wegen der ungleichen ökonomischen Ausgangsbedingungen in den sechs Mitgliedstaaten für kaum realisierbar hielt:

> »Nach gemeinsamer Erkenntnis der Industrien dieser Länder kann ein Integrationsprozess sich nur in dem Masse [sic!] und in dem Tempo und in den geographischen Bereichen vollziehen, wie eine entsprechende Harmonisierung der einzelnen Volkswirtschaften sich erst allmählich herausbildet. Bis dahin wird ganz besonders Rücksicht zu nehmen sein auf die Einstellung der Länder, die glauben, wirtschaftlich unterlegen zu sein.«

Demnach hielt man eine schrittweise Angleichung der wirtschaftlichen Verhältnisse und die Berücksichtigung der Schwächen einzelner Länder für unumgänglich. Als Konsequenz aus dem missglückten Versuch einer westeuropäischen Rüstungsintegration sprach man sich dann im Zusammenhang mit dem von Ministerpräsident Mendès France im Herbst 1954 vorgelegten Rüstungspool-Plans dafür aus, die Durchführung von Beschaffungen in nationaler Verantwortung zu belassen und internationale Ausschreibungsverfahren zu unterlassen. Für die Beschaffung von Kriegsmaterial, das mangels vorhandener Kapazitäten oder bestimmter Vorschriften nicht hergestellt werden könnte oder dürfte, sollte eine Auftrags-Clearing-Stelle eingerichtet werden[80].

In der französischen Öffentlichkeit kursierten bisweilen auch von Aktionsgruppen verbreitete, bizarre Verschwörungstheorien, die die in breiten Teilen der Gesellschaft vorhandenen Unsicherheiten und Ängste hinsichtlich der ökonomischen Perspektiven der Republik mit anti-deutschen Ressentiments vermischten. Die linksgerichtete Union des Ingénieurs et Techniciens Français (UNITEC) verbreitete die abenteuerliche These, wonach es sich bei der EVG um eine von der Wall Street kontrollierte Gemeinschaft handle, die auf Kosten Frankreichs aus Westdeutschland eine Militärmacht mache[81]. Das aus Vertretern der Rechten zusammengesetzte Comité National de Défense

---

[78] Vgl. Kipping, Zwischen Kartellen und Konkurrenz, S. 329–332, 234.
[79] Nach wie vor fehlt eine systematische, quellengestützte volkswirtschaftliche Analyse der Montanunion.
[80] Vgl. BArch, B 102/435439: Vermerk Beutler, 24.9.1954, S. 1 f. (Zitat S. 2).
[81] Vgl. SHD/DITEEX, NL Kœnig, 1 K/237/6: UNITEC, Les conséquences économiques du Traité de Paris instituant la CED, Bulletin UNITEC, n° spécial, Januar 1954, S. 16.

de l'Unité de la France et de l'Union Français (CNDUFU) sprach in Bezug auf die EVG-Rüstungswirtschaft von einer »agression contre la production française«, die den Nährboden für soziale Unruhen bereite und den Kommunisten in die Hände spiele[82]. Beide Gruppierungen beließen es aber nicht bei Warnungen vor wirtschaftlichen Folgen, sondern machten sich auch anti-deutsche Ressentiments zunutze. Werde die Europaarmee Realität, so ließen sie in ihren Pamphleten in fast identischem Wortlaut verbreiten, müsse man in den Betrieben damit rechnen, die einstigen Offiziere der deutschen Wehrmacht als Inspektoren der EVG wiederzusehen. Man entwarf das Bildes des »Herrn Leutnant« des Jahres 1942, der elf Jahre später als ranghoher EVG-Beamter in französischen Unternehmen wieder das Regiment zu führen drohte[83]. Die Aktionsgruppen versuchten damit gezielt, in der Bevölkerung Erinnerungen an die Besatzungszeit zu wecken und Abwehrreflexe hervorzurufen. Gewiss dürften bei vielen Franzosen die Erinnerungen an die Okkupation und die Nutzbarmachung des Landes für die nationalsozialistische Kriegswirtschaft noch tief verwurzelt gewesen sein[84]. Dass deutsche Soldaten in einer europäischen Rüstungsorganisation und -industrie, dazu noch auf französischem Boden, in leitenden Funktionen zu finden sein würden, musste daher vielen Franzosen als unzumutbare Demütigung, als eine Art Rückkehr der Geschichte erscheinen.

Bei ihrem Feldzug gegen die EVG bedienten sich die Aktionsgruppen ferner höchst fragwürdiger historischer Assoziationen. So verkündete das aus Persönlichkeiten des öffentlichen Lebens bestehende Comité de Liaison, das sich ganz dem Kampf gegen die Europaarmee verschrieben hatte[85], dass eine Ratifikation des Vertrags und seiner Protokolle durch die Nationalversammlung einer Neuauflage des 10. Juli 1940 gleichkäme. Damit war eine Selbstentmachtung des Parlaments gemeint, das fortan einer »oligarchie militariste et technocratique« ausgeliefert wäre, wie man das Kommissariat

---

[82] SHD/DAT, 11 Q/29-3: CNDUFUF, Bulletin N° 18, Januar 1954, S. 2. Zu der Vereinigung gehörten unter anderem die ehemaligen Generale Adolphe Aumeran und Pierre Billotte – beide Abgeordnete der Nationalversammlung – und Senator Marcel Pellenc. Aumeran spielte beim Scheitern der EVG eine Schlüsselrolle. Am 30.8.1954 stimmte die Nationalversammlung über seinen Antrag ab, der die Absetzung der EVG von der Tagesordnung beinhaltete. Der Antrag wurde mit großer Mehrheit angenommen, was der Europaarmee den Todesstoß versetzte. Aumeran hatte sich bereits vehement gegen den Schuman-Plan ausgesprochen und anlässlich der Ratifikationsdebatte am 6.12.1951 »im Namen der Opfer«, die während der vergangenen drei Kriege gegen Deutschland getötet worden waren, protestiert. Vgl. Clesse, Le projet de CED, S. 160–163; Fursdon, The European Defence Community, S. 295 f.; Lappenküper, Die deutsch-französischen Beziehungen, Bd 1, S. 273 f., 751; Risso, Divided We Stand, S. 217 f.

[83] Vgl. SHD/DITEEX, NL Kœnig, 1 K/237/6: UNITEC, Les conséquences économiques du Traité de Paris instituant la CED, Bulletin UNITEC, n° spécial, Januar 1954, S. 15; SHD/DAT, 11 Q/29-3: CNDUFUF, Les Documents Français: La France devant la CED, Bulletin N° 38, 7.5.1954, S. 10.

[84] Dabei verdrängte man, dass zwischen 1940 und 1944 zahlreiche französische Unternehmen mit dem Deutschen Reich kollaboriert hatten. Aus der Fülle an Literatur zur industriellen Kollaboration siehe Chadeau, L'industrie aéronautique, S. 349–374; Facon/Ruffray, Aperçus sur la collaboration aéronautique; Klemm, La production aéronautique française. Weitere Beispiele sind die Peugeot- und Renault-Werke: Lessmann, Industriebeziehungen; Riess, Die deutsch-französische industrielle Kollaboration.

[85] Der Gruppierung gehörte unter anderem einer der radikalsten Gegner der EVG, der Gaullist Michel Debré, an. Ausführlich zu seiner Kritik an der Europaarmee: Debré, Contre l'armée européenne.

abfällig nannte[86]. Zum negativen Urteil hatte der rüstungswirtschaftliche Abschnitt des EVG-Vertragswerks maßgeblich beigetragen. Im Zentrum der vernichtenden Kritik standen wie bei den Militärs und den Industrieverbänden die Wettbewerbsgrundsätze, die infolge der 85/115 %-Klausel möglichen Auftragsverluste und deren Auswirkungen auf die einzelnen Branchen, aber auch die möglichen Folgen der im Abkommen über das Zoll- und Steuerwesen niedergelegten Bestimmungen. Man warf den Vertragsvätern vor, zu sehr auf eine rasche Reduzierung von Beschaffungskosten bedacht zu sein, anstelle auf lange Sicht wettbewerbsfähige Wirtschaftsstrukturen zu schaffen. Ohne grundlegende, von der EVG initiierte Reformen in den nationalen Ökonomien sollte es keinen gemeinsamen Rüstungsmarkt geben[87].

Lautere Töne schlug das Centre de Liaison des Ingénieurs, Cadres & Techniciens contre la »Communauté Européenne de Défense« an, das sich bei seiner Analyse des EVG-Wirtschaftsteils unter anderem auf die Berichte der Commission Nathan sowie des Industrie- und Handelsministeriums bezog, um die eigene Argumentationslinie zu untermauern[88]. Auffällig war, dass die Bundesrepublik durchgängig als schärfster Konkurrent und größter Profiteur einer integrierten Rüstung präsentiert wurde. Ausgehend von der aus wissenschaftlicher Sicht kaum haltbaren These, wonach die französische Industrie während des Zweiten Weltkrieges extrem gelitten, die deutsche hingegen ausschließlich profitiert habe und seit Kriegsende durch das Ausland vielfältig unterstützt werde[89], unterstellte man dem ehemaligen Kriegsgegner einen »esprit de conquête«

---

[86] SHD/DAA, 9 E/1147-1: Journées d'études des fonctionnaires sur le Traité de Paris, La CED et la Communauté Française. Rapport présenté par le Comité de Liaison, 15.5.1954, S. 15, 14 (in dieser Reihenfolge). Am 10.7.1940, gut zweieinhalb Wochen nach der Unterzeichnung des Waffenstillstandes zwischen dem Deutschen Reich und Frankreich, hatte die von Vichy einberufene Nationalversammlung Marschall Philippe Pétain den Auftrag erteilt, eine neue Verfassung auszuarbeiten. Dies bedeutete das Ende der Dritten Republik und den Beginn des Vichy-Regimes, das ein Vasallenstaat des Deutschen Reichs war und mit diesem kollaborierte. Siehe La France et l'Allemagne en guerre (1939–1942); Jäckel, Frankreich in Hitlers Europa; Rousso, Frankreich unter deutscher Besatzung.

[87] Vgl. SHD/DAA, 9 E/1147-1: Journées d'études des fonctionnaires sur le Traité de Paris, La CED et la Communauté Française. Rapport présenté par le Comité de Liaison, 15.5.1954, S. 6–8. Weil die Steuersätze und Zölle in Frankreich vergleichsweise hoch waren, befürchteten die Verfasser, dass das Kommissariat vorzugsweise Aufträge in die anderen Mitgliedstaaten lenken bzw. dort abwickeln würde. Dadurch drohten nicht nur wichtige Einnahmen verloren zu gehen, sondern auch Nachteile für das heimische Transportwesen.

[88] Zum Folgenden: CARAN, NL Bidault, 457 AP/37: Bernard Laffaielle, Les percussions de la CED sur la production industrielle française, 1.8.1954 (Zitate S. 10, 13).

[89] Die Behauptung, wonach Frankreich während des Zweiten Weltkrieges im Gegensatz zu Deutschland in besonderem Maße unter Zerstörungen gelitten habe, ist so nicht haltbar. Zwar wurden auch französische Städte, Industriestandorte und Werftanlagen mitunter schwer von alliierten Bombenangriffen getroffen bzw. bei den Kämpfen in Mitleidenschaft gezogen. Mit dem strategischen Luftkrieg gegen das Deutsche Reich können diese jedoch kaum verglichen werden. Dort versanken nahezu alle größeren Städte und Industrieanlagen in Schutt und Asche. Das britische Bomberkommando verfolgte die Strategie, im Reichsgebiet großflächige Zerstörungen anzurichten, um das öffentliche Leben völlig zum Erliegen zu bringen und die Moral der Bevölkerung zu brechen. Demgegenüber bemühten sich die Alliierten so gut es ging, französische Opfer zu vermeiden, was oftmals aber nicht gelang. Zum alliierten Luftkrieg gegen Deutschland: DRWK, Bd 6 (Beitrag Boog); DRWK, Bd 7 (Beitrag Boog). Zum neuesten Forschungsstand über die alliierten Bombardements in Frankreich: Les Bombardements alliés sur la France; Dodd/Knapp, »How Many Frenchmen Did You Kill?«

und einen gefährlichen Ehrgeiz, der das Land von jeher für seine Nachbarn zu einer Bedrohung habe werden lassen. So verlieh man den Kriegen von 1870, 1914 und 1939 den Charakter wirtschaftlicher Eroberungskriege, die die Deutschen in der seit Langem bestehenden Absicht geführt hätten, den französischen Konkurrenten auszumerzen. In der EVG und ihrer Rüstungsorganisation erblickte man nichts weiter als einen Türöffner für eine deutsche Wirtschaftsdominanz auf dem europäischen Kontinent, die heimische Industrie hingegen wähnte man in der Opferrolle. Ihr drohten nach Überzeugung des Centre de Liaison durch die umfangreichen Befugnisse der Gemeinschaft Fesseln angelegt zu werden, mit schweren Folgen für Schlüsselsektoren – Luftfahrt, Elektronik, Atomenergie – und die gesamtwirtschaftliche Entwicklung. Mit großer Besorgnis registrierte man, dass die deutsche Wirtschaft sich kräftig im Aufwind befand und im Begriff war, in einer Reihe von Bereichen – Mechanik, Elektronik, Chemie, Schiffbau – an Frankreich vorbeizuziehen. Alles in allem diffamierte man das von Monnet aus der Taufe gehobene supranationale Integrationswerk als »Coup mortel à l'économie de notre pays« und als »cheval de Troie« der Deutschen. Das vom Präsidenten des Centres, Bernard Laffaielle, verfasste Pamphlet gipfelte schließlich in der irrigen Behauptung, dass die Verteidigungsgemeinschaft die Bereinigung des deutsch-französischen Gegensatzes mittels einer »capitulation française« anstrebe. Es mag sicher zutreffen, dass derartige Auffassungen tatsächlich vorhandene Ängste wiederspiegelten und nach wie vor tief in Teilen der Gesellschaft verwurzelt waren. Vor dem Hintergrund des sozioökonomischen Schwächezustandes, in dem sich die Republik damals befand, fielen Interpretationen dieser Art vermutlich auf fruchtbaren Boden. Unübersehbar ist jedoch, dass die kriegerischen Auseinandersetzungen zwischen Deutschen und Franzosen in absurder Weise auf rein ökonomische Aspekte reduziert und für den Kampf gegen das Pariser Vertragswerk instrumentalisiert wurden. Die Gegner der Europaarmee bedienten sich der weit verbreiteten Ängste vor einem weiteren wirtschaftlichen Niedergang und einem raschen deutschen Wiederaufstieg und würzten ihre Kritik mit einer gehörigen Prise anti-deutscher Ressentiments.

Welchen Einfluss derartige Propagandaschriften, wie auch andere Formen der Beeinflussung auf die Entscheidungsträger hatten, lässt sich mangels aussagekräftiger Quellen nicht abschließend beurteilen. Es ist jedoch zu vermuten, dass sie durchaus eine Rolle spielten, denn immerhin befanden sich unter den organisierten EVG-Gegnern eine Reihe prominenter politischer Persönlichkeiten wie Abgeordnete der Nationalversammlung und Senatoren[90].

Der zunehmende Protest der Wirtschaftsverbände gegen das EVG-Vertragswerk blieb nicht ohne Wirkung. Mendès France, der am 18. Juni 1954 sein Amt als Ministerpräsident antrat, musste reagieren, hatte er sich doch selbst auf die Fahnen geschrieben, die Wirtschafts- und Finanzprobleme der Französischen Republik energisch anzupacken[91]. Frankreich fehlte es schlichtweg am ökonomischen Fundament, das es zur Unterfütterung seines Weltmachtanspruchs benötigte. Der neue Mann im Matignon

---

[90] Näheres müsste in weiterführenden Forschungen untersucht werden. Aufschlussreich wären die Aktenbestände der Nationalversammlung, der Parteien und der Wirtschaftsverbände, aber auch persönliche Nachlässe von Abgeordneten und Industrievertretern.
[91] Vgl. den bereits zitierten Brief des Präsidenten der vereinigten Arbeitgeberverbände Villiers an Mendès France vom 23.6.1954, Elgey, Histoire de la IV République, t. 2, S. 360.

war sich darüber im Klaren, das die Volkswirtschaft seines Landes einem Wettbewerb in einem westeuropäischen Rüstungsmarkt nicht gewachsen sein würde. Vor allem gegenüber der stetig an Dynamik gewinnenden westdeutschen Wirtschaft, die er mit einer Mischung aus Bewunderung, Neid und Verdruss zur Kenntnis nahm, drohte die heimische Industrie immer mehr ins Hintertreffen zu geraten. Während die Deutschen die erweiterte Wirtschaftsliberalisierung im Rahmen der EZU dazu nutzen konnten, Überschüsse zu erzielen, häuften die Franzosen satte Defizite an. Die Pariser Regierung musste folglich ihr Hauptaugenmerk auf die Stabilisierung der Währung und die Modernisierung der veralteten und mitunter hoch subventionierten Wirtschaftszweige, namentlich der Industrie und Landwirtschaft, legen[92].

So war es dann wenig verwunderlich, dass Mendès France sich auch beim Wirtschaftsteil des EVG-Vertrags zu Nachbesserungsforderungen veranlasst sah. Bei der Brüsseler Konferenz vom August 1954 verlangte er von seinen Verhandlungspartnern unter anderem das in Artikel 104 § 3 EVG-Vertrag verbriefte Wettbewerbsprinzip bei der Auftragsvergabe zu modifizieren. Der Preisvergleich der Angebote sollte auf der Grundlage von Preisen erfolgen,

»die alle im Lande des Anbietenden in Betracht kommenden Abgaben und Gebühren einschließen, unter Abzug derjenigen Abgaben und Gebühren, von denen ein derartiger Geschäftsabschluß durch die betreffende staatliche Steuergesetzgebung freigestellt würde, wenn er zwecks Ausfuhr stattfände.«

Dies sollte auch vom zukünftigen Kommissariat in der Verordnung über die Auftragsvergabe festgeschrieben werden. Mendès France beabsichtigte, die bei Anwendung des ursprünglichen Verfahrens zu erwartenden Nachteile für Frankreichs Industrie durch eine »Harmonisierung« der Preisvergleichsgrundlage und unter Berücksichtigung steuerlicher Exportvergünstigungen zu kompensieren und dadurch verbesserte Wettbewerbsbedingungen zu schaffen[93]. Doch damit nicht genug: Die Differenz zwischen dem einem Lieferanten gemäß dem Abkommen über das Zoll- und Steuerwesen[94] gezahlten Preis und dem für den geforderten Angebotsvergleich zugrunde gelegten Preis sollte von den Mitgliedstaaten erstattet werden. Die Erstattung wäre dann auch bei der Festlegung der staatlichen Beiträge für den Gemeinschaftshaushalt zu berücksichtigen gewesen. Ferner strebte Frankreich an, Aufträge für schweres Gerät, wie es in Anlage II des Artikel 107 EVG Vertrag aufgeführt war, von der 85/115 %-Klausel auszunehmen. Damit wollte Paris verhindern, dass ein überproportional hoher Anteil seines Beitrages durch Aufträge für derartiges Material, etwa für Flugzeuge und große Kriegsschiffe, aufgesaugt und die für die Gesamtwirtschaft so bedeutende Zuliefererindustrie mit ihren vielen mittelständischen Betrieben dann das Nachsehen haben würde. Zu guter Letzt pochte man

---

[92] Vgl. Bonin, Histoire économique de la IV$^e$ République, S. 243 f.; Gersdorff, Adenauers Außenpolitik, S. 233 f.; Guillen, Pierre Mendès France et l'Allemagne, S. 40 f. Mendès France' Investiturrede vom 17.6.1954 ist abgedruckt in: Mendès France, Œuvre Complètes, t. 3, S. 50–69. Allgemein zu seinem wirtschaftspolitischen Programm: Bonin, Histoire économique de la IV$^e$ République, S. 220–230; Bouvier, La modernité.

[93] Vgl. EA 1954, S. 6869–6873 (Zitat S. 6872): [Frz.] Entwurf eines Protokolls zur Anwendung des Vertrages über die Gründung der EVG [22.8.1954], Titel VI, § 2.1., 2.2.; Wettig, Entmilitarisierung und Wiederbewaffnung, S. 574.

[94] Nach Art. 29 des Zoll- und Steuerabkommens unterlagen die von der Gemeinschaft im EVG-Vertragsgebiet erworbenen Waren den in dem betreffenden Staat geltenden Zöllen und Abgaben.

in Paris auf die Möglichkeit der Errichtung von Forschungs- und Produktionszentren der Gemeinschaft außerhalb strategisch gefährdeter Regionen, womit unzweifelhaft Südfrankreich und Französisch-Nordafrika im Blick gewesen sein dürften[95].

In den Hauptstädten der Partner zeigte man sich über das komplizierte französische Entwurfspaket alles andere als erfreut. Der niederländische Außenminister Beyen verlieh seiner Befürchtung Ausdruck, dass die Vorschläge besonders den Interessen der kleinen Mitgliedstaaten zuwiderliefen und Frankreich beträchtliche Vorteile bescherten, ja es dem Land faktisch ermöglichten, bei der Rüstungsintegration außen vor zu bleiben[96]. Bei der Brüsseler Konferenz gaben sich Frankreichs Partner zumindest etwas aufgeschlossen, vermieden aber rechtlich verbindliche Zusagen und eine Vorabfestlegung des künftigen EVG-Kommissariats. Im Gegenentwurf der Fünf war lediglich die Rede davon, dass das Kommissariat Vorschriften zu erlassen habe, »die es erlauben, die Angebote, soweit erforderlich, unter anderem im Hinblick auf die Preise vergleichbar zu machen«. Darüber hinaus sollte das Exekutivorgan »bestrebt sein, unter diesen Bedingungen ein gerechtes Gleichgewicht zwischen den verschiedenen Industrien eines jeden der Unterzeichnerstaaten nicht zu stören«. Aus Sicht von Mendès France waren dies reichlich schwammige Formulierungen[97]. Letztlich vermochte die französische Regierung es nicht, ihr Anliegen in der gewünschten Form durchzusetzen.

Auch bei den Anhörungen in der Nationalversammlung waren die Interventionen der Wirtschaftsverbände – sie repräsentierten eine beachtliche Wählerklientel der politischen Parteien – deutlich spürbar. Der Berichterstatter des Ausschusses für Industrieproduktion, der sozialistische Abgeordnete Pierre-Olivier Lapie, warnte in seiner Rede vom 29. August 1954 eindringlich vor den verheerenden Auswirkungen der Rüstungsintegration für die schwächelnde französische Industrie und Forschungslandschaft. Folglich empfahl er dem Parlament die Ablehnung des EVG-Vertrags. Bereits im Vorfeld hatte der Ausschuss für Industrieproduktion mit überwältigender Mehrheit den Bericht seines Parteifreundes Moch unterstützt, der die Europaarmee ebenfalls verwarf[98]. Die umfangreichen Kompetenzen und Kontrollbefugnisse des Kommissariats sowie die Anwendung des Wettbewerbsprinzips bedrohten nach Auffassung Lapies ganze Branchen und führten unweigerlich zu deren Ruin – dies umso mehr, als eine klare Trennung zwi-

---

[95] Vgl. EA 1954, S. 6869–6873, hier S. 6872: [Frz.] Entwurf eines Protokolls zur Anwendung des Vertrages über die Gründung der EVG [22.8.1954], Titel VI, § 2.3.–2.5.; DDF 1954, S. 147–150, hier S. 150: Erläuternder Vermerk MAE zum Anwendungsprotokoll, vor 13.8.1954; vgl. auch FRUS 1952–1954, V/1, S. 1033–1036, hier S. 1034 f.: Dillon (frz. Botschafter in Paris) und Bruce (US-Beobachter beim EVG-Interimsausschuss) an State Dept., 13.8.1954.

[96] Vgl. DDF 1954, S. 160–163, hier S. 162: (Jean-Paul) Garnier (frz. Botschafter in Den Haag) an Mendès France, 16.8.1954.

[97] Vgl. EA 1954, S. 6873 f. (Zitate S. 6874): Entwurf einer Erklärung über die Auslegung und die Anwendung des EVG-Vertrages in Erwiderung auf die französischen Vorschläge, § 10 b) und c) [22.8.1954].

[98] Siehe hierzu Mochs Ausführungen vor dem Parlament in: JORF, Débats parlementaires, Assemblée Nationale, S. 4380–4395: Protokoll 2. Plenarsitzung 28.8.1954; Clesse, Le projet de CED, S. 155 f.; siehe ferner den bereits erwähnten Vorbericht Mochs: AMAE, DF-CED/C/139: Vorbericht Moch zu Gesetzentwurf Nr. 5404, 1954. Anfang Juni 1954 hatten der Auswärtige Ausschuss und Verteidigungsausschuss den EVG-Vertrag mit 24:18 Stimmen (bei 2 Enthaltungen) bzw. 14:7 Stimmen abgelehnt. Vgl. BArch, BW 9/3378, Bl. 185–195, hier Bl. 185: 16. Halbmonatsbericht dt. EVG-Militärdelegation (2.6.–15.6.1954), 15.6.1954.

schen ziviler und militärischer Produktion und Forschung kaum möglich sei. Die Interventionsmöglichkeiten des Kommissariats würden zudem zu einem gewaltigen Abfluss von Know-how führen.

Ferner entwarf Lapie das Bild eines ökonomisch aufstrebenden Deutschlands, das sich mitnichten durch die in Artikel 107 EVG-Vertrag enthaltenen Bestimmungen und Adenauers Zusicherungen im Zaum halten lassen würde. Sämtliche Sicherheitsgarantien seien vage und mit Vorbehalten formuliert. Er verwies dabei unter anderem auf Adenauers Erklärung, in der dieser den Status der Bundesrepublik als strategisch gefährdetes Gebiet und daraus abgeleitete Produktionsbeschränkungen anerkannte, im gleichen Atemzug aber von der damaligen internationalen Spannungslage sprach und eine Betätigung in verbotenen Rüstungsbereichen von einer Anfrage des Kommissariats abhängig machte. Aus Lapies Sicht ließ sich die Bundesregierung somit einige Hintertürchen offen. Zudem müsse Deutschland im Gegensatz zu Frankreich, so Lapie, keine alten Rüstungsbetriebe modernisieren und könne in aller Ruhe neue, spezialisierte und wettbewerbsfähige Entwicklungs- und Fertigungskapazitäten aufbauen. Bis das Kommissariat bei den Deutschen an die Tür klopfte, um das neu entstandene Rüstungspotenzial nutzen zu können, sei es nur eine Frage der Zeit; vom Wettbewerb würden vor allem die Deutschen und die europäische Bürokratie profitieren[99].

In den Augen des Berichterstatters rechtfertigten allein schon die Wirtschaftsklauseln des Vertragswerks seine Zurückweisung. Die Opfer, die der Vertrag Frankreich und seiner Industrie abverlangte, bezeichnete er als schlichtweg nicht hinnehmbar. So erklärte er vor den versammelten Abgeordneten:

»Les clauses économiques du traité, brièvement rédigées, nous apparaissent des plus dangereuses.

A elles seules elles convaincraient de refuser la ratification du traité [...]

Elles peuvent mener à la désintégration des économies nationales et à leur ruine. Elles font peser non seulement sur l'industrie, mais sur la science françaises [sic!], un contrôle, une inquisition insupportable et contraire au progrès économique et humain. Elles ne nous garantissent pas contre une évolution dangereuse et rapide de l'Allemagne et, malgré certaines finesses de langage, elles facilitent, au contraire, sa résurrection économique, scientifique et militaire [...]

Les sacrifices demandés à l'économie française, et les risques courus pour son existence même, ne sont pas récompensés[100].«

Bei Lapies Ausführungen zeigten sich sehr deutlich die Ängste vor der Konkurrenzschwäche der heimischen Industrie und einer wirtschaftlichen Dominanz der Bundesrepublik. Die Kampagne der Industrieverbände, die immer wieder auf die aus ihrer Sicht katastrophalen Folgen eines Wettbewerbsprinzips im Rahmen eines europäischen Rüstungsmarktes aufmerksam gemacht hatten, war nicht ohne Folgen geblieben. Die weit verbreitete Sorge um die Konkurrenzfähigkeit der französischen Unternehmen kann somit als ein wesentlicher Grund für das Scheitern der Europaarmee in der Nationalversammlung gelten. Und noch etwas erscheint im Zusammenhang mit

---

[99] Vgl. JORF, Débats parlementaires, Assemblée Nationale, S. 4416–4419: Plenarrede Lapie, Protokoll 1. Plenarsitzung 29.8.1954. Lapie erhielt während seiner Rede regelmäßig Beifall von der extremen und gemäßigten Linken wie auch von der extremen Rechten.

[100] Ebd., S. 4418 f.; vgl. auch Clesse, Le projet de CED, S. 158.

dem Abwehrkampf der Industrie und des Parlaments bemerkenswert: Das öffentliche Eingeständnis, in preislicher Hinsicht nicht oder zumindest nur bedingt konkurrenzfähig zu sein, offenbarte schonungslos, dass zwischen Frankreichs Weltmachtanspruch und seinem hierfür erforderlichen (rüstungs-)wirtschaftlichen Potenzial eine tiefe Kluft bestand.

Für den amerikanischen Botschafter in Paris, Douglas Dillon, stand außer Frage, dass die französische Rüstungsindustrie »[had] contributed in no small way to [the] success of [the] anti-EDC movement«[101]. Bereits in den Wochen zuvor hatte er sich heftig darüber beschwert, dass zahlreiche Industrielle und Anteilseigner der französischen metallverarbeitenden Industrie, unter anderem Firmen, die amerikanische OSP-Aufträge erhalten hatten, in die anti-EVG-Kampagne verstrickt waren und diese finanziell unterstützten. Dass US-Haushaltsmittel, die Dollars ins Frankreichs Kassen spülen und die Industrie stimulieren sollten, nun auch noch in den Kampf gegen die EVG flossen, kam einem amerikanischen Eigentor gleich und zeugte aus Sicht Dillons von einer geradezu unerhörten Dreistigkeit und Undankbarkeit der französischen Unternehmer. Als Strafmaßnahme empfahl der US-Botschafter daher, künftig keine OSP-Aufträge mehr nach Frankreich zu vergeben. Laufende Verhandlungen sollten auf Eis gelegt oder zumindest verzögert und der Ausgang des französischen Ratifikationsverfahrens abgewartet werden[102]. Den Franzosen gelte es unmissverständlich klar zu machen »that the French armament industry cannot expect [to] go on profiting from OSP contracts if there is no EDC«[103]. Außenminister Dulles, der seit Ende 1953 eine härtere Gangart gegen die Franzosen verkündet hatte, billigte Dillons Vorschläge im Grunde, gab jedoch die Parole aus, offizielle Stellungnahmen zum eingeschlagenen Kurs zu vermeiden und bis zum Ausgang der EVG-Debatte in Frankreich keine OSP-Aufträge in andere Länder umzuleiten. Man ging davon aus, dass es den Franzosen schon dämmern würde, was ihnen blühte[104].

### 3. Die Union des Industries des Six Pays de la Communauté Européenne

Bei ihrem Versuch, Einfluss auf die Rüstungsplanungen der EVG zu nehmen, verließen sich die Industrie-Spitzenverbände der Mitgliedstaaten nicht ausschließlich auf eigene Initiativen gegenüber ihren Regierungen, sondern bemühten sich parallel dazu um eine gemeinsame Linie. Man erhoffte sich dadurch, die Interessen der Industrie gegenüber dem in Paris tagenden EVG-Rüstungsausschuss besser zur Geltung bringen zu können. Spätestens seit dem Zustandekommen der Montanunion hatte man erkannt, dass wichtige Entscheidungen keineswegs nur in den Hauptstädten, sondern auch auf europäischer Ebene fielen. Als Kooperationsforum diente den Spitzenverbänden die Union des

---

[101] FRUS 1952-1954, VI/2, S. 1443-1445, hier S. 1444: Dillon an State Dept., 31.8.1954.
[102] Vgl. ebd., S. 1436 f.: Dillon an State Dept., 21.7.1954; S. 1438 f.: Dillon an State Dept., 26.7.1954.
[103] Ebd., S. 1438 f.: Dillon an State Dept., 26.7.1954.
[104] Vgl. ebd., S. 1437 f.: Dulles an US-Botschaft in Paris, 23.7.1954.

Industries des Six Pays de la Communauté Européenne (UISPCE), die auf Initiative der französischen Industrie aus der Taufe gehoben geworden war[105].

Mit einer Zusammenarbeit betraten die sechs Spitzenverbände keineswegs Neuland. Im Jahre 1949 war es infolge der Gründung der OEEC zur Konstituierung des Rates der Europäischen Industrieverbände (REI) gekommen, um sich untereinander in Fragen der Handelsliberalisierung, EZU und Investitionsplanung abzustimmen[106]. Als die Regierungen Westeuropas schließlich den Schuman-Plan auf die Tagesordnung setzten und die Stahlindustrien ihre vitalen Interessen berührt sahen, gab es auch in diesem Bereich Bewegung: Anfang Januar 1951 konnten sich die Spitzenverbände auf eine gemeinsame Stellungnahme und auf Gegenvorschläge einigen. Man zielte darauf, die im EGKS-Vertragsentwurf vorgesehenen Kompetenzen der Hohen Behörde abzuschwächen, Absprachen unter den Industrien zu ermöglichen und einen grenzüberschreitenden Wettbewerb zu verhindern, was den Intentionen Monnets eindeutig zuwiderlief[107]. Im Zuge der Aktivierung des zwischenzeitlich erlahmten REI schlossen sich dann die Spitzenverbände der Montanunion-Länder Ende September 1952 zur Union der Industrien der sechs Schuman-Plan-Länder zusammen, um eine gemeinsame Position gegenüber der Luxemburger Behörde zu formulieren[108].

Mit der Europaarmee beschäftigte sich die UISPCE offenbar erst ab Januar 1954[109]. Zunächst bestanden lediglich zwei Ausschüsse, die sich mit der Auftragsvergabe und Industriekontrolle befassten. Einige Monate später kamen ein Wirtschafts- und Währungsausschuss sowie ein Rechtsausschuss hinzu. Sie traten erstmals im Juli, anlässlich der monatlich stattfindenden Tagung des UISPCE, zusammen[110]. Der BDI wurde in der UISPCE durch Gerhard Riedberg vertreten, der bereits seit 1949 als Verbindungsmann des BDI im Sekretariat des REI tätig und zugleich deutscher Vertreter der Internationalen

---

[105] Vgl. BArch, BW 9/4075, Bl. 7–17, hier Bl. 15: Besprechung Amt Blank/Außenstelle Koblenz – dt. EVG-Rüstungsdelegation (23./24.3.1954), 26.3.1954. Vermutlich handelte es sich hierbei um die Nachfolgeorganisation der am 27.9.1952 im Rahmen des Rates der Europäischen Industrieverbände (REI) ins Leben gerufenen Union der Industrien der sechs Schuman-Plan-Länder. Siehe Wilkens, Verständigung von Wirtschaft zu Wirtschaft, S. 209. Zu den Gründungsmitgliedern der Union zählt Lefèvre nicht die Niederländer. Vgl. Lefèvre, Les relations économiques franco-allemandes, S. 279.

[106] Vgl. Blumrath, Die internationale Arbeit des BDI, S. 172 f.; Wilkens, Verständigung von Wirtschaft zu Wirtschaft, S. 206–209. An der Spitze des REI stand zwischen 1949 und 1954 der Präsident des CNPF Villiers. Die französische Bezeichnung des REI war Conseil des fédérations industrielles d'Europe (CIFE). Vgl. ebd., S. 206; Kipping, Zwischen Kartellen und Konkurrenz, S. 78 f.; Mioche, Le patronat français, S. 242. Einen Überblick über den REI vermittelt Herrmann, Der Rat der Europäischen Industrieverbände.

[107] Vgl. im Detail: Kipping, Zwischen Kartellen und Konkurrenz, S. 231–236; Kipping, Welches Europa soll es sein?, S. 259–262; Wilkens, La fin des limitations, S. 294–296; Wilkens, Verständigung von Wirtschaft zu Wirtschaft, S. 208. Als äußerst aufschlussreich erweist sich außerdem der Beitrag Barthels, Sturm im Wasserglas.

[108] Vgl. Blumrath, Die internationale Arbeit des BDI, S. 183; Wilkens, Verständigung von Wirtschaft zu Wirtschaft, S. 209.

[109] Die vorgefundene schriftliche Überlieferung zum UISPCE setzt erst ab diesem Zeitpunkt ein. Die Quellenlage zu diesem Kooperationsforum erweist sich bislang als äußerst dünn. In den Berichten der dt. EVG-Rüstungsdelegation wird die UISPCE erst Anfang März 1954 erwähnt. Siehe BArch, BW 9/3336.

[110] Vgl. BArch, BW 9/3336, Bl. 126–135, hier Bl. 129: Halbmonatsbericht dt. EVG-Rüstungsdelegation (1.7.–15.7.1954), 16.7.1954.

Handelskammer war. Robert Bernière repräsentierte den CNPF[111]. Dass der vorliegende Schriftverkehr ausschließlich von Riedberg und Bernière unterzeichnet wurde, lässt darauf schließen, dass BDI und CNPF die führende Rolle innerhalb der Organisation einnahmen. Dies spiegelte auch ihr Gewicht wider, denn immerhin galten sie als die beiden mächtigsten Unternehmerverbände Westeuropas.

Aus Sorge vor nachteiligen Auswirkungen bei der Auftragsvergabe durch das EVG-Kommissariat war es für die Industrievertreter von herausragendem Interesse, möglichst günstige Vergabebedingungen zu erhalten. Zu ihren wesentlichen Forderungen gehörten einfache, klare und knappe Regelungen, die für alle Auftragnehmer gleichermaßen gelten sollten[112]. Die Lastenhefte der EVG-Rüstungsorgane hatten so beschaffen zu sein, »afin que soient préservés les intérêts de l'acheteur CED comme ceux des vendeurs industriels«[113]. Auffällig war hierbei das Bemühen, die eigentlichen Absichten rhetorisch geschickt zu verpacken, um nicht den Eindruck zu erwecken, von Unternehmerseite das integrierte Rüstungswesen aushebeln zu wollen. Vordergründig zeigte man sich bestrebt, ganz im Sinne einer effektiven Verteidigungsgemeinschaft zu handeln. Dass die Idee vereinfachter Bestimmungen für eine Kooperation im Kreise der Sechs durchaus sinnvoll war, konnte von den Rüstungsplanern, so das Kalkül, schließlich kaum von der Hand gewiesen werden. Im Fokus der UISPCE standen zunächst Vorschussleistungen und Anzahlungen, die Regelung von Rechtsstreitigkeiten und Stornierungsgesuchen, Art und Weise der Preisfestlegung und -revision, Übertragung von Eigentum und Übernahme von Risiken[114].

In dem von der Expertenkommission für Vergabebedingungen erarbeiteten Entwurf über die Vorschriften für Geschäfte im EVG-Raum wurde die Gewährung von Vorschussleistungen und Anzahlungen verlangt. Vorschussleistungen sollten vom Wert der erforderlichen Investitionen (Werkzeugausstattung, neue Einrichtungen, Materialien) und eingesetzten Arbeitskräften abhängen und einen Betrag von mindestens 30 % des entsprechenden Auftragsvolumens umfassen. Zudem bestand man darauf, dass darin auch ausreichende Mittel für die Unterlieferanten enthalten sein sollten. Was die Anzahlungen für die Arbeitsaufträge anbelangte, sollten diese nach dem Willen des UISPCE in regelmäßigen Abständen erfolgen, entsprechend dem Fortgang der Arbeiten. Mindestens 60 % der Lieferungssumme waren mit Ablauf des ersten Drittels der Lieferfrist zu begleichen, 30 % nach Ablauf des zweiten Drittels, der Rest zu einem noch

---

[111] Vgl. BArch, BW 9/1648, Bl. 107: UISPCE an Alphand (U-158), 4.2.1954; Blumrath, Die internationale Arbeit des BDI, S. 173; Wilkens, Verständigung von Wirtschaft zu Wirtschaft, S. 207. Riedberg war vom BDI auch als Verbindungsmann zur deutschen EVG-Delegation in Paris vorgesehen gewesen. Die Stadt war ihm vertraut, denn er hatte bereits in den 1930er Jahren dort als deutscher Vertreter bei der Internationalen Handelskammer gearbeitet. Aus dieser Zeit kannte er auch den späteren Chef der deutschen EVG-Militärdelegation Speidel. Im Jahr 1949 übernahm Riedberg die ehrenamtliche Vertretung der DEFRA in Paris. Vgl. BArch, BW 9/824, Bl. 119 f., hier Bl. 120: Beutler an Blank, 25.6.1952; Riedberg, Die Gründung, S. 114; Speidel, Aus unserer Zeit, S. 66.
[112] Vgl. BArch, BW 9/1648, Bl. 108: UISPCE, Clauses et conditions générales pour l'exécution des marchés de la Communauté européenne de défense (U-159), 23.1.1954.
[113] Vgl. ebd., Bl. 107: UISPCE an Alphand (U-158), 4.2.1954.
[114] Vgl. ebd., Bl. 108: UISPCE, Clauses et conditions générales pour l'exécution des marchés de la Communauté européenne de défense (U-159), 23.1.1954.

festzulegenden Zeitpunkt nach der letzten Lieferung. Als Garantien für die verschiedenen Arten von Vorschüssen oder Anzahlungen zogen die Fachleute den Bekanntheitsgrad des Lieferanten, die Kaution einer anderen Firma, Bankgarantien sowie Sondereinlagen in Betracht[115]. Letztlich dürfte es den Unternehmerverbänden darum gegangen sein, sich bei Rüstungsaufträgen finanziell durch die Gemeinschaft absichern zu lassen, um nicht auf eigenen Investitionskosten sitzen zu bleiben.

Zum Zwecke der Gewährleistung einheitlicher Regelungen für den Fall von Rechtsstreitigkeiten bei Vertragsangelegenheiten schlug der UISPCE eine »instance de conciliation ou d'arbitrage« – eine Schlichtungsinstanz – vor, wobei man ausdrücklich betonte, dass die zu erlassende Klausel oder die gegebenenfalls von den Beteiligten abzuschließende Vereinbarung mit den entsprechenden Paragraphen des EVG-Vertrages (Art. 104 § 6) konform sein musste[116]. Darüber hinaus erarbeitete die für die Lastenhefte zuständige Arbeitsgruppe Resolutionen zu Abnahmebedingungen, Zahlungsmodi[117] und zur Preisfestlegung[118].

Von erheblicher Bedeutung war für die Beteiligten auch die Frage der Vergleichbarkeit von Preisen. In diesem Punkt sah der BDI aber noch Klärungsbedarf. Mit dem Entwurf des zuständigen Ausschusses zeigte sich die deutsche Delegation unzufrieden, weil darin die unterschiedlichen ökonomischen Rahmenbedingungen der EVG-Mitgliedstaaten nur unzureichend berücksichtigt seien. Aufgrund des zu erwartenden Umfangs der Gemeinschaftsaufträge – der BDI ging von einem Auftragsvolumen von 50 Mrd. DM aus – und den Auswirkungen auf die Volkswirtschaften, den scheinbar widersprüchlichen Bestimmungen des Vertragswerks sowie den divergierenden wirtschaftlichen Verhältnissen, plädierte BDI-Hauptgeschäftsführer Beutler ähnlich wie seine französischen Kollegen für eine längere Übergangsperiode. Entweder sollte der EVG-Vertrag entsprechend ergänzt oder es sollte eben ein Zusatzprotokoll beigefügt werden. Die Details wären von einem aus hohen Persönlichkeiten bestehenden Ausschuss zu klären. Beutlers bevorzugtes Fernziel war es, den Wettbewerb auf die nationale Ebene zu beschränken und dem Kommissariat nur Aufsichtsfunktionen zuzuweisen – eine klare Absage an eine supranationale Rüstungsverwaltung. Erstaunlicherweise vertrat Beutler mit der Forderung nach einer Übergangsperiode exakt die Position des CNPF. Dies bestätigt ein weiteres Mal, dass der BDI eine kritischere Haltung gegenüber der EVG einnahm, als er bei seinen Gesprächen mit Vertretern der Bundesregierung erkennen ließ[119].

Sicherlich ist die übereinstimmende Haltung von BDI und CNPF auch das Ergebnis der engen Kontakte, die sich zwischen beiden seit gut zwei Jahren entwickelt hatten. Man sah sich nicht ausschließlich als Rivalen, die sich gegenseitig Märkte streitig machten, sondern auch als Partner mit ähnlichen Interessen[120]. Beide Seiten teilten die Skepsis

---

[115] Vgl. ebd., Bl. 109 f.: UISPCE, Règlement des marchés de la Communauté européenne de défense, Avances et acomptes (U-167), Februar 1954.
[116] Ebd., Bl. 102: UISPCE, Le règlement des litiges (U-284), 30.3.1954.
[117] Vgl. ebd., Bl. 103: UISPCE, Transfert des risques et de la propriété (U-306), 3.4.1954; Bl. 105 f.: UISPCE, Dates de paiement, délais de paiement et intérêts moratoires (U-336-1C5), 30.4.1954.
[118] Vgl. ebd., Bl. 104 UISPCE, La procédure de l'établissement des prix (U-331), 30.4.1954.
[119] Vgl. AMAE, DF-CED/C/117: Erklärung Beutler vor der UISPCE, 6.3.1954. Bei der Sitzung war auch CNPF-Präsident Villiers anwesend.
[120] Im November 1951 hatten beide Seiten das Deutsch-Französische Industriekomitee ins Leben gerufen, das ihnen als festes Konsultationsorgan diente. Den Vorsitz übernahmen BDI-Chef Fritz

gegenüber einer mächtigen supranationalen Rüstungsverwaltung, doch es sind auch einige grundsätzliche Unterschiede auffällig: die Franzosen fürchteten offensichtlich am meisten den Wettbewerb in einem gemeinsamen Rüstungsmarkt; die Deutschen störte scheinbar am meisten die Höhe der Rüstungsausgaben für die Europaarmee. Diese drohten nämlich die auf die Produktion von Konsum- und Exportartikeln ausgerichtete Strategie des BDI zu gefährden. Zwar lässt sich bei den deutschen Industrievertretern keine Wettbewerbshysterie erkennen, aber gegenüber der Bonner Regierung ließen sie durchblicken, dass sie es ungern sähen, sich den heimischen Markt mit ausländischen Anbietern möglicherweise teilen zu müssen. Grundsätzlich eröffneten die EVG-Regelungen die Möglichkeit hierzu. Es war absehbar, dass Deutschland mangels eigener Rüstungskapazitäten umfangreiche militärische Ausrüstung aus anderen EVG-Staaten erhalten würde. Wie gut sich BDI und CNPF in Rüstungsfragen verständigen konnten, zeigte sich ein weiteres Mal im Herbst 1954, als sie eine Kooperationsvereinbarung unterzeichneten, die auch die Rüstung einschloss, und eine gemeinsame Linie zum französischen Plan einer westeuropäischen Rüstungsagentur fanden[121].

Die von den Experten der UISPCE erarbeiteten Beschlüsse wurden an Alphand sowie an die nationalen Delegationen übermittelt, in der Hoffnung, damit die Planungen des Interimsausschusses beeinflussen zu können[122]. Zwar zeigten sich die Verantwortlichen im Rüstungsgremium bereit, die Vorschläge »soweit nötig« zu berücksichtigen. Von einer offiziellen Unterrichtung des Industrieverbandes oder gar Beteiligung an den Arbeiten des Interimsausschusses wollte man jedoch absehen[123]. Bei der deutschen Delegation bestand aber durchaus großes Interesse, Kontakte mit den deutschen Vertretern im UISPCE zu unterhalten und diese auf Linie zu bringen. Als sich die UISPCE mit dem besonders strittigen Artikel 107 befasste, erachtete man eine Erörterung mit dem BDI für ratsam, denn man wollte vermeiden, dass die Positionen der Bundesregierung und des BDI voneinander abwichen[124]. Als sich die europäische Industrievereinigung mit der Ausarbeitung von Grundsätzen für die Verfahrensregelung der künftigen EVG-Rüstungsaufträge beschäftigte, riet man dem BDI während der in Paris und Bonn stattfindenden Zusammenkünfte, er solle der Auffassung seiner französischen Kollegen entgegentreten, wonach ein supranationaler Wettbewerb nur dann möglich sein könne, wenn Bedingungen für eine Vergleichbarkeit der Angebotspreise geschaffen würden[125]. Offensichtlich konnten sich die deutschen EVG-Vertreter damit nicht durchsetzen, denn

---

Berg und SGIMTM-Chef Métral. Vgl. Bührer, Der BDI und die Außenpolitik, S. 246 f.; Bührer, Wegbereiter der Verständigung, S. 82 f.; Kipping, Zwischen Kartellen und Konkurrenz, S. 314 f.; Lefèvre, Les relations économiques franco-allemandes, S. 401; Wilkens, Verständigung von Wirtschaft zu Wirtschaft, S. 209 f. Eine umfassende Untersuchung der Zusammenarbeit zwischen den beiden Unternehmerverbänden liegt noch nicht vor.

[121] Vgl. BDFD, Bd 2, S. 1006–1008: Kooperationsvereinbarung BDI – CNPF, 22.10.1954.
[122] Vgl. BArch, BW 9/1648, Bl. 100: Meendsen-Bohlken an Speidel, 8.6.1954; Bl. 101: UISPCE an Alphand (U-342-IC9), 16.5.1954; Bl. 107: UISPCE an Alphand (U-158), 4.2.1954; AMAE, DF-CED/C/117: Alphand an UISPCE (U-186), 12.2.1954.
[123] BArch, BW 9/3336, Bl. 54–60, hier Bl. 56: Halbmonatsbericht dt. EVG-Rüstungsdelegation (16.2.–27.2.1954), 1.3.1954.
[124] Vgl. ebd., Bl. 61–68, hier Bl. 64: Halbmonatsbericht dt. EVG-Rüstungsdelegation (1.3.–15.3.1954), 15.3.1954.
[125] Vgl. ebd., Bl. 69–79, hier Bl. 77: Halbmonatsbericht dt. EVG-Rüstungsdelegation (16.3.–31.3.1954), 2.4.1954. Dabei verwiesen die Rüstungsdelegierten darauf, dass der EVG-Vertrag zunächst von nati-

wie bereits beschrieben, schwenkte der BDI tatsächlich auf die Argumentationslinie des französischen Bruderverbandes ein.

Der Gesamtumfang der Arbeiten des europäischen Unternehmerverbandes, ebenso die Reaktion der einzelnen EVG-Delegationen, lässt sich wegen der dünnen Quellenlage zwar nur bruchstückhaft rekonstruieren[126]. Es scheint jedoch, dass die Militärplaner mit den Entwürfen der UISPCE nur wenig anfangen konnten, weil militärische Aspekte darin zu kurz kamen. So bemängelte der deutsche G-4/III-Offizier im EVG-Militärausschuss, Oberst a.D. Hans Gaul, in Bezug auf die Positionen der Industrie zum Beschaffungsverfahren, »dass es sich um Vorschläge rein kaufmännischer Art handelt, zu welchen nur Wirtschaftsexperten Stellung nehmen können«[127]. Dennoch: Die Bemühungen des UISPCE unterstreichen ein weiteres Mal, welchen Stellenwert die Repräsentanten der Industrie den Planungsaktivitäten im Palais Chaillot beimaßen. Auch wenn der Ratifikationsprozess in Frankreich und Italien noch immer in der Schwebe war, so hatten sich die Wirtschaftsvertreter offenbar mit der Europaarmee abgefunden, erachteten es aber als unerlässlich, die noch im Gang befindlichen Arbeiten der Rüstungsplaner aktiv zu beeinflussen. Schließlich wollte man sich nicht einfach vor vollendete Tatsachen stellen lassen und den Beamten in Sachfragen das Feld überlassen, die unmittelbar die Interessen der Industrie berührten. Dass es den sechs europäischen Spitzenverbänden gelang, in wesentlichen Punkten gemeinsame Positionen zu erarbeiten und gegenüber dem Interimsausschuss und den Teilnehmerstaaten zu vertreten, ist durchaus bemerkenswert. Daran zeigt sich, dass unter ihnen eine ähnliche Interessenlage bestand. Wenn schon ein supranationales Beschaffungswesen nicht zu verhindern sein würde, dann sollte die Verteidigungsgemeinschaft immerhin die vitalen Interessen der Wirtschaft angemessen berücksichtigen. Ähnlich wie bei der Montanunion waren sich die Spitzen der Industrie bewusst, dass sie gemeinsam an einem Strang ziehen mussten. Anders als auf nationaler Ebene, wo man gegenüber den eigenen Regierungen als Anwalt in eigener Sache auftreten konnte, verzichteten die beteiligten Verbände – dies gilt insbesondere für die französische Seite – im Rahmen des UISPCE auf vernichtende Kritik an der EVG, verhielten sich konstruktiv und schlugen moderatere Töne an. Auch am Beispiel der sich im Rahmen der EVG-Planungen vertiefenden Verbändekooperation zeigt sich deutlich, dass naturgemäß ökonomische Interessen im Vordergrund standen, weniger der Versöhnungs- und Europagedanke per se. Die nach außen hin nicht selten als Einheit stiftendes Element gelobte Wirtschaftszusammenarbeit war nicht in erster Linie als Maßnahme zur deutsch-französischen Annäherung gedacht, sondern von Unternehmens- und Verbandsinteressen getragen, die in Bezug auf die EVG durchaus ähnlich waren und somit eine gute Verständigungsbasis boten.

---

onalen Preisen ausging – eine Integrierung der Kostenfaktoren wie Zölle, Steuern, Soziallasten etc. sei noch nicht vorgesehen bzw. habe auch noch nicht vorgesehen werden können.
[126] So fehlen die Schriftstücke der von der deutschen Rüstungsdelegation erwähnten Ausschüsse für Industriekontrollen, Wirtschaft und Währung sowie Recht.
[127] BArch, BW 9/1648, Bl. 94: Vermerk Gaul, 21.6.1954.

## VIII. Die Rüstungsplanungen im EVG-Interimsausschuss, 1952–1954: Ein Überblick

### 1. Die Arbeiten im Rüstungsausschuss

Kaum war die Tinte unter dem EVG-Vertragswerk trocken, etablierte sich im rechten Flügel des Palais Chaillot, unweit des Eiffelturms, der Interimsausschuss, der die Aufgabe hatte, die Europaarmee-Planungen fortzusetzen, damit das Kommissariat bei Inkrafttreten des Vertrags zügig seine Arbeit aufnehmen könnte. Die Einrichtung des Gremiums ging auf eine deutsche Initiative vom März 1952 zurück und war von den Partnern positiv beschieden worden. Zum 1. Juli 1952 nahm es offiziell seine Tätigkeit auf. Es sollte sich auf die großen Linien beschränken, seine Arbeitsergebnisse besaßen keinen bindenden Charakter und bedurften der ausdrücklichen Zustimmung der Teilnehmerregierungen. Insofern handelte es sich bei dem Interimsausschuss nicht um ein supranationales, sondern um ein intergouvernementales Gremium[1]. Aus französischer Sicht bot der Interimsausschuss neben der Detailarbeit die Möglichkeit, deutsche Initiativen beeinflussen und kontrollieren zu können. Andernfalls bestehe die Gefahr, so notierte Alphand, dass die Deutschen in direkte Verhandlungen mit den USA eintreten und das Kommissariat mit Vorschlägen konfrontieren könnten, die ohne Beteiligung Frankreichs zustande gekommen wären[2].

An der Spitze des Interimsausschusses befand sich der Lenkungsausschuss mit den nationalen Delegationschefs und deren Stellvertretern. Geleitet wurde er wieder von dem französischen Botschafter Alphand. Der Interimsausschuss untergliederte sich in einen Militärausschuss, einen Juristenausschuss, einen Statutausschuss (zur Behandlung verwaltungsrechtlicher Fragen), einen Rüstungsausschuss und einen Finanzausschuss. Zur Regelung der militärischen Außenhilfe der USA wurde Anfang November 1952 ein eigener Ausschuss, der sogenannte Ad-hoc-Ausschuss, ins Leben gerufen, der sich aus Vertretern des Militär-, Finanz- und Rüstungsausschusses zusammensetzte. Zur Vorbereitung der Presse- und Öffentlichkeitsarbeit installierte man eigens einen Informationsausschuss. Daneben etablierten sich nach und nach weitere Arbeitsgruppen und gemischte Gremien, die ausschussübergreifende Themen behandelten. Zur Festlegung des finanziellen Beitrags der Bundesrepublik wurde der nach seinem Vorsitzenden, dem Belgier Roger Ockrent, benannte Ausschuss aufgestellt. In ihm trafen sich Delegierte

---

[1] Vgl. Heiser, Die Interimsarbeit, S. 5761; Krüger, Das Amt Blank, S. 115.
[2] Vgl. AMAE, DF-CED/B/39: Vermerk Alphand für frz. Regierung, 14.6.1952, S. 2.

der EVG-Staaten, der USA und Großbritanniens. Ab Mai 1953 fiel dem Gremium zudem die Ermittlung des EVG-Beitrags für die Verteidigungsplanungen der NATO zu. Mitte November 1952 beschloss der Lenkungsausschuss außerdem die Konstituierung eines Ausschusses für die Organisation des Kommissariats, in dem nicht nur die nationalen Delegationen, sondern auch die einzelnen Ausschüsse vertreten waren[3]. Schon bald deutete sich an, dass sich der Interimsausschuss entgegen den eigentlichen Intentionen seiner Schöpfer rasch zu einem gigantischen Apparat entwickelte. Hatte Blank im Juni 1952 noch vermutet, es sei kaum anzunehmen, dass der Interimsausschuss angesichts der »zu beobachtende[n] französische[n] Tendenz, die weiteren Verhandlungen in Paris dilatorisch zu betreiben«, einen besonders großen Umfang annehmen werde, so sollte er sich darin gründlich täuschen[4]. Binnen weniger Monate verwandelte sich der Interimsausschuss in eine Mammutveranstaltung mit ca. 700 ständigen Mitarbeitern und steigender Tendenz[5]. Allein die Bonner Abordnung war auf ungefähr 230 Personen angewachsen. Der Chef der deutschen Finanzdelegation Vialon sah in der Größe der Delegationen eine ernsthafte Gefahr für das Zustandekommen der EVG:

> »Rückschauend wäre es besser gewesen, die Konferenz nur im kleinsten Kreise fortzusetzen, anstatt durch die Behandlung der Themen auf breitester Basis ununterbrochen neue Reibungspunkte herzustellen. Es ist ein offenes Geheimnis, daß den meisten Teilnehmerstaaten die mit der Europa-Armee zu erwartenden Änderungen ihrer militärischen und zivilen Struktur erst nach der Unterzeichnung des Vertrags bewußt geworden sind und daß diese Erkenntnisse vielleicht die ernstesten Feinde des Verteidigungsvertrages sind.«

Der Finanzexperte empfahl daher, die Personalstärke der Delegationen drastisch zu reduzieren und die zu behandelnden Themen auf die wichtigsten zu beschränken[6]. Doch sein Appell war vergebens. Der Geist, der einmal aus der Flasche gelassen worden war, ließ sich in der Folgezeit nicht mehr einfangen. So uferten die Tätigkeitsfelder der verschiedenen Ausschüsse und seiner Untergruppen immer weiter aus. Mehr und mehr entwickelten sich die Arbeiten im Palais Chaillot zu einer regelrechten Materialschlacht, bei der man sich immer tiefer in Details verlor. Unter den Diplomaten, Militärs und Sachverständigen breitete sich »in zunehmendem Maße Perfektionismus« aus[7]. Ministerialrat Carl Friedrich Ophüls[8] erkannte zu Recht die Gefahr, dass der EVG-Vertrag »zerpflückt« und sein supranationaler Gehalt Schaden nehmen könnte. Das Dilemma bestand jedoch da-

---

[3] Näheres zu den einzelnen Ausschüssen und ihren Aufgabengebieten: Heiser, Die Interimsarbeit, S. 5762 f.; Krüger, Das Amt Blank, S. 116‒120; AWS, Bd 2 (Beitrag Meier-Dörnberg), S. 717. Um sich eine konkrete Vorstellung vom Interimsausschuss machen zu können, siehe die Organigramme im Anhang, S. 512‒519.
[4] BArch, BW 9/1295/3, Bl. 26‒29 (Zitat Bl. 28): Blank an Erhard, 17.6.1952.
[5] Vgl. AWS, Bd 2 (Beitrag Meier-Dörnberg), S. 716.
[6] Vgl. AAPD 1952, S. 704‒707 (Zitat S. 707): Aufz. Vialon, 18.11.1952. Krüger beziffert die Personalstärke der Deutschen im Interimsausschuss für Februar 1953 auf 190 Mitarbeiter. Vgl. Krüger, Das Amt Blank, S. 120.
[7] Fett, Die Grundlagen, S. 200: Diskussionsbeitrag Oberst a.D. Fett (dt. Senior-Offizier im EVG-Militärausschuss). Als Beispiel für die ausufernde Detailversessenheit und den Perfektionismus erwähnte Kurt Fett in seinem Vortrag einen kuriosen Fall: So sollte sich der Interimsausschuss mit der Befreiung der in Deutschland stationierten ausländischen Streitkräfte von der Bierverbrauchsteuer befasst haben. Vgl. ebd., S. 179.
[8] Ophüls war seit 1952 Mitglied der deutschen Delegation bei der Europaarmee-Konferenz und Sachverständiger für die Ablösung des Besatzungsstatuts. Von 1952 bis 1955 war er Unterabtei-

rin, dass eine Reduzierung des Tätigkeitsspektrums des Interimsausschusses als Zeichen mangelnden Europainteresses gewertet werden und so zu negativen Auswirkungen auf die öffentliche Meinung führen könnte[9]. Als Hauptschuldige an der Aufblähung des Interimsausschusses machte Alphand die Militärs, Blanks Stellvertreter von Kessel, aber auch den Statut- und den Rüstungsausschuss aus[10].

In der Tat war der Militärausschuss der wohl personalstärkste und aktivste Ausschuss des Interimsausschusses. Er sollte die Tätigkeit des zukünftigen europäischen Generalstabes vorbereiten, die Aufstellung und Ausbildung der europäischen Streitkräfte und ihres westdeutschen Kontingents, die Organisation der zentralen militärischen Organe sowie einheitliche Grundsätze und Methoden in den Bereichen Führung, Versorgung und Ausbildung und die Gliederung der Verbände ausarbeiten. Entsprechend der internationalen Generalstabsorganisation gliederte sich der Ausschuss in die Abteilungen G 1 (Personal), G 2 (Sicherheit und Dokumentensammlung), G 3 (Organisation und Ausbildung), G 4 (Versorgung) sowie in die Abteilungen Land-, Luft- und Seestreitkräfte und Fernmeldewesen. Ferner wurde eine Taktische Studienkommission eingerichtet, die gemeinsame Führungsbegriffe und -vorschriften ausarbeiten sollte[11]. Speziell mit Fragen der Bedarfspläne, Klassifizierung von Material, Materialauswahl und Standardisierung befasste sich die Versorgungsabteilung, namentlich die Gruppe III (Rüstung)[12].

Auf der Leitungsebene der Dienststelle Blank herrschte über die in den Jahren 1951/52 erreichten Ergebnisse auf dem Rüstungsgebiet wenig Begeisterung. In den Augen von Holtz waren die deutschen Interessen durch den nur zeitweise in Paris präsenten Vertreter des Bundeswirtschaftsministeriums, von Boeckh, mehr schlecht als recht vertreten worden. Abgesehen davon glaubte man nicht, dass er seinem französischen Konterpart Hirsch gewachsen war. Für den Interimsausschuss forderte man deshalb eine dauerhafte Vertretung vor Ort, die Hirsch würde Paroli bieten können. Überdies dürfe das Personal der Dienststelle Blank unter keinen Umständen zu »Hilfsarbeiter[n] des Wirtschaftsministeriums« degradiert werden[13]. Blank, der eigentlich Ministerialdirektor Holtz nach Paris hatte schicken wollen, scheiterte jedoch mit seiner Forderung nach dem Vorrecht auf Besetzung der Delegationsspitze[14]. Das Rennen machte Erhard. Sämtliche Leiter der Rüstungsdelegation bis 1954 entstammten seinem Hause. Nach den kur-

---

lungsleiter im Auswärtigen Amt für Internationale und Supranationale Organisationen. Vgl. KPBR/KAW, II, S. 683 f.

[9] Vgl. Gauzy, La préparation du réarmement de la République Fédérale, t. 1, S. 168 f.

[10] Vgl. AAPD 1952, S. 735–737, hier S. 735 f.: von Kessel an AA, 3.12.1952; Krüger, Das Amt Blank, S. 121, Anm. 35.

[11] Vgl. BArch, BW 9/2317, Bl. 149–155: Arbeitsstand Militärausschuss (Stand: Mitte Oktober 1952), o.D.; BArch, BW 9/2848, Bl. 4–11: Übersicht Speidel über die Arbeiten des Militärausschusses, 14.2.1953. Einen ausgezeichneten Einblick in das äußerst breite Tätigkeitsfeld des Militärausschusses und seiner Unterausschüsse bieten die Wochen- und Halbmonatsberichte der deutschen Delegation: BArch, BW 9/3377-3378; siehe auch AWS, Bd 2 (Beitrag Meier-Dörnberg), S. 715–728.

[12] Die Protokolle der Sektion Logistik/Rüstung des EVG-Militärausschusses (CM/LOG/III) für den Zeitraum von Mitte Oktober 1952 bis Mitte November 1953 befinden sich in: AMAE, CED, S. 233–234.

[13] BArch, BW 9/928, Bl. 35 f.: Holtz an Blank, Entwurf, 23.5.1952.

[14] Vgl. BArch, BW 9/1295/3, Bl. 26–29: Blank an Erhard, 17.6.1952.

zen Intermezzi mit Ministerialdirektor Walter Schmid[15] und Generalleutnant a.D. Wilhelm Philipps wurde im September 1953 Ministerialdirektor Carl Krautwig neuer Delegationschef, ein harter Verfechter einer zivilen Rüstungsverwaltung und der Federführung des Wirtschaftsressorts in Rüstungsangelegenheiten[16].

Die Rivalität beider Häuser ging somit weiter und wirkte sich nachteilig auf die Handlungsfähigkeit der deutschen Vertreter in Paris aus. Rentrop beklagte nicht nur einen mangelnden Kontakt seiner Koblenzer Abteilung mit der Pariser Delegation, sondern auch eine »Drohende [sic!] Überfremdung durch Herrn des BMWi in Paris« sowie eine Schwächung der deutschen Position durch die ständigen Wechsel der Chefdelegierten[17].

Den bisweilen souverän agierenden und hartnäckig auftretenden Hirsch brauchten die Deutschen aber fortan nicht mehr zu fürchten. Kaum war der EVG-Vertrag unter Dach und Fach gebracht, gab Hirsch den Vorsitz des Rüstungsausschusses auf und widmete sich wieder seiner Tätigkeit im französischen Planungskommissariat[18]. Dort beerbte er sogleich Monnet, der als Präsident der Hohen Behörde der EGKS nach Luxemburg gewechselt war[19]. Bei der Regelung seiner Nachfolge sorgten die Franzosen für eine Überraschung, die die Deutschen aufhorchen ließ. Neuer Leiter der französischen Rüstungsdelegation und zugleich Vorsitzender des Rüstungsgremiums wurde der ehemalige Chefingenieur und Direktor bei der Verwaltung der Brücken und Chausseen, Marcel Coignard. Bei der Personalie handelte es sich um eine durchaus delikate Angelegenheit. Coignard gehörte nämlich dem Koblenzer Sicherheitsamt an und leitete dort die französische Sektion der Industriekontrollabteilung – eine der Abteilungen, die von den Deutschen der Industriespionage bezichtigt wurden[20]. Die Wahl dürfte kein Zufall gewesen sein. Aufgrund seiner Tätigkeit in Koblenz war er über das westdeutsche Militär- und Wirtschaftspotenzial bestens informiert. Dieses Wissen konnte ihm sehr wohl bei den EVG-Rüstungsplanungen nützlich sein und dazu beitragen, die französischen Sicherheitsinteressen in ausreichendem Maße zur Geltung zu bringen[21]. Seinem

---

[15] In Blanks Dienststelle hielt man Schmid für »einen besseren ›Europäer‹ als einen deutschen Behördenvertreter«. Seine Vorstellungen vom künftigen Rüstungsapparat erschienen einigen Beamten »oberflächlich und kleinrahmig«. Vgl. BArch, BW 9/3643, Bl. 473–475, hier Bl. 473: (Wolf) Eberhard (Amt Blank/II/2) an (W.) Voss (Deutscher Wirtschaftsdienst), 4.8.1952. Überdies hegte man ernsthafte Zweifel, ob »er tatsächlich in grossen [sic!] Zusammenhängen auf dem rüstungs-wirtschaftlichen Gebiet – soweit wir daran interessiert sind – zu denken vermag«. Ebd., Bl. 470–472, hier Bl. 472: Vortragsnotiz Eberhard, 4.8.1952.

[16] Vgl. AWS, Bd 4 (Beitrag Abelshauser), S. 131; Krüger, Das Amt Blank, S. 117 f.

[17] BArch, BW 9/4093, Bl. 114–116: Vermerk Rentrop über Gespräch mit Holtz (5.3.1954), 5.3.1954.

[18] Vgl. AMAE, DF-CED/C/117: Vermerk für Alphand, 10.6.1952; BArch, BW 9/562, Bl. 271–273: Vermerk dt. Rüstungsdelegation, 25.6.1952; BArch, NL Pollex, N 712/18: Tagebucheintrag 28.7.1952; BArch, B 126/51517: Vermerk Vialon, 17.7.1952, S. 8.

[19] Vgl. Hirsch, Ainsi va la vie, S. 116.

[20] Vgl. BArch, BW 9/4279, Bl. 14–16, hier Bl. 14 f.: Rentrop an Blank, 16.6.1954; BArch, B 126/51517: Vermerk Vialon, 17.7.1952, S. 8; BArch, BW 9/2295, Bl. 34 f., hier Bl. 36: Kurzbericht Speidel über Sitzung Lenkungsausschuss (1.7.1952), 1.7.1952; Glaser, Das Militärische Sicherheitsamt, S. 129.

[21] Im Jahre 1955 wurde Coignard Leiter der Auswertungsabteilung des WEU-Rüstungskontrollamtes. Im Auswärtigen Amt hatte es offenbar Bedenken gegen seine Nominierung für den Posten gegeben, angeblich deshalb, weil man wegen seiner früheren Tätigkeit im Koblenzer Sicherheitsamt Kritik aus der Öffentlichkeit befürchtete. Vgl. AMAE, Europe/Généralités, 62, Bl. 86: François-

Ansehen war dies aber offensichtlich nicht sonderlich abträglich. Auf den Leiter der deutschen Finanzdelegation Vialon machte er jedenfalls einen »vorzüglichen und zielbewussten Eindruck«[22]. Gegenüber den Deutschen zeigte er sowohl im persönlichen Umgang als auch auf der Arbeitsebene keine Ressentiments. Er wurde als sehr höflich charakterisiert[23] und pflegte einen umgänglichen, ja kooperativen Stil.

Wie bereits in Kap. V.4. dargelegt, gehörte Coignard zu denjenigen französischen Beamten, die die Zeichen der Zeit erkannten und sich aufgrund des sich abzeichnenden Wettlaufs um den westdeutschen Rüstungsmarkt für eine stärkere Öffnung gegenüber dem einstigen Kriegsgegner aussprachen. Wie Alphand zählte er zum Lager der EVG-Befürworter[24]. Dies dokumentierte er auch dadurch, dass er den Leiter der Rüstungsdienststelle des Amtes Blank, Ministerialdirigent Rentrop, zu den Sitzungen des EVG-Rüstungsausschusses nach Paris einlud. Coignard erwies sich als ausgefuchster Pragmatiker. Vom strengen Kontrolleur im Koblenzer Sicherheitsamt avancierte er zu einem durchaus kooperationsfreudigen Anwalt französischer Industrieinteressen. Dies bedeutete jedoch nicht, dass er bei den Arbeiten im Rüstungsausschuss Sicherheitsaspekte völlig über Bord warf und den Deutschen freie Bahn gewährte.

Auf den von Coignard geleiteten EVG-Rüstungsausschuss wartete ein äußerst umfangreiches Arbeitsprogramm: Es reichte von der Planung der materiellen Erstausstattung des deutschen Kontingents über die Ermittlung der vorhandenen Rüstungskapazitäten, die Beteiligung an der Aufstellung des EVG-Haushaltsplans, die Standardisierung von Waffen und Ausrüstung und die Aufstellung und Durchführung des gemeinsamen Rüstungsprogramms bis hin zur Klärung der organisatorischen und verfahrenstechnischen Verfahren, wie dem Aufbau des Rüstungskommissariats und der dazugehörigen Beschaffungsorganisation und deren Kompetenzen sowie der Festlegung des Beschaffungsprozesses. Darüber hinaus bedurfte es der Klärung der Kompetenzen und des Zusammenspiels der an den Rüstungsplanungen beteiligten Akteure, darunter auch der Beschaffungskommission (Marktkommission) und des Beratenden Ausschusses[25].

Die möglichen Dimensionen nicht nur der Rüstungsplanungen, sondern der supranationalen Militärintegration insgesamt legte der deutsche EVG-Finanzfachmann Vialon eindrucksvoll anhand von konkreten Beispielen dar:

> »Betrachten wir den wirtschaftlichen Werdegang einer europäischen Kanone von der Planung bis zur Abnahme einschließlich des Instandhaltungs- und Reparaturbedürfnisses, die Möglichkeit einer Herstellung des Laufs in Frankreich, der Innenteile in Belgien, der Räder in Holland, der Montage in Deutschland, oder den wirtschaftlichen Hintergrund eines europäischen Offiziers italienischer Herkunft, der einen Teil seines Soldes in Deutschland verzehrt, den Rest für seine italienische Familie benötigt, Dienstreisen nach Holland und Belgien macht und auf einer luxemburgischen Schule ausgebildet wird, so stehen die wirtschaftlichen und

---

Poncet an MAE, 28.6.1955; Bl. 89: Chauvel an MAE, 6.7.1955. Zu seiner Tätigkeit im WEU-Rüstungskontrollamt siehe seinen Aufsatz: Coignard, Rüstungskontrolle.
[22] BArch, B 126/51517: Vermerk Vialon, 17.7.1952.
[23] Vgl. BArch, BW 9/2307, Bl. 128–135, hier Bl. 130: Bericht Schneider, 22.11.1952.
[24] Siehe dazu Coignards Verhalten bei den Gesprächen mit den französischen Militärs: Kap. VI.1.
[25] Vgl. BArch, BW 9/928, Bl. 32–34: Ausarbeitung Bolck (Amt Blank/II W), Arbeitsprogramm EVG-Rüstungsausschuss, 15.5.1952.

finanziellen Probleme vor uns, die die Europäische Verteidigungsgemeinschaft in den Details lösen muß[26].«

Anhand des Beispiels zeigt sich, dass man sich auf eine sehr weitreichende Integration einstellen konnte, sollte das EVG-Projekt tatsächlich das Licht der Welt erblicken. Die Rüstung wäre ein fester Bestandteil der Europaarmee, mit tiefgreifenden Auswirkungen auf Industrie, Wirtschaft und Finanzen der beteiligten Länder. Dementsprechend hatten die Rüstungsdelegierten ein ähnlich gigantisches Arbeitsprogramm zu bewältigen wie ihre Kollegen im Militärgremium[27]. Bis Mitte März 1953 bildeten sich sechs Unterausschüsse, die im Rahmen ihrer Tätigkeit zahllose Berichte, Entwürfe und Fragebögen verfassten und auswerteten und in einer wahren Flut von Akten versanken[28]. Mit sehr ähnlichen Sachfragen befassten sich bekanntlich die NATO und ihre Mitgliedstaaten, sodass sich durchaus von einer teilweisen Duplizierung der westlichen Rüstungsplanungen sprechen lässt.

Unterausschuss I fiel die Aufgabe zu, alle mit dem künftigen europäischen Beschaffungswesen zusammenhängenden Fragen zu klären: Hierzu gehörten die Hauptauftragsarten, die von Bewerbern zu erfüllenden Voraussetzungen, die Auftragsvergabearten (öffentliche oder beschränkte Ausschreibung, freihändige Vergabe), Preisklauseln und -vorschriften, Lieferdetails, Auftragsfinanzierung und Mechanismen zur Streitschlichtung. Die Materie entpuppte sich als derart kompliziert, dass Verteidigungsminister Pleven sich im Oktober 1952 veranlasst sah, eine Sonderkommission einzusetzen, welche die französische Rüstungsdelegation bei der Ausarbeitung des Reglements für das EVG-Auftragsvergabesystem zu unterstützen hatte. Sie versank unter einem Berg von Akten[29].

Mit dem Aufbau und den Aufgaben der künftigen Beschaffungskommission befasste sich Unterausschuss I a. Die Ausarbeitung von Vorschriften zur Genehmigung von Produktion, Forschung, Import und Export sowie Fabriken war Sache des Unterausschusses II. Er hatte daneben Vorschriften für die Übergangszeit zu entwerfen. Militärtechnische Aspekte fielen in den Kompetenzbereich von Unterausschuss III. In Zusammenarbeit mit den Offizieren der Gruppe Logistik des Militärausschusses widmete er sich den Fragen der Rüstungsforschung und -entwicklung und der Standardisierung von Waffen, Munition und Ausrüstung. Er kann als Keimzelle des späteren »Technischen Amtes« der EVG bezeichnet werden. Die Erfassung sämtlicher

---

[26] Vialon, Gedanken zur Versorgung, S. 6.
[27] Die Protokolle der 63 offiziellen Sitzungen des EVG-Rüstungsausschusses finden sich in: BArch, BW 9/1385-1387, BW 9/561-562. Siehe dazu auch die äußerst informativen Berichte der deutschen Delegation: BArch, BW 9/3335-3336. Luxemburg nahm an den Arbeiten nicht teil.
[28] Zum Folgenden: AMAE, DF-CED/C/122: Zusammenfassender Bericht über die Arbeiten des EVG-Rüstungsausschusses, 7.10.1953; BTAV, II, S. 195–309, hier S. 248–250: Protokoll 30. Sitzung Ausschuss für Fragen der europäischen Sicherheit (23./24.4.1953), Ausführungen (Wolfgang) Cartellieri. Ministerialrat Cartellieri war Unterabteilungsleiter für Verwaltung und Verwaltungsorganisation im Amt Blank und deutscher Chefdelegierter im EVG-Statutausschuss; BArch, BW 9/2298, Bl. 17–19: Übersicht über EVG-Rüstungsausschuss (Stand: 15.5.1953), o.D.; SHD/DAT, 9 R/611-l: Zusammenfassender Bericht über die Arbeiten des EVG-Rüstungsausschusses seit Juli 1952, 18.9.1953.
[29] Vgl. SHD/DAT, 9 R/608-7: Coignard an Alphand, 15.9.1952; Cristofini an de Chevigné, Gavini und Montel, 9.10.1952; SHD/DAA, 9 E/1152-1: Bericht Coignard vor Verteidigungsausschuss der frz. Nationalversammlung, 15.5.1953, S. 7. Das Aktenmaterial der französischen Sonderkommission ist aufbewahrt in: SHD/DAT, 9 R/608, 611.

laufender Rüstungsaufträge, die Klärung der Haushalts-, Zoll-, Steuer-, Devisen- und Transferfragen lag in den Händen von Unterausschuss IV. Eine genaue Kenntnis der vorhandenen Bestände an Waffen und Gerät sowie der daraus hervorgehenden Defizite oder Überschüsse bildete eine unabdingbare Voraussetzung für die Aufstellung des ersten EVG-Rüstungsprogramms und die notwendigen Beschaffungen. Das Gremium war darüber hinaus auch zuständig für Einfuhr- und Ausfuhrlizenzen und sollte an der Finanzordnung mitwirken. Zur Ermittlung der in den Mitgliedstaaten vorhandenen Rüstungskapazitäten setzte man Unterausschuss V ein. Die gesammelten Daten sollten die Grundlage für die praktische Erstellung und Durchführbarkeit der Rüstungsprogramme und die Aufteilung der Beschaffungsvorhaben nach Kategorien und Ländern bilden. Zur Klärung des als besonders sensibel geltenden Themas »Patente und Schutzrechte bei Rüstungsgütern« wurde im Frühjahr 1953 ein weiterer Ausschuss (Unterausschuss VI) ins Leben gerufen.

Eine wichtige Funktion kam darüber hinaus dem aus Vertretern des Rüstungs- und Militärausschusses zusammengesetzten Gemischten Ausschuss zu, der über die Kompetenzabgrenzung zwischen Militär und Rüstung beriet[30], und dem aus Fachleuten des Militär-, Finanz- und Rüstungsausschusses zusammengesetzten Ausschuss für Außenhilfe, der mit der Regelung der im Zusammenhang mit der US-Militärhilfe stehenden Modalitäten zuständig war. Delegierte aus dem Rüstungs- und Finanzgremium fanden sich darüber hinaus in einem Ausschuss für Zoll- und Steuerfragen zusammen. Dies erschien notwendig, da bei der zu erwartenden erheblichen Warenbewegung innerhalb der EVG neben den Devisen- und Transferfragen auch die steuer- und zollmäßige Behandlung eine große Rolle spielen würde[31].

Von einer besonders intensiven deutsch-französischen Zusammenarbeit, welche die Franzosen eingangs vollmundig bekundet hatten[32], war im praktischen Alltag des Rüstungsausschusses eher wenig zu sehen, trotz Coignards bemerkenswerter Aufgeschlossenheit gegenüber seinen deutschen Kollegen. Eine enge Koordinierung der Positionen beider Länder scheint nicht stattgefunden zu haben. Dabei hatte der deutsche Rüstungsdelegationschef Schmid nach Abstimmung mit Staatssekretär Hallstein und Ministerialrat Ophüls den Franzosen die Hand entgegengestreckt und seinen Wunsch nach »une entente très étroite franco-allemande, dans le cadre des possibilités offertes par la solution européenne (gentlemen agreement)« zum Ausdruck gebracht. Unter Verweis auf die mit der Aufrüstung zu erwartenden erheblichen volkswirtschaftlichen Belastungen warb er für eine enge Koordinierung der Rüstungsproduktion und die Förderung industrieller Kontakte. Auch sprach sich Schmid dafür aus, in Frankreich europäische Forschungszentren mit deutscher Beteiligung zu schaffen, wo die Deutschen wieder Anschluss an den aktuellen Stand der Technik erhalten könnten. Dabei unterließ er nicht den Hinweis auf die angeblich schon weit fortgeschrittene russische Rüstungstechnik, gegen die man sich wappnen müsse. Hellhörig dürfte Coignard jedoch

---

[30] Exemplarisch: BArch, BW 9/1398, Bl. 255–264: EVG-Militär-/Rüstungsausschuss, Kompetenzabgrenzung Militär – Rüstung, Entwurf, 7.7.1954 (CM/D/109-CA/D/3).
[31] Vgl. BArch, BW 9/2848, Bl. 20–22, hier Bl. 21: Übersicht Vialon über den Finanzausschuss, o.D.; Bl. 12–16, hier Bl. 16: Übersicht über die Aufgaben des EVG-Rüstungsausschusses, o.D.
[32] Vgl. BArch, BW 9/3335, Bl. 2–4: Wochenbericht dt. EVG-Rüstungsdelegation (27.8.–5.9.1952), 5.9.1952.

Schmids Wunsch gemacht haben, deutsche Ingenieure an der Entwicklung ferngelenkter Raketen zu beteiligen, deren Herstellung auf dem Bundesgebiet unzulässig war. Trotz solcher Äußerungen erkannte Coignard in einer deutsch-französischen Zusammenarbeit »une source de possibilités de plus grand intérêt pour nos industries de défense«[33].

Frankreich zeigte sich aber in der Folgezeit häufig bestrebt, die Deutschen auszubremsen. Ein gutes Beispiel ist die Frage der Kompetenzverteilung zwischen dem Rüstungs- und dem Militärkommissariat: Als innerhalb des Interimsausschusses Gerüchte die Runde machten, wonach die Deutschen beabsichtigten, Anspruch auf das Amt des Rüstungskommissars zu erheben, versuchte Frankreich, die Kompetenzen des Militärs auf Kosten der Rüstung zu stärken. Da der Militärkommissar nach dem Willen der Pariser Regierung ein Franzose sein sollte, hätte Frankreich davon profitiert[34]. In der deutschen Presse hatte man Frankreich bereits früh vorgeworfen die Strategie zu verfolgen, »überstaatliche Organisationen von vornherein entweder französischer Hegemonie zu unterwerfen oder zu kastrieren«[35]. Konkret ging es Frankreich darum, die Befugnisse für Ausrüstung und Versorgung aus dem Rüstungskommissariat herauszulösen und dem Militärkommissar zu übertragen. Ersterem wäre somit nur noch die Zuständigkeit für schweres Kriegsgerät geblieben – ein Bereich, auf dem die Deutschen bekanntlich noch nichts vorzuweisen hatten. Krautwig empfahl, in Bezug auf die Ausrüstung hart zu bleiben. Konzessionsbereitschaft sollte Deutschland nur bei laufenden Verträgen zeigen[36].

Völlig aus der Luft gegriffen waren die Gerüchte um die möglichen deutschen Ambitionen auf den Posten des Rüstungskommissars nicht. Bundeswirtschaftsminister Erhard zeigte sich außerordentlich an der Besetzung mit einem Deutschen – höchstwahrscheinlich einem Beamten seines Ressorts – interessiert, weil er dieses Kommissariat für das bedeutendste unter den vieren hielt[37]. Dadurch schien am besten gewährleistet, dass seine ordnungspolitischen Prinzipien gewahrt und »dirigistische« Praktiken unterbleiben würden. Die unterschiedlichen wirtschaftspolitischen Auffassungen, die bereits im Zuge der Verhandlungen über den EVG-Vertrag deutlich zum Vorschein gekommen waren, prallten erneut in der Frage der Auftragsvergabe aufeinander. Bonn, Brüssel und Den Haag wünschten sich einen größtmöglichen Wettbewerb, der sich nicht allein auf den EVG-Raum beschränkte. Dabei verwiesen sie auch darauf, dass ein ausdrücklicher und genereller Ausschluss dritter Staaten bei der Angebotsabgabe unerfreuliche politische Folgen haben könne. Frankreich und besonders Italien wollten davon nichts wissen. Sie kämpften dafür, Ausschreibungen nur auf EVG-Staaten zu begrenzen, da die EVG aus ihrer Sicht die Aufgabe habe, in erster Linie die Wirtschaft der Mitglieder zu stärken. Hieran zeigt sich deutlich, dass die beiden Länder aufgrund des hohen Preisniveaus

---

[33] AMAE, DF-CED/C/115: Aufz. Gespräch Coignard – Schmid, 4.9.1952.
[34] Vgl. ebd., Bl. 23–27 (hier Bl. 23): Wochenbericht dt. EVG-Rüstungsdelegation (10.10.–17.10.1952), 17.10.1952; BArch, BW 9/928, Bl. 56–58: Mitteilung an Blank, 3.3.1954.
[35] So der überspitzte Kommentar des Spiegel im Zusammenhang mit Frankreichs Ambitionen, die Leitung wichtiger supranationaler Gemeinschaftsorgane wie der Hohen Behörde oder dem Gerichtshof mit Franzosen zu besetzen und möglichst viele Gemeinschaftsorgane in Paris anzusiedeln. Der Spiegel, Nr. 26, 25.6.1952, S. 4: Gleichschritt.
[36] Vgl. BArch, BW 9/3758, Bl. 73–79, hier Bl. 78: Protokoll Sitzung Aussprachekreis Koblenz (11.3.1954), 13.3.1954.
[37] Vgl. BArch, B 126/51517: Erhard an Schäffer, 24.1.1953. Erhard warb bei Finanzminister Schäffer mit dem Argument, wonach eine solche Lösung im Interesse beider Häuser läge, um Unterstützung.

ihrer Rüstungsgüter die Konfrontation mit ausländischen Angeboten und damit eine möglicherweise unzureichende Berücksichtigung ihrer Industrie bei der Auftragsvergabe fürchteten. In Paris und Rom sollten Beschaffungsaufträge gezielt zur Stützung der heimischen Industrien dienen[38]. In Paris hatte man zweifellos auch im Sinn, die Briten vom kontinentaleuropäischen Rüstungsmarkt so gut wie möglich fernzuhalten.

Bei der Planung des militärischen Außenhilfesystems für die Europaarmee dominierten bei den Franzosen weiterhin eindeutig Zentralisierungs- und, in Bezug auf die Bundesrepublik, Kontrollabsichten. General de Larminat schlug vor, die US-Militärhilfe über eine beim europäischen Generalstab angesiedelte, integrierte Verbindungsstelle (Groupe de Réception de Matériel et de Liaison, GRML), eine Art Military Assistance Advisory Group (MAAG) für die EVG, abzuwickeln. Die Lieferungen für die Deutschen beabsichtigte man von einer Außenstelle (Groupe de Réception et de Distribution des Matériels, GRDM) durchführen zu lassen. Nach Inkrafttreten des EVG-Vertrags sollten die Mitglieder zunächst auf nationale GRDM zurückgreifen dürfen, die in Verbindung mit den MAAGs vor Ort ständen und die US-Rüstungsgüterlieferungen empfingen. Langfristig strebte man die Zentralisierung der Außenhilfe auf europäischer Ebene an. Die integrierte Einrichtung sollte zugleich auch direkter Ansprechpartner für EVG-Staaten mit nationalen Streitkräfteverbänden sein[39]. Ein derartiges System war auch dazu gedacht, direkte deutsch-amerikanische Rüstungskontakte zu unterbinden. Dies lag ganz im Interesse der französischen Streitkräfte, die den permanenten US-Avancen gegenüber den Deutschen mit großem Misstrauen begegneten und fürchteten, künftig bei der US-Außenhilfe zu kurz zu kommen. Eine eigenständige MAAG der USA auf deutschem Boden wollte man ausschließen. Dagegen strebte man an, für die unter nationalem Statut verbleibenden Truppen um jeden Preis eine direkte, institutionalisierte amerikanisch-französische Kooperation bei der Außenhilfe beizubehalten[40]. Aus denselben Motiven zeigte man sich an der Seine bemüht, die Vergabe amerikanischer Offshore-Aufträge nach Deutschland strengstens in die EVG einzubetten. Offshore-Aufträge für EVG-Verbände, und somit auch für das deutsche Kontingent, sollten die Genehmigung des Kommissariats erfordern und in enger Abstimmung zwischen dem Kommissariat und den USA erfolgen[41]. Alphand stellte daneben die Überlegung an, ob es nicht vorteilhafter wäre, die Vergabe von Offshore-Aufträgen ganz in die Hände des Kommissariats zu legen und damit den Einfluss der USA zurückzudrängen. Dies würde die Möglichkeit einer noch stärkeren Kontrolle der Deutschen eröffnen. Letztlich riet er von einer solchen Lösung aber ab, weil dem Exekutivorgan eine zu große Machtfülle zugefallen wäre. Die finanzpolitischen Auswirkungen wären nicht absehbar gewesen. Außerdem hätte sich Frankreich in seinem Handlungsspielraum, den es sich mit den Zusatzprotokollen zu erkämpfen versucht hatte, beschnitten[42].

---

[38] Vgl. BArch, BW 9/3335, Bl. 67-72, hier Bl. 68: Wochenbericht dt. EVG-Rüstungsdelegation (24.1.-30.1.1953), 30.1.1953.
[39] Vgl. AMAE, DF-CED/C/115: Vermerk de Larminat, 9.2.1953.
[40] Vgl. SHD/DAA, 9 E/1152-5: Stellungnahme frz. Staatssekretariat der Luftwaffe, 20.6.1953.
[41] Vgl. AMAE, DF-CED/C/115: Coignard an François-Poncet, 15.7.1954; Alphand an frz. Finanzministerium/Abt. für Außenfinanzen, 4.6.1954.
[42] Vgl. AMAE, DF-CED/C/115: Alphand an Bidault, 13.5.1953.

Anfang 1953, als die EVG-Verhandlungen festgefahren waren und die französische Regierung gerade ein Bündel mit Zusatzprotokollen schnürte, wirkte sich dies auch spürbar auf das Klima innerhalb des Interimsausschusses aus. »Wenn auch nach aussen [sic!] hin das Gesicht nach wie vor gewahrt wird«, so hielt die deutsche Rüstungsdelegation fest, »ist in allen Ausschüssen eine wachsende Zurückhaltung und Verzögerungstaktik zu konstatieren«. Man zog daher ernsthaft in Erwägung, auf den von Italien unterbreiteten und von Deutschland unterstützten Vorschlag zurückzukommen, den Rüstungsausschuss nur noch jede zweite Woche zusammentreten zu lassen[43].

Im Sommer 1953 wurde das Klima noch etwas rauer, als es den Teilnehmern immer mehr dämmerte, wie sehr die Verwirklichung der EVG-Pläne in die Souveränität und Traditionen ihrer Staaten eingreifen würde. Zudem konstatierte man bei den unter einer neuerlichen Regierungskrise leidenden Franzosen eine zunehmende Nervosität. Auch kristallisierte sich heraus, dass die französischen und belgischen Delegationen sich offenbar untereinander absprachen, während die Niederländer die Nähe zu ihren deutschen Kollegen suchten. Anders als in den Jahren 1951/52 gab es somit keine weitgehend geschlossene Phalanx der Beneluxländer. Die Italiener wählten ihre Partner für gewöhnlich »je nach den Erfolgsaussichten«[44]. Ab Sommer 1953 war der Lenkungsausschuss schließlich lahmgelegt. Vom 10. Juli 1953 bis zum 26. März 1954 fanden keine Sitzungen des Leitungsgremiums statt, sodass die Interimsorganisation faktisch entscheidungsunfähig war[45]. Sichtlich genervt von der ständigen französischen Verzögerungstaktik zeigte man sich etwa auf belgischer Seite. Der belgische Delegationsleiter und NATO-Botschafter, André de Staerke, beschrieb das Verhalten der Franzosen mit den Worten: »Frankreich habe die anderen EVG-Mächte erst in ein Zimmer gelockt, dann dieses Zimmer von außen abgeschlossen und jetzt auch noch das Licht ausgelöscht«[46]. Auch in der Folgezeit ging Brüssels Vertreter mit den Franzosen hart ins Gericht. Als US-Außenminister Dulles Paris mit einer »agonizing reappraisal« drohte und den diplomatischen Druck erhöhte, gab de Staerke seiner Hoffnung Ausdruck, dass Dulles »diese etwas brutale Methode beibehalte, denn nur so könne man die Franzosen zur Raison bringen«[47].

Auch wenn sich zeigte, dass die Konferenzteilnehmer bei aus ihrer Sicht vitalen Fragen Vorbehalte anmeldeten[48]: Nicht immer standen sich nur die nationalen Delegationen gegenüber. Es kam sogar vor, dass sich die verschiedenen integrierten Ausschüsse untereinander stritten. In einem Fall geriet der Rüstungsausschuss mit den Patentexperten in Konflikt, was insofern spektakulär war, als die Wortführer der sich streitenden Parteien,

---

[43] BArch, BW 9/3335, Bl. 73–76, hier Bl. 73: Wochenbericht dt. EVG-Rüstungsdelegation (2.2.–6.2.1953), 5.2.1953; vgl. auch ebd. Bl. 67–72: Wochenbericht dt. EVG-Rüstungsdelegation (24.1.–30.1.1953), 30.1.1953.
[44] BArch, BW 9/3335, Bl. 129–134, hier Bl. 129: Wochenbericht dt. EVG-Rüstungsdelegation (15.6.–20.6.1953), 20.6.1953.
[45] Vgl. Krüger, Das Amt Blank, S. 126.
[46] AAPD 1953, I, S. 66–68, hier S. 66: von Kessel an AA, 16.1.1953.
[47] So wurde de Staerke von Blanks Stellvertreter von Etzdorf zitiert. PA-AA, B 150/193, Bl. 93 f.: von Etzdorf an AA/III, 18.12.1953.
[48] Vgl. BArch, BW 9/3335, Bl. 38–42: Wochenbericht dt. EVG-Rüstungsdelegation (16.11.–21.11.1952), 21.11.1952.

Coignard und Finiss, beide Franzosen waren[49]. Ähnlich stellte sich die Situation beim Problem der Kompetenzabgrenzung zwischen dem Militär- und dem Rüstungsausschuss dar. Diese Auseinandersetzung wurde aber von den Franzosen geschürt, in deren Interesse eine Stärkung des Militärkommissariats lag. Sie spekulierten bekanntlich auf dessen Besetzung mit einem ihrer Landsleute[50].

Es gab Fälle, bei denen zwischen den Delegationen Deutschlands und Frankreichs völlig unterschiedliche militärische Philosophien zum Vorschein traten. So ernteten die Franzosen mit ihrem Vorschlag, eine Rhein-Flottille aufzustellen, um im Falle eines sowjetischen Vorstoßes »sicher das andere Ufer gewinnen zu können«, von deutscher Seite nichts weiter als Kopfschütteln. Das EVG-Sonderabkommen sah für das belgische und französische Marinekontingent eine solche Rhein-Flottille vor, aber der Chef der deutschen EVG-Marineabteilung, Kapitän zur See Heinrich Gerlach, hielt sie für militärisch sinnlos, ja für geradezu absurd. Für die Deutschen war die Sicherung des Rheins Sache des Heeres, genauer gesagt der Pioniertruppe. Dabei beriefen sie sich auf ihre Erfahrungen aus den Weltkriegen. Zudem hielt man die im EVG-Sonderabkommen vorgesehenen Schiffstypen zum Einsatz auf dem Rhein weitgehend für ungeeignet. Für den Fall, dass das Vorhaben von politischer Seite doch gefordert würde, sollte darauf gedrängt werden, die Integration deutscher Schiffseinheiten in die rheinische Miniflotte hinauszuzögern. Man befürchtete, dass das ohnehin schon als viel zu klein empfundene deutsche EVG-Marinekontingent noch weiter ausgedünnt und die Fähigkeit zur Küstenverteidigung an Nord- und Ostsee vollends eingebüßt würde[51]. Speidel stimmte dem voll zu. Er hielt die französischen Pläne vom militärischen Standpunkt gesehen für eine Farce. Überdies warf eine Rhein-Flottille in seinen Augen eine Reihe rechtlicher Fragen auf. Nicht zuletzt versprühte der Vorschlag einen Hauch von »Besatzungsverewigung«[52]. Der bizarr anmutende französische Flottenplan spiegelte sehr deutlich die französische Verteidigungsphilosophie wider, deren Kern die Rheinverteidigung zum Schutz des Mutterlandes war.

Doch auch die Deutschen wurden von ihren Verhandlungspartnern kritisch beäugt. Sie fielen sowohl aufgrund der beachtlichen Personalstärke ihrer Delegation als auch wegen ihres enormen Arbeitseifers auf. Mancher Beobachter mag dies als Vorgeschmack auf die Zeit nach Inkrafttreten des EVG-Vertrags interpretiert haben. Die Furcht vor

---

[49] Vgl. BArch, BW 9/3336, Bl. 69–79, hier Bl. 70–72: Halbmonatsbericht dt. EVG-Rüstungsdelegation (16.3.–31.3.1954), 2.4.1954. Der Zank entzündete sich an der Frage, ob Kriegsgerät, in dem bestimmte in einem Land patentrechtlich geschützte Verfahren angewendet wurden, entschädigungslos in ein anderes Land gebracht werden konnte, in dem die fraglichen Schutzrechte einer anderen Person zustanden. Dies warf die Frage von Zwangslizenzen und Entschädigungsansprüchen auf. Der Rüstungsausschuss verlangte nur eingeschränkte Entschädigung, die Patentexperten hingegen legten auf den Schutz geistiger Leistungen großen Wert.

[50] Vgl. BArch, BW 9/1378, Bl. 21 f.: Notiz Amt Blank/G 4/Paris, 7.2.1953.

[51] Vgl. BArch, BW 9/2305, Bl. 14 f.: Vermerk Gerlach, 27.1.1954. Gerlach, der später Flottenadmiral der Bundesmarine wurde, gehörte zumindest anfangs keineswegs zu den Anhängern einer Europaarmee. So zitierte ihn die Presse mit den Worten: »Als ich loszog nach Paris, da war ich noch kein Europäer. Als ich anfing in diesem europäischen Laden, glaubte ich noch nicht an all' diese Dinge – Europa und so weiter. Selbstverständlich konnte ich da nicht sagen, was ich dachte [...]«. Er sei erst Europäer geworden, als ihm klar geworden sei, »welche Resonanz« die Person Adenauers gefunden habe. Der Spiegel, Nr. 14, 3.4.1975, S. 14–18, hier S. 17: Göttlich und politisch stark.

[52] BArch, BW 9/2305, Bl. 13: Speidel an Blank, 29.1.1954.

einer deutschen Dominanz ging um. Der erstaunliche ökonomische Aufschwung Deutschlands, sein zunehmendes Gewicht auf der europäischen Bühne, der Fleiß und die Kompetenz seiner Militärs, Diplomaten und Experten flößten den Partnern Respekt, möglicherweise sogar Furcht ein. Die deutschen Militärs standen ohnehin im Ruf, eine »religion de l'efficacité« zu praktizieren und über »des idées extrêmement précises« zu verfügen[53]. So gab es dann auch Stimmen, die den Deutschen rieten, sich auf dem europapolitischen Parkett »aus eigenem Interesse vor zu starker Aktivität zu hüten«[54]. Marschall Juin geißelte die Deutschen sogar für ihre Tüchtigkeit und gab ihnen die Schuld an einem möglichen Scheitern der Europaarmee. Der Eifer, den die Deutschen nach der Vertragsunterzeichnung an den Tag gelegt hätten, um sich als gute Europäer zu präsentieren, sei »zu viel des Guten gewesen. Man müsse neidlos anerkennen, daß die Herren vom Amt Blank ausgezeichnete Fachleute seien. Enge Zusammenarbeit mit Frankreich sei ihr Leitmotiv gewesen [...] Aber von Psychologie verständen sie nichts, auch jene nicht, die ihnen befohlen hätten, ihre Arbeit zu beschleunigen« – ein deutlicher Seitenhieb auf Blank und die Bundesregierung[55].

Das Paradoxe war, dass man die Deutschen genau für das kritisierte, was man eigentlich von ihnen erwartet hatte: dass sie loyal zur EVG standen, um dieser rasch zur Verwirklichung zu verhelfen. Der Bundesregierung war gar nichts anderes übrig geblieben, als diesem Kurs zu folgen, ließ sich ein westdeutscher Wehrbeitrag doch nur im Rahmen einer supranationalen Verteidigungsorganisation realisieren. Die deutsche Seite war folglich an einem zügigen Fortgang der Arbeiten im Interimsausschuss interessiert, um möglichst bald Gewissheit in der Frage der Ausstattung der deutschen EVG-Kontingente zu erhalten. Es verwundert daher kaum, dass sie im Pariser Interimsausschuss einen besonderen Elan an den Tag legte.

Zur Steigerung des Misstrauens, zumindest auf französischer Seite, könnten auch die sorgfältig vorbereiteten deutschen Gerätevorführungen von Ende September 1953 beigetragen haben, bei denen handelsübliche Erzeugnisse – Kleidung und Ausrüstung, Kraftfahrzeuge, Lagermaterial und Reparaturmaterial, Pioniermaterial, mechanisches und optisches Gerät, Fernmeldeausrüstung und Sanitätsmaterial – zu sehen waren. Derartiges führte den anderen fünf Staaten deutlich vor Augen, dass auf einem europäischen Rüstungsmarkt auf jeden Fall mit den Deutschen zu rechnen wäre. Auf den erwähnten Gebieten hatte die deutsche Industrie hochwertige und überaus konkurrenzfähige Waren zu bieten[56]. Für eine solche Vorführung hatten sich sowohl das Amt Blank als auch das Wirtschaftsressort stark gemacht. Sie wollten nämlich verhindern, »daß die

---

[53] AMAE, DF-CED/C/121: de Larminat an Pleven, 16.3.1953, S. 2.
[54] BArch, BW 9/2297, Bl. 103–105: Vermerk von Kessel, 16.12.1952, mit Anhang; vgl. Krüger, Das Amt Blank, S. 112, dort auch Anm. 42.
[55] So zitierte der Spiegel den Oberbefehlshaber der NATO-Streitkräfte für Zentraleuropa Juin. Der Spiegel, Nr. 17, 21.4.1954, S. 5: Das Bonner Leitmotiv.
[56] Vgl. BArch, BW 9/2751, Bl. 137 f.: Vermerk Amt Blank/II/2,4, 16.8.1953; SHD/DAA, 2 E/2904: Bericht Militärisches Sicherheitsamt/frz. Sektion (1952/53), 3.6.1954, S. 10 f. An der Ausstellung waren ca. 200 Firmen beteiligt, die mit ungefähr 500 Exponaten vertreten waren. Aus politischen Gründen vermied es die Bundesregierung, die Veranstaltung wie eine klassische Rüstungsmesse aussehen zu lassen, und wählte stattdessen lieber die Form einer anonymen Schau. BTAV, II, S. 311–342, hier S. 320–328: Protokoll 31. Sitzung Bundestagsausschuss zur Mitberatung des EVG-Vertrages (30.4.1953).

deutsche Industrie [in der EVG] an die Wand gedrückt wird«[57]. Die Deutschen hinterließen nach den Worten Speidels jedenfalls »einen starken Eindruck«[58]. Die Amerikaner zeigten sich sehr interessiert, die Franzosen verhielten sich erwartungsgemäß ziemlich misstrauisch[59]. General de Larminat äußerte sich über die Veranstaltung hingegen sehr positiv. Er lobte die allgemein gute Atmosphäre, die große Mühe, die die Deutschen investiert hatten, sowie die »pro-europäische Haltung« der deutschen Industriellen, die er festgestellt zu haben glaubte[60]. Bundeswirtschaftsminister Erhard ließ es sich nicht nehmen, den zahlreichen internationalen Gästen im Hinblick auf das künftige EVG-Rüstungsprogramm sein ordnungspolitisches Credo in Erinnerung zu rufen und für die Beibehaltung marktwirtschaftlicher Prinzipien zu werben. Den Anwesenden schärfte er erneut die Notwendigkeit eines freien Wettbewerbs und der Vereinbarkeit von Marktwirtschaft und Rüstungswirtschaft ein – eine deutliche Mahnung an die Adresse der Franzosen und Italiener[61].

Bei der Ausstattung der europäischen Streitkräfte gedachten naturgemäß auch die Briten kräftig mitzumischen, die im Interimsausschuss als Beobachter vertreten waren. Aufgrund des allgemein anerkannten hohen technischen Leistungsstandes ihrer Luftfahrtindustrie rechneten sie sich gute Chancen aus, bei der Auftragsvergabe durch das EVG-Kommissariat zum Zuge zu kommen. Vollmitgliedschaft in der EVG: *no, thanks!* Rüstungslieferungen an die EVG und davon wirtschaftlich profitieren: *yes, please!* – so lautete Londons Devise. Folglich ließ Whitehall nichts unversucht, den kontinentaleuropäischen Partnern seine Erzeugnisse schmackhaft zu machen. Man lud sie zu umfangreichen Waffenvorführungen auf die Britischen Inseln ein[62]. Einen idealen Rahmen bot der Internationale Luftfahrtsalon in Farnborough. So war es nur konsequent, dass man die EVG-Delegationen mit Glanz und Gloria in Farnborough empfangen wollte, um das breite Spektrum britischer Erzeugnisse anzupreisen[63].

Argwöhnisch beäugten die Franzosen, wie sehr man die Deutschen in Großbritannien hofierte. Bereits wenige Monate nachdem der EVG-Vertrag unter Dach und Fach gebracht

---

[57] BArch, BW 9/2658, Bl. 7–10: Aufz. Besprechung im BMWi, 9.1.1953.
[58] BArch, BW 9/3378, Bl. 11–18, hier Bl. 12: 2. Halbmonatsbericht dt. EVG-Militärdelegation (19.9.–2.10.1953), 2.10.1953. Weiteres umfangreiches Material zu deutschen Gerätevorführungen: BArch, BW 9/602-608. Die italienische Delegation überhäufte Speidel geradezu mit Dank »für die unvergesslichen Tage« und die »auserlesenen Höflichkeiten« und zeigte sich regelrecht begeistert von der Qualität der dargebotenen Erzeugnisse sowie der Veranstaltungsorganisation. BArch, BW 9/1545, Bl. 96: (Ugo) Fongoli (Generalleutnant und Leiter ital. EVG-Militärdelegation) an Speidel, 30.9.1953.
[59] Vgl. BArch, NL Schneider, N 625/169: Falkner an Schneider, 1.10.1953.
[60] Vgl. AMAE, DF-CED/C/117: Bericht de Larminat über die dt. Vorführungen (24.9.–25.9.1953), 28.9.1953.
[61] Vgl. BArch, B 102/59558: Ansprache Erhard zur Eröffnung der EVG-Geräteausstellung in Bonn, 24.9.1953.
[62] Exemplarisch: SHD/DAT, 6 Q/66-4: Vermerke brit. EVG-Delegation, 17.3.1953, 8.4.1953, 22.4.1953.
[63] Vgl. BArch, BW 9/3688, Bl. 253–275: (R.C.E.) Law (Wing Commander, brit. EVG-Militärdelegation) an de Larminat, 24.8.1953, mit Anhang: Ministry of Supply, Informationsbroschüre »Collaboration Gouvernementale dans le domaine du développement de l'aviation«. Das Dokument wurde eigens ins Französische übersetzt. Für den Tag vor Beginn des Besuchsprogramms war ein vorbereitendes Meeting mit Vertretern des britischen Verteidigungs- und Versorgungsministeriums sowie des Naval und Air Staff anberaumt.

worden war, hatte London das Interesse an einer möglichst engen Zusammenarbeit zum Ausdruck gebracht[64]. Ein interessantes Beispiel ist die Einladung der EVG-Delegationen für Ende Oktober 1953 zur neu eröffneten British Leyland Ltd., der modernsten und bedeutendsten Panzerfabrik in Westeuropa. In der ca. 10 Hektar großen und umgerechnet 3 bis 4 Mrd. Francs teuren Anlage fertigten die Briten ihren neuesten Kampfpanzer, den Centurion[65]. Ziel der Veranstaltung war es zweifellos, in den EVG-Staaten für den neuen Stahlkoloss zu werben. Besondere Aufmerksamkeit widmeten die Gastgeber den Deutschen, bei denen bekanntlich mit einem hohen Materialbedarf zu rechnen war. Dass Versorgungsminister Duncan E. Sandys in seiner Eröffnungsrede aus dem Kreise der EVG-Gäste ausschließlich den Chef der deutschen EVG-Rüstungsdelegation Philipps namentlich begrüßte, »welcher als alter Panzergeneral mit Panzerformationen bereits gegen die Russen gefochten hat«, und ihn auch noch an der Ehrentafel Platz nehmen ließ – der französische Chefdelegierte Coignard wurde erst nachträglich dazu gesetzt –, dürfte den Franzosen sehr missfallen haben. Während der deutsche Gast eine besondere Aufmerksamkeit erfuhr, überließ man den anderen EVG-Vertretern eher eine Statistenrolle[66]. Sandys verlieh seinem Wunsch Ausdruck, die deutschen Kontingente mit dem neuen Centurion Mark VII auszustatten, und bekundete gegenüber den deutschen Gästen großes Interesse an deren Erfahrungen im Kampfpanzerbau, »zumal wir für die Zukunft ja nicht mehr gegeneinander, sondern miteinander kämpfen«[67]. Großbritanniens Regierung betrieb also trotz der Rüstungsverbote für die Bundesrepublik aktive und aggressive Lobbyarbeit, was in Paris naturgemäß für Verstimmungen sorgte[68]. Auf französischer Seite hatte man den Eindruck, als missbrauchten die Briten den Interimsausschuss gezielt als Kontaktbörse, um die Deutschen zu ködern.

Doch auch die Franzosen gaben sich alle Mühe, den Interimsausschuss in ihrem Sinne zu nutzen und ihren britischen Konkurrenten Paroli zu bieten. Selbst der größte EVG-Anhänger unter Frankreichs Militärs, de Larminat, erkannte das Potenzial, das die EVG-

---

[64] Vgl. BArch, BW 9/2296, Bl. 196 f.: Aufz. Gespräch Speidel – (John W.F.) Merer (Air Vice Marshal) (7.10.1952), 8.10.1952. Merer bat Speidel, eine Wunschliste für Vorführungen zusammenzustellen, die man seitens Großbritanniens zügig erfüllen wolle.

[65] Vgl. AMAE, DF-CED/C/117: Coignard an Alphand, November 1953, Anhang: Kommentar und Schlussfolgerungen, S. 3; SHD/DAT, 9 R/611-1: Coignard an Alphand, 26.10.1953. Von dem ab 1943 entwickelten Centurion wurden zwischen 1946 und 1962 von Royal Ordnance Factory, Vickers und Leyland Motors über 4400 Exemplare gebaut. Davon erhielt die britische Armee über 2500 Stück, der Rest wurde in alle Welt exportiert. Näheres zu dem Panzer siehe Munro, The Centurion Tank; Foss/McKenzie, The Vickers Tanks, S. 150–166.

[66] Vgl. BArch, NL Pollex, N 712/21: Bericht Pollex über Reise zu Leyland (23.10.1953), 27.10.1953 (Zitat S. 2); BArch, BW 9/831, Bl. 57–59: Philipps an Krautwig (23.10.1953), 6.11.1953. Britische Offiziere »löcherten« Pollex bei der Gelegenheit mit zahlreichen Fragen, etwa zur Dienststelle Blank, zu deutschem Rüstungsgerät, zum deutschen Zahlungswesen (!) und wie die Deutschen ihren rüstungstechnischen Rückstand wettzumachen gedachten. In den Jahren 1955/56 scheiterten die Briten übrigens mit dem Versuch, den Centurion an die Deutschen zu verkaufen, weil die USA mit aller Macht ihren Kampfpanzer M 48 durchsetzten und ihren engsten Verbündeten knallhart ausstachen. Die *special relationship* hörte offensichtlich da auf, wo vitale wirtschaftliche Interessen auf dem Spiel standen. Siehe zu dem konkreten Fall: AWS, Bd 4 (Beitrag Abelshauser), S. 164–166; Birtle, Rearming the Phoenix, S. 170 f.

[67] BArch, BW 9/831, Bl. 57–59, hier Bl. 59: Philipps an Krautwig (23.10.1953), 6.11.1953.

[68] Siehe etwa AMAE, DF-CED/C/117: Coignard an Alphand, November 1953, Anhang: Kommentar und Schlussfolgerungen, S. 3 f.; vgl. auch Kap. V.4.

Rüstungsplanungen für die heimische Industrie bot. Großaufträge aus dem Ausland konnten nämlich entscheidend dazu beitragen, Frankreichs Fertigungskapazitäten auszulasten und Prototypenentwicklungen im Nachhinein wirtschaftlich rentabel machen. Bereits im Juli 1952 empfahl er daher französischen Dienststellen, sorgfältige Gerätevorführungen vorzubereiten und den Partnerländern einen umfassenden Überblick über französisches Militärgerät zu ermöglichen – auch über neueste Technik. Dass parallel deutsch-französische Industriellengespräche stattfanden, empfand de Larminat als außerordentlich begrüßenswert, bot sich dadurch doch die Möglichkeit, die Deutschen eng an sich zu binden[69]. Womöglich betonte der General die günstigen Absatzchancen für französische Rüstungsgüter auch gezielt, um die Kritiker in den Reihen der Streitkräfte für die EVG empfänglicher zu machen. Die französische Luftwaffe sperrte sich zwar dagegen, ausländischen Gästen zu tiefe Einblicke in ihre neueste Rüstungstechnik zu gewähren, weil sie die Preisgabe geheimer Informationen befürchtete[70]. Der Protest half aber offenbar nichts. Bei den Mitte Oktober 1952 stattfindenden Vorführungen von Luftwaffengerät bekamen die ausländischen Besucher neueste Düsenjägermodelle zu sehen und sogar schriftliches Informationsmaterial ausgehändigt. Unter den gezeigten Exponaten befanden sich die Jagdflugzeuge MD 450 Ouragan, MD 452 Mystère II, MD 452 Mystère IV und Vampire 53 Mistral (britisches Lizenzbaumodell) sowie der Jagdbomber SO 4050 Vautour. Die Mystère II und Mistral wurden sogar vorgeflogen. Daneben wurden Bewaffnung, Bord- und Radargeräte gezeigt. Die Deutschen zeigten sich außerordentlich beeindruckt und zogen insgesamt ein positives Fazit über den Leistungsstand der französischen Luftfahrtindustrie. Auffällig war jedoch, dass die Besucher hauptsächlich Prototypen zu sehen bekamen. Ganz offensichtlich hoffte man in Paris, die nationalen Eigenentwicklungen mithilfe ausländischer Aufträge in die Serienfertigung gehen lassen zu können[71]. Die französischen Dienststellen blieben gegenüber einem liberalen Kurs offenbar weiterhin skeptisch. Oberst Jean Nicot, Leiter der Abteilung Luftwaffe der französischen EVG-Delegation und ebenfalls ein Anhänger der Europaarmee, sah sich angesichts des weiterhin zögerlichen Verhaltens des Bureau des programmes de matériel in einem Schreiben an den Generalstabschef der Luftwaffe dazu veranlasst, vor einer weiteren Verweigerungshaltung zu warnen. Sollten dadurch die französischen Erzeugnisse von der Liste der im EVG-Raum verfügbaren Rüstungsgüter gestrichen werden, könnte dies schwerwiegende Konsequenzen für die heimische Industrie nach sich ziehen[72].

## 2. Bilanz der EVG-Rüstungsplanungen

Obwohl die Zusammenarbeit zwischen den verschiedenen Delegation alles andere als einfach war – selbst das belgisch-niederländische und das französisch-italienische Verhältnis

---

[69] Vgl. AMAE, DF-CED/C/117: Vermerk de Larminat für Baraduc, 25.7.1952; Vermerk de Larminat für Pleven, 25.7.1952.
[70] Vgl. SHD/DAA, 9 E/1152-6: Vermerk Staatssekretariat der frz. Luftwaffe, 8.10.1952, mit Anhang.
[71] Siehe BArch, BW 9/3688, Bl. 357–361: Bericht Eschenauer über die Vorführung frz. Luftwaffengeräts (13.10.–15.10.1952), 23.10.1952.
[72] Vgl. SHD/DAA, 9 E/1152-6: Nicot an Léchères, 10.3.1953.

war keineswegs frei von Spannungen – und die Franzosen sich aufgrund der Verzögerungstaktik ihrer Regierung immer mehr isolierten[73], brachte der Rüstungsausschuss doch einiges zuwege. Die Unterausschüsse hatten sich, auch gemeinsam mit anderen Ausschüssen innerhalb des Interimsausschusses, mit umfangreichen Arbeiten zur Organisation des künftigen Rüstungskommissariats, der Standardisierung von Waffen und dem Sammeln und Auswerten von Daten über die nationalen Rüstungsindustrien und die laufenden Rüstungsaufträge beschäftigt. Intensiv hatte man außerdem an der Ausarbeitung von Vergabe- und Genehmigungsverfahren gewirkt und mitunter entsprechende Reglements konzipiert. Überdies kam es mit dem Militärausschuss zu einer Einigung in der Frage der Kompetenzabgrenzung zwischen den Kommissariaten für Militär und Rüstung. Auch war es gelungen, sich auf die Grundsätze des Materialauswahlverfahrens zu einigen. Eine Reihe von Detailarbeiten waren zum Zeitpunkt des Scheiterns der EVG noch in vollem Gange, beispielsweise eine Studie zur Vereinheitlichung von Ersatzteilen, ein Entwurf für das Reglement der Kommission für Auftragsvergabe, Entwürfe bezüglich der vom Kommissariat anzuwendenden Genehmigungs- und Kontrollverfahren sowie Untersuchungen zu Industriepatenten. Ein gravierender Schönheitsfehler war allerdings, dass kein einziges Dokument je den Lenkungsausschuss passierte[74]. Am 4. November 1953 hatten die Experten einen ersten Organisationsentwurf für das zukünftige Rüstungskommissariat verabschiedet[75]. Bis zum Ende des EVG-Projekts wurde er weiter verfeinert[76]. Als die beiden tragenden Säulen des Rüstungskommissariats auf der Zentralebene waren die beiden Generaldirektionen für Planung und Koordinierung beziehungsweise für Entwicklung und Fertigung vorgesehen. Erstere sollte über Dienststellen für Planung, Verwaltung, Koordinierung von Industrie- und Wirtschaftsfragen sowie für Genehmigungen verfügen. Diesen wiederum ordnete man eine Vielzahl von Ämtern zu. Nach ähnlichem Schema ging man bei der Generaldirektion für Entwicklung und Fertigung vor. Ihr unterstellte man eine Dienststelle für allgemeine technische Angelegenheiten, Dienststellen für Heeres-, Luftwaffen- und Marinegerät, aber auch für Pulver, Treibstoffe und ABC-Kriegführung sowie für Versorgungsgüter. Auch diese sollten über diverse Ämter verfügen. Auf der Regionalebene – der EVG-Vertrag sah ausdrücklich ein dezentralisiertes System vor – war eine Direktion mit den Bereichen Rüstungshaushalt, Verwaltung, Genehmigung und Überwachung, Wirtschaftskoordinierung, Forschung und Entwicklung, Auftragsvergabe und Auftragsüberwachung und -abnahme geplant. Offen waren noch die Strukturen der lokalen Ebene. Die Tendenz ging allerdings dahin, eine

---

[73] Vgl. BArch, BW 9/3336, Bl. 99 f.: Halbmonatsbericht dt. EVG-Rüstungsdelegation (16.5.–31.5.1954), 31.5.1954.

[74] Siehe AMAE, DF-CED/C/122: Bilanz der vom EVG-Interimsausschuss seit dem 1.7.1952 geleisteten Arbeiten, 21.6.1954; BArch, BW 9/1398, Bl. 255–264: EVG-Militär-/Rüstungsausschuss, Entwurf Kompetenzabgrenzung Militär – Rüstung, 7.7.1954 (CM/D/109-CA/D/3). Eine Gesamtbilanz des Interimsausschusses in französische Sprache entstand gut ein Vierteljahr nach dem Aus für die Europaarmee. Siehe PA-AA, B 10/1012: Bericht über die Arbeiten des EVG-Interimsausschusses (1.7.1952–1.9.1954), 30.11.1954; vgl. Krüger, Das Amt Blank, S. 130.

[75] Siehe BArch, BW 9/561, Bl. 36–49: Entwurf für die Organisation des Rüstungskommissariats, mit Organigramm, Anlage zu: Protokoll 40. Sitzung EVG-Rüstungsausschuss (4.11.1953), 17.11.1953.

[76] Siehe hierzu S. 523 im Anhang: BArch, BW 9/4200, EVG-Rüstungskommissariat: Zentrale, regionale und lokale Organisation, Entwurf (Stand: 10.6.1954).

Aufteilung der Instanzen ungefähr in Übereinstimmung mit den Bereichsverwaltungen, nicht mit den Länderbereichen, vorzunehmen. Alles in allem hatten die Rüstungsplaner einen gewaltigen Behördenapparat entworfen. Vermutlich wäre er in der Praxis recht schwerfällig gewesen. Vergleicht man das Endergebnis aber mit dem ersten französischen Organisationsentwurf vom Oktober 1952, der ein stark zentralisiertes Kommissariat mit den beiden Generaldirektionen für Technische Studien und Rüstungswirtschaft, ferner mit zwei Zentraldirektionen für Programme sowie Aufträge und Produktion vorgesehen hatte, lassen sich kaum noch Ähnlichkeiten feststellen. Belgiern, Deutschen und Niederländern war es eindeutig gelungen, die Umsetzung der ursprünglichen französischen Vorstellungen erfolgreich zu verhindern[77].

Allgemein ging die Tendenz aber zu langen Übergangslösungen, in denen die nationalen Rüstungsdienststellen noch aktiv bleiben sollten. Dies erfolgte nicht zuletzt aus Rücksicht »auf die Franzosen, die sich nicht vorstellen können, dass ihre ›nationalen Stellen mit großer Tradition‹ durch supranationale Stellen ersetzt werden könnten«[78]. Mit der Integration sollten sich vorerst nur die Deutschen begnügen, die bekanntlich keine eigene Rüstungsorganisation besaßen und ohnehin auch nicht haben durften. Es war ja gerade die zentrale Bestrebung der EVG-Partner, die Bundesrepublik am Aufbau autonomer Militärkapazitäten zu hindern und ihren Verteidigungsbeitrag ausschließlich innerhalb von gemeinschaftlichen Strukturen zu ermöglichen. Nicht nur die Franzosen, sondern auch die Belgier wünschten sich eine möglichst lange Übergangsperiode. Auf die Frage von Philipps, wie während dieser Zeit denn mit der Bundesrepublik zu verfahren sei, erklärte General Misson von der belgischen Delegation lapidar, dass die Auftragsvergabe für Deutschland vom EVG-Kommissariat vorgenommen werden müsse, die Bezahlung aber vielleicht durch bereits existierende deutsche Stellen übernommen werden könnte[79]. Es hatte ganz den Anschein, als hätten sich Belgier und Franzosen in organisationstechnischen Sachfragen aufeinander zubewegt.

Die in Paris versammelten Planer hatten sich auch Gedanken über Organisation und Status des technischen EVG-Personals gemacht. Dabei zeigten sich in der Untergruppe Personal des Rüstungsausschusses mitunter stark voneinander abweichende Auffassungen: Belgien trat für ein einheitliches, das heißt, sowohl den Streitkräften als auch den Rüstungsorganen unterstehendes und nur nach Fachsparten aufgegliedertes militärisches Ingenieurkorps ein. Italien und Frankreich forderten hingegen ein eigenes Ingenieurkorps für die Rüstung. Doch während die Franzosen eine Unterteilung nach Materialdirektionen bevorzugten, plädierten die Italiener für eine Untergliederung nach den einzelnen Wehrmachtsteilen (Heer, Luftwaffe und Marine). Die deutschen und niederländischen Vertreter hatten gänzlich andere Vorstellungen: Beide schlugen die Bildung eines einheitlichen, zivilen Ingenieurkorps vor. Die Deutschen signalisierten Konzessionsbereitschaft und zeigten sich mit einer Untergliederung in Fachgruppen einverstanden, beharrten allerdings darauf, dass diese um jeden Preis dem Rüstungskommissariat zugeordnet werden müssten, da ihre Aufgabe rein ziviler Art sei. In besonderen Fällen sollte es möglich sein,

---

[77] Siehe SHD/DAT, 9 R/608-7: Vermerk über frz. Organisationsentwurf, 24.10.1952, mit Organigramm. Das Organigramm ist im Anhang abgebildet: S. 520–522.
[78] So formulierte es zutreffenderweise Krautwig. BArch, BW 9/3758, Bl. 73–79, hier Bl. 79: Protokoll Sitzung Aussprachekreis Koblenz (11.3.1954), 13.3.1954.
[79] Vgl. BArch, BW 9/990, Bl. 54 f.: Rentrop an Holtz, 15.2.1954.

technische Offiziere oder Offiziere des Militärkommissariats zum Rüstungskommissariat zu entsenden. Hier zeigte sich deutlich das Festhalten der deutschen Repräsentanten am Prinzip der zivilen Rüstungsorganisation. Unter den gegebenen Umständen erwies sich eine zügige Einigung im Kreise der fünf Delegationen zunächst als unmöglich[80]. Bei der Dienststelle Blank war man mit den Vorschlägen der deutschen Rüstungsdelegation einverstanden, wünschte sich aber eine präzisere Regelung hinsichtlich der Abordnung technischer Offiziere an das Rüstungskommissariat[81].

Bis Mai 1954 hatte man im Interimsausschuss auf folgenden Gebieten integrierte taktisch-technische Forderungen für Rüstungsgüter erarbeiten können: für Handfeuerwaffen, Maschinengewehre, Panzerabwehrwaffen, Granatwerfer der Infanterie und leichte Flak, Artilleriewaffen, Flak-Artilleriegerät und Radlastfahrzeuge[82]. Verhältnismäßig reibungslos gestaltete sich die Situation beim Intendanturgerät, bei Zelten, Feldküchen, Feldbäckereien, Feldduschen und Kühlfahrzeugen. Die Experten kamen zum Ergebnis, dass es in diesem Bereich nicht all zu schwer sein würde, sich auf gemeinsame Standards zu einigen[83] – alles andere wäre auch eine Überraschung gewesen.

In der Koblenzer Beschaffungsabteilung des Amtes Blank war man mit den Pariser Rüstungsplanungen gänzlich unzufrieden. Von dort kämen keine Entscheidungen, bei der Bekleidung habe man mit dem Ausgehanzug angefangen[84]. Auch der Dienststellenleiter zeigte sich über die Arbeiten des Rüstungsausschusses alles andere als erfreut. Das dortige Verfahren der integrierten Festlegung des zu beschaffenden Materials schien ihm zu langwierig, weil man sich mit zu vielen Detailfragen befasse. Blank sah aufgrund der dünnen deutschen Personaldecke eine selektive Behandlung von Waffen- und Ausrüstungskategorien und ein mangelndes Qualitätsniveau der Ausrüstung des deutschen Kontingents voraus. Ferner befürchtete er, dass den spezifischen Bedürfnissen der Länder, zum Beispiel den klimatischen Bedingungen, nicht ausreichend Rechnung getragen würde. Deshalb schlug er vor, nur die »wesentlichen Merkmale [...] der zu beschaffenden Sachen integriert festzulegen und die Einzelausgestaltung der Entscheidung der Mitgliedstaaten nach ihren örtlichen Verhältnissen und ihrer industriellen Leistungsfähigkeit zu überlassen«[85].

Mitunter äußerst schwierig gestaltete sich die Zusammenarbeit auf dem Gebiet der Rüstungsstandardisierung. Die Deutschen erlebten dabei so manch unangenehme Überraschung. Unter Berücksichtigung der von den Mitgliedstaaten vertretenen taktischen Gesichtspunkte arbeitete die Section Terre des Militärausschusses einen Entwurf

---

[80] Vgl. BArch, BW 9/2823, Bl. 48 f.: Bolck an Blank, 30.6.1954.
[81] Vgl. ebd., Bl. 47: Fett an Buksch, 19.7.1954; Bl. 46: Blank an Bolck, 21.7.1954.
[82] Vgl. BArch, BW 9/234, Bl. 225–228: Amt Blank/II/Pl/G 3 an II/Pl: Von II/PL/G 3 mündlich erbetene Unterrichtung über den Stand der Arbeiten auf dem Gebiet der taktisch-technischen Forderungen, 31.5.1954. Die militärische Planungsabteilung hatte unterdessen zahlreiche eigene vorläufige taktisch-technische Forderungen abgeschlossen, zu weiteren gab es Vorentwürfe. Die Deutschen machten sogar Vorschläge zur Ergänzung der französischen taktisch-technischen Forderungen für Rad-Panzerspähwagen.
[83] Vgl. AMAE, CED, 359: Vermerk EVG-Expertengruppe für Auswahl des Intendanzmaterials für Leiter Logistik/Gruppe III, 1.7.1954.
[84] Vgl. BArch, BW 9/4213, Bl. 31: Vermerk Amt Blank/V über 5. Besprechung, 8.1.1954.
[85] BArch, BW 9/259, Bl. 106 f.: Blank an Krautwig, Entwurf, Februar 1954; AWS, Bd 4 (Beitrag Abelshauser), S. 74. In Bezug auf die Bekleidung empfahl Blank, nur deren äußere Form festzulegen. Die Entscheidung über die zu verwendenden Stoffe sollte jedem Staat selbst überlassen bleiben.

für eine EVG-Lösung aus, der so lange verbessert wurde, bis eine einheitliche Lösung gefunden oder eine davon abweichende Meinung formuliert werden konnte. Hierdurch wurden die Erfahrungen und Erkenntnisse aller EVG-Staaten berücksichtigt und Idealforderungen unabhängig von materiellen Beschaffungsmöglichkeiten festgehalten. Nachdem die Section Terre bei der Behandlung der Kraftfahrzeugnormen »ausnahmsweise« die bereits existierenden NATO-Normen zugrunde gelegt und die deutschen Vertreter angesichts des Zeitdrucks der Planungen dem Verfahren angeschlossen hatten, schwenkten die EVG-Partner plötzlich auf die Linie um, die NATO-Normen generell zur Verhandlungsgrundlage für die EVG zu erheben. Die Bundesrepublik war im Gegensatz zu den anderen EVG-Partnern allerdings kein Mitglied des Bündnisses und verfügte somit über keinerlei Einfluss auf die Mitgestaltung der NATO-Normen (STANAGs). Deutsche Erfahrungen und Vorstellungen konnten folglich nicht in die EVG-Standardisierungsplanungen eingebracht werden. Hinzu kam noch, dass die deutsche Seite kaum Informationen über Einzelheiten der STANAGs besaß[86]. Blank wies die deutsche Delegation daher an, die NATO-Normen nicht als Verhandlungsgrundlage anzuerkennen und auf deren Bekanntgabe zu bestehen. Erst dann war man bereit, Stellungnahmen abzugeben[87].

Die direkte Zusammenarbeit zwischen der EVG und der MAS der NATO ließ sehr zu wünschen übrig. Zu offiziellen Kontakten auf dem Gebiet der Rüstungsstandardisierung kam es erst Ende 1953 und ein weiteres Mal im Januar 1954, als sich Vertreter der NATO-Standardisierungsagentur und des Interimsausschusses zu einem Austausch trafen. Daran war auch ein deutscher Experte beteiligt. Die Gespräche, bei denen sich das MAS auffallend vorsichtig gab, waren jedoch weitgehend substanzlos. Man sprach lediglich über die Kodifizierung von Gerät. Zu einem Austausch sensibler Informationen, geschweige denn zu gemeinsamen Arbeiten, kam es nicht. Dies war von französischer Seite offenbar auch gar nicht gewünscht, denn schließlich wollte man verhindern, dass die Deutschen zu viel NATO-Luft schnupperten. Solange die EVG nicht unter Dach und Fach war, wollten die Franzosen keine weiteren Zusammenkünfte zulassen[88]. Eine weitere Rolle für diese rigide Haltung spielte womöglich auch die Verärgerung der Franzosen über das Verhalten britischer Vertreter, denen sie unterstellten, den NATO-Rahmen dazu zu missbrauchen, Rüstungslobbyismus bei den Deutschen zu betreiben.

Zu gravierenden Meinungsverschiedenheiten zwischen den Deutschen und ihren EVG-Partnern kam es bei der Frage des automatischen Gewehrs und der dazugehörigen Munition. Anhand dieses Falles lassen sich gut die praktischen Probleme zeigen, die bei der Suche nach einheitlichen Lösungen während der EVG-Rüstungsplanungen auftauchten. Im Rahmen der NATO hatte man sich auf die 7,62 mm-Standardmunition geeinigt, die in sämtlichen Waffen verwendbar sein sollte. Belgien und Großbritannien hatten sich, wie bereits beschrieben, auf die Einführung eines leichten, rückstoßfreien und automatischen Sturmgewehrs verständigt, das 1948 von der belgischen Fabrique Nationale de Liège (FN) entwickelt und 1953 an das NATO-Standardkaliber angepasst

---

[86] Vgl. BArch, BW 9/3431, Bl. 106 f.: Speidel an Blank, 30.11.1953; Bl. 109 f.: Amt Blank/Abt. Heer/Abteilungsleiter an Fett, 12.12.1953.
[87] Vgl. ebd., Bl. 105 f.: Blank an Speidel, 9.12.1953.
[88] Vgl. AMAE, DF-CED/C/110: Vermerk für Pleven, 12.2.1954.

wurde⁸⁹. Aus Sicht ehemaliger deutscher Militärs entsprachen das FN-Gewehr und die dazugehörige Munition aber nicht den Idealforderungen. Unter Berufung auf ihre »Osterfahrungen« plädierten sie für die Beschaffung einer Weiterentwicklung des bewährten deutschen Sturmgewehrs 44⁹⁰. Ein eifriger Befürworter einer solchen Lösung war General a.D. Schneider, der über ausgezeichnete Kontakte nach Spanien verfügte, wo das Gewehr mit Hilfe deutscher Spezialisten weiterentwickelt und gefertigt wurde⁹¹. Er hielt die NATO-Entscheidung für eine »absolute Fehlentscheidung« und wurde nicht müde, beim Amt Blank und der Pariser Delegation Sturm dagegen zu laufen: »Die kriegserfahrenen Soldaten werden ohne Zweifel ein Infanterie-Gewehr mit den charakteristischen Eigenschaften des deutschen Sturmgewehrs 44 fordern und nicht eher Ruhe geben, bis sie es haben«⁹².

Als Grund für die Meinungsverschiedenheiten galten nach deutscher Auffassung die unterschiedlichen feuertaktischen Anschauungen und die Betonung des Munitionsnachschubes (daher die Einheitspatrone). Immerhin konnte von deutscher Seite ein »Wartevorbehalt« bei der Entscheidung erreicht werden, ob die EVG sich mit der Einführung der NATO-Patrone einverstanden erklären soll. Ein forsches Auftreten im Interimsausschuss hielt der Leiter der Gruppe »Technische Forderungen für das gesamte Material« im Militärausschuss, Oberst a.D. Hans Gaul

> »politisch für vollkommen unmöglich [...] Wenn wir das spanische Sturmgewehr hier von deutscher Seite vorschlagen, dann ist zu befürchten, dass unsere mühsam aufgezogene, kameradschaftliche Zusammenarbeit mit unseren Vertragspartnern einen schweren Schlag erhält [...] Das schwierigste Problem unserer Arbeit in Paris ist der Abgleich zwischen Wunsch und Möglichkeit. Wunschträume, die zurzeit nicht erfüllbar sind, nützen nichts. Sobald die EVG besteht, ist der Weg geöffnet, Entwicklungsanträge auch von unserer Seite einzubringen [...] Wenn man erlebt, wie in sachlichen Kämpfen andere Nationen ihnen vertraut gewordene Waffen als überholt streichen, unter dem Risiko, damit ihrer eigene Industrie zu schaden, dann sieht man die ganze Angelegenheit unter einem völlig anderen Gesichtswinkel. Selten bleibt eine empfehlenswerte Waffe übrig, denn alle sind sich darüber klar, dass die Waffen-Entwicklung nach dem Kriege nicht die Fortschritte gemacht hat, die sie hätte machen sollen. Das hauptsächlichste Hemmnis für die Entwicklung und Einführung neuer Waffen ist die Geldfrage. Unsere Vertragspartner wissen genau wie wir, was sie wollen. Sie sind um kein Haar dümmer als wir. Als Realisten müssen sie sich aber mit dem abfinden, was vorhanden und für ihre Staaten finanziell erschwinglich ist⁹³.«

Nach Auffassung Gauls bestand im Interimsausschuss keinerlei Möglichkeit, gegen NATO-Entscheidungen aufzubegehren. Chancen sah man nur mit dem Inkrafttreten des EVG-Vertrages und der Realisierung der Europaarmee. Von deutscher Seite sollte

---

⁸⁹ Vgl. AWS, Bd 4 (Beitrag Abelshauser), S. 74.
⁹⁰ Vgl. ebd.; BW 9/258, Bl. 159 f.: Amt Blank/II und V an Blank, 23.1.1954; BArch, NL Pollex, N 712/22: Ausarbeitung Schneider »Das Sturmgewehr«, 26.12.1953; BArch, BW 9/3431, Bl. 165 f.: Schneider an Fett, 27.12.1953.
⁹¹ Siehe BArch, NL Pollex, N 712/22: Schneider an Gaul und Falkner, o.D.; Schneider an Fett, 27.12.1953; Ausarbeitung Schneider »Das Sturmgewehr«, 26.12.1953; Schneider an Speidel, 21.2.1954. Zu dem in Spanien weiterentwickelten Sturmgewehr 44 siehe auch Aschmann, Treue Freunde ...?, S. 346–353.
⁹² BArch, BW 9/3431, Bl. 165 f. (Zitate Bl. 165): Schneider an Fett, 27.12.1953.
⁹³ Ebd., Bl. 161–163, hier Bl. 162: Gaul (G 4/III) an Schneider, 11.2.1954.

alles vorbereitet werden, um am Tag »E« den Antrag auf Einführung des gewünschten Sturmgewehrs in Angriff zu nehmen[94].

Trotz mancher Gegensätze entwickelte sich das Verhältnis zwischen den deutschen Militärs und ihren ausländischen Kameraden positiv. So wusste Schneider von den Waffenvorführungen vom November 1952 und dem dazugehörigen Rahmenprogramm, das ein zwangloses Miteinander bot, zu berichten:

> »Wir führten eine gemeinsame, zeitweilig sehr lebhafte Unterhaltung, die im Wesentlichen auf den Grundgedanken abgestellt war, dass dieser unselige, ewige Streit zwischen den europäischen Nationen nun endlich aufhören müsse. Der Italiener meinte, wir Soldaten müssten auch hier die Avantgarde machen und mit gutem Beispiel vorangehen. Der Engländer betonte die gemeinsamen geistigen und kulturellen Grundlagen. Der Franzose sprach von Humanismus. Sein Vorschlag, man müsse das, was uns einige[,] in den Vordergrund rücken und das, was uns trennen könne, bewusst zurückstellen, fand lebhafte Zustimmung. Diese Unterhaltung war kennzeichnend für die positive und konstruktive Grundeinstellung und die unverkennbare Bereitschaft der meisten Teilnehmer zu einer echten, aus innerer Überzeugung kommenden Zusammenarbeit[95].«

Gemäß Schneiders Darstellung erwuchs unter den Offizieren eine Art Zusammengehörigkeitsgefühl. Sie besannen sich auf gemeinsame Werte und waren von der Notwendigkeit einer europäischen Verteidigung völlig überzeugt. Wieder zeigte sich bei den Militärs der Avantgardegedanke. Der Chef der britischen EVG-Militärdelegation, Air Vice Marshal John W.F. Merer, begann plötzlich von den »starken inneren Verwandtschaften unserer Nationen im Baustil, der bildenden Künste, im humanistischen und christlichen Ursprung unserer Kultur, in den Sprachen und auch in der Lebensart« zu schwärmen. Die Ergebnisse der Annäherung ließen nicht lange auf sich warten, wenn man Schneiders Bericht über seine Unterhaltungen mit seinen belgischen Kameraden Glauben schenken darf: »Bald wurden die Bleistifte gezogen und auf dem weissen [sic!] Tischtuch entstanden Skizzen von Raketen, Geschützrohren und Geschossquerschnitten«[96].

Offensichtlich herrschte unter den Militärs eine Art Gemeinschafts- oder Korpsgeist. Ungebrochen war das Interesse der EVG-Partner an den Kampferfahrungen deutscher Offiziere mit der Roten Armee, aber auch das Erzählen von Kriegserlebnissen. Die EVG-Rüstungsvorführungen erwiesen sich somit als ausgezeichnete Gelegenheit, sich besser kennenzulernen. Überhaupt schufen die über zweijährigen Arbeiten im Interimsausschuss eine nicht zu unterschätzende Grundlage für die spätere Militär- und Rüstungskooperation, vor allem mit den einstigen deutschen Kriegsgegnern. So prophezeite der stellvertretende deutsche Chefdelegierte Hasso von Etzdorf, dass die entstandenen Dokumente weit mehr als bloß »Archivwert« besäßen und die gesammelten Erfahrungen bei der Zusammenarbeit »gar nicht hoch genug einzuschätzen« seien[97].

Insgesamt lässt sich in fachlicher Hinsicht ein durchaus positives Fazit der EVG-Rüstungsplanungen ziehen. Gewiss: In einigen Bereichen tat sich der Rüstungsausschuss sehr schwer. Es bestanden zahlreiche Interessengegensätze und Konfliktherde. Sein

---

[94] Vgl. ebd., Bl. 221 f.: Notiz Gaul, 12.5.1954.
[95] BArch, BW 9/2307, Bl. 128–135, hier Bl. 129: Bericht Schneider, 22.11.1952.
[96] Vgl. ebd. (Zitate Bl. 129 f.).
[97] Mit diesen Worten wurde von Etzdorf im Spiegel zitiert. Der Spiegel, Nr. 38, 15.9.1954, S. 17 f. (Zitate S. 18): Bonjour Tristesse.

Innenleben war mitunter sehr kompliziert. Dies war allerdings kaum verwunderlich, wenn man bedenkt, dass die Unterzeichnerstaaten des EVG-Vertrags mit ihrem Versuch einer supranationalen Integration völliges Neuland betraten. Es lag in der Natur der Sache, dass die Delegationen nationale Besitzstände und Traditionen hartnäckig verteidigen würden. Darüber hinaus darf nicht vergessen werden, dass die Deutschen und die anderen vier sich wenige Jahre zuvor noch auf den Schlachtfeldern gegenüber gestanden hatten. Dass man bereits Anfang der 1950er Jahre ernsthaft den Versuch unternahm, eine weitreichende Rüstungsintegration unter Einbeziehung der Deutschen auf die Beine zu stellen, ist außerordentlich bemerkenswert. Nicht immer verliefen die Konfrontationslinien aber zwischen den nationalen Vertretern. Es gab auch Fälle, in denen sich Ausschüsse oder Unterarbeitsgruppen miteinander stritten, weil sich unter den einzelnen Gruppen gemeinsame oder zumindest ähnliche Interessen offenbart oder herausgebildet hatten. Freilich war der Rüstungsausschuss noch weit davon weg, all die Punkte zu regeln und festzulegen, die nötig gewesen wären, um eine reibungslose Arbeitsweise des Kommissariats sicherzustellen. Bis dahin hätte es noch umfangreicher weiterer Planungsarbeiten bedurft. Überhaupt hätte der Lenkungsausschuss zuerst die zahlreichen Verhandlungsergebnisse verabschieden müssen. In einem letzten Schritt hätten die Regierungen dem Vereinbarten ihre Zustimmung erteilen müssen.

Neben der beachtlichen Detailarbeit, die der Rüstungsausschuss und der Militärausschuss leisteten, dienten beide auch als Kontaktbörsen, auf denen eine Annäherung stattfinden konnte. Besonders positiv schien sich das Verhältnis unter den Militärs zu entwickeln. Hemmend wirkten sich bei den EVG-Rüstungsplanungen zweifellos die permanenten Bemühungen der Franzosen aus, die Deutschen zu bremsen. Frankreichs Kontrollambitionen waren allgegenwärtig. Der von Paris vertretene Grundsatz war, die Integration in erster Linie voll auf die Deutschen anzuwenden, um sie möglichst effektiv überwachen zu können. Von einer engen Zusammenarbeit zwischen den deutschen und französischen Rüstungsdelegationen war so gut wie nichts zu sehen. Offensichtlich bestand auf französischer Seite, zumindest auf politischer Ebene, wo die Richtlinien erteilt wurden, das ausgeprägte Sicherheitsdenken fort. Es hat den Anschein, als wären die Franzosen zuvorderst an einer Kontrolle der Deutschen, nicht am Aufbau einer effektiven Verteidigungsorganisation interessiert gewesen. Daran lässt sich ablesen, dass es auf französischer Seite noch viele psychologische Vorbehalte gegenüber dem ehemaligen Kriegsgegner Deutschland gab. Mit dem Plan der Europäisierung der rüstungswirtschaftlichen Kapazitäten der Bundesrepublik, um das Sicherheitsbedürfnis der französischen Bevölkerung zu befriedigen – das Einbindungs- und Kontrollmotiv stand bereits bei der Schaffung der Montanunion im Vordergrund –, manövrierte sich Frankreich politisch in eine Sackgasse. Davon zeugen die zunehmenden Spannungen zwischen den Vertretern Frankreichs und denen der anderen Staaten. Bei den Arbeiten im Interimsausschuss war spürbar, wie schwer sich die Franzosen damit taten, eigene nationale Rechte zugunsten einer europäischen Organisation aufzugeben. Deutlich kam, selbst bei einem ausgeprägten Integrationsbefürworter wie de Larminat, zudem das Interesse an der Förderung der nationalen Rüstungsindustrie zum Vorschein. Und noch etwas erscheint bemerkenswert: Bei den Arbeiten des Rüstungsausschusses spielte die Sowjetunion erstaunlicherweise keine Rolle. Er beschäftigte sich allein mit dem Aufbau einer integrierten Rüstungsorganisation und ihrer Funktionsweise.

# IX. Rüstungsintegrationspläne in der Endphase und nach dem Scheitern der EVG

## 1. Rüstungsgemeinschaft anstelle integrierter europäischer Streitkräfte? Die Suche nach Ersatzlösungen

In französischen Parlamentarierkreisen formierten sich bereits ab Sommer 1953 Kräfte, die anstelle einer supranationalen europäischen Verteidigungsorganisation mit integrierten Streitkräften die Gründung einer europäischen Rüstungsgemeinschaft unter Beibehaltung nationaler Streitkräfte favorisierten. Die Vorschläge erfolgten zu einem Zeitpunkt, als die internationalen Verhandlungen über die EVG reichlich festgefahren waren. Im Juli 1953 hatte Außenminister Bidault gegenüber den Amerikanern und Briten die Einberufung einer Viermächtekonferenz über Deutschland als Voraussetzung für die Eröffnung des Ratifikationsprozesses der Pariser Verträge in der *Assemblée Nationale* verlangt. Ohne einen neuerlichen Verständigungsversuch mit der Sowjetunion in der Deutschlandfrage könne er dem Parlament die Verträge nicht vorlegen. Die Hoffnung auf ein Tauwetter nach Stalins Tod, das eine deutsche Wiederbewaffnung überflüssig machen würde, war in breiten Kreisen der französischen Öffentlichkeit und Politik nach wie vor verbreitet. Auch Churchill hatte sich, sehr zum Unbehagen Washingtons und erst recht Bonns, unmittelbar nach Stalins Ableben für ein Gipfeltreffen mit der Sowjetregierung ausgesprochen. Frankreichs EVG-Gegner witterten zunehmend Morgenluft und erhoben immer weitere Nachbesserungsforderungen zum EVG-Vertrag, sodass sich die Aussicht auf eine Parlamentsmehrheit stetig verschlechterte. Selbst die EVG-Befürworter innerhalb der französischen Regierung und des Außenministeriums glaubten nicht mehr daran, dass die Zusatzprotokolle ausreichen, um das Ratifikationsverfahren im Palais Bourbon erfolgreich über die Bühne bringen zu können. Schon wurden Stimmen laut, die eine Ersetzung der EVG durch ein anderes, Frankreich nicht in seiner Souveränität beschneidendes Sicherheitssystem ins Spiel brachten[1].

Im Juni 1953, anlässlich einer gemeinsamen Sitzung der Gemeinsamen Versammlung der Montanunion und der Beratenden Versammlung des Europarats, präsentierte der sozialistische Parlamentsabgeordnete Lapie der Öffentlichkeit erstmals seinen Plan einer Communauté Européenne de l'Armement, einer europäischen Rüstungsgemeinschaft,

---

[1] Siehe hierzu Lappenküper, Die deutsch-französischen Beziehungen, Bd 1, S. 681–686; AWS, Bd 2 (Beitrag Maier), S. 152–161. Eine knappe Übersicht über die zahlreichen kursierenden Alternativpläne: BArch, BW 9/2675, Bl. 117–120: Aufz. Heuseler (AA/II/Ref. 215), 26.6.1954.

die (vorläufig) an die Stelle der Europaarmee treten sollte[2]. Nach seiner Auffassung war eine supranationale Militärintegration zum damaligen Zeitpunkt völlig verfrüht. Eine solche könne nur ganz am Ende des europäischen Integrationsprozesses stehen, keineswegs aber am Anfang. Die Querelen um die Zusatzprotokolle und die Forderungen der Regierung Laniel nach einer Beteiligung Großbritanniens, einer Lösung des Saarproblems und einer mit begrenzten Kompetenzen ausgestatteten politischen Autorität waren für ihn die besten Belege für die zahlreichen Mängel der Vertragskonstruktion. Zum einen verletzten die EVG-Pläne das Nationalgefühl und das sichtbarste Symbol des Staates und der Vaterlandsidee: die französische Armee mit ihren alten Traditionen hinsichtlich Abzeichen, Uniformen, Flaggen, Musik und Beförderungssystem, ganz zu schweigen von ihren Überseeverpflichtungen. An diesem Fundament zu rütteln untergrabe nicht nur die Moral der Truppe, sondern auch die Moral der Nation und beraube das Land seiner identitätsstiftenden Substanz, ja seiner Lebensader[3]. So erklärte Lapie: »De toute façon, même l'impression donnée, de se couler au sein d'une fusion européenne, enlève à la France une de ses armatures essentielles«. Zu allen Zeiten »l'armée, le sentiment de cohésion militaire, de gloire, de discipline, de fidélité, a été une artère permanente«[4]. Für Lapie verkörperte die Armee die Nation. Sie galt als wesentliches Element des französischen Nationalbewusstseins und konnte nach seinem Verständnis nicht plötzlich durch integrierte Streitkräfte ersetzt werden, zumal noch keine gemeinsame europäische Identität existierte. Des weiteren gab der Abgeordnete zu bedenken, dass in den EVG-Mitgliedstaaten der Gedanke an eine zukünftige Unterstellung von Militärverbänden unter deutsche Kommandos aus historischen Gründen nur schwer verdaulich sei. Mit seinem Verweis auf die jahrhundertealte militärische Tradition Frankreichs sprach Lapie etwas aus, was viele französische Politiker und Militärs von Beginn an gedacht hatten. Interessanterweise vermied es die Generalität in offiziellen, auf die Europaarmee Bezug nehmenden Schriftstücken explizit auf den Traditionsaspekt hinzuweisen – vermutlich wohl wissend, dass sie bei den Urhebern des EVG-Konzepts mit einem derartigen Argument auf taube Ohren stoßen würden. Wie bereits erwähnt, war sich Monnet der Problematik bewusst gewesen und hatte bei der Ausarbeitung des Pleven-Plans ausdrücklich auf militärische Expertise verzichtet. Folglich machten die Militärs primär sachliche Gründe gegen die EVG geltend, wie die Schwerfälligkeit der integrierten Kommando- und Verwaltungsstrukturen, die Einschränkung der nationalen verteidigungspolitischen Handlungsfähigkeit und das Aufweichen der Bindungen zur Union française[5].

Als noch größeres Problem erschien Lapie das politische Gewicht der Deutschen in einer zukünftigen EVG. Wie viele andere Franzosen glaubte er bei den immer selbstbewusster auftretenden Deutschen deutliche Indizien eines revanchistischen

---

[2] Vgl. Lapie, De Léon Blum à de Gaulle, S. 475. Lapie wiederholte seinen Plan am 21.9.1953 im Europarat in Straßburg. Anfangs stieß seine Idee auf wenig Resonanz. Dies änderte sich, nachdem er im November im Parlament entgegen dem Willen der Parteiführung der Sozialisten kurz das Wort ergriffen hatte. Vgl. ebd., S. 475–478.
[3] Vgl. Lapie, La Communauté Européenne de l'Armement, S. 20 f.; Lapie, L'Europe de demain, S. 18–20. Bei letzterem Beitrag handelt es sich um den Text einer Rede, die Lapie am 13.10.1953 am Centre d'Études de Politique Étrangère in Paris gehalten hatte.
[4] Lapie, La Communauté Européenne de l'Armement, S. 20.
[5] Siehe Kap. II.3. und VI.

Gedankenguts, eines »esprit de reconquête des territoires de l'Est«, auszumachen. Sollte der EVG-Ministerrat gewissermaßen von derartigen deutschen Ambitionen infiziert werden, so bestehe die Gefahr, dass die Verteidigungsgemeinschaft ihren defensiven Charakter verlieren und sich in eine »communauté d'agression«, in ein »instrument de reconquête« verwandeln könnte. Gemäß dieser Logik drohten die EVG-Mitgliedstaaten in einen neuen Weltkrieg hineingezogen zu werden[6].

Nicht zuletzt prangerte Lapie die Reihenfolge des europäischen Einigungsprozesses an, den die Regierungen damals eingeschlagen hatten und den er als wesentlichen Grund für die Hindernisse des Ratifikationsverfahrens des EVG-Vertrags erachtete: die schon kurze Zeit nach Initiierung der wirtschaftlichen Teilintegration in die Wege geleitete Militärintegration, ohne Abwarten einer politischen Integration. Stattdessen plädierte er für ein schrittweises Vorgehen: Zunächst müsse die Wirtschaftsintegration, wie sie mit der Montanunion begonnen worden war, fortgeführt und dann auf andere Bereiche, wie Landwirtschaft, Verkehr und verarbeitende Industrie ausgedehnt werden. Eine Kompetenzübertragung auf diesen Gebieten hielt er nämlich für weitgehend unproblematisch, weil dadurch die Staaten nicht im Kern ihrer Souveränität beschnitten und ihre Nationalgefühle verletzt würden. Im Laufe der Zeit würde sich fast zwangsläufig – ähnlich eines spill-over-Effekts – ein politischer Integrationsprozess in Gang setzen, an dessen Ende die Schaffung einer politischen Autorität stünde. Erst nach Festigung der politischen Einigung komme die Schaffung einer Europaarmee in Betracht[7]. Lapie verglich den Vergemeinschaftungsprozess bildlich mit einer Königskrönung: »Dans les cérémonies du sacre, le glaive vient après la couronne, geste qui a une signification traditionnelle, mais qui correspond à la nature même des institutions[8].«

Als Zwischenlösung empfahl der sozialistische Parlamentsabgeordnete, der sich ausdrücklich zu einem vereinigten Europa bekannte, die Ausdehnung der Wirtschaftsintegration vom Kohle- und Stahlsektor auf den nahe liegenden Rüstungsbereich. Dies sei verhältnismäßig einfach zu bewerkstelligen und berühre zudem nicht die nationalen Befindlichkeiten, wie sie beispielsweise in den spezifischen militärischen Traditionen zum Ausdruck kämen. Lapies Leitmotiv hieß »Désentimentaliser le pacte [EVG-Vertrag], c'est en somme le dépersonnaliser«[9]. Konkret schlug er die Schaffung einer supranationalen Europäischen Rüstungsgemeinschaft vor, die er als einen Mittelweg zwischen EVG und einer autonomen westdeutschen Armee, ferner als Zwischenetappe auf dem Weg hin zu integrierten Streitkräften präsentierte. Aufgabe der Rüstungsgemeinschaft sollte die Aufteilung von Aufträgen, die Koordinierung der Produktion sowie die Verteilung von Militärgütern – darunter auch der Außenhilfe – sein. Deutschlands Bewaffnung würde kontrolliert, die Gefahr einer deutschen Dominanz der EVG und damit verbundener

---

[6] Vgl. Lapie, La Communauté Européenne de l'Armement, S. 21, 24 (Zitate S. 21); Lapie, L'Europe de demain, S. 10 f.
[7] Vgl. Lapie, La Communauté Européenne de l'Armement, S. 21–23; Lapie, L'Europe de demain, S. 8.
[8] Lapie, L'Europe de demain, S. 8.
[9] Lapie, La Communauté Européenne de l'Armement, S. 23. Mit dem Begriff »personnel« bezeichnete Lapie all das, was mit den nationalen Befindlichkeiten hinsichtlich der Streitkräfte zu tun hatte: »tout ce qui est drapeaux, discipline, avancement et, surtout, commandement«. Ebd.

militärischer Abenteuer gebannt[10]. Zudem erachtete Lapie eine Rüstungsgemeinschaft als ein geeignetes Forum, um die Deutschen von einem Zusammengehen mit der Sowjetunion abzuhalten – »Le pacte Ribbentrop-Molotov n'est pas si loin«[11]. Lapie resümierte sein Konzept wie folgt:

> »Ainsi, une Communauté réduite à l'Armement ne heurte plus de la même façon, les esprits préoccupés du moral de la nation française, du pouvoir d'entraînement agressif de l'Allemagne et du processus logique des étapes de la construction européenne. Tout revient à sa place: la réalité militaire nationale française n'est pas brisée; l'Allemagne demeure sous contrôle, sans user de son contrepoids de farouche revendication; l'expérience du pool Charbon-Acier sert de point de départ vers une future armée européenne[12].«

Außerdem würde die neue Organisation die USA bei Laune halten und deren Rückzug aus Europa im Falle eines Scheiterns der EVG verhindern, gegenüber der UdSSR Westeuropas Verteidigungsbereitschaft demonstrieren, zugleich aber die Tür zum Dialog offen halten. Ferner hielt Lapie es für denkbar, dass die neue Organisation eine Magnetwirkung auf bislang integrationskritische Staaten entfalten und sogar als regionales Rüstungskontrollorgan fungieren könnte[13].

Anfang 1954 legte eine Studiengruppe des Centre d'Études de Politique Étrangère unter Federführung Lapies das Grobschema einer supranationalen Rüstungsagentur vor, die als Provisorium bis zur Entscheidung über die endgültige Form der militärischen und politischen Integration Westeuropas gedacht war. Ein regelmäßig zusammentretender und nach dem Mehrheitsprinzip entscheidender Rat der Außenminister sollte den Aufbau einer solchen Organisation vorbereiten und so lange zusammentreten, bis über den endgültigen militärischen und/oder politischen Integrationsgrad Klarheit bestand und die Staaten die entsprechenden Ratifikationsurkunden ausgetauscht haben würden. Als Aufgaben der Rüstungsagentur galten die Vorbereitung und Durchführung gemeinsamer Programme für Waffen, Ausrüstung, Versorgung und Infrastruktur, die Verteilung der Aufträge, die Abwicklung von Rüstungsgeschäften mit Drittstaaten, die der NATO angehörten – hierbei dachte man insbesondere an Großbritannien – und die Verteilung der innerhalb der Gemeinschaft hergestellten sowie der außerhalb der Gemeinschaft georderten Güter. Die Funktion des Verwaltungs- und Exekutivorgans war einem Generalsekretariat zugedacht, das an Vorgaben der Verteidigungsminister gebunden sein und eng mit der NATO zusammenarbeiten sollte. Die Rüstungsgemeinschaft sollte auch für Länder offen sein, die der Rüstungsgemeinschaft formal nicht angehörten, aber Mitglieder der Nordatlantischen Allianz waren. Auffällig war, dass man versuchte, einzelne Teile des EVG-Vertragswerks in die neue Organisation herüberzuretten, namentlich das Konzept des »strategisch gefährdeten Gebiets« und die Schriftwechsel zwischen Adenauer und den fünf anderen Regierungschefs, um deutsche Rüstungsbeschränkungen sicherzustellen. Übernehmen wollte Lapies Gruppe ferner die in Artikel 107 EVG-Vertrag enthaltenen umfangreichen Kompetenzen des EVG-Kommissariats und die ge-

---

[10] Vgl. Lapie, La Communauté Européenne de l'Armement, S. 23 f.; Lapie, L'Europe de demain, S. 16–19; AMAE, DF-CED/C/116: Memorandum Lapie, o.D.
[11] Lapie, La Communauté Européenne de l'Armement, S. 25.
[12] Ebd., S. 24.
[13] Vgl. ebd., S. 24–26; Lapie, L'Europe de demain, S. 19–22; AMAE, DF-CED/C/116: Memorandum Lapie, o.D., S. 2 f.

mäß Artikel 109 EVG-Vertrag vorgesehene Einführung eines Beratenden Ausschusses, in dem die Industrieinteressen zur Geltung kommen sollten[14].

Lapies Ideen stießen beim Vorsitzenden der französischen EVG-Delegation und des Pariser Interimsausschusses Alphand auf völlige Ablehnung. Die Degradierung der EVG zu einer bloßen Rüstungsgemeinschaft und das Fehlen integrierter Streitkräftestrukturen hielt er für völlig ungeeignet, um die Entstehung einer autonomen deutschen Nationalarmee und einen NATO-Beitritt zu verhindern. Dies, wie auch die Vorgabe keinen deutschen Generalstab zuzulassen, beruhte auf eindeutigen Beschlüssen der *Assemblée Nationale*, wie Alphand ausdrücklich hervorhob. Gleiches gelte hinsichtlich des Gemeinschaftsbudgets, das von der EVG-Versammlung zu verabschieden sei und nicht einem Veto unterworfen werden dürfe. Zudem gab der Diplomat zu bedenken, dass die USA und Großbritannien ihre der EVG gegebenen Garantien kaum auf eine simple Rüstungsgemeinschaft übertragen würden. In diesem Fall wären die amerikanischen und britischen Zusagen – ein wesentliches Sicherheitsinstrument, auf das Frankreichs Regierung und Parlament von Anfang an bestanden hatten, um ein deutsches Übergewicht auf dem Kontinent auszuschließen und vor möglichen militärischen Übergriffen Moskaus zu schützen – einfach weggefallen. Mit dem Hinweis auf den supranationalen Charakter der EVG versuchte er die vonseiten Lapies geäußerte Befürchtung zu widerlegen, wonach die Deutschen die EVG in ein Angriffsbündnis verwandeln und einen Rückeroberungskrieg im Osten vom Zaun brechen könnten. Des weiteren wäre im Falle der Verwirklichung des Lapies-Plans der vertraglich verbriefte Grundsatz hinfällig geworden, wonach Frankreichs Streitkräfte mindestens über die gleiche Stärke verfügen müssten wie die eines jeden anderen EVG-Partners, namentlich der Bundesrepublik. Alphand gab sich fest überzeugt, dass die Deutschen gemäß Lapies Konzept von jeglichen Kontrollen entbunden wären und dies im völligen Gegensatz zu Frankreichs Sicherheitsinteressen stünde. Lapies Phantasien, so der Tenor von Alphands Analyse, seien letztlich ein Eigentor[15].

In der Wirtschaftsabteilung des Außenministeriums hingegen stieß das Konzept einer Rüstungsagentur auf Interesse, allerdings hielt man die von Lapie geforderte Ausdehnung der Integration auf den allgemeinen Wirtschaftsbereich angesichts der heftigen Reaktionen der Industrieverbände gegen Titel V des EVG-Vertrags für wenig erstrebenswert. Auch hatte man, wie die anderen Abteilungen des Ressorts, erhebliche Zweifel, ob Großbritannien zur Teilnahme an einer supranationalen Rüstungsgemeinschaft bereit wäre[16].

Mit seiner These, wonach eine Rüstungsgemeinschaft einfacher zu realisieren sei als eine gemeinsame Streitmacht, lag der sozialistische Parlamentsabgeordnete Lapie falsch, wie die heftigen Reaktionen der Industrie, aber auch der Militärs belegen. Die weit verbreitete Furcht vor einer rüstungswirtschaftlichen Integration und der damit verbundenen Einführung des Wettbewerbsprinzips sorgte in Frankreich für großes Unbehagen

---

[14] Vgl. AMAE, Secrétariat Générale/Dossiers, 70, Bl. 110–114: Übergangskonvention und Anwendungsprotokoll Studiengruppe Europäische Rüstungsgemeinschaft, Entwurf [22.2.1954].
[15] Vgl. AMAE, DF-CED/C/116: Vermerk [Alphand], 29.9.1953. Anhänger des Lapie-Plans sollen General a.D. Kœnig und Teile der gaullistischen Parlamentsabgeordneten gewesen sein. Vgl. BArch, BW 9/2675, Bl. 47: Von Etzdorf an AA, Auszug, 11.2.1954.
[16] Vgl. AMAE, DE-CE, NL Wormser, 25, Bl. 152–155: Vermerk [vermutlich MAE/DE-CE], o.D.

und trug mit zur Ablehnung der EVG-Vertragswerks bei. Lapie, Berichterstatter des Industrieproduktionsausschusses des Parlaments, war sich dessen voll bewusst, wie seine Ausführungen in der Plenarsitzung vom 29. August 1954 offenbarten. Die Gefahren, die er von einer integrierten EVG-Rüstung ausgehen sah, führte er als Hauptgrund seiner Ablehnung des Vertragsdokuments an[17].

Bei den Präsentationen seines Planes einer Rüstungsgemeinschaft unterschlug Lapie erstaunlicherweise, dass es ihm maßgeblich um den Schutz der heimischen Wirtschaft ging. Aufseiten der Deutschen registrierte man sorgsam Lapies Absicht, Deutschland an den westlichen Rüstungslasten zu beteiligen und es gleichzeitig davon abzuhalten, sich ungestört seiner (zivilen) Exportindustrie widmen und sich einen der vorderen Plätze auf dem Weltmarkt sichern zu können[18]. Im Grunde war seine Haltung widersprüchlich. Während er bei der Vorstellung des Konzepts der Rüstungsgemeinschaft einer Ausdehnung der Wirtschaftsintegration das Wort redete, verwarf er in der Parlamentsdebatte Titel V des EVG-Vertrags. Zudem darf nicht vergessen werden, dass die Rüstungszusammenarbeit zum damaligen Zeitpunkt ein äußerst steiniges Feld war – die NATO ist hierfür, wie bereits dargelegt wurde, ein gutes Beispiel. Vor diesem Hintergrund erscheinen Lapies Empfehlungen zur Schaffung einer supranationalen Rüstungsgemeinschaft eher als Wunschdenken denn als realistische Option.

Abgesehen davon enthielt sein Plan so gut wie keine Bestimmungen zur allgemeinen Streitkräftezusammenarbeit. Die Bildung deutscher Verbände gedachte Lapie soweit wie möglich hinauszuzögern. Im Juli 1954 empfahl er, mit der Gründung der Rüstungsagentur zu beginnen, aber noch keine deutschen Kontingente aufzustellen. Damit wolle er, so ließ er verlauten, Moskau den Willen zur Abrüstung dokumentieren. Erst wenn die UdSSR auf die Aufforderung nach Rückzug ihrer Truppen vom Eisernen Vorhang, nach Zulassung von Inspektionen und nach Abrüstung Polens und der Tschechoslowakei nicht eingehe, sollte mit der Aufstellung deutscher Truppen im Rahmen einer integrierten Armee begonnen werden[19]. Konkreter Hintergrund dürfte die Genfer Konferenz gewesen sein, bei der Frankreich unter chinesischer und sowjetischer Vermittlung über die Beendigung des Indochina-Krieges verhandelte[20].

Etwas ausgewogener erschien der von Senator Jean Maroger[21] am 15. Dezember 1953 vorgestellte Plan einer Union de Défense de l'Europe, der neben den Mitgliedstaaten

---

[17] Siehe Kap. VII.2.
[18] Vgl. BArch, BW 9/2675, Bl. 47: Von Etzdorf an AA, Auszug, 11.2.1954.
[19] Vgl. AMAE, Secrétariat Générale/Dossiers, 70, Bl. 130–134: Vermerk [vermutlich Lapie] für Bourgès-Maunoury, 7.7.1954. Für die Vermutung, wonach der Briefentwurf von Lapie stammte, spricht, dass der Verfasser u.a. Bezug auf »mon texte de février« nahm. Lapie hatte in diesem Monat den Entwurf einer Rüstungsgemeinschaft näher präzisiert. Es sei darauf hingewiesen, dass sich die SFIO auf ihrem Parteitag Ende Mai 1954 für die Ratifizierung des EVG-Vertrags ausgesprochen hatte und damit dem Antrag der Parteiführung gefolgt war. Vgl. Christensen, Zur Wiederaufrüstung, S. 361 f.; Elgey, Histoire de la IV République, t. 3, S. 176.
[20] Zur Genfer Gipfelkonferenz: Elgey, Histoire de la IV République, t. 3, S. 95–164; Lappenküper, Die deutsch-französischen Beziehungen, Bd 1, S. 720–726, 729 f.; Roussel, Pierre Mendès France, S. 236–265.
[21] Jean Maroger war von 1939 bis 1945 und erneut von 1948 bis 1956 Senator von Aveyron und gehörte der Gruppe der Républicains Indépendants an. Vgl. http://www.senat.fr/senateur-4eme-republique/maroger_jean0200r4.html [26.6.2014]; http://www.assemblee-nationale.fr/histoire/biographies/joly/maroger-jean.asp [20.6.2008].

der Montanunion auch Großbritannien, Norwegen und Dänemark angehören sollten. Anders als Lapie beschränkte sich Marogers Plan nämlich nicht auf den Rüstungsbereich. Eine supranationale Organisation schloss Maroger aber ausdrücklich aus. Auch sollte die Verteidigungsunion keine Politische Gemeinschaft präjudizieren. Höchstes Entscheidungsorgan war ein Conseil de Défense de l'Europe, dem Regierungsvertreter im Ministerrang angehören sollten. Ihnen oblag die Ausarbeitung von Rüstungs- und Infrastrukturprogrammen entsprechend den NATO-Vorgaben, die Erteilung von Empfehlungen an die Adresse der Regierungen hinsichtlich der Verbesserung ihrer Streitkräfte, die Kontrolle von Rüstungsbeschränkungen nach dem Vorbild von Artikel 107 EVG-Vertrag sowie die Erstellung von Richtlinien für den schrittweisen Aufbau einer kombinierten europäischen Streitmacht. Dem Rat wurde als Verwaltungs- und Koordinierungsorgan ein Délégué Générale zugeordnet, dem eine Rüstungsabteilung sowie eine Streitkräfteabteilung unterstanden. Erstere beschäftigte sich mit der Förderung der Standardisierung und hierfür erforderlicher Programme, der Aufteilung von Rüstungsprogrammen (unter Berücksichtigung der strategischen Lage und der vorhandenen Ressourcen), dem Aufbau einer gemeinsamen Logistik sowie der Überwachung gewisser Beschränkungen – erstaunlicherweise in enger Verbindung mit der Montanunion. Die Streitkräfteabteilung hatte sich mit dem Aufbau einer kombinierten Streitmacht zu befassen. Diese sollte sich zunächst aus nationalen Heeres- und Luftwaffeneinheiten zusammensetzen und mit deutschen Kontingenten verstärkt werden. Als Richtlinien dienten die Vorgaben der NATO; die Streitmacht war dem SACEUR unterstellt. In besonderen Fällen sollte es den Mitgliedstaaten möglich sein, die der Gemeinschaft zur Verfügung gestellten Truppen für nationale Missionen zu entziehen[22]. Nach Marogers Vorstellung handelte es sich bei dem Délégué Générale keineswegs um eine »pouvoir exécutif d'un super-Etat«, sondern um einen »agent d'exécution d'une association« unissant leurs efforts en vue de réaliser une tâche commune«. Die oberste Kontrolle über die der Gemeinschaft zur Verfügung gestellten Ressourcen sollte grundsätzlich bei den Nationalstaaten verbleiben[23].

Ein besonders starker Akzent auf Kontrolle und Überwachung fand sich in der aus Lapies Vorschlag abgeleiteten Idee einer europäischen Rüstungsgemeinschaft, die eine Gruppe von Abgeordneten um den Unabhängigen Jacques Bardoux und General a.D. Joseph de Goislard de Monsabert während der Parlamentssitzung vom 11. November 1953 ins Spiel brachte. Dem Ensemble von »anti-cédistes«, welches das Pariser Vertragswerk als »dictature technocratique supranationale« brandmarkte, schwebte eine um Großbritannien, Griechenland und die Türkei erweiterte Communauté des armements défensifs de l'Union Européenne und die Beibehaltung nationaler, aus eigener

---

[22] Vgl. AMAE, Secrétariat Générale/Dossiers, 70, Bl. 120–129: Resolutionsentwurf Maroger, 15.12.1953; BArch, BW 9/2675, Bl. 48 f.: Von Etzdorf an AA, Auszug, 11.2.1954; vgl. auch Dietl, Emanzipation und Kontrolle, Bd 1, S. 182; Fursdon, The European Defence Community, S. 277.
[23] AMAE, Secrétariat Générale/Dossiers, 70, Bl. 120–129 (Zitat Bl. 125): Resolutionsentwurf Maroger, 15.12.1953. Marogers Entwurf war weitgehend identisch mit dem Alternativplan des General a.D. Maxime Weygand. Zum sog. Weygand-Plan: BArch, BW 9/2675, Bl. 45 f.: Von Etzdorf an AA, Auszug, 11.2.1954; BArch, BW 9/3378, Bl. 173–184, hier Bl. 174: 15. Halbmonatsbericht dt. EVG-Militärdelegation (16.5.–1.6.1954), 1.6.1954; SHD/DITEEX, NL Blanc, 1 K/145/7-2: Vermerk Generalstab des Heeres/Abt. für interalliierte Koordination, 11.5.1954; Dietl, Emanzipation und Kontrolle, Bd 1, S. 181 f.

Tasche zu finanzierender Streitkräfte vor. Als oberstes Organ war der Ministerrat mit Sitz in Straßburg vorgesehen, dem nach dem Vorbild von Artikel 107 EVG-Vertrag die Erteilung von Genehmigungen für die Rüstungsproduktion, Prototypenentwicklung und Forschung sowie für Importe und Exporte zukommen sollte. Während dies für Überseeeinheiten und verbündete Staaten als reine Formsache gedacht war, wollte man die sonstigen Genehmigungen davon abhängig machen, ob sie eine Gefahr für die innere Sicherheit der Gemeinschaft darstellen würden oder ob eine geografisch bedingte »strategische Gefährdung« vorlag. An die Stelle des supranationalen EVG-Kommissariats sollte ein Generalstab mit Sitz in London treten. Über seine Kompetenzen herrschte völlige Unklarheit – es war lediglich von der Organisation von Zusammenkünften, der Förderung des Offiziersaustauschs und der Erteilung von Empfehlungen für die Regierungen, nicht aber von klassischen Generalstabsaufgaben, wie der Ausarbeitung von Truppenaufstellungsplänen und Operationsplänen, die Rede. Der ebenfalls in Straßburg ansässigen Versammlung war lediglich die Prüfung des Berichts des Generalstabes zugedacht. Der Gerichtshof hatte sich ausschließlich mit der Überwachung der Streitkräftestärken und Rüstungskontrollvorgaben und mit der Verhängung von Sanktionsmaßnahmen zu befassen. Bestimmungen bezüglich einer konstruktiven Rüstungszusammenarbeit suchte man in dem Entwurf vergebens. Zwar sollten die Armeen der Mitgliedstaaten über eine einheitliche Bewaffnung verfügen, wie dies jedoch genau gewährleistet werden sollte, blieb offen. Aufstellung und Finanzierung gemeinsamer Rüstungsprogramme, wie sie im Wirtschaftsteil des EVG-Vertrages enthalten waren, standen offenbar nicht auf der Tagesordnung. Ingesamt zeichnete sich Bardoux' Initiative durch restriktive Bestimmungen aus; die von ihm vorgeschlagene Organisation besaß eher den Charakter einer Rüstungskontrollgemeinschaft[24]. In der Praxis hätte das aufgezeigte System höchstwahrscheinlich dazu gedient, französische Anträge durchzuwinken, deutsche hingegen zu blockieren. Welchen Stellenwert man den Deutschen in einer derartigen »Gemeinschaft« zuweisen wollte, blieb vor diesem Hintergrund schleierhaft.

Dementsprechend negativ war die Reaktion Alphands: Ähnlich wie bei den anderen Alternativentwürfen bemängelte der Spitzendiplomat das völlige Fehlen integrativer Elemente, die hieb- und stichfeste institutionelle Einbettung eines deutschen Militärbeitrages in einen supranationalen Kontext: »Aucune interdépendance des éléments n'existe, aucune autorité européenne ne pénètre organiquement dans la substance des forces«. Somit bot Bardoux' Konvention keine der vonseiten der französischen Regierung und des Parlaments von Beginn an geforderten Sicherheiten: »elle implique la création d'une armée allemande autonome avec un ministère, un Etat-Major général, tous les éléments susceptibles de permettre une renaissance du militarisme allemand«[25].

---

[24] Vgl. AMAE, DF-CED/C/135: JO, Assemblée Nationale, Débats parlementaires: Anhang zu Protokoll Plenarsitzung, 12.11.1953: Resolutionsvorschlag Bardoux [u.a.] (Zitat S. 15). Die sechsköpfige Gruppe um Bardoux stimmte bis auf eine Ausnahme am 30.8.1954 für den Antrag auf Absetzung der EVG von der Tagesordnung. Vgl. JO, Assemblée Nationale, Débats parlementaires, Anhang zum Protokoll Plenarsitzung 30.8.1954, S. 4473 f.: Abstimmergebnisse.

[25] Vgl. AMAE, DF-CED/C/116: Alphand an Bidault, 5.1.1954. Alphands Schreiben ist weitgehend identisch mit de Larminats Vermerk vom 19.12.1953 – ein weiterer Beleg für das enge Vertrauensverhältnis der beiden. Vgl. ebd.: Vermerk de Larminat, 19.12.1953.

Ähnlich dürfte Alphand bezüglich Marogers Entwurf gedacht haben, denn auch dieser erfüllte den Grundsatz der völligen Integration nicht und bot somit aus Sicht der EVG-Befürworter auch keine Sicherheit vor möglichen deutschen Alleingängen.

Auffällig war, dass die Alternativvorschläge darauf zielten, die auf eine supranationale Verteidigungsorganisation mit dazugehörigen Streitkräften zielenden Klauseln des EVG-Vertrags zu eliminieren, wohl aber die darin enthaltenen Kontrollbestimmungen und das Verbot der Waffenproduktion in »strategisch exponierten Gebieten« in die neue Vertragskonstruktion einzubringen. Dies lief zweifelsfrei auf eine Überwachung und Eindämmung des westdeutschen Rüstungspotenzials hinaus. Ferner drängten die Alternativplaner auf eine Vergrößerung des Mitgliederkreises um weitere europäische NATO-Verbündete. Hierbei hatte man insbesondere Großbritannien im Blick, aber auch die skandinavischen Staaten, um ein stärkeres Gegengewicht zur Bundesrepublik schaffen zu können. Anstelle einer Europaarmee strebten Maroger und Bardoux eine Koalitionsarmee an, die aus eng miteinander kooperierenden Verbänden bestehen und sich am Nordatlantischen Bündnis orientieren sollte. Ebenso wenig wie eine gemeinsame Armee beabsichtigte man die Gründung eines Kommissariats mit supranationalen Kompetenzen. Der EVG-Vertrag wäre somit weitgehend seiner supranationalen Substanz beraubt worden. In letzter Konsequenz versuchte man mittels einer solchen Lösung sicherzustellen, dass die Staaten jederzeit über ihre Kontingente würden verfügen können, um sie in Übersee oder zur Unterstützung von Verbündeten – für nationale Missionen – einsetzen zu können. Auch wäre die Einheit der nationalen Streitkräfte gewahrt geblieben. Für die Deutschen hätte man wohl auch in diesem Punkt wieder eine restriktive Ausnahmeregelung gefunden. Alles in allem skizzierten die Entwürfe eine Art europäische Version der NATO, angereichert mit Rüstungskontrollelementen. Lapie hielt die Schaffung einer gemeinsamen europäischen Armee zwar für möglich und langfristig für unumgänglich – dies behauptete er zumindest –, jedoch erst ganz am Ende des europäischen Einigungsprozesses, nach der Einrichtung einer politischen Autorität und der Herausbildung einer europäischen Identität.

Neben einer Koalitionsarmee strebten die Vertreter der Ersatzlösungspläne eine enge Rüstungszusammenarbeit an, namentlich bei der Koordinierung der Produktion und der Standardisierung. Bei Lapie war dies sogar das Hautpanliegen – sein Entwurf beschränkte sich ausschließlich auf diesen Aspekt. Bezeichnend ist folglich auch die Namensgebung: Lapie taufte die von ihm vorgeschlagene Gemeinschaft kurzerhand Communauté Européenne de l'Armement, Maroger nannte seine Version Communauté des armements défensifs de l'Union Européenne. Unübersehbar war, dass sie in hohem Maße von Kontrollmotiven geleitet waren, was insbesondere für die Vorlage der Gruppe um Bardoux galt. Vom EVG-Vertragswerk herüberretten wollte man im Grunde nur das, was zur Zügelung des deutschen Rüstungspotenzials nötig war. Allein Lapie brachte die langfristige Perspektive einer supranationalen Europaarmee ins Spiel, wobei offen bleiben muss, ob er tatsächlich fest daran geglaubt hat. Die Formel der anderen Alternativplaner ging in die Richtung von Koalitionsstreitkräften, Rüstungszusammenarbeit und -kontrolle – ohne supranationalen Überbau, ohne staatliche Kompetenzübertragung, ohne echtes Gemeinschaftsbudget und -programm.

Auch in den Abteilungen des Quai d'Orsay machte man sich Gedanken über Ausweichmöglichkeiten und Alternativlösungen. Einigkeit herrschte darin, dass eine Aufnahme der Bundesrepublik ins Nordatlantische Bündnis nicht im französischen Interesse liegen könne, weil sich dann keine Beschränkungen der deutschen Truppenstärke und Rüstung verwirklichen ließen. In der Unterabteilung Zentraleuropa bevorzugte man eine Modifikation des EVG-Vertrages, die bestimmte supranationale Elemente beibehielt, insbesondere jene Bestimmungen, die die Truppenstärke der deutschen Kontingente, das gemeinsame Rüstungsprogramm und die Außenhilfe betrafen. Die von Mendès France vorgesehene Einbeziehung Großbritanniens lehnte Unterabteilungsleiter Jean Sauvagnargues allerdings strikt ab[26].

Bei der Suche nach möglichen Lösungsansätzen griff man im Außenministerium auch auf die Idee einer Rüstungsgemeinschaft zurück. Man sah sich gezwungen, eine Formel finden, die eine Beteiligung der Briten an einer europäischen Verteidigungsorganisation ermöglichte und eine von den EVG-Gegnern kritisierte supranationale Armee ausschloss, zugleich aber die Einbeziehung der Deutschen und eine Begrenzung von deren Rüstungspotenzial gestattete. Der einflussreiche Generalsekretär des Quai d'Orsay, Alexandre Parodi, entwarf einen kombinierten Ansatz[27]: die Schaffung einer aus den sechs Mitgliedstaaten der Montanunion und Großbritannien bestehenden und eng mit der NATO kooperierenden europäischen Verteidigungsorganisation mit einem Ministerrat an der Spitze, die mit einer supranationalen Rüstungsgemeinschaft der Sechs – unter Beibehaltung der entsprechenden EVG-Klauseln – verknüpft werden sollte. Man wollte zum einen die Streitkräfte Großbritanniens engstens mit denen des Kontinents assoziieren und zum anderen ein Forum zwecks Koordinierung auf rüstungswirtschaftlichem Gebiet unterhalten. Der neue Staatssekretär im Außenministerium, Jean de Guérin de Beaumont, hielt Parodis Entwurf hingegen für mangelhaft, weil er keine Sicherheit vor der Bildung homogener deutscher Armeekorps und einem deutschen Generalstab bot, die fragwürdige Konstruktion einer Siebener-Verteidigungsorganisation unter dem Dach der NATO schuf und eindeutig ratifizierungspflichtigen Charakter besaß. Stattdessen bevorzugte er den Plan des Diplomaten Philippe de Seynes, der sich für eine »Anpassung« des EVG-Vertrags mittels eines »Anwendungsprotokolls« aussprach, und modifizierte ihn geringfügig[28].

In eine ähnliche Richtung wie Parodis gingen die Vorstellungen des Services des Pactes. Auch dort plädierten Beamte für eine von einem Rat der Verteidigungsminister geführte Verteidigungsorganisation unter Einschluss Londons und für eine Rüstungsgemeinschaft der Montanunionstaaten[29]. Dieselbe Marschrichtung schlug man bei der Wirtschaftsabteilung des Quai d'Orsay mit dem Konzept einer Organisation Européenne

---

[26] Vgl. Lappenküper, Die deutsch-französischen Beziehungen, Bd 1, S. 713–715.
[27] Pastor-Castro erklärt Parodis EVG-Gegnerschaft mit dessen juristischer Prägung. Für ihn warf der EVG-Vertrag eine Reihe (verfassungs-)rechtlicher Fragen auf, die die Kernsubstanz des französischen Staates berührten. Vgl. Pastor-Castro, The Quai d'Orsay, S. 393 f.
[28] Vgl. DDF 1954, S. 96–99, hier S. 96 f.: Vermerk Guérin de Beaumont für Mendès France, 6.8.1954; Christensen, Zur Wiederaufrüstung, S. 369 f.; Pastor-Castro, The Quai d'Orsay, S. 396 f. Kern von de Seynes Entwurf waren die Möglichkeit der Suspendierung von Entscheidungen des Kommissariats durch den Ministerrat, die Bewahrung des nationalen Charakters der Armee und Modifikationen der Wirtschafts- und Finanzklauseln des EVG-Vertrags. De Seynes Vorschlag war vermutlich maßgeblich von Alphand inspiriert. Vgl. Alphand, L'étonnement d'être, S. 256 f.; Pastor-Castro, The Quai d'Orsay, S. 397.
[29] Vgl. Lappenküper, Die deutsch-französischen Beziehungen, Bd 1, S. 727 f.

de Défense ein. Sie sollte über einen Ministerrat, ein ständiges Sekretariat, einen eng mit der NATO verbundenen Generalstab sowie einen Ausschuss für Rüstung und Logistik verfügen. Die vom Ministerrat beschlossenen Programme hatten die Staaten aus eigener Tasche zu bezahlen. Für besondere Rüstungs- und Infrastrukturprogramme war jedoch ein Gemeinschaftsfonds vorgesehen. Nach entsprechendem Beschluss der Minister und mit Zustimmung der Gebernationen konnte von der europäischen Verteidigungsorganisation auch die Verteilung der an die Mitgliedstaaten fließenden materiellen und finanziellen Außenhilfe – diese unterlag grundsätzlich der Genehmigungspflicht durch den Ausschuss für Rüstung und Logistik – übernommen werden. Des Weiteren strebte man die Vorbereitung wirtschaftlicher Mobilisierungspläne an. Die Organisation Européenne de Défense sollte eng an die Nordatlantische Allianz angebunden sein. In einem Zusatzprotokoll sollte zudem das Militärgerät aufgeführt werden, das nicht in »strategisch exponierten Zonen« hergestellt werden durfte. Von der Bundesregierung erwartete man die Bestätigung ihrer dem EVG-Vertrag beigefügten Erklärung, wonach Westdeutschland ein strategisch gefährdetes Gebiet sei[30].

Auch die französischen Militärs, die sich von Anfang an mehrheitlich für einen deutschen NATO-Beitritt ausgesprochen hatten, stellten freilich Überlegungen hinsichtlich Ersatzlösungen für die EVG an. Erste Pläne lassen sich sogar schon bis in den November 1952 zurückverfolgen. Im Kern entsprachen sie den Entwürfen, die Politiker und Beamte des Quai d'Orsay ab Winter 1953/54 vorlegten: Sie sahen ein eng an die NATO angelehntes europäisches Verteidigungssystem ohne Supranationalität und ohne politische Integration, dafür aber mit gewissen Schutzmechanismen zur Eindämmung der in die westliche Verteidigung einzubeziehenden Bundesrepublik vor. Ab Anfang des Jahres 1954 konkretisierten sich schließlich die Ersatzplanungen der Militärs[31]. Der für seine öffentliche Kritik am EVG-Vertragswerk abgestrafte Marshall Juin stellte in seiner Studie vom 10. Juni 1954 nochmals klar, dass es keine supranationale Verteidigungsorganisation geben könne, solange Nationalstaaten bestünden[32]: »L'Armée, étant l'élément essentiel de la souveraineté des Nations, doit être nationale aussi longtemps que subsistent des Etats individualisés«. Auch er sprach sich für eine sehr eng an die NATO angegliederte und die Souveränität der Staaten wahrende europäische Verteidigungsgemeinschaft – eine »organisation souple« – aus, die als Planungs-, Koordinations- und Kontrollapparat dienen und im Kriegsfall dem SACEUR unterstehen sollte. Ein Ministerrat hatte, entsprechend den NATO-Richtlinien, Empfehlungen für die Aufstellung, Versorgung, Ausbildung, Logistik und Mobilisierung der nationalen Verbände zu erteilen, Rüstungs- und Infrastrukturprogramme zu verabschieden sowie die Kontrolle der Rüstung sicherzustellen. Bemerkenswerterweise schwebte Juin vor, das Einstimmigkeitsprinzip nur für die Festlegung der Streitkräftestärken und für Sondergenehmigungen bezüglich der geografischen Verteilung von Rüstungsanlagen gelten zu lassen.

---

[30] Vgl. AMAE, DE-CE, NL Wormser, 26, Bl. 83–93: Vermerk, 31.7.1954, mit Anhang 1: Vertrag über eine Organisation Européenne de Défense, Entwurf, o.D.
[31] Siehe Bestand SHD/DITEEX, NL Blanc, 1 K/145/7-2; vgl. auch Guillen, Die französische Generalität, S. 154 f.
[32] Zum Folgenden: SHD/DITEEX, NL Blanc, 1 K/145/7-2: Studie Juin, 10.6.1954 (Zitate S. 1, 2); Guillen, Die französische Generalität, S. 153, 155.

Für die Umsetzung der Beschlüsse des Ministerrates wäre ein Generalsekretariat verantwortlich, das über ein eigenes Budget sowie über integriertes Personal verfügen und in jedem Mitgliedstaat mit einem Vertreter präsent sein würde. Ihm sollten zwei Abteilungen für Streitkräfte und Rüstung, Infrastruktur, Logistik unterstellt sein. Den Europäischen Streitkräften wären vonseiten der Mitgliedstaaten alle Verbände zuzuordnen, mit Ausnahme der für außereuropäische Missionen und für die Aufrechterhaltung der Ordnung vorgesehenen. Ein Personalaustausch zwischen den Europa assignierten und den ausschließlich für nationale Einsätze vorbehaltenen Einheiten sollte reibungslos möglich sein. Die Rekrutierung wollte Juin in der Verantwortung der einzelnen Regierungen belassen. Ausgehend von den vom Generalsekretariat aufgestellten und vom Ministerrat beschlossenen Rüstungs- und Infrastrukturprogrammen sollte die Auftragsverteilung unter den Mitgliedstaaten gemäß derer jeweiligen wirtschaftlichen Möglichkeiten und geografischen Lage erfolgen. Als wesentliches Ziel galt ein maximaler Standardisierungsgrad bei Personal und Ausrüstung. Wie zu erwarten, plädierte Juin daneben für eine strikte Beschränkung der Waffenherstellung in der voraussichtlichen Kampfzone.

Auch der Chef des Generalstabes des Heeres Blanc meldete sich zu Wort. Blanc trat zum Zwecke der für unumgänglich gehaltenen Koordinierung und Standardisierung auf dem Gebiet der Streitkräfte und Rüstung für die Gründung einer die sechs EVG-Länder umfassenden europäischen Gruppierung im Rahmen der NATO ein. Die Armeen der Mitgliedstaaten sollten keiner supranationalen Autorität unterstehen, sondern unter nationalem Kommando verbleiben und im Kriegsfall von der Nordatlantischen Allianz geführt werden. Als möglich galt jedoch die Einrichtung gemeinsamer Ausbildungseinrichtungen. Wie sich bereits im Zusammenhang mit seiner Initiative zur Schaffung der FINBEL-Organisation gezeigt hatte, hielt Blanc die Vereinheitlichung im Kreise von sechs Staaten für einfacher zu erreichen als im Kreise der 15 NATO-Staaten, auch wegen des von den Kontinentaleuropäern verwendeten metrischen Maßsystems. So schien es aus Sicht des Befehlshabers der französischen Landstreitkräfte nahe liegend, die EVG durch die bereits bestehende FINBEL zu ersetzen bzw. FINBEL zu modifizieren und um die Bundesrepublik zu erweitern. Darüber hinaus äußerte er die Möglichkeit der Schaffung eines Ausschusses der Verteidigungsminister oder deren Stellvertreter und eines ständigen Arbeitsorgans[33]. Bei dem Plan zeigt sich, dass der General nicht nur einer Kontrolle der Deutschen, sondern auch einer effektiven Rüstungskooperation eine enorme Bedeutung beimaß. Er schien gerade davon besessen zu sein, die unter seiner Regie ins Leben gerufene FINBEL auszubauen und durch einen Ministerrat politisch aufzuwerten.

Im Juni 1954 befasste sich erstmals auch die französische EVG-Militärdelegation intern mit der Frage von Vertragsmodifikationen. Besonders attraktiv erschien ihr offenbar der Maroger-Plan[34].

---

[33] Vgl. SHD/DITEEX, NL Blanc, 1 K/145/7-1: Denkschrift Blanc, Teil 2, 12.8.1954, S. 1–3; vgl. auch den Entwurf des Generalstabs des Heeres vom 30.6.1954, in dem die Schaffung einer europäischen Verteidigungsorganisation auf der Grundlage eines modifizierten und erweiterten Brüsseler Paktes vorgesehen war. Der Entwurf wurde inspiriert durch die Alternativpläne Lapies, Weygands und Juins; Guillen, Die französische Generalität, S. 155 f.; Guillen, Frankreich und die NATO-Integration, S. 433.

[34] Vgl. BArch, BW 9/3378, Bl. 196–208, hier Bl. 198: 17. Halbmonatsbericht dt. EVG-Militärdelegation (16.6.–1.7.1954), 1.7.1954.

## IX. Rüstungsintegrationspläne in der Endphase

Ministerpräsident Mendès France entschied sich schließlich für den von Guérin de Beaumont modifizierten »Seynes-Plan«, der Anwendungsprotokolle vorsah, die den supranationalen Gehalt der EVG begrenzten. Doch gelang es Parodi und Sauvagnargues, den Entwurf weiter zu verschärfen, sodass die Anwendungsprotokolle vollends vertragsändernden Charakter erhielten[35].

Nicht nur in Paris stellte man Alternativüberlegungen für den Fall einer Ablehnung der EVG an. Auch im Londoner Foreign Office machte man sich konkrete Gedanken. Dort bevorzugte man, ebenso wie im Generalstab, einen deutschen NATO-Beitritt und die Unterstellung der deutschen Verbände unter das Kommando des SACEUR, die Festlegung des deutschen Militärbeitrags, die Dislozierung der Truppen sowie gewisse Produktionsbeschränkungen. Um den Anschein einer einseitigen Diskriminierung des neuen Verbündeten zu vermeiden schlug man vor, nicht nur das Bundesgebiet, sondern auch Nordnorwegen, Dänemark, Thrakien (Nordgriechenland) und den europäischen Teil der Türkei als strategisch gefährdete Zone zu deklarieren. Weil man die Übernahme von Restriktionen durch die NATO-Staaten für unrealisierbar und aus Eigeninteresse auch nicht für wünschenswert erachtete, sah man als Kontrollinstrument einen Rüstungspool der sechs Signatarstaaten der EVG-Vertrags vor. Ihm war die Genehmigung von Produktion, Einfuhr und Ausfuhr von Kriegsgerät zugedacht. Wie bei den auf französischer Seite ausgearbeiteten Alternativplänen beabsichtigte man in London, die Kontinentaleuropäer bestimmte im EVG-Vertrag enthaltene Regelungen übernehmen zu lassen. Auch sollte es den Mitgliedstaaten, ausgenommen der Bundesrepublik, gestattet sein, Truppen für internationale Aufgaben oder für Überseeverpflichtungen zu unterhalten. Für den Fall, dass sich die Bündnislösung, etwa aufgrund französischer Vorbehalte, langwierig gestalten würde, schlug man als Zwischenmodell die Reaktivierung des Brüsseler Paktes und dessen Erweiterung um die Bundesrepublik vor. Die Sicherheitsvorkehrungen im Rüstungsbereich waren dann in den Pakt einzubringen. Garantien, wie sie zwischen NATO und EVG vereinbart worden waren, sollten auch zwischen NATO und Brüsseler Pakt festgeschrieben werden.

Im amerikanischen State Department hielt man an der EVG als beste Lösung für einen westdeutschen Verteidigungsbeitrag fest, für den Fall eines Scheiterns erwog man die einseitige Bewaffnung der Deutschen durch Großbritannien und die USA oder die direkte Mitgliedschaft der Bundesrepublik in der Nordatlantischen Allianz. Letztere Option setzte sich rasch durch, weil man eingesehen hatte, dass eine Aufrüstung der Deutschen unmöglich gegen den Willen Frankreichs durchgesetzt werden könnte. Um einen deutschen NATO-Beitritt für Frankreich und die anderen Partner annehmbar zu machen, dachte man an den Abschluss eines Sicherheitsvertrags zwischen der Bundesrepublik und den drei Besatzungsmächten. Konkret sollte er die in Artikel 107 EVG-Vertrag vorgesehenen Rüstungsbeschränkungen für Deutschland, die vollständige Unterstellung der deutschen Streitkräfte unter die NATO, das Verbot von Angriffshandlungen oder Grenzveränderungen sowie die Festlegung eines angemessenen deutschen Beitrags von Mitteln und Streitkräften beinhalten. Dass die Deutschen allerdings einen solchen Rüstungskontrollmechanismus hinnehmen würden, galt eher als unwahrscheinlich. Auch eine NATO-weite Rüstungskontrolle war kaum durchsetzbar.

---

[35] Siehe Lappenküper, Die deutsch-französischen Beziehungen, Bd 1, S. 732.

Sehr skeptisch beurteilte man ferner den britischen Rüstungspoolplan. Im Außenministerium bevorzugte man deswegen eine indirekte Kontrolle mittels integrierter Rüstungsprogramme. Doch musste man eingestehen, dass auch dieser Plan für Paris wie für London nur schwer verdaulich sein würde. Auf einhellige Ablehnung der Diplomatie stieß die Empfehlung des Ausschusses der Vereinigten Generalstabschefs nach einer umgehenden Aufnahme der Bundesrepublik in die Allianz und einer einseitigen Aufrüstung des Landes durch die Angelsachsen[36].

Alles in allem bleibt festzuhalten, dass die maßgeblichen Akteure in Washington und London für den Fall eines Scheiterns der Europaarmee die Bewaffnung Bonns im Rahmen der NATO und im Einvernehmen mit Frankreich anstrebten. Einigkeit bestand darin, die auf Deutschland zielenden Rüstungsbeschränkungen des EVG-Vertrags zu übernehmen, doch es gab unterschiedliche Auffassungen bezüglich der Form der effektiven deutschen Rüstungskontrolle. Während Großbritannien einen Rüstungspool der sechs Montanunion-Staaten als geeigneten Rahmen für denkbar hielt, tendierten die USA mehr zu integrierten Rüstungsprogrammen im NATO-Rahmen, die eine unabhängige Rüstungsindustrie und eine unkontrollierte deutsche Aufrüstung unterbinden sollten. Auffällig ist auch hierbei, dass der Aspekt der Rüstungskontrolle eindeutig dominierte und die konkrete Ausgestaltung einer Rüstungszusammenarbeit von zweitrangiger Bedeutung war.

Wie sahen die Alternativvorstellungen der Deutschen aus und welche Bedeutung maßen sie in diesem Rahmen Rüstungsfragen bei? In der Dienststelle Blank beschäftigte man sich spätestens seit Juli 1954 mit Ersatzplanungen für den Fall des Scheiterns des EVG-Projekts. Gemäß den »Forderungen der Bundesrepublik im Falle einer anderen Lösung als der EVG für einen deutschen Verteidigungsbeitrag« vom 7. Juli dachte man an Streitkräfte mit einer Stärke und Struktur, die die im EVG-Vertrag enthaltenen Vorgaben überstiegen und eine Erhöhung der Kampfkraft bedeuteten. Neben der Gewährung der vollen Souveränität verlangten die Deutschen die völlig gleichberechtigte Mitgliedschaft im Nordatlantischen Bündnis, die fortwährende Stationierung amerikanischer und britischer Verbände auf deutschem Boden sowie Beistandsabkommen mit den USA und Großbritannien nach dem Vorbild des Abkommens zwischen der EVG und Großbritannien. Einseitige quantitative und qualitative Restriktionen lehnte man strikt ab. Was die Rüstung betraf, so forderte man freie Betätigungsmöglichkeiten bei der Forschung, Entwicklung und Produktion und der Auslandsbeschaffung. Eine freiwillige Beschränkung auf dem Gebiet der ABC-Waffen hielt man für denkbar. Des weiteren wünschte man sich eine finanzielle Unterstützung vonseiten der Amerikaner, die Abschaffung der Stationierungskosten, die angloamerikanische Mithilfe bei der Ausbildung und Versorgung, ferner Autonomie hinsichtlich Mobilmachung, Heimatverteidigung und Territorialorganisation. Ein Rüstungspool der sechs Kernstaaten der europäischen Integration kam in den deutschen Überlegungen nicht vor. Die Deutschen forderten in ihrem umfangreichen Gesamtpaket die völlig gleichberechtigte

---

[36] Ausführlich zu den britischen und amerikanischen Alternativplanungen siehe Jansen, Großbritannien, das Scheitern der EVG und der NATO-Beitritt der Bundesrepublik, S. 83–119; Mager, Die Stationierung der britischen Rheinarmee, S. 57–84; AWS, Bd 2 (Beitrag Maier), S. 199–208; AWS, Bd 4 (Beitrag Schwengler), S. 469–473.

Mitgliedschaft in der NATO. Die Rüstung sollte mit Ausnahme bei ABC-Waffen keinen Beschränkungen unterliegen; die Rüstungszusammenarbeit hätte sich im Rahmen der Bündnisstrukturen zu vollziehen[37].

## 2. Frankreichs Plan einer westeuropäischen Rüstungsagentur, 1954/55

Das Scheitern der EVG in der Nationalversammlung bedeutete keineswegs, dass das Thema Rüstungsintegration für Frankreich erledigt war. Vielmehr erfuhren die Rüstungsintegrationspläne im Zuge der Neunmächte-Verhandlungen im September und Oktober 1954 über einen westdeutschen NATO-Beitritt eine Renaissance, wenn auch unter anderen Vorzeichen. Frankreich griff nun auf die EVG-Ersatzpläne zurück, die von Beamten des Außenministeriums, Politikern und Militärs seit 1953 entwickelt worden waren, um das Schreckgespenst einer supranationalen Armee mit dazugehörigem Verwaltungsapparat zu vertreiben und den in seiner Existenz bedrohten nationalen Handlungsspielraum zurückzuerobern.

Seit Anfang September 1954 wurde im Quai d'Orsay unter dem Leiter der Direktion für Wirtschaftskooperation, Olivier Wormser, der Plan zur Schaffung eines westeuropäischen Rüstungspools entwickelt. Dieser sollte aus französischer Sicht wesentlicher Bestandteil des auszuhandelnden Vertragsgeflechts sein[38]. Als Quelle der Inspiration diente höchstwahrscheinlich auch der bereits im vorigen Kapitel vorgestellte »Lapie-Plan«[39]. Das Rüstungspool-Konzept, das die französische Regierung auf der Londoner Konferenz zum Gegenstand der Verhandlungen machte, sah die Errichtung einer Rüstungsagentur des zur Westeuropäischen Union (WEU) erweiterten Brüsseler Paktes vor, die mit umfassenden Kontroll- und Koordinationsbefugnissen ausgestattet werden sollte. Ihr sollte die Auswahl und Standardisierung der Bewaffnung und Ausrüstung der westeuropäischen Streitkräfte, die Aufstellung von Rüstungsprogrammen und die Beschaffung der Waffen obliegen, des Weiteren die Verteilung der amerikanischen und kanadischen Militärhilfe, die Überwachung der Rüstungsindustrie, insbesondere die Genehmigungspflicht für die Schaffung neuer oder die Erweiterung bereits existierender Produktionskapazitäten für militärisches Gerät, sowie der Aufbau von Rüstungsbetrieben[40].

---

[37] Vgl. Lappenküper, Die deutsch-französischen Beziehungen, Bd 1, S. 717 f.; AWS, Bd 2 (Beitrag Maier), S. 202 f. Die Gesamtstärke der deutschen Streitkräfte sollte nach den Vorstellungen der deutschen Militärplaner sechs Panzerdivisionen, drei Panzergrenadierdivisionen und drei motorisierte Infanteriedivisionen (360 000 Mann), 28 Luftwaffengeschwader (110 000 Mann) und ca. 190 Schiffe (22 000 Mann) betragen.

[38] Vgl. SHD/DITEEX, NL Blanc, 1 K/145/7-1: Vermerk MAE/Abt. für Wirtschaftskooperation für Mendès France, 13.9.1954; Calandri, The Western European Armaments Pool, S. 41–43; Krüger, Sicherheit durch Integration?, S. 352. Aufschlussreiches Quellenmaterial findet sich in Wormsers Nachlass: AMAE, DE-CE, NL Wormser, neuerdings Microfilm Nr. 25.

[39] Vgl. Calandri, The Western European Armaments Pool, S. 39.

[40] Siehe DDF 1954, Annexe, Anhang 7, S. 298 f.: Aufz. frz. Delegation über das Problem der Rüstungsproduktion, 30.9.1954; Anhang 12, S. 308: Direktiventwurf frz. Delegation, 1.10.1954; Anhang 14, S. 311 f.: Aide-mémoire frz. Delegation; AWS, Bd 4 (Beitrag Abelshauser), S. 28 f.;

Eng damit verknüpft war die Frage einer Kontrolle des deutschen Rüstungspotenzials. Frankreich verlangte im Grunde, die militärischen Beschränkungen des EVG-Vertrages zu übernehmen. So sollte die Herstellung von Waffen, die in Anlage II des Artikels 107 aufgelistet waren, in noch näher zu definierenden »strategisch gefährdeten Gebieten« untersagt sein. Die Einhaltung dieser Bestimmungen sollte durch Inspektionen und Kontrollen des Rates des Brüsseler Paktes überwacht werden[41]. Der neue Plan war insgesamt gesehen nichts anderes als eine Art EVG ohne integrierte Streitkräfte. Auf deutscher Seite stellte man zutreffend fest: »es sind praktisch die Regelungen, wie sie bereits der EVG-Vertrag in den Artikeln 102, 104 und 107 [...] vorsah«[42].

Die französische Regierung stieß mit ihrem Vorschlag sofort auf den heftigen Widerstand ihrer westlichen Verhandlungspartner. Diese sahen den Plan als Versuch, die Entstehung einer bundesdeutschen Rüstungsindustrie zu verhindern und die französische Wirtschaft, etwa durch die Installation gemeinsamer Rüstungsbetriebe in Nordafrika, massiv zu begünstigen. Ferner lehnten sie es ab, die amerikanische Militärhilfe durch eine westeuropäische Rüstungsagentur verteilen zu lassen. Unterstützung erhielten sie dabei von den USA, die nicht hinnehmen wollten, dass ein europäischer Behördenapparat über ihre Waffenlieferungen bestimmte. Nachdem Paris seine Partner mit der Beerdigung des EVG-Projekts vor den Kopf gestoßen hatte, waren diese wenig geneigt, sich nochmals auf französische Experimente einzulassen. Lediglich Italien schien an dem Vorschlag interessiert, fürchtete es doch ein deutsch-französisches *tête-à-tête*. Deutschland hielt sich mit allzu offener Kritik zurück und überließ diese den Benelux-Staaten, verdeutlichte aber, dass es keinerlei Diskriminierungen akzeptieren würde. Während die Bestimmungen auf die Bundesrepublik zutrafen bzw. angewendet werden konnten, hätte sich Frankreich einer Kontrolle weitgehend entziehen können, weil die Bestimmungen nur für den europäischen Kontinent und nur für die der NATO unterstellten Verbände gelten sollten[43]. Die Argumente des französischen Ministerpräsidenten, wonach durch die Rüstungsagentur die Effizienz der Streitkräfte im Bereich der Logistik vergrößert, die Finanzressourcen besser genutzt, die Materialkosten gesenkt, die Arbeitsteilung bei der Rüstungsproduktion angeregt und der Aufbau eines vereinigten Europas fortgesetzt würde, überzeugten die Verhandlungspartner nicht[44].

Mendès France versuchte daraufhin, die deutsche Delegation direkt für die Idee einer Rüstungsgemeinschaft zu gewinnen. Dabei verwies er auf die positiven Impulse, die eine weitere wirtschaftliche Verzahnung neben der Montanunion bei der Wiederbelebung des

---

Calandri, The Western European Armaments Pool, S. 42–46; Noack, Das Scheitern, S. 153 f.; AWS, Bd 3 (Beitrag Thoß), S. 32.

[41] Vgl. AWS, Bd 4 (Beitrag Schwengler), S. 478 f., 492 f.; Calandri, The Western European Armaments Pool, S. 43 f.; AWS, Bd 3 (Beitrag Thoß), S. 32.

[42] BArch, B 102/435439: Hohmann (BMWi) an Westrick, 15.10.1954. Die genannten EVG-Vertragsartikel betrafen Programmaufstellung, Beschaffungsprozedere sowie Genehmigungskompetenzen.

[43] Vgl. Calandri, The Western European Armaments Pool, S. 44–46; Noack, Das Scheitern, S. 154 f.; Thoß, Sicherheits- und deutschlandpolitische Komponenten, S. 480; Lappenküper, Die deutsch-französischen Beziehungen, Bd 1, S. 777 f. Die niederländische Haltung zum Rüstungspool-Vorschlag wird behandelt bei: Harst, The Atlantic Priority, S. 284–292.

[44] Vgl. DDF 1954, Annexe, Anhang 7, S. 298 f.: Aufz. Frz. Delegation, 30.9.1954; AWS, Bd 4 (Beitrag Schwengler), S. 493; Guillen, Frankreich und die NATO-Integration, S. 441; Noack, Das Scheitern, S. 154.

Europagedankens entfalten könne. Die Deutschen bekundeten gegenüber den Franzosen ein diplomatisches Interesse an einem auf dem Grundsatz der Gleichberechtigung basierenden Projekt. Sie gaben allerdings dem französischen Werben unter Hinweis auf die noch offenen Fragen einer britischen Beteiligung und einer Regelung bezüglich der Verteilung der amerikanischen Militärhilfe nicht nach[45]. Wieder einmal wurde von französischer Seite der Europagedanke beschworen, um nationale Interessen zu verdecken.

Auf der Londoner Neunmächte-Konferenz gelang es durch Adenauers Verzichtserklärung auf ABC-Waffen, Mendès France zu entscheidenden Zugeständnissen zu bewegen und die Frage von Rüstungskontrolle und Rüstungspool zu entkoppeln. Hinsichtlich des Rüstungspools kam man darin überein, eine Arbeitsgruppe einzurichten, die über Rüstungsproduktion und -standardisierung beraten sollte. Frankreich, das auch deshalb an seinem Vorhaben festhielt, um der Nationalversammlung die Furcht vor einer deutschen Wiederbewaffnung zu nehmen, gelang es trotz intensiver Bemühungen auf der Pariser Konferenz sowie auf den ab Mitte Januar 1955 stattfindenden Zusammenkünften der eigens geschaffenen Arbeitsgruppe für Rüstungsproduktion und -standardisierung nicht, die Zweifel seiner Partner auszuräumen. Das französische Memorandum vom 3. Januar 1955, das Grundlage für die zum 17. Januar 1955 einberufene Arbeitsgruppe sein sollte und die Kontrollaspekte stärker in ein europapolitisches Gewand kleidete, bestärkte die Partnerstaaten noch in ihrer ablehnenden Haltung. Es sah eine mit umfassenden Kompetenzen ausgestattete Rüstungsbehörde mit einem Komitee für Standardisierung und Rüstungsproduktion vor, die in einem zweistufigen Plan errichtet werden sollte. Kaum übersehbar war Frankreichs Versuch, sich eine Sonderstellung zu verschaffen, da sich der Zuständigkeitsbereich der Behörde nur auf den europäischen Kontinent erstrecken und Frankreichs überseeische Gebiete und die nicht der NATO unterstellten Verbände ausgenommen sein sollten[46]. Bei der im Frühjahr 1955 tagenden Arbeitsgruppe ging es im Grunde nur noch darum, die Franzosen bei Laune zu halten, um die Ratifikation der Pariser Verträge im Senat nicht zu gefährden. Sie brachten aus französischer Sicht keine substanziellen Ergebnisse. Schließlich gaben die Franzosen den Plan einer Rüstungsagentur enttäuscht auf. Der am 7. Mai 1955 eingerichtete »Ständige Rüstungsausschuss« der WEU hatte mit dem ursprünglichen französischen Rüstungspool-Projekt wenig gemeinsam[47]. Seine Aufgabe sollte es sein, in enger Verbindung mit der NATO die Zusammenarbeit im Rüstungsbereich

---

[45] Vgl. Lappenküper, Die deutsch-französischen Beziehungen, Bd 1, S. 785, 1145; AWS, Bd 3 (Beitrag Thoß), S. 42.

[46] Zum genauen Verlauf der Rüstungspool-Verhandlungen liegt bereits umfangreiche Literatur vor: AWS, Bd 4 (Beitrag Abelshauser), S. 28–32, 79–81; Calandri, The Western European Armaments Pool; Dietl, Emanzipation und Kontrolle, Bd 1, S. 224–240, 255–270; Noack, Das Scheitern, S. 151–163; Guillen, Frankreich und die NATO-Integration, S. 440–443; AWS, Bd 4 (Beitrag Schwengler), S. 492–494; AWS, Bd 3 (Beitrag Thoß), S. 52–54, 96–103. Zur Einbettung des Rüstungspools in den damaligen politischen und wirtschaftlichen Kontext: Krüger, Sicherheit durch Integration?, S. 347–359.

[47] Vgl. AWS, Bd 4 (Beitrag Abelshauser), S. 32, 81 f.; Calandri, The Western European Armaments Pool, S. 53–63; Noack, Das Scheitern, S. 160–163; Guillen, Frankreich und die NATO-Integration, S. 443; AWS, Bd 3 (Beitrag Thoß), S. 101–103; AWS, Bd 4 (Beitrag Schwengler), S. 496 f. Zur Einrichtung des Ständigen Rüstungsausschusses der WEU siehe auch den Artikel des deutschen Diplomaten Joachim Heiser, Die Errichtung des Ständigen Rüstungsausschusses.

zwecks Erleichterung der Standardisierung und der Deckung des Materialbedarfs seiner Mitglieder zu fördern. Feste Verpflichtungen für die teilnehmenden Länder bestanden nicht – das Gremium sollte nach dem Prinzip der Freiwilligkeit funktionieren[48].

Im französischen Verteidigungsministerium und bei den Militärs begrüßte man grundsätzlich das Vorhaben einer westeuropäischen Rüstungsorganisation. Man erhoffte sich davon einen substanziellen Impetus für die bislang dürftigen Ergebnisse auf dem Gebiet der europäischen Kooperation. Am Entwurf des Außenministeriums kritisierten sie, dass weniger der militärische Effizienzgedanke, sondern vielmehr rüstungspolitische Diskriminierungsabsichten im Vordergrund standen. Für die Militärs richtete sich die Rüstung in erster Linie nach dem militärischen Potenzial des Gegners sowie der eigenen Ressourcen. Bei der Rüstungskooperation sollten Rationalisierung, Koordinierung und Standardisierung der Waffenherstellung im Vordergrund stehen. Einzig das Argument der »strategisch gefährdeten Zonen« erschien ihnen im Hinblick auf Rüstungsbeschränkungen angemessen, denn es ließ sich problemlos auf die Bundesrepublik anwenden und obendrein spielte es Frankreich mit seinen nordafrikanischen Besitzungen in die Hände. Übermäßige deutsche Restriktionen würden, so fürchtete man, den Nachbarn letztlich in die Arme der amerikanischen und britischen Rüstungsindustrie treiben, was nicht im französischen Sinne sein könne. Als geeignetes Kooperationsforum erachtete die Heeresführung die auf Initiative von Generalstabschef Blanc aus der Taufe gehobene FINBEL-Organisation, der die Bundesrepublik schleunigst beitreten sollte. Doch die Ambitionen der Armee gingen noch sehr viel weiter: Man befürwortete aufgrund der immensen Kosten der Nuklearrüstung die Schaffung eines europäischen Nuklearpools unter Einschluss der Deutschen und der Briten. Dabei stand es natürlich außer Frage, dass die gemeinsame Streitmacht in geschützten Regionen wie Südfrankreich oder Französisch-Nordafrika liegen müssten[49]. Ein weiteres Mal zeigt sich, dass die Militärs bei der Rüstungskooperation wesentlich weiter gehen wollten als die Diplomatie, bei welcher der Kontrollgedanke eindeutig überwog. Doch Ministerpräsident Mendès France hatte aus politischen Gründen gar wohl keine andere Wahl, als dem Kontrollaspekt eine überragende Rolle zuzusprechen. Ein Lösungspaket, wie es die Militärs präsentiert hatten, wäre vom französischen Parlament niemals akzeptiert worden.

Das Konzept einer supranationalen Rüstungsagentur mit Gemeinschaftsbudget stieß bei den französischen Streitkräften auf Ablehnung. Eine Rüstungsagentur schien ihnen erst in der Zukunft realisierbar. Stattdessen präferierten sie zunächst eine internationale Organisation mit kollegialem Charakter. Die Rüstungszusammenarbeit sollte sich auf freiwilliger Basis vollziehen; man strebte multilaterale Vereinbarungen

---

[48] Siehe BArch, BW 9/4244, Bl. 3–8: Bericht Erhard über die Tätigkeit der Pariser Arbeitsgruppe »Rüstungsproduktion und -standardisierung« und über die Errichtung des Ständigen Rüstungsausschusses der Westeuropäischen Union, 24.5.1955; AWS, Bd 4 (Beitrag Abelshauser), S. 32; Calandri, The Western European Armaments Pool, S. 62.

[49] Vgl. SHD/DITEEX, NL Blanc, 1 K/145/7-1: Vermerk Generalstab des Heeres, 12.9.1954. Dort auch weitere Entwürfe. Die Stimmung wendete sich zunehmend gegen die Briten. Französische Militärs gewannen bei den Rüstungspool-Verhandlungen offenbar den Eindruck, als wollten die Briten FINBEL torpedieren. Zudem vermutete man, dass die Briten nahe daran waren, umfangreiche Offshore-Aufträge für die Benelux-Staaten und die Bundesrepublik zu ergattern, was zum Nachteil der französischen Industrie gewesen wäre. Vgl. ebd.: Vermerk, 5.10.1954.

an. Einstimmigkeits- oder Mehrheitsentscheidungen lehnte man ab. Hinsichtlich der Organisationsstruktur des WEU-Rüstungsapparats schwebte den Streitkräften die Einrichtung eines Generalstabsgremiums als militärisches Leitungsorgan und Expertengruppen für Forschung und Entwicklung, Technik, Produktion und allgemeine Wirtschaftsfragen vor[50].

Wie schon während der EVG-Phase bevorzugten die Streitkräfte die intergouvernementale Zusammenarbeit. Supranationale Konzepte lehnten sie rundweg ab. Je mehr sich die französischen Rüstungspool-Ideen als Fata Morgana erwiesen, desto mehr schien sich auch das Interesse führender Militärs an dem Vorhaben zu verflüchtigen. So zeigte sich Juin am Rüstungspool nicht sonderlich interessiert. Für ihn war das Vorhaben nichts weiter als ein rein politisches Projekt[51]. Es verwundert daher kaum, dass die Militärs der *Grande Nation* den im Mai 1955 eingerichteten Ständigen Rüstungsausschuss der WEU von Anfang an abschrieben und als reine Showveranstaltung betrachteten, in der viel geredet, aber wenig erreicht werde[52]. Der WEU-Rüstungsausschuss befasste sich im Grunde nur mit Produktionsfragen, seine Arbeitsgruppen verfielen schon bald in einen Tiefschlaf. Von einer umfangreichen Koordinierung der Rüstungsproduktion konnte keine Rede sein. Es stellte sich gar die Frage, ob die Mitgliedstaaten überhaupt ernsthaft an einer engen institutionalisierten Rüstungskooperation interessiert waren[53].

Als schärfster Gegner des Rüstungspools entpuppte sich auf deutscher Seite Bundeswirtschaftsminister Erhard. Er glaubte, »daß wir sehr wach sein müssen, denn wenn Frankreich jetzt auf einmal und auf diesem besonderen Sektor europäisch denken und handeln will, dann ist es immerhin angebracht, die möglichen Hintergründe dieses Verhaltens zu analysieren«. Zwar erachtete er eine gemeinsame Auswahl und Standardisierung von Rüstungsgütern sowie eine gemeinsame Aufstellung von Rüstungsprogrammen durchaus für sinnvoll. Die Kontrolle der Rüstungsindustrie und die Genehmigungspflicht für Produktionsanlagen hielt er jedoch für völlig unannehmbar. Erhard sah angesichts der Schwierigkeit der Trennung von ziviler und militärischer Produktion massive Eingriffsmöglichkeiten in die deutsche Wirtschaft voraus. Es wäre ein geeignetes Instrument, das deutsche Industriepotenzial zu schwächen und Deutschland als Konkurrent auf dem Weltmarkt zu behindern. Darüber hinaus sei es denkbar, dass die starke währungspolitische Stellung Deutschlands durch überhöhte Rüstungsimporte geschwächt werden sollte, um Frankreichs Defizitposition in der EZU zu kompensieren. Die Schaffung gemeinsamer Rüstungszentren war für Erhard akzeptabel, sofern der Grundsatz der Gegenseitigkeit beachtet würde. Hinter dem Vorschlag zur Schaffung gemeinsamer Rüstungswerke in Afrika witterte er jedoch den Versuch Frankreichs, das eigene Industriepotenzial stärken zu wollen. Was die Frage einer gemeinsamen Beschaffung betraf, hegte Erhard den Verdacht, dass Frankreich mittels einer

---

[50] Vgl. SHD/DITEEX, NL Blanc, 1 K/145/7-1: Vermerk Generalstab der Streitkräfte, 1.12.1954; siehe zusätzlich auch ebd.: Vermerk [Generalstab des Heeres], 15.11.1954.
[51] Vgl. BArch, BW 9/2884, Bl. 13–16, hier Bl. 15: Aufz. Gespräch Speidel – Juin (22.2.1955), 23.2.1955.
[52] Vgl. Seiller, »Zusammenarbeit kann man das nicht nennen!«?, S. 65.
[53] Zum Schicksal des WEU-Ausschusses siehe: AWS, Bd 4 (Beitrag Abelshauser), S. 81 f.; Seiller, »Zusammenarbeit kann man das nicht nennen!«? , S. 75. Dort weitere Verweise.

zentralen Beschaffungsbehörde seine Rüstungsindustrie begünstigen und den Aufbau deutscher Rüstungskapazitäten behindern wollte[54].

Das Auswärtige Amt war gegenüber dem französischen Vorschlag etwas aufgeschlossener und bereit, den französischen Plan zu erkunden. Angestrebt werden sollte eine Sechserlösung, eine möglichst »lockere« Organisation. Mehrheitsbeschlüsse wären zu vermeiden. In Betracht kamen nach Auffassung des Auswärtigen Amtes die Standardisierung von Waffen, die Schaffung einer Stelle zur Koordinierung der Rüstungsproduktion, gemeinsame Rüstungswerke sowie die Klärung der Auftragsvergabe[55]. In Erhards Haus sorgte man sich, das Auswärtige Amt könnte für die französischen Sirenenklänge empfänglich werden und geneigt sein, die Pläne aus politischen Gründen zu unterstützen, um die Europäische Integration voranzubringen und die Ratifikation der Pariser Verträge im französischen Parlament zu erleichtern. Aus Sicht des Wirtschaftsressorts sollte der Rüstungspool-Plan aber keinesfalls zum »politischen Handelsobjekt« werden. Eine supranationale, dirigistische Rüstungsagentur sollte verhindert werden, eine lockere Rüstungsgemeinschaft zur Standardisierung und Koordination war aber denkbar, sofern die Grundsätze der Freiwilligkeit und Einstimmigkeit der Beschlüsse gewahrt würden[56].

Um Bonns Bedenken zu zerstreuen und die Realisierung des Rüstungspool-Plans zu beflügeln, gingen die Franzosen in die Offensive. Mitte Oktober 1954 unterbreiteten sie den Deutschen ein weitreichendes Kooperationsangebot: Sie drängten auf die möglichst rasche Benennung deutscher Spezialisten, die zu umfangreichen Vorführungen von Waffen und Gerät nach Frankreich kommen sollten[57]. Daneben wurde der deutschen Seite eine Liste mit französischem Luftwaffen- und Heeresmaterial, darunter neueste Entwicklungen, übermittelt. Die enge Zusammenarbeit, die die Franzosen anstrebten, sollte schon in einem frühen Stadium, bei der gemeinsamen Festlegung technischtaktischer Forderungen, beginnen und zur gemeinsamen Entwicklung, Erprobung und Auswahl des Geräts führen[58]. Die deutsche Seite reagierte zunächst recht zögerlich[59]. Letztlich stimmte sie zu, weil die deutschen Militärplaner beim Aufbau einer Armee dringend auf materielle und logistische Unterstützung von außen angewiesen waren und sich nicht gänzlich von den USA, von denen man das Gros der deutschen Bedarfsdeckung erwartete, abhängig machen wollten.

---

[54] Vgl. BDFD, Bd 2, S. 362–364 (Zitat S. 364): Erhard an Adenauer, 18.10.1954; AWS, Bd 4 (Beitrag Abelshauser), S. 30–32; Calandri, The Western European Armaments Pool, S. 51 f.; Krüger, Das Amt Blank, S. 135 f.; Lappenküper, Die deutsch-französischen Beziehungen, Bd 1, S. 1146; AWS, Bd 3 (Beitrag Thoß), S. 53, 97; Noack, Das Scheitern, S. 154; AWS, Bd 4 (Beitrag Schwengler), S. 497. Zu Frankreichs Defizitposition in der EZU und den Auswirkungen auf die deutsch-französischen Beziehungen siehe: Hentschel, Zwischen Zahlungsunfähigkeit und Konvertibilität.

[55] Vgl. BDFD, Bd 2, S. 365–367: Aufz. AA, 18.10.1954; Lappenküper, Die deutsch-französischen Beziehungen, Bd 1, S. 1146.

[56] Vgl. ebd., S. 398–400 (Zitat S. 400): Krautwig an (Ludger) Westrick. Westrick war zur damaligen Zeit Staatssekretär im Bundeswirtschaftsministerium.

[57] Vgl. AMAE, Europe/Allemagne, 502, Bl. 63 f.: MAE/Abt. für Wirtschafts- und Finanzangelegenheiten an François-Poncet, 15.10.1954; DzDP, II/4, S. 658 f.: Aufz. Hallstein, 16.10.1954; BArch, B 102/435428: Vermerk BMWi/IV A, 22.10.1954.

[58] Vgl. DzDP, II/4, S. 659–661: Programm für die von der französischen Regierung gewünschte deutsch-französische Fühlungnahme [vermutl. Mitte Oktober 1954].

[59] Vgl. AWS, Bd 4 (Beitrag Abelshauser), S. 85.

Gegen Ende November 1954 war es schließlich so weit: Eine große Delegation mit Angehörigen der Dienststelle Blank und des Bundeswirtschaftsministeriums reiste für mehrere Tage ins Nachbarland, wo ihnen ein breites Spektrum neuer Waffenentwicklungen präsentiert wurde. Darunter befanden sich auch geheime Prototypen. Auf dem Programm stand ferner die Besichtigung hochmoderner Einrichtungen, wie der Versuchs- und Prüfanlagen für Flugzeugmotoren und Triebwerke in Saclay sowie der Raketenversuchsanlage in Vernon[60]. Der mehrtägige Besuch kann als eine wichtige Etappe auf dem Weg zur offiziellen Aufnahme deutsch-französischer Militär- bzw. Rüstungsbeziehungen im Juni 1955 gelten, denn zum ersten Mal war eine große Gruppe deutscher Militärs und Rüstungsfachleute zu derart ausgedehnten Vorführungen und Besichtigungen nach Frankreich geladen. Im Rahmen ihrer sorgfältig vorbereiteten Veranstaltung boten die Franzosen so ziemlich alles auf, was sie konnten, um ihre Gäste zu beeindrucken und für eine Kooperation empfänglich zu machen. Sichtlichen Eindruck hinterließ bei den Deutschen zudem die enorme Aufgeschlossenheit, Offenheit und Kameradschaft ihrer Gastgeber. Von Ressentiments oder Berührungsängsten war nichts zu spüren. Höhepunkt der Präsentationen war naturgemäß die Luftrüstung: Düsenjäger und -bomber, Hubschrauber – auf diesem Gebiet waren die Franzosen Pioniere – und Raketenwaffen[61]. Auffallend war allerdings, dass die Besucher zumeist nur Prototypenentwicklungen zu sehen bekamen. Der Grund hierfür lag hauptsächlich darin, dass es der Industrie aufgrund mangelnder Haushaltsmittel nicht möglich war, Serien in ausreichender Stückzahl herzustellen. Von Nachteil war auch, dass die Franzosen sich in ihrem Bestreben, wieder Anschluss an die neueste Technik zu erlangen, in zahllosen Entwicklungsvorhaben verzettelt hatten. Besondere Aufmerksamkeit erregten bei den deutschen Fachleuten die hochmodernen Versuchs- und Testanlagen. Eine gemeinsame Nutzung eröffnete nicht nur die Möglichkeit, wieder Anschluss an den aktuellen Stand der Technik zu gewinnen, sondern auch Kosten für die Errichtung eigener solcher Anlagen einzusparen. Verlockend erschien den Militärs eine Zusammenarbeit in den Bereichen Panzer- und Flugabwehr, in denen Frankreichs Ingenieure vielversprechende Ansätze vorzuweisen hatten. Für eine Kooperation sprach ganz grundsätzlich auch die geostrategische Lage Frankreichs, die nach Auffassung deutscher Militärs derjenigen der Bundesrepublik sehr ähnelte und die Erstellung gemeinsamer militärischer Forderungen betreffend Waffen und Gerät begünstigte. Ideale Anknüpfungspunkte sah man in dem Umstand, dass eine Reihe französischer Waffenentwicklungen auf deutscher Kriegstechnik basierten und in zahlreichen französischen Anlagen seit Ende des Zweiten Weltkrieges deutsche Spezialisten tätig waren. Daneben glaubten die Deutschen, mittels einer Gemeinschaftsarbeit eine Reihe von Problemen, mit denen die

---

[60] Hierzu und zum Folgenden siehe die sehr ausführlichen Berichte der deutschen Delegation: BArch, B 102/441887: Bericht BMWi/IV A 2/Gruppe Luft über die Besichtigungen in Frankreich (22.–27.11.1954), Entwurf, 30.11.1954; BArch, BW 9/38, Bl. 1–8: Bericht Amt Blank/II/Pl/G4/2 über die Vorführungen in Frankreich (22.–27.11.1954), 7.12.1954; BArch, BW 9/2612, Bl. 3–12: Zusammenfassender Bericht Hükelheim (Amt Blank), 13.12.1954, mit mehreren Anhängen (Bl. 15–57); Bossuat, Armements et relations franco-allemandes, S. 166 f. Umfangreiches Aktenmaterial hierzu auch in: BArch, BW 9/10.

[61] Wenig beeindruckt waren die Deutschen von den gezeigten leichten Waffen, Kraftfahrzeugen, Elektronikgeräten.

Franzosen zu kämpfen hatten – beispielsweise hinsichtlich der als altertümlich erachteten Fertigungsmethoden oder der technische Tücken –, lösen zu können.

Die Bedeutung, die die Franzosen dem fast einwöchigen Spektakel beimaßen, zeigte sich auch anhand der Anwesenheit Charles Cristofinis, der bei den französischen Industriellen als der »weitaus einflussreichste« und als »der entscheidende Mann im gesamten [französischen] Rüstungswesen« galt[62]. Er ließ es sich nicht nehmen, die deutschen Gäste persönlich zu begrüßen und ihnen nochmals die im Rahmen der Rüstungspool-Verhandlungen vorgebrachten Argumente für eine enge deutsch-französische Kooperation in Erinnerung zu rufen. Unter anderem betonte er, dass Deutschland sich im Falle einer gemeinsamen Nutzung französischer Anlagen beträchtliche Eigeninvestitionen sparen könnte[63]. Frankreich versuchte dabei den Eindruck zu vermeiden, als handelte es aus rein egoistischen Motiven. Stattdessen präsentierte es ein deutsch-französisches Tandem als eine Art Gravitationszentrum für die kontinentaleuropäische Verteidigung.

Im Hinblick auf die Realisierung der Rüstungsagentur blieben Frankreichs Werbeversuche ohne Erfolg. Mendès France gelang es bei seinem Treffen mit Bundeskanzler Adenauer am 14. Januar 1955 in Baden-Baden trotz der Beteuerung der Aufrichtigkeit des französischen Planes und der Betonung von dessen Bedeutung für die europäische Integration nicht, die deutsche Seite umzustimmen. Zwar zeigten die Deutschen grundsätzlich Interesse an einer westeuropäischen Rüstungskooperation, der Standardisierung und Normung von Rüstungsgütern und dem Bau gemeinsamer Rüstungsfabriken, allerdings nicht im Rahmen einer mit übermächtigen Befugnissen ausgestatteten Rüstungskontrollbehörde. Aus deutscher Sicht sollte eine Rüstungskooperation auf freiwilliger Basis zustande kommen und wettbewerblichen Grundsätzen folgen. Erhards seit 1950 konstante Linie hatte sich somit durchgesetzt. Zum Verdruss der Franzosen übernahm dann auch noch ausgerechnet Erhard den Vorsitz der deutschen Delegation für die ab Mitte Januar 1955 tagende Arbeitsgruppe. Es war ihm somit auch gelungen, Bundeskanzler Adenauer von seinem Standpunkt zu überzeugen, dem der Ausbau der deutsch-französischen Beziehungen bekanntlich sehr am Herzen lag[64].

Nur durch weitgehende Zusicherungen, der Verneinung jeglicher Diskriminierungsabsichten und der Beteuerung des Freiwilligkeitsprinzips gelang es den Franzosen, die Deutschen halbwegs bei Laune zu halten[65]. Mehr und mehr wurde offenkundig, dass

---

[62] So der Rüstungslobbyist Schneider: BArch, BW 9/3366, Bl. 221–224, hier Bl. 224: Bericht Schneider über Gespräch mit Vertretern des französischen Verteidigungsministeriums und der Industrie (19.11.1954), 21.11.1954. Cristofini wurde später Vorsitzender des Ständigen Rüstungsausschusses der WEU und übernahm im weiteren Verlauf eine Führungsposition beim französischen Luft- und Raumfahrtkonzern Aérospatiale.
[63] Vgl. BArch, BW 9/2612, Bl. 14: Ansprache Cristofini, o.D.
[64] Vgl. BDFD, Bd 1, S. 195–202, hier S. 196–198: Gespräch Adenauer – Mendès France (14.1.1955), Auszug, 14.1.1955; DDF 1955, Annexes, S. 229–235, hier S. 231–232: Protokoll Gespräch Mendès France – Adenauer (14.1.1955); Anhang 2, S. 252–255: Vorschläge BMWi, 14.1.1955; AWS, Bd 4 (Beitrag Abelshauser), S. 32; Calandri, The Western European Armaments Pool, S. 55; AWS, Bd 3 (Beitrag Thoß), S. 100 f.; Lappenküper, Die deutsch-französischen Beziehungen, Bd 1, S. 1050.
[65] Vgl. BArch, BW 9/74, Bl. 84–90: Protokoll Gespräch Baraduc – Westrick – Ophüls – Hükelheim (1.2.1955), o.D.

sich die Rüstungspool-Pläne von ihren ursprünglichen Zielsetzungen ein gutes Stück entfernt hatten. Immerhin verständigten sich die Experten der Arbeitsgruppe darauf, den Grundgedanken einer Koordination der westeuropäischen Rüstungsmaßnahmen beizubehalten. Staatssekretär Hallstein brachte dies später auf die Formel, dass man »eine Art ›gemeinsamen Markt‹ für die Rüstungsproduktion« anstreben wolle[66]. Wenige Tage vor dem Treffen in Baden-Baden hatte Mendès France einen Kurzbesuch nach Rom unternommen, um dort für die französischen Rüstungspool-Pläne zu werben. Offenbar versuchte er als Ausweg aus der Sackgasse ein Rüstungstrio unter Einschluss Roms zu schaffen. Vermutlich sollte dieses Dreieck den Kern eines künftigen europäischen Rüstungspools bilden[67].

Ab dem Frühjahr 1955 gaben sich die Streitkräfte in Sachen Rüstungskooperation mit den Deutschen zunehmend kämpferisch. Die Luftwaffe ließ im Zusammenhang mit der Aussicht auf ein Schulflugzeug-Geschäft mit der Bundesrepublik verlauten, dass man nicht bereit sein dürfe, »de laisser échapper au profit d'autres puissances des occasions favorables à notre industrie«[68]. Und angesichts der Ratifizierung der Pariser Verträge und bereits bestehender intensiver Beziehungen der Deutschen mit den Amerikanern und den Briten drängten die französischen Generalstabschefs ebenfalls auf eine umgehende offizielle Kontaktaufnahme zum Nachbarn am Rhein, »afin de sauvegarder dans le futur la position française au sein de l'U.E.O. [WEU] et en Allemagne«[69].

Die Vision einer Verlagerung rüstungswichtiger Betriebe nach Südfrankreich oder Nordafrika, außerhalb des deutschen Einflussgebiets, war für die politisch Verantwortlichen und Industriellen in Frankreich nach wie vor ein Thema. Bei einer Besprechung am 21. September 1954 signalisierte der stellvertretende französische Hochkommissar für Deutschland, Armand Bérard, gegenüber Hallstein die Bereitschaft Frankreichs zu einer »coopération franco-allemande étroite dans la production des armements«. Hierbei erwähnte er als Beispiel die Gründung gemeinsamer Flugzeugwerke und Sprengstofffabriken. Aus französischer Sicht sei, so Bérard, die Schaffung von gemeinsamen Rüstungswerken in sicheren Zonen ein günstiger Ausgangspunkt für eine europäische Gemeinschaftsproduktion[70]. Kurz zuvor schon hatte Mendès France bei seiner

---

[66] KPBR 1955, S. 75–90, hier S. 76: Protokoll 65. Kabinettssitzung, 19.1.1955; vgl. auch AWS, Bd 3 (Beitrag Thoß), S. 100; Lappenküper, Die deutsch-französischen Beziehungen, Bd 1, S. 1150.
[67] Vgl. AWS, Bd 4 (Beitrag Abelshauser), S. 32; Calandri, The Western European Armaments Pool, S. 54 f.; AWS, Bd 3 (Beitrag Thoß), S. 100. Die Idee eines französisch-deutsch-italienischen Rüstungsdreiecks wurde schließlich in den Jahren 1957/58 mit den trilateralen Rüstungsvereinbarungen umgesetzt, die auch eine nukleare Komponente beinhalteten. Ausführlich dazu: Dietl, Emanzipation und Kontrolle, Bd 1, S. 432–485; Faivre, Le Général Paul Ely, S. 44–46; Lappenküper, Die deutsch-französischen Beziehungen, Bd 1, S. 1161–1199; Schwarz, Adenauer, Bd 2, S. 385–401; Soutou, L'Alliance incertaine, S. 55–121.
[68] SHD/DAA, 2 E/2905: Toubhans an Daum (DTI), 24.3.1955, S. 2; vgl. Seiller, Les négociations, S. 22 f.
[69] SHD/DITEEX, NL Blanc, 1 K/145/7-1: Protokoll Sitzung Ausschuss der Generalstabschefs (5.4.1955), Auszug, 8.4.1955.
[70] DDF 1954, S. 423–426, hier S. 424: François-Poncet an Mendès France, 21.9.1954; vgl. Guillen, Frankreich und die NATO-Integration, S. 444.

Zusammenkunft mit dem britischen Außenminister Anthony Eden von der Möglichkeit deutsch-französischer Rüstungsbetriebe in »nicht gefährdeten Zonen« gesprochen[71].

Zwischenzeitlich hatten sich die Wirtschaftsverbände beider Länder weiter angenähert. Im Zuge einer zeitgleich zur Pariser Außenministerkonferenz (20.–23. Oktober 1954) stattfindenden Zusammenkunft hochrangiger Vertreter des BDI und CNPF kam es zu einer als »streng vertraulich« klassifizierten schriftlichen Vereinbarung, in der die Grundlinien einer zukünftigen Kooperation umrissen wurden. Neben dem Abschluss langfristiger Handelsverträge, der Abstimmung unter den Industrien der NATO-Staaten und Vereinbarungen bezüglich Industrialisierungsvorhaben in Entwicklungsländern verständigten sie sich auf eine arbeitsteilige Kooperation bei der industriellen Produktion. Wesentlicher Gegenstand der Vereinbarung war dabei auch die Abstimmung zwischen beiden Verbänden bei der Definition, Vergabe und Ausführung von Rüstungsaufträgen, vor allem im Hinblick auf die im Aufbau befindlichen bundesdeutschen Streitkräfte. Nach Vorstellung der beiden Verbände sollte damit eine aus Regierungsvertretern und Industrievertretern bestehende Kommission befasst sein. Beide waren sich in der Ablehnung des französischen Rüstungspool-Planes einig, der aus ihrer Sicht den Verlust von Entscheidungskompetenzen und folglich der eigenen Handlungsfreiheit in Rüstungsfragen bedeutete. Als konkretes industrielles Kooperationsprojekt erwähnt die Vereinbarung die Errichtung gemeinsamer Flugzeugwerke[72].

Die beiden Verbände legten ausdrücklich Wert darauf, ihre Vereinbarung als Beitrag zur Europäischen Integration verstanden zu wissen. Man wollte nicht den Eindruck einer geschlossenen Gesellschaft vermitteln, sondern zeigte sich offen gegenüber einer engen Zusammenarbeit im Rahmen der Brüsseler-Pakt-Staaten. Zwar gab man zu Protokoll, der Montanunion, »die als Vorläufer der großen Idee einer europäischen Integration nun einmal besteht, mit der größten Loyalität zu begegnen«. Ihre Ausdehnung auf den Rüstungssektor, eine Verknüpfung der EGKS mit dem Rüstungspool-Plan, lehnte man zum damaligen Zeitpunkt aber strikt ab[73]. Damit fanden sich die Industrieverbände in bester Gesellschaft mit Frankreichs Partnerregierungen. Es zeigt sich somit deutlich, dass die deutschen und französischen Spitzenverbände dem supranationalen Integrationskonzept weiterhin kritisch gegenüberstanden. Geteilt wurde diese Haltung von den italienischen Industriellen, die die deutsch-französische Annäherung mit gewisser Sorge beobachteten und fürchteten, den Anschluss zu verlieren[74].

Unterdessen machten die Industriellenkontakte im Luftfahrtbereich weitere Fortschritte. Die Deutschen hielten weiter nach geeigneten Partnern Ausschau, um möglichst rasch ihren technischen Rückstand aufzuholen. Die Franzosen zeigten sich zunehmend bemüht, sie aus wirtschaftlichen, finanziellen und industriellen Erwägungen her-

---

[71] Vgl. DDF 1954, Annexes, S. 147–155, hier S. 150: Protokoll brit.-franz. Gespräche, 15.–16.9.1954, hier Gespräch Mendès France – Eden (16.9.1954); Guillen, Frankreich und die NATO-Integration, S. 444.
[72] Vgl. BDFD, Bd 2, S. 1006–1008: Kooperationsvereinbarung BDI–CNPF, 22.10.1954; Gillingham, Coal, Steel, and the Rebirth of Europe, S. 358 f.; Krüger, Sicherheit durch Integration?, S. 353; Lefèvre, Les relations économiques franco-allemandes, S. 400 f.; Wilkens, Das Programm, S. 572–574; Wilkens, Verständigung von Wirtschaft zu Wirtschaft, S. 217–219.
[73] Vgl. BDFD, Bd 2, S. 1012–1015 (Zitat S. 1014): Berg an Erhard, 22.11.1954.
[74] Vgl. Krüger, Sicherheit durch Integration?, S. 353.

aus auf die eigene Seite zu ziehen und die Wiederentstehung einer autonomen deutschen Luftfahrt zu verhindern. Zudem hoffte man, sich mittels einer engen Kooperation gegen die mächtige amerikanische und britische Konkurrenz behaupten zu können. Heinkel soll sich für eine gemeinsame Produktion in Südfrankreich ausgesprochen haben und schien am Bau des französischen Flugzeugtyps Mystère der Firma Dassault interessiert. Und auch Hermann Kastner, Geschäftsführer des Verbandes zur Förderung der Luftfahrt, schien einem deutsch-französischen *tête-à-tête* zugeneigt. Gegenüber einem deutsch-britischen Zusammengehen gab er sich wegen des unterschiedlichen Maßsystems skeptisch. Trotz gewisser Präferenzen einiger deutscher Hersteller für eine Zusammenarbeit mit den technologisch führenden Mächten USA und Großbritannien wurden die Aussichten auf eine deutsch-französische Kooperation von der französischen Abteilung im Koblenzer Sicherheitsamt insgesamt positiv bewertet, sofern verstärkte Anstrengungen von offizieller Seite unternommen würden[75]. Es ist überaus erstaunlich, dass die französische Sektion, die sich eigentlich der Kontrolle der westdeutschen Wissenschaft und Wirtschaft verschrieben und sie häufig behindert hatte, immer offener zum Interessenanwalt der französischen Industrie avancierte – ein deutlicher Beleg für den Wandel der französischen Sicherheitspolitik gegenüber dem einstigen Kriegsgegner.

Frankreichs plötzlich auffälliges Interesse an einer Rüstungskooperation ist auf folgende Gründe zurückzuführen: Zum einen wollte es versuchen, der Bundesrepublik die Skepsis bezüglich des Rüstungspools zu nehmen. Das Angebot einer engen Zusammenarbeit im Rüstungsbereich sollte als Köder dienen, um der Bundesrepublik die Zustimmung zu den französischen Plänen schmackhaft zu machen. Dies gelang Frankreich letztendlich nicht. Es zeigte sich, dass das Interesse Frankreichs an einer direkten bilateralen Rüstungszusammenarbeit wuchs, je unwahrscheinlicher die Aussichten auf die Realisierung des auf die Kontrolle der Bundesrepublik abzielenden Rüstungspools wurden. Da die deutsche Wiederbewaffnung nicht mehr aufzuhalten war, bemühte man sich an der Seine, eine enge Rüstungskooperation mit Bonn aufzubauen, um das technische, wirtschaftliche und finanzielle Potenzial seines östlichen Nachbarn für die eigene Rüstung nutzbar zu machen und ein gewisses Maß an Einfluss auf dessen rüstungspolitische Aktivitäten zu erhalten. Darüber hinaus erhoffte man sich, zu einem bevorzugten Ausrüster der deutschen Streitkräfte avancieren zu können. Die französische Politik lässt sich daher auf die Formel »Profit und Sicherheit durch Kooperation« bringen. Frankreich verfolgte einen integrationspolitischen Ansatz, um seine wirtschaftlichen und sicherheitspolitischen Interessen verwirklichen zu können. Mit Hilfe eines westeuropäischen Rüstungspools hatte man in Paris gehofft, den Einfluss der USA auf dem europäischen Rüstungsmarkt zurückdrängen, Großbritannien einbinden und Westdeutschlands Rüstungspotenzial in Schach halten zu können. Ferner hatte man das Ziel verfolgt, im Rahmen einer westeuropäischen Rüstungskooperation eine Führungsposition einnehmen zu können. Als dieses scheiterte, suchte Frankreich immer stärker die bilaterale Kooperation mit Westdeutschland, um sein drängendstes Sicherheitsproblem in den Griff zu bekommen, von einer Zusammenarbeit mit seinem Nachbarn zu profitieren und an der Ausstattung der Bundeswehr in privilegiertem Maße

---

[75] Vgl. BDFD, Bd 2, S. 391–395, hier S. 393–395: Infovermerk Militärisches Sicherheitsamt/frz. Sektion, 27.11.1954.

beteiligt zu werden. Frankreichs europapolitischer Gestaltungswille im Rüstungsbereich entsprang somit seinem Schwächezustand. Wesentlich begünstigt war diese Entwicklung durch den seit Ende der EVG-Phase sich verschärfenden Wettbewerb um den westdeutschen Rüstungsmarkt.

Mit dem NATO-Beitritt und der offiziellen Aufnahme militärischer Beziehungen zwischen den beiden Staaten Anfang Mai 1955 nahm die bilaterale Rüstungskooperation eine rasante Entwicklung. Sie begann mit umfangreichen Käufen französischer Rüstungsgüter, um den Aufbau der Bundeswehr zu unterstützen und Handelsüberschüsse abzubauen, sowie der Lizenzfertigung des Schulflugzeuges Magister und des Transportflugzeuges Noratlas durch die sich neu formierende deutsche Luftfahrtindustrie und gipfelte in den Rüstungsvereinbarungen von 1957/58. Alsdann folgten die ersten, teilweise noch heute im Einsatz befindlichen Gemeinschaftsprojekte, wie das mittlere Transportflugzeug Transall, die Panzerabwehrlenkflugkörper MILAN und HOT, der Luftabwehrlenkflugkörper Roland oder das taktische Unterstützungsflugzeug Alpha Jet[76].

Trotz der für Rüstungsprojekte charakteristischen Probleme, wie divergierende Verteidigungskonzeptionen und militärische Bedarfsanforderungen, Budgetpläne und industrielle Interessen, erreichte die militärische Zusammenarbeit ein außergewöhnliches Ausmaß und wurde zu einer der intensivsten im westlichen Bündnis überhaupt. Dazu gehörten auch der Personalaustausch, die Logistik sowie gemeinsame Ausbildung, militärische Übungen und Manöver[77]. Immer wieder loteten beide Seiten auch die Perspektive einer intensiveren europäischen Kooperation aus, wobei auf französischer Seite der Sicherheitsgedanke in Bezug auf Deutschland noch lange präsent blieb. Mit einer Mischung aus Verwunderung und Verärgerung mussten die Deutschen feststellen, dass französische Sicherheitsdienste trotz stetiger Kooperationsrhetorik ihrer Regierung selbst im Frühjahr 1956 noch den Schriftverkehr der Koblenzer Rüstungsdienststelle ausspionierten[78]. Und auch im Rahmen der NATO und WEU bekamen die Deutschen Frankreichs unverminderte Kontrollambitionen zu spüren. So beklagte man sich im Bundesfinanzministerium im Zusammenhang mit der NATO-Jahreserhebung 1955:

---

[76] Näheres zu den genannten deutsch-französischen Rüstungsprojekten siehe Barré, Programme Alpha Jet, S. 101–124; Berthault, Programme Alpha Jet, S. 125–133; Hamel, La coopération bilatérale; Robineau, Relations internationales, S. 60–78; Pommerin, Le Transall C 160; Seiller, Les négociations. Auf die außenhandelspolitischen Gesichtspunkte der deutschen Rüstungskäufe im EZU-Raum hat insbesondere Kollmer hingewiesen. Vgl. Kollmer, Rüstungsgüterbeschaffung, S. 87–89, und Kollmer, »Klotzen, nicht kleckern!«, S. 606 f., 610. Allgemein zur Entwicklung der deutsch-französischen Rüstungskooperation bis Mitte der 1960er Jahre: Bossuat, Armements et relations franco-allemandes; Lappenküper, Die deutsch-französischen Beziehungen, Bd 1, S. 1154–1189; Seiller, »Zusammenarbeit kann man das nicht nennen!«.

[77] Für eine Bilanz der deutsch-französischen Militärkooperation siehe Bilan et perspectives de la coopération militaire (CEHD); Gareis, Die Zusammenarbeit zwischen Deutschland und Frankreich; Gauzy, La Défense.

[78] Vgl. BArch, BV 5/639: Aufz. Rentrop, Auszug, 15.3.1956; Seiller, Les négociations, S. 29. Blank protestierte aus diesem Anlass bei den Franzosen. Vgl. AWS, Bd 4 (Beitrag Abelshauser), S. 70. Die Alliierten machten in extensiver Weise von ihren Kontrollrechten Gebrauch und überwachten bis zur Verabschiedung des Gesetzes zur Beschränkung des Brief-, Post- und Fernmeldegeheimnisses (G10-Gesetz) durch den Bundestag im Jahre 1968 systematisch nahezu den gesamten Post- und Telefonverkehr in Westdeutschland. Vgl. Foschepoth, Postzensur und Telefonüberwachung, S. 413 f., 424 f.

»Auf der einen Seite wird die Bundesrepublik aufgefordert, ihre Verteidigungsanstrengungen bei Aufstellung der eigenen Streitkräfte auf ein Höchstmaß zu steigern. Man zeigt sich enttäuscht von dem langsamen Tempo des Beginns der deutschen Wiederbewaffnung, spricht sogar von einer Vertrauenskrise und verlangt eine Steigerung des finanziellen deutschen Verteidigungsbeitrages über das Ausmaß dessen hinaus, was uns güterwirtschaftlich realisierbar erscheint.

Auf der anderen Seite wird von gewissen Mitgliedstaaten versucht, der Bundesrepublik Knüppel zwischen die Beine zu werfen wo es nur geht. Willkommene Handhaben bieten dafür einige Unklarheiten und Lücken in den Pariser Verträgen, die dazu benutzt werden können, Auslegungsschwierigkeiten zu machen.«

Die Beamten konnten sich des Eindrucks nicht erwehren, als bemühte sich ein französisch-britisches Tandem, zusätzliche deutsche Panzerdivisionen, U-Boote und Zerstörer zu verhindern, um die Deutschen an der kurzen Leine zu halten. Ferner bremste man das deutsche Anliegen einer Vergrößerung der Anzahl von Flugplätzen auf dem Bundesgebiet im Rahmen des NATO-Infrastrukturprogramms, weil man in den anderen Hauptstädten selbst ein möglichst großes Stück vom Kuchen abbekommen wollte[79]. Von einem europäischen Gemeinschaftsgeist war hinter den Kulissen mitunter wenig zu spüren. Noch in den 1970er Jahren war das Pariser Sicherheitsdenken spürbar, wie sich konkret im Zusammenhang mit deutschen Genehmigungsanträgen zur Lockerung von WEU-Verboten offenbarte[80]. Frankreichs Haltung gegenüber der Bundesrepublik war insgesamt gesehen durchaus ambivalent. Nationale Macht-, Sicherheits- und Wirtschaftsinteressen kleidete es häufig in ein europapolitisches Deckmäntelchen.

---

[79] Vgl. BArch, B 126/51520: 10. Bericht BMF über die NATO- und WEU-Arbeit, 28.11.1955 (Zitat S. 1). Interessant erscheint in diesem Zusammenhang die Bemerkung: »Bei den Franzosen macht sich jetzt mehr denn je ein Gefühl der Schwäche bemerkbar, nachdem der einsatzfähige Teil ihrer Streitkräfte fast vollständig in Nordafrika gebunden ist«.

[80] So stellte Frankreich ein Junktim zwischen seiner Zustimmung und deutscher Kooperationsbereitschaft her, etwa beim deutschen Antrag auf Anhebung der Tonnage-Beschränkungen für U-Boote im Jahr 1973. Frankreich betrachtete die Tonnagefrage auch als Druckmittel, um Bewegung in die aus seiner Sicht stagnierende deutsch-französische Rüstungskooperation zu bringen. Vgl. AAPD 1973, I, S. 88–94, hier S. 89–91: Gespräch (Willy) Brandt – (Pierre) Messmer, 22.1.1973; BArch, B 136/6894/2: (Carlo) Schmid an Brandt, 21.5.1973, S. 5.

# X. Ausblick: Die Europäische Union auf den Spuren der EVG?

## 1. Grundprobleme der aktuellen europäischen Rüstungszusammenarbeit

Die in den 1950er Jahren mit dem Versuch einer europäischen Militärintegration aufgeworfenen Fragen haben nichts an Aktualität eingebüßt. Vor dem Hintergrund neuer sicherheitspolitischer Herausforderungen, knapper Finanzmittel und der zunehmenden Orientierung der westlichen Führungsmacht USA hin zum asiatisch-pazifischen Raum muss Europa aus der Sicht zahlreicher Beobachter mehr Verantwortung für seine Sicherheit und die angrenzender Regionen übernehmen und über die Fähigkeit zu eigenständigem Krisenmanagement verfügen. Seit einigen Jahren mehren sich daher bei Politikern, Militärs, Industrievertretern und Integrationsforschern, aber auch in der Öffentlichkeit die Rufe nach einer stärkeren Vergemeinschaftung im Bereich der europäischen Sicherheits- und Verteidigungspolitik. Sie reichen bis hin zur Forderung nach Schaffung einer »Europäischen Armee« bzw. »Europäischer Streitkräfte« unter einheitlichem Oberbefehl und unter demokratischer Kontrolle[1]. Dabei wird häufig an das 1954 gescheiterte EVG-Projekt erinnert, dessen Detailplanungen noch immer nicht umfänglich erforscht sind und dessen Integrationsniveau bis zum heutigen Tag als nahezu unerreicht gilt. Die politischen, strategischen und ökonomischen Rahmenbedingungen sind heute freilich gänzlich andere als damals, als es um die Stärkung des westlichen Verteidigungspotenzials gegen die Sowjetunion, die Einbindung der noch jungen Bundesrepublik in die westliche Sicherheitsgemeinschaft und die Verhinderung einer neuerlichen deutschen Gefahr ging.

Erstens hat sich nach seit dem Zusammenbruch des Warschauer Paktes und dem Ende des Kalten Krieges das Bedrohungsspektrum fundamental gewandelt. So stand nicht mehr die klassische Landesverteidigung gegen einen mit gepanzerten Großverbänden und Nuklearwaffen ausgerüsteten, quantitativ überlegenen Gegner im Vordergrund, sondern die Bewältigung neuer sicherheitspolitischer Herausforderungen, denen nicht

---

[1] Siehe die zahlreichen Beiträge in: Europäische Sicherheits- und Verteidigungspolitik (ESVP); Eine einsatzfähige Armee für Europa; siehe ferner Algieri [u.a.], An einer europäischen Armee führt kein Weg vorbei; Höfer, Europäische Armee; Varwick, Auf dem Weg zur »Europaarmee«.

allein mit militärischen Mitteln begegnet werden kann und die einen breit angelegten Sicherheitsansatz erfordern. Zu diesen Herausforderungen gehören asymmetrische Bedrohungen, internationaler Terrorismus, Proliferation von Massenvernichtungswaffen, Regionalkonflikte und Staatenzerfall, illegaler Waffenhandel und organisierte Kriminalität[2].

Neu hinzugetreten sind Gefahren aus dem Cyber-Raum, die sich nicht nur gegen Militär und Sicherheitskräfte, sondern auch gegen kritische Infrastrukturen, wie Regierungsnetze, Versorgungs- und Energiesysteme, Banken und Kommunikationsnetze, richten. Auch die Frage der Energiesicherheit Europas ist angesichts des weltweit steigenden Energiebedarfs bei gleichzeitig knapper werdenden fossilen Ressourcen ein wichtiges Thema geworden[3]. Sicherheit wird heute umfassend verstanden – sie kann weder rein national noch allein durch militärische Mittel gewährleistet werden. Im Zeitalter der Globalisierung lassen sich innere und äußere Sicherheitsaspekte kaum noch voneinander trennen.

Das Einsatzspektrum der Streitkräfte der europäischen Staaten hat sich seit den 1990er Jahren vor dem Hintergrund der neuen sicherheitspolitischen Entwicklungen grundlegend gewandelt. In den Mittelpunkt sind mehr und mehr Krisenprävention und -management sowie zivil-militärische Stabilisierungsmissionen im multinationalen Rahmen und unter Führung der NATO oder der EU gerückt, die neue Anforderungen an die Streitkräfte stellen. Anstelle von mit einem breiten Arsenal an schweren Waffen ausgestatteten Großverbänden zur Bündnis- und Landesverteidigung und mit schneller Aufwuchsfähigkeit werden rasch verfügbare, über größere Distanzen verlegbare, durchhaltefähige, interoperable und mit modernen Aufklärungs-, Führungs-, Kommunikations- und Wirkmitteln ausgerüstete Eingreifverbände benötigt. Hinzu kommt: Europa ist nach dem Fall des Eisernen Vorhangs enger zusammengewachsen. Im Zuge der Osterweiterung ist das Nordatlantische Bündnis ebenso wie die EU auf 28 Mitgliedstaaten angewachsen. Nach dem Ende des Bürgerkrieges im ehemaligen Jugoslawien und dem Ende des Kosovo-Krieges galt der europäische Kontinent als weitestgehend befriedet. Ein militärischer Konflikt innerhalb Europas oder eine konkrete Bedrohung des Kontinents durch einen anderen Staat schien auf absehbare Zeit nicht in Sicht. Neue Umbrüche zeichneten sich hingegen an der Peripherie Europas ab: im Nahen Osten und in Nordafrika. Die Bedrohungsperzeption der Westeuropäer und der NATO änderte sich allerdings mit der seit 2013 schwelenden und sich seit Sommer 2014 zuspitzenden Ukraine-Krise. Die Spannungen zwischen dem Westen und der Russischen Föderation haben zugenommen – das Schreckgespenst eines neuen Kalten Krieges ist wieder am Horizont aufgetaucht. Als Reaktion auf die russische Annexion der ukrainischen Halbinsel Krim und die fortdauernde Unterstützung der ukrainischen

---

[2] Vgl. BMVg, Weißbuch 2006, S. 19–23; BMVg, Verteidigungspolitische Richtlinien 2011, S. 2–6; EU, Europäische Sicherheitsstrategie, S. 7–11. Unter dem Eindruck der jüngsten Entwicklungen, wie den Umbrüchen in der arabischen Welt, der Schuldenkrise der EU und der Ausrichtung der USA auf den asiatisch-pazifischen Raum, wird innerhalb der EU über eine Neufassung der Europäischen Sicherheitsstrategie diskutiert.

[3] Vgl. BMVg, Verteidigungspolitische Richtlinien 2011, S. 3 f.; NATO, Strategic Concept 2010, S. 11 f.

Separatisten durch Moskau beschloss die NATO ihre Verteidigungsanstrengungen zu verstärken und den Schutz ihrer osteuropäischen Bündnismitglieder zu erhöhen[4].

Zweitens ist mit dem Ende des Kalten Krieges das Kontrollmotiv in Bezug auf die deutschen Streitkräfte und Rüstungskapazitäten weitestgehend weggefallen. Das wiedervereinigte Deutschland ist fest in europäischen Strukturen und im westlichen Bündnissystem verankert. Zwischen Deutschland und seinen Nachbarn, insbesondere mit Frankreich, hat sich über die Jahre hinweg eine enge Partnerschaft auf nahezu allen Gebieten entwickelt. Befürchtungen, wonach ein wiedervereinigtes Deutschland unter Umständen zu einer Hegemonialmacht auf dem europäischen Kontinent aufsteigen, eine Schaukelpolitik zwischen Ost und West verfolgen oder ein Sonderverhältnis mit Russland suchen könnte, bewahrheiteten sich nicht. Im Rahmen des Zwei-plus-Vier-Vertrages erkannte das wiedervereinigte Land die Oder-Neiße-Grenze völkerrechtlich verbindlich an und verpflichtete sich zum Verzicht auf ABC-Waffen sowie zur Begrenzung seiner Truppenstärke auf 370 000 Soldaten[5]. Außenpolitisch hat das stets in multilateralem Rahmen agierende Deutschland zwar mehr Verantwortung übernommen, pflegt aber eine von den Partnern nicht selten beklagte »Kultur der militärischen Zurückhaltung«[6]. Mit gewissem Argwohn, aber auch mit Neid blicken seine Nachbarn auf seine ökonomische und politische Macht, die schließlich mit der Vertiefung des Europäischen Integrationsprozesses und der Einführung der Gemeinschaftswährung Euro eingehegt werden sollten.

Drittens hat der Europäische Integrationsprozess zwischenzeitlich bedeutsame Fortschritte gemacht. Mit den Römischen Verträgen des Jahres 1957, die zur Errichtung einer Zollunion und eines Gemeinsamen Marktes sowie der Kontrolle und Koordinierung der zivilen Atomindustrie führten, entstanden die Europäische Wirtschaftsgemeinschaft (EWG) und die Europäische Atomgemeinschaft (EURATOM). Der europäische Integrationsprozess führte in den darauffolgenden Jahrzehnten zur Vollendung eines Europäischen Binnenmarktes, der Einführung der gemeinsamen Währung Euro, einer Gemeinsamen Agrarpolitik und zu weitreichenden Reformen der Gemeinschaftsstrukturen. Mit den Verträgen von Maastricht, Amsterdam, Nizza und Lissabon hat sich die EU institutionell fortentwickelt und weitere Kompetenzen erlangt. Des Weiteren durchlief die EU mehrere Erweiterungsrunden. Aus einer Gemeinschaft von anfangs sechs westeuropäischen Staaten ist mittlerweile eine Union mit 28 Mitgliedstaaten geworden – darunter befinden sich auch Staaten aus Osteuropa, ehemals Mitglieder des Warschauer Paktes. Seit 2010 arbeiten die EU und ihre Mitglieder an Maßnahmen zur Überwindung der Schuldenkrise im Euroraum und einer engeren Koordinierung der Wirtschafts- und Finanzpolitik[7].

---

[4] NATO, Wales Summit Declaration, Press Release, 5.9.2014, unter http://nato.int/cps/en/natohq/official_texts_112964.htm [5.9.2014].

[5] Das Dokument ist abgedruckt in: Texte zur Deutschlandpolitik, III/8a, S. 672–691. Die Bundesrepublik hat diese Truppenstärke schon bald deutlich unterschritten. Gemäß der aktuellen Neuausrichtung der Bundeswehr soll ihr Personalumfang auf ca. 185 000 reduziert werden.

[6] Siehe Wagner/Schlotter, Zwischen Multilateralismus.

[7] Einen umfassenden Überblick über den europäischen Integrationsprozess bieten das vom Centrum für Angewandte Politikforschung herausgegebene Europa-Handbuch und das jährlich erscheinende Jahrbuch der Europäischen Integration.

Die Außen- und erst recht die Sicherheits- und Verteidigungspolitik blieben vom europäischen Integrationsprozess lange Zeit ausgenommen. Wichtige Wegmarken waren die Einführung des Amtes des Hohen Vertreters für die GASP mit dem Vertrag von Amsterdam (1997), die Begründung der ESVP als Teil der GASP (1999), die Übernahme der sog. Petersberg-Aufgaben in den EU-Vertrag und die Erweiterung des Aufgabenspektrums im Lissabonner Vertrag (2007). Mit dem Vertrag von Nizza (2001) wurden das Politische und Sicherheitspolitische Komitee (PSK), der Europäische Militärausschuss (EUMC) und der Europäische Militärstab (EUMS) geschaffen. 2004 kam eine Verteidigungsagentur hinzu. Mit der Einführung des Battle-Groups-Konzepts stehen der EU kleine militärische Eingreifverbände zur Verfügung. Die EU besitzt zudem ein breites Spektrum von zivilen und militärischen Instrumenten zur Konfliktprävention, zum Krisenmanagement sowie zur Konfliktnachsorge und hat bereits eigenständig Missionen durchgeführt. Die Stellung des Hohen Vertreters für die GASP wurde aufgewertet. Ihm wurde der neu geschaffene Europäische Auswärtige Dienst unterstellt. Nach wie vor herrscht aber bei wichtigen Entscheidungen das Einstimmigkeitsprinzip im Europäischen Rat und im Ministerrat. Das Parlament besitzt im Bereich der GASP/ESVP lediglich konsultative Funktionen. Der EU ist es bis heute nicht gelungen, eine ihrem ökonomischen Gewicht entsprechende Handlungsfähigkeit auf sicherheits- und verteidigungspolitischem Gebiet zu erlangen – trotz aller institutioneller Fortschritte seit Einführung der GASP und ESVP/GSVP. Wirtschaftlich ist die EU längst ein Gigant, sicherheits- und verteidigungspolitisch aber immer noch ein Zwerg[8].

Viertens hat die militärische und rüstungspolitische Zusammenarbeit zwischen den Europäern mittlerweile ein beachtliches Ausmaß erreicht. Seit dem Zweiten Weltkrieg haben sich auf bi- oder multilateralem Wege und/oder im Rahmen internationaler Organisationen wie der NATO, WEU/EU oder Finabel enge Kontakte und feste Kooperationsmechanismen zwischen den Verteidigungsministerien, den Streitkräften und den wehrtechnischen Industrien entwickelt[9]. Die Zusammenarbeit erstreckt sich bis in die Bereiche Personalaustausch, Ausbildung, Training, Übungen und Manöver sowie Rüstung[10]. Daneben haben sich eine Reihe von Staaten neuerdings zu regionalen Clustern zusammengeschlossen, die sich durch ähnliche Größen und Strukturen ihrer Streitkräfte, strategische Kulturen und Interessenlagen auszeichnen und in der Regel auf Effektivitäts- und Kosteneffizienzsteigerungen zielen. Zu den bedeutendsten Clustern dieser Art gehören NORDEFCO (Dänemark, Finnland, Norwegen, Schweden), das Weimarer Dreieck (Deutschland, Frankreich, Polen), die Visegrad-Gruppe (Polen, Tschechische Republik, Slowakei, Ungarn), der Britisch-Französische Pakt sowie die von Deutschland und

---

[8] Für Literaturhinweise zur Entwicklung der GASP und ESVP/GSVP siehe Kap. I.1., Anm. 8.
[9] Für Literaturhinweise siehe Kap. I.1., Anm. 6. Ein dichtes Geflecht an Kooperationsplattformen hatte sich bereits in der zweiten Hälfte der 1950er Jahre entwickelt, als die Rüstungskooperation unter den Westeuropäern an Fahrt gewann. 1957/58 existierten neben den Rüstungsgremien der NATO, WEU und FINABEL ca. elf bi- oder trilaterale Militärgremien, die sich unter anderem mit Rüstungsfragen befassten und deren Aktionsbereiche sich mitunter überschnitten. Vgl. BArch, B 136/6915-4, BMWi/Z A 2 an Verteiler, 29.1.1958, Anlage; BArch, B 102/435441, Übersicht BMWi/Z A 2, 19.3.1958.
[10] Exemplarisch für den bilateralen Weg ist die bereits beschriebene deutsch-französische Militärkooperation.

Schweden angestoßene Gent-Initiative, auf die später noch kurz eingegangen wird[11]. Einen besonders interessanten Fall stellt die belgisch-niederländische Marinekooperation dar, die seit 1996 ein bi-nationales Marinekommando (»Admiral Benelux«), gemeinsame Ausbildungseinrichtungen, Trainings und Übungen sowie eine klare Aufgabenverteilung und Spezialisierung auf Kernfunktionen umfasst. Für beide Seiten lassen sich damit erhebliche Synergieeffekte erzielen, wobei die nationalstaatliche Souveränität nach wie vor unberührt bleibt[12]. Ein Bericht des Europaparlaments listet über 60 derzeit existierende multilaterale militärische Kooperationsprojekte auf[13]. Im Rahmen multinationaler Missionen unter Führung der Vereinten Nationen, der NATO oder der EU konnten die Europäer bereits wertvolle Einsatz- und Kooperationserfahrungen sammeln[14].

Auch wenn sich die heutigen Rahmenbedingungen fundamental von denen Anfang der 1950er Jahre unterscheiden, so stellen sich hinsichtlich des Aufbaus Europäischer Streitkräfte dieselben Fragen wie bereits beim EVG-Projekt. Zu klären wären Kommando- und Streitkräftestrukturen, Führungsphilosophie, Ausbildung, Standorte, Wehrrechtssystem, Finanzierung, politische Leitung, Gewährleistung der demokratischen Kontrolle, Logistik, Rüstungsgüterbeschaffung und Struktur des europäischen Rüstungsmarktes. Darüber hinaus wäre das Verhältnis zur NATO zu klären. Dabei ist auch zu bedenken, dass einige EU-Mitglieder nicht der NATO angehören und neutral sind (Finnland, Irland, Österreich und Schweden). Ferner müsste ein verbindlicher Aufstellungszeitplan erarbeitet werden[15]. Auch stellt sich die Frage nach einem gemeinsamen Geschichtsbewusstsein bzw. einer gemeinsamen (militärischen) Tradition[16]. Von grundlegender Bedeutung wäre zudem die Herausbildung einer europäischen strategischen Kultur, die eine weitgehende Kongruenz der nationalen strategischen Kulturen voraussetzt[17]. Laura Chappell und Petar Petrov nennen vier Dimensionen: Atlantische vs. Europäische Orientierung, regionale vs. globale Ambitionen, Bereitschaftsgrad zum

---

[11] Vgl. Mölling/Brune, The Impact of the Financial Crisis, S. 47−52. Näheres zu den regionalen Clustern/Initiativen bei Mol, Die »Nordische Kooperation«; Kempin/Mawdsley/Steinicke, Entente Cordiale; Biscop/Coelmont, CSDP and the ›Ghent Framework‹; Dickow [u.a.], Weimar Defence Cooperation.

[12] Siehe dazu Parrein, Some Ideas for European Defence Cooperation. Hierbei handelt es sich um einen bottom-up-Ansatz, d.h. die Initiative dazu kam nicht vonseiten der Politik, sondern vonseiten der kooperationserfahrenen Flotten. Belgien hat die Federführung bei der Minenabwehr, die Niederlande bei den Fregatten. Beide Länder beschafften nahezu identische Modelle des NH 90 Helikopters. Einige Beobachter weisen der belgisch-niederländischen Marinekooperation eine Vorbildfunktion für weitere europäische Vorhaben zu.

[13] Siehe Mölling/Brune, The Impact of the Financial Crisis, S. 46. Darin inbegriffen sind Programme für Ausbildung und Training, Bereitstellung militärischer Kapazitäten, Rüstung, Instandhaltung und Versorgung, Aufklärung und Nachrichtengewinnung.

[14] Zu den GSVP-Missionen: Diedrichs, Die gemeinsame Sicherheits- und Verteidigungspolitik, S. 118−149; Koutrakos, The EU Common Security, S. 101−182.

[15] Vgl. Grams/Fitschen, Ressourcen bündeln, S. 13; Höfer, Europäische Armee, S. 152−169; Varwick, Auf dem Weg zur »Europaarmee«, S. 48 f. Mit diesen Aspekten setzen sich die zahlreichen Beiträge des Sammelbandes »Eine einsatzfähige Armee für Europa« auseinander. Für einen Vergleich ausgewählter europäischer Wehrrechtssysteme: Europäische Wehrrechtssysteme.

[16] Siehe hierzu Mack, Für ein gemeinsames Geschichtsbewusstsein.

[17] Unter diesem Begriff versteht man die historisch gewachsenen Einstellungen in einer Gesellschaft bezüglich der Ausrichtung ihrer Sicherheits- und Verteidigungspolitik. Vgl. Biehl/Giegerich/Jonas, Das Forschungsprojekt »Strategische Kulturen in Europa«, S. 10.

Einsatz von militärischer Gewalt (restriktiv vs. weniger restriktiv), Souveränitätswahrung vs. Bereitschaft zur Bündelung[18].

Wesentliche institutionelle Voraussetzungen wären ein mit den erforderlichen Kompetenzen ausgestattetes politisches Entscheidungszentrum auf EU-Ebene – etwa ein europäischer Verteidigungsminister –, ein europäischer Generalstab und ein gemeinsames Verteidigungsbudget. Dies wiederum setzt eine Gemeinsame Außen- und Sicherheitspolitik und die Einführung von Mehrheitsentscheidungen voraus und wirft letztlich die Frage nach der Finalität der Europäischen Integration auf. Die Aufstellung einer Europäischen Streitmacht wäre mit einem weitreichenden Souveränitätstransfer verbunden, der auf absehbare Zeit kaum zu erwarten sein dürfte[19].

Beobachter wie auch leidenschaftliche Europa-Armee-Befürworter sind sich darin einig, dass sich die Vision einer Europa-Armee in naher Zukunft nicht verwirklichen lassen wird, da die notwendigen Voraussetzungen noch nicht gegeben sind. Europäische Streitkräfte wären, sofern sie politisch gewollt sind, nur schrittweise, unter Ausschöpfung zusätzlicher Kooperationspotenziale realisierbar[20]. In diesem Sinne äußerte sich 2013 auch die christlich-liberale Regierungskoalition: Ihr zufolge sei das Ziel einer Europäischen Armee »nur durch pragmatische und unter den Partnern abgestimmte Schritte zu erreichen«. Dieses »erscheint nicht von heute auf morgen innerhalb der EU umsetzbar«[21]. Auch eine Integration von Teilstreitkräften, wie etwa die Schaffung einer deutsch-französischen Luftwaffe oder einer europäischen Ostseemarine, erscheint auf absehbare Zeit unrealistisch[22].

Doch unabhängig davon, ob die Vision Europäischer Streitkräfte und eines einheitlichen Rüstungsmarktes eines Tages Realität werden: Wollen die Europäer ein handlungsfähiger und glaubwürdiger sicherheitspolitischer Akteur auf der internationalen Bühne werden, wie dies von zahlreichen Politikern immer wieder gefordert wird, ihre knappen Ressourcen effizienter einsetzen und eine global wettbewerbsfähige wehrtechnische Industrie vorweisen, so führt an einer weiteren Intensivierung der Militär- und Rüstungskooperation kein Weg vorbei. Auch militärisch erscheint dies geboten, da identische Bedrohungsszenarien – vor allem asymmetrische und terroristische Bedrohungen – und gemeinsame Militäreinsätze die Interoperabilität der Streitkräfte erfordern. Durch eine engere Kooperation bei Einsatzplanung und -durchführung, Rüstung und Logistik würden sich wiederum die Chancen erhöhen, dem Ziel integrierter Streitkräfte näher zu kommen.

Die Kosten einer Europäischen Armee und damit verbundene Einspar- und Effizienzsteigerungspotenziale lassen sich nur schwer beziffern. Geht man von einer Zielgröße von

---

[18] Vgl. Chappell/Petrov, The European Defence Agency, S. 48 f.
[19] Vgl. Grams/Fitschen, Ressourcen bündeln, S. 12–14; Höfer, Europäische Armee, S. 151; Krüger/Eisenecker, Auf dem Weg zu einer europäischen Armee?, S. 207–209; Schnell, Haushalte und Militärbudgets, S. 206.
[20] Vgl. Argenson, The Future of European Defence Policy, S. 150; Heusgen/Just/Linz, Sicherheitspolitische Kooperation, S. 66; Rehrl, Mehrheitsentscheidung, S. 663; Schnell, Haushalte und Militärbudgets, S. 207.
[21] Antwort PStS (Christian) Schmidt auf Frage MdB (Hans-Peter) Bartels (BT Drs. 17/13394), 3.5.2013, S. 82.
[22] Vgl. Antwort Bundesregierung auf Große Anfrage SPD-Bundestagsfraktion (BT Drs. 17/13254), 24.4.2013, S. 8.

100 000 für Auslandseinsätze ausgebildeten und ausgerüsteten Soldaten aus, so wären nach Schätzungen des Verteidigungsökonomen Jürgen Schnell ein Personalumfang von 800 000 bis 900 000 Soldaten und ein Verteidigungsbudget von 175 Mrd. Euro notwendig. Da die EU-Staaten derzeit für ihre insgesamt 1,7 Mio. Streitkräfteangehörigen ca. 200 Mrd. Euro ausgeben, würde dies Einsparungen von ca. 25 Mrd. Euro (12 %) bedeuten[23].

Ein zentrales Element der GSVP ist daher die europäische Rüstungskooperation. Trotz zahlreicher institutioneller Fortschritte, zwischenstaatlicher und gemeinschaftlicher Initiativen, Konsolidierungsmaßnahmen auf industrieller Ebene und gemeinsamer Rüstungsprojekte ist es den EU-Mitgliedstaaten aber noch nicht gelungen, ihre militärischen Fähigkeitslücken zu schließen und ihre Ressourcen effizienter einzusetzen. Massive Fähigkeitsdefizite bestehen nach wie vor in den Bereichen Führungs-, Kommando-, Kommunikations- und Aufklärungsmittel, Strategischer Transport zur Luft und zur See, Präzisionsbewaffnung sowie Durchhalte- und Überlebensfähigkeit (Versorgung, sanitätsdienstliche Versorgung, Luftbetankung, Combat Search and Rescue, Luftverteidigung und ABC-Abwehr). Ferner mangelt es an ausreichend ausgerüsteten Spezialkräften[24].

Noch immer herrscht bei EU-Militäroperationen Improvisationskunst vor, noch immer kommen Modernisierung und Neuausrichtung der Streitkräfte an den eigentlichen Fähigkeitsanforderungen nicht in erforderlichem Umfang voran. Und die Verteidigungsaufwendungen, insbesondere im investiven Bereich – bei der Rüstungsgüterbeschaffung und Rüstungsforschung –, sind unzureichend. Nach wie vor nutzen die EU-Mitgliedstaaten die ihnen zur Verfügung stehenden Ressourcen nicht effizient[25]. Zu den Haupthindernissen gehören überdimensionierte, nicht ausgelastete nationale Rüstungskapazitäten, unwirtschaftliche Produktionsserien, fragmentierte Rüstungsmärkte und die Abschirmung des heimischen Rüstungsmarktes gegen ausländische Konkurrenz. Als hinderlich erwies sich lange Zeit ferner das Festhalten am *juste-retour*-Prinzip, demzufolge Arbeitsanteile entsprechend dem finanziellen Anteil eines Staates an einem Gemeinschaftsprogramm zu vergeben sind. Darüber hinaus leisten sich die Europäer auf vielen Gebieten Parallelentwicklungen: Im Kampffahrzeugsektor existieren beispielsweise, wie eingangs bereits erwähnt, über 20 verschiedene Projekte. Im Kampfflugzeugbau konkurrieren der französische Rafale, der deutsch-britisch-spanisch-italienische Eurofighter und der schwedisch-britische Gripen, alle jeweils milliardenschwere Programme. Trotz zahlreicher Kooperationsprojekte ist die Rüstungsgüterbeschaffung innerhalb der EU immer noch mehr national als europäisch geprägt – besonders bei den Staaten, die über eine große Rüstungsindustrie verfügen. In den Jahren 2008 und 2009 wurden von 33 Mrd. Euro nur ca. sieben Mrd. Euro in gemeinsame Beschaffungen investiert. Nach wie vor versuchen viele Länder, möglichst das gesamte Spektrum an Fähigkeiten abzudecken, um sich nicht in politische Abhängigkeiten zu begeben und die heimischen Forschungs- und Industriekapazitäten

---

[23] Vgl. Schnell, Haushalte und Militärbudgets, S. 206.
[24] Ausführlich dazu: European Military Capabilities; Neve/Mathieu, Les Armées d'Europe, S. 199–379; Schmitt, Europas Fähigkeiten, S. 108–116.
[25] Siehe die vernichtende Kritik, die der erste Geschäftsführer der EDA, der Brite Nick Witney, nach seiner Dienstzeit an den bisherigen Ergebnissen der EU bei der militärischen Fähigkeitsentwicklung übte: Witney, Re-energising Europe's Security and Defence Policy.

zu erhalten. Ein weiteres Problem stellen divergierende militärische Anforderungen an zu beschaffendes Rüstungsgerät dar. Dies führt häufig dazu, dass Projekte scheitern oder gar nicht erst begonnen werden, oder aber, dass sie zunehmend komplexer und teurer und erst mit erheblichen zeitlichen Verzögerungen eingeführt werden. Hinzu treten Mängel beim Management gemeinsamer Rüstungsvorhaben, insbesondere bei solchen, bei denen neue Technologien zum Einsatz kommen[26]. Ein bekanntes Beispiel ist das mittlere militärische Transportflugzeug A400M, an dem sieben Nationen beteiligt sind und das durch eine Reihe technischer Entwicklungsprobleme, Zeitverzögerungen und Kostensteigerungen in die Schlagzeilen geriet[27]. Ein weiteres Manko besteht darin, dass die Europäer unterschiedliche sicherheits- und verteidigungspolitische Interessen verfolgen. Die im Jahre 2003 beschlossene Europäische Sicherheitsstrategie stellt offenbar nur einen Minimalkonsens dar[28].

Auch in Sachen Konsolidierung der europäischen Rüstungsindustrie hat sich in den letzten Jahren wenig Neues getan[29]. Während es im Jahr 2000 mit dem Zusammenschluss deutscher, französischer, niederländischer und spanischer Unternehmen zur EADS zu einer weitreichenden Konsolidierung im Luft- und Raumfahrtbereich gekommen war, steht ein vergleichbarer Prozess in der Landsystem- und Marineindustrie noch immer aus[30]. Die Versuche Frankreichs, gemeinsam mit den Deutschen einen europäischen Werftenverbund, eine »EADS der Meere« zu gründen, scheiterte an der ablehnenden Haltung der Bundesregierung und der deutschen Industrie. In Berlin befürchtete man politische Einflussnahme und französisches Dominanzstreben in einem Gemeinschaftskonzern, einen Ausverkauf deutscher Spitzentechnik im Marinebereich – vor allem in dem von Deutschland dominierten konventionellen U-Boot-Bau – und den Verlust deutscher Arbeitsplätze. Hinzu kam die grundsätzliche Skepsis gegenüber Rüstungsunternehmen mit staatlicher Beteiligung wie der Staatswerft Direction des Constructions Navales Services (DCNS)[31]. Hier offenbaren sich Verhaltensmuster, die sich bereits während der EVG-Phase herauskristallisiert hatten, denn bereits damals

---

[26] Vgl. Enders/Rohde, Europäischer Rüstungsmarkt; Giegerich, Budget Crunch, S. 94 f.; Giegerich/Nicoll, The Struggle for Value in European Defence, S. 54, 68; Grams/Fitschen, Ressourcen bündeln, S. 14–17; Lambsdorff, EU Rüstungsbeschaffung, S. 229–232; Lohse, Viele Köche verderben den Start; siehe auch Grams, Transnationale Rüstungskooperation, S. 64–68. Der Transporthelikopter NH 90 wird beispielsweise in 23 Varianten ausgeliefert.

[27] Zur Beschaffung des A400M »Atlas« und den dabei aufgetretenen Problemen: Airbus A400M wieder auf Kurs; Giegerich, Budget Crunch, S. 93 f.; Joana/Smith, Le cas de l'avion; FAZ, 8.3.2010, S. 17: A 440 M bleibt trotz Staatshilfe ein Verlustgeschäft; FAZ, 23.6.2009, S. 20: Ein Vogel, der nicht fliegen lernt. Das Rüstungsvorhaben hat ein Gesamtvolumen von über 20 Mrd. Euro und gilt als eines der größten europäischen Beschaffungsprogramme. Anstelle der geplanten 180 Maschinen werden nur 170 bestellt, bei den Leistungsanforderungen werden Abstriche gemacht, die Bestellnationen verzichten zudem auf Strafzahlungen wegen der Programmverzögerungen.

[28] Vgl. Krüger/Eisenecker, Auf dem Weg zu einer Europäischen Armee?, S. 205 f.

[29] Zu den aktuellen Akquisitionstrends europäischer Unternehmen siehe Giegerich/Nicoll, The Struggle for Value in European Defence, S. 74–77.

[30] Zur Gründung der EADS und zur Entwicklung des fragmentierten europäischen Rüstungsmarktes: Bertges, Der fragmentierte europäische Verteidigungsmarkt; Masson/Paulin, Perspectives d'évolution de l'industrie; Schmitt, From Cooperation to Integration, S. 29–49.

[31] Siehe WirtschaftsWoche, Nr. 22, 26.5.2014, S. 54: Lautlose Avancen; FTD, 5.8.2011, S. 4: ThyssenKrupp bremst bei Werftenbund mit Franzosen; FAZ, 1.8.2011, S. 1: Paris lockt Berlin mit Werftenallianz; WirtschaftsWoche, Nr. 46, 10.11.2008, S. 78: U-Boote im Visier.

hatte die Bundesrepublik sich deutlich gegen eine staatliche Rüstungsindustrie gewandt und im Rahmen der EVG-Verhandlungen auf die Beibehaltung markwirtschaftlicher Prinzipien bei der Rüstungsgüterbeschaffung gepocht. Der im Jahr 2012 unternommene Versuch, die britische BAE Systems, einen der größten Rüstungskonzerne der Welt mit starker Präsenz auf dem US-Markt, mit der EADS unter einem Dach zusammenzuführen, scheiterte ebenfalls mit am Widerstand der Bundesregierung[32].

Hatten die Europäer seit dem Ende des Kalten Krieges ohnehin schon mit sinkenden oder knappen Verteidigungsbudgets zu kämpfen und daher Schwierigkeiten, die für die Umstrukturierung und Modernisierung der jeweiligen Streitkräfte erforderlichen Mittel aufzubringen, so hat sich der Sparzwang infolge der jüngsten Wirtschafts- und Finanzkrise massiv verstärkt. Die Staaten reagierten auf diese Entwicklung mit unterschiedlichen Strategien. Einige unter ihnen, vor allem die Briten und Italiener, sahen sich zu drastischen Budgetkürzungen veranlasst und reduzierten Personalumfang und Material sowie Neubeschaffungen. Einige Staaten gaben sogar bestimmte Materialkategorien vollständig auf. Die Absenkung der nationalen Zielvorgaben und die Anpassung der Fähigkeitsprofile erfolgten allerdings ohne vorherige Abstimmung mit den europäischen Partnern. Dies alles führt zu einem Verlust an Fähigkeiten und zur Reduzierung des Engagements bei Auslandseinsätzen und schwächt letztlich die sicherheits- und verteidigungspolitische Handlungsfähigkeit der EU und der NATO. Für die Rüstungsindustrien haben diese Entwicklungen tiefgreifende Auswirkungen: Sie reagieren auf die Haushaltslage unter anderem verstärkt mit Exportanstrengungen, nationalen Konsolidierungsmaßnahmen, der Akquisition strategisch bedeutsamer oder der Abstoßung nicht mehr rentabler Sparten, der Diversifizierung ihrer Produktpalette und der Erschließung neuer Geschäftsfelder wie Cyber Defence[33]. Einige europäische Staaten bevorzugen die Rüstungsgüterbeschaffung in oder die Kooperation mit den USA. Darin spiegelt sich auch ihre atlantische Präferenz wider. Dies trifft besonders auf Großbritannien zu, das seine Sonderbeziehungen zu den USA aufrecht erhalten und seinen Unternehmen den Zugang zum lukrativen US-Markt erhalten möchte. Auch einige osteuropäische Staaten sind ausrüstungsmäßig stark auf die USA ausgerichtet[34].

## 2. Eine europäische Rüstungsstruktur: EVG-Rüstungskommissariat, OCCAR und EDA

Mit dem Scheitern der französischen Rüstungspool-Pläne des Jahres 1954/55, von denen lediglich der rasch in die Bedeutungslosigkeit fallende Ständige Rüstungsausschuss

---

[32] Vgl. Mölling, EADS und BAE.
[33] Siehe Giegerich/Nicoll, The Struggle for Value in European Defence, S. 55–58, 61–63; Mölling/Brune, The Impact of the Financial Crisis, S. 34–43; Mölling/Brune/Dickow, Finanzkrise; Schnell, Haushalte und Militärbudgets. Ausführlich zu den Auswirkungen der Wirtschafts- und Finanzkrise auf die Verteidigungsbudgets, Streitkräftestrukturen und Rüstungsindustrien und die Reaktionen der einzelnen EU-Mitgliedstaaten: Mölling/Brune, The Impact of the Financial Crisis, S. 34–45 und Annex.
[34] Vgl. Chappell/Petrov, The European Defence Agency, S. 60 f.

der WEU übrig blieb[35], versank die Idee einer europäischen Rüstungsagentur im Dornröschenschlaf. Auch der Vorstoß des Europaabgeordneten Egon Klepsch im Jahre 1978 blieb folgenlos. Die Perspektive einer Rüstungsagentur tauchte erst wieder mit dem Vertrag von Maastricht (1991) am Horizont auf, blieb jedoch aufgrund von Vorbehalten der Briten und anderer vorwiegend atlantisch orientierter Staaten zunächst unerfüllt. Unter dem Eindruck der Kürzungen der Verteidigungshaushalte und der sich ankündigenden Veränderungen auf dem europäischen und amerikanischen Rüstungsmarkt gab es jedoch bald wieder Bewegung. Im Zuge einer ab 1993 einsetzenden deutsch-französischen Initiative zur Neuorganisation ihrer bilateralen Rüstungszusammenarbeit kam auch die Idee einer Rüstungsagentur wieder ins Gespräch. Nachdem sich die von Deutschland und Frankreich bevorzugte Variante, die Einrichtung einer neuen Kooperationsstruktur als Hilfsorgan der WEU, aufgrund von Vorbehalten einiger WEU-Mitgliedstaaten nicht durchsetzen ließ, vereinbarten beide Seiten auf dem Baden-Badener Gipfel von 1995 die Gründung einer bilateralen Kooperationsstruktur, die auch anderen Staaten offen stehen und eine Anziehungskraft nach außen entwickeln sollte. Ziele der neuen gemeinsamen Rüstungsstruktur waren die Rationalisierung bestehender Kooperationsprogramme und die Integration zukünftiger Vorhaben, die Stärkung des Wettbewerbs und der Erhalt sowie die Weiterentwicklung der europäischen technologischen und industriellen Basis, die Harmonisierung der politischen und verwaltungstechnischen Rahmenbedingungen, verstärkte Maßnahmen zur Abstimmung und Harmonisierung des militärischen Bedarfs sowie die Schaffung eines europäischen Rüstungsmarktes. Eine wesentliche Neuerung stellte das Bekenntnis dar, das *juste-retour*-Prinzip einzuschränken. Am 9. September 1998 ging aus der deutsch-französischen Initiative, der sich zwischenzeitlich Großbritannien und Italien angeschlossen hatten, mit der Unterzeichnung eines Abkommens OCCAR mit Hauptsitz in Bonn hervor[36]. Sie erhielt 2001 eine eigene Rechtspersönlichkeit und erweiterte sich 2003 um Belgien und 2005 um Spanien[37]. An Projekten von OCCAR sind Finnland, Luxemburg, die Niederlande, Polen, Schweden und die Türkei beteiligt[38] Oberstes Entscheidungsgremium und Aufsichtsorgan ist das Board of Supervisors, das sich aus den nationalen Rüstungsdirektoren zusammensetzt. Die von der OCCAR Executive Agency geleitete zweite Ebene besteht aus mehreren administrativen Abteilungen und Programmabteilungen. Die Organisation beschäftigt über 200 Mitarbeiter und verfügte 2010 über ein Verwaltungsbudget von über

---

[35] Vgl. AWS, Bd 4 (Beitrag Abelshauser), S. 81 f.; DeVore, Organizing International Armaments Cooperation, S. 443; Masson, Le cadre institutionnelle, S. 187, 190.

[36] Zur Vorgeschichte von OCCAR: Sauvaget, L'OCCAR a dix ans, S. 31–36; Seewald, Multilaterale Strukturen, S. 147–154; Peters, Die deutsch-französische Rüstungszusammenarbeit; Simon, Deutsch-französische Rüstungszusammenarbeit.

[37] Zum Folgenden: Eisenhut, Europäische Rüstungskooperation, S. 68–76; Küllmer, Die Umgestaltung der europäischen Streitkräfte, S. 102–109; Neve, L'Agence Européenne de Défense, S. 87–91. Mit der Erlangung einer eigenen Rechtspersönlichkeit kann OCCAR im Auftrag seiner Mitgliedstaaten Verträge unterzeichnen, etwa zum Management von Programmen.

[38] Der Beitritt ist weiteren Staaten möglich, sofern sie an einem von OCCAR gemanagten Gemeinschaftsprojekt substanziell beteiligt sind und die OCCAR-Grundsätze anerkennen.

40 Mio. Euro[39]. Derzeit verantwortet OCCAR acht Kooperationsprojekte mit einem Gesamtvolumen von ca. drei Mrd. Euro[40].

Anders als die EVG, die im Falle ihres Zustandekommens über einen mit umfassenden Befugnissen ausgestatteten Rüstungs- und Beschaffungsapparat und eine mehrere tausend Menschen umfassende Beamtenschar zur Verfügung gehabt hätte, ist das Betätigungsfeld von OCCAR begrenzt. Obwohl in ihren Statuten ein weit gefasstes Aufgabenspektrum genannt ist, konzentriert sich ihre Tätigkeit auf das effektive und effiziente Management bestehender und künftiger gemeinsamer Rüstungsprojekte inklusive In-Service-Support. Auf diesen Gebieten hat OCCAR zweifellos die europäische Rüstungszusammenarbeit vorangebracht. Als großer Erfolg ist die bislang als großes Kooperationshemmnis geltende Abschaffung des strengen *juste-retour*-Prinzips zu betrachten. Eine echte europäische Rüstungsagentur, wie es einigen Vordenkern ursprünglich vorgeschwebt haben mag, ist OCCAR allerdings nicht geworden. Auch befindet sich die Organisation außerhalb des EU-Rahmens[41].

Der Konvent für eine Verfassung von Europa griff die Idee einer integrierten EU-Rüstungsagentur bei seinen Beratungen wieder auf. Der von ihm ausgearbeitete Verfassungsentwurf sah ein »Europäisches Amt für Rüstung, Forschung und militärische Fähigkeiten« vor, dessen Tätigkeitsfelder die Forschung und die Harmonisierung der militärischen Anforderungen sowie eventuell auch der Rüstungsgüterbeschaffung sein sollte[42]. Nach dem Scheitern des Verfassungsprojekts waren es eine deutsch-französische Initiative vom November 2002 und eine britisch-französische Initiative vom Februar 2003, die den Stein wieder ins Rollen brachten. Frankreich, das nachdrücklich für autonome militärische Kapazitäten der Europäer eintritt, legte großen Wert darauf, der Agentur Kompetenzen im Bereich der militärischen Fähigkeitsentwicklung zuzuweisen. Nachdem die Mitgliedstaaten sich auf dem EU-Gipfel im Juni 2003 auf die Gründung einer Rüstungsagentur verständigt hatten und ein Aufbauteam entsprechende Vorarbeiten geleistet hatte, wurde die Einrichtung mit der Gemeinsamen Aktion vom 12. Juli 2004 ins Leben gerufen. Erstmals gab es eine Rüstungsstruktur im Rahmen der EU[43]. Damit wollten die Mitgliedstaaten offenbar auch der EU-Kommission zuvorkommen, die deut-

---

[39] Vgl. Antwort Bundesregierung auf Kleine Anfrage DIE LINKE (BT Drs. 17/3937), 21.12.2010, S. 2.

[40] Dabei handelt es sich um das Flugzeug A 400 M, das gepanzerte Mehrzweck-Radfahrzeug Boxer, das Artillerieortungsradar COBRA, das Militärfunksystem ESSOR, die Multi-Missions-Fregatte FREMM, das Luftabwehrraketensystem FSAF/PAAMS, das Satellitengestützte Bildüberwachungssystem MUSIS und den Unterstützungs- und Panzerabwehrhelikopter Tiger. Unter den Fittichen von OCCAR befanden sich auch die deutsch-französischen Lenkflugkörperprogramme HOT, MILAN und Roland. Siehe http://www.occar.int [27.6.2014].

[41] Vgl. Eisenhut, Europäische Rüstungskooperation, S. 74 f.; Küllmer, Die Umgestaltung der europäischen Streitkräfte, S. 108 f.

[42] Siehe Eisenhut, Europäische Rüstungskooperation, S. 97–107; Howorth, The European Draft Constitutional Treaty. Die Arbeitsgruppe Verteidigung des Konvents stellte auch Überlegungen bezüglich einer Eingliederung oder Übernahme der Grundsätze von OCCAR und des Letter-of-Intent-Rahmenabkommens (s. dazu im Folgenden) an.

[43] Zur Entstehungsgeschichte der EDA: Chappell/Petrov, The European Defence Agency, S. 54 f.; Neve, L'Agence Européenne de Défense, S. 34–38; Schlieper, Rüstungsmarkt in Europa, S. 277–279; Schmitt, Europas Fähigkeiten, S. 118–121; Schmitt, The European Union and Armaments, S. 40–54.

lich signalisiert hatte, dass sie auf dem Gebiet der Rüstungsgüterbeschaffung aktiv werden wollte. Dieser sensible Bereich war bislang aufgrund nationalstaatlicher Vorbehalte faktisch von den Regeln des Binnenmarktes ausgenommen[44]. Aufgabe der neuen Agentur mit Sitz in Brüssel soll die Entwicklung militärischer Fähigkeiten der EU für das weltweite Krisenmanagement, die Intensivierung der europäischen Rüstungskooperation, die Stärkung der europäischen rüstungstechnologischen und -industriellen Basis und die Schaffung eines global wettbewerbsfähigen europäischen Rüstungsmarktes sein. Des Weiteren soll die EDA Forschung und Entwicklung der Europäer im Rüstungsbereich voranbringen. An der Spitze der EDA stand zunächst der Hohe Vertreter der GASP, seit dem Inkrafttreten des Lissabon-Vertrags der Hohe Vertreter der Europäischen Union für Außen- und Sicherheitspolitik, der zugleich Vizepräsident der EU-Kommission, Vorsitzender des Rates für Auswärtige Angelegenheiten und Außenbeauftragter des Europäischen Rates ist. Er führt auch den Vorsitz im zentralen Entscheidungsgremium der EDA, dem Lenkungsausschuss. In diesem sind die Verteidigungsminister der 27 teilnehmenden Staaten (alle EU-Mitgliedstaaten außer Dänemark) bzw. deren Stellvertreter vertreten. Entscheidungen werden dort mit qualifizierter Mehrheit getroffen. Das operative Geschäft der EDA liegt in den Händen eines Hauptgeschäftsführers[45].

Mit dem EU-Vertrag von Lissabon wurde die EDA ins Primärrecht der EU integriert und ihr Aufgabenspektrum weiter gefasst. So soll sie die militärischen Fähigkeiten der EU-Staaten bewerten, den operativen Bedarf harmonisieren und effiziente und kompatible Beschaffungsmethoden festlegen, multilaterale Vorhaben vorschlagen und deren Koordinierung sicherstellen, die Rüstungsforschung unterstützen sowie Maßnahmen zur Stärkung der rüstungstechnologischen und -industriellen Basis sicherstellen. Ihr sollte damit eine zentrale Rolle bei der militärischen Fähigkeitsentwicklung zukommen[46].

Die Brüsseler Agentur erarbeitete bereits kurze Zeit nach ihrer Gründung Strategien für Rüstungskooperation, Verteidigungstechnologien und zur Stärkung der europäischen rüstungstechnischen und -industriellen Basis[47]. Im Jahre 2005 beschlossen die EU-Verteidigungsminister einen gemeinsamen Verhaltenskodex für die Rüstungsgüterbeschaffung, der für mehr Wettbewerb und Transparenz bei Beschaffungen sorgen soll. Auf der Internetseite der EDA wurde hierzu ein Electronic Bulletin Board eingerichtet, auf dem alle Beschaffungsvorhaben mit einem Gesamtwert von mehr als einer Mio. Euro angekündigt werden und mit dem die Industrie über staatliche Auftragsausschreibungen informiert werden soll. Der Verhaltenskodex wird von der EDA überwacht, beruht jedoch auf Freiwilligkeit, ist also rechtlich nicht bindend. Ähnlich verhält es sich mit

---

[44] Vgl. Eisenhut, Europäische Rüstungskooperation, S. 109.
[45] Umfassende Darstellungen zu den ersten Jahren dieser Einrichtung: Neve, L'Agence Européenne de Défense; Bátora, European Defence Agency; Chang, European Defence Agency.
[46] Vgl. Algieri/Bauer, Die Festschreibung mitgliedstaatlicher Macht, S. 143 f.; Chang, European Defence Agency, S. 76 f.; Chappell/Petrov, The European Defence Agency, S. 55; Mölling/Brune, The Impact of the Financial Crisis, S. 26.
[47] Hierzu und zum Folgenden: Bauer, Fünf Jahre EDA; Chappell/Petrov, The European Defence Agency, S. 56 f.; EDA Bulletin, Nr. 13 (2010), S. 4: EDA Achievements Since 2004; Eisenhut, Europäische Rüstungskooperation, S. 247–249; Mölling/Brune, The Impact of the Financial Crisis, S. 26–29. Zu den aktuellen EDA-Aktivitäten siehe: http://www.eda.europa.eu, dort auch das EDA-Magazin »European Defence Matters«. Ein Organigramm der Institution von 2010 findet sich im Anhang S. 524.

dem kurz danach mit der Industrie erarbeiteten Code of Best Practice in the Supply Chain für Zulieferer (kleine und mittlere Unternehmen), für den ebenfalls ein elektronisches Portal eingerichtet wurde. Hinzu kam ein Standardisierungsportal (Defence Standardization Portal), um die Vereinheitlichung im Rüstungsbereich zu erleichtern. Gemeinsam mit dem EU-Militärausschuss erarbeitete die EDA im Jahre 2008, unter Berücksichtigung des sicherheitspolitischen Bedrohungsspektrums und auf der Grundlage eines daraus abgeleiteten Zukunftsstrategiepapiers (Long Term Vision), einen Plan zur Fähigkeitsentwicklung (Capability Development Plan). Infolgedessen wurden ein Dutzend Prioritätenfelder festgelegt, auf dem es die Zusammenarbeit zu vertiefen gilt, etwa auf dem Gebiet der Abwehr improvisierter Sprengsätze, die eine große Bedrohung für die in Afghanistan eingesetzte International Security Assistance Force (ISAF) darstellen. Diese Aktion mündete in eine Reihe von Projekten. So wurde unter anderem ein Trainingsprogramm für Helikopter-Piloten initiiert, ferner Projekte zu Satellitenaufklärung und Weltraumtechnologien, Drohnen, Militärkommunikation und Logistik.

Neben all dem lotet die EDA auf der Grundlage der von Deutschland und Schweden im Rahmen ihrer »Gent Initiative« (2010) vorgebrachten Vorschläge in elf Bereichen die Perspektiven einer Zusammenlegung und Teilung von militärischen Fähigkeiten (Pooling & Sharing) aus. Der Prozess entpuppt sich aber offenbar als recht mühsam[48]. Vermutlich ist die Furcht vor gegenseitigen Abhängigkeiten immer noch zu groß[49].

Die bisherige Bilanz der EDA fällt gemischt aus. Auf zahlreichen Gebieten hat die EDA versucht, Impulse zu liefern und die Rüstungskooperation unter den Europäern voranzubringen. Sie bietet ihren Mitgliedern ein Forum für Kooperation und Fähigkeitsverbesserung, hat aber keine Durchsetzungsbefugnis. Bei der Agentur handelt es sich um eine intergouvernementale Einrichtung, die den intergouvernementalen Charakter der GSVP widerspiegelt. Weder das Parlament noch die Kommission haben bei der EDA Einfluss[50]. Die Mitglieder beteiligen sich an den Projekten je nach Interessen- und Budgetlage. Auch sind die materiellen Ressourcen der EDA begrenzt: Mit ca. 120 Mitarbeitern ist ihre Personaldecke verhältnismäßig dünn. Sie verfügt über kein eigenes Beschaffungs-, sondern nur über ein Verwaltungsbudget, das die Hauptstädte gemäß einem bestimmten Schlüssel beisteuern. Der Verwaltungshaushalt stagniert seit einigen Jahren bei ca. 30,5 Mio. Euro – zu wenig, wie einige Beobachter finden[51]. Beobachtern zufolge wird die EDA aufgrund der nach wie vor dominierenden nationalen Interessen in der Praxis ausgebremst, etwa durch die extensive Auslegung

---

[48] Vgl. Deutschland/Schweden, Food for Thought; Biscop/Coelmont, CSDP and the ›Ghent Framework‹, S. 156 f.; Chappell/Petrov, The European Defence Agency, S. 57; Mölling/Brune, The Impact of the Financial Crisis, S. 52.

[49] Zum Pooling & Sharing-Konzept: Mölling/Brune, The Impact of the Financial Crisis, S. 43–45; Giegerich, Budget Crunch, S. 90 f.; Höfer, Europäische Armee, S. 147–151. Ein bekanntes Beispiel für ein erfolgreiches Pooling & Sharing ist das im Jahre 2011 geborene European Air Transport Command (EATC) mit Sitz in Eindhoven, in dem Lufttransportkapazitäten Belgiens, Deutschlands, Frankreichs und der Niederlande gebündelt sind.

[50] Vgl. Eisenhut, Europäische Rüstungskooperation, S. 245, 252.

[51] http://www.eda.europa.eu/Aboutus/who-we-are/Finance [28.10.2014]; Mölling/Brune, The Impact of the Financial Crisis, S. 26; Witney, Re-energising Europe's Security and Defence Policy, S. 6, 34.

von Artikel 346 EU-Vertrag bei der Rüstungsgüterbeschaffung, worauf noch einzugehen sein wird. Das Volumen der über das EDA-Portal ausgeschriebenen Aufträge ist verhältnismäßig gering – das Gros der Aufträge wird nach wie vor an der EDA vorbei ausgeschrieben und vergeben. Die EDA kann unter diesen Umständen ihr Potenzial nicht voll zur Geltung bringen, die Chancen auf einen echten europäischen Rüstungsmarkt werden dadurch massiv gemindert. Stattdessen ist ein Trend zur Renationalisierung der Rüstungsindustrie zu beobachten[52]. In diesem Zusammenhang wird häufig auf das britisch-französische Verteidigungsabkommen vom 2. November 2010 verwiesen, das zahlreiche Kooperationsfelder im Rüstungsbereich benennt[53].

Einen dritten Organisationsrahmen der heutigen europäischen Rüstungszusammenarbeit stellt der sog. Letter-of-Intent-(LoI)-Prozess dar, der auf einer 1998 unterzeichneten Absichtserklärung der sechs wichtigsten Rüstungsnationen Europas (Deutschland, Frankreich, Italien, Schweden, Spanien und des Vereinigten Königreichs) basiert und zwei Jahre später zum »Rahmenabkommen über Maßnahmen zur Erleichterung der Umstrukturierung und der Tätigkeit der europäischen Rüstungsindustrie« führte. Ziel dieser Vereinbarung, die bisher durch fünf Durchführungsabkommen ergänzt wurde, ist die Angleichung der nationalen Gesetzgebung und Verwaltungspraxis im Rüstungsbereich und die Erleichterung der Zusammenarbeit der europäischen Rüstungsindustrie. Die zu erarbeitenden Maßnahmen betreffen die Arbeitsfelder Versorgungssicherheit, Weitergabe von gemeinsam entwickelten und produzierten Rüstungsgütern oder Komponenten, Exportverfahren, Sicherheit sensibler Informationen, verteidigungsrelevante Forschung und Technologie und Harmonisierung militärischer Bedarfsforderungen[54]. Die Aktivitäten sind allerdings weitgehend unkoordiniert. Es wurde keine zentrale Instanz hierfür eingerichtet. In unregelmäßigen Abständen finden auf intergouvernementaler Ebene Arbeitsgruppentreffen von Experten statt. Der Angleichungsprozess verläuft aufgrund des intergouvernementalen Charakters zwar recht langsam, doch erstmals kam es auf diesem äußerst sensiblen Feld immerhin zu einer gewissen Angleichung der nationalen Gesetzgebung und Verwaltungspraxis. Dass der LoI-Rahmen keinen Bezug zu Initiativen der EU-Kommission nimmt und lediglich die sechs großen europäischen Rüstungsnationen umfasst, erscheint nachteilig[55]. Manche Beobachter ziehen eine kriti-

---

[52] Vgl. Behörden Spiegel, Nr. 2 (2012), S. 62: »Massive Renationalisierung«; Behörden Spiegel, Nr. 5 (2013), S. 47: EVA stößt an ihre Grenzen; Mölling/Brune, The Impact of the Financial Crisis, S. 25 f.

[53] Siehe dazu Kempin/Mawdsley/Steinicke, Entente Cordiale; Mölling/Brune, The Impact of the Financial Crisis, S 48 f.; Koutrakos, The EU Common Security, S. 278; Lambsdorff, EU Rüstungsbeschaffung, S. 224, 236. Andere Stimmen hingegen sehen in dem Abkommen einen potenziellen Impulsgeber für eine stärkere europäische Kooperation. Vgl. Giegerich/Nicoll, The Struggle for Value in European Defence, S. 77 f.

[54] Vgl. Eisenhut, Europäische Rüstungskooperation, S. 77–85; Hayward, Defence Industrial Globalisation, S. 93–96; Küllmer, Die Umgestaltung der europäischen Streitkräfte, S. 109–111; Masson, Le cadre institutionnelle, S. 59 f.; Schmitt, The European Union and Armaments, S. 26–29. Auf die sechs Teilnehmernationen entfallen ca. 90 % der in Europa vorhandenen Rüstungskapazitäten.

[55] Vgl. Eisenhut, Europäische Rüstungskooperation, S. 85–87. Zur Harmonisierung militärischer Bedarfsforderungen: Arnold, Die Harmonisierung militärischer Bedarfsforderungen. Für einen aktuelleren Überblick über die LoI-Aktivitäten siehe Antwort Bundesregierung auf Kleine Anfrage DIE LINKE (BT Drs. 17/3937), 21.12.2010, S. 5–8.

sche Bilanz: Der ehemalige erste EDA-Geschäftsführer Witney bezeichnete das Format als »touring discussion club for officials, unsupervised by ministers«[56].

Ähnlich wie heute waren in der EVG-Phase die Ausrüstungsdefizite ein beherrschendes Thema, wie insbesondere die Diskussion um die Umsetzung der NATO-Streitkräfteziele und die Lastenteilung im Bündnis vor Augen führte. Und ähnlich wie heute stand man vor der Herausforderung der bedarfsgerechten Ausstattung der Streitkräfte in einer Ära knapper Ressourcen. Methoden des effizienten Rüstungsmanagements spielten damals aber eher eine untergeordnete Rolle. Während die Rüstungsaktivitäten im Rahmen der EVG im Rüstungskommissariat zusammengefasst worden wären – dieses hätte sich bei den Bedarfsanforderungen eng mit dem Militärkommissariat und dem Generalstab koordinieren müssen – sind die Kompetenzen im EU-Raum aufgrund des Nebeneinanders von EDA, OCCAR und Framework Agreement zersplittert. Die beiden letzteren befinden sich außerhalb des EU-Rahmens. Das Aufgabenspektrum der EDA ist breiter als das von OCCAR. Sie befasst sich mit Möglichkeiten der militärischen Fähigkeitsgewinnung, lotet Kooperationsmöglichkeiten aus und initiiert Programme, während OCCAR Programme managt[57]. Die EVG hätte nahezu alle vergleichbaren Funktionen dieser drei Foren innegehabt und wäre aus einem Gemeinschaftshaushalt finanziert worden. Im Gegensatz zu EDA und OCCAR, an deren Projekte sich interessierte Staaten auf freiwilliger Basis beteiligen können, wäre die EVG eine weitgehend supranationale Organisation mit verbindlichen Regeln für alle ihre Mitglieder gewesen. Wesentlicher Bestandteil wäre die Aufstellung und Durchführung eines gemeinsamen Rüstungsprogramms für sämtliche der EVG unterstehenden Verbände gewesen[58]. Im EVG-Rüstungsausschuss und seinen sechs Unterausschüssen beschäftigten sich die Experten in enger Abstimmung mit ihren Kollegen in den anderen Ausschüssen mit einer Vielzahl der damit zusammenhängenden Fragen und erarbeiteten entsprechende Reglements. So versuchte man Rüstungskapazitäten und den voraussichtlichen Materialbedarf zu erfassen, nahm Materialklassifizierungen vor, besprach technische Standards und erstellte mehrstufige Aufstellungspläne. Daneben galt es unzählige juristische Detailfragen zu klären, ob zu Einzelheiten des Vergabeverfahrens[59], zur Behandlung von Patenten[60] oder zu den Durchführungsbestimmungen für Genehmigungsverfahren für die Rüstungsproduktion[61]. Sämtliche Rüstungsaktivitäten hätten vom Kommissariat erst genehmigt werden müssen. Ausnahmen wären nur für die Ausrüstung derjenigen Streitkräfte möglich gewesen, die nicht der EVG unterstanden hätten, oder für diejeni-

---

[56] Witney, Re-energising Europe's Security and Defence Policy, S. 6, Anm. 5.
[57] Zum Verhältnis von EDA und OCCAR und zur Frage einer möglichen Verschmelzung: Neve, L'Agence Européenne de Défense, S. 96 f.; Schmitt, EDA and OCCAR. 2012 kam es zwischen den beiden Institutionen zum Abschluss eines Verwaltungsabkommens, das den Informationsaustausch über Projekte regelte. Zuvor hatten beide Seiten ein Geheimschutzabkommen unterzeichnet. Vgl. Koutrakos, The EU Common Security, S. 278.
[58] Vgl. dazu nochmals die rüstungswirtschaftlichen Vorgaben des EVG-Vertrags, Kap. IV.6.
[59] Exemplarisch: BArch, BW 9/1386, Bl. 109–116, hier Bl. 109–113: 28. Sitzung EVG-Rüstungsausschuss (20.5.1953), 29.5.1953.
[60] Vgl. BArch, BW 9/3335, Bl. 82–85, hier Bl. 84: Wochenbericht dt. EVG-Rüstungsdelegation (16.2.–21.2.1953), 20.2.1953.
[61] Vgl. BArch, BW 9/3336, Bl. 80–89, hier Bl. 85 f.: Monatsbericht dt. EVG-Rüstungsdelegation (14.4.–30.4.1954), 3.5.1954.

gen Streitkräfte verbündeter Staaten, gegenüber denen Bündnisverpflichtungen bestanden hätten. Davon wollte insbesondere die französische Regierung Gebrauch machen. Die Schaffung der EVG warf schließlich auch die Frage auf, wie mit den laufenden Rüstungsverträgen der Mitgliedstaaten verfahren werden sollte. Sollten die Verträge unter die Fittiche der EVG genommen oder weiter von den Nationalstaaten verwaltet werden[62]? Die EVG-Versammlung hatte auf dem Gebiet der Rüstung so gut wie keine Befugnisse, ähnlich wie das heutige Europäische Parlament, das keinen Einfluss auf die EDA ausüben kann. Alle Entscheidungen von grundlegender Bedeutung lagen beim EVG-Ministerrat. Auch heute noch wird über die Richtlinien beim Europäischen Rat bestimmt.

Organisationstechnisch hätte das EVG-Rüstungskommissariat die EDA und OCCAR bei weitem übertroffen. Gemäß dem letzten Stand der Planungen vom Sommer 1954 wäre das Rüstungskommissariat ein gigantischer Apparat mit einer Generaldirektion für Planung und Koordinierung und einer Generaldirektion für Entwicklung und Fertigung und zahlreichen nachgeordneten Dienststellen geworden. Der Arm des Rüstungskommissariats hätte vermutlich bis auf Rüstungseinrichtungen auf lokaler Ebene gereicht[63]. Hierfür wäre ein beträchtlicher Personalaufwand notwendig gewesen. Inwieweit sich eine derartige Mammutorganisation zur damaligen Zeit hätte realisieren lassen bzw. wie effizient sie hätte arbeiten können, muss offen bleiben. Auch wenn die EVG-Planer noch weit davon entfernt waren, ein endgültiges Regelwerk vorzulegen – zumindest konzeptionell waren ihre Überlegungen zu einer europäischen Rüstungsintegration sehr weitreichend.

### 3. Vergabeverfahren für Rüstungsgüter und innergemeinschaftlicher Transfer von Rüstungsgütern bei der EVG und der EU

Der Bereich der Verteidigung war, wie bereits eingangs geschildert, vom europäischen Integrationsprozess lange Zeit vollständig ausgenommen. Um die Auswirkungen der Regeln des Gemeinsamen Marktes auf den Rüstungsbereich zu unterbinden, wurde mit Artikel 223 im EWG-Vertrag (später: Art. 296 EU-Vertrag) eine Sonderbestimmung verankert, der zufolge Mitgliedstaaten erstens die Auskunft verweigern konnten, wenn die Informationen nach ihrer Auffassung ihre »wesentlichen Sicherheitsinteressen« betraf, und zweitens Maßnahmen ergreifen konnten, die sie für den Schutz ihrer wesentlichen Sicherheitsinteressen für notwendig hielten, sofern es um die Produktion von Waffen, Munition oder Kriegsmaterial oder den Handel mit solchen Gütern ging. In der Folgezeit machten die Staaten daraus eine automatische Regel und beriefen sich ausnahmslos auf diesen Artikel, wodurch jeglicher grenzüberschreitender Wettbewerb verhindert wurde. Letztlich diente der Artikel, der auch bei sämtlichen Vertragsänderungen

---

[62] Vgl. ebd., Bl. 18–23, hier Bl. 19: Halbmonatsbericht dt. EVG-Rüstungsdelegation (1.11.–15.11.1953), 14.11.1953.
[63] Vgl. Kap. VIII.2; BArch, BW 9/4200: EVG-Rüstungskommissariat: Zentrale, regionale und lokale Organisation, Entwurf (Stand: 10.6.1954).

unangetastet blieb, dem Schutz der nationalen Rüstungsindustrien[64]. Die Prinzipien des freien Warenverkehrs und Wettbewerbs fanden somit im Rüstungsbereich keine Anwendung.

Die EU-Kommission war gegen diese jahrzehntelang gängige Praxis weitgehend machtlos. Ab 1996 unternahm sie aber ernsthafte Versuche, die aus Sicht vieler Juristen rechtswidrige Vertragsinterpretation zu ändern. Doch zunächst liefen sämtliche Bemühungen in diese Richtung aufgrund des Widerstandes der Mitgliedstaaten ins Leere[65]. Im Jahre 2007 stellte die EU-Kommission Vorschläge für zwei neue Richtlinien vor, die für mehr Wettbewerb bei der Rüstungsgüterbeschaffung sorgen und den Transfer von militärischer Ausrüstung innerhalb der EU erleichtern sollten. Im Sommer 2009 verabschiedeten das Europäische Parlament und der EU-Ministerrat das sog. Defence Package, das aus zwei Richtlinien bestand und von den Mitgliedstaaten bis 2011 in nationales Recht umgesetzt werden sollte: Richtlinie 2009/81/EG über die Koordinierung der Vergabe bestimmter Bau-, Liefer- und Dienstleistungsaufträge in den Bereichen Verteidigung und Sicherheit sowie Richtlinie 2009/43/EG zur Vereinfachung der Bedingungen für den innergemeinschaftlichen Transfer von Verteidigungsgütern. Damit wurde zum ersten Mal ein für alle EU-Mitgliedstaaten verbindlicher Rahmen auf dem Gebiet der Rüstung geschaffen. Die Beschaffungsrichtlinie (2009/81/EG) sieht sowohl für militärische Güter und Dienstleistungen als auch für den zivilen Sicherheitssektor europaweite Ausschreibungen vor, wodurch der Wettbewerb gefördert und mehr Transparenz gewährleistet werden soll. Ausgenommen sind Fälle, bei denen ein Staat besondere Sicherheitsbedürfnisse geltend macht, wobei die Anwendung des berüchtigten Artikel 346 EU-Vertrag restriktiv gehandhabt werden soll. Ausgenommen sind außerdem Kooperationen bei komplexen Programmen, die aufwändige Forschungs- und Entwicklungsaktivitäten erfordern. Den sensiblen Punkten Versorgungs- und Informationssicherheit soll bei dem Vergabeverfahren durch Garantien ausreichend Rechnung getragen werden. Die Verteidigungsgüterrichtline (2009/43/EG) bringt für Rüstungstransfers innerhalb der EU bürokratische Erleichterungen und mehr Versorgungssicherheit. Sie vereinfacht Vorschriften und Verfahren für die Verbringung von Rüstungsgütern zwischen den EU-Mitgliedern, um ein reibungsloses Funktionieren des Binnenmarktes zu gewährleisten. Künftig gibt es für innergemeinschaftliche Transfers ein europaweites Zertifizierungssystem[66]. Das Defence Package wird als wichtiger Schritt hin zu einem gemeinsamen Rüstungsmarkt betrachtet.

Mit der Verwirklichung der EVG hätte vermutlich auch ein Rüstungsmarkt Realität werden können, der EVG-Vertrag sah ein einheitliches Vergaberegime vor. Die Auftragsvergabe, für die das Kommissariat zuständig gewesen wäre, sollte auf der »Grundlage möglichst umfassenden Wettbewerbs« erfolgen, sofern nicht militärische

---

[64] Siehe dazu Aalto, Interpretations of Article 296; Defence Procurement in the European Union; Eisenhut, Europäische Rüstungskooperation, S. 87–108; Küllmer, Die Umgestaltung der europäischen Streitkräfte, S. 112 f.; Masson, Union européenne et l'armement, S. 20–22, 25–27.
[65] Siehe Eisenhut, Europäische Rüstungskooperation, S. 111–118; Küllmer, Die Umgestaltung der europäischen Streitkräfte, S. 113–124.
[66] Vgl. Eisenhut, Europäische Rüstungskooperation, S. 118 f.; Mölling/Brune, The Impact of the Financial Crisis, S. 29 f.; Koutrakos, The EU Common Security, S. 264–276; Lambsdorff, EU Rüstungsbeschaffung, S. 232–235.

Geheimhaltungsgründe dagegen sprachen. Es sollte die öffentliche und beschränkte Ausschreibung möglich sein, in besonderen Fällen aber auch die freihändige Vergabe. Hier bot sich durchaus ein Schlupfloch[67]. Details zum Vergabeverfahren sollte ein Unterausschuss des Rüstungsausschusses erarbeiten[68]. Vorgesehen war überdies, den Warenverkehr im EVG-Raum zu erleichtern, indem man die von der Gemeinschaft in den Mitgliedstaaten erworbenen Güter sowohl aus steuerlicher als auch handelspolitischer Sicht nicht als Export oder Import werten wollte[69]. In welchem Umfang ein grenzüberschreitender Bieterwettbewerb bei Rüstungsaufträgen möglich gewesen wäre, ist jedoch unklar. Weil die Währungen der EVG-Mitgliedstaaten damals noch nicht konvertibel waren, also nicht beliebig gegeneinander getauscht werden konnten, sollte es nur einen Korridor von 15 % unter und über der Höhe der nationalen EVG-Beiträge geben, in dem Ausgaben außerhalb des eigenen Währungsraumes getätigt werden durften[70].

### 4. Ausbildung und Training von wehrtechnischem Personal in der EVG und in der EU

Im Rüstungsausschuss der EVG-Interimskonferenz stellten die Beteiligten erste Überlegungen über die Schaffung eines wehrtechnischen Personalkörpers an, um das geplante EVG-Rüstungskommissariat und dessen Dienststellen mit kompetenten Fachleuten für Forschungs-, Planungs-, Beschaffungs- und Abnahmeaufgaben besetzen zu können[71]. Von derartigen Überlegungen ist man in der EU aufgrund des Fehlens einer gemeinsamen Rüstungs- und Beschaffungsorganisation freilich noch meilenweit entfernt. Allerdings sind die Europäer aufgrund vielfältiger Erfahrungen zu der Erkenntnis gelangt, dass bereits bei Ausbildung und Training angesetzt werden muss, um die Zusammenarbeit bei Rüstungsprojekten zu verbessern und Beschaffungen effizienter zu gestalten. Untersuchungen haben gezeigt, dass viele Rüstungsvorhaben durch mangelndes gegenseitiges Verständnis der Beteiligten erschwert werden oder gar scheitern. Die tiefergehende Ursache liegt im Fehlen einer »common military doctrine, or at least some shared elements of a military doctrine«. Dies wiederum erweist sich bei der Erarbeitung gemeinsamer militärischer Forderungen als hinderlich – mit negativen Auswirkungen auf Gemeinschaftsprogramme[72].

Bislang existieren neben bilateralen Austauschprogrammen für Beamte und Militärs lediglich Initiativen, bei denen ein Gastgeberland hochrangige Vertreter anderer Staaten zu Seminaren einlädt, in deren Rahmen verschiedene Beschaffungs-

---

[67] Vgl. Art. 104 EVG-Vertrag.
[68] Vgl. BArch, BW 9/3336, Bl. 39–48, hier Bl. 44 f.: Halbmonatsbericht dt. EVG-Rüstungsdelegation (11.1.–30.1.1954), 30.1.1954.
[69] Vgl. Kap. IV.6.
[70] Vgl. AWS, Bd 2 (Beitrag Köllner/Volkmann), S. 863 f.
[71] Siehe oben, Kap. VIII.2.; BArch, BW 9/3336, Bl. 126–135, hier Bl. 131 f.: Halbmonatsbericht dt. EVG-Rüstungsdelegation (1.7.–15.7.1954), 16.7.1954.
[72] Vgl. Keohane/Vaucorbeil, Education and Training, S. 6 f. (Zitat S. 7). Für eine ausführliche Analyse der Probleme bei internationalen Rüstungsprogrammen: Darnis [u.a.], Lessons Learned.

und Kooperationspraktiken vorgestellt und diskutiert, Erfahrungen ausgetauscht und Kontakte geknüpft werden. Groß geschrieben wird dabei die Förderung des europäischen Kooperationsgedankens[73]. So richtet Frankreich seit 1989 die »Session Européenne pour les Responsables d'Armement« (SERA) aus[74]. Bei der 23. Auflage des Seminars im Jahre 2011 waren 63 Teilnehmer aus 16 EU-Staaten, Norwegen, der Schweiz, der Türkei sowie von OCCAR und der EU-Kommission dabei[75]. Deutschland ist Mitorganisator des European Seminar for Top Armaments Manager Personnel (EuroSTAMP) und des European Defence Acquisition Manager Intercultural Course (EDAMIC). Im Jahre 2010 nahmen an EuroSTAMP Vertreter von 16 Nationen, der EDA und von OCCAR teil[76]. Deutschland und Frankreich sind darüber hinaus am International Defense Education and Acquisition Arrangement (IDEAA) Seminar beteiligt, dem auch die USA, Großbritannien, Spanien, Schweden und Australien angehören[77].

Die EU hat die Bedeutung von Ausbildung und Training im Bereich des europäischen Rüstungsmanagements klar erkannt, ein entsprechendes Konzept entwickeln lassen[78] und über das im Jahre 2005 gegründete European Security and Defence College (ESDC) ein erstes Programm gestartet. Seit 2012 bietet das ESDC in Zusammenarbeit mit der EDA und dem Bundesministerium für Landesverteidigung und Sport der Republik Österreich jährlich einen European Armament Cooperation Course an. Im Jahre 2014 beteiligte sich daran auch das Verteidigungsministerium der Tschechischen Republik. Der Kurs richtet sich an mit der Rüstungsgüterbeschaffung befasste Beamte und Angehörige der Streitkräfte aus den EU-Mitgliedstaaten und EU-Partnerländern, aber auch an Vertreter der EU-Institutionen. Er umfasst ein Awareness Level und ein darauf aufbauendes Expert Level. Ziel ist die Vermittlung von Grundlagenwissen über die Bedeutung, Funktionsweise und Herausforderungen der europäischen Rüstungskooperation, die Maßnahmen der EU zur militärischen Fähigkeitsentwicklung und die Rolle der EDA bei diesem Prozess. Daneben wird den Teilnehmern ein fundierter Überblick über die Rüstungsaktivitäten von NATO, OCCAR und regionalen Initiativen ermöglicht. Weitere Kursinhalte sind strategisches Management, internationales Programmmanagement, rechtliche Aspekte, Praxiserfahrungen, Führungskompetenzen und Verhandlungstechnik. Der Kurs soll außerdem die für eine erfolgreiche internationale Zusammenarbeit notwendigen interkulturellen Kompetenzen vermitteln, die Entstehung eines »common understanding« fördern und zur Netzwerk- und Alumnibildung beitragen[79].

---

[73] Vgl. Keohane/Vaucorbeil, Education and Training, S. 9.
[74] http://www.chear.defense.gouv.fr/sera_an_n3_index.htm [29.5.2009]; http://www.ihedn.fr/?q=content/session-europeenne-pour-les-responsables-darmement-european-session-armament-officials [27.6.2014].
[75] http://eda.europa.eu/info-hub/news/11-05-27/ms_arnould_will_speak_at_the_session_europ%C3%A9enne_des_responsables_d_armement_sera [30.5.2011].
[76] Vgl. Feigh, Internationale Kooperation, S. 104–107; BAkWVT akademie nachrichten 2011, S. 40–44; BAkWVT akademie nachrichten 2010, S. 31 f., 34 f.
[77] US-Department of Defense, International Armaments Cooperation Handbook, S. 35; BAkWVT akademie nachrichten 2010, S. 36.
[78] Siehe Keohane/Vaucorbeil, Education and Training, S. 12–16.
[79] http://www.eda.europa.eu/info-hub/news/2014/10/28/eda-organises-joint-course-with-european-security-and-defence-college [28.10.2014].

# XI. Schlussbetrachtung

Die Planungen einer Europaarmee mit dazugehöriger Rüstungs- und Beschaffungsorganisation stellten ein absolutes Novum dar. Mit den EVG-Verhandlungen zwischen 1951 und 1954 unternahm eine Gruppe von Staaten erstmals den Versuch, ein weitgehend supranationales Rüstungswesen zu konzipieren. Die Unterzeichnerstaaten des EVG-Vertrages Belgien, die Bundesrepublik Deutschland, Frankreich, Italien und die Niederlande drangen damit in einen Bereich vor, der seit jeher zum absoluten Kernbereich nationalstaatlicher Souveränität gehört[1]. Für Frankreich, von dem die Initiative zur Schaffung einer Europaarmee mit einheitlichem Kommando, gemeinsamem Budget sowie einheitlicher Bewaffnung und Ausrüstung ausgegangen war, standen insbesondere sicherheitspolitische Überlegungen im Vordergrund. Dies zeigte sich deutlich bei den EVG-Rüstungsplanungen, bei denen es darum ging, die mit der Bewaffnung der künftigen europäischen Streitkräftekontingente zusammenhängenden organisatorischen, finanziellen, wirtschaftlichen und militärtechnischen Fragen zu klären.

Die Schaffung einer gemeinsamen europäischen Streitmacht und die vollständige Integration des westdeutschen Militär- und Rüstungspotenzials erschien Frankreich als das geeignetste Mittel, um die nach dem Ausbruch des Korea-Krieges von den USA forcierte Wiederbewaffnung des früheren Kriegsgegners annehmbarer zu machen und die Aufnahme der Bundesrepublik in das Nordatlantische Bündnis zu verhindern. Mit dem Europaarmee-Konzept griffen die Verantwortlichen in Paris auf den maßgeblich von Jean Monnet inspirierten supranationalen Ansatz zurück, auf dem bereits der sogenannte Schuman-Plan zur Schaffung einer Gemeinsamen Behörde für Kohle und Stahl beruhte. Die vollständige Einbettung des westdeutschen Verteidigungspotenzials in ein supranationales System bot nach Meinung der Gruppe um Monnet und die französische EVG-Delegation die beste Garantie gegen ein mögliches Wiederaufflammen des deutschen Militarismus. Eines der obersten Ziele der französischen Sicherheitspolitik der Nachkriegszeit war es, die Wiederentstehung eines eigenständigen Militär- und Rüstungsapparates auf deutschem Boden zu verhindern.

Wie sehr die EVG-Rüstungsplanungen vom französischen Sicherheitsdenken dominiert waren, zeigte sich zum einen bei den Gesprächen zwischen der Alliierten Hohen Kommission und der Bundesregierung über deutsche Rüstungsverbote und -beschränkungen und anhand der strengen Überwachungsaktivitäten der französischen Dienststellen auf deutschem Boden, zum anderen bei den Verhandlungen über die rüstungswirtschaft-

---

[1] Luxemburg, das kleinste EVG-Mitgliedsland, beteiligte sich an den EVG-Rüstungsplanungen nicht mit einer eigenen Delegation. Es verfügte über keine nennenswerten Rüstungskapazitäten.

lichen Klauseln des EVG-Vertrages sowie bei den anschließenden Planungsaktivitäten im EVG-Interimsausschuss im Palais Chaillot in Paris. Gemäß dem Willen der französischen Regierung sollte der Bundesrepublik die Entwicklung und Herstellung schwerer Rüstungsgüter weiterhin verboten bleiben – selbst für solches Gerät, das für eine effektive Landesverteidigung unabdingbar gewesen wäre. Auch der Wiederaufbau einer potenziell für militärische Zwecke nutzbaren deutschen Luftfahrtindustrie sollte unterbleiben. Bestenfalls sollte auf deutschem Boden die Fertigung leichter Rüstungsgüter erlaubt sein oder dort vorhandene Ressourcen für einen europäischen, von Frankreich geführten Luftfahrtindustrieverbund herangezogen werden. Über die Einhaltung der Restriktionen hatte die EVG streng zu wachen. Um weitreichende Restriktionen durchzusetzen, den Anschein einer offenen Diskriminierung der Deutschen aber zu vermeiden, griff Paris die Idee auf, das Bundesgebiet aufgrund dessen Nähe zum Eisernen Vorhang als »strategisch gefährdetes Gebiet« deklarieren zu lassen, in dem die Herstellung von Rüstungsgütern unzweckmäßig wäre. In dieses Bild fügte sich die rigorose Überwachungspraxis französischer Dienststellen ein. Diese hatten nicht nur sämtliche für militärische Zwecke relevanten Industriezweige auf deutschem Boden im Blick, sondern setzten ihre Macht allem Anschein nach auch gezielt zum Vorteil der französischen Wirtschaft ein – als eine Art Entschädigung für im Zweiten Weltkrieg erlittene Schäden. Zwar gelang es den Franzosen nicht, sich mit ihren Forderungen in vollem Umfang durchzusetzen, doch die Bestimmungen, die schließlich in den EVG-Vertrag aufgenommen wurden, trugen deutlich ihre Handschrift. So erhielt das EVG-Exekutivorgan, das Kommissariat, umfangreiche Genehmigungs- und Kontrollkompetenzen bezüglich Produktion, Import und Export von Waffen, Munition und militärischer Ausrüstung zugewiesen. Die Möglichkeit der Herstellung schwerer Rüstungsgüter in Westdeutschland wurde deutlich beschränkt. Für die Änderung bestehender Bestimmungen war das einstimmige Votum des EVG-Ministerrates notwendig. Paris verfügte somit über ein Vetorecht.

Auch bei den Verhandlungen über das künftige EVG-Rüstungskommissariat kamen die französischen Kontrollabsichten deutlich zum Vorschein. In der Phase bis zur Unterzeichnung des EVG-Vertragswerkes (Oktober 1951 – Mai 1952) versuchten die französischen Vertreter, eine möglichst zentralistische Organisationsstruktur durchzusetzen: Eine – nach Möglichkeit von einem Franzosen geführte – Einmann-Behörde mit umfassenden Vollmachten. Sie sollte von der Ermittlung der in den Mitgliedstaaten vorhandenen Rohstoffe und Industriekapazitäten über die Auftragsvergabe und Kontrolle von Forschung, Fertigung, Ein- und Ausfuhr bis hin zur Lenkung der Rüstungswirtschaft in den einzelnen Mitgliedstaaten reichen. Desweiteren reklamierte Paris für den EVG-Kommissar die Zuständigkeit für die Verteilung der Militärhilfe, um bilaterale deutsch-amerikanische Abmachungen auf diesem Gebiet auszuschließen. An der Seine ging die Sorge um, dass die neu zu formierenden deutschen Militärkontingente wegen ihres hohen Materialbedarfs bevorzugt in den Genuss amerikanischer Ausrüstungshilfe kommen könnten – zu Lasten der französischen Streitkräfte, die dringend auf materielle Unterstützung seitens der USA angewiesen waren, um den verlustreichen Krieg in Indochina führen zu können.

Je weiter die EVG-Verhandlungen fortschritten, desto mehr wurde bei der französischen Politik die Absicht deutlich, den supranationalen Integrationsansatz ausschließlich auf die Deutschen anzuwenden und für sein eigenes Militär wie auch für die heimische Rüstungsindustrie unter Verweis auf bestehende weltweite Verpflichtungen Sonderregelungen einzufordern. Dies wurde ab dem Frühjahr 1953 deutlich erkennbar, als Paris die Forderung nach Zusatzprotokollen zum EVG-Vertrag erhob. Unter anderem sollte das EVG-Kommissariat für die unter nationalem Kommando verbleibenden Truppen automatische Genehmigungen hinsichtlich Forschung, Produktion, Ein- und Ausfuhr erteilen. Dies bedeutete nichts anderes, als Frankreich einen Blankoscheck auszustellen und ihm die Beibehaltung seiner nationalen Rüstungs- und Beschaffungsorganisation zu ermöglichen. Die immer deutlicher werdende Verzögerungstaktik der französischen Diplomatie am EVG-Verhandlungstisch wirkte sich auch auf die Aktivitäten des Interimsausschusses aus. Im Rüstungsausschuss zeigte sich vor allem bei der französischen Delegation zunehmend die Tendenz, die Arbeiten zu bremsen. Damit manövrierte sie sich allerdings gegenüber ihren Partnern immer mehr in die Isolation. Alles in allem trat deutlich zum Vorschein, dass es den französischen Verantwortlichen mehr um die Eindämmung der Deutschen als um den Aufbau einer gemeinsamen Rüstung zur Verteidigung gegen einen möglichen Angriff der UdSSR und ihrer Satellitenstaaten ging. Bei den eigentlichen EVG-Rüstungsplanungen spielte die sowjetische Rüstung übrigens keine Rolle. Im Pariser Rüstungsausschuss ging es in erster Linie um Gestalt und Funktionsweise einer integrierten Rüstungsorganisation.

Wie eng französisches Sicherheitsdenken und EVG-Rüstungsplanungen verknüpft waren, zeigte sich nicht zuletzt anhand der Entscheidung, die Leitung der französischen Rüstungsdelegation ab Spätsommer 1952 einem erfahrenen Rüstungskontrollbeamten und ausgezeichneten Kenner der westdeutschen Industrie- und Wissenschaftslandschaft anzuvertrauen und ihn auch für den Vorsitz des Rüstungsausschusses durchzusetzen. Insgesamt ergab sich somit ein bizarres Bild: Während die französische Regierung nach außen hin fleißig an der Verwirklichung der von ihr initiierten EVG-Pläne mitwirkte, arbeitete sie hinter den Kulissen gezielt gegen die Stärkung des westdeutschen Verteidigungspotenzials. Selbst die notwendige Koordinierung zwischen dem EVG-Interimsausschuss und NATO-Gremien wurde von Paris erschwert. Die deutschen Vorstellungen auf dem Gebiet der Standardisierung und Materialbeschaffung fanden nur unzureichend Berücksichtigung.

Im Gegensatz zu vielen Politikern war für Frankreichs Militärführung völlig unstrittig, dass ein deutscher Wehrbeitrag unumgänglich war, um den Kontinent vor einem möglichen Großangriff aus dem Osten schützen zu können. Der Rhein war in den Augen der französischen Planer von strategischer Bedeutung für die Verteidigung des eigenen Mutterlandes. Allerdings wollten sie dem ehemaligen Kriegsgegner keine gleichberechtigte Stellung zugestehen. Die deutschen Kontingente durften nicht stärker und moderner ausgestattet sein als die eigenen; die deutsche Aufrüstung galt es zu beschränken.

Wie sich zeigte, trafen die EVG-Rüstungsplanungen sowohl bei den Streitkräften und der Ministerialbürokratie als auch bei der Industrie auf entschiedenen Widerstand. Die Generalstabschefs der Gesamt- und der Teilstreitkräfte befürchteten schwerwiegende Folgen für die eigenen Rüstungsdirektionen, die größtenteils staatliche Rüstungsindustrie, Frankreichs militärische Einsatzfähigkeit und verteidigungspolitische Autonomie. Eine mit umfassenden Kompetenzen ausgestattete supranationale Organisation, die nach ihren Vorstellungen nur in einem Chaos münden könne, lehnten sie strikt ab. Darüber hinaus widersprach ein supranationales Gebilde ihrem Selbstverständnis, demzufolge die

*Grande Nation* weiterhin als militärische Großmacht zu betrachten und eine Abtretung von Souveränität im militärischen Bereich an eine überstaatliche Ebene undenkbar sei. Anstelle eines supranationalen Kommissariats forderte die Generalität eine dezentralisierte europäische Organisationsstruktur, die den vorhandenen nationalen Einrichtungen ein Maximum an Handlungsspielraum und Unabhängigkeit beließ und eine möglichst lange Übergangsperiode vorsah. Am liebsten wäre es ihr jedoch gewesen, die Diplomatie hätte das Thema EVG erst gar nicht auf die Tagesordnung gesetzt. Den hartnäckigsten Widerstand leistete die äußerst traditionsbewusste Marine, die sich durch die EVG in ihren Grundfesten bedroht sah und um ihre großen Marinearsenale fürchtete. Eindringlich warnte die Marineführung davor, die Einsatzfähigkeit der Flotte und die Wahrnehmung ihrer überseeischen Schutzverpflichtungen zu vernachlässigen.

Großes Unbehagen löste bei Rüstungsfachleuten und Industrieverbänden das geplante Vergabeverfahren für EVG-Rüstungsaufträge aus. Die Erteilung von Aufträgen durch das Kommissariat auf der Grundlage eines Ausschreibungsverfahrens erschien ihnen aufgrund des hohen Preisniveaus der heimischen Industrie als existenzielle Bedrohung. Sie befürchteten, dass die zu einem Großteil verstaatlichten, zumeist ineffizient arbeitenden und in preislicher Hinsicht wenig konkurrenzfähigen französischen Arsenale und Unternehmen in einem westeuropäischen Rüstungsmarkt den wirtschaftlich erstarkenden und technologisch innovativen Deutschen nicht gewachsen sein würden. Dahinter verbarg sich ein regelrechter »Minderwertigkeitskomplex«[2] gegenüber dem deutschen Nachbarn, der mit Erfolg einen marktwirtschaftlichen Kurs verfolgte und den Aufbau einer privatwirtschaftlich organisierten Rüstungsindustrie anstrebte. Einer staatsinterventionistischen Industriepolitik, wie sie in Frankreich Tradition war, erteilte man in Bonn eine klare Absage. An der Seine zeigte man sich besonders um den Fortbestand der mit viel Aufwand wieder aufgebauten nationalen Luftfahrtindustrie besorgt, die mehr als alles andere den technologischen Fortschritt verkörperte, für die Ausstattung moderner Streitkräfte von herausragender Bedeutung war und als nationales Prestigeobjekt galt. Die massive Kampagne der Verbände, die die Einführung von Sonderregelungen und die Begrenzung des freien Wettbewerbs zum Ziel hatte und damit letztlich den supranationalen Gehalt des EVG-Vertrags aushöhlte, stieß bei französischen Politikern und Militärs auf offene Ohren. Sie offenbarte zudem tiefsitzende Ängste und Ressentiments gegen die Deutschen, die aus dem Zeitalter der Weltkriege stammten: Die Furcht vor einer militärischen und wirtschaftlichen Dominanz des einstigen Kriegsgegners war nach wie vor groß.

Während die Militärs scharfe Kritik an dem Projekt übten und zunehmend auf Konfrontationskurs zur eigenen Regierung gingen, verkauften die EVG-Befürworter es als einzig gangbare Lösung, um eine fortwährende Kontrolle der Deutschen zu ermöglichen. Sie verwiesen dabei auch auf die erreichten Ausnahmeregelungen und betonten die mit der EVG verbundenen Modernisierungsimpulse für die heimische Industrie. Überdies sahen sie günstige Absatzchancen für Frankreichs Erzeugnisse in einem europäischen Markt. Einige Stimmen gingen sogar so weit, eine Supranationalisierung als Rettungsanker für die unter massiven Finanzproblemen, mangelnder Produktivität und unzureichender Kapazitätsauslastung leidende Rüstungswirtschaft zu loben. Die

---

[2] Guillen, Die französische Generalität, S. 154.

Vorteile einer Verschmelzung der finanziellen, wissenschaftlichen, industriellen, wirtschaftlichen Ressourcen Westeuropas, die die Befürworter immer wieder hervorhoben – die Standardisierung von Waffen, Munition und Gerät, den effizienteren Einsatz der vorhandenen Mittel durch große Serienfertigungen, die Reduzierung der Abhängigkeit von amerikanischen Waffenlieferungen und die geringere Verwundbarkeit einer europäischen Rüstungsindustrie gegen militärische Angriffe aus dem Osten – vermochten die Kritiker nicht zu überzeugen.

Die Furcht vor den Folgen eines gemeinsamen Rüstungsmarktes spielte in den Debatten der französischen Nationalversammlung eine wichtige Rolle und war ein nicht zu unterschätzender Grund für das Scheitern der EVG, ebenso wie grundsätzliche psychologische und traditionelle Vorbehalte gegenüber dem Nachbarn am Rhein. Nicht weniger gewichtig waren die Bedenken der französischen Nuklearplaner gegen die EVG-Rüstungsklauseln, die der Realisierung ihrer atomaren Träumereien entgegenstanden. Das nationale Nuklearwaffenprogramm sollte nicht nur als Abschreckungsinstrument gegenüber der Sowjetunion dienen, Frankreich auf Augenhöhe mit den USA und Großbritannien heben und seine Führungsrolle in Westeuropa untermauern, sondern war auch als Rückversicherung gegen ein wiedererstarkendes Deutschland gedacht. Von Genehmigungen des EVG-Kommissariats wollte man sich in Paris nicht abhängig machen. Selbst die Idee eines europäischen Atompools unter französischer Führung fand kein Gehör. Nur sehr vereinzelt gab es im Lager der französischen Generalität echte EVG-Befürworter. Abgesehen vom Chef der französischen EVG-Militärdelegation de Larminat befand sich unter den Spitzenmilitärs niemand, der die Europaarmee voll unterstützte und ein Verständnis für eine europäische Verteidigungsidentität jenseits des Nationalstaates entwickelte. Das Stimmungsbild bei den Militärs der Partnerländer war übrigens kaum anders. Die überwiegende Mehrheit hielt eine enge Zusammenarbeit zur Stärkung der westlichen Verteidigung zwar für unabdingbar, lehnte aber eine supranationale Streitmacht und Rüstung ab. Stattdessen setzten die Militärs auf die NATO und eine enge intergouvernementale Militärkooperation. Damit wurden auch die nationalen Traditionen gewahrt.

Welch großes Interesse Frankreichs Militärs an einer Kooperation im Rüstungssektor besaß, wurde bei ihren Initiativen deutlich, die sie parallel zum Aufbau des NATO-Rüstungsapparates und zu den EVG-Planungen ergriffen. Die ehrgeizigen Pläne der Generalstabschefs des Heeres und der Luftwaffe für westeuropäische Produktions- und Standardisierungsprogramme, die schließlich zur Gründung der informellen Kooperationsplattformen FINBEL und FINBAIR führten, hatten nicht nur eine effizientere Nutzung von Ressourcen zum Ziel, sondern auch die Etablierung einer kontinentaleuropäischen Gruppierung unter französischer Führung – als Gegengewicht zur rüstungspolitischen Dominanz der USA und Großbritanniens im Nordatlantischen Bündnis. Die Adressaten der Kooperationsofferten, allen voran die Benelux-Staaten, reagierten auf die französischen Avancen jedoch vorsichtig, weil sie führungs-, ausbildungs- und materialmäßig stark auf Großbritannien und zunehmend auf die NATO-Führungsmacht USA ausgerichtet waren. Ferner erkannten sie, dass die französische Industrie aufgrund ihres Gewichts überproportional von einer solchen Zusammenarbeit profitiert hätte. Den Anspruch auf eine Führungsrolle erhob Frankreich auch bei den Pariser EVG-Planungen. So versuchten seine Vertreter, die rüstungspolitische Agenda zu bestimmen und entsprechende Initiativen einzubringen, um die Arbeiten in die gewünschten Bahnen zu lenken. Ähnliches zeigte sich beim Vorschlag eines Rüstungspools, den die Franzosen nach dem Scheitern der EVG auf die Tagesordnung brachten und zu dessen Realisierung sie die Deutschen mit der Aussicht auf eine enge bilaterale Kooperation zu locken versuchten. Auch auf industrieller Ebene war Frankreichs Führungsanspruch spürbar, wie die Pläne zur Schaffung eines europäischen Luftfahrtpools illustrieren.

Die Dimension, die die EVG-Rüstungsplanungen annahmen, erscheint umso spektakulärer, betrachtet man sich den damaligen Stand der internationalen Rüstungskooperation. Sie befand sich im Anfangsstadium und, gemessen an heutigen Maßstäben, auf einem niedrigen Niveau. Sie bestand fast ausschließlich aus dem (Ver-)Kauf von Militärgütern oder der Lizenzfertigung überwiegend anglo-amerikanischen Militärgeräts. Den Versuchen, im Rahmen der NATO eine koordinierte Rüstungsproduktion auf die Beine zu stellen und eine Standardisierung von Waffen und Gerät zu erreichen, waren aufgrund der divergierenden Wirtschafts- und industriepolitischen Interessen der Bündnismitglieder nur magere Erfolge beschieden. Die mit Rüstungsfragen befassten, im stetigen Reorganisationsprozess befindlichen Organisationsstrukturen des Bündnisses verfügten nur über schwache Kompetenzen, es gab kein Gemeinschaftsbudget für Bündnisprogramme. Die in den NATO-Gremien tätigen Experten mussten einen schwierigen Spagat zwischen nationaler Interessenvertretung und gemeinsamem Bündniszweck vollführen. Vielerorts mangelte es am politischen Willen, sich auf eine stärkere, institutionalisierte Rüstungszusammenarbeit einzulassen, beharrte man doch weiterhin auf der eigenen Souveränität. Hinzu kam, dass die noch vom Zweiten Weltkrieg arg gebeutelten und militärisch schwachen Mitgliedstaaten sich aufgrund ihrer eindeutigen Präferenz für den wirtschaftlichen Wiederaufbau und chronisch leerer Kassen wenig geneigt zeigten, in großem Umfang in die Aufrüstung zu investieren. Stattdessen spekulierte man in den westlichen Hauptstädten auf möglichst großzügige US-Militärhilfe, insbesondere in Form von Aufträgen für die heimische Industrie. Mit seinem Bilateralismus untergrub Washington jedoch jegliche Versuche einer koordinierten Rüstungsproduktion im NATO-Rahmen. Dieses Vorgehen wie auch der intergouvernementale Charakter der NATO verhinderten letztlich eine Vertiefung der verteidigungspolitischen Integration Westeuropas.

Während Frankreich in erster Linie eine möglichst lückenlose Kontrolle des militärischen und rüstungswirtschaftlichen Potenzials der Bundesrepublik anstrebte, ging es der Bundesrepublik insbesondere darum, durch ihren Wehrbeitrag ihre Souveränität zurückzugewinnen und ihren politischen Einfluss im Rahmen einer europäischen supranationalen Gemeinschaft zu vergrößern. Die Deutschen hatten dem Europaarmee-Vorstoß Plevens kritisch gegenübergestanden und die Aufstellung eigener Streitkräfte im Rahmen der NATO klar bevorzugt, doch trugen sie das Integrationsprojekt mit, da dies politisch der einzig gangbare Weg war. Bei den Verhandlungen über den rüstungswirtschaftlichen Teil des EVG-Vertragswerkes und den anschließenden Beratungen im Interimsausschuss prallten die dirigistischen Vorstellungen Frankreichs und die marktwirtschaftliche Ausrichtung der Bundesrepublik hart aufeinander. Die von Paris favorisierte zentralistische Lösung und die einseitigen, als diskriminierend empfundenen Rüstungsbeschränkungen lehnte Bonn ab. Bei den Verhandlungen bemühten sich die deutschen Planer daher nach Kräften, das ungeliebte Projekt in ihrem Sinne zu modifizieren. Sowohl aus wirtschaftspolitischen Erwägungen als auch aus Effizienzgründen lehnten sie eine zu starke Machtkonzentration beim EVG-Kommissariat ab. Zum einen befürchteten sie eine Beeinträchtigung des marktwirtschaftlichen Kurses der Bundesrepublik, zum anderen hielten sie ein zentralistisches System für schwerfällig und einer raschen Bedarfsdeckung der neu zu formierenden Streitkräfte abträglich. Das Bundeswirtschaftsministerium, das sich als regelrechter Gralshüter der Sozialen Marktwirtschaft verstand, wachte bei den EVG-Planungen auf die strikte Einhaltung eines freien Wettbewerbs und der Vereinbarkeit von Marktwirtschaft und Rüstungswirtschaft. Darüber hinaus wollte die deutsche Seite der bundesdeutschen Industrie einen fairen Anteil am EVG-Auftragsvolumen ermöglichen.

Anstelle eines zentralistischen Systems favorisierten die Deutschen eine föderative Lösung: Die Durchführung von EVG-Rüstungsaufträgen sollte bis auf wenige Ausnahmen im Auftrag des Kommissariats durch nationale Dienststellen durchgeführt werden. Man hielt dies nicht nur für effizienter als einen zentralistischen Riesenapparat, sondern wollte sich auch einer allumfassenden Kontrolle sowie äußeren Eingriffen entziehen. Doch nicht nur Frankreich, sondern auch die anderen Besatzungsmächte sowie die EVG-Partner sperrten sich gegen derartige Pläne. Der schließlich erzielte Kompromiss, die Schaffung dezentraler ziviler Dienststellen des Kommissariats, eröffnete den Deutschen immerhin die Möglichkeit, bis zum Inkrafttreten des EVG-Vertragswerks den Aufbau einer eigenen Rüstungs- und Beschaffungsstelle voranzutreiben, die dann in die EVG eingebracht werden sollte. Als erfolglos erwiesen sich die Bemühungen der deutschen Delegation um ein wirtschaftliches Zusatzabkommen zum EVG-Vertrag, das detaillierte Bestimmungen zum integrierten Rüstungs- und Beschaffungswesen enthalten und marktwirtschaftliche Prinzipien verankern sollte. Desweiteren mussten die Deutschen mit den bereits erwähnten Rüstungsbeschränkungen eine bittere Pille schlucken. Auch wenn die deutschen Wirtschaftsvertreter sich wesentlich loyaler gegenüber der eigenen Regierung zeigten als ihre französischen Kollegen, so teilten sie mit ihnen doch einige der Vorbehalte gegenüber der EVG. Einer mit umfassenden Befugnissen ausgestatteten Rüstungs- und Beschaffungsorganisation standen auch sie skeptisch gegenüber.

Das Verhältnis zwischen den deutschen und französischen Delegationen war, insbesondere in der Phase bis zum Abschluss des EVG-Vertragswerkes, von Misstrauen und Spannungen geprägt. Die Deutschen warfen den Franzosen einen übersteigerten Hang zum Zentralismus, Kontrollwut und systematische Diskriminierungsabsichten vor. Die Franzosen beklagten sich über die Widerspenstigkeit ihrer deutschen Kollegen und unterstellten ihnen sogar mangelnden Integrationswillen. Im Interimsausschuss, wo es nach der Unterzeichnung des EVG-Vertragswerkes um die Detailarbeit ging, schien sich das beiderseitige Verhältnis zu verbessern, wenngleich man sich auf deutscher Seite über die französische Verzögerungstaktik und das zu langsame Tempo der Rüstungsplanungen ärgerte. In Bonn wünschte man sich möglichst rasch Gewissheit über Umfang und Struktur eines westdeutschen Verteidigungsbeitrages und war an einem zügigen Fortgang der Pariser Arbeiten interessiert.

Auf französischer Seite hegte man die Befürchtung, dass ihnen die Deutschen in der EVG auf rüstungstechnischem Gebiet über kurz oder lang den Rang ablaufen und schließlich zur Führungsmacht aufsteigen könnten. Mit einer Mischung aus Bewunderung, Neid und Sorge registrierten französische Militärs, Regierungskreise und Industrielle den erstaunlichen wirtschaftlichen Aufschwung und die politische Stabilität der jungen Bundesrepublik, die fast das Gegenteil der reformunfähigen und krisengeschüttelten Französischen Republik verkörperte. Eng damit verknüpft war bei vielen die Annahme, dass die Deutschen zu den großen Nutznießern des EVG-Vertrages gehören würden. In Paris hielt man es für wahrscheinlich, dass die Deutschen im Falle der Realisierung der EVG aufgrund ihrer wachsenden Ressourcen schon in wenigen Jahren wieder das gesamte Spektrum an schweren Waffen herstellen könnten. Bei einigen Materialkategorien entpuppte sich der östliche Nachbar bereits als ernst zu nehmender Konkurrent.

Verstärkt wurden die französischen Befürchtungen durch das professionelle Auftreten der Deutschen im EVG-Interimsausschuss und dessen Vorläufer: Die starke Präsenz ihrer Delegation, ihr enormer Fleiß und ihre Kompetenz sorgten bei den Partnern, vor allem bei den Franzosen, für Aufsehen und wurden als Indiz dafür gewertet, dass die Deutschen ehrgeizige Ziele verfolgten und gar eine sicherheitspolitische Dominanz in Westeuropa anstrebten. Das Erstaunliche, ja geradezu Paradoxe war, dass die Deutschen von den Franzosen plötzlich genau für das kritisiert wurden, was sie von ihnen erwartet hatten: Dass sie ihre Wiederbewaffnungsvorbereitungen in einen supranationalen Rahmen einbetteten und an der Verwirklichung der Europaarmee mitwirkten. Der deutschen Seite, die sich insbesondere auf Bundeskanzler Adenauers Betreiben hin der EVG-Lösung gebeugt hatte und so französischen Ängsten zuvorkommen wollte, sah sich wegen ihres intensiven Engagements im Interimsausschuss und auf diplomatischer Ebene plötzlich dem Vorwurf ausgesetzt, geheime Hintergedanken zu hegen. Die aus französischer Sicht starre Haltung der Deutschen gegen eine Abschwächung der supranationalen Elemente des EVG-Vertragswerkes wertete man in Paris sogar als mangelnde Sensibilität gegenüber der französischen Mentalität. In Paris erkannte man zusehends, dass die supranationale Integration zu einem regelrechten Bumerang zu werden drohte. Im Bestreben, den ehemaligen Kriegsgegner und europapolitischen Musterknaben durch ein gemeinsam vorbereitetes, durchgeführtes und finanziertes Bewaffnungsprogramm unter die Fittiche nehmen zu können, hatte sich Frankreich letztlich selbst Fesseln angelegt. Es musste sich nämlich denselben Regeln unterwerfen, was mit seinem Selbstverständnis als Großmacht und seinen sicherheitspolitischen Ambitionen schlichtweg unvereinbar war. Mit der Ausweitung der Integration auf die Bereiche Militär und Rüstung drohte der französische Nationalstaat in einem unter vorwiegend deutschem Einfluss stehenden supranationalen Gebilde aufzugehen. Aus Furcht vor einer derartigen Entwicklung bremste man an der Seine auch in der Frage einer Politischen Gemeinschaft (EPG), die bekanntlich als »politisches Gewölbe« für die EVG gedacht war. So wundert es kaum, dass Diplomaten und Militärs schon früh Alternativüberlegungen anstellten, die im Kern auf die Schaffung einer um Großbritannien erweiterten, eng an die NATO angelehnten intergouvernementalen Verteidigungs- und Rüstungsgemeinschaft zielten. Damit erhoffte man die volle Souveränität über die eigene Rüstungswirtschaft und die uneingeschränkte Befehlshoheit über die Streitkräfte zurückzuerlangen, gleichzeitig aber Rüstungsbeschränkungen für die Deutschen aufrechtzuerhalten.

Die Bilanz der EVG-Rüstungsplanungen war durchaus bemerkenswert: In der ersten Phase von Oktober 1951 bis Mai 1952 gelang es den Delegationen nach mitunter zähem Ringen, die Grundlinien für die Aufstellung, Durchführung und Finanzierung eines gemeinsamen Rüstungsprogramms und die Kompetenzen des EVG-Kommissariats festzulegen und im EVG-Vertrag zu fixieren. In der zweiten Phase bis zum Scheitern des EVG-Vertragswerks Ende August 1954 befassten sich der in Paris tagende EVG-Interimsausschuss und seine Unterausschüsse mit unzähligen Detailfragen, damit das Kommissariat nach erfolgreicher Vertragsratifikation möglichst rasch seine Arbeit würde aufnehmen können. Auf der Tagesordnung standen die Organisationsstruktur des Rüstungskommissariats und seiner Dienststellen, nahezu sämtliche mit der Auftragsvergabe zusammenhängenden Detailfragen, Vorschriften zur Genehmigung von Forschung, Produktion sowie Ein- und Ausfuhr, die Erfassung aller in den Mitgliedstaaten laufenden Rüstungsaufträge, die Regelung von Haushalts-, Zoll-, Steuer-, Devisen- und Transferfragen und die Ausarbeitung von Einfuhr- und Ausfuhrlizenzen. Experten arbeiteten an der Standardisierung von Waffen, Munition und Ausrüstung sowie an Grundsätzen für gemeinsame Forschungs- und Entwicklungsvorhaben. Die Ausschüsse beschäftigten sich desweiteren mit der Ermittlung der in den Mitgliedsländern vorhandenen Rüstungskapazitäten und mit der Verteilung der auswärtigen Materialhilfe. In den Fokus rückten in der Endphase der Verhandlungen auch die Klärung patentrechtlicher Fragen und Entwürfe zu Organisation und Status des künftigen EVG-Ingenieurkorps. Zwar gelang es bis zum Ende des EVG-Projekts keineswegs, in sämtlichen aufgezählten Bereichen gemeinsame bzw. abschließende Lösungen zu erzielen, die Planungen umfassten allerdings nahezu alle relevanten Themenfelder und waren erstaunlich weit gediehen. Sie reichten bis zum Entwurf eines mehrgliedrigen europäischen Rüstungskommissariats mit dazugehörigen Dienststellen und Ämtern. Bei einigen Waffenkategorien war es sogar gelungen, einheitliche taktisch-technische Forderungen zu formulieren – eine wesentliche Grundlage für Gemeinschaftsprojekte. Zwar wurde der supranationale Gehalt des Kommissariats durch die Richtlinienkompetenz des EVG-Ministerrats eingeschränkt, was aber den inneren Aufbau betraf, war es tatsächlich als supranationales Organ entworfen. Eine positive Entwicklung zeichnete sich auch auf der persönlichen Ebene ab: Bei der gemeinsamen Arbeit im Interimsausschuss und im Rahmen von Luftfahrtmessen, Waffenvorführungen und Werksbesichtigungen lernten sich die nationalen Delegationen besser kennen und schufen somit ein Fundament für die spätere bi- und multilaterale Zusammenarbeit.

Dass sich Belgier, Franzosen, Italiener, Niederländer und Deutsche nur fünf Jahre nach dem Ende des Zweiten Weltkrieges auf derart weitreichende Planungen einließen und Militärs, Beamte und Rüstungsfachleute zusammen an der Konzeption einer gemeinsamen Streitmacht feilten, ist außerordentlich bemerkenswert. Für die Verwirklichung einer Europaarmee mit entsprechendem administrativen Überbau war es Anfang der 1950er Jahre allerdings noch zu früh. Zum einen war das politische Klima nach wie vor ungünstig, zum anderen verfügte man kaum über die notwendigen Kooperationserfahrungen. Mit den Vorbereitungsarbeiten zur Schaffung der EVG wurden die beteiligten Militärs und Beamten buchstäblich ins kalte Wasser geworfen: Sie waren mit unterschiedlichen Traditionen, Mentalitäten und Interessenlagen konfrontiert. Die Konstellationen zwischen den nationalen Delegationen ergaben sich entsprechend ihren jeweiligen Interessen und Traditionen. Nicht selten kam es zu Absprachen zwischen den Vertretern Belgiens und Frankreichs sowie zwischen denen Deutschlands und der Niederlande. Die Italiener verhielten sich sehr schwankend, schienen aber in organisatorischen Fragen eher den von zentralistischen Wunschvorstellungen geleiteten Franzosen zugeneigt. In Frankreich war das Rüstungs- und Beschaffungswesen unter dem Dach des Verteidigungsministeriums zusammengefasst; seine Rüstungsindustrie befand sich weitestgehend in staatlicher Hand. Ähnlich gestalteten sich die Verhältnisse in Italien. Es kam jedoch auch vor, dass man innerhalb einer nationalen Delegation uneins war und die Konfrontation zwischen den gemischt besetzten Ausschüssen stattfand. Dies zeigt, dass es den nationalen Vertretern durchaus möglich war, gemeinsam mit ihren Partnern an einem Strang zu ziehen und sachorientiert zusammenzuarbeiten. Die Konfliktlinien verliefen nicht immer zwischen den nationalen Delegationen. Überspitzt formuliert: Womöglich waren sich die Militärs und Rüstungsexperten näher als die Politiker und Diplomaten, die über zwei Jahre heftig um das Zustandekommen der EVG rangen. Nicht nur für die damalige Zeit waren die EVG-Planungen außergewöhnlich. Bis zum heutigen Tag ist es den Europäern nicht gelungen, an die konzeptionellen Überlegungen von damals anzuknüpfen, doch mehren sich seit einigen Jahren die Stimmen, die eine noch stärkere Vergemeinschaftung im Bereich der europäischen Sicherheits- und Verteidigungspolitik bis hin zur Schaffung einer Europäischen Armee fordern.

Von einem engen deutsch-französischen Zusammenwirken bei den EVG-Rüstungsplanungen – diesen Wunsch hatten die Franzosen zu Beginn der Arbeiten des Interimsausschusses geäußert – war während des gesamten Untersuchungszeitraumes weit und breit nichts zu sehen. Die Deutschen hatten die Signale positiv aufgenommen und ihrerseits versucht, auf die Franzosen zuzugehen, um Misstrauen zu zerstreuen und eine deutsche Wiederbewaffnung in Frankreich salonfähiger zu machen. Allerdings griffen die Franzosen die Angebote nicht auf und übten große Zurückhaltung. Ihr Sicherheitsdenken blieb sehr ausgeprägt. Dennoch ließen sich während der EVG-Phase trotz der maßgeblich durch die politische Großwetterlage bedingten Schwierigkeiten bemerkenswerte konstruktive Kooperationsansätze zwischen Deutschen und Franzosen feststellen. Dies zeigte sich anhand der Zusammenarbeit der Industrieverbände bei der Formulierung einer gemeinsamen Linie gegenüber der EVG und der nach anfänglich starkem Misstrauen zunehmenden, mitunter von Regierungsstellen tolerierten Sondierungen zwischen deutschen und französischen Industriellen. Vertreter aus beiden Ländern dachten bereits über verschiedene Kooperationsmöglichkeiten nach, etwa auf dem Gebiet des Lizenzbaus oder der Schaffung gemeinsamer Rüstungswerke und Forschungseinrichtungen, und begannen erste Sondierungsgespräche. Deutsche Fachleute, die seit Kriegsende in französischen Diensten standen oder über gute Kontakte ins Nachbarland verfügten, spielten dabei eine prominente Rolle und fungierten als Vermittler oder »Brückenbauer«. Beschleunigt wurde der Annäherungsprozess durch den sich im Frühsommer 1954 abzeichnenden Kurswechsel der französischen Regierung, die sich angesichts des intensiver werdenden Wettlaufs unter den westlichen Anbietern um den künftigen bundesdeutschen Rüstungsmarkt zu einer kooperativeren Linie gegenüber Bonn gezwungen sah.

Die Bemühungen der Briten und Amerikaner, bei den Deutschen bereits vor der endgültigen Ratifikation des EVG-Vertrages kräftig die Werbetrommel für ihre Rüstungsgüter zu rühren, hatten in Paris für großes Unbehagen gesorgt und dort den Verdacht genährt, ihre beiden Verbündeten könnten geneigt sein, die bestehenden Rüstungsverbote vorzeitig zu unterlaufen. Die Fühlungnahme zwischen Deutschen und Franzosen auf rüstungswirtschaftlichem Gebiet wurde aber weniger von deutsch-französischen Versöhnungsgedanken oder europäischen Integrationsideen der Nachkriegszeit bestimmt, wie immer wieder vonseiten führender Politiker öffentlich beschworen wurde, sondern maßgeblich von ökonomischen Interessen von Unternehmern und Verbänden. Zwischen deutschen und französischen Wirtschaftsvertretern hatten sich bereits enge, mitunter institutionalisierte Kontakte entwickelt. Für die französische Regierung waren insbesondere sicherheitspolitische Motive maßgebend, doch zeigte sie sich zunehmend bestrebt, materiellen Nutzen aus der westdeutschen Wiederbewaffnung zu ziehen. Das Kooperationsinteresse der französischen Initiatoren lässt sich auf die Formel »Sicherheit und Profit durch Kooperation« bringen.

Diesen Ansatz führte Paris nach dem Tod des EVG-Projekts, im Zuge der Verhandlungen über einen NATO-Beitritt der Bundesrepublik, fort, als es seinen Partnern den Plan eines mit weitreichenden Befugnissen versehenen westeuropäischen Rüstungspools servierte und parallel dazu intensiv um Bonner Unterstützung warb. Nun hofierten die Franzosen ihren Nachbarn am Rhein regelrecht und warben um eine bereits in einem frühen Stadium einsetzende Kooperation, die bis zur gemeinsamen Materialproduktion und -beschaffung reichen sollte. Dabei wurden sie ein weiteres Mal nicht müde, die Bedeutung eines engen deutsch-französischen Einvernehmens für die europäische Integration zu betonen. Dies konnte jedoch kaum darüber hinwegtäuschen, dass die französischen Motive nach wie vor maßgeblich sicherheitspolitisch motiviert waren und Bonn auch rüstungswirtschaftlich eng an Paris gebunden werden sollte. Auch wenn das Vorhaben bei den Deutschen und den übrigen Partnern aufgrund ihrer bisherigen Erfahrungen auf große Skepsis stieß und »nur« in den auf freiwilliger Zusammenarbeit basierenden, mit keinen überstaatlichen Befugnissen ausgestatteten Ständigen Rüstungsausschuss der WEU mündete: Eine Zusammenarbeit im Rüstungsbereich lag grundsätzlich im Interesse Adenauers, dem eine deutsch-französische Verständigung sehr am Herzen lag und der die Bedeutung einer solchen Zusammenarbeit für das bilaterale Verhältnis mit Paris klar erkannt zu haben scheint.

In der vorliegenden Arbeit wurde gezeigt, dass schon wenige Jahre nach dem Ende des Zweiten Weltkrieges das Thema Rüstung eine nicht unbedeutende Rolle in den deutsch-französischen Beziehungen und im europäischen Integrationsprozess spielte. Auch wurde deutlich, dass in diesem Bereich schon damals intensive Kontakte zwischen Militärs, Rüstungsfachleuten und Industriellen entstanden. Das Rüstungsproblem war vor dem Hintergrund des Zweiten Weltkrieges und des sich verfestigenden Ost-West-Konflikts eines der Schlüsselprobleme im deutsch-französischen Verhältnis, und zwar in zweierlei Hinsicht: »Sicherheit vor Deutschland« und »Sicherheit mit Deutschland«. Obwohl die Protagonisten in Paris die Vorzüge, wenn nicht gar die Notwendigkeit einer engen Einbindung der Bundesrepublik erkannten, blieb der Aspekt »Sicherheit vor Deutschland« beherrschend. Es wandelte sich erst unter dem Eindruck sich wandelnder politisch-strategischer Rahmenbedingungen und der wachsenden Bedeutung nationalstaatlicher Wirtschaftsinteressen.

Am Beispiel der als ureigenster nationalstaatlicher Domäne und daher als besonders sensibel geltenden Rüstung wurde deutlich, wie stark die nationalen Egoismen bei der Umsetzung des europäischen Integrationsgedankens zum Tragen kamen. Die von Zeitgenossen häufig zum Ausdruck gebrachte Europaeuphorie und der damit verbundene Verständigungsgedanke standen mitunter in starkem Kontrast zu dem komplexen Interessengeflecht staatlicher Administrationen, Militärs und Wirtschaftsakteure.

Im Falle der EVG bedeutete dies konkret, dass ihren Befürwortern nur ein begrenzter Handlungsspielraum verblieb. Es zeigte sich zudem, dass nationalstaatliche Interessen nicht selten in Europarhetorik verpackt wurden, um sie nach außen hin zu kaschieren.

Heute steht die EU vor bemerkenswert ähnlichen Herausforderungen wie die Rüstungsplaner in den 1950er Jahren, wenn auch unter anderen politischen und strategischen Rahmenbedingungen als damals. Angesichts anhaltender militärischer Fähigkeitsdefizite, der Notwendigkeit interoperabler Streitkräfte für multinationale zivil-militärische Operationen jenseits der Grenzen Europas, sinkender Verteidigungshaushalte und den Erfordernissen einer leistungsfähigen und global wettbewerbsfähigen europäischen Rüstungsindustrie erlebt die Diskussion um eine europäische Rüstungsintegration eine Renaissance. Es wird jedoch noch beträchtlicher Anstrengungen bedürfen, um die im Vergleich zum EVG-Kommissariat mit äußerst schwachen Kompetenzen ausgestatte EU-Verteidigungsagentur handlungsfähiger zu machen und einen echten europäischen Rüstungsmarkt zu schaffen. Ohne den sichtbaren politischen Willen der Regierungen und die Bereitschaft zum Souveränitätsverzicht wird der Traum von einer außen- und sicherheitspolitisch handlungsfähigen EU jedoch nicht Wirklichkeit werden.

Unterzeichnung des EVG-Vertrags im Quai d'Orsay, Paris, 27. Mai 1952, von links: Konrad Adenauer, Paul van Zeeland (Belgien), Robert Schuman (Frankreich), Alcide de Gasperi (Italien), Joseph Bech (Luxemburg) und Dirk Stikker (Holland).
*Rue des Archives/SZ Photo*

Étienne Hirsch, Vorsitzender des EVG-Rüstungsausschusses 1951/52. Aufnahme von 1946/47  *Droits réservés – Fondation Jean Monnet pour l'Europe, Lausanne*

Theodor Blank, CDU-Politiker, Leiter des Amtes Blank, der Vorgängerinstitution des BMVg. Aufnahme von 1957.
*SZ Photo*

Marschall von Frankreich Alphonse Juin, ranghöchster französischer Offizier in der EVG-Phase, von 1952 bis 1956 Kommandeur der NATO-Truppen in Zentraleuropa (CENTAG). Aufnahme von 1956.
*Rue des Archives/AGIP/SZ Photo*

Chef des Generalstabes der französischen Gesamtstreitkräfte General Paul Ely, u.a. Frankreichs Vertreter im Militärausschuss des Brüsseler Paktes in London und in der Standing Group der NATO in Washington. Aufnahme von 1954.
*Rue des Archives/AGIP/SZ Photo*

General Edgard de Larminat, Vorsitzender des EVG-Militärausschusses 1951 bis 1954 und Chef der französischen EVG-Militärdelegation. Aufnahme von 1950.
*Rue des Archives/Tallandier/SZ Photo*

Der deutsche Physiker Prof. Dr. Hubert Schardin, Mitarbeiter am Laboratoire de Recherches de Saint-Louis (LRSL), ab 1959 Direktor am Nachfolgeinstitut, dem Deutsch-Französischen Forschungsinstitut Saint-Louis (ISL). *pa/dpa*

Das französische Flugzeug Mystère IV wurde 1952 den EVG-Delegationen vorgeführt.
*Rue des Archives/Tallandier/SZ Photo*

Karikatur auf Hervé Alphand, den Vorsitzenden des EVG-Interimsausschusses.
*Andre François/adagp/Bild-Kunst, Bonn 2014*

Das Palais Caillot, Sitz des EVG-Interimsausschusses von 1952 bis 1954. Aufnahme vom 22. September 1948.
*STF/AFP/Getty Images*

Frankreichs Verteidigungsminister René Pleven, Heeresstaatssekretär Pierre de Chevigné und Außenminister Georges Bidault bei der NATO-Ratstagung im Palais Chaillot am 23. April 1953.
*afp/Collection Roger-Viollet*

Generalstabschef des Heeres Clément Blanc bei Großmanövern in der Bretagne im September 1953.
*afp/Collection Roger-Viollet*

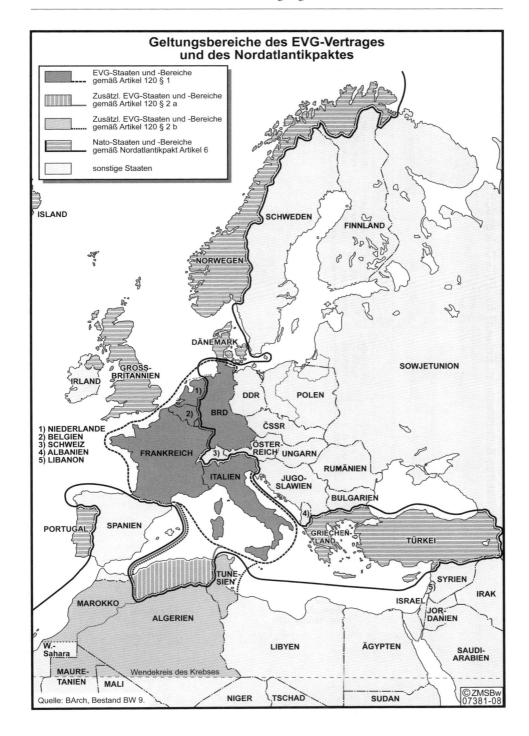

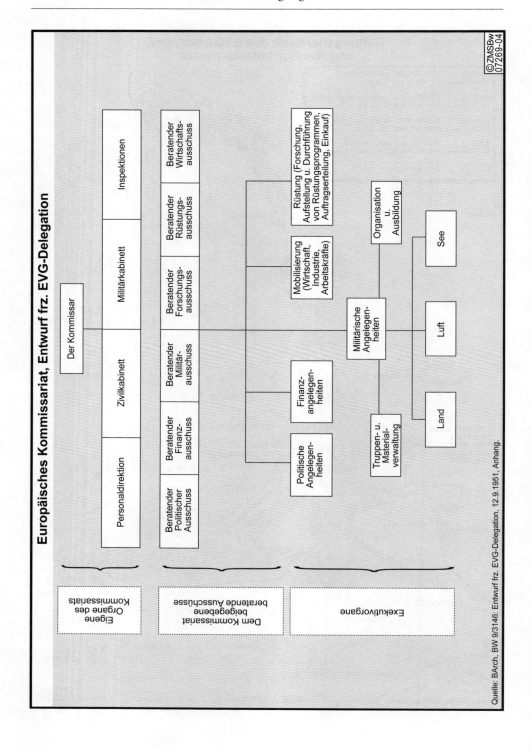

## Bedarf einzelner NATO-Mitgliedstaaten an Jeeps und LKW

|  | Jeeps | $^3/_4$–1-t-LKW | $2^1/_2$–3-t-LKW |
|---|---|---|---|
| Belgien | 7 290 | 5 058 | 8 371 |
| Dänemark | 1 123 | 941 | 499 |
| Frankreich | 50 521 | 44 982 | 77 937 |
| Italien | 123 | 2 183 | 16 388 |
| Luxemburg | 185 | 361 | 330 |
| Niederlande | 9 192 | 2 852 | 10 170 |
| Norwegen | 6 061 | 4 609 | 10 073 |
| Vereinigtes Königreich | – | 1 227 | – |
| Gesamt | 74 495 | 62 213 | 123 768 |

Quelle: DFAIT/DCER, 17/380-V/1: Wilgress an Pearson, 8.5.1951, http://epe.lac-bac.gc.ca/100/206/301/faitc-aecic/history/2013-05-03/www.international.gc.ca/department/history-histoire/dcer/details-en.asp@intRefid=6389 [5.6.2014].

©ZMSBw 07270-04

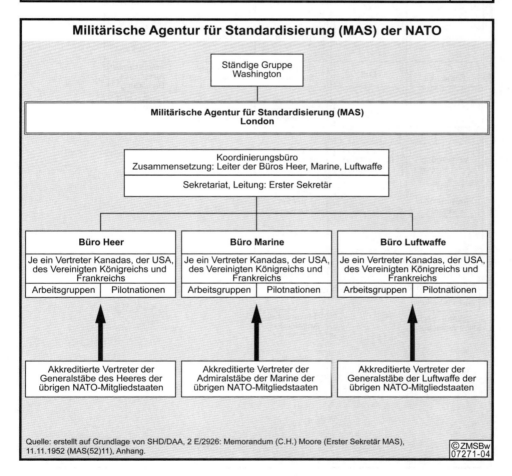

Quelle: erstellt auf Grundlage von SHD/DAA, 2 E/2926: Memorandum (C.H.) Moore (Erster Sekretär MAS), 11.11.1952 (MAS(52)11), Anhang.

©ZMSBw 07271-04

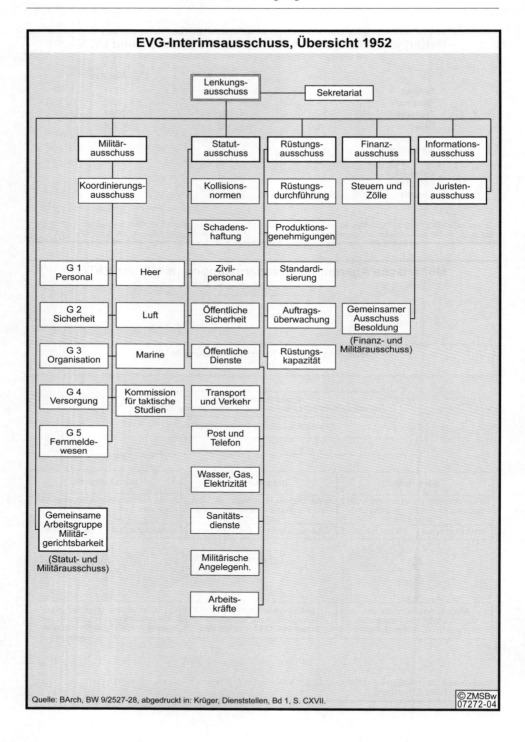

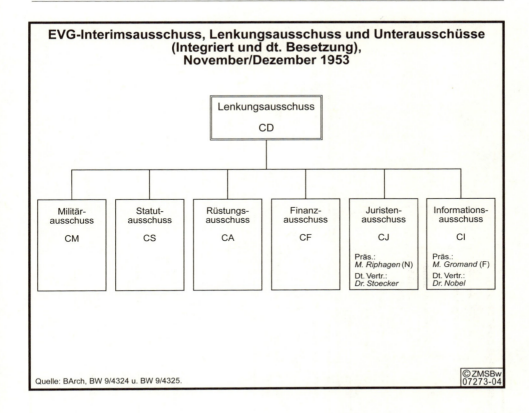

# Karten, Tabellen, Organigramme

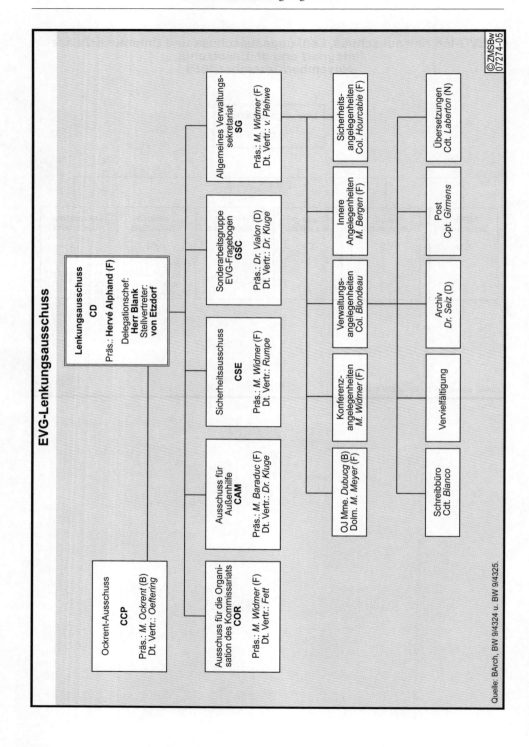

Karten, Tabellen, Organigramme 515

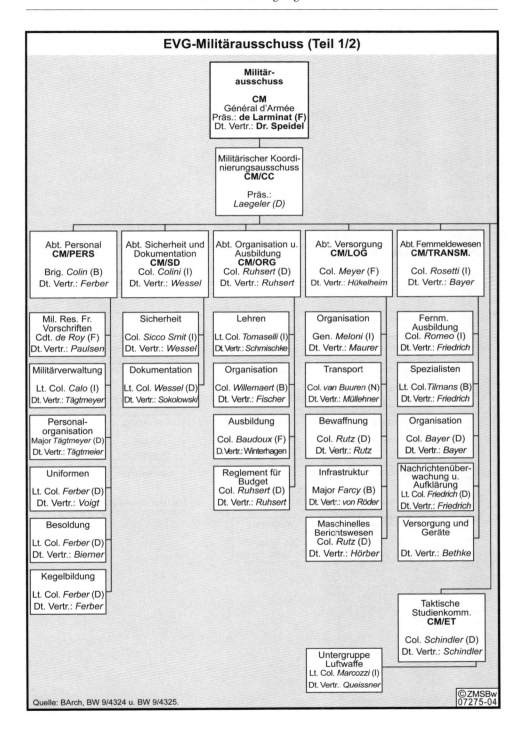

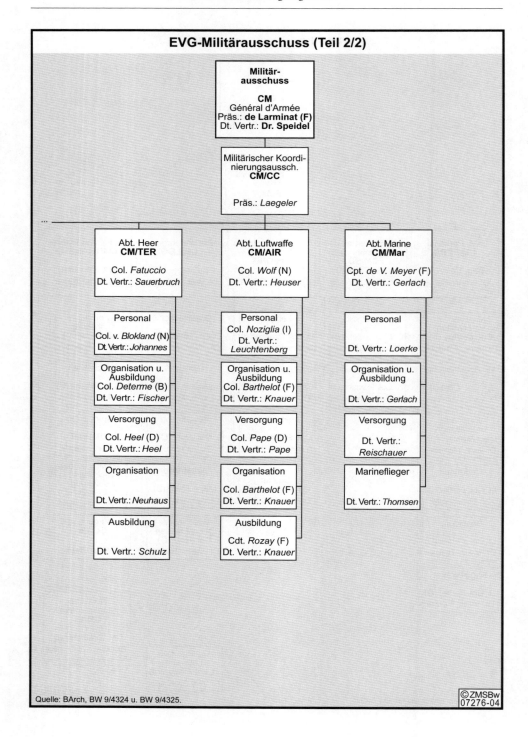

Karten, Tabellen, Organigramme 517

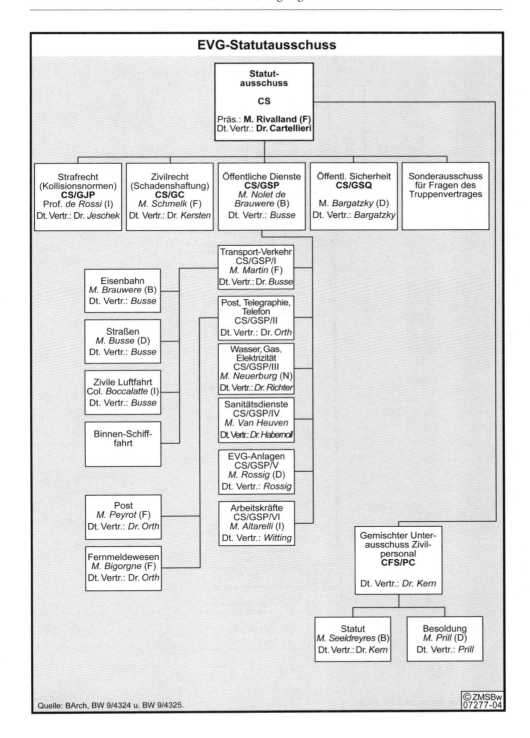

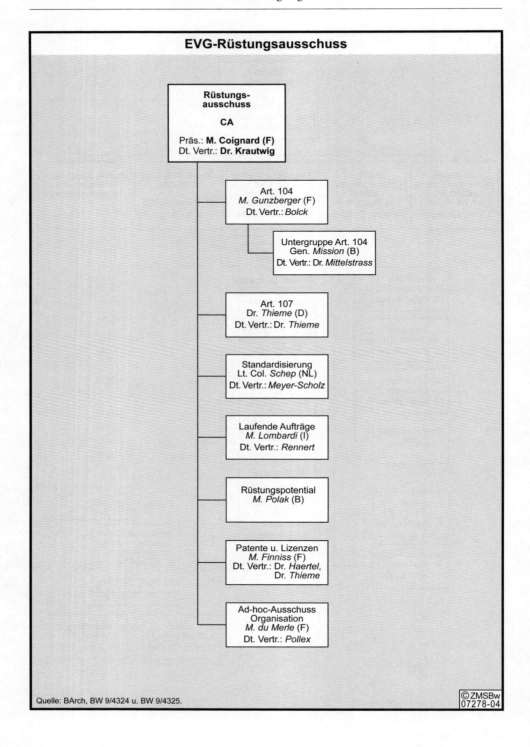

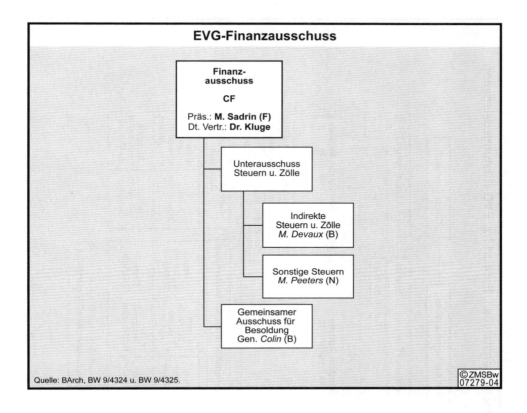

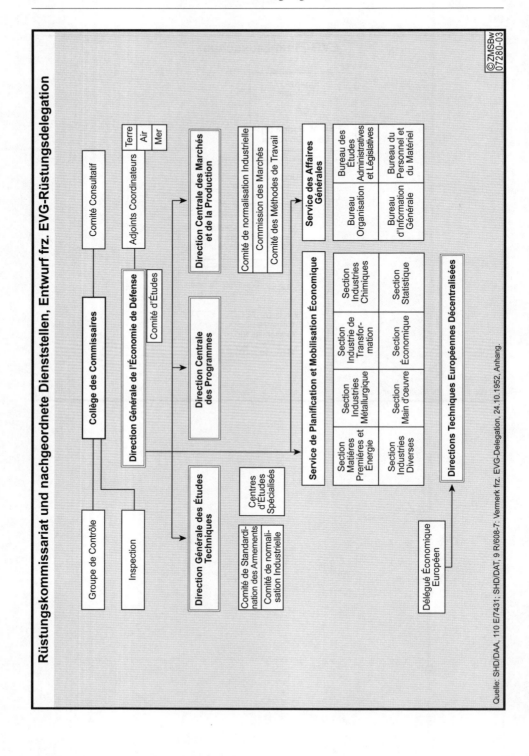

## Generalabteilung für Technische Forschung

### Direction Générale des Études Techniques

| Section Interarmées | Section Terre | Section Mer | Section Air | Section Engins Spéciaux | Section Recherche Scientifiques | Section Documentation |
|---|---|---|---|---|---|---|
| Télécommunication | Armements légers | Construction navales | Avions | Engins autopropulsés | | |
| Transmissions | Artillerie | Armes navales | Autres aéronefs | Armes atomiques | | |
| D.C.A.(Défense contre avions) | Blindés | Équipements | Moteurs | Armes chimiques | | |
| Optique infra-rouge | Génie | | Armements | Armes biologiques | | |
| Munitions et Balistique | Transports | | | | | |
| Poudres | | | | | | |
| Explosifs | | Aéronautique Navale | | | | |
| Essences | | | | | | |

Quelle: SHD/DAA, 110 E/7431; SHD/DAT, 9 R/608-7: Vermerk frz. EVG-Delegation, 24.10.1952, Anhang.

## Zentralabteilung für Programme

### Direction Centrale des Programmes

| Section des Programmes | Section Financière | Section des Autorisations ART. 107 | Section des Relations Extérieures |
|---|---|---|---|
| Armée de terre | | | P.A.M. (Pacte d'assistance militaire) Off-Shore |
| Armée de l'air | | | |
| Armée de mer | | | Achats l'étranger |
| Programme Communs | | | |
| Infrastructure | | | Cessions à l'étranger |

Quelle: SHD/DAA, 110 E/7431; SHD/DAT, 9 R/608-7: Vermerk frz. EVG-Delegation, 24.10.1952, Anhang.

## Zentralabteilung für Produktionsaufträge

| Direction Centrale des Marchés et de la Production | |
|---|---|
| Sous-Direction des Marchés | Sous-Direction de la Production |

| Sous-Direction des Marchés | | | Sous-Direction de la Production |
|---|---|---|---|
| Section des Prix | Service Central des Marchés | Section Législation et Contentieux | Section Aéronautique<br>Section Construction et Armes navales<br>Section des matériels terrestres (Artillerie et Armes légères, Auto-Chars, Génie)<br>Section Électronique optique<br>Section Munitions<br>Section Chimies, Poudres, Essences<br>Section Équipement, Habillement |

Quelle: SHD/DAA, 110 E/7431; SHD/DAT, 9 R/608-7: Vermerk frz. EVG-Delegation, 24.10.1952, Anhang.

©ZMSBw
07283-03

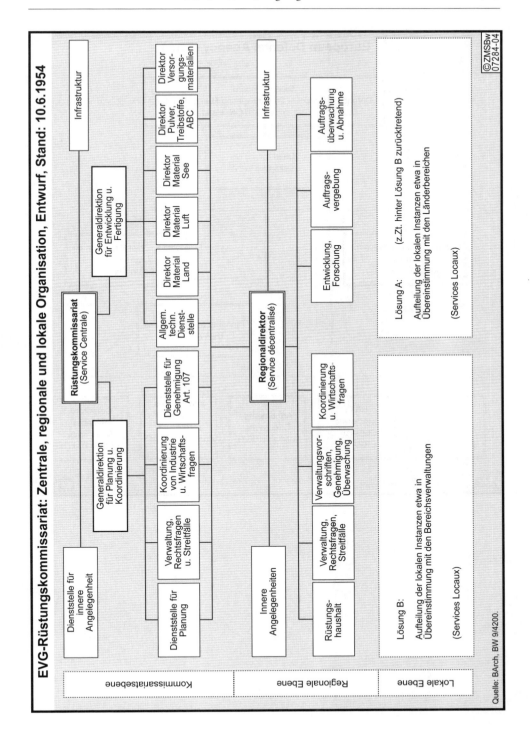

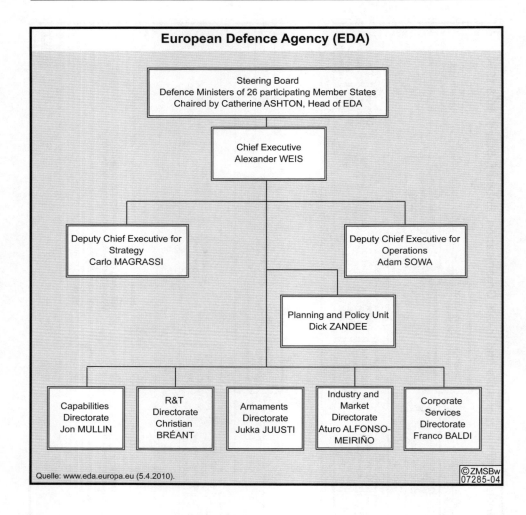

# Abkürzungen

| | | | |
|---|---|---|---|
| AA | Auswärtiges Amt | AMX | Atelier de Construction d'Issy-les-Moulineaux |
| AAPD | Akten zur Auswärtigen Politik der Bundesrepublik Deutschland | Anm. | Anmerkung |
| AAPD/AuHK | AAPD/Adenauer und die Hohen Kommissare | APuZ | Aus Politik und Zeitgeschichte (Zeitschrift) |
| ABC-Waffen | atomare, biologische, chemische Waffen | Art. | Artikel |
| | | ASD | AeroSpace and Defence Industries Association of Europe |
| Abt. | Abteilung (eines Ministeriums) | ATAF | Allied Tactical Air Force |
| ACDP | Archiv für Christlich-Demokratische Politik | ATAR | Atelier Technique Aéronautique de Rickenbach |
| ACIA | Association pour le Commerce et l'Industrie Française en Allemagne | ATG | Allgemeine Transport Gesellschaft (Siebelwerke) |
| | | AUPS | Association des Utilisateurs des Produits Sidérurgiques |
| a.D. | außer Dienst | AWS | Anfänge westdeutscher Sicherheitspolitik |
| AECMA | Association Européenne des Constructeurs de Matériel Aérospatial | BA | Bundesarchiv |
| | | BAkWVT | Bundesakademie für Wehrverwaltung und Wehrtechnik |
| AFITA | Association Française des Ingénieurs et Techniciens de l'Aéronautique | BArch | Bundesarchiv-Militärarchiv |
| | | Bd | Band |
| AFREA | Association Française pour les Relations Économiques avec l'Allemagne | BDFD | Die Bundesrepublik Deutschland und Frankreich. Dokumente |
| | | BDI | Bundesverband der Deutschen Industrie |
| AIA | Ateliers Industriels de l'Air | BDLI | Bundesverband der Deutschen Luft- und Raumfahrtindustrie |
| AICMA | Association Internationale des Constructeurs de Matériel Aéronautique | | |
| | | belg. | belgisch |
| AKM | Arbeitskreis Militärgeschichte | BGBl. | Bundesgesetzblatt |
| AMAE | Archives du Ministère des Affaires Étrangères | BGS | Bundesgrenzschutz |
| | | Bl. | Blatt |
| amerik. | amerikanisch | BMF | Bundesministerium der Finanzen |
| AMP | Additional Military Production Programme | BMJ | Bundesministerium der Justiz |

| | | | |
|---|---|---|---|
| BMV | Bundesministerium für Verkehr | CNIP | Centre National des Indépendants et Paysans |
| BMVg | Bundesministerium der Verteidigung | CNPF | Conseil National du Patronat Français |
| BMW | Bayerische Motorenwerke | COMAERO | Comité pour l'Histoire de l'Aéronautique |
| BMWi | Bundesministerium für Wirtschaft | | |
| BND | Bundesnachrichtendienst | COMHART | Comité pour l'Histoire de l'Armement Terrestre |
| brit. | britisch | | |
| BSP | Bruttosozialprodukt | CSDP | Common Security and Defence Policy |
| BTAV | Bundestagsausschuss für Verteidigung | | |
| BWB | Bundesamt für Wehrtechnik und Beschaffung | CSF | Compagnie Générale de Télégraphie Sans Fils |
| CAR | Circonscriptions Aéronautiques Régionales | CSSF | Chambre Syndicale de la Sidérurgie Française |
| CAS | Commandement des Armes Spéciales | CSU | Christlich-Soziale Union |
| | | DAA | Département de l'Armée de l'Air |
| CASDN | Comité d'Action Scientifique de Défense Nationale | DAG | Deutsche Aeronautische Gesellschaft |
| CDU | Christlich-Demokratische Union | DAT | Département de l'Armée de Terre |
| CEA | Commissariat à l'Énergie Atomique | DCCAN | Direction Centrale des Constructions et Armes Navales |
| CECA | Communauté européenne du charbon et de l'acier (Europäische Gemeinschaft für Kohle und Stahl) | DCER | Documents on Canadian External Relations |
| | | DCNS | Direction des Constructions Navales Services |
| CED | Communauté Européenne de Défense | DDF | Documents Diplomatiques Français |
| CEHD | Centre des Études d'Histoire de la Défense | DE-CE | Direction des Affaires économiques et financières, Service de coopération économique |
| CERN | Centre Européen de Recherches Nucléaires | DEFA | Direction des Études et Fabrications d'Armement |
| CGPME | Confédération Générale des Petites et Moyennes Entreprises | DEFRA | Deutsche Vereinigung zur Förderung der Wirtschaftsbeziehungen mit Frankreich |
| CHEAr | Centre des Hautes Études de l'Armement | | |
| CIA | Central Intelligence Agency | Del. | Delegation |
| CINCENT | Commander-in-Chief Allied Forces Central Europe | DFAIT | Department of Foreign Affairs and International Trade |
| CNDUFUF | Comité National de Défense de l'Unité de la France et de l'Union Française | DITEEX | Département de l'Innovation Technologique et des Entrées par voie Extraordinaire |

| | | | |
|---|---|---|---|
| DFEC | Defence Financial and Economic Committee | EGKS | Europäische Gemeinschaft für Kohle und Stahl |
| DGLR | Deutsche Gesellschaft für Luft- und Raumfahrt | EMSST | Enseignement Militaire Supérieur Scientifique et Technique |
| DH | Diplomatic History (Zeitschrift) | EPG | Europäische Politische Gemeinschaft |
| Dipl.-Ing. | Diplom-Ingenieur | ERP | European Recovery Program |
| diplo. | diplomatisch | ES | Europäische Sicherheit (Zeitschrift) |
| DM | Deutsche Mark | | |
| DMa | Département de la Marine | ESDC | European Security and Defence College |
| DN | Défense nationale (Zeitschrift) | | |
| DNSC | Défense Nationale et Sécurité Collective, vormals Défense Nationale (DN) (Zeitschrift) | ESVP | Europäische Sicherheits- und Verteidigungspolitik |
| | | EU | Europäische Union |
| DPB | Defence Production Board | EUI | European University Institute |
| DPC | Defence Production Committee | EUISS | European Union Institute for Security Studies |
| dt. | deutsch | | |
| DTI | Direction Technique et Industrielle de l'Aéronautique | EUMC | Europäischer Militärausschuss |
| | | EUMS | Europäischer Militärstab |
| DWT | Deutsche Gesellschaft für Wehrtechnik (vormals Arbeitsgemeinschaft für Wehrtechnik) | EURATOM | Europäische Atomgemeinschaft |
| | | EuroSTAMP | European Seminar for Top Armaments Manager Personnel |
| DzDP | Dokumente zur Deutschlandpolitik | | |
| EA | Europa-Archiv (Zeitschrift) | EVG | Europäische Verteidigungsgemeinschaft |
| EAA | European Armaments Agency | | |
| EADS | European Aeronautic, Defence and Space Company | EWG | Europäische Wirtschaftsgemeinschaft |
| | | EZU | Europäische Zahlungsunion |
| EATC | European Air Transport Command | FAZ | Frankfurter Allgemeine Zeitung |
| ebd. | ebenda | | |
| ECC | European Coordinating Committee | FEB | Financial and Economic Board |
| | | FEC | Financial and Economic Committee |
| EDA | European Defence Agency | | |
| EDAMIC | European Defence Acquisition Manager Intercultural Course | FIN(A)BEL | Organisation der Generalstabschefs der Heere Frankreichs, Italiens, der Niederlande, der Bundesrepublik Deutschland, Belgiens und Luxemburgs |
| EDC | European Defence Community | | |
| EDIG | European Defence Industries Group | | |
| EEC | European Economic Community | FIN(A)BAIR | Organisation der Generalstabschefs der Luftwaffen Frankreichs, Italiens, der Niederlande, |
| EFAR | European Foreign Affairs Review (Zeitschrift) | | |
| EG | Europäische Gemeinschaft | | |

| | |
|---|---|
| | der Bundesrepublik Deutschland und Belgiens |
| FN | Fabrique Nationale d'armes de guerre (Herstal) |
| FOA | Foreign Operations Administration |
| FRUS | Foreign Relations of the United States |
| frz. | französisch |
| FTD | Financial Times Deutschland |
| GASP | Gemeinsame Außen- und Sicherheitspolitik |
| GGICLF | Groupement Générale de l'Industrie et du Commerce Lainiers Français |
| GRDM | Groupe de réception et de distribution des matériels |
| GRML | Groupe de Réception de Matériel et de Liaison |
| GSVP | Gemeinsame Sicherheits- und Verteidigungspolitik |
| GTEF | Groupe de Travail Économique et Financier/Economic and Financial Working Group |
| HPM | Historisch-Politische Mitteilungen (Zeitschrift) |
| HMRG | Historische Mitteilungen der Ranke-Gesellschaft (Zeitschrift) |
| HPP | High Priority Production Programme |
| IDEAA | International Defense Education and Acquisition Arrangement |
| i.G. | im Generalstab |
| IHEDN | Institut des Hautes Études de Défense Nationale |
| IPMF | Institut Pierre Mendès France |
| ISAC | International Security Affairs Committee |
| ISAF | International Security Assistance Force |
| ISL | Institut Saint-Louis |
| ISS-EU | Institute for Security Studies of the European Union |
| ital. | italienisch |
| JCS | Joint Chiefs of Staff |
| JEIH | Journal of European Integration History (Zeitschrift) |
| JORF | Journal Officiel de la République Française |
| JSS | Journal of Strategic Studies (Zeitschrift) |
| Kap. | Kapitel |
| KGB | Komitet Gosudarstyvennoj Bezopasnosti (Komitee für Staatssicherheit) |
| KPBR | Kabinettsprotokolle der Bundesregierung |
| KPBR/KAW | KPBR/Kabinettsausschuss für Wirtschaft |
| KVP | Kasernierte Volkspolizei |
| LES | Ludwig-Erhard-Stiftung |
| LoI | Letter-of-Intent |
| LRSL | Laboratoire de Recherches Techniques de Saint-Louis |
| luxemburg. | luxemburgisch |
| MAAG | Military Assistance Advisory Group |
| MAE | Ministère des Affaires étrangères |
| MAS | Military Agency for Standardisation |
| MDAP | Mutual Defence Assistance Programme |
| MEDEF | Mouvement des Entreprises de France |
| MGFA | Militärgeschichtliches Forschungsamt |
| MGZ | Militärgeschichtliche Zeitschrift, vormals Militärgeschichtliche Mitteilungen (MGM) (Zeitschrift) |
| Mio. | Millionen |
| MoU | Memorandum of Understanding |
| MPSB | Military Production and Supply Board |
| MRCA | Multi-Role Combat Aircraft (Mehrzweckkampfflugzeug) |
| Mrd. | Milliarden |

| | | | |
|---|---|---|---|
| MRP | Mouvement Républicain Populaire | Ref. | Referat (eines Ministeriums) |
| MSA | Mutual Security Agency | REI | Rat der Europäischen Industrieverbände |
| MSB | Military Supply Board | RHA | Revue Historique des Armées (Zeitschrift) |
| MSg | Militärgeschichtliche Sammlungen | RHD | Revue d'Histoire Diplomatique (Zeitschrift) |
| MSP | Mutual Security Programme | RI | Relations Internationales (Zeitschrift) |
| MTDP | Medium Term Defence Plan | | |
| NA, RG | National Archives [USA], Record Group | SACEUR | Supreme Allied Commander Europe |
| NADGE | NATO Air Defence Ground Environment Programme | SDECE | Service de Documentation Extérieure et de Contre-Espionnage |
| NATO | North Atlantic Treaty Organization | SEC | Supply Executive Committee |
| NL | Nachlass | SED | Sozialistische Einheitspartei Deutschlands |
| No. | nombre/number | SERA | Session Européenne pour les Responsables d'Armement |
| NORDEFCO | Verteidigungscluster Dänemark, Finnland, Norwegen, Schweden | SFIO | Section Française de l'Internationale Ouvrière |
| Nr. | Nummer | SGIMTM | Syndicat Général des Industries Mécaniques et Transformatrices des Métaux |
| NSC | National Security Council | | |
| NZZ | Neue Zürcher Zeitung | | |
| OCCAR | Organisation Conjointe de Coopération en matière d'Armement | SGPDN | Secrétariat Général Permanent de la Défense Nationale |
| o.D. | ohne Datum | SHAPE | Supreme Headquarters Allied Powers Europe |
| OEEC | Organization for European Economic Cooperation | SHD | Service Historique de la Défense |
| ÖMZ | Österreichische Militärische Zeitschrift (Zeitschrift) | SNCAC | Société Nationale de Constructions Aéronautiques du Centre |
| OKH | Oberkommando des Heeres | SNCAN | Société Nationale de Constructions Aéronautiques du Nord |
| OKW | Oberkommando der Wehrmacht | | |
| ONERA | Office National d'Études et de Recherches Aéronautiques | SNCASE | Société Nationale de Constructions Aéronautiques du Sud-Est |
| OSP | Offshore Procurement | | |
| PA-AA | Politisches Archiv des Auswärtigen Amtes | SNCASO | Société Nationale de Constructions Aéronautiques du Sud-Ouest |
| PRO | Public Record Office | | |
| PSK | Politisches und Sicherheitspolitisches Komitee | | |
| RAF | Royal Air Force | SNECMA | Société Nationale d'Etudes et de Construction des Moteurs d'Aviation |
| RDD | Revue d'Histoire Diplomatique (Zeitschrift) | | |
| RDN | Revue de Défense Nationale, neuerdings Défense Nationale et Sécurité Collective (Zeitschrift) | | |

| | | | |
|---|---|---|---|
| SOWI | Sozialwissenschaftliches Institut der Bundeswehr | UNITEC | Union des Ingénieurs et Techniciens Français |
| SPCC | Standardisation Policy and Coordination Committee | US | United States |
| SPD | Sozialdemokratische Partei Deutschlands | USA | United States of America |
| | | USIA | Union Syndicale des Industries Aéronautiques |
| SPIM | Service de Prévision Ionosphérique Militaire | VDI | Verein deutscher Ingenieure |
| SS | Schutzstaffel | vgl. | vergleiche |
| S&T | Strategie und Technik, vormals Soldat und Technik (Zeitschrift) | VfZ | Vierteljahrshefte für Zeitgeschichte (Zeitschrift) |
| STA | Section Technique de l'Armée de Terre | vol. | volume |
| | | WEAG/WEAO | Western European Armaments Group/Western European Armaments Organization |
| STANAG | Standardisation Agreement | | |
| State Dept. | State Department/Department of State | WEU | Westeuropäische Union |
| | | WGHP | Working Group on the High Priority Production Programme |
| SWP | Stiftung Wissenschaft und Politik | | |
| TCC | Temporary Council Committee | WGPF | Working Group on Production and Finance |
| THW | Technisches Hilfswerk | | |
| t. | tome | WWR | Wehrwissenschaftliche Rundschau (Zeitschrift) |
| UdSSR | Union der Sozialistischen Sowjetrepubliken | | |
| | | ZfF | Zentralstelle für Funkberatung |
| UISP | Union des Industries des Six Pays | ZVEI | Zentralverband der Elektrotechnischen Industrie |
| UISPCE | Union des Industries des Six Pays de la Communauté Européenne | | |

# Quellen- und Literaturverzeichnis

## 1. Quellen

### a) Ungedruckte Quellen

*Bundesrepublik Deutschland*

*Archiv für Christlich-Demokratische Politik der Konrad-Adenauer-Stiftung (ACDP), St. Augustin*
I-342   NL Johannes Semler
I-475   NL Friedrich Karl Vialon

*Bundesarchiv (BArch), Koblenz/Dahlwitz-Hoppegarten*
B 102   Bundesministerium für Wirtschaft
B 126   Bundesministerium der Finanzen
B 136   Bundeskanzleramt

*Bundesarchiv, Abteilung Militärarchiv (BArch), Freiburg im Breisgau*
BV 5    Bundesamt für Wehrtechnik und Beschaffung
BW 1    Bundesministerium für Verteidigung
BW 9    Dienststellen zur Vorbereitung eines westdeutschen Verteidigungsbeitrags
MSg     Militärgeschichtliche Sammlungen
N 625   NL Generalleutnant a.D. Dipl.-Ing. Erich Schneider
N 638   NL Wilhelm Rentrop (nicht zugänglich)
N 712   NL Brigadegeneral a.D. Gustav Adolf Curt Pollex

*Ludwig-Erhard-Stiftung (LES), Bonn*
NL Ludwig Erhard

*Politisches Archiv des Auswärtigen Amtes (PA-AA), Berlin*
 B 10           EVG (Politische Abteilung 2, Referat 215)
 B 14-SFPP      Sekretariat für Fragen des Pleven-Plans
 B 14-211       NATO und Verteidigung (Abteilung 2, Referat 211)
 B 14-301       NATO, WEU, Verteidigung (Abteilung 2, Referat 301)
 B 14-II A 7    NATO, WEU, Verteidigung (Abteilung 2, Referat II A 7)

B 20 Europäische Politische Integration, EWG, EGKS, EURATOM (Referate 200/I A 2)
B 150 Dokumentensammlung (Vorauswahl für die Quellenedition AAPD)


*Frankreich*

*Archives du Ministère des Affaires Étrangères (AMAE), Paris*
Série Cabinet du Ministre
  Robert Schuman
Série Service des Pactes, 1947–1970
  [Service des] Pactes, 1947–1950
  [Service des] Pactes, 1950–1960
Série Secrétariat Générale, 1945–1966
  Dossiers
Série Europe, 1944–1960
  Généralités 1949–1955
  Allemagne, 1949–1955
  Italie, 1949–1955
Série Affaires Économiques et Financières, 1945–1966
  Direction Économique-Coopération Économique (DE-CE), 1945–1960
  Papiers Directeurs: NL Olivier Wormser
Série Délégation Française auprès du Comité Intérimaire de la Communauté Européenne de Défense, 1951–1954 (DF-CED)
  A  Documents
  B  Télégrammes, notes, minutiers
  C  Correspondance et notes
Série Comité Intérimaire pour l'Organisation d'une Communauté Européenne de Défense, 1951–1954 (CED)
  Secrétariat

*Centre d'Accueil et de Recherche des Archives Nationales (CARAN), Paris*
*Fonds privés*
457 AP  NL Georges Bidault
560 AP  NL René Pleven

*Institut Pierre Mendès France (IPMF), Paris*
NL Pierre Mendès France

*Privatarchiv Général de Brigade Aérienne Pierre M. Gallois, Paris*

*Service Historique de la Défense (SHD), Vincennes*
Département de l'Innovation Technologique et des Entrées par voie Extraordinaire (DITEEX)
1 K 145   NL Général d'Armée Clément Blanc

1 K 233   NL Général d'Armée Paul Ely
1 K 237   NL Général de Corps d'Armée, ab 1976 Maréchal (posthum) Pierre Marie Kœnig
1 K 238   NL Maréchal Alphonse Juin

Département de l'Armée de l'Air (DAA)
Série E    Administration Centrale
0 E        État-Major de l'Armée de l'Air, Cabinet
2 E        Cabinet Militaire
9 E        CED
110 E      Direction Technique des Constructions Aéronautiques

Département de l'Armée de Terre (DAT)
Série Q    Secrétariat Général de la Défense Nationale et Organismes Rattachés
1 Q        Cabinet Militaire de la Présidence de la République
6 Q        Affaires Générales de Défense
11 Q       Comité d'Action Scientifique de la Défense Nationale
Série R    Cabinet du Ministre de la Défense et Organismes Rattachés
1 R        Cabinet du Ministre

9 R        Contrôle Générale des Armées, Comité Intérimaire de la Conférence pour l'Organisation de la Communauté Européenne de Défense
Série S    État-Major des Armées et Organismes Rattachés
8 S        Division Organisation – Logistique
Série T    État-Major de l'Armée de Terre
11 T       Section Études – Plans – Opérations

Département de la Marine (DMa)
Série 3 BB Cabinet du Ministre, Conseils, Commissions
3 BB 8     CED


b) Gedruckte Quellen

Akten zur Auswärtigen Politik der Bundesrepublik Deutschland. Adenauer und die Hohen Kommissare. Hrsg. im Auftrag des Auswärtigen Amts von Hans-Peter Schwarz in Verbindung mit Reiner Pommerin.
Bd 1: 1949–1951, München 1989
Bd 2: 1952, München 1990

Akten zur Auswärtigen Politik der Bundesrepublik Deutschland. Hrsg. im Auftrag des Auswärtigen Amts vom Institut für Zeitgeschichte.
1949/50, München 1997
1951, München 1999
1952, München 2000

1953, 2 Bde, München 2001
1973, 3 Bde, München 2004
Der Ausschuss zur Mitberatung des EVG-Vertrages. Hrsg. im Auftrag des MGFA.
Bd 1: Juli bis Dezember 1952. Im Auftrag des MGFA hrsg. und bearb. von Hans-Erich Volkmann unter Mitarbeit von Rüdiger Bergien, Kai-Uwe Bormann, Cynthia Flohr, Kai Lehmann und Martin Meier. Düsseldorf 2006 (= Der Bundestagsausschuss für Verteidigung und seine Vorläufer, 1)
Bd 2: Januar 1953 bis Juli 1954. Im Auftrag des MGFA hrsg. und bearb. von Bruno Thoß unter Mitarbeit von Cynthia Flohr, Dorothee Hochstetter, Martin Meier, Daniela Morgenstern, Janine Rischke, Denis Strohmeier und Carmen Winkel. Düsseldorf 2010 (= Der Bundestagsausschuss für Verteidigung und seine Vorläufer, 2)
BMVg, Verteidigungspolitische Richtlinien. Nationale Interessen wahren – Internationale Verantwortung übernehmen – Sicherheit gemeinsam gestalten, Berlin, 18.5.2011
BMVg, Weißbuch zur Sicherheit Deutschlands und zur Zukunft der Bundeswehr, Berlin 2006
Bulletin. Hrsg. vom Presse- und Informationsamt der Bundesregierung, Bonn 1951–1954
Bundesgesetzblatt. Hrsg. vom Bundesminister der Justiz, Bonn 1952–1954
Die Bundesrepublik Deutschland und Frankreich. Dokumente 1949–1963. Hrsg. von Horst Möller und Klaus Hildebrand.
Bd 1: Außenpolitik und Diplomatie. Bearb. von Ulrich Lappenküper, München 1997
Bd 2: Wirtschaft. Bearb. von Andreas Wilkens, München 1997
Bd 4: Materialien, Register, Bibliographien (Erschließungsband). Bearb. von Herbert Elzer in Zusammenarbeit mit Ulrich Lappenküper und Andreas Wilkens, München 1999
Comité central de la Laine, La disparité des prix français et étrangers dans l'industrie lainière, Paris 1954
Commission créée par arrêté du 6 janvier 1954 pour l'étude des disparités entre les prix français et étrangers [Commission Nathan], Rapport général, présenté à Edgar Faure, Ministre des finances et des affaires économiques et Bernard Lafay, Secrétaire d'État aux affaires économiques, Paris 1954
Deutschland/Schweden, Food for Thought. European Imperative – Intensifying Military Cooperation in Europe (Gent Initiative), November 2010
Documents on Canadian External Relations. Ed. by Department of Foreign Affairs and International Trade Canada. Online verfügbar unter: http://www.international.gc.ca/history-histoire/documents-documents.aspx?lang=eng [22.10.2014]
Documents Diplomatiques Français. Ed. par le Ministère des Affaires étrangères et la Commission de Publication des Documents Diplomatiques Français.
1954, Paris 1987
1954, Annexes, Paris 1987
1955, Paris 1988
Dokumente zur Deutschlandpolitik, II. Reihe, Bd 4: Die Außenministerkonferenzen von Brüssel, London und Paris, 8.8.–25.10.1954. Bearb. von Hanns Jürgen Küsters, München 2003

Drucksachen des Deutschen Bundestages. Hrsg. vom Deutschen Bundestag, Bonn 1954, Berlin 2010, 2012, 2013

Europa-Archiv. Hrsg. von der Deutschen Gesellschaft für Auswärtige Politik, Bonn 1950–1954, 1992

Europäische Union, Europäische Gemeinschaft. Die Vertragstexte von Maastricht mit den deutschen Begleitgesetzen. Bearb. und eingeleitet von Thomas Läufer, 4. Aufl., Bonn 1997

Europäische Union, Ein sicheres Europa in einer sicheren Welt. Europäische Sicherheitsstrategie, Paris 2003

Foreign Relations of the United States. Ed. by the US-Department of State.
  1949, IV: Western Europe, Washington, DC 1975
  1950, III: Western Europe, Washington, DC 1977
  1951, III, 2 parts: European Security and the German Question, Washington, DC 1981
  1951, IV, 2 parts: Europe: Political and Economic Developments, Washington, DC 1985
  1952–1954, V, 2 parts: Western European Security, Washington, DC 1983
  1952–1954, VI, 2 parts: Western Europe and Canada, Washington, DC 1986
  1952–1954, VII: Germany and Austria, Washington, DC 1986

Journal Officiel de la République Française. Débats parlementaires, Assemblée Nationale, Paris 1950–1954

Journal Officiel de la République Française. Lois et décrets, Paris 1955

Die Kabinettsprotokolle der Bundesregierung. Bd 8: 1955. Hrsg. für das Bundesarchiv von Friedrich P. Kahlenberg. Bearb. von Michael Hollmann, Kai von Jena und Ursula Hüllbusch, München 1997

Die Kabinettsprotokolle der Bundesregierung. Kabinettsausschuss für Wirtschaft.
  Bd 1: 1951–1953. Hrsg. für das Bundesarchiv von Friedrich P. Kahlenberg. Bearb. von Ulrich Ender, München 1999
  Bd 2: 1954–1955. Hrsg. für das Bundesarchiv von Hartmut Weber. Bearb. von Michael Hollmann, München 2000

NATO, Strategic Concept for the Defence and Security of the Members of the North Atlantic Treaty Organization, Brussels 2010

Les rapports mensuels d'André François-Poncet, Haut-Commissaire français en Allemagne 1949–1955. Les débuts de la République fédérale d'Allemagne. Hrsg. von der Commission de Publication des Documents Diplomatiques Français und dem Institut Historique Allemand. 2 Bde, Paris 1996

Texte zur Deutschlandpolitik, Reihe III, Bd 8a. Hrsg. vom Bundesministerium für innerdeutsche Beziehungen, Bonn 1991

Vertrag von Amsterdam. Texte des EU-Vertrages und des EG-Vertrages mit den deutschen Begleitgesetzen. Hrsg. von Thomas Läufer, Bonn 2000

Vertrag von Nizza. Die EU der 25. Texte des EU-Vertrages und des EG-Vertrages mit Beitrittsvertrag, Europäische Sicherheitsstrategie, Charta der Grundrechte der Europäischen Union, deutsche Begleitgesetze. Hrsg. von Thomas Läufer, Bonn 2004

Die Vertragswerke von Bonn und Paris vom Mai 1952. Mit einführenden Beiträgen von Johann Adolf Graf von Kielmansegg, Wilhelm Cornides und Hermann Volle, Frankfurt a.M. 1952 (= Dokumente und Berichte des Europa-Archivs, 10)

### c) Nachrichtenmagazine, Zeitungen

Behörden Spiegel
Five Years of NATO. A Report on the Atlantic Alliance. Reprinted from the New York Herald Tribune, Paris 1954
Financial Times Deutschland (FTD)
Frankfurter Allgemeine Zeitung (FAZ)
Le Monde
Neue Zürcher Zeitung (NZZ)
Der Spiegel
La Tribune des Nations – l'Hebdomadaire du monde entier
Die WirtschaftsWoche
Die Zeit

### d) Internet

AeroSpace and Defence Industries Association of Europe (ASD): http://www.asd-europe.org
Assemblée Nationale: http://www.assemblee-nationale.fr
Centre des Hautes Études de l'Armement (CHEAr): http://www.chear.defense.gouv.fr
Department of Foreign Affairs and International Trade Canada, Documents on Canadian External Relations: http://www.international.gc.ca/history-histoire/documents-documents.aspx?lang=eng
Deutsche Gesellschaft für Wehrtechnik (DWT): http://www.dwt-sgw.de
European Defence Agency (EDA): http://www.eda.europa.eu
EU Observer: http://www.euobserver.com
Finabel: http://www.finabel.org
Institut des Hautes Études de Défense Nationale (IHEDN): http://www.ihedn.fr
Organisation Conjointe de Coopération en matière d'Armement (OCCAR): http://www.occar.int
Release of NATO-Information: Final Report by the Two Consultants, Part II and III from DES(92)1, January 1992: http://nato.int/archives/tool2.htm
II: Documents of the Year 1949–1952, Series Reviewed
Release of NATO-Information: Second Final Report by the Two Consultants, Parts from DES(94)2, March 1994: http://nato.int/archives/tool2.htm
VIII: Defence Production and Logistics 1952–1958
Sénat de la République: http://www.senat.fr
Unabhängige Historikerkommission zur Erforschung der Geschichte des Bundesnachrichtendienstes (BND) 1945–1968: http://www.uhk-bnd.de

## 2. Literatur

Aalto, Erkki, Interpretations of Article 296. In: Towards a European Defence Market, S. 13–49

Abelshauser, Werner, Deutsche Wirtschaftsgeschichte seit 1945, Bonn 2004 (= Bundeszentrale für politische Bildung, Schriftenreihe, 460)

Abelshauser, Werner, Wirtschaft und Rüstung in den fünfziger Jahren. In: AWS, Bd 4, S. 1–185

Abzac-Epezy, Claude d', and Philippe Vial, In Search of a European Consciousness: French Military Elites and the Idea of Europe, 1947–54. In: Building Postwar Europe, S. 1–20

Abzac-Epezy, Claude d', L'industrie aéronautique française à la Libération. In: RHA, 208 (1997), S. 99–112

Abzac-Epezy, Claude d', et Philippe Vial, Quelle Europe pour les militaires? La perception de l'Europe à travers la presse militaire (1947–1954). In: RHA 193 (1993), 4, S. 80–92

Adenauer, Konrad, Erinnerungen 1945–1953, Stuttgart 1965

Adenauer, Konrad, Erinnerungen 1953–1955, Stuttgart 1966

Adenauer und die Wiederbewaffnung. Hrsg. von Wolfgang Krieger, Bonn 2000 (= Rhöndorfer Gespräche, 18)

Adenauer und Frankreich. Die deutsch-französischen Beziehungen 1958–1969. Hrsg. von Hans-Peter Schwarz, Bonn 1985 (= Rhöndorfer Gespräche, 7)

Ailleret, Charles, L'aventure atomique française. Souvenirs et réflexions, Paris 1968

Airbus A400M wieder auf Kurs. In: Luft- und Raumfahrt, 32 (2011), 1, S. 16–18

Airbus, un succès industriel européen. Industrie française et coopération européenne, 1965–1972. Sous la dir. d'Emmanuel Chadeau, Paris 1995

Albrecht, Ulrich, Rüstungsfragen im deutsch-französischen Verhältnis (1945–1960). In: Die deutsch-französischen Wirtschaftsbeziehungen, S. 135–169

Algieri, Franco [u.a.], An einer europäischen Armee führt kein Weg vorbei. URL: http://cap-lmu.de/aktuell/pressespiegel/2003/europaeische_armee.php [30.10.2014]

Algieri, Franco, Die Außen-, Sicherheits- und Verteidigungspolitik der EU. In: Die Europäische Union, S. 420–439

Algieri, Franco, und Thomas Bauer, Die Festschreibung mitgliedstaatlicher Macht: GASP und GSVP im Vertragswerk von Lissabon. In: Lissabon in der Analyse, S. 125–156

Alphand, Hervé, L'étonnement d'être. Journal (1939–1973), Paris 1977

Alphand, Hervé, Frankreichs Initiative. In: Dokumente (Zeitschrift für den deutschfranzösischen Dialog), 8 (1952), S. 441–446

American Policy and the Reconstruction of West Germany, 1945–1955. Ed. by Jeffry M. Diefendorf, Axel Frohn and Hermann-Josef Rupieper, Cambridge, New York, Oakleigh 1993

André, Pierre, Une partie de l'histoire militaire de SNECMA. In: Un demi-siècle d'aéronautique en France. Les moteurs, S. 65–102

Andres, Christopher Magnus, Die bundesdeutsche Luft- und Raumfahrtindustrie 1945–1970. Ein Industriebereich im Spannungsfeld von Politik, Wirtschaft und

Militär, Frankfurt a.M. 1996 (= Münchner Studien zur neueren und neuesten Geschichte, 15)

Andrew, Christopher, und Wassili Mitrochin, Das Schwarzbuch des KGB. Moskaus Kampf gegen den Westen, Berlin 1999

Die Anfänge der europäischen Integration 1945−1950. Hrsg. von Wilfried Loth, Bonn 1990

Anfänge westdeutscher Sicherheitspolitik 1945−1956

 Bd 1: Roland G. Foerster, Christian Greiner, Georg Meyer, Hans-Jürgen Rautenberg und Norbert Wiggershaus, Von der Kapitulation bis zum Pleven-Plan, München 1982

 Bd 2: Lutz Köllner, Klaus A. Maier, Wilhelm Meier-Dörnberg und Hans-Erich Volkmann, Die EVG-Phase, München 1990

 Bd 3: Hans Ehlert, Christian Greiner, Georg Meyer und Bruno Thoß, Die NATO-Option, München 1993

 Bd 4: Werner Abelshauser und Walter Schwengler, Wirtschaft und Rüstung, Souveränität und Sicherheit, München 1997

Annuaire Diplomatique et Consulaire de la République Française pour 1954. Nouvelle Série, 84ème année, t. 58, Paris 1954

Argenson, Pierre-Henri de, The Future of European Defence Policy. In: Survival, 51 (2009), 5, S. 143−154

Armee im Einsatz. Grundlagen, Strategien und Ergebnisse einer Beteiligung der Bundeswehr. Hrsg. von Hans J. Gießmann und Armin Wagner, Baden-Baden 2009 (= Demokratie, Sicherheit, Frieden, 191)

Armement et Vᵉ République. Fin des années 1950−fin des années 1960. Sous la dir. de Maurice Vaïsse, Paris 2002

Armengaud, André, L'Europe, problème économique et social. In: Politique Étrangère, 19 (1954), 5, S. 505−566

Arnold, Matthias, Die Harmonisierung militärischer Bedarfsforderungen im europäischen Rahmen. In: ES, 61 (2009), 4, S. 90−94

Aschmann, Birgit, »Treue Freunde ...?« Westdeutschland und Spanien 1945−1963, Stuttgart 1999 (= HMRG, Beih. 34)

Aspekte der deutschen Wiederbewaffnung bis 1955. Mit Beitr. von Hans Buchheim [u.a.], Boppard a.Rh. 1975 (= Militärgeschichte seit 1945, 1)

Aspekte der deutsch-französischen Wirtschaftsbeziehungen − Aspects des relations économiques entre la France et l'Allemagne (1945−1957). Hrsg. von Werner Scholz, Leipzig 1993

Les Ateliers de Maintenance Industrielle de l'Aéronautique. Coordonné par Michel Hucher, éd. par le CHEAr, Paris 2005 (= COMAERO, 14)

The Attlee Years. Ed by Nick Triatsoo, London 1991

Auf dem Weg zu einer westeuropäischen Sicherheitspolitik. Hrsg. von Reimund Seidelmann, Baden-Baden 1989 (= Militär, Rüstung, Sicherheit, 55)

Aus der Ohnmacht zur Bündnismacht. Das Machtproblem in der Bundesrepublik Deutschland 1945−1960. Hrsg. von Franz Knipping und Klaus-Jürgen Müller, Paderborn [u.a.] 1995

AWS siehe Anfänge westdeutscher Sicherheitspolitik

BAkWVT: akademie nachrichten 2010−2011, Mannheim 2010−2011

Ball, Simon J., Military Nuclear Relations between the United States and Great Britain under the Terms of the McMahon Act, 1946–1958. In: The Historical Journal, 38 (1995), 2, S. 439–454

Barbier, Colette, The French Decision to Develop a Military Nuclear Programme in the 1950s. In: Diplomacy and Statecraft, 4 (1993), 1, S. 103–113

Bariéty, Jacques, La décision de réarmer l'Allemagne, l'échec de la Communauté Européenne de Défense et les accords de Paris du 23 octobre 1954 vus du côté français. In: Revue belge de philologie et d'histoire, 71 (1993), S. 354–383

Bariéty, Jacques, Frankreich und das Scheitern der EVG. In: Die doppelte Eindämmung, S. 99–132

Baring, Arnulf, Außenpolitik in Adenauers Kanzlerdemokratie. Bonns Beitrag zur Europäischen Verteidigungsgemeinschaft, 2 Bde, München, Wien 1969 (= Schriften des Forschungsinstituts der Deutschen Gesellschaft für Auswärtige Politik, 28)

Barré, Pierre, Programme Alpha Jet. Première Partie. In: Un demi-siècle d'aéronautique en France. Les avions militaires, t. 1, S. 101–124

Barthel, Charles, Sturm im Wasserglas. Das Streben der Stahlkocher nach einer Gangbarmachung des Schuman-Plans. Eine Betrachtung aus der Sicht Luxemburger Industriearchive (1950–1952). In: Le Luxembourg face à la construction européenne, S. 203–252

Bátora, Jozef, European Defence Agency: A Flashpoint of Institutional Logics. In: West European Politics, 32 (2009), 6, S. 1075–1098

Battaglia, Mattéa-Paola, Le général Larminat: quel engagement européen? 1895–1962. Université Paris I Panthéon Sorbonne, D.E.A. sous la dir. de Robert Frank, Paris 1998–1999

Baudet, François, La communauté de défense européenne et l'armée de l'air. In: RHA, 2 (1990), S. 101–110

Bauer, Harald, Die autonome Sicherheitspolitik Frankreichs und ihre industriellen Konsequenzen. In: Rüstungskooperation und Technologiepolitik, S. 175–230

Bauer, Thomas, Armoured Fighting Vehicles in Deutschland und Europa. In: S&T, 47 (2005), 10, S. 18–23

Bauer, Thomas, Die Europäische Verteidigungs-Agentur. In: S&T, 46 (2004), 12, S. 72–76

Bauer, Thomas, Fünf Jahre EDA. In: S&T, 51 (2009), 7, S. 10 f.

Baumann, Ansbert, Die Gründung des »Institut Saint-Louis«. In: Deutsch-französische Kultur- und Wissenschaftsbeziehungen, S. 237–255

Baylis, John, Ambiguity and Deterrence: British Nuclear Strategy, 1945–1964, Oxford 1995

La Belgique et les débuts de la construction européenne de la guerre aux traités de Rome. Sous la dir. de Michel Dumoulain, Louvain-La-Neuve 1987

Bérard, Armand, Un ambassadeur se souvient, t. 2: Washington et Bonn 1945–1955, Paris 1978

Berghahn, Volker, und Paul Friedrich, Otto A. Friedrich, ein politischer Unternehmer. Sein Leben und seine Zeit, 1902–1975, Frankfurt a.M., New York 1993

Bertges, Florian, Der fragmentierte europäische Verteidigungsmarkt. Sektorenanalyse und Handlungsoptionen, Frankfurt a.M. [u.a.] 2009

Berthault, Daniel, Programme Alpha Jet. Deuxième Partie. In: Un demi-siècle d'aéronautique en France. Les avions militaires, t. 1, S. 125–133

Between Cooperation and Competition: The Transatlantic Defence Market. Ed. by Burkard Schmitt, Paris 2001 (= ISS-EU Chaillot Paper, 44)

Biehl, Heiko, Bastian Giegerich und Alexandra Jonas, Das Forschungsprojekt »Strategische Kulturen in Europa« am Sozialwissenschaftlichen Institut der Bundeswehr. In: Strategische Kulturen in Europa, S. 9–16

Bieling, Hans-Jürgen, und Maria Lerch, Theorien der europäischen Integration: ein Systematisierungsversuch. In: Theorien der europäischen Integration, S. 9–37

Bigay, Jean-François, Eurocopter: une réussite européenne de l'industrie aérospatiale. In: DN, 59 (2003), 2, S. 39–48

Bilan et perspectives de la coopération militaire franco-allemande de 1963 à nos jours. Sous la dir. du Centre d'Études en Sciences Sociales de la Défense et Centre d'études d'histoire de la Défense (CEHD), Paris 1999

Bilanz des Zweiten Weltkrieges. Erkenntnisse und Verpflichtungen für die Zukunft, Oldenburg, Hamburg 1953

Birtle, Andrew James, Rearming the Phoenix: U.S. Military Assistance to the Federal Republic of Germany, 1950–1960, New York, London 1991

Biscop, Sven, and Jo Coelmont, CSDP and the ›Ghent Framework‹: The Indirect Approach to Permanent Structured Cooperation? In: EFAR, 16 (2011), 2, S. 149–167

Bitsch, Marie-Thérèse, Un facteur de sécurité de l'Europe: le désarmement économique de l'Allemagne (1945–1946). In: Revue d'Allemagne, numéro spécial (1991), S. 27–35

Bitsch, Marie-Thérèse, Un rêve français. Le désarmement économique de l'Allemagne (1944–1947). In: RI, 51 (1987), S. 313–329

Blanc, Emile, »Wir suchen ständig nach Kooperationsmöglichkeiten«. In: Wehrtechnik, 26 (1984), 2, S. 12–18

Blankenhorn, Herbert, Verständnis und Verständigung. Blätter eines politischen Tagebuchs 1949–1979, Frankfurt a.M., Berlin, Wien 1980

Blumrath, Fritz, Die internationale Arbeit des BDI von 1949 bis 1954. In: Fünf Jahre BDI, S. 169–222

Bock, Hans Manfred, Zur Perzeption der frühen Bundesrepublik Deutschland in der französischen Diplomatie. Die Bonner Monatsberichte des Hochkommissars André François-Poncet (1949–1955). In: Francia, 15 (1987), 3, S. 579–658

Bockstette, Carsten, Konzerninteressen, Netzwerkstrukturen und die Entstehung einer europäischen Verteidigungsindustrie. Eine Fallstudie am Beispiel der Gründung der European Aeronautic, Defence and Space Company (EADS), Hamburg 2003

Bodemer, A., et R. Laugier, L'ATAR et tous les autres moteurs à réaction français, Paris 1996

Böhm, Enrico, Integration durch Antikommunismus. Die europäischen Föderalisten und die Debatte um eine Europäische Verteidigungsgemeinschaft (1950–1954). In: HMRG, 21 (2008), S. 221–244

Bölkow, Ludwig, Erinnerungen. Aufgezeichnet von Brigitte Röthlein, München, Berlin 1994

Bohnekamp, Dorothea, Les ingénieurs allemands dans l'industrie française d'armement entre 1945 et 1950. In: Revue d'Allemagne et des Pays de langue allemande, 34 (2002), 1, S. 29−44

Les Bombardements alliés sur la France durant la Seconde Guerre Mondiale: stratégies, bilans, matériels et humains. Ed. par le CEHD, Paris 2009 (= Cahier du CEHD, 37)

Bonin, Hubert, Histoire économique de la IV$^e$ République, Paris 1987

Bonnet, P., Premiers travaux sur l'arme nucléaire. La section atomique de la DEFA jusqu'à son rattachement au Commissariat à l'Énergie Atomique au 1$^{er}$ Janvier 1960, St. Cloud 1996 (= COMHART, 13)

Boog, Horst, Der anglo-amerikanische strategische Luftkrieg über Europa und die deutsche Luftverteidigung. In: Das Deutsche Reich und der Zweite Weltkrieg, Bd 6, S. 429−565

Boog, Horst, Strategischer Luftkrieg in Europa und Reichsluftverteidigung 1943−1944. In: Das Deutsche Reich und der Zweite Weltkrieg, Bd 7, S. 3−415

Borgert, Heinz-Ludger, Walter Stürm und Norbert Wiggershaus, Dienstgruppen und westdeutscher Verteidigungsbeitrag. Vorüberlegungen zur Bewaffnung der Bundesrepublik Deutschland, Boppard a.Rh. 1982 (= Militärgeschichte seit 1945, 6)

Bossuat, Gérard, Les aides américaines économiques et militaires à la France, 1938−1960. Une nouvelle image des rapports de puissance, Paris 2001

Bossuat, Gérard, Armements et relations franco-allemandes (1945−1963). Les nationalismes à l'épreuve des temps nouveaux. In: Histoire de l'armement en France, S. 149−202

Bossuat, Gérard, La France, l'aide américaine et la construction européenne 1944−1954, 2 t., Paris 1992

Bottiglieri, B., La politica economica dell'Italia centrista (1948−1958), Milano 1984

Bougeard, Christian, René Pleven. Un Français libre en politique, Rennes 1994

Bouhsini, Sarah, Die Rolle Nordafrikas (Marokko, Algerien, Tunesien) in den deutsch-französischen Beziehungen von 1950 bis 1962, Aachen 2000

Bouvier, Jean, La modernité à l'épreuve du temps. In: Pierre Mendès France et le mendésisme, S. 361−367

Brandt, Gerhard, Rüstung und Wirtschaft in der Bundesrepublik, Witten, Berlin (West) 1966 (= Studien zur politischen und gesellschaftlichen Situation der Bundeswehr, 3. Folge; Forschungen und Berichte der Evangelischen Studiengemeinschaft, 21/III)

Braunthal, Gerard, The Federation of German Industry in Politics, Ithaca, NY 1965

Breccia, Alfredo, Italien und die EVG. In: Die Europäische Verteidigungsgemeinschaft, S. 177−190

Brill, Heinz, Bogislaw von Bonin im Spannungsfeld zwischen Wiederbewaffnung − Westintegration − Wiedervereinigung. Ein Beitrag zur Entstehungsgeschichte der Bundeswehr 1952−1955, 2 Bde, Baden-Baden 1987 (= Militär, Rüstung, Sicherheit, 49)

British Foreign Policy, 1945−56. Ed. by Michael Lawrence Dockrill and John W. Young, Basingstoke [u.a.] 1989

Brizay, Bernard, Le Patronat. Histoire, structure, stratégie du CNPF, Paris 1975

Brokate, Ulrich, Das Boden-Luft-Flugkörpersystem Hawk. In: Flugkörper und Lenkraketen, S. 333−337

Buchheim, Christoph, Die deutsch-französischen Wirtschaftsbeziehungen im Spiegel der Zahlungsbilanz 1945–1970. In: Die Deutsch-französischen Wirtschaftsbeziehungen, S. 85–100

Buchheim, Christoph, Die Wiedereingliederung Westdeutschlands in die Weltwirtschaft 1945–1958, München 1990 (= Quellen und Darstellungen zur Zeitgeschichte, 31)

Budraß, Lutz, Flugzeugindustrie und Luftrüstung in Deutschland 1918–1945, Düsseldorf 1998 (= Schriften des Bundesarchivs, 50)

Budraß, Lutz, Sackgasse oder Zwischenspeicher? Die deutsche Luftfahrtindustrie und die Führungsschicht der deutschen Wirtschaft, 1930–1960. In: Die deutsche Wirtschaftselite, S. 129–152

Bührer, Werner, Der BDI und die Außenpolitik der Bundesrepublik in den fünfziger Jahren. In: VfZ, 40 (1992), 2, S. 241–261

Bührer, Werner, Dirigismus und europäische Integration. Jean Monnet aus der Sicht der deutschen Industrie. In: Interessen verbinden, S. 205–224

Bührer, Werner, Die Montanunion – ein Fehlschlag? Deutsche Lehren aus der Europäischen Gemeinschaft für Kohle und Stahl. In: Die europäische Integration, S. 75–90

Bührer, Werner, Ruhrstahl und Europa. Die Wirtschaftsvereinigung Eisen- und Stahlindustrie und die Anfänge der europäischen Integration 1945–1952, München 1986 (= Schriftenreihe der Vierteljahrshefte für Zeitgeschichte, 53)

Bührer, Werner, Wegbereiter der Verständigung: Deutsch-französische Industriellenkontakte (1947–1955). In: Revue d'Allemagne, 23 (1991), 1, S. 73-86

Bührer, Werner, Wirtschaftliche Zusammenarbeit im multilateralen Rahmen. Die Bundesrepublik und Frankreich in der OECE. In: Revue d'Allemagne et des pays de langue allemande, 25 (1993), 4, S. 553–564

Building Postwar Europe: National Decision-makers and European Institutions, 1948–1963. Ed. by Anne Deighton, New York [u.a.] 1995

Die Bundesrepublik Deutschland und die europäische Einigung 1949–2000. Politische Akteure, gesellschaftliche Kräfte und internationale Erfahrungen. Festschrift für Wolf D. Gruner zum 60. Geburtstag. Hrsg. von Mareike König und Matthias Schulz, Stuttgart 2004

Bundeswehr. 50 Jahre Wehrtechnik und Ausrüstung. Hrsg. von Gerhard Hubatschek, Frankfurt a.M., Bonn 2005

Die Bundeswehr 1955 bis 2005. Rückblenden – Einsichten – Perspektiven. Im Auftrag des MGFA hrsg. von Frank Nägler, München 2007 (= Sicherheitspolitik und Streitkräfte der Bundesrepublik Deutschland, 7)

Burigana, David, et Pascal Deloge, Pourquoi la standardisation des armements a-t-elle échoué dans les années 1950? Éléments de réponses et pistes de réflexion autour d'un cas: le comité FINABEL. In: Entreprises et histoire, 51 (2008), 2, S. 103–116

Burigana, David, et Pascal Deloge, Standardisation et production coordonnée des armements en Europe. Une voie vers l'étude d'une défense européenne (1953–2005). In: Quelle(s) Europe(s)?, S. 337–349

Bussière, Éric, et Emmanuel Chadeau, Le renouvellement des industries manufacturières. In: Histoire de la France industrielle, S. 338–355

Cabalo, Thorsten, Politische Union Europas 1956–1963, Köln 1999

Calandri, Elena, The Western European Armaments Pool: France's Quest for Security and European Cooperation in Transition, 1951–1955. In: Journal of European Integration History, 1 (1995), 1, S. 37–63

La campagne de 1940. Actes du colloque: 16 au 18 novembre 2000. Sous la dir. de Christine Levisse-Touzé, Paris 2001

Carlier, Claude, Les débuts de la coopération aéronautique: Le groupe O. In: Die deutsch-französischen Wirtschaftsbeziehungen, S. 273–279

Carlier, Claude, Le développement de l'aéronautique militaire française de 1958–1970, Paris 1979

Carlier, Claude, L'aéronautique et l'espace 1945–1993. In: Histoire militaire de la France, t. 4, S. 449–480

Carlier, Claude, Marcel Dassault. La légende d'un siècle, Paris 1992

Carlton, James R., NATO Standardization: An Organizational Analysis. In: NATO after Thirty years, S. 199–213

Carpentier, René, Les missiles tactiques, Paris 2004 (= Publications du Comité pour l'histoire de l'aéronautique COMAERO)

Caserta, Ludovic, La Marine nationale et les problèmes de défense en Europe entre 1948 et 1954. D.E.A. sous la dir. de Georges-Henri Soutou, Paris IV 1997–1998

Caserta, Ludovic, et Philippe Vial, La Marine nationale, l'OTAN et la C.E.D. (1950–1954) ou l'impossible marine européenne. In: RHA, 215 (1999), S. 79–94

Caspary, Hans-Eberhard, 10 Jahre deutsch-französisches Forschungsinstitut Saint-Louis. In: S&T, 12 (1969), 8, S. 415 f.

Castronovo, Valerio, FIAT, 1899–1999. Un secolo di storia, Milan 1999

Caviglia, Daniele, e Alessandro Gionfrida, Un'occasione da perdere: Le Forze Armate italiane e la Communità Europea di Difesa (1950–54), Roma 2009

Cazes, Bernard, Un demi-siècle de planification indicative. In: Entre l'État et le marché, S. 472–506

Chadeau, Emmanuel, L'industrie aéronautique en France 1900–1950: De Blériot à Dassault, Paris 1987

Chancen und Grenzen europäischer militärischer Integration. Hrsg. von Johann Frank und Walter Matyas, Wien [u.a.] 2013 (= Strategie und Sicherheit, 2013)

Chang, Fu-Chang, European Defence Agency – Motor of Strengthening the EU's Military Capabilities? In: EFAR, 16 (2011), 1, S. 59–87

Chantebout, Bernard, L'organisation générale de la défense nationale en France depuis la fin de la seconde guerre mondiale, Paris 1967

Chappell, Laura, and Petar Petrov, The European Defence Agency and Permanent Structured Cooperation: Are we Heading Towards Another Missed Opportunity? In: Defence Studies, 12 (2012), 1, S. 44–66

Chesnais, François, et Claude Serfati, L'armement en France: genèse, ampleur et coût d'une industrie, Paris 1992

Le choix des armes. Théories, acteurs et politiques. Sous la dir. de William Genieys, Paris 2004

Christensen, Carsten Sander, Zur Wiederaufrüstung Westdeutschlands 1950–1955: Politische Intentionen und Konzeptionen der Bundesrepublik Deutschland und Frankreich im Remilitarisierungsprozeß, Regensburg 2002

Christienne, Charles, et Pierre Lissarrague, Histoire de l'Aviation militaire, l'armée de l'Air 1928–1981, Paris 1981

Ciesla, Burghard, Das »Projekt Paperclip« – deutsche Naturwissenschaftler und Techniker in den USA (1946 bis 1952). In: Historische DDR-Forschung, S. 287–301

Clemens, Gabriele, Alexander Reinfeldt und Gerhard Wille, Geschichte der europäischen Integration. Ein Lehrbuch, Paderborn [u.a.] 2008

Clesse, Armand, Le projet de CED du Plan Pleven au ›crime‹ du 30 août. Histoire d'un malentendu, Baden-Baden 1989

Coignard, Marcel, Quelques aspects actuels du contrôle des armements à la lumière des expériences entreprises. In: Politique étrangère, 21 (1956), 1, S. 39–60

Coignard, Marcel, Rüstungskontrolle als Instrument zur Durchsetzung eines Rüstungsbeschränkungsabkommens. Die Tätigkeit des Rüstungskontrollamtes der WEU. In: EA, 18 (1963), 1, S. 615–620

La Communauté Européenne de Défense, leçon pour demain? = The European Defence Community, Lessons for the Future? Ed. par Michel Dumoulin, Bruxelles 2000 (= Euroclio: Etudes et documents, 15)

La construction d'un espace scientifique commun? La France, la RFA et l'Europe après le ›choc du Spoutnik‹. Ed. par Corine Defrance et Ulrich Pfeil, Bruxelles [u.a.] 2012 (= L'Allemagne dans les relations internationales, 3)

Contemporary British History, 1931–1961: Politics and Limits of Policy. Ed. by Anthony Gorst, Lewis Johnman and W. Scott Lucas, London 1989

Coolsaet, Rik, Atlantic Loyalty, European Autonomy. Belgium and the Atlantic Alliance, 1949–2009, Brussels 2009 (= Egmont Paper, 28)

Cornell, Alexander H., International Collaboration in Weapons and Equipment Development and Production by the NATO Allies, The Hague 1981

Cornu, Christophe, Fortress Europe – Real or Virtual? In: Between Cooperation and Competition, S. 51–92

Coulbois, Paul, Pourquoi les prix français sont-ils trop élevés? In: RDN, 10 (1954), 5, S. 599–605

Le couple France-Allemagne et les institutions européennes. Sous la dir. de Marie-Thérèse Bitsch, Bruxelles 2001 (= Organisation internationale et relations internationales, 53)

Critchfield, James H., Auftrag Pullach. Die Organisation Gehlen 1948–1956, Hamburg 2005

Cunibert, J.P., Luc de Vos en M. Strobbe, De Belgische Landmacht, 1945–1980, Bruxelles 1981

Cuny, Jean, Historique du Vampire au Mirage III. In: Un demi-siècle d'aéronautique en France. Les avions militaires, t. 2, S. 227–236

Darnis, Jean-Pierre [u.a.], Lessons Learned from European Defence Equipment Programmes, Paris 2007 (= ISS-EU Occasional Paper, 69)

David, François, Lâcher la proie pour l'ombre? La fusion des forces allemandes dans l'armée européenne, vue par les autorités militaires françaises (1951–1954). In: Histoires des rapports diplomatico-stratégiques, t. 2, S. 117–139

Debré, Michel, Contre l'armée européenne. In: Politique étrangère, 18 (1953), 5, S. 107–134

Decup, Sabine-Marie, La contribution du Royaume-Uni à la politique d'armement de la France 1950–1958. In: La IVe République face aux problèmes d'armement, S. 237–249

Decup, Sabine-Marie, France – Angleterre. Les relations militaires entre la France et le Royaume-Uni de 1945 à 1962, Paris 1998

Defence Procurement in the European Union. The Current Debate. Report of an EUISS Task Force. Chairman and Rapporteur: Burkhard Schmitt, Paris 2005

Deighton, Anne, The Last Piece of the Jigsaw: Britain and the Creation of the Western European Union, 1954. In: Contemporary European History, 7 (1998), 2, S. 181–196

Delmas, Jean, Naissance et développement d'une politique nucléaire militaire en France (1945–1956). In: Das Nordatlantische Bündnis, S. 263–272

Deloge, Pascal, L'armée belge et la CED. In: La Communauté Européenne, S. 161–168

Deloge, Pascal, Une coopération difficile. Belgique et Grande-Bretagne en quête de sécurité à l'aube de la guerre froide, Bruxelles 2000

Deloge, Pascal, La défense commune dans l'opinion militaire Belge: Europe et interdépendance, 1945–1955. In: Revue belge d'histoire militaire, 30 (1994), 8, S. 613–638

Deloge, Pascal, Enthousiasmes et réticences. Approches de la conscience européenne des décideurs militaires belges durant la négociation CED (1950–1954). In: Revue belge d'histoire militaire, 31 (1996), 7/8, S. 171–184

Deloge, Pascal, Les militaires belges et l'Europe: une variation sur le thème de la politique belge d'interdépendance après la Seconde Guerre mondiale. In: Europe des élites?, S. 205–218

Un demi-siècle d'aéronautique en France: Études et recherches, 2 t. Ed. par le CHEAr, coordonné par Jean-Marc Weber, Paris 2008

Un demi-siècle d'aéronautique en France. Les avions militaires, 2 t. Ed. par le CHEAr, coordonné par Jacques Bonnet, Paris 2007

Un demi-siècle d'aéronautique en France. Les moteurs aéronautiques militaires. Ed. par le CHEAr, coordonné par Michel Lasserre, Paris 2005

Demory, Jean Claude, Georges Bidault (1899–1983). Biographie, Paris 1995

Das Deutsche Reich und der Zweite Weltkrieg, Bd 5: Bernhard R. Kroener, Rolf-Dieter Müller und Hans Umbreit, Organisation und Mobilisierung des deutschen Machtbereichs. Halbbd 2: Kriegsverwaltung, Wirtschaft und personelle Ressourcen 1942 bis 1944/45, Stuttgart 1999

Das Deutsche Reich und der Zweite Weltkrieg, Bd 6: Horst Boog, Werner Rahn, Reinhard Stumpf und Bernd Wegner, Der globale Krieg. Die Ausweitung zum Weltkrieg und der Wechsel der Initiative 1941 bis 1943, Stuttgart 1990, Nachdruck 1993

Das Deutsche Reich und der Zweite Weltkrieg, Bd 7: Horst Boog, Gerhard Krebs und Detlef Vogel, Das Deutsche Reich in der Defensive. Strategischer Luftkrieg in Europa, Krieg im Westen und in Ostasien 1943 bis 1944/45, Stuttgart 2001

Deutsche Unternehmer zwischen Kriegswirtschaft und Wiederaufbau. Studien zur Erfahrungsbildung von Industrie-Eliten. Hrsg. von Paul Erker und Toni Pierenkemper, München 1999

Die deutsche Wirtschaftselite im 20. Jahrhundert. Kontinuität und Mentalität. Hrsg. von Volker R. Berghahn, Essen 2003

Deutsch-französische Kultur- und Wissenschaftsbeziehungen im 20. Jahrhundert. Ein institutionengeschichtlicher Ansatz. Hrsg. von Ulrich Pfeil, München 2007

Die deutsch-französischen Wirtschaftsbeziehungen 1945–1960. Kolloquium des Deutschen Historischen Instituts Paris 8.–10. Dezember 1994. Hrsg. von Andreas Wilkens, Sigmaringen 1997 (= Beihefte der Francia, 42)

Deutschland und der Marshall-Plan. Hrsg. von Charles S. Maier, Baden-Baden 1992

Die Deutschlandfrage vom 17. Juni 1953 bis zu den Genfer Viermächtekonferenzen von 1955. Hrsg. von Dieter Blumenwitz, Berlin 1990

Die Deutschlandpolitik Frankreichs und die Französische Zone 1945–1949. Hrsg. von Claus Scharf und Hans-Jürgen Schröder, Wiesbaden 1983 (= Veröffentlichungen des Instituts für Europäische Geschichte Mainz, Beih. 14)

Deux siècles d'histoire de l'armement en France. De Gibreauval à la force de frappe. Sous la dir. de Dominique Pestre, Paris 2003

DeVore, Marc, Organizing International Armaments Cooperation: Institutional Design and Path Dependencies in Europe. In: European Security, 21 (2012), 3, S. 432–458

Devos, Jean-Claude, et Marie-Anne Corvisier-de Villèle, Guide des Archives et de la Bibliothèque. Ministère de la Défense, État-Major de l'Armée de Terre, Service Historique sous la dir. de Thierry Sarmant et Samuel Gibiat, 2., éd. rev. et augmentée, Vincennes 2001

Di Nolfo, Ennio, Le paure e le speranze degli italiani, 1943–1953, Milano 1986

Dickow, Marcel [u.a.], Weimar Defence Cooperation – Projects to Respond to the European Imperative. SWP Working Paper, Berlin 2011

Didier, Francis, La genèse de l'affaire de la CED (1952–1954), Paris 1976

Diebold, William jr., The Schuman Plan. A Study in Economic Cooperation, 1950–1959, New York 1959

Diedrich, Torsten, Aufrüstungsvorbereitung und -finanzierung in der SBZ/DDR in den Jahren 1948 bis 1953 und deren Rückwirkungen auf die Wirtschaft. In: Volksarmee schaffen, S. 273–336

Diedrichs, Udo, Die gemeinsame Sicherheits- und Verteidigungspolitik der EU, Wien 2012

Dietl, Ralph, Emanzipation und Kontrolle: Europa in der westlichen Sicherheitspolitik 1948–1963. Eine Innenansicht des westlichen Bündnisses, Bd 1: Der Ordnungsfaktor Europa 1948–1958, München 2006 (= Historische Mitteilungen, Beih. 67)

Dietl, Ralph, Die Westeuropäische Union. Rüstungskooperation und Europäische Integration in den fünfziger Jahren. In: HMRG, 12 (1999), S. 90–112

Dockrill, Saki, Britain and the Settlement of the West German Rearmament Question in 1954. In: British Foreign Policy, S. 149–168

Dockrill, Saki, Britain's Policy for West German Rearmament, 1950–1955, Cambridge [u.a.] 1991

Dockrill, Saki, Eisenhower's New Look: A Maximum Deterrent at a Bearable Cost? In: Storia delle relazioni internazionali, 1 (1998), 1, S. 11–25

Dockrill, Saki, The Evolution of Britain's Policy towards a European Army, 1950–1954. In: JSS, 12 (1989), S. 38–58

Dockrill, Saki, Großbritannien und die Wiederbewaffnung Deutschlands, 1950–1955. In: Die doppelte Eindämmung, S. 63–74

Dodd, Lindsey, and Andrew Knapp, »How many Frenchmen did you kill?« British Bombing Policy towards France (1940–1945). In: French Politics, 22 (2008), S. 469–492

Die doppelte Eindämmung. Europäische Sicherheit und deutsche Frage in den Fünfzigern. Hrsg. von Rolf Steininger, mit Beitr. von Rolf Badstübner, München 1993 (= Tutzinger Schriften zur Politik, 2)

DRWK siehe Das Deutsche Reich und der Zweite Weltkrieg

Duchêne, François, Jean Monnet. The First Statesman of Interdependence, New York, London 1994

Duchin, Brian R., The »Agonizing Reappraisal«. Eisenhower, Dulles, and the EDC. In: DH, 16 (1992), 2, S. 201–221

Duffield, John S., The Soviet Military Threat to Western Europe: U.S. Estimates in the 1950s and 1960s. In: JSS, 15 (1992), S. 208–227

Duhamel, Éric, De l'épée à la toge (Les officiers au Palais Bourbon de 1945 à 1962). In: Militaires en République, S. 337–371

Durand-de Jongh, France, De la fusée Véronique au lanceur Ariane. Une histoire d'hommes, 1945–1979, Paris 1998

Dussauge, Pierre, et Christophe Cornu, L'industrie française de l'armement. Coopérations, restructurations et intégration européenne, 2. éd., Paris 1998

Duval, Marcel, La crise de la CED (1950–1954). In: La France et l'OTAN, S. 189–214

Duval, Marcel, et Dominique Mongin, Histoire des forces nucléaires françaises depuis 1945, Paris 1993

Dwan, Renata, Jean Monnet and the European Defence Community, 1950–1954. In: Cold War History, 1 (2000), 1, S. 141–160

Dwan, Renata, An Uncommon Community: France and the European Defence Community, 1950–1954, Ph.D.diss., Oxford University 1996

Ebert, Hans J., Johann B. Kaiser und Klaus Peters, Willy Messerschmitt. Pionier der Luftfahrt und des Leichtbaues. Eine Biographie, Bonn 1992 (= Die deutsche Luftfahrt, 17)

EDA achievements since 2004. In: EDA Bulletin, 13 (February 2010), S. 4 f.

Ehrmann, H.W., Organized Business in France, Princeton, NJ 1957

Eichengreen, Barry, The European Economy since 1945, Princeton, NJ 2006

Eine einsatzfähige Armee für Europa: Die Zukunft der Gemeinsamen Sicherheits- und Verteidigungspolitik nach Lissabon. Hrsg. von Gerd F. Kaldrack und Hans-Gert Pöttering, Baden-Baden 2011

Eisenhut, Dominik, Europäische Rüstungskooperation. Zwischen Binnenmarkt und zwischenstaatlicher Zusammenarbeit, Baden-Baden 2010

Elgey, Georgette, Histoire de la IV République, 3 t., Paris 1992–1994

Elzer, Herbert, Die Schmeisser-Affäre. Herbert Blankehorn, der »Spiegel« und die Umtriebe des französischen Geheimdienstes im Nachkriegsdeutschland (1946–1958), Suttgart 2008

Enders, Thomas, und Joachim Rohde, Europäischer Rüstungsmarkt – Der Zwang zum Zusammenwachsen nationaler Rüstungsindustrien. In: Europäische Sicherheits- und Verteidigungspolitik (ESVP), S. 280–289

Engeli, Jacques, Frankreich 1940. Wege in die Niederlage, Baden (CH) 2006
Entmilitarisierung und Aufrüstung in Mitteleuropa 1945–1956. Mit Beiträgen von Alexander Fischer [u.a.]. Hrsg. vom Militärgeschichtlichen Forschungsamt, Herford, Bonn 1983 (= Vorträge zur Militärgeschichte, 4)
Entre l'État et le marché. L'économie française des années 1880 à nos jours. Sous la dir. de Jean-Claude Casanova et Maurice Lévy-Leboyer, Paris 1991
Enzyklopädie Erster Weltkrieg. Hrsg. von Gerhard Hirschfeld, Gerd Krumeich und Irina Renz in Verb. mit Markus Pöhlmann, 2., durchges. Aufl., Paderborn [u.a.] 2004
Erhard, Ludwig, Kriegsuntaugliche Marktwirtschaft? In: Währung und Wirtschaft, 34 (1951), 2, S. 285 f.
Erker, Paul, Ernst Heinkel. Die Luftfahrtindustrie im Spannungsfeld von technologischem Wandel und politischem Umbruch. In: Deutsche Unternehmer, S. 217–290
Eschenauer, Arthur, Rückblick auf die deutsche »Entfeinerungsaktion«. In: Interavia, 7 (1952), 7, S. 371
Etat général des fonds privés de la Marine, vol. 1. Ed. par Service Historique de la Defense, Archives Centrales de la Marine. Sous la direction de Karine Leboucq, Vincennes 2002–2010
Europa im Blick der Historiker. Europäische Integration im 20. Jahrhundert – Bewusstsein und Institutionen. Hrsg. von Rainer Hudemann, Hartmut Kaeble und Klaus Schwabe, München 1995
Europa von A bis Z. Taschenbuch der europäischen Integration. Hrsg. von Werner Weidenfeld und Wolfgang Wessels, Bonn 2007
Die europäische Integration vom Schuman-Plan bis zu den Verträgen von Rom. Pläne und Institutionen, Enttäuschungen und Misserfolge. Hrsg. von Gilbert Trausch, Baden-Baden 1993 (= Veröffentlichungen der Historiker-Verbindungsgruppe bei der Kommission der Europäischen Gemeinschaften, 4)
Europäische Sicherheits- und Verteidigungspolitik (ESVP). Der Weg zu integrierten europäischen Streitkräften? Hrsg. von Werner Hoyer und Gerd F. Kaldrack, Baden-Baden 2002 (= Forum Innere Führung, 16)
Die europäische Sicherheits- und Verteidigungspolitik. Positionen, Perzeptionen, Probleme, Perspektiven. Hrsg. von Hans-Georg Ehrhart, unter Mitarbeit von Bernt Berger, Baden-Baden 2002 (= Demokratie, Sicherheit, Frieden, 142)
Die Europäische Union. Politisches System und Politikbereiche. Hrsg. von Werner Weidenfeld, Bonn 2004 (= Schriftenreihe der Bundeszentrale für Politische Bildung, 442)
Die Europäische Verteidigungsgemeinschaft. Stand und Probleme der Forschung. Im Auftrag des MGFA hrsg. von Hans-Erich Volkmann und Walter Schwengler, Boppard a.Rh. 1985 (= Militärgeschichte seit 1945, 7)
Europäische Wehrrechtssysteme – Ein Vergleich der Rechtsordnungen Belgiens, Dänemarks, Deutschlands, Frankreichs, Luxemburgs, der Niederlande, Polens, Spaniens und des Vereinigten Königreiches mit Harmonisierungsvorschlägen. Hrsg. von Heike Krieger und Georg Nolte, Baden-Baden 2002
Europe brisée, Europe retrouvée. Nouvelles réflexions sur l'unité européenne au XX$^e$ siècle. Sous la dir. de René Girault et Gérard Bossuat, Paris 1994

Europe des élites? Europe des peuples? La construction de l'espace européen 1945–1960. Sous la dir. de Elisabeth du Réau, Paris 1998

L'Europe et l'OTAN face aux défis des élargissements de 1952–1953. Sous la dir. de Christopher Romer, Bruxelles 2005

European Integration Theory. Ed. by Antje Wiener und Thomas Diez, Oxford 2004

European Military Capabilities: Building Armed Forces for Modern Operations. Ed. by Bastian Giegerich and Alexander Nicoll (IISS), London 2008

Facon, Patrick, et Françoise de Ruffray, Aperçus sur la collaboration aéronautique franco-allemande (1940–1943). In: Revue d'Histoire de la Deuxième Guerre mondiale, 108 (1977), S. 85–102

Facon, Patrick, L'armée de l'Air et le pacte de Bruxelles. In: RHA, 190 (1982), 3, S. 90–95

Facon, Patrick, Le général Gérardot, un chef d'état-major éphémère (sept. 1946–fév. 1947). In: RHA, 204 (1996), 3, S. 37–49

Facon, Patrick, La projet de programme commun européenne aéronautique du général Léchères 1950–1953. In: Histoire de la coopération européenne dans l'armement, S. 17–25

Facon, Patrick, Le réarmement français de l'armée de l'Air. In: La IV$^e$ République face aux problèmes d'armement, S. 107–127

Faivre, Maurice, Le Général Paul Ely et la politique de défense (1956–1961). L'Algérie, l'OTAN, la Bombe, Paris 1998

Faligot, Roger, et Pascal Krop, La Piscine – Les services secrets français 1944–1984, Paris 1985

Fauvet, Jacques, Naissance et mort d'un Traité. In: La querelle de la CED, S. 23–57

Feigh, Stefan, Internationale Kooperation. In: Festschrift 50 Jahre BAkWVT, S. 104–107

Feindbilder und Militärstrategien seit 1945. Referate einer Tagung des Arbeitskreises für Wehrforschung in Bonn-Bad Godesberg vom 28.–29.12.1990. Hrsg. von Jürgen Rohwer, Bremen 1992 (= Schriftenreihe des Wissenschaftlichen Forums für Internationale Sicherheit e.V.)

Festschrift 50 Jahre BAkWVT. Hrsg. von der BAkWVT, Mannheim 2011

Fett, Kurt, Die Grundlagen der militärischen Planungen. In: Aspekte der deutschen Wiederbewaffnung, S. 169–200

Fiat G.91 für die deutsche Luftwaffe. In: Flugwelt, 11 (1958), S. 854–856

Fischer, Peter, Atomenergie und staatliches Interesse: Die Anfänge der Atompolitik in der Bundesrepublik Deutschland 1949–1955, Baden-Baden 1994 (= Internationale Politik und Sicherheit, 30/3)

Fischer, Peter, Die Bundesrepublik und das Projekt einer Europäischen Politischen Gemeinschaft. In: Vom Marshallplan zur EWG, S. 270–299

Fischer, Peter, Die Reaktion der Bundesregierung auf die Nuklearisierung der westlichen Verteidigung (1952–1958). In: MGM, 52 (1993), S. 105–132

Flugkörper und Lenkraketen. Die Entwicklungsgeschichte der deutschen gelenkten Flugkörper vom Beginn dieses Jahrhunderts bis heute. Hrsg. von Theodor Benecke, Karl-Heinz Hedwig und Joachim Hermann, Koblenz 1987 (= Die deutsche Luftfahrt, 10)

Foerster, Roland G., Innenpolitische Aspekte der Sicherheit Westdeutschlands 1947–1950. In: AWS, Bd 1, S. 403–575

The Foreign Policy of Churchill's Peacetime Administration, 1951–1955. Ed. by John W. Young, Leicester 1988

Le Forze Armate dalla liberazione all'adesione dell'Italia alla NATO. A cura di A. Mola, Roma 1985

Foschepoth, Josef, Postzensur und Telefonüberwachung in der Bundesrepublik Deutschland. In: Zeitschrift für Geschichtswissenschaft, 57 (2009), 5, S. 413–426

Foss, Christopher F., and Peter McKenzie, The Vickers Tanks, Wellingborough 1988

La France et l'Allemagne en guerre (novembre 1942–automne 1944). Occupation, Collaboration, Résistance. Sous la dir. de Stefan Martens et Maurice Vaïsse, Bonn 2000

La France et l'Allemagne en guerre. Septembre 1939–November 1942. Actes du XXV$^{\text{ème}}$ Colloque Franco-Allemand, organisé par l'Institut Historique Allemand de Paris en coopération avec l'Institut d'Histoire des Conflits Contemporains et le Comité de la République fédérale dans le Comité. international d'histoire de la Deuxième Guerre mondiale à Wiesbaden, 17 au 19 mars 1988. Sous la dir. de Claude Carlier et Stefan Martens, Paris 1990

La France et l'Atome. Études d'histoire nucléaire. Sous la dir. de Maurice Vaïsse, Bruxelles 1994

La France et l'opération de Suez de 1956. Actes d'une table ronde organisée sous la dir. de Maurice Vaïsse, Paris 1997

La France et l'OTAN, 1949–1966. Actes du colloque organisé à Paris par le Centre des Hautes Études de la Défense, 8–10 février 1996. Sous la dir. de Maurice Vaïsse, Pierre Mélandri et Frédéric Bozo, Bruxelles 1996

La France face aux problèmes d'armement 1945–1950. Sous la dir. du CEHD, Paris 1996

La France, l'Allemagne et le traité de l'Elysée 1963–2013. Sous la dir. de Corinne Defrance et Ulrich Pfeil, Paris 2012

Frankreich und Deutschland im Krieg (November 1942–Herbst 1944). Okkupation, Kollaboration, Résistance. Akten des deutsch-französischen Kolloquiums La France et l'Allemagne en Guerre (novembre 1942–automne 1944). Occupation, collaboration, résistance, veranstaltet vom DHI Paris und dem Centre d'Éudes de la Défense, Vincennes, in Zusammenarb. mit dem Institut für Zeitgeschichte, München, und dem Institut d'Histoire du Temps Présent, Paris-Cachan, Paris, 22./23. März 1999. Hrsg. von Stefan Martens und Maurice Vaïsse, Bonn 2000 (= Pariser Historische Studien, 55)

Frankreichs Kulturpolitik in Deutschland, 1945–1950. Ein Tübinger Symposium, 19. und 20. September 1985. Hrsg. von Frank Knipping und Jacques Le Rider, Tübingen 1987

Friend, Julius W., The Linchpin. French-German Relations, 1950–1990, New York, Westport, CT, London 1991

Frieser, Karl-Heinz, Blitzkrieg-Legende. Der Westfeldzug 1940, 2. Aufl., München 1996 (= Operationen des Zweiten Weltkrieges, 2)

Fünf Jahre BDI. Aufbau und Arbeitsziele des industriellen Spitzenverbandes. Hrsg. vom BDI, Bergisch Gladbach 1954

Fursdon, Edward, The European Defence Community. A History, London, Basingstoke 1980

Gaddis, John Lewis, Der Kalte Krieg. Eine neue Geschichte, München 2007

Gallois, Pierre M., Luftmacht – das Instrument der Europäischen Verteidigungsgemeinschaft. In: Interavia, 7/8 (1952), S. 420–424

Gallois, Pierre M., Le sablier du siècle. Mémoires, Lausanne 1999

Galtung, Johan, A Structural Theory of Integration. In: Journal of Peace Research, 5 (1968), 4, S. 375–395

Gareis, Bernhard, Die Zusammenarbeit zwischen Deutschland und Frankreich – Ein Überblick. In: Vereint marschieren, S. 41–73

Gaulle, Charles de, Discours et messages, t. 2: Dans l'attente. Février 1946–avril 1958, Paris 1970

Gauzy, Florence, La Défense: Rapprocher les doctrines pour parvenir à des conceptions communes? In: La France, l'Allemagne et le traité de l'Elysée, S. 215–244

Gauzy, Florence, La préparation du réarmement de la République Fédérale – Le Service Blank et la délégation militaire allemande dans les négociations sur la CED (1950–1955). Thèse pour le doctorat d'études germaniques. Sous la dir. de Gilbert Krebs, Université de Paris III, Paris 1995 (= Sorbonne Nouvelle)

Gauzy, Florence, Le réarmement de la République fédérale d'Allemagne et la CED (1951–1954). In: La Communauté Européenne, S. 31–50

Gavin, Victor, Power through Europe? The Case of the European Defence Community in France (1950–1954). In: French Politics, 23 (2009), 1, S. 69–87

Geiger, Till, Britain and the Economic Problem of the Cold War: The Political Economy and the Economic Impact of the British Defence Effort, 1945–1955, Aldershot 2004

Geiger, Till, »The Next War is Bound to Come«: Defence Production Policy, Supply Departments, and Defence Contractors, 1945–1957. In: Contemporary British History, S. 95–119

Geiger, Till, and Lorenza Sebesta, A Self-Defeating Policy. American Offshore Procurement and Integration of Western European Defence Production, 1952–1956. In: Journal of European Integration History, 4 (1998), 4, S. 55–73

Gérardot, Paul, L'Armée européenne et le réarmement allemand, o.O. 1952

Gersdorff, Gero von, Adenauers Außenpolitik gegenüber den Siegermächten 1954. Westdeutsche Bewaffnung und internationale Politik, München 1994 (= Beiträge zur Militärgeschichte, 41)

Gersdorff, Gero von, Die Gründung der Nordatlantischen Allianz, München 2009 (= Anfänge und Probleme des Nordatlantischen Bündnisses, 7)

Gersdorff, Kyrill von, Ludwig Bölkow und sein Werk – Ottobrunner Innovationen, Koblenz 1987 (= Die deutsche Luftfahrt, 12)

Gersdorff, Kyrill von, Umsetzung des deutschen Luftfahrtwissens im Ausland ab 1945. In: Luftfahrtforschung in Deutschland, S. 307–324

Giegerich, Bastian, Budget Crunch: Implications for European Defence. In: Survival, 52 (2010), 4, S. 87–98

Giegerich, Bastian, and Alexander Nicoll, The Struggle for Value in European Defence. In: Survival, 54 (2012), 1, S. 53−82

Giering, Claus, und Almut Metz, Integrationstheorien. In: Europa von A bis Z, S. 285−291

Gillingham, John, Coal, Steel, and the Rebirth of Europe, 1945−1955. The Germans and French from Ruhr Conflict to Economic Community, Cambridge [u.a.] 1991

Gimbel, John, The Origins of the Marshall Plan, Stanford, CA 1976

Giovachini, Laurent, L'armement français au XX$^e$ siècle: Une politique à l'épreuve de l'histoire, Paris 2000

Girardet, Raoul, La crise militaire française (1945−1962), Paris 1980

Glaser, Mattias, Das Militärische Sicherheitsamt der Westalliierten von 1949−1955, Bonn 1992 (= Beiträge zur deutschen Zeitgeschichte, 1)

Glaß, Bettina, Der lange Schatten der Rüstung: Die Entwicklung der Luftfahrtindustrie im Raum Toulouse von der Mitte der 1930er Jahre bis 1970, Diss. Universität Bochum 2004

Globale Herausforderungen − globale Antworten. Hrsg. von Johann Pucher und Johann Frank, Wien [u.a.] 2011 (= Strategie und Sicherheit, 2011)

Goldschmidt, Bertrand, Le complexe atomique. Histoire politique de l'énergie nucléaire, Paris 1980

Goldschmidt, Bertrand, La France et la non-prolifération. In: RI, 69 (1992), S. 41−50

Goldschmidt, Bertrand, Les rivalités atomiques 1939−1966, Paris 1967

Gordon, Philip H., Die deutsch-französische Partnerschaft und die Atlantische Allianz, Bonn 1994

Gorst, Anthony, Facing Facts? The Labour Government and Defence Policy 1945−1950. In: The Attlee Years, S. 190−209

Govaerts, Frans, Belgium, Holland and Luxembourg. In: Small Powers in Alignment, S. 291−389

Gowing, Margaret M., Independence and Deterrence. Britain and Atomic Energy, 1945−1952, vol. 1: Policy Making, London, Basingstoke 1974

Grams, Christoph, und Patrick Fitschen, Ressourcen bündeln: Militärische Synergieeffekte bei der Europäischen Sicherheits- und Verteidigungspolitik (ESVP), Sankt Augustin 2004 (= KAS Arbeitspapier, 128)

Grams, Christoph, Transatlantische Rüstungskooperation. Bedingungsfaktoren und Strukturen im Wandel (1990−2005), Berlin 2007

Gras, Philippe, L'armée de l'Air en Indochine et la aide américaine 1950−1954. In: La IV$^e$ République face aux problèmes d'armement, S. 331−351

Greiner, Christian, Die alliierten militärstrategischen Planungen zur Verteidigung Westeuropas 1947−1950. In: AWS, Bd 1, S. 119−323

Greiner, Christian, Die Dienststelle Blank: Regierungspraxis bei der Vorbereitung des deutschen Verteidigungsbeitrags von 1950−1955. In: MGM, 17 (1975), 1, S. 99−124

Greiner, Christian, Die Entwicklung der Bündnisstrategie 1949 bis 1958. In: Greiner/Maier/Rebhan, Die NATO, S. 19−174

Greiner, Christian, Die militärische Eingliederung der Bundesrepublik Deutschland in die WEU und die NATO 1954 bis 1957. In: AWS, Bd 3, S. 561−850

Greiner, Christian, Die militärische Integration der Bundesrepublik Deutschland in die WEU und die NATO (1954–1957). In: Die Deutschlandfrage, S. 75–106

Greiner, Christian, Die militärstrategische Lage Westeuropas und Westdeutschlands aus der Sicht westdeutscher Militärs 1945–1949. In: Aus der Ohnmacht zur Bündnismacht, S. 155–168

Greiner, Christian, Klaus A. Maier und Heinz Rebhan, Die NATO als Militärallianz. Strategie, Organisation und nukleare Kontrolle im Bündnis 1949 bis 1959. Im Auftrag des MGFA hrsg. von Bruno Thoß, München 2003 (= Entstehung und Probleme des Atlantischen Bündnisses bis 1956, 4)

Griffiths, Richard T., and Alan S. Milward, The Beyen-Plan and the European Political Community. In: Noi si mura, S. 595–621

Gromand, Roger, Le maréchal Koenig, commandant en chef français en Allemagne 1945–1949. In: Revue des deux mondes, (Juli–September) 1985, S. 374–379

Groß, Hans Ferdinand, Hanns Seidel, 1901–1961. Eine politische Biographie, München 1992 (= Untersuchungen und Quellen zur Zeitgeschichte, 1)

Große Hüttmann, Martin, und Thomas Fischen, Föderalismus. In: Theorien der europäischen Integration, S. 41–64

Guerisse, J., À propos de l'armée européenne: une rétrospective des travaux du Comité Intérimaire Militaire de la CED. In: Res publica – Revue de l'Institut Belge de Science Politique, 13 (1971), 3/4, S. 551–576

Guerisse, J., Les travaux du Comité Intérimaire Militaire de la C.E.D. mémoire de licence, Université Catholique de Louvain 1967

Guillen, Pierre, Les chefs militaires français, le réarmement de l'Allemagne et la CED: 1950–1954. In: Revue d'histoire de la deuxième guerre mondiale, 33 (1983), 129, S. 13–33

Guillen, Pierre, La France et la question de la défense de l'Europe occidentale, du Pacte de Bruxelles (Mars 1949) au Plan Pleven (Octobre 1950). In: Revue d'Histoire de la Deuxième Guerre Mondiale et des Conflits Contemporains, 36 (1989), 144, S. 79–98

Guillen, Pierre, Frankreich und die Frage der Verteidigung Westeuropas. Vom Brüssler Vertrag (März 1948) zum Pleven-Plan (Oktober 1950). In: Die Westliche Sicherheitsgemeinschaft, S. 103–123

Guillen, Pierre, Frankreich und die NATO-Integration der Bundesrepublik. In: Vom Marshallplan zur EWG, S. 427–445

Guillen, Pierre, Die französische Generalität, die Aufrüstung der Bundesrepublik und die EVG (1950–1954). In: Die Europäische Verteidigungsgemeinschaft, S. 125–157

Guillen, Pierre, Pierre Mendès France et l'Allemagne. In: Pierre Mendès France et le rôle de la France dans le monde, S. 39–55

Guillen, Pierre, The Role of the Soviet Union as a Factor in the French Debates on the European Defense Community. In: JEIH, 2 (1996), 1, S. 71–83

Haine, Jean-Yves, Eine historische Perspektive. In: Die Sicherheits- und Verteidigungspolitik der EU, S. 41–63

Hamel, Alexis, La coopération bilatérale: Le cargo d'assaut Transall. In: Un demi-siècle d'aéronautique en France. Les avions militaires, t. 1, S. 75–98

Hamel, Alexis, La coopération multilatérale: Le patrouilleur maritime Atlantic. In: Un demi-siècle d'aéronautique en France. Les avions militaires, t. 1, S. 193−211

Hammerich, Helmut R., Dieter H. Kollmer, Martin Rink und Rudolf Schlaffer, Das Heer 1950 bis 1970. Konzeption, Organisation und Aufstellung. Unter Mitarb. von Michael Poppe, München 2006 (= Sicherheitspolitik und Streitkräfte der Bundesrepublik Deutschland, 3)

Hammerich, Helmut R., Invasion oder Inflation. Die Aufrüstung Westeuropas und ihre wirtschaftlichen Auswirkungen auf die NATO-Mitgliedsstaaten 1949−1954. In: Militärgeschichte, N.F. 8 (1998), S. 30−38

Hammerich, Helmut R., Jeder für sich und Amerika gegen alle? Die Lastenteilung der NATO am Beispiel des Temporary Council Committee 1949 bis 1954, München 2003 (= Entstehung und Probleme des Atlantischen Bündnisses bis 1956, 5)

Hammerich, Helmut R., Kommiss kommt von Kompromiss. Das Heer der Bundeswehr zwischen Wehrmacht und U.S. Army (1950 bis 1970). In: Hammerich/Kollmer/Rink/Schlaffer, Das Heer, S. 17−351

Hammerich, Helmut R., »Operation Wise Men«. Das Temporary Council Committee und die Geburt der NATO im Jahre 1952. In: Von Truman bis Harmel, S. 137−152

Hardach, Gerd, Der Marshall-Plan. Auslandshilfe und Wiederaufbau in Westdeutschland 1948−1952, München 1994

Harryvan, Anjo G. [u.a.], Dutch Attitudes Towards European Military, Political and Economic Integration (1950−1954). In: Die europäische Integration, S. 321−347

Harryvan, Anjo G., and Jan van der Harst, From Antagonist to Adherent: The Netherlands and the European Defence Community. In: La Communauté Européenne, S. 169−180

Harst, Jan van der, The Atlantic Priority. Defence Policy of the Netherlands at the Time of the European Defence Community, Rom 2003

Hartley, Keith, NATO Arms Co-operation: A Study in Economics and Politics, London [u.a.] 1983

Hartley, Keith, and Todd Sandler, NATO Burden Sharing: Past and Future. In: Journal of Peace Research, 36 (1999), 6, S. 665−680

Hayward, Keith, Defence Industrial Globalisation − ›The Hidden Hand of Government‹. In: A History of NATO, vol. 3, S. 79−98

Hayward, Keith, Towards a European Weapons Procurement Process. The Shaping of Common European Requirements for New Arms Programmes, Paris 1997 (= ISS-WEU Chaillot Paper, 27)

Hébert, Jean-Paul, Production d'armement: mutation du système français, Paris 1995

Hébert, Jean-Paul, Stratégie française et industrie d'armement, Paris 1991

Heimsoeth, Hans-Jürgen, Der Zusammenbruch der Dritten Französischen Republik. Frankreich während der »Drôle de Guerre« 1939/40, Bonn 1990

Heinemann, Winfried, Vom Zusammenwachsen des Bündnisses. Die Funktionsweise der NATO in ausgewählten Krisenfällen 1951 bis 1956, München 1998 (= Entstehung und Probleme des Atlantischen Bündnisses bis 1956, 1)

Heinen, Armin, Saarjahre. Politik und Wirtschaft im Saarland 1945−1955, Stuttgart 1996

Heisbourg, François, European Defence. Making it Work. With Contributions by Nicole Gnesotto and Others, Paris 2000 (= ISS-EU Chaillot Paper, 42)

Heise, Volker, Zehn Jahre Europäische Sicherheits- und Verteidigungspolitik. Entwicklung, Stand und Probleme, Berlin 2009 (= SWP-Studie, 25)

Heiser, Hans Joachim, Die Errichtung des Ständigen Rüstungsausschusses der Westeuropäischen Union. In: EA, 10 (1955), 2, S. 8134–8137

Heiser, Hans Joachim, Die Interimsarbeit an der Europäischen Verteidigungsgemeinschaft. In: EA, 8 (1953), 6, S. 5761–5765

Heiser, Hans Joachim, Die Tätigkeit des Ständigen Rüstungsausschusses und des Rüstungskontrollamtes der Westeuropäischen Union. In: EA, 11 (1956), 2, S. 9213–9216

Henle, Günter, Das Vertragswerk mit dem Westen in wirtschaftspolitischer Sicht, Duisburg 1952 (= Schriften der Volks- und Betriebswirtschaftlichen Vereinigung im rheinisch-westfälischen Industriegebiet, 4)

Hentschel, Volker, Die Europäische Zahlungsunion und die deutschen Devisenkrisen 1950/51. In: VfZ, 37 (1989), S. 715–758

Hentschel, Volker, Ludwig Erhard. Ein Politikerleben, München [u.a.] 1996

Hentschel, Volker, Zwischen Zahlungsunfähigkeit und Konvertibilität. Frankreich und Deutschland in der Europäischen Zahlungsunion. In: Die deutsch-französischen Wirtschaftsbeziehungen, S. 101–133

Henzler, Christoph, Fritz Schäffer, 1945–1967. Der erste bayerische Nachkriegsministerpräsident und Finanzminister der Bundesrepublik Deutschland, München 1994 (= Untersuchungen und Quellen zur Zeitgeschichte, 3)

Herbst, Ludolf, Die zeitgenössische Integrationstheorie und die Anfänge der europäischen Einigung 1947–1950. In: VfZ, 34 (1986), 2, S. 161–205

Héreil, Georges, Die Werkgemeinschaft der europäischen Luftfahrtindustrie. In: Interavia, 7 (1952), 8, S. 435–439

Hermann, A. [u.a.], History of CERN, vol. 1: Launching the European Organisation for Nuclear Research, Amsterdam 1987

Hermann, Wolfgang, Die Europäische Verteidigungsagentur. In: ES, 57 (2005), 4, S. 23 f.

Hermann, Wolfgang, Europäische Verteidigungsagentur. Hintergrund und Sachstand. In: Wehrtechnik, 36 (2004), 1, S. 57–59

Herrmann, Walther, Der Rat der Europäischen Industrieverbände (REI) in seinen ersten 25 Jahren. In: Zeitschrift für Unternehmensgeschichte 24 (1979), 3, S. 45–61

Hershberg, James G., »Explosion in the Offing.« German Rearmament and American Diplomacy, 1953–1955. In: DH, 16 (1992), S. 511–549

Heuser, Beatrice, Victory in a Nuclear War? A Comparison of NATO and WTO War Aims and Strategies. In: Contemporary European History, 7 (1998), 3, S. 311–327

Heusgen, Christoph, Reiner Just und Oliver Linz, Sicherheitspolitische Kooperation ein Jahr nach Lissabon: Im Spannungsfeld von europäischem Imperativ, bilateralem Pragmatismus und haushalterischen Zwängen. In: Eine einsatzfähige Armee für Europa, S. 57–67

Hewlett, Richard, and Oscar Anderson, The New World: A History of the United States Atomic Energy Commission, vol. 1, University Park, PA 1962

Hirsch, Étienne, Ainsi va la vie, Lausanne 1988

Hirsch, Étienne, Die französischen Planungsmethoden und ihre Ausdehnung auf den Gemeinsamen Markt, Berlin 1962 (= Sonderschrift des IFO-Instituts für Wirtschaftsforschung, 30)

Histoire de la coopération européenne dans l'armement. Sous la dir. de Jean-Paul Hébert et Jean Hamiot, Paris 2004

Histoire de la France industrielle. Sous la dir. de Maurice Lévy-Leboyer, Baume-les-Dames 1996

Histoire de l'armement en France de 1914 à 1962: Institutions, industries, innovations, relations internationales. Actes du colloque du 19 novembre 1993. Ed. par le Centre des Hautes Études de l'Armement, Paris 1994

Histoire de l'Armement Français. In: Revue Historique de l'Armée, 2/1964 (Themenheft)

Histoire des débuts de la construction européenne (Mars 1948–Mai 1950). Actes du Colloque de Strasbourg 28–30 Novembre 1984. Sous la dir. de Raymond Poidevin, Bruxelles [u.a.] 1986 (= Veröffentlichungen der Historiker Verbindungsgruppe bei der Kommission der Europäischen Gemeinschaften, 1)

Histoire militaire de la France, t. 4: de 1940 à nos jours. Sous la dir. de André Martel, Paris 1994

Histoires des rapports diplomatico-stratégiques, t. 2. Sous la dir. de Georges-Henri Soutou, Paris 2006 (= Cahiers du CEHD, 29)

Historische DDR-Forschung. Aufsätze und Studien. Hrsg. von Jürgen Kocka, Berlin 1993 (= Zeithistorische Studien, 1)

A History of NATO. The First Fifty Years, 3 vols. Ed. by Gustav Schmidt, Basingstoke, New York 2001

Hitlers militärische Elite, 2 Bde. Hrsg. von Gerd R. Ueberschär, Darmstadt 1998

Höfer, Gerd, Europäische Armee. Vision oder Utopie?, Hamburg 2008

Höfner, Karlheinz, Die Aufrüstung Westdeutschlands. Willensbildung, Entscheidungsprozesse und Spielräume westdeutscher Politik 1945 bis 1950, München 1990 (= Deutsche Hochschuledition, 17)

Hölsken, Heinz Dieter, Die V-Waffen. Entstehung, Propaganda, Kriegseinsatz, Stuttgart 1984 (= Studien zur Zeitgeschichte, 27)

Hoffenaar, Jan, »Hannibal ante portas«: The Soviet Military Threat and the Build-up of the Dutch Armed Forces, 1948–1958. In: The Journal of Military History, 66 (2002), 1, S. 163–191

Hogan, Michael J., The Marshall Plan. America, Britain and the Reconstruction of Western Europe, 1947–1952, Cambridge 1987 (= Studies in Economic History and Policy: The United States in the Twentieth Century)

Holzinger, Katharina [u.a.], Die Europäische Union. Theorien und Analysekonzepte, Paderborn [u.a.] 2005

Howorth, Jolyon, Britain, France and the European Defence Initiative. In: Survival, 42 (2000), 2, S. 33–55

Howorth, Jolyon, The European Draft Constitutional Treaty and the Future of the European Defence Initiative: A Question of Flexibility. In: EFAR, 9 (2004), 4, S. 483–508

Howorth, Jolyon, European Integration and Defence: The Ultimate Challenge?, Paris 2000 (= ISS-EU Chaillot Paper, 43)

Hudemann, Rainer, La France et le Conseil de Contrôle interalliée en Allemagne (1945–1947). In: Revue d'Allemagne et des pays de langue allemande, 21 (1989), 2, S. 235–256

Hudemann, Rainer, Le général Kœnig: commandant en chef français en Allemagne (1945–1949). In: RHA, 227 (juin 2002), S. 85–94

Hudemann, Rainer, Zentralismus und Dezentralisierung in der französischen Deutschland- und Besatzungspolitik 1945–1947. In: Die Kapitulation, S. 181–209

Hüser, Dietmar, Frankreich und Deutschland: Forschungsansätze, Thesen, Aktualitätsbezüge. In: Dokumente, 53 (1997), S. 108–115

Hüser, Dietmar, Frankreichs »doppelte Deutschlandpolitik«. Dynamik aus der Defensive – Planen, Entscheiden, Umsetzen in gesellschaftlichen und wirtschaftlichen, innen- und außenpolitischen Krisenzeiten 1944–1950, Berlin 1996 (= Dokumente und Schriften der Europäischen Akademie Otzenhausen, 77)

Hüser, Dietmar, Vom schwierigen Umgang mit den »schwarzen Jahren« in Frankreich – Vichy und Résistance in der französischen Gesellschaft 1940–1944 und 1944/45–1995. In: Sieger und Besiegte, S. 87–118

Hughes, Edel, Turkey's Accession to the European Union: the Politics of Exclusion?, London [u.a.] 2011

Huwart, Olivier, Du V2 à Véronique: les premières recherches spatiales militaires français. In: RHA, 208 (1997), S. 113–126

Huwart, Olivier, L'organisme français de récupération en Allemagne après guerre: une filière méconnue de transfert de technologie? In: La IV$^e$ République face aux problèmes d'armement, S. 513–533

Integrationsprojekt Sicherheit. Aspekte europäischer Sicherheitspolitik im Vertrag von Lissabon. Hrsg. von Franco Algieri, Arnold H. Kammel und Jochen Rehrl, Baden-Baden 2011

Interessen verbinden. Jean Monnet und die europäische Integration der Bundesrepublik Deutschland. Hrsg. von Andreas Wilkens, Bonn 1999 (= Pariser historische Studien)

International Armaments Cooperation Handbook. Ed. by US-Department of Defense, Office of the Director International Cooperation, 3. ed., o.O. 2004

Inventaire de la série R: Cabinet du ministre de la défense et organismes rattachés, 1945–1969, t. 1. Ministère de la Défense, État-Major de l'Armée de Terre, Service Historique avec la collab. de Jérôme Delatour, Monique Bascop et Andrée Rouillard, Vincennes 1997

Ismay, Hastings Lionel Lord, The Memoirs of General the Lord Ismay, London, Melbourne, Toronto 1960

Ismay, Hastings Lionel Lord, NATO. The First Five Years, 1949–1954, 2$^{nd}$ ed., Paris 1955

La IV$^e$ République face aux problèmes d'armement. Actes du colloque organisé les 29 et 30 septembre 1997 à l'Ecole Militaire. Sous la dir. de Maurice Vaïsse, Paris 1998

Jäckel, Eberhard, Frankreich in Hitlers Europa. Die deutsche Frankreichpolitik im Zweiten Weltkrieg, Stuttgart 1966 (= Quellen und Darstellungen zur Zeitgeschichte, 14)

James, Andrew D., The Current State of European Cooperation in the Field of Armaments, Rome 2003
James, Robert Rhodes, Standardization and Common Production of Weapons in NATO, London 1967 (= Defence, Technology and the Western Alliance, 3)
Jane's All the World's Aircraft 1956–1957. Ed. by Leonhard Bridgman, London 1957
Jansen, Hans-Heinrich, Großbritannien, das Scheitern der EVG und der NATO-Beitritt der Bundesrepublik, Bochum 1992 (= Schriftenreihe des Arbeitskreises Deutsche England-Forschung, 22)
Jardin, Pierre, Le renseignement français en Allemagne au lendemain de la seconde guerre mondiale (1940–1955). In: Histoire du renseignement, S. 59–75 (Cahier du CHED, 1)
Jarry, Maud, La place de la France dans la stratégie d'emploi des armes V (coopération, résistance, conséquence). In: Les relations franco-allemandes en matière d'armement au XX$^è$ siècle, S. 33–52
Jean Monnet, l'Europe et les chemins de la paix. Actes du Colloque de Paris du 29 au 31 mai 1997 organisé par l'Institut Pierre Renouvin de l'Université Paris I/Panthéon Sorbonne et l'Institut Historique Allemand de Paris. Sous la dir. de Gérard Bossuat et de Andreas Wilkens, Paris 1999 (= Série Internationale, 57)
Joana, Jean, et Andy Smith, Le cas de l'avion de transport européen Airbus A400M. In: Le choix des armes, S. 115–144
Jordan, Robert S., The NATO International Staff/Secretariat 1952–1957. A Study in International Administration, London 1967
Judt, Tony, Die Geschichte Europas seit dem Zweiten Weltkrieg. Aus dem Engl. von Matthias Fienbork und Hainer Kober, Bonn 2006 (= Schriften der Bundeszentrale für politische Bildung, 548)
Jütten, Marc, Europäische Integration. Die Europäische Union auf dem Weg zur parlamentarischen Demokratie, Hamburg 2012
Juin, Alphonse Pierre, Mémoires, 2 t., Paris 1960
Kahmann, Hannedore, und Lutz Köllner, Japan. Wirtschaft und Wettbewerb. Eine Untersuchung der Stellung der japanischen Textilindustrie an internationalen Märkten, 2. Aufl., Münster 1955
Die Kapitulation von 1945 und der Neubeginn in Deutschland. Symposion an der Universität Passau 30.–31.10.1985. Hrsg. von Winfried Becker, Köln, Wien 1987
Kaplan, Jacob J., and Günther Schleiminger, The European Payments Union. Financial Diplomacy in the 1950s, Oxford 1989
Kaplan, Lawrence S., A Community of Interests: NATO and the Military Assistance Program, 1948–1951, Washington, DC 1980
Kaplan, Lawrence S., Die Westunion und die militärische Integration Europas 1948–1950. Eine Darstellung aus amerikanischer Sicht. In: Die Westliche Sicherheitsgemeinschaft, S. 37–56
Kempin, Ronja, Jocelyn Mawdsley und Stefan Steinicke, Entente Cordiale. Eine erste Bilanz französisch-britischer Zusammenarbeit in der Sicherheits- und Verteidigungspolitik, Berlin 2012
Keohane, Daniel, and Sophie de Vaucorbeil, Education and Training for European Defence Equipment Programmes, Paris 2008 (= ISS-EU Report, 2)

Kersten, Albert E., Die Außen- und Bündnispolitik der Niederlande 1940 bis 1955. In: Nationale Außen- und Bündnispolitik, S. 153–175

Kersten, Albert E., Niederländische Regierung, Bewaffnung Westdeutschlands und EVG. In: Die Europäische Verteidigungsgemeinschaft, S. 191–219

Keßelring, Agilolf, Die Nordatlantische Allianz und Finnland (1949 bis 1961). Perzeptionsmuster und Politik im Kalten Krieg, München 2009 (= Entstehung und Probleme des Atlantischen Bündnisses, 8)

Kielmansegg, Johann Adolf Graf von, Der Vertrag über die Gründung der Europäischen Verteidigungsgemeinschaft. In: EA, 7 (1952), S. 5009–5019

Kielmansegg, Sebastian Graf von, Die Verteidigungspolitik der Europäischen Union, Stuttgart 2006

Kim, Seung-Ryeol, Der Fehlschlag des ersten Versuchs zu einer politischen Integration Westeuropas von 1951–1954, Frankfurt a.M. [u.a.] 2000

Kipping, Matthias, Welches Europa soll es sein? Der Schuman-Plan und die deutsch-französischen Beziehungen. In: Die Deutsch-französischen Wirtschaftsbeziehungen, S. 237–246

Kipping, Matthias, Zwischen Kartellen und Konkurrenz. Der Schuman-Plan und die Ursprünge der europäischen Einigung 1949–1952, Berlin 1996

Kißener, Michael, Die deutsch-französische Freundschaft. Aspekte einer Annäherungsgeschichte. In: Historisch-Politische Mitteilungen, 11 (2004), S. 183–201

Klein, Michael, Europäische Heereskooperation am Beispiel Finabel. In: ES, 59 (2007), 10, S. 72–74

Klemm, Peter F., La production aéronautique française de 1940 à 1942. In: Revue d'histoire de la Deuxième Guerre mondiale, 27 (1977), 107, S. 53–74

Knapp, Manfred, Ökonomische Aspekte beim Aufbau des nordamerikanisch-westeuropäischen Bündnissystems (1948–1950). In: Die westliche Sicherheitsgemeinschaft, S. 283–309

Knittel, Hartmut H., Panzerfertigung im Zweiten Weltkrieg. Industrieproduktion für die deutsche Wehrmacht, Herford, Bonn 1988 (= Wehrtechnik und wissenschaftliche Waffenkunde, 2)

Knoll, Michael, Atomare Optionen. Westdeutsche Kernwaffenpolitik in der Ära Adenauer, Frankfurt a.M. 2013 (= Militärhistorische Untersuchungen, 13)

Kocs, Stephen A., Autonomy or Power? The Franco-German Relationship and Europe's Strategic Choices, 1955–1995, London 1995

Köhler, Henning, Adenauer. Eine politische Biographie, Frankfurt a.M., Berlin 1994

Köllner, Lutz, und Hans-Erich Volkmann, Finanzwissenschaftliche, finanzwirtschaftliche und finanzpolitische Aspekte eines deutschen Beitrags zur EVG. In: AWS, Bd 2, S. 757–873

Köllner, Lutz, Rüstungsfinanzierung. Dämonie und Wirklichkeit, Frankfurt a.M. 1969

Kollmer, Dieter H., German-French Armaments Cooperation from 1954 to 1972: Between Balance of Payments and Economics of Scales. In: Les relations franco-allemandes en matière d'armement, S. 65–76

Kollmer, Dieter H., »Klotzen, nicht kleckern!« Die materielle Aufrüstung des Heeres von den Anfängen bis Ende der sechziger Jahre. In: Hammerich/Kollmer/Rink/Schlaffer, Das Heer, S. 485–614

Kollmer, Dieter H., »Nun siegt mal schön!« Aber womit? Die Aufrüstung des Heeres der Bundeswehr 1953 bis 1972. In: Die Bundeswehr 1955 bis 2005, S. 397–415

Kollmer, Dieter H., Rüstungsgüterbeschaffung in der Aufbauphase der Bundeswehr. Der Schützenpanzer HS 30 als Fallbeispiel (1953–1961), Stuttgart 2002 (= Beiträge zur Wirtschafts- und Sozialgeschichte, 93)

Kollmer, Dieter H., Zwischen Zahlungsbilanzüberschuss und Skalenerträgen: Deutsche Interessen in den Anfangsjahren der deutsch-französischen Rüstungskooperation von 1953 bis 1972. In: Militär in Deutschland und Frankreich, S. 159–173

Kolodziej, Edward A., Making and Marketing Arms. The French Experience and Its Implications for the International System, Princeton, NJ 1987

Konrad Adenauer und Frankreich, 1949–1963. Stand und Perspektiven der Forschung zu den deutsch-französischen Beziehungen in Politik, Wirtschaft und Kultur. Hrsg. von Klaus Schwabe, Bonn 2005 (= Rhöndorfer Gespräche, 21)

Koop, Volker, Besetzt. Französische Besatzungspolitik in Deutschland, Berlin 2005

Kordik, Edwin J., NATO-Leichtbau-Erdkampfflugzeug Fiat G 91. In: ÖMZ, 1 (Jänner/Februar 1964), S. 86–92

Koutrakos, Panos, The EU Common Security and Defence Policy, Oxford 2013

Kowalsky, Wolfgang, Der Conseil National du Patronat Français: Machtdelegation beim Patronat. In: Francia, 19 (1992), 3, S. 135–150

Krautkrämer, Elmar, Generalleutnant Dr. phil. Hans Speidel. In: Hitlers militärische Elite, Bd 2, S. 245–255

Krieger, Wolfgang, Airbus: un exemple de coopération européenne. In: La construction d'un espace scientifique commun?, S. 293–301

Krieger, Wolfgang, Gründung und Entwicklung des Brüsseler Paktes. In: Die westliche Sicherheitsgemeinschaft, S. 191–207

Krone, Heinrich, Tagebücher, Bd 1: 1945–1961. Bearb. von Hans-Otto Kleinmann, Düsseldorf 1995

Krüger, Dieter, Das Amt Blank. Die schwierige Gründung des Bundesministeriums für Verteidigung, Freiburg i.Br. 1993 (= Einzelschriften zur Militärgeschichte, 38)

Krüger, Dieter, Die Anfänge der Bundesmarine 1950–1955. In: Marineforum, 70 (1995), 1/2, S. 2–6; 70 (1995), 3, S. 29–34

Krüger, Dieter, und Sandra Eisenbecker, Auf dem Weg zu einer europäischen Armee? Souveränität als Problem der Europäischen Sicherheits- und Verteidigungspolitik. In: Armee im Einsatz, S. 200–209

Krüger, Dieter, Dienststellen zur Vorbereitung des westdeutschen Verteidigungsbeitrages 1950–1955, Koblenz 1992 (= Findbücher zu Beständen des Bundesarchivs, 40)

Krüger, Dieter, Die EVG – Ein Vorbild für eine zukünftige Europaarmee? In: Europäische Sicherheits- und Verteidigungspolitik, S. 43–57

Krüger, Dieter, Nationaler Egoismus und gemeinsamer Bündniszweck. Das »NATO Air Defence Ground Environment Programme« (NADGE) 1959 bis 1968. In: MGZ, 64 (2005), S. 333–358

Krüger, Dieter, und Dorothe Ganser, Quellen zur Planung des Verteidigungsbeitrages der Bundesrepublik Deutschland 1950 bis 1955 in westdeutschen Archiven. In: MGM, 49 (1991), S. 121–146

Krüger, Dieter, Sicherheit durch Integration? Die wirtschaftliche und politische Zusammenarbeit Westeuropas 1947 bis 1957/58, München 2003 (= Entstehung und Probleme des Atlantischen Bündnisses bis 1956, 6)

Küllmer, Michael, Die Umgestaltung der europäischen Streitkräfte: Politik, Wirtschaft und Technologie, Baden-Baden 2007

Küsters, Hanns Jürgen, Souveränität und ABC-Waffen-Verzicht. Deutsche Diplomatie auf der Londoner Neunmächte-Konferenz 1954. In: VfZ, 42 (1994), 4, S. 499–536

Küsters, Hanns Jürgen, Zwischen Vormarsch und Schlaganfall. Das Projekt der Europäischen Politischen Gemeinschaft und die Haltung der Bundesrepublik Deutschland (1951–1954). In: Die europäische Integration, S. 259–293

Kuhlo, Günther, Deutsch-französische Zusammenarbeit auf dem Gebiet der Lenkflugkörper. In: Flugkörper und Lenkraketen, S. 275–283

Lachaise, Bernard, Les militaires et le gaullisme au temps du Rassemblement du peuple français (1947–1955). In: Militaires en République, S. 455–465

Lacroix-Riz, Annie, La France face à la puissance militaire ouest-allemande à l'époque du Plan Pleven (1950–1954). In: Cahiers d'histoire de l'Institut de recherches marxistes, 45 (1991), S. 95–143

Lambsdorff, Alexander Graf, EU Rüstungsbeschaffung und Kooperation – die Stärkung der europäischen Position. In: Eine einsatzfähige Armee für Europa, S. 224–238

Lapie, Pierre-Olivier, La Communauté Européenne de l'Armement. In: La Revue des Deux Mondes, 1.9.1953, S. 17–27

Lapie, Pierre-Olivier, De Léon Blum à de Gaulle: le caractère et le pouvoir, Paris 1971

Lapie, Pierre-Olivier, L'Europe de demain. Armées intégrées ou Communauté d'Armement, Paris 1954

Lappenküper, Ulrich, Die deutsch-französischen Beziehungen 1949–1963. Von der »Erbfeindschaft« zur »entente élémentaire«, Bd 1: 1949–1958; Bd 2: 1958–1963, München 2001 (= Quellen und Darstellungen zur Zeitgeschichte, 49)

Lappenküper, Ulrich, Diplomatische Faktoren: Die deutsch-französische Annäherung im europäischen und transatlantischen Zusammenhang 1950–1958. In: Wandel und Integration, S. 69–86

Lappenküper, Ulrich, Der Schuman-Plan. Mühsamer Durchbruch zur deutsch-französischen Verständigung. In: VfZ, 42 (1994), 3, S. 403–445

Large, David Clay, Germans to the Front. West German Rearmament in the Adenauer Era, Chapel Hill, NC 1996

Large, David Clay, Grand Illusions. The United States, the Federal Republic of Germany and the European Defence Community, 1950–1954. In: American Policy and the Reconstruction of West Germany, S. 375–394

Larminat, Edgard de, L'armée européenne, Paris 1952

Larminat, Edgard de, La Communauté Européenne de Défense. Les données techniques. In: Politique étrangère, 18 (1953), 2, S. 149–160

Larminat, Edgard de, Warum eine europäische Armee? Und wie? In: WWR, 2 (1952), 11, S. 510–517

Laure, R., Projet de combinat industriel dans la région de Colomb-Béchard. In: RDN, 11 (1953), S. 439–455

Leeb, Emil, Aus der Rüstung des Dritten Reiches. Das Heereswaffenamt 1938–1945. Ein authentischer Bericht des letzten Chefs des Heereswaffenamtes, Frankfurt a.M. 1958 (= Wehrtechnische Monatshefte, Beih. 4)

Lefèvre, Sylvie, Projets franco-allemands de développement économique en Afrique du Nord (1950–1955). In: Revue d'Allemagne, 25 (1993), 4, S. 581–588

Lefèvre, Sylvie, Les relations économiques franco-allemandes de 1945 à 1955. De l'occupation à la coopération, Paris 1998

Lemke, Bernd, Konzeption und Aufbau der Luftwaffe. In: Lemke/ Krüger/Rebhan/ Schmidt, Die Luftwaffe 1950 bis 1970, S. 71–484

Lemke, Bernd, Dieter Krüger, Heinz Rebhan und Wolfgang Schmidt, Die Luftwaffe 1950 bis 1970. Konzeption, Aufbau, Integration. Mit Beitr. von Hillrich von der Felsen [u.a.], München 2006 (= Sicherheitspolitik und Streitkräfte der Bundesrepublik Deutschland, 2)

Lessmann, Peter, Industriebeziehungen zwischen Deutschland und Frankreich während der deutschen Besatzung 1940–1944. Das Beispiel Peugeot – Volkswagenwerk. In: Francia, 17 (1990), 3, S. 120–153

Lévy-Leboyer, Maurice, Le patronat français 1912–1973. In: Le patronat et la seconde industrialisation, S. 137–188

Lieb, Peter, Konventioneller Krieg oder NS-Weltanschauungskrieg? Kriegführung und Partisanenbekämpfung in Frankreich 1943/44, München 2007

Lindstrom, Gustav, Enter the EU Battlegroups. Ed. by Institute for Security Studies, Paris 2007 (= Chaillot Paper, 97)

Lissabon in der Analyse. Der Reformvertrag der Europäischen Union. Hrsg. von Werner Weidenfeld, Baden-Baden 2008

Lohse, Eckart, Viele Köche verderben den Start. In: loyal (2009), 5, S. 16–19

Lorell, Mark A., Multinational Development of Large Aircraft. The European Experience, Santa Monica, CA 1980

Lorell, Mark A., The US Combat Aircraft Industry, 1909–2000: Structure, Competition, Innovation, Santa Monica, CA 2003

Loth, Wilfried, Beiträge der Geschichtswissenschaft zur Deutung der Europäischen Integration. In: Theorien europäischer Integration, S. 87–106

Loth, Wilfried, De Gaulle und Europa. Eine Revision. In: HZ, 253 (1991), S. 629–660

Loth, Wilfried, Die EVG und das Projekt der Europäischen Politischen Gemeinschaft. In: Europa im Blick der Historiker, S. 193–201

Loth, Wilfried, Konrad Adenauer und die europäische Einigung. In: Die Bundesrepublik Deutschland und die europäische Einigung, S. 39–59

Loth, Wilfried, Die Sowjetunion und die deutsche Frage. Studien zur sowjetischen Deutschlandpolitik, Göttingen 2007

Loth, Wilfried, Warum Europa? Antriebskräfte und Perspektiven europäischer Einigung. In: Neues Europa – alte EU?, S. 23–37

Loth, Wilfried, Der Weg nach Europa. Geschichte der europäischen Integration 1939–1957, 3. Aufl., Göttingen 1996

Lucas, Hans-Dieter, Europa vom Atlantik bis zum Ural? Europapolitik und Europadenken im Frankreich der Ära de Gaulle (1958–1969), Bonn, Berlin 1992 (= Pariser Historische Studien, 35)

Ludmann-Obier, Marie-France, Die Kontrolle der chemischen Industrie in der französischen Besatzungszone 1945–1949, Mainz 1989 (= Veröffentlichungen der Kommission des Landtages für die Geschichte des Landes Rheinland-Pfalz, 13)

Ludwig, Karl Heinz, Die deutschen Flaraketen im Zweiten Weltkrieg. In: MGM, 1 (1969), S. 87–100

Luftfahrtforschung in Deutschland. Hrsg. von Ernst Heinrich Hirschel, Horst Prem und Gero Madelung, Bonn 2001 (= Die deutsche Luftfahrt, 30)

Le Luxembourg face à la construction européenne – Luxemburg und die europäische Einigung. Sous la dir. du Centre d'études et de recherches européennes Robert Schuman, Luxembourg 1996

Lynch, Francis M.B., France and the International Economy. From Vichy to the Treaty of Rome, London 1997 (= Routledge Explorations in Economic History, 5)

McGeehan, Robert J., The German Rearmament Question. American Diplomacy and European Defense after World War II, Urbana, IL, Chicago, IL, London 1971

McGlade, Jacqueline, NATO Procurement and the Revival of European Defense, 1950–1960. In: A History of NATO, vol. 3, S. 13–28

Mack, Hans-Hubertus, Für ein gemeinsames Geschichtsbewusstsein in einer europäischen Armee. In: Eine einsatzfähige Armee für Europa, S. 465–475

McKee Rosen, S., The Combined Boards of the Second World War. An Experiment in International Administration, New York 1951

Macmillan, Alan, and John Baylis, A Reassessment of the British Global Strategy Paper of 1952, Aberystwyth 1993 (= Research Papers, 13)

Magagnoli, Ralf, Italien und die Europäische Verteidigungsgemeinschaft: zwischen europäischem Credo und nationaler Machtpolitik, Frankfurt a.M. [u.a.] 1999 (= Italien in Geschichte und Gegenwart, 12)

Mager, Olaf, Die Stationierung der britischen Rheinarmee. Großbritanniens EVG-Alternative, Baden-Baden 1990

Mai, Gunther, Die Alliierten und die industrielle Abrüstung Deutschlands 1945 bis 1948. In: Rüstungsbestimmte Geschichte, S. 68–88

Mai, Gunther, Westliche Sicherheitspolitik im Kalten Krieg. Der Korea-Krieg und die deutsche Wiederbewaffnung 1950, Boppard a.Rh. 1977 (= Militärgeschichte seit 1945, 4)

Maier, Klaus A., Die Auseinandersetzungen um die EVG als europäisches Unterbündnis der NATO 1950–1954. In: Vom Marshallplan zur EWG, S. 447–474

Maier, Klaus A., Die internationalen Auseinandersetzungen um die Westintegration der Bundesrepublik Deutschland und um ihre Bewaffnung im Rahmen der Europäischen Verteidigungsgemeinschaft. In: AWS, Bd 2, S. 1–234

Maier, Klaus A., Politische Aspekte des Mißerfolgs der Europäischen Verteidigungsgemeinschaft. In: Die europäische Integration, S. 91–97

Maizière, Ulrich de, In der Pflicht. Lebensbericht eines deutschen Soldaten im 20. Jahrhundert, Herford, Bonn 1989

Malis, Christian, Pierre Marie Gallois: géopolitique, histoire, stratégie, Lausanne 2009

Marjolin, Robert, Le travail d'une vie. Mémoires 1911–1986, Paris 1986

Massigli, René, Une comédie des erreurs: 1943–1956. Souvenirs et réflexions sur une étape de la construction européenne, Paris 1978

Masson, Axelle, Le cadre institutionnelle de la coopération en matière d'armement en Europe. In: Histoire de la coopération européenne, S. 181–200

Masson, Hélène, L'Agence européenne de l'armement: le temps suspendu. In: Les Cahiers de Mars, 180 (2004), S. 91–97

Masson, Hélène, et Cédric Paulin, Perspectives d'évolution de l'industrie de défense en Europe. Avec le soutien du CHEAr, Paris 2007

Masson, Hélène, Union européenne et l'armement. Des dispositions du traité de Lisbonne aux propositions de directive de la Commission européenne, Paris 2008

Masson, Philippe, Histoire de la Marine, t. 2: De la vapeur à l'atome, Paris 1992

Masson, Philippe, L'histoire de l'armée française de 1914 à nous jours, Paris 1988

Mastny, Vojtech, und Gustav Schmidt, Konfrontationsmuster des Kalten Krieges 1946 bis 1956. Im Auftrag des MGFA hrsg. von Norbert Wiggershaus und Dieter Krüger, München 2003 (= Entstehung und Probleme des Atlantischen Bündnisses bis 1956, 3)

Matloff, Maurice, and Edwin M. Snell, Strategic Planning for Coalition Warfare, 1941–1942, Washington, DC 1953 (= United States Army in World War II. The War Department, 3)

Mawby, Spencer W., From Distrust to Despair: Britain and the European Army, 1950–1954. In: European History Quarterly, 28 (1998), S. 487–513

Mayer, Giuseppe, L'evoluzione del bilancio della difesa dal 1945 al 1975. In: Storia delle Forze Armate italiane, P. 1, S. 273–311

Mayer, Sebastian, Die Erklärung von Saint Malo und die Europäische Sicherheits- und Verteidigungspolitik: Bedingungsfaktoren des britischen Strategiewandels 1998. In: JEIH, 9 (2003), 1, S. 133–156

Mechtersheimer, Alfred, Rüstung und Politik in der Bundesrepublik. MRCA Tornado. Geschichte und Funktion des größten deutschen Rüstungsprogramms, Bad Honnef 1977

Megens, Ine, American Aid to NATO-Allies in the 1950's. The Durch Case, Amsterdam 1994

Megens, Ine, Problems of Military Production Co-ordination. In: Securing Peace in Europe, S. 279–292

Meier-Dörnberg, Wilhelm, NATO und EVG. In: Das Nordatlantische Bündnis, S. 213–222

Meier-Dörnberg, Wilhelm, Die Planung des Verteidigungsbeitrages der Bundesrepublik Deutschland im Rahmen der EVG. In: AWS, Bd 2, S. 605–756

Mendès France, Pierre, Œuvre Complètes, t. 3: Gouverner c'est choisir (1954–1955), Paris 1986

Menzel, Thomas, Staatliches Rüstungsmanagement in der Bundesrepublik Deutschland. Die Bestände im Bundesarchiv Militärarchiv. In: AKM-Newsletter, 21 (2003), S. 20–22

Meunier, Maurice, Les missiles tactiques pour l'armée de Terre. In: Histoire de la coopération européenne, S. 27–44

Meyer, Georg, Adolf Heusinger. Dienst eines deutschen Soldaten 1915 bis 1964. Hrsg. mit Unterstützung der Clausewitz-Gesellschaft und des MGFA, Hamburg 2001

Michels, Jürgen, Peenemünde und seine Erben in Ost und West. Entwicklung und Weg deutscher Geheimwaffen, Bonn 1997

Militär in Deutschland und Frankreich 1870–2010. Vergleich, Verflechtung und Wahrnehmung zwischen Konflikt und Kooperation. Im Auftrag des Deutschen Historischen Instituts Paris und des MGFA, Potsdam, hrsg. von Jörg Echternkamp und Stefan Martens, Paderborn [u.a.] 2011

Militaires en République 1870–1962. Les officiers, le pouvoir et la vie publique en France. Actes du colloque international tenu au Palais du Luxembourg et à la Sorbonne les 4, 5 et 6 avril 1996. Sous la dir. de Olivier Forcade, Éric Duhamel, Philippe Vial, Paris 1999 (= Histoire de la France 19e–20e siècles, 47)

Milward, Alan S., The European Rescue of the Nation State, London 1992

Mioche, Philippe, Bilan économique et social de la CECA: Un passé qui a préparé l'avenir. In: Le couple France-Allemagne, S. 63–81

Mioche, Philippe, Le patronat de la sidérurgie française et la Plan Schuman en 1950–1952: les apparences d'un combat et la réalité d'une mutation. In: Die Anfänge der europäischen Integration, S. 305–318

Mioche, Philippe, Le patronat français et les projets d'intégration économique européenne dans les années cinquante. In: Die europäische Integration, S. 241–257

Mioche, Philippe, Le Plan Monnet. Genèse et élaboration 1941–1947, Paris 1987

Moch, Jules, Histoire de réarmement allemand depuis 1950, Paris 1965

Mölling, Christian, EADS und BAE – eine rüstungspolitische Bruchlandung, SWP kurz gesagt, URL: http://swp-berlin.org/de/publikationen/kurz-gesagt/eads-und-bae-eine-ruestungspolitische-bruchlandung.html [30.10.2014]

Mölling, Christian, Sophie-Charlotte Brune und Marcel Dickow, Finanzkrise und Verteidigungskooperation. Materialien zu acht europäischen Ländern und den USA, Berlin 2010 (= SWP FG3-AP, 4)

Mölling, Christian, and Sophie-Charlotte Brune, The Impact of the Financial Crisis on European Defence. Ed. by European Parliament, Brussels 2011 (= Policy Department External Policies Study)

Mol, Ryan, Die »Nordische Kooperation«. Fünf Lektionen über Smart Defence. In: Public Security, 2-2012/1-2013, S. 6–9

Mongin, Dominique, Aux origines du programme atomique militaire français. In: Matériaux pour l'histoire de notre temps, 31 (avril–juin 1993), S. 13–21

Mongin, Dominique, La bombe atomique française, 1945–1958, Bruxelles 1997

Mongin, Dominique, Forces armées et genèse de l'armement nucléaire français. In: RI, 59 (1989), S. 301–315

Monnet, Jean, Erinnerungen eines Europäers, München 1978

Montecue, Lowry J., The Forge of West German Rearmament: Theodor Blank and the Amt Blank, New York [u.a.] 1989

Mosneron-Dupin, Michel, Du Sea Venom à l'Atlantique. Introduction – Historique. In: Un demi-siècle d'aéronautique en France. Les avions militaires, t. 1, S. 181–191

Müller, Peter F., und Michael Mueller, Gegen Freund und Feind. Der BND. Geheime Politik und schmutzige Geschäfte, Reinbek bei Hamburg 2002

Müller, Rolf-Dieter, Albert Speer und die Rüstungspolitik im totalen Krieg. In: Das Deutsche Reich und der Zweite Weltkrieg, Bd 5/2, S. 275–773

Munro, Bill, The Centurion Tank, Ramsbury 2005

Nationale Außen- und Bündnispolitik der NATO-Mitgliedstaaten. Im Auftrag des MGFA hrsg. von Norbert Wiggershaus und Winfried Heinemann, München 2000 (= Entstehung und Probleme des Atlantischen Bündnisses bis 1956, 2)

NATO after Thirty Years. Ed. by Lawrence S. Kaplan and Robert W. Clawson, Wilmington, DE [u.a.] 1981

NATO. The Founding of the Atlantic Alliance and the Integration of Europe. Ed. by Francis H. Heller and John R. Gillingham, New York 1992 (= The Franklin and Eleanor Roosevelt Institute Series on Diplomatic and Economic History, 2)

NATO-Vergleichsfliegen für taktische Leichtbaujäger. In: Flugwelt, 10 (1957), S. 758−760

Neitzel, Sönke, Abgehört. Deutsche Generäle in britischer Kriegsgefangenschaft 1942−1945, 2. Aufl., Berlin 2006

The Netherlands and the Integration of Europe 1945−1957. Ed. by Richard T. Griffiths, Amsterdam 1990

Neues Europa − alte EU? Fragen an den europäischen Integrationsprozess. Hrsg. von Johannes Varwick unf Wilhelm Knelangen, Opladen 2004

Neufeld, Michael J., Overcast, Paperclip, Osoaviakhim. Plünderung und Transfer deutscher Militärtechnologie. In: Die USA und Deutschland im Zeitalter des Kalten Krieges, Bd 1, S. 306−316

Neufeld, Michael J., Die Rakete und das Reich. Wernher von Braun, Peenemünde und der Beginn des Raketenzeitalters, Berlin 1997

Neufeld, Michael J., Rolf Engel vs. the German Army. A Nazi Career in Rocketry and Repression. In: History and Technology, 13 (1996), 1, S. 53−72

Neve, Alain de, L'Agence Européenne de Défense et la coopération dans le domaine capacitaire, Paris 2010

Neve, Alain de, et Raphael Mathieu, Les Armées d'Europe face aux défis capacitaires et technologiques, Bruxelles 2009

Noack, Paul, EVG und Bonner Europapolitik. In: Die Europäische Verteidigungsgemeinschaft, S. 239−254

Noack, Paul, Das Scheitern der Europäischen Verteidigungsgemeinschaft. Entscheidungsprozesse vor und nach dem 30. August 1954, Düsseldorf 1977 (= Bonner Schriften zur Politik und Zeitgeschichte, 4)

Noel, Jack, FINABEL: Serving Interoperability of European Armies for 50 Years. In: Doctrine, 11 (April 2007), S. 20−23

Nölke, Andreas, Supranationalismus. In: Theorien der europäischen Integration, S. 145−168

Noi si mura. Selected Working Papers of the EUI. Ed. by Werner Maihofer, Firenze 1986

Nones, Michele, L'industria militare dalla ricostruzione all'espansione. In: Storia delle Forze Armate italiane, S. 313−348

Das Nordatlantische Bündnis 1949 bis 1956. Im Auftrag des MGFA hrsg. von Klaus A. Maier und Norbert Wiggershaus unter Mitwirkung von Günther Hebert, München 1993 (= Beiträge zur Militärgeschichte, 37)

The North Atlantic Treaty Organization. Facts and Figures. Ed. by NATO, Brussels 1984

Nuti, Leopoldo, L'esercito italiano nel secondo dopo guerra: 1945−1950: la sua riconstuzione e l'assistenza militare alleata, Roma 1989

Öner, Selcen, Turkey and the EU. The Question of European Identity, Lanham, MD [u.a.] 2011

Paasche, Silke, Europa und die Türkei. Die Konstruktion europäischer Identität in deutschen und französischen Parlamentsdebatten, Saarbrücken 2007

Parrein, Pieter-Jan, Some Ideas for European Defence Cooperation from the Case Study of the Belgian-Dutch Navy Cooperation, Brussels 2010

Pastor-Castro, Rogelia, The Quai d'Orsay and the European Defence Community Crisis of 1954. In: History, 91 (2006), 303, S. 386–400

Le patronat et la seconde industrialisation. Sous la dir. de Maurice Lévy-Leboyer, Paris 1979

Paulin, Cédric, L'industrie européenne des véhicules blindés: en ordre dispersé ...?, Paris 2006

Paulin, Cédric, L'industrie terrestre européenne: des évolutions pas si marginales que cela, Paris 2008

Pelagalli, Sergio, Il Generale Efisio Marras – Addetto Militare a Berlin (1936–1943), Roma 1994

Pernot, François, L'occupation de l'Allemagne. Un double enjeu scientifique et technique pour la France et l'armée de l'air. In: RHA, 2 (1995), S. 76–87

Person, Philippe, Nomy, un amiral atypique, mémoire de maîtrise. Sous la dir. de Robert Frank, en collaboration avec Philippe Vial, Université de Paris I Panthéon-Sorbonne, Paris 2000

Personalmeldung zu Hubert Schardin. In: Bundeswehrverwaltung, 8 (1964), 11, S. 245; und 9 (1965), 10, S. 219

Peters, Horst, Die deutsch-französische Rüstungszusammenarbeit und ihre Neustruktur. In: Wehrtechnik, 38 (1996), 4, S. 9–12

Peters, John E., [u.a.], European Contributions to Operation Allied Force, Santa Monica, CA 2001

Pierre Mendès France et le mendésisme. L'expérience gouvernementale (1954–1955) et sa postérité. Actes du Colloque international du CNRS (Paris 13–15 décembre 1984). Sous la dir. de François Bédarida et Jean-Pierre Rioux, Paris 1985

Pierre Mendès France et le rôle de la France dans le monde. Colloque organisé par l'Institut Pierre Mendès France à l'Assemblé nationale les 10 et 11 janvier 1991. Sous la dir. de René Girault, Grenoble 1991

Pitman, Paul, Interested Circles: French Industry and the Rise and Fall of the European Defence Community (1950–1954). In: La Communauté Européenne, S. 51–62

Pitzer, Frank, Interessen im Wettbewerb. Grundlagen und frühe Entwicklung der europäischen Wettbewerbspolitik 1955–1966, Stuttgart 2009

Le Plan Schuman dans l'Histoire. Intérêts nationaux et projet européen. Sous la dir. de Andreas Wilkens, Bruxelles 2004 (= Organisation internationale et relations internationales, 85)

Planchais, Jean, Une histoire politique de l'armée. De de Gaulle à de Gaulle, Paris 1967

Plum, Jacqueline, Französische Kulturpolitik in Deutschland 1945–1955. Das Beispiel der Jugendbewegungen und privaten Organisationen, Diss. Universität Bonn 2005, http://hss.ulb.uni-bonn.de/diss_online/phil_fak/2005/plum_jacqueline/0521.pdf

Pô, Jean-Damien, Les Moyens de la puissance. Les activités militaires du CEA (1945–2000), Paris 2001

Poidevin, Raymond, La France devant le danger allemand (1945–1952). In: Revue d'Allemagne, 23 (1991), 5, S. 38–48

Poidevin, Raymond, La France devant le problème de la CED: Incidences nationales et internationales (été 1951 à été 1953). In: Revue d'histoire de la Deuxième Guerre Mondiale, 33 (1983), 129, S. 35–57

Poidevin, Raymond, Frankreich und das Problem der EVG: Nationale und internationale Einflüsse (Sommer 1951 bis Sommer 1953). In: Die Europäische Verteidigungsgemeinschaft, S. 101–124

Poidevin, Raymond, und Jacques Bariéty, Frankreich und Deutschland. Die Geschichte ihrer Beziehungen 1815–1975, München 1982

Poidevin, Raymond, René Mayer et la politique extérieure de la France (1943–1953). In: Revue d'Histoire de la Seconde Guerre Mondiale, 34 (1986), 134, S. 73–97

Poidevin, Raymond, Robert Schuman. Homme d'Etat 1886–1963, Paris 1986

Politische Theorien der Europäischen Integration. Ein Text- und Lehrbuch. Hrsg. von Andreas Grimmel und Cord Jakobeit, Wiesbaden 2009

Pommerin, Reiner, Le Transall C 160: l'histoire d'une »bête de somme«. In: Histoire de la coopération européenne, S. 45–53

Poole, Walter S., The History of the Joint Chiefs of Staff: The Joint Chiefs of Staff and National Policy, vol. 4: 1950–1952, Wilmington, DE 1980

Porch, Douglas, The French Secret Services. From the Dreyfus Affair to the Gulf War, New York 1995

Power in Europe?, vol. 2: Great Britain, France, Germany, and Italy and the Origins of EEC, 1952–1957. Ed. by Ennio Di Nolfo, Berlin, New York 1992

Preda, Daniela, Storia di una speranza. La battaglia per la CED et la Federazione europea nelle carte della Delegazione italiana (1950–1952), Milano 1990

Pujo, Bernhard, Juin maréchal de France, Paris 1988

Quelle(s) Europe(s)? Nouvelles approches en histoire de l'intégration européenne. Sous la dir. de Katrin Rücker et Laurent Warlouzet, Bruxelles [u.a.] 2006 (= Études et Documents, 36)

Quérel, Philippe, Vers une marine atomique. La marine française (1945–1958), Bruxelles, Paris 1997

La querelle de la CED. Essais d'analyse sociologique. Sous la dir. de Raymond Aron et Daniel Lerner, Paris 1956 (= Cahiers de la Fondation Nationale des Sciences Politiques, 80)

The Quest for Stability. Problems of West European Security. Ed. by Rolf Ahmann, Adolf M. Birke and Michael Howard, Oxford 1993

Raflik, Jenny, Les archives de l'OTAN. In: Bulletin de l'Institut Pierre Renouvin, 19 (été 2004), URL: http://ipr.univ-paris1.fr/spip.php?article201 [30.10.2014]

Rainero, Romain H., Le clausole militari del Trattato di Pace. In: Le Forze Armate dalla liberazione, S. 87–124

Rainero, Romain H., Militärische Integration und Neutralitätsbestrebungen in Italien in den Jahren 1947 bis 1949. In: Die Westliche Sicherheitsgemeinschaft, S. 145–154

Rautenberg, Hans-Jürgen, und Wiggershaus, Norbert, Die »Himmeroder Denkschrift« vom Oktober 1950. Politische und militärische Überlegungen für einen Beitrag der Bundesrepublik Deutschland zur westeuropäischen Verteidigung. In: MGM, 21 (1977), S. 135−206

Rawer, Karl, Die Ionosphäre. Ihre Bedeutung für Geophysik und Radioverkehr, Groningen 1953

Rawer, Karl, Meine Kinder umkreisen die Erde. Der Bericht eines Satellitenforschers, Freiburg i.Br. 1986

Rebhan, Heinz, Der Aufbau des militärischen Instruments der NATO. In: Greiner/Maier/Rebhan, Die NATO, S. 175−250

Reese, Mary Ellen, Organisation Gehlen. Der Kalte Krieg und der Aufbau des deutschen Geheimdienstes, Berlin 1992

Regieren in der Bundesrepublik Deutschland: Innen- und Außenpolitik seit 1949. Hrsg. von Manfred Schmidt und Reimut Zohlnhöfer, Wiesbaden 2006

Rehrl, Jochen, Mehrheitsentscheidung − Europäische Armee − Gemeinsame Verteidigung. In: ÖMZ, 45 (2007), 6, S. 655−663

Les relations franco-allemandes en matière d'armement au XX$^e$ siècle. De la rivalité à la coopération. Troisième rencontre franco-allemande d'histoire militaire. Sous la dir. de Jörg Echternkamp, Stefan Martens et Jean-Christophe Romer, Paris 2008 (= Cahiers du CEHD, 33), URL: www.cehd.sga.defense.gouv.fr/IMG/pdf/cahier_33.pdf

Rémond, René, Frankreich im 20. Jahrhundert, Bd 1: 1918−1958, Stuttgart 1991

Renauld, Pierre, Coopération interalliée en matière d'armements. In: Revue militaire générale, 10 (1965), 3, S. 384−399

Rentrop, Wilhelm, Die Beteiligung deutscher Stellen bei der Deckung des Besatzungsbedarfs. In: Bulletin, Nr. 59, 27.3.1953, S. 498 f.

Riedberg, Gerd, Die Gründung der offiziellen Deutsch-Französischen Industrie- und Handelskammer. Ein Beitrag zu ihrer Geschichte. In: Zeitschrift für Unternehmensgeschichte, 27 (1982), 2, S. 107−118

Rieder, Maximiliane, Deutsch-italienische Wirtschaftsbeziehungen. Kontinuitäten und Brüche 1936−1957, Frankfurt a.M., New York 2003

Riess, Monika, Die deutsch-französische industrielle Kollaboration während des Zweiten Weltkrieges am Beispiel der RENAULT-Werke (1940−1944), Frankfurt a.M. [u.a.] 2002 (= Europäische Hochschulschriften, Reihe 3: Geschichte und ihre Hilfswissenschaften, 929)

Rigby, D., The Combined Chiefs of Staff and American Strategic Coordination in World War II, PhD Thesis, Brandeis University, Waltham, MA 1997

Rink, Martin, »Strukturen brausen um die Wette«. Zur Organisation des deutschen Heeres. In: Hammerich/Kollmer/ Rink/Schlaffer, Das Heer, S. 353−483

Rioux, Jean-Pierre, Französische öffentliche Meinung und EVG: Parteienstreit oder Schlacht der Erinnerungen? In: Die Europäische Verteidigungsgemeinschaft, S. 159−176

Risso, Linda, Divided We Stand: The French and Italian Political Parties and the Rearmament of West Germany, 1949−1955, Newcastle-upon-Tyne 2007

Rittberger, Bertold, und Frank Schimmelpfennig, Integrationstheorien: Entstehung und Entwicklung der EU. In: Holzinger [u.a.], Die Europäische Union, S. 19−80

Robineau, Bertrand, Relations Internationales, Paris 2003 (= Comité pour l'histoire de l'Armement Terrestre, 1945–1975, 5)
Rohde, Joachim, Rüstung in Europa: Zwänge und Optionen zur Optimierung europäischer Rüstungsprozesse, Berlin 2004 (= SWP-Studie, S 25)
Rohde, Joachim, Der Transfer amerikanischer Militärtechnologie nach Deutschland. In: Die USA und Deutschland im Zeitalter des Kalten Krieges, Bd 2, S. 257–267
Rosamond, Ben, Theories of European Integration, Houndmills [u.a.] 2000
Rossi, Jean Marie, Charles Tillon et la relance de l'industrie aéronautique, 1944–1946. In: RHA, 204 (1996), 3, S. 27–36
Rouanat, Pierre, Mendès France au pouvoir (18 juin 1954–6 février 1955), Paris 1965
Roussel, Éric, Jean Monnet, 1888–1979, Paris 1996
Roussel, Éric, Pierre Mendès France, Paris 2007
Rousso, Henry, Frankreich unter deutscher Besatzung, München 2009
Rousso, Henry, Vichy. L'événement, la mémoire, l'histoire, Paris 1992
Ruane, Kevin, The Rise and Fall of the European Defence Community: Anglo-American Relations and the Crisis of European Defence, 1950–1955, Basingstoke [et.al.] 2000
Rüstungsbestimmte Geschichte und das Problem der Konversion in Deutschland im 20. Jahrhundert. Hrsg. von Detlef Bald, Münster 1993 (= Jahrbuch für Historische Friedensforschung, 1)
Rüstungskooperation und Technologiepolitik als Problem der westeuropäischen Integration. Hrsg. von Wilfried Karl, Opladen 1994
Rupieper, Hermann-Josef, Die NATO und die Bundesrepublik Deutschland 1949–1956. In: Nationale Außen- und Bündnispolitik, S. 195–208
Die Saar 1945–1955. Ein Problem der europäischen Geschichte. Hrsg. von Rainer Hudemann und Raymond Poidevin, München 1992
Salmon, Trevor C., and Alistair J.K. Shepherd, Toward a European Army. A Military Power in Making?, Boulder, CO, London 2003
Sandeau, Jean, Programmes d'avions de combat de l'aéronautique navale 1945–1991. In: Un demi-siècle d'aéronautique en France. Les avions militaires, t. 1, S. 165–180
Sander-Nagashima, Johannes Berthold, Die Bundesmarine 1955 bis 1972. Konzeption und Aufbau. Mit Beitr. von Rudolf Arendt, Sigurd Hess, Hans Joachim Mann und Klaus-Jürgen Steindorff, München 2006 (= Sicherheitspolitik und Streitkräfte der Bundesrepublik Deutschland, 4)
Sauvage, Jean Christophe, L'I.H.E.D.N. ou la rencontre des hautes fonctionnaires, des militaires et des personnalités du secteur économique et social. In: Militaires en République, S. 561–574
Sauvaget, Jacques, L'OCCAR a dix ans. In: DNSC, 63 (2007), 2, S. 31–41
Schabel, Ralf, Die Illusion der Wunderwaffen. Die Rolle der Düsenflugzeuge und Flugabwehrraketen in der Rüstungspolitik des Dritten Reiches, München 1994 (= Beiträge zur Militärgeschichte, 35)
Schäfer, Claus W., André François-Poncet als Botschafter in Berlin (1931–1938), München 2004
Schall, Rudi, Vom Laboratoire zum Institut. Eine Chronik zur Entstehung des Instituts Saint-Louis, Saint-Louis 1988

Scheck, Raffael, Hitlers afrikanische Opfer. Die Massaker der Wehrmacht an schwarzen französischen Soldaten, Berlin 2009

Schlieper, Andries, Rüstungsmarkt in Europa: Die Westeuropäische Rüstungsgruppe (WEAG) und der Masterplan für die Europäische Rüstungsagentur (EAA). In: Europäische Sicherheits- und Verteidigungspolitik, S. 269−279

Schmidt, Christian, et Guy Vidal, Le contexte économique et financier des deux premières lois de programme militaire. In: Armement et V$^e$ République, S. 29−50

Schmidt, Hans Josef, »In die erbarmungslose Wirklichkeit der Gegenwart gestellt«. Neubeginn und Wiederaufbau in Koblenz 1945/46. In: Vor 60 Jahren, S. 44−57

Schmidt, Siegmar, und Wolf J. Schünemann, Europäische Union. Eine Einführung, Baden-Baden 2009

Schmitt, Andreas, EDA and OCCAR − Strong Partners for Europe's Armed Forces. In: European Security, (2009), 2, S. 7−10

Schmitt, Burkhard, From Cooperation to Integration: Defence and Aerospace Industries in Europe, Paris 2000 (= ISS-EU Chaillot Paper, 40)

Schmitt, Burkhard, Europas Fähigkeiten − wie viele Divisionen? In: Die Sicherheits- und Verteidigungspolitik der EU, S. 105−130

Schmitt, Burkhard, The European Union and Armaments: Getting a bigger Bang for the Euro, Paris 2003 (= ISS-EU Chaillot Paper, 63)

Schneider, Erich, Technik und Waffenentwicklung im Kriege. In: Bilanz des Zweiten Weltkrieges, S. 223−247

Schneider, Erich, Wehrtechnik und Wehrindustrie. In: WWR, 3 (1953), 2, S. 58−61

Schnell, Jürgen, Haushalte und Militärbudgets der EU-Mitgliedstaaten vor dem Hintergrund der gegenwärtigen Finanzlage − Einspareffekte und Effizienzsteigerung durch eine Europa-Armee? In: Eine einsatzfähige Armee für Europa, S. 199−210

Schöttli, Thomas U., USA und EVG: Truman, Eisenhower und die Europa-Armee, Bern [u.a.] 1994 (= Europäische Hochschulschriften: Reihe 3, Geschichte und ihre Hilfswissenschaften, 599)

Schröder, Holger, Jean Monnet und die amerikanische Unterstützung für die europäische Integration 1950−1957, Frankfurt a.M. [u.a.] 1994 (= Europäische Hochschulschriften, Reihe 31: Politikwissenschaft, 263)

Schubert, Klaus von, Wiederbewaffnung und Westintegration. Die innere Auseinandersetzung um die militärische und außenpolitische Orientierung der Bundesrepublik 1950−1952, Stuttgart 1970

Schulten, Jan, Die Aufstellung des königlich-niederländischen Heeres nach 1945. In: Entmilitarisierung und Aufrüstung, S. 209−223

Schulten, Jan, Die militärische Integration aus der Sicht der Niederlande. In: Die Westliche Sicherheitsgemeinschaft, S. 89−101

Schustereit, Hartmut, Deutsche Militärverwaltung im Umbruch. Von der Heeresverwaltung der Wehrmacht 1933−1945 über die Verwaltungsorganisation der EVG 1951−1954 zur Bundeswehrverwaltung 1955−1957, Berlin 2000

Schwabe, Klaus, Bündnispolitik und Integration 1949−1956. In: Das Nordatlantische Bündnis 1949−1956, S. 71−89

Schwabe, Klaus, Die Vereinigten Staaten und die Europäische Integration. Alternativen der amerikanischen Außenpolitik (1950−1955). In: Die Europäische Integration, S. 41−54

Schwartz, Thomas A., Die USA und das Scheitern der EVG. In: Die doppelte Eindämmung, S. 75–98
Schwarz, Hans-Peter, Adenauer, Bd 1: Der Aufstieg: 1876–1952, 2. Aufl., Stuttgart 1986
Schwarz, Hans-Peter, Adenauer, Bd 2: Der Staatsmann 1952–1967, Stuttgart 1991
Schwarz, Hans-Peter, Adenauer und Europa. In: VfZ, 27 (1979), 4, S. 471–523
Schwarz, Hans-Peter, Erbfreundschaft. Adenauer und Frankreich, Bonn, Berlin 1992
Schwengler, Walter, Der doppelte Anspruch: Souveränität und Sicherheit. Zur Entwicklung des völkerrechtlichen Status der Bundesrepublik Deutschland 1949 bis 1955. In: AWS, Bd 4, S. 187–566
Sebesta, Lorenza, American Military Aid and the European Rearmament. The Italian Case. In: NATO, S. 283–310
Securing Peace in Europe, 1945–1962. Thoughts for the Post-Cold War Era. Ed. by Beatrice Heuser and Robert O'Neill, Basingstoke [u.a.] 1992
Seewald, Ilja-Kristin, Multilaterale Strukturen und Staatenpolitik. Die deutsch-französische Kooperation in der »Neuen Europäischen Sicherheitsstruktur«, Baden-Baden 1997
Seiller, Florian, Kriegspläne im Kalten Krieg. 16.05.2008–17.05.2008, Moskau, URL: http://hsozkult.geschichte.hu-berlin.de/tagungsberichte/id=2143 [30.6.2014]
Seiller, Florian, Les négociations sur la production de licences des avions Fouga Magister et Noratlas: Un exemple concret des débuts de la coopération franco-allemande en matière d'armement, 1955–1959/1960. In: Histoire, Économie & Société, 29 (2010), 4, S. 19–36
Seiller, Florian, Vom Lizenzbau zum ersten gemeinsamen Rüstungsprojekt: Die Anfänge der deutsch-französischen Rüstungskooperation (1954–1963) – ein Beitrag zu den deutsch-französischen Beziehungen?, Magisterarbeit, Universität Mainz, 2004
Seiller, Florian, »Zusammenarbeit kann man das nicht nennen!«? Die Anfänge der deutsch-französischen Rüstungskooperation im konventionellen Bereich, 1955–1966. In: MGZ, 67 (2008), 1, S. 53–104
Seydel, Hans Otto, und Hans-Georg Kanno, Die Rüstung. In: Westeuropäische Verteidigungskooperation, S. 160–213
Shaping Postwar Europe. European Unity and Disunity, 1945–1957. Ed. by Peter M.R. Stirk, London 1991
Die Sicherheits- und Verteidigungspolitik der EU. Die ersten fünf Jahre (1999–2004). Hrsg. von Nicole Gnesotto (ISS-EU), Paris o.D.
Sieger und Besiegte. Materielle und ideelle Neuorientierungen nach 1945. Hrsg. von Holger Afflerbach und Christoph Cornelissen, Tübingen, Basel 1997
Simon, Gunnar, Deutsch-französische Rüstungszusammenarbeit. In: Wehrtechnik, 39 (1997), 2, S. 13–16
Simpson, John, The Independent Nuclear State: The United States, Britain and the Military Atom, London 1983
Slijper, Frank, Potentially Powerful: The European Defence Agency at Five Years, URL: http://euobserver.com/13/28451/?rk=1[30.6.2014]
Small Powers in Alignment. Ed. by Omer de Raeymaeker, Louvain 1974 (= Studies in International Relations, 2)

Soissons, Jean, Les programmes aéronautiques sous la IV^e République. In: La IV^e République face aux problèmes d'armement, S. 407–410
Sorg, Fridolin, Nachkriegsaktivitäten deutscher Wissenschaftler und Ingenieure beim Office Nationale d'Études et de Recherches Aéronautiques (ONERA) in Paris. In: Die Tätigkeit deutscher Luftfahrtingenieure, S. 104–111
Soutou, Georges, Frankreich und das atlantische Bündnis 1949–1956. In: Nationale Außen- und Bündnispolitik, S. 209–238
Soutou, Georges-Henri, L'alliance incertaine. Les rapports politico-stratégiques franco-allemands, 1954–1996, Paris 1996
Soutou, Georges-Henri, France and the German Rearmament Problem, 1945–1955. In: The Quest for Stability, S. 487–512
Soutou, Georges-Henri, La France et les notes soviétiques de 1952 sur l'Allemagne. In: Revue d'Allemagne, 20 (1988), 3, S. 261–273
Soutou, Georges-Henri, La France, l'Allemagne et les accords de Paris. In: RI, 52 (1987), S. 451–470
Soutou, Georges-Henri, The French Military Program for Nuclear Energy, 1945–1981, College Park, MD 1989
Soutou, Georges-Henri, Georges Bidault et la construction européenne 1944–1954. In: Revue d'histoire diplomatique, 105 (1991), 3–4, S. 267–306
Soutou, Georges-Henri, La guerre de cinquante ans. Le conflit Est-Ouest 1943–1990, Paris 2001
Soutou, Georges-Henri, Die Nuklearpolitik der Vierten Republik. In: VfZ, 37 (1989), S. 605–610
Soutou, Georges-Henri, Pierre Mendès France et l'Union soviétique, 1954–1955. In: Pierre Mendès France et le rôle de la France dans le monde, S. 177–205
Soutou, Georges-Henri, La politique nucléaire de Pierre Mendès France. In: RI, 59 (1989), S. 317–330
Speidel, Hans, Aus unserer Zeit. Erinnerungen, 2. Aufl., Berlin [u.a.] 1977
Spierenburg, Dirk, and Raymond Poidevin, The History of the High Authority of the European Coal and Steel Community, London 1994
Stalins großer Bluff. Die Geschichte der Stalin-Note in Dokumenten der sowjetischen Führung. Hrsg. und eingel. von Peter Ruggenthaler, München 2007 (= Schriftenreihe der VfZ, 95)
Stanley, Ruth, Rüstungsmodernisierung durch Wissensmigration? Deutsche Rüstungsfachleute in Argentinien und Brasilien, 1947–1963, Frankfurt a.M. 1999
Steininger, Rolf, Das Scheitern der EVG und der Beitritt der Bundesrepublik zur NATO. In: APuZ, B17/1985, S. 3–18
Steininger, Rolf, Wiederbewaffnung. Die Entscheidung für einen westdeutschen Verteidigungsbeitrag: Adenauer und die Westmächte 1950, Erlangen, Bonn, Wien 1989
Storia delle Forze Armate italiane dalla ricostruzione postbellica alla »ristutturazione« del 1975, P. 1. A cura di Carlo Jean, Milan 1989 (= Collona di studi storico-politici, 4)
Strategische Kulturen in Europa. Die Bürger Europas und ihre Streitkräfte. Ergebnisse der Bevölkerungsbefragungen in acht europäischen Ländern 2010 des Sozialwissenschaftlichen Instituts der Bundeswehr (SOWI). Hrsg. vom SOWI, Strausberg 2011

Strauß, Franz Josef, Die Erinnerungen, Berlin 1989
Strub, Philippe de, La Marine nationale et la Communauté Européenne de Défense (24 octobre–30 août 1954), D.E.A., Université de Paris I, Panthéon, Sorbonne, Paris 2001–2002
Strub, Philippe de, La Marine nationale et la construction d'une identité européenne de défense (de l'échec de la C.E.D., le 30 août 1954, au traité de Nice du 9 décembre 2000) D.E.A., Université de Paris I, Panthéon, Sorbonne, Paris 2001–2002
Die Tätigkeit deutscher Luftfahrtingenieure und -wissenschaftler im Ausland nach 1945. Beiträge einer Vortragsveranstaltung der DGLR-Fachgruppe 12 »Geschichte der Luft- und Raumfahrt« am 19. März 1991 im Deutschen Museum in München, Red. Helmut Schubert, Bonn-Bad Godesberg 1992 (= DGLR-Blätter zur Geschichte der Luft- und Raumfahrt, 5)
Tertrais, Hughes, L'impact économique et financier des deux guerres d'Indochine. In: Les Cahiers de L'Institut d'Histoire du Temps Présent, 34 (1996), S. 213–225
Teyssier, Arnaud, et Roland Hautefeuille, Recherche scientifique et politique militaire en France (1945–1958). In: RHA, 2 (1989), S. 111–122
Theorien der europäischen Integration. Hrsg. von Hans-Jürgen Bieling und Marika Lerch, 2. Aufl., Wiesbaden 2006
Theorien europäischer Integration. Hrsg. von Wilfried Loth und Wolfgang Wessels, Opladen 2001 (= Grundlagen für Europa, 7)
Thiemeyer, Guido, Europäische Integration. Motive – Prozesse – Strukturen, Köln, Weimar, Wien 2010
Thiemeyer, Guido, Supranationalität als Novum in der Geschichte der internationalen Politik der fünfziger Jahre. In: Journal of European Integration History, 4 (1998), 2, S. 5–21
Thies, Wallace J., Friendly Rivals. Bargaining and Burden-Shifting in NATO, Armonk, NY [u.a.] 2003
Thomas, Georg, Geschichte der deutschen Wehr- und Rüstungswirtschaft, 1918–1943/45. Hrsg. von Wolfgang Birkenfeld, Boppard a.Rh. 1966 (= Schriften des Bundearchivs, 14)
Thoß, Bruno, Der Beitritt der Bundesrepublik Deutschland zur WEU und NATO im Spannungsfeld von Blockbildung und Entspannung (1954–1956). In: AWS, Bd 3, S. 1–234
Thoß, Bruno, Die Lösung der Saarfrage 1954/55. In: VfZ, 38 (1990), S. 225–288
Thoß, Bruno, NATO-Strategie und nationale Verteidigungsplanung. Planung und Aufbau der Bundeswehr unter den Bedingungen einer massiven atomaren Vergeltungsstrategie 1952 bis 1960, München 2006 (= Sicherheitspolitik und Streitkräfte der Bundesrepublik Deutschland, 1)
Thoß, Bruno, Sicherheits- und deutschlandpolitische Komponenten der europäischen Integration zwischen EVG und EWG 1954–1957. In: Vom Marshallplan zur EWG, S. 475–500
Tönnies, Norbert, Der Weg zu den Waffen. Die Geschichte der deutschen Wiederbewaffnung 1949–1957, 2. Aufl., Köln 1961
Tooze, Adam, Ökonomie der Zerstörung. Die Geschichte der Wirtschaft im Nationalsozialismus, München 2007

Tournafond, André, L'importance et la vulnérabilité de l'industrie textile. In: RDN, 10 (1954), 3, S. 303–314
Tourret, Hubert, Les matériels blindés durant la guerre français d'Indochine. In: La IV<sup>e</sup> République face aux problèmes d'armement, S. 319–330
Towards a European Defence Market. Ed. by Daniel Keohane, Paris 2008 (= EU-ISS Chaillot Paper, 113)
Trachtenberg, Marc, La formation du système de défense occidentale: les Etats-Unis, la France et MC 48. In: La France et l'OTAN, S. 115–128
Turpin, Frédéric, Aux confluents du politique et du militaire: le général Juin, chef d'état-major général de la Défense nationale (1944–1947). In: RHA, 227 (2002), S. 21–32
Ullman, Hans-Peter, Kriegswirtschaft. In: Enzyklopädie Erster Weltkrieg, S. 220–232
Ulrich, Raphaël, René Massigli et l'Europe. In: Europe des élites?, S. 51–64
Ulrich-Pier, Raphaël, René Massigli (1888–1988). Une vie de diplomatie, 2 t., Bruxelles [u.a.] 2005
Die USA und Deutschland im Zeitalter des Kalten Krieges 1945–1990. Ein Handbuch, Bd 1: 1945–1968; Bd 2: 1968–1990. Hrsg. von Detlef Junker in Verbindung mit Philipp Gassert, Wilfried Mausbach und David B. Morris, München, Stuttgart 2001
Vaïsse, Maurice, L'échec d'Histoire des débuts une Europe franco-britannique ou comment le Pacte de Bruxelles fut créé et délaissé. In: Histoire des débuts, S. 369–389
Vaïsse, Maurice, La filière sans issue. Histoire du premier sous-marin atomique français. In: RI, 59 (1989), S. 331–346
Vaïsse, Maurice, La grandeur. Politique étrangère du Générale de Gaulle, Paris 1998
Vandevanter, Eliott, International Logistics: Interallied Collaboration in Weapons Production, Washington, DC 1967
Varsori, Antonio, Il patto di Bruxelles (1948): tra integrazione europea e alleanza atlantica, Roma 1988 (= I fatti della storia, 27)
Varsori, Antonio, L'Italia tra Alleanza Atlantica e CED (1949–1954). In: Storia delle relazioni internazionali, 1 (1988), S. 125–165
Varsori, Antonio, Italian Diplomacy and the »querelle de la CED«. In: La Communauté Européenne, S. 181–206
Varsori, Antonio, Italiens Außen- und Bündnispolitik 1949–1956. In: Nationale Außen- und Bündnispolitik, S. 239–253
Varsori, Antonio, Italy and EDC: 1950–1954. In: Shaping Postwar Europe, S. 110–131
Varsori, Antonio, Italy between Atlantic Alliance and EDC, 1948–1955. In: Power in Europe?, vol. 2, S. 260–299
Varwick, Johannes, Auf dem Weg zur »Europaarmee«. In: Internationale Politik, 1 (2007), S. 46–51
Vereint marschieren – Marcher uni. Die deutsch-französische Streitkräftekooperation als Paradigma. Hrsg. von Nina Leonhard und Sven Bernhard Gareis, Wiesbaden 2008
Vermorel, Jacques, L'Institut franco-allemand de recherches de Saint-Louis. In: L'Armement, 65 (1999), 3, S. 86–92
Vernant, Jacques, L'économie française devant la C.E.D.. In: La querelle de la CED, S. 109–126
Vernet, J., Le réarmement et la réorganisation de l'Armée de Terre Française (1943–1946), Vincennes 1980

Verteidigung im Bündnis. Planung, Aufbau und Bewährung der Bundeswehr 1950 bis 1972. Hrsg. vom Militärgeschichtlichen Forschungsamt, 2. Aufl., München 1975

Vial, Philippe, et Nicolas Vaicbourdt, De soldat à soldat. Juin, Eisenhower et les leçons de Suez (novembre–décembre 1956). In: La France et l'opération de Suez de 1956, S. 267–325

Vial, Philippe, De l'impuissance à la renaissance: le général Léchères à la tête de l'armée de l'Air (1948–1953). In: RHA, 192 (1993), 3, S. 43–51

Vial, Philippe, Jean Monnet, un père pour la CED? In: Europe brisée, Europe retrouvée, S. 197–262

Vial, Philippe, et Claude de Abzac-Épezy, Les Europe des militaires: forces armées et enjeux européens sous la IV$^{ème}$ République. In: Europe des élites?, S. 185–204

Vial, Philippe, Le militaire et la politique: le maréchal Juin et le général Ely face à la CED (1948–1954). In: La Communauté Européenne, S. 135–158

Vial, Philippe, Un ministre paradoxale, le général Kœnig (19 juin/14 août 1954–23 février/6 octobre 1955). In: Militaires en République, S. 255–289

Vial, Philippe, La Quatrième et son maréchal: essai sur le comportement politique d'Alphonse Juin (1947–1956). In: Militaires en République, S. 153–179

Vial, Philippe, Redécouvrir la CED. In: Matériaux pour l'histoire de notre temps, 29 (octobre–décembre 1992), S. 9–16

Vial, Philippe, De la surenchère atlantiste à l'option européenne: Monnet et les problèmes du réarmement occidental durant l'été 1950. In: Jean Monnet, l'Europe et les chemins de la paix, S. 307–342

Vial, Philippe, L'aide américaine au réarmement français (1948–1956). In: La France et l'OTAN, S. 169–187

Vialon, Friedrich Karl, Gedanken zur Versorgung europäischer Truppen aus der Wirtschaft der beteiligten Länder nach der Planung einer Europäischen Verteidigungsgemeinschaft. In: Wehrkunde, 2 (1953), 4, S. 4–7

Villain, Jacques, L'apport des scientifiques allemands aux programmes de recherche relatifs aux fusées et avions à réaction à partir de 1945. In: La France face aux problèmes d'armement, S. 97–121

Vogel, Detlef, Deutsche und alliierte Kriegführung im Westen. In: Das Deutsche Reich und der Zweite Weltkrieg, Bd 7, S. 419–639

Vogt, Helmut, Wächter der Bonner Republik. Die Alliierten Hohen Kommissare, 1949–1955, Paderborn [u.a.] 2004

Volkmann, Hans-Erich, Adenauer, Frankreich und die Europäische Verteidigungsgemeinschaft. In: Interessen verbinden, S. 161–186

Volkmann, Hans-Erich, Die innenpolitische Dimension Adenauerscher Sicherheitspolitik in der EVG-Phase. In: AWS, Bd 2, S. 235–604

Volksarmee schaffen – ohne Geschrei! Studien zu den Anfängen einer ›verdeckten Aufrüstung‹ in der SBZ/DDR 1947 bis 1952. Im Auftrag des MGFA hrsg. von Bruno Thoß unter Mitarb. von Wolfgang Schmidt, München 1994 (= Beiträge zur Militärgeschichte, 51)

Vom Marshallplan zur EWG. Die Eingliederung der Bundesrepublik in die westliche Welt. Hrsg. von Ludolf Herbst, Werner Bührer und Hanno Sowade, München 1990 (= Quellen und Darstellungen zur Zeitgeschichte, 30)

Von Truman bis Harmel. Die Bundesrepublik Deutschland im Spannungsfeld von NATO und europäischer Integration. Im Auftrag des MGFA hrsg. von Hans-Joachim Harder, München 2000 (= Militärgeschichte seit 1945, 11)

Vor 60 Jahren. Krieg und Frieden an Rhein und Mosel 1944−1946. Hrsg. von Heinz-Günther Borck [u.a.], Koblenz 2005

Vos, Luc de, und Jean-Michel Sterkendries, Außenpolitik und atlantische Politik Belgiens 1949−1956. In: Nationale Außen- und Bündnispolitik, S. 177−194

Vos, Luc de, Ein kleines Land in der großen Politik: Belgiens behutsamer Beitrag zum Entstehen einer militärischen Integration Westeuropas. In: Die westliche Sicherheitsgemeinschaft, S. 71−88

Vos, Luc de, La Communauté Européenne de Défense, une occasion manquée? In: La Belgique et les débuts, S. 103−117

Vos, Luc de, La Force terrestre belge, 1945−1980, Bruxelles 1982

Wagner, Armin, und Matthias Uhl, BND contra Sowjetarmee. Westdeutsche Militärspionage in der DDR. Hrsg. vom Militärgeschichtlichen Forschungsamt, Berlin 2007 (= Militärgeschichte der DDR, 14)

Wagner, Hans Joachim, 50 Jahre ISL. Deutsch-Französisches Forschungsinstitut Saint Louis. In: S&T, 52 (2009), 6, S. 70 f.

Wagner, Wolfgang, Hugo Junkers. Pionier der Luftfahrt – seine Flugzeuge, Bonn 1996 (= Die deutsche Luftfahrt, 24)

Wagner, Wolfgang, Kurt Tank – Konstrukteur und Testpilot bei Focke-Wulf, München 1980 (= Die deutsche Luftfahrt, 1)

Wagner, Wolfgang, und Peter Schlotter, Zwischen Multilateralismus und militärischer Zurückhaltung: die Sicherheits- und Verteidigungspolitik Deutschlands. In: Regieren in der Bundesrepublik Deutschland, S. 447−465

Wall, Irwin M., The United States and the Making of Postwar France, 1945−1954, Cambridge [u.a.] 1991

Wandel und Integration: deutsch-französische Annäherungen der fünfziger Jahre / Mutations et intégration: Les rapprochements franco-allemands dans les années cinquante. Hrsg. von Hélène Miard-Delacroix und Rainer Hudemann, München 2005

Warner, Geoffrey, Die britische Labour-Regierung und das Atlantische Bündnis in den Jahren 1949−1951. In: Die westliche Sicherheitsgemeinschaft, S. 125−143

Warusfel, Bertrand, Contre-espionnage et protection du secret. Histoire, droit et organisation de la sécurité nationale en France, Paris 2000

Watt, Donald C., Bemerkungen mit dem Ziel einer Synthese. In: Die westliche Sicherheitsgemeinschaft, S. 343−372

Watt, Donald C., Die Konservative Regierung und die EVG 1951−1954. In: Die Europäische Verteidigungsgemeinschaft, S. 81−99

Weber, Henri, Le parti des patrons. Le CNPF (1946−1986). Edition révisée et augmentée, Paris 1991

Wege der Verständigung zwischen Deutschen und Franzosen nach 1945. Zivilgesellschaftliche Annäherungen. Hrsg. von Corinne Defrance, Michael Kißener und Pia Nordblom, Tübingen 2010

Weinberg, Gerhard L., Eine Welt in Waffen. Die globale Geschichte des Zweiten Weltkriegs, Stuttgart 1995

Weiner, Tim, CIA. Die ganze Geschichte, 4. Aufl., Frankfurt a.M. 2009
Weisenfeld, Ernst, Welches Deutschland soll es sein? Frankreich und die deutsche Einheit seit 1945, München 1986
Westdeutschland 1945–1955. Unterwerfung, Kontrolle, Integration. Hrsg. von Ludolf Herbst, München 1986 (= Schriftenreihe der VfZ, Sondernummer)
Western European Union 1954–1997: Defence, Security, Integration. Ed. by Anne Deighton, Oxford 1997
Westeuropäische Verteidigungskooperation. Hrsg. von Karl Carstens und Dieter Mahncke, München, Wien 1972 (= Schriften des Forschungsinstituts der Deutschen Gesellschaft für Auswärtige Politik, 31)
Die westliche Sicherheitsgemeinschaft 1948–1950. Gemeinsame Probleme und grundsätzliche Nationalinteressen in der Gründungsphase der Nordatlantischen Allianz. Im Auftrag des Militärgeschichtlichen Forschungsamtes hrsg. von Norbert Wiggershaus und Roland G. Foerster, Boppard a.Rh. 1988 (= Militärgeschichte seit 1945, 8)
Wettig, Gerhard, Entmilitarisierung und Wiederbewaffnung in Deutschland 1945–1955, München 1967 (= Schriften des Forschungsinstituts der deutschen Gesellschaft für Auswärtige Politik e.V., 25)
[Weygand, Maxime, Paul Gérardet und Antoine Béthouart], Französische Generale zur Europa-Armee. In: Dokumente, 9 (1953), 3, S. 301–312
What Ambitions for European Defence in 2020? Ed. by Álvaro de Vasconcelos, Paris 2009
Whitehead, Thor, Die Außenpolitik Islands 1946–1956. In: Nationale Außen- und Bündnispolitik, S. 41–77
Wiener, Friedrich, Die Armeen der NATO-Staaten. Organisation, Kriegsbild, Waffen und Gerät, 3., überarb. und erg. Aufl., Wien 1970 (= Truppendienst-Taschenbücher, 3)
Wiener, Friedrich, Die Armeen der Warschauer-Pakt-Staaten. Organisation, Taktik, Waffen und Gerät, 4., überarb. und erg. Aufl., Wien 1969 (= Truppendienst-Taschenbücher, 2)
Wiggershaus, Norbert, Aspekte westdeutscher Bedrohungsperzeptionen 1946–1959. In: Feindbilder und Militärstrategien, S. 50–85
Wiggershaus, Norbert, Bedrohungsvorstellungen Bundeskanzler Adenauers nach Ausbruch des Korea-Krieges. In: MGM, 25 (1979), S. 79–122
Wiggershaus, Norbert, Effizienz und Kontrolle. Zum Problem einer militärischen Integration Westdeutschlands bis zum Scheitern des EVG-Vertragswerkes. In: Westdeutschland 1945–1955, S. 253–265
Wiggershaus, Norbert, Die Entscheidung für einen westdeutschen Verteidigungsbeitrag 1950. In: AWS, Bd 1, S. 325–402
Wiggershaus, Norbert, Zum Problem einer militärischen Integration Westdeutschlands 1948–1950. In: Die westliche Sicherheitsgemeinschaft, S. 311–341
Wilkens, Andreas, La fin des limitations. L'industrie allemande et le plan Schuman. In: Le Plan Schuman dans l'Histoire, S. 271–301
Wilkens, Andreas, Das Programm von La Celle-St. Cloud. Der Ausbau der deutschfranzösischen Wirtschaftsbeziehungen 1954–1957. In: Revue d'Allemagne et des Pays de langue allemande, 25 (1993), 4, S. 565–580

Wilkens, Andreas, Verständigung von Wirtschaft zu Wirtschaft: Interessenausgleich zwischen deutscher und französischer Industrie 1947–1955. In: Die deutsch-französischen Wirtschaftsbeziehungen, S. 189–223

Willis, Frank Roy, France, Germany, and the New Europe 1945–1967, 2. ed., Stanford, London 1968

Wirtgen, Rolf, Aspekte aus der Geschichte des Rüstungsbereichs. In: Bundeswehr. 50 Jahre Wehrtechnik und Ausrüstung, S. 20–46

Witney, Nick, Re-energising Europe's Security and Defence Policy. Ed. by European Council on Foreign Relations, London 2008

Wolf, Dieter, Neo-Funktionalismus. In: Theorien der europäischen Integration, S. 65–90

Wolton, Thierry, Le KGB en France, Paris 1986

Woyke, Wichard, Die EVG – Modell einer europäischen Sicherheitspolitik? In: Auf dem Weg zu einer westeuropäischen Sicherheitspolitik, S. 169–179

Woyke, Wichard, Gründung und Entwicklung der NATO 1948–1950. In: Die westliche Sicherheitsgemeinschaft, S. 209–226

Woyke, Wichard, Die Militärorganisation der Nato 1949–1955. In: Das Nordatlantische Bündnis, S. 133–146

Würzler, Heinz-Werner, Die Anfänge kanadischer Militärhilfe für die europäischen NATO-Partner: Probleme und Motivationen (1948/49–1951/52). In: Das Nordatlantische Bündnis, S. 109–129

Wulf, Herbert, Westeuropäische Rüstungskooperation zwischen bürokratischen, industriellen und militärischen Interessen. In: Auf dem Weg zu einer westeuropäischen Sicherheitspolitik, S. 139–168

Wurm, Clemens A., Les cartels internationaux de l'acier de l'entre-deux-guerres: précurseurs du Plan Schuman? In: Le Plan Schuman dans l'Histoire, S. 53–80

Young, John W., German Rearmament and the European Defence Community. In: The Foreign Policy of Churchill's Peacetime Administration, S. 81–107

Zeeman, Bert, Der Brüsseler Pakt und die Diskussion um einen westdeutschen Militärbeitrag. In: Vom Marshallplan zur EWG, S. 399–425

Ziebura, Gilbert, Die deutsch-französischen Beziehungen seit 1945. Mythen und Realitäten, überarb. und aktual. Neuausg., Stuttgart 1997

Zimmermann, John, Ulrich de Maizière. General der Bonner Republik, 1912–2006, München 2012

Zolling, Hermann, und Heinz Höhne, Pullach intern. General Gehlen und die Geschichte des Bundesnachrichtendienstes, Hamburg 1971

Zwischen Kaltem Krieg und Entspannung. Sicherheits- und Deutschlandpolitik der Bundesrepublik im Mächtesystem der Jahre 1953 bis 1956. Hrsg. im Auftrag des MGFA von Bruno Thoß und Hans-Erich Volkmann, Boppard a.Rh. 1988 (= Militärgeschichte seit 1945, 9)

# Personenregister

Acheson, Dean   91, 132, 135, 169, 214, 217, 220, 223 f.
Adenauer, Konrad   17 f., 27, 32, 39, 42, 50, 54–56, 58, 60 f., 130, 133–138, 140 f., 156, 159, 177, 285 f., 301, 305, 338, 355, 406, 416, 433, 448, 461, 466, 498, 500, 503, 505
Ailleret, Charles   348, 357–359
Alphand, Hervé   28, 36, 74, 146–148, 154 f., 178, 180 f., 185, 252, 280, 308, 315, 332, 339, 350–354, 364 f., 376, 421, 423, 425, 427, 431, 449, 452–454, 507
Armengaud, André   361, 367
Aubrun, Jules   402
Aumeran, Adolphe   411
Auriol, Vincent   48, 339
Balland, J.J.   250
Baraduc, Pierre   364
Bardoux, Jacques   451–453
Baretta, Anton   264
Barjot, Pierre   120 f.
Batt, William L.   111, 228, 231
Bech, Joseph   505
Bérard, Armand   138, 179, 467
Berendsen, Fritz   127
Bergeron, Paul   126, 348
Berg, Fritz   130, 421
Bernière, Robert   419
Beutler, Wilhelm   391, 393, 405, 420
Beyen, Johan Willem   54 f., 72, 415
Bidault, George   18, 26, 49 f., 55, 65, 101, 122, 248, 350–352, 364, 373, 376, 388, 445, 508
Billotte, Pierre   411

Binoche, François   359
Blaisse, P.A.   150
Blanc, Clément   25, 97, 268–270, 272, 315, 334–336, 344, 348, 376 f., 387 f., 456, 462, 508
Blanc, Emile   101
Blankenhorn, Herbert   134, 289
Blank, Theodor   34, 36, 108, 124, 128, 132–135, 149 f., 154–156, 158–164, 175, 177, 179, 276, 280, 296, 300, 391, 424 f., 434, 440 f., 470, 505
Blume, Walter   277
Boeckh, Hans von   157–160, 177, 181, 193, 425
Bölkow, Ludwig   140
Boisbéranger, Jean de   295
Bolck, Ernst   158
Bonin, Bogislaw von   154, 394
Bouillot, Pierre   364 f., 372, 374
Bourgès-Maunoury, Maurice   339, 405
Brandt, Leo   277, 285
Brohon, Raymond G.   66
Bron, André   214, 253 f.
Bruce, David K.   85, 169
Cabot, Thomas D.   83, 223 f.
Carpentier, Marcel   119
Chaban-Delmas, Jacques   300
Chasle, Stéphane   288
Cherrière, Charles   294
Cherrières, Jean   205
Chevigné, Pierre de   315, 333, 387, 508
Chouteau, René Jean-Charles   120
Christiaens, Louis W.   291

Churchill, Sir Winston  32, 42, 60, 228, 241, 276, 445
Clay, Lucius D.  276
Coignard, Marcel  131, 258, 280, 290, 295, 303, 309–311, 313, 328 f., 332, 334, 343, 351–353, 364 f., 380, 402, 426 f., 429 f., 433, 436
Collins, J. Lawton  248
Courcel, Geoffroy Chodron de  215
Cripps, Sir Stafford  212
Cristofini, Charles  253, 466
Daladier, Eduard  52
Dassault, Marcel  100–102, 196, 267, 362
Debré, Michel  411
Dillon, Douglas  417
Dornier, Claude  277, 284
Drees, Willem  88, 105
Duchêne, François  145
Dulles, John Foster  49–51, 58
Dunn, James C.  94
Duval (General)  121
Eden, Anthony  135, 468
Eisenhower, Dwight D.  49, 51, 74, 79, 105, 109, 245, 339
Ely, Paul  25, 66–68, 96, 213, 260, 315, 333, 354, 383, 388, 506
Engel, Rolf  139
Erhard, Ludwig  158–163, 171, 175, 285, 289, 392, 406, 425, 430, 435, 463 f., 466
Eschenauer, Arthur  277, 279 f.
Etzdorf, Hasso von  443
Fabre-Luce, Alfred  66
Faure, Edgar  52, 98, 361, 365
Fay, Pierre  119, 260–262, 265 f., 323
Ferber, Ernst  182
Fett, Kurt  424
Fischer, Karl-Alois  139
François-Poncet, André  287, 289, 295, 339
Friedrich, Otto A.  390
Fursdon, Edward  16
Gaillard, Félix  349
Gallois, Pierre Marie  26, 257–259, 261

Ganeval, Jean  121 f.
Gasperi, Alcide de  41 f., 53, 55 f., 91, 102, 176, 505
Gaul, Hans  422, 442
Gaulle, Charles de  65, 74, 94, 122, 339–342, 346 f., 356, 358
Gavini, Jacques  315, 325–333, 346, 349, 383
Gelée, Max  258
Genty, Émile  404
Gérardin, Jean  318
Gérardot, Paul  121
Gerlach, Heinrich  433
Goldschmidt, Bertrand  350–352
Guérin de Beaumont, Jean de  454, 457
Guillaumat, Pierre  348, 350 f.
Guillaume, Augustin  354
Guillaume (Baron)  151
Hallstein, Walter  35, 133 f., 176 f., 281, 429, 467
Harriman, Averell  202
Hasselman, Benjamin R.  72
Hays, George P.  134
Heeney, Arnold D.P.  220
Heiman, E.  276
Heinkel, Ernst  277, 284 f., 469
Henle, Günter  395, 406 f.
Héreil, Georges  200 f., 277
Herod, William R.  220 f., 225, 227, 234
Herriot, Eduard  52
Heusinger, Adolf  34, 270
Hirsch, Étienne  28, 145 f., 148–152, 176–178, 181, 185, 365, 387, 425 f., 505
Hitler, Adolf  109, 115, 185
Holtz, Wolfgang  159 f., 164, 174, 396, 425
Hopkins, David L.  233–235
Hükelheim, Heinrich  392
Ismay, Hastings Lionel Lord  83, 96 f., 228–231, 248
Jarry, M.J.  292
Jastrow, Friedhelm  285
Jouvin (Sonderbeauftragter)  293 f.

Juin, Alphonse 19, 25, 28, 62, 65 f., 68, 96, 118, 121 f., 181–184, 315, 335, 344 f., 383, 386 f., 434, 455 f., 463, 506
July, Pierre 351–353
Kastner, Hermann 469
Kessel, Albrecht von 150, 158, 425
Kielmansegg, Johann Adolf Graf von 34, 160
Klepsch, Egon 481
Kœnig, Pierre Marie 25, 66, 74, 336–340, 366, 402, 405, 407 f., 449
Krautwig, Carl 391, 426, 430
Kruls, Hendrik J. 87
Labonne, Eirik 275
Laffaielle, Bernard 413
Laniel, Joseph 58, 336, 446
Lapie, Pierre-Olivier 415 f., 445–451, 453, 456
Larminat, Edgard de 19, 29, 120, 166, 180–182, 308, 315, 332–334, 346 f., 383–388, 431, 435–437, 444, 495, 506
Léchères, Charles 26, 96, 255–258, 260, 262, 264–269, 315, 322 f., 345
Leeb, Emil 114, 154
Lemonnier, Georges André 120, 325 f.
Lieftinck, Piet 88, 105
Longchambon, Henri 354
Louvel, Jean-Marie 364 f., 372
McCloy, John 156, 390
McKee Rosen, S. 110 f.
McMahon, Brien 246
Maizière, Ulrich de 26, 166
Mancinelli, Giuseppe 71, 104
Manigold (Rüstungsdelegierter) 392
Maroger, Jean 450 f., 453
Marras, Efisio L. 69–71
Massigli, René 18, 97, 282 f.
Mayer, René 49 f., 52, 151 f., 244, 345, 388
Meendsen-Bohlken, Wilhelm 392
Mehnert, Klaus 277
Menahem, Henri 339, 407 f.

Mendès France, Pierre 7, 18, 26, 56, 58, 60, 262, 336, 339, 354–356, 359, 410, 413–415, 454, 457, 460–462, 466 f.
Merer, John W.F. 443
Merle, Guy du 316, 319, 321
Métral, Albert-Roger 402 f., 410
Meyer, Louis 248, 319–321, 363, 366, 376
Mittelstrass, Otto 158
Moch, Jules 92 f., 374, 379, 381, 415
Mollet, Guy 52
Monnet, Jean 5, 18, 33, 70, 75, 85, 100, 145 f., 148, 181, 202, 223, 283, 346, 386, 402, 406, 408–410, 413, 418, 426, 446, 491
Monsabert, Joseph de Goislard de 451
Mons, Jean 315
Montel, Pierre 315 f.
Montgomery, Bernard L. 205
Nathan, Roger 361, 378
Nicot, Jean 258, 277, 437
Noiret, Roger 119
Nomy, Henri 120, 315, 323, 326, 331 f.
Ockrent, Roger 423
Oeftering, Heinz-Maria 297
Oestrich, Hermann 99, 279 f., 300
Ophüls, Carl Friedrich 424, 429
Pacciardi, Randolfo 69, 102
Parodi, Alexandre 266, 454, 457
Pélabon, André 354
Pella, Giuseppe 102 f.
Pellenc, Marcel 278, 411
Péron, Juan D. 125
Perrin, Francis 349
Pétain, Philippe 122
Petsche, Maurice 86, 93, 222
Philipps, Wilhelm 426, 436, 439
Pinay, Antoine 45, 48 f., 65, 252, 280, 339
Pleven, René 18, 26, 33, 63–65, 67, 96 f., 109, 116 f., 122 f., 180 f., 185, 192, 205, 232, 247 f., 260, 262, 268, 274, 280 f., 315 f., 319,

333 f., 339, 345, 348–350, 386 f., 428, 498, 508
Plowden, Sir Edwin N. 199, 202
Pollex, Curt 24, 156 f., 436
Pujo, Bernard 19
Queuille, Henri 127
Raty, Jean 401
Rawer, Karl 301 f.
Rentrop, Wilhelm 24, 293–297, 393, 426 f.
Reynauld, Paul 339
Ricard, Pierre 401
Richter (Beigeordneter) 294
Riedberg, Gerhard 419
Rivain, Bernard 297
Rommel, Erwin 183
Sadrin, Jean 148, 365
Salmon, Omer 322
Sandys, Duncan E. 436
Sauvagnargues, Jean 454, 457
Savarit, R. 291
Scelba, Mario 56
Schäffer, Fritz 162, 430
Schardin, Hubert 299–301, 506
Schmid, Walter 193, 289, 426, 429 f.
Schneider, Erich 24, 185 f., 290, 298–300, 442 f.
Schokking, W.F. 88, 104
Schrenk, (Oskar?) 139
Schuman, Robert 8, 18, 32, 42, 44 f., 48 f., 53, 132 f., 135 f., 151, 176, 185, 283, 406, 505
Schumann, Maurice 282
Seebohm, Hans Christoph 285
Seewald, Friedrich 277
Semler, Johannes F. 276 f., 288
Seynes, Philippe de 454
Shinwell, Emanuel 212
Siebel, Fritz 277
s'Jacob, Hendrik L. 104
Slim, Sir William 242
Spaak, Paul-Henri 89, 204

Speer, Albert 114, 163, 377
Speidel, Hans 28, 34, 65, 70, 104, 121 f., 125, 180–184, 270, 290, 323, 334, 347, 388, 419, 433, 435 f.
Spofford, Charles M. 34, 219, 223, 225–227
Staerke, André de 432
Staf, Cornelis 260
Stalin, Josef 50, 249, 445
Steel, Sir Christopher 236
Stehlin, Paul 181, 277
Stikker, Dirk U. 46, 104, 167, 505
Strauß, Franz Josef 300, 355
Sulzberger, Cyrus L. 341
Sutton, Nigel E.P. 228
Tank, Kurt W. 125
Tardy de Montravel (Oberstleutnant) 316
Tedder, Sir Arthur 109, 214
Teitgen, Pierre-Henri 64
Thieme (Oberregierungsrat) 157 f., 160
Tito, Josip Broz 70
Truman, Harry S. 82
Turrini, Mario 69
Valluy, Jean E. 117, 120
Vernoux, Marcel V. 96
Vézinet, Adolphe 310, 327
Vialon, Friedrich-Karl 24, 116, 160, 173, 424, 427
Villiers, Georges 398, 401, 418, 420
Vorwald, Wolfgang 294
Vos, P.J.C. 200
Wagner, Richard 290 f.
Weicker, Lowell P. 235–237, 247, 250 f.
West-Burnham, H. 210
Weygand, Maxime 122, 451, 456
Wilson, Charles E. 217
Wood, Sir Ernest 221–223, 238
Wormser, Olivier 26, 286, 372, 399 f., 459
Zeeland, Paul van 38, 89, 151, 505

# Zum Autor

Dr. phil. Florian Seiller, Jahrgang 1977; 1997/98 Bundeswehr; 1998−2004 Studium der Mittleren und Neueren Geschichte, Politikwissenschaft und Anglistik an der Johannes Gutenberg-Universität Mainz und der University of Glasgow (Magister Artium); 2005−2008 Promotionsstipendiat der Hanns-Seidel-Stiftung e.V.; seit 2010 Wissenschaftlicher Mitarbeiter in einem Abgeordnetenbüro des Deutschen Bundestages; 2011 Promotion zum Dr. phil. an der Johannes Gutenberg-Universität Mainz.

Veröffentlichungen u.a.: »Zusammenarbeit kann man das nicht nennen!«? Die Anfänge der deutsch-französischen Rüstungskooperation im konventionellen Bereich, 1955−1966. In: Militärgeschichtliche Zeitschrift, 67 (2008), 1, S. 53−104; Les négociations sur la production de licences des avions Fouga Magister et Noratlas: Un exemple concret des débuts de la coopération franco-allemande en matière d'armement dans les années 1950. In: Histoire, Économie & Société, 29 (2010), 4, S. 19−36; Zwischen »Indépendance nationale« und »Europe de la Défense«: Die Rüstungspolitik Frankreichs nach 1945. In: Militärisch-industrieller Komplex oder Rüstungsinterventionismus − Rüstung in Nordamerika und Europa nach dem Zweiten Weltkrieg. Im Auftrag des ZMSBw hrsg. von Dieter H. Kollmer, erscheint 2015.